UMA TERRA PROMETIDA

BARACK OBAMA

Uma terra prometida

Tradução
Berilo Vargas
Cássio de Arantes Leite
Denise Bottmann
Jorio Dauster

COMPANHIA DAS LETRAS

Copyright © 2020 by Barack Obama

Publicado nos Estados Unidos pela Crown, selo da Random House, uma divisão
da Penguin Random House LLC, Nova York.

A carta de Nicole Brandon à p. 282 foi editada e condensada por motivo de clareza.

*Grafia atualizada segundo o Acordo Ortográfico da Língua Portuguesa de 1990,
que entrou em vigor no Brasil em 2009.*

Título original
A Promised Land

Capa
Christopher Brand

Foto de capa
Pari Dukovic

Foto de quarta capa
Dan Winters

Preparação
Alexandre Boide

Índice remissivo
Probo Poletti

Revisão
Isabel Cury
Carmen T. S. Costa

Dados Internacionais de Catalogação na Publicação (CIP)
(Câmara Brasileira do Livro, SP, Brasil)

Obama, Barack
        Uma terra prometida / Barack Obama. — 1ª ed. — São Paulo :
Companhia das Letras, 2020.

        Vários tradutores.
        Título original: A Promised Land
        ISBN 978-85-359-3396-3

        1. Estados Unidos – Política e governo – 2009-2017 2. Obama,
Barack, 1961- 3. Políticos afro-americanos – Estados Unidos – Autobiografia 4. Presidentes – Estados Unidos – Autobiografia I. Título.

20-45202   CDD-973.932092

Índice para catálogo sistemático:
1. Estados Unidos : Presidentes : Autobiografia   973.932092

Cibele Maria Dias – Bibliotecária – CRB-8/9427

[2021]
EDITORA SCHWARCZ S.A.
Rua Bandeira Paulista, 702, cj. 32
04532-002 — São Paulo — SP
Telefone: (11) 3707-3500
www.companhiadasletras.com.br
www.blogdacompanhia.com.br
facebook.com/companhiadasletras
instagram.com/companhiadasletras
twitter.com/cialetras

Para Michelle —
meu amor e companheira de toda a vida,
e
Malia e Sasha —
cujas luzes ofuscantes tornam tudo mais brilhante

Ah, voe e nunca se canse,
Voe e nunca se canse,
Voe e nunca se canse,
Vamos todos rezar juntos na Terra Prometida.

Extraído de um spiritual afro-americano

Não menospreze nossos poderes:
Tentamos conquistar
O infinito.

Robert Frost, "Kitty Hawk"

Sumário

Prefácio

Comecei a escrever este livro pouco depois de terminada minha presidência — depois que Michelle e eu embarcamos no Air Force One pela última vez e viajamos rumo ao oeste para um descanso que vinha sendo adiado havia muito tempo. O estado de espírito no avião era agridoce. Nós dois estávamos exaustos tanto em termos físicos como emocionais, não apenas pela labuta dos oito anos anteriores, mas pelos resultados inesperados de uma eleição em que alguém diametralmente oposto a tudo que nós representávamos fora escolhido para me suceder. No entanto, tendo completado a última volta de nossa corrida, desfrutávamos da satisfação de saber que havíamos feito o melhor que podíamos — e que, apesar de tudo que deixei de fazer como presidente, por mais que não houvesse conseguido realizar certos projetos, o país estava numa situação melhor agora do que quando tomei posse. Durante um mês, Michelle e eu fomos dormir tarde, jantamos sem pressa, saímos para longas caminhadas, nadamos no mar, fizemos um balanço das coisas, fortalecemos nossa amizade, redescobrimos nosso amor e planejamos um segundo ato que, de acordo com nossas expectativas, seria menos agitado, porém não menos satisfatório. E, chegada a hora em que me senti pronto a voltar a trabalhar, eu tinha em mente um claro esboço do livro ao me sentar munido de caneta e um bloco de folhas amarelas (ainda prefiro escrever à mão, pois acho que o computador dá um falso brilho até mesmo a meus rascunhos mais preliminares, além de emprestar a pensamentos simplórios uma aparência de coisa acabada).

Acima de tudo, acalentava a esperança de fazer um relato honesto de meus anos no cargo — não só um registro histórico dos principais acontecimentos e das figuras importantes com quem interagi como também uma descrição de algumas das contracorrentes políticas, econômicas e culturais que contribuíram para determinar os desafios que meu governo enfrentou e as escolhas que eu e minha equipe fizemos como uma resposta a tudo isso. Sempre que possível, minha intenção foi oferecer aos leitores uma sensação de *como* é ser presidente dos Estados Unidos. Queria abrir um pouco a cortina e lembrar as pessoas de que, apesar de todo o poder e toda a pompa, a presidência não passa de uma função administrativa, e nosso governo federal é uma empreitada humana como qualquer outra, tendo os homens e as mulheres que trabalham na Casa Branca a mesma mistura de alegrias, frustrações, atritos com colegas, erros e pequenos triunfos como os demais cidadãos do país. Por fim, queria contar uma história mais pessoal, capaz de inspirar os jovens a considerar uma vida dedicada ao serviço público, mostrar que minha carreira na política na verdade começara com a busca de um lugar em que não me sentisse deslocado, uma forma de explicar os diversos componentes de minha herança multirracial — e que foi somente quando me vinculei a alguma coisa maior do que eu mesmo que por fim pude encontrar um senso de comunidade e propósito em minha vida.

Imaginei que poderia fazer isso talvez em quinhentas páginas. Esperava terminar em um ano.

Vale dizer que o processo de escrita não aconteceu exatamente como eu havia planejado. Contrariando minhas intenções, o livro só crescia em extensão e escopo — e por isso acabei decidindo dividi-lo em dois volumes. Tenho a dolorosa convicção de que um autor mais talentoso poderia ter encontrado uma forma de contar a mesma história com maior concisão (afinal, meu escritório pessoal na Casa Branca ficava ao lado do Quarto de Dormir de Lincoln, onde uma cópia assinada do discurso de Gettysburg, de 272 palavras, descansa dentro de uma caixa de vidro). Mas, a cada vez que me sentava para escrever — seja a fim de descrever as primeiras fases de minha campanha, ou como meu governo lidou com a crise financeira, ou as negociações com os russos sobre o controle de armamentos nucleares, ou as mobilizações que levaram à Primavera Árabe —, eu sentia que minha mente resistia a uma narrativa simples e linear. Muitas vezes, me via forçado a fornecer o contexto para as decisões que eu e outros tínhamos tomado, não desejando relegar esse pano de fundo para as notas de rodapé ou de fim. (Odeio ambos os tipos de notas.) Descobri que nem sempre era capaz de explicar minhas motivações apenas citando dados econômicos ou relembrando alguma cansativa reunião no Salão Oval, pois haviam sido moldadas por alguma conversa com uma pessoa desconhecida durante as viagens de campanha, a visita a algum hospital militar, ou alguma lição que minha mãe me passara durante a infância. Muitas vezes minhas recordações traziam à tona detalhes aparentemente triviais (a tentativa de encontrar um local discreto para fumar um cigarro à noite; minha equipe e eu rindo enquanto jogávamos baralho a bordo do Air Force One) que capturavam, de um modo que os registros públicos jamais poderiam fazer, a experiência que vivi durante aqueles oito anos na Casa Branca.

Além da luta para pôr as palavras no papel, o que eu não tinha como prever por completo foi a forma como as coisas se desenrolariam durante os três anos e meio transcorridos desde aquele último voo no Air Force One. Neste exato instante, o país permanece mergulhado numa pandemia global e numa crise econômica decorrente, com mais de 178 mil americanos mortos, empresas fechadas, milhões de pessoas sem emprego. Por toda a nação, gente de todas as camadas sociais foi às ruas para protestar contra as mortes de negros e negras desarmados pelas mãos da polícia. E, talvez o fato mais preocupante, nossa democracia parece estar à beira do precipício — uma crise enraizada no embate entre duas visões opostas do que são os Estados Unidos e do que deveriam ser; uma crise que deixou a classe política dividida, enraivecida e desconfiada, e permitiu uma violação de normas institucionais, de freios e contrapesos e do respeito a fatos elementares que tanto os republicanos como os democratas consideravam inatacáveis no passado.

Esse embate, obviamente, não é novo, e definiu de muitas formas a experiência americana. Está cristalizado nos documentos da fundação do país, que proclamavam que todos os homens eram iguais e ao mesmo tempo consideravam um escravo como três quintos de um homem. Manifesta-se em antigas decisões de nossos tribunais, como quando um juiz da Suprema Corte explicou sem rodeios a indígenas americanos que seus direitos de transferência de propriedade não eram válidos uma vez que o tribunal do conquistador não tem capacidade de reconhecer as justas alegações do conquistado. Trata-se de um embate que foi travado nos campos de Gettysburg e do Appomattox, mas também nos corredores do Congresso, numa ponte em Selma, nos vinhedos da Califórnia e nas ruas de Nova York; um embate travado por soldados, porém com mais frequência por sindicalistas, sufragistas, carregadores de malas das estações ferroviárias, líderes estudantis, imigrantes e ativistas do movimento LGBTQ, cujas únicas armas são os cartazes que levam consigo em suas manifestações, panfletos e um par de sapatos confortáveis capazes de resistir a uma passeata. No cerne desse embate de longa data existe uma pergunta simples: será que de fato tentamos equiparar a realidade dos Estados Unidos a seus ideais? Se assim for, acreditamos mesmo que esses ideais se aplicam a todos os nossos conceitos sobre autogoverno e liberdade individual, igualdade de oportunidades e igualdade perante a lei? Ou, pelo contrário, estamos decididos, pelo menos na prática senão nos estatutos, a reservar essas coisas a uns poucos privilegiados?

Reconheço que existem aqueles que acreditam ter chegado a hora de pôr de lado o mito — que uma análise do passado do país, e até mesmo um olhar de relance sobre as manchetes atuais, mostram que os ideais desta nação sempre foram subordinados à conquista e à submissão, a um sistema de castas raciais e um capitalismo ganancioso, e que fingir que não é assim significa se tornar cúmplice de um jogo viciado desde o começo. E, enquanto escrevia este livro, confesso ter havido momentos em que, refletindo sobre meu governo e tudo que ocorreu desde então, tive de me perguntar se eu vinha sendo moderado demais ao falar como via a verdade, cauteloso demais nas palavras ou nas ações, convencido como estava de que, ao apelar para o que Lincoln chamou de anjos bons de nossa natureza, eu tinha uma chance maior de nos conduzir rumo aos Estados Unidos que foram prometidos a todos nós.

Não sei. O que posso dizer com certeza é que ainda não estou pronto para desistir dessa possibilidade para os Estados Unidos — não só em benefício das gerações futuras de cidadãos americanos, como também de toda a humanidade. Pois estou convencido de que a pandemia que nos aflige atualmente é a manifestação da marcha incessante em direção a um mundo interconectado, interrompida apenas por algum tempo, em que é inevitável que povos e culturas se encontrem. Neste mundo — de cadeias globais de suprimento, transferências instantâneas de capital, redes sociais, organizações transnacionais de terroristas, mudanças climáticas, migrações em massa e uma sempre crescente complexidade —, todos aprenderemos a viver juntos, a cooperarmos uns com os outros e a reconhecermos a dignidade dos demais — ou pereceremos todos. Por isso, o mundo observa os Estados Unidos — a única grande potência na história composta de pessoas vindas de todos os cantos do planeta, abrangendo todas as raças, crenças religiosas e práticas culturais — para ver se nosso experimento em democracia pode funcionar, para ver se somos capazes de fazer o que nenhuma outra nação conseguiu, para ver se podemos realmente nos mostrar à altura do significado de nossos ideais.

O veredito ainda está em aberto. Quando este primeiro volume for publicado, uma eleição terá ocorrido nos Estados Unidos e, embora eu acredite que o que está em jogo não poderia ser mais crucial, também sei que nenhum pleito por si só resolverá o problema. Se permaneço confiante é porque aprendi a depositar minha fé em meus compatriotas, em particular na próxima geração, cuja convicção no valor igual de todas as pessoas parece estar integrada a sua própria natureza, nesses jovens que insistem em praticar os princípios que seus pais e professores lhes disseram ser verdadeiros sem talvez nunca acreditarem neles por completo. Acima de tudo, este livro é para esses jovens — um convite para que mais uma vez mudem a cara do mundo e transformem em realidade — por meio do trabalho duro, da determinação e de uma boa dose de imaginação — um país que por fim corresponda a tudo que existe de melhor dentro de nós.

Agosto de 2020

PARTE I

A aposta

I

De todos os cômodos, salões e marcos de referência que formam a Casa Branca e suas dependências, a colunata oeste era o lugar de que eu mais gostava.

Por oito anos aquela passarela emoldurou meu dia, numa caminhada de um minuto ao ar livre, indo de casa para o gabinete e vice-versa. Era lá que, a cada manhã, eu sentia o primeiro sopro do vento do inverno ou a vibração do calor do verão; era o lugar onde ordenava as minhas ideias, repassando as reuniões que teria pela frente, elaborando argumentos para os parlamentares céticos ou eleitores ansiosos, me preparando para esta ou aquela decisão ou para tal ou tal crise que aos poucos se avizinhava.

Nos primeiros tempos da Casa Branca, os gabinetes e a residência da Primeira Família cabiam sob um mesmo teto, e a colunata oeste praticamente se resumia a uma trilha até os estábulos. Mas Teddy Roosevelt, ao assumir o cargo, achou que um único prédio não conseguiria acomodar ao mesmo tempo uma equipe de trabalho nos padrões modernos, seis crianças barulhentas e a própria sanidade mental. Determinou a construção da parte que mais tarde se converteria na Ala Oeste e no Salão Oval, e ao longo das décadas e sucessivas presidências foi surgindo a atual configuração da colunata: uma ligação com o Roseiral a norte e a oeste — o paredão no lado norte, mudo e despojado, a não ser pelas janelas no alto, em forma de meia-lua; as majestosas colunas brancas no lado oeste, como uma guarda de honra garantindo a segurança da passagem.

Em geral, eu caminho devagar — um andar de havaiano, como Michelle gosta de dizer, às vezes com uma pontada de impaciência. Mas, na colunata, eu andava de outra maneira, consciente da história que ali se fizera e daqueles que me precederam. Minha passada ficava mais longa, os passos um pouco mais acelerados, o som dos sapatos nas pedras reverberado pelo movimento da equipe do Serviço Secreto que seguia alguns metros atrás de mim. Quando chegava à rampa na extremidade da colunata (herança de Franklin Delano Roosevelt e de sua cadeira de rodas — eu o imagino sorrindo, de queixo erguido, com a piteira firme entre os dentes, enquanto se esforça para vencer a subida), cumprimentava com um aceno o guarda uniformizado logo à entrada da porta envidraçada. Às vezes o guarda estava ocupado contendo um grupo de visitantes surpresos. Quando tinha tempo, eu ia até eles, trocava apertos de mão e perguntava de onde eram. Mas normalmente apenas virava à esquerda, seguindo pela parede externa da Sala do Gabinete e entrando discretamente pela porta lateral do Salão Oval, onde dava bom-dia à minha equipe pessoal, pegava a agenda e uma xícara de chá quente e dava início aos trabalhos.

Várias vezes por semana, eu saía até a colunata e via os jardineiros, todos funcionários do Serviço Nacional de Parques, trabalhando no Roseiral. Em sua maioria já de certa idade, usavam uniforme de brim verde, às vezes com um chapéu de abas largas para se proteger do sol ou um casaco pesado contra o frio. Se não estivesse atrasado, eu parava para elogiar as plantas viçosas ou para perguntar sobre os danos causados pelo temporal da noite anterior, e com um orgulho discreto eles me explicavam o que faziam. Eram homens de poucas palavras; mesmo entre si, comunicavam-se com gestos de cabeça ou de mãos, cada qual concentrado em sua tarefa individual, mas todos se movendo com um sincronismo gracioso. Um dos mais velhos era Ed Thomas, um negro alto e magro com as faces encovadas que trabalhava na Casa Branca fazia quarenta anos. Quando o encontrei pela primeira vez, ele tirou do bolso de trás da calça um pedaço de pano, limpando a terra das mãos antes de me cumprimentar. Minha mão quase desapareceu na sua, recoberta de veias e nodosidades como as raízes de uma árvore. Perguntei por quanto tempo ele pretendia ficar na Casa Branca antes de se aposentar.

"Não sei, sr. presidente", disse ele. "Gosto de trabalhar. As articulações estão ficando um pouco enferrujadas. Mas acho que dá para ficar enquanto o senhor estiver aqui. Para garantir que o jardim fique bonito."

Ah, e como era bonito aquele jardim! As magnólias frondosas se erguendo a cada canto; as sebes, densas e verdejantes; as macieiras silvestres podadas na medida certa. E as flores, cultivadas em estufas a alguns quilômetros dali, oferecendo uma constante explosão de cores — vermelhos, amarelos, rosas, roxos; na primavera, as tulipas reunidas aos montes, as corolas voltadas para o sol; no verão, lírios, gerânios e heliotrópios lilás; no outono, crisântemos, margaridas e flores silvestres. E sempre algumas rosas, na maioria vermelhas, mas às vezes amarelas ou brancas, todas resplendendo na floração.

Toda vez que percorria a colunata ou olhava pela janela do Salão Oval, lá estava o fruto do esforço desses homens e dessas mulheres. Eles me faziam lembrar do pequeno quadro de Norman Rockwell que eu mantinha na parede, ao lado do retrato de George Washington e acima do busto do dr. King: cinco figurinhas com variados tons de pele, operários de macacão, içados por cordas a um céu azul-vivo para limpar a tocha da Dama Liberdade. Os homens na pintura, os funcionários da manutenção no jardim — eram guardiães, pensava eu, os silenciosos sacerdotes de uma ordem benigna e solene. E dizia a mim mesmo que eu precisava cumprir minha função com o mesmo empenho e zelo com que eles faziam seus serviços.

Com o tempo, minhas caminhadas na colunata foram se associando a novas lembranças. Havia os grandes eventos públicos, claro — pronunciamentos diante de uma legião de câmeras, coletivas de imprensa com chefes de Estado estrangeiros. Mas havia também aqueles momentos que poucos viam — Malia e Sasha disputando uma corrida para virem me abraçar numa visita de surpresa à tarde, ou nossos cachorros, Bo e Sunny, saltando na neve, com as patas se afundando tanto que o focinho deles ganhava uma barba branca. Jogando bola num dia claro de outono ou reconfortando um assessor após um infortúnio pessoal.

Essas imagens muitas vezes me passavam rapidamente pela cabeça, interrompendo qualquer reflexão que me ocupasse naquele momento. Elas me alertavam sobre o passar do tempo, às vezes me enchendo de nostalgia — de um desejo de voltar os ponteiros do relógio e recomeçar. Isso não era possível na caminhada matinal, porque a flecha do tempo só apontava para a frente; o trabalho do dia chamava; eu só precisava me concentrar no futuro.

À noite era diferente. Na caminhada ao anoitecer de volta para casa, com minha pasta repleta de papéis, eu tentava diminuir o passo e às vezes até parava. Respirava o ar permeado com o perfume da terra, da grama, do pólen, e ouvia o vento ou o tamborilar da chuva. Às vezes observava a luz incidindo nas colunas e o majestoso corpo da Casa Branca, com a bandeira hasteada no topo, vivamente iluminada, ou contemplava o Monumento a Washington atravessando o negrume do céu à distância, às vezes vislumbrando a Lua e as estrelas mais acima ou as luzes piscantes de um avião.

Em momentos assim, eu me admirava com o estranho percurso — e os ideais — que me conduzira até esse lugar.

Não venho de uma família de políticos. Meus avós maternos eram do Meio-Oeste, de ascendência basicamente escocesa-irlandesa. Teriam sido considerados liberais, sobretudo pelos critérios de suas cidades natais no Kansas durante a Depressão, e faziam questão de acompanhar o noticiário. "Faz parte de ser um cidadão bem informado", dizia minha avó, que todos nós chamávamos de Toot (forma reduzida de Tutu, como se dizia "vovó" em havaiano), espiando por cima de sua edição matinal do *Honolulu Advertiser*. Mas ela e meu avô não tinham, a bem dizer, nenhuma tendência ideológica ou partidária definida que fosse além do que consideravam simples bom senso. Pensavam em trabalhar — minha avó era vice-presidente de crédito num dos bancos locais; meu avô, corretor de seguros de vida —, em pagar as contas e desfrutar das pequenas diversões que a vida tinha a oferecer.

E, de qualquer forma, moravam em Oahu, onde nada parecia ter grande urgência. Depois de passarem anos em lugares tão diferentes como Oklahoma, Texas e o estado de Washington, finalmente se estabeleceram no Havaí em 1960, ano em que o território foi reconhecido como estado. A partir de então, um vasto oceano os separava dos tumultos, dos protestos e outras coisas do gênero. Durante a infância, a única conversa política de que me lembro entre meus avós tinha a ver com um certo estabelecimento à beira-mar: o prefeito de Honolulu havia mandado demolir o bar favorito do meu avô em uma obra de reforma da orla no final da praia de Waikiki.

Meu avô nunca o perdoou por isso.

Minha mãe, Ann Dunham, era diferente, cheia de opiniões fortes. Filha única, já no ensino médio se revoltou contra as convenções sociais — lia poetas beatniks e os existencialistas franceses, pegava o carro sem avisar e certa vez foi com uma amiga passar uns dias em San Francisco sem dizer nada a ninguém. Quando menino, eu a ouvia falar sobre as passeatas pelos direitos civis e o erro calamitoso que era a Guerra do Vietnã; sobre o movimento feminista (era favorável à remuneração igualitária, mas não tão favorável à ideia de não depilar as pernas) e o programa Guerra à Pobreza. Quando nos mudamos para a Indonésia, para morar com meu padrasto, ela fez questão de explicar os males da corrupção governamental ("É pura roubalheira, Barry"), ainda que todos parecessem agir da mesma forma. Mais tarde, no verão em que completei doze anos, quando fomos passar um mês de férias em família percorrendo os Estados Unidos, ela insistia para que assistíssemos todas as noites às audiências do caso Watergate, nos presenteando com seus comentários ("O que se poderia esperar de um macarthista?").

Mas ela não se limitava às frases de efeito. Uma vez, quando descobriu que eu fazia parte de um grupo que andava importunando um garoto na escola, ela me pôs sentado à sua frente, franzindo os lábios num muxoxo de decepção.

"Sabe, Barry", disse ela (era como ela e meus avós me chamavam naquela época, muitas vezes abreviando para "Bar", pronunciado como "Bear"), "tem gente no mundo que só pensa em si. Não se interessam pelo que acontece com os outros, desde que tenham o que querem. Rebaixam os outros para se sentirem importantes."

E continuou:

"E tem gente que faz o contrário, gente que é capaz de imaginar como os outros devem estar se sentindo e se esforça para não fazer algo que possa magoar as pessoas."

Me olhando diretamente nos olhos, perguntou:

"Então, que tipo de pessoa você quer ser?"

Fiquei péssimo. Tal como ela queria, essa pergunta ressoou em mim por muito tempo.

Para minha mãe, o mundo oferecia inúmeras ocasiões de edificação moral. Mas, que eu saiba, ela nunca se envolveu numa campanha política. Como meus avós, desconfiava de plataformas, doutrinas, verdades absolutas, preferindo apresentar seus valores em situações concretas. "O mundo é complicado, Bar. É por isso que é interessante." Consternada com a guerra no Sudeste Asiático, acabou passando boa parte da vida lá, absorvendo a língua e a cultura, estabelecendo programas de microempréstimos para pessoas desfavorecidas, muito antes que as linhas de microcrédito se tornassem uma tendência nos programas de desenvolvimento internacional. Horrorizada com o racismo, casou-se não uma, mas duas vezes com homens de outra raça, sempre dedicando ao casal de filhos mestiços um amor que parecia inesgotável. Furiosa com as restrições sociais impostas às mulheres, divorciou-se dos dois quando se mostraram opressivos ou a decepcionaram, construindo a carreira que escolhera, criando os filhos de acordo com seus critérios de decência e, em larga medida, fazendo o que bem entendesse.

No mundo de minha mãe, o pessoal era realmente político — embora ela não tivesse muitas ocasiões para usar esse slogan.

Nada disso significa que não tivesse ambições para o filho. Apesar do aperto financeiro, ela e meus avós me enviaram para a Punahou, a melhor escola preparatória do Havaí. Nunca foi cogitada a hipótese de que eu não cursasse uma faculdade. Mas ninguém em minha família jamais sugeriu que algum dia eu ocupasse um cargo público. Se perguntassem à minha mãe, talvez ela imaginasse que eu acabaria dirigindo uma instituição filantrópica como a Fundação Ford. Meus avós adorariam me ver como juiz ou um grande advogado de defesa, como Perry Mason.

"Seria um bom uso para essa língua afiada dele", dizia meu avô.

Como não conhecia meu pai, sua influência foi pequena. Eu só sabia que trabalhara por um tempo no governo queniano e, quando eu tinha dez anos de idade, ele veio do Quênia passar um mês conosco em Honolulu. Foi a primeira e única vez que o vi; depois disso, só recebia alguma notícia sua em cartas esporádicas, escritas num papel azul fino, já pré-impresso para ser dobrado, endereçado e enviado sem precisar de envelope. "Sua mãe me falou que você pensa em talvez estudar arquitetura", dizia uma das cartas. "Creio que é uma profissão muito prática e que pode ser exercida em qualquer lugar do mundo."

Isso não dava muita abertura para um diálogo.

Quanto ao mundo além da família... bem, durante boa parte de meus anos de adolescência o que as pessoas viam não era um líder em potencial, e sim um estudante apático, um entusiasmado jogador de basquete sem muito talento e um alegre e incansável festeiro. Nada de diretório acadêmico, nada de ser escoteiro ou de estagiar no escritório do parlamentar local. Durante todo o ensino médio, meus amigos e eu não falávamos de outra coisa a não ser esportes, garotas, música e planos de encher a cara.

Três desses caras — Bobby Titcomb, Greg Orme e Mike Ramos — continuam sendo alguns de meus melhores amigos. Até hoje, podemos passar horas rindo das coisas que aprontávamos na juventude. Anos depois, eles se dedicaram a minhas campanhas com uma lealdade pela qual nunca me cansarei de agradecer, e uma habilidade para defender meu histórico digna dos especialistas que aparecem no canal de notícias da NBC.

Mas também houve ocasiões durante meu mandato na presidência — depois de me verem falar a uma grande multidão, por exemplo, ou diante de uma série de jovens fuzileiros navais prestando continência para mim com gestos impecáveis durante visita a uma base militar — em que eu via no rosto deles uma certa perplexidade, como se estivessem tentando associar aquele homem grisalho de terno e gravata ao garoto sem rumo que haviam conhecido.

Aquele cara?, deviam dizer a si mesmos. *Como foi que isso aconteceu?*

E, se algum dia tivessem perguntado para mim, não sei se eu teria uma boa resposta.

O que sei é que, em algum momento do ensino médio, comecei a fazer questionamentos — sobre a ausência de meu pai e as escolhas de minha mãe; sobre o fato de morar num lugar onde havia pouca gente parecida comigo. Muitas das perguntas eram relacionadas à questão racial. Por que os negros jogam basquete profissional, mas não são treinadores? O que aquela garota da escola quis dizer quando falou que não me via como negro? Por que todos os negros nos filmes de ação são uns lunáticos armados de canivetes, a não ser talvez o único negro decente — o fiel escudeiro do herói, claro — que sempre parecia correr o risco de ser morto a qualquer momento?

Mas não me preocupava apenas com assuntos raciais. Com assuntos de classe, também. Em minha infância na Indonésia, vi o abismo escancarado entre a vida das elites ricas e a das massas desvalidas. Surgiu em mim um princípio de consciência das tensões tribais no país de meu pai — o ódio capaz de existir entre aqueles que, na superfície, podiam parecer iguais. Testemunhei dia após dia a vida aparentemente difícil dos meus avós, as decepções que eles descontavam na TV e na bebida e às vezes em eletrodomésticos ou carros novos. Notei que minha mãe pagava por sua liberdade intelectual com crônicas dificuldades financeiras e um ou outro caos pessoal, e passei a perceber as hierarquias não tão sutis entre meus colegas de escola preparatória, sobretudo em relação a quanto dinheiro os pais deles tinham. E havia também o fato desconcertante de que, apesar do que minha mãe dizia, os valentões, os trapaceiros e os presunçosos pareciam estar se saindo muito bem, enquanto as pessoas que ela considerava gente boa e decente pareciam se ferrar quase o tempo todo.

Tudo isso me deixava dividido. Por causa da própria estranheza de minha posição, com um pé em cada mundo, era como se eu pertencesse a todos os lugares e, ao mesmo tempo, a lugar nenhum, uma junção de partes que não se encaixavam direito, como um ornitorrinco ou algum bicho imaginário confinado a um habitat frágil, sem saber ao certo seu lugar. E, sem entender direito como nem por quê, sentia que, se não conseguisse costurar os pedaços de minha vida e me apoiar em algum eixo sólido, poderia acabar vivendo em uma solidão muito profunda.

Não comentava isso com ninguém, muito menos com a família e os amigos. Não queria magoá-los nem me destacar mais do que já me destacava. Mas encontrei refúgio nos livros. O hábito da leitura se deu por obra de minha mãe, instilado desde cedo na infância — era o recurso que ela usava invariavelmente a cada vez que eu reclamava de tédio, ou quando estava sem dinheiro e não tinha como me matricular na escola internacional na Indonésia, ou quando precisava me levar com ela para o trabalho, pois não tinha com quem me deixar.

Vá ler um livro, ela dizia. *Depois volte aqui e me conte o que aprendeu de novo.*

Durante alguns anos, morei com meus avós no Havaí, enquanto minha mãe continuava com seu trabalho na Indonésia e criava minha irmã caçula, Maya. Como ela não estava por perto para pegar no meu pé, eu aprendia menos, o que não demorou a se refletir nas minhas notas na escola. Então, na época em que entrei no ensino médio, isso mudou. Ainda me lembro de ter ido com meus avós a um bazar na Central Union Church, em frente a nosso apartamento, e então me vi diante de uma caixa de livros de capa dura usados. Por alguma razão, comecei a tirar da caixa os títulos que me chamavam a atenção ou soavam vagamente conhecidos — livros de Ralph Ellison e Langston Hughes, de Robert Penn Warren e Dostoiévski, de D. H. Lawrence e Ralph Waldo Emerson. Fui com minha pilha de livros até meu avô, que estava examinando um jogo de tacos de golfe de segunda mão, e ele me olhou com ar surpreso.

"Está querendo abrir uma biblioteca?"

Minha avó fez sinal para ele ficar quieto, considerando admirável meu súbito interesse por literatura. Sempre pragmática, ela sugeriu que talvez fosse melhor me concentrar nas tarefas da escola antes de mergulhar em *Crime e castigo*.

Acabei lendo todos aqueles livros, às vezes tarde da noite, depois que voltava para casa do treino de basquete e de algumas cervejas com os amigos, às vezes depois de surfar num sábado à tarde, sentado sozinho no velho e malconservado Ford Granada do meu avô, com uma toalha na cintura para não molhar o estofamento. Quando terminei o primeiro lote, fui a outras bancas de usados procurar mais. Grande parte do que lia, entendia apenas muito vagamente; passei a circular as palavras que não conhecia para procurar no dicionário, embora fosse menos escrupuloso na hora de decifrar a pronúncia — mesmo com vinte e tantos anos, havia palavras que eu entendia mas não sabia pronunciar. Não havia método na coisa, era meio sem pé nem cabeça. Parecia um jovem aspirante a mecânico amador, juntando tubos velhos de raios catódicos, parafusos e fios soltos na casa dos pais, sem saber bem o que ia fazer com aquilo, mas certo de que para alguma coisa serviria depois que eu entendesse a natureza de minha vocação.

Meu interesse pelos livros provavelmente explica por que não só sobrevivi ao ensino médio, mas cheguei à Occidental College em 1979 com um escasso mas aceitável conhecimento de questões políticas e uma série de opiniões imaturas que eu distribuía a torto e a direito nos debates informais no dormitório estudantil, altas horas da noite.

Olhando em retrospecto, é embaraçoso ver até que ponto minha curiosidade intelectual naqueles dois primeiros anos de faculdade seguia paralelamente aos interesses de várias garotas que queria conhecer: Marx e Marcuse, pois assim teria algo a dizer para a socialista de pernas compridas que morava no dormitório; Fanon e Gwendolyn Brooks, por causa da terceiranista de sociologia que nunca me deu a menor bola; Foucault e Woolf, pela bissexual etérea que gostava de se vestir de preto. Como estratégia para ganhar as garotas, meu pseudointelectualismo não serviu praticamente para nada; criei uma série de amizades afetuosas, mas castas.

Mesmo assim, esses esforços ocasionais serviram para alguma coisa: algo próximo a uma visão de mundo adquiriu forma em minha mente. Nisso fui ajudado por alguns professores que toleravam meus hábitos questionáveis de estudo e minhas pretensões juvenis. Fui ajudado ainda mais por alguns estudantes, em geral mais velhos — jovens negros de bairros problemáticos, jovens brancos de cidades pequenas que tinham batalhado muito para entrar na faculdade, rapazes da primeira geração norte-americana de pais latinos, estudantes internacionais do Paquistão, da Índia ou de países da África à beira do caos. Eles sabiam o que importava; quando falavam nas aulas, suas opiniões tinham raízes em comunidades concretas, em lutas concretas. *É isso o que esses cortes orçamentários significam em meu bairro. Me deixem falar sobre minha escola, antes de começarem a reclamar de ações afirmativas. A Primeira Emenda é ótima, mas por que o governo americano não fala nada sobre os presos políticos em meu país?*

Os dois anos que passei na Occidental constituíram o início de meu despertar político. Mas isso não significava que eu acreditasse em política. Salvo raras exceções, tudo o que eu via nos políticos parecia dúbio: o cabelo cuidadosamente penteado, o largo sorriso voraz, os chavões e a autopromoção na TV, enquanto a portas fechadas bajulavam as corporações e outros interesses financeiros. Atuavam num jogo de cartas marcadas, concluí, e eu não queria ter nenhuma participação nisso.

O que realmente prendia minha atenção era algo mais amplo e menos convencional — não as campanhas políticas, mas os movimentos sociais, em que as pessoas comuns se uniam para promover mudanças. Passei a estudar as sufragistas, os primeiros sindicalistas, Gandhi, Lech Wałęsa, o Congresso Nacional Africano. Sobretudo, eu me inspirava nos jovens líderes do movimento pelos direitos civis — não só o dr. King, mas também John Lewis e Bob Moses, Fannie Lou Hamer e Diane Nash. Em seu trabalho heroico — indo de porta em porta para cadastrar eleitores, sentando ao balcão das lanchonetes, marchando ao som de canções pela liberdade —, eu via a chance de pôr em prática os valores que minha mãe me ensinara: como reunir poder não rebaixando, mas sim elevando os outros. Aquela era a verdadeira democracia em ação — a democracia não como uma concessão oferecida de cima para baixo, não como uma partilha de recompensas entre grupos de interesse, mas como uma conquista, uma obra de todos. O resultado era não só uma mudança nas condições materiais, mas um senso de dignidade para as pessoas e as comunidades, um laço entre aqueles que antes pareciam separados por uma grande distância.

Concluí que aquele era um ideal que valia a pena buscar. Só precisava de um foco. Depois do segundo ano, me transferi para a Universidade Columbia, imaginando que seria um novo começo. Passei três anos em Nova York, enfurnado numa sucessão de apartamentos dilapidados, em grande parte afastado dos velhos amigos e dos maus hábitos, vivendo feito um monge — lendo, escrevendo, preenchendo diários e mais diários, raramente dando bola para as festas da faculdade e nem sequer me preocupando em fazer refeições quentes. Fechei-me em mim mesmo, ocupado com questões que pareciam se amontoar umas sobre as outras. Por que alguns movimentos sociais davam certo e outros fracassavam? Quando alguns elementos de uma causa eram absorvidos pela política convencional, isso era sinal de sucesso ou de indevida apropriação da causa? Quando uma concessão era aceitável e quando isso era se vender? E como era possível saber a diferença?

Ah, como eu era sério naquela época — tão rigoroso, sem nenhum senso de humor! Quando revejo minhas anotações no diário de então, sinto grande afeição pelo rapaz que eu era, ansioso por deixar minha marca no mundo, querendo fazer parte de algo grandioso e idealista que sequer parecia existir. Afinal, eram os Estados Unidos no começo dos anos 1980. Os movimentos da década anterior tinham perdido a força. Instaurava-se um novo conservadorismo. Ronald Reagan fora eleito presidente; a economia estava em recessão; a Guerra Fria estava a todo vapor.

Se eu voltasse no tempo, diria àquele jovem que pusesse os livros de lado por um instante, abrisse as janelas e deixasse entrar um pouco de ar fresco (naquela época eu era um fumante compulsivo). Recomendaria que relaxasse, saísse para ver gente, aproveitasse os prazeres que a vida reserva para quem está na casa dos vinte anos.

"Você precisa se animar, Barack."

"Precisa transar."

"Você é tão idealista. Ótimo, mas não sei se isso que está dizendo é realmente possível."

Eu resistia a essas vozes. Resistia precisamente porque temia que tivessem razão. Fosse o que fosse aquilo que eu estava incubando naquelas horas que passava sozinho, fosse qual fosse a visão de um mundo melhor que estava cultivando em minha estufa mental, era provável que não resistisse sequer ao mais simples teste de uma conversa. Minhas ideias, vistas à luz cinzenta de um inverno em Manhattan e contra o pano de fundo do ceticismo dominante naqueles anos, expostas em sala de aula ou tomando café com os amigos, soavam exageradas e extravagantes. E eu sabia disso. Na verdade, essa é uma das coisas que talvez tenham me impedido de virar um completo esquisitão antes de chegar aos 22 anos; em algum nível mais fundamental, eu entendia o absurdo de minha visão, como era enorme a distância entre minhas ambições grandiosas e qualquer coisa que estivesse de fato fazendo na vida. Eu era como um jovem Walter Mitty, um Dom Quixote sem nenhum Sancho Pança.

Isso também pode ser visto nas anotações de meu diário daquela época, uma crônica bastante precisa de todas as minhas deficiências. A preferência por ficar olhando o próprio umbigo, em vez de agir. Uma certa reserva, timidez até, talvez remontando à minha criação havaiana e indonésia, mas também resultante de uma profunda insegurança. Uma suscetibilidade à rejeição ou à ideia de parecer simplório. Talvez até uma preguiça enraizada.

Resolvi deixar de fazer corpo mole e adotei um regime de autoaperfeiçoamento que nunca cumpri por inteiro. (Michelle e as meninas até hoje comentam que não consigo entrar numa piscina ou no mar sem me sentir obrigado a nadar raias completas. "Por que você não fica só curtindo um pouco?", elas me perguntam com um sorrisinho. "É gostoso. Veja… é assim.") Fiz listas. Comecei a me exercitar, a correr em volta do Central Park Reservoir ou à margem do East River, comendo latas de atum e ovos cozidos para dar energia. Me desfiz de pertences supérfluos — para que ter mais de cinco camisas?

Para qual grande disputa eu me preparava? Fosse qual fosse, eu sabia que não estava pronto. Aquela incerteza e insegurança pessoal me impediam de aceitar logo de cara as respostas mais fáceis. Criei o hábito de questionar minhas próprias suposições e isso, acredito, acabou sendo uma coisa boa, não só porque me impediu de virar um sujeito insuportável, mas porque me vacinou contra as fórmulas revolucionárias adotadas por muita gente de esquerda no começo da era Reagan.

Sem dúvida, era esse o caso quando se tratava de questões raciais. Tendo sofrido minha própria cota de afrontas raciais, eu podia ver muito claramente a herança persistente da escravidão e da segregação racial a qualquer hora andando pelo Harlem ou por algumas áreas do Bronx. Mas, por razões biográficas, aprendi a não invocar a cada instante minha posição de vítima e resistia à ideia, defendida por alguns negros conhecidos meus, de que os brancos eram irremediavelmente racistas.

A convicção de que o racismo não era inevitável talvez explique também minha vontade de defender o ideário americano: o que o país era e podia vir a ser.

Minha mãe e meus avós nunca foram de ostentar patriotismo. Recitar o Juramento à Bandeira em sala de aula, agitar bandeirolas no Quatro de Julho — essas coisas eram tratadas como rituais agradáveis e não como deveres sagrados (e a postura deles em relação à Páscoa e ao Natal era bastante parecida). Mesmo a participação do meu avô na Segunda Guerra Mundial era tratada com discrição; ele me falava mais de ter que comer as rações K — "Horríveis!" — do que da glória de ter marchado no exército de Patton.

E, no entanto, o orgulho de ser americano, a ideia de que os Estados Unidos eram o maior e melhor país do mundo — isso era incontestável. Na minha juventude, eu ficava irritado com os livros que rejeitavam a ideia do excepcionalismo americano; entrava em longas e arrastadas discussões com amigos que insistiam que essa hegemonia era a raiz da opressão mundial. Eu tinha morado no exterior; sabia das coisas. Que os Estados Unidos estavam sempre aquém de seus ideais, isso eu admitia prontamente. A versão da história americana ensinada nas escolas, com o acobertamento da escravidão e a quase omissão do massacre dos povos nativos — isso eu não defendia. O uso indiscriminado do poderio militar, a ganância das multinacionais — certo, certo, já entendi.

Mas a *ideia* de América, a *promessa* da América: eu me aferrava a isso com uma obstinação que surpreendia até a mim mesmo. "Consideramos que estas verdades são evidentes por si mesmas, que todos os homens são criados iguais" — *essa* era minha América. A América sobre a qual escreveu Tocqueville, o país de Whitman e de Thoreau, sem ninguém inferior ou superior a mim; a América dos pioneiros que partiram para o Oeste em busca de uma vida melhor ou dos imigrantes desembarcando em Ellis Island, motivados pelo desejo de liberdade.

Era a América de Thomas Edison e dos irmãos Wright, fazendo os sonhos alçarem voo, e de Jackie Robinson correndo as bases no campo de beisebol. De Chuck Berry e Bob Dylan, de Billie Holiday no Village Vanguard e Johnny Cash na Penitenciária de Folsom — todos aqueles desajustados que pegavam os restos esquecidos ou descartados por outros e criavam beleza onde ninguém vira antes.

Era a América de Lincoln em Gettysburg, de Jane Addams trabalhando num abrigo em Chicago, dos soldados exaustos na Normandia, do dr. King no National Mall despertando coragem nos outros e em si mesmo.

Era a América da Constituição e da Declaração de Direitos, redigidas por pensadores brilhantes, mas não perfeitos, que tentaram elaborar um sistema ao mesmo tempo robusto e passível de transformação.

Uma América que poderia explicar quem eu era.

"Continue sonhando, Barack": era assim que geralmente terminavam as discussões com meus amigos da faculdade, quando algum metido a besta me esfregava na cara um jornal alardeando a invasão de Granada pelos Estados Unidos, os cortes no programa alimentar das escolas ou alguma outra manchete desalentadora. "Me desculpe, mas sua América é *esta aqui.*"

Esse era eu quando me formei, em 1983: grandes ideias e nenhuma meta. Não havia nenhum movimento do qual participar, nenhum líder altruísta a quem seguir. A coisa mais próxima que encontrei daquilo que tinha em mente era o conceito de "organização comunitária" — um trabalho de base que unia as pessoas comuns em torno de questões de interesse local. Depois de passar por alguns empregos em Nova York que não eram adequados a meu perfil, fiquei sabendo de uma vaga em Chicago para trabalhar com um grupo de igrejas que prestavam assistência às comunidades afetadas pelo fechamento de algumas indústrias siderúrgicas da região. Nada muito grandioso, mas era um começo.

Já contei em outro lugar sobre esses meus anos em Chicago. Nos bairros em que trabalhei, compostos na maioria de trabalhadores negros, as vitórias eram pequenas e fugazes; minha organização era uma entidade pequena que tentava enfrentar as mudanças que se alastravam não só por Chicago, mas por cidades de todo o país — o declínio das indústrias manufatureiras, o êxodo da população branca, o surgimento de uma subclasse dispersa e desconectada mesmo quando uma nova classe instruída começou a fomentar o processo de gentrificação das áreas urbanas centrais.

Mas se por um lado meu trabalho teve pouco impacto em Chicago, por outro, a cidade mudou minha vida.

Em primeiro lugar, a cidade me fez sair de meu mundo de ideias abstratas. Eu tinha de ouvir as coisas que interessavam às pessoas, e não só teorizar. Tinha de pedir a desconhecidos que juntassem seus esforços aos meus e se engajassem em projetos concretos para a vida real — fazer a manutenção de um parque, remover o amianto das unidades de um conjunto de habitações populares, criar um programa extracurricular que as crianças pudessem frequentar depois da escola. Conheci o fracasso e aprendi a recuperar o ânimo para manter unidas as pessoas que haviam depositado sua confiança em mim. As frequentes rejeições e os insultos que sofri foram mais que suficientes para deixar de ter medo deles.

Em outras palavras, amadureci — e recuperei meu senso de humor.

Passei a admirar as pessoas com quem trabalhava: a mãe solteira que vivia numa área urbana degradada e que, de alguma maneira, conseguiu mandar os quatro filhos para a faculdade; o padre irlandês que todas as noites abria as portas da igreja para que as crianças tivessem outra opção além das gangues; o metalúrgico desempregado que voltou para a escola a fim de se tornar assistente social. A história de suas dificuldades e vitórias modestas me confirmava o tempo todo a decência inerente das pessoas. Através delas, eu via a transformação que se dava quando os cidadãos cobravam responsabilidade dos governantes e das instituições, mesmo em algo tão singelo como colocar uma placa de PARE numa esquina movimentada ou aumentar o número das rondas policiais. Notava que as pessoas assumiam uma postura um pouco mais altiva, passavam a se enxergar de outra forma quando constatavam que tinham voz, e que essa voz fazia diferença.

Através delas, resolvi as questões pendentes de minha identidade racial. Pois ficou claro que não havia só uma forma de ser negro; tentar ser uma boa pessoa já bastava.

Através delas, descobri uma comunidade de fé — descobri que não havia problema em duvidar, em questionar, e mesmo assim buscar algo além do aqui e agora.

E, como ouvia nos subsolos das igrejas e nas varandas das casas em estilo bangalô os mesmíssimos valores — honestidade, dedicação ao trabalho, solidariedade — que me foram incutidos por minha mãe e meus avós, passei a confiar no elo comum que existia entre as pessoas.

Às vezes fico imaginando o que teria acontecido se eu tivesse continuado no trabalho com organizações sociais ou, pelo menos, em alguma variação dele. Como muitos heróis locais que conheci ao longo dos anos, talvez pudesse criar uma instituição capaz de mudar a cara de um bairro ou de uma parte da cidade. Profundamente inserido numa comunidade, talvez fosse possível destinar ideias e verbas para mudar não o mundo, mas aquele lugar ou aquele grupo de crianças, fazendo um trabalho que influenciasse a vida dos vizinhos e amigos de maneira útil e concreta.

Mas não continuei. Fui para a Harvard Law School. E aqui a história fica um pouco mais confusa em minha cabeça, e minha motivação, mais aberta a interpretações.

Na época, eu dizia — e ainda gosto de dizer — a mim mesmo que deixei o trabalho social porque me parecia lento demais, limitado demais, incapaz de atender às necessidades das pessoas a quem queria servir. Um centro de treinamento profissional local não compensaria os milhares de empregos perdidos com o fechamento de uma fábrica. Um programa extracurricular não resolveria a constante falta de verbas das escolas, nem bastaria para as crianças que ficavam aos cuidados dos avós porque o pai e a mãe estavam na prisão. Parecia que, em todas as questões, esbarrávamos em alguém — um político, um funcionário público, algum diretor-presidente distante — que tinha poder para melhorar as coisas, mas não fazia nada. E, quando enfim conseguíamos alguma concessão dessas pessoas, geralmente era muito pouco, e tarde demais. Precisávamos ter o poder de elaborar orçamentos e diretrizes de ação, e esse poder estava em outro lugar.

Além disso, com o tempo fui me dando conta de que, dois anos antes de eu chegar a Chicago, na verdade *já* houvera um movimento por mudanças na cidade, que aliava a ação social à política — uma confluência acelerada e profunda que eu não conseguira entender por completo, pois não condizia com minhas teorias. Foi o movimento para eleger Harold Washington como o primeiro prefeito negro da cidade.

Parecia ter surgido do nada, uma campanha de base como a política moderna nunca vira antes. Um pequeno grupo de ativistas e empresários negros, cansados dos incessantes preconceitos e desigualdades da cidade grande mais segregada dos Estados Unidos, resolveu cadastrar uma quantidade inédita de eleitores e então recrutou um expressivo parlamentar de enorme talento, mas de ambições limitadas, para disputar um cargo que parecia totalmente fora de seu alcance.

Ninguém achava que Harold teria chance; ele mesmo duvidava. Foi uma campanha boca a boca, realizada basicamente por voluntários sem experiência. E aí veio a surpresa, uma espécie de combustão espontânea. Pessoas que nunca haviam pensado em política, que nunca tinham nem sequer votado, foram arrebatadas pela causa. Crianças e idosos começaram a usar os broches azuis da campanha. A relutância coletiva em continuar aguentando o acúmulo constante de injustiças e desdéns — todas as vezes em que eram parados no trânsito sem nenhuma razão, todas as cartilhas escolares de segunda mão, todas as vezes que os negros passavam por um ginásio do Park District na zona norte e viam como era muito mais bonito do que o do bairro deles, todas as vezes que ficavam para trás na promoção para um novo cargo ou que os bancos lhes negavam empréstimos — ganhou a força de um ciclone e arrebatou a prefeitura.

Quando cheguei a Chicago, Harold estava na metade do primeiro mandato. A câmara municipal, que antes aprovava cegamente qualquer decisão do velho Daley, dividira-se em alas raciais, e os vereadores brancos, que tinham maioria e controlavam a câmara, bloqueavam sistematicamente qualquer reforma proposta pelo prefeito. Harold tentava amainá-los e se esforçava para chegar a algum acordo, mas eles não arredavam pé. Para quem acompanhava o noticiário, era uma batalha que prendia a atenção, uma disputa aberta entre facções, mas restringia o que Harold poderia fazer por seus eleitores. Foi preciso que um tribunal federal refizesse um mapa racialmente distorcido dos distritos eleitorais municipais e sua quantidade de representantes para que Harold finalmente conseguisse a maioria e rompesse o impasse. Mas, antes que pudesse realizar muitas das mudanças prometidas, ele morreu de infarto. Um descendente da velha ordem, Rich Daley, acabou recuperando o trono de seu pai.

Longe do centro da ação, eu assistia ao desenrolar do drama e procurava absorver suas lições. Percebi que a tremenda energia do movimento não tinha como se sustentar sem estrutura, organização e experiência em governança. Percebi que uma campanha política baseada em iniciativas de promoção de igualdade racial, por mais sensatas que fossem, gerava medo e revolta e, ao fim, impunha limites ao avanço. E, no rápido declínio da coalizão de Harold após sua morte, percebi o perigo de se ancorar num único líder carismático para efetuar as mudanças.

Mas, ainda assim, que força da natureza ele foi durante aqueles cinco anos! Apesar dos obstáculos, Chicago mudou sob sua gestão. Os serviços públicos, desde a poda das árvores à remoção da neve e aos consertos das ruas, passaram a se distribuir de maneira mais uniforme entre os distritos. Construíram-se escolas nos bairros pobres. Os empregos na prefeitura deixaram de depender apenas de apadrinhamentos, e a comunidade empresarial por fim começou a prestar atenção na falta de diversidade em seus quadros de funcionários.

Harold, acima de tudo, deu esperanças às pessoas. Naqueles anos, os negros de Chicago falavam sobre ele de uma forma que fazia lembrar os progressistas brancos de outra geração falando sobre Bobby Kennedy — não era tanto uma questão do que se realizava de concreto, e sim do que ele fazia as pessoas sentirem. Como se tudo fosse possível. Como se pudessem reconstruir o mundo.

Para mim, foi uma semente que germinou. Me fez pensar pela primeira vez que gostaria de concorrer algum dia a um cargo público. (Não fui o único a ter essa inspiração — foi logo após a eleição de Harold que Jesse Jackson anunciou que ia concorrer à presidência.) Não era para lá que migrara a energia do movimento pelos direitos civis — para a política eleitoral? John Lewis, Andrew Young, Julian Bond — eles não tinham se tornado candidatos, por concluir que essa era a arena onde poderiam exercer mais influência? Eu sabia que havia armadilhas — as concessões, a busca incessante por verbas, a perda dos ideais, a busca incessante da vitória.

Mas talvez houvesse outro caminho. Talvez fosse possível gerar a mesma energia, o mesmo senso de propósito, não só dentro da comunidade negra, mas ultrapassando as barreiras raciais. Talvez, com preparo suficiente, com conhecimento de políticas públicas e experiência de gestão, fosse possível evitar alguns dos erros de Harold. Talvez os princípios do trabalho de organização social pudessem ser arregimentados não só para conduzir uma campanha, como também para governar — para incentivar a participação e o exercício da cidadania entre aqueles que tinham sido excluídos e para ensiná-los a confiar não só nos representantes eleitos, mas em si mesmos e uns nos outros.

Era o que eu dizia a mim mesmo. Mas a questão não acabava por aí. Eu também estava às voltas com minhas ambições pessoais. Por mais que houvesse aprendido com o trabalho social, não tinha muito a mostrar em termos de realizações concretas. Até minha mãe, que nunca se prendera a convencionalismos, estava preocupada comigo.

"Não sei, Bar", ela me disse num Natal. "Você pode passar a vida trabalhando fora das instituições. Mas poderia conseguir mais resultado tentando mudar essas instituições por dentro."

"Além disso, vá por mim", ela disse, rindo com gosto. "Viver na pobreza é uma coisa superestimada."

E assim foi que, no segundo semestre de 1988, levei minhas ambições para um lugar onde a ambição era a regra. Oradores de turma na formatura, presidentes de centros acadêmicos, latinistas eruditos, campeões de debates — as pessoas que encontrei na Harvard Law School eram, de modo geral, moças e rapazes bem impressionantes que, ao contrário de mim, tinham crescido com a justificável certeza de que estavam destinados a algo importante na vida. Se acabei me saindo bem na faculdade, foi em grande parte, creio eu, por ser um pouco mais velho do que meus colegas. Enquanto muitos se sentiam sobrecarregados com as tarefas, para mim, depois de três anos organizando reuniões comunitárias e batendo de porta em porta no frio, o tempo que eu passava na biblioteca — ou, melhor ainda, no sofá de meu apartamento fora do campus, com um jogo de basquete na tv com o volume no mínimo — parecia ser o luxo dos luxos.

E também tinha o seguinte: no fim, o estudo do direito não era tão diferente do que eu havia feito em meus anos de reflexões solitárias sobre questões cívicas. Quais princípios devem governar a relação entre indivíduo e sociedade, e até onde vão nossas obrigações com os outros? Até que ponto o governo deve regular o mercado? Como se dá a mudança social, e como as leis podem assegurar que todos tenham voz?

Eu não me cansava daquilo. Adorava as discussões, principalmente com os estudantes mais conservadores, que, apesar de nossas divergências, pareciam gostar que eu levasse seus argumentos a sério. Nos debates em sala de aula, vivia o tempo todo levantando a mão, o que me valia uma merecida reação dos colegas, que apenas reviravam os olhos. Não conseguia me conter; era como se, depois de passar anos fechado em mim mesmo com uma estranha obsessão — como, digamos, fazer malabarismos ou engolir espadas —, eu estivesse numa escola circense.

O entusiasmo compensa uma série de deficiências, é o que digo a minhas filhas — pelo menos foi assim comigo em Harvard. Em meu segundo ano, fui eleito o primeiro negro a ocupar o cargo de editor-chefe da *Law Review*, fato que ganhou certa divulgação na imprensa nacional. Assinei um contrato para escrever um livro. Vieram propostas de emprego de todo o país, e parecia garantido que agora eu tinha meu caminho traçado, assim como meus predecessores no periódico: seria assistente de um ministro da Suprema Corte, trabalharia para um grande escritório de advocacia ou na Procuradoria Geral dos Estados Unidos e, em um momento oportuno, poderia, se quisesse, tentar a política.

Era uma coisa inebriante. A única pessoa que questionava esse caminho desimpedido e ascendente parecia ser eu mesmo. Tinha sido rápido demais. Toda a atenção, o vislumbre de grandes salários à minha frente — parecia uma armadilha.

Por sorte, tive tempo para pensar no passo seguinte. E, de todo modo, a decisão mais importante que me aguardava acabaria não tendo nenhuma relação com o direito.

2

Michelle LaVaughn Robinson já exercia a advocacia quando nos conhecemos. Tinha 25 anos de idade e era advogada associada no Sidley & Austin, o escritório de Chicago onde estagiei no verão após o primeiro ano na faculdade de direito. Era alta, bonita, divertida, extrovertida, generosa e inteligentíssima — e me apaixonei quase no mesmo instante em que a vi. Ela ficara incumbida de me ajudar, de me lembrar onde ficava a fotocopiadora, em suma, de fazer com que eu me sentisse bem-vindo. Isso também significava que saíamos para almoçar juntos, o que nos permitia sentar e conversar — no começo, sobre nossos empregos e depois sobre qualquer outra coisa.

Nos dois anos seguintes, nos intervalos da faculdade e quando Michelle ia a Harvard como parte da equipe de recrutamento do Sidley, nós saíamos para jantar e fazer longas caminhadas à margem do rio Charles, falando de filmes, da família, de lugares do mundo que queríamos conhecer. Quando o pai dela morreu de forma inesperada, devido a complicações decorrentes da esclerose múltipla, peguei um avião para ficar a seu lado, e ela me reconfortou quando eu soube que o meu avô estava com câncer de próstata em estágio avançado.

Em outras palavras, nos tornamos amigos e amantes e, conforme se aproximava o final de meu curso de direito, avaliávamos cautelosamente a perspectiva de uma vida juntos. Uma vez, fui com ela a um grupo de trabalho comunitário que eu estava coordenando, um favor para um amigo que dirigia um projeto social no South Side. A maioria dos participantes era de mães solteiras, algumas com assistência previdenciária, outras poucas com qualificações para o mercado de trabalho. Pedi que descrevessem seu mundo, como era e como gostariam que fosse. Era um exercício simples que eu havia feito muitas vezes, uma forma de fazer as pessoas criarem uma ponte entre a realidade de suas vidas e comunidades e as coisas que poderiam mudar. Depois da reunião, quando íamos para o carro, Michelle me deu o braço e disse que se sentiu emocionada com minha facilidade de me relacionar com as mulheres:

"Você deu esperança a elas."

"Elas precisam de mais do que esperança", respondi.

Tentei explicar meu conflito interior: entre trabalhar pela mudança dentro do sistema e ao mesmo tempo ser contra ele; querer liderar, mas também capacitar as pessoas para que elas mesmas promovessem as mudanças de que precisavam; querer fazer política, mas não ser político.

Michelle olhou para mim e disse com toda a delicadeza:

"O mundo como é e o mundo como devia ser."

"Tipo isso."

Michelle era uma figura original; não conhecia ninguém como ela. Ainda não havia acontecido, mas eu já estava começando a pensar em pedi-la em casamento. Para Michelle, não havia o que pensar: o casamento era o passo seguinte natural numa relação séria como a nossa. Para mim, criado por uma mãe de casamentos desfeitos, a necessidade de formalizar uma relação nunca parecera muito importante. Além disso, naqueles primeiros anos de nosso namoro, tínhamos discussões terríveis. Por mais que eu estivesse certo, ela nunca cedia. Seu irmão, Craig, astro do basquete em Princeton que trabalhara num banco de investimentos antes de se tornar treinador, costumava brincar que a família achava que Michelle (Miche, como eles a chamavam) nunca se casaria por ser turrona demais — nenhum cara aguentaria. O curioso era que eu gostava disso nela, sua forma de me desafiar o tempo todo e me obrigar a ser sincero.

E Michelle, o que ela pensava? Penso nela pouco antes de nos conhecermos: uma jovem profissional liberal, bem-vestida, decidida, concentrada na carreira e em fazer as coisas como devem ser feitas, sem tempo para bobagens. E então um cara estranho do Havaí, com suas roupas surradas e seus sonhos malucos, entra em sua vida. O fato de que eu era diferente dos rapazes com quem estava acostumada, dos homens com quem tinha namorado, segundo ela, fazia parte de meus atrativos. Diferente até de seu pai, que ela adorava: um homem que nunca concluíra o curso na faculdade comunitária, acometido por uma esclerose múltipla logo aos trinta e poucos anos, mas nunca se queixava, ia trabalhar todos os dias, assistia a todas as apresentações de dança de Michelle e a todos os jogos de basquete de Craig, sempre presente para a família, que era realmente o orgulho e a alegria da vida dele.

A vida comigo prometia outras coisas para Michelle, coisas que ela considerava terem faltado em sua vida quando menina. Aventura. Viagens. Uma libertação das restrições. Da mesma forma como suas raízes em Chicago — sua família numerosa, sua sensatez, sua vontade de ser, acima de tudo, uma boa mãe — prometiam uma âncora que me faltara durante boa parte da adolescência e juventude. Nós estávamos apaixonados, ríamos juntos, compartilhávamos dos mesmos valores fundamentais, mas não só: havia uma simetria na maneira como nos complementávamos. Podíamos servir como ponto de apoio um para o outro, proteger mutuamente nossos pontos fracos. Podíamos ser uma dupla.

Havia, claro, outra forma de dizer que éramos muito diferentes, tanto em termos de experiência como de temperamento. Para Michelle, o caminho para uma vida boa era estreito e cheio de perigos. A família era o único esteio confiável, os grandes riscos não deveriam ser encarados de forma leviana, e o sucesso material — um bom emprego, uma bela casa — nunca era razão para grandes dilemas, pois o fracasso e a privação estavam sempre por perto, a apenas um passo ou um minuto de distância. Michelle nunca se preocupou com a ideia de estar se vendendo, pois o fato de ter crescido no South Side significava que a pessoa permanecia sempre, em certo sentido, como alguém de fora do sistema. Para ela, os obstáculos eram claríssimos; não era necessário procurá-los. As dúvidas nasciam da necessidade de provar a qualquer custo que tinha o direito de estar em seu lugar — não só para os que duvidavam, mas para si mesma também.

Quando o curso de direito estava chegando ao fim, falei com Michelle sobre meus planos. Eu não ia trabalhar no gabinete de nenhum juiz ou promotor. Ia voltar para Chicago e tentar prosseguir no trabalho comunitário, ao mesmo tempo exercendo a advocacia num pequeno escritório especializado em direitos civis. Se surgisse uma boa oportunidade, expliquei, podia até considerar a candidatura a um cargo público.

Nada disso a pegou de surpresa. Michelle já esperava que eu fizesse aquilo que julgasse certo.

"Mas uma coisa eu preciso dizer, Barack", falou ela. "Acho que isso que você quer fazer é realmente difícil. Ou seja, gostaria de ter seu otimismo. Às vezes tenho. Mas as pessoas podem ser muito egoístas e simplesmente ignorantes. Creio que muita gente não quer ser incomodada. E para mim a política parece estar cheia de gente capaz de fazer qualquer coisa pelo poder, gente que só pensa em si mesma. Principalmente em Chicago. Duvido que você consiga mudar isso."

"Mas posso tentar, não?", respondi com um sorriso. "De que adianta ter um belo diploma de advogado se não puder correr alguns riscos? Se não der certo, não deu. Eu vou ficar bem. Nós vamos ficar bem."

Ela segurou meu rosto entre as mãos, dizendo:

"Você já percebeu que, quando tem um caminho fácil e um difícil, sempre escolhe o caminho difícil? Por que isso?"

Nós dois rimos. Mas deu para notar que Michelle achava que tinha tocado numa questão importante. Essa percepção traria implicações para nós dois.

Depois de alguns anos de namoro, Michelle e eu nos casamos em 3 de outubro de 1992, na Trinity United Church of Christ, com mais de trezentos parentes, amigos e colegas alegremente espremidos nos bancos da igreja. A cerimônia foi oficiada pelo pastor da igreja, o reverendo Jeremiah A. Wright Jr., que eu conhecia e admirava desde meus tempos de trabalho social. Estávamos radiantes. Nosso futuro juntos começava oficialmente.

Fui aprovado no exame da Ordem, mas adiei o exercício da profissão por um ano, para conduzir o Projeto VOTE! antes da disputa presidencial de 1992 — um dos maiores movimentos de cadastramento de eleitores na história de Illinois. Depois de voltarmos da lua de mel no litoral da Califórnia, dei aulas na Escola de Direito da Universidade de Chicago, terminei meu livro e ingressei oficialmente na firma de advocacia Davis, Miner, Barnhill & Galland, um pequeno escritório de direitos civis especializado em casos de discriminação profissional e que atuava no setor imobiliário defendendo conjuntos residenciais de custo acessível. Michelle, enquanto isso, concluiu que estava cansada do direito empresarial e se transferiu para o Departamento de Planejamento e Desenvolvimento da Prefeitura de Chicago, onde trabalhou por um ano e meio antes de aceitar dirigir um programa sem fins lucrativos voltado à formação de lideranças jovens chamado Public Allies.

Nós dois gostávamos de nossos empregos e das pessoas com quem trabalhávamos e, com o passar do tempo, nos envolvemos com várias iniciativas cívicas e filantrópicas. Frequentávamos eventos esportivos, concertos e jantares com um círculo crescente de amigos. Conseguimos comprar um apartamento modesto, mas acolhedor, num conjunto no Hyde Park, bem na frente do lago Michigan e do Promontory Point, a uma pequena distância de onde morava Craig e sua jovem família. A mãe de Michelle, Marian, continuava a morar na casa da família em South Shore, a menos de quinze minutos de carro, e íamos visitá-la com frequência, para nos banquetearmos com frango frito com legumes, bolo red velvet e o churrasco feito por Pete, um tio de Michelle. Depois de nos empanturrarmos, sentávamos em volta da mesa da cozinha e ouvíamos os tios de Michelle contando histórias da infância e da juventude, entre risadas cada vez mais altas à medida que caía a tarde, enquanto primos, sobrinhos e sobrinhas ficavam pulando nas almofadas do sofá até serem mandados para o quintal.

Na volta para casa ao anoitecer, Michelle e eu às vezes falávamos em ter filhos — como seriam, ou quantos, e que tal um cachorro? — e imaginávamos o que faríamos juntos como família.

Uma vida normal. Uma vida feliz e produtiva. Isso deveria bastar.

Mas, no início do segundo semestre de 1995, uma estranha sequência de fatos fez surgir de repente uma oportunidade política. O congressista do Segundo Distrito de Illinois, Mel Reynolds, fora indiciado com várias denúncias, inclusive a de ter supostamente mantido relações sexuais com uma voluntária de dezesseis anos de idade que trabalhava para a campanha. Se fosse condenado, haveria imediatamente uma eleição especial para substituí-lo.

Eu não morava no distrito, meu nome não era conhecido e não tinha base de apoio para entrar numa disputa parlamentar. Alice Palmer, porém, a senadora estadual de nossa área, podia concorrer ao assento e, não muito antes da condenação do deputado em agosto, ela se lançou ao cargo. Palmer, ex-pedagoga afro-americana com raízes profundas na comunidade, tinha um histórico sólido, embora não muito notável, e era estimada pelos progressistas e por alguns dos antigos ativistas negros que haviam contribuído para a vitória de Harold; eu não a conhecia, mas tínhamos amigos em comum. Devido ao trabalho que eu fizera no Projeto VOTE!, me pediram que ajudasse na incipiente campanha de Palmer e, com o passar das semanas, várias pessoas me incentivaram a pensar em me inscrever na disputa pelo assento de Alice no senado estadual, que logo ficaria vago.

Antes de falar com Michelle, fiz uma lista dos prós e dos contras. O cargo de senador estadual não era glamoroso — a maioria das pessoas não fazia ideia de quem eram os parlamentares de seu estado — e Springfield, a capital de Illinois, era famosa pela velha prática de destinação de verbas a projetos de caráter unicamente eleitoreiro, por conchavos partidários, propinas e outras maracutaias políticas. Por outro lado, eu precisava começar por algum lugar e tinha de pagar minhas dívidas. Além disso, o legislativo estadual se reunia apenas algumas semanas por ano, o que significava que eu poderia continuar dando aulas e trabalhando no escritório de advocacia.

O melhor de tudo foi que Alice Palmer concordou em endossar meu nome. Como o julgamento de Reynolds ainda não estava encerrado, era difícil estabelecer um cronograma para os trabalhos. Tecnicamente, Alice poderia concorrer ao Congresso com a opção de continuar no cargo estadual caso perdesse a disputa nacional, mas ela garantiu a mim e a outras pessoas que não ficaria mais no senado estadual, que estava disposta a seguir em frente. Junto com a proposta de apoio de nossa vereadora local, Toni Preckwinckle, que tinha a melhor capacidade de mobilização em nossa área, minhas chances pareciam mais do que boas.

Fui até Michelle e fiz meu discurso.

"Pense nisso como um teste", falei.

"Hmpf."

"Fazer uma experiência."

"Certo."

"E aí, o que você acha?"

Ela me beliscou a bochecha.

"Acho que é uma coisa que você quer fazer, então faça. Só me prometa que não vou precisar ficar em Springfield."

Eu tinha mais uma pessoa a consultar antes de me decidir. Meses antes, minha mãe adoecera e recebera o diagnóstico de um câncer no útero.

O prognóstico não era favorável. Pelo menos uma vez por dia eu ficava de coração apertado com a ideia de perdê-la. Tinha ido até o Havaí assim que soube da notícia e fiquei aliviado ao ver que ela continuava com a mesma boa disposição de sempre. Confessou que estava com medo, mas queria fazer o tratamento mais agressivo possível.

"Não vou a lugar nenhum", ela me disse, "enquanto você não me der alguns netos."

Ela recebeu a notícia de minha provável candidatura ao senado estadual com seu entusiasmo característico, fazendo questão de saber de todos os detalhes. Reconheceu que seria uma trabalheira, mas isso, para minha mãe, sempre foi coisa boa.

"E veja direito se Michelle aceita bem a ideia", disse ela. "Não que eu seja a melhor pessoa para dar palpite em casamentos. E não se atreva a me usar como desculpa para desistir. Já tenho que lidar com muita coisa sem precisar sentir que os outros estão deixando as coisas de lado por minha causa. Isso é mórbido, entende?"

"Entendo."

Sete meses depois do diagnóstico, a condição se agravou. Em setembro, Michelle e eu fomos a Nova York encontrar Maya e minha mãe para uma consulta com um especialista no Memorial Sloan Kettering. Já no meio do tratamento com quimioterapia ela sofrera uma transformação física. Não tinha mais o longo cabelo preto; os olhos pareciam vazios. E o pior: a avaliação do especialista foi que o câncer dela estava no estágio quatro e que as opções de tratamento eram limitadas. Enquanto observava minha mãe chupando cubos de gelo porque suas glândulas salivares não funcionavam mais, me empenhei ao máximo em aparentar calma. Contei casos engraçados de meu trabalho e resumi o enredo de um filme que acabara de ver. Rimos quando Maya — nove anos mais nova do que eu, na época estudante da Universidade de Nova York — me lembrou de como eu era um irmão mandão. Fiquei segurando a mão de minha mãe, para que se sentisse confortável antes de adormecer. Então voltei para o quarto do hotel e chorei.

Foi naquela viagem a Nova York que sugeri que viesse morar conosco em Chicago; minha avó estava idosa demais para cuidar dela em tempo integral. Mas minha mãe, sempre a arquiteta de seu próprio destino, declinou.

"Prefiro algum lugar quente e que já conheço", disse ela, olhando pela janela.

Fiquei sentado ali, me sentindo impotente, pensando no longo caminho que ela percorrera na vida, em como devia ter sido inesperado cada passo nessa trajetória tão repleta de acasos felizes. Nunca, nenhuma vez ouvi minha mãe se demorar nas decepções. Pelo contrário, parecia encontrar pequenos prazeres onde quer que fosse.

Até aquele instante.

"A vida é estranha, não é?", ela disse baixinho.

Era, sim.

Seguindo os conselhos maternos, me lancei à minha primeira campanha política. Hoje dou risada ao me lembrar da simplicidade da operação — não muito mais sofisticada do que uma campanha para o conselho discente. Não havia ninguém trabalhando em sondagens e pesquisas de opinião, nenhuma divulgação no rádio nem na TV. Anunciei a candidatura em 19 de setembro de 1995 no Ramada Inn, em Hyde Park, com pretzels, batatas fritas e uns duzentos apoiadores — provavelmente 25% deles parentes e amigos de Michelle. Nosso material de campanha consistia num folheto de 24 × 12 centímetros com uma foto minha, que parecia de passaporte, algumas linhas com dados biográficos e quatro ou cinco tópicos que digitei no computador. Mandei imprimir no Kinko's, o serviço de impressão e cópias da FedEx.

Fiz questão de contratar dois veteranos políticos que conhecera no Projeto VOTE!. Carol Anne Harwell, minha gerente de campanha, era alta, cheia de energia, estava com quarenta e poucos anos e viera cedida por uma zona distrital do West Side. Embora parecesse sempre animadíssima, conhecia bem o jogo duro da política em Chicago. Ron Davis, um sujeito grandalhão, era nosso diretor de campo e especialista em petições. Tinha um cabelo afro levemente grisalho e uma barba rala, além de óculos grossos com armação de metal, e escondia o corpanzil com uma camisa preta folgada que parecia usar todo santo dia.

Ron se mostrou indispensável: Illinois tinha regras eleitorais rigorosas, destinadas a dificultar a vida dos aspirantes a candidatos que não tivessem apoio partidário. Para se inscrever, o postulante ao cargo precisava apresentar uma petição assinada por mais de setecentos eleitores cadastrados, com domicílio no distrito, que para circular precisava ser atestada por alguém que também fosse ali domiciliado. Uma assinatura válida tinha de ser legível, fornecendo com precisão um endereço local e pertencente a um eleitor cadastrado. Ainda me lembro da primeira vez em que nos reunimos ao redor da mesa de nossa sala de jantar, com Ron bufando enquanto distribuía as pranchetas com as petições, junto com as cédulas de eleitor e uma folha de instruções. Sugeri que, antes de falarmos sobre petições, deveríamos organizar alguns eventos de apresentação do candidato e talvez redigir algumas propostas. Carol e Ron se entreolharam e caíram na risada.

"Chefe, veja bem", disse Carol. "Pode guardar toda essa falação de sufragista para depois da eleição. Agora, a única coisa que importa são essas petições. O pessoal da oposição vai passar um pente-fino em tudo isso para ver se as assinaturas são legítimas. Se não forem, você está fora. E posso garantir que, por maior que seja o nosso cuidado, metade das assinaturas não vai valer, e é por isso que precisamos de pelo menos o dobro do que eles dizem."

"O quádruplo", corrigiu Ron, me estendendo uma prancheta.

Devidamente repreendido, fui até um dos bairros que Ron selecionara para coletar assinaturas. Foi como em meus primeiros dias de trabalho de organização social, indo de porta em porta, encontrando casas vazias e gente que se recusava a atender; mulheres com bobes na cabeça e crianças correndo de um lado para o outro, homens trabalhando no jardim, de vez em quando rapazes de camiseta e bandana, com o hálito carregado de álcool enquanto ficavam de olho em tudo o que acontecia no quarteirão. Havia os que queriam me falar de problemas na escola local ou da violência armada que estava se instalando num bairro de trabalhadores que costumava ser tranquilo. Mas a maioria pegava a prancheta, assinava e tentava voltar o mais rápido possível para o que estava fazendo antes.

Se bater de porta em porta era algo bastante corriqueiro para mim, era uma experiência nova para Michelle, que dedicava bravamente uma parte dos fins de semana para me ajudar. E, embora muitas vezes conseguisse mais assinaturas do que eu — com seu esplendoroso sorriso e os casos que contava por ter crescido a poucas quadras dali —, os sorrisos cessavam duas horas depois, quando voltávamos para o carro e íamos para casa.

"A única coisa que eu sei", disse ela a certa altura, "é que realmente devo te amar muito para passar minhas manhãs de sábado fazendo isso."

Depois de vários meses, conseguimos juntar o quádruplo das assinaturas exigidas. Quando não estava no escritório ou dando aulas, eu visitava os clubes locais, os eventos sociais da igreja e lares para idosos, expondo minha causa aos eleitores. Não me saía muito bem. Meu discurso de campanha era empolado, cheio de chavões políticos, sem humor nem inspiração. Também me sentia pouco à vontade para falar sobre mim mesmo. No trabalho social que exercia, eu havia sido treinado a ficar sempre em segundo plano.

Mas melhorei, fiquei mais descontraído, e aos poucos o número de apoiadores aumentou. Recolhi o endosso de parlamentares e pastores locais, bem como de diversas organizações progressistas; até redigi algumas propostas. E gostaria de dizer que foi assim que terminou minha primeira campanha — o jovem candidato intrépido e sua bela esposa paciente e bem-sucedida, começando com alguns amigos na sala de jantar de casa, congregando as pessoas em torno de uma nova forma de política.

Mas não foi o que aconteceu. Em agosto de 1995, nosso congressista caído em desgraça finalmente foi julgado e condenado à prisão; convocou-se uma eleição especial para o final de novembro. Com o assento vago e o calendário definido oficialmente, outros candidatos além de Alice Palmer se lançaram à disputa para o Congresso, entre eles Jesse Jackson Jr., que atraíra a atenção nacional com a inspiradora apresentação de seu pai na Convenção Nacional do Partido Democrata em 1988. Michelle e eu conhecíamos e gostávamos de Jesse Jr. Sua irmã Santita era uma das melhores amigas de Michelle desde o ensino médio e nossa madrinha de casamento. Jesse Jr. tinha popularidade suficiente para que o anúncio de sua candidatura mudasse logo de cara a dinâmica da disputa, deixando Alice em enorme desvantagem.

E, como a eleição especial para o Congresso agora ia ocorrer algumas semanas antes do prazo a fim de dar entrada às petições para disputar o assento de Alice no senado estadual, minha equipe começou a ficar preocupada.

"Melhor conferir de novo se Alice não vai encrencar com você se perder para Jesse Jr.", disse Ron.

Fiz que não com a cabeça e respondi:

"Ela me prometeu que não ia disputar. Deu sua palavra. E falou publicamente. Até na imprensa."

"Tudo bem, Barack. Mas, por favor, dê uma conferida de novo."

Acatei, telefonei para Alice e recebi de novo sua garantia de que pretendia mesmo deixar a política estadual, fosse qual fosse o resultado da disputa para o Congresso.

Mas, quando Jesse Jr. venceu de lavada a eleição especial e Alice chegou num distante terceiro lugar, alguma coisa mudou. Começaram a surgir matérias na imprensa local sobre uma campanha de "Convocação a Alice Palmer". Alguns de seus antigos apoiadores pediram uma reunião e, quando apareci, recomendaram que eu não concorresse. A comunidade não podia perder Alice e todo o seu tempo de casa, disseram eles. Eu deveria ter paciência; minha vez chegaria. Não arredei pé — afinal, eu tinha voluntários e doadores que já haviam investido muito na campanha; ficara com Alice mesmo quando Jesse Jr. entrou na disputa —, mas não consegui convencer ninguém. Quando falei com Alice, o rumo da situação ficou claro. Na semana seguinte, ela deu uma coletiva de imprensa em Springfield, anunciando que estava dando entrada de última hora em suas petições para concorrer e conservar o cargo.

"Te falei", disse Carol, dando uma tragada no cigarro e soprando para o alto uma leve nuvem de fumaça.

Me senti traído e desanimado, mas achava que nem tudo estava perdido. Tínhamos montado uma boa organização nos meses anteriores, e quase todos os parlamentares que endossaram meu nome disseram que ficariam conosco. Ron e Carol estavam menos otimistas.

"Lamento dizer, chefe", falou Carol, "mas a maioria das pessoas ainda nem faz ideia de quem você é. Pô, também não sabem quem ela é, mas... sem querer ofender... 'Alice Palmer' é um nome com muito mais chance de emplacar nas urnas do que 'Barack Obama'."

Entendi o argumento dela, mas falei que íamos até o fim, mesmo que muitos cidadãos importantes de Chicago estivessem insistindo que eu desistisse da disputa. Então, certa tarde, Ron e Carol chegaram à minha casa resfolegantes, com cara de quem havia ganhado na loteria.

"As petições de Alice são péssimas", disse Ron. "As piores que vi na vida. Todos aqueles negros que estavam te amolando para desistir — pois é, eles nem se deram ao trabalho de fazer a coisa direito. Numa dessas, ela nem entra na disputa."

Examinei as checagens informais que Ron e nossos voluntários de campanha tinham feito; as petições entregues por Alice pareciam cheias de assinaturas inválidas: gente com domicílio fora do distrito, múltiplas assinaturas com nomes diferentes mas na mesma caligrafia. Cocei a cabeça:

"Não sei, pessoal..."

"Não sabe o quê?", perguntou Carol.

"Não sei se quero ganhar desse jeito. Bom, claro, estou chateado com o que aconteceu. Mas essas regras eleitorais não fazem muito sentido. Preferia apenas derrotá-la."

Carol recuou, cerrando os dentes.

"Essa mulher deu a *palavra* dela para você, Barack!", disse Carol. "Todos nós nos esfalfamos de trabalhar aqui com base nessa promessa. E agora, quando ela tenta ferrar tudo e nem *isso* consegue fazer direito, você vai deixar passar em branco? Acha que eles não tirariam você na mesma hora, se pudessem?"

Ela sacudiu a cabeça e prosseguiu:

"Pô, Barack. Você é um cara legal... é por isso que a gente acredita em você. Mas, se deixar passar essa, mais vale voltar a dar aula ou qualquer outra coisa, porque para política você não serve. Vai ser atropelado e não vai fazer nenhum bem para ninguém."

Olhei para Ron, que comentou calmamente:

"Ela tem razão."

Eu me recostei na cadeira e acendi um cigarro. Me senti suspenso no tempo, tentando decifrar o que meu instinto me dizia. Até que ponto queria aquilo? Relembrei a mim mesmo o que julgava ser possível fazer caso fosse eleito, o quanto me dispunha a trabalhar se tivesse essa chance. Por fim, falei:

"Certo."

"Certo!", repetiu Carol, o sorriso de volta ao seu rosto.

Ron pegou seus papéis e os guardou na pasta.

O processo levaria uns dois meses para se desenrolar, mas, com minha decisão naquele dia, a disputa estava efetivamente encerrada. Demos entrada em nosso pedido de inscrição no Conselho Eleitoral de Chicago e, quando ficou claro que os integrantes iam decidir em nosso favor, Alice caiu fora. Enquanto isso, afugentamos vários outros democratas com petições ruins da votação. Sem adversário democrata e com uma oposição republicana apenas simbólica, eu estava a caminho do senado estadual.

Fosse qual fosse minha visão de um tipo de política mais nobre, ela teria de esperar.

Creio que é possível extrair boas lições dessa primeira campanha. Aprendi a respeitar as questões práticas da política, a atenção necessária aos detalhes, a lida diária que pode ser a diferença entre ganhar e perder. Esse processo também confirmou o que eu já sabia sobre mim mesmo: apesar de preferir o jogo limpo e honesto, eu não gostava de perder.

A lição mais duradoura, porém, não teve nada a ver com os aspectos técnicos da campanha nem com o jogo duro da política. Teve a ver com o telefonema que recebi no começo de novembro de Maya, que estava no Havaí, bem antes que eu soubesse como me sairia na disputa.

"Ela está mal, Bar", disse Maya.

"Muito mal?"

"Acho melhor você vir agora mesmo."

Eu já sabia que a condição de minha mãe estava deteriorando; tinha falado com ela poucos dias antes. Percebendo um novo grau de dor e resignação em sua voz, eu tinha reservado um voo até o Havaí para a semana seguinte.

"Ela consegue falar?", perguntei a Maya.

"Acho que não. Ela apaga e volta, apaga e volta."

Desliguei e telefonei para a agência, remarcando o voo para o primeiro horário da manhã seguinte. Liguei para Carol cancelando alguns eventos de campanha e repassando o que precisava ser feito durante minha ausência. Algumas horas depois, Maya ligou novamente:

"Sinto muito, querido. Mamãe se foi."

Minha irmã contou que ela não havia recuperado a consciência; Maya estava sentada a seu lado, no leito do hospital, lendo para ela um livro de contos folclóricos, quando aconteceu.

Realizamos um ofício fúnebre naquela semana, no jardim japonês atrás do Centro Oriente-Ocidente na Universidade do Havaí. Recordei que brincava lá quando menino, com minha mãe sentada ao sol me observando enquanto eu corria pela grama, pulava nos degraus de pedra e apanhava girinos no córrego que passava ao lado. Depois, Maya e eu fomos até o mirante no Promontório Koko e lançamos as cinzas ao mar, em meio às ondas batendo nas rochas. E pensei em minha mãe e minha irmã sozinhas naquele quarto do hospital, comigo ausente, tão ocupado com minhas grandiosas missões. Sabia que aquele momento nunca voltaria. Somada à dor, senti uma enorme vergonha.

A menos que se esteja no extremo sul de Chicago, o caminho mais rápido para Springfield é pela I-55. Na hora do rush, saindo do centro e passando pelos subúrbios a oeste, o trânsito fica muito lento; mas, depois de Joliet, a via fica livre, com a pista de asfalto lisa e reta rumando para sudoeste, atravessando Bloomington (sede da seguradora State Farm e da Beer Nuts) e Lincoln (que recebeu o nome do presidente que ajudara a incorporar a cidade quando ele ainda era apenas um advogado) e seguindo por quilômetros e quilômetros entre milharais.

Passei quase oito anos fazendo essa rota, quase sempre sozinho, normalmente em três horas e meia, indo e voltando de Springfield durante algumas semanas no outono, boa parte do inverno e começo da primavera, quando o legislativo de Illinois realizava a maioria de suas atividades. Saía na terça à noite, depois do jantar, e voltava para casa na quinta ao anoitecer ou na sexta de manhã. A cerca de uma hora de distância de Chicago, o sinal de celular sumia, e o rádio só sintonizava estações de música gospel e programas de entrevistas. Para me manter desperto, ouvia audiolivros, quanto mais longos, melhor — em geral romances (os favoritos eram de John le Carré e Toni Morrison), mas também livros de história, sobre a Guerra Civil, a era vitoriana, a queda do Império Romano.

Quando me perguntavam, eu dizia aos amigos céticos que estava aprendendo muito em Springfield, o que, pelo menos nos primeiros anos, era mesmo verdade. Dos cinquenta estados, Illinois é o que melhor representava a demografia nacional, com uma metrópole fervilhante, extensas áreas residenciais ao redor, um interior agrícola, cidades industriais e uma região ao sul considerada mais sulista do que nortista. Em alguns dias, sob a alta cúpula do Capitólio, via-se um recorte geral do país, um poema de Carl Sandburg convertido em realidade. Havia a meninada dos grandes centros urbanos se alvoroçando numa excursão escolar, executivos elegantes do mercado financeiro mexendo em seus celulares, agricultores de boné querendo ampliar os diques que permitiam a travessia de barcaças industriais que levavam suas safras para o mercado. Viam-se mães latinas querendo financiamento para uma nova creche e motoqueiros de meia-idade, com jaqueta de couro, costeletas e bigode característicos, tentando deter mais uma iniciativa legislativa de obrigá-los a usar capacete.

Mantive a discrição naqueles primeiros meses. Alguns colegas se sentiam desconfiados por causa de meu sobrenome incomum e minha formação em Harvard, mas fiz a lição de casa direitinho e ajudei a angariar verbas para as campanhas de outros senadores. Acabei me entrosando com os legisladores e seus assessores não só no senado, mas também na quadra de basquete, nos campos de golfe e nas sessões bipartidárias semanais de pôquer que organizávamos — com apostas de dois dólares com limite de três aumentos, a sala densa de fumaça, conversa jogada fora e o leve chiado quando abríamos mais uma lata de cerveja.

O que me ajudou foi que eu já conhecia o líder da minoria no senado, um negro sexagenário robusto chamado Emil Jones. Oriundo de uma das tradicionais organizações religiosas sob o velho Daley, ele representava o distrito onde eu fazia meu trabalho de organização social. Foi assim que nos conhecemos: levei um grupo de pais a seu gabinete, pedindo uma reunião para conseguir o financiamento de um programa pré-universitário para os jovens da área. Ele não só não negou, como nos recebeu de braços abertos.

"Talvez vocês não saibam", disse ele, "mas estava mesmo esperando que vocês aparecessem!" Comentou que nunca tivera oportunidade de se formar na faculdade; queria garantir o envio de mais verbas do governo para os bairros negros desatendidos. "Deixo com vocês o levantamento do que precisamos", disse, me dando um tapinha nas costas enquanto saíamos de seu gabinete. "A política vocês deixam comigo."

Como era de esperar, Emil conseguiu a verba para o programa, e nossa amizade se manteve no senado estadual. Ele sentia um estranho orgulho de mim e assumiu uma postura quase protetora em relação a minhas posições reformistas. Mesmo quando Jones precisava muito de um voto numa proposta que estivesse preparando (uma obsessão particular dele era liberar os jogos de azar em embarcações fluviais em Chicago), nunca me pressionava se eu negasse apoio — embora não deixasse de soltar alguns palavrões de sua preferência enquanto se dirigia a outra pessoa.

"Barack é diferente", disse certa vez a um assessor. "Ele vai longe."

Apesar de minha dedicação e da boa vontade de Emil, havia um fato que não podíamos mudar: éramos do partido minoritário. Os republicanos no senado de Illinois tinham adotado a mesma posição de intransigência que Newt Gingrich usava na época para neutralizar os democratas no Congresso. O Partido Republicano exercia controle absoluto sobre os projetos que sairiam das comissões e as emendas que entrariam na ordem do dia. Springfield tinha uma designação especial para novos integrantes da minoria, como eu — "cogumelos", porque "se alimentam de merda e são mantidos no escuro".

De vez em quando, eu me via em condições de elaborar alguma legislação significativa. Ajudei a garantir que a versão de Illinois para o projeto de lei de reforma da assistência social nacional sancionado por Bill Clinton desse apoio suficiente aos que estavam entrando no mercado de trabalho. Na esteira de um dos constantes escândalos de Springfield, Emil me designou para representar o partido numa comissão para atualizar as leis de conduta ética. Ninguém mais queria a tarefa, imaginando que era uma causa perdida, mas, graças a uma boa relação com meu correlato republicano, Kirk Dillard, conseguimos aprovar uma lei que coibia algumas das práticas mais vergonhosas — impedindo, por exemplo, que se usasse verba de campanha para despesas pessoais como uma reforma em casa ou um casaco de pele. (Depois disso, houve senadores estaduais que passaram semanas sem falar conosco.)

Uma ocasião mais típica foi a vez, já perto do final do primeiro ano parlamentar, quando pedi a palavra para me opor a uma grande isenção fiscal concedida a algumas indústrias, sendo que o governo estadual estava cortando serviços de atendimento aos pobres. Tinha levantado os dados e me preparado com a meticulosidade de um advogado no tribunal; mostrei por que essas isenções injustificadas transgrediam os princípios conservadores de mercado que os republicanos diziam defender. Quando me sentei, o presidente do senado estadual, Pate Philip — um robusto ex-fuzileiro naval de cabelos brancos, famoso por insultar mulheres e minorias étnicas com notável frequência e despreocupação —, veio até minha mesa.

"Foi um discurso e tanto", disse ele, mascando um charuto apagado. "Apontou bons aspectos."

"Obrigado."

"Pode até ter mudado a opinião de muitos", continuou ele. "Mas não mudou nenhum voto."

Com isso, fez um sinal ao presidente da sessão e ficou observando todo satisfeito enquanto as luzes verdes, indicando "sim", se acendiam no painel.

Assim era a política em Springfield: uma série de conchavos geralmente a portas fechadas, com legisladores pesando e comparando as pressões de vários interesses conflitantes com a indiferença de um comerciante de bazar, ao mesmo tempo que se mantinham atentos aos temas ideológicos mais sensíveis — armas, aborto, impostos —, que podiam gerar fortes reações entres suas bases.

Não que as pessoas não soubessem a diferença entre a boa e a má política. É que simplesmente não se importavam. O que todos em Springfield sabiam era que, durante 90% do tempo, os eleitores não estavam prestando atenção. Fazer oposição à ortodoxia do partido para apoiar uma ideia inovadora era uma concessão louvável, mas complicada: podia custar um endosso fundamental, um grande respaldo financeiro, um cargo de liderança ou mesmo uma eleição.

Era possível atrair a atenção dos eleitores? Eu tentei. No distrito, aceitava praticamente todos os convites que apareciam. Comecei a escrever uma coluna regular para o *Hyde Park Herald*, um periódico semanal local com menos de 5 mil leitores. Realizava reuniões abertas, oferecendo comes e bebes e montanhas de informações sobre as atividades legislativas, e no fim quase sempre acabava sentado ali com meu único assessor, olhando o relógio, esperando uma multidão que nunca aparecia.

Não dava para criticar ninguém por não comparecer. As pessoas viviam ocupadas, tinham família, e certamente a maioria dos debates em Springfield parecia algo muito afastado de seu cotidiano. Por outro lado, nas poucas questões de destaque que de fato interessavam a meus eleitores, provavelmente eles já concordavam comigo, visto que as linhas do meu distrito — como as de quase todos os distritos de Illinois — haviam sido traçadas com uma precisão cirúrgica para garantir um predomínio unipartidário. Se eu quisesse mais verbas para escolas nos bairros pobres, se quisesse maior acesso ao atendimento da saúde básica ou programas de atualização para trabalhadores desempregados, não precisava convencer quem tinha votado em mim. As pessoas que eu precisava envolver e persuadir moravam em outro lugar.

No final de meu segundo ano, a atmosfera do capitólio começou a pesar sobre mim — a inutilidade de estar na minoria, o ceticismo que tantos colegas meus exibiam como uma medalha de honra. E sem dúvida isso transparecia. Um dia, quando estava na rotunda, depois da derrota fragorosa de um projeto de lei que eu apresentara, um lobista bem-intencionado veio e passou o braço em meus ombros.

"Você precisa parar de dar murro em ponta de faca, Barack", disse ele. "O segredo para sobreviver neste lugar é entender que aqui é um negócio. Como vender carros. Ou como a lavanderia do bairro. Se você começa a achar que é mais do que isso, vai enlouquecer."

Alguns cientistas políticos afirmam que tudo o que eu disse sobre Springfield descreve precisamente como o pluralismo deve funcionar; que as barganhas entre grupos de interesses talvez não sejam muito inspiradoras, mas, bem ou mal, mantêm a democracia funcionando. E talvez eu conseguisse engolir melhor esse argumento se não fosse pela vida doméstica que estava perdendo.

Os dois primeiros anos na legislatura caminharam bem — Michelle tinha seu trabalho e, embora continuasse a cumprir sua promessa de não ir à capital do estado, exceto quando assumi o cargo, ainda conversávamos longamente ao telefone nas noites em que eu estava fora. Então, em certo dia do segundo semestre de 1997, ela me ligou no escritório, com um tremor na voz.

"Pois é, aconteceu."

"Aconteceu o quê?"

"Você vai ser pai."

Eu ia ser pai. Quanta alegria nos meses seguintes! Encarnei todos os clichês do pai ansioso: frequentei as aulas Lamaze, tentei entender como se montava um berço, li o livro *O que esperar quando você está esperando* com uma caneta na mão para sublinhar as passagens mais importantes. Lá pelas seis da manhã do Quatro de Julho, Michelle me cutucou e falou que era hora de ir para a maternidade. Tateando pelo quarto, peguei a maleta que tinha deixado junto à porta, e sete horas depois fui apresentado a Malia Ann Obama, quatro quilos e cem gramas de pura perfeição.

Entre seus múltiplos talentos, nossa filha tinha uma boa noção de tempo: sem sessões parlamentares, sem aulas, sem nenhuma grande ação judicial pendente, pude ficar de folga pelo restante do verão. Notívago por natureza, fiquei com o turno da noite para que Michelle pudesse dormir, com Malia sentada no colo, enquanto eu lia para ela, que me olhava com seus grandes olhos curiosos, ou cochilava com ela sobre meu peito, depois de um belo arroto e um bom cocô, toda quentinha e serena. Pensava nas gerações e gerações de homens que não tinham vivido esses momentos, e em meu pai, cuja ausência me moldara mais do que o curto tempo que passei com ele, e vi que não havia outro lugar no mundo onde preferisse estar naquele momento.

Mas as pressões de sermos pais jovens acabaram cobrando seu preço. Depois de alguns meses fantásticos, Michelle voltou ao trabalho e eu retomei o equilibrismo de três empregos. Tivemos sorte de encontrar uma babá maravilhosa que cuidava de Malia durante o dia, mas a inclusão de uma ajudante em tempo integral no esquema da família apertou muito nosso orçamento.

Michelle arcou com a parte mais pesada de tudo isso, alternando-se entre a maternidade e o trabalho, incerta de estar cumprindo bem qualquer um dos dois papéis. No final de cada noite, depois de alimentar, dar banho, ler historinhas, limpar o apartamento, verificar se tinha pegado a roupa na lavanderia, fazer um lembrete para marcar consulta com o pediatra, muitas vezes deitava numa cama vazia, sabendo que o ciclo recomeçaria dali a poucas horas enquanto o marido estava fora, fazendo "coisas importantes".

Começamos a discutir mais, em geral tarde da noite, quando estávamos os dois totalmente esgotados.

"Não foi a isso que me propus, Barack", disse Michelle a certa altura. "Sinto como se estivesse fazendo tudo sozinha."

Fiquei magoado com aquilo. Quando não estava no trabalho, eu estava em casa — e se estava em casa e me esquecia de limpar a cozinha depois do jantar, era porque tinha de ficar acordado até tarde corrigindo provas ou repassando uma súmula dos fatos. Mas, enquanto elencava os argumentos em minha defesa, eu percebi que estava falhando. Por trás da fúria de Michelle, havia uma verdade mais profunda. Eu tentava fazer um monte de coisas para um monte de pessoas diferentes. Estava escolhendo o caminho difícil, exatamente como ela previra quando nossos fardos eram mais leves e nossas responsabilidades pessoais, menos emaranhadas. Pensei então na promessa que fizera a mim mesmo quando Malia nasceu: meus filhos iam me *conhecer*, iam crescer sabendo de meu amor por eles, sentindo que eu os colocava sempre em primeiro lugar.

Sentada à meia-luz de nossa sala de estar, Michelle já não parecia brava, apenas triste.

"Vale a pena?", perguntou.

Não lembro o que respondi. Só sei que não fui capaz de admitir que não tinha mais certeza.

Olhando em retrospecto, é difícil entender por que cometemos uma besteira. Não me refiro a miudezas — estragar a gravata favorita porque tentou tomar sopa dentro do carro ou dar um mau jeito nas costas porque foi jogar futebol americano no Dia de Ação de Graças. Me refiro a escolhas idiotas após longas ponderações: aquelas vezes em que identificamos um problema de verdade em nossa vida, analisamos e então, com toda a confiança, nos saímos justamente com a resposta errada.

Foi o que aconteceu comigo, em minha candidatura ao Congresso. Depois de muitas conversas, tive de reconhecer que Michelle estava certa em perguntar se meu papel em Springfield justificava o sacrifício. Em vez de diminuir minha carga, porém, segui na direção contrária, concluindo que precisava pisar no acelerador e conseguir um cargo de mais influência. Na mesma época, o congressista veterano Bobby Rush, um ex-Pantera Negra, enfrentou o prefeito Daley na eleição de 1999 e foi derrotado, com desempenho fraco até em seu próprio distrito.

Considerei a campanha de Rush pouco inspirada, sem nenhuma base a não ser a vaga promessa de dar continuidade ao legado de Harold Washington. Se era assim que ele atuava no Congresso, imaginei que eu poderia fazer melhor. Depois de conversar com alguns consultores de confiança, minha equipe improvisou uma pesquisa interna para ver se seria viável concorrer contra Rush. Nossa amostragem informal nos indicou que havia alguma chance. Com esses resultados nas mãos, consegui persuadir vários amigos próximos a contribuírem para arrecadar fundos. E então, apesar dos avisos de pessoas com mais experiência política, alertando que Rush era mais forte do que parecia, e apesar de Michelle duvidar da minha ilusão de pensar que ela se sentiria melhor se eu estivesse em Washington em vez de Springfield, anunciei minha candidatura ao Congresso pelo Primeiro Distrito.

Quase desde o começo, a disputa foi um desastre. Depois de algumas semanas, começaram as investidas do campo de Rush: *Obama é de fora; tem o apoio de gente branca; é um elitista de Harvard. E esse nome? Será que é mesmo negro?*

Após arrecadar verba suficiente para encomendar uma pesquisa de opinião propriamente dita, descobri que o nome de Bobby tinha 90% de reconhecimento e um índice de 70% de aprovação, ao passo que somente 11% dos eleitores sabiam quem eu era. Pouco depois disso, o filho adulto de Bobby foi tragicamente baleado e morto, despertando uma enorme onda de solidariedade. Com isso, suspendi minha campanha durante um mês; quanto ao funeral, assisti pela TV à cobertura da cerimônia realizada em minha própria igreja, conduzido pelo reverendo Jeremiah Wright. Já em situação delicada em casa, levei minha família ao Havaí para um breve período de férias nas festas de fim de ano, justamente quando o governador convocou uma sessão legislativa especial para votar uma medida de controle de armas que eu apoiava. Malia, com dezoito meses, adoeceu e não podia viajar, de modo que não compareci à votação e a imprensa de Chicago caiu matando em cima de mim.

Perdi por trinta pontos.

Quando converso com gente jovem sobre política, às vezes apresento esse caso como exemplo do que *não* fazer. Geralmente incluo um adendo, contando que, poucos meses depois da derrota, um amigo meu, preocupado com meu desânimo, insistiu que eu o acompanhasse à Convenção Nacional do Partido Democrata de 2000, em Los Angeles. ("Você precisa voltar à carga", disse ele.) Mas, quando cheguei ao aeroporto e fui alugar um carro, não consegui porque tinha estourado o limite de meu American Express. Dei um jeito de chegar ao Staples Center, mas então descobri que a credencial que meu amigo conseguira para mim não permitia a entrada no recinto da convenção, e com isso fiquei circulando ao redor do evento, assistindo à festividade pelas TVs suspensas nas paredes. Finalmente, após um episódio constrangedor, horas depois, quando meu amigo não conseguiu que me deixassem entrar numa festa em que estava, tomei um táxi para o hotel, dormi no sofá da suíte dele e peguei o avião de volta para Chicago no momento em que Al Gore fazia seu discurso depois de ter sido nomeado candidato.

É uma história engraçada, sobretudo em vista do que acabei alcançando. Como digo a meu público, ela mostra a natureza imprevisível da política e a importância de perseverar.

A parte que deixo de fora é meu estado de espírito naquela viagem de volta. Tinha quase quarenta anos, estava falido, acabava de sair de uma derrota humilhante e meu casamento andava tenso. Senti, talvez pela primeira vez na vida, que tinha tomado o rumo errado, que, quaisquer que fossem as reservas de energia e otimismo que julgava ter, qualquer que fosse o potencial em que sempre apostara, haviam sido consumidos num esforço inútil. E, pior, reconheci que, em minha candidatura ao Congresso, fora movido não por algum sonho altruísta de mudar o mundo, mas pela necessidade de justificar as escolhas que já havia feito, de afagar meu ego ou de aplacar a inveja que sentia dos que estavam aonde eu não conseguira chegar.

Em outras palavras, eu me tornara exatamente aquilo que, quando mais jovem, tanto censurava. Eu era um político — e não muito bom, aliás.

3

Depois de ser brutalmente derrotado por Bobby Rush, concedi-me alguns meses para me lamentar e lamber minhas feridas antes de decidir que tinha de reorganizar minhas prioridades e seguir adiante. Disse a Michelle que precisava melhorar minha postura com ela. Estávamos com outro bebê a caminho, e, embora eu ainda continuasse mais ausente do que ela gostaria, pelo menos meu esforço foi reconhecido. Refiz minha agenda em Springfield, de modo que pudesse jantar em casa com mais frequência. Tentei ser mais pontual e mais presente. Em 10 de junho de 2001, quase três anos depois do nascimento de Malia, tivemos a mesma explosão de alegria — o mesmo absoluto assombro — com a chegada de Sasha, rechonchuda e adorável como a irmã, com densos e irresistíveis cachos negros.

Nos dois anos seguintes, tive uma vida mais tranquila, cheia de pequenas satisfações, contente com o equilíbrio que parecia ter alcançado. Gostava de ajudar Malia a vestir suas primeiras roupas de balé ou de segurar sua mão quando passeávamos no parque; de ver Sasha rindo sem parar enquanto eu mordiscava seus pezinhos; de ouvir a respiração serena de Michelle, com a cabeça apoiada em meu ombro, quando adormecia no meio de um filme antigo. Voltei a me dedicar ao trabalho no senado estadual e a valorizar o tempo que passava com meus alunos na faculdade de direito. Dei uma boa examinada em nossas finanças e montei um plano para pagar nossas dívidas. Nos ritmos mais lentos de trabalho e nos prazeres da paternidade, comecei a avaliar as opções para uma vida fora da política — talvez lecionar e escrever em tempo integral, ou voltar a advogar, ou me candidatar a um emprego numa fundação beneficente local, como minha mãe outrora imaginara que eu faria.

Em outras palavras, após minha infeliz candidatura ao Congresso, senti um certo esmorecimento — se não da vontade de fazer alguma diferença no mundo, pelo menos da insistência em achar que teria de ser numa esfera mais ampla. O que pode ter começado como uma resignação com os limites impostos pelo destino à minha vida no fim acabou se transformando em um sentimento mais próximo da gratidão pela abundância que já me concedera.

Duas coisas, porém, me impediam de abandonar totalmente a política. A primeira foi que os democratas de Illinois tinham conseguido o direito de supervisionar a reformulação dos mapas distritais do estado para se adequar aos novos dados do recenseamento de 2000, graças a uma peculiaridade na Constituição estadual segundo a qual uma disputa entre a câmara controlada pelos democratas e o senado republicano teria de ser decidida com a escolha de um nome tirado de uma das velhas cartolas de Abraham Lincoln. Com esse poder, os democratas poderiam reverter a manipulação do mapa distrital feita pelos republicanos na década anterior e aumentar em muito as chances de que os democratas do senado estadual formassem a maioria após a eleição de 2002. Eu sabia que, com mais um mandato, finalmente teria chance de aprovar alguns projetos de lei, de realizar algo significativo para as pessoas que eu representava — e talvez conseguir encerrar minha carreira política num nível um pouco melhor que o da situação em que se encontrava no momento.

O segundo fator foi mais um instinto do que um fato. Desde que fora eleito, em todos os verões eu procurava passar alguns dias visitando vários colegas em seus respectivos distritos por todo o estado de Illinois. Costumava ir com meu principal assessor no senado, Dan Shomon, ex-repórter da UPI, com seus óculos de lentes grossas, sua voz estridente e sua energia inesgotável. Jogávamos nossos tacos de golfe, um mapa e algumas mudas de roupa na traseira de meu Jeep e íamos para o sul ou o oeste, a caminho de Rock Island ou Pinckneyville, de Alton ou Carbondale.

Dan era meu grande conselheiro político, um bom amigo e o companheiro ideal em viagens de carro: gostava de conversar, mas também ficava à vontade com o silêncio e, como eu, também fumava dentro do carro. Tinha um conhecimento enciclopédico da política estadual. Em nossa primeira viagem, notei que ele estava um pouco apreensivo com a possível reação do povo do sul do estado a um advogado negro de Chicago com um nome que parecia árabe.

"Nada de camisa chique", recomendou ele antes de partirmos.

"Não tenho camisa chique", respondi.

"Ótimo. Só camiseta polo e calça jeans."

"Pode deixar."

Apesar dos receios de Dan de que eu me sentisse deslocado, o que mais me impressionava em nossas viagens era a sensação de familiaridade com tudo — estivéssemos nós numa feira regional, numa reunião sindical ou na varanda do sítio de algum agricultor. Com a maneira como as pessoas descreviam suas famílias ou empregos. Com a modéstia e a hospitalidade que mostravam. Com o entusiasmo pelo basquete nas escolas. Com a comida que serviam, frango frito, feijão-branco, gelatina. Eu ouvia ressonâncias de meus avós, de minha mãe, dos pais de Michelle. Os mesmos valores. Os mesmos sonhos e esperanças.

Essas excursões ficaram mais esporádicas depois que minhas filhas nasceram. Mas permaneceu em mim a percepção simples e recorrente que elas me proporcionaram. Eu me dei conta de que, enquanto os moradores em meu distrito de Chicago e os moradores nos distritos mais ao sul continuassem estranhos uns aos outros, nossa política nunca iria realmente mudar. Os políticos sempre teriam grande facilidade em alimentar os estereótipos que lançavam negros contra brancos, imigrantes contra nacionais, interesses rurais contra interesses urbanos.

Se, por outro lado, uma campanha conseguisse contestar de alguma forma os pressupostos políticos reinantes nos Estados Unidos sobre nossas divisões, talvez fosse possível construir uma nova aliança entre seus cidadãos. Os articuladores não conseguiriam mais lançar um grupo contra o outro. Os legisladores poderiam se sentir livres para deixar de definir os interesses de seus eleitores — e os seus próprios — em termos tão estreitos. Os meios de comunicação poderiam noticiar e analisar as questões sem tomar como base a vitória ou a derrota de um dos lados, mas sim avaliando se nossos objetivos comuns foram atendidos.

Em última análise, não era isso o que eu buscava — uma política que construísse pontes entre as divisões raciais, étnicas e religiosas dos Estados Unidos, bem como entre as várias facetas de minha vida? Talvez fosse irrealista de minha parte; talvez essas divisões estivessem entranhadas demais. No entanto, por mais que eu tentasse me convencer do contrário, não conseguia me libertar da sensação de que era cedo demais para renunciar a minhas convicções mais profundas. Por mais que eu tentasse dizer a mim mesmo que estava farto, ou quase desistindo, da vida política, no fundo sabia que não estava pronto para abandoná-la.

Pensando no futuro, uma coisa ficou clara: o tipo de política que eu imaginava, construindo pontes, não cabia numa candidatura ao Congresso. O problema era estrutural, uma questão de delimitações distritais: num distrito maciçamente negro como aquele onde eu vivia, numa comunidade afetada pela discriminação e pela negligência de longa data, o mais frequente era que o teste dos políticos se definisse em termos raciais, assim como em muitos distritos rurais brancos que se sentiam esquecidos. *Até que ponto você vai defender aqueles que não são como nós*, perguntavam os eleitores, *aqueles que se aproveitam de nós, que nos olham com desprezo?*

Até era possível realizar alguma coisa a partir de uma base política bastante estreita; com algum tempo de casa e experiência, dava para garantir serviços públicos melhores para os cidadãos, conseguir um ou dois grandes projetos para o distrito a que se pertencia e, trabalhando com aliados, tentar participar do debate nacional. Mas isso não bastava para eliminar as limitações políticas que tanto dificultavam a assistência à saúde aos mais necessitados, ter escolas melhores para as crianças pobres ou criar empregos onde não havia — as mesmas limitações com as quais Bobby Rush trabalhava diariamente.

Percebi que, para mudar de verdade as coisas, eu precisaria falar para e pelo público mais amplo possível. E a melhor maneira para isso era concorrer a um cargo que representasse todo o estado — por exemplo, ao Senado federal.

Relembrando agora a impetuosidade — a absoluta temeridade — de querer concorrer ao Senado pouco depois de sofrer uma derrota acachapante, é difícil negar que talvez eu estivesse simplesmente doido por mais uma chance, como um alcoólatra inventando razões para um último copo. Só que a sensação não era essa. Pelo contrário, quando pensava e repensava na ideia, havia uma grande clareza — não que eu *iria* vencer, mas que *poderia* vencer e, caso conseguisse, poderia exercer grande impacto. Era o que eu via e sentia, como um corredor que no campo de futebol americano vê uma brecha no meio da defesa e sabe que, se conseguir chegar a tempo e passar por ela, seu caminho até o touchdown vai estar livre. Essa clareza vinha acompanhada por uma percepção complementar: se eu não conseguisse, seria hora de deixar a política — e, tendo dado o máximo de mim, poderia fazer isso sem peso na consciência.

Discretamente, ao longo de 2002, comecei a testar a ideia. Analisando o panorama político de Illinois, vi que a ideia de um parlamentar estadual negro pouco conhecido conseguir um assento no Senado não era totalmente absurda. Vários afro-americanos já haviam ocupado cargos nacionais, inclusive a ex-senadora Carol Moseley Braun, uma política talentosa mas um tanto excêntrica, que eletrizara o país com sua vitória antes de se desgastar com uma série de golpes que infligira a si mesma, relacionados a problemas de ética financeira. Por outro lado, o republicano que a derrotara, Peter Fitzgerald, era um banqueiro rico cujas posições incisivamente conservadoras lhe haviam rendido certa impopularidade em nosso estado, onde se registrava o predomínio crescente dos democratas.

Comecei a conversar com um trio de colegas de senado estadual e de mesa de pôquer — os democratas Terry Link, Denny Jacobs e Larry Walsh — para ver se achavam que eu seria competitivo nos enclaves rurais e entre os operários brancos que eles representavam. Pelo que tinham visto durante minhas visitas, achavam que sim, e todos concordaram em me dar seu apoio, caso eu concorresse. O mesmo se deu com vários representantes progressistas brancos da costa de Chicago e alguns representantes latinos independentes. Perguntei a Jesse Jr. se tinha algum interesse em concorrer, e ele disse que não, acrescentando que estava disposto a me apoiar. O afável Danny Davis, o terceiro congressista negro na delegação de Illinois, também concordou. (Seria difícil criticar Bobby Rush por ter se mostrado menos entusiasmado.)

Mais importante foi Emil Jones, então no cargo de presidente do senado estadual e, portanto, um dos três políticos mais poderosos em Illinois. Numa reunião em seu gabinete, destaquei que, no momento, não havia nenhum afro-americano no Senado federal e que as políticas que havíamos defendido juntos em Springfield realmente teriam a ganhar se tivessem um defensor em Washington. Acrescentei que, se ele ajudasse um dos seus a se eleger para o Senado, isso com certeza irritaria alguns dos republicanos brancos da velha guarda em Springfield que, na visão de Jones, sempre o desconsideraram — um argumento que, creio eu, lhe agradou especialmente.

Com David Axelrod, minha abordagem foi outra. Consultor de relações públicas e ex-jornalista que tinha entre seus clientes Harold Washington, o ex-senador federal Paul Simon e o prefeito Richard M. Daley, Axe criara renome nacional com sua firmeza, inteligência e competência como marqueteiro político. Eu admirava seu trabalho e sabia que sua participação daria credibilidade à minha campanha incipiente, não só no estado, mas também junto aos grandes doadores e analistas políticos.

Sabia também que não seria fácil persuadi-lo. "Complicado", disse ele no dia em que almoçamos juntos num bistrô em River North. Axe tinha sido um dos vários que me advertiram a não enfrentar Bobby Rush. Entre uma e outra enérgica mordida no sanduíche, ele me disse que eu não podia me dar ao luxo de uma segunda derrota. E duvidava que alguém cujo sobrenome rimava com "Osama" conseguisse votos no sul do estado. Além disso, já fora procurado por no mínimo outros dois prováveis candidatos — o encarregado do controle financeiro do governo estadual Dan Hynes e o financista multimilionário Blair Hull — que pareciam ambos em posição muito mais sólida para vencer, de forma que, se ele me aceitasse como cliente, eu acabaria custando uma fortuna à sua empresa.

"Espere até Rich Daley se aposentar e então concorra a prefeito", concluiu, limpando a mostarda do bigode. "É a melhor aposta."

Ele tinha razão, claro. Mas eu não estava jogando de acordo com as probabilidades convencionais. E sentia em Axe — por trás de todos os dados das pesquisas de opinião, os memorandos sobre estratégias, os itens de destaque que constituíam as ferramentas de seu ofício — alguém que não se considerava mero prestador de serviços, e sim uma pessoa com quem eu podia ter afinidade de espírito. Em vez de discutir os aspectos técnicos de uma campanha, tentei apelar a seus sentimentos.

"Você já parou para pensar em como JFK e Bobby Kennedy pareciam despertar o que há de melhor nas pessoas?", perguntei. "Ou imagina como terá sido ajudar Lyndon Johnson a aprovar a Lei dos Direitos de Voto ou ajudar Roosevelt a aprovar a Previdência Social, sabendo que com isso melhorou as condições de vida de milhões de pessoas? A política não precisa ser o que as pessoas pensam que é. Pode ser mais."

As imponentes sobrancelhas de Axe se ergueram enquanto ele me observava. Devia estar claro que eu não estava apenas tentando convencê-lo; estava convencendo a mim mesmo. Algumas semanas depois, ele ligou para dizer que, depois de conversar com os sócios e com a esposa, Susan, resolvera me aceitar como cliente. Antes que eu pudesse agradecer, ele acrescentou uma condição.

"Seu idealismo é inspirador, Barack... mas, se não arrecadar 5 milhões para aparecer na TV e as pessoas poderem ouvi-lo, você não tem a menor chance."

Com isso, finalmente me senti pronto para testar o clima com Michelle. Ela trabalhava como diretora-executiva de assuntos comunitários no sistema hospitalar da Universidade de Chicago, emprego que lhe dava mais flexibilidade, mas ainda exigia que conciliasse as responsabilidades profissionais de alto nível e a coordenação dos horários de brincadeiras e do leva e traz das meninas na escola. Portanto, fiquei um pouco surpreso quando, em vez de responder com um "De jeito nenhum, Barack!", ela propôs que conversássemos com alguns de nossos amigos mais próximos, entre eles Marty Nesbitt, empresário de sucesso cuja esposa, a dra. Anita Blanchar, fizera o parto de nossas duas meninas, e Valerie Jarrett, uma advogada brilhante e bem relacionada que fora chefe de Michelle no departamento de planejamento da prefeitura e se tornara uma espécie de nossa irmã mais velha. O que eu não sabia na época era que Michelle já tinha conversado com Marty e Valerie e incumbido os dois da tarefa de me dissuadirem daquela loucura.

Nós nos reunimos no apartamento de Valerie em Hyde Park e, durante um longo brunch, expus minha linha de raciocínio, traçando os cenários possíveis que nos levariam à indicação do partido e respondendo quando perguntavam que diferença essa candidatura teria em comparação à anterior. Não escondi de Michelle o tempo que isso me tomaria. Mas prometi que de duas, uma: ou dava certo ou eu caía fora; se perdesse, abandonaríamos de vez a política.

Quando terminei, Valerie e Marty já tinham se convencido, certamente para o desgosto de Michelle. Para ela, não era uma questão de estratégia, isso sem contar que a ideia de passar por mais uma campanha lhe parecia tão atraente quanto fazer um tratamento de canal de um dente. Estava preocupadíssima com o impacto em nossas finanças domésticas, que ainda não haviam se recuperado por completo da última campanha. Relembrou que precisávamos pensar nos pagamentos dos empréstimos estudantis, nas prestações do financiamento da casa e nas dívidas do cartão de crédito. Ainda não havíamos começado a fazer uma poupança para a escola de nossas filhas e, ainda por cima, concorrer ao Senado exigiria que eu parasse de advogar, para evitar conflitos de interesse, o que diminuiria ainda mais nossa renda.

"Se você perder, a gente vai se afundar ainda mais", disse ela. "E o que vai acontecer se ganhar? Como vamos sustentar duas casas, em Washington e em Chicago, se mal conseguimos manter uma?"

Eu já tinha pensado nisso.

"Se eu ganhar, querida", respondi, "isso vai atrair atenção nacional. Serei o único afro-americano no Senado. E, com mais destaque, posso escrever outro livro, que vai vender muito, e cobrir as despesas adicionais."

Michelle soltou uma sonora risada. Eu tinha faturado alguma coisa com o primeiro livro, mas nada que chegasse perto do que precisaria para as despesas que agora pretendia encarar. Aos olhos de minha esposa — e da maioria das pessoas, imagino eu —, um livro inexistente não tinha como ser um bom plano financeiro.

"Em outras palavras", disse ela, "você tem uns feijões mágicos no bolso. É isso o que está me dizendo? Tem uns feijões mágicos, vai plantá-los e, da noite para o dia, vai crescer um pé de feijão enorme, até o céu, e você vai subir nesse pé de feijão, matar o gigante que mora nas nuvens e então vai trazer para casa a galinha dos ovos de ouro, é isso?"

"Tipo isso", disse eu.

Michelle sacudiu negativamente a cabeça e olhou pela janela. Nós dois sabíamos o que eu estava pedindo. Outra encrenca. Outra aposta. Outro passo na direção de algo que eu queria e ela não.

"Então está bem, Barack", disse ela. "Uma última vez. Mas não conte comigo na campanha. Na verdade, é melhor não contar nem com meu voto."

Quando menino, às vezes eu ficava observando enquanto meu avô tentava vender seguros de vida pelo telefone, com seu ar infeliz durante as ligações de trabalho à noite, em nosso apartamento no décimo andar de um prédio em Honolulu. Nos primeiros meses de 2003, me peguei várias vezes pensando nele, sentado à minha escrivaninha na sede quase sem mobília de minha recém-lançada campanha para concorrer ao Senado, sob um cartaz de um triunfal Muhammad Ali de pé diante do adversário derrotado, Sonny Liston, tentando me animar a fazer mais um telefonema para angariar fundos.

Com exceção de Dan Shomon e de um kentuckiano chamado Jim Cauley, que recrutamos como coordenador de campanha, nosso pessoal consistia basicamente de jovens com vinte e poucos anos, apenas metade recebendo remuneração — e dois que ainda estavam na faculdade. Sentia pena em especial de nosso único angariador de fundos em tempo integral, que precisava me obrigar a pegar o telefone e pedir doações.

Estava melhorando como político? Não sei. No primeiro encontro entre os candidatos, em fevereiro de 2003, fiquei tenso e travado, sem conseguir fazer a cabeça funcionar nos termos sintéticos e bem organizados que tais formatos de apresentação exigem. Mas minha derrota para Bobby Rush me deixara uma ideia muito clara do que era necessário aprimorar: eu precisava interagir melhor com os meios de comunicação, aprendendo a concatenar as ideias em frases curtas e incisivas. Precisava montar uma campanha menos concentrada em folhetos com posições políticas e mais voltada para uma conexão direta com os eleitores. E precisava arrecadar dinheiro — e não era pouco. Havíamos feito várias pesquisas de opinião, que pareciam confirmar minha possibilidade de vencer, mas só se conseguisse aumentar minha visibilidade com anúncios na TV, que eram bem caros.

Mas, se por um lado parecia haver uma nuvem negra pairando sobre minha candidatura ao Congresso, esta parecia encantada. Em abril, Peter Fitzgerald resolveu não disputar a reeleição. Carol Moseley Braun, que provavelmente teria obtido a indicação democrata para seu antigo assento, tomara a inexplicável decisão de concorrer à presidência, deixando o campo aberto. Numa primária contra outros seis democratas, reuni endossos de sindicatos e membros influentes de nossa delegação de congressistas, ajudando a firmar minhas bases entre os liberais e no sul do estado. Com o auxílio de Emil e de uma maioria democrata no senado estadual, liderei a aprovação de vários projetos, desde uma lei determinando a gravação em vídeo dos interrogatórios em casos de crimes sujeitos à pena de morte até uma ampliação do crédito tributário, fortalecendo minhas credenciais como parlamentar eficiente.

O cenário político nacional também pendeu a meu favor. Em outubro de 2002, antes mesmo de anunciar minha candidatura, fui convidado a falar contra a iminente invasão americana do Iraque, discursando num comício contra a guerra realizado no centro de Chicago. Para alguém que logo se candidataria ao Senado, a questão era um tanto complicada. Axe e Dan achavam que uma posição clara e inequívoca contra a guerra ajudaria numa primária democrata. Outros alertaram que, em vista do estado de espírito do país após o Onze de Setembro (na época, as pesquisas nacionais mostravam que 67% dos cidadãos eram favoráveis a uma ação militar contra o Iraque), da probabilidade de uma vitória militar no curto prazo e de meu nome e minha ascendência já um tanto questionáveis, a oposição à guerra prejudicaria muito minha candidatura na época das eleições.

"Os Estados Unidos gostam de partir para a luta", me alertou um amigo.

Passei um dia inteiro ruminando a questão e concluí que seria meu primeiro teste: eu seria capaz de conduzir o tipo de campanha que prometera a mim mesmo? Digitei um discurso curto, com cinco ou seis minutos de duração, e — satisfeito porque refletia minhas crenças sinceras — fui me deitar sem submeter o texto à revisão da equipe. No dia do comício, havia mais de mil pessoas reunidas na Federal Plaza, tendo Jesse Jackson como nome principal. Fazia frio, e o vento era cortante. Quando chamaram meu nome e fui até o microfone, houve alguns aplausos, abafados pelas luvas de lã.

"Gostaria de começar dizendo que, embora esta ocasião se apresente como um comício contra a guerra, estou aqui diante de vocês não como uma pessoa contrária à guerra em toda e qualquer circunstância."

A multidão ficou quieta, sem saber para que lado eu estava indo. Descrevi o sangue derramado para preservar a União e promover um renascimento da liberdade; o orgulho que tinha de meu avô, que se ofereceu como voluntário para lutar após o ataque a Pearl Harbor; meu apoio a nossas ações militares no Afeganistão e minha disposição pessoal em pegar em armas para impedir outro Onze de Setembro.

"Não sou contra toda e qualquer guerra", eu disse. "Mas sou, *sim*, contra uma guerra estúpida."

Prossegui argumentando que Saddam Hussein não representava nenhuma ameaça iminente aos Estados Unidos nem a seus vizinhos e declarei:

"Mesmo uma guerra vitoriosa contra o Iraque exigirá uma ocupação americana de duração indeterminada, a custos indeterminados, com consequências indeterminadas."

E terminei sugerindo que, se o presidente Bush estava procurando briga, deveria terminar o serviço contra a al-Qaeda, parar de apoiar regimes repressores e deixar de comprar petróleo do Oriente Médio.

Voltei a me sentar. A multidão aplaudiu. Quando fui embora, imaginei que meus comentários não passariam de uma nota de rodapé. As matérias da imprensa mal mencionaram minha presença no comício.

Somente alguns meses depois que uma aliança militar liderada pelos Estados Unidos começou a bombardear Bagdá, os democratas começaram a se opor à Guerra do Iraque. Com o caos e o número de baixas crescentes, a imprensa passou a perguntar o que deveria ter sido questionado desde o começo. Uma grande onda de ativismo popular levou o pouco conhecido governador do estado de Vermont, Howard Dean, a desafiar candidatos para a eleição presidencial de 2004 como John Kerry, que votara a favor da guerra. O breve discurso que apresentei no comício contra a guerra a essa altura parecia profético e começou a circular na internet. Minha jovem equipe precisou me explicar o que "blogues" e "MySpace" tinham a ver com a enxurrada de novos voluntários e doações de ativistas que de repente começamos a receber.

Como candidato, eu estava me divertindo. Em Chicago, passava os sábados frequentando bairros étnicos — mexicanos, italianos, indianos, poloneses, gregos —, comendo e dançando, marchando em passeatas, beijando bebês e abraçando vovós. Nos domingos, estava em igrejas negras, algumas instaladas em uma modesta lojinha entre salões de manicure e pequenas lanchonetes; outras gigantescas, com estacionamentos do tamanho de um campo de futebol. Passava de um subúrbio para outro, desde a frondosa North Shore com suas mansões até comunidades na periferia ao sul e a oeste da cidade que, com sua pobreza e suas construções abandonadas, não eram muito diferentes dos bairros mais violentos de Chicago. De quinze em quinze dias ia para o sul — às vezes eu mesmo dirigindo, mas geralmente indo com Jeremiah Posedel ou Anita Decker, os dois talentosos integrantes da equipe que conduziam minhas operações por lá.

Ao conversar com os eleitores naqueles primeiros dias de campanha, costumava apresentar as questões em que estava trabalhando — acabar com as isenções fiscais para as empresas que estavam transferindo os empregos para outros países, promover a energia renovável, facilitar o acesso dos jovens à faculdade. Explicava por que fora contrário à guerra no Iraque, reconhecendo o admirável esforço de nossos soldados mas questionando por que havíamos começado uma nova guerra, uma vez que não termináramos a guerra no Afeganistão e Osama bin Laden ainda continuava à solta.

Mas, com o tempo, passei a me concentrar mais em ouvir. E, quanto mais ouvia, mais as pessoas se abriam. Elas me contavam como era ficar desempregado depois de uma vida toda trabalhando, ou como era perder a casa hipotecada ou precisar vender o sítio da família. Me contavam como era não pagar por um plano de saúde e como era ter de partir em dois os comprimidos receitados pelo médico, para durarem mais. Falavam dos jovens que iam embora por falta de bons empregos na cidadezinha deles, ou dos que precisavam largar a faculdade pouco antes de se formarem, por falta de dinheiro.

Em meu discurso de campanha, passei a discorrer menos sobre minhas posições e a apresentar uma antologia dessas vozes variadas, um coro de americanos de todos os cantos do estado.

"É o seguinte", dizia eu. "As pessoas em geral, de qualquer lugar, de qualquer aparência física, estão procurando a mesma coisa. Não querem ficar podres de ricas. Não esperam que alguém faça o que elas podem fazer por si mesmas."

E prosseguia:

"Mas esperam, *sim*, que, se estão dispostas a trabalhar, deveriam conseguir encontrar um emprego para sustentar a família. Esperam não ir à falência só porque ficaram doentes. Esperam que os filhos possam cursar uma boa escola, para prepará-los para essa nova economia, e que possam pagar a faculdade se fizerem por merecer estar lá. Querem segurança, contra criminosos ou terroristas. E acham que, depois de uma vida inteira de trabalho, deveriam poder se aposentar com dignidade e respeito."

Por fim, concluía:

"É por aí. Nada de mais. E, mesmo não achando que o governo vai resolver todos os seus problemas, no fundo sabem que, com uma pequena mudança de prioridades, o governo poderia ajudar."

A plateia ficava em silêncio, e eu respondia a algumas perguntas. Quando um comício terminava, as pessoas faziam fila para me cumprimentar, para pegar alguns folhetos de campanha ou para conversar com Jeremiah, Anita ou um voluntário local para ver como poderiam participar. E eu seguia para a cidade seguinte, sabendo que falava de histórias que eram reais, na certeza de que essa campanha não se resumia mais a mim e que eu me tornara um mero canal por meio do qual as pessoas podiam reconhecer o valor de suas próprias histórias, de seu próprio mérito, e compartilhá-las entre si.

Seja nos esportes ou na política, é difícil entender a natureza exata de uma arrancada para a vitória. Mas, no começo de 2004, nós ganhamos um grande impulso. Axe nos fez gravar dois anúncios de tv. No primeiro, eu aparecia falando diretamente para a câmera, terminando com a frase "Yes we can". (Achei meio trivial, mas Axe recorreu prontamente a uma instância superior e mostrou a Michelle, que sentenciou: "trivial nada".) O segundo mostrava Sheila Simon, filha do saudoso ex--senador estadual Paul Simon, que morrera após uma cirurgia cardíaca, dias antes do endosso público que planejava me conceder.

Divulgamos os anúncios somente quatro semanas antes das primárias. Dentro em pouco, meu apoio quase dobrou. Quando os cinco maiores jornais do estado se declararam favoráveis a mim, Axe reformulou os anúncios para dar destaque a isso, explicando que esse tipo de validação costumava beneficiar mais os candidatos negros do que os candidatos brancos. Nessa mesma época, a campanha de meu principal concorrente sofreu violenta queda depois que a imprensa divulgou detalhes de documentos, até então sigilosos, em que sua ex-esposa alegava ter sofrido violência doméstica. Em 16 de março de 2004, dia da primária democrata, acabamos recebendo 53% dos votos na lista dos sete nomes do partido — mais do que a soma de todos os outros candidatos, e também mais do que todos os votos republicanos em sua primária em todo o estado.

Lembro apenas de dois momentos daquela noite: os gritinhos de alegria de nossas filhas (talvez com uma pontada de medo nos de Sasha, com dois anos de idade) quando estouraram as salvas de confetes na festa da vitória; e Axelrod todo empolgado ao me dizer que eu vencera em todas as zonas eleitorais de maioria branca em Chicago, com exceção de uma, que antes fora o epicentro da resistência racial a Harold Washington. ("Hoje Harold está sorrindo para nós", disse ele.)

Lembro também da manhã seguinte, sem ter dormido quase nada à noite, quando fui até a Central Station para cumprimentar os passageiros que iam para o trabalho. Começara a nevar de leve, com flocos parecendo pétalas, e as pessoas, ao me reconhecerem e me apertarem a mão, pareciam estampar, todas elas, o mesmo sorriso — como se tivéssemos feito juntos algo surpreendente.

"Disparando feito um tiro de canhão", foi como Axe descreveu os meses seguintes, e era exatamente essa a sensação. De um dia para o outro, nossa campanha virou notícia nacional, com as emissoras pedindo entrevistas e parlamentares de todo o país ligando para dar os parabéns. Não era apenas o fato de termos vencido, nem mesmo a ampla e inesperada margem de vitória; o que interessava aos observadores era a maneira como conquistamos essa vitória, com votos em todas as faixas demográficas, inclusive nos condados brancos rurais e sulistas. Os analistas políticos examinavam o que minha campanha revelava sobre as relações raciais americanas — e, em vista de minha oposição à Guerra do Iraque, o que podia indicar sobre os rumos do Partido Democrata nessa questão.

Minha campanha não pôde se dar ao luxo da celebração; nós simplesmente continuamos trabalhando. Trouxemos mais pessoas para a equipe, com mais experiência, inclusive o diretor de comunicações Robert Gibbs, do Alabama, sujeito firme e perspicaz que participara da campanha de Kerry. As pesquisas me mostravam com uma vantagem de quase vinte pontos sobre meu adversário republicano, Jack Ryan, mas seu currículo me impedia de considerar qualquer coisa como certa — ele era um executivo do mercado financeiro que saíra da Goldman Sachs para dar aulas numa escola paroquial para crianças carentes e tinha um ar de galã de cinema que limava as arestas de sua tradicional plataforma republicana.

Para nossa sorte, nada disso deixou marcas na campanha. Ryan foi alvo de severas críticas da imprensa quando, na tentativa de me rotular como um liberal defensor de grandes gastos públicos e do aumento de impostos, utilizou uma série de gráficos com números que se mostraram tremenda e nitidamente errados. Depois foi exposto ao ridículo por ter feito um jovem membro de sua equipe me seguir de forma ostensiva com uma câmera de vídeo portátil, entrando atrás de mim nos banheiros e me rodeando mesmo enquanto eu queria falar com Michelle e as meninas, na esperança de me flagrar em alguma gafe. O golpe final veio quando a imprensa teve acesso a arquivos sigilosos do divórcio de Ryan, em que a ex-esposa alegava que ele a pressionava a frequentar casas de suingue e tentara obrigá-la a fazer sexo na frente de desconhecidos. Em uma semana, Ryan saiu da disputa.

Faltando apenas cinco meses para a eleição geral, de repente eu estava sem adversários.

"O que eu sei", disse Gibbs, "é que, depois que tudo isso acabar, vamos para Las Vegas."

Mesmo assim, mantive uma agenda bastante puxada, geralmente terminando as tarefas do dia em Springfield e então indo para as cidades vizinhas em eventos de campanha. Voltando de um desses eventos, recebi um telefonema de um integrante da equipe de John Kerry, me convidando a fazer o discurso para anunciar a plataforma do partido na Convenção Nacional Democrata, que seria realizada em Boston no final de julho. O fato de não ter ficado eufórico nem apreensivo era um sinal claro de como aquele ano estava sendo absolutamente surpreendente. Axelrod se prontificou a reunir a equipe e começar o processo de preparação do discurso, mas achei dispensável.

"Vou tentar antes aqui", eu disse. "Sei o que quero dizer."

Passei vários dias redigindo o discurso, principalmente à noite, esparramado em minha cama no Renaissance Hotel em Springfield, com o som de um jogo transmitido pela TV ao fundo, enchendo um bloco de notas com minhas ideias. As palavras vinham sem demora, uma síntese da política que eu procurava desde aqueles primeiros anos na faculdade e as lutas interiores que haviam levado à jornada que eu então empreendia. Ouvia mentalmente inúmeras vozes: de minha mãe, meus avós, meu pai; dos colegas de trabalho de organização social e das equipes de campanha. Pensava em todas as pessoas que conhecera, que tinham motivos de sobra para se sentirem céticas e amarguradas, mas que se recusaram a seguir por esse caminho, que continuaram buscando algo maior, que continuaram se unindo. A certa altura, me lembrei de uma expressão que ouvira durante um sermão de meu pastor, Jeremiah Wright, que sintetizava esse estado de espírito.

A audácia da esperança.

Mais tarde, Axe e Gibbs trocavam anedotas sobre as idas e vindas que antecederam a noite do discurso na convenção. As negociações que tivemos de fazer quanto ao tempo que me seria destinado (de início oito minutos, depois barganhados e aumentados para dezessete). Os penosos cortes de minha versão original feitos por Axe e seu habilidoso sócio John Kupper, que contribuíram para melhorar o resultado. O adiamento do voo até Boston quando minha sessão legislativa em Springfield se arrastou noite adentro. Minhas primeiras experiências com um teleprompter, guiado por meu instrutor, Michael Sheehan, me explicando que os microfones funcionavam bem e "você não precisa gritar". Minha raiva quando um jovem da equipe de Kerry me avisou que eu precisava cortar uma de minhas linhas favoritas no discurso porque o candidato escolhido pretendia monopolizá-la em seu próprio discurso. ("Você é um senador estadual", bem me lembrou Axe, "e eles lhe deram um palanque nacional... Acho que não é pedir demais.") Michelle nos bastidores, linda de branco, apertando minha mão, fitando amorosamente meus olhos e me dizendo: "Vê se não estraga tudo, mocinho!". Nós dois rindo, parecendo uns bobos, transbordando de amor, e então a apresentação feita pelo senador de Illinois, Dick Durbin: "Me permitam falar um pouco sobre Barack Obama...".

Só vi a gravação de meu discurso na convenção de 2004 depois que tudo terminou. Assisti sozinho, bem depois do final da eleição, tentando entender o que acontecera no salão naquela noite. Com maquiagem de palco, pareço jovem demais, e é possível notar um leve nervosismo no começo, alguns pontos em que falo rápido ou devagar demais, com gestos um pouco desajeitados, revelando minha inexperiência.

Mas então chega um momento no discurso em que encontro minha cadência própria. A multidão se aquieta. É o tipo de momento que passei a reconhecer nos anos subsequentes, em certas noites mágicas. Há uma sensação física, um vínculo emocional que se estabelece entre você e as pessoas da plateia, como se sua vida e a vida delas se juntassem, como num rolo de filme, indo e voltando no tempo, e a voz vai subindo de tom quase a ponto de falhar, pois, por um instante, você sente profundamente todas aquelas pessoas, vê todas por inteiro. Você evoca algum espírito coletivo, uma coisa que todos conhecemos e desejamos — um sentimento de ligação que ultrapassa nossas diferenças, substituindo-as por uma enorme expansão do possível — e, como todas as coisas que mais importam, você sabe que esse momento é efêmero e o encanto em breve se romperá.

Antes daquela noite, eu achava que entendia o poder dos meios de comunicação. Tinha visto como os anúncios de Axelrod catapultaram meu nome para a dianteira na primária, tinha visto como os desconhecidos buzinavam e acenavam de seus carros ou como crianças corriam até mim na rua e me diziam, muito sérias: "Vi você na televisão".

Mas essa era uma exposição de outra magnitude — uma transmissão ao vivo, sem filtros, para milhões de pessoas, com trechos que chegavam a mais outros milhões pelos noticiários da TV paga e pela internet. Ao sair do palanque, eu sabia que o discurso tinha ido bem e não fiquei muito surpreso com a quantidade de gente nos saudando em vários eventos da convenção no dia seguinte. Porém, por mais satisfatória que fosse a atenção que recebi em Boston, eu a entendi como uma coisa circunstancial. Imaginei que eram fanáticos por política, um pessoal que seguia esse tipo de assunto minuto a minuto.

Logo após a convenção, porém, Michelle, as meninas e eu carregamos nosso trailer e saímos para uma semana percorrendo o sul de Illinois, para mostrar aos eleitores que eu mantinha meu foco no estado e não estava ficando presunçoso. Estávamos na estrada a poucos minutos de nossa primeira parada quando Jeremiah, meu diretor no sul do estado, recebeu uma ligação da equipe que já estava no local.

"Certo… certo… Vou falar com o motorista."

"O que houve?", perguntei, já um pouco esgotado pela falta de sono e pela agenda frenética.

"Estávamos esperando umas cem pessoas no parque", disse Jeremiah, "mas agora calculam que já tem pelo menos quinhentas. Pediram que a gente espere mais um pouco, para terem tempo de lidar com todo esse fluxo."

Vinte minutos depois, chegamos e vimos o parque abarrotado de gente, dando a impressão de que toda a população local estava lá. Havia pais com filhos nos ombros, idosos em cadeiras dobráveis acenando bandeirolas, homens de calção xadrez e boné, muitos certamente só por curiosidade, para ver que alvoroço era aquele, mas outros estavam aguardando pacientes, com uma expectativa silenciosa. Malia espiou pela janela do carro, ignorando as tentativas de Sasha de tirá-la da frente.

"O que essas pessoas todas estão fazendo no parque?", perguntou Malia.

"Estão aqui para ver o papai", respondeu Michelle.

"Por quê?"

Me virei para Gibbs, que deu de ombros e só falou:

"Vocês vão precisar de um barco maior."

Em todas as paradas, fomos recebidos por multidões quatro ou cinco vezes maiores do que qualquer outra que tínhamos visto antes. E, por mais que nos disséssemos que o interesse ia diminuir e o balão ia desinflar, por mais que tentássemos evitar a autocomplacência, a eleição em si quase ficou em segundo plano. Em agosto, os republicanos — não conseguindo encontrar um candidato local disposto a concorrer (embora Mike Ditka, um ex-treinador do Chicago Bears, flertasse publicamente com a ideia) — tomaram a decisão surpreendente de recrutar o ativista conservador Alan Keyes. ("Veja só", disse Gibbs com um largo sorriso, "eles também têm o negro deles.") Afora o fato de residir em Maryland, sua implacável moralização contra o aborto e a homossexualidade não caiu muito bem entre os moradores de Illinois.

"Jesus Cristo não votaria em Barack Obama!", proclamava Keyes, sempre errando de propósito a pronúncia de meu nome.

Eu o venci por mais de quarenta pontos — a maior margem numa disputa ao Senado em toda a história do estado.

Na noite da eleição não tínhamos motivo para euforia, não só porque nossa disputa já tinha um desfecho previsto, mas por causa dos resultados nacionais. Kerry perdera para Bush; os republicanos haviam mantido o controle da Câmara e do Senado; mesmo o líder da minoria democrata no Senado, Tom Daschle, de

Dakota do Sul, havia perdido. Karl Rove, o arquiteto político de George Bush, exultava com seu sonho de instaurar uma maioria republicana permanente.

Além disso, Michelle e eu estávamos exaustos. Minha equipe calculou que, naqueles dezoito meses, eu havia tirado exatamente sete dias de folga. Dedicamos as seis semanas anteriores ao início de meu mandato como senador federal a cuidar de detalhes domésticos práticos que tinham, em sua maioria, ficado de lado. Fui a Washington para encontrar meus futuros colegas, entrevistar possíveis assessores e procurar o apartamento mais barato que conseguisse encontrar. Michelle tinha decidido ficar com as meninas em Chicago, onde contava com o apoio de um círculo de parentes e amigos, além de um emprego que realmente adorava. A ideia de vivermos separados três dias por semana durante grande parte do ano me doía, mas era impossível contestar a lógica de seus argumentos.

Fora isso, não mudamos muito nossa rotina por causa do que havia acontecido. Passamos o Natal no Havaí, com Maya e Toot. Cantamos músicas de Natal, fizemos castelos de areia e olhamos as meninas abrirem os presentes. Atirei uma guirlanda de flores no mar, no local onde minha irmã e eu tínhamos espalhado as cinzas de minha mãe, e deixei outra no Cemitério Memorial Nacional do Pacífico, onde meu avô estava enterrado. Depois do Ano-Novo, nós quatro fomos para Washington. Na véspera da posse, à noite, Michelle estava no quarto de nossa suíte no hotel, preparando-se para um jantar de boas-vindas aos novos membros do Senado, quando recebi uma ligação de minha editora. O discurso da convenção levara a segunda edição de meu livro, que passara anos fora de catálogo, ao primeiro lugar da lista de mais vendidos. Ela estava ligando para me cumprimentar pelo sucesso e propor um contrato para outro título, dessa vez com um adiantamento de arregalar os olhos.

Agradeci e desliguei no mesmo momento em que Michelle saía do quarto com um vestido de gala cintilante.

"Você está linda, mamãe", disse Sasha.

Michelle deu uma voltinha para as meninas.

"Certo, meninas, vocês se comportem", falei, dando-lhes um beijo.

Então me despedi da mãe de Michelle, que ia cuidar das crianças naquela noite. Estávamos no corredor indo para o elevador quando Michelle parou de repente.

"Esqueceu alguma coisa?", perguntei.

Ela me olhou, sacudiu a cabeça, incrédula, e disse:

"Não acredito que você conseguiu mesmo. A campanha. O livro. Tudo isso."

Assenti e lhe dei um beijo na testa.

"Feijões mágicos, meu bem. Feijões mágicos."

Em termos gerais, o maior desafio para um senador novato em Washington é conseguir que as pessoas prestem atenção em qualquer iniciativa sua. Acabei enfrentando o problema oposto. Considerando minha posição de recém-chegado, o alvoroço em torno de mim tinha se tornado cômico. Os repórteres me pressionavam o tempo todo para saber sobre meus planos, muitas vezes perguntando se pretendia concorrer à presidência. No dia da posse, quando um repórter me perguntou "Qual considera ser seu lugar na história?", dei risada, dizendo que acabava de chegar a Washington, era o 99º em tempo de casa, ainda não tinha votado nada e nem sabia onde ficavam os banheiros no Capitólio.

Não era modéstia minha. A disputa para o Senado tinha sido um tremendo avanço. Eu me sentia contente por estar lá e ansioso por começar a trabalhar. Para contrabalançar qualquer expectativa exagerada, minha equipe e eu víamos o exemplo dado por Hillary Clinton, que ingressara no Senado quatro anos antes com grande barulho e se entregara ao trabalho, ficando conhecida pela dedicação, pelo conteúdo e pela atenção a seus eleitores. Ser um cavalo de tração, não um cavalo de exposição — era esse meu objetivo.

Ninguém tinha temperamento mais adequado para implementar essa estratégia do que meu novo chefe de gabinete, Pete Rouse. Com cerca de sessenta anos, grisalho, corpulento, Pete trabalhava na Colina do Capitólio havia quase trinta anos. Graças à sua experiência, sendo a mais recente como chefe do gabinete de Tom Daschle, e a suas amplas relações por toda a cidade, as pessoas se referiam afetuosamente a ele como 101º senador. Ao contrário do estereótipo dos assessores políticos de Washington, Pete tinha alergia aos holofotes e — sob a aparência brusca e galhofeira — era quase tímido, o que ajudava a explicar sua eterna solteirice e a enorme afeição que tinha por seus gatos.

Fora necessário muito esforço para convencer Pete a aceitar a tarefa de montar o gabinete de um novato. O que o preocupava, segundo ele, não era tanto o tremendo rebaixamento de seu status, mas sim a possibilidade de ficar sem tempo suficiente para ajudar os membros mais jovens de sua equipe que, com a derrota de Daschle, agora estavam desempregados.

Era por causa dessa inesgotável decência e retidão, além da grande experiência, que Pete era uma dádiva dos céus. E foi com base em sua reputação que consegui recrutar uma equipe de alta qualidade para preencher os cargos em meu gabinete. Junto com Robert Gibbs como diretor de comunicações, recrutamos Chris Lu, veterano da equipe de Hill como diretor legislativo; Mark Lippert, um enérgico jovem reservista naval, como membro da equipe de relações exteriores; e Alyssa Mastromonaco, uma alta delegada na campanha presidencial de Kerry cuja carinha de bebê ocultava um talento inigualável para resolver problemas e organizar eventos, como diretora de programação. Por fim acrescentamos um rapaz solícito e bem-apessoado de 23 anos chamado Jon Favreau. Favs, como o chamavam, também trabalhara na campanha de Kerry e era o favorito de Gibbs e Pete como nosso redator dos discursos.

"Já o vi antes, não?", perguntei a Gibbs depois da entrevista.

"Já... é o rapaz que apareceu para dizer que Kerry estava surrupiando uma de suas frases na convenção."

Eu o contratei mesmo assim.

Com a supervisão de Pete, a equipe instalou escritórios em Washington, Chicago e vários lugares no sul do estado. Para ressaltar nosso foco nos eleitores locais, Alyssa montou uma programação ambiciosa de reuniões abertas em Illinois — foram 39 no primeiro ano. Instituímos uma política rigorosa de evitar a imprensa nacional e os programas das manhãs de domingo, preferindo dedicar nossa atenção aos jornais e às afiliadas das redes de TV em Illinois. E, o mais importante, Pete criou um elaborado sistema para cuidar das cartas e solicitações do eleitorado, passando horas com jovens assistentes e estagiários que trabalhavam no escritório de correspondência, revisando e editando incansavelmente as respostas e assegurando que se familiarizassem com todas as agências federais que lidavam com perda de cheques da Previdência Social, interrupção dos benefícios aos veteranos e empréstimos do Departamento de Pequenas Empresas.

"As pessoas podem não gostar de suas votações", dizia Pete, "mas nunca poderão acusá-lo de não responder às cartas!"

Com o gabinete em boas mãos, eu podia dedicar a maior parte do tempo a estudar as questões e conhecer meus colegas de Senado. Minha tarefa ficou mais fácil graças à generosidade do senador veterano de Illinois Dick Durbin, amigo e discípulo de Paul Simon e um dos debatedores mais talentosos no Senado. Num ambiente de grandes egos, no qual os senadores em geral não gostavam muito de que um colega mais novo absorvesse mais atenção da imprensa do que eles, Dick era incansavelmente prestativo. Me apresentou às várias câmaras do Senado, fez questão de que sua equipe dividisse conosco os créditos por vários projetos de Illinois e sempre mantinha a paciência e o bom humor quando — nos cafés da manhã das quintas-feiras para o eleitorado que realizávamos em conjunto — os visitantes passavam grande parte do tempo me pedindo para tirar fotos e dar autógrafos.

O mesmo podia ser dito em relação a Harry Reid, o então novo líder democrata. A trajetória de Harry até o Senado fora pelo menos tão improvável quanto a minha. Nascido em extrema pobreza na cidadezinha de Searchlight, em Nevada, de pai mineiro e mãe lavadeira, viveu os primeiros anos num barraco sem água encanada nem telefone. De todo modo, batalhou muito e conseguiu chegar à faculdade, e então à Escola de Direito da Universidade George Washington, trabalhando na Polícia do Capitólio dos Estados Unidos nos intervalos entre as aulas para ajudar a pagar as contas, e era o primeiro a dizer que nunca deixara de se sentir indignado com isso.

"Sabe, Barack, eu lutava boxe quando era garoto", ele falou com sua voz sussurrante na primeira vez em que nos encontramos. "E, puxa vida, não era um bom atleta. Não era grande nem forte. Mas tinha duas coisas a meu favor. Aguentava o tranco. E não desistia."

Essa sensação de superar enormes desvantagens provavelmente explicava por que, apesar de nossas diferenças de idade e de experiência, Harry e eu nos dávamos bem. Ele não era de mostrar emoções e, na verdade, tinha o hábito desconcertante de atropelar as cortesias normais de qualquer conversa, em especial ao telefone. Às vezes, você estava no meio de uma frase e então percebia que ele já tinha desligado. Mas, como Emil Jones no senado estadual, Harry vinha me procurar quando o assunto era designar alguém para alguma comissão e me mantinha atualizado sobre assuntos do Senado, apesar de minha modesta posição.

Na verdade, esse coleguismo parecia ser a norma. Os figurões do Senado — Ted Kennedy e Orrin Hatch, Jorn Warner e Robert Byrd, Dan Inouye e Ted Stevens — mantinham amizades por toda a casa, agindo com uma desenvolta familiaridade que me parecia típica da Geração Grandiosa. Os senadores mais jovens não socializavam tanto e tinham aquele gume ideológico mais afiado que viera a caracterizar a Câmara do Congresso depois da era Gingrich. Porém, mesmo com os membros mais conservadores, muitas vezes eu encontrava um terreno comum: Tom Coburn de Oklahoma, por exemplo, cristão devoto inflexivelmente cético quanto aos gastos públicos, se tornou um amigo sincero e prestativo, e nossas equipes trabalhavam juntas em medidas para aumentar a transparência e reduzir os desperdícios nos contratos governamentais.

Em muitos aspectos, meu primeiro ano no Senado parecia uma espécie de reprise de meus anos iniciais na legislatura de Illinois, embora os riscos fossem maiores, os holofotes, mais brilhantes, e os lobistas, mais hábeis em envolver os interesses de seus clientes em um manto de princípios elevados. Ao contrário do senado estadual, onde muitos membros se contentavam em ficar de cabeça baixa, muitas vezes nem fazendo ideia do que se passava, meus novos colegas eram bem informados e não tinham nenhum pudor em expor suas opiniões, o que fazia com que as reuniões das comissões se arrastassem interminavelmente e me tornassem muito mais solidário com aqueles que tinham sofrido com minha verborragia no curso de direito e em Springfield.

Por fazermos parte da minoria, meus colegas democratas e eu quase não tínhamos voz para definir quais projetos sairiam das comissões e seriam votados em plenário. Só observávamos quando os republicanos apresentavam orçamentos que eram insuficientes para a educação ou que reduziam as salvaguardas ambientais, nos sentindo impotentes para qualquer coisa que fosse além dos discursos que fazíamos diante de uma casa bastante vazia e do olho impassível da rede c-span. Repetidas vezes nos lançávamos a batalhas desesperadas em votações que se destinavam não a promover uma política, mas a minar os democratas e alimentar campanhas vindouras. Tal como fizera em Illinois, eu tentava ao máximo trabalhar pelas beiradas, apresentando medidas modestas e não partidárias — verbas para prevenir o surto de uma pandemia, por exemplo, ou para a retomada de benefícios para uma categoria de veteranos de Illinois.

Por mais frustrantes que certos aspectos do Senado pudessem ser, eu realmente não me incomodava muito com seu ritmo mais lento. Como era um dos membros mais jovens e contava com um índice de 70% de aprovação em Illinois, eu podia me dar ao luxo de ser paciente. A certa altura, pensei em avaliar uma candidatura ao governo estadual ou, isso mesmo, até à presidência, guiado pela convicção de que um cargo executivo me daria mais chance de implantar uma agenda política. Mas por ora, aos 43 anos e apenas estreando no cenário nacional, considerei que tinha todo o tempo do mundo.

E o que me animava ainda mais eram as melhorias na vida doméstica. Exceto nos dias de tempo ruim, a viagem de Washington até Chicago não demorava mais do que o deslocamento de ida e volta de Springfield. E, estando em casa, já não ficava tão ocupado ou distraído quanto estivera durante a campanha ou me alternando entre três empregos e tinha mais tempo para levar e trazer Sasha das aulas de balé aos sábados ou para ler um capítulo de *Harry Potter* para Malia antes de ajeitá-la na cama para dormir.

A melhoria em nossas finanças também aliviou muito a tensão. Compramos uma casa nova, grande, bonita, em estilo georgiano, na frente de uma sinagoga em Kenwood. Por um preço modesto, um jovem amigo da família e aspirante a chef chamado Sam Kass concordou em fazer as compras de mantimentos e preparar refeições saudáveis que duravam a semana inteira. Mike Signator, gerente aposentado da Commonwealth Edison que trabalhara como voluntário durante a campanha, decidiu continuar como meu motorista em meio período, tornando-se praticamente membro de nossa família.

E, o mais importante, com o suporte financeiro que agora podíamos fornecer, minha sogra, Marian, aceitou reduzir seu expediente no trabalho e ajudar a cuidar das meninas. Criteriosa, engraçada, ainda com energia para correr atrás de uma de sete e outra de quatro anos, ela facilitava a vida de todos. Além disso, amava o genro e me defendia sempre que eu me atrasava, me atrapalhava ou agia aquém do esperado.

Todo esse auxílio adicional nos deu, a mim e a Michelle, aquele tempinho a mais para ficarmos juntos, que tanto nos fazia falta. Ríamos mais, de novo cientes de que éramos os melhores amigos um do outro. Mas, além disso, o que nos surpreendia era não sentirmos nenhuma grande mudança pessoal nas novas condições em que agora vivíamos. Continuávamos a ser caseiros, evitando grandes festas e noitadas que poderiam ajudar na carreira, porque não queríamos abrir mão do tempo com as meninas, porque achávamos tolice ficar volta e meia nos arrumando para sair e também porque Michelle, uma eterna madrugadora, ficava com sono depois das dez da noite. Em vez disso, passávamos os finais de semana como sempre, eu jogando basquete ou levando Malia e Sasha a uma piscina próxima de casa, Michelle indo fazer compras na Target e organizando brincadeiras para as meninas. Jantávamos ou fazíamos churrasco à tarde com a família e o círculo íntimo de amigos — principalmente Valerie, Marty, Anita e Eric e Cheryl Whitaker (um casal de médicos com filhos da mesma idade de nossas meninas), e Kaye e Wellington Wilson, carinhosamente chamados de "Mama Kaye" e "Papa Wellington", um casal de mais idade (ele era administrador aposentado de uma faculdade comunitária; ela, uma supervisora dos programas de uma fundação local e magnífica cozinheira) que eu conhecia desde meus tempos de trabalho social e que se consideravam meus pais adotivos em Chicago.

Isso não significa que Michelle e eu não tivemos de fazer alguns ajustes. As pessoas passaram a nos reconhecer em meio à multidão e, por mais simpáticas que costumassem ser, essa súbita perda do anonimato nos desconcertava. Uma noite, logo depois da eleição, Michelle e eu fomos ver a cinebiografia *Ray*, estrelada por Jamie Foxx, e ficamos surpresos quando as outras pessoas começaram a aplaudir quando entramos no cinema. Às vezes, quando saíamos para jantar, percebíamos que as pessoas nas mesas próximas ou queriam entabular uma longa conversa ou ficavam bem quietas, numa tentativa não muito sutil de ouvir o que dizíamos.

As meninas também notavam. Um dia, em meu primeiro verão como senador, resolvi levar Malia e Sasha ao Zoológico Lincoln. Mike Signator me alertou de que as aglomerações numa bela tarde de domingo poderiam ser um pouco opressivas, mas insisti em irmos, confiando que os óculos escuros e o boné me protegeriam de qualquer atenção. Na primeira meia hora, mais ou menos, o plano funcionou. Vimos os leões zanzando atrás do vidro da jaula e fizemos caretas para os macacos, tudo isso na maior paz. Então, quando paramos para conferir no guia de visitação onde ficavam os leões-marinhos, ouvimos um homem gritar:

"Obama! Ei, vejam... é o Obama! Ei, Obama, posso tirar uma foto com você?"

No instante seguinte estávamos cercados de famílias, pessoas estendendo a mão para um cumprimento ou para pedir um autógrafo, pais colocando os filhos a meu lado para uma foto. Fiz um sinal a Mike, pedindo que levasse as meninas para verem os leões-marinhos sem mim. Pelos quinze minutos seguintes me dediquei a meus eleitores, grato pelas palavras de incentivo, relembrando a mim mesmo que isso fazia parte das coisas a que me propusera, mas sentindo um leve aperto no coração ao pensar em minhas filhas se perguntando o que acontecera com o papai.

Por fim me juntei a elas e a Mike e sugeri que saíssemos do zoológico e encontrássemos um local sossegado para tomarmos sorvete. No carro, durante o trajeto, Mike manteve um misericordioso silêncio — as meninas, nem tanto.

"Acho que você precisa de um codinome", declarou Malia no banco traseiro.

"O que é um codinome?", perguntou Sasha.

"É um nome falso que você usa quando não quer que as pessoas saibam quem você é", explicou Malia. "Como 'Johnny McJohn John'."

Sasha deu uma risadinha:

"É, papai... você devia ser Johnny McJohn John!"

"E precisa disfarçar a voz", acrescentou Malia. "As pessoas reconhecem a voz. Precisa falar mais agudo. E mais depressa."

"Papai fala *tããão* devagar...", disse Sasha.

"E então, papai", disse Malia. "Experimenta."

Ela falou então na voz mais aguda e mais rápida que conseguiu:

"Olá! Sou Johnny McJohn John!"

Incapaz de se conter, Mike caiu na risada. Depois, quando chegamos em casa, Malia explicou orgulhosamente seu plano para Michelle, que lhe fez um afago na cabeça.

"Ótima ideia, querida", disse ela, "mas o único jeito de o papai se disfarçar é fazer uma operação para prender as orelhas para trás."

Uma característica do Senado que me empolgava era poder influenciar a política externa, o que no legislativo estadual seria impossível. Desde a faculdade, eu me interessava especialmente pelas questões nucleares; portanto, antes mesmo da posse, escrevi a Dick Lugar, presidente da Comissão de Relações Exteriores, cuja questão central era a não proliferação de armas nucleares, dizendo-lhe que esperava poder trabalhar com ele.

A resposta de Dick foi entusiasmada. Republicano de Indiana, veterano do Senado com 28 anos de casa, era devidamente conservador em questões internas como os impostos e o aborto, mas na política externa refletia os prudentes impulsos internacionalistas que haviam guiado por muito tempo figuras importantes de seu partido, como George H. W. Bush. Em 1991, logo após o fim da União Soviética, Dick se aliara ao democrata Sam Nunn para elaborar e apresentar uma legislação permitindo que os Estados Unidos ajudassem a Rússia e as antigas repúblicas soviéticas a proteger e desativar suas armas de destruição em massa. O programa Nunn-Lugar, como veio a ser conhecido, se revelou uma realização ousada e duradoura — mais de 7500 ogivas nucleares seriam desativadas nas duas décadas seguintes — e sua implementação ajudou a facilitar as relações entre os gabinetes de segurança nacional dos Estados Unidos e da Rússia, essenciais na gestão de uma transição perigosa.

Na época em que nos aproximamos, em 2005, os relatórios dos serviços de inteligência indicavam que grupos extremistas como a al-Qaeda estavam procurando postos avançados pouco protegidos por todo o antigo bloco soviético, em busca de materiais nucleares, químicos e biológicos remanescentes. Dick e eu começamos a discutir como utilizar a estrutura existente do Nunn-Lugar para aumentar a defesa contra tais ameaças. Foi assim que, em agosto daquele ano, Dick e eu pegamos um avião militar e fomos passar uma semana visitando a Rússia, a Ucrânia e o Azerbaijão. As visitas já eram rotineiras para Dick devido à necessidade de monitorar os avanços do programa, mas para mim era a primeira missão oficial ao exterior, e ao longo dos anos eu tinha ouvido várias histórias sobre essas viagens de congressistas às custas dos cofres públicos — a agenda folgada, os fartos jantares, os banhos de loja. Se era assim que funcionava, ninguém tinha avisado Dick. Apesar de septuagenário, mantinha um ritmo incansável. Depois de um dia inteiro de reuniões com representantes russos em Moscou, fizemos um voo de duas horas até Saratov, a sudeste, e então seguimos de carro por mais uma hora até a área de um depósito nuclear secreto, onde, com verbas americanas, fora possível melhorar a segurança em torno dos mísseis russos. (Além disso, nos ofereceram borscht e uma espécie de gelatina de peixe, que Dick bravamente comeu, enquanto eu fiquei espalhando aquilo pelo prato como uma criança de seis anos de idade.)

Visitando a cidade de Perm, perto dos montes Urais, andamos por um cemitério de carcaças de mísseis ss-24 e ss-25, últimos remanescentes de ogivas nucleares táticas outrora apontadas para a Europa. Em Donetsk, na parte oriental da Ucrânia, percorremos uma instalação com depósitos inteiros de armas convencionais — munições, explosivos de alto impacto, mísseis ar-terra e até bombas minúsculas escondidas dentro de brinquedos infantis — que tinham sido reunidos por todo o país e estavam aguardando a destruição. Em Kiev, nossos anfitriões nos levaram a um complexo de três andares, dilapidado e desprotegido, no centro da cidade, onde o Nunn-Lugar estava financiando a instalação de novos sistemas de estocagem para amostras biológicas usadas em pesquisas na época da Guerra Fria, inclusive antraz e peste bubônica. Foi tudo muito instrutivo, prova da capacidade humana de colocar sua engenhosidade a serviço da loucura. Mas para mim, depois de tantos anos concentrado em questões nacionais, a viagem também foi revigorante, um lembrete de como o mundo era grande e como eram profundas as consequências humanas das decisões tomadas em Washington.

Ver Dick em ação me causou uma impressão duradoura. Com um plácido sorriso sempre estampado no rosto de gnomo, respondia incansavelmente a todas as minhas perguntas. Eu ficava admirado com o cuidado, a precisão e o domínio dos fatos que ele demonstrava sempre que falava com representantes estrangeiros nas reuniões. Eu observava a disposição com que suportava não só os atrasos de viagem, mas também as histórias intermináveis e os copos de vodca ao meio-dia, ciente de que a cortesia era capaz de atravessar as barreiras culturais e podia ser decisiva para promover os interesses americanos. Para mim, foi uma boa aula de diplomacia, um exemplo do verdadeiro impacto que um senador podia ter.

Então veio uma tempestade, e tudo mudou.

Na semana que passei viajando com Dick, um fenômeno climático tropical que se formara sobre as Bahamas atravessou a Flórida e se instalou no Golfo do México, ganhando energia com as águas mais quentes e se dirigindo agourentamente para as costas do Sul dos Estados Unidos. Quando nossa delegação do Senado aterrissou em Londres para encontrar o primeiro-ministro Tony Blair, uma enorme e terrível catástrofe era iminente. Atingindo o continente com ventos de duzentos quilômetros por hora, o furacão Katrina destruíra comunidades inteiras ao longo da Costa do Golfo, rompera os diques e submergira grande parte de New Orleans.

Passei metade da noite acordado, assistindo aos noticiários, chocado com o pesadelo sombrio e primordial que inundava a tela da televisão. Cadáveres boiavam, pacientes idosos estavam presos nos hospitais, os saques e tiroteios se sucediam, refugiados se acotovelavam e o desespero reinava. Ver tanto sofrimento já era terrível; observar a lenta reação do governo e a vulnerabilidade de tantos pobres e trabalhadores me causava vergonha.

Alguns dias depois, me uni a George H. W. e Barbara Bush, junto com Bill e Hillary Clinton, numa visita a Houston, para onde tinham sido transferidos milhares de desabrigados pelo furacão, em abrigos de emergência montados dentro do amplo complexo de convenções Astrodome. Em conjunto com a Cruz Vermelha e a Agência Federal de Gestão de Emergências (FEMA), a prefeitura estava trabalhando 24 horas por dia para atender às necessidades básicas, mas, enquanto eu ia de leito em leito, fiquei espantado ao constatar que muitos dos ali abrigados, na maioria negros, já haviam sido abandonados muito antes do furacão — vinham cavando sua subsistência à margem do sistema, sem nenhum tipo de seguro ou poupança. Ouvia suas histórias sobre a perda de suas casas e dos entes queridos que tinham desaparecido na inundação, sobre a impossibilidade de se deslocarem porque não tinham carro ou porque não podiam transportar o pai ou a mãe doente, pessoas não muito diferentes das que eu conhecera no trabalho social em Chicago ou de algumas tias ou alguns primos de Michelle. Aquilo me mostrava que, por mais que as condições de minha vida tivessem mudado, as deles continuavam as mesmas. A política do país continuava a mesma. Por toda parte, havia pessoas esquecidas e vozes esquecidas, negligenciadas por um governo que tantas vezes se mostrava cego ou indiferente a suas necessidades.

O sofrimento deles me serviu de lição e, como o único afro-americano no Senado, concluí que era hora de encerrar minha abstinência de aparições nos meios nacionais de comunicação. Nos noticiários das redes, afirmei que, embora não acreditasse que o motivo da insuficiente resposta à catástrofe do Katrina fosse o racismo, isso realmente mostrava quão pouco o partido governante e o país como um todo haviam se esforçado para combater o isolamento, a pobreza transmitida havia gerações e a falta de oportunidades que persistiam em grandes porções dos Estados Unidos.

De volta a Washington, trabalhei com meus colegas elaborando planos para ajudar a reconstruir a região do Golfo, como parte da Comissão de Segurança Interna e Assuntos de Governo. Mas passei a encarar a vida de senador de outra forma. Quanto tempo de Senado eu precisaria ter para promover de fato alguma diferença na vida das pessoas que conheci em Houston? Quantas audiências de comissões, quantas emendas rejeitadas, quantas provisões orçamentárias negociadas com o recalcitrante presidente da casa seriam necessárias para compensar as ações equivocadas de um único diretor da FEMA, de um funcionário da Agência de Proteção Ambiental (EPA) ou de um chefe do Departamento do Trabalho?

Esses sentimentos de impaciência aumentaram quando, poucos meses depois, participei de uma pequena delegação do Congresso para uma visita ao Iraque. Passados quase três anos desde a invasão liderada pelos Estados Unidos, o governo não podia mais negar o desastre em que a guerra se convertera. Ao dissolverem as forças militares iraquianas e permitir que a maioria xiita removesse agressivamente um grande número de muçulmanos sunitas de cargos no governo, os representantes americanos haviam criado uma situação caótica e cada vez mais perigosa — um sangrento conflito entre facções marcado por uma quantidade crescente de ataques suicidas, explosões nas estradas e carros-bomba detonados em ruas comerciais apinhadas de gente.

Nosso grupo visitou bases militares americanas em Bagdá, Fallujah e Kirkuk, e o país todo, visto pelo alto dos helicópteros Black Hawk que nos transportavam, se mostrava exaurido, com cidades crivadas de fogos de morteiros, estradas sinistramente vazias, uma paisagem coberta de pó. A cada parada encontrávamos comandantes e soldados inteligentes e corajosos, movidos pela convicção de que, com o apoio militar adequado, treinamento técnico e muito trabalho braçal, o Iraque poderia algum dia sair daquela situação. Mas minhas conversas com jornalistas e alguns membros iraquianos do alto escalão mostravam uma história diferente. Os espíritos do mal haviam sido liberados, diziam eles, e com as matanças e represálias entre sunitas e xiitas a perspectiva de uma reconciliação se tornava remota, se não inatingível. A única coisa que mantinha o país unido pareciam ser os milhares de jovens soldados e fuzileiros navais enviados por nós, muitos recém-saídos do ensino médio. Mais de 2 mil deles tinham sido mortos, e havia um número muito maior de feridos. Parecia claro que, quanto mais se prolongasse a guerra, mais nossos soldados seriam alvos de um inimigo que em muitos casos eles não conseguiam nem identificar nem entender.

No voo de volta para os Estados Unidos, não consegui tirar do pensamento aqueles jovenzinhos pagando o preço da arrogância de homens como Dick Cheney e Donald Rumsfeld, que nos haviam empurrado para a guerra com base em informações imprecisas e ainda se negavam a lidar integralmente com as consequências. O fato de que mais da metade de meus correligionários democratas aprovara aquele desastre me trazia um tipo de preocupação bem diferente. Perguntava o que poderia acontecer comigo: se, quanto mais tempo continuasse em Washington, mais inserido e acomodado eu ficaria. Passei a entender como isso poderia acontecer — como o gradualismo e o decoro, a infindável preocupação com a eleição seguinte e as opiniões unânimes e acríticas dos debates políticos televisivos conspiravam para embotar os melhores instintos e desgastar uma posição de independência até que qualquer convicção anterior se desfizesse irreversivelmente.

Se antes quase me dava por satisfeito pensando que estava na função certa, fazendo a coisa certa num ritmo aceitável, o Katrina e minha visita ao Iraque puseram um fim a tudo isso. A mudança precisava vir mais depressa — e eu teria de decidir qual seria meu papel nisso.

4

É rara a semana em que alguém — um amigo, um apoiador, um conhecido ou mesmo um completo estranho — não insiste em me dizer que sabia que eu seria presidente desde a primeira vez que falou comigo ou que me ouviu falar na televisão. Dizem isso com carinho, convicção e certa dose de orgulho por sua perspicácia política, capacidade de reconhecer talentos ou dom profético. Às vezes dão a suas palavras uma conotação religiosa. Deus tinha um plano para você, me asseguram. Eu sorrio e respondo que gostaria que me tivessem dito isso quando ainda estava em dúvida se devia ou não concorrer: teriam me poupado uma boa dose de estresse e insegurança.

A verdade é que nunca acreditei muito no destino. Minha maior preocupação é que essa crença incentive a resignação nos pobres e a complacência nos poderosos. Suspeito que o plano de Deus, qualquer que seja, se desdobra numa escala ampla demais para levar em conta nossas atribulações como meros seres mortais; que, numa vida individual, os acidentes e o acaso determinam muito mais do que estamos dispostos a admitir; e que o melhor que podemos fazer é tentar nos alinhar com aquilo que consideramos justo e extrair algum significado de nossa confusão, jogando a cada momento, de forma digna e corajosa, com as cartas que nos foram dadas.

O que eu sei é que, no primeiro semestre de 2006, a ideia de concorrer à presidência na eleição seguinte, embora ainda improvável, também já não me parecia estar fora de cogitação. A cada dia nosso gabinete no Senado era inundado de pedidos da imprensa. Estávamos recebendo o dobro do volume de correspondência de outros senadores. Nos estados, todos os partidos e candidatos às eleições de meio de mandato, que aconteceriam em novembro, queriam que eu comparecesse a seus eventos. E nossas repetidas negativas de que eu estivesse planejando concorrer só faziam aumentar a especulação.

Certa tarde, Pete Rouse entrou em minha sala e fechou a porta.

"Quero te perguntar uma coisa", ele disse.

Ergui a vista das cartas para os eleitores que estava assinando.

"Manda bala."

"Você mudou seus planos para 2008?"

"Não sei. Preciso mudar?"

Pete deu de ombros.

"Acho que o plano original de ficar longe dos holofotes e se concentrar em Illinois fazia sentido. Mas sua visibilidade não diminuiu. Se existe ao menos uma chance remota de que esteja considerando essa possibilidade, eu gostaria de escrever um memorando esboçando o que precisamos fazer para que você tenha as opções abertas. Concorda com isso?"

Eu me recostei na cadeira e olhei para o teto, ciente das implicações de minha resposta.

"Faz sentido", falei por fim.

"Está bem?"

"Tudo bem."

Assenti com a cabeça e voltei ao que estava fazendo.

"O mestre dos memorandos" — era assim que alguns de meus auxiliares se referiam a Pete. Nas mãos dele, um simples memorando se aproximava de uma forma de arte, e cada um deles conseguia ser eficiente e estranhamente inspirador. Alguns dias depois, ele distribuiu um plano revisado para o resto do ano, que deveria ser estudado por meus principais assessores. Recomendava um cronograma mais intenso de viagens para apoiar um número maior de candidatos democratas nas eleições de meio de mandato, encontros com figuras influentes e grandes doadores do partido, bem como um discurso de palanque reformulado.

Nos meses seguintes, executei seu plano, expondo minha pessoa e minhas ideias a novos públicos, dando apoio a democratas nos estados e distritos onde os resultados eleitorais eram incertos, viajando para regiões do país onde nunca estivera antes. Do Jantar Jefferson-Jackson, na Virgínia Ocidental, ao Jantar Morrison Exon, em Nebraska, fomos a todos os lugares, lotando os recintos e arregimentando as tropas. No entanto, sempre que alguém perguntava se ia concorrer à presidência, eu continuava a negar. "No momento, meu único foco é levar Ben Nelson de volta ao Senado, onde precisamos dele", eu dizia.

Será que os estava enganando? Estaria enganando a mim mesmo? Difícil dizer. Suponho que estava experimentando, sentindo o terreno, procurando compatibilizar o que via e sentia ao viajar pelo país com o absurdo de me lançar numa campanha nacional. Eu sabia que uma candidatura viável à presidência não acontece por acaso. Quando bem-feita, representa um esforço profundamente estratégico, construído de forma lenta e serena ao longo do tempo, exigindo não apenas confiança e convicção, mas também grandes quantias de dinheiro e uma boa dose de determinação e boa vontade dos outros para carregar o candidato por todos os cinquenta estados durante dois anos seguidos de eleições primárias e convenções partidárias.

Nessa época, vários de meus colegas democratas no Senado — Joe Biden, Chris Dodd, Evan Bayh e, claro, Hillary Clinton — haviam preparado o terreno para uma possível candidatura. Alguns já tinham participado da disputa; todos trabalhavam para isso havia anos e contavam com um sólido grupo de assessores, doadores e líderes locais do partido dispostos a ajudar. Diferentemente de mim, a maior parte deles tinha um histórico de conquistas legislativas significativas. Além disso, eu gostava de todos. Haviam me tratado bem, compartilhando em termos gerais de minhas opiniões nos assuntos em debate e eram mais do que aptos a conduzir uma campanha eficaz ou, mais adiante, de ocupar com competência a Casa Branca. Se por um lado eu estava me convencendo de que era capaz de empolgar os eleitores de maneiras que eles não conseguiam — se eu suspeitava que somente uma coalizão mais ampla do que eles tinham condições de construir, uma linguagem diferente da que usavam, poderia despertar Washington e dar esperança aos necessitados —, por outro compreendia também que minha posição favorável era em parte uma ilusão, o resultado de uma cobertura amigável da imprensa e de um apetite excessivamente intenso por qualquer coisa nova. Sabia que o namoro podia desandar num instante, e o astro em ascensão ser transformado num jovem imaturo, presunçoso a ponto de imaginar que podia dirigir o país não tendo nem chegado à metade de seu primeiro mandato como senador.

Melhor esperar, disse a mim mesmo. Pagar o pedágio, juntar os recibos, aguardar minha vez.

Numa bela tarde de primavera, Harry Reid pediu que eu desse uma passada em seu gabinete. Subi os largos degraus de mármore do plenário do Senado até o segundo andar, observado a cada movimento pelos retratos de homens sisudos e de olhos escuros, mortos havia muito tempo. Harry foi me receber na recepção e me levou à sua sala, um aposento amplo e de pé-direito alto com a mesma decoração em gesso, azulejos e vistas espetaculares que outros senadores veteranos apreciavam, mas sem os mementos e fotografias de apertos de mão com gente famosa que adornavam outros escritórios.

"Vamos direto ao assunto", disse Harry, como se ele fosse de jogar conversa fora. "Temos muita gente em nosso grupo planejando concorrer à presidência. Nem consigo contar quantos são. E, Barack, como são boas pessoas, não posso vir a público tomando partido de um ou de outro..."

"Escute, Harry, apenas para que você saiba, não sou..."

"Mas", disse ele, me interrompendo, "acho que você precisa considerar a possibilidade de concorrer agora. Sei que disse que não faria isso. E, sem dúvida, muitos vão dizer que você precisa de mais experiência. Mas vou lhe dizer uma coisa. Dez anos a mais no Senado não vão fazer de você um presidente melhor. Você consegue motivar as pessoas, sobretudo os jovens, minorias e até os brancos que se situam mais ao centro. Isso é diferente, sabe? As pessoas estão buscando alguma coisa diferente. Sem dúvida vai ser difícil, mas acho que você pode vencer. Schumer concorda."

Ele se levantou e caminhou para a porta, deixando claro que o encontro chegara ao fim.

"Bom, isso é tudo que queria dizer. Então pense nisso, o.k.?"

Saí atordoado do gabinete. Por melhor que fosse a relação que eu tinha construído com Harry, sabia que ele era o mais pragmático dos políticos. Descendo as escadarias, me perguntei se havia outra interpretação para o que ele tinha dito, se por acaso se tratava de algum lance num jogo complexo que eu era ingênuo demais para entender. Porém, quando depois falei com Chuck Schumer, e então com Dick Durbin, eles deram a entender a mesma coisa. O país estava desesperado por uma nova voz. Eu nunca estaria numa posição melhor do que a daquele momento e, dada minha conexão com eleitores jovens, minorias e independentes, seria capaz de alargar o mapa de modo a também ajudar outros democratas nas urnas.

Com a sensação de que havia pisado num campo minado e não devia fazer movimentos bruscos, só comentei sobre essas conversas com meus assessores principais e amigos mais íntimos. Ruminando sobre tudo aquilo com Pete, ele sugeriu que eu tivesse mais uma conversa antes de considerar com maior seriedade as consequências de entrar na disputa.

"Você precisa falar com Kennedy", sugeriu Pete. "Ele conhece todos os fatores envolvidos. Já concorreu. Vai colocar as coisas em perspectiva para você. E, na pior das hipóteses, vai dizer se planeja apoiar outra pessoa."

Herdeiro do mais famoso nome na política americana, Ted Kennedy era a coisa mais próxima de uma lenda viva que havia em Washington. Durante mais de quatro décadas no Senado, estivera à frente de todas as principais causas progressistas, dos direitos civis ao salário mínimo e à assistência à saúde. Com seu volumoso porte, cabeça grande e cabeleira branca, tornava-se o centro das atenções em qualquer lugar que entrasse, sendo um dos raros senadores a silenciar o plenário sempre que se erguia cuidadosamente de seu assento, tateando os bolsos do paletó à procura dos óculos e de suas anotações, com seu tom barítono icônico com sotaque de Boston a iniciar cada fala com "Obrigado, sra. presidente". O argumento era desenvolvido — o rosto se avermelhava, a voz se elevava —, caminhando para um crescendo como em culto de avivamento, mesmo quando se tratava de um assunto trivial. E então o discurso chegava ao fim. A cortina caía, e ele voltava a se tornar o velho e avuncular Teddy, atravessando o corredor para verificar a lista de oradores ou para se sentar junto a um colega, enquanto pousava a mão em seu ombro ou antebraço, sussurrando em seu ouvido ou dando uma boa risada, do tipo que fazia com que o interlocutor não se importasse com o fato de estar sendo possivelmente atraído para acompanhá-lo num futuro voto em que precisasse de apoio.

O gabinete de Teddy no terceiro andar do Russell Senate Office Building era um reflexo de seu ocupante — encantador e repleto de história, com paredes cobertas de fotografias da presidência do irmão, miniaturas de barcos à vela e paisagens de Cape Cod. Um quadro em especial atraiu minha atenção, mostrando rochedos escuros e pontiagudos debruçados sobre um mar bravo.

"Levei um tempão para acertar a mão nesse aí", disse Teddy, pondo-se a meu lado. "Três ou quatro tentativas."

"Valeu o esforço", comentei.

Nós nos sentamos em sua salinha privada com as cortinas cerradas e uma luz suave. Ele começou a contar histórias — sobre veleiros, sobre seus filhos e sobre as várias batalhas de que participara no Senado. Histórias irreverentes, engraçadas. De tempos em tempos saía do rumo antes de retornar ao curso original, às vezes esboçando apenas um pensamento fragmentário, mas o tempo todo nós dois sabíamos que aquilo era uma performance — que estávamos apenas preparando o terreno para o verdadeiro propósito de minha visita.

"Então…", disse ele por fim, "ouvi dizer que se comenta por aí que você pode concorrer à presidência."

Respondi que era improvável, mas que, de todo modo, queria um conselho dele.

"Bem, sim, alguém já disse que há cem senadores que se olham no espelho e veem um presidente." Teddy deu uma risadinha. "Eles se perguntam: 'Será que tenho o que é preciso?'. Jack, Bobby — eu mesmo, muito tempo atrás. Não saiu como eu planejava, mas acho que as coisas acontecem à sua própria maneira…"

Perdido em pensamentos, não terminou a frase. Enquanto o observava, me perguntei como ele avaliava sua própria vida e a de seus irmãos, o terrível preço que cada um pagara ao correr atrás de um sonho. Então, de modo igualmente súbito, ele estava de volta, com os olhos muito azuis fixos nos meus, todo atento e eficiente.

"Eu não vou entrar logo de cara nessa dança", disse Teddy. "Tenho amigos demais envolvidos. Mas posso dizer o seguinte, Barack. O poder de inspirar é raro. Momentos como este são raros. Você pode achar que talvez não esteja pronto, que vai fazer isso numa ocasião mais conveniente. Mas a gente não escolhe a hora. A hora escolhe a gente. Ou agarramos o que pode vir a ser uma chance única, ou decidimos que queremos viver sabendo que deixamos a oportunidade passar."

Michelle estava longe de desconhecer o que vinha acontecendo. De início, simplesmente ignorou a movimentação. Parou de ver os noticiários políticos e descartava todas as perguntas entusiasmadas de amigos e colegas sobre a possibilidade de que eu concorresse. Quando certa noite mencionei em casa a conversa que tivera com Harry, ela se limitou a dar de ombros, e eu não insisti no assunto.

No entanto, à medida que o verão foi chegando ao fim, o assunto começou a penetrar pelas fendas e rachaduras de nossa vida familiar. As noites e os fins de semana pareciam normais contanto que Malia e Sasha estivessem circulando à nossa volta, mas a tensão era perceptível sempre que Michelle e eu ficávamos a sós. Por fim, certa noite em que as meninas já estavam dormindo, entrei na sala onde ela via TV e tirei o som.

"Você sabe que não planejei nada disso", falei, me sentando ao lado dela no sofá.

Michelle ficou encarando a tela, em silêncio.

"Eu sei", disse ela.

"Sei que mal tivemos tempo de recuperar o fôlego. E, até alguns meses atrás, a ideia de concorrer me pareceu uma loucura."

"Pois é."

"Mas, considerando tudo que aconteceu, acho que precisamos cogitar seriamente a ideia. Pedi ao meu pessoal para preparar uma apresentação. Qual seria o programa de campanha. Se podemos vencer. Como poderia afetar a família. Quer dizer, se nós vamos mesmo fazer isso…"

Michelle me interrompeu, com a voz embargada.

"Você disse *nós*?", questionou ela. "*Você*, Barack. Não *nós*. Esse é o *seu* lance. Apoiei você o tempo todo porque acredito em quem é, apesar de *odiar* a política. Odeio a exposição de nossa família. Você *sabe* disso. E agora que finalmente temos alguma estabilidade… mesmo que não seja normal, que não seja a maneira que eu escolheria para nós vivermos… Agora você vem me dizer que vai tentar ser *presidente*?"

Eu segurei sua mão.

"Não disse que *vou* concorrer, querida. Só disse que não podemos descartar a possibilidade. Mas só posso considerar isso se você estiver comigo."

Fiz uma pausa e constatei que sua raiva não se dissipara nem um pouco.

"Se você acha que não devemos, então não vamos. É simples assim. Você tem a palavra final."

Michelle ergueu as sobrancelhas como se sugerisse que não acreditava em mim.

"Se for verdade mesmo, então a resposta é não", disse ela. "Não quero que você se candidate à presidência, pelo menos não agora."

Ela me lançou um olhar duro e se levantou do sofá.

"Meu Deus, Barack… Quando é que vai ser o bastante?"

Antes que eu pudesse responder, ela foi para o quarto e fechou a porta.

Como culpá-la por reagir assim? Só de cogitar a hipótese de concorrer, colocando minha equipe para trabalhar nisso antes de ter sua concordância, eu a havia deixado numa situação impossível. Por muitos anos, eu pedira a Michelle coragem e paciência com relação a minhas atividades políticas, e ela me concedera isso — relutantemente, mas com amor. E toda vez eu voltava pedindo mais.

Por que a submeteria àquilo? Seria só por vaidade? Ou talvez por algum motivo mais obscuro — uma fome insaciável, uma ambição cega envolta na linguagem nebulosa do dever? Ou estaria eu ainda tentando me provar digno de um pai que me abandonara, querendo cumprir as expectativas sonhadoras de minha mãe em relação a seu único filho homem ou resolver qualquer insegurança pessoal que ainda existisse em decorrência daquele casamento inter-racial? "É como se você tivesse um vazio para preencher", Michelle havia me dito no começo de nossa vida de casados após um período em que tinha me visto trabalhar até quase a exaustão. "É por isso que você não consegue ir mais devagar."

Na verdade, eu acreditava ter resolvido esses problemas fazia muito tempo, encontrando minha afirmação no trabalho, na segurança e no amor da família. Porém comecei a me perguntar se algum dia seria capaz de escapar daquilo que havia dentro de mim que necessitava ser curado e que continuava a me fazer ir mais longe, fosse o que fosse.

Talvez fosse impossível ver com clareza minhas motivações. Eu me lembrei de um sermão do dr. Martin Luther King Jr., intitulado "O instinto do condutor da banda", em que fala como, no fundo do coração, todos nós queremos chegar em primeiro lugar, ser celebrados por nossa superioridade: todos queremos "liderar a fanfarra". Ele vai adiante para mostrar que tais impulsos egoístas podem ser reconciliados se a essa busca por destaque associarmos objetivos menos individualistas. Você pode se esforçar para ser o número um em servir à comunidade, o número um em dar amor. Para mim, parecia um meio satisfatório de realizar a quadratura do círculo quando se tratava de nossos instintos mais mesquinhos ou mais elevados. O problema era que eu me confrontava também com o fato óbvio de que os sacrifícios não seriam apenas meus. Minha família seria arrastada junto comigo, posicionada na linha de tiro. A causa do dr. King e seus talentos poderiam ter justificado esse sacrifício. Mas isso valeria no meu caso?

Eu não sabia. Qualquer que fosse a natureza da minha fé, não havia como me refugiar na noção de que Deus me dizia para concorrer à presidência. Não era possível fingir que estava simplesmente reagindo a algum impulso invisível do universo. Não podia alegar que era indispensável à causa da liberdade e da justiça, ou negar a responsabilidade pelo ônus que estaria impondo à minha família.

As circunstâncias talvez tivessem aberto a porta para uma disputa presidencial, mas nada durante aqueles meses me impedira de fechá-la. Mesmo naquele momento eu poderia facilmente fechar a porta. E o fato de não ter feito isso — muito pelo contrário, de ter permitido que a porta se abrisse ainda mais — era tudo de que Michelle precisava saber. Se uma das qualificações para concorrer ao cargo de maior poder no mundo inteiro era a megalomania, tudo indicava que eu estava passando no teste.

Eram esses os pensamentos que influenciavam meu estado de espírito quando iniciei em agosto uma excursão de sete dias pela África. Na África do Sul, fui de barco até a ilha Robben e entrei na pequena cela onde Nelson Mandela havia passado a maior parte de seus 27 anos como prisioneiro sem nunca perder a esperança de que a mudança viria. Me encontrei com membros da Suprema Corte do país, conversei com médicos numa clínica de tratamento de HIV/aids, passei algum tempo com o bispo Desmond Tutu, cujo estilo alegre eu já tinha conhecido durante suas visitas a Washington.

"Então é verdade, Barack", disse ele com um sorriso maroto, "que você vai ser nosso primeiro presidente africano dos Estados Unidos? Ah, isso deixaria todos nós muito orgulhosos!"

Da África do Sul voei para Nairóbi, onde Michelle e as meninas — acompanhadas por nossa amiga Anita Blanchard e seus filhos — se uniram a mim. Estimulada por intensa cobertura da imprensa local, a reação dos quenianos à nossa presença foi extraordinária. A visita a Kibera, uma das maiores favelas da África, atraiu milhares de pessoas, que se amontoaram ao longo dos sinuosos caminhos de terra vermelha cantando meu nome. Minha meia-irmã Auma organizara atenciosamente uma excursão em família à província de Nyanza, para que pudéssemos apresentar Sasha e Malia ao lar ancestral de nosso pai na região ocidental do país. Uma vez lá, foi uma surpresa ver o povo enfileirado na beira de quilômetros de estrada, acenando para nós. E, quando Michelle e eu paramos numa clínica de saúde móvel para fazer um teste de HIV como forma de demonstrar sua credibilidade, surgiu uma multidão de milhares, cercando nosso veículo e dando ao pessoal da segurança diplomática um tremendo susto. Somente ao fazermos um safári, estacionando o jipe entre leões e gnus, escapamos à comoção.

"Juro, Barack, essa gente pensa que você já é o presidente!", Anita brincou certa noite. "Só peço que reserve um lugar para mim no Air Force One, está bem?"

Nem Michelle nem eu rimos.

Enquanto a família voltava para Chicago, eu segui adiante, viajando até a fronteira entre o Quênia e a Somália a fim de me informar sobre a cooperação entre americanos e quenianos contra o grupo terrorista da al-Shabaab; pegando um helicóptero de Djibouti para entrar na Etiópia, onde militares americanos contribuíam nos esforços de ajuda às vítimas de uma inundação; e finalmente voando até o Chade para visitar refugiados de Dafur. Em cada parada, vi homens e mulheres engajados em tarefas heroicas, enfrentando circunstâncias impossíveis. Em cada parada, me disseram que os Estados Unidos poderiam estar fazendo muito mais para aliviar o sofrimento.

E, em cada parada, me perguntavam se eu ia concorrer à presidência.

Dias depois de voltar para os Estados Unidos, fiz uma viagem a Iowa para discursar num churrasco organizado pelo senador Tom Harkin, um ritual que se repetia a cada ano mas que ganhava em importância na perspectiva de uma campanha presidencial por acontecer naquele que é sempre o primeiro estado a votar no processo das primárias. Eu aceitara o convite meses antes — Tom pedira que eu falasse justamente para não ter de escolher alguém entre todos os postulantes à presidência que ambicionavam fazer o discurso, porém minha presença só fez aumentar a especulação. Quando deixávamos o parque de diversões após o evento, fui puxado para o lado por Steve Hildebrand, ex-diretor político do Comitê Democrata de Campanhas Senatoriais e um velho prócer do estado que Pete convocara para me ciceronear.

"Essa foi a mais calorosa demonstração de receptividade que vi aqui até hoje", disse Steve. "Você pode levar Iowa, Barack. Dá para sentir. E, se vencer em Iowa, pode ganhar a indicação do partido para concorrer à presidência."

Às vezes eu tinha a sensação de ter sido apanhado numa maré, levado pela corrente das expectativas de outras pessoas antes de haver claramente definido minhas próprias expectativas. A temperatura subiu ainda mais quando, um mês depois e poucas semanas antes das eleições de meio de mandato, meu segundo livro foi lançado. Eu havia trabalhado nele o ano inteiro durante a noite em meu apartamento em Washington e nos fins de semana depois que Michelle e as meninas iam dormir; e até mesmo em Djibouti, onde lutara durante horas tentando enviar por fax provas corrigidas para meu editor. Nunca tive a intenção de que o livro servisse como um manifesto de campanha. Queria apenas apresentar minhas ideias sobre a situação da política americana de um modo interessante, além de vender um número suficiente de exemplares que justificasse meu substancial adiantamento.

Mas não foi assim que o livro foi recebido tanto pela imprensa política como pelo público. Para promovê-lo, me apresentei na televisão e no rádio praticamente o tempo todo, o que, combinado com minhas aparições muito visíveis em benefício de postulantes a um assento no Congresso, me fez ser visto mais e mais também como candidato.

Numa viagem de carro da Filadélfia para Washington, onde eu seria entrevistado na manhã seguinte no programa *Meet the Press*, Gibbs e Axe, juntamente com o sócio de Axe, David Plouffe, perguntaram o que eu pensava dizer quando o apresentador, Tim Russert, inevitavelmente me interrogasse sobre meus planos.

"Ele vai repetir a mesma gravação de sempre", explicou Axe. "Aquela em que você afirma categoricamente que não vai concorrer à presidência em 2008."

Ouvi durante alguns minutos enquanto os três começaram a analisar as várias maneiras de contornar a pergunta antes de interromper.

"Por que não falo a verdade logo de uma vez? Será que não posso dizer apenas que não tinha a menor intenção de concorrer dois anos atrás, mas as circunstâncias também mudaram a minha maneira de pensar, e que por isso pretendo refletir seriamente sobre o assunto depois das eleições de meio do mandato?"

Eles gostaram da ideia, admitindo que, dada a estranha natureza da política, uma resposta tão franca seria considerada algo novo. Gibbs também me aconselhou a alertar Michelle, prevendo que uma menção direta ao fato de que eu talvez concorresse iria fazer com que o frenesi da imprensa se intensificasse imediatamente.

E foi bem isso o que aconteceu. Minha presença no *Meet the Press* rendeu manchetes e repercutiu nos noticiários da noite. Na internet, foi lançada a petição "Convocação a Obama", angariando milhares de assinaturas. Colunistas de âmbito nacional, inclusive vários de tendência conservadora, redigiram comentários reproduzidos nas páginas de opinião dos jornais. E a revista *Time* publicou uma reportagem de capa com o título "Por que Barack Obama pode ser o próximo presidente".

Mas ao que parecia nem todo mundo estava convencido de minhas possibilidades. Gibbs contou que, ao parar num quiosque na Michigan Avenue a fim de comprar um exemplar da *Time*, o jornaleiro, de ascendência indiana, olhou para meu retrato e fez um comentário de duas palavrinhas: "Nem *fodendo*".

Demos uma boa gargalhada quando ele nos disse isso. E, à medida que a especulação sobre minha candidatura crescia, Gibbs e eu repetíamos a frase como uma fórmula mágica, que nos permitia manter os pés no chão e evitar a sensação crescente de que os eventos estavam escapando de nosso controle. A multidão presente em minha última aparição antes das eleições de meio de mandato, num comício noturno em Iowa City a favor do candidato democrata a governador, foi especialmente ruidosa. De pé no palco e vendo milhares de pessoas reunidas — o vapor de suas respirações subindo como um nevoeiro iluminado pela luz dos refletores, os rostos cheios de expectativa voltados para cima, os gritos de incentivo abafando minha voz cansada —, tive a sensação de que estava vendo uma cena de filme e que a figura no palanque não era eu.

Quando cheguei em casa, tarde da noite, encontrei tudo às escuras, e Michelle já estava dormindo. Depois de tomar um banho e examinar uma pilha de cartas, me enfiei debaixo dos lençóis e comecei a relaxar. Naquele limbo entre o sono e a vigília, me imaginei caminhando em direção a uma espécie de portal, um lugar com uma iluminação fortíssima, frio e sem ar, deserto e apartado do mundo. E atrás de mim, vinda da escuridão, ouvi uma voz, nítida e precisa, como se alguém estivesse bem às minhas costas, pronunciando a mesma palavra mais de uma vez.

Não. Não. Não.

Pulei da cama, o coração acelerado, e desci para tomar um drinque. Fiquei sentado sozinho no escuro, bebericando minha vodca, os nervos à flor da pele, o cérebro repentinamente a cem por hora. Entendi que meu medo mais profundo já não era o de ser irrelevante, de ficar preso ao Senado ou mesmo de perder uma disputa presidencial.

O medo veio ao me dar conta de que podia vencer.

Surfando numa onda de antipatia para com o governo de Bush e a guerra no Iraque, os democratas triunfaram em praticamente todos os embates importantes, ganhando o controle da Câmara e do Senado. Embora tivéssemos trabalhado muito por esses resultados, minha equipe e eu não tivemos tempo para comemorar. Em vez disso, a partir do dia seguinte à eleição, começamos a traçar um possível caminho rumo à Casa Branca.

Nosso pesquisador de opinião pública, Paul Harstad, estudou os números e descobriu que eu já me encontrava entre o terço superior dos candidatos. Analisamos o calendário das primárias e das convenções estaduais para a escolha de candidatos, convencidos de que, na campanha de um novato como eu, tudo dependeria de vencer nos primeiros estados, em especial Iowa. Fizemos um levantamento de qual seria um orçamento realista e como poderíamos arrecadar as centenas de milhões de dólares necessários apenas para obter a indicação do Partido Democrata. Pete e Alyssa apresentaram planos para conciliar minhas obrigações no Senado com as viagens de campanha. Axelrod redigiu um memorando indicando temas em potencial, e de que maneira — dado o absoluto desprezo dos eleitores por Washington — a mensagem de mudança poderia compensar minha evidente falta de experiência.

Apesar do pouco tempo de que dispunham, todos executaram suas tarefas com afinco e meticulosidade. Fiquei particularmente impressionado com David Plouffe. Beirando os quarenta anos, franzino e intenso, com feições bem definidas e modos impecáveis, ainda que informais, havia abandonado a universidade para trabalhar numa série de campanhas democratas e também dirigira o Comitê Democrata de Campanhas para o Congresso antes de entrar para a firma de consultoria de Axelrod. Certo dia, ouvi David mapear como poderíamos levar adiante um esforço de organização de cunho popular em cada estado usando nossa base de voluntários e a internet; mais tarde, eu disse a Pete que, se fizéssemos aquilo, Plouffe parecia ser a escolha óbvia para gerenciar a campanha.

"Ele é excelente", disse Pete. "Mas não vai ser tão fácil convencê-lo. Tem filhos pequenos."

Essa foi uma das coisas mais notáveis a respeito de nossas conversas naquele mês: toda a equipe demonstrou uma ambivalência comparável à minha. Não era só porque eu continuava a ser um azarão; tanto Plouffe quanto Axelrod eram francos ao dizer que, para ganhar de Hillary Clinton, uma "grife nacional", teríamos de jogar uma cartada praticamente perfeita. Não, o que os tornava mais reticentes era o fato de que, ao contrário de mim, eles já tinham acompanhado campanhas presidenciais muito de perto. Conheciam bem demais o caráter estafante da empreitada. Compreendiam o ônus que isso representaria não apenas para mim e minha família, mas também para si mesmos e as respectivas famílias.

Estaríamos sempre na estrada. A imprensa seria impiedosa em seu escrutínio — "uma incessante colonoscopia", como acredito que foi Gibbs quem falou. Eu veria pouquíssimo Michelle e as meninas por no mínimo um ano — dois anos, se tivéssemos a sorte de vencer as primárias.

"Vou ser sincero com você, Barack", Axe me disse após uma reunião. "O processo tem seus momentos de euforia. Mas é na maior parte do tempo um sofrimento. É como um teste de esforço, um eletrocardiograma da alma. E, apesar de todo o seu talento, não sei como você vai reagir. Nenhum de vocês dois. A coisa toda é tão doida, tão desonrosa e brutal, que você precisa ser um pouco insano para fazer o que é preciso para vencer. E eu simplesmente não sei se você tem essa fome. Não acho que vá ficar amargurado se nunca for presidente."

"Isso é verdade", eu disse.

"Eu sei", disse Axe. "E, do ponto de vista das pessoas, isso é uma força. Mas, para um candidato, é uma fraqueza. Talvez você seja um pouco normal demais, certinho demais, para concorrer à presidência. E, embora o consultor político em mim ache que vai ser muito interessante vê-lo concorrer, a parte de mim que considera você um amigo meio que torce para que isso não aconteça."

Enquanto isso, Michelle também punha em ordem o que estava sentindo. Escutava calada durante as reuniões, fazendo vez por outra perguntas sobre o calendário da campanha, o que se esperava dela e o que aquilo significaria para as meninas. Sua resistência à ideia de que eu concorresse havia diminuído pouco a pouco. Talvez tenha ajudado o fato de ouvir a verdade nua e crua sobre o que uma campanha implicava, tornando concretos e específicos seus piores receios e, por isso mesmo, mais administráveis. Talvez tenham sido suas conversas com Valerie e Marty, dois de nossos amigos mais leais, gente em cujo julgamento ela confiava totalmente. Ou o empurrãozinho que recebeu do irmão, Craig — alguém que correra atrás de sonhos improváveis, primeiro para ser jogador profissional de basquete e, mais tarde, se tornar treinador, mesmo que isso significasse abandonar uma carreira promissora no mercado financeiro.

"Ela só está assustada", ele havia me dito enquanto tomávamos cerveja certa tarde. Contou como Michelle e sua mãe costumavam assistir a seus jogos de basquete no ensino médio: se o placar ficasse muito apertado, elas iam esperar na saída, tensas demais para permanecerem nos assentos.

"Não queriam me ver perder", contou Craig. "Não queriam me ver triste ou desapontado. Tinha que explicar a elas que era parte do jogo. "

Ele era favorável à ideia de eu me arriscar a tentar a presidência, e falou que pretendia conversar sobre o assunto com a irmã.

"Quero que ela tenha uma visão mais ampla", disse ele. "A chance de competir nesse nível não é uma coisa que se possa jogar fora."

Certo dia de dezembro, pouco antes de nossas férias no Havaí, a equipe fez a última reunião prévia à minha decisão de seguir em frente ou não. Michelle aguentou pacientemente ao longo de uma hora a troca de ideias sobre as contratações e a logística para um eventual anúncio até interromper com uma pergunta essencial:

"Você disse que tem vários outros democratas capazes de ganhar a eleição e ser presidentes. Me disse que a única razão para concorrer era se pudesse proporcionar alguma coisa que os outros não podem. Não sendo assim, não valia a pena. Certo?"

Concordei com a cabeça.

"Então, minha pergunta é: por que você, Barack? Por que *você* precisa ser presidente?"

Nós nos entreolhamos por cima da mesa. Por um instante foi como se estivéssemos a sós na sala. Minha mente pulou de volta para dezessete anos antes, quando nos conhecemos, eu chegando atrasado a seu escritório e meio molhado de chuva, Michelle se levantando de sua mesa, tão bonita e segura de si, vestindo uma camisa e saia de advogada. A conversa entre nós foi fácil. Eu tinha visto naqueles olhos redondos e escuros uma vulnerabilidade que provavelmente quase nunca era revelada. Percebi desde aquele momento que ela era especial, que eu precisava conhecê-la, que aquela era uma mulher que eu podia amar. Que sorte a minha, pensei.

"Barack?"

Interrompi meu devaneio.

"Certo", eu disse. "Por que eu?"

Mencionei várias razões sobre as quais tínhamos conversado anteriormente: que eu poderia ser capaz de gerar um novo tipo de política, ou conseguir que uma nova geração participasse, ou superar as divisões existentes no país melhor que outros candidatos.

"Mas quem sabe?", eu disse, olhando em volta da mesa. "Não há nenhuma garantia de que a gente possa chegar lá. Mas de uma coisa tenho certeza. Sei que, no dia em que levantar minha mão direita e fizer o juramento para ser presidente dos Estados Unidos, o mundo vai começar a olhar o país de outra maneira. Sei que a garotada por toda parte, meninos negros, meninos latinos, meninos que estão à margem, vai se ver de outra forma também, com os horizontes se abrindo, as possibilidades se expandindo. E isso, por si só... isso faria valer a pena."

A sala ficou em silêncio. Marty sorriu. Valerie estava com os olhos marejados. Dava para ver que diversos membros da equipe já imaginavam a cena, o juramento do primeiro presidente afro-americano dos Estados Unidos.

Michelle me olhou fixamente pelo que me pareceu uma eternidade.

"Bem, querido", disse ela por fim, "essa foi uma resposta muito boa."

Todos riram, e a reunião se voltou para outros assuntos. Anos depois, aqueles que estiveram na sala às vezes falavam dessa reunião, compreendendo que minha resposta a Michelle tinha sido uma formulação de improviso de uma fé compartilhada, o ponto de partida para todos nós daquilo que seria uma longa, dura e improvável jornada. Eles a relembravam quando viam um garotinho tocar em meus cabelos no Salão Oval, ou quando um professor relatava que as crianças de sua turma em um bairro pobre haviam começado a se dedicar mais aos estudos depois que fui eleito.

E é verdade: na resposta à pergunta de Michelle, foram expostos em primeira mão os meios de que eu dispunha para alimentar a esperança de que, mesmo não saindo vencedora, uma campanha convincente pudesse desenraizar alguns vestígios do passado racial americano. Mas, no meu íntimo, eu sabia que chegar lá também tinha um significado mais pessoal.

Se vencêssemos, pensei, isso significaria que minha campanha para o Senado dos Estados Unidos não tinha sido um golpe de sorte de principiante.

Se vencêssemos, isso significaria que o que me conduziu à política não tinha sido apenas um sonho de verão, que o país em que eu acreditava era possível, que a democracia em que eu acreditava estava ao nosso alcance.

Se vencêssemos, isso significaria que eu não estava sozinho em minha crença de que o mundo não precisava ser um lugar frio e implacável, onde os fortes devoravam os fracos e inevitavelmente voltaríamos a nos organizar como clãs e tribos, atacando o desconhecido e nos juntando apenas com nossos iguais por medo da escuridão.

Se essas crenças se concretizassem, minha própria vida faria sentido e eu poderia deixar essa promessa, essa versão de mundo, a minhas filhas.

Eu havia apostado minhas fichas muito tempo antes, e era chegada a hora da verdade. Estava prestes a cruzar uma linha invisível, capaz de mudar minha vida inexoravelmente, de maneiras que ainda não podia imaginar e de maneiras que talvez não me agradassem. Mas parar àquela altura, voltar atrás àquela altura, perder a coragem àquela altura — isso era inaceitável.

Eu precisava saber o resultado da aposta.

PARTE II

Sim, nós podemos

5

Numa manhã de céu límpido em fevereiro de 2007, subi num palco diante do Velho Capitólio em Springfield — o mesmo local onde Abe Lincoln pronunciou seu discurso sobre "A casa dividida" enquanto servia no legislativo de Illinois — e anunciei minha candidatura à presidência. Com a temperatura rondando os dez graus abaixo de zero, temíamos que o frio pudesse espantar o público, mas, no momento em que me aproximei do microfone, mais de 15 mil pessoas haviam se reunido na praça e nas ruas vizinhas, todas elas com ar festivo, embrulhadas em roupas impermeáveis, gorros de lã e protetores de orelha, muitas exibindo cartazes feitos em casa ou distribuídos pela campanha com a palavra OBAMA, enquanto o vapor da respiração coletiva subia em uma espécie de nevoeiro.

Meu discurso, transmitido ao vivo pela TV a cabo, englobava os principais temas de nossa campanha — a necessidade de reformas fundamentais; a necessidade de atacar problemas de longo prazo como a assistência à saúde e as mudanças climáticas; a necessidade de superar a velha divisão partidária em Washington; a necessidade de uma cidadania ativa e engajada. Quando terminei, Michelle e as meninas se juntaram a mim no palco a fim de acenar para a multidão aos gritos, com as imensas bandeiras dos Estados Unidos penduradas nos prédios próximos proporcionando um pano de fundo espetacular.

De lá, eu e minha equipe fomos para Iowa, onde seria realizada dentro de onze meses a primeira disputa no país pela indicação partidária, e onde contávamos com uma vitória de saída para nos catapultar à frente dos adversários mais experientes. Numa série de encontros nas sedes das prefeituras, mais uma vez fomos recebidos por milhares de apoiadores e curiosos. Nos bastidores de um evento em Cedar Rapids, entreouvi um veterano político de Iowa explicar a um dos cinquenta ou mais jornalistas de órgãos de âmbito nacional que nos seguiam: "Isto não é normal".

Revendo os registros desse dia, é difícil não se deixar emocionar pela nostalgia que ainda persiste em meus antigos companheiros e apoiadores — a sensação de que estávamos iniciando uma viagem mágica; que, durante um período de dois anos, aprisionaríamos o gênio numa garrafa e teríamos acesso a algo essencial e verdadeiro sobre os Estados Unidos. No entanto, embora as multidões, a excitação e a atenção dos meios de comunicação prenunciassem minha viabilidade como candidato, sou obrigado a me recordar de que naquela época nada parecia fácil ou predestinado, que muitas vezes tinha a impressão de que nossa campanha iria descarrilar, e que, de início, não apenas eu mas muitos que nos seguiam de perto não me consideravam um candidato particularmente bom.

Por muitos motivos, meus problemas eram uma consequência direta da agitação que havíamos provocado e das expectativas que isso gerou. Como Axe explicou, a maioria das campanhas presidenciais começava necessariamente pequena — "fora da Broadway", de acordo com suas palavras; pequenas plateias, lugares menores, cobertura de canais de televisão locais e jornais de circulação regional, permitindo ao candidato e sua equipe testar as frases, aparar as arestas, cometer um deslize ou travar no palco sem atrair muita atenção. Não pudemos nos dar a esse luxo. Desde o primeiro dia, era como se estivéssemos no centro da Times Square e, sob as luzes da ribalta, minha inexperiência se revelava.

O maior receio da equipe era que eu cometesse alguma gafe, a palavra usada pela imprensa para descrever qualquer frase infeliz do candidato que demonstre ignorância, descuido, confusão mental, insensibilidade, rancor, grosseria, hipocrisia — ou simplesmente se desvie o bastante do pensamento convencional a ponto de torná-lo vulnerável a ataques. Por essa definição, a maior parte dos seres humanos comete de cinco a dez gafes por dia, mas contamos com a benevolência e boa vontade de nossa família, nossos colegas de trabalho e amigos para compensar os pontos falhos, entender nossas intenções e em termos gerais nos concentrar no melhor, e não no pior, que existe em nós.

Sendo assim, minha inclinação inicial era de ignorar alguns dos alertas da equipe. Por exemplo, a caminho de nossa última parada em Iowa no dia do anúncio, Axe ergueu a vista de seu bloco de anotações.

"Você sabe como se pronuncia o nome da cidade para onde estamos indo?"

"Sei, Waterloo."

Axe sacudiu a cabeça.

"Não, é Water-*loo* e não *Water*-loo."

"Repete para mim, por favor."

"Water-*loo*", falou Axe, os lábios se crispando ligeiramente.

"Outra vez."

Axe franziu a testa.

"Então, Barack... isso é sério."

96

Mas não demorou muito para que eu compreendesse que, do momento em que alguém anuncia sua candidatura à presidência, as regras normais da expressão verbal deixam de se aplicar, que há microfones por toda parte, que cada palavra que sai de sua boca é gravada, amplificada, escrutinada e dissecada. Na prefeitura de Ames, em Iowa, durante aquela primeira turnê após o anúncio, eu explicava minha oposição à guerra no Iraque quando me descuidei e disse que a decisão irrefletida do governo Bush tinha ocasionado o "desperdício" de 3 mil de nossos jovens soldados. Lamentei a palavra no instante em que a pronunciei. Sempre tinha sido cauteloso em distinguir entre minhas opiniões sobre a guerra e o respeito pelo sacrifício de nossas tropas e suas famílias. Somente alguns órgãos de imprensa captaram meu deslize, e um rápido mea-culpa abafou qualquer controvérsia. Porém foi um lembrete de que as palavras carregavam um peso diferente de antes, e senti um peso no coração ao imaginar como minha falta de tato poderia impactar uma família ainda enlutada pela perda de um ente querido.

Sou por natureza um orador cuidadoso, o que, pelos padrões dos candidatos à presidência, contribuiu para manter relativamente baixo meu cociente de gafes. Mas meu cuidado com as palavras suscitou outra questão no decorrer da campanha: eu falava demais, e isso era um problema. Quando me faziam alguma pergunta, minha tendência era dar respostas tortuosas e enfadonhas, desmontando mentalmente e de maneira instintiva todos os assuntos em uma pilha de componentes e subcomponentes. Se todo argumento tem dois lados, eu costumava apresentar quatro. Caso houvesse uma exceção a certa afirmação que acabara de fazer, eu não apenas a indicava, como também fornecia notas de rodapé.

"Com esses detalhes, você está enterrando a declaração mais importante!", Axe praticamente urrava depois de ouvir um dos meus falatórios intermináveis.

Por um ou dois dias, eu me concentrava obedientemente em ser breve, mas de repente me sentia incapaz de resistir a uma explicação de dez minutos sobre as nuances de uma política comercial ou o ritmo do degelo no Ártico.

"O que você achou?", eu perguntava, satisfeito com minha exatidão, após descer do palco.

"Nota dez na prova", respondia Axe, "mas nenhum voto."

Esses eram problemas que eu podia resolver com o passar do tempo. Mais preocupante, à medida que os meses passavam, foi o fato de que eu estava rabugento. Uma razão para isso, vejo agora, era o desgaste causado por uma campanha de dois anos para o Senado, um ano de reuniões partidárias em prefeituras como senador e meses de viagem em favor de outros candidatos. Uma vez esgotada a adrenalina do anúncio, a magnitude da tarefa exaustiva que tinha diante mim me atingiu com toda a força.

E era mesmo um osso duro de roer. Quando não estava em Washington para participar das sessões do Senado, logo me via em Iowa ou algum dos outros estados cujas votações nas primárias aconteciam mais cedo que as dos outros, encarando expedientes de dezesseis horas de trabalho, seis dias e meio por semana, dormindo num Hampton Inn, Holiday Inn, American Inn ou Super 8. Acordava depois de cinco ou seis horas de sono e tentava arranjar tempo para fazer algum exercício onde quer que pudesse (a velha esteira ergométrica nos fundos de um salão de bronzeamento foi memorável) antes de pôr as roupas na mala e engolir um parco café da manhã; depois, era saltar dentro de uma van e fazer telefonemas para angariar fundos a caminho da primeira reunião do dia. Depois vinham as entrevistas para os jornais e canais de TV da cidade, os vários encontros breves com líderes partidários locais, uma parada no banheiro e talvez um giro pelo principal restaurante do lugar para apertar mãos; mais tarde, de volta à van para novas ligações de angariação de fundos. Isso se repetiria três ou quatro vezes, com um sanduíche frio ou uma salada se sobrasse tempo, até cambalear para dentro de outro motel por volta das nove da noite, tentando falar com Michelle e as meninas antes de elas irem dormir e antes de eu ler as informações sobre o programa do dia seguinte, com a pasta escorregando aos poucos de minhas mãos à medida que a exaustão me nocauteava.

E isso sem contar os voos para Nova York, Los Angeles, Chicago ou Dallas para arrecadar recursos. Não era uma vida glamorosa, e sim monótona — e a perspectiva de enfrentá-la por mais dezoito meses rapidamente abateu meu ânimo. Eu havia entrado no páreo para a presidência, mobilizei uma equipe numerosa, implorei a estranhos que dessem dinheiro e propaguei uma visão na qual acreditava. Mas sentia falta de minha mulher. Sentia falta de minhas filhas. Sentia falta da minha cama, do chuveiro de sempre, de me sentar a uma mesa decente para fazer uma refeição decente. Sentia falta de não ter de repetir exatamente a mesma coisa exatamente da mesma forma cinco ou seis vezes por dia.

Por sorte, além de Gibbs (que tinha a personalidade, a experiência e a obstinação necessárias para me manter focado durante as viagens), eu contava com dois outros companheiros que me auxiliaram a vencer aquela depressão inicial.

O primeiro foi Marvin Nicholson, de pai canadense e mãe americana, dono de uma simpatia inata e uma postura imperturbável. Com trinta e poucos anos e do alto de seus impressionantes 2,03 metros, Marvin tinha exercido várias ocupações, de carregador de tacos de golfe a bartender num clube de striptease, antes de se tornar assistente pessoal de John Kerry quatro anos antes. É estranha a função de um assistente pessoal, o homem faz-tudo responsável por garantir que o candidato tenha tudo de que necessita para funcionar, desde uma comidinha predileta a dois comprimidos de Advil, um guarda-chuva quando o tempo vira ou um cachecol quando faz frio, além de soprar o nome do governante do condado que vem em sua direção para um aperto de mãos. Marvin dava conta dessas tarefas com tal habilidade e aprumo que se tornara respeitadíssimo nos círculos políticos, razão pela qual o havíamos contratado como diretor de viagens, trabalhando com Alyssa e a equipe avançada coordenando os deslocamentos, garantindo que eu tivesse as informações adequadas e me mantivesse ao menos próximo do cronograma.

E havia Reggie Love. Criado na Carolina do Norte, filho de negros da classe média, com 1,93 metro de altura e um físico avantajado, Reggie tinha sido um excelente jogador de basquete e futebol americano na Universidade Duke antes que Pete Rouse o contratasse como assistente em meu gabinete no Senado. (Um aparte: as pessoas costumam se surpreender com minha altura, pouco mais de 1,86 metro, algo que atribuo em parte aos anos em que me senti um anão ao lado de Reggie e Marvin nas fotografias.) Sob a tutela de Marvin, Reggie, aos 25 anos, assumiu a função de assistente pessoal e, embora tenha encontrado alguma dificuldade no início — conseguindo esquecer minha pasta executiva em Miami e o paletó de meu terno em New Hampshire na mesma semana —, sua dedicação ao trabalho e seu humor brincalhão logo o tornaram uma figura querida por todos os participantes da campanha.

Durante quase dois anos, Gibbs, Marvin e Reggie tomaram conta de mim, me ancoraram na normalidade e representaram uma fonte permanente de alívio cômico. Jogávamos baralho e sinuca. Discutíamos sobre esportes e trocávamos recomendações musicais (Reggie me ajudou a atualizar minha playlist de hip-hop, que tinha parado no Public Enemy). Marvin e Reggie me contavam sobre a vida social deles em meio às viagens (complicadas) e as aventuras em vários locais de parada depois de terminarmos nosso trabalho (estúdios de tatuagem e banheiras quentes surgiam às vezes com destaque). Zombávamos de Reggie por causa de sua ignorância juvenil (certa vez, ao mencionarmos Paul Newman, Reggie disse: "Esse é o cara que fabrica molho de salada, não é?") e de Gibbs por seu apetite (na Feira Estadual de Iowa, ele ficou na dúvida entre um bolinho Twinkie frito e uma barrinha de Snickers também frita, até que a mulher atrás do balcão disse: "Meu querido, por que escolher um só?").

Sempre que podíamos, jogávamos basquete. Mesmo na menor cidadezinha havia um ginásio na escola de ensino médio e, caso não houvesse tempo para uma partida completa, Reggie e eu mesmo assim arregaçávamos as mangas da camisa e, antes que eu entrasse em cena, fazíamos uma disputa de arremessos. Como qualquer atleta de verdade, ele continuava a ser extremamente competitivo. Às vezes, depois de uma partida de um contra um, eu acordava quase sem conseguir andar, embora fosse orgulhoso demais para mostrar meu desconforto. Em certa ocasião, jogamos contra um grupo de bombeiros de New Hampshire cujo apoio eu tentava obter. Eram típicos atletas de fim de semana, um pouco mais jovens que eu, mas em pior forma física. Depois de Reggie roubar três vezes a bola e atravessar a quadra inteira para dar uma gloriosa enterrada, pedi tempo.

"O que você está fazendo?", perguntei.

"Como assim?"

"Você sabe que estou tentando conseguir o apoio deles, não sabe?"

Reggie me encarou com um ar incrédulo.

"Quer que a gente perca para esses molengas?"

Pensei por alguns segundos.

"Não", respondi, "não precisamos chegar a tanto. É só manter o placar suficientemente apertado para eles não ficarem tão irritados."

O tempo que passava com Reggie, Marvin e Gibbs me trazia algum alívio das pressões da campanha, sendo uma pequena bolha onde eu não era o candidato, um símbolo, a voz de uma geração e nem mesmo o chefe, e sim um membro da turma. Coisa que, naqueles primeiros meses tão difíceis, era mais valiosa que qualquer conversa motivacional. Depois de uma aparição minha particularmente insípida, Gibbs chegou inclusive a se arriscar no papel de motivador ao embarcarmos em algum avião no fim de mais um dia interminável. Disse que eu precisava sorrir mais, lembrar que aquela era uma grande aventura e que os eleitores adoravam um guerreiro feliz.

"Você está se divertindo?", perguntou ele.

"Não", respondi.

"Posso fazer alguma coisa para tornar isso mais divertido?"

"Não."

Sentado à nossa frente, Reggie entreouviu a conversa e se virou para trás, me olhando com um sorriso de orelha a orelha.

"Se serve de consolo", disse ele, "eu estou me divertindo pra cacete."

Ele estava certo — apesar de eu não ter dito isso na hora.

Durante todo esse tempo eu estava aprendendo muito e bem rápido. Passava horas debruçado sobre o amplo material preparado pelos assessores, absorvendo os estudos mais recentes sobre a educação nos primeiros anos da infância, novos desenvolvimentos no campo da tecnologia de baterias elétricas que tornariam a energia limpa mais acessível, e como a China manipulava sua moeda a fim de promover as exportações.

Olhando em retrospecto, percebo que minha postura era a mesma que quase todos nós tendemos a assumir quando estamos inseguros ou perdendo o controle da situação: nos voltamos para o que parece familiar, o que achamos que fazemos melhor. Eu sabia traçar diretrizes políticas, e consumir e processar informações. Levei algum tempo para entender que meu problema não era a falta de um plano bem detalhado. Pelo contrário: era minha incapacidade de reduzir os problemas à sua essência, de oferecer aos cidadãos americanos uma narrativa que contribuísse para explicar um mundo cada vez mais incerto e fazê-los sentir que eu, como presidente, poderia ajudá-los a navegar nesses mares revoltos.

Meus adversários mais experimentados já haviam compreendido isso. Passei vergonha diante deles no início da campanha durante um fórum sobre assistência à saúde promovido pelo Sindicato Internacional dos Empregados em Serviços, que aconteceu em Las Vegas num sábado à noite no final de março de 2007. Plouffe havia feito ressalvas à minha participação. Em sua opinião, aqueles "testes em massa", em que os candidatos se apresentavam perante tal ou qual grupo de interesse democrata, favoreciam os que já tinham vinculações com esses grupos e roubavam tempo que seria mais bem usado no contato direto com os eleitores. Não concordei. A assistência à saúde era um assunto a que eu atribuía crucial importância — não apenas por ter ouvido inúmeras histórias pessoais devastadoras durante a campanha, mas também porque jamais me esqueci de minha mãe em seus últimos dias, preocupada com as chances de sobrevivência e também se a cobertura de seu plano de saúde seria suficiente para impedir que ela se arruinasse financeiramente durante o tratamento.

No fim, eu deveria ter ouvido Plouffe. Minha cabeça estava repleta de muitos fatos, mas pouquíssimas respostas. Diante de um público numeroso de trabalhadores da área de saúde, tropecei, balbuciei, vacilei no palco. Confrontado por perguntas bem formuladas, tive de confessar que ainda não havia elaborado um plano definitivo para oferecer assistência à saúde em termos acessíveis. O silêncio na plateia foi total. A Associated Press veiculou uma matéria criticando minha performance no encontro — prontamente reproduzida por outros órgãos de imprensa em todo o país — sob a dolorosa manchete: SERÁ QUE OBAMA É SÓ ESTILO E POUCO CONTEÚDO?

Meu desempenho contrastou claramente com o de John Edwards e Hillary Clinton, os dois principais adversários. Edwards, o bem-apessoado e elegante ex-candidato a vice-presidente, havia deixado o Senado em 2004 para ser o companheiro de chapa de John Kerry, chamando depois muita atenção para si ao criar um centro dedicado à luta contra a pobreza; na verdade, porém, nunca tinha deixado de fazer campanha para a presidência em tempo integral. Embora não o conhecesse tão bem, ele jamais me impressionara muito: apesar de suas raízes na classe trabalhadora, eu considerava sua recente guinada populista artificial e fruto de pesquisas de opinião, o equivalente político a uma daquelas *boy bands* inventadas pelo departamento comercial das gravadoras. No entanto, em Las Vegas tive de me penitenciar ao vê-lo expor uma clara proposta de cobertura universal exibindo todos os dons que haviam feito dele um advogado de sucesso na Carolina do Norte.

Hillary se saiu ainda melhor. Como muita gente, eu tinha passado a década de 1990 observando de longe o casal Clinton. Admirava o talento prodigioso de Bill e seu calibre intelectual. Ainda que nem sempre me sentisse confortável com os detalhes de suas chamadas triangulações — assinando uma reforma legislativa sobre o bem-estar social com proteções inadequadas para os que não conseguiam encontrar emprego, usando uma retórica de combate pesado ao crime que contribuiu para abarrotar as prisões federais —, eu apreciava a habilidade com que conduzira as políticas progressistas e tornara possível que o Partido Democrata voltasse a atrair o eleitorado.

Quanto à antiga primeira-dama, eu a achava igualmente impressionante — e mais simpática. Talvez porque na história de Hillary eu visse traços daquilo que minha mãe e minha avó tinham enfrentado: mulheres inteligentes e ambiciosas que haviam penado devido às limitações impostas por seu tempo, obrigadas a driblar egos masculinos e expectativas sociais. O fato de Hillary ter se tornado uma pessoa cautelosa, talvez contida demais — quem poderia criticá-la à luz dos ataques a que estivera sujeita? No Senado, minha opinião favorável sobre ela foi de modo geral confirmada. Em todas as nossas interações, ela se mostrou muito trabalhadora, amável e de um preparo impecável para exercer seu cargo. Também tinha uma risada agradável e franca que tendia a levantar o ânimo de todos a seu redor.

A circunstância de eu ter decidido concorrer apesar da presença de Hillary na disputa tinha menos a ver com eventuais avaliações de suas possíveis deficiências pessoais e mais a ver com meu sentimento de que ela simplesmente não seria capaz de escapar do rancor, dos ressentimentos e das premissas cristalizadas derivadas dos anos de Clinton na Casa Branca. Certo ou errado, eu não via como Hillary poderia superar a divisão política existente nos Estados Unidos, alterar a forma como Washington funcionava ou proporcionar ao país o recomeço de que necessitava. Mas, ao vê-la no palco falando com fervor e conhecimento de causa sobre assistência à saúde naquela noite durante o fórum, e ao ouvir a multidão aplaudi-la com entusiasmo quando terminou, me perguntei se não tinha cometido um erro de cálculo.

Esse encontro não seria a última ocasião em que Hillary — ou, aliás, metade dos candidatos às primárias — se saiu melhor do que eu, porque desde o início fiquei com a impressão de que nos reuníamos para um debate a cada duas ou três semanas num formato em que eu nunca fui muito bom: minhas longas falas e a preferência por respostas complicadas trabalhavam contra mim, sobretudo dividindo o palco com sete veteranos astutos e contando com apenas um minuto para responder a qualquer pergunta. Durante nosso primeiro debate em abril, o moderador me interrompeu ao menos duas vezes antes que eu terminasse de falar. Em minha resposta sobre como agiria em caso de ataques múltiplos de terroristas, expus a necessidade de coordenar a ajuda federal, mas me esqueci de mencionar o óbvio imperativo de perseguir os autores do crime. Ao longo de vários minutos, Hillary e os demais se revezaram nas críticas a meu erro. Falavam com um tom sóbrio, mas o brilho em seus olhos dizia: *Toma essa, novato!*

Mais tarde, Axe foi delicado em sua avaliação sobre o evento.

"Seu problema", disse ele, "é que você continua a querer responder à pergunta."

"Mas não é essa a ideia?", indaguei.

"Não, Barack, a ideia *não* é essa. A ideia é transmitir sua mensagem. Quais são os seus valores? Quais são as suas prioridades? É isso que importa para as pessoas. Escuta só, metade das vezes o moderador só está usando a pergunta para jogar uma casca de banana para você escorregar. Sua tarefa é evitar a armadilha que eles prepararam. Pegue a pergunta que fizerem, diga qualquer coisa para dar a impressão de que respondeu... e aí fale daquilo que *você* quer falar."

"Mas isso é ser sacana."

"Exatamente", disse ele.

Fiquei frustrado com Axe e ainda mais comigo mesmo. Porém me dei conta de que o argumento dele era difícil de rebater após assistir à gravação do debate. As respostas mais efetivas, ao que parecia, não tinham o propósito de iluminar, e sim de evocar alguma emoção, identificar o inimigo ou demonstrar para um eventual apoiador que você, mais que qualquer outro ali no palco, estava e sempre estaria ao lado dele. Era fácil desmerecer esse exercício como algo superficial. Mas um presidente não era um advogado, um contador ou um piloto contratado para executar determinada tarefa bem definida e especializada. Mobilizar a opinião pública, criar coalizões eficientes — essa era sua função. Gostasse eu ou não, as pessoas eram movidas pelos sentimentos, não pelos fatos. Trazer à tona as melhores e não as piores dessas emoções, fortalecer os anjos bons de nossa natureza recorrendo à razão e a políticas sólidas, desempenhar um papel sem deixar de dizer a verdade — esse era o sarrafo que eu tinha de ultrapassar.

Enquanto eu me esforçava para controlar as mancadas, Plouffe coordenava de forma irretocável nosso comitê de campanha em Chicago. Eu não o encontrava com frequência, mas estava começando a entender que nós dois tínhamos muito em comum. Éramos ambos analíticos e ponderados, em geral avessos a posturas convencionais e pretensiosas. Mas, se por um lado eu às vezes me mostrava distraído e indiferente a pequenos detalhes, alguém incapaz de manter um sistema organizado de pastas e que perdia constantemente memorandos, canetas e celulares logo após recebê-los, Plouffe se revelou um gênio do gerenciamento.

Desde o começo, sem rodeios e sem titubear, ele se concentrou na vitória no estado de Iowa. Mesmo quando os analistas políticos da tv a cabo e alguns de nossos apoiadores nos chamavam de idiotas por sermos tão limitados em nossa visão, ele não permitiu que ninguém se afastasse um centímetro da estratégia, certo de que era nosso único caminho para a vitória. Plouffe impôs uma disciplina marcial, dando a cada um dos membros da equipe — de Axe ao organizador mais novato — certo grau de autonomia ao mesmo tempo que exigia responsabilidade e adesão estrita ao processo. Estabeleceu um teto salarial para eliminar conflitos desnecessários dentro do grupo. Fez questão de diminuir os recursos destinados a contratos caríssimos de consultoria e ao orçamento de ações de mídia a fim de fornecer aos organizadores o que eles necessitavam na linha de frente. Obsessivo em matéria de informação, recrutou um punhado de especialistas em internet que formularam um programa digital anos-luz à frente não somente das outras campanhas, mas até mesmo de muitas empresas privadas.

Somando tudo isso, em seis meses, tendo começado do zero, Plouffe montou uma operação de campanha sólida a ponto de encarar em pé de igualdade a máquina dos Clinton. Isso foi algo que lhe deu uma grande satisfação em seu íntimo, permitindo que eu entendesse outra coisa a seu respeito. Por trás da figura sóbria e das profundas convicções, Plouffe simplesmente adorava um bom embate. A política era seu esporte e, em seu campo predileto, ele se mostrava tão competitivo quanto Reggie na quadra de basquete. Mais tarde, perguntei a Axe se ele tinha ideia de que seu então sócio minoritário se mostraria um arquiteto de campanha tão bom. Axe fez que não com a cabeça.

"Uma puta de uma revelação", admitiu.

Numa disputa presidencial, a melhor estratégia pouco importa se o candidato não tem os recursos necessários para executá-la — e essa era a segunda coisa que tínhamos a nosso favor: dinheiro. Tendo em vista que o casal Clinton vinha cultivando uma base nacional de doadores havia quase três décadas, nossa premissa de trabalho era que Hillary gozaria de tremenda vantagem sobre nós em matéria de fundos de campanha. Mas a fome por mudança nos Estados Unidos vinha se mostrando mais forte do que até nós havíamos previsto.

De início, nossa captação de fundos seguiu um padrão tradicional: grandes doadores de grandes cidades assinaram e arrecadaram cheques com altas somas. Penny Pritzker, uma mulher de negócios e velha amiga de Chicago, serviu como presidente de nossa campanha financeira nacional, contribuindo com sua competência organizacional e uma vasta rede de relacionamentos. Juliana Smoot, a diretora de finanças, durona e experiente, montou uma equipe de especialistas e tinha o dom de me obrigar a enfrentar a infindável batalha por dólares alternando entre palavras doces, repreendas que me deixavam envergonhado e ameaças assustadoras. Seu sorriso era bonito, mas os olhos eram de assassina.

Me acostumei à rotina em parte por necessidade, mas também porque, com o tempo, os doadores passaram a compreender e até a apreciar os termos que eu propunha. A questão era construir um país melhor, eu afirmava, não alguma coisa que tivesse a ver com egos ou prestígio. Ouvia o que tinham a dizer sobre algum assunto, em particular se os conhecesse bem, porém não distorcia minhas posições a fim de satisfazê-los. Caso tivesse uns minutinhos livres, os bilhetes de agradecimento e os telefonemas nos aniversários eram dirigidos não a eles, e sim a nossos voluntários e jovens assistentes no corpo a corpo com o eleitorado.

E, se ganhasse, eles podiam ter certeza de que eu elevaria seus impostos.

Apesar de nos custar alguns poucos doadores, essa postura ajudou a desenvolver uma cultura entre os apoiadores de que não estávamos preocupados com regalias ou status. E, de qualquer modo, a cada mês o perfil de nossa base de doadores mudava. Pequenas doações — que rendiam receitas de dez, vinte ou cem dólares — começaram a chegar em grande volume, a maior parte pela internet, vindas de universitários que se comprometiam a oferecer o que gastariam no Starbucks durante a campanha, ou de avós que haviam coletado recursos no círculo de amigas que se reuniam para costurar. No total, ao longo da fase das primárias, angariamos milhões de dólares de pequenos doadores, o que nos permitiu competir voto a voto em todos os estados. Mais que o próprio dinheiro, o espírito por trás da doação e o senso de participação transmitido nas cartas e mensagens que as acompanhavam traziam à campanha uma energia emanada do povo. *Você não está sozinho nessa*, aquelas doações nos diziam. *Aqui estamos, com os pés no chão, milhões de nós espalhados por todo o país — e acreditamos. Estamos todos juntos.*

Além da sólida estratégia de operações e da eficaz captação de recursos com base popular, um terceiro elemento sustentou a campanha e nosso ânimo naquele primeiro ano: o trabalho da equipe em Iowa e de seu incansável líder, Paul Tewes.

Paul foi criado em Mountain Lake, uma cidadezinha situada numa região de fazendas no sudoeste de Minnesota, um lugar onde todos se conheciam e se ajudavam, onde as crianças andavam de bicicleta por toda parte e ninguém trancava as portas, e onde os alunos praticavam todos os esportes porque, para conseguirem formar um time completo, os treinadores não podiam dispensar ninguém.

Mountain Lake era também um local conservador, o que fez com que os Tewes se diferenciassem um pouco. A mãe de Paul desde cedo instilou nele uma lealdade ao Partido Democrata que só ficava atrás da devoção da família à fé luterana. Aos seis anos, o menino explicou com toda a paciência a um colega de escola que ele não deveria apoiar os republicanos "porque sua família não é rica". Quatro anos depois, chorou amargamente quando Jimmy Carter perdeu para Ronald Reagan. O pai de Paul tinha tanto orgulho da paixão do filho pela política que compartilhou o episódio com um amigo, o professor de educação cívica da escola de ensino médio local, que por sua vez — quem sabe com a esperança de que o interesse de um garoto de dez anos por assuntos públicos pudesse inspirar os adolescentes apáticos — divulgou o fato na sala de aula. Por muitos dias, os alunos mais velhos tiraram sarro de Paul sem dó nem piedade, fazendo cara de choro sempre que o encontravam nos corredores.

Paul continuou irredutível. Durante o ensino médio, organizou uma festa dançante a fim de angariar fundos para candidatos democratas. Na universidade, serviu como assistente não remunerado do deputado estadual que representava sua cidade e — num feito que lhe causou especial orgulho — de alguma forma conseguiu fazer com que uma das duas zonas eleitorais de Mountain Lake elegesse seu candidato predileto, Jesse Jackson, na primária presidencial de 1988.

Quando o conheci, em 2007, Paul já havia trabalhado em praticamente todas as espécies de campanha imagináveis, de disputas para prefeitos a eleições para o Congresso. Servira a Al Gore como diretor de sua candidatura no *caucus* de Iowa e como diretor das operações em todo o país do Comitê de Campanhas Democratas Senatoriais. Tinha 38 anos, era atarracado e ligeiramente calvo, com um bigode de um tom louro-pálido no rosto igualmente claro. Não havia nada de extravagante em Paul Tewes; seu comportamento podia ser áspero, e suas roupas nunca pareciam combinar, em especial no inverno, quando, como um bom natural de Minnesota, usava as mais variadas camisas de flanela, casacos impermeáveis e gorros de lã. Era o tipo de sujeito que se sente mais à vontade conversando com fazendeiros num milharal ou bebendo num bar de esquina do que se misturando a consultores políticos que ganham salários altíssimos. No entanto, conversando com ele, logo se via que entendia do assunto. Mais que isso: por trás das estratégias táticas, do conhecimento detalhado de cada zona eleitoral e dos causos políticos, era possível ouvir — se se escutasse com suficiente atenção — o coração de um menino de dez anos que realmente se importava, que acreditava o bastante para chorar por causa de uma eleição.

Qualquer um que tenha concorrido à presidência muito provavelmente dirá que não é nada simples vencer em Iowa, um dos vários estados que realizam um *caucus* a fim de determinar que candidato os seus delegados apoiarão. Ao contrário da eleição primária tradicional, em que os cidadãos votam em segredo e apenas se quiserem, um *caucus* se aproxima mais da democracia baseada em assembleias nas quais os eleitores se apresentavam em determinada hora e em geral no ginásio de uma escola ou numa biblioteca em sua zona eleitoral, debatendo os méritos de cada candidato com o devido respeito entre vizinhos e pelo tempo necessário para chegarem a um consenso sobre o vencedor. Essa democracia participativa tinha grandes méritos, porém tomava muito tempo — um *caucus* podia durar três horas ou mais — e exigia que os participantes fossem bem informados, concordassem em votar abertamente e estivessem comprometidos a ponto de dedicar uma noite ao processo. Não surpreende que tais encontros tendessem a atrair um segmento pequeno e estático do eleitorado de Iowa, composto de eleitores mais idosos, quadros do partido e ativistas políticos de longa data — aqueles que, em geral, davam preferência a algo já testado e aprovado. Isso significava que os participantes do *caucus* do Partido Democrata tinham maior probabilidade de apoiar alguém conhecido, como Hillary Clinton, do que a mim.

Desde o início, Tewes convenceu Plouffe, e Plouffe por sua vez me convenceu, de que precisávamos montar um tipo diferente de campanha para vencer em Iowa. Teríamos de trabalhar com mais empenho e por mais tempo no corpo a corpo a fim de obter o apoio dos participantes tradicionais do *caucus*. E, o mais importante, seria necessário convencer um bom número de prováveis apoiadores de Obama — jovens, minorias étnicas, independentes — a superar vários obstáculos e desconfortos e participar de um daqueles encontros pela primeiríssima vez. Para isso, Tewes insistiu em organizar escritórios regionais logo de início, cobrindo todos os 99 condados de Iowa; e, para cada um, contrataríamos um funcionário jovem, com baixo salário e supervisão diária, que seria responsável por gerar seu próprio movimento político local.

Era um grande investimento e uma aposta inicial, mas demos o sinal verde a Tewes. Ele pôs mãos à obra com um notável grupo de assessores que ajudaram a desenvolver seu plano: Mitch Stewart, Marygrace Galston, Anne Filipic e Emily Parcell, todos inteligentes, disciplinados e com experiência em várias campanhas — e, sem exceção, com menos de 32 anos.

Passei a maior parte do tempo com Emily, que nascera em Iowa e tinha trabalhado para o ex-governador Tom Vilsack. Tewes entendeu que ela seria especialmente útil para facilitar meu trânsito na política local. Uma das mais jovens do grupo, Emily tinha 26 anos e cabelos escuros, usava roupas sóbrias e era tão pequenininha que podia passar por uma aluna do último ano do ensino médio. Não demorei a descobrir que ela conhecia praticamente todos os apoiadores do Partido Democrata no estado e fazia questão de me dar instruções bem específicas em cada parada, explicando com quem eu devia falar e quais questões mais interessavam à comunidade local. Essa informação era passada num tom sério e sem maiores inflexões, acompanhado de um olhar que sugeria pouca tolerância para bobagens — uma qualidade que Emily deve ter herdado da mãe, que havia trabalhado na fábrica da Motorola por três décadas e ainda conseguira conciliar a universidade.

Durante as longas horas de viagem entre os eventos, passadas numa van alugada para a campanha, impus a mim mesmo a missão de extrair um sorriso de Emily

— piadas, gracejos, trocadilhos, observações casuais sobre o tamanho da cabeça de Reggie. Porém meu charme e humor sempre se chocavam contra os rochedos de seu olhar fixo, daqueles olhos que nunca piscavam, e por isso passei a tentar fazer apenas o que ela me dizia.

Mitch, Marygrace e Anne mais tarde descreveram os detalhes do que faziam — que incluía um estudo coletivo de todas as ideias pouco ortodoxas que Tewes com frequência lançava durante as reuniões.

"Ele tinha umas dez por dia", explicava Mitch. "Nove eram ridículas, uma era genial."

Mitch, um sujeito alto, magro e desengonçado, natural da Dakota do Sul, já havia trabalhado na política de Iowa, embora jamais tivesse encontrado alguém tão fervorosamente eclético quanto Tewes.

"Se ele me trazia a mesma ideia três vezes", contou ele, "eu passava a achar que havia alguma coisa ali."

Foi genial recrutar Norma Lyon — a "Moça da Vaca de Manteiga" que, na feira estadual de Iowa, todos os anos esculpia uma vaca em tamanho natural com manteiga salgada — para gravar um anúncio dizendo que nos apoiava, o qual espalhamos pelos quatro cantos do estado. (Mais tarde, ela criou um "busto de manteiga", de dez quilos e meio, que representava minha cabeça — muito provavelmente uma ideia de Tewes.)

Menos genial foi insistir em colocarmos cartazes ao longo da autoestrada que formavam uma sequência de frases rimadas como nos velhos anúncios do creme de barbear Burma-Shave nos anos 1960 (ESTÁ NA HORA DE MUDAR... MINHA MARCHA EU VOU TROCAR... VOTEM TODOS ESTE ANO... NO CARA COM ORELHAS DE ABANO... OBAMA 08).

Prometer raspar as sobrancelhas se o pessoal atingisse a meta inalcançável de coletar 100 mil fichas de apoiadores — isso não teve nada de genial, pelo menos até quase o fim da campanha, quando de fato atingimos aquela cifra, e então a ideia se tornou genial. ("Mitch também raspou a dele", como explicou Marygrace. "Temos as fotos. Foi horrível.")

Tewes deu o tom para nossa operação em Iowa: trabalho de base, nenhuma hierarquia, irreverência e uma pitada de loucura. Ninguém — incluindo os assessores principais, doadores ou a alta cúpula — ficou isento de bater em algumas portas. Nas primeiras semanas, ele pendurou cartazes nas paredes de todos os escritórios com as palavras de ordem que redigira: RESPEITE, EMPODERE, INCLUA. Se falávamos sério sobre um novo tipo de política, explicou ele, então isso começava na frente de batalha, com cada organizador comprometido a ouvir as pessoas, respeitar o que elas tinham a dizer, e tratar a todos — inclusive nossos adversários e seus apoiadores — da forma como desejávamos ser tratados. Por último, enfatizava a importância de encorajar os eleitores a se envolverem, em vez de simplesmente vendermos um candidato como se fosse sabão em pó para a lavanderia.

Qualquer um que desrespeitasse esses valores levava uma advertência, sendo às vezes posto para fora do grupo. Quando, durante a teleconferência semanal da equipe, um novo organizador fez uma piadinha dizendo que havia se juntado à nossa campanha porque "odiava mulher que usa calças compridas" (uma referência à peça de roupa favorita de Hillary na campanha), Tewes lhe passou uma longa reprimenda na frente de todos os demais organizadores.

"Essa não é a nossa postura", disse ele, "nem mesmo em privado."

A equipe aprendeu a lição, sobretudo porque Tewes praticava o que pregava. Apesar das ocasionais explosões de mau humor, ele nunca deixou de mostrar às pessoas como elas eram importantes. Quando o tio de Marygrace morreu, Tewes declarou um Dia Nacional da Marygrace, obrigando todos no escritório a usarem roupas cor-de-rosa. Também fez com que eu gravasse uma mensagem anunciando que, naquele dia, ele teria de fazer tudo que Marygrace mandasse. (Por outro lado, Marygrace tinha de aguentar Tewes e Mitch mascando fumo no escritório trezentos dias por ano, de tal forma que as contas entre eles nunca se equilibraram.)

Esse tipo de camaradagem se tornou a norma na operação em Iowa. Não somente no comitê de campanha, como também — o que é mais importante — entre os cerca de duzentos organizadores espalhados pelo estado. Passei ao todo 87 dias em Iowa naquele ano. Provei a especialidade culinária de cada cidadezinha, joguei basquete com alunos de escola em qualquer quadra que conseguíssemos, encarei todas as condições meteorológicas possíveis, de nuvem funil a vento lateral com granizo. Ao longo de toda a jornada, aqueles jovens, trabalhando horas a fio por um salário de subsistência, cumpriram o papel de meus guias com muita competência. A maioria mal havia saído da universidade. Muitos enfrentavam sua primeira campanha e estavam longe de casa. Alguns tinham sido criados em Iowa ou nas regiões rurais do Meio-Oeste e conheciam bem as posturas e o estilo de vida das cidades de porte médio como Sioux City ou Altoona. Mas isso não era comum. Se reuníssemos nossos organizadores numa sala, encontraríamos italianos da Filadélfia, judeus de Chicago, negros de Nova York e asiáticos da Califórnia; filhos de imigrantes pobres e filhos dos subúrbios ricos; engenheiros formados, antigos voluntários do Corpo da Paz, veteranos das Forças Armadas e gente que havia abandonado os estudos no ensino médio. Pelo menos na superfície, não havia como conectar suas diferentes experiências às pessoas simples de cujos votos tanto dependíamos.

E, mesmo assim, eles conseguiram criar uma conexão com o povo. Chegavam à cidade com uma mochila ou malinha, moravam num quarto de hóspedes ou no porão de algum apoiador e passavam meses tratando de conhecer o lugar — visitando as barbearias, armando mesinhas na frente dos supermercados, palestrando no Rotary Club. Ofereciam ajuda nos treinos do time de beisebol da liga infantil, contribuíam para as ações beneficentes locais, pediam a suas mães receitas de pudim de banana para não aparecerem de mãos abanando numa festinha de comes e bebes. Aprenderam a ouvir os voluntários do lugar — quase todos mais velhos que eles, cada qual com os próprios empregos, famílias e preocupações — e também se especializaram em recrutar novos voluntários. Trabalhavam todos os dias até não poder mais, lutando contra a saudade de casa e o medo. Mês após mês, ganharam a confiança das pessoas. Não eram mais forasteiros.

Que estímulo para mim foi ter essa garotada em Iowa! Eles me encheram de otimismo e gratidão, além de transmitirem a sensação de que eu estava completando um ciclo. Neles me vi aos 25 anos, quando cheguei a Chicago, confuso e idealista. Relembro os vínculos preciosos que criei com famílias no South Side, os erros e as pequenas vitórias, a comunidade que encontrei — semelhantes aos que nossos organizadores na linha de frente agora estavam estabelecendo. Suas experiências me remeteram às razões pelas quais eu entrara para o governo, à ideia de que talvez a política pudesse ser menos uma disputa por poder e cargos e mais uma busca por um senso de comunidade e conexão entre as pessoas.

Nossos voluntários por todo o estado de Iowa talvez acreditassem em mim, eu dizia a mim mesmo. Mas sua dedicação se devia sobretudo àqueles jovens organizadores. Aquela garotada podia ter tomado a iniciativa de participar da campanha em razão de algo que eu houvesse dito ou feito, mas, a partir de então, quem passou a fazer a diferença foram os voluntários: o que os movia, o que os sustentava, independentemente de seu candidato ou de qualquer assunto específico, eram as amizades e os relacionamentos, a lealdade mútua e o progresso nascido do esforço conjunto. Isso e o chefe irascível lá em Des Moines, que prometia lhes raspar as sobrancelhas se eles tivessem sucesso.

Em junho, nossa campanha subiu de patamar. Graças às elevadíssimas doações pela internet, nosso desempenho financeiro continuava a ultrapassar de longe as projeções, permitindo que aparecêssemos mais cedo nos canais de tv de Iowa. Com as escolas fechadas nas férias de verão, Michelle e as meninas puderam se juntar a mim com mais frequência durante os deslocamentos. Percorrendo Iowa num trailer barulhento, eu ouvia a voz delas ao fundo enquanto telefonava; via Reggie e Marvin enfrentando Malia e Sasha em partidas infindáveis de uno; sentia o peso de uma ou outra filha dormindo à tarde recostada em minha perna; fazia as paradas obrigatórias nas sorveterias — tudo isso me trouxe uma alegria que transpareceu em minhas aparições públicas.

A natureza dessas aparições também mudou. Esgotada a novidade inicial de minha candidatura, passei a falar para plateias mais acessíveis, algumas centenas em vez de milhares, o que mais uma vez me deu a oportunidade de conhecer as pessoas individualmente e ouvir suas histórias. As esposas de militares descreveram a batalha cotidiana para cuidar da casa enquanto enfrentavam o terror de ouvir eventuais más notícias do front. Os produtores rurais explicaram as pressões que os forçavam a abdicar de sua independência em favor de grandes corporações do agronegócio. Trabalhadores demitidos explicaram os diversos motivos por que os programas de atualização para obter novos empregos não tinham funcionado no caso deles. Os donos de pequenos negócios detalharam os sacrifícios que haviam feito para pagar o plano de saúde de seus funcionários, até que um ficou doente e as mensalidades de todos se tornaram insustentáveis, inclusive as dos proprietários.

Conhecendo essas histórias, meu discurso político se tornou menos abstrato, menos ligado à cabeça e mais ligado ao coração. As pessoas viram a própria vida refletida naquelas histórias, tomando consciência de que não estavam sozinhas nas dificuldades que enfrentavam — e, com esse conhecimento, um número maior delas se voluntariou para trabalhar a meu favor. Operar mais no varejo, numa escala mais humana, também me ofereceu a oportunidade de encontros casuais que fizeram a campanha ganhar vida.

Foi o que aconteceu quando visitei Greenwood, na Carolina do Sul, em certo dia de junho. Embora passasse a maior parte do tempo em Iowa, eu também fazia visitas sistemáticas a outros estados, como New Hampshire, Nevada e Carolina do Sul, cujas eleições primárias e *caucuses* viriam logo em seguida. A ida a Greenwood resultou de uma promessa precipitada feita a um congressista influente que se oferecera para me apoiar, mas com a condição de que eu visitasse sua cidade natal. No fim, minha visita ocorreu num péssimo momento, durante uma semana particularmente difícil, com números ruins nas pesquisas de opinião pública, artigos desfavoráveis nos jornais, mau humor e falta de sono. Também não ajudou o fato de que Greenwood ficava a mais de uma hora do aeroporto, de que fomos de carro em meio a chuvas torrenciais e de que, quando por fim cheguei ao prédio da prefeitura onde o evento seria realizado, descobri que lá dentro havia umas vinte pessoas — todas tão encharcadas quanto eu por causa da tempestade.

Um dia perdido, pensei comigo, repassando mentalmente tudo o mais que poderia estar fazendo. Comecei a seguir a rotina de sempre, apertando mãos, perguntando o que cada um fazia, tentando calcular calmamente em quanto tempo poderia escapar dali. De repente ouvi uma voz alta e penetrante:

"Tô fervendo!"

Eu e minha equipe nos sobressaltamos, pensando que talvez fosse um desordeiro, mas, sem titubear, o resto dos presentes respondeu em uníssono:

"E nós também!"

De novo a voz gritou: "Tô fervendo!".

E mais uma vez o grupo respondeu: "E nós também!".

Sem saber o que estava acontecendo, olhei para trás e localizei a responsável pela comoção: uma senhora negra de meia-idade, vestida como se acabasse de vir da igreja, com uma roupa colorida, chapelão e o sorriso de orelha a orelha que incluía um reluzente dente de ouro.

Seu nome era Edith Childs. Além de servir no Conselho do Condado de Greenwood e na seção local da Associação Nacional para o Progresso das Pessoas de Cor (NAACP), era detetive particular e, como pudemos constatar, muito conhecida por aquele grito de guerra em dois tempos. Ela o usava em jogos de futebol americano, desfile de Quatro de Julho, reuniões comunitárias ou sempre que fosse tomada por tal estado de espírito.

Durante alguns minutos, Edith liderou a turma nos gritos de "Tô fervendo! E nós também!" várias vezes. Confuso de início, me dei conta de que seria descortês não participar. E, em pouco tempo, comecei a sentir que *estava fervendo*! Comecei a sentir que *fervia também*! Notei que todos os presentes logo estavam rindo e, terminada a gritaria, conversamos durante uma hora sobre a comunidade, o país e o que podíamos fazer para melhorá-lo. Mesmo depois que fui embora de Greenwood, durante o resto dia apontei diversas vezes para alguém da equipe e perguntei: "Tá fervendo?". Com o passar do tempo, aquilo se transformou num grito de guerra da campanha. E isso, na minha opinião, era a parte da política que sempre me daria mais prazer: a parte que não podia ser convertida em gráficos, que desafiava o planejamento ou as análises. O modo como, quando funciona, uma campanha — e, por extensão, a democracia — se revela um coro e não um solo.

Outra lição que aprendi com os eleitores: eles não estavam interessados em me ouvir repetir como um papagaio as ideias convencionais. Durante os primeiros meses de campanha me preocupei, ao menos subconscientemente, com o que pensavam os formadores de opinião em Washington. Para ser considerado "sério" ou "presidenciável", eu havia me tornado rígido e inibido, trabalhando contra a própria razão que me levara a concorrer. Mas, chegado o verão, retomamos os princípios originais e buscamos ativamente oportunidades de desafiar o catecismo de Washington dizendo duras verdades. Em encontro promovido por um sindicato de professores, argumentei não só em favor de melhores salários e maior flexibilidade na sala de aula, mas também de mais responsabilidade individual na obtenção de resultados — o que provocou um silêncio retumbante no recinto e depois algumas vaias aqui e ali. No Clube Econômico de Detroit, disse a executivos da indústria automobilística que, na presidência, faria todo o possível para que fossem instituídos padrões mais rigorosos de economia de combustível, medida combatida com ardor pelas três grandes montadoras. Quando um grupo denominado Cidadãos de Iowa a Favor de Prioridades Sensatas, patrocinado pela famosa fabricante de sorvetes Ben & Jerry's, reuniu 10 mil assinaturas de pessoas que se comprometiam a apoiar um candidato que prometesse reduzir o orçamento de defesa do Pentágono, tive de telefonar para Ben ou Jerry — não me lembro qual dos dois — para dizer que, embora concordasse com aquele objetivo e desejasse muito o apoio deles, como presidente eu não podia ter as mãos atadas por nenhuma promessa referente à segurança nacional. (O grupo mais tarde optou por endossar John Edwards.)

Eu estava começando a parecer diferente de meus rivais democratas por mais motivos além do óbvio. Durante um debate em finais de julho, depois de me mostrarem imagens de Fidel Castro, do presidente iraniano Mahmoud Ahmadinejad, do líder da Coreia do Norte Kim Jong-il e de alguns outros déspotas, questionaram se eu estava preparado para encontrar algum deles em meu primeiro ano na Casa Branca. Sem hesitação, disse que sim — me encontraria com qualquer governante caso julgasse que isso poderia servir aos interesses do país.

Bem, foi como se eu houvesse dito que o mundo era plano. Terminado o debate, Clinton, Edwards e vários outros candidatos partiram para cima de mim, me acusando de ser ingênuo e insistindo na ideia de que um encontro com um presidente americano era um privilégio a ser conquistado. Os jornalistas, em sua maioria, pareceram concordar. Talvez até mesmo alguns meses antes eu pudesse ter vacilado, revendo minha escolha de palavras e divulgando uma nota de esclarecimento.

Mas àquela altura eu tinha encontrado meu chão e estava convencido de que tinha razão, sobretudo em relação à premissa mais ampla de que os Estados Unidos não deveriam ter medo de negociar com seus adversários nem de promover ativamente soluções diplomáticas para os conflitos. No meu entender, fora esse desprezo pela diplomacia que havia levado Hillary e os demais — sem falar no grosso da imprensa — a seguir George W. Bush na guerra.

Outra questão de política externa surgiu apenas alguns dias depois, quando, durante um discurso, mencionei que, caso tivesse Osama Bin Laden sob minha mira em território paquistanês e o governo daquele país não quisesse ou não fosse capaz de capturá-lo, eu apertaria o gatilho. Isso não deveria ser muito surpreendente para ninguém: ainda em 2003, eu baseara minha oposição à guerra no Iraque em parte na crença de que o conflito impediria que concentrássemos nossas atenções na eliminação da al-Qaeda.

Essa postura contundente, porém, ia de encontro à posição assumida em público do governo Bush, que mantinha a dupla ficção de que o Paquistão era um aliado leal na guerra contra o terrorismo e que nós jamais entrávamos em território paquistanês ao perseguir terroristas. Em Washington, minha declaração gerou furor em ambos os partidos, com Joe Biden, presidente do Comitê de Relações Exteriores do Senado, e o candidato republicano à presidência, John McCain, expressando a opinião de que eu não estava preparado para ser presidente.

A meu ver, tais episódios indicavam até que ponto o establishment da política externa em Washington fazia as coisas ao contrário — agia militarmente antes de testar as opções diplomáticas e respeitava as suscetibilidades diplomáticas para manter o status quo quando o momento exigia ação. Isso mostrava também o quanto os tomadores de decisão em Washington não raro deixavam de ser honestos com o povo americano. Eu jamais seria capaz de convencer todos os mais importantes analistas políticos de veículos de abrangência nacional de que tinha razão nesses pontos, mas uma tendência curiosa começou a surgir nas pesquisas de opinião após cada uma dessas controvérsias — nas primárias, os eleitores democratas concordavam comigo.

Entabular essas discussões de peso representava uma liberação, um lembrete do motivo por que eu estava concorrendo. Elas me ajudaram a reconquistar minha voz como candidato. Essa confiança ficou visível alguns debates depois, num evento realizado bem cedo pela manhã na Universidade Drake de Iowa. O moderador, George Stephanopoulos, da rede ABC, não demorou para dar a Joe Biden a chance de explicar exatamente por que eu não estava preparado para ser presidente. Quando tive a oportunidade de fazer minha réplica, cinco minutos mais tarde, havia ouvido praticamente todos os demais candidatos no palco me fazerem de gato-sapato.

"Bem, vocês sabem que, para me preparar para este debate, eu andei no chicote maluco do parque de diversões", eu disse, usando uma frase que Axe bolara justamente por fazer referência à minha excursão com Malia e Sasha à feira estadual no começo da semana, que tinha gerado bastante repercussão.

A plateia caiu na risada e, na hora seguinte, eu alfinetei com gosto os meus oponentes, sugerindo que qualquer eleitor democrata que estivesse tentando compreender quem representava uma oportunidade real de substituir as políticas fracassadas de George Bush não precisava analisar muito além das posições de cada um de nós naquele palco. Pela primeira vez desde que os debates haviam começado, me diverti de verdade, e o consenso entre os comentaristas naquela manhã foi o de que eu tinha vencido.

Foi um resultado gratificante, e não precisar aguentar outros olhares sorumbáticos da equipe valeu por si só.

"Você arrasou!", disse Axe, me dando um tapinha nas costas.

"Acho que vamos ter de forçar a barra para conseguir que todos os debates sejam às oito da manhã!", brincou Plouffe.

"Isso não tem a menor graça", respondi. (Eu não era, e não sou, uma pessoa que funciona bem de manhã.)

Nós nos amontoamos no carro e rumamos para a parada seguinte. No caminho, dava para ouvir os gritos de nossos apoiadores, reunidos em várias fileiras em ambos os lados da estrada, bem depois que já tinham ficado para trás:

"Tô fervendo!"

"E nós também!"

Parte do motivo por que recebi tanta atenção dos moderadores durante o debate na Universidade Drake foi a divulgação de uma pesquisa de opinião da ABC mostrando que eu liderava em Iowa pela primeira vez, embora apenas com 1% de vantagem sobre Clinton e Edwards. A disputa era claramente apertada (pesquisas posteriores me puseram de volta no terceiro lugar), mas não havia como negar que nossa organização em Iowa estava tendo impacto, sobretudo entre os eleitores mais jovens. Dava para sentir isso nas multidões — em seu tamanho, sua energia e, mais importante, no número de fichas de apoiadores e assinaturas de voluntários que coletávamos em cada parada. Com menos de seis meses para a realização do *caucus*, estávamos ainda desenvolvendo nossa força.

Infelizmente, nada desse nosso progresso aparecia nas pesquisas nacionais. O foco em Iowa, e em menor escala no estado de New Hampshire, significava que fazíamos anúncios de TV e aparições mínimas em outras regiões, de modo que, em setembro, permanecíamos vinte pontos atrás de Hillary. Plouffe fez o possível para convencer a imprensa do motivo por que as pesquisas de âmbito nacional eram irrelevantes naquele primeiro estágio, porém sem resultado. Cada vez mais me vi atendendo a chamadas telefônicas ansiosas de apoiadores de todo o país, muitos oferecendo aconselhamento sobre o que fazer, trazendo sugestões e reclamações de que havíamos desprezado este ou aquele grupo de interesse e questionando de maneira geral nossa competência.

Duas coisas alteraram a situação, e a primeira não foi de nossa autoria. No fim de outubro, durante um debate na Filadélfia, Hillary — cujo desempenho até então havia sido quase impecável — se complicou ao não dar uma resposta clara sobre a questão de trabalhadores sem documentos terem ou não direito a tirar carteira de motorista. Sem dúvida tinha sido aconselhada a reagir de forma evasiva por se tratar de uma questão que dividia a base do Partido Democrata. Seus esforços para ficar em cima do muro só serviram para reforçar a impressão já prevalecente de que Hillary pertencia à política tradicional de Washington — acentuando o contraste que nós tínhamos a esperança de mostrar.

E então algo aconteceu no Jantar Jefferson-Jackson em Iowa, no dia 10 de novembro, mas agora de *nossa* autoria. Tradicionalmente, o Jantar JJ marcava a reta final rumo ao dia do *caucus* e proporcionava uma espécie de leitura barométrica de como estava a disputa, com cada candidato pronunciando um discurso de dez minutos (sem anotações) perante 8 mil votantes em potencial e os meios de comunicação de todo o país. Sendo assim, era um teste crucial tanto para a atratividade de nossa mensagem quanto para nossa competência organizacional nas semanas derradeiras.

Jogamos todas as fichas que tínhamos numa exibição triunfal, contratando dezenas de ônibus para trazer apoiadores de todos os 99 condados do estado, em números muito superiores aos das outras campanhas. Antes do jantar, John Legend fez uma breve apresentação em nosso favor para mais de mil pessoas e, ao terminar, Michelle e eu caminhamos à frente da multidão pela rua até a arena onde o jantar seria realizado, com uma entusiasmada fanfarra de alunos de ensino médio, os Isiserettes, fazendo uma barulheira alegre, dando a impressão de que formávamos um exército conquistador.

O próprio discurso ganhou o dia para nós. Até aquele ponto em minha carreira, eu sempre havia insistido em escrever a maior parte de qualquer fala importante, mas, em uma campanha em tempo integral como aquela, era impossível encontrar tempo para redigir eu mesmo os pontos principais a serem apresentados no Jantar JJ. Tive de confiar em Favs, com a supervisão de Axe e Plouffe, para formular um rascunho que efetivamente resumisse minhas razões para buscar a indicação do partido à presidência.

E Favs deu conta do recado. Em um ponto crítico da campanha, com apenas uma modesta contribuição de minha parte, aquele sujeito recém-saído da universidade redigiu um grande discurso, que foi muito além de mostrar a distinção entre mim e meus rivais, entre democratas e republicanos. Ele expôs os desafios que enfrentávamos como nação, da guerra às mudanças climáticas, e o imperativo de fazer com que a assistência à saúde estivesse ao alcance de todos; explicou também a necessidade de uma liderança nova e transparente, observando que o Partido havia sido historicamente mais forte com líderes que agiram "não em função de pesquisas de opinião pública, mas de princípios... não de cálculos políticos, mas de convicções". O discurso foi verdadeiro em relação ao momento, verdadeiro em relação às minhas aspirações ao entrar na política e verdadeiro, assim eu esperava, em relação às aspirações do país.

Eu o memorizei ao longo de várias noites, já bem tarde, depois de terminadas as atividades de campanha. E, quando acabei de falar — sendo por sorte o último candidato a se pronunciar —, me senti tão seguro do efeito que causei quanto havia ficado após minha fala na Convenção Democrata Nacional três anos e meio antes.

Olhando em retrospecto, foi na noite do Jantar JJ que me convenci de que venceríamos em Iowa — e, por extensão, obteríamos a indicação. Não necessariamente por ser o candidato mais refinado, mas porque tínhamos a mensagem certa para aquele momento, e havíamos atraído jovens com talentos prodigiosos e totalmente comprometidos com a causa. Tewes compartilhou de minha avaliação, dizendo a Mitch: "Acho que hoje à noite ganhamos Iowa". (Mitch, que organizara toda a noitada e em geral era uma pilha de nervos — sofreu de insônia, herpes e perda de cabelos durante a maior parte da campanha —, correu para o banheiro e vomitou no mínimo pela segunda vez naquele dia.) Emily também ficou otimista, embora não demonstrasse. Depois que terminei, uma Valerie eufórica correu para Emily e perguntou o que ela havia achado.

"Foi bem bom", disse Emily.

"Você não parece estar muito animada."

"*Esta* é a minha cara de animação."

A campanha de Clinton pelo jeito sentiu que a maré estava mudando. Até então, Hillary e sua equipe tinham em geral evitado confrontar a minha, preferindo ficar acima da confusão e cuidar de sua vantagem substancial nas pesquisas nacionais de opinião. Mas nas semanas seguintes adotaram outra tática e decidiram cair matando em cima de nós. Em termos gerais, valeram-se de coisas rotineiras, levantando dúvidas sobre minha falta de experiência e capacidade de encarar os republicanos em Washington. Infelizmente para eles, porém, as duas linhas de ataque que atraíram maior atenção saíram pela culatra da pior maneira possível.

A primeira nasceu de uma linha sempre presente em meus discursos, na qual eu dizia que estava concorrendo à presidência não porque achava que era meu destino ou porque quis ser presidente a vida toda, mas porque o momento exigia algo novo. Bem, a turma da Clinton soltou uma nota citando um artigo de imprensa em que um de meus professores na Indonésia afirmava que eu havia escrito uma redação no jardim de infância sobre o desejo de ser presidente — uma prova, pelo que fizeram parecer, de que meu proclamado idealismo era apenas um disfarce para a mais deslavada ambição.

Soltei uma risada ao saber disso. Como disse a Michelle, a ideia de que alguém que não fosse da minha família se lembrasse de alguma coisa que eu houvesse dito ou feito quase quarenta anos antes era um pouco fantasiosa. Sem falar na dificuldade de compatibilizar meu aparente plano infantil de domínio mundial com as notas medíocres no ensino médio e o consumo de drogas, um período na obscuridade do trabalho de organização comunitária e associações com todo tipo de personagens politicamente inconvenientes.

Na década seguinte, claro, descobrimos que o absurdo, a incoerência ou a ausência de qualquer embasamento factual não impediram que várias teorias malucas sobre mim ganhassem ampla divulgação — produzidas por oponentes políticos, veículos de comunicação conservadores, biografias críticas e coisas do gênero. Mas, ao menos em dezembro de 2007, a pesquisa da equipe de Clinton sobre o que eu batizei de "meus arquivos secretos do jardim de infância" foi vista como um sinal de pânico e severamente criticada.

Menos engraçada foi uma entrevista em que Billy Shaheen, codiretor da campanha de Clinton em New Hampshire, sugeriu a um repórter que meu autodeclarado consumo anterior de drogas se provaria fatal no embate com o candidato do Partido Republicano. Não considerei fora dos limites a indagação sobre minhas imprudências juvenis, porém Shaheen foi bem mais longe, sugerindo que eu talvez houvesse sido também traficante de entorpecentes. A entrevista causou furor, e Shaheen logo em seguida pediu demissão de suas funções.

Tudo isso aconteceu pouco antes de nosso debate final em Iowa. Naquela manhã, tanto eu como Hillary estávamos em Washington para uma votação no Senado. Quando eu e minha equipe fomos para o aeroporto pegar o voo para Des Moines, notamos que o jatinho alugado por Hillary estava estacionado ao lado do nosso. Antes da decolagem, Huma Abedin, o assistente de Hillary, se encontrou com Reggie e disse que a senadora desejava falar comigo. Me encontrei com Hillary na pista, e Reggie e Huma ficaram a poucos metros de distância.

Hillary pediu desculpas pelas palavras de Shaheen. Agradeci a ela e então sugeri que ambos deveríamos nos esforçar mais para controlar nossos subordinados. Ao ouvir isso, Hillary ficou agitada, e sua voz se tornou estridente quando ela alegou que minha equipe vinha rotineiramente fazendo ataques injustos, cometendo distorções e empregando táticas espúrias. Meus esforços para baixar a temperatura foram em vão, e a conversa terminou de forma abrupta, com ela ainda visivelmente irada ao subir no avião.

Durante o voo para Des Moines, tentei entender as frustrações que Hillary devia estar sentindo. Mulher de enorme inteligência, ela havia trabalhado duro, se sacrificado, aguentado ataques e humilhações públicas, tudo a serviço da carreira do marido — e enquanto criava uma filha maravilhosa. Fora da Casa Branca, construíra para si uma nova identidade política, se posicionando com competência e tenacidade como favorita disparada para ocupar a presidência. Em sua candidatura, vinha tendo um desempenho quase irretocável, cumprindo todas as obrigações, ganhando a maioria dos debates, levantando montanhas de dinheiro. E de repente se achava numa disputa acirrada com um homem catorze anos mais novo que não tinha pagado os mesmos pedágios, que não exibia as mesmas cicatrizes de batalha e que ainda parecia contar com a sorte e o benefício da dúvida. Sinceramente, quem não se irritaria?

Além disso, Hillary não estava de todo errada sobre o fato de minha equipe ser capaz de reagir à altura se fôssemos atacados. Comparados a outras campanhas presidenciais, éramos de fato diferentes, enfatizando constantemente uma mensagem positiva, enfatizando o que nos motivava e não aquilo que repudiávamos. Eu policiava nossa postura de cima a baixo. Mais de uma vez vetei anúncios de TV que considerei injustos ou demasiado duros. No entanto, em certas ocasiões, ficávamos aquém de nossa retórica virtuosa. Na verdade, meu momento de maior irritação na campanha se deveu a um memorando vazado que tinha sido redigido por nosso grupo de pesquisa em junho, no qual se criticava o apoio tácito de Hillary à terceirização de empregos para a Índia com o mordaz título: "Hillary Clinton, membro do Partido Democrata de Punjab". Meu pessoal bateu na tecla de que o memorando não havia sido escrito para vir a público, mas não fazia diferença — a argumentação rasteira e o tom de um nacionalismo fajuto me deixaram enfurecido por vários dias.

Em última análise, não creio que foi alguma ação específica de nossa parte o que causou o desentendimento com Hillary na pista. Em vez disso, foi o próprio fato de eu ter surgido como um desafiante, o calor crescente de nossa rivalidade. Havia ainda outros seis candidatos na disputa, mas as pesquisas de opinião estavam começando a esclarecer para onde rumávamos, com Hillary e eu batalhando palmo a palmo até o final. Era uma dinâmica com a qual viveríamos dia e noite, nos fins de semana e nos feriados, por muitos meses no futuro, nossas equipes nos flanqueando como exércitos em miniatura, cada assessor totalmente engajado na disputa. Eu estava descobrindo que era parte da natureza brutal da política moderna a dificuldade de competir num jogo em que não havia regras claramente definidas. Um jogo em que seus oponentes não tentam apenas encestar uma bola ou fazê-la ultrapassar a linha do gol, mas convencer o público em geral — no mínimo de forma implícita porém com mais frequência explicitamente — de que, em matéria de bom senso, inteligência, valores e caráter, eles são melhores que você.

Podemos nos dizer que não é nada pessoal, mas não é essa a sensação. Não para você e com certeza não para sua família, seus assessores ou seus apoiadores, que guardam na memória cada esnobada e cada insulto, sejam verdadeiros ou apenas percebidos como tais. Quanto mais longa a campanha, mais acirrada a disputa e maiores os prêmios a receber, mais fácil se torna justificar táticas virulentas. Até que as reações humanas elementares que normalmente governam nossa vida cotidiana — honestidade, empatia, cortesia, paciência, boa vontade — passam a parecer fraquezas quando concedidas ao outro lado.

Não posso dizer que tinha tudo isso em mente quando iniciei o debate na noite seguinte ao incidente na pista. Entendi a irritação de Hillary principalmente como um sinal de que estávamos ganhando a liderança, de que o vento de fato soprava a nosso favor. Durante o debate, o moderador perguntou por que tinha tantos antigos assessores do governo Clinton me aconselhando, se eu insistia tanto na necessidade de mudar a abordagem dos Estados Unidos em matéria de política externa.

"Quero ouvir essa resposta", disse Hillary ao microfone.

Fiz uma pausa, deixando que as risadinhas se dissipassem aos poucos.

"Bom, Hillary, espero que você me aconselhe também."

Foi uma noite boa para a equipe.

Faltando um mês para o *caucus*, uma pesquisa do *Des Moines Register* me mostrou três pontos à frente de Hillary. A disputa pegava fogo, com os candidatos dos dois partidos percorrendo velozmente o estado nas semanas derradeiras, procurando arrebanhar qualquer eleitor indeciso, buscando encontrar e motivar pessoas que de outra forma poderiam não comparecer na noite aprazada. A campanha de Clinton começara a distribuir pás de neve gratuitas para apoiadores caso o tempo ficasse ruim e, num lance que mais tarde seria criticado como uma extravagância caríssima, Hillary se lançou num giro-relâmpago, visitando dezesseis condados de Iowa num helicóptero alugado (que sua campanha chamou de "Hillocóptero"). John Edwards, por sua vez, tentava cobrir o mesmo terreno num ônibus.

Nós mesmos tivemos alguns momentos sob os holofotes, inclusive uma série de comícios com Oprah Winfrey, que se tornara uma amiga e apoiadora, sendo tão sensata, engraçada e elegante em nossas aparições públicas como era em pessoa e atraindo quase 30 mil espectadores em dois comícios em Iowa, outros 8500 em New Hampshire e quase 30 mil na Carolina do Sul. Esses eventos foram eletrizantes, angariando o tipo de novos eleitores de que mais precisávamos. (Muitos na minha equipe, é necessário dizer, ficavam abobalhados na presença de Oprah, com a exceção previsível de Emily: a única pessoa famosa que ela alguma vez demonstrou interesse em conhecer foi Tim Russert.)

No fim das contas, contudo, o que ficou em minha memória não foram as pesquisas de opinião, o tamanho dos comícios ou as celebridades que vieram em nosso apoio. O que me marcou foi como naqueles últimos dias toda a campanha ganhou ares de uma imensa família. A franqueza e simplicidade de Michelle se mostraram um ponto positivo; ela parecia ter nascido para o palanque. A equipe de Iowa passou a chamá-la de "A Finalizadora" graças ao número de pessoas que se inscreviam como voluntários depois de ouvi-la falar. Nossos irmãos e amigos mais próximos vieram todos para Iowa, Craig de Chicago e Maya do Havaí, além de Auma, do Quênia. Os Nesbitt, os Whitaker, Valerie e todos os seus filhos, sem falar no monte de tias, tios e primos de Michelle. Amigos de infância do Havaí, companheiros de meus tempos de trabalho social comunitário, colegas da faculdade de direito, ex-colegas do senado estadual e muitos de nossos doadores chegavam em grupos, como se participassem de uma excursão turística, muitas vezes sem nem que eu soubesse que estavam lá. Ninguém exigiu atenção especial: eles apenas se apresentavam aos escritórios de campanha, onde o jovem responsável lhes entregava um mapa e uma lista de apoiadores a serem contatados, para que eles passassem a semana entre o Natal e o Ano-Novo com uma prancheta na mão, batendo de porta em porta em meio a um frio que deixava os rostos dormentes.

E não eram só os parentes ou as pessoas que conhecíamos havia muito. Aquela gente de Iowa com quem eu tinha passado tanto tempo também era vista como parte da família. Líderes políticos locais, como o procurador-geral Tom Miller e o secretário do Tesouro Mike Fitzgerald, que apostaram em mim quando eu era um tremendo azarão. Voluntários como Gary Lamb, um fazendeiro progressista do condado de Tama que nos auxiliou com seus contatos rurais; Leo Peck, que aos 82 anos bateu em mais portas que quase todo mundo; Marie Ortiz, uma enfermeira negra casada com um latino numa cidade quase inteiramente branca, que ia ao escritório fazer chamadas telefônicas três ou quatro vezes por semana e às vezes preparava o jantar para nosso organizador porque achava que ele estava muito magrinho.

Família.

E ainda, obviamente, havia os organizadores na linha de frente. Apesar de muito ocupados, decidimos que eles deviam convidar seus pais para o Jantar JJ e, no dia seguinte, lhes oferecemos uma recepção para que Michelle e eu pudéssemos agradecer a um por um — e a seus pais por terem criado filhos e filhas tão formidáveis.

Até hoje, não há algo que eu não faça por essa garotada.

Na grande noite, Plouffe e Valerie resolveram se juntar a mim, Reggie e Marvin numa visita de surpresa a uma escola de ensino médio em Ankeny, o subúrbio de Des Moines onde várias zonas eleitorais realizariam seus *caucuses*. Era 3 de janeiro, pouco depois das seis da tarde, menos de uma hora antes que as reuniões começassem, e o lugar já estava apinhado. As pessoas chegavam ao prédio principal de todas as direções, um ruidoso festival de humanidade. Nenhuma idade, raça, classe ou aparência parecia não estar representada. Havia até um personagem idoso vestido como Gandalf de *O Senhor dos Anéis*, com uma longa capa branca, uma esvoaçante barba também branca e um robusto cajado de madeira sobre o qual de algum modo ele conseguira montar um pequeno monitor de vídeo que exibia uma passagem de meu discurso no Jantar JJ.

Não havia ninguém da imprensa conosco, e fiquei vagando em meio à multidão, distribuindo apertos de mão e agradecendo aos que pretendiam me apoiar, pedindo aos que tinham outro candidato que, por favor, ao menos fizessem de mim sua segunda escolha. Surgiram também algumas perguntas de última hora sobre minha postura com respeito ao etanol ou o que eu pretendia fazer sobre o tráfico humano. Na sequência, as pessoas corriam até mim para dizer que nunca antes tinham comparecido a um *caucus* — alguns nunca haviam nem se dado ao trabalho de votar — e que nossa campanha os inspirara a se envolver pela primeira vez.

"Antes eu não sabia que tinha importância", disse uma senhora.

Na volta para Des Moines, ficamos a maior parte do tempo calados, processando o milagre que acabávamos de presenciar. Pela janela, olhei para as lojas, as casas e os postes de iluminação que iam ficando para trás, tudo um tanto indistinto por causa da umidade congelada no vidro, e senti uma espécie de paz. Ainda teríamos de esperar horas para saber o que aconteceria. Os resultados, quando divulgados, mostraram que havíamos obtido uma vitória contundente em Iowa, conquistando praticamente todos os segmentos demográficos, impulsionada por um comparecimento sem precedentes que incluíra dezenas de milhares de pessoas que participavam do processo pela primeira vez. Eu ainda não sabia nada disso, mas, ao sair de Ankeny cerca de quinze minutos antes de terem início os *caucuses*, estava certo de termos realizado, mesmo que apenas por um momento, algo verdadeiro e nobre.

Ali mesmo, naquela escola no coração do país numa noite gélida de inverno, eu tinha testemunhado o senso de comunidade que tanto havia buscado, a América que sempre imaginei se fazendo visível. Pensei então em minha mãe, em como estaria feliz em ver aquilo, como se sentiria orgulhosa — e senti uma terrível falta dela. Plouffe e Valerie fingiram não reparar quando enxuguei as lágrimas.

6

Nossa margem de vitória de oito pontos em Iowa foi notícia em todo o país. Os meios de comunicação usaram palavras como "chocante" e "sísmica" para descrevê-la, assinalando que os resultados eram devastadores em particular para Hillary, que terminara em terceiro lugar. Tanto Chris Dodd como Joe Biden imediatamente abandonaram a disputa. Pessoas que ocupavam cargos eletivos e haviam se mantido à margem da disputa começaram a telefonar oferecendo apoio. Os analistas políticos declararam que eu passara a ser o favorito à indicação do Partido Democrata, sugerindo que o alto grau de envolvimento eleitoral em Iowa indicava um apetite mais amplo por mudança nos Estados Unidos.

Tendo passado o ano anterior no papel de Davi, de repente virei Golias — e, apesar de muito feliz com nossa vitória, o novo papel me pareceu incômodo. Durante todo aquele ano, eu e minha equipe tínhamos evitado ser discretos ou chamativos demais, ignorando tanto a agitação inicial que cercou minha candidatura como os anúncios subsequentes de que estava em vias de naufragar. Com apenas cinco dias entre o *caucus* de Iowa e as primárias em New Hampshire, fizemos um esforço extraordinário para controlar as expectativas. Axe considerava os artigos entusiasmados e as imagens de televisão que me mostravam diante de multidões de adoradores ("Obama, o ícone", reclamava ele) especialmente contraproducentes num estado como New Hampshire, onde os eleitores — muitos deles independentes que gostavam de decidir no último instante se participariam do processo de escolha do candidato do Partido Democrata ou do Partido Republicano — tinham a reputação de ser do contra.

Mesmo assim, era difícil não sentir que estávamos em uma posição das mais vantajosas. Nossos organizadores em New Hampshire eram tão tenazes e nossos voluntários tão motivados quanto os de Iowa, nossos comícios atraíam multidões, com filas que atravessavam estacionamentos e davam a volta no quarteirão. Então, no espaço de 48 horas, a disputa sofreu duas reviravoltas inesperadas.

A primeira ocorreu durante o único debate antes da primária, no momento em que, lá pelo meio do evento, o moderador perguntou a Hillary como se sentia quando as pessoas diziam que ela não era "simpática".

Ora, esse era o tipo de pergunta que me deixava enfurecido por várias razões. Era trivial. Era impossível de responder — o que a pessoa pode dizer diante de algo assim? E indicava um duplo padrão que Hillary, especificamente, e as mulheres políticas em geral são obrigadas a enfrentar, pois se espera que elas sejam "agradáveis" de uma forma que nunca é tida como relevante no caso de seus pares do sexo masculino.

Embora Hillary tenha mostrado que sabia lidar muito bem com a pergunta ("Bom, isso magoa", ela disse, rindo, "mas tento ir em frente"), eu decidi interferir.

"Você é simpática na medida certa, Hillary", eu disse em tom sério.

Presumi que a plateia fosse entender minhas intenções — oferecer um gesto amistoso na direção de minha oponente ao mesmo tempo que indicava o desdém pela pergunta. Mas, talvez pela forma como falei, pelas palavras mal escolhidas ou pelo modo como foram interpretadas pela equipe de comunicação de Hillary, surgiu a história de que eu a havia tratado com condescendência, até mesmo com arrogância, outro homem grosseiro menosprezando sua rival feminina.

Em outras palavras, o contrário do que eu queria.

Ninguém em nossa equipe deu muita importância à minha observação, compreendendo que qualquer tentativa de esclarecimento serviria apenas para alimentar a fogueira. Mas, tão logo aquela história começou a ser esquecida, os meios de comunicação voltaram a ficar em polvorosa com discussões sobre a imagem de Hillary, dessa vez após um encontro com um grupo de eleitores indecisos em New Hampshire, na maioria mulheres. Respondendo a uma pergunta amável sobre como estava enfrentando as tensões da disputa, a voz de Hillary havia ficado momentaneamente embargada enquanto ela descrevia seu fervoroso envolvimento pessoal, dizendo que não desejava ver o país regredir e que tinha dedicado sua vida ao serviço público "contra tudo e contra todos".

Foi uma rara e genuína demonstração de sentimentos por parte de Hillary, contrastando com sua imagem de férreo autocontrole, tanto que ganhou manchetes e criou alvoroço entre os analistas políticos da tv a cabo. Alguns consideraram o episódio comovente e autêntico, um novo ponto de conexão entre Hillary e o público. Outros o interpretaram como uma mostra artificial de emoção ou uma fraqueza que ameaçava prejudicar sua candidatura. Por trás de tudo isso, obviamente, havia o fato de que Hillary talvez se tornasse a primeira mulher a presidir a nação — assim como eu seria o primeiro de minha raça —, o que trazia à tona todo tipo de estereótipos sobre gênero e como esperávamos que nossos líderes governassem se mostrassem e se comportassem.

O frenesi para saber se Hillary exibia uma tendência de alta ou de queda continuou até o dia da primária em New Hampshire. Minha equipe estava tranquila por gozarmos de uma larga margem: as pesquisas nos davam dez pontos de vantagem.

Sendo assim, não considerei um mau sinal o fato de que o comício, marcado para o meio-dia numa universidade local, tenha atraído pouca gente, e que meu discurso fora interrompido quando um aluno desmaiou e os socorristas levaram um bom tempo para atendê-lo.

Só à noite, depois que as urnas foram fechadas, soube que tínhamos um problema. No quarto do hotel, Michelle e eu nos preparávamos para o que pensávamos ser uma comemoração da vitória quando ouvi uma batida à porta. Ao abrir, me deparei com Plouffe, Axe e Gibbs timidamente plantados no corredor, com ar de adolescentes que tinham acabado de bater com o carro do pai numa árvore.

"Vamos perder", disse Plouffe.

Os três começaram a oferecer várias teorias sobre o que dera errado. Era possível que os independentes que nos apoiavam em detrimento de Hillary houvessem decidido votar em massa na primária dos republicanos a fim de ajudar John McCain, acreditando que nossa indicação já estava garantida. Mulheres indecisas poderiam ter mudado seus votos em favor de Hillary nos últimos dias da campanha. Ou, talvez, quando a equipe de Clinton nos atacou na televisão e nas mensagens de campanha enviadas pelo correio, nós não tivéssemos nos esforçado o bastante para revelar as táticas negativas empregadas por eles, permitindo que os golpes nos atingissem.

Todas as teorias pareciam plausíveis. Mas, naquele instante, os porquês não interessavam.

"Tudo indica que ganhar essa indicação vai levar um bom tempo", comentei com um sorriso amarelo. "Agora temos mais é que tentar cauterizar a ferida."

Nada de abatimento, eu lhes disse; nossa linguagem corporal tem de comunicar a todo mundo — imprensa, doadores e sobretudo nossos apoiadores — que os reveses são parte do processo. Eu me dirigi aos membros desolados da minha equipe para dizer que tinha orgulho do esforço feito por eles. Havia ainda a questão do que falar às 1700 pessoas que tinham se reunido no ginásio de uma escola em Nashua prevendo a vitória. Felizmente, eu já tinha trabalhado com Favs no começo da semana para evitarmos qualquer tom triunfalista no discurso, pedindo que, em vez disso, ele enfatizasse o duro trabalho que ainda tínhamos pela frente. Ao telefone, expliquei que — a não ser por uma congratulação a Hillary — praticamente não mudaríamos o texto.

O discurso aos apoiadores naquela noite terminou sendo um dos mais importantes de nossa campanha, não somente como uma injeção de ânimo para os desapontados, mas como um lembrete útil sobre aquilo em que acreditávamos.

"Sabemos que será longa a batalha à frente", eu disse, "mas lembrem sempre que, sejam quais forem os obstáculos em nosso caminho, nada resiste ao poder de milhões de vozes que clamam por mudança."

Disse que vivíamos num país cuja história era construída inteiramente na base da esperança por pessoas — pioneiros, abolicionistas, sufragistas, imigrantes, ativistas dos direitos civis — que tinham se recusado a desistir nos momentos em que quase tudo parecia estar contra elas.

"Quando nos disseram que não estávamos preparados", eu continuei, "ou que não deveríamos tentar, ou que não podíamos, gerações de americanos responderam com uma convicção bem simples que resume o espírito de um povo: *Sim, nós podemos.*"

A multidão começou a cantar essa frase como um rufar de tambores e, talvez pela primeira vez desde que Axe a havia sugerido como slogan para minha campanha ao Senado, acreditei piamente no poder daquelas três palavras.

A cobertura jornalística sobre nossa derrota em New Hampshire foi previsivelmente dura: a mensagem prevalente era de que se restabelecera a ordem, e Hillary estava de volta ao topo. No entanto, aconteceu uma coisa curiosa dentro de nossa campanha. Apesar de desolados por causa do insucesso, nossos assessores ficaram mais unidos e também mais decididos. Em vez de uma queda no número de voluntários, nossos escritórios comunicaram uma onda de gente se apresentando por vontade própria em todo o país. As contribuições pela internet — em especial feitas por novos doadores de pequena monta — dispararam. John Kerry, que até então não se comprometera, manifestou um apoio enfático a mim. A isso se seguiram os anúncios de apoio da governadora Janet Napolitano, do Arizona, da senadora Claire McCaskill, do Missouri, e da governadora Kathleen Sebelius, do Kansas, todas elas de estados que tendiam para os republicanos e ajudando a irradiar a mensagem de que, apesar do revés, nós estávamos nos fortalecendo e avançando, mantendo nossas esperanças intactas.

Tudo isso foi gratificante e confirmou minha percepção instintiva de que perder em New Hampshire não era o desastre que os comentaristas pensavam ser. Se por um lado Iowa havia mostrado que eu era um competidor respeitável e não apenas uma novidade, por outro a pressa para me consagrar tinha sido artificial e prematura. Nesse sentido, a boa gente de New Hampshire me fizera um favor ao tornar o processo mais lento. Concorrer à presidência é sabidamente difícil, eu disse a um grupo de apoiadores no dia seguinte, porque é difícil ser presidente. Promover mudanças é difícil. Nós iríamos ganhar a indicação — e isso implicava voltar ao trabalho.

E foi o que fizemos. O *caucus* em Nevada era no dia 19 de janeiro, uma semana e meia após New Hampshire, e não ficamos surpresos ao perder para Hillary no número total de votos, pois as pesquisas nos mostravam bem atrás dela o ano inteiro. Mas, em primárias presidenciais, o que conta não é tanto o número dos votos individuais que o candidato recebe, e sim quantos delegados para a convenção consegue garantir, sendo tais delegados distribuídos proporcionalmente com base numa série de regras esdrúxulas aplicadas em cada estado. Graças à força de nossa organização na área rural de Nevada, onde havíamos feito uma campanha intensa (Elko, uma cidadezinha que parecia um cenário de filmes de faroeste, com direito a *saloon* e aquelas plantas secas que rolam sopradas pelo vento, era uma de minhas paradas preferidas), nossa melhor distribuição de votos por todo o estado fez com que ganhássemos treze delegados contra doze de Hillary. Por mais improvável que pareça, saímos de Nevada anunciando um empate e entramos na fase seguinte da campanha — a primária da Carolina do Sul e a gigantesca Super Terça em 22 estados — tendo ao menos a chance de ser competitivos.

Meus principais assessores disseram mais tarde que o otimismo que eu irradiava foi o que os fez superar a derrota em New Hampshire. Não sei se foi mesmo o caso, uma vez que toda a equipe e os apoiadores operaram com admirável resiliência e consistência no decorrer de toda a campanha, independentemente de qualquer coisa que eu fizesse. Na melhor das hipóteses, eu havia apenas retribuído o favor diante de tudo que eles tinham realizado para me permitir cruzar na frente a linha de chegada em Iowa. Provavelmente é verdade que New Hampshire mostrou ao time e aos apoiadores uma qualidade que eu aprendera sobre mim mesmo, algo que se provou útil não só durante a campanha, mas pelos oito anos seguintes. Muitas vezes, eu me sentia mais firme justamente quando as coisas estavam indo ladeira abaixo. Iowa pode ter convencido a mim e à equipe de que eu poderia acabar me tornando presidente. Mas foi o contratempo em New Hampshire que nos deu confiança de que eu tinha condições de ocupar aquele cargo.

Com frequência me perguntam sobre esse traço de personalidade — minha capacidade de manter a calma em meio a alguma crise. Às vezes digo que é mera questão de temperamento ou uma consequência de ter sido criado no Havaí, já que é difícil ficar estressado quando a temperatura é de 27 graus, faz sempre sol e você está a cinco minutos da praia. Ao falar para grupos de jovens, descrevo como me condicionei, com o passar dos anos, a encarar as coisas no longo prazo, como é importante se manter concentrado em suas metas em vez de ficar frustrado com os altos e baixos do cotidiano.

Existe verdade em tudo isso. Mas há outro fator em jogo: nas horas difíceis, tendo a me sintonizar com minha avó.

Ela tinha 85 anos na época, a última sobrevivente do trio que me criou. Sua saúde estava debilitada, o câncer se espalhara por um corpo já devastado pela osteoporose e uma vida de maus hábitos. Mas sua mente ainda era afiada e, como não podia mais voar e senti falta de nossa viagem anual de Natal para o Havaí devido às exigências da campanha, passei a telefonar para ela vez ou outra a fim de saber como andava.

Fiz uma dessas ligações logo depois de New Hampshire. Como de costume, a conversa não durou muito: Toot considerava as chamadas interurbanas uma extravagância. Ela deu notícias das ilhas e eu contei sobre as últimas travessuras de suas netas. Minha irmã, Maya, que morava no Havaí, relatava que Toot seguia cada passo da campanha na TV a cabo, mas ela nunca mencionou o assunto comigo. Na esteira de minha derrota, só teve um conselho a dar:

"Você precisa comer alguma coisa, Bar. Está parecendo muito magrinho."

Isso era característico de Madelyn Payne Dunham, nascida na cidade de Peru, no Kansas, em 1922. Era uma filha da Depressão, nascida de uma professora e de um funcionário do departamento de contabilidade numa pequena refinaria de petróleo, ambos descendentes de fazendeiros e colonos. Eram pessoas sensatas que trabalhavam duro, frequentavam a igreja, pagavam suas contas e não queriam saber de linguagem inflamatória, demonstrações públicas de emoção e bobagens de qualquer natureza.

Na juventude, minha avó lutara contra as limitações típicas de cidades pequenas, em especial ao se casar com meu avô, Stanley Armour Dunham, que era chegado a todas aquelas coisas questionáveis mencionadas acima. Viveram juntos seu quinhão de aventuras, durante a guerra e depois, mas, quando nasci, tudo que restava do temperamento rebelde de Toot eram seus hábitos de fumar e beber, além do gosto por thrillers sinistros. No Banco do Havaí, Toot havia conseguido se elevar da posição inicial de escriturária até se tornar uma das primeiras vice-presidentes do sexo feminino, reconhecida por sua competência. Ao longo de 25 anos, não se envolveu em nenhuma confusão referente a erros ou reclamações, mesmo quando viu serem promovidos à sua frente homens mais jovens treinados por ela.

Depois que ela se aposentou, eu às vezes encontrava pessoas no Havaí que me contavam histórias de como Toot as ajudara — um homem garantindo que sem a intervenção dela teria perdido sua empresa, uma mulher relembrando que minha avó tinha deixado de aplicar uma norma estapafúrdia do banco segundo a qual era necessária a assinatura do marido, de quem havia se separado, a fim de obter um empréstimo para a imobiliária que estava estabelecendo. Mas, se lhe perguntássemos sobre qualquer dessas coisas, Toot declarava que começara a trabalhar no banco não por ter alguma paixão especial pelas finanças ou por desejar ajudar os outros, e sim porque nossa família necessitava do dinheiro e aquele havia sido o emprego disponível à época.

"Às vezes", ela costumava me dizer, "temos simplesmente que fazer o que precisa ser feito."

Só na adolescência compreendi como a vida de minha avó tinha se desviado do rumo que ela imaginara, o quanto de si teve de sacrificar, primeiro pelo marido, depois pela filha e mais tarde pelos netos. Entendi como era silenciosamente trágico e estreito o seu mundo.

Contudo, nem mesmo depois disso deixei de perceber que era devido à disposição de Toot de carregar o fardo que tinha diante de si — acordar antes do nascer do sol para se enfiar num terninho, calçar sapatos de salto alto e tomar o ônibus rumo ao banco no centro da cidade, trabalhar o dia inteiro com contratos fiduciários e chegar em casa cansada demais para fazer qualquer outra coisa — que ela e vovô foram capazes de se aposentar com conforto, podendo fazer viagens e manter sua independência. Essa estabilidade que ela conseguiu proporcionar permitiu a minha mãe seguir a carreira de que gostava, mesmo com os pagamentos esporádicos e os postos no exterior, assim como tornou possível que Maya e eu frequentássemos escolas particulares e universidades de renome.

Toot me mostrou como manter um talão de cheques nos eixos e resistir à ideia de comprar coisas de que não precisava. Foi por causa dela que, mesmo em meus momentos mais revolucionários como jovem, eu sabia admirar um negócio bem administrado e tinha vontade de ler o noticiário de economia; e também graças a sua influência me vi obrigado a rejeitar abertamente as reivindicações mais radicais sobre a necessidade de acabar com tudo e reconstruir a sociedade do zero. Ela me ensinou o valor de trabalhar duro e fazer o melhor possível mesmo quando a tarefa era desagradável, a cumprir os deveres mesmo quando isso era inconveniente. Me ensinou a aliar a paixão à razão, a não ficar empolgado demais quando a vida ia bem e não me desesperar demais quando ia mal.

Tudo isso foi instilado em mim por uma senhora branca nascida no Kansas que detestava conversa fiada. A perspectiva dela era o que me vinha à mente com frequência quando eu estava em campanha, e era sua visão do mundo o que eu sentia em muitos dos eleitores com quem conversava, fosse nas áreas rurais de Iowa ou num bairro negro de Chicago, aquele mesmo orgulho discreto do sacrifício feito em favor dos filhos e netos, a mesma falta de pretensão, a mesma modéstia em termos de expectativas.

E porque Toot possuía tanto as forças notáveis como as limitações obstinadas do ambiente em que fora criada — porque me amava muito e literalmente faria qualquer coisa para me ajudar, ainda que sem jamais abandonar o conservadorismo que a fez sofrer calada na primeira vez em que mamãe levou meu pai, um negro, para jantar em casa —, ela também me ensinou a complexa e multifacetada verdade das relações raciais em nosso país.

"Não existe uma América dos negros ou uma América dos brancos, uma América dos latinos ou uma América dos asiáticos. Existem os *Estados Unidos* da América."

Essa foi provavelmente a frase mais lembrada de meu discurso na convenção de 2004. Pensei nela mais como a afirmação de uma aspiração do que como uma descrição da realidade, porém era uma aspiração em que eu acreditava e uma realidade pela qual lutava. A ideia de que nossa humanidade compartilhada importava mais que nossas diferenças estava gravada em meu DNA. Descrevia também o que eu sentia ser uma visão prática da política: numa democracia, precisamos de uma maioria para fazer qualquer grande mudança, e nos Estados Unidos isso significava formar coalizões que superassem as barreiras raciais e étnicas.

Sem dúvida essa convicção tinha se mostrado verdadeira para mim em Iowa, onde os negros constituíam menos de 3% da população. No dia a dia, nossa campanha não considerou isso um obstáculo, simplesmente um fato da vida. Nossos organizadores encontraram bolsões de animosidade racial, em certas ocasiões manifestada de forma aberta até mesmo por apoiadores em potencial ("É, estou pensando em votar no neguinho" foi algo que ouvimos mais de uma vez). De quando em quando, porém, a hostilidade foi mais além de um comentário grosseiro ou de uma porta batida na cara. Um de nossos apoiadores mais queridos acordou na véspera do Natal e encontrou seu quintal coalhado de cartazes com o nome OBAMA rasgados, a casa vandalizada e as paredes pichadas com ofensas raciais. Era mais comum a ignorância que a malevolência, o que obrigava nossos voluntários a enfrentar o tipo de observação bem conhecido de qualquer pessoa negra que tenha precisado passar bastante tempo num ambiente predominantemente branco, variações de "realmente não penso nele como negro, quer dizer, ele é tão inteligente!".

Em termos gerais, no entanto, descobri que os eleitores brancos em todo o estado de Iowa eram bem parecidos com os que eu havia cortejado alguns anos antes no sul de Illinois — amigáveis, ponderados e receptivos à minha candidatura, menos preocupados com a cor de minha pele ou mesmo meu nome com sonoridade muçulmana do que com minha pouca idade e falta de experiência, meus planos para criar empregos ou acabar com a guerra no Iraque.

No entender de meus conselheiros políticos, nossa tarefa consistia em manter isso assim. Não que devêssemos evitar as questões raciais. Nosso site tornava clara minha posição sobre as pautas do dia, como reforma da imigração e direitos civis. Se me perguntassem em um evento, eu não hesitava em explicar, para uma plateia rural composta só de brancos, as realidades da discriminação no mercado de trabalho ou do uso de generalizações baseadas na cor como base de suspeitas para justificar a ação policial. No interior da campanha, Plouffe e Axe lidavam com as preocupações dos membros negros e latinos da equipe, fosse quando alguém queria opinar sobre um anúncio de TV ("Será que não podemos incluir ao menos um rosto negro além do de Barack?", perguntou Valerie delicadamente em certo momento) ou quando nos lembravam de trabalharmos com mais afinco a fim de recrutar um número maior de conselheiros de minorias étnicas. (Nesse quesito, pelo menos, o mundo experimentado e de alto nível da política não diferia muito de outros universos profissionais, nos quais os jovens de minorias étnicas tinham consistentemente menos acesso a mentores e redes de contatos — e não podiam se dar ao luxo de aceitar os estágios não remunerados que poderiam servir de atalho para campanhas de âmbito nacional. Era uma coisa que eu estava determinado a ajudar a mudar.) Mas Plouffe, Axe e Gibbs não hesitavam se consideravam ser necessário tirar a ênfase de qualquer tópico que pudesse ser caracterizado como queixa racial, que criasse barreiras que dividissem o eleitorado em termos raciais, ou que fizesse qualquer coisa que me limitasse à condição de "candidato negro". Para eles, a fórmula imediata de progresso racial era simples: precisávamos vencer. E isso significava ganhar apoio não apenas de universitários brancos e liberais, mas também de eleitores para quem minha imagem na Casa Branca implicava um grande salto psicológico.

"Vai por mim", costumava brincar Gibbs, "seja lá o que saibam a seu respeito, as pessoas já notaram que você não se parece com os 43 presidentes anteriores."

E também não me faltava carinho da parte dos afro-americanos desde minha eleição para o Senado. As seções locais da NAACP entravam em contato, querendo me conceder prêmios. Minha foto aparecia com frequência nas páginas das revistas *Ebony* e *Jet*. Todas as mulheres negras de certa idade me diziam que eu as fazia lembrar de seus filhos. E o amor por Michelle estava em um patamar totalmente diverso. Por causa de suas credenciais como advogada, de seu comportamento de irmã-amiga e de sua devoção absoluta à maternidade, ela era vista como o exemplo daquilo que tantas famílias negras trabalhavam para conquistar e esperavam para seus filhos.

Apesar de tudo isso, as posturas dos negros com respeito à minha candidatura eram complexas — motivadas em grande medida pelo medo. Na experiência dos negros, nada lhes dizia ser possível que um dos seus obtivesse a indicação de um dos partidos para algum cargo de grande relevo, muito menos para a presidência dos Estados Unidos. Na mente de muitos, o que Michelle e eu já havíamos conquistado era quase um milagre. Aspirar a algo mais parecia uma idiotice, voar perto demais do sol.

"Vou dizer uma coisa, cara", disse-me Marty Nesbitt pouco depois que anunciei minha candidatura, "minha mãe se preocupa com você tanto quanto costumava se preocupar comigo."

Empresário de sucesso, destaque do time de futebol americano durante o ensino médio e com a bela aparência de um jovem Jackie Robinson, casado com uma médica brilhante e pai de cinco filhos maravilhosos, Marty era a personificação do *American dream*. Fora criado por uma mãe solteira que trabalhava como enfermeira em Columbus, em Ohio; e foi apenas graças a um programa especial destinado a colocar mais jovens de minorias étnicas nas escolas preparatórias e depois nas universidades que Marty havia galgado degraus para escapar de seu bairro, um lugar onde os negros só podiam esperar pouco mais que uma vida na linha de produção de alguma fábrica. No entanto, após a universidade, quando ele decidiu abandonar um emprego na General Motors por uma aventura mais arriscada em investimentos no setor imobiliário, sua mãe se impacientara, temendo que ele pudesse perder tudo por querer ir longe demais.

"Ela achou que eu era maluco de largar aquele tipo de segurança", disse-me Marty. "Imagine então o que ela e suas amigas estão pensando agora sobre você. Não somente *concorrendo* para ser presidente, mas realmente acreditando que *pode ser* presidente!"

Essa mentalidade não estava restrita à classe operária. A mãe de Valerie, cuja família tinha sintetizado a elite profissional negra das décadas de 1940 e 1950, era casada com um médico e uma das líderes dos primeiros movimentos em favor da educação na primeira infância. Mas no começo ela manifestou o mesmo ceticismo em relação à minha campanha.

"Ela quer proteger você", disse Valerie.

"Do quê?", perguntei.

"Da decepção", disse ela, deixando de manifestar o medo mais específico da mãe dela: de que eu acabasse sendo assassinado.

Ouvimos isso mais de uma vez, em especial durante os primeiros meses da campanha — um pessimismo protetor, o sentimento na comunidade negra de que Hillary era uma escolha mais segura. Com figuras nacionais como Jesse Jackson Jr. (e, mais relutantemente, Jesse Sr.) nos apoiando, fomos capazes de obter um bom número de endossos de líderes afro-americanos, sobretudo entre os mais jovens. Mas muitos outros preferiram esperar e ver como eu me sairia, enquanto numerosos políticos, homens de negócios e religiosos negros — fosse por lealdade genuína ao casal Clinton, fosse pelo desejo de apoiar a grande favorita — se declararam a favor de Hillary antes mesmo que eu tivesse a oportunidade de apresentar minha posição.

"O país ainda não está pronto", um congressista me falou, "e os Clinton não têm memória curta."

Também havia ativistas e intelectuais que me apoiavam, mas que viam minha campanha puramente em termos simbólicos, como as candidaturas anteriores de Shirley Chisholm, Jesse Jackson e Al Sharpton, uma útil plataforma temporária sobre a qual era possível se erguer uma voz profética contra a injustiça racial. Por não se convencerem de que a vitória era possível, eles esperavam que eu assumisse as posturas mais radicais em tudo, da ação afirmativa às reparações, ficando continuamente em alerta contra qualquer indício de que pudesse estar gastando muito tempo e energia cortejando os brancos menos progressistas.

"Não seja um desses assim chamados líderes que tomam como certo o voto dos negros", disse-me um apoiador.

Essa era uma crítica que me incomodava porque não estava totalmente errada. Muitos políticos democratas de fato tomavam como garantido o voto dos negros — ao menos desde 1968, quando Richard Nixon deixara claro que uma política de ressentimento racial por parte dos brancos era o caminho mais seguro para a vitória dos republicanos, deixando os negros sem ter para onde ir. Não eram somente os democratas brancos que faziam esse cálculo. Não havia um negro em cargos eletivos que confiasse nos votos dos brancos para se manter onde estava e desconhecesse aquilo para que Axe, Plouffe e Gibbs alertavam pelo menos implicitamente: um foco muito intenso nos direitos civis, na má conduta de policiais e em outras questões consideradas específicas dos negros significava o risco de despertar suspeitas, quando não ocasionar represálias, na maioria do eleitorado. O candidato poderia decidir se manifestar abertamente sobre esses assuntos por uma questão de consciência, mas compreendia que teria de pagar um preço, já que os negros correriam perigo caso quisessem praticar a política rotineira de defesa de seus interesses especiais como o fazem os fazendeiros, os amantes das armas ou outros grupos étnicos.

Então isso não era parte da razão pela qual eu concorria — nos ajudar a superar essas restrições? Reimaginar o possível? Eu não queria ser um suplicante, sempre na periferia do poder, implorando favores de benfeitores liberais, nem um eterno militante, movido pela fúria dos justos enquanto esperávamos que os brancos dos Estados Unidos expiassem sua culpa. Os dois caminhos eram bem batidos: em certo nível elementar, ambos eram fruto do desespero.

Não, o importante era vencer. Eu queria provar aos negros, aos brancos — aos americanos de todas as cores — que podíamos transcender a velha lógica, que podíamos estabelecer uma maioria funcional em torno de uma agenda progressista, que podíamos pôr questões como a desigualdade ou a falta de oportunidade educacional efetivamente no centro de nosso debate nacional, e então produzir os resultados.

Eu sabia que, a fim de realizar esse feito, precisava usar uma linguagem que falasse à totalidade dos americanos, propondo políticas que abrangessem a todos sem exceção — educação de excelência para *todas* as crianças, assistência à saúde de qualidade para *todos*. Precisava envolver os brancos como aliados, em vez de obstáculos, para modificar e formular a luta dos afro-americanos em termos de uma luta mais ampla em prol de uma sociedade pacífica, justa e generosa.

Eu compreendia os riscos. Ouvia as críticas silenciosas que me chegavam não somente dos rivais como também dos amigos. De como a ênfase em programas ditos universais com frequência beneficiava menos diretamente quem mais precisava. De como apelar para interesses comuns minimizava os efeitos da discriminação, permitindo aos brancos se eximir de reconhecer o legado da escravidão, das leis da segregação e de suas próprias atitudes em relação à questão racial. De como isso impunha aos negros um ônus emocional diante da expectativa de serem constantemente forçados a engolir a raiva e a frustração legítimas em nome de algum ideal distante.

Não era pouco o que estava sendo pedido aos negros, e exigia uma mistura de otimismo e paciência estratégica. Enquanto tentava liderar os eleitores e minha própria campanha na travessia desse território ainda desconhecido, eu era lembrado constantemente de que não se tratava de um exercício abstrato. Eu estava lidando com comunidades reais, de carne e osso, povoadas por homens e mulheres que tinham seus próprios preceitos e suas próprias histórias de vida — e também um clérigo que parecia incorporar todos os impulsos contraditórios que eu procurava encapsular.

Conheci o reverendo Jeremiah A. Wright Jr. durante meus tempos como líder comunitário. A igreja que ele liderava, a Trinity United Church of Christ, era uma das maiores de Chicago. Filho de um ministro batista e de uma administradora escolar da Filadélfia, fora criado na tradição da igreja negra enquanto também frequentava os mais prestigiosos — e predominantemente brancos — colégios da cidade. Em vez de assumir de imediato funções religiosas, saiu da universidade para servir no Corpo de Fuzileiros Navais e depois na Marinha, onde fez sua formação como técnico cardiopulmonar e mais tarde na equipe médica que cuidou de Lyndon Johnson após sua cirurgia em 1966. Em 1967, entrou para a Universidade Howard e, como muitos negros durante aqueles anos turbulentos, absorveu a retórica radical do Black Power, um interesse em tudo que era africano e críticas da esquerda à ordem social americana. Ao se formar no seminário, tinha incorporado a seu repertório também a teologia negra da libertação de James Cone — uma visão do cristianismo que afirmava a centralidade da experiência negra, não devido a alguma superioridade racial inata, mas, segundo seu formulador, porque Deus vê o mundo através dos olhos daqueles que são mais oprimidos.

O fato de o reverendo Wright ter se tornado pastor de uma igreja com grande maioria branca é uma boa indicação de sua faceta pragmática; a United Church of Christ não apenas valorizava os estudos sérios — algo que ele enfatizava todos os domingos — como dispunha dos recursos financeiros e da infraestrutura para ajudá-lo a desenvolver sua congregação. O que antes era uma igreja demasiado formal com menos de cem paroquianos cresceu para 6 mil frequentadores durante seu tempo por lá, um lugar animado, cheio de vida, onde estavam presentes todos os segmentos da população negra de Chicago: executivos do mercado financeiro e ex-integrantes de gangues, mulheres com longos vestidos multicores e homens com ternos sóbrios, um coro que cantava durante o mesmo culto desde os clássicos gospel até o oratório "Messias" de Handel. Seus sermões eram repletos de referências à cultura popular, gírias, gracejos e percepções religiosas bastante genuínas, que não somente evocavam vivas e gritos de apoio dos membros, mas fizeram crescer sua reputação como um dos melhores pregadores do país.

Algumas vezes eu achava os sermões do reverendo Wright um pouco exagerados. No meio de uma explicação intelectualmente rigorosa dos evangelhos de Mateus ou de Lucas, ele era capaz de inserir uma crítica à guerra contra as drogas conduzida pelos Estados Unidos, ao militarismo americano, à cobiça capitalista ou à natureza intransigente do racismo no país, arengas que eram normalmente baseadas em fatos, porém fora de contexto. Com frequência soavam ultrapassadas, como se ele estivesse numa manifestação universitária de 1968, e não numa próspera congregação que incluía chefes de polícia, celebridades, homens de negócios endinheirados e o superintendente escolar de Chicago. E, em muitas ocasiões, o que ele dizia era simplesmente errado, beirando as teorias da conspiração que se podia ouvir tarde da noite nas estações de rádio comunitárias ou na barbearia da esquina. Era como se aquele negro erudito, de meia-idade e pele mais clara se esforçasse para ganhar credibilidade entre os jovens, tentando "falar a linguagem das ruas". Ou talvez apenas reconhecesse — tanto na congregação como dentro de si próprio — a necessidade periódica de botar para fora a raiva acumulada numa vida de lutas contra o racismo crônico, dando um pontapé na razão e na lógica.

Eu sabia de tudo isso. Mas, em especial quando era jovem e ainda indeciso sobre minhas crenças e meu lugar na comunidade negra de Chicago, o que havia de bom no reverendo Wright compensava para mim suas imperfeições, assim como minha admiração pela congregação e suas obras era maior que meu ceticismo mais amplo em relação à religião organizada. Michelle e eu terminamos por nos tornar membros da Trinity, embora não fôssemos frequentadores assíduos. Assim como eu, Michelle não havia sido criada num ambiente doméstico particularmente religioso e, embora de início comparecêssemos uma vez por mês, nossa frequência diminuiu com o passar do tempo. Mas, quando íamos, era significativo, e, à medida que minha carreira política decolava, fiz questão de convidar o reverendo Wright para fazer uma oração ou dar uma bênção nos eventos principais.

Esse tinha sido o plano para o dia em que anunciei minha candidatura. O reverendo Wright deveria liderar a multidão numa oração antes que eu aparecesse no palco. Contudo, a caminho de Springfield um dia antes do evento, recebi um telefonema urgente de Axe, perguntando se eu tinha visto a reportagem publicada na revista *Rolling Stone* sobre minha candidatura. Ficava claro que o jornalista tinha assistido a um culto recente na Trinity, registrando um sermão apaixonado do reverendo Wright e o citando em sua matéria.

"Ele é citado dizendo... espera aí, deixa eu ler: 'Acreditamos na superioridade branca e na inferioridade negra, e acreditamos nisso mais do que acreditamos em Deus'."

"Você está brincando?"

"Acho que seria justo dizer que, se ele fizer a oração amanhã, vai ser a notícia principal... pela menos na Fox News."

A matéria oferecia em termos gerais uma visão correta de Jeremiah Wright e da Trinity, e não me surpreendia que o pastor de minha igreja apontasse o abismo entre os ideais cristãos proclamados nos Estados Unidos e sua história racial marcada pela brutalidade. Apesar disso, a linguagem que ele havia usado era mais incendiária que qualquer coisa que eu tivesse ouvido antes, e embora eu estivesse em parte frustrado com a constante necessidade de atenuar, aos olhos dos brancos, a verdade nua e crua sobre a raça neste país, por se tratar de uma prática política, eu sabia que Axe estava certo.

Naquela tarde, telefonei para o reverendo Wright e perguntei se ele concordaria em desistir da oração pública e, em vez disso, faria uma prece privada para mim e Michelle antes do discurso. Senti que ele ficou aborrecido; porém, para imenso alívio de minha equipe, terminou por aceitar o novo plano.

Em termos pessoais, o episódio revolveu todas as dúvidas que ainda restavam em mim sobre concorrer ao mais alto cargo no país. Uma coisa era ter integrado minha própria vida — aprender com o tempo a circular sem problemas entre círculos negros e brancos, servir como intérprete e ponte entre família, amigos, conhecidos e colegas, estabelecendo vínculos numa esfera cada vez mais ampla até sentir que era por fim capaz de conhecer o mundo de meus avós e o mundo de alguém como o reverendo Wright como um todo unificado. Mas explicar esses vínculos a milhões de desconhecidos? Imaginar que uma campanha presidencial — com todos os seus ruídos, suas distorções e simplificações — pudesse de algum modo vencer o sofrimento, o medo e as suspeitas que vinham se acumulando havia quatrocentos anos? A realidade das relações raciais nos Estados Unidos era complexa demais para ser reduzida a um slogan. Caramba, eu mesmo era complicado demais, e os contornos de minha vida, intricados e distantes demais da experiência do cidadão comum para que eu pudesse ter alguma esperança sincera de ganhar aquela corrida.

★ ★ ★

Talvez se a matéria da *Rolling Stone* tivesse saído antes, prenunciando os problemas que viriam, eu tivesse decidido não concorrer. É difícil dizer. Só sei que — por ironia do destino ou por providência divina — foi outro clérigo e amigo íntimo do reverendo Wright, o dr. Otis Moss Jr., quem me ajudou a vencer minhas dúvidas.

Otis Moss era um veterano do movimento dos direitos civis, amigo íntimo e colaborador do dr. King, pastor de uma das maiores igrejas de Cleveland, em Ohio, e ex--assessor do presidente Jimmy Carter. Não o conhecia bem, mas, depois que a reportagem foi publicada, ele me telefonou certa noite para oferecer apoio. Ficara sabendo sobre o problema com Jeremiah, disse ele, e ouviu vozes na comunidade negra argumentando que eu não estava pronto, ou que era radical demais, ou centrista demais, ou não era negro o suficiente. Ele esperava que o caminho só se tornaria mais árduo, e me incentivou a não perder a coragem.

"Toda geração está limitada pelo que sabe", disse-me o dr. Moss. "Aqueles de nós que participamos do movimento, gigantes como Martin, tenentes e soldados rasos como eu... nós somos a geração de Moisés. Fizemos passeatas e ocupamos os espaços públicos, fomos presos, às vezes desafiamos os mais velhos, mas de fato estávamos construindo alguma coisa em cima do que eles haviam feito. Saímos do Egito, por assim dizer. Mas só podíamos chegar até certo ponto do trajeto. Você, Barack, é parte da geração de Josué. Você e outros como você são responsáveis pela próxima etapa da viagem. Gente como eu pode oferecer a sabedoria de nossa experiência. Talvez vocês possam aprender com alguns de nossos erros. Mas em última análise caberá a vocês, com a ajuda de Deus, ir além de aonde fomos, conduzindo nosso povo e este país para fora do deserto."

É difícil dar a dimensão exata de como essas palavras me fortaleceram, quase um ano antes de nossa vitória em Iowa; o que significou ter alguém tão intimamente ligado à fonte de minha mais antiga inspiração de dizer que o que eu estava tentando fazer valia a pena, que não era apenas um exercício de vaidade ou ambição, e sim parte de uma contínua cadeia de progresso. Em termos mais práticos, foi graças à disposição do dr. Moss e outros ex-colegas do dr. King — como o reverendo C. T. Vivian, de Atlanta, e o reverendo Joseph Lowery, da Southern Christian Leadership Conference — de pousarem sobre minha cabeça sua mão proverbial, identificando em mim uma extensão de seus trabalhos heroicos, que um número maior de líderes negros não se posicionou de início a favor de Hillary.

Isso ficou mais evidente do que nunca em março de 2007, quando participei da marcha através da ponte Edmund Pettus em Selma, no Alabama, promovida todos os anos pelo congressista John Lewis. Havia muito tempo que eu desejava fazer uma peregrinação ao local onde ocorreu o Domingo Sangrento, que em 1965 se transformou no ponto culminante da batalha pelos direitos civis, ocasião em que os cidadãos americanos entenderam por completo o que estava em jogo. Mas minha visita prometia ser complicada. O casal Clinton estaria lá, conforme me foi dito; e, antes que os participantes se reunissem para atravessar a ponte, Hillary e eu falaríamos simultaneamente em cerimônias religiosas distintas.

Não apenas isso: nosso anfitrião, John Lewis, havia dado indicações de que apoiaria Hillary. John se tornara um bom amigo meu — ele ficara muito orgulhoso de minha eleição para o Senado, o que enxergou corretamente como parte de seu legado —, e eu sabia que era uma decisão dificílima para ele. Ouvindo-o explicar suas razões ao telefone, sua relação de longa data com os Clinton e como o governo de Bill tinha apoiado suas prioridades legislativas, preferi não apertá-lo muito. Podia imaginar a pressão a que estava submetido aquele homem bondoso e gentil, reconhecendo também que, num momento em que eu pedia aos eleitores brancos que me julgassem por meus próprios méritos, um apelo nu e cru à solidariedade racial seria uma hipocrisia.

A comemoração em Selma poderia ter se transformado num desagradável espetáculo político, mas, quando cheguei, me senti imediatamente à vontade. Talvez por estar num local que ocupara um espaço tão importante em minha imaginação e trajetória de vida. Talvez pela reação das pessoas comuns reunidas para marcar a ocasião, apertando minha mão ou me dando um abraço, alguns usando broches com o nome de Hillary, mas dizendo que estavam felizes por me ver lá. No entanto, foi sobretudo porque eu contava com um grupo de respeitados homens mais velhos me apoiando. Quando entrei na histórica Brown Chapel A.M.E. Church para o culto, soube que o reverendo Lowery havia pedido para dizer algumas poucas palavras antes que eu fosse apresentado. Ele tinha oitenta e muitos anos à época, porém não perdera nem um pouco de seu humor e carisma.

"Me permitam dizer", começou ele, "que algumas coisas bem malucas estão acontecendo lá fora. Tem gente dizendo que certas coisas não estão acontecendo, mas quem pode saber? Quem pode saber?"

"Diga logo, reverendo", alguém gritou da plateia.

"Recentemente fui a um médico, e ele disse que meu colesterol estava um pouco alto. Mas então explicou que há dois tipos de colesterol. Há o colesterol ruim e há também o colesterol bom. Ter o colesterol bom é ótimo. E me fez pensar que existem muitas coisas iguais a essa. Digo, quando começamos o movimento, muita gente achou que éramos malucos. Não é verdade, C. T.?"

O reverendo Lowery fez um sinal com a cabeça na direção do reverendo Vivian, que estava sentado no palco.

"Aquele ali é outro *negro maluco*… e ele lhes dirá que todo mundo no movimento era um pouco doidão."

A plateia riu com gosto.

"Mas, como o colesterol", continuou, "há malucos *bons* e malucos *ruins*, entendem? Harriet Tubman com a Underground Railroad era doidinha de pedra! E Paulo, quando pregava para Agripa, esta disse: 'Paulo, você é louco', mas era um louco *bom*."

A plateia começou a bater palmas e dar gritos de apoio à medida que o reverendo Lowery terminava sua colocação.

"E digo hoje a vocês que precisamos de mais pessoas neste país que sejam malucos bons… Nunca se sabe o que vai acontecer quando uns malucos bons… vão votar nas urnas!"

Todos na igreja se puseram de pé, os pastores sentados perto de mim no palco soltaram risadinhas e me deram tapinhas nas costas; e, quando me levantei para falar, tomando as palavras que o dr. Moss me fornecera como ponto de partida — sobre o legado da geração de Moisés e como ele tinha tornado minha vida possível, sobre a responsabilidade da geração de Josué em dar os próximos passos exigidos pela justiça nesta nação e em todo o mundo, não apenas para os negros mas para todos os espoliados —, a igreja estava numa animação típica de um culto de avivamento.

Do lado de fora, uma vez terminado o evento na igreja, vi outro colega do dr. King, o reverendo Fred Shuttlesworth, lendário e destemido combatente da liberdade que sobrevivera a um ataque a bomba em sua casa promovido pela Ku Klux Klan e a um linchamento com clavas, correntes e soqueiras, além do esfaqueamento da esposa após tentarem matricular suas duas filhas numa escola de Birmingham anteriormente exclusiva para brancos. Havia pouco tempo, ele passara pelo tratamento de um tumor no cérebro, deixando-o fragilizado, mas fez sinal para que eu me aproximasse a fim de conversarmos. E, quando os manifestantes se reuniram, me ofereci para empurrar sua cadeira de rodas enquanto atravessávamos a ponte.

"Ia gostar muito", disse o reverendo Shuttlesworth.

E lá fomos nós, o céu da manhã gloriosamente azul, atravessando a ponte sobre um rio lamacento de águas marrons, com vozes se elevando aqui e ali num canto ou numa prece. A cada passo, eu imaginava como aqueles homens e mulheres agora idosos deviam ter se sentido mais de quarenta anos antes, com os jovens corações aos pulos enquanto enfrentavam uma falange de homens armados e a cavalo. Isso me fez lembrar como eram leves meus fardos em comparação. O fato de ainda estarem engajados na luta e, apesar dos reveses e da tristeza, não terem sucumbido à amargura me mostrou que eu não tinha motivo para estar cansado. Senti uma convicção renovada de que estava onde precisava estar e fazendo o que era necessário fazer, de que o reverendo Lowery talvez estivesse certo ao dizer que havia uma espécie de "maluquice boa" no ar.

Dez meses depois, quando a campanha se deslocou para a Carolina do Sul durante a segunda e terceira semanas de janeiro, eu sabia que nossa fé seria testada mais uma vez. Precisávamos muitíssimo de uma vitória. No papel, o estado parecia um terreno favorável para nós. Os afro-americanos constituíam uma grande percentagem dos eleitores democratas nas primárias, e contávamos com uma eficaz mistura de políticos veteranos e jovens ativistas, tanto brancos como negros, trabalhando para nós. Mas as pesquisas mostravam que nosso apoio entre os brancos não era satisfatório, e não sabíamos se os eleitores negros compareceriam às urnas em massa, como necessitávamos. Nossa esperança era partir para a Super Terça com uma vitória que não pudesse ser explicada apenas pelas divisões raciais. Mas, se nosso esforço em Iowa havia demonstrado as possibilidades de um tipo de política mais idealista, a campanha na Carolina do Sul se mostrou sem dúvida bem diferente. A coisa se transformou numa briga, num exercício de velha política, e contra um pano de fundo carregado das recordações de uma história racial amarga e sanguinolenta.

Parte disso se deveu à disputa acirrada, às ansiedades em alta e ao que parecia ser o sentimento na equipe de Clinton de que uma campanha negativa os favorecia. Seus ataques, diretos ou usando testas de ferro, ganharam um tom mais agudo. Com os eleitores do país inteiro prestando cada vez mais atenção, todos nós estávamos conscientes do que estava em jogo. Nosso único debate naquela semana virou uma pancadaria entre mim e Hillary, com John Edwards (cuja campanha estava nos últimos suspiros e pouco depois seria abandonada) na condição de espectador enquanto eu e ela trocávamos golpes como gladiadores no ringue.

Logo depois, Hillary foi embora do estado para fazer campanha em outros lugares, porém a intensidade não baixou. A campanha no lado deles passou a ser conduzida por um senhor combativo, energizado e onipresente de nome William Jefferson Clinton.

Eu compreendia a situação em que Bill se encontrava: além de sua mulher estar sob constante escrutínio e ataque, minha promessa de promover grandes mudanças em Washington e transcender a divisão partidária deve ter parecido um desafio a seu próprio legado. Sem dúvida eu havia reforçado tal percepção quando, numa entrevista em Nevada, disse que, embora admirasse Bill Clinton, não considerava que ele houvesse transformado a política como Ronald Reagan fizera na década de 1980 ao realinhar a relação entre o povo e o governo em benefício de princípios conservadores. Após todo o obstrucionismo e puro veneno com que Clinton teve de lidar ao longo de sua presidência, eu não podia condená-lo por querer cortar as asinhas de um jovem e audacioso novato.

Clinton claramente sentia prazer em estar de volta ao ringue. Figura de impacto excepcional, ele viajava pelo estado oferecendo observações argutas e irradiando um encanto irresistível. Seus ataques contra mim se mantinham, em geral, bem dentro dos limites, os mesmos argumentos que eu teria usado se estivesse em seu lugar: com minha falta de experiência, se conseguisse chegar à presidência, os republicanos no Congresso acabariam comigo.

Além disso, porém, havia as questões raciais, algo com que Clinton lidara habilmente no passado, mas que se comprovou mais complexo diante de um candidato negro com credibilidade. Antes da primária de New Hampshire, quando ele rotulou algumas de minhas posições sobre a guerra no Iraque como "um conto de fadas", houve negros que ouviram isso como uma insinuação de que a ideia de me ver como presidente era um conto de fadas, o que levou o congressista Jim Clyburn, líder da maioria e o político negro mais poderoso da Carolina do Sul — e alguém que até então mantivera uma neutralidade cautelosa —, a criticá-lo publicamente. Quando Clinton disse a plateias brancas que Hillary "compreende vocês" de maneiras que os oponentes não eram capazes, Gibbs — nascido no Sul — ouviu ecos do estrategista republicano Lee Atwater com suas mensagens cifradas, e não hesitou em acionar alguns de nossos apoiadores para explicar o que aquelas palavras realmente significavam.

Olhando em retrospecto, não sei se tudo isso foi justo: Bill Clinton certamente não pensava dessa forma. Mas na Carolina do Sul era difícil distinguir o que era verdade e o que era apenas impressão. Em todo o estado encontrei grande calor humano e hospitalidade por parte de negros e brancos. Em cidades como Charleston, vi o tão badalado Novo Sul — cosmopolita, diversificado, com um comércio fervilhante. Além do mais, como um morador de Chicago, eu sabia muito bem que a divisão racial não era uma característica exclusiva do Sul.

No entanto, viajando por toda a Carolina do Sul para promover minha candidatura, as posturas em relação à questão racial pareciam menos escondidas nas entrelinhas, mais visíveis — às vezes escancaradas. Como interpretar o fato de que uma mulher branca bem-vestida, num restaurante que visitei, fechou a cara e se recusou a apertar minha mão? Como entender as motivações daqueles que erguiam cartazes nas margens de um de nossos eventos de campanha exibindo a bandeira da Confederação e slogans da National Rifle Association, gritando sobre os direitos dos estados e me mandando voltar para casa?

Não eram só palavras gritadas e estátuas de confederados que evocavam o legado da escravidão e da segregação. Por sugestão do congressista Clyburn, visitei o colégio secundário J. V. Martin Junior, uma grande escola pública predominantemente negra na cidadezinha rural de Dillon, no nordeste do estado. Parte do prédio fora construída em 1896, logo depois da Guerra Civil; e, se alguma reforma havia sido feita ao longo das décadas, era impossível dizer. Paredes desmoronando. Canos arrebentados. Janelas quebradas. Corredores úmidos e sem iluminação. Uma fornalha a carvão no porão ainda continuava a aquecer o prédio. Ao sair da escola, alternei entre a depressão e a motivação redobrada. Que mensagem teriam gerações de meninos e meninas captado ao chegar àquela escola todos os dias, exceto a certeza de que, para os donos do poder, eles não valiam nada? Que o Sonho Americano, qualquer que fosse seu significado, não era para eles?

Momentos como aquele me ajudaram a ver os efeitos desmoralizantes da privação de direitos civis, o filtro distorcido através do qual muitos cidadãos negros da Carolina do Sul absorviam nossa campanha. Comecei a compreender a verdadeira natureza de meu adversário. Não estava concorrendo contra Hillary Clinton, John Edwards ou mesmo os republicanos. Concorria contra o peso implacável do passado, a inércia, o fatalismo e o medo que isso produzia.

Os pastores e próceres políticos negros, acostumados a ser pagos para levar os eleitores às urnas, queixavam-se de nossa ênfase em recrutar, em vez disso, voluntários entre gente do povo. Para eles, a política tinha menos a ver com princípios e mais com uma simples questão de negócios, o modo como as coisas sempre tinham sido feitas. Ao participar da campanha, Michelle — cujo tetravô nasceu como escravo numa plantação de arroz da Carolina do Sul — ouvia de mulheres negras bem-intencionadas que perder uma eleição podia ser melhor que perder um marido, uma insinuação de que, caso eleito, eu sem dúvida seria assassinado.

Esperança e mudança eram luxos, as pessoas pareciam nos dizer, plantas exóticas importadas que em breve murchariam por causa do calor.

Em 25 de janeiro, véspera da primária, a NBC divulgou uma pesquisa mostrando que meu apoio entre os brancos da Carolina do Sul caíra para irrisórios 10%. A notícia aturdiu os articulistas políticos. Era de esperar, proclamaram; mesmo um comparecimento em massa de afro-americanos não seria capaz de compensar a sólida rejeição branca a qualquer candidato negro, muito menos um que se chamava Barack Hussein Obama.

Axelrod, sempre apocalíptico, me comunicou isso enquanto rolava a tela de seu BlackBerry. Acrescentou desnecessariamente que, se perdêssemos na Carolina do Sul, era provável que nossa campanha não sobrevivesse. Ainda mais desnecessariamente, falou que, se ganhássemos por pouco, a precariedade do apoio concedido pelos brancos levaria a imprensa e o casal Clinton a diminuírem nossa vitória e, com razão, questionarem minha viabilidade numa eleição geral.

Toda a nossa equipe estava nervosíssima no dia das primárias, ciente de tudo o que estava em jogo. Mas, quando por fim chegou a noite e os resultados começaram a ser divulgados, os números superaram nossas projeções mais otimistas. Derrotamos Hillary por uma margem de dois para um, com os votos de quase 80% dos negros que compareceram às urnas e 24% dos eleitores brancos. Chegamos inclusive a ganhar por dez pontos entre os eleitores brancos com menos de quarenta anos. Tendo em vista os golpes que havíamos recebido depois de Iowa, ficamos radiantes.

Quando subi ao palco num auditório de Columbia para pronunciar o discurso da vitória, era possível sentir a vibração de pés batendo no chão e das mãos aplaudindo. Milhares de pessoas tinham se amontoado no recinto, embora, sob as luzes da televisão, eu só pudesse enxergar as primeiras fileiras — na maioria universitários, brancos e negros em igual número, alguns de braços dados ou abraçados com as pessoas ao lado, os rostos esfuziantes de alegria e determinação.

"A raça não importa!", cantavam na plateia. "A raça não importa! A raça não importa!"

Localizei alguns de nossos organizadores e voluntários em meio à multidão. Mais uma vez, tinham se saído extraordinariamente bem, apesar dos derrotistas. Pensei comigo que eles mereciam uma volta olímpica, um momento de euforia pura. Por esse motivo, até mesmo enquanto acalmava toda aquela gente e começava meu discurso, não tive coragem de corrigir seus cantos bem-intencionados — e lembrá-los de que no ano de 2008, com a bandeira da Confederação e tudo que ela representava ainda tremulando em frente ao capitólio do estado a alguns poucos quarteirões de distância, a raça ainda importava — e muito —, por mais que quisessem acreditar no contrário.

7

Superada a Carolina do Sul, as circunstâncias voltaram a nos favorecer. Num artigo opinativo do *New York Times* de 27 de janeiro, Caroline Kennedy anunciou seu apoio a mim, afirmando generosamente que nossa campanha a fizera compreender, pela primeira vez, a inspiração que os jovens americanos encontravam em seu pai. Seu tio, Ted Kennedy, fez o mesmo no dia seguinte, se juntando a mim numa aparição diante de milhares de alunos da American University. Teddy foi absolutamente arrebatador, invocando toda a velha magia de Camelot, rebatendo o argumento da falta de experiência usado em outros tempos contra seu irmão e agora dirigido contra mim. Axe falou em passagem simbólica da tocha, e pude entender o que aquilo significava para ele. Era como se Teddy reconhecesse em nossa campanha um tom que lhe era familiar e voltasse a uma época anterior a tudo — assassinato dos irmãos, Vietnã, reação adversa dos brancos, tumultos, Watergate, fechamento de fábricas, Altamont e aids —, a uma época em que o liberalismo transbordava de confiança e vontade de agir, o mesmo espírito que havia influenciado a sensibilidade de minha mãe quando jovem, e que ela transmitira para mim.

O apoio dos Kennedy conferiu uma aura de poesia à nossa campanha e ajudou a nos preparar para a Super Terça de 5 de fevereiro, quando mais de metade dos delegados do país seria escolhida num único dia. Sempre soubemos que a Super Terça representaria um enorme desafio; mesmo com nossas vitórias em Iowa e na Carolina do Sul, Hillary ainda era muito mais conhecida, e o estilo de campanha de contato direto com os eleitores que tínhamos adotado nos primeiros estados era simplesmente inviável em lugares maiores e com maior densidade populacional, como Califórnia e Nova York.

O que nós tínhamos, porém, era uma infantaria de base em nível local que se ampliava a cada dia. Com a ajuda de nosso veterano especialista em delegados, Jeff Berman, e nosso persistente diretor de campo, Jon Carson, Plouffe desenvolveu uma estratégia que poderíamos pôr em prática com a mesma atenção obstinada que aplicamos em Iowa. Em vez de tentarmos vencer as primárias nos grandes estados e gastar demais em anúncios de TV só para atenuar as perdas, investimos meu tempo e nossos esforços de campo nos estados com *caucuses* — muitos deles pequenos, rurais e de população quase inteira branca —, onde o entusiasmo de nossos seguidores poderia se converter em taxas de participação relativamente grandes e vitórias esmagadoras, que se traduziriam em números consideráveis de delegados.

Idaho era um bom exemplo. Não fazia sentido para nós enviar uma equipe paga a um estado tão pequeno e de maioria republicana tão esmagadora, mas seguidores nossos formaram ali um obstinado grupo de voluntários chamado Idahoans for Obama. Já fazia um ano que vinham usando ferramentas de redes sociais como MySpace e Meetup para organizar uma comunidade, conhecer minha posição a respeito de diferentes assuntos, criar páginas de arrecadação de fundos, planejar eventos e solicitar votos de forma estratégica em todo o estado. Quando Plouffe me disse poucos dias antes da Super Terça que minha programação incluía fazer campanha em Boise em vez de ficar mais um dia na Califórnia — onde ganhávamos terreno rapidamente —, confesso que tive dúvidas. Mas um estádio na Universidade Boise State com 14 mil habitantes do Idaho em polvorosa logo curou meu ceticismo. Acabamos vencendo em Idaho por uma margem tão grande que ganhamos mais delegados do que Hillary vencendo em Nova Jersey, estado com uma população mais de cinco vezes maior.

Aquele se tornou o padrão. Treze das 22 disputas de Super Terça nos foram favoráveis; e, embora Hillary tenha vencido em Nova York e na Califórnia por alguns pontos percentuais, no total conseguimos treze delegados a mais. Era uma conquista memorável, um testemunho da habilidade e engenhosidade de Plouffe, de nossa equipe de campo e, sobretudo, de todos os nossos voluntários. E tendo em vista as perguntas que tanto os articulistas políticos como a campanha de Clinton continuavam a fazer a respeito de meu potencial apelo em uma eleição geral, obtive uma satisfação adicional em ter virado o jogo na região do país considerada vermelha.

O que também me impressionou foi o crescente papel que a tecnologia desempenhara em nossas vitórias. A extraordinária juventude de minha equipe nos permitiu adotar e refinar as redes digitais que a campanha de Howard Dean pusera em movimento quatro anos antes. Nossa posição de novatos nos forçava a confiar mais e mais na energia e criatividade de nossos voluntários craques em internet. Milhões de pequenos doadores estavam ajudando a impulsionar nossa operação, encaminhando links que contribuíam para espalhar nossas mensagens de campanha de maneiras que a grande mídia não era capaz, e novas comunidades se formavam entre pessoas antes isoladas umas das outras. Ao sair da Super Terça, eu estava inspirado, imaginando vislumbrar no futuro um ressurgimento da participação de baixo para cima que podia fazer nossa democracia funcionar de novo.

Eu ainda não tinha entendido a extraordinária flexibilidade dessa nova tecnologia, a rapidez com que seria absorvida por grupos comerciais e utilizada pelos poderes estabelecidos, a prontidão com que seria usada não para unir as pessoas, mas para confundi-las e dividi-las — nem que um dia muitas das mesmas ferramentas que me levaram à Casa Branca seriam empregadas no sentido oposto de tudo que eu representava.

Essas revelações viriam mais tarde. Depois da Super Terça, seguimos em frente num absoluto frenesi de atividades, vencendo onze primárias e *caucuses* em sequência, por uma margem média de 36%. Foi um período inebriante, quase surreal, apesar dos nossos esforços, meus e da minha equipe, para controlar nosso entusiasmo — "Lembrem-se de New Hampshire!" era um brado muito repetido —, sabendo que a batalha prosseguiria, cientes de que ainda havia muita gente torcendo por nosso fracasso.

Em *The Souls of Black Folk*, o sociólogo W. E. B. Du Bois descreve a "dupla consciência" dos negros americanos no alvorecer do século xx. Apesar de nascidos e criados em solo americano, moldados pelas instituições do país e imbuídos de seu credo, apesar de suas mãos laboriosas e seus corações pulsantes terem contribuído tanto para a economia e para a cultura do país — apesar disso tudo, escreve Du Bois, os negros americanos continuam sendo perpetuamente o "Outro", sempre do lado de fora a olhar para dentro, sempre sentindo que sua "duplicidade" é definida não pelo que são, mas pelo que jamais podem ser.

Quando jovem, aprendi muito com os escritos de Du Bois. Mas, fosse pela origem e identidade dos meus pais e pela criação que recebi, fosse pela época em que me tornei adulto, nunca tive tal sentimento de "dupla consciência". Já havia me confrontado com as implicações de minha condição multirracial e com a existência da discriminação racial. Em nenhum momento, porém, cheguei a questionar — ou de alguma maneira pus em dúvida — minha "americanidade".

Claro, eu nunca tinha concorrido à presidência.

Mesmo antes de meu anúncio formal, Gibbs e nossa equipe de comunicações já se ocupavam de rebater os rumores que pipocavam em programas de rádio conservadores com participação de ouvintes ou em sites irresponsáveis, antes de migrarem para o *Drudge Report* e para a Fox News. Relatos diziam que eu tinha estudado numa madraça indonésia, e eles ganharam tanta força que um correspondente da cnn se deu ao trabalho de viajar até a escola onde cursei o ensino fundamental em Jacarta e encontrou um bando de meninos uniformizados à moda ocidental escutando New Kids on the Block em iPods. Havia alegações de que eu não era cidadão americano (ilustradas por uma fotografia na qual apareço trajando roupas africanas no casamento de meu meio-irmão queniano). À medida que a campanha avançava, mais mentiras sinistras começavam a circular. Esses novos boatos não tinham a ver com minha nacionalidade, e sim com uma "estrangeiridade" de uma espécie mais familiar, mais doméstica, de matizes mais sombrios: diziam que eu vendera drogas, que trabalhara como michê, que tinha ligações marxistas e era pai de muitos filhos ilegítimos.

Era difícil levar essas coisas a sério, e pelo menos de início não houve muita gente que levasse — em 2008, a internet ainda era muito lenta, disseminada de forma muito irregular, e muito distante do noticiário dos meios de comunicação tradicional para penetrar diretamente na cabeça dos eleitores. Mas havia maneiras indiretas, mais sutis, de questionar minhas afinidades.

Depois dos ataques terroristas de Onze de Setembro, por exemplo, eu tinha passado a usar alfinete de lapela com a bandeira dos Estados Unidos, o que era considerado uma forma de expressar solidariedade nacional diante daquela enorme tragédia. Então, ao longo do debate sobre a guerra de Bush contra o terrorismo e a invasão do Iraque — vendo a campanha de ataques pessoais contra John Kerry e ouvindo o patriotismo dos que se opunham à Guerra do Iraque ser posto em dúvida por gente como Karl Rove, vendo meus colegas no Senado, todos ostentando alfinetes de lapela com bandeira, votarem de bom grado por cortes orçamentários no financiamento de programas para veteranos —, discretamente abandonei esse hábito. Não foi um ato de protesto, e sim uma maneira de lembrar a mim mesmo que o conteúdo do patriotismo é muito mais importante do que a simbologia. Ninguém pareceu notar, especialmente porque a maioria dos senadores — incluindo o ex-prisioneiro de guerra John McCain, da Marinha — aparecia o tempo todo sem bandeirinhas na lapela.

Assim sendo, em outubro, quando um repórter em Iowa me perguntou por que eu não usava uma, respondi com toda a sinceridade que não me parecia que a presença ou ausência de um símbolo à venda em qualquer esquina pudesse servir como medida do amor de alguém pelo país. Não demorou para que os analistas conservadores batessem na tecla do suposto significado da minha lapela vazia. *Obama odeia a bandeira, Obama desrespeita nossos soldados.* Meses depois, ainda insistiam nisso, o que começou a me irritar. Minha vontade era perguntar por que só os meus alfinetes de lapela, e não os de nenhum candidato a presidente antes de mim, de repente atraíam tanta atenção. Como era de esperar, Gibbs me dissuadiu de fazer esse tipo de desabafo público.

"Por que dar a eles essa satisfação?", aconselhou. "Você está ganhando."

Ele estava certo. Mas não me deixei convencer com tanta facilidade quando vi o mesmo tipo de insinuação dirigido à minha mulher.

Depois de Iowa, Michelle continuou a brilhar na campanha eleitoral. Com as meninas na escola, limitamos sua aparição a disputas acirradas e suas viagens basicamente aos fins de semana, mas, aonde quer que fosse, ela era engraçada e cativante, perspicaz e direta. Falava sobre criação de filhos e o esforço para equilibrar as demandas do trabalho e da família. Descrevia os valores que lhe ensinaram — o pai que jamais faltou um dia de trabalho apesar da esclerose múltipla, a grande atenção que a mãe dava à sua educação, a família na qual o dinheiro faltava e o amor sobrava. Algo saído do universo de Norman Rockwell ou do seriado *Leave it to Beaver*. Meus sogros eram a personificação perfeita dos gostos e das aspirações que costumamos considerar exclusivamente americanos, e não conheço ninguém mais convencional do que Michelle, cujo prato preferido é hambúrguer com batata frita, que gostava de ver reprises de *The Andy Griffith Show* e que por nada no mundo perderia a oportunidade de passar um sábado à tarde fazendo compras no shopping.

E ainda assim, pelo menos segundo alguns comentaristas, Michelle era... diferente, imprópria para ser primeira-dama. Parecia uma pessoa "raivosa", segundo diziam. Um segmento da Fox News a descreveu meramente como "a mãe das filhas de Obama". E não era só a imprensa conservadora. A colunista do *New York Times* Maureen Dowd escreveu que, quando Michelle me descrevia em seus discursos, em tom de brincadeira, como um pai sofrível que deixava o pão embolorar na cozinha e a roupa suja espalhada pela casa (arrancando sempre uma risada solidária do público), não estava me humanizando, e sim me "emasculando", e com isso diminuindo minhas chances de ser eleito.

Comentários desse tipo eram pouco frequentes, e para alguns de nossos colaboradores faziam parte da baixaria habitual das campanhas políticas. Mas não era assim que Michelle encarava a questão. Ela compreendia que, além da camisa de força na qual se esperava que as mulheres de políticos permanecessem (a companheira amorosa e submissa, graciosa mas não confiante demais; a mesma camisa de força que Hillary tinha rejeitado, uma escolha pela qual continuava pagando um alto preço), havia um conjunto adicional de estereótipos aplicados a mulheres negras, expressões familiares que elas iam absorvendo pouco a pouco como toxinas a partir do dia em que viam pela primeira vez uma boneca Barbie loura ou despejavam em suas panquecas a calda doce com a figura de Aunt Jemima no rótulo. A ideia de que não correspondiam aos padrões estabelecidos de feminilidade, que suas bundas eram grandes demais, e seus cabelos crespos demais, que eram muito escandalosas, ou exaltadas, ou ofensivas com seus companheiros — que eram não apenas "emasculadoras", mas masculinas.

Michelle tinha administrado esse fardo emocional a vida inteira, em grande parte sendo extremamente cuidadosa com a aparência, mantendo o controle de si mesma e de seu ambiente e se preparando de forma meticulosa para tudo, mas ao mesmo tempo não se deixando intimidar a ponto de se tornar alguém que não era. O fato de ter preservado sua integridade com tanta graça e dignidade, assim como tantas mulheres conseguem fazer a despeito de tantas mensagens negativas, é extraordinário.

Mas um ou outro deslize fazem parte da natureza de uma campanha presidencial, claro. No caso de Michelle, aconteceu pouco antes das primárias de Wisconsin, quando, durante um discurso no qual se dizia impressionada com a quantidade de pessoas entusiasmadas com nossa campanha, ela afirmou:

"Pela primeira vez em minha vida adulta, eu de verdade sinto orgulho de meu país... porque acho que as pessoas estão ansiosas por mudanças."

Foi um exemplo clássico de gafe — algumas palavras ditas de improviso que poderiam ser tiradas de contexto e usadas como arma pela imprensa conservadora —, uma versão deturpada do que ela vinha falando tantas vezes em seus discursos a respeito de sentir orgulho da direção que nosso país estava tomando, o aumento promissor da participação do povo na política. A culpa foi em grande parte minha e de minha equipe; pusemos Michelle na estrada sem os discursos escritos, as sessões de preparação e as instruções que eu recebia o tempo todo, uma infraestrutura que me mantinha mobilizado e atento a tudo. Foi como expor um civil ao fogo cruzado sem colete à prova de bala.

Fosse como fosse, os repórteres partiram para o ataque, conjeturando sobre os possíveis danos que os comentários de Michelle causariam à campanha, e indagando até que ponto revelavam os verdadeiros sentimentos do casal Obama. Entendi que aquilo era parte de um plano mais amplo e hediondo, um retrato deliberadamente negativo construído pouco a pouco a partir de estereótipos, estimulado pelo medo, visando alimentar uma apreensão generalizada em relação à ideia de um negro tomando as decisões mais importantes do país com sua família negra na Casa Branca. Mais do que me preocupar com as consequências para a campanha, porém, eu lamentava ver o quanto aquilo magoava Michelle — o quanto esse tipo de coisa fazia minha mulher, tão forte, inteligente e bela, duvidar de si mesma. Depois desse passo em falso em Wisconsin, ela me lembrou que nunca tinha desejado ser o centro das atenções e disse que, se sua presença na campanha prejudicava mais do que ajudava, ela ficaria em casa. Respondi que a partir de então minha equipe lhe daria mais apoio, e garanti que ela era uma figura muito mais atraente para os eleitores do que eu jamais seria. Mas nada que eu dissesse era capaz de fazê-la se sentir melhor.

Em meio a todos esses altos e baixos emocionais, nossa campanha continuava a crescer. Quando entramos na Super Terça, a escala de nossa organização tinha crescido imensamente, de uma start-up modesta para uma operação mais segura e bem financiada. Os quartos de hotel onde nos hospedávamos eram um pouco mais espaçosos, e nossas viagens, mais fáceis. Começamos voando em aviões de linha, e mais tarde tivemos nossa cota de contratempos em voos fretados de baixo custo. Um piloto nos levou para a cidade errada, e não só uma, mas duas vezes. Outro tentou fazer o motor pegar conectando a extensão da bateria a uma tomada comum na sala de espera do aeroporto. (Fiquei feliz quando a tentativa falhou, apesar de termos sido obrigados a esperar duas horas por uma bateria que veio da cidade vizinha na carroceria de um caminhão.) Com um orçamento maior, agora tínhamos condição de alugar nosso próprio avião, com direito a comissários de bordo, refeições e poltronas de fato reclináveis.

Mas esse crescimento trouxe regras, protocolos, processos e hierarquias. Nossa equipe aumentara para mais de mil pessoas no país inteiro, e, apesar de os principais colaboradores se esforçarem para preservar a cultura batalhadora e informal da campanha, os dias em que eu tinha a pretensão de conhecer quase todo mundo que trabalhava para mim eram coisa do passado. Na ausência dessa familiaridade, era cada vez menor o número de pessoas com quem eu me encontrava durante o dia que me chamavam de "Barack". Passei a ser o "senhor", ou o "senador". Quando entrava numa sala, havia quem se levantasse e mudasse de lugar, achando que eu não queria ser incomodado. Se eu insistisse para que ficassem onde estavam, as pessoas sorriam timidamente e passavam a falar em tom mais baixo.

Aquilo fazia com que eu me sentisse velho, e cada vez mais solitário.

Curiosamente, o mesmo aconteceu com as multidões em nossos comícios. Elas tinham inchado para 15 mil, 20 mil ou mesmo 30 mil pessoas numa parada, pessoas usando o logo vermelho, branco e azul da campanha em camisas, chapéus e macacões, esperando horas para entrar em qualquer auditório que encontrássemos. Nossa equipe desenvolveu uma espécie de ritual pré-jogo. Reggie, Marvin, Gibbs e eu saltávamos do carro numa entrada de serviço ou num pátio de carga e descarga e seguíamos atrás da equipe que já estava no local por corredores e becos. Em geral eu me reunia com os organizadores locais; tirava fotos com uns cem voluntários e apoiadores importantes, entre abraços, beijos e pedidos de favores; e assinava livros, revistas, bolas de beisebol, lembrancinhas de nascimento, documentos militares e, a bem dizer, qualquer outra coisa imaginável. Então vinha uma entrevista com um ou dois repórteres; um almoço rápido numa sala com chá gelado, pacotinhos de frutas secas e castanhas, barras de proteína e outros produtos que eu nunca tinha dito que queria, nem sequer casualmente, e em quantidades apropriadas para um sobrevivente num abrigo antibombas; e em seguida uma pausa para ir ao banheiro, com Marvin ou Reggie me entregando um gel para passar na testa e no nariz e evitar que a pele brilhasse na televisão, apesar de um dos nossos cinegrafistas jurar que era cancerígeno.

Eu ouvia o burburinho cada vez mais alto da multidão quando eu passava por baixo das arquibancadas rumo ao ponto de reunião. Havia uma deixa para o engenheiro de som fazer o anúncio (descobri que era chamado de "Voz de Deus"), eu ouvia em silêncio atrás do palco enquanto um morador local me apresentava, e então vinham as palavras "o próximo presidente dos Estados Unidos", um barulho ensurdecedor, o som de "City of Blinding Lights", do U2, e, depois de um rápido cumprimento com o punho ou um "Vai lá e acaba com eles, chefe", uma caminhada passando pelas cortinas até o palco.

Eu fazia isso duas ou três vezes por dia, viajando de cidade para cidade, de estado para estado. E, apesar de o encanto da novidade ter acabado logo, a energia em estado bruto desses comícios sempre me deixava maravilhado. Os repórteres usavam a expressão "como um show de rock" para descrever os comícios, e pelo menos em termos de barulho estavam certos. Mas não era assim que me sentia no palco. O que eu oferecia à multidão não era bem um espetáculo solo, mas uma tentativa de atuar como refletor, chamando a atenção dos americanos — através das histórias que eles próprios me contavam — para aquilo que realmente valorizavam e para o formidável poder que tinham quando se uniam.

Quando o discurso terminava e eu saía do palco para os apertos de mãos, quase sempre havia pessoas gritando, empurrando ou agarrando. Algumas choravam e tocavam em meu rosto e, apesar dos meus esforços em contrário, jovens pais passavam bebês chorões pelas mãos de filas de estranhos para que eu os segurasse no colo. O clima de empolgação era divertido, e às vezes profundamente tocante, mas era também um pouco assustador. Num nível mais profundo, as pessoas já não viam *a mim*, com todos os meus defeitos e peculiaridades. Na verdade, se apossavam da minha aparência e faziam dela veículo para 1 milhão de sonhos diferentes. Eu tinha certeza de que em algum momento eu acabaria causando uma decepção, deixando de corresponder à imagem que minha campanha e eu ajudamos a construir.

Percebi também que, se por um lado os apoiadores eram capazes de juntar pedaços de mim para formar um desmedido símbolo de esperança, por outro os medos indefinidos dos detratores também poderiam se consolidar na forma de ódio. E foi em resposta a essa verdade inquietante que vi minha vida mudar ainda mais.

Eu tinha passado a receber proteção do Serviço Secreto em maio de 2007, poucos meses depois do início da campanha — com o codinome de "Renegade" e uma escolta 24 horas por dia. Essa não era a norma. A não ser que fossem vice-presidentes (ou, no caso de Hillary, ex-primeira-dama), os postulantes à candidatura não costumavam contar com essa proteção até perto de serem indicados pelo partido. A razão desse tratamento diferenciado, o motivo por que Harry Reid e Bennie Thompson, presidente do Comitê de Segurança Interna da Câmara, tinham insistido publicamente para que o Serviço Secreto se antecipasse, era simples: o número de ameaças dirigidas a mim superava qualquer coisa que o órgão já tinha visto.

O chefe da minha escolta, Jeff Gilbert, era um sujeito admirável. Um afro-americano de óculos no rosto e um jeitão acolhedor e amigável, podia passar por um executivo numa das cem melhores empresas para se trabalhar selecionadas pela revista *Fortune*. Em nosso primeiro encontro, manifestou o desejo de fazer a transição da maneira mais harmoniosa possível, entendendo que eu, como candidato, precisava interagir livremente com as pessoas.

Jeff cumpriu a palavra: em nenhum momento o Serviço nos impediu de realizar um evento, e os agentes faziam de tudo para não chamar atenção (usando fardos de feno em vez de bicicletários de metal, por exemplo, para criar uma barreira em frente a um palco ao ar livre). Os chefes de turno, a maioria na casa dos quarenta anos, eram profissionais e educados, com um senso de humor notável. Sentados no fundo do avião ou durante uma viagem de ônibus, costumávamos brincar uns com os outros sobre nossos times ou conversávamos sobre os filhos. O de Jeff era um jogador de destaque da linha ofensiva de sua equipe de futebol americano universitário na Flórida, e passamos todos a monitorar suas chances no recrutamento da NFL. Enquanto isso, Reggie e Marvin fizeram amizade com os agentes mais jovens, indo para os mesmos bares depois do expediente do dia na campanha.

Apesar disso, ter homens e mulheres armados em torno de mim de uma hora para outra para onde quer que fosse, postados do lado de fora de qualquer sala que eu ocupasse, foi um choque. Minha visão do mundo exterior começou a mudar, obscurecida pelo véu da segurança. Eu já não entrava pela frente de um prédio se houvesse uma escada nos fundos. Se me exercitasse na sala de ginástica de um hotel, os agentes primeiro cobriam as janelas com panos para impedir que eventuais atiradores obtivessem uma linha de visão. Barreiras à prova de bala eram colocadas dentro de qualquer quarto onde eu dormisse, inclusive o de nossa casa em Chicago. E eu não tinha mais a opção de dirigir meu carro para lugar algum, nem mesmo para dar uma volta no quarteirão.

Quanto mais nos aproximávamos da indicação do candidato, mais meu mundo encolhia. Mais agentes foram acrescentados. Meus movimentos ficaram mais restritos. A espontaneidade desapareceu de minha vida. Já não me era possível, por exemplo, ou pelo menos não era tão fácil, ir andando até um mercadinho, ou bater um papo com um desconhecido na calçada.

"Parece uma jaula de circo", me queixei a Marvin certo dia, "e eu sou o urso dançarino."

Houve momentos em que eu meio que surtava, tão cansado daquele regime rigidamente estruturado de prefeituras, entrevistas, fotos e arrecadação de fundos, que me levantava e saía sem avisar, no desespero de encontrar um bom *taco* para comer, ou de seguir a música de um show ao ar livre nas proximidades, deixando os agentes um tanto perdidos, sussurrando "Renegade está em deslocamento" em seus microfones de pulso.

"O urso está à solta!", gritavam Reggie e Marvin, com certo divertimento, nesses episódios.

Mas, no início de 2008, essas saídas improvisadas já ocorriam com menos frequência. Eu sabia que a imprevisibilidade dificultava o trabalho de minha escolta e aumentava os riscos para os agentes. E, de qualquer maneira, os *tacos* não eram tão saborosos assim quando eu me via cercado por um bando de agentes, sem falar nas multidões e nos repórteres que rapidamente se reuniam no instante em que eu era reconhecido. Quando a campanha dava uma folga, eu preferia aproveitá-la no quarto — lendo, jogando baralho, vendo um jogo qualquer na tv.

Para alívio de seus tratadores, o urso se acostumou ao cativeiro.

No fim de fevereiro, tínhamos consolidado o que parecia ser uma vantagem insuperável sobre Hillary em número de delegados garantidos. Foi mais ou menos nessa época que Plouffe, sempre cauteloso em suas avaliações, ligou de Chicago para me dizer o que eu, de certa forma, já sabia.

"Acho que dá para dizer com segurança que, se jogarmos direito nossas cartas nas próximas semanas, você será o candidato democrata à presidência dos Estados Unidos."

Depois que ele desligou, fiquei sentado sozinho, tentando entender minhas emoções. Havia orgulho, imagino, como o choque de satisfação que um montanhista deve sentir quando se vira para olhar o terreno acidentado já percorrido. Principalmente, acho eu, o que senti foi certa quietude, sem exaltação ou alívio, amortecida pelo pensamento de que as responsabilidades de governar já não eram apenas uma possibilidade distante. Axe, Plouffe e eu passamos a discutir com mais frequência sobre nossa plataforma de campanha, comigo insistindo para que todas as nossas propostas passassem por um exame minucioso — menos pela necessidade de defendê-las durante a temporada eleitoral (a experiência me curara da ilusão de que alguém mais tivesse prestado muita atenção em meu plano de reforma tributária ou de regulamentação ambiental) do que pelo fato de eu talvez vir a ter que colocá-las em prática.

Essas projeções no futuro talvez tivessem ocupado o meu tempo ainda mais se não fosse pelo fato de que, apesar de a matemática mostrar que eu seria o indicado, Hillary simplesmente não desistia.

Qualquer outro teria aberto mão da disputa. Ela estava quase sem dinheiro. Sua campanha era uma bagunça, com recriminações a colaboradores indo parar na imprensa. A única chance que Hillary ainda tinha de conquistar a indicação era convencer os superdelegados — as centenas de funcionários democratas eleitos e de membros do partido que tinham voto na convenção e podiam escolher quem quisessem — a optar por ela quando o partido se reunisse, em agosto. Era pouca coisa em que se apoiar: embora Hillary tivesse começado com uma grande vantagem em superdelegados (que tinham tendência a anunciar em quem votariam bem antes da convenção), mais e mais tinham se comprometido conosco à medida que a temporada de primárias se arrastava.

E mesmo assim ela insistia, abraçando a condição de desfavorecida. Sua voz adquiriu uma urgência maior, principalmente quando discutia preocupações da classe trabalhadora, expressando a determinação de ir até o fim, como prova de que tinha lutado com empenho pelas famílias americanas. Com as iminentes primárias no Texas e em Ohio (estados povoados por eleitores brancos e latino-americanos mais velhos que tendiam a votar nela), seguidas sete semanas depois pelas da Pensilvânia (estado onde ela também desfrutava de uma vantagem considerável), Hillary garantia a quem quisesse ouvir que estava disposta a levar nossa disputa até o plenário da convenção.

"Porra, ela parece um vampiro", reclamou Plouffe. "É impossível acabar com ela."

Sua tenacidade era admirável, mas minha simpatia parava aí. O senador John McCain logo obteria a indicação republicana, e mais dois ou três meses de acirrada disputa democrata lhe dariam uma boa vantagem para preparar o terreno para a eleição geral de novembro. Isso significava também que, depois de quase oito meses de campanha ininterrupta, ninguém na minha equipe teria um período de folga decente, o que era uma lástima, porque estávamos todos caindo pelas tabelas.

Isso talvez explique o único grande erro tático que cometemos na campanha.

Em vez de estabelecermos expectativas realistas e abrir mão de Ohio para nos concentramos no Texas, resolvemos tentar acabar logo com a disputa e ganhar em ambos. Gastamos uma fortuna em cada estado. Durante uma semana, viajei sem parar, entre Dallas, Cleveland, Houston e Toledo, com a voz rouca, os olhos vermelhos — nem de longe parecendo um mensageiro da esperança.

Nossos esforços tiveram efeitos modestos nas urnas, mas deram peso à alegação da campanha de Hillary de que uma vitória sua no Texas e em Ohio poderia alterar o caráter da disputa. Enquanto isso, a cobertura política da imprensa, vendo essas primárias como provavelmente meu teste final antes de garantir a indicação, e ansiosa para sustentar um drama que tinha sido uma dádiva divina para os índices de audiência dos noticiários da TV a cabo, deu mais destaque à cobertura dos ataques de Hillary contra mim, incluindo um anúncio que ela divulgou afirmando que eu não estava preparado para lidar com o "telefonema às três da madrugada" envolvendo uma crise. Acabamos perdendo em Ohio (de forma contundente) e no Texas (por pouco).

No voo de volta de San Antonio para Chicago depois das primárias, o humor da minha equipe era sombrio. Michelle mal disse uma palavra. Quando Plouffe tentou nos animar anunciando que tínhamos vencido em Vermont, a reação foi pífia. Quando outra pessoa propôs a teoria de que todos tínhamos morrido e entrado no purgatório, onde estávamos condenados a debater com Hillary por toda a eternidade, ninguém riu. Era como se isso não estivesse tão longe da verdade assim.

As vitórias de Hillary não mudaram muito a contagem dos delegados, mas serviram para inflar as velas de sua campanha pelo menos o suficiente para garantir ao menos mais dois meses de primárias disputadíssimas. Os resultados também lhe deram mais munição para o argumento que parecia ganhar força entre os repórteres — o de que eu era incapaz de me conectar com eleitores brancos da classe trabalhadora, que os latino-americanos me viam com indiferença, na melhor das hipóteses, e que numa eleição tão importante essas fraquezas poderiam fazer de mim uma indicação arriscada para o Partido Democrata.

Apenas uma semana depois, eu já me perguntava se eles não estariam certos.

Fazia mais de um ano que eu não pensava em meu pastor, o reverendo Jeremiah Wright. Mas, em 13 de março, descobrimos logo ao acordar que a ABC News tinha veiculado uma série de vídeos compilados a partir de anos e anos de sermões e habilmente editados para caber numa exibição de dois minutos do programa *Good Morning America*. Lá estava o reverendo Wright chamando o país de "EUA da KKK". Lá estava o reverendo Wright dizendo: "Não é Deus *abençoe* os Estados Unidos. É Deus *amaldiçoe* os Estados Unidos". Lá estava o reverendo Wright afirmando, em cores vivas, que a tragédia do Onze de Setembro poderia ser explicada em parte por nosso histórico de intervenções militares e violência arbitrária no exterior, uma questão que se resumia às "galinhas dos Estados Unidos... voltando para dormir em seu poleiro". O vídeo não oferecia nenhuma contextualização ou narrativa; na verdade, não poderia ter retratado mais vividamente o radicalismo negro, nem fornecido uma ferramenta mais cirúrgica para ofender a classe média conservadora. Era como uma alucinação de Roger Ailes.

Horas depois da transmissão, o vídeo era reproduzido em toda parte. Em minha campanha, foi como se um torpedo tivesse arrebentado nosso casco. Divulguei uma declaração me colocando vigorosamente contrário aos sentimentos manifestados no vídeo, ao mesmo tempo que ressaltava a boa obra do reverendo Wright e da igreja Trinity em Chicago. No dia seguinte, apareci numa reunião já marcada com os conselhos editoriais de dois jornais e depois fiz a ronda de entrevistas para redes de TV, sempre condenando as opiniões expressas nos vídeos. Mas nada do que eu dissesse poderia amenizar o estrago. A imagem do reverendo Wright continuou desfilando pelas telas de TV, o falatório nos canais a cabo não parava, e até Plouffe admitiu que talvez não sobrevivêssemos.

Mais tarde, Axe e Plouffe se culparam por não terem mandado nossos pesquisadores procurarem os vídeos um ano antes, logo depois da matéria da *Rolling Stone*, o que nos teria dado mais tempo para controlar os danos. Mas eu sabia que a culpa recaía inteiramente sobre mim. Eu talvez não estivesse na igreja em nenhum dos sermões em questão, nem tivesse ouvido o reverendo Wright usar uma linguagem tão incendiária. Mas conhecia muito bem os ocasionais ataques de cólera dentro da comunidade negra — minha comunidade — a que o reverendo Wright estava dando vazão. Sabia como negros e brancos viam de modo diferente as questões raciais nos Estados Unidos, independentemente de tudo o mais que pudessem ter em comum. Acreditar que eu poderia fazer a ponte entre esses mundos tinha sido pura arrogância da minha parte, a mesma que me levara a supor que eu poderia me aproximar e me afastar quando bem entendesse de uma instituição complexa como a Trinity, chefiada por um homem complexo como o reverendo Wright, e selecionar, como num cardápio, só as coisas de que gostava. Talvez eu pudesse fazer isso como cidadão, mas não como uma figura pública concorrendo à presidência.

De qualquer forma, era tarde demais. E embora haja na política, como na vida, momentos em que se afastar, quando não se retirar, é melhor do que qualquer demonstração de bravura, há outros em que a única opção é se preparar para o baque e arriscar tudo.

"Preciso fazer um discurso", eu disse a Plouffe. "Sobre raça. A única maneira de lidar com isso é partir para cima com tudo e colocar o reverendo Wright em algum tipo de contexto. E tem que ser logo."

Meus colaboradores não tinham tanta certeza. Nossa agenda para os próximos três dias estava superlotada, sem tempo para o que poderia acabar sendo o discurso mais importante da campanha. Mas não havia outra saída. No sábado à noite, depois de um dia de viagens e discursos em Indiana, fui para casa em Chicago e passei uma hora ao telefone com Favs, repassando o argumento que formulara na cabeça. Eu queria dizer que o reverendo Wright e a Trinity eram representantes do legado racial dos Estados Unidos, que instituições e indivíduos que incorporam os valores de fé e trabalho, família e comunidade, educação e mobilidade ascendente podem, ainda assim, guardar ressentimentos — e se sentir traídos — por um país que amam.

Mas era preciso ir além. Eu precisava explicar o outro lado, mostrar por que havia pessoas brancas que se incomodavam, ou até se ofendiam, com alegações de injustiças por parte de negros — insatisfeitos com a presunção de que todos os brancos eram racistas, ou de que seus próprios temores e suas lutas diárias eram menos válidos.

Eu pretendia dizer que, a não ser que reconhecêssemos a realidade de cada um, jamais resolveríamos os problemas que os Estados Unidos tinham diante de si. E, para dar uma ideia do que esse reconhecimento significava, eu queria incluir uma história que tinha contado em meu primeiro livro, mas que nunca citara num discurso político — a dor e a confusão que sofri como adolescente quando Toot manifestou seu medo de um pedinte numa parada de ônibus não só porque ele tinha sido agressivo, mas porque era negro. Isso não diminuiu nem um pouco meu amor por ela, pois minha avó era parte de mim, assim como, de modo mais indireto, o reverendo Wright era parte de mim.

Assim como os dois eram parte da família americana.

Quando terminei a conversa telefônica com Favs, me lembrei do dia em que Toot e o reverendo Wright se encontraram. Foi em meu casamento, quando o reverendo abraçou minha mãe e minha avó e lhes falou da maravilhosa criação que me deram, dizendo que deveriam se orgulhar. Toot sorrira de um jeito que eu raramente a vi sorrir, dizendo baixinho para minha mãe que o pastor era um charme — apesar de ter se sentido um pouco desconfortável depois, quando, durante a cerimônia, o reverendo Wright falou das obrigações conjugais dos recém-casados em termos mais vívidos do que qualquer coisa que Toot jamais ouvira na igreja metodista de sua infância.

Favs escreveu o primeiro rascunho e, nas duas noites seguintes, fiquei acordado até tarde, editando e reescrevendo, até finalmente terminar às três da manhã do dia em que deveria falar. Na sala de espera do National Constitution Center, na Filadélfia, Marty, Valerie e Eric Whitaker, além de Axe, Plouffe e Gibbs, se juntaram a mim e a Michelle para me desejar boa sorte.

"Como está se sentindo?", perguntou Marty.

"Bem", respondi, e era verdade. "Acho que, se der certo, saímos desta. Se não der, provavelmente perdemos. Seja como for, vou dizer aquilo em que acredito."

Deu certo. As redes de TV transmitiram o discurso ao vivo, e em 24 horas mais de 1 milhão de pessoas tinham assistido pela internet — um recorde na época. Os comentários de analistas e articulistas políticos do país inteiro foram positivos, e o efeito sobre quem estava na plateia — incluindo Marty, fotografado com uma grande lágrima escorrendo pelo rosto — indicava que eu tinha despertado uma forte reação emocional.

A opinião mais importante, porém, veio aquela noite, quando liguei para minha avó no Havaí.

"Foi um discurso muito bom, Bar", disse ela. "Sei que não foi fácil."

"Obrigado, Toot."

"Sabe que eu tenho orgulho de você, não sabe?"

"Sim", respondi.

E só depois de desligar é que me permiti chorar.

O discurso estancou a sangria, mas a situação do reverendo Wright causou estrago, em especial na Pensilvânia, onde os eleitores democratas tendiam a ser mais velhos e mais conservadores. O que nos salvou de um colapso total foi o trabalho dos nossos voluntários, uma enxurrada de dinheiro de pequenos doadores que nos ajudou a pagar por quatro semanas de anúncios, e a disposição de ocupantes de cargos eletivos em estados importantes de falar a meu favor com suas bases formadas por pessoas brancas da classe trabalhadora. Entre eles se destacava Bob Casey, o afável filho católico irlandês do ex-governador e colega meu no Senado dos Estados Unidos. Não havia muitas vantagens para ele — Hillary contava com amplo apoio e provavelmente venceria no estado —, e seu apoio ainda não tinha sido anunciado quando o vídeo do reverendo Wright virou notícia. Apesar disso, ao ligar para Bob antes de meu discurso e liberá-lo do compromisso de me apoiar diante da nova situação, ele fez questão em seguir em frente.

"Isso aí do Wright não foi muito legal", disse ele com um risinho, usando um gigantesco eufemismo. "Mas ainda acho que você é a pessoa certa."

Bob manteve seu apoio com decência e coragem, fazendo campanha ao meu lado por mais de uma semana, percorrendo a Pensilvânia de cima a baixo. Pouco a pouco, nossos números nas pesquisas começaram a melhorar. Apesar de sabermos que a vitória não era certa, calculávamos que uma derrota por três ou quatro pontos ainda estava ao nosso alcance.

E então, como se fosse de propósito, cometi o maior erro da campanha.

Tínhamos voado a San Francisco para arrecadar fundos, o tipo de evento que eu costumava temer, numa casa chique e com uma longa fila para fotos, cogumelo shiitake de entrada, e doadores ricos, quase todos fantásticos e generosos individualmente, mas que, no coletivo, correspondiam a todos os estereótipos sobre liberais da Costa Oeste como fanáticos por cappuccino que dirigem carros elétricos. Já era tarde da noite quando, durante a infalível sessão de perguntas, alguém me pediu que explicasse por que, em minha opinião, tantos eleitores da classe trabalhadora na Pensilvânia continuavam votando contra os próprios interesses e elegendo republicanos.

Essa pergunta já havia sido feita mil vezes de várias formas. Normalmente eu não tinha dificuldade para descrever a mistura de temores sobre a economia, frustração com um governo federal que parecia indiferente e discordâncias legítimas em questões sociais, como aborto, que empurravam eleitores para o lado republicano. Mas, por cansaço mental e físico ou por pura impaciência, não foi assim que respondi.

"Você vai a uma dessas pequenas cidades da Pensilvânia", eu disse, "e, como em muitas cidades pequenas do Meio-Oeste, faz vinte anos que os empregos desaparecem e não surge nada no lugar. Eles desapareceram no governo Clinton e no governo Bush, e cada novo governo diz que de alguma forma essas comunidades vão se recuperar, mas não se recuperaram."

Até aí, tudo bem. Só que eu acrescentei:

"Não é surpresa, portanto, que as pessoas fiquem ressentidas, que se tornem apegadas às armas ou à religião ou à antipatia por pessoas que não são como elas, ou aos sentimentos contrários à imigração ou ao livre-comércio, como uma forma de explicar sua frustração."

Consigo citar aqui as palavras exatas porque naquela noite na plateia havia uma jornalista freelancer que me gravou. Para ela, minha resposta poderia reforçar alguns estereótipos negativos de alguns californianos sobre eleitores brancos da classe trabalhadora, e portanto merecia registro no blog do *Huffington Post*. (A propósito, é uma decisão que respeito, embora preferisse que ela tivesse falado comigo sobre isso antes de escrever a matéria. É isso que distingue até mesmo os jornalistas mais liberais dos seus colegas conservadores — a disposição para desancar políticos de seu próprio lado.)

Ainda hoje eu gostaria de retirar o que disse e fazer uma edição simples. "Não é surpresa, portanto, que se sintam frustradas", eu diria, em minha versão revisada, "e se voltem para as tradições e para o jeito de viver que foram constantes em sua vida, seja a religião, ou a caça, ou o trabalho nas fábricas, ou as noções mais tradicionais de família e comunidade. E, quando republicanos lhes dizem que nós, democratas, desprezamos essas coisas — ou quando damos a essas pessoas razões para acreditar que as desprezamos —, elas se tornam refratárias até mesmo aos melhores programas políticos do mundo."

Era nisso que eu acreditava. E foi por isso que conquistei os votos de eleitores brancos de áreas rurais do sul de Illinois e de Iowa — porque eles sentiam que, apesar de não concordarmos em questões como aborto ou imigração, em essência eu os respeitava e me preocupava com eles. Em muitos sentidos, eu me sentia mais próximo deles do que das pessoas às quais me dirigi aquela noite em San Francisco.

E por isso ainda reflito sobre essas palavras mal escolhidas. Não porque nos submeteram a uma nova sessão de pancadaria pelas mãos da imprensa e da campanha de Clinton — embora isso não tenha sido nada divertido —, mas porque essas palavras acabaram ganhando vida longa. Termos como "ressentidas" e "apegadas às armas ou à religião" eram fáceis de lembrar, como o refrão de uma música popular, e seriam citadas durante meu mandato presidencial como prova de que eu não compreendia os trabalhadores brancos nem estava interessado em me comunicar com eles, mesmo quando as posições que eu assumia e as políticas que defendia indicavam consistentemente o contrário.

Talvez eu esteja exagerando as consequências daquela noite. Talvez as coisas estivessem destinadas a se desenrolar daquela forma, e o que me incomode seja o simples fato de ter estragado tudo e não gostar de ser mal interpretado. E talvez me aborreçam o cuidado e a delicadeza que nos exigem ao declarar o óbvio: que é possível entender as frustrações dos eleitores brancos, e concordar com eles, sem negar a facilidade com que, ao longo da história americana, os políticos têm redirecionado as frustrações dos brancos no que diz respeito à sua condição econômica ou social contra pessoas negras ou de pele escura.

Uma coisa é certa. Os efeitos colaterais de minha gafe naquela noite deram a quem me fez a pergunta em San Francisco uma resposta melhor do que qualquer frase que eu pudesse ter formulado.

Avançamos aos trancos e barrancos pelo restante da campanha na Pensilvânia. Houve um debate final na Filadélfia, uma discussão violenta que praticamente se limitou a perguntas sobre alfinetes de lapela com a bandeira, Wright e pessoas "ressentidas". Em campanha pelo estado, Hillary, revigorada, proclamava sua recente simpatia pelo direito à posse de armas — eu a chamei de Annie Oakley. Perdemos por nove pontos.

Assim como nas primárias de Ohio e do Texas, os resultados causaram pouco impacto em nossa vantagem em número de delegados. Mas não havia como negar que tínhamos levado uma bela surra. Membros do partido conjeturavam que, se os resultados nas duas grandes disputas seguintes (Indiana, onde Hillary tinha sólida vantagem, e Carolina do Norte, onde éramos os grandes favoritos) mostrassem mais perda de apoio de nossa parte, os superdelegados poderiam começar a fugir assustados, dando a Hillary uma chance real de arrancar a indicação de nossas mãos.

Esse tipo de conversa subiu de tom dias depois, quando Jeremiah Wright resolveu fazer uma série de aparições públicas.

Eu só tinha conversado com ele uma vez depois da divulgação do vídeo, para dizer que eu repudiava vigorosamente o que tinha dito, mas também que gostaria de proteger a ele e à igreja de novas reações desfavoráveis. Não me lembro dos detalhes, apenas que a ligação foi penosa e curta, e que seus questionamentos eram cheios de mágoa. Algum dos chamados repórteres se dera ao trabalho de escutar os sermões do começo ao fim?, perguntou. Como podiam ter reduzido, seletivamente, uma vida inteira de trabalho a dois minutos? Ouvindo aquele homem orgulhoso se defender, eu só podia imaginar sua perplexidade. Ele era um orador disputado por universidades de primeira linha e por seminários, um pilar de sua comunidade, um luminar não apenas das igrejas negras mas também de muitas igrejas brancas. E então, como que do dia para a noite, se tornara objeto nacional de medo e escárnio.

Senti um remorso genuíno, sabendo que tudo se devia ao fato de ele estar associado a mim. Era uma baixa em uma luta que ele não tinha escolhido para si. E apesar disso eu não dispunha de nenhum meio significativo de aliviar suas dores, e quando fiz a sugestão prática — apesar de claramente egoísta — de que ele tentasse passar despercebido por um tempo e deixasse as coisas se acalmarem, percebi que isso foi recebido como mais uma afronta.

Quando se anunciou que o reverendo Wright daria uma entrevista ao programa de Bill Moyers, e depois faria um discurso de abertura num jantar da NAACP em Detroit, além de uma aparição no Clube Nacional de Imprensa em Washington, tudo isso antes das primárias em Indiana e Carolina do Norte no começo de maio, eu me preparei para o pior. Mas, no fim, as duas primeiras aparições se notabilizaram basicamente por sua moderação, com o reverendo mais parecendo um teólogo e um pregador do que um provocador.

Então, no Clube Nacional de Imprensa, as comportas se romperam. Bombardeado por perguntas da imprensa política e incomodado com a relutância dos jornalistas em aceitar suas respostas, o reverendo Wright desencadeou uma ofensiva memorável, gesticulando como se estivesse num culto de avivamento, com os olhos faiscando com a fúria dos justos. Proclamou que os Estados Unidos eram essencialmente racistas. Insinuou que o governo americano estava por trás da epidemia de aids. Elogiou Louis Farrakhan, líder da Nação do Islã. Todos os ataques contra ele tinham motivação racista, e repudiou minha condenação de suas declarações anteriores simplesmente como "coisa que os políticos fazem" para se eleger.

Ou, como diria Marty, "quis resolver a parada do jeito que se faz nas ruas".

Não assisti à transmissão ao vivo, mas, ao ver as reprises, soube imediatamente o que precisava fazer. Na tarde seguinte, estava sentado num banco no vestiário de uma escola de ensino médio em Winston-Salem, Carolina do Norte, na companhia de Gibbs, olhando para as paredes pintadas de verde-industrial, rodeado pelo cheiro dos bolorentos uniformes de futebol, enquanto aguardava a hora de fazer a declaração à imprensa na qual romperia de vez as relações com alguém que tinha desempenhado uma parte pequena mas significativa na formação do homem que eu era; alguém cujas palavras tinham servido de slogan para o discurso que me lançara na cena nacional; alguém que, a despeito de todos os seus agora indesculpáveis pontos fracos, jamais me demonstrara outra coisa que não fosse bondade e apoio.

"Tudo bem com você?", perguntou Gibbs.

"Tudo."

"Sei que não deve ser fácil."

Concordei com um aceno de cabeça, comovido com a preocupação de Gibbs. Não era comum nós dois reconhecermos a pressão que sofríamos; Gibbs era em primeiro lugar um guerreiro, e em segundo um grande gozador, e na estrada em geral preferíamos as brincadeiras mais leves, regadas a palavrões. Mas, talvez por ter sido criado no Alabama, ele entendia como poucos as complicações das questões de raça, religião e família, e sabia que o bem e o mal, o amor e o ódio, podiam estar irremediavelmente misturados no mesmo coração.

"Sabe de uma coisa? Tenho certeza de que Hillary estava errada", eu disse.

"Sobre o quê?"

"Sobre ter manchado minha reputação. Às vezes penso sobre isso, que a questão aqui não deveria ser minha própria ambição. E sim tornar o país melhor", eu disse. "Se o povo americano não conseguir superar essa história do Wright, e mesmo assim eu conseguir a indicação, mas perder a eleição geral, o que eu fiz de bom?"

Gibbs pôs a mão em meu ombro.

"Você não vai perder", garantiu. "As pessoas querem uma coisa verdadeira, e viram isso em você. Só precisamos deixar essa merda toda para trás de uma vez por todas, para voltarmos a lembrar por que você deveria ser presidente."

Minha breve declaração, na qual condenei em termos inequívocos o reverendo Wright e me desvinculei dele, atingiu seu objetivo. Se não acabou de vez com as preocupações dos eleitores, pelo menos convenceu a imprensa de que eu não tinha mais nada a dizer sobre o assunto. De volta à campanha, concentramos de novo nossa atenção em assistência à saúde, empregos, a guerra no Iraque, sem saber exatamente que rumo as coisas tomariam.

Foi então que recebemos ajuda de onde menos esperávamos.

Ao longo do primeiro semestre de 2008, os preços da gasolina tinham disparado, em consequência, principalmente, de interrupções no fornecimento. Nada é capaz de acabar com a paciência dos eleitores como gasolina cara e, ansioso para sair na frente nessa questão, John McCain tinha proposto uma suspensão temporária do imposto federal sobre o combustível. Hillary imediatamente endossou a ideia, e meus colaboradores me perguntaram o que eu queria fazer.

Falei que era contra. Apesar do apelo superficial, eu sabia que aquilo tiraria recursos do já esgotado fundo federal de transportes, resultando em menos projetos de infraestrutura e menos empregos. Com base em minha experiência como senador do estado de Illinois, onde certa vez votara a favor de um projeto parecido, eu tinha certeza de que não haveria muitos benefícios para o consumidor. Na verdade, a probabilidade de os donos de postos repassarem o corte de três centavos por galão para os motoristas não era maior que a de segurarem os preços lá em cima, aumentando os próprios lucros.

Um pouco para minha surpresa, Plouffe e Axe concordaram. Inclusive, Axe sugeriu que déssemos destaque à minha oposição como mais uma prova de que eu estava disposto a ser franco e honesto com os eleitores. No dia seguinte, fui para a frente de um posto de gasolina e apresentei minhas razões perante um bando de repórteres, contrastando aquilo que considerava uma política energética séria, de longo prazo, com a solução típica de Washington, que tanto McCain como Hillary estavam propondo. Era um pouco de pirotecnia política, falei, para dar a impressão de que estavam fazendo alguma coisa, mas sem de fato resolver o problema. Então, quando Hillary e McCain tentaram me pintar como alienado e indiferente ao que algumas centenas de dólares poderiam significar para as trabalhadoras famílias americanas, resolvemos arriscar tudo, gravando um anúncio de TV sobre o assunto e divulgando sem parar em Indiana e na Carolina do Norte.

Foi um dos momentos que nos deixaram mais orgulhosos, assumindo uma posição firme sem levar em conta as pesquisas de opinião e contrariando os analistas políticos, que nos consideravam loucos. Começamos a identificar nos dados de sondagem sinais de que os eleitores estavam aceitando nossos argumentos, apesar de àquela altura nenhum de nós — nem mesmo Plouffe — confiar inteiramente nos dados. Como um paciente à espera do resultado de uma biópsia, a campanha convivia com a possibilidade de uma notícia ruim.

Na noite anterior às primárias, fizemos um comício em Indianápolis com uma apresentação de Stevie Wonder. Depois de meu discurso de improviso, Valerie, Marty, Eric e eu nos instalamos numa pequena sala para curtir a música, as cervejas e um jantar de frango frio.

O clima entre nós era um tanto saudosista, recordando as alegrias de Iowa, o desgosto de New Hampshire, os voluntários que conhecemos e os amigos que fizemos. A certa altura alguém mencionou o reverendo Wright e sua aparição no Clube Nacional de Imprensa, e Mary e Eric começaram expressar o que sentiam, um de cada vez, sobre as declarações mais constrangedoras. Podia ser um sinal de cansaço e de ansiedade em relação à votação do dia seguinte, ou talvez apenas a constatação do absurdo da nossa situação — quatro amigos de longa data, afro-americanos do sul de Chicago, comendo frango e ouvindo Stevie Wonder enquanto esperávamos para saber se um de nós seria o candidato democrata a presidente dos Estados Unidos —, mas o fato é que começamos a rir sem parar, o tipo de gargalhada que enche os olhos d'água e faz a pessoa cair da cadeira, sendo parente muito próxima do desespero.

Então Axe entrou, com a mais desolada das expressões no rosto.

"Qual é o problema?", perguntei, ainda rindo e tentando recuperar o fôlego.

Axe sacudiu negativamente a cabeça.

"Acabei de pegar os números da noite passada... Estávamos doze pontos abaixo em Indiana. Acho que não vamos conseguir."

Por um instante, todos se calaram. Então eu disse:

"Axe, gosto de você, mas você é um estraga-prazeres. Pega uma bebida e senta aqui com a gente ou então cai fora."

Axe encolheu os ombros e saiu da sala, levando com ele suas preocupações. Olhei em volta para os meus amigos e ergui a cerveja num brinde.

"À audácia da esperança", disse.

Fazendo tim-tim com nossas garrafas, voltamos a rir tanto quanto antes.

Vinte e quatro horas depois, num quarto de hotel em Raleigh, Gibbs leu os resultados das eleições. Tínhamos vencido na Carolina do Norte por catorze pontos. E, o que era mais surpreendente, quase conseguíramos empatar em Indiana, perdendo apenas por alguns milhares de votos. Haveria mais seis disputas antes do término oficial da temporada de primárias do Partido Democrata, e após algumas semanas Hillary faria um tardio mas gracioso discurso admitindo a derrota e oferecendo apoio, porém os resultados daquela noite nos disseram que a disputa na prática tinha terminado.

Eu seria o candidato democrata a presidente dos Estados Unidos.

Em meu discurso daquela noite, comecei a voltar as atenções para as eleições gerais, sabendo que não havia um minuto a perder, dizendo à plateia que tinha certeza de que os democratas se uniriam para impedir que John McCain desse prosseguimento ao legado de George W. Bush. Conversei um pouco com Axe sobre prováveis companheiros de chapa, e em seguida liguei para dar a notícia a Toot. ("Isso é realmente fantástico, Bar", disse ela.) Bem depois da meia-noite, telefonei para Plouffe em nossa sede em Chicago, e conversamos sobre o que era preciso fazer para nos prepararmos para a convenção, que seria dali a menos de três meses.

Deitado na cama mais tarde, incapaz de dormir, repassei tudo em silêncio. Pensei em Michelle, que tinha tolerado minhas ausências, mantendo o front doméstico sob controle e deixando de lado suas restrições à política para se tornar eficiente e destemida na campanha. Pensei em minha filhas, tão alegres, fofas e cativantes, mesmo quando eu passava uma semana sem vê-las. Pensei na habilidade e na capacidade de concentração de Axe e Plouffe e de outros colaboradores mais próximos, que nunca deram o menor sinal de que trabalhavam por dinheiro ou poder, e que, sob pressão implacável, demonstraram lealdade não só a mim e uns aos outros, mas à ideia de tornar os Estados Unidos um país melhor. Pensei em amigos como Valerie, Marty e Eric, que compartilharam minhas alegrias e aliviaram meu fardo a cada passo da jornada sem pedir nada em troca. E pensei nos jovens organizadores e voluntários que suportaram o mau tempo, os eleitores céticos e os erros de seu candidato, sem esmorecer.

O que eu tinha pedido ao povo americano era muito — que tivesse fé num jovem recém-chegado e sem experiência; não apenas um homem negro, mas alguém cujo nome evocava uma história de vida pouco familiar. Diversas vezes eu dera motivos para as pessoas não me apoiarem. Houve desempenhos irregulares em debates, posições pouco convencionais, gafes desastradas e um pastor que amaldiçoara os Estados Unidos da América. Além disso, enfrentei uma adversária com determinação e fortaleza de espírito comprovadas.

Apesar disso, o povo me deu uma chance. Em meio ao ruído e à verborragia do espetáculo político, minha evocação a algo diferente fora ouvida. Ainda que eu nem sempre mostrasse o melhor de mim, as pessoas intuíram o que havia de melhor em mim: uma voz que insistia em afirmar que, apesar das nossas diferenças, continuávamos sendo um só povo, e que, juntos, homens e mulheres de boa vontade encontrariam o caminho para um futuro melhor.

Prometi a mim mesmo que não as decepcionaria.

8

Conforme o segundo semestre de 2008 se aproximava, a primeira tarefa da nossa campanha era unificar o Partido Democrata. A prolongada e desgastante temporada das primárias tinha deixado ressentimentos na equipe de Hillary e na minha, e seus partidários mais fervorosos ameaçavam negar apoio se eu não a escolhesse como companheira de chapa.

Mas, apesar de conjeturas na imprensa sobre um racha possivelmente irreparável, nosso primeiro encontro depois das primárias, que se deu no começo de junho na casa da nossa colega senadora Dianne Feinstein em Washington, foi cordial e profissional, embora ainda houvesse alguma dose de tensão. Para começar, Hillary se sentiu na obrigação de fazer algumas queixas, relacionadas principalmente ao que considerou terem sidos ataques injustos por parte de minha campanha. Como vencedor, me senti na obrigação de guardar minhas reclamações para mim mesmo. Mas não demorou para que tudo se resolvesse. O fundamental, disse Hillary, era que ela queria colaborar — pelo bem do Partido Democrata e pelo bem do país.

Talvez tenha ajudado o fato de ela reconhecer minha sincera admiração. Apesar de ter decidido que escolhê-la como companheira de chapa criaria muitas complicações (inclusive o constrangimento de ter um ex-presidente perambulando pela Ala Oeste sem uma função muito clara), eu já estava pensando num papel diferente para ela num eventual governo Obama. O que Hillary sentia a meu respeito, eu não sabia dizer. Mas, se tinha alguma dúvida sobre minha aptidão para o cargo, deixou muito bem guardada. A partir de nossa primeira aparição juntos, poucas semanas depois, numa pequena cidade de New Hampshire chamada Unity (uma associação cafona, mas eficaz), até o fim da campanha, tanto ela como Bill fizeram tudo que lhes pedimos com energia e um sorriso.

Com Hillary a bordo, a equipe e eu começamos a projetar uma estratégia eleitoral mais ampla. Assim como as primárias e os *caucuses*, uma eleição geral para presidente é um grande quebra-cabeça matemático. Qual é a combinação de estados necessária para obter os 270 votos necessários no colégio eleitoral? Por no mínimo vinte anos, candidatos dos dois partidos tinham dado a mesma resposta, supondo que os estados eram, em sua maioria, inalteravelmente republicanos ou democratas, e portanto concentravam todo o tempo e dinheiro de que dispunham em alguns estados onde a disputa era mais acirrada, como Ohio, Flórida, Pensilvânia e Michigan.

Plouffe tinha outras ideias. Um dos agradáveis subprodutos das nossas intermináveis primárias foi termos feito campanha em todos os cantos do país. Contávamos com voluntários experientes em vários estados historicamente ignorados pelos democratas. Por que não usar essa vantagem para competir em territórios de inclinação mais republicana? Com base nos dados, Plouffe se convenceu de que poderíamos ganhar em estados do Oeste como Colorado e Nevada. Com um grande aumento na participação de minorias e eleitores jovens, achava que tínhamos chance até mesmo na Carolina do Norte, que não havia votado num democrata numa eleição presidencial desde Jimmy Carter, em 1976, e na Virgínia, que não votava num democrata desde Lyndon Johnson, em 1964. Ampliar o mapa eleitoral nos abriria múltiplos caminhos para a vitória, afirmava Plouffe, além de ajudar candidatos democratas a outros cargos. Na pior das hipóteses, obrigaria John McCain e o Partido Republicano a gastar recursos reforçando seus flancos vulneráveis.

Entre os vários republicanos que haviam disputado a indicação para a candidatura presidencial, eu sempre considerara John McCain o mais merecedor da gratificação. Eu já o admirava de longe antes de chegar a Washington — não apenas por seu trabalho como piloto da Marinha e pela coragem inimaginável que tinha demonstrado durante arrasadores cinco anos e meio como prisioneiro de guerra, mas pela sensibilidade antagônica e pela disposição em resistir à ortodoxia do Partido Republicano quanto a questões como imigração e mudança climática que ele demonstrara na campanha presidencial de 2000. Embora não tenhamos sido próximos no Senado, não raro eu o achava perspicaz e dono de um humor autodepreciativo, veloz em alfinetar a presunção e a hipocrisia em ambos os lados da bancada.

McCain de fato gostava de ser uma espécie de queridinho da imprensa ("meu eleitorado", ele assim a chamou certa vez), nunca descartando uma chance de aparecer nos programas noticiosos de domingo, e entre os colegas gozava de uma bem merecida reputação de volubilidade — veloz em explodir sobre pequenos desentendimentos, o rosto pálido se avermelhando, sua voz aflautada se sobressaltando ao primeiro sinal de um desrespeito. Mas ele não era um ideólogo. Respeitava não só os costumes do Senado, como também as instituições de nosso governo e de nossa democracia. Jamais o vi exibir o nativismo de matiz racial que costumava afetar outros republicanos, e em mais de uma ocasião o vi demonstrar uma coragem política genuína.

Certa vez, enquanto aguardávamos uma votação no plenário do Senado, John me confessou não ter a menor paciência com muitos "malucos" de seu próprio partido. Eu sabia que aquilo era parte de seu estilo — tentar agradar aos democratas ao mesmo tempo que votava com sua bancada 90% das vezes. Mas o desprezo que manifestava pela extrema direita de seu partido nada tinha de fingido. E, num clima cada vez mais polarizado, o equivalente político de uma guerra santa, as modestas heresias de McCain, sua relutância em professar sua verdadeira fé, tinham um custo palpável. Os "malucos" de seu partido não confiavam nele, que era considerado um "republicano só no nome" — *Republican in Name Only* (RINO) —, e por isso era um alvo de ataques rotineiros da turma de Rush Limbaugh.

Para o azar de McCain, eram exatamente essas vozes da extrema direita que estavam ganhando terreno entre os eleitores do núcleo do Partido Republicano mais inclinados a votar nas primárias presidenciais, não o republicanismo favorável aos negócios, duro na queda e socialmente moderável a que McCain apelava e com o qual se sentia mais à vontade. E, à medida que as primárias republicanas se arrastavam e McCain tentava cair nas graças de pessoas que dizia desprezar — à medida que abandonava qualquer pretensão de probidade fiscal para favorecer reduções de impostos ainda maiores do que as reduções de impostos de Bush contra as quais certa vez votara, além de introduzir ressalvas em sua posição sobre mudanças climáticas para atender a interesses dos produtores de combustíveis fósseis —, percebi uma mudança nele. Parecia pesaroso, inseguro — o guerreiro bem-humorado e irreverente de antes se transformava num irritadiço membro da velha guarda de Washington, amarrado a um presidente com um índice de aprovação de cerca de 30% e a uma guerra imensamente impopular.

Eu não estava seguro de que seria capaz de derrotar o John McCain versão 2000. Mas tinha cada vez mais certeza de que conseguiria vencer McCain em 2008.

Isso não significava que a disputa seria fácil. Numa contenda contra um herói americano, a eleição não seria decidida só em torno de temas. Na verdade, desconfiávamos que a questão central provavelmente seria saber se a maioria de eleitores se sentiria à vontade com a ideia de um senador afro-americano jovem e inexperiente — que não tinha feito serviço militar nem sequer exercido um cargo executivo — ocupando a função de comandante-chefe das Forças Armadas da nação.

Eu sabia que, se quisesse conquistar a confiança da população nesse sentido, teria que aprender o máximo possível antes de falar especialmente sobre o papel do país no Iraque e no Afeganistão. E foi por isso que, poucas semanas depois de ser nomeado candidato, decidimos que eu faria uma viagem de nove dias ao exterior. A programação proposta era brutal: além de uma breve escala no Kuwait e de três dias no Afeganistão e no Iraque, havia encontros agendados com os líderes de Israel, Jordânia, Reino Unido e França, além de um importante discurso sobre política externa em Berlim. Se nos saíssemos bem nessa viagem, não só dissiparíamos as dúvidas que os eleitores pudessem ter sobre minha capacidade de atuar de forma efetiva no cenário internacional, mas também mostraríamos — numa época em que havia eleitores incomodadíssimos com as tensas alianças dos tempos de Bush — como seria uma nova era de liderança americana no mundo.

Claro, com a imprensa política examinando minuciosamente cada passo que eu dava, havia uma boa chance de alguma coisa dar errado. Até mesmo um único deslize poderia reforçar a noção de que eu não estava pronto para os holofotes e afundar nossa campanha. Minha equipe achava que valia a pena correr o risco.

"Andar na corda bamba sem rede de proteção", disse Plouffe. "É aí que mostramos o quanto valemos."

Lembrei que era eu, e não "nós", que estaria correndo risco lá em cima. Apesar disso, saí de Washington animado, ansioso para ir ao exterior depois de um ano e meio preso à correria da campanha.

Me acompanhando na viagem ao Afeganistão e ao Iraque estavam dois dos meus colegas preferidos. Ambos eram tarimbados em política externa: Chuck Hagel, o número dois da Comissão de Relações Exteriores do Senado, e Jack Reed, membro do Comitê das Forças Armadas. Em termos de personalidade, os dois não poderiam ser mais diferentes. Jack, democrata liberal de Rhode Island, era franzino, solícito e discreto. Orgulhoso de ter estudado em West Point, foi um dos poucos senadores a votar contra a autorização da Guerra do Iraque. Chuck, republicano conservador do Nebraska, era atlético, expansivo e esbanjava bom humor. Veterano do Vietnã com duas medalhas Purple Heart, tinha votado a favor. O que os dois tinham em comum era uma reverência de longa data pelas Forças Armadas dos Estados Unidos e a defesa do uso prudente do poderio americano, e, depois de quase seis anos, suas opiniões sobre o Iraque convergiram, e àquela altura eram dois dos críticos da guerra mais duros e dignos de crédito. Essa presença bipartidária na viagem ajudou a evitar críticas de que se tratava de uma jogada publicitária de campanha. E a disposição de Chuck não só de viajar comigo, mas também de elogiar publicamente aspectos de minha visão da política externa, a apenas quatro meses da eleição, foi um gesto ousado e generoso de sua parte.

Num sábado em meados de julho, aterrissamos na base aérea de Bagram, uma instalação de mais de 15 mil metros quadrados ao norte de Cabul, junto aos picos escarpados das montanhas Hindu Kush, a maior base americana no Afeganistão. As notícias não eram boas: o degringolar do Iraque em violência sectária e a decisão do governo Bush de reforçar nossa presença com uma leva constante de tropas haviam desviado as capacidades militares e de inteligência do Afeganistão (em 2008 tínhamos cinco vezes mais tropas no Iraque do que lá). A mudança de foco permitira ao Talibã — os insurgentes islâmicos sunitas que combatíamos desde 2001 — partir para o ataque, e naquele verão as baixas de guerra mensais dos Estados Unidos no Afeganistão superariam as que sofremos no Iraque.

Como de hábito, nossas Forças Armadas estavam fazendo tudo que podiam para que as coisas funcionassem. O recém-nomeado comandante das forças de coalizão, general Dave McKiernan, providenciou que sua equipe nos pusesse a par das medidas tomadas para resistir nas áreas ocupadas pelo Talibã. No dia seguinte, jantando no refeitório no quartel-general da coalizão chefiada pelos Estados Unidos em Cabul, ouvimos um grupo de soldados falar de sua missão com entusiasmo e orgulho. Após ouvir aqueles jovens de ambos os sexos, a maioria recém-saída do ensino médio, falarem em construir estradas, treinar soldados afegãos e estabelecer escolas, e contar que seu trabalho era periodicamente interrompido ou desfeito porque faltava pessoal ou porque os recursos eram insuficientes, me senti ao mesmo tempo humilhado e frustrado e prometi que, dadas as circunstâncias, conseguiria mais ajuda para eles.

Naquela noite dormimos na embaixada dos Estados Unidos, que era uma fortaleza, e de manhã nos dirigimos para o imponente palácio do século XIX onde morava o presidente Hamid Karzai. Nos anos 1970, Cabul não era muito diferente das capitais de outros países em desenvolvimento, com muita coisa ainda a ser feita, mas pacífica e próspera, repleta de hotéis elegantes, rock and roll e universitários empenhados em modernizar o país. Karsai e seus ministros eram produto dessa época, mas muitos tinham fugido para a Europa e os Estados Unidos, fosse durante a invasão soviética que começou em 1979 ou quando o Talibã tomou conta em meados dos anos 1990. Depois de seu assalto a Cabul, os Estados Unidos trouxeram Karzai e seus conselheiros de volta e os instalaram no poder — um grupo funcional de exilados que talvez pudessem funcionar como a face afegã de uma nova ordem não militar. Com inglês impecável e roupas elegantes, eram perfeitos para o papel e, enquanto nossa delegação participava do banquete de comida afegã tradicional, fizeram o possível para nos convencer de que um Afeganistão moderno, tolerante e autossuficiente era uma possibilidade, contanto que as tropas e o dinheiro não parassem de chegar dos Estados Unidos.

Eu até acreditaria nas palavras de Karzai, não fosse por relatos de corrupção desenfreada e de má gestão dentro do seu governo. Boa parte da região rural afegã estava fora do controle de Cabul, de onde Karzai raramente se aventurava a sair, dependente não apenas das forças americanas, mas de uma colcha de retalhos de alianças com mandachuvas locais para manter o poder que tinha, fosse qual fosse. Pensei em seu aparente isolamento no fim daquele dia, quando um par de helicópteros Black Hawk nos conduzia, sobre terreno montanhoso, para uma base avançada de operações dos Estados Unidos perto de Halmand, no planalto meridional do Afeganistão. As pequenas aldeias de tijolo de argila e madeira que víamos lá de cima se misturavam perfeitamente às formações rochosas de cor pardacenta, onde quase não havia estradas pavimentadas ou cabos de eletricidade. Tentei imaginar o que as pessoas lá embaixo pensavam dos americanos em seu meio, do próprio presidente com seu palácio suntuoso, ou mesmo da ideia de um Estado-nação chamado Afeganistão. Suspeitei que talvez não pensassem muito em nada disso. Estavam apenas tentando sobreviver, acossadas por forças tão constantes e imprevisíveis como os ventos. E me perguntava o que seria preciso — além da coragem e das habilidades de nossas tropas, a despeito dos ótimos planos dos estrategistas em Washington — para conciliar as ideias do que o Afeganistão deveria ser com uma paisagem que, havia centenas de anos, se mostrava refratária a mudanças.

Esses pensamentos ficaram comigo quando saímos do Afeganistão e fomos para o Iraque, passando uma noite no Kuwait. As coisas tinham melhorado desde minha última visita ao front iraquiano; um aumento de contingentes americanos, a eleição internacionalmente referendada do primeiro-ministro xiita Nuri Kamal al-Maliki, e um acordo intermediado com líderes tribais sunitas na província ocidental de Anbar tinham contido um pouco a carnificina sectária desencadeada pela invasão original dos Estados Unidos e pela subsequente incompetência de homens como Donald Rumsfeld e Paul Bremer. John McCain viu nos êxitos recentes uma prova de que estávamos vencendo a luta e que para continuar assim seria necessário manter o curso e — no que se tornara uma fórmula mágica entre os republicanos — "ouvir nossos comandantes no local".

A conclusão que tirei era diferente. Depois de cinco anos de intenso envolvimento americano, com Saddam Hussein fora de cena, sem nenhum sinal de armas de destruição em massa, e com um governo instalado de forma democrática, eu acreditava que uma retirada gradual estava a caminho: uma retirada a ser preparada no tempo necessário para erguer as forças de segurança iraquianas e erradicar os últimos vestígios da al-Qaeda no Iraque; garantir contínuo apoio militar, de inteligência e financeiro; e começar a trazer nossos soldados para casa, para que pudéssemos devolver o Iraque a seu povo.

Assim como no Afeganistão, tivemos oportunidade de conviver com soldados e visitar uma base avançada de operações em Anbar, antes de nos reunirmos com o primeiro-ministro Maliki — uma figura severa, vagamente nixoniana com seu rosto comprido, a sombra da barba fechada no rosto raspado e olhar oblíquo. Tinha razões para ser estressado, pois seu novo cargo era ao mesmo tempo difícil e perigoso. Ele tentava manter um equilíbrio entre as demandas dos blocos de poder xiitas que o elegeram e a população sunita que tinha dominado o país no tempo de Saddam; também precisava administrar pressões opostas de seus benfeitores americanos e seus vizinhos iranianos. Na verdade, os vínculos de Maliki com o Irã, onde viveu anos exilado, além de suas difíceis alianças com certas milícias xiitas, tornavam-no odioso para a Arábia Saudita e outros aliados dos Estados Unidos na região do Golfo Pérsico, ressaltando o quanto a invasão americana tinha fortalecido a posição estratégica do Irã.

Não estava claro se alguém na Casa Branca de Bush havia discutido sobre essa consequência tão previsível antes de ordenar o envio de tropas americanas ao Iraque. Mas certamente o governo não estava nada satisfeito com aquilo. Minhas conversas com vários generais e diplomatas de alto escalão deixaram claro que o interesse da Casa Branca em manter uma considerável presença militar no Iraque não se limitava a um simples desejo de assegurar a estabilidade e reduzir a violência. Tinha a ver também com impedir que o Irã se aproveitasse ainda mais da bagunça que fizemos.

Uma vez que a questão estava dominando o debate político estrangeiro tanto no Congresso como na campanha, perguntei a Maliki por intermédio de um intérprete se ele pensava que o Iraque estava pronto para uma retirada das tropas americanas. Fomos todos surpreendidos por sua resposta inequívoca: embora manifestasse grande apreço pelo empenho dos militares americanos e britânicos e esperasse que ajudássemos a financiar o treinamento e a manutenção de forças iraquianas, ele concordava comigo que era hora de definirmos uma retirada gradual americana.

Os motivos de Maliki para forçar um cronograma acelerado para a retirada dos Estados Unidos eram incertos. Mero nacionalismo? Indício de suas inclinações pró-iranianas? Uma jogada para consolidar o próprio poder? Mas, pelo menos no que dizia respeito ao debate político nos Estados Unidos, a posição de Maliki tinha grandes implicações. Uma coisa era a Casa Branca ou John McCain rejeitar minhas sugestões de cronograma para retirada, rotulando-a como uma demonstração de fraqueza e irresponsabilidade, uma atitude de "largar tudo e dar no pé". Outra, bem diferente, era descartar a mesma ideia quando vinha do recém-eleito líder iraquiano.

Claro que, na época, Maliki ainda não dava as cartas em seu país. O comandante das forças de coalizão no Iraque, general David Petraeus, era quem detinha o poder de fato — e foi minha conversa com ele que pressagiou alguns dos debates centrais sobre política externa que eu teria durante a maior parte da minha presidência.

Elegante e robusto, ph.D. em relações internacionais e economia pela Universidade Princeton e uma mente metódica e analítica, Petraeus era tido como o cérebro por trás da melhoria de nossa posição no Iraque e o indivíduo que a Casa Branca incumbira de pôr em prática sua estratégia. Viajamos juntos de helicóptero do aeroporto de Bagdá para a fortemente protegida Zona Verde, conversando o tempo todo, e embora o conteúdo de nossa conversa não pudesse ser citado em nenhum release de imprensa, para minha equipe de campanha estava tudo bem. O que importava eram as fotografias em que eu aparecia sentado perto de um general de quatro estrelas a bordo de um helicóptero Black Hawk, usando fone de ouvido e óculos de aviador. Aparentemente aquilo se mostrou um vigoroso contraste com uma infeliz imagem de meu adversário republicano divulgada por coincidência no mesmo dia: McCain de carona num carrinho de golfe com o ex-presidente George H. W. Bush, parecendo dois vovôs de suéter claro a caminho de um piquenique num clube campestre.

Enquanto isso, em seu espaçoso escritório no quartel-general da coalizão, Petraeus e eu discutíamos tudo, da necessidade de mais especialistas em língua árabe nas Forças Armadas ao papel essencial que o desenvolvimento de projetos assumiria na deslegitimação de milícias e de organizações terroristas e no fortalecimento do novo governo. Bush merecia crédito, pensava eu, por ter selecionado esse general para dar um jeito no que antes era um navio indo a pique. Se tivéssemos tempo e recursos ilimitados — se os interesses de longo prazo da segurança nacional dos Estados Unidos dependessem incondicionalmente de um Estado democrático e funcional como aliado dos Estados Unidos no Iraque —, então a abordagem de Petraeus tinha, tanto quanto qualquer outra, uma boa chance de atingir seu objetivo.

Mas não dispúnhamos de tempo ou de recursos ilimitados. Na verdade, toda a discussão sobre a retirada se resumia a isso. Quanto deveríamos continuar a fornecer, e quando era a hora de dar um basta? Para mim, estávamos nos aproximando desse limite; nossa segurança nacional exigia um Iraque estável, mas não uma vitrine para a construção de uma nação à maneira americana. Petraeus, por sua vez, acreditava que, sem um investimento mais contínuo dos Estados Unidos, nossos ganhos, fossem quais fossem, poderiam ser facilmente anulados.

Perguntei quanto tempo levaria para que os ganhos se tornassem permanentes. Dois anos? Cinco? Dez?

Ele não sabia. Mas anunciar um cronograma fixo para a retirada, segundo o general, serviria apenas para dar ao inimigo a chance de esperar a nossa saída.

Mas não seria sempre assim?

Ele admitiu que sim.

E o que dizer das pesquisas indicando que uma grande maioria de iraquianos, tanto xiitas como sunitas, estava cansada da nossa ocupação e queria que saíssemos o quanto antes?

Era um problema que teríamos de resolver, disse ele.

A conversa foi cordial, e eu não tinha como condenar Petraeus por fazer questão de levar a missão até o fim. Comentei que, no lugar dele, iria querer a mesma coisa. Mas o trabalho de um presidente exigia um olhar mais abrangente, expliquei, da mesma forma como ele era obrigado a lidar com arranjos e restrições que os oficiais sob seu comando não precisavam levar em conta. Como país, de que forma deveríamos priorizar dois ou três anos adicionais no Iraque, ao custo de quase 10 bilhões de dólares por mês, ou a necessidade de desmantelar a estrutura de Osama bin Laden e as operações da al-Qaeda no noroeste do Paquistão? Ou as escolas e estradas a serem construídas nos Estados Unidos? Ou a manutenção de nossa capacidade de reação caso outra crise surgisse? Ou o custo humano para nossos soldados e suas famílias?

O general Petraeus assentiu educadamente com a cabeça e disse que esperava me ver depois da eleição. Quando nossa delegação se despediu naquele dia, eu tinha dúvidas sobre quem havia conseguido persuadir quem a respeito de sua posição.

Será que eu estava preparado para ser um líder mundial? Será que tinha as aptidões diplomáticas, o conhecimento, a energia, a autoridade para comandar? O saldo da viagem, uma elaborada estreia no palco internacional, deveria responder a essas perguntas. Houve encontros bilaterais com o rei Abdullah na Jordânia, com Gordon Brown na Inglaterra, com Nicolas Sarkozy na França. Me encontrei com Angela Merkel na Alemanha, onde também falei para 200 mil pessoas reunidas em frente à histórica Coluna da Vitória, declarando que, a exemplo da geração anterior, que tinha derrubado o muro que dividia a Europa, nossa missão agora era derrubar outros muros, menos visíveis, entre ricos e pobres, entre raças e tribos, entre nativos e imigrantes, entre cristãos, muçulmanos e judeus. Ao longo de uma maratona em Israel e na Cisjordânia, tive reuniões separadas com o primeiro-ministro israelense Ehud Olmert e o presidente palestino Mahmoud Abbas, e fiz o possível para compreender não apenas a lógica, mas também as emoções que havia por trás de um conflito antigo e aparentemente intratável. Na cidade de Sderot, pais e mães me descreveram o terror de mísseis lançados de Gaza, ali perto, e que caíam a poucos metros dos quartos de seus filhos. Em Ramallah, ouvi palestinos falarem das humilhações diárias sofridas nos postos de controle de segurança israelenses.

Segundo Gibbs, a imprensa americana achava que eu tinha passado com distinção no teste de "parecer um estadista". Mas, para mim, a viagem foi mais do que uma questão de aparências. Mais ainda do que quando estava nos Estados Unidos, senti a imensidão dos desafios que me esperavam caso vencesse, a elegância de que eu precisaria para exercer o cargo.

Esses pensamentos me ocupavam a mente na manhã de 24 de julho, quando cheguei ao Muro das Lamentações em Jerusalém, construído 2 mil anos antes para proteger o sagrado Monte do Templo e visto como uma porta de acesso à divindade e um lugar onde Deus acolhia as preces de todos os visitantes. Durante séculos, peregrinos do mundo inteiro criaram o hábito de colocar suas súplicas por escrito e enfiá-las nas frestas do muro, de modo que, antes de chegar lá naquela manhã, escrevi minha própria prece num papel timbrado do hotel.

Sob a luz pálida do amanhecer, cercado por anfitriões israelenses, assessores e agentes do Serviço Secreto e pelo barulho das câmeras dos meios de comunicação, inclinei a cabeça diante do muro enquanto um rabino barbudo lia um salmo pedindo paz na cidade santa de Jerusalém. Seguindo o costume, pus uma mão na lisa pedra calcária, me pus em silenciosa contemplação, dobrei meu pedaço de papel e o enfiei com força numa fenda do muro.

"Senhor", eu tinha escrito, "protege minha família e a mim. Perdoa meus pecados, e me ajuda a evitar o orgulho e o desespero. Dá-me sabedoria para fazer o que é certo e justo. E faz de mim instrumento da Tua vontade."

Eu imaginava que essas palavras ficariam só entre mim e Deus. Mas no dia seguinte apareceram num jornal israelense, e logo ganharam vida eterna na internet. Aparentemente, alguém arrancou meu pedaço de papel do muro depois que saímos — um lembrete do preço a pagar quando subimos ao palco do mundo. A linha que separava minha vida privada da pública já se desmanchava; cada pensamento e cada gesto passavam a ser de interesse global.

Acostume-se, disse a mim mesmo. Faz parte.

Voltando da viagem internacional, eu me sentia como um astronauta, ou como um explorador recém-chegado de uma árdua expedição, carregado de adrenalina e um tanto perdido na rotina da vida comum. Faltando apenas um mês para a Convenção Nacional do Partido Democrata, resolvi tentar normalizar um pouco as coisas levando minha família para uma semana no Havaí. Fui logo dizendo a Plouffe que não era uma decisão sujeita a discussões. Depois de dezessete meses de campanha, eu precisava recarregar as baterias, e Michelle também. Além disso, a saúde de Toot vinha se deteriorando rapidamente e, embora não tivéssemos como saber quanto tempo minha avó ainda viveria, eu não queria repetir o erro que cometera com minha mãe.

Acima de tudo, eu queria passar um tempo com minhas filhas. Pelo que eu sentia, a campanha não afetara nossos vínculos. Malia continuava falante e curiosa comigo como sempre, e Sasha era otimista e afetuosa. Quando eu estava longe de casa, falava com elas por telefone todas as noites, sobre escola, seus amigos, ou o último episódio de *Bob Esponja*; quando estava em casa, eu lia para elas, desafiava as duas em jogos de tabuleiro e de vez em quando escapulíamos para tomar um sorvete.

Apesar disso, dava para ver, de uma semana para outra, que elas tinham crescido muito, que seus membros estavam alguns centímetros mais longos do que eu me lembrava, e que suas conversas à mesa do jantar iam se tornando mais sofisticadas. Essas mudanças davam uma ideia de tudo que eu tinha perdido, do fato de que não estava presente para cuidar delas quando adoeciam, ou para abraçá-las quando tinham medo, ou para rir das piadas que contavam. Por mais que acreditasse na importância do que estava fazendo, eu sabia que jamais traria esse tempo de volta e com frequência me perguntava se valia a pena abrir mão disso.

Eu tinha razões para me sentir culpado. É difícil exagerar o fardo que joguei sobre os ombros de minha família naqueles dois anos em que concorri à presidência — o quanto confiei na fortaleza de espírito e nos talentos de Michelle como mãe, o quanto dependi da boa disposição e da maturidade sobrenaturais de minhas filhas. No começo daquele verão, Michelle tinha concordado em trazer as meninas para junto de mim enquanto eu fazia campanha em Butte, em Montana, no Quatro de Julho, que por coincidência era também o décimo aniversário de Malia. Minha irmã Maya e sua família resolveram vir também. Nos divertimos bastante naquele dia, visitando um museu de mineração e molhando uns aos outros com pistolas de água, mas a maior parte de meu tempo ainda foi dedicada a conseguir votos. As meninas se mantinham obedientemente ao meu lado enquanto eu distribuía apertos de mãos ao longo do trajeto do desfile. Aguentaram o calor da tarde enquanto eu falava num comício. À noite, depois que a queima de fogos que eu prometera foi cancelada por causa de uma tempestade, improvisamos uma festinha de aniversário numa sala de conferências sem janelas, no subsolo do Holiday Inn onde estávamos hospedados. Nossa equipe tinha feito o possível para dar vida ao lugar com alguns balões. Teve pizza, salada e um bolo comprado num supermercado. Apesar disso, vendo Malia soprar as velas e fazer seu pedido para o ano seguinte, eu perguntava a mim mesmo se ela estaria decepcionada, se mais tarde se lembraria daquele dia como uma prova das prioridades equivocadas do pai.

Nesse momento, Kristen Jarvis, uma das jovens assessoras de Michelle, sacou um iPod e o conectou a uma caixa de som portátil. Malia e Sasha seguraram minha mão e me puxaram da cadeira. Logo todos dançavam ao som de Beyoncé e Jonas Brothers, Sasha rodopiando, Malia sacudindo os cachos curtos, Michelle e Maya se soltando, enquanto eu demonstrava meus melhores passos de pai de meia-idade. Depois de meia hora, com todos felizes mas sem fôlego, Malia se aproximou de mim e sentou em meu colo.

"Papai", disse ela, "esta é a melhor festa de aniversário que já tive."

Beijei sua cabeça e a abracei com força, para que ela não visse meus olhos marejados.

Essas eram minhas meninas. Era o que eu perdia por estar tanto tempo ausente. Foi por isso que os dias no Havaí em agosto valeram a pena, apesar de McCain ter crescido um pouco nas pesquisas enquanto isso. Brincar no mar com as meninas, permitir que me cobrissem de areia sem precisar dizer que precisava participar de uma teleconferência ou seguir para o aeroporto — tudo isso tinha valido a pena. Ver o pôr do sol no Pacífico com meus braços em volta de Michelle, escutando o vento e o farfalhar das palmeiras — com certeza valia a pena.

Ver Toot curvada em seu sofá na sala de estar, praticamente incapaz de erguer a cabeça, mas assim mesmo sorrir de tranquila satisfação enquanto suas bisnetas riam e brincavam no chão, e depois sentir sua mão cheia de manchas e veias azuis apertar a minha talvez pela última vez.

Um precioso sacramento.

Eu não consegui deixar a campanha inteiramente para trás enquanto estava no Havaí. Recebi informações atualizadas da equipe, fiz ligações de agradecimento a apoiadores e um esboço preliminar do meu discurso na convenção, que mandei para Favs. E havia a decisão mais importante a tomar depois de minha indicação.

Quem seria meu companheiro de chapa?

A escolha havia sido reduzida ao governador Tim Kaine, da Virgínia, e a meu colega do Senado Joe Biden, de Delaware. Naquela época, eu era muito mais chegado a Tim, que tinha sido o primeiro ocupante de um cargo eletivo importante fora de Illinois a apoiar minha candidatura a presidente e trabalhara com afinco como um dos nossos cabos eleitorais. Nossa amizade surgiu naturalmente; éramos mais ou menos da mesma idade, tínhamos raízes parecidas no Meio-Oeste, temperamentos parecidos e até currículos parecidos. (Tim trabalhou numa missão em Honduras quando estudava na Faculdade de Direito de Harvard e atuara na área de direitos civis antes de entrar na política.)

Quanto a Joe, não poderíamos ser mais diferentes, pelo menos no papel. Ele era dezenove anos mais velho. Eu concorria como alguém de fora de Washington; Joe tinha passado 35 anos no Senado, incluindo períodos em que servira como presidente do Comitê Judiciário e do Comitê de Relações Exteriores. Em contraste com minha criação itinerante, Joe tinha profundas raízes em Scranton, na Pensilvânia, e se orgulhava de pertencer a uma família de classe trabalhadora de origem irlandesa. (Só depois, já eleitos, descobrimos que dois de nossos respectivos antepassados irlandeses, ambos sapateiros, tinham migrado da Irlanda para os Estados Unidos com diferença de cinco semanas.) E, se eu era visto como calmo e controlado, comedido no uso das palavras, Joe era passional, um homem sem inibições, que compartilhava de bom grado qualquer coisa que lhe passasse pela cabeça. Esse era um traço cativante, pois ele realmente gostava de gente. Dava para perceber isso quando interagia num evento qualquer, o rosto bonito sempre iluminado por um esplêndido sorriso (e a poucos centímetros do interlocutor), perguntando a todos de onde eram, dizendo o quanto amava suas cidades ("Tem o melhor calzone que já comi"), afirmando com insistência que certamente conheciam fulano de tal ("Um camarada magnífico, o sal da terra"), lisonjeando filhos ("Alguém já disse que você é linda?") ou mães ("Impossível a senhora ter mais de quarenta anos!"), e assim por diante, ao falar com a próxima pessoa, depois com a próxima, até tocar em cada alma da sala com um dilúvio de apertos de mão, abraços, beijos, tapas nas costas, cumprimentos e gracejos.

O entusiasmo de Joe tinha suas desvantagens. Mesmo numa cidade repleta de gente que falava pelos cotovelos, nesse quesito ele não tinha rivais. Se um discurso estivesse programado para durar quinze minutos, Joe falava pelo menos meia hora. Se fosse para durar meia hora, não havia como saber quanto tempo ele discursaria. Seus solilóquios nas audiências de comitê eram lendários. Sua falta de filtro periodicamente o metia em apuros, e quando, durante as primárias, me proclamou "eloquente, brilhante, limpo e um sujeito boa-pinta", a frase era, sem dúvida, um elogio, mas foi interpretada por alguns como insinuação de que essas características num homem negro eram uma exceção.

Quando o conheci melhor, porém, achei que essas gafes intermitentes eram banais em comparação com seus pontos fortes. No trato com as questões nacionais, ele era inteligente, prático e fazia o dever de casa. Sua experiência em política internacional era ampla e profunda. Durante sua participação relativamente breve nas primárias, fiquei impressionado com sua habilidade e disciplina como debatedor e com sua naturalidade no palco nacional.

Acima de tudo, Joe era determinado. Tinha superado uma gagueira quando criança (o que provavelmente explica seu forte apego às palavras) e dois aneurismas cerebrais na maturidade. Na política, teve sucesso desde cedo, mas também sofreu derrotas constrangedoras. E encarou tragédias inimagináveis: em 1972, semanas depois de eleito para o Senado, sua mulher e filha pequena morreram — e os dois meninos, Beau e Hunter, saíram feridos — num acidente de carro. Em consequência dessa perda, seus colegas e irmãos tiveram que se esforçar para convencê-lo a não abandonar o cargo, mas ele fez questão de organizar seus compromissos de modo a lhe permitirem fazer uma viagem diária de uma hora e meia de trem entre Delaware e Washington para cuidar dos filhos, prática que manteve pelas três décadas seguintes.

O fato de Joe ter sobrevivido a essa perda devastadora deve ser creditado a Jill, sua segunda mulher, uma professora adorável e discreta que ele conheceu três anos depois do acidente e que criou os enteados como se fossem seus filhos. Ao ver os Biden juntos, ficava claro imediatamente que a família era o esteio de Joe — que Beau, na época procurador-geral de Delaware e estrela em ascensão na política do estado, era para ele uma fonte de orgulho e alegria; assim como Hunter, advogado em Washington; Ashley, assistente social em Wilmington; e seus belos netos.

Assim como Joe, a família que o mantivera de pé também tinha um caráter otimista. As tragédias e os reveses deixaram marcas, como eu descobriria mais tarde, mas não o tornaram amargo nem cínico.

Foi com base nessas impressões que pedi a Joe que se submetesse ao processo inicial de verificação e que se juntasse a mim em compromissos de campanha em Minnesota. De início ele resistiu — como a maioria dos senadores, Joe tinha um ego que não podia ser desconsiderado e não gostava da ideia de assumir uma função subordinada. Nosso encontro começou com Joe explicando por que o cargo de vice-presidente talvez fosse um passo atrás para ele (e em seguida com minha explicação do motivo por que ele seria a melhor escolha). Garanti que eu não estava à procura de um substituto cerimonial, mas de um parceiro.

"Se me escolher", disse Joe, "eu quero ter liberdade para expressar minha opinião para você e dar conselhos sinceros. Você será o presidente, e eu defenderei qualquer decisão sua. Mas quero estar presente em todas as grandes decisões."

Respondi que era um compromisso que eu poderia assumir.

Tanto Axe quanto Plouffe tinham a melhor opinião possível sobre Tim Kaine e, como eu, sabiam que ele se encaixaria com perfeição num eventual governo Obama. Mas, assim como eu, se perguntavam se colocar na mesma chapa dois advogados liberais oriundos da área de direitos civis, relativamente jovens e inexperientes, não seria uma sinalização de esperança e mudança maior do que os eleitores estariam dispostos a tolerar.

Joe também representava riscos. Achávamos que sua falta de disciplina diante de um microfone talvez pudesse provocar controvérsias desnecessárias. Seu estilo era à moda antiga, ele gostava de ser o centro das atenções e nem sempre agia com a devida cautela. Eu achava que ele poderia se irritar se achasse que não estava sendo tratado com a devida consideração — um sentimento que poderia ser agravado pelo fato de ter que lidar com um chefe muito mais jovem.

Mas apesar disso eu achava que o contraste entre nós era um ponto positivo. Era bom saber que Joe estaria mais do que preparado para assumir como presidente se alguma coisa acontecesse comigo — e que sua presença talvez tranquilizasse os que ainda me achavam jovem demais. Sua experiência em política externa seria valiosa numa época em que travávamos duas guerras, bem como suas relações no Congresso e o seu potencial de dialogar com eleitores ainda temerosos de eleger um presidente afro-americano. O mais importante, porém, era o que meus instintos me diziam — que Joe era decente, honesto e leal. Eu acreditava que ele se importava com as pessoas comuns e que, numa situação difícil, seria alguém confiável.

E eu estava certo.

Como a Convenção Nacional do Partido Democrata em Denver foi organizada ainda é em grande parte um mistério para mim. Fui consultado sobre a ordem da programação das quatro noites, sobre os temas a serem desenvolvidos, sobre os oradores que discursariam. Vídeos biográficos foram submetidos a aprovação, e me pediram uma lista de parentes e amigos que precisariam de hospedagem. Plouffe veio me perguntar se eu estaria disposto a realizar a última noite da convenção não num ginásio de esportes, mas no Mile High, o estádio dos Denver Broncos. Com capacidade para quase 80 mil espectadores, era um lugar que poderia receber as dezenas de milhares de voluntários de todo o país que tinham sido o alicerce da nossa campanha. Mas não tinha teto coberto, o que significava ficarmos expostos às intempéries.

"E se chover?", perguntei.

"Vimos cem anos de boletins meteorológicos de Denver em 28 de agosto às oito da noite", disse Plouffe. "Só choveu uma vez."

"E se este ano for a segunda vez? Temos um plano B?"

"Se fecharmos com um estádio", disse Plouffe, "não tem volta." Ele deu uma risada ligeiramente insana. "Não esquece que sempre nos saímos melhor quando não havia rede de proteção. Por que parar agora?"

Por quê, não é mesmo?

Michelle e as meninas foram para Denver dois dias antes de mim, enquanto eu fazia campanha em alguns estados; então, quando cheguei, as festividades já seguiam a todo vapor. Os caminhões para transmissão via satélite e as tendas da imprensa cercavam o estádio como um exército que se preparava para invadir uma fortaleza; vendedores ambulantes ofereciam camisetas, chapéus, sacolas e bijuterias enfeitadas com nosso logo de sol nascente ou minha cara com as orelhas de abano. Turistas e paparazzi fotografavam políticos e uma ou outra celebridade que circulavam pelo estádio.

Ao contrário da convenção de 2000, quando eu era o menino com o rosto encostado na vitrine da loja de doces, ou da convenção de 2004, quando meu discurso de abertura me pusera no centro do espetáculo, eu era ao mesmo tempo a atração principal e uma figura à margem, preso numa suíte de hotel ou olhando pela janela de um carro do Serviço Secreto, chegando a Denver apenas na penúltima noite da convenção. Era uma questão de segurança, segundo me disseram, e também encenação deliberada — se as pessoas não me vissem, a expectativa seria maior. Mas eu estava inquieto e curiosamente distante, como se fosse apenas um artigo de luxo a ser retirado da caixa em condições especiais.

Alguns momentos daquela semana permanecem em minha memória. Me lembro de Malia e Sasha e três das netas de Joe rolando em colchões de ar em nossa suíte, todas rindo muito, entretidas em suas brincadeiras secretas e totalmente indiferentes à comoção lá embaixo. Me lembro de Hillary assumindo o microfone como representante dos delegados de Nova York para apresentar formalmente a moção de votar em mim como candidato democrata, um poderoso gesto de união. E me lembro de estar sentado na sala de visitas de uma amabilíssima família de apoiadores no Missouri, jogando conversa fora e fazendo uma boquinha antes de Michelle aparecer na tela da TV, radiante num vestido verde-azulado para fazer o discurso de abertura da convenção naquela noite.

Eu me recusara a ler o discurso de Michelle, para não interferir no processo nem colocar ainda mais pressão sobre ela. Depois de vê-la durante a campanha, tinha certeza de que se sairia bem. Mas ouvir Michelle contar sua história naquela noite — vê-la falar sobre a mãe e o pai, os sacrifícios que fizeram e os valores que transmitiram; ouvi-la descrever sua improvável jornada e as esperanças que nutria para nossas filhas; ouvir aquela mulher que carregara o fardo de tantas responsabilidades atestar que eu sempre fui fiel à minha família e a minhas convicções; ver a plateia da convenção, os âncoras das redes de TV e as pessoas ao meu redor enfeitiçados —, bem, eu não poderia me sentir mais orgulhoso.

Ao contrário do que alguns comentaristas disseram na época, minha mulher não "encontrou" sua voz naquela noite. O que aconteceu foi que o país inteiro finalmente teve a oportunidade de ouvir aquela voz em seu estado natural, sem filtros.

Quarenta e oito horas depois, eu estava enfurnado com Favs e Axe num quarto de hotel, passando um pente-fino no discurso de indicação a ser pronunciado na noite seguinte. Tinha sido difícil escrevê-lo. Achávamos que o momento pedia mais prosa do que poesia, com uma crítica contundente às políticas republicanas e uma enumeração das medidas específicas que eu pretendia tomar como presidente — tudo isso sem me alongar demais, nem ser áspero demais, nem partidário demais. Depois de incontáveis revisões, me sobrou pouco tempo para ensaiar. Postado atrás de uma tribuna improvisada proferindo minhas falas, o sentimento era mais de profissionalismo do que de inspiração.

Só uma vez o significado da indicação como candidato me pegou de jeito. Por coincidência, a última noite da convenção caiu no 45º aniversário da Marcha de Washington e do histórico discurso "Eu tenho um sonho" do dr. King. Decidimos não chamar muita atenção para esse fato, imaginando que não era boa ideia sugerir comparações com um dos melhores discursos da história dos Estados Unidos. Mas prestei minha homenagem ao milagre daquele jovem pregador da Geórgia no fim do discurso, citando uma coisa que disse às pessoas que se juntaram no National Mall naquele dia de 1963: "Não podemos caminhar sozinhos. E, enquanto caminhamos, precisamos assumir o compromisso de seguir em frente. Não podemos voltar atrás".

"Não podemos caminhar sozinhos." Eu não me lembrava especificamente dessas palavras do discurso do dr. King. Mas, quando ensaiava o discurso em voz alta, eu pensava nos voluntários mais velhos com quem me encontrara em nossos escritórios em todo o país, o jeito como seguravam minha mão dizendo que jamais esperaram ver o dia em que um negro teria chance real de ser presidente.

Pensei nos idosos que me escreveram contando que tinham acordado cedo para ser os primeiros da fila da votação durante as primárias, mesmo os doentes ou os que tinham dificuldade de locomoção.

Pensei nos porteiros, nos zeladores, nas secretárias, nos atendentes, nos lavadores de pratos e nos motoristas que encontrava ao passar por hotéis, centros de convenções ou prédios de escritórios — que me acenavam, faziam joinha para mim ou timidamente aceitavam um aperto de mão, homens e mulheres negros de certa idade que, como os pais de Michelle, tinham feito em silêncio tudo o que era necessário para alimentar a família e mandar os filhos para a escola e agora reconheciam em mim um fruto de seu trabalho.

Pensei em todas as pessoas que foram parar na cadeia ou que se juntaram à Marcha de Washington quarenta, cinquenta anos antes, e tentava imaginar como se sentiriam quando eu subisse no palco em Denver — o quanto tinham visto o país mudar, e o quanto as coisas ainda estavam longe daquilo que esperavam.

"Sabe de uma coisa...? Só um segundinho", eu disse, com a voz embargada e os olhos começando a se encher de lágrimas.

Fui ao banheiro jogar água no rosto. Quando voltei, minutos depois, Favs, Axe e o operador de teleprompter estavam quietos, meio perdidos.

"Desculpem", falei. "Vamos tentar de novo, do início."

Não tive dificuldade para repassar o discurso uma segunda vez; a única interrupção ocorreu no meio da leitura, quando alguém bateu à porta e lá estava um funcionário do hotel, em pé no corredor, com uma salada caesar ("O que posso dizer?", perguntou Axe, com um sorriso acanhado. "Estava morrendo de fome."). E, na noite seguinte, ao caminhar para subir no palco amplo, coberto por um tapete azul, para falar ao ar livre sob um céu claro e aberto diante de um estádio lotado e mais milhões de pessoas no país inteiro, tudo que eu sentia era calma.

A noite estava agradável, o rugir da multidão era contagiante, os flashes de milhares de câmeras imitavam as estrelas lá no alto. Quando terminei de falar, Michelle e as meninas, e depois Joe e Jill Biden, se juntaram a mim para acenar em meio a uma chuva de confete, e em todo o estádio víamos pessoas rindo e se abraçando, agitando bandeiras, ao ritmo de uma música dos artistas country Brooks & Dunn que se tornara parte da campanha: "Only in America".

Historicamente, um candidato a presidente dá um considerável "salto" nas pesquisas depois de uma boa convenção. Em todos os sentidos, a nossa tinha sido impecável. Nossos especialistas em pesquisas informaram que, depois de Denver, minha vantagem sobre John McCain tinha sido ampliada em pelo menos cinco pontos.

Isso durou uma semana.

A campanha de John McCain vinha mal das pernas. Apesar de ter conseguido a indicação republicana três meses antes de eu garantir a minha, ele não conseguira muita coisa em matéria de ganhar impulso. Eleitores indecisos continuavam resistindo à sua proposta de mais redução de impostos, além das que Bush já aprovara. No novo ambiente, mais polarizado, o próprio McCain parecia hesitante em mencionar questões como reforma da política de imigração e mudanças climáticas, que antes haviam fortalecido sua reputação como heterodoxo dentro de seu partido. Para sermos justos, as circunstâncias não eram favoráveis. A Guerra do Iraque continuava mais impopular do que nunca. A recessão econômica se acelerava, e os índices de aprovação de Bush nas pesquisas só pioravam. Numa eleição que provavelmente giraria em torno da promessa de mudança, McCain parecia e soava mais do mesmo.

McCain e seus colaboradores deviam saber que precisavam tomar alguma atitude dramática. E eu tenho que reconhecer que eles de fato fizeram isso. No dia seguinte ao encerramento de nossa convenção, Michelle e eu, juntamente com Jill e Joe Biden, estávamos no avião da campanha esperando para decolar para alguns dias de eventos na Pensilvânia quando Axe chegou correndo para nos dizer que o nome do vice de McCain tinha vazado. Joe olhou o nome no BlackBerry de Axe e se virou para mim.

"Quem é essa tal de Sarah Palin?", perguntou.

Nas duas semanas seguintes, a imprensa nacional ficaria obcecada com essa pergunta, dando à campanha de McCain a injeção de adrenalina necessária e tirando o foco da nossa. Depois de acrescentar Palin à sua chapa, McCain arrecadou milhões de dólares em novas doações num único fim de semana. Seus números nas pesquisas deram um salto, me colocando essencialmente num impasse.

Sarah Palin — governadora do Alasca, de 44 anos, e desconhecida na política nacional — era acima de tudo uma poderosa desestabilizadora. Não só era jovem e mulher, potencialmente uma desbravadora, mas também tinha uma história impossível de inventar: havia sido miss e jogadora de basquete de cidade pequena e passara por cinco faculdades antes de se formar em jornalismo. Trabalhara como comentarista esportiva antes de se eleger prefeita de Wasilla, uma cidadezinha do Alasca, e então competira contra o establishment republicano e derrotara o governador em 2006. Casou com o namorado dos tempos de ensino médio, teve cinco filhos (incluindo um adolescente prestes a ser despachado para o Iraque e um bebê com síndrome de Down), professava um cristianismo conservador e gostava de caçar alces nas horas vagas.

Sua biografia parecia feita sob medida para conquistar os votos de trabalhadores brancos que odiavam Washington e tinham uma desconfiança não inteiramente infundada de que as elites das cidades grandes — empresariais, políticas ou jornalísticas — desprezavam seu jeito de viver. Se o conselho editorial do *New York Times* ou os ouvintes da National Public Radio duvidavam de suas qualificações, Palin não dava a mínima. Usava suas críticas como demonstração de autenticidade, compreendendo (bem antes de muitos detratores) que os velhos guardiães da política estavam perdendo importância, que os muros do que era considerado aceitável num candidato à presidência haviam sido derrubados, e que a Fox News, os programas de rádio com participação dos ouvintes e o poder incipiente das redes sociais poderiam lhe dar as plataformas de que precisava para alcançar seu público-alvo.

Ajudava também o fato de Palin ser uma performer nata. Seu discurso de 45 minutos na Convenção Nacional Republicana no começo de setembro foi uma obra-prima de populismo folclórico e de ditos espirituosos com endereço certo ("Em cidades pequenas, não sabemos bem o que pensar de um candidato que se derrama em elogios aos trabalhadores quando eles estão ouvindo, e depois fala de seu terrível apego à religião e às armas de fogo quando essas pessoas não estão ouvindo." Ai!). Os delegados ficaram extasiados. Em sua turnê com Palin depois da convenção, McCain falou para multidões três ou quatro vezes maiores do que as que ele costumava reunir sozinho. E, apesar de os republicanos devotos aplaudirem educadamente durante os discursos dele, ficava claro que era aquela sua combativa companheira de chapa que de fato queriam ver. Ela era nova, diferente, alguém como eles.

Uma "americana de verdade" — e fantasticamente orgulhosa disso.

Numa outra época, em outro lugar — digamos, numa disputa eleitoral para o Senado em um estado que não tinha uma maioria consolidada de um partido ou para um governo estadual —, a energia em estado bruto que Palin injetou na base republicana talvez me preocupasse. Mas, já no dia em que McCain a escolheu, e mesmo durante o auge da "Palinmania", eu tinha certeza de que a decisão não lhe seria favorável. Apesar de todos os talentos performáticos de Palin, a qualificação mais importante para um vice-presidente era a capacidade, se preciso fosse, de assumir a presidência. Levando em conta a idade e o histórico de melanomas de John, não se tratava de uma preocupação gratuita. E o que ficou mais do que claro quando Sarah Palin se colocou sob os holofotes foi que em quase todas as questões relevantes para o governo do país ela não tinha absolutamente a menor ideia do que estava falando. O sistema financeiro. A Suprema Corte. A invasão russa da Geórgia. Fosse qual fosse o assunto, ou a forma como a pergunta era formulada, a governadora do Alasca parecia perdida, jogando palavras ao acaso como uma criança que tenta passar numa prova para a qual não estudou.

A escolha de Palin era preocupante num nível mais profundo. Desde o início, percebi que sua incoerência não tinha a menor importância para a grande maioria dos republicanos; na verdade, sempre que ela se complicava diante das perguntas de um jornalista, eles pareciam ver naquilo mais uma prova de conspiração liberal. E fiquei ainda mais surpreso ao ver conservadores notáveis — inclusive aqueles que tinham passado um ano inteiro tentando me desmerecer por ser inexperiente, além de décadas denunciando a ação afirmativa, a erosão dos padrões intelectuais e a degradação da cultura ocidental nas mãos de multiculturalistas — de repente agirem como cúmplices de Palin, enredando a si mesmos em uma armadilha ao tentarem convencer o público de que, num candidato a vice, a necessidade de conhecimentos básicos sobre política externa ou das funções do governo federal na verdade era superestimada. Sarah Palin, como Reagan, tinha "bons instintos", segundo diziam, e, uma vez instalada no governo, cresceria no cargo.

Era um sinal do que estava por vir, claro, uma realidade mais ampla e mais sombria, na qual filiações partidárias e conveniências políticas ameaçariam obscurecer tudo — posições anteriores, princípios declarados e até mesmo aquilo que os próprios sentidos, os olhos e os ouvidos, nos diziam que era verdade.

9

Em 1993, Michelle e eu compramos nosso primeiro imóvel, num condomínio de Hyde Park chamado East View Park. Era uma linda localização, em frente a Promontory Point e ao lago Michigan, com um amplo pátio repleto de cornisos que se cobriam de flores de um tom rosa-claro na primavera. O apartamento de três quartos, disposto como um vagão de trem da frente para os fundos, não era grande, mas tinha piso de tábua corrida e uma dose razoável de iluminação natural, além de uma boa sala de jantar, com armários de nogueira. Em comparação com o segundo piso da casa da minha sogra, onde morávamos antes para economizar, parecia absolutamente suntuoso, e nós o mobiliamos conforme nosso orçamento, com uma combinação de sofás Crate & Barrels, luminárias Ace Hardware e mesas de segunda mão.

Perto da cozinha, havia um pequeno escritório onde eu trabalhava à noite. Michelle o chamava de "a Toca", porque estava sempre entupido de pilhas de livros, revistas, jornais, peças processuais que eu estava elaborando e provas a ser corrigidas. Mais ou menos de mês em mês, quando não conseguia mais encontrar as coisas, eu dava uma ajeitada na Toca durante uma hora de atividade frenética e sentia muito orgulho de mim pelos três dias que os livros, jornais e o resto da bagunça levavam para reaparecer, como ervas daninhas. A Toca era também o único cômodo do apartamento onde eu fumava, muito embora, depois que as meninas nasceram, eu tenha transferido meu péssimo hábito para a ligeiramente instável varanda dos fundos, onde às vezes eu assustava as famílias de guaxinins que se alimentavam em nossas lixeiras.

Crianças transformam nossas casas de muitas maneiras. Proteções de espuma apareceram nas quinas das mesas. A sala de jantar aos poucos foi perdendo a relação com as refeições e se tornando um repositório de cercadinhos, tapetes coloridos e brinquedos em que eu pisava pelo menos uma vez por dia. Mas, longe de parecer apertado, o modesto espaço do apartamento amplificava as alegrias e os barulhos de nossa jovem família: banhos que molhavam tudo em volta e festas de aniversário barulhentas, além do som da Motown ou da salsa saindo das caixas de som no aparador enquanto eu girava com as meninas nos braços. E, embora eu visse amigos de nossa idade comprarem casas maiores em bairros melhores, a única época em que surgia a vontade de nos mudarmos era o verão, quando um ou dois camundongos (não havia como sabermos quantos eram) passavam apressados pelo corredor. Eu resolvi o problema consertando o piso da cozinha, mas só depois de — com notável patetice e um sorriso engraçadinho — refutar a ideia de que dois camundongos caracterizavam uma "infestação" e Michelle, em resposta, ameaçar ir embora com as meninas.

Pagamos 277 500 dólares pelo apartamento, com 40% de entrada (graças a uma ajuda de Toot) e amortização em trinta anos, a prestações fixas. No papel, nossa renda deveria comportar sem problemas os pagamentos mensais. Mas, à medida que Malia e Sasha cresciam, os custos com creche, escola e férias de verão iam subindo, e o saldo dos empréstimos estudantis que contraímos para pagar a faculdade parecia não diminuir nunca. O dinheiro era sempre curto; as dívidas de cartão de crédito cresciam; não conseguíamos economizar. Por isso, quando Marty sugeriu que pensássemos num refinanciamento de nossa hipoteca para aproveitar os juros mais baixos, liguei no dia seguinte para uma corretora do bairro.

O corretor, um jovem dinâmico com o cabelo cortado rente, confirmou que poderíamos economizar centenas de dólares por mês na operação. Mas, com os preços dos imóveis nas alturas, ele quis saber se tínhamos pensado também em usar uma parcela do novo empréstimo para conseguir algum dinheiro vivo na transação. Era uma prática comum, conversou ele, bastava fazer uma nova avaliação do valor do apartamento. De início, tive minhas dúvidas, ouvindo a voz sensata de Toot repercutir em meus ouvidos, mas quando fiz as contas e considerei quanto economizaríamos quitando nossa dívida de cartão de crédito, essa lógica se mostrou difícil de contestar. Sem que o avaliador ou o corretor sequer se dessem ao trabalho de inspecionar nossa casa, e levando comigo apenas três meses de contracheques e meia dúzia de extratos bancários, assinei alguns papéis e saí do escritório do corretor com um cheque de 40 mil dólares no bolso e a vaga sensação de que tinha acabado de fazer alguma coisa errada.

Era assim no começo dos anos 2000, uma corrida do ouro dos imóveis. Em Chicago, as novidades pareciam pipocar todas as noites. Com os preços subindo em ritmo inédito, os juros baixos e algumas instituições de crédito exigindo apenas 10% ou 5% — ou mesmo dinheiro nenhum — de entrada para uma compra, por que se privar do dormitório extra, das bancadas de granito e dos porões bem equipados que as revistas e os programas de televisão diziam que eram requisitos da vida de classe média? Era um grande investimento, uma coisa certa — e, uma vez comprada, aquela mesma casa poderia servir como um cheque em branco, cobrindo a melhor decoração para as janelas, as férias em Cancún desejadas fazia tanto tempo — ou como uma compensação para o fato de você não ter conseguido um aumento no ano anterior. Na ânsia de entrar naquela onda para ganhar dinheiro, amigos, taxistas e professores me contavam que estavam trocando de casa, e de repente todos pareciam fluentes na linguagem das parcelas-balão, das hipotecas com juros ajustáveis e do Índice Case-Shiller. Se eu fizesse alguma ressalva — o mercado imobiliário pode ser imprevisível, você não vai querer entrar numa enrascada —, eles me garantiam já ter conversado com um primo ou tio que ganhara muito dinheiro e falavam com um tom de divertimento que dava a entender que eu estava totalmente por fora.

Depois que fui eleito senador dos Estados Unidos, vendemos nosso apartamento de East View Park por um valor suficiente para cobrir nossa hipoteca e o empréstimo feito com o imóvel como garantia e ainda sair com um pequeno lucro. Mas percebi, enquanto voltava de carro para casa certa noite, que a corretora onde havia feito meu refinanciamento estava vazia, com uma grande placa de VENDE-SE OU ALUGA-SE na janela. Todos os novos condomínios de River North e Sout Loop pareciam desocupados, mesmo com as incorporadoras oferecendo aos compradores descontos cada vez maiores. Uma antiga funcionária, que tinha saído do governo para trabalhar no mercado imobiliário, me perguntou se eu sabia de alguma vaga de emprego — o negócio com os imóveis não deu tão certo quanto ela esperava.

Não fiquei nem surpreso nem alarmado com nada disso, imaginando se tratar apenas dos ciclos naturais do mercado. Mas, em Washington, por acaso comentei sobre a desaceleração do mercado imobiliário de Chicago com um amigo, George Haywood, quando comíamos sanduíches num parque perto do Capitólio. George tinha largado a Faculdade de Direito de Harvard para ser jogador profissional de blackjack, explorou suas habilidades com números e sua propensão ao risco num emprego como negociador de títulos em Wall Street e acabou ganhando muito dinheiro com investimentos pessoais. Estar sempre alguns passos à frente era seu negócio.

"É só o começo", disse ele.

"Como assim?"

"Estou falando do mercado imobiliário como um todo", explicou George. "Todo o sistema financeiro. É tudo um castelo de cartas esperando para desabar."

Sob o sol da tarde, ele me deu um curso rápido sobre o florescente mercado de hipotecas de alto risco. Embora os bancos tipicamente mantivessem em suas próprias carteiras os empréstimos hipotecários que faziam, uma imensa percentagem desses empréstimos passara a ser empacotada e vendida como títulos negociáveis em Wall Street. Com a possibilidade de os bancos transferirem o risco de inadimplência dos clientes, essa "securitização" de hipotecas tinha levado os bancos a relaxar cada vez mais seus critérios de concessão de crédito. Agências de classificação de riscos, pagas pelos emissores, carimbavam esses títulos negociáveis como "AAA", ou menos arriscados, sem analisar devidamente a possibilidade de não pagamento dos empréstimos originais. Investidores globais, nadando em dinheiro e ansiosos por retornos mais altos, correram para comprar esses produtos, injetando mais e mais dinheiro no financiamento imobiliário. Enquanto isso, Fannie Mae e Freddie Mac, as duas gigantes que o Congresso autorizara a comprar "hipotecas qualificadas" para incentivar a compra de imóveis — e que, em virtude do seu status quase governamental, conseguiam tomar dinheiro emprestado a custos bem mais baixos do que outras empresas —, estavam metidas até o pescoço no chamado mercado do subprime, e seus acionistas ganhavam dinheiro rapidamente com o inchaço do setor imobiliário.

Tudo isso tinha contribuído para formar uma bolha clássica, explicou George. Enquanto os preços dos imóveis continuassem subindo, todos estariam felizes: as famílias, que de repente puderam comprar a casa dos sonhos sem precisar desembolsar nenhum dinheiro de entrada; as incorporadoras, que não davam conta de construir casas com a rapidez necessária para atender à nova clientela; os bancos, que vendiam instrumentos financeiros cada vez mais complexos com lucros substanciais; os fundos de cobertura e os bancos de investimento, que faziam apostas cada vez mais altas em cima desses instrumentos financeiros com dinheiro emprestado; isso sem contar as lojas de móveis, os fabricantes de tapetes, os sindicatos setoriais, os departamentos de anúncios dos jornais, todos com os melhores motivos do mundo para prolongar a festa.

Mas, com tantos compradores não confiáveis sustentando o mercado, George estava convencido de que a festa uma hora acabaria. O que eu via em Chicago era só um tremor inicial, segundo ele. Quando o terremoto começasse, o impacto seria bem mais grave em lugares como Flórida, Arizona e Nevada, onde empréstimos hipotecários de alto risco eram ainda mais comuns. Assim que um grande número de proprietários começasse a deixar de pagar suas parcelas, os investidores perceberiam que um monte de títulos negociáveis não era tão AAA assim. Provavelmente correriam para as saídas de emergência, livrando-se às pressas dos papéis. Os bancos detentores desses títulos ficariam vulneráveis a corridas aos depósitos e provavelmente suspenderiam os empréstimos para cobrir perdas ou manter exigências de capital, e até mesmo as famílias idôneas teriam dificuldade para obter financiamentos hipotecários, o que, por sua vez, deprimiria o mercado imobiliário ainda mais.

Seria um círculo vicioso, que provavelmente deflagraria o pânico e, devido ao volume de dinheiro envolvido, resultaria em uma crise econômica como nunca tínhamos visto em nossa vida.

Ouvi tudo aquilo com incredulidade. George não era dado a exageros, especialmente quando o assunto era dinheiro. Ele me contou que tinha assumido uma robusta posição "vendida", apostando que os preços de títulos negociáveis respaldados por hipotecas cairiam no futuro. Perguntei por que, se o risco de uma grande crise era tão alto, ninguém — nem o Federal Reserve, nem reguladores bancários, nem a imprensa que cobria o mercado financeiro — parecia tocar no assunto.

George encolheu os ombros.

"Se souber, me diga."

Quando voltei para meu gabinete no Senado, pedi a meus assessores que conversassem com seus colegas no Comitê Bancário para saber se alguém tinha ouvido falar de algum perigo relacionado à disparada do mercado de hipotecas de alto risco. Os relatos que recebi foram bem diferentes: o presidente do Federal Reserve tinha indicado que o mercado imobiliário estava um pouco superaquecido e necessitando de correção, mas que, levando em conta tendências históricas, ele não via nenhuma grande ameaça ao sistema financeiro ou à economia em geral. Com tantos outros problemas para lidar, inclusive o começo das campanhas de meio de mandato, o alerta de George desapareceu de minha cabeça. Na verdade, quando voltei a encontrá-lo, dois meses depois, no começo de 2007, os mercados financeiro e imobiliário continuavam a desacelerar, mas não parecia ser nada grave. George me contou que tinha sido obrigado a abandonar sua posição "vendida" depois de sofrer perdas significativas.

"A verdade é que não tenho dinheiro suficiente para continuar apostando", disse ele calmamente, acrescentando: "Pelo jeito, subestimei a disposição das pessoas de sustentar uma farsa".

Não perguntei a George quanto dinheiro tinha perdido, e mudamos de assunto. Nós nos despedimos naquele dia sem saber que a farsa não duraria muito mais tempo — ou que suas terríveis repercussões desempenhariam, apenas um ano e meio depois, um papel fundamental na minha eleição para presidente.

"Senador Obama. Aqui é Hank Paulson."

Aconteceu uma semana e meia depois da Convenção Nacional Republicana, onze dias antes do meu primeiro debate com John McCain. O motivo para o secretário do Tesouro pedir para falar comigo era claro.

O sistema financeiro estava se desintegrando, levando junto a economia americana.

Apesar de o Iraque ser o principal assunto no começo da nossa campanha, uma parte central do meu argumento a favor de mudanças sempre fora a necessidade de políticas econômicas mais progressistas. A meu ver, a combinação de globalização e tecnologias revolucionárias vinha alterando fundamentalmente a economia dos Estados Unidos havia pelo menos duas décadas. A indústria americana tinha transferido sua produção para o exterior, se aproveitando da mão de obra de baixo custo, e recebia de volta produtos baratos a serem comercializados por grandes redes varejistas, com as quais pequenas empresas não podiam ter esperança de concorrer. Mais recentemente, a internet tinha eliminado categorias inteiras de serviços de escritório e, em alguns casos, setores econômicos inteiros.

Nessa nova economia, em que os vencedores ficavam com tudo, quem controlasse o capital ou tivesse qualificações especiais muito disputadas — empresários de alta tecnologia, gestores de fundos de cobertura, LeBron James ou Jerry Seinfeld — podia alavancar seus ativos, atuar no mercado global e acumular mais riqueza do que qualquer grupo na história da humanidade. Mas, para o trabalhador comum, a mobilidade do capital e a automação significavam um poder de barganha cada vez menor. Cidades industriais perderam sua seiva vital. Inflação baixa e tvs de tela plana baratas não bastavam para compensar demissões, menos horas de trabalho, empregos temporários, salários estagnados e benefícios reduzidos, especialmente quando os custos da assistência à saúde e da educação (dois setores menos sujeitos à automação redutora de custos) continuavam subindo.

A desigualdade também tinha sua forma de se multiplicar. Mesmo os americanos de classe média se viram cada vez mais obrigados a sair de bairros com as melhores escolas e de cidades com as melhores perspectivas de emprego. Não conseguiam pagar pelas vantagens adicionais — cursos preparatórios para o exame padronizado do ensino médio que serve de parâmetro de acesso às universidades, acampamentos de férias voltados para tecnologia, estágios de importância inestimável, mas não remunerados — que pais mais abonados ofereciam aos filhos. Em 2007, a economia dos Estados Unidos não só produzia mais desigualdade do que qualquer outro país rico como também oferecia menos mobilidade ascendente.

Eu achava que esses frutos não eram inevitáveis, e sim consequências de escolhas políticas feitas ainda na época de Ronald Reagan. Sob a bandeira da liberdade econômica — "sociedade proprietária" era a frase que o presidente Bush usava —, os americanos foram alimentados com uma dieta constante de redução de impostos para os ricos e viram leis de acordos coletivos não sendo aplicadas. Houve esforços para privatizar ou reduzir a rede de proteção social, e os orçamentos federais previam investimentos menores do que deveriam em tudo, desde educação pré-escolar até infraestrutura. Isso tinha acelerado a desigualdade, deixando famílias mal preparadas para atravessar até mesmos as pequenas turbulências econômicas.

Eu fazia campanha para empurrar o país na direção contrária. Não acreditava que os Estados Unidos pudessem reverter a automação, ou romper a cadeia global de abastecimento (embora achasse que devíamos negociar cláusulas trabalhistas e ambientais mais firmes em nossos acordos comerciais). Mas tinha certeza de que era possível adaptar nossas leis e instituições, assim como fizemos no passado, para garantir que pessoas dispostas a trabalhar pudessem ter uma oportunidade. Em cada parada que fazia, em cada cidade, grande ou pequena, minha mensagem era a mesma. Prometia aumentar impostos para os abastados a fim de financiar investimentos vitais em educação, pesquisa e infraestrutura. Prometia fortalecer sindicatos e aumentar o salário mínimo, bem como oferecer assistência universal à saúde e tornar mais acessível o ensino superior.

Queria que as pessoas compreendessem que havia um precedente para uma ação ousada do governo. Franklin Delano Roosevelt tinha salvado o capitalismo de si mesmo, lançando os alicerces do boom econômico depois da Segunda Guerra Mundial. Eu costumava afirmar que leis trabalhistas fortes tinham ajudado a construir uma classe média próspera e um mercado interno robusto, e que — banindo produtos inseguros e táticas fraudulentas — as leis de proteção do consumidor tinham ajudado os negócios legítimos a prosperar e crescer.

Também explicava que as escolas públicas e universidades estaduais, além da lei que, entre outras coisas, garantia aos veteranos da Segunda Guerra Mundial o acesso à educação superior gratuita, tinham desenvolvido o potencial de gerações de americanos e impulsionado a mobilidade ascendente. Programas como Previdência Social e Medicare deram a esses mesmos cidadãos uma condição estável na melhor idade, e investimentos governamentais como os da Administração do Vale do Tennessee e do sistema de rodovias interestaduais aprimoraram a produtividade e proporcionaram uma plataforma para incontáveis empreendedores.

Eu estava convencido de que poderíamos adaptar essas estratégias aos tempos atuais. Mais do que alguma política específica, eu queria restabelecer na mentalidade do povo americano a noção do papel crucial que o governo sempre desempenhou na ampliação das oportunidades, no estímulo à concorrência e na garantia de que o mercado funcione para todos.

Só não contava era com uma grande crise financeira.

Apesar da advertência oportuna de George, somente no primeiro semestre de 2007 comecei a notar manchetes perturbadoras no noticiário do mercado financeiro. A segunda maior instituição de crédito de hipotecas de alto risco do país,

New Century Financial, decretou falência depois de uma onda de inadimplência no mercado do subprime. A maior instituição, Countrywide, só não teve o mesmo destino porque o Federal Reserve interveio e aprovou um casamento à força com o Bank of America.

Assustado, conversei com minha equipe econômica e fiz um discurso na Nasdaq em setembro de 2007 denunciando a incapacidade de regular o mercado de empréstimos hipotecários de alto risco e propondo uma supervisão mais firme. Isso talvez tenha me colocado alguns passos adiante dos outros candidatos a presidente, mas apesar disso estava bem atrás dos acontecimentos em Wall Street, que começavam a sair de controle.

Nos meses seguintes, os mercados financeiros assistiram a uma correria em busca de segurança, com instituições de crédito e investidores transferindo seu dinheiro para títulos do Tesouro respaldados pelo governo, restringindo drasticamente o crédito e promovendo uma fuga de capital de qualquer firma que pudesse correr risco significativo com títulos negociáveis com respaldo hipotecário. Quase todas as grandes instituições financeiras do mundo ficaram perigosamente expostas, pois ou haviam investido nesse sistema (tomando mais empréstimos para financiar suas apostas) ou emprestaram dinheiro a negócios que se valiam dessa prática. Em outubro de 2007, o Merrill Lynch anunciou perdas de 7,9 bilhões de dólares relacionadas a hipotecas. O Citigroup advertiu que sua cifra talvez chegasse perto dos 11 bilhões. Em março de 2008, o preço das ações em firmas de investimento como Bear Stearns caiu de 57 para trinta dólares num único dia, forçando o Fed a arquitetar uma aquisição a preço de ocasião pela JPMorgan Chase. Ninguém saberia dizer se ou quando os três grandes bancos de investimentos remanescentes — Goldman Sachs, Morgan Stanley e em especial o Lehman Brothers, todos sofrendo com uma hemorragia de capital de uma rapidez espantosa — enfrentariam acerto de contas parecido.

Para o público, havia a tentação de ver tudo isso como castigo justo para a ganância de banqueiros e gestores de fundos de cobertura, de querer assistir ao espetáculo de empresas falindo e executivos que tinham recebido bônus de 20 milhões de dólares sendo obrigados a vender seus iates, jatos e casas nos Hamptons. Eu mesmo conhecia uma quantidade suficiente de executivos de Wall Street para saber que muitos correspondiam ao estereótipo: presunçosos mal-acostumados, perdulários em seus hábitos de consumo e indiferentes ao impacto que suas decisões causavam aos demais.

O problema era que, no meio de um pânico financeiro, numa economia capitalista moderna, era impossível separar as empresas boas das más, ou fazer com que só os temerários e os inescrupulosos sofressem as consequências. Gostando ou não, todos e tudo estavam interconectados.

Quando chegou a primavera de 2008, os Estados Unidos estavam em plena recessão. A bolha imobiliária e o dinheiro fácil tinham disfarçado muitos pontos fracos da economia americana por toda uma década. Mas, com a taxa de inadimplência nas alturas, o crédito represado, o mercado de ações em declínio e os preços de imóveis despencando, empresas grandes e pequenas resolveram reduzir custos. Demitiram empregados e cancelaram encomendas. Seguraram investimentos em novas instalações e sistemas informatizados. E, com as pessoas que tinham trabalhado para essas empresas perdendo empregos, ou vendo o valor real de suas propriedades ou de seus planos de aposentadoria diminuir, ou atrasando o pagamento de dívidas de cartão de crédito e sendo obrigadas a gastar suas economias, elas também cortaram gastos. Postergaram a compra do carro novo, pararam de comer em restaurantes e adiaram férias. E, com o declínio nas vendas, as empresas reduziram ainda mais folhas de pagamento e custos. Era um ciclo clássico de redução da demanda, que piorava a cada mês. Dados de março mostravam que uma em cada onze hipotecas estava com o pagamento atrasado ou em execução e que as vendas de carros desabaram. Em maio, o desemprego subiu 0,5% — o maior aumento mensal em vinte anos.

Era um problema que cabia ao presidente Bush resolver. Por insistência de sua assessoria econômica, ele tinha conseguido fechar um acordo bipartidário com o Congresso para um pacote de resgate de 168 bilhões de dólares, que oferecia incentivos fiscais e abatimentos para estimular o consumo e impulsionar a economia. Mas o eventual efeito positivo da medida acabou anulado pelos altos preços dos combustíveis naquele verão, e a crise piorou. Em julho, estações de rádio e TV no país inteiro transmitiram imagens de clientes desesperados formando fila para tirar seu dinheiro do IndyMac, um banco da Califórnia que logo em seguida quebrou. O Wachovia, bem maior, sobreviveu apenas porque o secretário Paulson conseguiu emplacar uma "exceção de risco sistêmico" para evitar sua falência.

O Congresso, enquanto isso, autorizou 200 bilhões de dólares para evitar que Fannie Mae e Freddie Mac — os dois colossos privados que juntos garantiam 90% das hipotecas dos Estados Unidos — pedissem falência. Ambos foram postos sob curatela governamental através da recém-formada Agência Federal de Financiamento Habitacional (FHFA). Mas, mesmo com uma intervenção dessa magnitude, ainda parecia que os mercados continuavam à beira do colapso — como se as autoridades estivessem apenas jogando cascalho numa fenda no solo que não parava de crescer. E pelo menos por ora o estoque de cascalho do governo tinha acabado.

Foi por isso que Hank Paulson, secretário do Tesouro, me ligou. Conheci Paulson quando ele era CEO do Goldman Sachs. Alto, calvo e de óculos, um pouco desajeitado mas despretensioso, passara a maior parte do tempo conversando comigo sobre sua paixão pela proteção ambiental. Mas sua voz, já normalmente rouca, naquele momento soava tensa, a de um homem acossado tanto pelo cansaço como pelo medo.

Naquela manhã de segunda-feira, dia 15 de setembro, o Lehman Brothers, um banco com valor de mercado de 639 bilhões de dólares, tinha anunciado que entrara com um pedido de falência. O fato de o Departamento do Tesouro não ter feito nada para evitar o maior pedido de falência da história era sinal de que estávamos entrando numa nova fase da crise.

"A expectativa é de uma reação muito ruim do mercado", disse Paulson. "E a situação provavelmente vai piorar antes de melhorar."

Ele explicou que o Tesouro e o Fed tinham concluído que o Lehman estava fragilizado demais para ser salvo, e nenhuma outra instituição financeira se dispunha a assumir seu passivo. O presidente Bush tinha autorizado Paulson a avisar a mim e a John McCain, uma vez que outras medidas de emergência precisariam de apoio político bipartidário. Paulson esperava que as duas campanhas respeitassem e reagissem apropriadamente à gravidade da situação.

Não era preciso consultar um analista de pesquisa para saber que Paulson tinha bons motivos para se preocupar com as repercussões políticas. Estávamos a sete semanas de uma eleição nacional. À medida que o público ia sendo informado sobre a enormidade da crise, a ideia de gastar bilhões de dólares do contribuinte para socorrer bancos que se envolveram em negócios temerários certamente teria um índice de popularidade semelhante ao de uma virose sazonal ou ao de Osama bin Laden. No dia seguinte, o Tesouro de Paulson impediria catástrofes semelhantes no Goldman Sachs e no Morgan Stanley, redefinindo as duas instituições para permitir que criassem bancos comerciais com direito a proteção federal. Apesar disso, mesmo empresas blue chip avaliadas como excelentes imediatamente ficaram incapacitadas de tomar emprestado o dinheiro necessário para financiar operações do dia a dia, e fundos do mercado monetário, antes tidos como tão seguros e com liquidez comparável à do dinheiro em espécie, começaram a ceder sob a pressão.

Para os democratas, seria muito fácil jogar a culpa do fiasco no governo, mas a verdade era que muitos representantes do partido no Congresso comemoraram o aumento do número de americanos que se tornaram proprietários de imóveis durante o boom do mercado do subprime. Para republicanos que tentavam a reeleição e já estavam vinculados a um presidente impopular e a uma economia em queda livre, a perspectiva de votar a favor de mais "resgates" era como um convite para cavar a própria cova.

"Se vocês precisarem tomar novas medidas", avisei a Paulson, "acho que o maior problema virá do lado de vocês, não do meu."

Muitos republicanos já se queixavam de que as intervenções do governo Bush no setor bancário violavam os princípios conservadores mais fundamentais de Estado mínimo. Acusavam o Federal Reserve de ir além de sua função, e alguns tinham o desplante de criticar as agências reguladoras governamentais por não terem captado mais cedo os problemas no mercado do subprime — como se eles próprios não tivessem passado os últimos oito anos trabalhando para enfraquecer todas as regulamentações financeiras que encontrassem.

Os comentários públicos de John McCain até então tinham sido indistintos, e recomendei a Paulson que se mantivesse em estreito contato com meu adversário conforme a situação progredia. Como candidato republicano, McCain não tinha a opção confortável de se distanciar de Bush. Sua promessa de dar continuidade à maioria das políticas de Bush, na verdade, sempre fora uma das suas maiores vulnerabilidades. Durante as primárias, ele confessara que não entendia muito de política econômica. Mais recentemente, reforçara a impressão de estar desligado da realidade ao admitir para um repórter que não sabia ao certo quantas casas possuía. (A resposta era oito.) Com base no que Paulson acabava de me dizer, os problemas políticos de McCain estavam prestes a piorar. Eu não tinha dúvida de que sua assessoria política lhe recomendaria melhorar sua situação perante os eleitores ao se desvincular de quaisquer esforços de resgate financeiro que o governo Bush tentasse empreender.

Se McCain preferisse manter distância desse tipo de medida, eu tinha certeza de que sofreria forte pressão dos democratas — e talvez de minha própria equipe — para fazer o mesmo. Apesar disso, quando encerrei minha conversa com Paulson, eu já sabia que a reação de McCain não tinha importância. Com tanta coisa em jogo, eu faria o que fosse necessário, independentemente das repercussões políticas, para ajudar o governo a estabilizar a situação.

Disse a mim mesmo que, se quisesse ser presidente, precisava agir como um.

Conforme esperado, John McCain teve dificuldade para dar uma resposta coerente aos acontecimentos que se desenrolavam em ritmo acelerado. No dia do anúncio do Lehman, numa tentativa inoportuna de tranquilizar o público, ele apareceu num comício transmitido pela televisão e declarou que "os fundamentos da economia são fortes". Minha campanha partiu para cima dele de forma impiedosa. ("Senador, de que economia o senhor está falando?", perguntei, no fim do dia, durante um comício meu.)

Nos dias seguintes, a notícia da falência do Lehman desencadeou o pânico nos mercados financeiros. Ações despencaram. O Merrill Lynch já tinha sido vendido às pressas para o Bank of America. Enquanto isso, os 200 bilhões de dólares do programa do Fed de empréstimos a bancos se mostravam insuficientes. Além de todo o dinheiro para escorar Fannie Mae e Freddie Mac, mais 85 bilhões de dólares foram consumidos numa aquisição governamental da AIG, gigantesca companhia de seguros cujas apólices garantiam o mercado de seguros das hipotecas de alto risco. A AIG era o exemplo mais bem-acabado de uma empresa "grande demais para quebrar" — tão entrelaçada com redes financeiras globais que seu colapso provocaria um efeito cascata de falências bancárias — mas, apesar da intervenção do governo, continuou a sangrar. Quatro dias depois do colapso do Lehman, o presidente Bush e o secretário Paulson apareceram na televisão, ao lado de Ben Bernanke e Chris Cox, chefes do Federal Reserve e da Comissão de Valores Mobiliários (SEC), e falaram da necessidade de o Congresso aprovar um projeto de lei que ficaria conhecido como Programa de Socorro a Ativos Depreciados (Tarp), criando um novo fundo de emergência de 700 bilhões de dólares. Era esse o preço a ser pago, na estimativa deles, para evitar o apocalipse.

Talvez para compensar a declaração equivocada que dera, McCain anunciou sua oposição ao socorro governamental à AIG. Um dia depois, voltou atrás. Sua posição a respeito do Tarp continuava obscura, opondo-se a resgates em tese, mas talvez apoiando aquele na prática. Com todo o zigue-zague, nossa campanha não teve dificuldade para vincular a crise a uma agenda econômica "Bush-McCain", que dava prioridade aos ricos e poderosos em detrimento da classe média, alegando que o candidato republicano estava despreparado para comandar o país em tempos de turbulência econômica.

Apesar disso, fiz o possível para honrar o compromisso que assumira com Paulson, instruindo minha equipe a não fazer comentários públicos que pudessem pôr em risco as chances de o governo Bush conseguir a aprovação do Congresso para um pacote de socorro financeiro. Além de nossos assessores de economia, Austan Goolsbee e Jason Furman, eu passara a ouvir um grupo consultivo especial que incluía Paul Volcker, ex-presidente do Fed, Larry Summers, ex-secretário do Tesouro no governo Clinton, e o lendário investidor Warren Buffett. Todos tinham passado por grandes crises financeiras e confirmavam que aquela era uma crise de outra ordem e magnitude. Sem uma ação rápida, diziam, havia a possibilidade real de um colapso econômico mundial: milhões de americanos perdendo suas casas e economias, juntamente com níveis de desemprego comparáveis aos da era da Depressão.

Essa orientação inestimável me ajudou a compreender os aspectos práticos da crise e a avaliar as respostas apresentadas. Mas também me deixou apavorado. Quando viajei a Tampa para meu primeiro debate com McCain, estava seguro de que, pelo menos no que dizia respeito aos aspectos principais da economia, eu sabia o que estava falando — e temia cada vez mais o que uma crise prolongada poderia significar para famílias de todo o país.

Mesmo sem a distração de uma crise iminente, era muito provável que a ideia de ficar três dias enfurnado num hotel me preparando para o debate não me agradasse muito. Mas, por causa de meu desempenho irregular nos debates das primárias, eu sabia que precisava trabalhar duro. Felizmente, nossa equipe tinha recrutado para isso dois advogados e veteranos de campanhas políticas — Ron Klain e Tom Donilon, que desempenharam funções semelhantes preparando candidatos como Al Gore, Bill Clinton e John Kerry. Assim que cheguei, eles me traçaram um quadro detalhado do formato do debate e fizeram um esboço de todas as perguntas possíveis. Juntamente com Axe, Plouffe, a assessora de comunicações Anita Dunn e o resto da equipe, eles me treinavam por horas a fio para que eu desse as respostas exatas que queriam ouvir, até a última palavra ou forma de expressão. No velho Biltmore Hotel, onde ficaríamos, Ron e Tom tinham insistido em construir uma réplica exata do palco do debate, e na primeira noite me submeteram a uma simulação de noventa minutos, analisando cada aspecto do meu desempenho, de ritmo a postura e tom. Foi exaustivo, mas sem dúvida muito útil, e quando pus a cabeça no travesseiro eu sabia que ia sonhar com tópicos do debate.

Apesar de seus esforços, porém, notícias de fora da bolha Klain-Donilon continuavam desviando minha atenção. Entre uma sessão e outra, eu recebia as últimas atualizações sobre o comportamento do mercado e as perspectivas da legislação Tarp do governo. "Legislação" na verdade era só força de expressão: o projeto que Hank Paulson submetera ao Congresso consistia de três páginas de lugares-comuns autorizando o Tesouro a usar os 700 bilhões de dólares do fundo de emergência para comprar ativos depreciados ou, mais genericamente, tomar as providências que julgasse necessárias para conter a crise. Com a imprensa e o público protestando em altos brados contra o custo das medidas, e representantes dos dois partidos hesitando por causa da falta de detalhes, me contou Pete Rouse, o governo não chegava nem perto dos votos necessários para a aprovação.

Harry Reid e a presidente da Câmara, Nancy Pelosi, disseram exatamente isso quando conversei com eles por telefone. Ambos eram políticos pragmáticos, que não hesitavam em desancar os republicanos para consolidar suas maiorias sempre que surgisse uma oportunidade. Mas, como eu veria muitas vezes nos anos seguintes, tanto Harry como Nancy estavam dispostos (às vezes muito a contragosto) a deixar as disputas políticas de lado quando alguma questão de vital importância estava em jogo. Com relação ao Tarp, eles buscaram uma orientação minha. Dei uma opinião sincera: desde que fossem impostas algumas condições para garantir que não se tratava apenas de uma doação para Wall Street, os democratas deveriam ajudar a aprovar o projeto. E, de fato, os dois líderes prometeram dar um jeito de convencer suas respectivas bancadas e conseguir os votos para aprovação — se Bush e o Partido Republicano, por sua vez, conseguissem o número suficiente de votos republicanos.

Eu sabia que aquele era um tremendo "se". Uma legislação impopular, uma eleição extremamente próxima e nenhum dos dois lados querendo dar munição ao outro — parecia uma receita infalível para um impasse.

Para romper com a inação, comecei a cogitar seriamente a proposta feita por meu amigo Tom Coburn, um senador republicano de Oklahoma: que McCain e eu divulgássemos uma declaração conjunta defendendo a aprovação de alguma versão do Tarp. Se nós dois puséssemos a mão na arma do crime, raciocinava Coburn, eliminaríamos o caráter político da votação, permitindo com isso que um Congresso com os nervos à flor da pele tomasse uma decisão razoável sem a obsessão do impacto que isso pudesse ter no Dia da Eleição.

Eu não tinha a menor ideia de como McCain reagiria. Podia parecer uma armadilha, mas, sabendo que se um pacote não fosse aprovado estaríamos diante do que poderia acabar se tornando uma depressão em larga escala, achei que valia a pena tentar.

McCain e eu conversamos por telefone quando eu voltava de carro para o hotel depois de um breve compromisso de campanha. Sua voz era suave, com um tom educado, mas cauteloso. Ele estava disposto a fazer uma possível declaração conjunta, mas vinha pensando numa outra ideia. E se suspendêssemos nossas campanhas? E se adiássemos o debate, voltássemos para Washington e esperássemos o pacote de socorro ser aprovado?

Embora não conseguisse ver a utilidade de levar o circo da campanha presidencial para Washington, fiquei animado com o aparente interesse de McCain em se colocar acima das disputas partidárias para que o projeto de lei fosse aprovado. Tomando cuidado para não parecer que estava fazendo pouco-caso, sugeri — e John concordou — que os responsáveis por nossas campanhas discutissem um conjunto de opções para examinarmos, e que voltássemos a nos falar dentro de uma ou duas horas.

Estamos progredindo, pensei, desligando o telefone. Em seguida liguei para Plouffe e o instruí a entrar em contato com Rick Davis, responsável pela campanha de McCain, para dar prosseguimento ao diálogo. Minutos depois, encontrei Plouffe de cara amarrada no hotel após falar com Davis.

"McCain vai dar uma entrevista coletiva agora mesmo", ele me contou. "Anunciando o plano de suspender a campanha e voar de volta para Washington."

"Como assim? Falei com ele dez minutos atrás."

"Pois é… não foi uma atitude honesta da parte dele. Davis disse que McCain não vai nem mesmo aparecer para o debate, a não ser que o pacote de socorro seja aprovado nas próximas 72 horas. Ele falou que McCain vai sugerir publicamente que você suspenda sua campanha porque — escuta só — 'o senador McCain acha que agora as questões políticas devem ficar em segundo plano'." Plouffe cuspia as palavras, como se quisesse esmurrar a cara de alguém.

Poucos minutos depois, vimos McCain fazer seu anúncio, com a voz embargada de preocupação. Era difícil não se sentir furioso e decepcionado. A interpretação mais benevolente era a de que a reação de John tinha sido motivada por desconfiança: com medo de que a proposta de declaração conjunta fosse uma tentativa de deixá-lo para trás, ele resolveu fazer isso comigo antes. A interpretação menos benevolente, compartilhada unanimemente por meus colaboradores, era a de que uma campanha em desespero se lançava em mais uma jogada política mal pensada.

Jogada política ou não, houve muitos observadores políticos bem informados de Washington que consideraram a iniciativa de McCain um golpe de mestre. Mal ele saiu do ar, fomos bombardeados por mensagens ansiosas de consultores democratas e de apoiadores dentro do Beltway dizendo que precisávamos suspender a campanha, sob pena de perdermos nossa vantagem num momento de emergência nacional. Mas, tanto por temperamento como por experiência, não estávamos inclinados a seguir a opinião geral. Eu não só achava que, fazendo pose em Washington, nós dois diminuiríamos em vez de aumentar as chances de aprovação do Tarp, como também sentia que a crise financeira tornava muito mais importante a realização do debate, para que os eleitores pudessem ouvir os dois homens que brigavam para conduzi-los numa situação difícil sobre a qual pouco se sabia. Apesar disso, rejeitar o apelo de McCain parecia uma empreitada muito arriscada. Reunindo a equipe, perguntei se alguém discordava de minha avaliação. Sem hesitar, todos disseram que não.

Eu sorri.

"O.k., então."

Uma hora e meia depois, dei minha própria entrevista coletiva para dizer que não suspenderia a campanha. Ressaltei que já mantinha diálogos regulares com Paulson e com lideranças do Congresso e que estava pronto para ir a Washington a qualquer momento se fosse preciso. Então improvisei uma frase que dominaria o noticiário:

"Presidentes vão ter que lidar com mais de uma coisa ao mesmo tempo."

Não tínhamos a menor ideia de como os eleitores reagiriam, mas estávamos todos satisfeitos com minha decisão. Assim que nos sentamos para começar a elaborar os passos seguintes, porém, Plouffe recebeu um e-mail de Josh Bolten, chefe da Casa Civil de Bush, pedindo para conversar com ele pelo telefone. Plouffe saiu correndo da sala; voltou minutos depois franzindo a testa.

"Parece que McCain pediu a Bush uma reunião amanhã na Casa Branca com você, McCain e as lideranças do Congresso para discutir um acordo sobre o Tarp. Bush deve ligar a qualquer momento para convidar você a participar da cerimônia."

Plouffe sacudiu a cabeça.

"Isso é uma baboseira sem tamanho", disse.

Apesar de não ser grande, a Sala do Gabinete da Casa Branca é importante, com um elegante tapete vermelho enfeitado de estrelas douradas e paredes bege com arandelas em forma de águia. No lado norte da sala, bustos de mármore de Washington e Franklin, esculpidos em estilo clássico, nos miram a partir de nichos dos dois lados de uma lareira. No centro da sala fica uma mesa oval de mogno brilhante cercada de vinte pesadas cadeiras revestidas de couro, com pequenas placas de bronze no encosto de cada uma indicando em qual o presidente, o vice-presidente e vários membros do gabinete devem sentar. É um lugar para deliberações sóbrias, construído para suportar o peso da história.

Quase todos os dias, a luz entra na sala pelas amplas janelas à francesa que dão para o Roseiral. Mas em 25 de setembro, quando me sentei para o encontro que Bush tinha convocado a pedido de McCain, o céu estava nublado. Em volta da mesa se sentaram o presidente, o vice-presidente Cheney, McCain e eu, juntamente com Hank Paulson, Nancy Pelosi, Harry Reid, os líderes republicanos John Boehner e Mitch McConnell, além de presidentes e membros graduados dos comitês legislativos. Uma legião de funcionários da Casa Branca e do Congresso se enfileirava junto às paredes, tomando notas e folheando grossos resumos dos assuntos.

Ninguém parecia estar ali porque queria.

O presidente com certeza não parecia muito entusiasmado quando falamos por telefone no dia anterior. Eu discordava de praticamente todas as grandes decisões políticas de George W. Bush, mas aprendi a gostar dele como pessoa, por ser um homem direto, franco e com um jeito autodepreciativo bem-humorado.

"Não sei lhe dizer por que McCain acha que isso é uma boa ideia", ele tinha dito ao telefone, quase se desculpando.

Estava ciente de que Hank Paulson e eu já nos comunicávamos umas duas vezes por dia e demonstrou gratidão por minha ajuda nos bastidores junto aos democratas.

"Se eu fosse você, Washington seria o último lugar onde eu gostaria de estar", continuou Bush. "Mas McCain pediu, e não pude dizer não. Só espero que não tome muito tempo."

Só depois eu ficaria sabendo que Paulson e o restante da equipe presidencial tinham sido contra a reunião, e por uma boa razão. Nos dias anteriores, as lideranças do Congresso tinham começado a superar diferenças a respeito do projeto do Tarp. Naquela manhã, houve relatos de um acordo inicial (apesar de, em poucas horas, os republicanos recuarem). Com as negociações num estágio tão delicado, os assessores de Bush avaliaram, com toda a razão, que incluir McCain e a mim no processo provavelmente ia atrapalhar mais do que ajudar.

Bush, no entanto, havia ignorado o conselho de sua equipe, e tinha bons motivos para isso. Diante da resistência cada vez maior ao Tarp dentro do seu próprio partido, ele não poderia se dar ao luxo de permitir que o candidato republicano o abandonasse. Apesar disso, o procedimento como um todo transmitia um ar de elaborada farsa. Olhando para os rostos sérios em volta da sala, compreendi que estávamos reunidos não para uma negociação relevante, mas para participar de um esforço presidencial para apaziguar um homem.

O presidente começou com um breve pedido de união antes de entregar o comando da reunião a Paulson, que nos deu as últimas informações sobre as condições do mercado e explicou que os fundos do Tarp seriam usados para comprar grandes quantidades de hipotecas ruins ("ativos tóxicos", como eram chamadas) dos bancos, e com isso fortalecer balanços patrimoniais e restaurar a confiança do mercado.

"Se Hank e Ben acham que este plano vai funcionar", disse Bush quando eles terminaram, "então é disso que sou a favor."

Seguindo o protocolo, o presidente convidou Pelosi, a presidente da Câmara, para falar em seguida. Em vez de tomar a palavra, Nancy educadamente informou ao presidente que os democratas preferiam que eu falasse primeiro, em nome deles.

Tinha sido ideia de Nancy e de Harry que eu servisse como seu porta-voz, e me senti muito grato a eles. Dessa maneira, McCain não poderia me deixar de lado nas deliberações, mas o gesto dava a entender que meus colegas democratas viam seu futuro político vinculado ao meu. A manobra pareceu ter surpreendido os republicanos, e não pude deixar de notar que o presidente olhou para Nancy e deu um sorriso matreiro que era sua marca registrada — como político esperto, sabia apreciar uma manobra habilidosa — antes de me fazer um aceno de cabeça.

Por vários minutos, discorri sobre a natureza da crise, os detalhes da legislação que estava sendo preparada e questões como fiscalização, remuneração de executivos e dedução de impostos sobre juros hipotecários, que para os democratas ainda precisavam ser resolvidas. Lembrando que tanto o senador McCain como eu tínhamos nos comprometido publicamente a não politizar o esforço de resgate financeiro, eu disse ao presidente que poderia contar com o quinhão de votos dos democratas necessário para a aprovação da lei. Mas alertei que, se houvesse alguma verdade nos relatos de que alguns líderes republicanos estavam recuando e insistindo em começar da estaca zero com um novo plano, as negociações seriam inevitavelmente prejudicadas, e "as consequências seriam graves".

Bush se virou para McCain e falou:

"John, como Barack teve a chance de falar, acho justo que você seja o próximo a tomar a palavra."

Todos se voltaram para McCain, que cerrou os dentes. Ele deu a impressão de que ia falar alguma coisa, mas pensou melhor, e por um instante se mexeu, inquieto, na cadeira.

"Acho que vou esperar minha vez", disse por fim.

Há momentos numa batalha eleitoral, assim como na vida, em que todos os caminhos possíveis de repente se fecham, com uma única exceção; em que aquilo que parecia uma ampla distribuição de saídas prováveis se reduz ao inevitável. Aquele foi um desses momentos. Bush olhou para McCain com as sobrancelhas erguidas, encolheu os ombros e passou a palavra para John Boehner. O líder parlamentar republicano explicou que não estava falando em começar do zero, e sim que desejava algumas alterações — incluindo um plano que teve dificuldade para descrever, segundo o qual o governo federal respaldava as perdas dos bancos, em vez de comprar seus ativos.

Perguntei a Paulson se ele tinha examinado essa proposta republicana para determinar se funcionaria. Paulson disse, com toda a firmeza, que já tinha estudado a proposta e concluído que não funcionaria.

Richard Shelby, o número dois do Comitê Bancário do Senado, interveio para dizer que ouvira de vários economistas que o Tarp não funcionaria. Sugeriu que a Casa Branca desse mais tempo para o Congresso pesar todas as opções. Bush o interrompeu e disse que o país não dispunha de mais tempo.

Quanto mais se discutia, mais claro ficava que nenhum dos líderes republicanos estava familiarizado com o conteúdo da última versão do projeto de lei do Tarp — ou mesmo com a natureza das próprias mudanças que propunham. Estavam simplesmente tentando encontrar um jeito de evitar uma votação difícil. Depois de ouvir alguns minutos de disputas, voltei a entrar na conversa.

"Presidente", eu disse, "ainda estou esperando ouvir o que o senador McCain tem a dizer."

Mais uma vez, todos se voltaram para McCain. Dessa vez ele analisou um cartãozinho com anotações que tinha na mão, murmurou alguma coisa que não entendi e proferiu dois ou três minutos de trivialidades — sobre as conversas que avançavam, sobre a importância de dar espaço a Boehner para convencer a bancada a votar "sim".

E isso foi tudo. Nenhum plano. Nenhuma estratégia. Nem mesmo um esboço de sugestão para conciliar as diferentes posições. Todos ficaram em silêncio quando McCain guardou seu cartãozinho, sem levantar os olhos, como um jogador de beisebol que sabe que perdeu uma rebatida num momento decisivo. Quase me deu pena; ao incentivar uma manobra tão arriscada e despachar seu candidato despreparado para a reunião, sua equipe cometeu um ato de incompetência política. Quando os repórteres ficassem sabendo de sua atuação naquele dia, a cobertura não seria nada generosa.

O efeito mais imediato da falta de habilidade de John, no entanto, foi desencadear um vale-tudo na Sala do Gabinete. Nancy e Spencer Bachus, o número dois do Comitê de Serviços Financeiros da Câmara, começaram uma discussão sobre quem merecia crédito pelas fortes proteções ao dinheiro do contribuinte incluídas na versão mais recente do projeto de lei. Barney Frank, o firme e alerta democrata de Massachusetts que conhecia bem o assunto e provavelmente trabalhara com mais afinco do que qualquer outra pessoa para ajudar Paulson a levar o Tarp até a linha de chegada, zombava dos republicanos, berrando repetidamente: "Qual é o plano de vocês? Qual é o plano de vocês?". Os rostos se avermelharam; vozes subiram de tom; todos falavam ao mesmo tempo. E, enquanto isso, McCain permanecia calado em sua cadeira. A situação degringolara a tal ponto que o presidente se ergueu.

"Está na cara que perdi o controle desta reunião", disse. "Vamos encerrar por aqui."

Dito isso, deu meia-volta e se retirou às pressas pela porta do lado sul.

Toda essa cena me deixou atônito.

Enquanto McCain e os líderes republicanos saíam em fila, puxei Nancy, Harry e os outros democratas para uma conversa na Sala Roosevelt, ao lado. Estavam todos agitados, uns mais, outros menos, e, como já tínhamos decidido que eu não faria nenhum comentário para os repórteres, minha ideia era garantir que ninguém dissesse nada que piorasse a situação. Tentávamos chegar a um acordo sobre um jeito construtivo de resumir o encontro quando Paulson entrou, com uma expressão de trauma de guerra no rosto. Vários colegas começaram a enxotá-lo, como se ele fosse um menino impopular no recreio da escola. Alguns até vaiaram.

"Nancy", disse Paulson, se aproximando da presidente da Câmara. "Por favor..."

E então, numa inspirada apesar de um tanto triste mistura de humor e desespero, do alto de seus quase dois metros de altura e 62 anos de idade, se apoiou sobre um dos joelhos e disse:

"Estou suplicando. Não ponha tudo a perder."

Nancy se permitiu um rápido sorriso.

"Hank, eu não sabia que você era católico", falou ela. Com a mesma rapidez, o sorriso desapareceu, e ela acrescentou, secamente: "Você deve ter notado que não somos nós que estamos tentando pôr tudo a perder".

Não tive como não admirar Paulson; ele se levantou e permaneceu por lá mais alguns minutos, ouvindo os desabafos dos democratas. Quando eles saíram para falar com a imprensa, já estavam mais calmos e dispostos a fazer o relato mais palatável possível da reunião em suas declarações. Hank e eu combinamos de conversar mais tarde, ainda naquela noite. Já fora da Casa Branca, liguei para Plouffe.

"Como foi lá?", perguntou ele.

Pensei um pouco antes de responder.

"Para nós foi ótimo", respondi. "Mas, a julgar pelo que acabei de ver, é melhor ganharmos isto logo, ou o país estará ferrado."

Não sou, por natureza, uma pessoa supersticiosa. Quando criança, eu não tinha um número de sorte, ou um pé de coelho. Não acreditava em fantasmas, ou duendes, e, embora talvez fizesse um pedido ao soprar velas de aniversário, ou ao jogar uma moeda numa fonte, minha mãe sempre me lembrava que existe uma relação direta entre fazer nosso trabalho e realizar nossos desejos.

Ao longo da campanha, porém, eu me vi fazendo algumas concessões ao mundo espiritual. Um dia, em Iowa, por exemplo, um sujeito grandalhão e barbudo em trajes de motoqueiro e coberto de tatuagens se aproximou de mim depois de um evento e enfiou alguma coisa em minha mão. Era uma ficha de pôquer de metal que lhe servia de amuleto; nunca o deixara na mão em Las Vegas, segundo ele. Queria me dar de presente. Uma semana depois, uma jovem cega em New Hampshire me entregou um pequeno coração de vidro cor-de-rosa. Em Ohio, foi uma cruz de prata de uma freira com sorriso irreprimível e um rosto enrugado como um caroço de pêssego.

Minha coleção de amuletos foi crescendo: um Buda em miniatura; uma noz de buckeye, a árvore-símbolo de Ohio; um trevo-de-quatro-folhas; uma minúscula imagem de Hanuman, o deus-macaco; anjos de todos os feitios; contas de rosário; cristais; pedras. Adquiri o hábito de todas as manhãs escolher cinco ou seis e colocá-los no bolso, registrando mentalmente, mas sem exagero, quais eu tinha levado comigo num dia que havia sido bom.

Se minha provisão de pequenos tesouros não garantia que o universo atuasse a meu favor, eu imaginava que mal não me faria. Eu me sentia em paz sempre que os apertava na mão, ou sentia seu chocalhar quando ia de um evento para outro. Cada amuleto era um lembrete tátil de todas as pessoas que eu tinha conhecido, uma singela mas constante transmissão de suas esperanças e expectativas.

Também me tornei muito metódico quanto aos rituais em dias de debate. A manhã era sempre dedicada a uma revisão da estratégia e dos tópicos mais importantes, e o começo da tarde, a um pouco de atividade de campanha. Mas pelas quatro da tarde eu queria tempo livre. Para me livrar do excesso de adrenalina, me exercitava um pouco. Então, noventa minutos antes de partir para o local do debate, eu fazia a barba e tomava um demorado banho de chuveiro antes de vestir uma camisa nova (branca) e uma gravata (azul ou vermelha) que Reggie tinha pendurado no guarda-roupa do hotel ao lado do terno azul recém-passado. Para o jantar, comida tipo casa da vó: bife ao ponto, batata assada ou purê, brócolis no vapor. E, meia hora antes do debate, enquanto dava uma olhada em minhas anotações, ouvia música com fone de ouvido ou numa caixa de som portátil. Com o tempo, acabei me tornando um pouco obsessivo com relação a certas canções. De início, eram meia dúzia de clássicos de jazz — "Freddie Freeloader", de Miles Davis, "My Favorite Things", de John Coltrane, "Luck Be a Lady", de Frank Sinatra. (Antes de um debate nas primárias, devo ter tocado a última faixa duas ou três vezes seguidas, uma indicação clara de falta de confiança em meus preparativos.)

No fim, era o rap que botava minha cabeça no lugar, duas canções em especial: "My 1st Song", de Jay-Z, e "Lose Yourself", de Eminem. Ambas eram sobre arriscar tudo para conseguir qualquer coisa que todos consideram impossível ("Escute aqui, se tivesse a chance de conseguir num instante tudo que sempre quis, você agarraria essa chance? Ou deixaria passar…"); sobre como é viver tirando leite de pedra; sobre sobreviver à base da malandragem, do jogo de cintura e do medo disfarçado de bravata. As letras pareciam sob medida para minha condição inicial de azarão. Sentado sozinho no banco traseiro do carro do Serviço Secreto a caminho do debate, com meu uniforme impecável e nó de gravata com covinha, eu sacudia a cabeça ao ritmo dessas músicas, sentindo um leve traço de rebeldia, uma conexão com qualquer coisa mais dura e realista do que todo o alvoroço e toda a deferência que agora me cercavam. Era um jeito de ir além do artifício e lembrar a mim mesmo quem eu era.

Antes de meu primeiro debate com John McCain no fim de setembro, segui o ritual ao pé da letra. Comi meu bife, ouvi minha música, senti o peso dos amuletos no bolso enquanto me dirigia ao palco. Mas, para ser franco, eu nem precisava de muita sorte. Quando cheguei ao campus da Universidade do Mississippi — lugar onde menos de cinquenta anos antes um negro chamado James Meredith precisou recorrer a uma ordem da Suprema Corte e à proteção de quinhentos agentes federais simplesmente para conseguir entrar —, eu não era mais o azarão.

Eu só perderia a eleição se cometesse um erro crasso.

Conforme esperado, a cobertura de imprensa do fiasco da reunião na Casa Branca tinha sido implacável com McCain. O problema se agravou quando sua campanha anunciou, poucas horas antes do debate, que — devido ao "progresso" resultante de sua intervenção nas negociações no Congresso sobre o Tarp — ele decidira interromper a suspensão da campanha e participar. (Nós tínhamos planejado aparecer de qualquer maneira, ainda que isso significasse que eu teria uma boa e unilateral conversa com o moderador, Jim Lehrer.) Repórteres entenderam a manobra de McCain como aquilo que de fato era: um recuo rápido depois que uma pirueta política produzira efeitos negativos.

O debate teve poucas surpresas. McCain parecia à vontade no palco, emendando frases de seus discursos de campanha e da ortodoxia republicana, proferidas com grande dose de humor e charme. Apesar disso, seu conhecimento precário dos detalhes da crise financeira e sua falta de resposta sobre o que pretendia fazer a respeito ficavam mais evidentes em nosso embate direto. Enquanto isso, eu me saía bem. Sem dúvida o regime de treinamento nas mãos dos sargentos Klain e Donilon tinha surtido efeito. Por maior que fosse minha resistência instintiva a respostas predeterminadas, não havia como negar que tanto os telespectadores como os analistas políticos acharam convincentes minhas respostas mais ensaiadas, e a preparação me impediu de acabar falando demais.

Mais que isso, porém, meu estado de espírito ao debater com McCain tinha mudado perceptivelmente. Ao contrário dos debates com Hillary e os demais do lado democrata, que muitas vezes pareciam um jogo bem planejado, girando em torno de pequenas diferenças e atributos de estilo, minhas discordâncias em relação a John McCain eram reais e profundas; as repercussões da escolha de um em vez do outro seriam sentidas durante décadas, com consequências para milhões de pessoas. Confiante em meu domínio dos fatos, seguro de que minhas ideias tinham mais chances do que as dele de resolver os desafios que o país enfrentava, nosso embate era um estímulo para mim, e posso afirmar que foram (quase) agradáveis nossos noventa minutos no palco.

As pesquisas feitas imediatamente após o debate entre eleitores indecisos mostraram que eu ganhei por ampla margem. Minha equipe estava exultante, todo mundo se cumprimentando com os punhos cerrados ou com as mãos espalmadas, e provavelmente suspirando de alívio.

Michelle estava feliz, mas com moderação, já que odiava assistir aos debates. Segundo ela, ficar sentada aparentando serenidade independentemente do que se dissesse a meu respeito e do quanto eu me saía mal, sentindo o estômago revirar, era como ter um dente obturado sem anestesia. Na verdade, fosse por medo de trazer má sorte, ou por causa de sua ambivalência sobre minha possibilidade de ganhar, ela costumava evitar falar comigo sobre o quanto a eleição seria apertada. Por isso, fiquei surpreso quando, na cama aquela noite, ela se virou para mim e disse:

"Você vai ganhar, não vai?"

"Muita coisa pode acontecer… mas, sim. Há uma chance muito boa de eu ganhar."

Olhei para minha mulher. Tinha uma expressão pensativa, como se tentasse resolver um quebra-cabeça. Finalmente, com um aceno de cabeça, respondeu ao meu olhar.

"Você vai ganhar", disse ela baixinho. Depois me deu um beijo no rosto, desligou o abajur da mesinha de cabeceira e puxou o lençol sobre o ombro.

Em 29 de setembro, três dias após o debate na "Ole Miss", o projeto de lei do Tarp de Bush foi derrotado por treze votos na Câmara dos Representantes, com dois terços dos democratas votando a favor e dois terços dos republicanos votando contra. De imediato, o índice Dow Jones sofreu uma queda assustadora de 778 pontos, e, depois de uma surra na imprensa e de um dilúvio de ligações dos eleitores que viam seus fundos de pensão se desmancharem no ar, um número suficiente de representantes dos dois partidos conseguiu aprovar uma versão corrigida do pacote de resgate, dias depois.

Sentindo um enorme alívio, liguei para Hank Paulson para cumprimentá-lo por seus esforços. Mas, embora a aprovação do Tarp mais tarde se comprovasse essencial para a salvação do sistema financeiro, o episódio não reverteu nem um pouco a impressão deixada de que não se poderia confiar no Partido Republicano — e por extensão em seu candidato a presidente — para lidar com a crise de maneira responsável.

Enquanto isso, as decisões de campanha em que Plouffe vinha insistindo havia meses davam seus resultados. Nosso exército de organizadores e voluntários se espalhara pelo país, registrando centenas de milhares de novos eleitores e empreendendo operações inéditas em estados onde a votação antecipada era permitida. Nossas doações on-line continuavam a fluir, o que nos dava condição de atuar em qualquer meio de comunicação que quiséssemos. Quando a campanha de McCain anunciou a um mês da eleição que ia suspender suas atividades em Michigan, historicamente um estado decisivo, para concentrar esforços em outros lugares, Plouffe ficou quase ofendido.

"Sem Michigan eles não conseguem ganhar!", falou, sacudindo a cabeça.

Em vez de concentrar energias em Michigan, a campanha de McCain voltou sua atenção para um homem que se transformara numa improvável figura cult: Joe Wurzelbacher.

Eu conhecera Wurzelbacher semanas antes, quando fazia campanha à moda antiga em Toledo, em Ohio, batendo de porta em porta. Era o tipo de atividade de que eu mais gostava, surpreendendo as pessoas quando juntavam folhas no jardim ou consertavam carros na entrada da garagem, com crianças passando de bicicleta para ver o que estava acontecendo.

Naquele dia, eu estava parado numa esquina, dando autógrafos e conversando com um grupinho, quando um homem de cabeça raspada que parecia ter seus trinta e bons anos se apresentou como Joe e me perguntou qual era meu plano em relação aos impostos. Disse que era encanador e temia que liberais como eu tornassem mais difícil seu sucesso como pequeno empreendedor. Com as câmeras de repórteres que distribuíam imagens para vários veículos de imprensa rodando, eu expliquei que meu plano era aumentar impostos apenas para os 2% dos americanos mais ricos e que, investindo essa renda em educação e infraestrutura, por exemplo, a economia e o negócio dele tinham mais chance de dar certo. Eu disse ainda que achava que essa espécie de redistribuição de renda — "quando você espalha a riqueza", foram as palavras que usei — sempre havia sido importante para dar oportunidades a mais pessoas.

Joe foi cordial no trato comigo, mas não se convenceu, e concordamos em discordar, trocando um aperto de mãos quando fui embora. No carro de volta para o hotel, Gibbs — que, como qualquer grande diretor de comunicação de campanha, tinha um instinto infalível para a capacidade que algumas palavras aparentemente inócuas têm de deflagrar uma comoção política — me disse que aquele comentário sobre espalhar riqueza era problemático.

"O que você quer dizer?"

"A frase não repercute bem. As pessoas associam isso com comunismo e esse tipo de merda."

Reagi com uma risada, dizendo que o principal objetivo de revogar as reduções de impostos de Bush era redistribuir renda de pessoas como eu para pessoas como Joe. Gibbs olhou para mim como um pai cujo filho está sempre cometendo o mesmo erro.

Dito e feito. Logo que surgiram as imagens em que eu aparecia com Wurzelbacher, imediatamente apelidado "Joe, o Encanador", McCain passou a explorá-la em nossos debates. Sua campanha apostou alto nisso, sugerindo que aquele homem honesto de Ohio tinha revelado meu programa secreto de redistribuição socialista de renda, tratando-o como se fosse o oráculo da classe média conservadora americana. Âncoras televisivos de repente começaram a entrevistar Joe. Havia anúncios publicitários com Joe na televisão, e McCain o arrastou com ele para alguns comícios. Joe parecia às vezes alegre, às vezes confuso, às vezes irritado com aquela fama súbita. Mas, passado o vendaval, a maioria dos eleitores parecia considerar Joe uma mera distração em meio à séria tarefa de eleger o próximo presidente.

A maioria dos eleitores, mas não todos. Para aqueles que recebiam suas notícias de fontes como Sean Hannity e Rush Limbaugh, Joe, o Encanador, se encaixava perfeitamente numa narrativa maior envolvendo o reverendo Wright; minha suposta lealdade ao ativista comunitário radical Saul Alinsky; minha amizade com meu vizinho Bill Ayers, que fora líder e militante da Weather Underground; e minha nebulosa herança muçulmana. Para esses eleitores, eu não era mais apenas um democrata de centro-esquerda que planejava ampliar a rede de proteção social e pôr fim à guerra no Iraque. Era uma coisa mais insidiosa, alguém a ser temido, a ser contido. Para transmitirem essa mensagem urgente e patriótica ao povo americano, eles recorriam cada vez mais a sua heroína mais destemida, Sarah Palin.

Desde agosto Palin tinha metido os pés pelas mãos em várias entrevistas de grande visibilidade, tornando-se motivo de chacota em *Saturday Night Live* e outros programas humorísticos de entrevistas de fim de noite. Mas ela continuava exercendo seu poder em outros lugares. Passou a primeira semana de outubro atraindo grandes multidões, que insuflava ardorosamente com seu rancor nativista. No palco, me acusava de "viver em companhia de terroristas capazes de atacar seu próprio país". Sugeria que eu não era "um homem que vê os Estados Unidos como vocês e eu vemos os Estados Unidos". As pessoas apareciam nos comícios trajando camisetas com slogans como PITBULLS DE PALIN e COMUNISTAS NÃO. A mídia relatava gritos de "Terrorista!", "Matem ele!" e "Cortem a cabeça dele!" vindos do meio da plateia. Através de Palin, os espíritos sinistros que havia tempos espreitavam das margens do moderno Partido Republicano — xenofobia, anti-intelectualismo, paranoicas teorias conspiratórias e antipatia por pessoas negras e de pele escura — pareciam conseguir avançar para o centro do palco.

Era um atestado do caráter de John McCain, de sua decência, o fato de que, sempre que um apoiador se aproximava vomitando retórica ao estilo de Palin, ele educadamente o empurrava para longe. Quando um homem num comício no Minnesota anunciou ao microfone que tinha medo de que eu fosse presidente, McCain não aguentou.

"Pois saiba que ele é uma pessoa decente, uma pessoa de quem você não precisa ter medo se for presidente dos Estados Unidos", disse ele, provocando vaias veementes da plateia.

Respondendo a outra pergunta, disse:

"Queremos lutar, e vou lutar. Mas com respeito. Admiro o senador Obama e o que ele conseguiu. Respeito-o. Quero que todos sejam respeitosos, e vamos fazer tudo para ser, porque é assim que se deve fazer política nos Estados Unidos."

Às vezes fico pensando se, caso soubesse o que aconteceria, McCain assim mesmo teria escolhido Palin — ciente de que sua ascensão espetacular e sua validação como candidata forneceriam um modelo para políticos futuros, empurrando o centro de seu partido e a política do país numa direção que ele abominava. Eu nunca lhe fiz essa pergunta diretamente, claro. Na década seguinte, nossas relações evoluiriam para um respeito relutante, ainda que genuíno, mas a eleição de 2008 continuou a ser, compreensivelmente, um assunto delicado.

Gosto de pensar que, se pudesse fazer tudo de novo, sua escolha seria outra. Acredito que, para ele, o país vinha de fato em primeiro lugar.

O canto que tinha começado com Edith Childs e seu chapelão numa pequena sala em Greenwood, na Carolina do Sul, mais de um ano antes ressurgia espontaneamente, movendo-se como uma onda através de multidões de 40 mil, 50 mil pessoas que lotavam estádios de futebol e parques urbanos, enfrentando, impávidas, o clima inusitadamente quente de outubro. *Tô fervendo, e nós também! Tô fervendo, e nós também!* Tínhamos construído uma coisa juntos; dava para sentir a energia como se fosse uma força física. Faltando apenas algumas semanas para a eleição, os membros de nossa equipe na linha de frente penavam para encontrar espaço para acomodar o grande número de pessoas que se apresentavam como voluntárias; o pôster artístico de Shepard Fairey intitulado HOPE, com uma versão estilizada de meu rosto em vermelho, branco e azul mirando à distância, de repente parecia estar em toda parte. Era como se a campanha tivesse ultrapassado a política para entrar nos domínios da cultura popular.

"Você é a 'onda' do momento", disse Valerie, em tom de brincadeira.

Isso me preocupava. A inspiração que nossa campanha representava, a visão de tanta gente jovem descobrindo sua capacidade de promover mudanças, a união dos americanos acima das barreiras raciais e socioeconômicas — aquilo era a concretização de tudo que eu um dia sonhara que fosse possível na política, e motivo de orgulho para mim. Mas a incessante elevação de minha figura à condição de símbolo ia de encontro aos meus instintos formados no trabalho social comunitário, aquela sensação de que a mudança depende de "nós" e não de "mim". Era também uma experiência desnorteante, que exigia de mim uma reflexão constante para ter certeza de que não estava entrando na onda, e para lembrar a mim mesmo a distância entre a imagem retocada e a pessoa imperfeita e muitas vezes insegura que eu era.

Eu também já começava a me preocupar com a probabilidade de que, se eleito presidente, não teria como corresponder às expectativas desmedidas vinculadas a mim. Desde que fora indicado candidato democrata, passei a ler os jornais com outros olhos, de um jeito que me causava sobressaltos. Cada manchete, cada reportagem, cada revelação significava outro problema para resolver. E os problemas se acumulavam rapidamente. Apesar da aprovação do Tarp, o sistema financeiro continuava paralisado. O mercado imobiliário estava em parafuso. A economia extinguia empregos em um ritmo cada vez mais acelerado, e já se conjeturava que as três maiores fabricantes de automóveis logo estariam periclitando.

A responsabilidade de encarar esses problemas não me causava medo. Na verdade, eu não via a hora de arregaçar as mangas. Mas, a julgar por tudo que eu tinha aprendido, as coisas talvez piorassem bastante antes de melhorar. Resolver a crise econômica — além de pôr um fim gradual a duas guerras, cumprir as promessas sobre assistência à saúde e tentar salvar o planeta de catastróficas mudanças climáticas — seria uma tarefa longa e fatigante. Exigiria a cooperação do Congresso, de aliados confiáveis e de um conjunto de cidadãos bem informados, mobilizados, capazes de manter pressão sobre o sistema — e não um salvador solitário.

O que aconteceria, portanto, se as mudanças não ocorressem com a rapidez esperada? Como aquelas multidões exultantes responderiam aos inevitáveis reveses e concessões? Um gracejo se tornou frequente na nossa equipe: "A gente tem certeza de que quer mesmo ganhar isto? Ainda dá tempo de desistir". Marty deu voz a uma versão mais étnica do mesmo sentimento:

"Duzentos e trinta e dois anos e eles esperam que o país esteja indo para o buraco para o entregarem ao irmão!"

Mais do que qualquer coisa relacionada à campanha, foi uma notícia do Havaí que abalou meu humor nos últimos dias de outubro. Maya ligou dizendo que os médicos achavam que Toot não tinha muito tempo de vida, talvez no máximo uma semana. Estava confinada a um leito alugado de hospital que instalaram na sala de estar do seu apartamento, sob os cuidados de uma enfermeira e tomando medicamentos paliativos. Apesar de ter surpreendido minha irmã com um súbito acesso de lucidez na noite anterior, pedindo para ouvir as últimas notícias da campanha, além de uma taça de vinho e um cigarro, ela oscilava entre a consciência e a inconsciência.

E assim, doze dias antes da eleição, fiz uma viagem de 36 horas a Honolulu para dizer adeus. Maya me esperava quando cheguei ao apartamento de Toot; vi que ela estivera sentada no sofá com duas caixas de sapato cheias de fotografias e cartas antigas.

"Achei que talvez você quisesse ficar com algumas", ela me disse.

Peguei umas fotos da mesinha de centro. Meus avós e minha mãe com oito anos, rindo num campo de relva em Yosemite. Eu com quatro ou cinco anos, nos ombros de meu avô, com as ondas quebrando ao nosso redor. Nós quatro com Maya, ainda uma criança de colo, rindo diante de uma árvore de Natal.

Levando a cadeira para perto da cama, segurei a mão de minha avó. Seu corpo tinha definhado, e ela respirava com dificuldade. De vez em quando, era sacudida por uma tosse violenta, metálica, que soava como o barulho de uma engrenagem. Por vezes ela murmurava baixinho, embora algumas palavras me escapassem.

Quais seriam seus sonhos quando dormia? Eu me perguntava se ela conseguia olhar em retrospecto e fazer um balanço, ou se achava que isso seria indulgência demais. Eu desejava que ela fizesse isso; que se alegrasse com a lembrança de um amor antigo, ou de um dia perfeito, ensolarado, de sua juventude, quando num golpe de sorte o mundo se revelou grande e cheio de promessas.

Pensei numa conversa que tive com ela quando estava no ensino médio, mais ou menos na época em que seus crônicos problemas nas costas começaram a tornar difíceis as caminhadas mais longas.

"O problema de envelhecer, Bar", disse Toot, "é que por dentro você é a mesma pessoa."

Lembro que ela me mediu com os olhos, através das grossas lentes bifocais, como se quisesse ter certeza de que eu estava prestando atenção.

"Você fica preso nesta maldita geringonça que começa a desmoronar. Mas ainda é você. Entende o que estou dizendo?"

Agora eu entendia.

Por uma hora, mais ou menos, fiquei lá sentado conversando com Maya sobre seu trabalho e sua família, enquanto acariciava a mão ossuda e ressequida de Toot. Mas com o tempo a sala ficou entulhada de lembranças — que se chocavam, se fundiam, se refletiam, como as figuras de um caleidoscópio —, e eu disse a Maya que queria sair um pouco. Depois de consultar Gibbs e a escolta do Serviço Secreto que me acompanhava, combinamos que os repórteres lá embaixo não seriam informados; peguei o elevador para o subsolo e saí pela garagem, virando à esquerda na rua estreita que passava por trás do prédio onde moravam meus avós.

A rua praticamente não tinha mudado nada em 35 anos. Passei pelos fundos de um pequeno templo xintoísta e de um centro comunitário, em seguida por fileiras de casas de madeira, interrompidas de vez em quando por prédios de apartamento de três andares. Eu tinha batido minha primeira bola de basquete — que ganhei de meu pai aos dez anos — nessa rua, driblando na calçada desigual, indo ou voltando das quadras da escola primária ali perto. Toot costumava dizer que sabia que eu estava chegando em casa para o jantar porque ouvia, dez andares acima, a maldita bola quicando. Eu tinha corrido por aquela rua para comprar os cigarros dela, incentivado por sua promessa de que eu poderia pegar uma barra de chocolate com o troco se voltasse em dez minutos. Mais tarde, já com quinze anos, eu passava pela mesma rua ao voltar de meu primeiro emprego, passando pela Baskin-Robbins da esquina para comprar sorvete, e Toot se acabava de rir quando eu reclamava do salário miserável.

Outro tempo. Outra vida. Modesta, e sem responsabilidade para com o resto do mundo. Mas uma vida que me dera amor. Quando Toot deixasse de existir, não haveria mais ninguém ali para se lembrar daquela vida, ou para se lembrar de meu papel nela.

Ouvi o estampido de passos atrás de mim; de alguma forma os repórteres tinham descoberto minha excursão extraoficial e se aglomeravam na calçada do outro lado da rua, com os cinegrafistas se acotovelando para apontar suas câmeras, repórteres de microfone na mão olhando para mim com ar atrapalhado, claramente sem saber se deveriam fazer alguma pergunta. Foram respeitosos comigo, estavam apenas fazendo o seu trabalho, e de qualquer maneira eu mal tinha percorrido quatro quadras. Fiz um aceno e dei meia-volta para entrar na garagem. Percebi que não fazia sentido continuar; o que eu procurava já não existia.

Deixei o Havaí e voltei ao trabalho. Oito dias depois, na véspera da eleição, Maya ligou para dizer que Toot tinha morrido. Era meu último dia de campanha. Pela programação, deveríamos estar na Carolina do Norte naquela noite, antes de voar para nosso último compromisso na Virgínia. Axe me perguntou gentilmente se eu precisava de ajuda para acrescentar alguma coisa a meus costumeiros comentários de campanha, fazendo um breve registro da morte de minha avó. Agradeci e disse que não. Eu sabia exatamente o que dizer.

Era uma bela noite, fria, com uma chuva fina. Em pé no palco ao ar livre, depois que a música, os aplausos e as cantorias cessaram, passei alguns minutos falando para a multidão sobre Toot — sobre o fato de ela ter crescido durante a Depressão e trabalhado numa linha de montagem enquanto meu avô estava longe, na guerra, sobre o que ela significara para nossa família, sobre o que poderia significar para as pessoas ali reunidas.

"Foi uma dessas heroínas silenciosas que existem nos Estados Unidos", eu disse. "Não são famosas. Seus nomes não aparecem nos jornais. Mas trabalham muito todos os dias. Cuidam da família. Se sacrificam pelos filhos e netos. Não buscam os holofotes… tentam apenas fazer o que deve ser feito. E nesta multidão também há muitos heróis silenciosos, mães e pais, avós, que trabalharam muito e fizeram sacrifícios. E a alegria que têm é ver os filhos, talvez os netos, ou os bisnetos, terem uma vida melhor que a sua. Os Estados Unidos são isso. É por isso que estamos lutando."

Foi o melhor argumento para encerrar a campanha de que eu me julgava capaz.

Se você é candidato, o Dia da Eleição traz uma quietude surpreendente. Não há mais comícios ou prefeituras. Anúncios de TV e rádio já não importam; os noticiários não têm nenhuma novidade para contar. Os escritórios de campanha se esvaziam, com colaboradores e voluntários indo às ruas para ajudar a conquistar eleitores. No país inteiro, milhões de desconhecidos vão para trás de uma cortina escura registrar suas preferências políticas e suas opiniões particulares, enquanto uma misteriosa alquimia determina o destino do país — e o seu. A compreensão do que se passa é óbvia e também profunda: não está em suas mãos. Praticamente tudo o que você pode fazer é esperar.

Essa impotência estava enlouquecendo Plouffe e Axe, que passavam horas em seus BlackBerry à procura de relatos, rumores, mau tempo — qualquer coisa que pudesse ser usada para coleta de dados. Optei pela abordagem oposta, me deixando levar pela incerteza, como quem se deita e flutua sobre uma onda. Comecei a manhã ligando para uma série de programas de rádio destinados a motoristas indo para o trabalho, principalmente para emissoras negras, pedindo às pessoas que saíssem e fossem votar. Por volta das sete e meia, Michelle e eu votamos na Beulah Shoesmith Elementary School, a poucas quadras da nossa casa em Hyde Park, levando Malia e Sasha conosco e em seguida as despachando para a escola.

Então fiz uma rápida viagem a Indianápolis para visitar um escritório de campanha e trocar apertos de mão com eleitores. Mais tarde, joguei basquete (uma superstição que Reggie e eu tínhamos desenvolvido depois de fazermos o mesmo na manhã dos *caucuses* de Ohio, mas não no dia das primárias em New Hampshire) com o irmão de Michelle, Craig, alguns velhos amigos e um grupo de filhos de amigos suficientemente rápidos e fortes para nos obrigarem a suar. Era uma partida competitiva, com os insultos bem-humorados de costume, embora desse para notar a ausência de faltas graves. Eu soube depois que foi por ordem de Craig, pois ele sabia que sua irmã o responsabilizaria se eu chegasse em casa com o olho roxo.

Gibbs, enquanto isso, acompanhava as notícias dos estados decisivos, informando que o comparecimento parecia bater recordes no país inteiro, criando problemas em alguns locais de votação, com eleitores esperando quatro ou cinco horas na fila para votar. As transmissões ao vivo, informou Gibbs, mostravam que as pessoas estavam mais exultantes do que frustradas, com idosos em cadeiras dobráveis e voluntários distribuindo lanches como se estivessem numa festa de vizinhos ao ar livre.

Passei o resto da tarde em casa, fazendo uma coisa aqui, outra ali, inutilmente, enquanto Michelle e as meninas arrumavam os cabelos. Sozinho em meu escritório, resolvi editar os rascunhos de meus discursos de vitória ou de admissão da derrota. Por volta das oito da noite, Axe ligou para dizer que as redes de TV davam como certa nossa vitória na Pensilvânia, e Marvin falou que seria melhor irmos para o hotel no centro da cidade esperar os resultados antes de seguirmos para o Grant Park, onde as pessoas estavam se reunindo.

Em frente ao portão da nossa casa, a quantidade de agentes e veículos do Serviço Secreto parecia ter dobrado nas últimas horas. O chefe de minha escolta, Jeff Gilbert, apertou minha mão e me deu um abraço. Fazia um calor inusitado para

Chicago naquela época do ano, quase vinte graus, e, no trajeto de carro pela Lake Shore Drive, Michelle e eu permanecemos calados, olhando fixamente pela janela para o lago Michigan, ouvindo a bagunça das meninas no banco de trás. De repente Malia se virou para mim e perguntou:

"Papai, você ganhou?"

"Acho que sim, minha querida."

"E a gente está indo para uma grande festa comemorar?"

"Isso mesmo. Por que você está perguntando?"

"Parece que não tem muita gente indo para a festa, porque não há carros na rua."

Eu ri, ao perceber que minha filha tinha razão; a não ser por nossa carreata, as seis faixas das duas pistas estavam completamente desertas.

A segurança tinha mudado no hotel também, com equipes armadas da SWAT espalhadas pelas escadas. Nossa família e os amigos mais próximos já estavam na suíte, todos sorrindo, crianças correndo pelo quarto, e apesar disso a atmosfera ainda era estranhamente muda, como se a ficha do que estava prestes a acontecer ainda não tivesse caído. Minha sogra, em particular, nem sequer fingia estar descontraída; em meio ao burburinho, eu a vi sentada no sofá, com os olhos fixos na televisão e ar de incredulidade. Tentei imaginar no que estaria pensando, ela que foi criada a poucos quilômetros dali numa época em que havia muitos bairros de Chicago onde negros não podiam entrar com segurança; numa época em que empregos de escritório estavam fora de cogitação para a maioria dos negros, e seu pai, sem conseguir se filiar aos sindicatos controlados por brancos, tinha sido obrigado a sobreviver como caixeiro-viajante; numa época em que a ideia de um presidente negro nos Estados Unidos pareceria tão absurda quanto galinha criar dentes.

Sentei perto dela no sofá.

"Tudo bem?", perguntei.

Marian encolheu os ombros e continuou olhando fixamente para a televisão. Depois, disse:

"Isso é meio demais."

"Eu sei."

Peguei sua mão e a apertei, os dois ali sentados, num silêncio compartilhado por alguns minutos. De repente, uma imagem de meu rosto apareceu na tela da TV, e a ABC News anunciou que eu seria o 44º presidente dos Estados Unidos.

A sala explodiu. Os gritos se espalhavam pelo corredor. Michelle e eu nos beijamos e ela se afastou um pouco para me olhar de cima a baixo, rindo e sacudindo a cabeça. Reggie e Marvin correram para abraçar todo mundo. Logo Plouffe, Axe e Gibbs entraram, e lhes dei atenção por vários minutos para ouvi-los recitar os resultados, estado por estado, antes de expressar uma certeza minha — a de que, tanto quanto qualquer coisa que eu tivesse feito, sua habilidade, seu empenho, seu discernimento, sua tenacidade, sua lealdade e seu coração, além da dedicação de toda a equipe, tinham tornado possível aquele momento.

O resto da noite agora é apenas uma névoa na memória. Lembro da ligação de John McCain, elegante como seu discurso reconhecendo a derrota. Ressaltou que os Estados Unidos deveriam sentir orgulho da história que estava sendo escrita, e prometeu me ajudar a ser bem-sucedido. Houve ligações do presidente Bush e de vários governantes estrangeiros para me cumprimentar, além de uma conversa com Harry Reid e Nancy Pelosi, cujas bancadas tinham tido noites excelentes. Me lembro de um encontro com a mãe de Joe Biden, de 91 anos, que me contou, muito satisfeita, que tinha repreendido Joe severamente por cogitar a hipótese de não ser meu companheiro de chapa.

Mais de 200 mil pessoas se reuniram no Grant Park naquela noite, com o palco voltado para o radiante perfil dos prédios de Chicago contra o céu. Ainda vejo mentalmente alguns rostos que me observavam quando entrei no palco, homens, mulheres e crianças de todas as raças, alguns ricos, outros pobres, alguns famosos, outros não, alguns sorrindo em êxtase, outros chorando abertamente. Reli trechos de meu discurso daquela noite e ouvi relatos de colaboradores e amigos sobre a sensação de estar naquele lugar, naquele momento.

Mas receio que minhas lembranças daquela noite, assim como de tantas coisas acontecidas nos últimos doze anos, estejam um tanto contaminadas pelas gravações que vi, as imagens de nossa família atravessando o palco, as fotos da multidão e das luzes e do magnífico cenário. Por mais lindas que sejam, nem sempre correspondem à experiência vivida. Na verdade, minha foto preferida daquela noite não tem nada a ver com o Grant Park. É uma que recebi anos depois, de presente, tirada no Lincoln Memorial enquanto eu discursava em Chicago. Mostra uma aglomeração na escadaria, rostos obscurecidos pelas sombras da noite, e lá atrás a figura gigantesca brilhantemente iluminada, o rosto severo de mármore, os olhos ligeiramente abaixados. Aquelas pessoas, pelo que me disseram, estavam escutando rádio enquanto contemplavam, em silêncio, quem somos nós como povo — e o arco de trajetória dessa coisa que chamamos democracia.

10

Eu já visitara a Casa Branca várias vezes quando estava no Senado, mas nunca havia entrado no Salão Oval antes de ser eleito presidente. O recinto em si é menor do que se imagina — não chega a doze metros de comprimento por dez de largura —, mas o teto é alto e grandioso, e o gabinete é bem como aparece nas fotos e nos noticiários. Lá está o retrato de Washington, acima do console da lareira decorada com heras; lá estão as duas poltronas de espaldar alto, ladeadas por sofás, onde o presidente se senta com o vice-presidente ou com dignitários estrangeiros em visita. Há duas portas quase invisíveis nas paredes levemente encurvadas — uma dando para o corredor, a outra para o "Oval Externo", onde ficam os assessores pessoais do presidente — e uma terceira que leva à sala de jantar privada e ao pequeno escritório particular do chefe do Executivo. Lá estão os bustos dos governantes de outrora e o famoso caubói de bronze de Remington, o antigo relógio de pedestal e as estantes embutidas nas paredes, o tapete grosso de formato oval com o aplique da imponente águia no centro e a escrivaninha do *Resolute* — presente da rainha Vitória em 1880, feita com a madeira do casco da fragata britânica que a tripulação de um baleeiro americano ajudara a resgatar após um acidente —, cheia de gavetas e recessos escondidos, tendo no centro do tampo um painel que se levanta e abre, para a alegria de todas as crianças que têm a oportunidade de entrar ali.

Uma coisa que as câmeras não captam no Salão Oval é a luz. O aposento é banhado de luminosidade natural. Nos dias de céu claro, ela se derrama pelas janelas enormes das paredes sul e leste, conferindo a todos os objetos um reflexo dourado que depois se torna granuloso e então mosqueado, conforme o sol da tarde vai se pondo. Nos dias de tempo fechado, quando o Gramado Sul fica encoberto pela chuva, pela neve ou por uma rara bruma matinal, o salão adquire um tom um pouco mais azulado, mas não chega a escurecer, pois a luz mais fraca nesses dias é intensificada pelas lâmpadas internas, ocultas atrás de uma cornija, cuja luz chega refletida do teto e das paredes. As lâmpadas estão sempre acesas, de forma que, mesmo em plena noite, o Salão Oval fica iluminado, flamejando na escuridão como o topo arredondado de um farol.

Durante oito anos, passei grande parte do tempo nesse gabinete, ouvindo com seriedade os relatórios dos serviços secretos, recebendo chefes de Estado, adulando congressistas, discutindo com aliados e opositores e posando para fotos com milhares de visitantes. Com o pessoal de minha equipe, eu ria, xingava e mais de uma vez tive de segurar as lágrimas. Com o tempo, fui ficando à vontade, a ponto de me sentar ou pôr os pés em cima da escrivaninha, de brincar no chão com alguma criança ou de tirar uma soneca no sofá. Às vezes sonhava em sair pela porta leste, descer pela alameda, passar pela guarita, atravessar os portões de ferro fundido, me perder na multidão das ruas e retomar a vida de antes.

Mas nunca me libertei por completo da reverência que sentia sempre que entrava no Salão Oval, da sensação de que estava não num gabinete, mas num santuário da democracia. Dia após dia, a luz do recinto me confortava e me fortalecia, relembrando o privilégio de meu fardo e de meus deveres.

Fiz minha primeira visita ao Salão Oval poucos dias depois da eleição, quando, seguindo uma longa tradição, o casal Bush convidou Michelle e a mim para darmos uma volta pelo local que em breve seria nosso lar. Num veículo do Serviço Secreto, Michelle e eu seguimos pelo arco sinuoso ao redor do Gramado Sul que levava até a Casa Branca, tentando nos acostumar ao fato de que, em menos de três meses, iríamos nos mudar para lá. Era um dia quente e ensolarado, as árvores ainda estavam cheias de folhas, e o Roseiral transbordava de flores. O outono prolongado de Washington oferecia uma boa pausa, pois em Chicago o tempo já estava frio e fechado, o vento ártico desfolhando as árvores, como se o clima inesperadamente ameno da noite das eleições tivesse sido apenas parte da elaboração de um cenário que seria desmontado logo após a comemoração.

O presidente e a primeira-dama, Laura Bush, nos receberam no Pórtico Sul; depois dos acenos de praxe para os jornalistas, o presidente Bush e eu rumamos para o Salão Oval, enquanto Michelle seguia com a sra. Bush para o chá na residência. Depois de mais algumas fotos e refrescos trazidos por um jovem atendente, o presidente me convidou a sentar.

"Então, que tal?", perguntou ele.

"Uma primeira impressão e tanto", respondi sorrindo. "Você com certeza se lembra."

"É, lembro, sim. Parece que foi ontem", disse ele concordando enfaticamente com a cabeça. "Mas vou dizer uma coisa. Você tem pela frente um caminho que não é nada fácil. Não tem nada que se compare. O importante é lembrar de aproveitar cada dia."

Fosse por causa do respeito que ele tinha pela instituição, pelas lições de seu pai, pelas lembranças pouco agradáveis da própria transição (segundo boatos, alguns assessores de Clinton, antes de irem embora, tinham removido a tecla *W* dos computadores da Casa Branca) ou por decência pura e simples, Bush acabou fazendo tudo que pôde para que aquelas onze semanas entre a minha eleição e a sua despedida corressem sem percalços. Todos os setores da Casa Branca forneceram manuais detalhados de instruções à minha equipe. Os integrantes de sua equipe se prontificaram a conhecer seus sucessores, a esclarecer dúvidas e até a acompanhá-los discretamente na execução das tarefas. Barbara e Jenna, as filhas do casal Bush, que na época acabavam de sair da adolescência, reorganizaram a agenda para darem uma volta com Malia e Sasha pelas partes "divertidas" da Casa Branca. Prometi a mim mesmo que, quando chegasse a hora, eu trataria meu sucessor daquela mesma maneira.

O presidente e eu conversamos sobre uma ampla variedade de assuntos durante aquela primeira visita — a economia e o Iraque, a imprensa e o Congresso —, sem que ele perdesse em nenhum momento seu jeito brincalhão e levemente irrequieto. Fez avaliações francas e diretas de alguns governantes estrangeiros, alertou que seria gente de meu próprio partido que ia acabar criando algumas de minhas maiores dores de cabeça e concordou gentilmente em oferecer um almoço com todos os presidentes vivos antes de minha posse.

Eu sabia que havia alguns inevitáveis limites à franqueza de um presidente conversando com seu sucessor — sobretudo um que concorrera como opositor de grande parte de seu programa de governo. Também percebia que, apesar de todo o aparente bom humor do presidente Bush, minha presença naquela mesma sala que ele logo teria de deixar provavelmente despertava sentimentos complicados. Segui seu exemplo e não me aprofundei demais nos temas políticos. Me limitei sobretudo a ouvir.

Apenas uma vez ele disse algo que me surpreendeu. Falávamos da crise financeira e de todo o empenho do secretário Paulson em estruturar o programa de socorro aos bancos, agora que o Congresso aprovara o Tarp.

"A boa notícia, Barack", disse ele, "é que, quando você assumir, já teremos resolvido a parte mais difícil. Você vai poder começar com o caminho livre."

Fiquei por uns instantes sem saber o que dizer. Vinha mantendo conversas regulares com Paulson e sabia que uma enxurrada de falências bancárias e a depressão em nível mundial ainda eram possibilidades bem concretas. Olhando para Bush, imaginei todas as esperanças e convicções que ele devia trazer dentro de si na primeira vez em que entrou no Salão Oval como presidente eleito, tão deslumbrado e tão ansioso quanto eu para mudar e melhorar o mundo, convicto de que a história iria julgar sua presidência um sucesso.

"Foi necessária muita coragem da sua parte para aprovar o Tarp", eu disse por fim. "Ir contra a opinião pública e um monte de gente de seu próprio partido, pelo bem do país."

Pelo menos isso era verdade. Achei que bastava dizer aquilo.

Em Chicago, nossa vida tinha mudado bastante. Em casa, as coisas não pareciam muito diferentes — preparar o café da manhã, aprontar as meninas para a escola, dar telefonemas, conversar com a equipe. Mas, assim que pisávamos na soleira da porta, era outro mundo. Havia equipes de TV paradas na esquina, por trás das barreiras de concreto recém-erguidas na rua. Equipes de franco-atiradores do Serviço Secreto, vestidos de preto, mantinham-se de prontidão nos telhados. Dar um pulo na casa de Marty e Anita, a poucas quadras dali, tinha virado uma tremenda empreitada; ir até minha antiga academia agora estava fora de cogitação. No trajeto para o centro da cidade, onde ficava nosso escritório temporário de transição, notei que as ruas vazias que Malia percebera na noite da eleição passaram a ser a norma. Todas as minhas entradas e saídas dos edifícios se davam por pátios de carga e descarga e elevadores de serviço previamente evacuados, exceto por alguns seguranças. Era como se eu vivesse numa perpétua cidade-fantasma portátil, só minha.

Passava as tardes montando o governo. Uma nova gestão não traz tanta rotatividade quanto se imagina: dos mais de 3 milhões de funcionários do governo federal, entre civis e militares, apenas alguns milhares estão lá por indicação política, ao bel-prazer do presidente. Entre esses milhares, ele ou ela tem contato regular e significativo com menos de cem funcionários de alto escalão e assessores pessoais. Como presidente, poderia articular um projeto para o país e colocá-lo na direção que deseja; poderia promover uma cultura organizacional sadia, estabelecendo limites claros de responsabilidade e prestação de contas. Seria eu quem tomaria as decisões finais sobre questões trazidas à minha atenção, e quem explicaria essas decisões para a nação como um todo. Mas, para fazer tudo isso, eu dependia de um punhado de assessores que atuavam como olhos, ouvidos, mãos e pés — pessoas que então se tornavam administradores, executores, facilitadores, analistas, organizadores, chefes de equipe, amplificadores, conciliadores, solucionadores de problemas, anteparos, intermediários honestos, divulgadores, críticos construtivos e soldados leais.

Portanto, era fundamental acertar nessas primeiras nomeações — começando por quem seria o meu chefe de gabinete. Infelizmente, a resposta inicial do primeiro que convoquei para a função não foi muito entusiasmada:

224

"Nem fodendo."

Era Rahm Emanuel, o ex-angariador de fundos para Richard M. Daley e enfant terrible no governo Clinton, à época congressista pelo North Side de Chicago e o idealizador da onda democrata de 2006 que recuperara o controle da Câmara. Um negro baixinho, elegante e bem-apessoado de enorme ambição e com um pique frenético, Rahm era mais inteligente do que a maioria dos colegas no Congresso, e não se preocupava muito em esconder o fato. Também era divertido, sensível, irrequieto, leal e adorava se expressar com obscenidades. Num churrasco beneficente realizado em sua homenagem alguns anos antes, brinquei que Rahm tinha ficado praticamente mudo ao perder o dedo do meio num fatiador de carne na adolescência.

"Veja bem, fico honrado pelo convite", disse Rahm quando o procurei um mês antes da eleição. "Vou fazer de tudo para ajudar no que você precisa. Mas estou contente onde estou. A minha mulher e as crianças estão contentes. E não sou tonto de acreditar naquela merda toda de que a Casa Branca é um lar acolhedor para a família. De qualquer forma, tenho certeza de que você pode encontrar candidatos melhores do que eu."

Eu não tinha como contra-argumentar com Rahm quanto às dificuldades que teria se aceitasse a minha proposta. Na Casa Branca moderna, o chefe de gabinete era o quarterback das operações do dia a dia, o filtro pelo qual precisavam passar todas as questões antes de chegar ao presidente. E poucos no governo (inclusive o presidente) trabalhavam mais horas ou sob pressão mais constante.

Mas Rahm se enganava quanto a melhores opções. Depois de dois anos muito puxados na campanha, Plouffe já tinha me avisado que de início não entraria no governo, em parte porque Olivia, sua esposa, acabara de dar à luz, três dias depois da eleição. Tanto Pete Rouse, meu chefe de gabinete no Senado, como John Podesta, ex-chefe de gabinete de Clinton, que concordara em ajudar a coordenar nossa equipe de transição, também comunicaram sua indisponibilidade. Axe, Gibbs e Valerie aceitariam cargos importantes na Casa Branca, mas nenhum deles tinha as habilidades e a experiência de que eu precisava para a função de chefe de gabinete.

Rahm, por outro lado, conhecia os programas de governo, conhecia a política, conhecia o Congresso, conhecia a Casa Branca e, depois de passar um período trabalhando em Wall Street, conhecia o mercado financeiro. Algumas pessoas se incomodavam com sua impaciência e impulsividade; como vim a descobrir, sua ansiedade em "mostrar resultado" às vezes fazia com que ele se importasse mais em firmar um trato do que com o conteúdo propriamente dito. Mas, com uma crise econômica pela frente e a suspeita de que teria um pequeno espaço para minha agenda num Congresso controlado pelos democratas, me parecia que o seu estilo trator era exatamente aquilo de que eu precisava.

Nos últimos dias antes da eleição, consegui convencer Rahm, apelando para seu ego, mas também para sua decência e seu autêntico patriotismo por trás do ar de sabichão. ("A maior crise que o país enfrenta durante a nossa vida", berrei, "e você vai ficar só olhando de fora?") Axe e Plouffe, que conheciam Rahm bem e já o tinham visto em ação, ficaram animadíssimos quando ele aceitou o cargo. Mas nem todos os meus apoiadores sentiram o mesmo entusiasmo. Alguns chiaram: o Rahm não apoiou a Hillary? Ele não representava aquela mentalidade obsessivamente centrista de sempre, de fazer triangulações, de marcar presença em Davos, de afagar Wall Street, de se concentrar em Washington, que estávamos combatendo? Como você pode confiar nele?

Eram todas variações de uma pergunta que se repetiria nos meses seguintes: que tipo de presidente eu pretendia ser? Eu tinha retirado uma boa carta da manga durante a campanha, que atraiu o apoio de independentes e até de alguns republicanos moderados, ao prometer a cooperação bipartidária e o fim da política de rivalidade a qualquer custo, sem perder o entusiasmo dos eleitores de esquerda. E tinha feito isso não dizendo às pessoas aquilo que queriam ouvir, mas declarando o que julgava ser a verdade: para promover programas progressistas como assistência universal à saúde ou reforma das leis de imigração, era não só possível mas também necessário evitar o pensamento doutrinário, destacar o que funcionava bem e ouvir respeitosamente o que o outro lado tinha a dizer.

Os eleitores tinham abraçado minha mensagem — porque soava diferente e eles queriam o diferente; porque nossa campanha não dependera do endosso da panelinha habitual de grupos de interesse e figuras influentes que, do contrário, poderiam me forçar a uma estrita ortodoxia partidária; porque eu era novo e inesperado, um quadro-negro sobre a qual os apoiadores de todo o leque ideológico podiam projetar suas concepções de mudança.

Quando comecei a fazer as nomeações, porém, logo começaram a aparecer as diversas expectativas dentro de minha coalizão. Afinal, cada pessoa que eu escolhia para uma função no governo vinha com um histórico, uma experiência e todo um conjunto de apoiadores e detratores. Pelo menos para os observadores mais próximos — os políticos, os agentes secretos e os repórteres cujo trabalho consistia em decifrar os sinais —, cada nomeação sinalizava minhas verdadeiras intenções políticas e dava provas de minha inclinação para a direita ou para a esquerda, de minha disposição em romper com o passado ou fazer mais do mesmo. As escolhas de pessoal refletiam escolhas de programa político e, a cada uma, aumentavam os riscos de decepção.

No momento de montar minha equipe econômica, resolvi optar pela experiência em vez de novos talentos. A meu ver, era o que as circunstâncias exigiam. O relatório de outubro sobre a situação do mercado de trabalho, divulgado três dias após a eleição, era desanimador: perda de 240 mil postos (posteriormente, as revisões mostraram que o número real era de 481 mil). Apesar da aprovação do Tarp e da manutenção das medidas de emergência do Tesouro e do Federal Reserve, os mercados financeiros continuavam paralisados, os bancos ainda estavam à beira da falência e as execuções hipotecárias não davam sinais de diminuir. Eu realmente gostava muito dos vários profissionais promissores que haviam me aconselhado durante toda a campanha e sentia afinidade com os ativistas e economistas de esquerda que entendiam a crise como resultado de um sistema financeiro inchado e descontrolado, com necessidade urgente de reforma. Mas, com a economia mundial em queda livre, minha tarefa prioritária não era refazer a ordem econômica. Era impedir maiores desastres. Para isso, precisava de gente que já tivesse administrado crises, que conseguisse acalmar os mercados assolados pelo pânico — que, por definição, podia carregar o estigma dos pecados do passado.

Para a Secretaria do Tesouro, a escolha se resumiu a dois candidatos: Larry Summers, que ocupara o cargo no governo de Bill Clinton, e Tim Geithner, ex-vice de Larry e então presidente do Federal Reserve Bank de Nova York. Larry era a escolha mais óbvia: formado em economia e campeão de debates no MIT, um dos professores titulares mais jovens de Harvard e, mais recentemente, reitor da universidade, já ocupara os cargos de economista-chefe do Banco Mundial, vice-secretário de relações exteriores e vice-secretário do Tesouro antes de assumir as rédeas com a saída de seu mentor e predecessor, Bob Rubin. Em meados dos anos 1990, Larry ajudara a elaborar a reação internacional a uma série de graves crises financeiras envolvendo o México, a Ásia e a Rússia — os equivalentes mais próximos da crise que eu estava herdando —, e mesmo seus mais ferozes detratores reconheciam a excelência dele. Como bem descreveu Tim, Larry ouvia o que você dizia, reformulava seus argumentos melhor do que você seria capaz e então mostrava onde, como e por que você estava errado.

Larry também tinha fama, merecida apenas em parte, de ser arrogante e politicamente incorreto. Como reitor de Harvard, travara uma briga pública com o eminente professor de estudos afro-americanos Cornel West e mais tarde fora obrigado a renunciar ao cargo, depois de declarar, entre outras coisas, que as diferenças intrínsecas na capacidade de alcançar a excelência podiam ser uma razão da baixa presença de mulheres nos departamentos de matemática, ciências e engenharia das principais universidades.

Quando o conheci mais a fundo, passei a crer que a dificuldade de Larry em se relacionar bem com os outros se devia em grande parte não tanto a algum traço de maldade, e sim a uma simples indiferença. Para Larry, qualidades como o tato e o autocontrole apenas atravancavam a mente. Ele mesmo parecia impermeável às mágoas ou inseguranças mais comuns, e expressava reconhecimento (acompanhado por uma leve surpresa) quando qualquer pessoa de fato o desafiasse ou pensasse em algo que lhe passara despercebido. Seu desinteresse pelas sutilezas humanas normais se estendia à aparência pessoal muitas vezes desleixada, com a enorme barriga às vezes aparecendo pela camisa com um botão faltando e o relaxo no barbear que muitas vezes resultava num tufo de pelos debaixo do nariz que distraía a atenção do interlocutor.

Já Tim era diferente. Na primeira vez em que o encontrei, num hotel em Nova York poucas semanas antes da eleição, a palavra que me veio à cabeça foi "garotão". Tinha a minha idade, mas, com o físico esbelto, o porte despretensioso e o rosto de elfo, parecia muito mais novo. Durante nossa conversa, que se prolongou por uma hora, ele manteve o tempo todo a tranquilidade, a fala mansa e o bom humor. Criamos uma conexão imediata, em parte por causa de similaridades na nossa infância: devido ao trabalho de seu pai em organizações que angariavam fundos para países em desenvolvimento, ele passara grande parte da infância e juventude no exterior, o que lhe incutiu modos reservados que eu via em mim mesmo.

Depois de fazer o mestrado em estudos da Ásia Oriental e em economia internacional, Tim trabalhou como especialista na Ásia para a empresa de consultoria de Henry Kissinger e depois ingressou no Tesouro, tornando-se adido comercial no Japão. Foi Larry Summers quem tirou Tim da obscuridade para ser seu assistente especial; com a ascensão de Larry, Tim subiu junto. Teve um papel central, ainda que não declarado, no enfrentamento das várias crises financeiras dos anos 1990, e foi graças à recomendação de Larry que acabou comandando o Fed de Nova York. A relação entre ambos mostrava não só a generosidade de Larry, mas também a serena confiança e o rigor intelectual de Tim — qualidades que tinham sido amplamente testadas no ano anterior, quando Tim havia trabalhado de forma incansável com Hank Paulson e Ben Bernanke no esforço de impedir o colapso de Wall Street.

Fosse por lealdade a Larry, por puro cansaço ou por um justificável sentimento de culpa (assim como Rahm — e eu —, Tim ainda tinha filhos pequenos em casa e uma esposa que sonhava com uma vida mais tranquila), Tim passou grande parte de nosso primeiro encontro tentando me dissuadir de nomeá-lo secretário do Tesouro. Saí da conversa convencido do contrário. Afinal, pensei eu, levaria meses para encontrar alguém — mesmo Larry — que tivesse o mesmo grau de entendimento em tempo real de Tim sobre a crise financeira ou tivesse relações com a safra atual dos atores financeiros globais, e esse era um tempo que não tínhamos. E, o mais importante, minha intuição me dizia que Tim possuía integridade, temperamento estável e uma capacidade de resolver problemas que não era afetada pelo ego nem por inclinações políticas, o que o tornava inestimável para a tarefa que havia pela frente.

No final, resolvi contratar os dois — Larry para ajudar a entender o que era preciso fazer (e não fazer) e Tim para organizar e conduzir nossa resposta. Para dar certo, tive de propor que Larry fosse não o secretário do Tesouro, e sim o presidente do Conselho Econômico Nacional (NEC), que, embora fosse o cargo econômico mais alto da Casa Branca, tinha menos prestígio. A função tradicional do presidente do conselho era coordenar o processo de elaboração de políticas econômicas e atuar como intermediário diplomático entre várias agências, o que não era exatamente o ponto forte de Larry. Mas nada disso tinha importância, expliquei. Eu precisava dele, o país precisava dele e, no que me dizia respeito, ele tinha o mesmo peso de Tim na formulação de nosso plano econômico. Meu empenho pode ter influído um pouco em sua decisão — embora a promessa (por sugestão de Rahm) de que Larry seria o próximo presidente do Federal Reserve com certeza também tenha contribuído para que ele aceitasse.

Havia outros cargos fundamentais a ser preenchidos. Para presidir ao Conselho de Consultores Econômicos — responsável por fornecer ao presidente os melhores dados e análises possíveis em todas as questões econômicas —, escolhi Christina Romer, uma jovial professora de Berkeley que fizera estudos importantíssimos sobre a Grande Depressão. Peter Orszag, diretor do Departamento Orçamentário do Congresso, aceitou o cargo de diretor do Departamento de Gestão e Orçamento, e Melody Barnes, uma atenciosa advogada afro-americana e ex-conselheira-chefe do senador Ted Kennedy, ficou encarregada do Conselho de Políticas Internas. Jared Bernstein, economista de esquerda na área do emprego, ingressou como integrante da equipe de Joe Biden, assim como Gene Sperling, com seus óculos no rosto e seu modo de falar superarticulado, um especialista na área de política econômica que fora por quatro anos o presidente do Conselho Econômico Nacional durante o governo de Clinton e que agora concordara, junto com Austan Goolsbee e Jason Furman, economistas da campanha, em operar em múltiplas frentes.

Nos meses seguintes, passei inúmeras horas com esse grupo de estrategistas e seus representantes, fazendo questionamentos, avaliando recomendações, assistindo a apresentações de slides, examinando relatórios de atualizações, formulando linhas de ação e então submetendo tudo o que havíamos elaborado a análises incessantes. As discussões eram inflamadas, a discordância era incentivada e nenhuma ideia era rejeitada por não se encaixar numa determinada predisposição ideológica ou por vir de um assistente de baixo escalão.

Mesmo assim, Tim e Larry eram as vozes dominantes em nossa equipe econômica. Ambos tinham suas raízes na filosofia econômica centrista e pró-mercado que guiara o governo Clinton e, em vista da notável onda de prosperidade econômica nos anos 1990, fora por muito tempo motivo de orgulho. Com o aprofundamento da crise financeira, porém, esse histórico passou a ser alvo de críticas cada vez mais frequentes. O nome de Bob Rubin já vinha sendo manchado devido ao seu papel como alto conselheiro do Citigroup, uma das instituições financeiras cuja enorme vulnerabilidade no mercado de derivativos de alto risco agora alimentava o contágio de toda a economia. Assim que anunciei minha equipe econômica, as matérias na imprensa lembraram que Larry havia defendido uma significativa desregulamentação dos mercados financeiros durante sua passagem pelo Tesouro; os analistas questionavam se Tim, durante o seu período no Fed de Nova York, não havia sido — junto com Paulson e Bernanke — lento demais para soar o alarme sobre os riscos que o mercado do subprime representava para o sistema financeiro.

Algumas dessas críticas eram válidas, outras muito injustas. O certo era que, ao escolher Tim e Larry, eu me ligara à história deles — e, se não conseguíssemos endireitar depressa os rumos da economia, o preço político dessa escolha seria alto.

Na mesma época em que estava terminando de montar minha equipe econômica, pedi aos assessores e aos agentes do Serviço Secreto que me acompanhavam que organizassem uma reunião secreta na sede do corpo de bombeiros do Aeroporto Nacional Reagan. Quando cheguei, o local estava vazio, e os caminhões de bombeiros tinham sido retirados para abrir espaço para a nossa comitiva. Entrei numa sala onde havia lanches e bebidas à disposição e cumprimentei o sujeito robusto e grisalho, de terno cinza, que estava sentado ali.

"Sr. secretário", falei ao apertar sua mão. "Obrigado por vir."

"Parabéns, sr. presidente eleito", respondeu Robert Gates, com um olhar frio e um sorriso forçado antes de nos sentarmos e passarmos aos negócios.

É correto afirmar que o secretário de Defesa do presidente Bush e eu não frequentávamos os mesmos círculos. Na verdade, tirando nossas raízes comuns no Kansas (Gates nascera e crescera em Wichita), era difícil imaginar duas pessoas que tivessem percorrido caminhos tão diferentes para chegar ao mesmo local. Gates era um Eagle Scout, grau máximo do escotismo, ex-militar da inteligência da Força Aérea, especialista na Rússia e agente da CIA. No auge da Guerra Fria, esteve no Conselho de Segurança Nacional (NSC) nos governos de Nixon, Ford e Carter, e na CIA sob Reagan, antes de se tornar diretor da agência no governo de George H. W. Bush. (Tinha sido indicado previamente por Reagan, mas, devido a questões sobre seu conhecimento do caso Irã-Contras ou Irã-Gate, ele fora obrigado a declinar.) Com a eleição de Bill Clinton, Gates saiu de Washington, entrou no conselho administrativo de grandes corporações e mais tarde foi reitor da Universidade Texas A&M — cargo que ocupou até 2006, quando George W. Bush lhe pediu que substituísse Donald Rumsfeld no Pentágono e concebesse uma estratégia para a Guerra do Iraque, que àquela altura estava indo de mal a pior.

Gates era republicano, com visão militarista da Guerra Fria, integrante ativo do sistema de segurança nacional, antigo defensor de intervenções no exterior contra as quais eu provavelmente protestara quando estava na faculdade e então secretário de Defesa de um presidente cujas políticas belicistas eu abominava. E, no entanto, ali estava eu, na sede do corpo de bombeiros para pedir a Bob Gates que permanecesse no cargo em meu governo.

Assim como no caso das nomeações na área econômica, minhas razões eram práticas. Com 180 mil soldados americanos no Iraque e no Afeganistão, qualquer grande guinada do Departamento de Defesa parecia muito arriscada. Além disso, apesar das diferenças entre mim e Gates no que se referia à decisão inicial de invadir o Iraque, as circunstâncias nos haviam levado a posições semelhantes sobre o melhor caminho a seguir. Quando o presidente Bush — por recomendação de Gates — determinara uma "onda" adicional de soldados americanos no Iraque, no começo de 2007, minha reação foi de ceticismo, não por duvidar da possibilidade de que o aumento do número de tropas reduziria a violência, mas porque o desfecho da iniciativa era incerto.

Mas, sob a direção de Gates, a onda liderada por Petraeus (e uma aliança negociada com tribos sunitas na província de Anbar) não só reduziu significativamente a violência, mas também permitiu mais tempo e espaço para a política iraquiana se estabelecer. Com a ajuda de uma laboriosa diplomacia da secretária de Estado Condoleezza Rice e, em especial, do embaixador americano no país, Ryan Crocker, o Iraque estava preparado para formar um governo legítimo, com eleições marcadas para o final de janeiro. A meio caminho de minha transição, o governo Bush chegara a anunciar o chamado Status of Forces Agreement com o governo Maliki, segundo o qual os soldados americanos se retirariam do Iraque no final de 2011 — cronograma que inclusive espelhava o que eu havia proposto durante a campanha. Enquanto isso, Gates enfatizava publicamente a necessidade de os Estados Unidos redirecionarem a atenção para o Afeganistão, um dos pontos centrais de minha plataforma para a política externa. Restavam as questões táticas, referentes à rapidez, aos recursos e ao pessoal. Mas a estratégia de reduzir as operações de combate no Iraque e fomentar nossa presença no Afeganistão estava solidamente estabelecida — e, pelo menos por ora, não havia ninguém mais capacitado para executá-la do que o secretário de Defesa em exercício.

Eu também tinha sólidas razões políticas para manter Gates. Prometera que terminaria com o constante rancor partidarista, e a presença de Gates em meu gabinete ministerial mostraria minha seriedade no cumprimento dessa promessa. Sua manutenção no cargo também ajudaria a gerar confiança dentro das Forças Armadas americanas e nas várias agências que formavam a comunidade de inteligência (conhecida como C.I.). Tendo à disposição um orçamento militar maior do que a soma das verbas de defesa dos 37 países que vinham a seguir, os líderes do Departamento de Defesa e das C.I. tinham opiniões fortes, eram experientes em batalhas burocráticas internas e preferiam fazer as coisas à maneira de sempre. Isso não me intimidou; em linhas gerais, sabia o que eu queria fazer e supunha que os hábitos inculcados pela hierarquia de comando — bater continência e executar as ordens do comandante-chefe, mesmo quando se discordava delas por completo — estavam solidamente arraigados.

Ainda assim, eu entendia que não era fácil para nenhum presidente imprimir uma nova direção ao aparato de segurança nacional dos Estados Unidos. Se Eisenhower — o ex-comandante supremo das Forças Aliadas e um dos arquitetos do Dia D — se sentira algumas vezes tolhido pelo que chamava de "complexo industrial-militar", havia uma grande probabilidade de que um presidente afro-americano recém-eleito, que nunca prestara serviço militar, que fora contrário a uma missão à qual muitos haviam dedicado a vida, que queria pôr freios ao orçamento militar e que certamente havia sido o candidato menos votado entre os eleitores do Pentágono por uma margem considerável, teria mais dificuldade em levar adiante uma reforma. Para que as coisas fossem feitas logo, e não dali a um ou dois anos, eu precisava de alguém como Gates, que sabia como a máquina funcionava e onde estavam as armadilhas, alguém que já tinha o respeito que eu — apesar do título — ainda precisava conquistar em certos sentidos.

Havia mais uma razão para querer Gates na equipe, e era desafiar a maneira como eu era visto. Minha imagem decorrente da campanha — o idealista de olhar sonhador que se opunha instintivamente à ação militar e acreditava que todos os problemas no cenário internacional podiam ser resolvidos com um diálogo a partir de uma posição de magnanimidade — nunca fora totalmente precisa. Sim, eu acreditava na diplomacia e encarava a guerra apenas como último recurso. Acreditava na cooperação multilateral para tratar de problemas como a mudança climática e achava que a defesa firme e constante da democracia, do desenvolvimento econômico e dos direitos humanos em todo o mundo atendia aos interesses de nossa segurança nacional no longo prazo. Os que tinham votado em mim ou trabalhado em minha campanha tendiam a compartilhar dessa visão e com toda a probabilidade estariam no meu governo.

Mas minhas posições em política externa — inclusive minha oposição inicial à invasão do Iraque — se deviam, pelo menos em igual medida, à escola "realista", uma abordagem que valorizava ações mais contidas, levava em conta que poderia haver informações incompletas e consequências inesperadas, e combinava a crença no excepcionalismo dos Estados Unidos com a humildade quanto à capacidade do país de recriar o mundo à sua imagem. Muitas vezes as pessoas se surpreendiam ao ouvir que George H. W. Bush era um exemplo de um presidente recente com uma política externa que eu admirava. Bush, junto com James Baker, Colin Powell e Brent Scowcroft, tinha sido hábil em acabar com a Guerra Fria e montar uma operação bem-sucedida na Guerra do Golfo.

Gates chegara à idade adulta trabalhando com esses homens, e no tratamento que ele dera à campanha do Iraque eu via uma convergência entre nossos pontos de vista, deixando-me confiante de que podíamos trabalhar juntos. Sua presença à mesa, junto com pessoas como Jim Jones — o general de quatro estrelas aposentado e ex-chefe do Comando Europeu, que eu escalara como meu primeiro conselheiro de segurança nacional —, garantia que eu ouviria um amplo leque de opiniões antes de tomar decisões de grande importância, e que precisaria pôr minhas convicções sempre à prova, mesmo as mais profundas, perante pessoas com estatura e confiança suficientes para me apontar meus erros.

Claro que tudo isso dependia de uma relação de confiança entre nós dois. Quando pedi a um colega que o consultasse sobre sua possível disposição em continuar no cargo, Gates enviou uma série de perguntas. Por quanto tempo eu esperava que ele ficasse? Estava disposto a ter uma postura flexível quanto à retirada dos soldados no Iraque? Como eu trataria o pessoal e o orçamento do Departamento de Defesa?

No encontro nas instalações do corpo de bombeiros, Gates reconheceu não ser comum que um potencial nomeado para um gabinete de governo interrogasse daquela maneira o possível futuro chefe. Esperava que eu não tivesse visto isso como presunção da parte dele. Garanti que não me incomodei, e que sua franqueza e clareza mental eram exatamente o que eu procurava. Passamos para as perguntas. De minha parte, eu também tinha algumas. Depois de 45 minutos, trocamos um aperto de mãos e saímos cada um em nossas respectivas comitivas.

"E aí?", perguntou Axelrod quando voltei.

"Ele topou", respondi. "Gosto dele."

Então acrescentei:

"Veremos se a recíproca é verdadeira."

Sem muito alarde, os outros integrantes de minha equipe de segurança nacional foram se encaixando: minha velha amiga e ex-diplomata Susan Rice como embaixadora dos Estados Unidos na ONU; Leon Panetta, ex-congressista pela Califórnia e chefe de gabinete de Clinton com merecida fama de bom trânsito bipartidário como diretor da CIA; o almirante aposentado Dennis Blair como diretor da inteligência nacional. Muitos de meus conselheiros de campanha mais próximos assumiram funções fundamentais, inclusive meu treinador de debates, sargento Tom Donilon, como vice-conselheiro de segurança nacional, os competentíssimos jovens Denis Mc-Donough, Mark Lippert e Ben Rhodes como representantes assistentes no Conselho de Segurança Nacional, e Samantha Power numa nova posição no mesmo conselho, para se concentrar na prevenção de atrocidades e na defesa dos direitos humanos.

Só uma última potencial nomeação despertou algum alvoroço. Eu queria Hillary Clinton como secretária de Estado.

Os observadores aventaram diversas teorias sobre minhas razões para escolher Hillary: que eu precisava unificar o Partido Democrata, ainda dividido; que eu estava preocupado com sua atuação no Senado em relação a meu governo; que eu fora influenciado pelo livro *Team of Rivals*, de Doris Kearns Goodwin, e estava deliberadamente imitando Lincoln ao pôr um ex-adversário político em meu gabinete.

Mas, na verdade, era mais simples. Eu achava que Hillary era a melhor pessoa para a função. Durante toda a campanha vi sua inteligência, seu preparo e sua ética de trabalho. Independentemente do que ela achava de mim, eu acreditava em seu patriotismo e em seu compromisso com o dever. Acima de tudo, acreditava que, numa época em que as relações diplomáticas por todo o mundo andavam tensas ou relegadas a um abandono crônico, a presença de uma secretária de Estado com o brilho, as relações e a desenvoltura no cenário mundial de Hillary nos daria uma amplitude que ninguém mais teria.

Com as cicatrizes da campanha ainda frescas na lembrança, nem todos ao meu lado se convenceram. ("Tem certeza de que quer uma secretária de Estado que disse em anúncios da TV que você não estava pronto para ser o comandante-chefe?", perguntou um amigo.) Hillary também estava ressabiada e, quando lhe ofereci o cargo, numa reunião no nosso escritório de transição em Chicago, cerca de dez dias após a eleição, ela rejeitou polidamente. Estava cansada, disse ela, e preferia manter sua rotina dentro da agenda mais previsível do Senado. Ainda tinha dívidas de campanha a saldar. E também era preciso pensar em Bill. O trabalho com o desenvolvimento global e a saúde pública na Fundação Clinton vinha gerando resultados realmente concretos no mundo, e nós dois, Hillary e eu, sabíamos que a necessidade de evitar a mera aparência de algum conflito de interesses — em especial na arrecadação de fundos — provavelmente imporia novas restrições a ele e à fundação.

As preocupações de Hillary eram válidas, mas me pareciam contornáveis. Pedi que não respondesse naquele momento e pensasse a respeito. Ao longo da semana seguinte, recrutei Podesta, Rahm, Joe Biden, vários colegas do Senado e todos os que me passaram pela cabeça para contatá-la e tentar persuadi-la. Apesar da pressão, em nossa conversa seguinte, num telefonema tarde da noite, ela me falou que ainda se sentia propensa a recusar. Continuei a insistir, certo de que suas dúvidas estavam relacionadas não tanto ao cargo que ela ocuparia, e sim a como seria nossa relação. Mencionei suas posições sobre o Iraque, a Coreia do Norte, a proliferação de armamentos nucleares e os direitos humanos. Perguntei o que ela faria para revitalizar o Departamento de Estado. Assegurei que ela teria acesso direto e constante a mim e liberdade para escolher sua equipe. "Você é importante demais para eu me conformar com sua recusa", eu disse ao final do telefonema.

Na manhã seguinte, ela decidiu aceitar a proposta e participar do governo. Dez dias depois, apresentei Hillary e os demais integrantes de minha equipe de segurança nacional — junto com o escolhido para procurador-geral, Eric Holder, e a nomeada para o Departamento de Segurança Interna, a governadora Janet Napolitano — numa coletiva de imprensa em Chicago. Olhando as pessoas reunidas no palco, não pude deixar de notar que quase todas eram bem mais velhas do que eu, com décadas de experiência nos mais altos níveis do governo, e que pelo menos algumas haviam apoiado outro candidato à presidência, não se deixando atrair por meu discurso de esperança e mudança. Uma equipe de rivais, no fim das contas, pensei. Logo eu veria se isso indicava que minha confiança em ser capaz de governar tinha fundamento ou se era só a fé ingênua de um novato prestes a ser atropelado pela realidade.

Quando George Washington foi eleito presidente, em 1789, a atual capital dos Estados Unidos ainda não existia. O presidente eleito teve de viajar por sete dias, de barcaça e de cabriolé, de sua casa em Mount Vernon, na Virgínia, até o Federal Hall em Nova York — a sede temporária do novo governo nacional — para tomar posse. Foi saudado por uma multidão de 10 mil pessoas. Ele prestou o juramento, ao que se seguiram a exclamação "Longa vida a George Washington" e uma salva de treze tiros. Washington fez um discurso de posse de quinze minutos, em voz baixa, não para a plateia, mas para os membros do Congresso na câmara improvisada e mal iluminada. Então se dirigiu a uma igreja próxima para um ofício religioso.

Depois disso, o Pai de Nosso País tratou de cuidar da tarefa de garantir que os Estados Unidos sobrevivessem por um tempo maior que seu mandato.

Com o tempo, as cerimônias presidenciais se tornaram mais elaboradas. Em 1809, Dolley Madison ofereceu o primeiro baile de posse na nova capital, com quatrocentas pessoas desembolsando quatro dólares cada uma pelo privilégio de comparecer ao que, àquela altura, era o maior evento social já realizado em Washington. Fazendo jus à fama de populista, Andrew Jackson abriu as portas da Casa Branca a muitos milhares de apoiadores para sua posse em 1829; a multidão embriagada criou tanta arruaça que, segundo relatos, o presidente fugiu por uma janela.

Para sua segunda posse, Teddy Roosevelt não se contentou com bandas e desfiles militares — incluiu uma caravana de caubóis e o chefe apache Geronimo. E quando chegou a vez de John F. Kennedy, em 1961, a cerimônia de posse já se tornara um espetáculo televisivo de vários dias, com apresentação de músicos famosos, declamação do premiado poeta Robert Frost e vários bailes à fantasia em que as principais celebridades de Hollywood compartilhavam seu brilho com financiadores e cabos eleitorais do novo presidente. (Ao que consta, Frank Sinatra fez de tudo para que as festas fossem dignas de Camelot — embora tenha sido obrigado a uma conversa no mínimo constrangedora com o amigo e colega Sammy Davis Jr., quando Joe Kennedy mandou o recado de que a presença de Davis e de sua branquérrima esposa sueca nos bailes de posse talvez não pegasse muito bem entre os apoiadores sulistas de JFK e, portanto, era melhor fazê-los desistir de comparecer.)

Considerando o entusiasmo gerado por nossa campanha, havia grandes expectativas em torno da cerimônia de posse, marcada para 20 de janeiro de 2009. Assim como na convenção dos democratas, não me envolvi com os detalhes da organização, certo de que o comitê que montáramos e a grande maga organizacional de minha campanha, Alyssa Mastromonaco (então escalada como diretora de programas e eventos), estavam cuidando de tudo. Assim, enquanto eram montados palanques e arquibancadas ao longo da rota do desfile em Washington, Michelle, as meninas e eu fomos passar o Natal no Havaí, onde — em meio às últimas nomeações para o gabinete, consultas diárias a minha equipe econômica e a elaboração inicial do discurso de posse — tentei recuperar o fôlego.

Maya e eu passamos uma tarde examinando os pertences pessoais de Toot e então fomos até as mesmas rochas na baía de Hanauma onde daríamos o último adeus à nossa mãe e espalharíamos suas cinzas no mar. Marquei também um jogo de basquete com alguns velhos colegas de time, do tempo de escola. Nossas famílias cantaram músicas de Natal, assaram biscoitos e estrearam algo que acabaria se tornando um concurso anual de talentos (os pais foram julgados, merecidamente, os menos talentosos). Tive até oportunidade de surfar em Sandy Beach, um de meus locais favoritos na juventude. Mergulhando numa onda que se quebrava suave, a luz oscilando com a curva da água e o céu atravessado pelo voo das aves, eu podia fazer de conta, por um instante, que não estava cercado por vários Seals da Marinha com seus trajes de mergulho, que o navio armado da Guarda Costeira à distância não tinha nada a ver comigo, que as fotos em que eu aparecia sem camisa não iam ser estampadas mais tarde na primeira página dos jornais de todo o mundo, com manchetes como PREPARADO PARA O CARGO. Quando finalmente sinalizei que estava pronto para voltar, o chefe de minha equipe de segurança naquele dia — um agente sardônico chamado Dave Beach, que estava comigo desde o começo e me conhecia como amigo — se inclinou de lado, sacudiu a cabeça para tirar a água dos ouvidos e disse em tom muito informal:

"Espero que tenha aproveitado bem, pois é a última vez que vai poder fazer isso por muito e muito tempo."

Dei risada, sabendo que ele estava brincando... ou não? A campanha e seus desdobramentos imediatos não tinham me deixado tempo para refletir; portanto, foi somente nesse breve interlúdio tropical que todos nós — amigos, parentes, integrantes das equipes, agentes do Serviço Secreto — pudemos rever o que acontecera e tentar enxergar o que estava por vir. Todos pareciam felizes, mas um tanto hesitantes, sem saber se podiam admitir a estranheza das coisas, tentando descobrir o que havia ou não mudado. E, mesmo que não mostrasse, quem mais sentia essa incerteza era aquela que logo seria a primeira-dama dos Estados Unidos da América.

Durante a campanha, notei que Michelle se adaptara com infalível elegância às novas condições — encantando os eleitores, se saindo muito bem nas entrevistas, aperfeiçoando um estilo que mostrava que ela era ao mesmo tempo chique e acessível. Mais que uma transformação, foi uma amplificação, sua "Michellinidade" polida até revelar um imenso brilho. Mas, mesmo se sentindo cada vez mais à vontade diante dos olhos do público, nos bastidores Michelle estava desesperada para conseguir um pouco de normalidade para nossa família, um lugar fora do alcance da política e da fama, que distorciam tudo o que tocavam.

Nas semanas após a eleição, isso significava se lançar às tarefas que qualquer casal tinha de enfrentar quando precisava se mudar por causa de um novo emprego. Com a eficiência que lhe era característica, ela separou as coisas, empacotou, fechou as contas, providenciou o encaminhamento da correspondência e ajudou o Centro Médico da Universidade de Chicago a preparar sua substituição.

Mas a prioridade de Michelle eram as nossas filhas. No dia seguinte à eleição, ela já tinha providenciado uma visita às escolas de Washington (Malia e Sasha eliminaram da lista as instituições apenas para meninas, escolhendo a Sidwell Friends, um colégio particular fundado por quacres, que Chelsea Clinton havia frequentado) e conversou com os professores sobre a transferência de nossas filhas no meio do ano. Pediu conselhos a Hillary e a Laura Bush sobre como blindá-las da imprensa e insistiu com o Serviço Secreto que a equipe de segurança não atrapalhasse o horário de brincadeiras e jogos delas. Ela se pôs a par do funcionamento da residência na Casa Branca e providenciou que os móveis nos quartos das meninas não parecessem saídos do palácio Monticello de Thomas Jefferson.

Não que eu não tivesse a mesma preocupação. Malia e principalmente Sasha ainda eram muito novas em 2008, de trancinhas e rabo de cavalo, com os dentes da frente faltando e carinhas redondas. Como a Casa Branca afetaria a infância delas? Ficariam isoladas demais? Corriam o risco de se tornar temperamentais ou arrogantes? À noite, eu ouvia atentamente as observações de Michelle, dava minha opinião sobre uma ou outra questão que a incomodava e tratava de tranquilizá-la dizendo que algum comentário malcriado ou alguma pequena travessura das meninas não eram sinais de que aquela súbita mudança no mundo delas já estivesse surtindo efeito.

Mas, como de costume nos dez anos anteriores, era Michelle que carregava grande parte do fardo de criar as meninas. E, comigo cada vez mais engolido — antes mesmo de assumir o cargo — pelo turbilhão de tarefas, com sua carreira posta para escanteio e com a percepção de que seu círculo de amizades mais próximas logo ficaria a centenas de quilômetros quando ela se mudasse para uma cidade onde necessariamente era preciso suspeitar que muita gente se aproximaria de nós com segundas intenções, a perspectiva da solidão a envolveu como uma nuvem.

Tudo isso ajuda a explicar por que Michelle pediu à mãe que fosse morar conosco na Casa Branca. Pensei que Marian Robinson sequer cogitaria essa hipótese, pois minha sogra era, por natureza, uma pessoa cautelosa, que gostava de ter um trabalho estável, rotinas familiares e um pequeno círculo de parentes e amigos que conhecia de longa data. Morava na mesma casa desde os anos 1960 e raramente se aventurava a sair de Chicago; sua única extravagância era ir uma vez por ano a Las Vegas, com a cunhada Yvonne e Mama Kaye, onde passavam três dias nos caça-níqueis. E, embora adorasse as netas e tivesse concordado em antecipar a aposentadoria para ajudar Michelle a cuidar das meninas na época em que a campanha se intensificou, sempre fizera questão de não se demorar em nossa casa em Chicago, nem de ficar para o jantar depois de concluída a tarefa.

"*Não* vou ser uma daquelas velhas", dizia, melindrada, "que não desgrudam dos filhos só porque não têm nada melhor para fazer."

Mas, quando Michelle a convidou para morar conosco em Washington, Marian não opôs muita resistência. Sabia que a filha não lhe pediria a menos que fosse realmente importante.

Havia as questões práticas a cuidar, claro. Nos primeiros anos de Casa Branca, era Marian que levava Malia e Sasha todas as manhãs para a escola e, se Michelle estivesse trabalhando, fazia companhia para elas depois das aulas. Mas não só. O que era realmente importante — e continuou a ser, mesmo quando as meninas não precisavam mais de uma babá — era a solidez que a simples presença de Marian conferia à nossa família.

Minha sogra não se comportava como se fosse melhor do que os outros, e assim nossas filhas jamais pensaram em agir dessa maneira. Ela adotava a doutrina de não criar alarde nem drama, e não se deixava impressionar por nenhum tipo de opulência ou espalhafato. Michelle, quando voltava de uma sessão de fotos ou de um jantar a rigor, em que cada um de seus gestos tinha sido monitorado, ou seu penteado minuciosamente comentado pela imprensa, podia tirar o vestido de grife, pôr um jeans e uma camiseta, sabendo que a mãe estava em sua suíte, no último andar da Casa Branca, sempre disposta a se sentar e assistir à TV junto com ela, a conversar sobre as meninas ou os parentes e amigos em Chicago — ou sobre nada em especial.

Minha sogra nunca reclamava de nada. Sempre que conversávamos, eu lembrava que, por maior que fosse o problema que precisasse encarar, ninguém me obrigara a ser presidente, e que era melhor calar a boca e fazer meu trabalho.

Que dádiva era a minha sogra! Para nós, ela era o lembrete vivo e encarnado de quem éramos, de onde vínhamos, uma guardiã de valores que antes considerávamos comuns, mas que descobríramos ser mais raros do que poderíamos imaginar.

O semestre de inverno na Sidwell Friends começava quinze dias antes do Dia da Posse, então voltamos a Chicago logo após o Ano-Novo, juntamos todos os objetos pessoais que ainda não tinham sido despachados e tomamos um avião oficial para Washington. A Blair House, que é a casa de hóspedes oficial da presidência, ainda não podia nos receber com tanta antecedência, por isso ficamos no hotel Hay-Adams, a primeira das três mudanças que faríamos em três semanas.

Malia e Sasha pareciam não se incomodar por ficar em um hotel. E, acima de tudo, não se incomodavam com a rara indulgência materna, deixando que vissem TV à vontade, pulassem nas camas, provassem todas as sobremesas do cardápio do serviço de quarto. Michelle as acompanhou no primeiro dia de escola, num carro do Serviço Secreto. Depois ela me contou que sentiu o coração apertado ao ver suas preciosas meninas — que pareciam exploradoras em miniatura, com capote de cores vibrantes e mochila nas costas — ingressando em sua nova vida cercadas por grandalhões armados.

Naquela noite no hotel, porém, as meninas continuavam animadas e tagarelas como sempre, contando que tiveram um dia fantástico, que o almoço era melhor do que na antiga escola, que já tinham feito vários amigos novos. Enquanto falavam, notei que a tensão no rosto de Michelle começava a se dissipar. Quando ela informou às duas que, com o início das aulas, a farra de ficar vendo TV e comendo doces à noite durante a semana tinha acabado, e que era hora de irem escovar os dentes e se preparar para dormir, vi que tudo ia dar certo.

Enquanto isso, nossa transição prosseguia a todo vapor. As reuniões iniciais com as equipes de economia e segurança nacional foram produtivas, com o pessoal se atendo à pauta e sem maiores exibicionismos. Amontoados em escritórios compartilhados, montamos grupos de trabalho para todos os departamentos e todos os temas imagináveis — treinamento profissional, segurança nas linhas aéreas, dívidas dos empréstimos estudantis, pesquisas sobre o câncer, aquisições do Pentágono —, e eu passava os dias consultando jovens especialistas, acadêmicos desgrenhados, líderes empresariais, grupos de interesse e veteranos calejados de governos anteriores. Alguns estavam fazendo entrevista para trabalhar no governo, outros queriam que adotássemos propostas que não tinham saído do lugar nos oito anos anteriores. Mas todos pareciam ansiosos por ajudar, animados pela perspectiva de uma Casa Branca disposta a experimentar ideias novas.

Surgiam contratempos, claro. Algumas de minhas escolhas favoritas para cargos no gabinete não aceitaram ou não foram aprovadas. Várias vezes durante o dia, Rahm aparecia para perguntar o que eu queria fazer a respeito de algum programa que estava surgindo ou alguma questão organizacional, e nos bastidores não faltavam aquelas disputas — por títulos, áreas, acesso, vagas no estacionamento — que caracterizam todo novo governo. Mas, no geral, o espírito era de entusiasmo e concentração, com todos convictos de que, com inteligência e afinco, conseguiríamos transformar o país, como havíamos prometido.

E por que não? As pesquisas mostravam que eu tinha quase 70% de aprovação. Cada dia trazia uma nova rodada de cobertura positiva nos meios de comunicação. Os membros mais jovens da equipe, como Reggie e Favs, de repente viravam notícia nas colunas de fofocas de Washington. Apesar das previsões de baixa temperatura no Dia da Posse, as autoridades previam um comparecimento recorde do público, com os hotéis da região já todos lotados. A avalanche de pedidos de ingresso para os eventos — de parlamentares, doadores, primos distantes, colegas de escola e várias figuras importantes que mal conhecíamos ou que nunca tínhamos visto — não diminuía nunca. Michelle e eu nos empenhamos ao máximo na escolha para não ferir gente demais.

"É como o nosso casamento", resmunguei, "mas com uma lista maior de convidados."

Quatro dias antes da posse, Michelle, as meninas e eu fomos à Filadélfia, onde, em homenagem ao percurso de trem, parando de estação em estação, que Lincoln fez de Springfield até Washington para sua posse em 1861, entramos num vagão de época e refizemos o último trecho da sua viagem, com apenas um desvio: uma parada em Wilmington, onde apanhamos Joe e Jill Biden. Ao ver a multidão em êxtase que se reunira para vê-los partir, ao ouvir Joe gracejando com todos os condutores ferroviários que conhecia pelo nome após anos de viagens naquela linha, eu só podia imaginar o que passava pela cabeça dele ao ver aqueles trilhos que percorrera pela primeira vez tanto tempo antes, tomado não de alegria, mas de angústia.

Passei grande parte do tempo naquele dia conversando com as várias dezenas de convidados que tínhamos chamado para a viagem, sobretudo eleitores comuns que conhecêramos aqui e ali durante a campanha. Todos se juntaram a Malia, Sasha e a mim para cantar parabéns enquanto Michelle soprava as velinhas do bolo (estava fazendo 45 anos), criando o clima de uma reunião familiar íntima que ela tanto valorizava. De vez em quando, eu saía para a plataforma traseira do trem, sentindo o vento fustigar meu rosto, o ritmo sincopado das rodas nos trilhos fazendo de alguma maneira o tempo se retardar, e acenava para as aglomerações que haviam se formado ao longo do caminho. Eram milhares e milhares de pessoas, quilômetro após quilômetro, com sorrisos que se viam à distância, algumas de pé na caçamba dos caminhões, outras se espremendo junto aos gradis, muitas com cartazes feitos em casa com mensagens como vovós c/ obama, acreditamos ou sim, conseguimos, ou levantando as crianças e lhes dizendo para acenarem.

Momentos como aquele continuaram acontecendo nos dois dias subsequentes. Numa visita ao Centro Médico Militar Walter Reed, conheci um jovem fuzileiro naval amputado, que bateu continência no leito e disse que tinha votado em mim, embora fosse republicano, e que sentia orgulho em me ter como seu comandante-chefe. Num albergue para desabrigados no sudeste de Washington, um adolescente com cara de valentão me deu um forte abraço sem dizer uma palavra. A madrasta do meu pai, Mama Sarah, se dera ao trabalho de vir de sua minúscula aldeia rural no noroeste do Quênia para a posse. Eu sorria enquanto observava aquela mulher sem nenhuma instrução formal, que morava numa casa com telhado de zinco, sem água corrente nem saneamento básico, sendo servida no jantar na Blair House em porcelanas usadas por reis e primeiros-ministros.

Como não me emocionar? Como duvidar de que havia algo verdadeiro em tudo aquilo, algo que poderia ser duradouro?

Meses depois, quando já se entendia plenamente a magnitude da catástrofe econômica e a população estava com o ânimo abatido, minha equipe e eu questionamos se — como questão de política e de governança — não deveríamos ter controlado mais esse entusiasmo coletivo pós-eleitoral e ter preparado o país para as dificuldades que estavam por vir. Na verdade, até tentamos. Quando releio entrevistas que dei logo antes de assumir o cargo, fico impressionado com minha sobriedade — insistindo que a economia ia piorar antes de melhorar, lembrando às pessoas que a reforma da assistência à saúde não se daria da noite para o dia e que não havia soluções simples em lugares como o Afeganistão. O mesmo se deu no meu discurso de posse: tentei fazer um retrato honesto de nossa situação, baixando o tom da retórica e apelando à responsabilidade e ao esforço coletivo diante de problemas assustadores.

Está tudo ali, preto no branco, uma avaliação bastante acurada do que seriam os anos seguintes. E, no entanto, talvez fosse melhor que as pessoas não dessem ouvidos a essas advertências. Afinal, não era difícil encontrar razões para medo e indignação no começo de 2009, ou para a desconfiança em relação aos políticos ou às instituições que tinham dado as costas a tanta gente. Talvez fosse necessária uma explosão de energia, por mais fugaz que se revelasse — uma história com um tom feliz sobre nós, os americanos, sobre quem éramos e quem poderíamos ser, o tipo de empolgação capaz de fornecer impulso suficiente para atravessarmos a parte mais traiçoeira da jornada.

Parece ser o que aconteceu. Tomou-se uma decisão tácita e coletiva de que o país, pelo menos por algumas semanas, tiraria uma folga mais do que necessária do ceticismo.

O Dia da Posse chegou, com céu limpo, vento forte e um frio congelante. Como sabia que os eventos tinham sido ensaiados com precisão militar, e como eu sempre costumava me atrasar uns quinze minutos, coloquei dois despertadores para garantir que me levantaria na hora certa. Uma corrida na esteira, café da manhã, banho e barba. Várias tentativas até acertar o nó da gravata, e às 8h45 da manhã Michelle e eu estávamos no carro para o trajeto de dois minutos da Blair House até a Igreja Episcopal de São João, onde pedíramos que um amigo nosso, o pastor de Dallas T. D. Jakes, oficiasse um culto privado.

Para o sermão daquela manhã, o reverendo Jakes recorreu ao Livro de Daniel no Antigo Testamento, contando como Sadraque, Mesaque e Abednego, fiéis a Deus apesar de servirem na corte real, se recusaram a ajoelhar diante do ídolo de ouro do rei Nabucodonosor, e que, em decorrência disso, foram atirados a uma fornalha ardente, mas, por causa de sua fé, foram protegidos por Deus, que os ajudou a sair ilesos do fogo.

Ao assumir a presidência em tempos tão turbulentos, explicou o reverendo Jakes, eu também estava sendo lançado às chamas. Às chamas da guerra. Às chamas da ruína econômica. Mas, da mesma forma, enquanto me mantivesse fiel a Deus e fizesse aquilo que era certo, eu não tinha nada a temer.

O pastor falava numa majestosa voz de barítono, o rosto largo e escuro sorrindo para mim do alto do púlpito.

"Deus está com você", disse ele, "na fornalha."

Alguns presentes na igreja começaram a aplaudir, e eu sorri em agradecimento a suas palavras. Mas meus pensamentos voltavam à noite anterior, quando, depois do jantar, eu pedira licença à família, subira a um dos vários aposentos da Blair House e recebera as instruções do diretor do Departamento Militar da Casa Branca sobre a "bola" — a maleta de couro que sempre acompanha o presidente, contendo os códigos necessários para lançar um ataque nuclear. Um dos assessores militares responsáveis por transportá-la explicou os procedimentos de maneira muito calma e metódica, como se estivesse ensinando como se programa um gravador de vídeo. O que estava implícito era óbvio.

Logo eu estaria investido da autoridade de explodir o mundo.

Na noite anterior, Michael Chertoff, secretário de Segurança Interna do presidente Bush, telefonara para nos avisar de informações confiáveis, indicando que quatro somalis, segundo se suspeitava, estariam planejando um ataque terrorista na cerimônia de posse. Em decorrência disso, seria preciso reforçar o já gigantesco aparato de segurança em torno do National Mall. Os suspeitos — jovens que teriam vindo, de acordo com as suspeitas, pela fronteira do Canadá — ainda estavam à solta. Evidentemente seguiríamos com a programação dos eventos no dia seguinte, mas, por segurança, examinamos várias possibilidades com Chertoff e sua equipe, e então designamos Axe para escrever as instruções de evacuação que eu daria à multidão caso ocorresse um ataque enquanto estivesse na tribuna.

O reverendo Jakes encerrou o sermão. O cântico final do coro ressoou pelo templo. Com exceção de alguns assessores, ninguém sabia da ameaça terrorista. Eu não comentara nem mesmo com Michelle, pois não queria aumentar a tensão do dia. Ninguém estava pensando em terrorismo ou em guerra nuclear. A não ser eu. Observando as pessoas nos bancos da igreja — amigos, parentes, colegas, alguns dos quais notavam o meu olhar e então sorriam ou acenavam entusiasmados —, me dei conta de que isso passara a fazer parte de minhas obrigações: manter uma aparência de normalidade, sustentando perante todos a ficção de que vivemos num mundo em perfeita ordem e segurança, mesmo quando estava diante do buraco negro do acaso e me preparava da melhor maneira de que era capaz para a possibilidade de que, a qualquer momento ou a qualquer dia, o caos irrompesse.

Às 9h55 chegamos ao Pórtico Norte da Casa Branca, onde o presidente e a sra. Bush nos receberam e nos introduziram, onde os Biden, o vice-presidente Cheney e família, os líderes do Congresso e cônjuges haviam se reunido para uma breve recepção. Quinze minutos antes do horário, nossas equipes sugeriram que seguíssemos para o Capitólio por causa da multidão que, segundo eles, era gigantesca. Entramos de dois em dois nos carros à nossa espera: primeiro os presidentes da Câmara e do Senado, em seguida Jill Biden e a sra. Cheney, Michelle e a sra. Bush,

Joe Biden e o vice-presidente Cheney, então o presidente Bush e eu fechando o cortejo. Era como se embarcássemos na Arca de Noé.

Foi minha primeira vez na "Fera", a enorme limusine preta usada para transportar o presidente. Blindada para resistir a uma explosão de bomba, o trambolho pesa várias toneladas, com luxuosos assentos de couro preto e o sinete presidencial costurado num painel de couro acima do telefone e do descanso de braço. Depois de fechadas, as portas da Fera vedam a entrada de qualquer som, e enquanto a nossa comitiva seguia lentamente pela Pennsylvania Avenue, trocando amenidades com o presidente Bush eu olhava pelas janelas blindadas para as aglomerações de gente que ainda estava a caminho do National Mall ou que já tomara assento ao longo da rota do desfile. A maioria estava com ar festivo, aclamando e acenando enquanto a comitiva passava. Mas, ao virar a esquina para o trecho final do percurso, topamos com um grupo de manifestantes com megafones e cartazes que diziam INDICIEM BUSH e CRIMINOSO DE GUERRA.

Não sei se o presidente viu ou não — ele estava descrevendo, todo entusiasmado, como se limpava o mato na sua fazenda em Crawford, no Texas, para onde iria logo após a cerimônia. Mas, em silêncio, senti raiva no lugar dele. Protestar contra um indivíduo no finalzinho de sua presidência parecia deselegante e desnecessário. Em termos mais gerais, o que me perturbava era o que esses protestos de última hora revelavam sobre as divisões que convulsionavam o país — e o enfraquecimento dos limites do decoro que antes regulavam a política.

Havia algo de interesse próprio naqueles meus sentimentos, acredito. Dali a poucas horas eu seria o único ocupante do banco traseiro da Fera. Não demoraria muito, imaginei, e logo os megafones e os cartazes se dirigiriam a mim. Isso também fazia parte da função: encontrar uma maneira de não levar esses ataques para o plano pessoal, ao mesmo tempo evitando a tentação de ignorar — como meu predecessor talvez tivesse feito com excessiva frequência — os manifestantes gritando do outro lado da janela.

Foi bom termos saído cedo; as ruas estavam entupidas de gente e chegamos ao Capitólio com vários minutos de atraso. Fomos com o casal Bush até o gabinete do presidente do Senado para mais cumprimentos, fotos e instruções antes que os participantes e os convidados — inclusive as meninas e nossos demais familiares — começassem a formar fila para o desfile. Mostraram a Michelle e a mim a Bíblia que havíamos tomado de empréstimo na Biblioteca do Congresso para meu juramento, um volume pequeno e grosso revestido com veludo bordô e bordas douradas, a mesma Bíblia que Lincoln usara em sua posse. Então foi a vez de Michelle ir, deixando Marvin, Reggie e eu momentaneamente a sós numa sala de espera, como nos velhos tempos.

"Tudo bem com meus dentes?", perguntei abrindo um sorriso exagerado.

"Tudo certo", disse Marvin.

"Está frio lá fora", falei. "Como em Springfield."

"Mas com um pouco mais de gente", disse Reggie.

Um assessor militar enfiou a cabeça pela porta e avisou que era hora. Dei uns soquinhos em Reggie e Marvin e fui atrás do comitê do Congresso pelos corredores compridos, atravessando a Rotunda do Capitólio e o Salão de Estatuária Nacional, passando pelas filas de gente alinhada nas paredes que desejavam boa sorte e por um corredor polonês de guardas de honra que batiam continência a cada passo, até chegar finalmente às portas de vidro que davam para a plataforma da posse. A cena diante de mim era um espanto: a multidão se estendia densamente no National Mall, num plano ininterrupto, indo muito além do Monumento a Washington e até o Memorial Lincoln, agitando o que deviam ser centenas de milhares de bandeirolas, cintilando ao sol do meio-dia como a superfície de uma corrente oceânica. Por um breve instante, antes que soassem os clarins e anunciassem meu nome, fechei os olhos e invoquei a prece que me levara até lá, a prece que continuaria a repetir todas as noites enquanto fui presidente.

Uma prece agradecendo por tudo o que me fora concedido. Uma prece pedindo perdão por meus pecados. Uma prece pedindo que minha família e o povo americano fossem poupados de qualquer mal.

Uma prece pedindo orientação.

Ted Sorensen, amigo, confidente e principal redator dos discursos de JFK, havia me apoiado desde o início. Quando nos conhecemos, ele já estava com quase oitenta anos, mas ainda lúcido, com um humor surpreendente. Chegou a fazer viagens por mim, um representante de campanha persuasivo, embora às vezes desse um pouco de trabalho. (Certa vez, quando nossa comitiva estava na estrada debaixo de uma chuva torrencial, ele se inclinou para a frente e gritou para o agente que estava dirigindo: "Filho, sou míope, mas até eu consigo ver que você está perto demais daquele carro!".) Ted também se tornou um queridinho da minha equipe de jovens redatores de discursos, oferecendo generosos conselhos e às vezes comentando as primeiras versões que faziam. Como tinha sido coautor do discurso de posse de Kennedy ("Não pergunte o que o seu país pode fazer por você..."), uma vez eles lhe perguntaram qual tinha sido o segredo para escrever um dos quatro ou cinco maiores discursos da história americana. Simples, disse ele. Sempre que se sentava com Kennedy para escrever, os dois diziam a si mesmos: "Vamos fazer algo que possa algum dia estar num livro dos grandes discursos".

Não sei se Ted queria inspirar ou apenas tirar um sarro de minha equipe.

O que sei é que o meu discurso não conseguiu alcançar os padrões elevados dos de JFK. Nos dias subsequentes, recebeu uma atenção muito menor do que as estimativas do público presente, o rigor do frio, o chapéu de Aretha Franklin e o leve mal-entendido que se deu entre mim e o presidente da Suprema Corte, John Roberts, durante a ministração do juramento, o que fez com que nos encontrássemos na Sala dos Mapas da Casa Branca no dia seguinte para uma reunião oficial de reavaliação. Alguns analistas acharam que o discurso tinha sido desnecessariamente sombrio. Outros viram críticas inadequadas ao governo anterior.

Apesar disso, depois de terminar o discurso, estava satisfeito por ter falado com convicção e honestidade. Também fiquei aliviado pelo fato de a nota a ser usada em caso de um incidente envolvendo terrorismo tivesse ficado no bolso de cima do paletó.

Passado o principal evento, pude relaxar e contemplar o espetáculo. Fiquei emocionado ao ver o casal Bush subindo no helicóptero e se virando para um último aceno. Fiquei orgulhoso por andar de mãos dadas com Michelle durante uma parte da rota do desfile. Fiquei encantado com os participantes do desfile: fuzileiros navais, bandas de mariachi, astronautas, pilotos negros veteranos da Segunda Guerra e, principalmente, as fanfarras escolares de todos os estados da União (inclusive a da minha *alma mater* Punahou — dá-lhe, Buff'n Blue!).

Houve apenas uma coisa triste no dia. Durante o tradicional almoço pós-posse no Capitólio, entre brindes e apresentações feitas por nossos anfitriões do Congresso, Teddy Kennedy — que recentemente fora submetido a uma cirurgia para retirar um tumor cerebral — sofreu um súbito e violento mal-estar. A sala ficou em silêncio enquanto as equipes de emergência médica entravam correndo. Vicki, a esposa de Teddy, seguiu a seu lado com o medo estampado no rosto enquanto empurravam a maca, e ficamos todos inquietos e preocupados com o que havia acontecido, nenhum de nós imaginando as consequências políticas que viriam a resultar daquele momento.

Michelle e eu comparecemos a dez bailes de posse naquela noite. Ela era uma visão de sonho, cor de chocolate com o vestido branco esvoaçante, e em nossa primeira parada a tomei nos braços, rodopiando com ela e sussurrando gracinhas em seu ouvido, enquanto dançávamos ao som de uma sublime apresentação de "At Last" na voz de Beyoncé. No Baile do Comandante-Chefe, nos afastamos e dançamos com uma moça e um rapaz que emanavam encanto e um compreensível nervosismo, integrantes das Forças Armadas.

Eu precisaria me esforçar para me lembrar dos outros oito bailes.

Quando regressamos à Casa Branca, já passava muito da meia-noite. Na Sala Leste, uma festa para a nossa família e amigos mais chegados ainda prosseguia animada, sem que o Wynton Marsalis Quintet desse algum sinal de esmorecer. Os pés de Michelle estavam pagando o preço de passar doze horas usando salto alto e, como ela precisava se levantar uma hora antes de mim para fazer o penteado por causa de outro ofício religioso na manhã seguinte, me ofereci para entreter os convidados para que ela fosse se deitar.

Quando subi para o quarto, restavam poucas luzes acesas. Michelle e as meninas dormiam, e mal se ouvia o barulho da turma da noite lavando os pratos e tirando as mesas e cadeiras no andar de baixo. Me dei conta de que não ficara sozinho um único instante daquele dia. Fiquei um momento plantado ali, olhando de um lado para outro o enorme corredor central e as várias portas, ainda sem saber direito onde dava cada uma delas, vendo os lustres de cristal e um pequeno piano de cauda, um Monet numa parede, um Cézanne em outra, tirando alguns livros da prateleira, examinando pequenos bustos, artefatos e retratos de gente que não reconheci.

Minha memória retrocedeu à primeira vez que eu tinha visto a Casa Branca, cerca de trinta anos antes, quando era um jovem que se dedicava à organização comunitária e trouxera um grupo de estudantes até Washington para pressionar seu representante parlamentar a aumentar o auxílio estudantil. Nosso grupo tinha ficado do lado de fora do portão na Pennsylvania Avenue, e alguns estudantes tiravam fotos com câmeras descartáveis. Lembro que fitei as janelas do segundo andar, me perguntando se haveria alguém ali olhando para nós. Tentei imaginar o que poderiam pensar. Sentiam falta do ritmo da vida normal? Eram solitários? Teriam às vezes um sobressalto interno e se indagariam como haviam chegado até lá?

Logo saberia a resposta, pensei eu. Tirando a gravata, fui caminhando devagar pelo corredor, apagando as luzes que ainda estavam acesas.

I I

Não adianta se iludir: por mais que a pessoa tenha lido, por mais instruções que tenha recebido, por maior que seja o número de veteranos de governos anteriores que tenha recrutado, ninguém nunca está plenamente preparado para as primeiras semanas na Casa Branca. Tudo é novo, desconhecido, cheio de significado. A grande maioria das nomeações, inclusive dos secretários do gabinete, ainda está longe de ser confirmada, o que pode levar semanas ou até meses. Por todas as dependências da Casa Branca, os integrantes das equipes ainda estão providenciando os documentos de identidade necessários, perguntando onde podem estacionar, aprendendo a operar os telefones, adivinhando onde ficam os banheiros, arrastando e levando caixas para a montoeira de escritórios apertados na Ala Oeste ou para as salas mais espaçosas no Edifício do Gabinete Executivo Eisenhower (EEOB), tentando ao mesmo tempo não parecer perdidos demais. Lembra um dia de mudança num campus universitário, com a ressalva de que aqui uma boa porcentagem das pessoas é de meia-idade, usando terno e com a incumbência de governar a nação mais poderosa do planeta.

Pessoalmente, eu não precisava me preocupar com a mudança, mas meus dias eram verdadeiros turbilhões. Depois de ver quantos tropeços imprevistos haviam atrapalhado Bill Clinton nos dois primeiros anos no cargo, Rahm estava decidido a aproveitar nosso período de lua de mel pós-eleição para deixar tudo pronto.

"Confie em mim", disse ele. "A presidência é que nem carro novo. Começa a desvalorizar no instante em que você entra nele."

Para esse arranque inicial, ele tinha dado instruções a nossa equipe de transição para identificar as promessas de campanha que eu poderia cumprir com uma canetada. Assinei um decreto proibindo a tortura e dei início a um processo, que em princípio levaria um ano, para fechar o centro de detenção militar americano na baía de Guantánamo, em Cuba. Implantamos algumas das regras éticas mais rigorosas na história da Casa Branca, inclusive endurecendo as restrições aos lobistas. Cerca de quinze dias depois, finalizamos um acordo com líderes do Congresso para incluir mais 4 milhões de crianças no Programa de Assistência à Saúde Infantil e, logo depois disso, cancelamos a suspensão do presidente Bush do financiamento federal às pesquisas de células-tronco embrionárias.

Sancionei minha primeira lei no nono dia de cargo: a Lei de Igualdade Salarial Lilly Ledbetter. Essa legislação recebeu o nome de uma modesta mulher do Alabama que, depois de uma longa carreira na Goodyear Tire & Rubber Company, tinha descoberto que recebera uma remuneração sistematicamente menor do que a dos homens na mesma função. Como costumava ocorrer nos processos por discriminação, deveria ser uma causa tranquila, mas em 2007, contrariando o bom senso, a Suprema Corte tinha considerado a ação improcedente. Segundo o ministro Samuel Alito, a Lei dos Direitos Civis determinava no Título VII que Ledbetter tivesse dado entrada na reclamação no prazo máximo de 180 dias desde a primeira ocorrência da discriminação — em outras palavras, seis meses depois do primeiro pagamento e muitos anos antes que ela descobrisse a disparidade salarial. Por mais de um ano, os republicanos no Senado tinham obstruído uma medida de retificação (e o presidente Bush prometera vetá-la caso fosse aprovada). Graças à agilidade nos trabalhos legislativos de nossa maioria democrata, a essa altura bastante fortalecida, o texto aprovado rapidamente chegou a uma pequena escrivaninha cerimonial na Sala Leste.

Lilly e eu tínhamos feito amizade durante a campanha. Conhecia sua família e suas dificuldades. Naquele dia, ela ficou ao meu lado enquanto eu assinava a lei, usando uma caneta diferente para cada letra de meu nome. (As canetas seriam dadas de lembrança para Lilly e para os patrocinadores do projeto — uma bela tradição, mas minha assinatura ficou parecendo a de um menino de dez anos de idade.) Pensei não só em Lilly, mas também em minha mãe, em Toot e em todas as trabalhadoras do país que eram preteridas nas promoções ou que recebiam menos do que mereciam. A lei que estava assinando não reverteria os séculos de discriminação, mas já era alguma coisa, um passo adiante.

Foi por isso que concorri, disse a mim mesmo. É para isso que serve o cargo.

Demos andamento a outras iniciativas parecidas naqueles primeiros meses, algumas atraindo uma modesta atenção da imprensa, outras percebidas apenas pelos diretamente atingidos. Em tempos normais, isso bastaria: uma série de pequenas vitórias enquanto nossas propostas legislativas maiores — sobre a assistência à saúde, a reforma das leis de imigração, a mudança climática — começavam a abrir caminho no Congresso.

Mas não eram tempos normais. Para o público e a imprensa, para mim e minha equipe, só havia uma questão realmente importante: o que íamos fazer para deter o colapso da economia?

★ ★ ★

Por mais terrível que a situação parecesse antes da eleição, foi somente numa reunião em Chicago com minha nova equipe econômica, em meados de dezembro, um mês antes de ser empossado, que comecei a perceber a amplitude do problema que enfrentávamos. Christy Romer, com seu jeito alegre e sensato que lembrava uma mãe dos seriados de TV dos anos 1950, iniciou sua apresentação com uma frase que ouvira Axelrod usar numa reunião anterior.

"Sr. presidente eleito", disse ela, "agora é a hora do seu 'pqp!'."

As risadinhas logo cessaram quando Christy começou a nos mostrar uma série de gráficos. Com falências, fusões ou reestruturações para evitar a quebra de mais de metade das 25 maiores instituições financeiras americanas no ano anterior, o que começara como uma crise em Wall Street havia se alastrado e contaminado a economia como um todo. O mercado de ações perdera 40% de seu valor. Estava em andamento a execução hipotecária de 2,3 milhões de lares. A renda familiar tivera uma queda de 16%, o que, como Jim depois apontou, era uma porcentagem mais de cinco vezes maior do que a observada na esteira da crise de 1929. Ainda por cima, isso se dava numa economia que já vinha sofrendo com níveis de pobreza sistematicamente elevados, com a diminuição na proporção de homens em idade ativa com empregos fixos, a redução no aumento de produtividade e salários defasados.

E ainda não havíamos chegado ao fundo do poço. À medida que empobreciam, as pessoas paravam de gastar, assim como o aumento dos prejuízos levara os bancos a suspender os empréstimos, pondo em risco um maior número de empresas e de empregos. Vários grandes varejistas já tinham falido. A GM e a Chrysler seguiam na mesma direção. Os telejornais traziam notícias diárias de demissões em massa de companhias grandes e sólidas como a Boeing e a Pfizer. Segundo Christy, todos os sinais apontavam na direção da mais profunda recessão desde os anos 1930, com o provável aumento do desemprego — a estimativa era de que haviam sido fechadas 533 mil vagas somente no mês de novembro.

"Aumento de quanto?", perguntei.

"Não temos certeza", interveio Larry, "mas provavelmente alguns milhões."

Ele explicou que o desemprego era um típico "indicador retardado", ou seja, que o total de demissões durante as recessões não aparecia de imediato e geralmente continuava defasado por um bom tempo após a retomada do crescimento econômico. Além disso, as economias costumavam se reerguer muito mais devagar de recessões provocadas por crises financeiras do que de recessões causadas por flutuações no ciclo empresarial. Na ausência de uma intervenção rápida e enérgica do governo federal, Larry calculava que os riscos de uma segunda Grande Depressão eram de "mais ou menos 1 para 3".

"Deus do céu", murmurou Joe Biden.

Olhei pela janela da sala de reuniões no centro da cidade. Uma nevasca rodopiava silenciosa no céu cinzento. Me vieram à mente as imagens de moradores de rua e de gente fazendo fila para o sopão.

"Certo", eu disse, me virando para a equipe. "Já que é tarde demais para pedir uma recontagem de votos, o que podemos fazer para reduzir esses riscos?"

Passamos as três horas seguintes esboçando uma estratégia. A tarefa número um era reverter o ciclo de retração da demanda. Numa recessão comum, uma alternativa era a política monetária: diminuindo as taxas de juros, o Federal Reserve podia ajudar a reduzir significativamente o preço de tudo, desde casas até carros e utensílios. Porém, explicou Tim, embora o presidente do Fed, Ben Bernanke, estivesse empenhado em experimentar uma série de estratégias heterodoxas para acalmar o pânico financeiro, o Fed já utilizara no ano anterior a maioria de suas possíveis medidas: mesmo com as taxas de juros próximas de zero, as empresas e os consumidores, já muito endividados, não mostraram nenhuma intenção de contrair mais dívidas.

Assim, nossa conversa se concentrou no incentivo fiscal ou, em termos leigos, em fazer o governo gastar mais. Embora não fosse formado em economia, eu conhecia bastante bem John Maynard Keynes, um dos gigantes entre os economistas modernos e teórico das causas da Grande Depressão. A premissa básica de Keynes era simples: do ponto de vista de uma empresa ou família, a prudência, durante uma grave recessão, mandava apertar o cinto. O problema era que a parcimônia podia ser sufocante; quando todos apertavam o cinto ao mesmo tempo, as condições econômicas não tinham como melhorar.

A resposta de Keynes ao dilema foi igualmente simples: o governo precisava atuar no papel de "gastador como último recurso". A ideia era pôr dinheiro na economia até que as engrenagens voltassem a funcionar, até que as famílias readquirissem confiança para trocar o carro velho por um novo e as empresas inovadoras vissem demanda suficiente para voltar a fazer novos produtos. Depois desse pontapé inicial na economia, o governo então podia fechar a torneira e recuperar seu dinheiro com o grande aumento resultante na arrecadação tributária. Esse era, em grande parte, o princípio por trás do New Deal de Roosevelt, que ganhou forma depois que ele assumiu a presidência em 1933, no auge da Grande Depressão. Os programas do New Deal, que punham os jovens do Corpo Civil de Manutenção para abrir trilhas nos parques nacionais do país, pagavam aos agricultores pelo excedente de leite, mantinham a atuação de grupos de teatro como parte da Works Progress Administration e outros mais, ajudavam os americanos desempregados a receber um salário desesperadamente necessário e as empresas a se sustentar com as encomendas governamentais de aço ou madeira, e tudo isso ajudava a alavancar a iniciativa privada e a estabilizar uma economia periclitante.

Por mais ambiciosos que fossem na época, na verdade os gastos do New Deal se demonstraram insuficientes para neutralizar por completo a Grande Depressão, principalmente depois que Roosevelt cedeu às pressões do ano eleitoral de 1936 e recuou cedo demais numa estratégia que era tida por muitos formadores de opinião da elite como esbanjamento do governo. Seria preciso o estímulo extremo da Segunda Guerra Mundial, quando toda a nação se mobilizou a fim de construir um Arsenal da Democracia, para finalmente acabar de uma vez por todas com a Depressão. Mas o New Deal impedira que as coisas piorassem, e a teoria keynesiana ganhou ampla aceitação entre os economistas, inclusive os de linha política conservadora (embora os republicanos costumassem preferir o incentivo na forma de reduções fiscais e não de programas governamentais).

Portanto, precisávamos de um pacote de incentivos. Que amplitude deveria ter para gerar o impacto necessário? Antes da eleição, propusemos um programa de 175 bilhões de dólares, que na época foi tido como ambicioso. Logo após nossa vitória, ao examinarmos os números cada vez piores, havíamos aumentado para 500 bilhões. A equipe agora recomendava algo ainda maior. Christy falou em 1 trilhão de dólares, causando em Rahm uma reação parecida com a daqueles personagens de desenhos animados que cospem uma comida de gosto ruim.

"De jeito nenhum", disse Rahm.

Em vista da indignação pública com as centenas de bilhões de dólares já despendidos no socorro aos bancos, disse ele, qualquer número que começasse "com *t*" não teria a menor chance entre muitos democratas, isso sem falar dos republicanos. Me virei para Joe, que fez sinal com a cabeça, assentindo.

"O que *conseguimos* aprovar?", perguntei.

"Setecentos, talvez 800 bilhões, no máximo", disse Rahm. "E isso forçando a barra."

Havia também a questão de definir como se usariam as verbas de incentivo. Segundo Keynes, não fazia muita diferença no que o governo gastava, desde que gerasse atividade econômica. Mas, como os níveis de despesas que estávamos avaliando provavelmente impediriam por um bom tempo o financiamento de outras prioridades, insisti que a equipe pensasse em projetos de grande e de alto retorno — versões modernas do Sistema Rodoviário Interestadual ou da Empresa Estatal do Vale do Tennessee, que não só dariam um grande impulso imediato à economia como também transformariam o cenário econômico do país no longo prazo. Que tal uma rede nacional de distribuição inteligente que desse maior segurança e eficiência à distribuição de energia elétrica? Ou um novo sistema de controle do tráfego aéreo altamente integrado, que aumentaria a segurança e reduziria os custos de combustível e as emissões de carbono?

O pessoal sentado à mesa não pareceu muito animado.

"Já começamos a pedir às agências federais que identifiquem os projetos de alto impacto", disse Larry, "mas preciso ser franco, sr. presidente eleito. Projetos assim são extremamente complicados. Levam tempo para ser desenvolvidos... e infelizmente o tempo não está a nosso favor."

O mais importante era pôr dinheiro no bolso do povo o quanto antes, e a melhor maneira para isso era fornecer vale-alimentação e seguro-desemprego ampliados, além de uma redução nos impostos da classe média e ajuda aos estados para não precisarem demitir professores, bombeiros e policiais. Havia estudos mostrando que os gastos com a infraestrutura eram os mais eficientes — porém, sugeriu Larry, mesmo aí poderíamos nos concentrar em iniciativas mais prosaicas, como reparos em estradas e consertos em sistemas de esgotos desgastados, projetos em que os governos locais podiam pôr gente para trabalhar imediatamente.

"Vai ser difícil o povo se animar com vale-alimentação e recapeamento de estradas", disse Axe. "Isso não tem charme."

"Uma depressão também não tem charme" — foi a resposta mordaz de Tim.

Tim era o único entre nós que já passara um ano de virar o estômago nas linhas de frente do combate à crise. Eu não podia criticá-lo por não se sentir arrebatado por planos espetaculares. Sua maior preocupação era que as falências e o desemprego em massa estavam enfraquecendo ainda mais o sistema financeiro, criando o que ele chamava de "loop de feedback adverso". Larry assumiu a dianteira no pacote de incentivos, enquanto Tim e sua equipe, nesse meio-tempo, iriam elaborar um plano para a retomada dos mercados de crédito e a estabilização definitiva do sistema financeiro. Tim admitiu que ainda não sabia muito bem o que podia funcionar — ou se os 350 bilhões de dólares restantes do Tarp seriam suficientes.

E nossa lista de tarefas não parava aí. Uma equipe talentosa — que incluía Shaun Donovan, o ex-secretário de Desenvolvimento e Preservação Habitacional de Nova York nomeado como secretário do Departamento de Habitação e Desenvolvimento Urbano, e Austan Goolsbee, meu consultor econômico de longa data e docente da Universidade de Chicago, indicado para o Conselho de Consultores Econômicos — já começara a trabalhar em projetos para reequilibrar o mercado imobiliário e reduzir a enxurrada de execuções de imóveis hipotecados. Recrutamos Steve Rattner, grande especialista financeiro, e Ron Bloom, ex-banqueiro de investimentos que representava os sindicatos nas reestruturações de grandes empresas, a fim de criarem estratégias para salvar a indústria automobilística. E Peter Orszag, que logo se tornaria meu diretor orçamentário, recebeu a ingrata tarefa de formular um plano para custear os incentivos no curto prazo, ao mesmo tempo direcionando o orçamento federal por um caminho mais sustentável no longo prazo — isso numa época em que os altos níveis de gastos emergenciais e a menor arrecadação tributária já tinham elevado o déficit federal, pela primeira vez na história, acima da casa de 1 trilhão de dólares.

Para compensar os problemas de Peter, encerramos a reunião com um bolo para comemorar seu aniversário de quarenta anos de idade. Enquanto todos rodeavam a mesa e ele soprava as velas, Goolsbee — cujo nome sofisticado sempre parecia destoar da sua aparência à la Jimmy Olsen, do humor exuberante e da voz anasalada de texano de Waco — surgiu do meu lado.

"É sem dúvida a pior agenda que um novo presidente precisa encarar desde Roosevelt em 1932!", disse ele.

Falou como um menino espantado diante de um machucado especialmente feio.

"Goolsbee", eu disse, "não é a pior agenda nem *desta semana*."

Não era só brincadeira; além das reuniões econômicas, eu estava passando grande parte do período de transição em salas sem janelas, recebendo detalhes confidenciais sobre o Iraque, o Afeganistão e múltiplas ameaças terroristas. Mesmo assim, lembro que saí da reunião econômica mais energizado do que desanimado. Imagino que essa confiança se devia, em parte, à adrenalina pós-eleição — a impressão não comprovada e talvez ilusória de que eu estava à altura do cargo. Também estava satisfeito com a equipe que montara; se havia alguém capaz de dar as respostas de que precisávamos, imaginei que seria esse grupo.

Mas, acima de tudo, eu me via obrigado a reconhecer como os golpes de sorte e os infortúnios da vida acabam se compensando mutuamente. Em vista de tudo o que me favorecera durante a campanha, não dava para me queixar das circunstâncias desfavoráveis que enfrentávamos. Como eu viria a relembrar várias vezes à minha equipe nos primeiros anos, o povo americano provavelmente não teria se arriscado a me eleger se as coisas não estivessem fora de controle. Nossa tarefa era escolher a linha de ação correta e fazer o que era melhor para o país, por mais duras que fossem as políticas adotadas.

Bem, pelo menos era o que eu dizia a eles. Em meu íntimo, eu sabia que as medidas não seriam apenas duras.

Seriam brutais.

Nos dias anteriores à posse, eu havia lido vários livros sobre o primeiro mandato de Roosevelt e a implementação do New Deal. O contraste era instrutivo, mas não no bom sentido para nós. Quando ele foi eleito em 1932, a Grande Depressão vinha devastando os Estados Unidos havia mais de três anos. Um quarto do país estava sem emprego, havia milhões de despossuídos, e os cortiços miseráveis que se disseminavam na paisagem costumavam ser chamados de "Hoovervilles" — um claro reflexo do que o povo pensava sobre o presidente republicano Herbert Hoover, que Roosevelt substituiria.

A miséria era tão generalizada e as políticas republicanas estavam tão desacreditadas que, quando houve um novo surto de corrida aos bancos no período de transição, no período de quatro meses entre uma presidência e outra, Roosevelt fez questão de rejeitar as tentativas de Hoover de obter a sua ajuda. Roosevelt queria garantir que, na mente do público, sua presidência marcasse um nítido rompimento, sem carregar nenhuma marca dos erros passados. E então, quando a economia, num golpe de sorte, mostrou sinais de vida passado apenas um mês desde a sua posse (antes mesmo de ter sequer implantado suas linhas de ação), ele ficou muito contente em não dividir os créditos com o governo anterior.

Nós, por outro lado, não teríamos a vantagem dessa separação clara. Afinal, eu já decidira ajudar o presidente Bush em sua dura e necessária resposta, embora extremamente impopular, à crise bancária, deixando minhas digitais na arma do crime, por assim dizer. E sabia que, para estabilizar melhor o sistema financeiro, provavelmente teria de fazer a mesma coisa. (Já estava precisando vencer a resistência de alguns senadores democratas só para que votassem pela liberação da segunda parte dos fundos do Tarp, os 350 bilhões.) Quando os eleitores vissem a situação piorar, o que segundo Larry e Christy era quase certo, minha popularidade — junto com a dos democratas que então controlavam o Congresso — iria despencar.

E, apesar do turbilhão dos meses anteriores, apesar das pavorosas manchetes do começo de 2009, ninguém — nem a opinião pública, nem o Congresso, nem a imprensa, nem mesmo (como logo eu veria) os especialistas — de fato entendia quanto as coisas logo iriam piorar. Os dados oficiais na época mostravam uma recessão grave, mas não catastrófica. Os principais analistas previam que o índice de desemprego chegaria a 8% ou 9%, e sequer lhes passava pela cabeça a marca dos 10% que acabaria sendo atingida. Várias semanas depois da eleição, 387 economistas, na maioria liberais, enviaram uma carta ao Congresso, pedindo um vigoroso incentivo keynesiano, na qual sugeriam uma faixa de 300 bilhões a 400 bilhões — cerca de metade do que estávamos prestes a propor, e um bom indicador do retrato que mesmo os especialistas mais alarmistas faziam da economia. Como disse Axelrod, estávamos prestes a pedir ao povo americano o gasto de algo próximo de 1 trilhão de dólares em sacos de areia para enfrentar um furacão quase inédito que só agora sabíamos estar próximo. E, depois de gasto o dinheiro, por mais eficientes que se demonstrassem as medidas de prevenção, a enxurrada arrastaria um monte de gente do mesmo jeito.

"Quando as coisas vão mal", disse Axe, andando a meu lado ao sairmos da reunião de dezembro, "ninguém se importa que 'podia ser pior'."

"Tem razão", respondi.

"Precisamos tornar as expectativas do povo mais realistas", disse ele. "Mas assustar demais as pessoas ou os mercados só vai aumentar o pânico e causar mais danos econômicos."

"Tem razão, mais uma vez", falei.

Pesaroso, Axe abanou a cabeça e comentou:

"A eleição de meio de mandato vai ser um inferno."

Dessa vez não falei nada, admirando sua capacidade quase comovente de afirmar o óbvio. Mas não podia me dar ao luxo de pensar num futuro tão distante. Precisava me concentrar num segundo problema político mais imediato.

Tínhamos de apresentar logo a lei de incentivo para a aprovação do Congresso — e o Congresso não estava funcionando muito bem.

Havia em Washington uma saudade difusa, tanto antes da minha eleição quanto durante meu mandato, de uma antiga era de cooperação bipartidária no Capitólio. E o fato é que, durante grande parte da era posterior à Segunda Guerra Mundial, as linhas de separação entre os partidos políticos dos Estados realmente Unidos tinham se tornado mais fluidas.

Nos anos 1950, a maioria dos republicanos já se adaptara às regulamentações na área de segurança e saúde da era do New Deal, e o Nordeste e o Meio-Oeste do país produziam grandes números de representantes do partido que, em questões como a preservação e os direitos civis, estavam no extremo liberal do espectro político. Os sulistas, por sua vez, que combinavam um conservadorismo cultural profundamente arraigado com uma inflexível recusa em reconhecer os direitos dos afro-americanos, constituíam um dos blocos mais poderosos do Partido Democrata, correspondendo a uma grande parcela do eleitorado do Sul. Com os Estados Unidos exercendo um domínio econômico mundial incontesto, uma política externa definida pela ameaça unificadora do comunismo e uma política social marcada pela convicção bipartidária de que as mulheres e as minorias étnicas sabiam seus devidos lugares, tanto os democratas como os republicanos se sentiam à vontade para cruzar as barreiras partidárias quando solicitados a aprovar uma lei. Observavam as cortesias de praxe na hora de apresentar emendas ou submeter indicações

Meus avós maternos eram naturais do Kansas e fugiram para se casar pouco antes do bombardeio de Pearl Harbor. Ele serviu no Exército comandado por Patton, e ela trabalhou numa linha de montagem de bombardeiros.
«

»
Para quem é criado no Havaí, caminhadas pelas florestas nas montanhas e dias de lazer na praia são um direito de nascença — basta sair pela porta da frente de sua casa.

«
Eu claramente tinha orgulho da minha tacada.

Minha mãe, Ann Dunham, se rebelou contra as convenções, mas também desconfiava de ideários ou proposições absolutas. "O mundo é complicado, Bar", ela me disse. "E por isso é interessante."

Meu pai, Barack Obama Sr., foi criado no Quênia e estudou economia na Universidade do Havaí, onde conheceu minha mãe, e mais tarde em Harvard. Depois que se divorciaram, ele voltou para a África.

Minha avó e eu com minha mãe no dia em que ela recebeu o diploma de antropologia na Universidade do Havaí.

Mamãe com minhas meias-irmãs, Maya Soetoro-Ng (*esquerda*) e Auma Obama.

Em nosso casamento. Lamentamos a falta do pai de Michelle e de meu avô, mas naquele dia me senti o homem mais sortudo do mundo.

Minhas alegrias.

Fazendo um discurso à moda antiga, subindo no caixote em Chillicothe, em Illinois, no começo de minha campanha para o Senado dos Estados Unidos.

Com uma aparência impossivelmente jovem ao pronunciar o principal discurso na Convenção Nacional Democrata de 2004, em Boston. Esse foi talvez o último dia em que pude andar num espaço público sem ser reconhecido.

Com Michelle depois de meu discurso na Convenção Nacional Democrata. »

Depois da convenção, Michelle, eu e as meninas saímos num trailer para a viagem de uma semana pelo sul de Illinois. Foi a primeira experiência real de campanha para as meninas. ⌄

Noite da eleição, em 2004. Ganhamos com a maior margem de qualquer candidato eleito para o Senado na história de Illinois. As meninas ficaram mais encantadas com a chuva de papéis picados.

« Fui eleito para o Senado dos Estados Unidos em 2 de novembro de 2004.

Como senador de primeira viagem, convenci Pete Rouse a ser meu chefe de gabinete. Ele era uma dádiva dos céus — tarimbadíssimo, de uma decência a toda prova e conhecido em Washington como o "101º senador". »

» Quando cheguei a Washington, eu era o 99º em termos de tempo de casa, e meu gabinete temporário deixava isso bem claro. Mas, com uma grande equipe a meu redor, fui capaz de entrar no jogo como se fosse um veterano.

« Na qualidade de membro do Grupo Parlamentar de Negros do Congresso, passei a trabalhar junto a um de meus heróis, o deputado John Lewis.

Em minha primeira viagem ao exterior como senador, em agosto de 2005, visitei, com o senador republicano Dick Lugar, uma instalação destinada à destruição de armas convencionais em Donetsk, na Ucrânia.

Durante viagem ao Quênia, em agosto de 2006, Michelle e eu quisemos chamar atenção para os testes rápidos de HIV nos apresentando como voluntários. Multidões se amontoavam nas margens das estradas para nos saudar.

Anunciei minha candidatura à presidência em 10 de fevereiro de 2007. Era um dia gélido em Springfield, mas quase não senti frio. Minha impressão era de que tínhamos descoberto algo essencial e genuíno sobre os Estados Unidos.
«

Deixei de passar muito tempo com as meninas durante a campanha. Mas que tal um dia na Feira Estadual de Iowa, com jogos, guloseimas e carrinho de bate-bate? Sem comparação.
»

Fazendo campanha em Austin, no Texas. Depois de me tornar um imenso símbolo de esperança, o veículo para 1 milhão de sonhos diferentes, eu me preocupava com o fato de que em algum momento pudesse frustrar meus apoiadores.
»

Chegando em grande estilo ao churrasco anual de Tom Harkin em 2007 à frente de vários de meus organizadores locais. Muito de nosso sucesso em Iowa se deveu a esses incansáveis jovens funcionários e voluntários.

Comício em Des Moines menos de um mês antes do *caucus* em Iowa. Com Oprah lá para me apresentar, não faltou gente.

IOWA FOR OBAMA

Em 24 de julho de 2008, fiz um discurso na Coluna da Vitória, em Berlim, declarando que, assim como uma geração anterior derrubara o muro que no passado havia dividido a Europa, a nós cabia derrubar outros muros menos visíveis entre as classes, as raças e as religiões.

Com o arquiteto de minha campanha, David Plouffe, pouco antes de me apresentar no palco a fim de receber a indicação do Partido Democrata como candidato à presidência. Por trás da figura discreta, ele era um estrategista brilhante.

John McCain e eu suspendemos temporariamente nossas campanhas para participar das homenagens em Nova York no dia 11 de setembro de 2008. Dias depois, os grandes bancos, muitos deles com suas sedes a alguns quarteirões de distância, entrariam em colapso.

Naquele mesmo mês, enquanto a economia sofria uma queda vertiginosa, McCain pediu ao presidente Bush que reunisse os líderes parlamentares dos dois partidos na Casa Branca a fim de tentar fechar um acordo sobre o pacote de salvamento.

David Axelrod não era apenas um habilidoso estrategista político, mas também um irmão de alma. Começamos a trabalhar juntos em 2002, quando eu era um azarão na campanha para o Senado, e ele se tornou um de meus mais confiáveis conselheiros na Casa Branca. Por outro lado, Marvin Nicholson (*atrás, à direita*), meu inabalável diretor de viagens, tinha um grande encanto pessoal e cuidava de todos os detalhes.

Fazendo campanha debaixo de chuva em Fredericksburg, na Virgínia, quando faltavam menos de seis semanas para a eleição.

Nosso maior
comício foi em
19 de outubro,
quando falei diante
do Gateway Arch
em St. Louis,
no Missouri.
Cerca de 100 mil
pessoas estavam
presentes.

»
Sentado ao lado de Marian
Robinson, minha sogra,
acompanhando os resultados na
noite da eleição. "Acho isso tudo
um pouco demais", ela me disse.
Entendi o que Marian queria dizer.

«
Na noite da eleição, mais de 200
mil pessoas foram comemorar
no Grant Park de Chicago.
Malia ficou com receio de que
ninguém aparecesse porque
não havia carros na rua.

Esta é minha fotografia predileta daquela noite: pessoas reunidas nos degraus do Lincoln Memorial ouvindo meu discurso da vitória pelo rádio.

IN THIS TEMPLE
AS IN THE HEARTS OF THE PEOPLE
FOR WHOM HE SAVED THE UNION
THE MEMORY OF ABRAHAM LINCOLN
IS ENSHRINED FOREVER

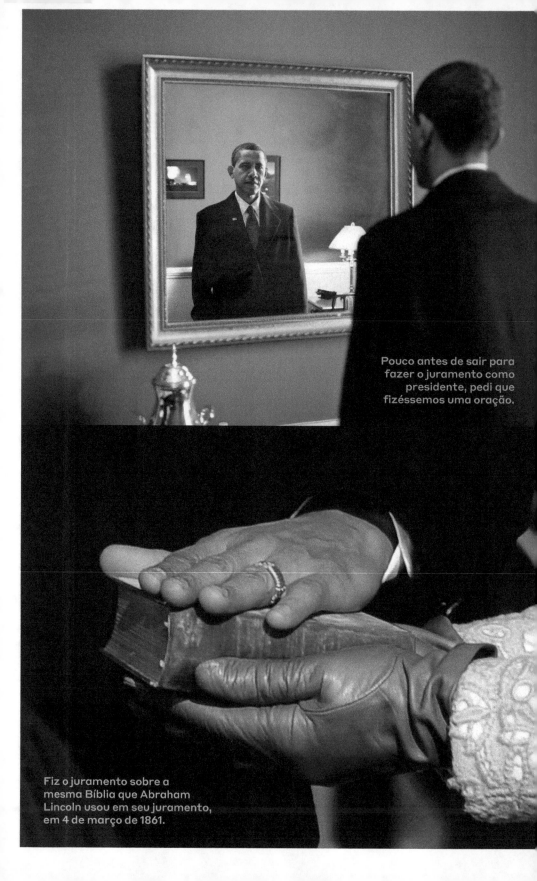

Pouco antes de sair para fazer o juramento como presidente, pedi que fizéssemos uma oração.

Fiz o juramento sobre a mesma Bíblia que Abraham Lincoln usou em seu juramento, em 4 de março de 1861.

Um mar de cidadãos americanos: quando suas bandeiras
tremularam ao sol, pareceu uma corrente no oceano.
Prometi a mim mesmo que lhes daria o que tinha de melhor.
≈

Caminhando durante o
desfile no dia da posse.
Como sempre, Michelle
roubou a cena.
≈

˄
Meu primeiro
dia sentado à
escrivaninha do
Resolute — presente
da rainha Vitória
em 1880, esculpida
com peças do casco
de um navio inglês
que uma tripulação
de baleeiros
americanos havia
ajudado a salvar de
uma catástrofe.

«
A melhor parte do
dia era quando as
meninas passavam
para me ver.

à votação, e mantinham o jogo pesado e os ataques contra os adversários dentro de limites toleráveis.

A história da ruptura desse consenso do pós-guerra — que teve início quando Lyndon Johnson assinou a Lei dos Direitos Civis em 1964 e previu que levaria a uma debandada geral dos sulistas do Partido Democrata — já foi contada muitas vezes. O realinhamento previsto por Johnson acabou demorando mais do que ele esperava. Mas, ano após ano, ininterruptamente — com o Vietnã, as revoltas, o feminismo e a estratégia de Nixon para o Sul; com os ônibus, o caso Roe versus Wade, a criminalidade urbana e a fuga dos brancos para os subúrbios; com a ação afirmativa, a Maioria Moral, o fracasso sindical e Robert Bork; com a proibição parcial das armas de fogo e o surgimento de Newt Gingrich, os direitos dos homossexuais e o impeachment de Clinton —, os eleitores americanos e seus representantes se polarizaram cada vez mais.

A manipulação política do voto distrital fortaleceu essas tendências, já que os dois partidos, com o recurso à tecnologia computacional e aos perfis do eleitorado, traçavam os mapas dos distritos eleitorais com a finalidade explícita de assegurar o domínio na área e reduzir o número de distritos com votações divididas entre os dois partidos. Enquanto isso, a fragmentação da mídia e o surgimento de mídias conservadoras indicavam que os eleitores não confiavam mais no que dizia Walter Cronkite; dessa forma, podiam selecionar as fontes que, em vez de questionar, reforçavam suas preferências políticas.

Quando assumi o cargo, essa "grande separação" entre vermelho e azul estava quase consumada. Ainda havia alguns baluartes no Senado — cerca de uns dez ou quinze republicanos de moderados a liberais e de democratas conservadores abertos à colaboração —, mas a maioria só pensava em garantir seu assento no Congresso. A lavada nas eleições de 2006 e 2008 trouxera para a Câmara cerca de uma dúzia de democratas conservadores, vindos de distritos tradicionalmente republicanos. Mas, de modo geral, os parlamentares democratas pendiam para o lado liberal, sobretudo em questões sociais, e os sulistas do partido haviam se tornado uma espécie em risco de extinção. A guinada entre os republicanos da Câmara foi ainda mais acentuada. Expurgado de praticamente todos os moderados restantes, o partido adotou a linha mais à direita de toda a história moderna, com os conservadores da velha guarda manobrando com a linhagem recém-fortalecida dos discípulos de Gingrich, dos seguidores beligerantes de Rush Limbaugh, dos aspirantes a Sarah Palin e dos acólitos de Ayn Rand — todos eles recusando com total intransigência qualquer tipo de concessão ou conciliação, descrentes de qualquer ação do governo que não se referisse à defesa, à segurança das fronteiras, à força policial ou à proibição do aborto e que se mostravam sinceramente convencidos de que os liberais estavam decididos a destruir os Estados Unidos.

No papel, pelo menos, nada disso nos impedia de conseguir a aprovação de uma lei de incentivo. Afinal, os democratas tinham uma maioria de 77 deputados na Câmara e uma maioria de dezessete representantes no Senado. Mas, mesmo na melhor das hipóteses, aprovar no Congresso a lei com os maiores gastos emergenciais da história em tempo recorde era mais ou menos como conseguir que uma anaconda engolisse uma vaca. Eu também precisava enfrentar uma artimanha institucionalizada nos procedimentos — a obstrução no Senado — que, ao fim e ao cabo, se tornaria a dor de cabeça política mais crônica de meu governo.

A Constituição não cita em momento nenhum a obstrução das sessões legislativas por meio de longos discursos. Essa prática surgiu por acaso: em 1805, o vice-presidente Aaron Burr insistiu com o Senado que se eliminasse a "moção de procedimento" — um dispositivo parlamentar padrão que permite que uma maioria simples de qualquer legislatura encerre o debate sobre algum tema e passe à votação. (Consta que Burr, que pelo jeito nunca desenvolveu o hábito de pensar as coisas a fundo, considerava esse dispositivo uma perda de tempo.)

Não demorou para que os senadores descobrissem que, sem uma medida formal para encerrar os debates, qualquer parlamentar poderia travar o andamento dos trabalhos no Senado — e, com isso, obter as mais variadas concessões dos colegas frustrados — simplesmente falando sem parar e se negando a ceder a palavra. Em 1917, o Senado disciplinou esse procedimento adotando a "*cloture*", o encerramento do debate, dispositivo segundo o qual o voto de dois terços dos senadores presentes punha fim a esse tipo de obstrução. Nos cinquenta anos seguintes, a obstrução por meio de discursos prolongados foi utilizada com muita parcimônia — mais notadamente por democratas sulistas tentando obstruir a aprovação de leis contra o linchamento, a discriminação salarial e outras iniciativas que ameaçavam mudar a situação dos negros. Aos poucos, porém, a prática se tornou mais rotineira e mais fácil de manter, se convertendo numa arma mais poderosa, num meio para que a bancada minoritária alcançasse seus objetivos. A mera ameaça de debates obstrucionistas muitas vezes bastava para bloquear o andamento de uma lei. Nos anos 1990, com o endurecimento da rivalidade entre republicanos e democratas, a bancada que fosse minoritária poderia — e iria — barrar qualquer lei que não fosse de seu agrado, desde que seus parlamentares se mantivessem unidos e tivessem pelo menos os 41 votos necessários para impedir que se encerrasse o procedimento obstrucionista.

Assim, sem nenhuma base constitucional, sem debate público e inclusive sem o conhecimento da maioria dos americanos, a aprovação de uma lei no Congresso passara a exigir na prática sessenta votos no Senado, o que muitas vezes era chamado de "supermaioria". Quando me tornei presidente, a tática havia se tornado tão intrínseca à rotina do Senado — vista como uma tradição imprescindível e valorosa —, que ninguém se importava muito em discutir a possibilidade de mudá-la nem de acabar com a situação.

E era por isso que, mesmo tendo acabado de vencer uma eleição com esmagadora margem e o apoio da mais ampla maioria parlamentar desde muitos anos, eu não conseguia mudar o nome de uma agência do correio e muito menos aprovar nosso pacote de incentivos sem obter alguns votos republicanos.

Seria assim tão difícil?

A preparação de uma iniciativa importante da Casa Branca pode levar meses. São realizadas inúmeras reuniões com diversas agências e, às vezes, com centenas de assessores e auxiliares, além de extensas consultas às partes interessadas. A equipe de comunicações da Casa Branca fica encarregada de montar uma campanha muito bem amarrada para vender a ideia ao público, e toda a máquina do Executivo é acionada para atrair os presidentes de comissões e lideranças de alto escalão. Tudo isso antes que se elabore e se apresente um projeto de lei efetivo.

Não tínhamos tempo para nada disso. Pelo contrário: antes mesmo de assumir o cargo, minha equipe econômica ainda não oficial e quase toda não remunerada trabalhou ininterruptamente durante as festas de fim de ano para dar corpo aos elementos centrais daquela que se tornaria a Lei Americana de Recuperação e Reinvestimento (evidentemente, "pacote de incentivos" não ia cair muito no gosto do público).

Propusemos que um montante de quase 800 bilhões de dólares fosse dividido em três lotes mais ou menos iguais. O primeiro seria destinado a pagamentos emergenciais, como a suplementação do seguro-desemprego e o auxílio direto aos estados para reduzir as demissões em massa de professores, policiais e demais servidores públicos. O segundo cobriria a redução tributária da classe média, além de várias isenções fiscais para alguns setores da economia, o que dava às empresas um grande incentivo para investir imediatamente, e não mais tarde, em novas instalações ou equipamentos. Tanto os pagamentos emergenciais como os cortes tributários tinham a vantagem de ser facilmente encaminhados; podíamos pegar depressa o dinheiro disponível e pôr no bolso dos consumidores e das empresas. As reduções de impostos tinham também a vantagem adicional de poder atrair o apoio republicano.

O terceiro lote, por sua vez, continha iniciativas mais difíceis de elaborar, e sua implementação seria mais demorada, mas poderia ter um impacto maior a longo prazo: não só os gastos tradicionais de infraestrutura, como construção de estradas e melhorias no saneamento básico, mas também ferrovias para trens de alta velocidade, usinas geradoras de energia solar e eólica, linhas de banda larga em áreas rurais pouco atendidas, incentivos aos estados para a reforma de seus sistemas educacionais — tudo com vistas não só à geração de empregos, mas também a uma maior competitividade dos Estados Unidos.

Levando em conta as inúmeras necessidades não atendidas em comunidades de todo o país, fiquei surpreso com o trabalho que nossa equipe teve para encontrar projetos significativos em escala suficiente para serem financiados pela Lei de Recuperação. Rejeitamos algumas ideias promissoras porque demorariam demais para se concretizar ou exigiriam uma nova e enorme burocracia para geri-las. Outras foram excluídas porque não teriam um impacto significativo em termos de demanda. Cientes das acusações de que eu pretendia usar a crise financeira como desculpa para uma orgia de gastos liberais inúteis (e porque de fato queria impedir que o Congresso promovesse desperdícios de verbas, fossem iniciativas liberais ou não), implantamos uma série de salvaguardas de boa governança: um processo competitivo de inscrição dos governos estaduais e municipais solicitando fundos federais, exigências rigorosas de auditorias e relatórios e, num gesto que sabíamos que criaria um berreiro no Capitólio, uma firme política de "acréscimo" zero — para usar o nome inócuo de uma antiga prática em que os parlamentares inserem vários projetos pessoais (muitos deles de caráter duvidoso) na lei que precisa ser aprovada.

Precisávamos ter firmeza no leme e manter padrões elevados, alertei meu pessoal. Com alguma sorte, a Lei de Recuperação não só ajudaria a impedir a depressão, mas também poderia servir para restaurar a fé do público num governo honesto e responsável.

Perto do dia de Ano-Novo, grande parte do nosso trabalho inicial estava concluída. Munidos de nossa proposta e sabendo que não podíamos nos dar ao luxo de trabalhar com um cronograma convencional, Joe Biden e eu fomos até o Capitólio em 5 de janeiro — duas semanas antes de minha posse — para uma reunião com Harry Reid, líder da maioria no Senado, Mitch McConnell, líder republicano no Senado, Nancy Pelosi, presidente da Câmara, John Boehner, líder republicano da Câmara, e os outros principais líderes do recém-empossado 111º Congresso, cujo apoio nos era necessário para a aprovação de uma lei.

Dos quatro principais líderes, eu conhecia melhor Harry, mas tinha mantido contato com McConnell durante meu curto tempo no Senado. Com sua baixa estatura, seus ares solenes e seu sotaque do Kentucky, McConnell não parecia muito um líder republicano. Não se mostrava afeito às intrigas, aos tapinhas nas costas ou a uma retórica grandiloquente. Até onde se sabia, não tinha amigos próximos nem mesmo na bancada de seu partido; tampouco mostrava nenhuma grande convicção, a não ser uma oposição quase religiosa a qualquer versão de uma reforma financeira em campanha. Joe me contara de um atrito que tivera no plenário do Senado, depois que o líder republicano bloqueara uma lei que estava defendendo;

quando Joe tentou explicar os méritos do projeto, McConnell ergueu a mão como um guarda de trânsito e disse: "Se você acha que isso me interessa, está muito enganado". Mas o que lhe faltava em termos de carisma ou interesse por programas políticos era mais do que compensado pela disciplina, pela astúcia e pelo descaramento — e ele empregava tudo isso na busca obstinada e desapaixonada pelo poder.

Harry não o suportava.

Boehner era bem diferente: afável, de voz rouca e áspera, filho de um barman dos arredores de Cincinnati. Fumante inveterado, sempre bronzeado, apaixonado por golfe e por um bom Merlot, me parecia familiar, o mesmo tipo de muitos republicanos que eu conhecera quando era senador estadual em Springfield — caras normais que não se desviavam das posições da bancada ou dos lobistas que os mantinham no poder, mas que tampouco consideravam a política como um esporte sangrento e até podiam colaborar conosco, desde que o custo político não fosse muito alto. Infelizmente, por causa dessas mesmas qualidades, ele tinha pouco controle sobre o próprio partido; tendo passado pela humilhação de ser removido de um cargo de liderança por não ter mostrado a fidelidade exigida por Newt Gingrich no final dos anos 1990, quase nunca se desviava, pelo menos em público, de qualquer tópico que a sua equipe lhe preparava. Mas, ao contrário da relação entre Harry e McConnell, não havia nenhuma animosidade de fato entre a presidente Nancy Pelosi e Boehner, apenas uma frustração mútua — por parte de Nancy, porque Boehner não era confiável como parceiro de negociações e em geral não conseguia puxar votos; por parte de Boehner, porque Nancy costumava levar vantagem sobre ele.

Boehner não era o primeiro de quem a presidente da Câmara se aproveitava. Na aparência, Nancy, com seus terninhos de grife, sapatos combinando e penteado impecável, encarnava o exemplo perfeito de liberal rica de San Francisco, o que de fato era. Embora falasse muito rápido, não era muito boa na TV naquela época, com a tendência de desfiar fórmulas democratas com uma seriedade ensaiada que fazia lembrar os discursos num jantar beneficente de gala.

Mas os políticos, geralmente homens, corriam risco ao subestimar Nancy, pois ela subira ao poder não por um mero golpe de sorte. Ítalo-americana, fora criada na Costa Leste, filha do prefeito de Baltimore, e aprendeu desde cedo o estilo dos figurões étnicos locais e dos estivadores, sem medo de recorrer a um jogo pesado na política para conseguir os resultados desejados. Depois de se mudar para a Costa Oeste com o marido, Paul, e ficar em casa criando os cinco filhos do casal enquanto ele se tornava empresário de sucesso, Nancy por fim colocou em prática sua formação política inicial, ascendendo constantemente na hierarquia do Partido Democrata da Califórnia e do Congresso, tornando-se a primeira mulher na história americana a presidir a Câmara federal. Pouco se importava que os republicanos a apontassem como o alvo preferencial e pouco se incomodava com as ocasionais reclamações dos colegas democratas. O fato era que não havia nenhum estrategista legislativo mais firme ou mais hábil do que Nancy, e ela mantinha a bancada na linha mesclando uma solicitude atenta, grandes proezas na arrecadação de fundos e a franca disposição de partir para cima de quem não cumprisse os compromissos assumidos.

Harry, Mitch, Nancy e John. Os *Four Tops*, como dizíamos às vezes. Durante grande parte dos oito anos seguintes, a dinâmica entre essas pessoas veio a ter um papel central para moldar meu governo. Eu me acostumei ao caráter ritualístico de nossas reuniões: como entravam na sala em fila, um por vez, cada qual estendendo a mão e cumprimentando em voz baixa ("Sr. presidente... sr. vice-presidente..."); como, depois que todos nos sentávamos, Joe e eu, e às vezes Nancy, fazíamos algum leve gracejo e nos considerávamos afortunados se conseguíssemos o esboço de um sorriso dos outros três quando minha equipe fazia entrar o pessoal da imprensa para a indispensável foto de praxe; como, depois de saírem os repórteres e passarmos às conversas, os quatro tomavam cuidado para não abrir o jogo nem assumir nenhum compromisso sério, fazendo comentários muitas vezes entremeados de recriminações não muito veladas aos outros, todos unidos apenas pela mesma vontade de estar em outro lugar.

Talvez por ter sido nossa primeira reunião desde a eleição, talvez porque estavam acompanhados pelos respectivos líderes e vices, talvez por causa da gravidade da situação que enfrentávamos, os Four Tops estavam comportadíssimos quando nos encontramos naquele dia do início de janeiro na opulenta Sala Lyndon B. Johnson, bem ao lado do Senado, junto com outras lideranças do Congresso. Ouviram com muita atenção meus argumentos em defesa da Lei de Recuperação. Comentei que minha equipe já entrara em contato com seus assessores para mais informações sobre a legislação efetiva e que acolheríamos qualquer sugestão que tornasse o pacote de incentivo mais eficiente. Falei que também esperava conversar com ambas as bancadas logo após a posse, para responder a mais perguntas. Mas, tendo em vista o ritmo de deterioração da situação, disse eu, a rapidez era essencial: precisávamos de uma lei em minha escrivaninha não em cem, mas em trinta dias. Concluí dizendo às pessoas ali reunidas que a história julgaria todos nós pelo que fazíamos naquele momento e que esperava que conseguíssemos uma cooperação bipartidária capaz de restaurar a confiança de um povo ansioso e vulnerável.

Em vista do que eu estava pedindo aos líderes do Congresso — que compactassem, num mês, um processo legislativo que normalmente levaria um ano —, a reação na sala foi bastante contida. Meu velho amigo Dick Durbin, o *whip* do Senado, perguntou sobre a possibilidade de aumentar as verbas de incentivo dedicadas à infraestrutura. Jim Clyburn, o *whip* da maioria na Câmara, deu uma boa aula de história sobre todas as formas usadas pelo New Deal para excluir as comunidades negras, perguntando como íamos impedir que acontecesse a mesma coisa em lugares como seu estado natal, a Carolina do Sul. Eric Cantor, da Virgínia, o segundo republicano mais importante na Câmara e um dos novos líderes conservadores do partido sabidamente de olho na posição de Boehner, elogiou algumas das propostas de corte tributário que incluíramos no pacote, mas perguntou se um corte maior e permanente nos impostos não seria melhor do que os gastos em programas liberais que considerava fracassados, como o vale-alimentação.

Foram, porém, os comentários de Harry, Mitch, Nancy e John, feitos com uma cortesia carregada de tensão e de forma um tanto cifrada, que fizeram com que Joe e eu percebêssemos, e com toda a clareza, em que pé estava o jogo.

"Bem, sr. presidente eleito", disse Nancy, "penso que o povo americano sabe claramente que você herdou uma confusão terrível. Simplesmente terrível. É claro que nosso grupo parlamentar está preparado para assumir a responsabilidade de arrumar essa bagunça que você herdou. Mas espero apenas que nossos amigos no outro lado do plenário lembrem que foram os democratas, inclusive você, sr. presidente eleito, que agiram... Apesar de sabermos todos que era uma má política... foram os democratas que se dispuseram a ajudar o presidente Bush com o Tarp. Espero que nossos amigos republicanos adotem a mesma abordagem responsável neste momento que, como você disse, é muito crítico."

Tradução: Não pensem sequer por um minuto que não lembraremos ao povo americano em todas as oportunidades que surgirem que foram os republicanos que causaram a crise financeira.

"Nossa bancada não vai gostar", disse Harry, "mas não temos muita escolha; então vamos fazer, certo?"

Tradução: Não esperem que Mitch McConnell levante sequer um dedo para ajudar.

"Bem, ficamos contentes em saber, mas, com todo o respeito, não creio que o povo americano esteja querendo mais gastança e incentivos", disse Boehner. "O povo está apertando o cinto e espera que nós façamos o mesmo."

Tradução: Meu grupo vai me crucificar se eu parecer disposto a cooperar.

"Não sei se existe um grande anseio pelo que está propondo, sr. presidente eleito", disse McConnell, "mas será bem-vindo ao nosso almoço semanal para defender sua proposta."

Tradução: Você deve estar enganado achando que isso me interessa.

Ao descer a escada após o final da reunião, me virei para Joe e disse:

"Bom, podia ter sido pior."

"É", respondeu Joe. "Ninguém saiu no tapa."

Eu dei risada:

"Viu só? Que progresso!"

Com o frenesi geral nas primeiras semanas depois que assumi, mal tive tempo para pensar na estranheza difusa e constante de minha nova situação. Mas, sem dúvida, era estranha. Havia o fato de todos passarem a se levantar a cada vez que eu entrava numa sala. "Sentem", eu rosnava, dizendo à minha equipe que essas formalidades não faziam meu estilo. As pessoas sorriam e assentiam — e faziam exatamente a mesma coisa na vez seguinte.

Havia o fato de que meu primeiro nome praticamente desaparecera, sendo usado agora apenas por Michelle, nossas famílias e uns poucos amigos próximos, como Marty. Afora isso, era "Sim, sr. presidente" e "Não, sr. presidente", embora, com o tempo, minha equipe tenha pelo menos adotado a forma mais coloquial "Potus" (President of the United States) quando falava comigo ou sobre mim dentro da Casa Branca.

Havia o fato de minha agenda diária de repente ter virado um cabo de guerra nos bastidores entre vários assessores, agências e correligionários, cada qual querendo destaque para sua causa ou resposta para seus problemas, com a versão final sendo determinada por um mecanismo oculto que nunca entendi direito. Nesse meio-tempo, descobri que os agentes do Serviço Secreto, sempre que sussurravam nos microfones de pulso, estavam transmitindo meus movimentos por um canal de rádio monitorado pela equipe: "Renegade indo para casa", "Renegade para Sala de Crise" ou "Renegade para Posição Secundária", que era a maneira discreta de dizerem que eu estava indo ao banheiro.

E havia o grupo de imprensa itinerante sempre presente: um bando de repórteres e fotógrafos que precisavam ser avisados a cada vez que eu saía das dependências da Casa Branca e me seguiam numa van fornecida pelo governo. Isso fazia sentido quando viajávamos em caráter oficial, mas logo descobri que se aplicava a todas as circunstâncias, quer estivesse indo com Michelle a um restaurante para jantar, a uma quadra para jogar basquete ou a um campo ali perto para assistir ao futebol das meninas. Como explicou Gibbs, agora meu secretário de imprensa, o motivo daquilo era que os movimentos de um presidente eram intrinsecamente dignos de nota e que a imprensa precisava estar presente caso acontecesse algo importante. E, no entanto, não me lembro de uma única vez em que a van da imprensa tenha gravado alguma imagem mais interessante do que me pegar saindo do carro com uma calça de moletom. Mas realmente tinha o efeito de eliminar qualquer resquício de privacidade que eu ainda pudesse ter quando saía dos portões da Casa Branca. Um pouco chateado com isso, perguntei a Gibbs, naquela primeira semana, se podíamos deixar a imprensa para trás quando eu saísse para coisas pessoais.

"Não é uma boa ideia", respondeu Gibbs.

"Por quê? Os repórteres amontoados naquela van devem saber que é perda de tempo."

"É, mas os chefes deles não", disse Gibbs. "E não se esqueça de que você prometeu ter o governo mais aberto da história. Se fizer isso, a imprensa vai ter um chilique."

"Não estou falando de assuntos públicos", objetei. "Estou falando de passear com minha esposa. Ou sair para tomar um pouco de ar."

Eu tinha lido o suficiente sobre os presidentes anteriores para saber que, certa vez, Teddy Roosevelt passou duas semanas acampado em Yellowstone, viajando a cavalo. Sabia que Franklin Roosevelt, durante a Grande Depressão, navegara por semanas num veleiro pela Costa Leste até uma ilha perto da Nova Escócia. Lembrei a Gibbs que Harry Truman, quando era presidente, saía em longas caminhadas matinais pelas ruas de Washington.

"Os tempos mudaram, sr. presidente", disse Gibbs, paciente. "Bom, a decisão é sua. Mas estou avisando que dispensar o grupo de imprensa vai criar um baita rolo desnecessário. Também vai ser mais difícil para mim conseguir a cooperação deles no que se refere às meninas…"

Fiz menção de responder, mas calei a boca. Michelle e eu já havíamos dito a Gibbs que nossa prioridade máxima era garantir que a imprensa deixasse nossas filhas em paz quando estavam fora de casa. Gibbs sabia que eu não ia fazer nada que prejudicasse isso. Depois de conseguir vencer minha revolta, ele teve prudência suficiente para não se vangloriar; apenas me deu um tapinha nas costas e voltou para o seu escritório, e fiquei resmungando sozinho. (A favor deles, vale dizer que os jornalistas deixaram Malia e Sasha de fora durante todo o meu tempo no cargo, num gesto de grande decência pelo qual me sinto muito grato.)

Mas minha equipe me deu um presentinho no quesito liberdade: pude continuar com o meu BlackBerry — ou melhor, ganhei um aparelho novo, especialmente modificado, aprovado somente depois de várias semanas de negociações com diversos integrantes do pessoal de segurança digital. Com isso, eu podia enviar e receber e-mails, embora apenas de uma lista rigorosamente restrita de uns vinte contatos, e o microfone interno e a entrada para fone de ouvido do aparelho foram removidos, de modo que ficou sem a função de chamadas. Michelle costumava brincar que meu BlackBerry parecia um daqueles telefoninhos de brinquedo que a gente dá para as crianças, que quando pressionados fazem barulhinhos e acendem luzinhas, mas não acontece nada de verdade.

Em vista dessas limitações, grande parte do meu contato com o mundo exterior dependia de três jovens assistentes que ficavam no Oval Externo: Reggie, que aceitara ficar como meu assistente pessoal, Brian Mosteller, um rapaz de Ohio muito meticuloso que organizava toda a minha programação diária no complexo da Casa Branca, e Katie Johnson, assistente de campanha muito pragmática de Plouffe, que passou a desempenhar a mesma função em meu gabinete. Juntos, eram eles que, extraoficialmente, controlavam o acesso a mim e cuidavam da rotina pessoal, transferindo minhas ligações, marcando horários para cortar o cabelo, resumindo o noticiário, me mantendo dentro da programação, me alertando das datas de aniversário do pessoal da equipe, comprando cartões para eu assinar, me avisando quando eu deixava cair sopa na gravata, suportando meu eventual mau humor ou minhas piadas sem graça, e de modo geral me dando condições para me manter em atividade ao longo das doze a dezesseis horas de trabalho por dia.

O único integrante de nosso Oval Externo com mais de 35 anos era Pete Souza, o fotógrafo da Casa Branca. De meia-idade, estatura mediana e pele morena que refletia suas origens lusitanas, Pete estava em seu segundo período na Casa Branca, tendo sido fotógrafo oficial no governo Reagan. Depois de algum tempo dando aulas e fazendo trabalhos como freelancer, Pete tinha ido parar no *Chicago Tribune*, onde cobriu as fases iniciais da Guerra do Afeganistão, bem como minha estreia no Senado.

Eu tinha simpatizado com ele na hora: além de ter talento de fotojornalista para captar histórias complexas numa única imagem, Pete era inteligente, despretensioso, um pouco ranzinza mas nunca cínico. Depois de nossa vitória, aceitou ingressar na equipe, sob a condição de que eu lhe desse acesso irrestrito. Concordei, o que mostra a confiança que tinha nele, e, nos oito anos seguintes, Pete se tornou presença constante, sempre por perto em todas as reuniões, presenciando todas as vitórias e todas as derrotas, às vezes se agachando e estralando o joelho para pegar o ângulo que queria, nunca fazendo ruído nenhum, a não ser o som constante do obturador da câmera.

Também virou um bom amigo.

Nesse meu novo habitat curiosamente isolado, o apreço e a confiança que eu sentia pelos que trabalhavam comigo e a gentileza e o apoio que eles mostravam a mim e a minha família eram dádivas restauradoras. Isso se aplicava a Ray Rogers e Quincy Jackson, os dois jovens atendentes da Marinha designados para o Salão Oval, que serviam lanches e bebidas às visitas e me preparavam diariamente uma refeição substancial na minúscula cozinha ao lado do espaço das refeições. Ou à nossa equipe do Departamento de Comunicações da Casa Branca, da qual faziam parte os irmãos Nate e Luke Emory, que rapidamente preparavam púlpitos, teleprompters e equipamentos de vídeo quando pedíamos. Ou Barbara Swann, que trazia diariamente a correspondência, sempre gentil e sorridente com todos.

E isso se aplicava também ao pessoal da residência. Os novos aposentos de minha família, mais do que um lar, pareciam uma longa sucessão de suítes num hotel-butique, com sala de ginástica, piscina, quadra de tênis, sala de cinema, salão de beleza, pista de boliche e consultório médico. A equipe era dirigida pelo coordenador-chefe Steve Rochon, ex-contra-almirante da Guarda Costeira contratado pelo casal Bush em 2007, quando se tornou o primeiro afro-americano a ocupar o cargo. O pessoal da limpeza vinha todos os dias e mantinha tudo impecável; uma equipe rotativa de chefs preparava as refeições para a nossa família ou, às vezes, para algumas centenas de convidados; havia mordomos à disposição para servir esses pratos ou qualquer outra coisa que quiséssemos; havia sempre telefonistas a postos para fazer e transferir ligações e nos acordar de manhã; atendentes me aguardavam todos os dias no pequeno elevador para me levar ao trabalho, e estavam lá para me cumprimentar outra vez quando voltava no final da tarde ou à noite; havia engenheiros in loco para consertar o que quebrasse; floristas da casa mantinham todos os aposentos repletos de arranjos maravilhosos, com flores sempre variadas e frescas.

(Aqui é preciso deixar claro — só porque muitas vezes as pessoas ficam surpresas ao saber disso — que a Primeira Família paga do próprio bolso por qualquer móvel novo, assim como tudo o que consome, desde alimentos e papel higiênico até funcionários adicionais para um jantar privado do presidente. O orçamento da Casa Branca de fato aloca verbas para que o novo presidente reforme o Salão Oval, mas, apesar do forro um tanto gasto das poltronas e sofás, concluí que uma recessão histórica não era o momento mais adequado para trocar o estofamento.)

E para o presidente, pelo menos, havia um trio de atendentes da Marinha, entre eles um grandalhão de fala mansa chamado Sam Sutton. Em nosso primeiro dia acordando na Casa Branca, entrei no closet que ligava nosso dormitório a meu banheiro e encontrei todas as camisas, calças e paletós de que dispunha perfeitamente passados e pendurados em fileiras ordenadas, os sapatos engraxados e muito bem lustrados, todas as meias e cuecas dobradas e organizadas como no expositor de uma loja de departamentos. No fim do dia, quando voltei do Salão Oval e pendurei o paletó (apenas levemente amassado!) no closet (um significativo progresso em comparação a meu hábito de pendurá-lo na maçaneta mais próxima, uma das principais implicâncias de Michelle), Sam surgiu ao meu lado e explicou com cortesia e firmeza que, a partir de então, seria melhor que eu simplesmente deixasse minhas roupas a cargo dele — uma mudança que não só melhorou minha aparência geral, mas sem dúvida ajudou meu casamento.

Nada disso era problema, claro. Mas era um pouco desconcertante. Durante a campanha, Michelle e eu nos adaptamos à ideia de sempre ter pessoas ao nosso redor, mas não em nossa casa, e nós certamente não estávamos habituados a ser servidos por mordomos e empregadas. Nesse clima novo, mais rarefeito, receamos que as meninas se acostumassem mal e criassem maus hábitos, e instituímos a regra (que teve um êxito apenas mediano) de que elas mesmas fizessem a cama e arrumassem o quarto de manhã cedo, antes de irem para a escola. Minha sogra, que detestava ser servida, pediu que a equipe lhe ensinasse como usar as lavadoras e secadoras para cuidar pessoalmente de suas coisas. Eu mesmo me sentia um pouco constrangido e tentava manter a Sala dos Tratados, que servia como meu escritório pessoal na residência, sem a montoeira de livros, papéis e objetos variados que caracterizavam todas as minhas "Tocas" anteriores.

Aos poucos, graças à constante generosidade e profissionalismo da equipe doméstica, fomos nos sentindo mais confortáveis. Éramos especialmente próximos de nossa equipe regular de chefs e mordomos, com quem tínhamos contato diário. Quanto a meus atendentes pessoais, todos eram negros, latinos ou asiáticos, e todos eram homens (exceto Cristeta Comerford, americana de ascendência filipina recentemente nomeada como chef executiva da Casa Branca, a primeira mulher a ocupar esse posto). E, embora todos estivessem contentes em ter um emprego seguro e bem remunerado, com bons benefícios, era difícil deixar de notar em sua composição racial os vestígios de uma época anterior, quando a hierarquia social tinha demarcações claras e os que ocupavam o cargo da presidência se sentiam mais à vontade em sua privacidade quando eram servidos por pessoas que não consideravam seus iguais — e que, portanto, não podiam julgá-los.

Os mordomos mais graduados eram dois negros fortes com barriga saliente, um senso de humor dissimulado e a sabedoria que advém de ocupar um assento nas primeiras filas para assistir ao desenrolar da história. Buddy Carter estava lá desde o final do governo Nixon, primeiro atendendo aos dignitários em visita à Blair House e depois se transferindo para a residência presidencial. Von Everett estava por lá desde a época de Reagan. Falavam das Primeiras Famílias anteriores com a devida discrição e com uma afeição genuína. Mas, sem dizer muito, não escondiam como se sentiam por nos terem sob seus cuidados. Víamos isso na disposição com que Von aceitava os abraços de Sasha ou no prazer com que Buddy servia disfarçadamente uma colherada extra de sorvete para Malia depois do jantar, ou na facilidade com que falavam com Marian e no olhar orgulhoso que expressavam sempre que Michelle estava com um vestido especialmente bonito. Não eram muito diferentes dos irmãos de Marian ou dos tios de Michelle; graças a essa familiaridade, tornavam-se mais e não menos solícitos, protestando se levávamos pessoalmente nossos pratos para a cozinha, alertas ao menor sinal que fosse de um serviço que considerassem abaixo dos padrões por parte de qualquer um da equipe doméstica. Levou meses até convencermos os mordomos a trocarem o smoking por calça de brim e camiseta polo para nos servir as refeições.

"Só queremos garantir o mesmo tratamento dado a todos os outros presidentes", explicou Von.

"Isso mesmo", disse Buddy. "Veja, o senhor e a primeira-dama na verdade não sabem o que isso significa para nós, sr. presidente. Tê-los aqui..." Ele meneou a cabeça. "Simplesmente não sabem."

Com o apoio de Pelosi, presidente da Câmara, e de Dave Obey, presidente democrata do Comitê de Gastos Públicos, além dos heroicos esforços de nossa equipe ainda em formação, conseguimos que a Lei de Recuperação fosse redigida, apresentada na Câmara, entregue ao comitê e programada para votação do plenário — tudo isso no final de minha primeira semana no cargo.

Consideramos um pequeno milagre.

O que ajudou foi o entusiasmo dos democratas do Congresso quanto aos elementos centrais do pacote — embora não se abstivessem de apontar os mais variados detalhes. Os liberais reclamaram que os cortes na tributação das empresas favoreciam os ricos. Democratas mais centristas manifestaram a preocupação com o fato de que o montante elevado poderia incomodar os eleitores mais conservadores. Representantes de todo o espectro reclamaram que o auxílio direto aos estados só ajudaria os governadores republicanos a equilibrarem seus orçamentos e parecerem fiscalmente responsáveis, enquanto esses mesmos políticos acusavam o pessoal no Congresso de gastar feito marinheiros bêbados.

Esse tipo de reclamação do baixo clero acompanhava sempre toda grande iniciativa legislativa, fosse qual fosse o ocupante da Casa Branca. Isso era especialmente comum entre os democratas, que, por uma série de razões (composição mais diversificada, maior aversão à autoridade), pareciam ter um orgulho quase perverso de não se ater ao conteúdo principal. Quando algumas dessas queixas chegavam à imprensa, com os repórteres pegando meia dúzia de comentários avulsos e apresentando como possível sinal de dissensão nas fileiras, Rahm ou eu fazíamos questão de conversar com os transgressores mais afoitos para explicar — em termos claros e às vezes impublicáveis — por que manchetes como DEMOCRATAS IMPORTANTES DETONAM PLANO DE INCENTIVO DE OBAMA ou DEMOCRATAS DEIXAM CLARO QUE RESISTIRÃO não eram muito úteis à causa.

Nossa mensagem foi ouvida. Em questões secundárias, fizemos algumas concessões no projeto, aumentando as verbas para prioridades do Congresso e cortando um pouco das nossas. Mas, assentada a poeira, a lei continha quase 90% da proposta original da nossa equipe econômica, e conseguimos impedir acréscimos e desperdícios que a desacreditariam aos olhos do público.

Só faltava uma coisa: o apoio republicano.

Desde o começo, ninguém entre nós tinha muita esperança de conseguir um bom número de votos republicanos, sobretudo na esteira dos bilhões já gastos para o socorro financeiro. A maioria dos republicanos da Câmara votara contra o Tarp, mesmo com uma significativa pressão de um presidente que pertencia ao partido. Os que chegaram a votar a favor continuavam a enfrentar críticas pesadas da direita, e nos círculos republicanos era cada vez maior a crença de que uma das razões para terem se saído tão mal em sucessivas eleições era o fato de terem se deixado desviar pelo presidente Bush de princípios conservadores contrários à intervenção do governo.

Mesmo assim, ao sair de nossa reunião com os líderes do Congresso, no começo de janeiro, eu dissera à minha equipe para reforçar nosso alcance entre os republicanos. Não só nas aparências, falei; se esforcem de verdade.

A decisão irritou alguns democratas, principalmente na Câmara. Depois de mais de uma década como minoria, os democratas da Câmara tinham ficado de fora do processo legislativo. Agora que eram maioria, não gostaram nada de me ver oferecer concessões àqueles que tornavam sua vida um tormento. Achavam que eu estava perdendo tempo e sendo ingênuo. "Esses republicanos não estão interessados em cooperar, sr. presidente", me disse um deles com franqueza. "Querem derrotá-lo."

Imaginei que deviam estar certos. Mas, por várias razões, achei que seria importante pelo menos pôr a ideia à prova. Eu sabia que seria muito mais fácil conseguir os dois votos republicanos de que precisávamos para ter uma maioria à prova de obstrucionismo no Senado se antes conseguíssemos uma votação republicana respeitável na Câmara — a segurança numérica era a máxima seguida por quase todos os políticos em Washington. Os votos republicanos também dariam uma boa proteção política para os democratas que representavam as parcelas de tendência conservadora no país, que já estavam pensando na disputa nada fácil pela reeleição. E, na verdade, o simples gesto de negociar com os republicanos era uma boa desculpa para afastar algumas das ideias menos ortodoxas que de vez em quando afloravam em nossa bancada ("Desculpe, sr. deputado, mas a legalização da maconha não é exatamente o tipo de incentivo que estamos propondo aqui...").

Mas, para mim, o diálogo com congressistas republicanos não era mera tática. Desde meu discurso na convenção em Boston e nos dias finais da campanha, eu vinha defendendo que o povo do país não estava tão polarizado quanto sugeria nosso debate político e que, para fazermos grandes coisas, precisávamos ir além das rivalidades partidárias. E haveria maneira melhor de fazer um esforço sincero de transpor as divisões no Congresso sem parecer fraco, num momento em que eu não precisava necessariamente do apoio dos deputados republicanos para conseguir a aprovação de minha pauta? Minha ideia era que, com espírito aberto e um pouco de humildade, talvez conseguisse pegar os líderes do Partido Republicano de surpresa e atenuar suas desconfianças, ajudando a construir relações de trabalho que poderiam fazer avançar outras questões. E se não desse certo, como era mais provável, e os republicanos rejeitassem minha aproximação, pelo menos os eleitores saberiam a quem responsabilizar pela forma disfuncional como as questões nacionais eram tratadas em Washington.

Para comandar nosso escritório de Assuntos Legislativos, tínhamos recrutado um experiente ex-assessor dos democratas na Câmara chamado Phil Schiliro. Era alto, com sinais de calvície e uma risada aguda que disfarçava uma intensidade reservada, e, desde o primeiro dia em que o Congresso retomou as sessões, se pôs a procurar parceiros de negociação, chamando Rahm, Joe Biden ou a mim para ajudar a cortejar um ou outro parlamentar, sempre que necessário. Quando alguns republicanos manifestaram interesse por mais infraestrutura, pedimos que nos entregassem uma lista de prioridades. Quando outros disseram que não poderiam votar numa lei que incluía como incentivo verbas para métodos contraceptivos, insistimos com os democratas para eliminar essa cláusula. Quando Eric Cantor sugeriu uma modificação sensata numa de nossas cláusulas tributárias, embora não houvesse a menor hipótese de que votasse a favor da lei, instruí minha equipe a fazer a alteração, com a intenção de sinalizar que era séria nossa intenção de dar aos republicanos lugar à mesa.

No entanto, a cada dia que se passava, a perspectiva de uma cooperação republicana se mostrava uma miragem cada vez mais distante. Os que haviam de início manifestado interesse em trabalhar conosco passaram a ignorar nossos telefonemas. Os republicanos do Comitê de Gastos Públicos da Câmara boicotaram as audiências sobre a Lei de Recuperação, alegando que estavam sendo consultados apenas por mera formalidade. Os ataques republicanos à lei na imprensa se tornaram mais abertos. Joe avisou que Mitch McConnell andara cobrando fidelidade partidária, impedindo que os membros de sua bancada sequer falassem com a Casa Branca sobre o pacote de incentivo, e deputados democratas disseram que tinham ouvido a mesma coisa dos colegas republicanos.

"Não podemos participar" — foi como um republicano teria colocado a questão.

As coisas pareciam desalentadoras, mas achei que ainda poderia tentar mudar a posição de alguns congressistas em minhas visitas às bancadas republicanas da Câmara e do Senado, marcadas para o dia 27 de janeiro, véspera do dia da votação na Câmara. Dediquei um tempo extra para preparar minha apresentação, me certificando de que tinha todos os fatos e números na ponta da língua. Na manhã anterior às reuniões, Rahm e Phil vieram ao Salão Oval para repassarmos os argumentos que, a nosso ver, os republicanos poderiam considerar mais persuasivos. Estávamos prestes a sair em comitiva para ir até o Capitólio quando Gibbs e Axe entraram no Salão Oval e me mostraram uma matéria publicada e distribuída pela agência Associated Press logo após a reunião de Boehner com a sua bancada: REPUBLICANOS DA CÂMARA ORIENTADOS A SE OPOR À LEI DO INCENTIVO.

"Quando foi isso?", perguntei examinando o artigo.

"Uns cinco minutos atrás", respondeu Gibbs.

"Boehner ligou para avisar?", perguntei.

"Não", disse Rahm.

"Então dá para supor que essa merda ainda não é oficial?", perguntei enquanto começávamos a nos dirigir para a Fera.

"Isso mesmo, sr. presidente", disse Rahm.

As reuniões com as bancadas não eram explicitamente hostis. Boehner, Cantor e o presidente da Conferência Republicana da Câmara, Mike Pence, já estavam na tribuna quando cheguei (evitando habilmente uma conversa privada sobre o lance chamativo que tinham acabado de criar), e, depois de uma breve apresentação de Boehner e alguns aplausos educados, tomei a palavra. Era a minha primeira vez numa reunião de congressistas republicanos, e era difícil não se impressionar com a homogeneidade na sala: fileiras e mais fileiras de homens brancos de meia-idade, com uma dúzia de mulheres e talvez dois ou três hispânicos e asiáticos. A maioria manteve o rosto impassível enquanto eu defendia sucintamente o pacote de incentivos — citando os dados mais recentes sobre o colapso da economia, a necessidade de uma ação rápida, a presença de cortes tributários no pacote, que eram medidas defendidas havia muito tempo pelos republicanos, e nosso compromisso com a redução do déficit no longo prazo, depois de passada a crise. Os presentes se animaram quando me dispus a ouvir uma série de perguntas (ou, mais precisamente, opiniões dissimuladas em perguntas), às quais respondi de bom grado como se fizesse alguma diferença.

"Sr. presidente, por que esse projeto de lei não faz nada em relação a todas aquelas leis promovidas pelos democratas que obrigaram os bancos a fazer empréstimos hipotecários a pessoas sem condições de pagar, e que foi a verdadeira razão da crise financeira?" (*Aplausos.*)

"Sr. presidente, tenho aqui um livro mostrando que o New Deal não acabou com a Depressão, mas, na verdade, piorou a situação. O senhor não concorda que esse tal incentivo dos democratas está apenas repetindo aqueles erros e deixará um mar de tinta vermelha que as gerações futuras terão de limpar?" (*Aplausos.*)

"Sr. presidente, como fazer com que Nancy Pelosi deixe de lado sua lei partidarista e comece com o processo realmente aberto que o povo americano está pedindo?" (*Aclamações, aplausos, algumas vaias.*)

Quanto ao Senado, o cenário era menos formal. Joe e eu fomos convidados a sentar em torno de uma mesa com os quarenta e poucos senadores presentes, muitos deles ex-colegas nossos. Mas a essência da reunião não foi muito diferente, e todos os republicanos que se deram ao trabalho de falar vieram com a mesma toada, dizendo que o pacote de incentivos era um "socorro direcionado" a interesses específicos, prejudicial ao orçamento, e que precisava ser deixado de lado se os democratas quisessem ter alguma esperança de cooperação.

Na volta para a Casa Branca, Rahm estava perplexo, e Phil, abatido. Falei que estava tudo bem, que na verdade eu tinha gostado da troca de opiniões.

"Quantos republicanos vocês acham que ainda estão dentro?", perguntei.

Rahm respondeu com ar de dúvida:

"Se tivermos sorte, talvez uma dúzia."

Era otimismo da parte dele. No dia seguinte, a Lei de Recuperação foi aprovada na Câmara por 244 a 188, sem *nenhum* voto republicano. Foi o primeiro tiro de uma estratégia de batalha que McConnell, Boehner, Cantor e os demais manteriam com impressionante disciplina pelos oito anos seguintes: a recusa em trabalhar comigo ou com integrantes de meu governo, quaisquer que fossem as circunstâncias, as questões envolvidas ou as consequências para o país.

Talvez você imagine que, para um partido político que acabava de sofrer dois ciclos de derrotas fragorosas, a estratégia republicana de obstrução total e inflexível traria grandes riscos. E, num período de crise legítima, certamente não era uma atitude responsável.

Mas caso sua preocupação principal fosse, como no caso de McConnell e Boehner, a de conseguir voltar ao poder, a história recente sugeria que essa estratégia fazia sentido. Apesar de toda a conversa de quererem a mútua cooperação dos políticos, os eleitores americanos quase nunca premiam a oposição que colabora com o partido no governo. Nos anos 1980, os democratas mantiveram o controle da Câmara (embora não do Senado) por muito tempo após a eleição de Ronald Reagan e a guinada do país para a direita, em parte por causa da disposição dos líderes republicanos "responsáveis" em ajudar o Congresso a se manter funcionando; a Câmara só mudou depois que a bancada republicana, liderada por Gingrich, transformou o Congresso num ringue de luta. Da mesma forma, os democratas não obtiveram nenhum benefício no Congresso de maioria republicana por ajudarem a aprovação dos cortes tributários do presidente Bush ou de seu projeto de fornecimento de remédios; só reconquistaram a Câmara e o Senado quando começaram a contestar o presidente e os líderes republicanos em tudo, desde a privatização da Previdência Social à condução da Guerra do Iraque.

Essas lições não passaram despercebidas a McConnell e Boehner. Eles entenderam que qualquer ajuda que oferecessem à minha gestão para montar uma resposta sólida e eficiente do governo à crise resultaria apenas em vantagem política para mim — e seria um reconhecimento tácito do fracasso de sua própria retórica antigoverno e antirregulação. Por outro lado, se continuassem em ação na retaguarda, se gerassem controvérsia e emperrassem as engrenagens, pelo menos teriam chance de revigorar suas bases e de reduzir meu ritmo e o dos democratas num momento em que o país estava impaciente.

Ao executarem sua estratégia, os líderes republicanos tinham algumas coisas a seu favor — a começar pela atual natureza da cobertura da imprensa. Em minha época no Senado e durante a campanha, passei a conhecer a maioria dos jornalistas políticos de atuação nacional, que em termos gerais considerava inteligentes, trabalhadores, éticos e comprometidos com a verdade dos fatos. Ao mesmo tempo, os conservadores não estavam errados em sua suposição de que as posturas pessoais dos repórteres, em sua maioria, provavelmente se situavam no lado mais liberal do espectro político.

Sendo assim, parecia pouco provável que esses repórteres se tornassem cúmplices dos planos de McConnell e Boehner. Mas, fosse por medo de parecerem tendenciosos, ou porque conflito vende bem, ou porque os editores exigiam, ou porque era a maneira mais fácil de cumprir os prazos de um ciclo ininterrupto de notícias pautado pela internet, a cobertura da imprensa sobre Washington seguia um roteiro de deprimente previsibilidade:

Informe o que um lado diz (incluindo uma declaração de alguém).

Informe o que o outro lado diz (incluindo uma declaração de alguém do outro lado; quanto mais inflamada, melhor).

Deixe que uma pesquisa de opinião decida quem tem razão.

Com o tempo, minha equipe e eu ficamos tão resignados com esse estilo de cobertura "um disse/ outro disse" que até brincávamos a respeito. ("No duelo das coletivas de imprensa de hoje, o debate sobre o formato do planeta Terra se acalorou, com o presidente Obama — que afirma que a Terra é redonda — sofrendo ataques intensos de republicanos que insistem que a Casa Branca escondeu documentos provando que a Terra é plana.") Naquelas primeiras semanas, porém, em que mal tínhamos uma equipe de comunicações na Casa Branca, ainda nos surpreendíamos. Não só com a disposição dos republicanos em distribuir meias verdades ou mentiras descaradas sobre o conteúdo da Lei de Recuperação (a alegação de que planejávamos gastar milhões num Museu da Máfia em Las Vegas, por exemplo, ou que Nancy Pelosi incluíra 30 milhões de dólares para salvar uma espécie de camundongo ameaçada de extinção), mas também com a disposição da imprensa em transmitir ou publicar esses absurdos como notícias verdadeiras.

Com uma boa dose de insistência da nossa parte, um veículo às vezes até publicava uma matéria checando os fatos das alegações republicanas. Mas raramente a verdade tinha o mesmo alcance das manchetes iniciais. A maioria dos americanos — já treinados em acreditar que o governo desperdiçava dinheiro — não tinha tempo nem vontade de acompanhar os detalhes do processo legislativo ou de constatar quem era ou não sensato nas negociações. Só ouviam o que a imprensa em geral lhes dizia a partir de Washington — que democratas e republicanos estavam brigando de novo, que os políticos andavam torrando dinheiro, que o novo cara na Casa Branca não estava fazendo nada para mudar a situação.

Claro que o empenho em desacreditar a Lei de Recuperação ainda dependia da habilidade dos líderes republicanos em manter seus parlamentares na linha. Precisavam, no mínimo, garantir que o pacote de incentivos não recebesse apoio suficiente de republicanos de postura mais independente para ser considerado "bipartidário", já que (como explicaria McConnell mais tarde), "quando você põe o rótulo de bipartidário em alguma coisa, a impressão é que as diferenças foram eliminadas". Essa tarefa se tornara mais fácil agora que a maioria dos congressistas do partido provinha de distritos ou estados solidamente republicanos. Suas bases eleitorais, alimentadas com uma dieta constante de Fox News, programas de rádio com a participação dos ouvintes e discursos de Sarah Palin, não tinham nenhuma disposição conciliatória; na verdade, a maior ameaça a suas perspectivas de reeleição eram seus oponentes nas primárias, que podiam acusá-los de serem liberais disfarçados. Rush Limbaugh já tinha caído matando em cima de republicanos como McCain por dizerem que, terminada a eleição, torciam por meu sucesso. "Torço para que Obama fracasse!", rugiu ele em seu programa de rádio. No começo de 2009, os republicanos eleitos em geral não consideravam prudente ser tão diretos assim em público (em privado, a história era outra, como veríamos mais tarde). Mas mesmo os políticos que não compartilhavam dos sentimentos de Limbaugh sabiam que, com essa frase, ele na verdade estava canalizando — e moldando — a posição de uma parcela considerável de seus eleitores.

Os grandes doadores conservadores também tinham seu peso. Em pânico com a economia devastada e o impacto nos balanços financeiros de seus membros, várias organizações empresariais tradicionais, como a Câmara de Comércio, por fim se declararam favoráveis à Lei de Recuperação. Mas sua influência sobre o Partido

Republicano, a essa altura, fora suplantada por ideólogos bilionários como David e Charles Koch, que haviam gastado décadas e centenas de milhões de dólares construindo sistematicamente uma rede de *think tanks*, grupos de interesse, operações de mídia e agentes políticos — tudo com o objetivo expresso de eliminar todo e qualquer resquício do Estado de bem-estar social moderno. Para eles, todos os impostos eram confiscos, que pavimentavam o caminho para o socialismo; todas as regulações eram traições dos princípios do livre mercado e do modo de vida americano. Minha vitória era vista como uma ameaça mortal — e foi por isso que, logo após a minha posse, se organizou um conclave de alguns dos conservadores mais ricos dos Estados Unidos num elegante balneário em Indian Wells, na Califórnia, para elaborar uma estratégia de contra-ataque. Eles não queriam conciliação nem consenso. Queriam guerra. E deixaram claro que qualquer político republicano sem fibra para resistir a todas as minhas pautas políticas não só veria as doações cessarem, como também se tornaria alvo de uma oposição solidamente financiada nas primárias.

Quanto aos republicanos que ainda se sentiam tentados a cooperar comigo apesar da oposição de eleitores, doadores e veículos da mídia conservadora, a boa e velha pressão de seus pares geralmente funcionava. Durante a transição, eu me reunira com Judd Gregg, um senador republicano íntegro e competente de New Hampshire, e lhe oferecera o cargo de secretário do Comércio — como parte de meu empenho em cumprir a promessa de uma governança bipartidária. Ele aceitara prontamente, e anunciamos sua indicação no começo de fevereiro. Mas, conforme a oposição republicana à Lei de Recuperação se tornava a cada dia mais ferrenha, com McConnell e as demais lideranças o pressionando em reuniões da cúpula e no Senado, e a ex-primeira-dama Barbara Bush, ao que consta, intervindo para dissuadi-lo de entrar no meu governo, Judd Gregg perdeu a coragem. Uma semana depois de anunciarmos sua indicação, ele pediu para se retirar.

Nem todos os republicanos embarcaram na rápida mudança de disposição dentro do partido. No dia em que o Senado votaria a Lei de Recuperação, eu estava em Fort Myers, na Flórida, numa reunião aberta ao público, para conclamar o apoio da população à lei e responder a perguntas sobre a economia. Comigo estava o governador do estado, Charlie Crist, um republicano moderado de modos corteses e afáveis, com o tipo de boa aparência — bronzeado, grisalho, dentes branquíssimos e reluzentes — que parecia saído do catálogo de uma agência de atores de cinema. Crist desfrutava de uma enorme popularidade na época, tendo cultivado a imagem de indivíduo capaz de contornar as divisões partidárias, evitando questões sociais divisionistas e preferindo se concentrar na promoção do turismo e dos negócios. Também sabia que seu estado estava em grandes apuros: como um dos principais locais de empréstimos de alto risco e da bolha imobiliária, a economia e o orçamento estadual da Flórida estavam em queda livre, precisando desesperadamente de auxílio federal.

Assim, foi tanto por temperamento como por necessidade que Crist aceitou me apresentar no auditório da prefeitura e endossar publicamente a lei do incentivo. Embora os valores dos imóveis em Fort Myers tivessem caído cerca de 67% (com nada menos que 12% das casas em execução hipotecária), a multidão transbordava vigor e energia, constituída na maioria por democratas, ainda embalados por aquilo que Sarah Palin descreveria mais tarde como "aquele negócio de esperança, de mudança". Depois que Crist explicou de forma sensata e um tanto cautelosa por que apoiava a Lei de Recuperação, apontando seus benefícios para a Flórida e a necessidade de que os parlamentares colocassem o povo antes da política partidária, dei ao governador meu usual "abraço fraterno": um aperto de mãos, com o braço dando um tapinha nas costas, olhos nos olhos, um "obrigado" no ouvido.

Pobre Charlie: como eu ia saber que esse meu gesto de dois segundos se tornaria um beijo da morte para ele em termos políticos? Alguns dias depois do encontro, as imagens do "abraço" — com conclamações pedindo a cabeça de Crist — começaram a aparecer nos veículos de comunicação da direita. Em questão de meses, Crist deixou de ser um grande astro republicano e virou um pária. Foi apontado como garoto-propaganda da conciliação, o típico RINO (republicano só no nome), oportunista e vacilante, que precisava receber uma reprimenda exemplar. Demoraria algum tempo para a coisa mudar de figura: na disputa de 2010 para o Senado federal, Crist foi obrigado a concorrer como independente e foi derrotado por Marco Rubio, um conservador em ascensão; só mais tarde acabou ressurgindo em cena ao mudar de partido e ganhar um dos assentos do Congresso pela Flórida, como democrata. De todo modo, a lição imediata do episódio não passou despercebida aos congressistas republicanos.

Se cooperar com o governo Obama, vai ser por sua própria conta e risco.

E, se tiver de apertar a mão dele, faça uma cara de quem não está gostando.

Olhando em retrospecto, é difícil deixar de me concentrar na dinâmica política daquelas primeiras semanas de meu governo — a rapidez com que os republicanos endureceram sua resistência, independentemente do que fosse dito ou feito por nós, e até que ponto isso contaminou a forma como a imprensa e, ao fim e ao cabo, o público interpretavam o conteúdo de nossas ações. Afinal, essas dinâmicas definiram o curso de grande parte do que aconteceu nos meses e anos subsequentes, uma profunda divisão nas percepções políticas dos americanos com a qual, uma década depois, ainda estamos lidando.

Mas em fevereiro de 2009 eu estava obcecado com a economia, não com a política. Portanto, vale destacar uma informação pertinente que omiti do episódio de Charlie Crist: poucos minutos antes de subir ao palco para lhe dar aquele abraço, recebi uma ligação de Rahm avisando que a Lei de Recuperação tinha acabado de passar no Senado, assegurando que agora seria submetida ao Congresso.

A maneira como conseguimos a aprovação não pode ser considerada um modelo para o novo tipo de política que eu prometera durante a campanha. Foi ao velho estilo. Depois que a votação na Câmara deixou claro que seria inviável uma lei amplamente bipartidária, nosso foco se concentrou em assegurar 61 votos no Senado — 61 porque nenhum senador republicano poderia arcar com o peso de ser tachado como o responsável pela vitória da lei de Obama. Na atmosfera radioativa orquestrada por McConnell, os únicos republicanos que chegaram a pensar em nos apoiar eram três senadores que se definiam como moderados, representantes de estados onde eu vencera com folga: Susan Collins e Olympia Snowe, do Maine, e Arlen Specter, da Pensilvânia. Junto com o senador Ben Nelson, de Nebraska — o porta-voz oficioso da meia dúzia de democratas de estados conservadores cuja prioridade em qualquer questão controversa era se posicionar em algum lugar, em qualquer lugar, à direita de Harry Reid e Nancy Pelosi, com isso conquistando entre os analistas de Washington o valorizado rótulo de "centrista" —, eles se tornaram figuras incontornáveis, pelas quais a Lei de Recuperação teria de passar. E nenhum desses quatro senadores tinha pudor de cobrar um pedágio alto.

Specter, que já vencera dois casos de câncer, insistiu que a Lei de Recuperação destinasse 10 bilhões de dólares para os Institutos Nacionais de Saúde. Collins exigiu que a lei cancelasse fundos para a construção de escolas e incluísse uma "emenda com Alternative Minimum Tax (AMT)" — uma cláusula tributária destinada a impedir que os americanos de classe média alta pagassem mais impostos. Nelson queria mais verbas de Medicaid para os estados agrícolas. Suas prioridades acrescentaram bilhões, mas, mesmo assim, o grupo insistiu que a lei ficasse abaixo de 800 bilhões, porque qualquer valor acima disso parecia simplesmente "excessivo".

Até onde entendíamos, não havia nenhuma lógica econômica em nada disso, apenas um posicionamento político e um clássico jogo de pressão por parte de quem sabia estar em vantagem. Mas essa questão passou em larga medida despercebida; quanto à imprensa que cobria os assuntos de Washington, o simples fato de os quatro senadores atuarem de maneira "bipartidária" indicava uma sensatez e uma sabedoria salomônicas. Enquanto isso, os democratas liberais, em especial no Congresso, estavam furiosos comigo, por deixar que um "Bando dos Quatro" determinasse na prática o conteúdo final da lei. Alguns chegaram ao ponto de sugerir que eu investisse contra Snowe, Collins, Specter e Nelson em seus estados de origem até abrirem mão da "fiança" que exigiam para liberar o projeto. Falei que não faria isso, por ter chegado à conclusão (com a contribuição de Joe, Rahm, Phil, Harry e Nancy) de que uma tática agressiva provavelmente sairia pela culatra — e também fecharia as portas à cooperação do quarteto em qualquer outra lei que eu tentasse aprovar no futuro.

De todo modo, o tempo urgia; ou, como Axe descreveu mais tarde, a casa estava pegando fogo e só aqueles quatro senadores tinham uma mangueira. Depois de uma semana de negociações (e de muitos afagos, insistências e solicitudes de nossa parte — eu, Rahm e principalmente Joe — para com os senadores), chegamos a um acordo. O Bando dos Quatro conseguiu a maior parte do que queria. Em troca, tivemos seus votos, preservando quase 90% das medidas de incentivo que havíamos proposto originalmente. Afora os votos de Collins, Snowe e Spector, a lei de 1073 páginas com as modificações foi aprovada na Câmara e no Senado seguindo rigorosamente as divisões partidárias. Não se passara um mês desde a minha posse, e a Lei Americana de Recuperação e Reinvestimento estava pronta para ser sancionada por mim e entrar em vigor.

A cerimônia de assinatura se deu perante uma pequena multidão no Museu Natural e Científico de Denver. Pedíramos ao diretor-presidente de uma empresa de energia solar, de propriedade dos funcionários da firma, que me apresentasse; enquanto eu ouvia seu discurso, explicando o que a Lei de Recuperação ia significar para a companhia — evitar demissões, contratar novos trabalhadores, ajudar a promover a economia verde —, procurei saborear ao máximo aquele momento.

Segundo qualquer critério convencional, eu estava prestes a assinar uma legislação de importância histórica: um esforço de recuperação de envergadura comparável à do New Deal de Roosevelt. O pacote de incentivo não se limitaria a aumentar a demanda agregada. Ajudaria milhões de pessoas a enfrentar a tempestade econômica, ampliando o seguro-desemprego para os desempregados, a assistência alimentar para os carentes e a assistência à saúde para os necessitados; ofereceria o maior corte de impostos para as famílias de classe média e de trabalhadores pobres desde Reagan; aplicaria nos sistemas de transporte e infraestrutura da nação a maior injeção de verbas desde o governo Eisenhower.

E não só. Sem perder o foco no incentivo de curto prazo e na criação de empregos, a Lei de Recuperação também cumpriria uma boa parte dos compromissos de campanha que eu assumira no sentido de modernizar a economia. A nova legislação prometia transformar o setor energético, com um investimento sem precedentes no desenvolvimento de energia limpa e programas de eficiência. Propiciaria a transição para boletins médicos eletrônicos, o que tinha potencial para revolucionar o sistema de assistência à saúde nos Estados Unidos e estender o acesso à banda larga a escolas e regiões rurais antes excluídas das redes de informação de alta velocidade.

Cada item desses, se fosse aprovado como uma lei isolada, já seria uma grande realização para um governo. Tomados em conjunto, poderiam representar o trabalho bem-sucedido de um mandato inteiro.

Mesmo assim, depois de percorrer os painéis solares no telhado do museu, de subir ao pódio e agradecer ao vice-presidente e a minha equipe por conseguirem tudo aquilo sob extrema pressão; depois de agradecer aos membros do Congresso que tinham ajudado a levar a lei até a linha de chegada; depois de usar várias canetas para assinar o projeto e convertê-lo em lei, de apertar a mão de todos e dar algumas entrevistas — depois de tudo isso, quando finalmente estava sozinho no banco traseiro da Fera, meu principal sentimento não foi de triunfo, e sim de um profundo alívio.

Ou, para ser mais exato, de alívio com uma grande dose de presságios.

Se por um lado era inegável que conseguíramos fazer, num mês, o trabalho de dois anos, também era fato que gastáramos um grande capital político com igual rapidez. Não havia como negar, por exemplo, que McConnell e Boehner nos haviam derrotado no front da comunicação. Os ataques incessantes dos dois continuavam a definir a cobertura recebida pela Lei de Recuperação, com a imprensa alardeando toda e qualquer falsa acusação de esbanjamento e impropriedade. Alguns analistas políticos adotaram as narrativas propagadas pelos republicanos de que eu não os procurara para formular a lei, rompendo minha promessa de governar de maneira bipartidária. Outros sugeriram que nosso acordo com Collins, Nelson, Snowe e Specter representava mais um toma lá dá cá interesseiro, ao velho estilo de Washington, do que "uma mudança em que podemos acreditar".

O apoio público à Lei de Recuperação crescera durante as semanas de sua tramitação. Mas logo o clamor dos republicanos teria seu impacto, revertendo essa tendência. Enquanto isso, uma boa parcela de minha base democrata — ainda inflada de orgulho pela vitória e nervosa com a pouca disposição republicana de se resignar e acatar — parecia se concentrar não em tudo o que conseguíramos incluir na Lei de Recuperação, e sim no número muito menor de coisas a que tivéramos de renunciar. Os comentaristas políticos liberais insistiam que, se eu tivesse mostrado mais firmeza resistindo às exigências do Bando dos Quatro, os incentivos teriam sido maiores. (E isso apesar do fato de ser o dobro do que muitos deles defendiam semanas antes.) Os grupos de promoção dos interesses das mulheres estavam descontentes com a remoção das cláusulas sobre os métodos contraceptivos. O setor dos transportes reclamou que o aumento nas verbas para o transporte público de massas era menor do que o desejado. Os ambientalistas pareciam passar mais tempo reclamando da pequena parcela das verbas destinada a projetos de carvão limpo do que comemorando o investimento maciço da Lei de Recuperação em energia renovável.

Entre ataques de republicanos e reclamações de democratas, me lembrei do poema "A segunda vinda", de Yeats: meus apoiadores não tinham convicção, enquanto meus adversários transbordavam de ardorosa intensidade.

Nada disso me preocuparia se a aprovação da Lei de Recuperação fosse a única coisa necessária para conseguirmos que a economia voltasse a funcionar. Eu estava convicto de que conseguiríamos implementar efetivamente a lei e mostraríamos que nossos críticos estavam equivocados. Eu sabia que os eleitores democratas ficariam comigo ao longo do processo, e meus índices de aprovação nas pesquisas de opinião entre o público geral continuavam altos.

O problema era que ainda tínhamos de tomar no mínimo mais três ou quatro grandes iniciativas para pôr fim à crise, todas igualmente urgentes, todas igualmente controversas, todas igualmente difíceis de aprovar. Era como se eu tivesse escalado a face de um grande rochedo e agora me visse diante de uma sucessão de picos montanhosos cada vez mais perigosos — ao mesmo tempo me dando conta de que tinha torcido um tornozelo, de que um temporal estava a caminho e de que já consumira metade de minhas provisões.

Não comentei essas impressões com nenhum integrante de minha equipe; eles já estavam sobrecarregados demais. Aguente firme, disse a mim mesmo. Amarre com mais força os cadarços. Racione sua comida.

Siga em frente.

12

Prezado presidente Obama,

Fui informada hoje de que, a partir de 30 de junho de 2009, farei parte das estatísticas cada vez maiores de desempregados deste país...

Ao pôr meus filhos para dormir esta noite, lutando contra o pânico que ameaça tomar conta de mim, percebi que, como mãe, não terei a oportunidade que meus pais tiveram. Não vou poder olhar para meus filhos e dizer, com sinceridade, que se trabalharem com afinco e fizerem sacrifícios tudo é possível. Descobri hoje que tomar todas as decisões corretas, fazer tudo como deve ser feito, pode não ser suficiente, porque o governo nada faz para ajudar.

Embora meu governo fale muito sobre proteger e ajudar a classe média americana, o que vejo é o contrário. Vejo um governo que atende a interesses de lobistas e grupos de interesse. Vejo bilhões de dólares gastos para socorrer instituições financeiras...

Obrigada por me permitir expressar alguns pensamentos nesta noite de emoções fortes.

Sinceramente,

Nicole Brandon
Virgínia

Eu devia ler duas ou três cartas como essa todas as noites. Em seguida as colocava de volta na pasta em que vinham e as juntava à pilha de papéis sobre a escrivaninha. Nessa noite em particular, o relógio de pêndulo da Sala do Tratado marcava uma da manhã. Esfreguei os olhos, pensando que precisava de uma lâmpada de leitura melhor, e me detive no imenso quadro a óleo pendurado acima do pesado sofá de couro. Mostrava o severo e corpulento presidente McKinley, em pé como um diretor de escola de sobrancelhas espessas enquanto um grupo de senhores bigodudos assinava o tratado encerrando a Guerra Hispano-Americana em 1898, todos em volta da mesma mesa diante da qual eu estava sentado. Era uma bela peça de museu, mas não exatamente ideal para aquele que agora passou a ser meu escritório de casa; fiz uma anotação para lembrar a mim mesmo de mandar substituí-la por alguma coisa mais contemporânea.

Com exceção dos cinco minutos que levei para atravessar o corredor e colocar as meninas para dormir e dar um beijo de boa-noite em Michelle, eu estava plantado na cadeira desde a hora do jantar, como acontecia em quase todas as noites da semana. Para mim, aquelas eram as horas mais sossegadas e produtivas do dia, o momento em que eu podia me colocar a par de todas as coisas relacionadas ao trabalho e me preparar para o que viria a seguir, debruçado sobre a pilha de material que a secretária da equipe mandava à residência para eu examinar. Os mais recentes dados econômicos. Memorandos de decisão. Memorandos de informação. Informativos dos serviços de inteligência. Propostas legislativas. Rascunhos de discursos. Tópicos de entrevistas coletivas.

O momento em que sentia com mais impacto a seriedade de meu trabalho era quando lia as cartas de eleitores. Recebia todas as noites um maço de dez — algumas eram escritas à mão, outras eram e-mails impressos —, arrumadas numa pasta roxa. Quase sempre eram a última coisa que eu examinava antes de ir para a cama.

As cartas tinham sido uma ideia minha, que me veio à mente em meu segundo dia no cargo. Imaginei que um contato constante com as correspondências enviadas pelos eleitores seria um jeito eficiente de escapar da bolha presidencial e ouvir diretamente aqueles para quem trabalhava. Eram como uma dose intravenosa do mundo real, um lembrete diário de minha aliança com o povo americano, da confiança em mim depositada e do impacto humano de cada decisão minha. Eu fazia questão de que fosse uma amostragem amplamente representativa ("Não quero apenas um monte de comentários positivos de apoiadores", avisei a Pete Rose, agora consultor sênior e o Yoda residente da Ala Oeste). Com esse critério, delegávamos a nosso Escritório de Correspondência a tarefa de fazer a triagem das dezenas de milhares de cartas e e-mails que chegavam diariamente à Casa Branca para definir quais iam para a pasta roxa.

Na primeira semana, o que li era praticamente só coisa boa: bilhetes de felicitações; pessoas contando como tinham ficado animadas no Dia da Posse, crianças com sugestões de legislação ("Você devia aprovar uma lei diminuindo a quantidade de deveres de casa").

Mas, com o passar das semanas, as cartas foram ficando mais sombrias. Um homem que trabalhou no mesmo emprego por vinte anos falava da vergonha que sentiu quando precisou contar à mulher e aos filhos que tinha sido mandado embora. Uma mulher escreveu depois que o banco executou a hipoteca de sua casa — temia que, se não conseguisse ajuda imediata, fosse obrigada a morar na rua. Um estudante tinha abandonado a faculdade — a ajuda financeira havia acabado, e ele voltara a morar na casa dos pais. Algumas cartas traziam minuciosas recomendações políticas. Outras transbordavam de raiva ("Por que o Departamento de Justiça não mandou nenhum desses vigaristas de Wall Street para a cadeia?"), ou de uma resignação tranquila ("Duvido que o senhor um dia leia isto, mas achei que devia saber que estamos sofrendo aqui").

Com grande frequência, eram pedidos de ajuda urgentes, e eu respondia num cartão com o selo presidencial em relevo, explicando as medidas que estávamos tomando para fazer a economia voltar a funcionar, e tentando dar a injeção de ânimo que fosse possível. Então separava a carta original com instruções para a minha equipe. "Ver se o Tesouro pode consultar o banco sobre uma opção de refinanciamento", eu escrevia. Ou: "Será que o Departamento de Assuntos de Veteranos tem um programa de empréstimos para veteranos nesta situação?". Ou simplesmente: "Podemos ajudar?".

Isso geralmente bastava para que a agência envolvida dedicasse atenção ao caso. O remetente da correspondência era contatado. Dias ou semanas depois, eu recebia um memorando de acompanhamento explicando as providências tomadas. Às vezes as pessoas conseguiam o socorro que buscavam — a casa temporariamente salva, uma vaga num estágio.

Apesar disso, era difícil sentir alguma satisfação resolvendo casos individuais. Eu sabia que cada carta representava o desespero de milhões de pessoas espalhadas pelo país, pessoas que contavam comigo para salvar seus empregos ou suas casas, para restaurar a sensação de segurança que um dia tiveram. Por mais que minha equipe e eu nos esforçássemos, por mais iniciativas que tomássemos ou por mais discursos que eu fizesse, não havia como contornar os fatos negativos e incontestáveis.

No terceiro mês de minha presidência, havia mais pessoas em dificuldades do que quando assumi, e ninguém — nem mesmo eu — podia ter certeza de que o socorro estava a caminho.

Em 18 de fevereiro, um dia depois que assinei a Lei de Recuperação, fui de avião a Mesa, no Arizona, anunciar nosso plano para enfrentar o colapso do mercado imobiliário. Com exceção do desemprego, nenhum aspecto da crise econômica tinha impacto mais direto na vida da gente comum. Com mais de 3 milhões de residências em alguma etapa do processo de execução hipotecária em 2008, mais 8 milhões agora corriam o mesmo risco. No último trimestre do ano, os preços dos imóveis tinham caído quase 20%, o que significava que mesmo as famílias que conseguiam fazer os pagamentos de repente se viam "afogadas" — com suas casas valendo menos do que a dívida a pagar, com seu principal investimento de vida e sua garantia para o futuro se transformando em uma corda em seu pescoço.

O problema era pior em estados como Nevada e Arizona, dois epicentros da bolha imobiliária criada pelas hipotecas de alto risco. Nesses locais, havia loteamentos inteiros que pareciam cidades fantasma, com quadras e mais quadras de casas padronizadas, muitas recém-construídas, mas sem vida, propriedades nunca vendidas ou imediatamente retomadas em processos judiciais de execução hipotecária. De qualquer maneira, estavam vazias, algumas com as janelas cobertas com tábuas. As poucas residências ainda ocupadas se destacavam como pequenos oásis, com minúsculos gramados verdes e bem cuidados, carros estacionados em frente à garagem, solitários postos avançados num cenário de devastação e quietude. Eu me lembro de ter conversado com um proprietário num desses empreendimentos imobiliários durante uma visita de campanha a Nevada. Era um quarentão robusto, de camiseta branca, que desligou o cortador de grama para apertar minha mão enquanto um menininho louro zanzava atrás dele num velocípede vermelho. O morador contou que teve mais sorte do que muitos vizinhos: tinha tempo de serviço suficiente na fábrica onde trabalhava para evitar a primeira onda de demissões, e o emprego de enfermeira da mulher parecia relativamente estável. Apesar disso, a casa que tinham comprado por 400 mil dólares no auge da bolha agora valia metade disso. Eles vinham discutindo se o melhor a fazer não seria deixar de pagar a hipoteca e se mudar. Antes de terminar a conversa, o homem olhou para o filho.

"Lembro de meu pai falando do Sonho Americano quando eu era menino", contou ele. "Que a coisa mais importante era trabalhar duro. Comprar uma casa. Formar uma família. Fazer tudo certo. O que aconteceu com tudo isso? Quando foi que isso virou apenas um monte de...?"

Ele se calou, com uma expressão de dor antes de enxugar o suor do rosto e ligar o cortador de grama.

A questão era saber o que meu governo poderia fazer para ajudar alguém como aquele homem. Ele ainda tinha sua casa, mas perdera a fé no empreendimento coletivo que era nosso país, em seu ideal maior.

Defensores de moradias a custos acessíveis e alguns progressistas no Congresso pressionavam pela adoção de um programa de governo em larga escala não apenas para reduzir os pagamentos mensais dos que corriam o risco de perder suas casas, mas para perdoar uma parte do saldo devedor. À primeira vista, a ideia tinha um apelo óbvio: uma "ajuda financeira para Main Street, não para Wall Street", como sugeriam os proponentes. Mas o tamanho da perda de capital imobiliário no país inteiro tornava proibitivo esse programa de redução do principal; nossa equipe calculou que mesmo uma legislação com as dimensões de um segundo Tarp — uma impossibilidade política — teria efeito limitado quando distribuída por todo o setor imobiliário americano, um mercado de 20 trilhões de dólares.

Concordamos em lançar dois programas mais modestos, que descrevi detalhadamente naquele dia em Mesa: o Home Affordable Modification Program (Hamp), destinado a limitar os pagamentos mensais da amortização de proprietários atendidos a não mais que 31% de sua renda, e o Home Affordable Refinance Program (Harp), que ajudaria os devedores a refinanciar a hipoteca a taxas de juros mais baixas se os imóveis passassem a valer menos do que o saldo devedor. Por princípio, nem todo mundo receberia ajuda. Os programas não beneficiariam aqueles que, através de empréstimos hipotecários de alto risco, tinham comprado casas com valores acima do que sua renda lhes permitia. Também não seriam atendidos aqueles que tinham adquirido imóveis como um investimento financiado por dívida, achando que poderiam obter lucro com a revenda da propriedade. O objetivo era socorrer milhões de famílias à beira do desastre: as que moravam nas casas que compraram e fizeram o que na época parecia uma compra responsável, mas agora precisavam de auxílio para honrar o negócio.

A implantação até mesmo de programas tão limitados apresentava obstáculos logísticos de todos os tipos. Por exemplo, embora fosse de interesse dos credores manter as famílias em suas casas (num mercado já deprimido, propriedades executadas eram vendidas a preços de liquidação, resultando em perdas maiores para os credores), as hipotecas não se concentravam mais nas mãos de um punhado de bancos que pudessem ser pressionados a participar. Na verdade, tinham sido securitizadas, vendidas aos pedaços para investidores mundo afora. O dono do imóvel jamais lidava diretamente com esses credores anônimos, e seus pagamentos eram feitos através de uma empresa de serviços que funcionava mais ou menos como um cobrador com nome pomposo. Sem a autoridade jurídica para obrigar essas empresas de serviço a fazerem o que quer que fosse, só nos restava oferecer incentivos para que dessem uma folga aos proprietários. Além disso, tínhamos que convencê-las a analisar milhões de pedidos para determinar quem tinha ou não direito à modificação ou ao refinanciamento da hipoteca, uma tarefa para a qual não estavam preparadas.

E quem exatamente era merecedor de uma ajuda governamental? Essa pergunta surgiria em quase todos os debates políticos que tivemos ao longo da crise econômica. Afinal, por piores que as coisas estivessem em 2009, a grande maioria dos proprietários de imóveis continuava dando um jeito de, bem ou mal, manter os pagamentos em dia. Para tanto, muitos reduziam os gastos com restaurantes, cancelavam assinaturas de tv a cabo ou gastavam economias reservadas para a aposentadoria ou para a faculdade dos filhos.

Era justo gastar os dólares dos impostos, pagos com dificuldade por esses contribuintes, para reduzir a amortização de um vizinho inadimplente? E se o vizinho tivesse comprado uma casa muito maior do que sua condição permitia? E se tivesse optado por uma hipoteca mais fácil de pagar, porém mais arriscada? Fazia alguma diferença se o vizinho caíra na conversa de um corretor achando que estava fazendo uma boa escolha? E se o vizinho tivesse levado os filhos à Disney no ano anterior, em vez de investir o dinheiro para um fundo de emergência — isso o tornava menos merecedor de ajuda? E se tivesse atrasado os pagamentos não porque instalou uma piscina no quintal ou viajou nas férias, mas porque perdeu o emprego, ou porque alguém da família adoeceu e o empregador não oferecia plano de saúde, ou porque morava no estado errado — de que maneira isso alterava o cálculo moral?

Para os responsáveis por tentar conter uma crise, nenhuma dessas questões tinha importância — pelo menos não no curto prazo. Se a casa de seu vizinho está pegando fogo, você não vai querer que o Corpo de Bombeiros pergunte se o incêndio foi causado por um raio ou por alguém que fumava na cama, antes de mandar um caminhão; tudo que você quer é que o fogo seja apagado antes de atingir sua casa. Execuções hipotecárias em massa equivaliam a um incêndio intenso que destruía o valor dos imóveis de todo mundo, arrastando a economia junto. De nosso ponto de vista, pelo menos, éramos os bombeiros.

Apesar disso, questões de justiça sempre são levadas em conta pela opinião pública. Não fiquei surpreso quando especialistas reagiram negativamente a nosso pacote habitacional, sugerindo que o custo de 75 bilhões de dólares era baixo demais para o tamanho do problema, ou quando defensores de moradias acessíveis nos atacaram na imprensa por não incluirmos um jeito de reduzir o principal geral. O que nem eu nem minha equipe previmos foi a crítica que acabou recebendo mais atenção naquele dia em Mesa, talvez por vir de uma fonte tão inesperada. No dia seguinte ao comício, Gibbs disse que um comentarista de negócios do canal de notícias CNBC chamado Rick Santelli tinha feito um longo e veemente discurso ao vivo sobre nosso plano habitacional. Gibbs, cujo radar nessas coisas era praticamente infalível, estava preocupado.

"Estão chamando muita atenção", avisou ele. "E a imprensa está me fazendo perguntas. Talvez seja bom você dar uma olhada nisso."

De noite, assisti ao vídeo em meu notebook. Eu sabia quem era Santelli; não parecia diferente da maioria dos comentaristas que lotavam os programas de negócios da TV a cabo, apresentando uma mescla de fofocas do mercado e notícias da véspera com a volúvel convicção de um apresentador dos programas de televendas da madrugada. Nesse caso específico, ele falou ao vivo do salão da Bolsa Mercantil de Chicago, tomado de indignação teatral e cercado de operadores do mercado financeiro que aplaudiam com ar presunçoso em suas mesas enquanto ele regurgitava um monte de argumentos típicos dos republicanos, incluindo a afirmação (incorreta) de que nós íamos pagar as hipotecas de perdulários e caloteiros irresponsáveis — "fracassados", segundo Santelli — que se meteram em dificuldades.

"O governo está incentivando o mau comportamento!", berrava. "Quantos de vocês estariam dispostos a quitar a hipoteca do vizinho que tem um banheiro extra e não consegue pagar suas contas?"

Santelli chegou a declarar que "nossos Pais Fundadores, gente como Benjamin Franklin e Jefferson, se revirariam no túmulo diante do que está acontecendo hoje neste país". A certa altura do monólogo, ele sugeriu "uma Chicago Tea Party em julho" para acabar com a farra das doações do governo intervencionista.

Eu achava difícil não encarar tudo aquilo pelo que era: um espetáculo mais ou menos engraçado, cuja intenção não era tanto informar, e sim ocupar o tempo, vender anúncios e fazer o telespectador do programa *Squawk Box* se sentir membro de um clube de iniciados que sabiam de tudo — e não um desses "fracassados". Afinal, quem levaria a sério aquele populismo meia-boca? Quantos americanos consideravam os operadores da Bolsa Mercantil de Chicago representativos do país como um todo — pessoas que só continuavam empregadas porque o governo interviera para salvar o sistema financeiro?

Em outras palavras, era pura bobagem. Santelli sabia disso. Os âncoras da CNBC que trocavam gracejos com ele sabiam disso. No entanto, estava claro que os operadores da bolsa, pelo menos, concordavam 100% com a ideia que Santelli estava vendendo. Não pareciam se envergonhar de que o jogo do qual participavam fora fraudado o tempo todo, se não por eles, por seus patrões, os verdadeiros grandes apostadores instalados em luxuosas salas de reuniões de diretoria. Não pareciam preocupados com o fato de que, para cada "fracassado" que comprara um imóvel pelo qual não podia pagar, havia vinte pessoas que viviam dentro das suas possibilidades e sofriam as consequências das apostas insensatas de Wall Street.

Não, aqueles operadores se sentiam genuinamente ofendidos, convencidos de que logo seriam ferrados pelo governo. Achavam que *eles* eram as vítimas. Um deles chegara a se debruçar sobre o microfone de Santelli para declarar que nosso programa habitacional era um "risco moral" — empregando um termo econômico que entrara no vocabulário popular e era usado para explicar que as políticas para proteger bancos de seus prejuízos cada vez maiores poderiam acabar incentivando mais temeridades no futuro. Só que dessa vez o termo era utilizado como argumento contrário ao auxílio a famílias que, não por culpa delas, estavam prestes a perder suas casas.

Fechei o vídeo, me sentindo irritado. Era um truque batido, pensei comigo mesmo, o tipo de manipulação retórica que se tornara um recurso preferencial dos analistas políticos conservadores para tudo, fosse qual fosse o assunto: usar um modo de falar empregado pelos desfavorecidos para destacar uma moléstia social e atribuir a isso um sentido novo e inesperado. Segundo essa linha de raciocínio, o problema não é mais a discriminação contra minorias étnicas; é o "racismo reverso", com as minorias "explorando o racismo" para obter vantagens injustas. O problema não é assédio sexual no trabalho; o problema são as "feminazis" sem senso de humor que atacam os homens com suas posições politicamente corretas. O problema não são os banqueiros que transformam o mercado num cassino pessoal, ou as empresas que reduzem salários destruindo sindicatos e transferindo empregos para o exterior. São os preguiçosos e os vagabundos, juntamente com seus aliados liberais em Washington, vivendo à custa daqueles que de fato "sustentam e carregam" a economia.

Esses argumentos não tinham nada a ver com fatos. Eram imunes à análise. Iam mais fundo, ao reino do mito, redefinindo o que era justo, reavaliando a condição de vítima, concedendo a pessoas como aqueles operadores da bolsa de Chicago a mais preciosa das dádivas: a convicção de inocência, junto com a indignação moralista que a acompanha.

Eu voltaria a pensar muitas vezes no vídeo de Santelli, que prenunciava tantas das batalhas políticas que eu teria de travar durante o meu mandato presidencial. Pois havia pelo menos uma verdade torta no que ele tinha dito: as demandas que fazíamos ao governo tinham mudado *mesmo* nos últimos duzentos anos, desde que os Fundadores o instituíram. Com exceção dos fundamentos criados para repelir inimigos e conquistar territórios, garantir os direitos de propriedade e as políticas públicas que os proprietários brancos consideravam necessários para manter a ordem, nossa democracia inicial, na prática, deixava cada um de nós entregue à própria sorte. Em seguida, uma guerra sangrenta foi travada para decidir se os direitos de propriedade incluíam tratar os negros como bens pessoais. Movimentos foram criados por trabalhadores, agricultores e mulheres que tinham vivido na pele a experiência de descobrir que a liberdade de um homem muitas vezes envolvia a submissão deles. Veio então uma depressão econômica, e as pessoas aprenderam que ficar entregues à própria sorte podia significar penúria e vergonha.

Foi por isso que os Estados Unidos e outras democracias avançadas criaram o moderno contrato social. À medida que nossa sociedade crescia em complexidade, mais e mais funções de governo tomavam a forma de um sistema de seguridade social, com cada um de nós contribuindo um pouco com os dólares dos nossos impostos para proteção coletiva — dinheiro para ajudar a reconstruir nossas casas quando são destruídas por furacões; seguro-desemprego se perdemos nosso trabalho; Previdência Social e Medicare para atenuar as aflições da velhice; serviços confiáveis de eletricidade e telefonia para quem vive na zona rural, onde as empresas privadas não conseguiriam ter lucro; escolas e universidades públicas para tornar a educação mais igualitária.

E funcionou, em maior ou menor medida. No período de uma geração, para a maioria dos americanos, a vida ficou melhor, mais segura, mais próspera e mais justa. Uma ampla classe média se consolidou. Os ricos continuaram ricos, embora talvez não tanto quanto gostariam, e os pobres passaram a ser menos numerosos, e não tão pobres como seriam em outras circunstâncias. E, se às vezes debatíamos se os impostos não seriam altos demais, se algumas regulamentações não estariam desencorajando inovações, se o "Estado paternalista" não estaria minando a iniciativa individual ou se este ou aquele programa não seria um desperdício, no geral entendíamos a vantagem de uma sociedade que pelo menos tentava oferecer a todos um tratamento justo e criar um piso abaixo do qual ninguém poderia afundar.

Manter esse pacto social, no entanto, exigia confiança. Exigia que nos víssemos como um grupo unido — se não como uma família, pelo menos como uma comunidade, considerando cada um de seus membros digno da preocupação de todos e com direito a fazer reivindicações a ser ouvidas por todos. Exigia a crença de que as medidas tomadas pelo governo para ajudar os necessitados, fossem quais fossem, estariam disponíveis para todos os cidadãos, inclusive nós; que ninguém manipulava o sistema, e que os reveses, tropeços ou circunstâncias que atingiam os outros eram iguais aos que em algum momento da vida nós também poderíamos sofrer.

Com o passar dos anos, essa confiança se tornou difícil de manter. Em particular, a falha geológica das divisões raciais exercia sobre ela uma pressão forte demais. Aceitar que afro-americanos e outros grupos minoritários pudessem precisar de ajuda extra do governo — que suas dificuldades específicas pudessem ser atribuídas a uma história brutal de discriminação, e não a características imutáveis que influenciavam as escolhas individuais — exigia um nível de empatia, de solidariedade, que para muitos eleitores brancos era difícil de alcançar. Historicamente, os programas destinados a ajudar minorias étnicas, desde a promessa de "quarenta acres e uma mula" até a ação afirmativa, eram recebidos com franca hostilidade. Até programas universais que contavam com amplo apoio da população — como a educação pública ou o emprego no setor público — acabavam criando controvérsias sempre que pessoas negras ou de pele escura eram incluídas entre os beneficiários.

E os tempos de maior dificuldade econômica serviram para dificultar ainda mais a confiança cívica. Quando as taxas de crescimento dos Estados Unidos começaram a cair, nos anos 1970 — quando as rendas estagnaram e os bons empregos se tornaram menos acessíveis para quem não tinha curso superior, quando pais começaram a temer que os filhos não se saíssem pelo menos tão bem quanto eles —, o horizonte das pessoas foi se tornando mais estreito. Passamos a nos incomodar com a possibilidade de que alguém estivesse conseguindo alguma coisa que nós não estávamos e ficamos mais receptivos à ideia de que não era possível confiar na imparcialidade do governo.

A difusão dessa narrativa — uma narrativa que alimentava não a confiança, mas o ressentimento — acabaria definindo o Partido Republicano atual. Com diferentes graus de sutileza e de sucesso, candidatos republicanos a adotaram como um tema central, fosse tentando eleger um presidente ou a diretoria do conselho escolar local. Esse se tornou o formato-padrão para a Fox News e as rádios conservadoras, o texto fundamental de todo e qualquer *think tank* e comitê de ação política financiado pelos irmãos Koch: o governo estava tomando dinheiro, empregos, vagas em faculdades e status social de gente trabalhadora e merecedora como *nós* e entregando a *eles* — os que não compartilhavam de nossos valores, que não trabalhavam tanto quanto nós, pessoas cujos problemas elas mesmas criaram.

A intensidade dessas convicções pôs os democratas na defensiva, tornando seus líderes menos audaciosos na proposta de novas iniciativas e limitando o alcance do debate político. Um cinismo profundo e sufocante começou a se espalhar. Na verdade, se tornou evidente para os consultores políticos de ambos os partidos que restaurar a confiança no governo ou em qualquer de nossas grandes instituições era uma causa perdida, e que a batalha entre democratas e republicanos em qualquer ciclo eleitoral se resumia a saber se a acossada classe média dos Estados Unidos culparia os ricos e poderosos ou os pobres e as minorias por não estar em melhor situação.

Eu me recusava a acreditar que isso era tudo que a política tinha a oferecer. Não me candidatara para alimentar raivas e atribuir culpas. Eu queria ser presidente para reconstruir a confiança do povo americano — não só no governo, mas também entre as pessoas. Se confiássemos uns nos outros, a democracia funcionaria. Se confiássemos uns nos outros, o pacto social se sustentaria, e poderíamos resolver grandes problemas, como a estagnação da renda e o declínio da segurança na aposentadoria. Mas por onde começar essa tarefa?

A crise econômica tinha tornado as eleições favoráveis aos democratas. No entanto, longe de restaurar algum senso de objetivo comum ou fé na capacidade do governo de fazer o bem, a crise tinha deixado as pessoas mais raivosas, mais assustadas, mais convencidas de que estavam sendo trapaceadas. O que Santelli entendeu, o que McConnell e Boehner entenderam, foi que era fácil canalizar aquela raiva, que o medo poderia ser útil para a promoção de sua causa.

As forças que eles representavam podiam ter perdido as batalhas recentes nas urnas — porém a guerra mais ampla, o choque de visões de mundo, de valores e de narrativas, eles ainda poderiam tentar vencer.

Se tudo isso agora me parece óbvio, na época não era assim. Minha equipe e eu estávamos ocupados demais. Aprovar a Lei de Recuperação e implementar nosso plano habitacional talvez fossem elementos necessários para encerrar a crise. Mas nem de longe eram suficientes. Em particular, o sistema financeiro global ainda estava quebrado — e o homem em que eu confiava para dar um jeito nisso não teve um começo promissor.

Os problemas de Tim Geithner tinham começado semanas antes, durante o processo de aprovação para o cargo de secretário do Tesouro. Historicamente, a confirmação pelo Senado de nomeações para o gabinete de governo era pouco mais que uma formalidade de rotina, com senadores de ambos os partidos aceitando como princípio que presidentes tinham o direito de escolher sua equipe — mesmo quando achavam que as pessoas escolhidas eram canalhas e idiotas. Mas, em anos recentes, o mandato constitucional do Senado para "aconselhar e consentir" havia se transformado em mais uma arma no ciclo infindável da guerra de trincheiras entre os partidos. Os assessores parlamentares do partido de oposição vasculhavam o passado dos nomeados à procura de qualquer deslize juvenil ou declaração infeliz que pudessem ser mencionados numa audiência ou usados para gerar barulho no noticiário. A vida pessoal dos indicados se tornava tema de um interminável e incômodo escrutínio público. A intenção não era necessariamente derrubar a nomeação — no fim, a maioria dos indicados obtinha a aprovação —, mas perturbar e constranger politicamente o governo. O caráter ridículo desse processo tinha outra consequência: com frequência cada vez maior, candidatos qualificadíssimos para os cargos federais mais importantes mencionavam o calvário da confirmação — o que poderia representar para sua reputação, como afetaria sua família — como razão para recusar cargos de alta visibilidade.

O problema específico de Tim foi com impostos: durante os três anos em que trabalhou para o Fundo Monetário Internacional, nem ele nem seus contadores perceberam que a organização não retinha os tributos sobre a folha de pagamento de seus funcionários nos Estados Unidos. Era um erro aparentemente comum e, quando uma auditoria fiscal identificou o problema, em 2006, dois anos antes de seu nome sequer ser cotado para o cargo no Tesouro, Tim corrigiu suas declarações de ajuste e pagou o que devia. Mas, devido ao clima político — e ao fato de que, como secretário do Tesouro, Tim supervisionaria o serviço de arrecadação federal —, a reação a esse erro foi implacável. Republicanos sugeriram que ele tinha fraudado o fisco de forma deliberada. Comediantes de fim de noite faziam piadas a suas custas. Tim ficou abatido e disse a Axe e Rahm que talvez fosse melhor eu indicar outra pessoa, o que me obrigou a ligar para ele tarde da noite para animá-lo e insistir que ele era "o meu cara".

Apesar de sua nomeação ter sido confirmada poucos dias depois, Tim tinha consciência de que fora aprovado pela menor margem alcançada por qualquer candidato a secretário do Tesouro na história dos Estados Unidos, e de que sua credibilidade, dentro e fora do país, tinha sido abalada. Isso não me preocupava nem um pouco; ninguém guardava na memória os resultados de votações de aprovação de nomeados, e eu tinha certeza de que sua credibilidade logo seria restaurada. Mas o drama da confirmação deixou claro para mim que Tim ainda era um civil, um tecnocrata que havia trabalhado a vida inteira nos bastidores. Ele precisaria de um tempo — assim como eu — para se acostumar ao brilho dos holofotes.

No dia seguinte à confirmação de Tim, ele e Larry foram ao Salão Oval para me pôr a par da situação do sistema financeiro. O crédito continuava represado. Os mercados estavam em situação precária. Cinco instituições colossais — "quatro grandes bombas", como Tim as chamava — corriam perigo especial: Fannie Mae e Freddie Mac, que acabaram se tornando praticamente as únicas fontes de financiamento imobiliário e estavam queimando rapidamente os 200 bilhões de dólares de fundos dos contribuintes que o Tesouro tinha injetado no ano anterior; a gigante dos seguros AIG, com imensa exposição por segurar derivativos baseados em hipotecas, que tinha usado 150 bilhões de dólares do Tarp nos quatro meses anteriores só para continuar funcionando; e dois bancos, Citigroup e Bank of America, que, juntos, eram responsáveis por cerca de 14% dos depósitos bancários dos Estados Unidos e viram suas ações despencar 82% em quatro meses.

Uma nova corrida a qualquer dessas cinco instituições financeiras poderia significar uma insolvência, o que, por sua vez, provocaria um terremoto financeiro global ainda maior do que o que tínhamos acabado de atravessar. E, apesar das centenas de bilhões que o governo já tinha investido em seu resgate, não havia como os 300 bilhões de dólares que ainda restavam no Tarp cobrirem aquele ritmo de perdas. Uma análise do Federal Reserve previa que, se o sistema inteiro não se estabilizasse logo, os bancos talvez viessem a precisar de uma injeção extra de 300 bilhões a 700 bilhões de dólares em dinheiro do governo — e esses números não incluíam a AIG, que mais tarde anunciaria uma perda trimestral de 62 bilhões de dólares.

Em vez de despejarmos mais dinheiro do contribuinte num balde furado, precisávamos descobrir um jeito de tapar os buracos. Antes de qualquer coisa, era necessário restaurar alguma aparência de confiança no mercado, para que investidores que fugiram em busca de segurança, sacando trilhões de dólares de capital privado do setor financeiro, voltassem ao jogo e reinvestissem. No que dizia respeito a Fannie e Freddie, explicou Tim, tínhamos autoridade para transferir mais fundos sem aprovação do Congresso, em parte porque as empresas já estavam sob tutela governamental. Concordamos de imediato com um novo empenho de 200 bilhões de dólares. Não foi uma escolha confortável, mas a alternativa era deixar todo o mercado hipotecário dos Estados Unidos desaparecer, se não em teoria, pelo menos na prática.

Quanto ao restante do sistema financeiro, as escolhas eram mais arriscadas. Poucos dias depois, em outra reunião no Salão Oval, Tim e Larry apresentaram três opções em linhas gerais. A primeira, defendida especialmente por Sheila Bair, presidente da Federal Deposit Insurance Corporation (FDIC) e remanescente do governo Bush, envolvia uma reprise da ideia original de Hank Paulson para o Tarp, que consistia em o governo determinar que um único "banco ruim" comprasse todos os ativos tóxicos de capital fechado, limpando dessa maneira o setor bancário. Isso permitiria aos investidores sentir algum tipo de confiança e aos bancos voltar a emprestar.

Não é de surpreender que os mercados aprovassem essa abordagem, uma vez que na prática jogava perdas futuras no colo dos contribuintes. O problema da ideia do "banco ruim", no entanto, como Tim e Larry explicaram, era que ninguém sabia como precificar de maneira justa todos os ativos existentes nos balanços dos bancos naquele momento. Se o governo pagasse a mais, seria como outro enorme resgate com dinheiro do contribuinte, e quase sem impor contrapartidas. Se, por outro lado, o governo pagasse a menos — e com 1 trilhão de dólares em ativos tóxicos ainda no mercado, segundo estimativas, só haveria condições de bancar preços de queima de estoque —, os bancos teriam que absorver prejuízos gigantescos em curtíssimo prazo, e quase com certeza iriam à falência. Na verdade, foi justamente por causa dessas complicações de preço que Hank Paulson abandonara a ideia ainda no começo da crise.

Havia para nós uma segunda possibilidade, que parecia menos danosa: nacionalizar em caráter temporário as instituições financeiras de importância sistêmica que — com base no preço de mercado de seus ativos e passivos — estavam insolventes e depois obrigá-las a passar por uma reestruturação semelhante a um processo de falência, fazendo acionistas e obrigacionistas aceitarem "deságios" em suas posições e com previsão de substituição tanto da administração como dos conselhos diretores. Essa opção satisfazia meu desejo de "remover o band-aid" e consertar o sistema, e não deixar os bancos prosseguirem se arrastando como "zumbis", como se costumava dizer — ou seja, ainda existindo tecnicamente, mas sem capital ou credibilidade para funcionar. Outro benefício era satisfazer aquilo que Tim gostava de chamar de "justiça do Antigo Testamento" — o compreensível desejo da opinião pública de ver os que fizeram algo errado serem punidos e humilhados.

Como sempre, porém, a solução que parecia mais simples não era tão simples. Uma vez que o governo nacionalizasse um banco, os acionistas de todos os demais quase certamente se livrariam de seus ativos financeiros o mais depressa possível, temendo que sua instituição fosse a próxima. Essas corridas aos depósitos com certeza tornariam necessário nacionalizar o próximo banco fragilizado, e o próximo, e o próximo, no que se tornaria um efeito dominó obrigando o governo a assumir o controle de todo o setor financeiro dos Estados Unidos.

Não só custaria uma montanha de dinheiro; também exigiria que o governo americano administrasse essas instituições pelo tempo que fosse necessário para conseguir vendê-las. E, enquanto estivéssemos ocupados lidando com milhões de inevitáveis ações na Justiça (movidas não só por figuras de Wall Street, mas também por fundos de pensão e pequenos investidores furiosos com o "deságio" forçado), a questão era: quem assumiria a direção desses bancos — ainda mais levando em conta que quase todo mundo com a experiência necessária provavelmente estaria contaminado por algum tipo de envolvimento com hipotecas de alto risco? Quem fixaria seus salários e suas bonificações? Como reagiria a opinião pública se esses bancos nacionalizados continuassem sangrando o erário? E para quem o governo os venderia, em última análise, se não fosse para outros bancos que poderiam também ter sido cúmplices daquela bagunça, para começo de conversa?

Em parte por não existirem boas respostas a essas perguntas, Tim havia criado uma terceira opção. Sua teoria era a seguinte: embora ninguém duvidasse que os bancos estavam em péssimo estado, com uma montanha de ativos tóxicos em seus balanços, o pânico do mercado tinha deprimido tão profundamente os preços de *todos* os ativos que sua situação talvez parecesse pior do que na verdade era. Afinal, a maioria esmagadora de hipotecas não acabaria em inadimplência. Nem todos os títulos atrelados a empréstimos imobiliários perderam o valor, e nem todos os bancos estavam irremediavelmente comprometidos por apostas ruins. Apesar disso, enquanto o mercado tivesse dificuldade para distinguir a insolvência genuína da iliquidez temporária, a maioria dos investidores evitaria qualquer coisa relacionada ao setor financeiro.

A solução proposta por Tim ficaria conhecida como "teste de estresse". O Federal Reserve estabeleceria um parâmetro para descobrir quanto capital seria necessário para garantir a sobrevivência de cada um dos dezenove bancos de importância sistêmica na pior das hipóteses. O Fed então despacharia reguladores para se debruçarem sobre os balanços de cada banco, avaliando rigorosamente se havia ou não um "estofo financeiro" para sobreviver a uma depressão; em caso negativo, o banco teria seis meses para levantar capital suficiente com fontes privadas. Se ainda assim não bastasse, então o governo interviria injetando capital para atingir o parâmetro, com a nacionalização entrando em cena apenas se o aporte de dinheiro público ultrapassasse os 50%. Fosse qual fosse o caso, os mercados enfim teriam uma ideia precisa da condição de cada banco. Os acionistas veriam suas ações num banco diluídas, mas somente em proporção ao montante de capital necessário para que o banco se recuperasse. E os contribuintes só assumiriam a responsabilidade em último caso.

Tim apresentou essa terceira opção mais como o contorno de um quadro geral do que como plano detalhado, e Larry manifestou ceticismo, achando que os bancos eram irrecuperáveis, que os mercados jamais acreditariam no rigor de uma auditoria conduzida pelo governo e que o plano serviria apenas para retardar o inevitável. Tim reconhecia esses riscos. Disse ainda que qualquer teste de estresse precisaria de três meses para ser concluído, período durante o qual a pressão da opinião pública para tomarmos uma medida mais incisiva tenderia a aumentar; nesse meio-tempo, qualquer acontecimento ou série de acontecimentos poderia lançar os mercados em queda livre.

Larry e Tim pararam de falar e aguardaram minha reação. Eu me recostei na cadeira.

"Mais alguma opção no cardápio?", perguntei.

"Por enquanto não, sr. presidente."

"Não tem nada muito apetitoso."

"Não mesmo, sr. presidente."

Assenti com a cabeça, considerei as probabilidades e depois de mais algumas perguntas decidi que o teste de estresse de Tim era o melhor caminho. Não que fosse ótimo — nem mesmo que fosse bom —, mas as outras opções eram piores. Larry comparou a situação com a de um médico tendo que adotar um tratamento menos invasivo antes de optar por uma cirurgia radical. Se o teste de estresse funcionasse, poderíamos recuperar o sistema mais depressa, e com menos dinheiro do contribuinte. Caso contrário, provavelmente a situação não pioraria, e pelo menos teríamos uma ideia mais precisa do que uma cirurgia mais radical implicava.

Desde que, claro, o paciente não morresse até lá.

Duas semanas depois, em 10 de fevereiro, Tim falou publicamente pela primeira vez como secretário do Tesouro, num grandioso salão dentro do Edifício do Tesouro chamado Cash Room, que por mais de um século depois da Guerra Civil funcionara como banco, distribuindo dinheiro diretamente das caixas-fortes do governo. A ideia era que Tim apresentasse as explicações para o teste de estresse e citasse outras medidas que estávamos tomando para estabilizar os bancos em dificuldade, dando com isso um sinal de que, apesar das incertezas do momento, permanecíamos de cabeça fria e tínhamos um plano viável.

A confiança, claro, é difícil de transmitir quando não a sentimos de fato. Ainda magoado pelas audiências de confirmação, tendo passado as primeiras semanas no cargo trabalhando com uma equipe ainda incompleta e ainda resolvendo os detalhes do funcionamento do teste de estresse, Tim se postou diante das câmeras de TV e dos jornalistas de finanças e imediatamente desmoronou.

No entender de todo mundo, incluindo ele próprio, o discurso foi um desastre. Ele estava nervoso, teve dificuldade para usar um teleprompter pela primeira vez e falou em termos vagos sobre a concepção geral do plano. A equipe de comunicação da Casa Branca vinha insistindo com ele para que ressaltasse nossa intenção de jogar mais duro com os bancos, ao passo que nossa equipe econômica enfatizava a necessidade de assegurar aos mercados financeiros que não havia motivo para pânico. Em meio a tudo isso, a sopa de letrinhas de órgãos independentes responsáveis pela regulamentação do sistema financeiro ainda não tinha aderido à proposta de Tim, e várias figuras de peso, como Sheila Bair, insistiam em defender suas próprias ideias. O resultado foi um clássico discurso impessoal, cheio de declarações cautelosas e mensagens ambíguas, refletindo todas as pressões conflitantes. E, na correria para terminar, Tim — que a essa altura já estava exausto — quase não teve tempo de ensaiar o que ia dizer.

Durante sua fala, a bolsa de valores caiu mais de 3%. No fim do dia, a queda foi de quase 5%, com ações do setor financeiro despencando 11%. O discurso de Tim apareceu em todos os noticiários, analisado palavra por palavra de todos os ângulos. Como previu Larry, muitos analistas viam o teste de estresse como nada mais do que uma nova rodada de resgates camuflada. Comentaristas de todo o espectro político passaram a questionar abertamente se a gestão de Tim, meu governo e o sistema financeiro global estavam indo por água abaixo.

Por mais que Tim assumisse toda a culpa durante a autópsia na manhã seguinte, eu reconheci que houve uma falha do sistema — e uma incapacidade minha de colocar aqueles que trabalhavam sob minhas ordens em posição de se sair bem. Um dia antes, ao falar numa entrevista coletiva, eu criei, de forma impensada e injusta, uma grande expectativa sobre o discurso de Tim, dizendo aos repórteres que ele anunciaria "planos claros e específicos" e estava pronto para "ter seu momento de glória".

As lições a aprender eram dolorosas, mas foram úteis. Nos meses seguintes, fiz minha equipe adotar um processo mais depurado, com melhor comunicação entre os diferentes setores do governo; antever problemas e resolver disputas antes de anunciar qualquer plano publicamente, dando a nossas ideias tempo e espaço suficientes para germinar, fossem quais fossem as pressões externas; prestar máxima atenção na formação das equipes dos grandes projetos; e trabalhar muito nos detalhes não só de conteúdo, mas também de comunicação e apresentação.

Outra coisa: disse a mim mesmo que nunca mais abriria a boca para criar expectativas que, diante das circunstâncias, poderiam não ser atendidas.

Apesar disso, o estrago estava feito. A primeira impressão que o mundo teve sobre minha equipe econômica trabalhadora e estelar foi a de um pessoal que não sabia o que estava fazendo. Os republicanos fizeram a festa. Rahm recebeu ligações de democratas apreensivos. Praticamente a única coisa boa que consegui tirar do fiasco foi a reação de Tim. Ele poderia ter ficado arrasado, mas não ficou. Em vez disso, manteve o ar resignado de alguém pronto a receber o castigo por seu péssimo discurso, mas ao mesmo tempo convencido de que, no geral, estava certo.

Eu gostava dessa qualidade em Tim. Ele ainda era "o meu cara". O melhor que poderíamos fazer era arregaçar as mangas, trabalhar e esperar que nosso maldito plano de fato funcionasse.

"Sra. presidente da Câmara... o presidente dos Estados Unidos!"

Por motivos que até hoje não entendi direito, o primeiro discurso pronunciado por um presidente eleito perante uma sessão conjunta do Congresso é considerado tecnicamente um discurso sobre o Estado da União. Mas, para todos os efeitos, é bem disso que se trata — o primeiro ato de um rito anual em que o presidente tem a oportunidade de falar diretamente para dezenas de milhões de americanos.

Meu primeiro discurso estava marcado para 24 de fevereiro, o que significava que, enquanto ainda lutávamos para preparar nosso plano de resgate econômico, eu tinha de arranjar tempo para revisar os rascunhos que Favs redigia. Não foi fácil para nenhum de nós. Outros discursos podiam tratar de temas gerais, ou limitar-se a um único assunto. No Sotu (State of the Union Address), como a turma da Ala Oeste chamava, o presidente deveria delinear as prioridades de sua política interna e externa para o ano seguinte. E, por mais que os planos e as propostas fossem adornados com historinhas ou frases de efeito, explicações minuciosas sobre a expansão do Medicare ou a restituição de crédito tributário dificilmente seriam capazes de mobilizar as pessoas.

Por já ter sido senador, eu estava bem versado na política dos aplausos de pé no Sotu: o espetáculo ritualizado no qual membros do partido do presidente se levantam e aplaudem com entusiasmo praticamente a cada três frases, enquanto a oposição se recusa a aplaudir mesmo a história mais emocionante, por medo de que as câmeras surpreendam alguém confraternizando com o inimigo. (A única exceção a essa regra era qualquer menção a tropas no exterior.) Esse absurdo teatral não só ressaltava as divisões do país num momento em que precisávamos de união — as interrupções constantes aumentavam em pelo menos quinze minutos um discurso já longo por natureza. Eu tinha pensado em começar minha fala pedindo a todos os presentes que guardassem seus aplausos para o fim, mas, como era de esperar, Gibbs e o pessoal de comunicação descartaram a ideia, alegando que um plenário silencioso não causaria boa impressão na TV.

Mas, embora o processo anterior ao Sotu tenha feito com que nos sentíssemos torturados e sem inspiração — e em vários momentos eu disse a Favs que depois de um discurso na noite da eleição, um discurso de posse e quase dois anos falando sem parar, eu não tinha absolutamente nada a dizer e faria um favor ao país imitando Thomas Jefferson e me limitando a entregar meus comentários ao Congresso para que as pessoas lessem quando quisessem —, tudo isso desapareceu no momento em que cheguei à soleira da porta do magnífico salão da Câmara e ouvi o encarregado de manter a ordem anunciar minha entrada no plenário.

"Sra. presidente da Câmara..." Talvez mais do que quaisquer outras, essas palavras e a cena que se seguiu me conscientizaram da grandeza do cargo que eu ocupava. Houve o estrondoso aplauso quando entrei no plenário; a lenta caminhada pelo corredor central entre mãos estendidas; os membros de meu gabinete arrumados na primeira e na segunda filas; os chefes do Estado-Maior Conjunto com suas fardas impecáveis e os ministros da Suprema Corte com suas togas pretas, como membros de uma guilda antiga; as saudações da presidente Pelosi e do vice-presidente Biden, ambos em pé ao meu lado; e minha mulher radiante na galeria superior com seu vestido sem mangas (foi quando a obsessão pelos braços de Michelle realmente começou), acenando e mandando um beijo, enquanto a presidente batia o martelo e a sessão começava.

Apesar de falar sobre meus planos para acabar com a guerra no Iraque, fortalecer o esforço americano no Afeganistão e dar continuidade à guerra contra organizações terroristas, a maior parte de meu discurso foi dedicada à crise econômica. Falei sobre a Lei de Recuperação, nosso plano habitacional, a base lógica do teste de estresse. Mas havia também um argumento maior que eu fazia questão de apresentar: o de que precisávamos ir além. Eu não queria apenas resolver as questões urgentes do momento; achava que deveríamos nos esforçar por mudanças permanentes. Uma vez restaurado o crescimento da economia, não poderíamos nos contentar em voltar à situação de antes. Deixei claro naquela noite que eu pretendia realizar reformas estruturais — nas áreas de educação, energia, política climática, assistência à saúde e regulamentação financeira — que estabelecessem os alicerces de uma prosperidade ampla e duradoura nos Estados Unidos.

Os dias em que eu ficava nervoso num grande palco eram coisa do passado e, levando em conta a abrangência dos assuntos que abordei, o discurso acabou funcionando tão bem quanto eu poderia esperar. Segundo Axe e Gibbs, as críticas foram ótimas, os comentaristas de TV me acharam adequadamente "presidencial". Mas pelo visto tinham ficado surpresos com a audácia de meu programa, com minha intenção de empreender reformas além daquelas que diziam respeito à questão central de salvar a economia.

Era como se ninguém tivesse prestado atenção nas promessas de campanha que fiz — ou como se achassem que eu tinha falado só por falar. A resposta a meu discurso foi para mim uma prévia daquilo que viria a ser uma crítica constante em meus dois primeiros anos no cargo: a de que eu estava tentando fazer coisas demais, que querer mais do que uma volta ao status quo anterior à crise e tratar mudanças como algo mais do que um slogan era ingênuo e irresponsável, na melhor das hipóteses, e uma ameaça aos Estados Unidos, na pior.

Por mais crucial que fosse a questão da crise econômica, meu incipiente governo não podia se dar ao luxo de deixar tudo o mais para depois, pois a máquina do governo federal se estendia por todo o globo, funcionando a cada minuto de cada dia, indiferente a caixas de entrada entupidas e aos ciclos de sono humanos. Muitas dessas funções (preencher os cheques da Previdência Social, manter satélites meteorológicos lá em cima, analisar pedidos de empréstimos para a agricultura, emitir passaportes) não exigiam instruções especiais da Casa Branca, operando mais ou menos como um corpo humano que respira e transpira sem o controle consciente do cérebro. Mas fora isso havia incontáveis repartições e prédios cheios de gente necessitando de nossa atenção diária: buscando orientação política ou ajuda na escolha de pessoal, pedindo aconselhamento porque um problema interno ou um acontecimento externo pegaram o sistema de surpresa. Depois de nossa primeira reunião de todas as semanas no Salão Oval, pedi a Bob Gates, que trabalhara com sete presidentes antes de mim, um conselho sobre como administrar o Executivo. Ele me respondeu com um dos seus sorrisos irônicos e enrugados.

"Só existe uma coisa de que o senhor pode ter certeza, presidente", disse ele. "A qualquer hora de qualquer dia, alguém em algum lugar está fazendo tudo errado."

Depois dessa, mergulhamos no trabalho para minimizar as trapalhadas.

Além das reuniões regulares com os secretários do Tesouro, de Estado e da Defesa, e dos relatórios diários que vinham das equipes de segurança nacional e de economia, eu fazia questão de me sentar com cada membro do gabinete a fim de examinar planos estratégicos para seus departamentos, incentivando-os a identificar obstáculos e definir prioridades. Visitava suas respectivas agências, aproveitando a ocasião para anunciar uma nova política ou prática de governo, e me dirigia a grandes grupos de funcionários de carreira agradecendo por seus serviços e chamando a atenção para a importância de sua missão.

Havia um fluxo interminável de reuniões com vários grupos de cidadãos — a Business Roundtable, a Federação Americana do Trabalho e Congresso de Organizações Industriais, a Conferência de Prefeitos dos Estados Unidos, organizações de serviços para veteranos — para cuidar de assuntos de seu interesse e pedir apoio. Havia cerimoniais que consumiam uma enormidade de tempo (como a apresentação da nossa primeira proposta de orçamento federal) e eventos públicos inovadores destinados a aumentar a transparência governamental (como nossa primeira reunião com eleitores transmitida ao vivo). A cada semana, eu fazia um pronunciamento por vídeo. Dei entrevistas a vários repórteres da mídia impressa e apresentadores de TV, tanto nacionais como locais. Fiz comentários no National Prayer Breakfast, ofereci uma festa no Super Bowl para membros do Congresso. Antes da primeira semana de março, eu já tinha participado de dois encontros de cúpula com governantes estrangeiros — um em Washington com o primeiro-ministro britânico, Gordon Brown, outro em Ottawa com o primeiro-ministro canadense, Stephen Harper — cada qual com objetivos políticos e protocolos diplomáticos próprios.

Para cada evento, encontro ou lançamento político devia haver cem pessoas ou mais trabalhando em ritmo acelerado nos bastidores. Todo documento divulgado passava antes por uma checagem de fatos, cada pessoa que aparecia para um encontro era investigada, cada evento era planejado nos mínimos detalhes, e cada anúncio de política era cuidadosamente revisto para termos certeza de que era viável, acessível e não trazia o risco de consequências imprevistas.

Esse tipo de diligência concentrada estendia-se até a Ala Oeste, onde a primeira-dama tinha um pequeno conjunto de escritórios e sua própria agenda movimentada. Desde que chegamos à Casa Branca, Michelle se envolveu com gosto em seu novo trabalho ao mesmo tempo que criava um lar para nossa família. Graças a ela, Malia e Sasha pareciam encarar tranquilamente a transição para nossa vida nova e incomum. Jogavam bola no longo corredor que se estendia por todo o comprimento da residência e faziam biscoitos com os chefs da Casa Branca. Seus fins de semana eram repletos de encontros para brincadeiras e festas de aniversário com novos amigos, jogos de basquete, partidas de futebol, aulas de tênis para Malia e aulas de dança e taekwondo para Sasha. (Como a mãe, Sasha é uma garota durona.) Em público, Michelle exalava carisma, e suas escolhas em termos de moda geravam notícias positivas. Incumbida de cuidar do Baile dos Governadores de todos os anos, Michelle deixou a tradição de lado e encarregou a banda Earth, Wind & Fire de comandar a diversão, com o funk e o R&B temperado com instrumentos de sopro provocando movimentos na pista de dança que nunca esperei ver numa reunião bipartidária de funcionários públicos de meia-idade.

Esteja sempre linda. Cuide da família. Seja elegante. Apoie seu homem. Durante a maior parte da história americana, o trabalho da primeira-dama foi definido por esses imperativos, e Michelle estava acertando em cheio. O que ela ocultava do resto do mundo, no entanto, era que de início seu novo papel incomodava e causava inseguranças.

Nem todas as frustrações de Michelle eram recentes. Desde que passamos a viver juntos, vi minha mulher lutar, como muitas outras, para conciliar sua identidade de profissional independente e ambiciosa com o desejo de dedicar à criação de nossas filhas o mesmo cuidado, a mesma atenção que Marian dedicara à sua. Sempre tentei incentivar Michelle em sua carreira, jamais supondo que as tarefas domésticas fossem exclusividade sua; e por sorte nossas rendas somadas e uma forte rede de apoio de parentes e amigos nas proximidades nos deram vantagens que poucas famílias têm. Mesmo assim, não foi suficiente para proteger Michelle das pressões sociais, irrealistas, e com frequência contraditórias, que mulheres com filhos recebem da mídia, dos colegas, dos empregadores e, claro, dos homens que fazem parte de sua vida.

Minha carreira na política, com as ausências prolongadas, tornava tudo ainda mais difícil. Mais de uma vez Michelle resolveu deixar passar uma oportunidade animadora, mas que exigiria ficar tempo demais longe das meninas. Até mesmo em seu último emprego no Centro Médico da Universidade de Chicago, com um chefe que a apoiava e a possibilidade de estabelecer seu próprio horário, ela jamais se livrou da sensação de que não estava se dedicando tanto quanto deveria às meninas, ou ao trabalho, ou às duas coisas. Em Chicago, pelo menos era possível evitar os holofotes da atenção pública, organizando o corre-corre diário como lhe convinha. Mas tudo isso tinha mudado. Com minha eleição, ela foi obrigada a largar um trabalho com impacto real por um papel que — pelo menos na concepção original — era pequeno demais para o tamanho de seus talentos. Paralelamente, havia ainda uma nova série de complicações — como ter que ligar para uma mãe e explicar que agentes do Serviço Secreto precisavam inspecionar a casa antes que Sasha pudesse ir brincar com coleguinhas ou recorrer a assessores para pressionar um tabloide a não publicar uma foto de Malia passeando com sua turma no shopping.

Além disso tudo, Michelle de repente se viu como símbolo na guerra de gêneros nos Estados Unidos. Cada escolha que fazia, cada palavra que pronunciava, era ardorosamente interpretada e julgada. Quando se referiu a si mesma, em tom de brincadeira, como "comandante-mãe", alguns comentaristas ficaram decepcionados por ela não usar o palanque onde estava para destruir estereótipos sobre o lugar da mulher. Ao mesmo tempo, os esforços para ampliar os limites do que uma primeira-dama devia ou não devia fazer traziam sua carga de perigo: Michelle ainda estava magoada com a crueldade de alguns ataques que sofrera durante a campanha, e bastava olhar para o exemplo de Hillary Clinton para ver a rapidez com que as pessoas se voltavam contra uma primeira-dama que tentasse qualquer coisa que parecesse uma atividade política.

Foi por isso que, naqueles meses iniciais, Michelle levou um bom tempo para decidir como usaria sua nova função, descobrindo como e onde poderia exercer influência, enquanto buscava, cuidadosa e estrategicamente, acertar o tom em sua função como primeira-dama. Trocou ideias com Hillary e com Laura Bush. Formou uma equipe forte com profissionais experientes, em cuja opinião confiava. E acabou adotando duas causas com significado pessoal para ela: o aumento alarmante da obesidade infantil nos Estados Unidos e a constrangedora falta de apoio às famílias dos militares americanos.

Não me passou despercebido que os dois problemas estavam ligados a frustrações e ansiedades que Michelle às vezes sentia. A epidemia de obesidade chamara sua atenção poucos anos antes, quando nosso pediatra, notando que o índice de massa corporal de Malia tinha aumentado um pouco, identificou como culpado o excesso de alimentos "infantis" altamente processados. A notícia tinha confirmado temores de Michelle de que nossa vida corrida e excessivamente programada talvez estivesse causando impacto negativo nas crianças. Da mesma forma, seu interesse por famílias de militares foi despertado por mesas-redondas sobre questões emocionais das quais participara durante a campanha com mulheres de membros das Forças Armadas em serviço ativo. Quando diziam sentir um misto de solidão e orgulho, quando admitiam certo ressentimento por serem tratadas como uma espécie de apêndice na causa maior de defender o país, quando manifestavam relutância em pedir ajuda com medo de parecerem egoístas, Michelle notara semelhanças com suas próprias circunstâncias.

Justamente por causa dessas ligações pessoais, eu tinha certeza de que o impacto causado por ela nas duas questões seria substancial. Para Michelle, as coisas começavam no coração e não na cabeça, na experiência e não em abstrações. Outra coisa que eu sabia: minha mulher não gostava de ser malsucedida em nada. Fosse qual fosse a ambivalência que sentisse em relação a seu novo papel, ela estava decidida a desempenhá-lo da melhor maneira.

Como família, estávamos nos adaptando semana a semana, com cada um buscando um jeito de se ajustar, de lidar com a situação e de desfrutar daquilo que ela nos proporcionava. Michelle recorria aos conselhos de sua imperturbável mãe sempre que se sentia ansiosa, aconchegada no sofá do solário do terceiro andar da Casa Branca. Malia se concentrava nos deveres escolares do quinto ano e fazia lobby para cumprirmos nossa promessa pessoal de campanha de adotar um cachorro. Sasha, com apenas sete anos, ainda ia dormir à noite agarrada à esfiapada colchinha de chenile que tinha desde bebê, crescendo tão rápido que quase dava para ver a diferença de um dia para o outro.

Nosso novo contexto habitacional trouxe uma grata surpresa: agora que morava em cima da loja, por assim dizer, eu estava em casa praticamente o tempo todo. Quase todos os dias o trabalho vinha até mim, em vez de eu ir para o trabalho. A não ser que estivesse viajando, fazia questão de estar à mesa do jantar às seis e meia todas as noites, ainda que isso significasse voltar a descer mais tarde para o Salão Oval.

Que alegria era ouvir Malia e Sasha conversarem sobre o seu dia, revelando todo um mundo de histórias complicadas de amigos, de professores excêntricos, de meninos babacas, de piadas bobas, de descobertas incipientes e de perguntas sem fim. Terminada a refeição, depois que saíam para fazer as lições de casa e se preparar para dormir, Michelle e eu nos sentávamos para conversar, menos sobre política e mais sobre notícias de velhos amigos, filmes a que queríamos assistir e principalmente sobre o maravilhoso processo de ver nossas filhas crescerem. Em seguida, líamos histórias para as crianças dormirem, abraçando-as com força e ajeitando-as na cama — Malia e Sasha de pijama de algodão com cheiro de calor e de vida. Todas as noites, naquele período de uma hora e meia, mais ou menos, eu me sentia revigorado — com a mente clara e o coração recuperado de quaisquer danos que um dia refletindo sobre o mundo e seus problemas intratáveis pudesse ter causado.

Se as meninas e minha sogra eram nossas âncoras na Casa Branca, havia também outras pessoas nos ajudando, a mim e a Michelle, a lidar com o estresse daqueles primeiros meses. Sam Kass, o jovem que contratáramos como cozinheiro em Chicago quando o ritmo da campanha se tornou mais acelerado e nossas preocupações com os hábitos alimentares das meninas aumentaram, viera conosco para Washington, ingressando na Casa Branca não apenas como chef, mas como a pessoa em quem Michelle mais confiava na questão da obesidade infantil. Filho de um professor de matemática da antiga escola das meninas e ex-jogador de beisebol na faculdade, Sam tinha um charme tranquilo e uma boa aparência ressaltada pela cabeça raspada e reluzente. Além disso, era especialista em política alimentar, versado em tudo, desde os efeitos da monocultura sobre as mudanças climáticas até a conexão entre hábitos alimentares e doenças crônicas. Seu trabalho com Michelle se mostraria de um valor inestimável; foi trocando ideias com Sam que ela resolveu cultivar uma horta no Gramado Sul. Mas o que ganhamos em troca foi um tio divertido para as meninas, um irmão mais novo predileto para Michelle e para mim, e — juntamente com Reggie Love — alguém para jogar basquete comigo, ou uma partida de sinuca, sempre que eu precisasse desacelerar um pouco.

Recebemos apoio semelhante de nosso preparador físico de longa data, Cornell McClellan, ex-assistente social e especialista em artes marciais que tinha uma academia em Chicago. Apesar da estatura imponente, Cornell era gentil e bem-humorado, quando não nos torturava com agachamentos, pesos mortos, *burpees* e afundos, e resolveu que era seu dever dividir o tempo entre Washington e Chicago para ter certeza de que a Primeira Família manteria a boa forma.

Todas as manhãs, de segunda a sexta-feira, Michelle e eu começávamos nosso dia com Cornell e Sam, os quatro reunidos na pequena sala de ginástica do terceiro andar da residência, a televisão da parede fielmente sintonizada no *SportsCenter* da

ESPN. Michelle era sem dúvida a melhor aluna de Cornell, fazendo os exercícios com determinação e foco, enquanto eu e Sam éramos mais lentos e propensos a fazer pausas mais longas entre uma série e outra, distraindo Cornell com debates acalorados — Jordan contra Kobe, Tom Hanks contra Denzel Washington — sempre que o treino ficava intenso demais para o nosso gosto. Para Michelle e para mim, aquela hora diária na sala de ginástica se tornou mais uma zona de normalidade, partilhada com amigos que ainda nos chamavam pelo primeiro nome e nos amavam como se fôssemos da família, que nos lembravam do mundo que outrora conhecíamos — e da versão de nós mesmos que esperávamos nunca abandonar.

Havia outra válvula de escape para o estresse sobre a qual eu não gostava muito de falar, um hábito que era fonte de tensão permanente durante todo o meu casamento: eu ainda fumava cinco (ou seis, ou sete) cigarros por dia.

Era um vício solitário que eu trazia desde os tempos de rebeldia da juventude. Por insistência de Michelle, eu tinha parado várias vezes ao longo dos anos, e jamais fumava dentro de casa ou na frente das meninas. Quando fui eleito senador, deixei de fumar em público. Mas um lado teimoso em mim resistia à tirania da razão, e a tensão da campanha — as intermináveis viagens de carro entre milharais, a solidão dos quartos de hotel — tinha conspirado para que eu continuasse cedendo ao impulso de pegar o maço que mantinha sempre à mão, numa mala ou gaveta. Depois da eleição, eu disse a mim mesmo que aquele era um bom momento para largar o cigarro — por definição, eu estava em público praticamente sempre que saía da residência da Casa Branca. Mas então as coisas ficaram tão agitadas que me vi adiando a decisão, escapulindo para a casa da piscina atrás do Salão Oval depois do almoço, ou subindo ao terraço do terceiro andar depois que Michelle e as meninas iam dormir, para dar uma tragada profunda e olhar a fumaça espiralar em direção às estrelas, enquanto dizia a mim mesmo que pararia de vez assim que as coisas se acalmassem.

Só que as coisas não se acalmaram. Tanto que, em março, meu consumo diário de cigarros havia subido sorrateiramente para oito (ou nove, ou dez).

Naquele mês, a estimativa era que outros 663 mil americanos perderiam o emprego, com a taxa de desemprego disparando para 8,5%. As execuções hipotecárias não davam sinal de desaceleração, e o crédito continuava congelado. O mercado de ações atingiu o que seria o ponto mais baixo da recessão, 57% abaixo do pico, com ações do Citigroup e do Bank of America se aproximando da casa dos centavos. Já a AIG era como um saco sem fundo, cuja única atividade parecia ser devorar todo o dinheiro do Tarp que pudesse.

Isso já teria sido suficiente para manter minha pressão arterial em alta. O que piorou tudo foi a insensibilidade dos altos executivos de Wall Street, que nós estávamos tentando salvar do incêndio. Pouco antes de eu assumir o cargo, por exemplo, os mandachuvas da maioria dos grandes bancos tinham autorizado mais de 1 bilhão de dólares em bônus de fim de ano para si mesmos e seus assistentes, apesar de já terem recebido fundos do Tarp para sustentar os preços de suas ações. Não muito tempo depois, executivos do Citigroup decidiram, por alguma razão, que era uma boa ideia encomendar um novo jatinho corporativo. (Como isso aconteceu em nosso governo, alguém da equipe de Tim conseguiu ligar para o CEO da empresa e convencê-lo, sob ameaças, a cancelar o pedido.)

Enquanto isso, os executivos dos bancos se enfureciam — quase sempre em conversas privadas, mas também falando à imprensa — com qualquer sugestão de que tinham feito besteira ou de que pudessem estar sujeitos a restrições na maneira de administrar seus negócios. Essa última demonstração de insolência era mais pronunciada em dois dos operadores mais astutos e experientes de Wall Street, Lloyd Blankfein, do Goldman Sachs, e Jamie Dimon, do JPMorgan Chase, que insistiam em dizer que suas instituições tinham evitado as más decisões administrativas que comprometeram outros bancos, e que não precisavam de, nem queriam, assistência governamental. Essas afirmações só seriam verdadeiras se ignorássemos que a solvência de ambos dependia inteiramente da capacidade do Tesouro e do Fed de manter o resto do sistema financeiro funcionando, e também que o Goldman, em particular, tinha sido um dos maiores vendedores de derivativos subprime — despejando-os no colo de clientes mais incautos pouco antes de tudo vir abaixo.

Essa falta de consciência me deixava maluco. Não só a postura de Wall Street em relação à crise confirmava todos os estereótipos sobre os bilionários que vivem fora da realidade das pessoas comuns. Cada uma dessas declarações fora do tom ou atitudes egoístas dificultava ainda mais nossa tarefa de salvar a economia.

Alguns setores do eleitorado democrata já perguntavam por que não estávamos sendo mais duros com os bancos — por que o governo não tinha simplesmente assumido o controle e vendido seus ativos, por exemplo, ou por que nenhum dos responsáveis por tamanho estrago tinha ido para a cadeia. Os republicanos no Congresso, eximindo-se de qualquer responsabilidade pela bagunça que ajudaram a criar, engrossavam o coro com a maior satisfação. Em depoimentos a vários comitês do Congresso, Tim (agora rotineiramente rotulado de "ex-executivo do Goldman Sachs", apesar de jamais ter trabalhado na instituição, havendo dedicado quase toda a carreira ao serviço público) explicava a necessidade de aguardar os resultados do teste de estresse. Meu procurador-geral, Eric Holder, diria mais tarde que, por mais escandaloso que tivesse sido o comportamento dos bancos na criação da crise, havia poucos indícios de que seus executivos cometessem crimes passíveis de processo sob as leis existentes — e nosso objetivo não era indiciar pessoas só para gerar manchetes favoráveis.

Para uma opinião pública apreensiva e irritada, porém, essas respostas, por mais racionais que fossem, não eram muito satisfatórias. Com medo de estarmos perdendo força política, Axe e Gibbs insistiram para que endurecêssemos nossas críticas a Wall Street. Tim, no entanto, alertava para o perigo de que gestos populistas fossem contraproducentes, afugentando os investidores de que precisávamos para recapitalizar os bancos. E assim, oscilando entre o desejo popular de fazer justiça à maneira do Antigo Testamento e a necessidade de tranquilizar os mercados financeiros, acabamos não agradando a ninguém.

"É como se fosse uma situação com reféns", me disse Gibbs, certa manhã. "Sabemos que os bancos estão com explosivos amarrados no peito, mas para o público parece que estamos deixando os ladrões escapar."

Com a tensão aumentando dentro da Casa Branca, e eu querendo que todos continuássemos em sintonia, em meados de março convoquei uma reunião da equipe econômica para uma maratona dominical na Sala Roosevelt. Durante horas naquele dia, pressionamos Tim e seus assistentes para que nos dissessem o que achavam dos resultados provisórios do teste de estresse — se funcionaria, e se havia um plano B em caso contrário. Larry e Christy argumentavam que, à luz das crescentes perdas no Citigroup e no Bank of America, era hora de considerarmos a hipótese da nacionalização preventiva — estratégia que a Suécia acabara adotando ao passar por uma crise financeira nos anos 1990. Em sua argumentação, comparavam essa atitude com a estratégia de "tolerância" que mergulhara o Japão numa década perdida de estagnação econômica. Tim respondeu que a Suécia, com um setor financeiro bem menor, e num momento em que o resto do mundo desfrutava de estabilidade, tinha nacionalizado apenas dois grandes bancos como último recurso, dando ao mesmo tempo garantias efetivas para os outros quatro. Uma estratégia equivalente da nossa parte, segundo ele, poderia levar o fragilizado sistema financeiro global a desmoronar, e custaria de 200 bilhões a 400 bilhões de dólares, no mínimo. ("As chances de arrancar mais um centavo de dinheiro para o Tarp do atual Congresso vão de zero a zero!", berrou Rahm, quase saltando da cadeira.) Outras pessoas da equipe sugeriram que pelo menos adotássemos uma postura mais agressiva em relação ao Citigroup e ao Bank of America — forçando a saída de seus CEOs e de seus conselhos administrativos, por exemplo, antes de concedermos mais dinheiro do Tarp. Mas Tim achava que essas medidas seriam apenas simbólicas — e que, além disso, ficaríamos responsáveis por encontrar substitutos imediatos, capazes de pilotar instituições com as quais não estavam familiarizados bem no meio de uma crise.

Era um exercício cansativo. Como a sessão avançou noite adentro, avisei à equipe que ia à residência jantar e cortar o cabelo, e esperava que ao voltar eles tivessem chegado a um consenso. Na verdade, eu já tinha conseguido o que queria daquela reunião: confirmar para mim mesmo que, apesar das ressalvas legítimas levantadas por Larry, Christy e outros, o teste de estresse continuava sendo nossa melhor chance de acertar naquelas circunstâncias. (Ou, como Tim gostava de dizer: "Ter um plano é melhor do que não ter plano nenhum".)

Outra coisa importante era que eu estava seguro de que tínhamos adotado um bom processo de decisão: nossa equipe examinara o assunto de todos os ângulos imagináveis; nenhuma possível solução tinha sido eliminada de antemão; e todas as pessoas envolvidas — do mais alto membro do gabinete ao funcionário mais jovem na sala — tiveram a oportunidade de dar sua opinião. (Por essas mesmas razões, convidei mais tarde dois grupos de economistas — um de esquerda, outro conservador — que questionaram publicamente nossa maneira de lidar com a crise para virem ao Salão Oval conversar comigo, só para ver se tinham alguma ideia que deixamos de considerar. Não tinham.)

Minha insistência no processo de decisão era fruto da necessidade. O que eu estava descobrindo rapidamente sobre a presidência era que nenhum problema que aterrissava em minha escrivaninha, fosse nacional ou internacional, tinha uma solução 100% efetiva e sem efeitos colaterais. Se tivesse, alguém em algum ponto da cadeia de comando já teria resolvido a questão. Ou seja, eu estava sempre lidando com probabilidades: um risco de 70%, digamos, de que a decisão de não fazer nada resultaria em desastre; uma chance de 55% de que esta abordagem em vez daquela *poderia* resolver o problema (sem nenhuma chance de funcionar exatamente como pretendido); um risco de 30% de que, fosse qual fosse a decisão, não funcionaria, mais um risco de 15% de que agravaria o problema.

Naquelas circunstâncias, buscar a solução perfeita levava à paralisia. Por outro lado, seguir os instintos quase sempre significava permitir que ideias preconcebidas, ou o caminho de menor resistência política, orientassem a decisão — ignorando os aspectos negativos e me concentrando só nos positivos para justificá-la. Mas, se houvesse um processo consolidado — através do qual eu pudesse me livrar de meu ego e realmente escutar, seguindo os fatos e a lógica da melhor maneira que conseguisse, e levando em conta meus objetivos e princípios —, descobri que era capaz de tomar decisões difíceis e ainda assim dormir tranquilamente à noite, sabendo no mínimo que ninguém em meu lugar, dispondo das mesmas informações, teria decidido melhor. Um bom processo decisório significava também fazer com que cada membro da equipe se sentisse correspon- sável pelo que fosse decidido — o que, por sua vez, significava uma melhor execução e menos risco de questionamentos de medidas tomadas pela Casa Branca através de vazamentos para o *New York Times* ou o *Washington Post*.

Ao voltar do corte de cabelo e do jantar naquela noite, vi que as coisas tinham ocorrido conforme eu esperava. Larry e Christy concordaram em dar um tempo para ver como o teste de estresse funcionaria antes de tomarmos medidas mais drásticas. Tim aceitou algumas boas sugestões sobre como se preparar melhor para a possibilidade de resultados ruins. Axe e Gibbs apresentaram propostas para aprimorar nossa estratégia de comunicação. De modo geral, fiquei muito satisfeito com os trabalhos daquele dia.

Ou pelo menos até alguém tocar no assunto dos bônus da AIG.

Ao que parecia, a AIG — que até então tinha recebido mais de 170 bilhões de dólares em fundos do Tarp e ainda precisava de mais dinheiro — estava pagando a seus funcionários 165 milhões de dólares em bônus previstos em contrato. Pior ainda, uma grande fatia dos bônus iria para a divisão responsável por deixar a gigante dos seguros violentamente exposta nos negócios de derivativos baseados em hipoteca. O CEO da AIG, Edward Liddy (isento de culpa, pois acabara de concordar em assumir o leme da empresa, como um serviço público, com um salário simbólico de um dólar por ano), reconhecia que os bônus eram indecentes. Mas, segundo Tim, Liddy fora alertado por seus advogados de que qualquer tentativa de suspender os pagamentos provavelmente resultaria em ações judiciais, e que os pagamentos de indenizações poderiam chegar a três vezes o valor original. Não bastasse isso, aparentemente não tínhamos nenhuma autoridade governamental para cancelar o pagamento dos bônus — em parte porque o governo Bush tinha pressionado o Congresso para não incluir cláusulas de devolução de benefícios no projeto de lei original do Tarp, por medo de perder a cooperação de instituições financeiras.

Passei os olhos pela sala.

"Isso é piada, não? Vocês estão de brincadeira comigo."

Ninguém riu. Axe argumentou que precisávamos tentar impedir os pagamentos, mesmo que nossos esforços fossem em vão. Tim e Larry contra-argumentaram, reconhecendo que aquilo tudo era um horror, mas avisando que, se o governo forçasse uma violação de contrato entre particulares, acabaríamos causando danos irreparáveis a nosso sistema de livre mercado. Gibbs entrou na discussão, sugerindo que a moralidade e o bom senso se sobrepunham à lei contratual. Depois de algum tempo, interrompi a discussão. Instruí Tim a continuar tentando encontrar um jeito de impedir a AIG de distribuir os bônus (sabendo muito bem que ele provavelmente não conseguiria). Em seguida, pedi a Axe que preparasse uma declaração condenando esses pagamentos para ser lida no dia seguinte (sabendo muito bem que nada que eu dissesse ajudaria a reduzir o estrago que a notícia causaria).

Então disse a mim mesmo que o fim de semana ainda não tinha acabado, e eu precisava de um martíni. Era outra lição que a presidência me ensinava: em certos casos não fazia a menor diferença se o processo decisório era bom. Às vezes a porrada era inevitável, e só restava tomar uma bebida forte — e acender um cigarro.

A notícia dos bônus da AIG levou a raiva reprimida durante meses ao ponto incontrolável de fervura. Os jornais publicaram editoriais contundentes. A Câmara aprovou num piscar de olhos um projeto de lei tributando os bônus de Wall Street em 90% para quem ganhasse acima de 250 mil dólares, mas a legislação morreu no Senado. Na sala de imprensa da Casa Branca, ninguém parecia disposto a fazer perguntas sobre nenhum outro assunto a Gibbs. O Code Pink, um grupo antiguerra bastante peculiar, cujos membros (na maioria mulheres) usavam camisetas cor-de-rosa, chapéus cor-de-rosa e de vez em quando boás cor-de-rosa, intensificou os protestos na frente de prédios do governo e aparecia em audiências quando Tim estava presente, erguendo cartazes com dizeres do tipo DEVOLVAM NOSSOS $$$$$, não se deixando impressionar por argumentos sobre o caráter sagrado dos contratos.

Na semana seguinte, resolvi convocar uma reunião na Casa Branca com os CEOS dos principais bancos e instituições financeiras, na esperança de evitar novas surpresas. Quinze deles apareceram, todos homens, todos muito bem-vestidos e elegantes, e todos escutando com expressão serena enquanto eu explicava que o povo tinha perdido a paciência, e que, por causa da dor que a crise financeira vinha causando em todo o país — sem falar nas medidas extraordinárias tomadas pelo governo em apoio às instituições que comandavam —, o mínimo que eles podiam fazer era demonstrar alguma moderação, talvez até fazer algum sacrifício.

Na hora de responder, cada executivo apresentou uma versão do seguinte: a) os problemas com o sistema financeiro na verdade não tinham sido criados por eles; b) já *tinham* sido feito sacrifícios significativos, como cortes de funcionários e reduções em seus próprios pacotes de remuneração; e c) esperavam que eu parasse de atiçar as chamas da ira popular, que, segundo eles, prejudicava os preços de suas ações e comprometia o moral do setor. Como prova desse último argumento, vários mencionaram uma entrevista recente na qual eu tinha dito que meu governo estava socorrendo o sistema financeiro só para evitar uma depressão, e não para ajudar um bando de "banqueiros ricos e poderosos". Quando tocaram nesse ponto, pareceram estar bem magoados.

"O que o povo americano está buscando neste momento de crise", disse um alto executivo, "é que o senhor lembre a todos que estamos no mesmo barco."

Fiquei estupefato.

"Vocês acham que é minha *retórica* que está deixando as pessoas furiosas?" Respirando fundo, observei o rosto de cada um daqueles homens em volta da mesa e percebi que estavam sendo sinceros. Assim como os operadores da bolsa no vídeo de Santelli, aqueles executivos de Wall Street se sentiam mesmo vitimizados. Não era um estratagema. Tentei então me colocar no lugar deles, lembrando a mim mesmo que aquelas pessoas sem dúvida tinham trabalhado muito para chegar aonde chegaram, não faziam nada de diferente de seus colegas naquele jogo e estavam acostumados à adulação e à deferência dos demais por terem saído vencedores em suas apostas. Doavam grandes somas de dinheiro para instituições de caridade. Amavam suas famílias. Não entendiam por que (como um deles me diria mais tarde) agora os filhos viviam perguntando se eles eram "figurões", ou por que ninguém parecia ter ficado satisfeito quando reduziram sua remuneração anual de 50 milhões ou 60 milhões de dólares para 2 milhões, ou por que o presidente dos Estados Unidos não os tratava como parceiros e não aceitava, por exemplo, a oferta de Jamie Dimon de mandar membros do conselho administrativo do JPMorgan para ajudar o governo a projetar nossas propostas de regulamentação.

Tentei enxergar as coisas do ponto de vista deles, mas não consegui. Em vez disso, pensei foi em minha avó, que para mim, com seu caráter forjado nas pradarias do Kansas, representava o que se esperava que um representante de um banco fosse. Honesto. Prudente. Rigoroso. Cauteloso. Alguém que se recusava a fazer gambiarras, que odiava o desperdício e a extravagância, que se norteava pelo código da gratificação adiada, e que não se importava de conduzir seus negócios de uma forma um tanto previsível. Eu me perguntava o que Toot acharia dos executivos sentados ali comigo naquela sala, homens do tipo que com tanta frequência eram promovidos em detrimento dela — que em um mês ganhavam mais do que minha avó em toda a carreira, pelo menos em parte porque não tinham pudor de fazer apostas bilionárias com o dinheiro dos outros usando uma coisa que eles sabiam, ou deveriam saber, se tratar de empréstimos sem valor.

Por fim, deixei escapar um ruído que ficou entre uma risada e uma fungada.

"Me deixem explicar uma coisa, senhores", disse eu, tomando cuidado para não alterar o tom de voz. "As pessoas não precisam de mim para atiçar a raiva delas. Isso aconteceu sem a ajuda de ninguém. Aliás, nós somos a única barreira entre os senhores e as turbas furiosas."

Não posso dizer que minhas palavras nesse dia tiveram algum impacto além de servirem para reforçar a opinião de Wall Street de que eu era inimigo do mundo dos negócios. Ironicamente, a mesma reunião seria mais tarde citada por críticos de es-

querda como exemplo de que eu, com minha incompetência generalizada e suposta camaradagem com Wall Street, não soube como responsabilizar e punir os bancos durante a crise. Ambas as versões estavam erradas, mas uma coisa pelo menos
era verdade: comprometido com o teste de estresse e com a espera de praticamente dois meses pelos resultados preliminares, pus de lado qualquer imposição que eu
pudesse fazer sobre os bancos. Também era verdade que eu me sentia forçado a não
tomar nenhuma medida precipitada enquanto ainda precisasse lidar com tantas
frentes da crise econômica — como a necessidade de impedir que a indústria automobilística dos Estados Unidos caísse no precipício.

Da mesma forma como a implosão de Wall Street foi o ponto culminante de problemas estruturais crônicos no sistema financeiro global, o mal que afligia as três principais fabricantes americanas de automóveis — má administração, produtos medíocres, concorrência estrangeira, planos de aposentadoria com mais passivos do que
ativos, custos altíssimos com saúde, dependência excessiva na venda de suvs com alta
margem de lucro e grande consumo de gasolina — vinha sendo preparado havia décadas. A crise financeira e o aprofundamento da recessão tinham apenas apressado a
hora do acerto de contas. No segundo semestre de 2008, as vendas de automóveis tinham despencado 30%, alcançando o nível mais baixo em mais de uma década, e a
GM e a Chrysler estavam ficando sem caixa. Embora a Ford estivesse em situação um
pouco melhor (graças principalmente a uma fortuita reestruturação da sua dívida
pouco antes do começo da crise), analistas se perguntavam se a companhia seria capaz de sobreviver ao colapso das outras duas, devido à dependência das três montadoras ao mesmo grupo de fornecedores de autopeças espalhados pela América do
Norte. Pouco antes do Natal, Hank Paulson tinha usado uma interpretação criativa
da autorização do Tarp para fornecer à GM e à Chrysler mais de 17 bilhões de dólares
em empréstimos-ponte. Mas, sem capital político para forçar uma solução mais permanente, o governo Bush havia conseguido apenas empurrar com a barriga até que
eu assumisse. Agora, com o dinheiro quase acabando, cabia a mim decidir se injeta-
ria mais alguns bilhões nas montadoras para impedi-las de afundar.

Mesmo durante a transição, ficou claro para todos da minha equipe que a GM
e a Chrysler teriam que passar por algum tipo de processo judicial de concordata.
Sem isso, simplesmente não haveria como cobrir o dinheiro que estavam queimando todo mês, por mais otimistas que fossem suas projeções de vendas. Isso sem contar que a falência por si só seria insuficiente. Para justificarem mais apoio do governo, as montadoras teriam que se submeter também a uma penosa reorganização
empresarial de alto a baixo, e dar um jeito de fabricar carros que as pessoas quisessem comprar. ("Não consigo entender por que é que Detroit não consegue fazer um
maldito Corolla", resmunguei mais de uma vez para minha equipe.)

As duas coisas, porém, eram mais fáceis de falar do que de fazer. Uma das razões era que a cúpula administrativa da GM e a da Chrysler faziam o pessoal de Wall Street parecer um grupo de visionários. Numa conversa inicial com nossa equipe econômica de transição, a apresentação de Rick Wagoner, CEO da GM, foi tão desleixada e repleta de papo furado — incluindo projeções de um aumento anual de 2% nas vendas, apesar de esses números já estarem caindo havia mais de uma década antes da crise — que até Larry ficou sem saber o que dizer. Quase todas as partes interessadas (gerentes, operários, fornecedores, acionistas, pensionistas, concessionários, credores e as comunidades onde ficavam as fábricas) iam perder alguma coisa a curto prazo, o que daria motivo a negociações extensas e pesadas quando a sobrevivência das duas empresas até mesmo por mais um mês se tornou incerta.

Tínhamos algumas coisas a nosso favor. Ao contrário do caso dos bancos, obrigar a GM e a Chrysler a se reorganizarem provavelmente não provocaria pânico generalizado, o que nos dava mais abertura para exigir concessões em troca de apoio continuado do governo. Também ajudava o fato de eu ter boas relações pessoais com o sindicato dos trabalhadores da indústria, o United Auto Workers, cujos líderes reconheciam a necessidade de fazer grandes mudanças para garantir o emprego dos seus membros.

Mais importante ainda era que nossa Força-Tarefa Automobilística da Casa Branca — chefiada por Steve Rattner e Ron Bloom, e que incluía um brilhante jovem de 31 anos especialista em políticas setoriais chamado Brian Deese — teve uma atuação fantástica, combinando o rigor analítico com a consciência de que era importante não cometer erros, considerando as dimensões humanas dos mais de 1 milhão de empregos em jogo. As negociações começaram bem antes de eu tomar posse, e foram dados à GM e à Chrysler sessenta dias para apresentarem planos formais de reorganização e demonstrarem sua viabilidade. Para que as empresas não entrassem em colapso durante esse período, foi projetada uma série de intervenções graduais, porém indispensáveis — por exemplo, garantir sem grande alarde que as duas empresas continuassem recebendo peças dos fornecedores para não ficarem sem estoque.

Em meados de março, a Força-Tarefa Automobilística foi ao Salão Oval apresentar sua avaliação. Nenhum dos planos submetidos pela GM e pela Chrysler era satisfatório; as duas empresas ainda viviam num mundo fantasioso de projeções de vendas irrealistas e de estratégias vagas para manter os custos sob controle. A equipe achava, porém, que uma medida agressiva como um processo de concordata poderia colocar a GM em pé novamente, e recomendou darmos à empresa sessenta dias para revisar seu plano de reorganização — desde que concordasse em substituir Rick Wagoner e o conselho administrativo.

No caso da Chrysler, porém, nossa equipe estava dividida. A menor das três companhias era também a que estava em pior situação financeira e, a não ser pela marca Jeep, tinha o que parecia ser uma linha de produtos irrecuperável. Levando em conta nossos limitados recursos e o estado calamitoso das vendas automotivas em geral, parte da equipe achava que nossa chance de salvar a GM seria maior se abandonássemos a Chrysler à própria sorte. Outros argumentavam que não deveríamos subestimar o choque econômico potencial de permitir que uma empresa americana icônica falisse. De qualquer maneira, a força-tarefa informou que a situação da Chrysler se deteriorava com tamanha rapidez que eu precisava decidir logo.

Nesse momento, minha assistente Katie enfiou a cabeça no Salão Oval para dizer que eu precisava ir à Sala de Crise para uma reunião com a equipe de segurança nacional. Imaginando que eu levaria provavelmente mais de meia hora para decidir o destino da indústria automobilística dos Estados Unidos, pedi a Rahm que voltasse a se reunir com meus três conselheiros sênior — Valerie, Pete e Axe — na Sala Roosevelt no fim daquela tarde para que eu pudesse ouvir os dois lados (mais uma vez o processo entrando em cena!). Nessa reunião, ouvi Gene Sperling insistir sobre salvar a Chrysler e Christy Romer e Austan Goolsbee explicarem que continuar apoiando a empresa provavelmente equivaleria a perder mais dinheiro sem perspectiva de recuperar o que já havia sido perdido. Rahm e Axe, sempre sensíveis ao lado político da situação, lembraram que o país se opunha — por uma margem impressionante de dois para um — a qualquer novo resgate de montadoras. Mesmo em Michigan, o apoio a essas medidas era dividido.

Rattner comentou que a Fiat recentemente manifestara interesse em comprar uma parte significativa da Chrysler, e que o CEO da companhia italiana, Sergio Marchionne, tinha assumido o controle de uma empresa em maus lençóis em 2004 e, para surpresa geral, conseguiu torná-la lucrativa em um ano e meio. As conversas com a Fiat, no entanto, ainda eram preliminares, e ninguém tinha como garantir que uma intervenção, fosse qual fosse, seria suficiente para recuperar a Chrysler. Uma decisão de 51 a 49, como Rattner chamava — com grande probabilidade de que as chances de sucesso seriam mais sombrias quando a empresa entrasse em concordata e pudéssemos examinar melhor seu funcionamento.

Eu estava folheando as tabelas, examinando números, de vez em quando olhando para os retratos de Teddy e Franklin Roosevelt na parede, quando chegou a hora de Gibbs falar. Ele já tinha trabalhado na campanha da senadora Debbie Stabenow em Michigan, e apontava para um mapa na apresentação de slides que mostrava todas as fábricas da Chrysler no Meio-Oeste.

"Sr. presidente", disse ele. "Não sou economista e não sei administrar uma empresa automobilística. Mas sei que passamos os últimos três meses tentando impedir uma segunda Grande Depressão. A questão é que em muitas dessas cidades essa depressão já chegou. Se liquidarmos a Chrysler agora, pode ser uma sentença de morte a todos os pontos que o senhor vê no mapa. Cada um tem milhares de trabalhadores que estão contando conosco. Pessoas como as que o senhor conheceu durante a campanha... perdendo o plano de saúde, a aposentadoria, com uma idade avançada demais para recomeçar. Não sei como poderia abandoná-las. Não acho que foi para isso que o senhor se candidatou a presidente".

Olhei para os pontos no mapa, mais de vinte ao todo, espalhados por Michigan, Indiana e Ohio, recordando meus primeiros dias de trabalho de organização comunitária em Chicago, quando me reunia em salas geladas de sindicato com metalúrgicos demitidos, ou em porões de igreja, para conversar sobre as preocupações de sua comunidade. Eu me lembrava dos corpos pesados dos trabalhadores sob casacões de inverno, as mãos rachadas e calejadas, os rostos — brancos, negros, pardos — traindo o silencioso desespero de homens que perderam o objetivo na vida. Não consegui ajudá-los muito naquela época; suas fábricas já estavam fechadas quando cheguei, e gente como eu não tinha influência sobre os executivos inacessíveis que haviam tomado essas decisões. Entrei na política com a ideia de um dia talvez poder oferecer alguma coisa mais significativa àqueles trabalhadores e suas famílias.

E ali estava eu. Me virei para Rattner e Bloom e pedi que pusessem a Chrysler ao telefone. Se, com nossa ajuda, a empresa pudesse fechar negócio com a Fiat e elaborar um plano realista e prático para sair de uma concordata dentro de um prazo razoável, nós devíamos àqueles trabalhadores e a suas comunidades essa chance.

Era quase hora do jantar, e eu ainda precisava fazer vários telefonemas no Salão Oval. Estava prestes a adiar a reunião quando percebi que Brian Deese tentava erguer a mão. Era o integrante mais jovem da força-tarefa e mal tinha falado durante a discussão, mas, apesar de eu não saber, tinha sido o responsável por preparar o mapa e informar Gibbs sobre os custos humanos envolvidos na eventual falência da Chrysler. (Anos depois, ele me diria que achava que os argumentos teriam mais peso se viessem de um funcionário mais antigo.) Vendo que seu ponto de vista prevalecera, e se sentindo arrebatado pelo momento, porém, Deese começou a enumerar todas as vantagens possíveis da decisão que eu acabara de tomar — incluindo a de que uma dobradinha Chrysler-Fiat poderia vir a ser a primeira companhia baseada nos Estados Unidos a produzir carros capazes de fazer quarenta milhas [64 quilômetros] por galão de combustível. Só que, em seu nervosismo, ele disse "os primeiros carros produzidos nos Estados Unidos a alcançar quarenta milhas *por hora*".

A sala ficou em silêncio por um momento, depois explodiu numa gargalhada. Percebendo o erro, o rosto de Deese, inocente sob o bigode e a barba, ficou vermelho como um pimentão. Eu sorri e me levantei da cadeira.

"Por acaso meu primeiro carro foi um Fiat 76, sabe", disse eu, juntando os papéis na minha frente. "Comprei usado, no primeiro ano de faculdade. Vermelho, cinco marchas. Pelo que me lembro, andava a mais de quarenta milhas por hora... quando não estava na oficina. Pior carro que já tive." Contornei a mesa, dei um tapinha no braço de Deese e, a caminho da porta, me virei para dizer: "O pessoal da Chrysler agradece por só ter apresentado esse argumento aí quando eu *já tinha* tomado minha decisão".

Muitas vezes se diz que o presidente é mais elogiado do que deveria quando a economia vai bem e mais criticado do que deveria quando vai mal. É assim em tempos normais. Os fatores mais variados — como a decisão do Fed (sobre a qual o presidente não tem autoridade nenhuma) de aumentar ou baixar as taxas de juros, as vicissitudes do ciclo comercial, o mau tempo que atrasa projetos de construção ou a súbita alta de preços das matérias-primas provocada por conflitos do outro lado do mundo — têm mais impacto no dia a dia da economia do que qualquer coisa que o chefe do Executivo faça. Mesmo iniciativas importantes da Casa Branca, como um grande corte de impostos ou uma reforma significativa em algum setor, quase nunca produzem uma influência mensurável no crescimento do PIB ou nas taxas de desemprego durante meses ou até anos.

Sendo assim, a maioria dos presidentes trabalha sem saber quais são os impactos econômicos de suas ações. Nem os eleitores têm como avaliar. Há uma injustiça inerente nisso, acho: dependendo das coincidências temporais, o presidente pode ser punido ou recompensado nas urnas por coisas que estão inteiramente fora do seu controle. Por outro lado, isso também concede a uma gestão certa margem de erro, permitindo que os governantes estabeleçam políticas com um sentimento de segurança, sabendo que nem tudo depende dos acertos deles.

Em 2009, porém, a situação era outra. Nos primeiros cem dias de meu governo, não existia margem de erro. Cada medida contava. O país inteiro estava atento. Tínhamos reativado o sistema financeiro? Acabado com a recessão? Levado as pessoas de volta ao trabalho? Mantido as casas das pessoas? Nosso desempenho era divulgado diariamente para que todos vissem, com cada novo fragmento de dado econômico, cada reportagem ou cada notinha servindo como pretexto para julgamentos. Minha equipe e eu tínhamos isso em mente desde o minuto em que acordávamos até a hora de irmos de novo para a cama.

Às vezes acho que só a atividade intensa daqueles meses nos impediu de sucumbir ao estresse. Depois das decisões sobre a GM e a Chrysler, os pilares de nossa estratégia estavam basicamente prontos, o que significava que podíamos nos dedicar à implementação. A Força-Tarefa Automobilística negociou uma mudança na administração da GM, intermediou a negociação entre a Fiat e a Chrysler e ajudou a preparar um plano viável de concordata e reorganização das duas montadoras. Paralelamente, a equipe de habitação preparou o arcabouço dos programas Hamp e Harp. A redução de impostos e os subsídios previstos pela Lei de Recuperação aos estados entraram em vigor, com Joe Biden e seu competente chefe de gabinete, Ron Klain, encarregados de supervisionar os bilhões de dólares em projetos de infraestrutura, visando à máxima redução de desperdícios ou fraudes. E Tim e sua equipe do Tesouro, ainda operando com uma equipe reduzida, juntamente com o Fed, continuaram a apagar incêndios no sistema financeiro.

O ritmo era implacável. Quando eu me reunia com a equipe econômica de manhã, os rostos dos participantes sentados nas cadeiras e nos sofás que formavam uma ferradura no Salão Oval revelavam toda a sua exaustão. Mais tarde eu ficaria sabendo, através de relatos indiretos, que as pessoas chegavam a discutir aos berros durante as reuniões da equipe, uma consequência das diferenças de opinião sobre as medidas a serem adotadas, das batalhas burocráticas territoriais, dos vazamentos anônimos para a imprensa, da inexistência de fins de semana ou do excesso de refeições que se resumiam a pizza ou ensopado de carne com feijão do Refeitório da Marinha tarde da noite no térreo da Ala Oeste. Nada dessa tensão se consolidou na forma de um rancor genuíno ou atrapalhou a execução do trabalho. Fosse por profissionalismo, por respeito à presidência, pela consciência do que o fracasso poderia custar ao país ou pela solidariedade surgida entre eles por terem se tornado um alvo coletivo de ataques vindos de todos os cantos, o fato é que todos permaneceram mais ou menos unidos enquanto aguardávamos um sinal, qualquer sinal, de que nossos planos para acabar com a crise iam funcionar.

E finalmente, na segunda quinzena de abril, isso aconteceu. Tim passou pelo Salão Oval para me dizer que o Federal Reserve, que permanecera de boca fechada durante toda a análise que fez dos bancos, tinha deixado o Tesouro dar uma espiada preliminar nos resultados do teste de estresse.

"E então?", perguntei, tentando adivinhar pela expressão de Tim. "Que tal?"

"Bem, os números ainda vão passar por algumas revisões..."

Levantei os braços fingindo irritação.

"Melhor do que o esperado, sr. presidente", disse Tim.

"Ou seja?"

"Ou seja, parece que o pior já passou."

Das dezenove instituições de importância sistêmica submetidas ao teste de estresse, o Fed tinha dado a nove um atestado de boa saúde financeira, determinando que não precisariam levantar mais capital. Outros cinco bancos iam precisar de mais capital para atender os critérios do Fed, mas, apesar disso, pareciam robustos a ponto de conseguir financiamento de fontes privadas. Restavam cinco instituições (entre elas Bank of America, Citigroup e GMAC, o braço financeiro da General Motors) que provavelmente precisariam de apoio adicional do governo. Segundo o Fed, o déficit coletivo não passava de 75 bilhões — quantia que os fundos remanescentes do Tarp poderiam cobrir tranquilamente, se fosse preciso.

"Nunca duvidei", disse eu, com uma expressão séria, quando Tim acabou de falar.

Foi o primeiro sorriso que vi em seu rosto durante semanas.

Caso Tim tenha se sentido redimido pelos resultados do teste de estresse, não deixou transparecer. (Anos depois ele me confessaria que ouvir Larry Summers pronunciar as palavras "Você estava certo" foi muito satisfatório.) No entanto, mantivemos essa informação preliminar dentro do nosso pequeno círculo; a pior coisa que poderíamos fazer era comemorar antes da hora. Mas quando o Fed divulgou o relatório final, duas semanas depois, suas conclusões não tinham mudado e, apesar da persistente descrença de comentaristas políticos, o público que importava — os mercados financeiros — considerou a auditoria rigorosa e digna de crédito, inspirando uma nova onda de confiança. Investidores voltaram a injetar dinheiro em instituições financeiras quase na mesma velocidade com que tinham tirado. As empresas descobriram que poderiam voltar a tomar empréstimos para financiar suas operações diárias. Assim como o medo havia colaborado para agravar as perdas concretas que os bancos sofreram com a farra dos empréstimos subprime, o teste de estresse — combinado com as garantias robustas do governo dos Estados Unidos — dera um solavanco nos mercados, trazendo-os de volta ao território da racionalidade. Em junho, as dez instituições financeiras problemáticas tinham levantado mais de 66 bilhões de dólares em capital privado, ficando com um déficit de apenas 9 bilhões. O fundo de liquidez de emergência do Fed conseguiu reduzir seus investimentos no sistema financeiro em mais de dois terços. E os maiores bancos do país acertaram as contas com o Tesouro dos Estados Unidos, devolvendo os 67 bilhões de dólares em fundos do Tarp que tinham recebido — e com juros.

Quase nove meses depois do colapso do Lehman Brothers, parecia que o pânico tinha passado.

Mais de uma década já se passou desde aqueles dias perigosos do começo de minha gestão e, embora os detalhes sejam vagos para a maioria dos cidadãos, a maneira como meu governo lidou com a crise financeira ainda alimenta debates ferozes. Em termos estritos, é difícil contestar os resultados de nossas ações. Não só o setor bancário dos Estados Unidos se estabilizou bem antes de qualquer sistema europeu; o sistema financeiro e a economia em geral voltaram a crescer mais depressa do que os de qualquer outro país na história depois de um choque tão significativo. Se eu previsse, no dia de minha posse, que dentro de um ano o sistema financeiro dos Estados Unidos estaria estabilizado, que quase todos os fundos do Tarp estariam totalmente quitados (na verdade fazendo *render*, em vez de escoar, o dinheiro do contribuinte), e que a economia entraria no mais longo período de crescimento contínuo e de geração de empregos da história dos Estados Unidos, a maioria dos comentaristas e especialistas teria duvidado de minha sanidade mental — ou concluído que eu estava fumando alguma coisa mais forte do que tabaco.

Para muitos críticos mais reflexivos, no entanto, o problema é justamente eu ter arquitetado uma volta à normalidade vigente antes da crise — uma oportunidade perdida, ou mesmo uma traição pura e simples. De acordo com esse modo de ver as coisas, a crise financeira me ofereceu uma oportunidade única em uma geração de redefinir os padrões de normalidade, reformulando não apenas o sistema financeiro, mas toda a economia americana. Se eu pelo menos tivesse quebrado alguns grandes bancos e mandado para a cadeia alguns culpados de colarinho-branco, se eu pelo menos tivesse acabado com os exorbitantes pacotes de remuneração e com a cultura do "cara eu ganho" e "coroa você perde" de Wall Street, quem sabe hoje teríamos um sistema mais equitativo, que atendesse aos interesses das famílias trabalhadoras, e não de um punhado de bilionários.

Compreendo essas frustrações. Em diversos sentidos, são minhas também. Até hoje examino relatórios sobre a escalada da desigualdade nos Estados Unidos, a mobilidade social ascendente reduzida, os salários ainda estagnados, entendendo toda a raiva que resulta disso e todas as distorções que essas tendências despertam em nossa democracia, e me pergunto se não deveria ter sido mais audacioso naqueles primeiros meses, me dispondo a infligir mais sofrimento econômico no curto prazo em busca de uma ordem econômica alterada permanentemente e mais justa.

Esse pensamento me incomoda. Apesar disso, mesmo que eu pudesse voltar no tempo e tivesse uma segunda chance, não digo que faria escolhas diferentes. Em termos abstratos, todas as alternativas e as oportunidades perdidas que os críticos mencionam parecem plausíveis, como incidentes de enredo numa fábula moral. Mas, quando se entra em detalhes, cada uma das opções apresentadas — nacionalizar bancos, ampliar definições de leis criminais para processar executivos do mercado financeiro ou simplesmente deixar uma parte do sistema bancário entrar em colapso para evitar riscos morais — teria exigido uma violência contra a ordem social, uma reviravolta nas normas políticas e econômicas que quase certamente teria piorado as coisas. E não para os ricos e poderosos, que sempre dão um jeito de escapar.

Teria piorado justamente para as pessoas que eu estava tentando salvar. Na melhor das hipóteses, a economia levaria mais tempo para se recuperar, com mais desemprego, mais hipotecas executadas, mais negócios falidos. Na pior hipótese, poderíamos ter de fato mergulhado numa recessão em larga escala.

Uma alma mais revolucionária do que a minha responderia que mesmo assim teria valido a pena, que não é possível fazer omelete sem quebrar os ovos. Mas, apesar de estar sempre disposto a complicar minha vida em nome de uma ideia, eu não queria correr esse risco às custas do bem-estar de milhões de pessoas. Nesse sentido, meus primeiros cem dias de governo revelaram um traço fundamental de meu caráter político. Eu era um reformista, conservador em temperamento e talvez também em visão. Se estava demonstrando sabedoria ou fraqueza, cabia aos outros julgar.

De qualquer maneira, essas reflexões ocorreram mais tarde. No fim do primeiro semestre de 2009, o jogo estava apenas começando. Uma vez estabilizada a economia, eu teria mais tempo para levar a cabo as mudanças estruturais — em impostos, educação, energia, saúde, leis trabalhistas e imigração — que defendera durante a campanha, mudanças que tornariam o sistema fundamentalmente mais justo e ampliariam as oportunidades para os americanos comuns. Tim e sua equipe já estavam preparando opções para um abrangente pacote de reformas em Wall Street, que eu apresentaria mais tarde ao Congresso.

Nesse meio-tempo, eu tentava me conscientizar de que tínhamos evitado um desastre para o país, que nosso trabalho já apresentava algum fruto. O pagamento do seguro-desemprego para mais trabalhadores era fundamental para o sustento de famílias de todo o país. As reduções de impostos para pequenas empresas permitiam que mais trabalhadores continuassem empregados. Professores estavam nas salas de aulas, policiais faziam a ronda nas ruas. Uma fabricante de automóveis que ameaçara fechar ainda mantinha as portas abertas, e o refinanciamento de hipotecas impedia que alguém, em algum lugar, perdesse sua casa.

A ausência de catástrofe e a preservação da normalidade não chamavam atenção. A maioria das pessoas impactadas nem sequer se dava conta de que nossas políticas afetaram sua vida. Mas, vez por outra, enquanto lia tarde da noite na Sala do Tratado, eu deparava com uma carta na pasta roxa que começava mais ou menos assim:

Prezado presidente Obama,

Tenho certeza de que o senhor nunca vai ler isto, mas achei que gostaria de saber que um programa que o senhor criou foi realmente uma salvação.

Eu punha a carta na mesa depois de ler e pegava um cartão para escrever uma curta resposta. Imaginava a pessoa recebendo um envelope oficial da Casa Branca e abrindo com uma expressão de perplexidade, seguida de um sorriso. Mostraria a correspondência para a família, e talvez até levasse para o trabalho. Mais tarde, acabaria numa gaveta, esquecida debaixo da pilha de novas alegrias e novas tristezas que constituem a nossa vida. Tudo bem. Eu não esperava que as pessoas entendessem o quanto suas vozes eram importantes para mim — o quanto alimentavam meu espírito e afastavam dúvidas que se insinuavam naqueles solitários fins de noite.

13

Antes de minha posse, Denis McDonough, o principal consultor de política externa da minha campanha e futuro chefe de comunicações estratégicas do Conselho de Segurança Nacional, fez questão de que eu arranjasse uns trinta minutos para fazer uma coisa que considerava da mais alta prioridade.

"Precisamos ter certeza de que você sabe bater continência."

Denis não tinha servido no Exército, apesar de haver uma meticulosidade em seus movimentos, uma deliberação e um foco que faziam muita gente supor que tinha sido militar. Alto e magro, com mandíbulas salientes, órbitas profundas e cabelos grisalhos que o faziam parecer mais velho do que seus 39 anos, foi criado na cidadezinha de Stillwater, em Minnesota, um dos onze filhos de uma família operária católica irlandesa. Depois de sair da faculdade, viajou pela América Latina, foi professor de ensino médio em Belize e voltou para fazer mestrado em relações internacionais e trabalhar para Tom Daschle, então líder democrata no Senado. Em 2007, convidamos Denis para trabalhar como consultor de política externa em meu gabinete no Senado, e durante a campanha ele foi acumulando cada vez mais responsabilidades — ajudando a me preparar para debates, providenciando livros para consulta, cuidando de todos os aspectos de minha turnê internacional antes da convenção e discutindo interminavelmente com os jornalistas que nos seguiam.

Mesmo numa equipe de personalidades ambiciosas e competitivas, Denis se destacava. Se preocupava com detalhes, se oferecia como voluntário para as tarefas mais difíceis e ingratas, e ninguém era mais trabalhador do que ele: durante a campanha em Iowa, passava seu pouco tempo de folga fazendo propaganda de porta em porta, com a pá na mão para ajudar as pessoas a limparem a neve depois de uma tempestade mais severa, na esperança de atraí-las para o *caucus*. Essa mesma indiferença ao próprio bem-estar físico que o levara a entrar na equipe de futebol americano da faculdade como *strong safety* apesar de não ter tamanho para isso podia causar problemas — na Casa Branca, certa vez tive que mandá-lo para casa quando fiquei sabendo que trabalhara doze horas sem parar, mesmo gripado. Cheguei a desconfiar de que houvesse um fervor religioso por trás dessa intensidade e, embora um caráter iconoclasta (além de sua adoração pela mulher, Kari) o mantivesse longe da igreja, ele encarava o trabalho como missão e como forma de abnegação.

Agora, como parte das suas boas ações aqui na terra, Denis achava ser de seu dever me preparar para meu primeiro dia como comandante-chefe. Na véspera da posse, convidou dois militares — um deles Matt Flavin, jovem veterano da Marinha que serviria como encarregado de assuntos de veteranos na Casa Branca — ao escritório de transição para avaliar minha competência. Começaram mostrando um monte de fotos de outros presidentes batendo continência da forma errada — pulsos fracos, dedos dobrados, George W. Bush tentando fazer a saudação com o cachorro no colo. Depois examinaram meu estilo, que aparentemente nada tinha de brilhante.

"Cotovelo um pouco mais para fora, senhor", disse um deles.

"Dedos mais juntos, senhor", instruiu o outro. "As pontas devem estar na altura da sobrancelha."

Depois de uns vinte minutos, porém, meus instrutores pareciam satisfeitos. Depois que saíram, me virei para Denis.

"Tem mais alguma coisa deixando você nervoso?", perguntei, provocando.

Denis sacudiu a cabeça, sem muita convicção.

"Nervoso, não, sr. presidente eleito. Só quero que estejamos preparados."

"Para quê?"

Denis sorriu.

"Para tudo."

Diz o lugar-comum que a função mais importante do presidente é garantir a segurança do povo americano. Dependendo de suas predisposições políticas, e de seu mandato eleitoral, você pode ter um ardente desejo de melhorar o sistema público de educação, de reinstituir o hábito de fazer preces religiosas em sala de aula, de elevar o salário mínimo ou de enfraquecer os sindicatos do setor público. Mas, seja republicano ou democrata, a única coisa que deve ser uma obsessão do presidente, a fonte da tensão crônica e implacável escondida nas camadas mais profundas de seu ser a partir do momento em que se elege, é a consciência de que todos contam com você para protegê-los.

A maneira de encarar a tarefa vai depender de como você define as ameaças que o país enfrenta. Qual é nosso maior temor? A possibilidade de um ataque nuclear russo, ou de que um erro de cálculo burocrático, ou um problema de funcionamento de um software, lance por engano uma das nossas ogivas nucleares? Um homem-bomba explodindo num metrô, ou o governo, a pretexto de nos proteger de fanáticos, acessando nossas contas de e-mail? É a escassez de gasolina decorrente de interrupções no suprimento de petróleo estrangeiro, a elevação do nível dos oceanos, o superaquecimento do planeta? É uma família de imigrantes que atravessa um rio às escondidas em busca de uma vida melhor, ou uma doença pandêmica, incubada pela pobreza e pela falta de serviços públicos num país pobre do exterior, que chega de forma invisível até nossas casas?

Durante a maior parte do século XX, para a maioria dos americanos, o motivo e o objetivo de existência de nossa defesa nacional pareciam muito claros. Havia a possibilidade de sermos atacados por uma grande potência, ou de sermos arrastados para um conflito entre grandes potências, ou de interesses vitais dos Estados Unidos — de acordo com a definição dos sábios de Washington — serem ameaçados por algum agente estrangeiro. No contexto do pós-Segunda Guerra Mundial, havia os soviéticos e os comunistas chineses e seus simpatizantes (reais ou supostos), ostensivamente determinados a dominar o mundo e acabar com nosso modo de vida. Então vieram os ataques terroristas originários do Oriente Médio, de início na periferia do nosso campo de visão, assustadores mas administráveis, até que, poucos meses depois de iniciado um novo século, a imagem das Torres Gêmeas reduzidas a pó tornou palpáveis nossos piores temores.

Cresci com muitos desses medos gravados em mim. No Havaí, conheci famílias que perderam entes queridos em Pearl Harbor. Meu avô, o irmão dele e o irmão de minha avó combateram na Segunda Guerra Mundial. Fui criado achando que um conflito nuclear era uma possibilidade bastante real. No ensino fundamental, vi na TV imagens mostrando atletas olímpicos massacrados por homens de máscara em Munique; na faculdade, ouvia Ted Koppel contar todos os dias quanto tempo durava o cativeiro dos reféns americanos no Irã. Jovem demais para ter conhecido em primeira mão a angústia do Vietnã, eu testemunhara apenas a honra e a moderação de nossos militares durante a Guerra do Golfo e, como a maioria de nossos cidadãos, via nossas operações militares no Afeganistão depois do Onze de Setembro como necessárias e justas.

Mas outro conjunto de histórias também — diferente, mas não contraditório — tinha deixado fortes impressões em mim sobre o que os Estados Unidos significavam para aqueles que viviam no mundo fora de suas fronteiras, o poder simbólico de um país construído segundo os ideais de liberdade. Me lembro do tempo em que, com sete ou oito anos, eu me sentava no chão frio de ladrilhos de nossa casa nos arredores de Jacarta, mostrando orgulhosamente a meus amigos um livro de fotos de Honolulu, com seus arranha-céus, suas ruas iluminadas e largas, suas estradas asfaltadas. Jamais esquecerei a admiração estampada no rosto deles quando eu respondia a suas perguntas sobre a vida nos Estados Unidos, explicando que todos frequentavam escolas com muitos livros, e que não havia mendigos, porque todos tinham emprego e comida. Mais tarde, em minha juventude, vi o impacto causado por minha mãe trabalhando com organizações como a USAID para ajudar mulheres em distantes vilarejos asiáticos a terem acesso ao crédito, e a eterna gratidão delas pelos americanos que, a um oceano de distância, se preocupavam com suas dificuldades. Em minha primeira visita ao Quênia, me sentei com parentes que eu acabara de conhecer e que me falaram de sua admiração pela democracia e pelo estado de direito americanos — um contraste, segundo eles, com o tribalismo e a corrupção que afligiam seu país.

Momentos como esses me ensinaram a enxergar meu país através dos olhos de outras pessoas. Eu me dava conta da sorte que tinha de ser americano, e que era preciso valorizar essas benesses. Eu vi, em primeira mão, a força exercida por nosso exemplo no pensamento e no sentimento das pessoas mundo afora. Mas isso trazia outra lição: a consciência do que arriscávamos quando nossas ações deixavam de corresponder a nossa imagem e a nossos ideais, a raiva e o ressentimento que isso gerava, o dano causado. Quando ouvia indonésios falarem das centenas de milhares de pessoas massacradas em um golpe — apoiado pela CIA, segundo muitos acreditavam — que instalou no poder uma ditadura militar em 1967, ou quando ambientalistas latino-americanos contavam em detalhes que empresas americanas estavam poluindo a natureza em seus países, ou simpatizava com amigos indiano-americanos ou paquistano-americanos que relatavam as incontáveis vezes em que foram parados para revistas "aleatórias" em aeroportos desde o Onze de Setembro, eu sentia que as defesas dos Estados Unidos enfraqueciam — via fendas na armadura que, ao longo do tempo, tornavam nosso país menos seguro.

Essa visão de ambos os lados da moeda, tanto quanto a cor da minha pele, me distinguia dos presidentes que vieram antes de mim. Para meus apoiadores, era uma força definidora de uma política externa, que me permitia ampliar a influência dos Estados Unidos no mundo e prever problemas que poderiam resultar de medidas imprudentes. Para meus detratores, era sinal de fraqueza, suscitando a desconfiança de que eu poderia hesitar na defesa dos interesses do país por falta de convicção ou mesmo por lealdades conflitantes. Para alguns americanos, era ainda pior. Ter o filho de um negro africano com um nome muçulmano e ideias socialistas instalado na Casa Branca, com toda a força do governo dos Estados Unidos sob seu comando, era justamente o tipo de situação da qual eles queriam ser defendidos.

Quanto aos altos escalões da minha equipe de segurança nacional, todos eles se consideravam internacionalistas, em maior ou menor medida: acreditavam que a liderança dos Estados Unidos era necessária para que o mundo andasse na direção certa, e que nossa influência se dava de muitas formas. Nem mesmo os integrantes mais liberais de minha equipe, como Denis, tinham dúvidas sobre o uso da "força bruta" para perseguir terroristas. Na verdade, desprezavam os críticos de esquerda que ganhavam a vida acusando os Estados Unidos de todos os problemas do mundo. Os mais belicosos de minha equipe, por sua vez, também entendiam a importância da diplomacia e consideravam o exercício do chamado poder de convencimento, como ajuda estrangeira e programas de intercâmbio de estudantes, um ingrediente essencial para uma política externa eficiente.

A questão a ser discutida era de ênfase. Qual deveria ser nosso grau de preocupação com pessoas fora de nossas fronteiras, e até que ponto deveríamos nos preocupar apenas com nossos próprios cidadãos? Até que ponto nosso destino estava de fato atrelado ao destino de povos estrangeiros? Até que ponto deveriam os Estados Unidos se prender a instituições multilaterais como a onu, e até que ponto deveríamos cuidar nós mesmos de nossos interesses? Deveríamos nos alinhar com regimes autoritários que ajudam a manter sob controle um possível caos — ou a jogada mais inteligente a longo prazo seria a defesa das forças de reforma democrática?

A posição de membros de meu governo a esse respeito nem sempre era previsível. Mas em nossos debates internos era possível perceber uma certa divisão geracional. Com exceção de Susan Rice, minha jovem embaixadora na onu, as principais figuras da minha equipe de segurança nacional — os secretários Gates e Clinton, o diretor da cia, Leon Panetta, os membros do Estado-Maior Conjunto, assim como meu conselheiro de segurança nacional, Jim Jones, e o diretor de inteligência nacional, Denny Blair — chegaram à idade adulta no auge da Guerra Fria e passaram décadas como parte do establishment do setor em Washington: uma densa rede de formuladores de políticas da Casa Branca, ex-membros dessas equipes, funcionários do Congresso, intelectuais, chefes de *think tanks*, militares de altas patentes do Pentágono, colunistas de jornal, prestadores de serviços para as Forças Armadas e lobistas. Para eles, uma política externa responsável significava continuidade, previsibilidade e relutância em se afastar demais da opinião predominante. Foi esse impulso que levou a maioria a apoiar a invasão do Iraque; e, se o desastre resultante os obrigara a reconsiderar aquela decisão em particular, ainda assim não estavam inclinados a indagar se a corrida bipartidária para o Iraque não indicaria a necessidade de uma grande reforma da estrutura de segurança nacional dos Estados Unidos.

Os mais jovens da minha equipe de segurança nacional, incluindo a maioria dos funcionários do nsc, tinham outras ideias. Não menos patriotas do que seus chefes, escaldados pelos horrores do Onze de Setembro e por imagens de prisioneiros iraquianos maltratados por militares americanos em Abu Ghraib, muitos foram atraídos para minha campanha justamente porque eu estava disposto a contestar os pressupostos do que costumávamos chamar de "cartilha de Washington" — fosse revendo nossa política para o Oriente Médio, nossa postura em relação a Cuba, nossa relutância em usar a diplomacia com adversários, nossa necessidade de restaurar salvaguardas jurídicas na luta contra o terror, ou encarando a promoção dos direitos humanos, do desenvolvimento internacional e do combate às mudanças climáticas não como atos de altruísmo, e sim como aspectos centrais para nossa segurança nacional. Nenhum desses jovens funcionários tinha o perfil de agitador, e todos respeitavam o conhecimento institucional daqueles que contavam com experiência em política externa. Mas não faziam questão de esconder de ninguém seu desejo de romper com algumas das limitações do passado, em busca de coisa melhor.

Às vezes, o atrito entre a nova e a velha guarda dentro de minha equipe de política externa vinha a público. Quando isso ocorria, a imprensa costumava atribuir a discórdia à impertinência juvenil de minha equipe e à falta de compreensão básica de como as coisas funcionavam em Washington. Não era esse o caso. Na verdade, era justamente porque funcionários como Denis sabiam como as coisas funcionavam em Washington — por terem visto como a burocracia de política externa era capaz de procrastinar, interpretar mal, esconder, executar de qualquer jeito ou resistir a novas diretrizes de um presidente — que acabavam discordando totalmente do Pentágono, do Departamento de Estado e da CIA.

E, nesse sentido, a tensão que surgiu na nossa equipe de política externa era produto de uma ação deliberada de minha parte, uma maneira de resolver as tensões dentro de minha própria cabeça. Eu me imaginava na ponte de comando de um porta-aviões, certo de que os Estados Unidos precisavam seguir um novo curso, mas dependente por completo de uma tripulação mais experiente e por vezes cética para executar essa mudança de rumo, ciente de que o navio tinha suas limitações e que uma guinada muito brusca poderia levar ao desastre. Por maiores que fossem os riscos, comecei a perceber que governar, especialmente no âmbito da segurança nacional, era mais do que executar ações políticas bem fundamentadas. Levar em conta os costumes e os rituais era importante. Símbolos e protocolos eram importantes. Linguagem corporal era importante.

Aprendi a bater continência.

No começo de cada dia de minha presidência, eu encontrava uma pasta de couro à minha espera na mesa do café da manhã. Michelle a chamava de "O Livro da Morte, da Destruição e das Coisas Horríveis", embora oficialmente fosse conhecida como a Sinopse Diária do Presidente (PDB). Ultrassecreta, em geral com dez ou quinze páginas, e preparada à noite pela CIA em conjunto com outras agências de inteligência, a PDB tinha como objetivo oferecer ao presidente um resumo dos acontecimentos mundiais e das análises de inteligência, em especial qualquer coisa que pudesse afetar a segurança nacional dos Estados Unidos. Num dia qualquer, eu podia ler a respeito de células terroristas na Somália, de um tumulto no Iraque ou de um novo tipo de arma que chineses ou russos estariam desenvolvendo. Quase sempre havia menção a possíveis conspirações terroristas, ainda que vagas, baseadas em fontes precárias ou então impraticáveis — uma espécie de excesso de rigor por parte da comunidade de inteligência para evitar críticas a posteriori como as que transpiraram depois do Onze de Setembro. Na maioria das vezes, o que eu lia na PDB não exigia resposta imediata. O objetivo era manter uma contínua atualização sobre tudo que se passava no mundo, alterações grandes, pequenas e às vezes quase imperceptíveis que ameaçassem afetar o equilíbrio que tentávamos manter.

Depois de ler o documento, eu me dirigia ao Salão Oval para uma versão ao vivo dos comunicados dos membros do Conselho de Segurança Nacional e funcionários da inteligência, na qual examinávamos os tópicos urgentes. Os homens que dirigiam essas reuniões — Jim Jones e Denny Blair — eram ex-oficiais de quatro estrelas que eu conheci quando atuava no Senado (Jones foi comandante supremo aliado na Europa, e Blair acabava de se aposentar do cargo de almirante-chefe do Comando Americano no Pacífico). Fisicamente, correspondiam ao estereótipo — altos, em boa forma, cabelos grisalhos cortados rente, porte elegante — e, embora originalmente eu os consultasse em questões militares, ambos tinham orgulho do que consideravam ser uma visão abrangente das prioridades de segurança nacional. Jones, por exemplo, dava grande atenção à África e ao Oriente Médio, e depois de ir para a reserva se envolvera em ações de segurança na Cisjordânia e em Gaza. Blair escreveu copiosamente sobre a importância da diplomacia econômica e cultural como forma de fazer face à ascensão da China. Como resultado disso, os dois ocasionalmente traziam analistas e especialistas para participar das sessões matinais da PDB e me instruir sobre assuntos gerais e de longo prazo: as implicações do crescimento econômico na manutenção do processo de democratização na África Subsaariana, digamos, ou os possíveis efeitos da mudança climática em futuros conflitos regionais.

O mais comum, porém, era nossas discussões matinais se concentrarem em problemas correntes ou potenciais: golpes, armas nucleares, protestos violentos, conflitos de fronteira e, principalmente, guerra.

A guerra no Afeganistão, que viria a ser a mais longa da história americana.

A guerra no Iraque, da qual ainda participavam quase 150 mil soldados dos Estados Unidos.

A guerra contra a al-Qaeda, que ativamente recrutava discípulos, construindo uma rede de afiliados e planejando ataques inspirados na ideologia de Osama bin Laden.

Os custos acumulados do que tanto o governo Bush quanto a mídia descreviam como uma única e abrangente "guerra contra o terrorismo" eram assombrosos: quase 1 trilhão de dólares gastos, mais de 3 mil soldados americanos mortos, cerca de 30 mil feridos. O impacto sobre civis iraquianos e afegãos era ainda maior. A campanha do Iraque, em particular, tinha dividido o país e desgastado alianças. Enquanto isso, o uso de rendições extraordinárias, prisões secretas, afogamentos simulados, detenções por tempo indefinido sem julgamento em Guantánamo e a ampliação da vigilância interna na luta mais ampla contra o terrorismo levaram pessoas dentro e fora dos Estados Unidos a duvidar do compromisso do país com o estado de direito.

Eu tinha proposto posições que me pareciam muito claras sobre todas essas questões durante a campanha. Mas isso foi quando eu não estava diretamente envolvido, antes de ter sob minhas ordens centenas de milhares de soldados e uma infraestrutura de segurança nacional em expansão. Qualquer novo ataque terrorista ocorreria sob meu governo. Qualquer vida americana perdida ou comprometida, dentro ou fora do país, pesaria exclusivamente em minha consciência. Essas guerras passaram a ser minhas.

Meu objetivo imediato era rever cada aspecto de nossa estratégia militar, para podermos adotar uma atitude cuidadosa sobre o que viria em seguida. Graças ao Status of Forces Agreement (SOFA) que o presidente Bush e o primeiro-ministro Maliki assinaram quase um mês antes de minha posse, as linhas gerais da retirada americana do Iraque tinham sido em grande parte estabelecidas. As forças de combate americanas precisavam estar fora de cidades e vilarejos iraquianos até o fim de junho de 2009, e todas as tropas sairiam do país até o fim de 2011. A única questão pendente era se podíamos ou devíamos andar mais rápido. Durante a campanha, eu me comprometera a remover as forças de combate americanas do Iraque em dezesseis meses a contar da posse, mas depois da eleição tinha dito a Bob Gates que estava disposto a demonstrar flexibilidade quanto ao ritmo da retirada, desde que respeitássemos os parâmetros do SOFA — um reconhecimento de que pôr fim a uma guerra não é uma ciência exata, de que comandantes enterrados até o pescoço na luta mereciam respeito quando se tratava de tomar decisões táticas, e de que novos presidentes não podem simplesmente rasgar acordos assinados por seus antecessores.

Em fevereiro, Gates e nosso recém-instalado comandante no Iraque, o general Ray Odierno, me apresentaram um plano para retirar as forças de combate americanas do país em dezenove meses — três meses depois do prazo que eu tinha proposto durante a campanha, mas quatro meses antes do que comandantes militares vinham pedindo. O plano também previa a manutenção de uma força residual de 40 mil a 55 mil militares não combatentes para treinar e ajudar as Forças Armadas iraquianas, permanecendo no país até o fim de 2011. Na Casa Branca, houve quem questionasse a necessidade dos três meses adicionais, e do tamanho da força residual, argumentando que tanto os democratas do Congresso como o povo americano eram favoráveis a uma saída rápida, e não a uma extensão de prazo.

Aprovei o plano de Odierno mesmo assim, indo a Camp Leneune, na Carolina do Norte, para anunciar a decisão diante de milhares de fuzileiros navais em clima de festa. Apesar de me opor com firmeza à decisão original que levou à invasão, eu acreditava que os Estados Unidos tinham um interesse estratégico e humanitário na estabilidade do Iraque. Com as tropas de combate programadas para deixar centros mais populosos do país em apenas cinco meses nos termos do SOFA, a exposição dos nossos militares a combates acirrados, franco-atiradores e artefatos explosivos improvisados (IEDS) seria bastante reduzida enquanto executássemos o restante da retirada. E, levando em conta a fragilidade do novo governo iraquiano, o andrajoso estado de suas forças de segurança, a presença ainda ativa da al-Qaeda no Iraque (AQI) e os níveis altíssimos de violência sectária no país, fazia sentido usar a presença de forças residuais como uma espécie de apólice de seguro contra o retorno ao caos.

"Quando sairmos", eu disse a Rahm, explicando minha decisão, "a última coisa que quero no mundo é termos que voltar."

Se chegar a um plano para o Iraque foi relativamente fácil, descobrir uma maneira de sair do Afeganistão era tudo menos isso.

Ao contrário da Guerra do Iraque, a campanha afegã sempre me pareceu uma necessidade. Embora as ambições do Talibã estivessem confinadas ao Afeganistão, seus líderes continuavam de certa forma aliados à al-Qaeda, e se recuperassem o poder o país poderia voltar a servir de base para ataques terroristas contra os Estados Unidos e seus aliados. Além disso, o Paquistão não tinha demonstrado capacidade nem vontade de desalojar a cúpula da al-Qaeda de seus refúgios numa região remota, montanhosa e praticamente fora do alcance do governo na fronteira entre o Afeganistão e o Paquistão. Isso significava que nossa capacidade de localizar e destruir a rede terrorista dependia de permissão do governo afegão para que militares e equipes de inteligência dos Estados Unidos operassem em seu território.

Infelizmente, o desvio por seis anos das atenções e dos recursos dos Estados Unidos para o Iraque contribuíra para tornar a situação no Afeganistão mais perigosa. Apesar de termos mais de 30 mil soldados americanos e quase o mesmo número de tropas da coalizão internacional no país, o Talibã controlava grandes faixas de território, em especial as regiões ao longo da fronteira com o Paquistão. Em lugares onde forças dos Estados Unidos e da coalizão estavam ausentes, os combatentes do Talibã subjugavam um exército afegão bem mais numeroso, porém mal treinado. Enquanto isso, a má administração e a corrupção desenfreada dentro das forças policiais, dos governos distritais e dos ministérios mais importantes comprometiam a legitimidade do governo de Hamid Karzai e desviavam os dólares de ajuda externa tão necessários para melhorar as condições de vida de uma das populações mais pobres do mundo.

A falta de uma estratégia coerente dos Estados Unidos não ajudava em nada. Dependendo da pessoa com que falávamos, nossa missão no Afeganistão era muito estreita (eliminar a al-Qaeda) ou muito ampla (transformar o país num Estado moderno, democrático, alinhado com o Ocidente). Repetidas vezes, nossos fuzileiros navais e nossos soldados expulsavam o Talibã de uma área só para ver seus esforços desperdiçados por falta de um governo local minimamente capaz. Fosse por excesso de ambição, por corrupção ou por desinteresse afegão, os programas de desenvolvimento patrocinados pelos Estados Unidos com frequência não tinham seus compromissos cumpridos, enquanto a concessão de gigantescos contratos pelos americanos a algumas das empresas mais suspeitas de Cabul prejudicava o próprio combate à corrupção destinado a conquistar a simpatia do povo afegão.

Diante de tudo isso, eu disse a Gates que minha prioridade era garantir que nossas agências, tanto civis como militares, se agrupassem em torno de uma missão claramente definida e de uma estratégia coordenada. Ele não discordou. Como vice-diretor da CIA nos anos 1980, Gates ajudara a supervisionar o fornecimento de armas para os *mujahidin* afegãos em sua luta contra a ocupação soviética de seu país. A experiência de ver os pouco organizados insurgentes sangrarem o poderoso Exército Vermelho, obrigando-o a uma retirada — e de ver elementos dessa mesma insurgência formarem a al-Qaeda —, havia tornado Gates dolorosamente cioso das consequências indesejadas de qualquer ação irrefletida. A não ser que definíssemos objetivos limitados e realistas, disse ele, "estaremos nos condenando ao fracasso".

O chefe do Estado-Maior Conjunto, almirante Mike Mullen, também achava necessária uma nova estratégia para o Afeganistão. Mas havia um complicador: ele e nossos comandantes militares queriam que eu antes autorizasse o envio imediato de mais 30 mil soldados.

Para ser justo com Mullen, o pedido, que viera do comandante no Afeganistão das Forças Internacionais de Assistência à Segurança (ISAF), general Dave McKiernan, estava pendente havia meses. Durante a transição, o presidente Bush tentou descobrir se queríamos que ele ordenasse o envio antes de minha posse, mas indicamos que nossa preferência era aguardar até que a nova equipe tivesse avaliado completamente a situação. Segundo Mullen, o pedido de McKiernan não podia mais esperar.

Na primeira reunião plena do Conselho de Segurança Nacional, realizada na Sala de Crise da Casa Branca (com frequência chamada pela abreviação "Sit Room") apenas dois dias depois da posse, Mullen tinha explicado que o Talibã provavelmente lançaria uma ofensiva no verão e precisaríamos ter brigadas adicionais na região antes disso para tentar enfraquecê-la. Informou também que outra preocupação de McKiernan era garantir segurança adequada para a eleição presidencial, originalmente agendada para maio, mas que seria adiada para agosto. Se quiséssemos que as tropas estivessem lá a tempo de cumprir essas missões, disse Mullen, tínhamos que começar a agir imediatamente.

Influenciado pelo que via nos filmes, sempre imaginei que a Sala de Crise fosse um espaço amplo e futurista, cercado por telas do chão ao teto cheias de imagens de satélite de alta resolução e sinais de radares, fervilhando de pessoas em trajes elegantes manejando engenhocas e aparelhos de última geração. A realidade era bem menos espetaculosa: apenas uma pequena sala de reuniões, sem charme, parte de um conjunto de pequenos escritórios espremidos num canto do primeiro andar da Ala Oeste. As janelas eram bloqueadas por persianas comuns de madeira; tudo que havia nas paredes eram relógios digitais marcando a hora em várias capitais do mundo e algumas TVs de tela plana não maiores do que a de qualquer bar onde as pessoas se reúnem para ver competições esportivas. Era tudo muito apertado. Os principais membros do conselho se sentavam em volta de uma mesa comprida, com vários assessores e funcionários amontoados em cadeiras ao longo das paredes laterais.

"Só para eu entender", falei para Mullen, tentando não parecer cético demais, "depois de quase cinco anos trabalhando com 20 mil soldados americanos, ou menos, e depois de mandar mais 10 mil nos últimos vinte meses, mais ou menos, a avaliação do Pentágono é que não podemos esperar mais dois meses antes de decidir *dobrar* o volume de tropas?" Ressaltei que eu não era contra mandar mais soldados — durante a campanha, prometi mais duas brigadas para o Afeganistão quando a retirada do Iraque começasse. Mas, levando em conta que todos na sala tinham concordado que devíamos trazer um conceituado ex-analista da CIA e especialista em Oriente Médio chamado Bruce Riedel para conduzir uma avaliação de sessenta dias destinada a estabelecer nossa estratégia afegã, mandar mais 30 mil soldados para o Afeganistão antes de terminado o estudo era como colocar o carro na frente dos bois. Perguntei a Mullen se um número menor de unidades não seria suficiente por ora.

Ele me disse que a decisão final era minha, acrescentando que qualquer redução no número ou qualquer novo atraso representariam um risco mais substancial.

Eu deixei os outros falarem. David Petraeus, recém-chegado de sua missão bem-sucedida no Iraque e elevado à chefia do Comando Central (que supervisionava todas as missões militares no Oriente Médio e na Ásia Central, incluindo Iraque e Afeganistão), insistiu para que eu aprovasse o pedido de McKiernan. Hillary e Panetta também, o que não me surpreendeu. Apesar da competência com que ambos administravam suas agências, em razão de seus instintos belicosos e antecedentes políticos, eles sempre relutavam em contrariar qualquer recomendação vinda do Pentágono. Em conversas particulares, Gates me disse que sentia certa ambivalência num aumento tão significativo de nossa presença no Afeganistão. Mas, por seu papel institucional, eu não esperava que ele contrariasse diretamente uma recomendação dos chefes.

Entre os detentores de cargos mais altos, só Joe Biden manifestou dúvidas. Tinha ido a Cabul a meu pedido durante a transição, e o que viu e ouviu durante a viagem — em especial durante um encontro tenso com Karzai — o convencera de que precisávamos repensar nossa atuação como um todo no Afeganistão. Eu sabia que Joe ainda se sentia mal por ter apoiado a invasão do Iraque anos antes. Fossem quais fossem suas razões, ele via o Afeganistão como um atoleiro perigoso, e insistia comigo para adiar o envio de mais unidades, sugerindo que seria mais fácil mandar tropas quando tivéssemos uma boa estratégia do que tentar uma retirada depois de fazer uma trapalhada com uma estratégia ruim.

Em vez de decidir no ato, encarreguei Tom Donilon de convocar os vices do NSC ao longo da semana seguinte para definir com mais exatidão como as tropas adicionais seriam usadas e se enviá-las poucos meses depois seria viável do ponto de vista logístico. Voltaríamos ao assunto, disse eu, quando tivéssemos uma resposta. Com a reunião adiada, saí da sala e, quando subia a escada para o Salão Oval, Joe me alcançou e me agarrou pelo braço.

"Escuta, chefe", disse ele. "Talvez eu esteja aqui nesta cidade há mais tempo do que deveria, mas uma coisa que eu sei identificar é quando generais estão tentando enquadrar um novo presidente." Ele encostou o rosto no meu e me disse em voz alta, fazendo de conta que sussurrava: "Não deixe colocarem você contra a parede".

Em relatos posteriores de nossas deliberações sobre o Afeganistão, Gates e outros identificariam Biden como uma das principais vozes discordantes que envenenaram as relações entre a Casa Branca e o Pentágono. A verdade é que, a meu ver, Joe estava me prestando um serviço ao fazer questionamentos duros sobre os planos dos militares. Ter pelo menos alguém do contra na sala nos obrigava a refletir mais e melhor sobre as questões — e me dei conta de que todos ficavam um pouco mais soltos para expressar suas opiniões se essa pessoa não fosse eu.

Jamais pus em dúvida os motivos de Mullen ou dos outros chefes e comandantes da cúpula das Forças Armadas. Sempre considerei Mullen — natural de Los Angeles, seus pais tinham trabalhado na indústria do entretenimento — um sujeito afável, preparado, receptivo e profissional. Seu vice, o general de quatro estrelas do Corpo de Fuzileiros Navais James "Hoss" Cartwright, tinha um jeito discreto, pensativo, que jamais associaríamos a um ex-piloto de caça, mas, quando se manifestava, sua fala era repleta de conhecimento minucioso e de soluções criativas para os mais variados aspectos das questões de segurança nacional. Apesar das diferenças de temperamento, tanto Mullen como Cartwright tinham os atributos que me pareciam comuns às altas patentes militares: eram homens brancos (quando assumi, havia nas Forças Armadas apenas uma mulher e um negro entre os generais de quatro estrelas), de cinquenta e tantos ou sessenta e poucos anos, que passaram décadas galgando a hierarquia, acumulando um histórico de serviços excepcionais e, em muitos casos, títulos de mestrado e doutorado. Eram bem informados e sofisticados em sua visão de mundo e, contrariando o estereótipo, compreendiam muito bem os limites da ação militar, exatamente por terem comandado tropas em combate. Na verdade, durante meus oito anos como presidente, foram os generais, e não os civis, que me aconselharam moderação no uso da força.

Ainda assim, homens como Mullen eram crias do sistema ao qual dedicaram toda a vida adulta — as Forças Armadas dos Estados Unidos, que se orgulhavam de cumprir qualquer missão iniciada, independentemente do custo, da duração ou de estar certa ou errada, para começo de conversa. No Iraque, isso tinha significado uma necessidade crescente de uma quantidade cada vez maior de tudo: mais tropas, mais bases, mais agentes privados, mais aviões — mais inteligência, vigilância e reconhecimento (ISR). Isso não tinha resultado em vitória, mas pelo menos evitara uma derrota humilhante e salvara o país do colapso absoluto. Àquela altura, quando parecia que o Afeganistão estava indo para o mesmo buraco, talvez fosse natural que a cúpula militar quisesse ampliar as operações por lá também. E, como até pouco tempo antes tinham trabalhado com um presidente que raramente questionava seus planos ou negava seus pedidos, talvez fosse inevitável também que o debate em termos de "mais quanto?" se tornasse uma fonte recorrente de discórdia entre o Pentágono e a Casa Branca.

Em meados de fevereiro, Donilon informou que os vices tinham passado um pente-fino no pedido do general McKiernan e concluído que não mais de 17 mil soldados, juntamente com 4 mil instrutores militares, poderiam ser enviados a tempo de produzir um impacto significativo na temporada de combates do verão ou na segurança das eleições afegãs. Apesar de faltar um mês para concluirmos nossa avaliação formal, todos os ocupantes de altos cargos, à exceção de Biden, recomendaram que despachássemos de imediato aquele contingente. Dei a ordem em 17 de fevereiro, no mesmo dia em que assinei a Lei de Recuperação, com a consciência de que mesmo a estratégia mais conservadora que pudéssemos traçar exigiria mais recursos humanos e sabendo que dispúnhamos de mais 10 mil soldados de reserva, caso as circunstâncias exigissem sua mobilização também.

Um mês depois, Riedel e sua equipe terminaram o relatório. Sua avaliação não trouxe surpresas, mas nos ajudou a enunciar nosso principal objetivo: "perturbar, desmantelar e derrotar a al-Qaeda no Paquistão e no Afeganistão e impedir sua volta a qualquer um dos dois países no futuro".

A ênfase adicional no Paquistão foi essencial: não só as forças militares paquistanesas (e em particular seu braço de inteligência, o ISI) toleravam a presença do quartel-general e da cúpula do Talibã em Quetta, perto da fronteira do Afeganistão, como também ajudavam silenciosamente o Talibã como uma forma de manter fraco o governo afegão e de se proteger de uma possível aliança de Cabul com sua arquirrival Índia. O fato de o governo dos Estados Unidos ter tolerado por tanto tempo esse comportamento de um suposto aliado — apoiando-o com bilhões de dólares em ajuda militar e econômica apesar de sua cumplicidade com extremistas violentos e de seu histórico de proliferador significativo e irresponsável de tecnologia de armas nucleares no mundo — era um sinal indicativo da lógica inconsistente da política externa americana. No curto prazo, pelo menos, o corte total da ajuda militar ao Paquistão era inviável, uma vez que não só dependíamos de rotas terrestres através do país para abastecer nossas operações em solo afegão, como também o governo paquistanês facilitava tacitamente nossos esforços contraterroristas em acampamentos da al-Qaeda a partir de seu território. Uma coisa, porém, o relatório de Riedel deixava clara: se o Paquistão não parasse de dar guarida ao Talibã, nossos esforços para alcançar uma estabilidade de longo prazo no Afeganistão estavam condenados ao fracasso.

As demais recomendações do relatório diziam respeito à criação de estruturas sólidas. Precisávamos melhorar drasticamente a capacidade do governo de Karzai de governar e oferecer serviços básicos. Precisávamos treinar o Exército e a força policial do Afeganistão para que tivessem competência e tamanho suficientes para garantir a segurança dentro das fronteiras do país sem a ajuda de forças americanas. Sobre como fazer tudo isso, o documento continuava muito vago. O que estava claro, entretanto, era que o envolvimento dos Estados Unidos recomendado pelo relatório de Riedel ia muito além da estratégia básica de enfrentamento do terrorismo e levava em conta a necessidade de construção de uma nação, o que provavelmente faria sentido — caso tivéssemos começado sete anos antes, quando expulsamos o Talibã de Cabul.

Não foi o que fizemos, claro. Na verdade, tínhamos invadido o Iraque, quebrado o país, ajudado a produzir um braço ainda mais virulento da al-Qaeda, e no fim fomos obrigados a improvisar uma custosa campanha local contra a insurgência. No que dizia respeito ao Afeganistão, foram anos perdidos. Devido aos esforços contínuos e muitas vezes heroicos de nossas tropas, nossos diplomatas e nossas equipes de ajuda humanitária, era exagero dizer que precisaríamos começar do zero no Afeganistão. No entanto percebi que, mesmo na melhor das hipóteses — se Karzai cooperasse, se o Paquistão se comportasse, se nossos objetivos se limitassem ao que Gates gostava de definir como "bom o suficiente para os afegãos" —, ainda assim estaríamos falando de três a cinco anos de esforço intenso, ao custo de centenas de bilhões de dólares e de mais vidas americanas.

Não gostei do plano. Mas, seguindo uma tendência que já vinha se tornando um padrão, as alternativas eram piores. Os riscos envolvidos — um possível colapso do governo afegão ou a conquista pelo Talibã de bases de operação nas cidades mais importantes — eram simplesmente altos demais para ficarmos de braços cruzados. Em 27 de março, apenas quatro semanas depois de anunciar o plano de retirada do Iraque, apareci na TV com minha equipe de segurança nacional atrás de mim e expus nossa estratégia "Af-Pak", baseada em grande parte nas recomendações de Riedel. Eu já imaginava como o anúncio poderia ser recebido. Muitos comentaristas não demorariam a perceber a ironia de que, depois de concorrer à presidência como um candidato contrário à guerra, eu já tinha mandado mais soldados para o combate do que de volta para casa.

Além do aumento de tropas, houve outra mudança em nossa estratégia que Gates me pediu para fazer, e que, sendo bem sincero, me pegou de surpresa: em abril, numa de nossas reuniões no Salão Oval, ele recomendou a substituição do comandante no Afeganistão, o general McKiernan, pelo tenente-general Stanley McChrystal, ex-comandante do Comando de Operações Especiais Conjuntas (JSOC) e na época chefe do Estado-Maior Conjunto.

"Dave é um ótimo militar", disse Gates, reconhecendo que McKiernan nada fizera de errado e que substituir um comandante no meio de uma guerra era bem inusitado. "Mas é um administrador. Num ambiente tão duro, precisamos de alguém com outras aptidões. Eu não dormiria à noite, sr. presidente, se não tivesse certeza de que nossos soldados estão sendo liderados pelo melhor comandante possível. E estou convencido de que essa pessoa é Stan McChrystal."

Era fácil entender por que Gates tinha McChrystal em tão alta conta. Dentro das Forças Armadas dos Estados Unidos, o pessoal de Operações Especiais é tido como uma categoria à parte, uma classe de guerreiros de elite que executa as missões mais difíceis nas circunstâncias mais perigosas — aqueles que nos filmes descem do helicóptero de rapel em território inimigo, ou participam de desembarques anfíbios na calada da noite. E, dentro desse círculo conceituadíssimo, ninguém era mais admirado, ou suscitava mais lealdade, do que McChrystal. Formado em West Point, sempre se destacou em seus 33 anos de carreira. Como comandante do jsoc, ajudou a transformar as Operações Especiais num elemento central da estratégia de defesa dos Estados Unidos, supervisionando pessoalmente dezenas de operações contra o terrorismo que haviam desmantelado boa parte da al-Qaeda no Iraque e matado seu fundador, Abu Musab al-Zarqawi. Segundo se dizia, aos 54 anos, ele ainda treinava com Rangers que tinham metade da sua idade e, a julgar por sua aparência quando apareceu no Salão Oval com Gates para uma visita de cortesia, não duvidei — o homem era só músculos, tendões e ossos, com um rosto comprido e anguloso e olhos penetrantes como os de um pássaro. Na verdade, o jeitão de McChrystal era o de alguém que tinha removido da vida todo tipo de frivolidade ou distração. Comigo, pelo menos, isso incluía qualquer troca de palavras desnecessárias: em nossos encontros, era só "Sim, senhor" e "Não, senhor", ou "Tenho certeza de que dá para fazer".

Eu me convenci. A mudança, quando anunciada, foi bem recebida, com comentaristas fazendo comparações entre McChrystal e David Petraeus — inovadores no campo de batalha, capazes de mudar o curso de uma guerra. A confirmação no Senado foi rápida e, em meados de junho, quando McChrystal (já como um general de quatro estrelas) se preparava para assumir o comando das forças de coalizão no Afeganistão, Gates lhe pediu uma avaliação total e atualizada das condições no terreno dentro de sessenta dias, além de recomendações para eventuais mudanças de estratégia, organização ou provisão de recursos dos esforços da coalizão.

Eu não fazia ideia do que esse pedido, aparentemente rotineiro, significaria para nós.

Certa tarde, dois meses depois do anúncio da Af-Pak, atravessei o Gramado Sul — seguido de perto por um ajudante de ordens carregando a bola de futebol e pelo responsável por assuntos de veteranos, Matt Flavin — para embarcar no helicóptero Marine One e fazer um curto voo até Maryland na primeira das visitas que se tornariam regulares ao Hospital Naval de Bethesda e ao Centro Médico do Exército Walter Reed. Ao chegar, fui recebido pelos comandantes das instalações, que me fizeram um breve resumo do número e das condições de guerreiros feridos antes de me conduzirem, por um labirinto de escadas, elevadores e corredores, à enfermaria principal.

Durante uma hora, fui de quarto em quarto, higienizando as mãos e vestindo roupas especiais e luvas cirúrgicas quando necessário, parando no corredor para obter informações com os funcionários sobre o militar em recuperação lá dentro antes de bater suavemente na porta.

Embora os pacientes viessem de todos os ramos das Forças Armadas, muitos que estavam nos hospitais, em meus primeiros anos no cargo, eram soldados do Exército e do Corpo de Fuzileiros Navais que patrulhavam áreas dominadas pelos insurgentes no Iraque e no Afeganistão, feridos por tiros ou artefatos explosivos improvisados. Quase todos eram homens da classe trabalhadora: brancos de pequenas cidades da zona rural ou centros industriais decadentes, negros e latinos de cidades como Houston ou Trenton, americanos de ascendência asiática e das ilhas do Pacífico vindos da Califórnia. Em geral havia também pessoas da família — pais, avós e irmãos, no caso dos mais velhos uma mulher e filhos —, bebês se contorcendo no colo, meninos de cinco anos com carrinhos, adolescentes jogando video games. Quando eu entrava no quarto, todos mudavam de lugar, sorrindo timidamente, sem saber direito o que fazer. Para mim, uma das peculiaridades do cargo era o fato de que minha presença invariavelmente deixava as pessoas um tanto constrangidas e apreensivas. Eu tentava quebrar o gelo, fazendo o possível para deixar todos à vontade.

A não ser que estivesse totalmente incapacitado, o paciente geralmente colocava a cama em posição vertical, às vezes se apoiando numa alça de aço para ficar sentado. Muitos insistiam em saltar da cama, às vezes se equilibrando na perna boa para bater continência e apertar minha mão. Eu perguntava sobre suas cidades, e quanto tempo tinham de serviço. Perguntava como foram feridos e quando começariam a fisioterapia ou o trabalho de adaptação para receber uma prótese. Falávamos também de esportes, e alguns me pediam para assinar uma bandeira da unidade pendurada na parede, e eu dava a cada militar uma pequena medalha comemorativa. Depois disso ficávamos em volta da cama, enquanto Pete Souza tirava fotos com sua câmera e com os celulares deles, e Matt distribuía cartões de visita para que o procurassem pessoalmente na Casa Branca se precisassem de alguma coisa.

Como aqueles soldados eram inspiradores! Sua coragem e determinação, sua insistência em voltar à ativa o mais rápido possível, a ausência de qualquer estardalhaço. Diante daquilo, as coisas que costumam passar por patriotismo — os rituais espalhafatosos em jogos de futebol, o tremular sem entusiasmo de bandeiras em desfiles, a lenga-lenga dos políticos — pareciam vazias e banais. Os pacientes que eu conhecia só tinham elogios para o pessoal que cuidava deles nos hospitais — médicos, enfermeiras, ordenanças, na maioria militares, mas alguns civis também, um número surpreendente de nascidos no exterior, em lugares como Nigéria, El Salvador ou Filipinas. Na verdade, era reconfortante ver como aqueles guerreiros feridos eram bem tratados, a começar pela estrutura de apoio ágil e eficiente que permitia a um fuzileiro naval ferido numa poeirenta aldeia afegã ser levado de helicóptero para a base mais próxima, onde era estabilizado e encaminhado para a Alemanha e então para o Bethesda ou para o Walter Reed, para ser submetido a uma cirurgia em um hospital com tecnologia de ponta em questão de dias.

Por causa desse sistema — uma combinação de tecnologia avançada, precisão logística e pessoas muito bem treinadas e dedicadíssimas, coisa que as Forças Armadas dos Estados Unidos fazem melhor do que qualquer outra organização no mundo —, muitos soldados que teriam morrido de ferimentos parecidos na época do Vietnã agora conseguiam se sentar comigo à cabeceira de sua cama para falar de futebol americano e fazer comparações entre os Bears e os Packers. Apesar disso, por mais que o socorro e os cuidados médicos pudessem ter sido de excelência, nada era capaz de apagar a natureza brutal, e de consequências tão sérias para a vida, dos ferimentos sofridos por aqueles homens. Os que perdiam só uma das pernas, especialmente se a amputação fosse abaixo do joelho, costumavam se considerar sortudos. Amputados duplos ou mesmo triplos não eram incomuns, assim como não eram raros os traumas cranianos, as lesões na coluna vertebral, as mutilações desfiguradoras do rosto, ou a perda da visão, da audição ou de funções corporais básicas. Os militares que conheci eram categóricos em afirmar que não se arrependiam de ter sacrificado tanta coisa pelo país, e ficavam compreensivelmente ofendidos se alguém os olhasse com alguma piedade. Em consonância com a conduta dos filhos feridos, os pais que conheci tomavam o cuidado de falar apenas da certeza de que os filhos iam se recuperar, e também do orgulho profundo que sentiam.

E, apesar disso, a cada vez que entrava num quarto, a cada vez que apertava uma mão, não havia como deixar de notar que aqueles soldados eram incrivelmente jovens, muitos deles mal saídos do ensino médio. Era impossível não perceber as olheiras de angústia dos pais, às vezes inclusive mais novos do que eu. Eu não teria como esquecer a raiva mal disfarçada na voz de um pai que conheci, quando ele explicou que seu belo filho, estendido na cama à nossa frente, paralítico para o resto da vida, fazia 21 anos naquele dia, ou a expressão vazia no rosto de uma jovem mãe sentada com um bebê todo feliz no colo, imaginando como seria a vida com um marido que provavelmente ia sobreviver, mas já não era capaz de ter pensamentos conscientes.

Mais adiante, já perto do fim de minha gestão, o *New York Times* publicou uma matéria sobre minhas visitas aos hospitais militares. No texto, um funcionário da segurança nacional de um governo anterior dizia que essa prática, ainda que bem-intencionada, não deveria ser mantida por um comandante-chefe — que visitas aos feridos inevitavelmente atrapalhavam sua capacidade de tomar decisões lúcidas e estratégicas. Tive vontade de ligar para aquele homem e explicar que nunca me senti mais lúcido do que nos voos de volta do Walter Reed e do Bethesda. Lúcido em relação aos custos da guerra e a quem arcava com eles. Lúcido em relação à insensatez da guerra, às histórias tristes que nós, humanos, guardamos coletivamente na cabeça e passamos adiante, de geração em geração — abstrações que atiçam o ódio e justificam a crueldade, e forçam até os mais íntegros de nós a participarem da carnificina. Lúcido por ter consciência de que, em virtude do meu cargo, eu não estava isento de responsabilidade pelas vidas perdidas ou destruídas, ainda que de alguma forma justificasse minhas decisões com o argumento de que eram por um bem maior.

Olhando pela janela do helicóptero para a paisagem verde e bem cuidada lá embaixo, eu pensava em Lincoln durante a Guerra Civil, em seu hábito de percorrer enfermarias improvisadas não muito longe de onde estávamos sobrevoando, para dizer palavras cordiais a soldados deitados em frágeis beliches, sem antissépticos para prevenir infecções ou analgésicos para aliviar a dor, com o cheiro forte de gangrena por toda parte, além dos ruídos e estertores da morte iminente.

Eu me perguntava o que Lincoln fazia para enfrentar aquilo, que preces diria depois. Ele devia saber que era uma penitência necessária. Uma penitência que eu também tinha que fazer.

Por mais que a guerra e a ameaça do terrorismo me absorvessem, outras questões de política externa também exigiam minha atenção — inclusive a necessidade de administrar os efeitos internacionais da crise financeira. Esse foi o grande assunto de minha primeira viagem internacional mais prolongada, quando estive em Londres para a reunião de cúpula do G20 em abril e em seguida na Europa Continental, na Turquia e no Iraque num período de oito dias.

Antes de 2008, o G20 era pouco mais do que uma reunião de ministros das finanças e de presidentes de bancos centrais representando as vinte maiores economias do mundo, para trocar informações e cuidar de detalhes rotineiros da globalização. Os presidentes americanos limitavam sua participação ao mais exclusivo G8, cúpula anual de governantes das sete maiores economias do mundo (Estados Unidos, Japão, Alemanha, Reino Unido, França, Itália e Canadá), além da Rússia (que, por razões geopolíticas, Bill Clinton e o primeiro-ministro britânico, Tony Blair, fizeram questão de incluir em 1997). Isso mudou quando, após o colapso do Lehman, o presidente Bush e Hank Paulson tiveram a sensatez de convidar os governantes de todos os países do G20 para uma reunião de emergência em Washington — um reconhecimento de que no mundo interconectado de hoje uma crise financeira de grandes proporções requer a mais ampla coordenação possível.

Além da vaga promessa de "tomar quaisquer medidas adicionais necessárias" e um acordo para se reunir novamente em 2009, a cúpula do G20 em Washington rendeu pouco em termos de ações concretas. Mas, com praticamente todos os países se preparando para uma recessão e projeções de uma contração de 9% no comércio mundial, minha tarefa na reunião de Londres era unir o diversificado G20 em torno de uma resposta conjunta que fosse rápida e agressiva. A lógica econômica era simples: durante anos, os gastos dos consumidores americanos — turbinados por dívidas de cartão de crédito e empréstimos com garantia de imóvel — tinham sido a locomotiva do crescimento econômico mundial. Os Estados Unidos compravam carros da Alemanha, aparelhos eletrônicos da Coreia do Sul e praticamente todo o resto da China; esses países, por sua vez, compravam matérias-primas de países em posição inferior na cadeia global de suprimento. A festa tinha acabado. Ainda que a Lei de Recuperação e os testes de estresse estivessem funcionando bem, os consumidores e as empresas dos Estados Unidos iam levar um bom tempo para saldar suas dívidas. Os outros países, se quisessem evitar uma contínua espiral descendente, precisavam agir — implementando pacotes de incentivos; contribuindo para um fundo de emergência do FMI de 500 bilhões de dólares, que pudesse ser utilizado quando necessário por economias em severas dificuldades; e se comprometendo a evitar uma repetição das políticas protecionistas, visando melhorar sua situação piorando a dos outros, que prolongaram a Grande Depressão.

Tudo isso fazia sentido, pelo menos no papel. Antes da reunião de cúpula, no entanto, Tim Geithner avisara que convencer os demais governantes a concordarem com essas medidas talvez exigisse alguma dose de finesse.

"A má notícia é que estão todos furiosos conosco por detonarmos a economia mundial", disse ele. "A boa notícia é que têm medo do que pode acontecer se não fizermos nada."

Michelle tinha decidido me acompanhar na primeira metade da viagem, o que me deixou muito feliz. Ela estava menos preocupada com meu desempenho na cúpula — "Vai dar tudo certo" — do que com o que ia vestir para nossa planejada audiência com sua majestade, a rainha da Inglaterra.

"Você devia usar um daqueles chapeuzinhos", sugeri. "E levar uma bolsinha de mão."

Ela fez uma careta, fingindo irritação.

"Você não está me ajudando em nada."

Eu já tinha viajado no Air Force One mais de vinte vezes, mas foi nesse primeiro voo transatlântico que consegui perceber o poder do símbolo do poderio americano. As aeronaves em si (dois Boeings 747 adaptados dividem o trabalho) já tinham 21 anos de uso, e não dava para esconder. O interior — pesadas cadeiras revestidas de couro, mesas e painéis de nogueira, um tapete cor de ferrugem com estrelas douradas — lembrava uma sala de reuniões corporativa ou um salão de clube de campo. O sistema de comunicações para os passageiros funcionava de maneira irregular; só no meu segundo mandato instalamos wi-fi a bordo, e era mais lento do que o disponível na maioria dos jatinhos particulares.

Apesar disso, tudo no Air Force One projetava solidez, competência e um toque de grandiosidade — desde as comodidades (quarto de dormir, escritório particular e chuveiro para o presidente na parte dianteira; assentos espaçosos, uma sala de reuniões e um compartimento de terminais de computador para minha equipe), o serviço exemplar dos funcionários da Força Aérea (cerca de trinta a bordo, prontos para atender com bom humor os pedidos mais inesperados), os recursos de segurança (os melhores pilotos do mundo, janelas blindadas, capacidade de reabastecimento durante o voo e uma unidade médica de bordo que incluía uma mesa de cirurgia dobrável), até o interior de 370 metros quadrados espalhados em três níveis, capaz de transportar um grupo de catorze jornalistas, além de vários agentes do Serviço Secreto.

Como nenhum outro governante do mundo, o presidente americano viaja totalmente equipado para não depender dos serviços ou das forças de segurança de nenhum outro país. Isso significa que uma frota de Feras, veículos de segurança, ambulâncias, unidades táticas e, quando necessário, helicópteros Marine One era despachada com antecedência em aviões de transporte C-17 da Força Aérea, a fim de assumir posições na pista para minha chegada. Essa presença ostensiva — e seu contraste com arranjos mais modestos exigidos por outros chefes de Estado — de vez em quando aborrecia funcionários do país anfitrião. Mas as Forças Armadas e o Serviço Secreto dos Estados Unidos não davam margem para negociação, e o país anfitrião acabava cedendo, em parte porque seu povo e sua imprensa esperavam que a chegada de um presidente americano em seu solo parecesse um grande acontecimento.

E era. Sempre que pousávamos, eu via pessoas espremidas nas janelas do terminal do aeroporto ou se amontoando fora do perímetro de isolamento. Até as turmas de terra paravam momentaneamente de trabalhar para ver o Air Force One taxiando devagar na pista, com seu elegante trem de aterrissagem azul, com as palavras ESTADOS UNIDOS DA AMÉRICA aparecendo nítidas e discretas na fuselagem, a bandeira americana desenhada no centro da cauda. Ao sair do avião, eu fazia o aceno obrigatório do alto das escadas, em meio ao rápido ruído de obturadores de câmera e aos sorrisos ansiosos da delegação enfileirada na pista para nos receber, às vezes com a entrega de um buquê por uma mulher ou criança com vestes tradicionais, outras vezes com uma guarda de honra ou uma banda militar dos dois lados do tapete vermelho que conduzia ao meu veículo. Em tudo isso, era perceptível um resíduo vago mas indelével de rituais antigos — rituais de diplomacia, mas também de tributo a um império.

Os Estados Unidos ocuparam posição dominante no palco mundial por boa parte das últimas sete décadas. Depois da Segunda Guerra Mundial, com o resto do mundo empobrecido ou em ruínas, abrimos caminho para o estabelecimento de um sistema interligado de iniciativas, tratados e novas instituições que na prática criaram uma nova ordem mundial e uma garantia de estabilidade: o Plano Marshall para reconstruir a Europa Ocidental. A Organização do Tratado do Atlântico Norte (Otan) e as alianças do Pacífico para formar uma barreira contra a União Soviética e juntar ex-inimigos num alinhamento com o Ocidente. Bretton Woods, o Fundo Monetário Internacional, o Banco Mundial e o Acordo Geral de Tarifas e Comércio (GATT) para regulamentar as finanças e o comércio mundiais. A Organização das Nações Unidas e suas agências multilaterais, para promover a resolução pacífica de conflitos e a cooperação em tudo, da erradicação de doenças à proteção dos oceanos.

Não se pode dizer que nossa motivação para montar essa estrutura era puramente altruísta. Além de ajudar a garantir nossa segurança, ela abria mercados para nossos produtos, mantinha as rotas marítimas abertas para nossos navios e permitia um fluxo contínuo de petróleo para nossas fábricas e nossos carros. Assegurava que nossos bancos recebessem em dólares o que lhes era devido, que nossas multinacionais não fossem nacionalizadas, que nossos turistas pudessem descontar seus cheques de viagem e que nossos telefonemas internacionais fossem completados. Às vezes forçávamos instituições mundiais a ceder a imperativos da Guerra Fria, quando não as ignorávamos completamente; nos intrometíamos em assuntos internos de outros países, por vezes com resultados desastrosos; nossas ações com frequência eram contrárias aos ideais de democracia, de autodeterminação e de direitos humanos que dizíamos representar.

Apesar disso, como nenhuma outra superpotência ao longo da história, os Estados Unidos optaram por se sujeitar a um conjunto de leis, regras e normas internacionais. No geral, éramos moderados no trato com países menores e mais fracos, nem sempre recorrendo a ameaças e coerção para a manutenção de um pacto global. Com o tempo, essa propensão a agir em defesa do bem comum — ainda que de maneira imperfeita — aumentou em vez de diminuir, com nossa influência contribuindo para a durabilidade do sistema, e se os Estados Unidos nem sempre eram amados por todos, pelo menos eram respeitados e não apenas temidos.

Qualquer resistência que pudesse haver à visão global dos Estados Unidos parecia ter desaparecido com a queda da União Soviética, em 1991. No prazo vertiginoso de pouco mais de uma década, a Alemanha e a Europa foram unificadas; antigos países do bloco oriental trataram prontamente de ingressar na Otan e na União Europeia; o capitalismo decolou na China; inúmeros países da Ásia, da África e da América Latina fizeram a transição do autoritarismo para a democracia; e o apartheid acabou na África do Sul. Comentaristas proclamaram o triunfo definitivo da democracia liberal, pluralista e capitalista ao estilo ocidental, argumentando que os vestígios remanescentes de tirania, ignorância e ineficiência logo seriam varridos pelo fim da história, pelo achatamento do mundo. Mesmo naquela época era fácil zombar desse entusiasmo. Mas uma coisa, pelo menos, era verdade: no alvorecer do século XXI, os Estados Unidos podiam afirmar legitimamente que a ordem internacional por nós estabelecida e os princípios por nós estimulados — uma Pax Americana — ajudaram a criar um mundo onde bilhões de pessoas eram mais livres, mais seguras e mais prósperas.

Essa ordem internacional ainda estava em vigor no primeiro semestre de 2009, quando pousei em Londres. Mas a fé na liderança americana tinha sido abalada — não pelos ataques de Onze de Setembro, mas pelo trato com o Iraque, por imagens de cadáveres boiando nas ruas de New Orleans após o furacão Katrina e principalmente pelo desastre de Wall Street. Uma série de crises financeiras menores nos anos 1990 indicava fragilidades estruturais no sistema global: trilhões de dólares de capital privado circulando na velocidade da luz, livres de regulamentação ou supervisão internacional, poderiam pegar uma turbulência econômica em um país e rapidamente produzir um tsunâmi em mercados do mundo inteiro. Como muitos desses tremores de terra tinham começado na chamada periferia do capitalismo — lugares como Tailândia, México e uma Rússia ainda debilitada — e numa fase de grande prosperidade dos Estados Unidos e outras economias avançadas, era fácil achar que se tratava de problemas isolados, frutos de más decisões tomadas por governos inexperientes. Em quase todos os casos, os Estados Unidos acudiam para salvar a situação, mas, em troca de financiamento de emergência e de acesso aos mercados de capital, gente como Bob Rubin e Alan Greenspan (para não falar nos assessores de Rubin na época, Larry Summers e Tim Geithner) obrigava os países doentes a aceitarem remédios amargos, como desvalorização da moeda, cortes profundos em gastos públicos e muitas outras medidas de austeridade que melhoravam sua posição no ranking internacional de risco de crédito, mas infligiam enormes sacrifícios ao povo.

Portanto, é de se imaginar o espanto desses mesmos países ao descobrirem que, enquanto os Estados Unidos impunham a cartilha da regulamentação prudencial e da gestão fiscal responsável, nossos sumos sacerdotes das finanças tinham dormido no ponto, tolerando bolhas de ativos e frenesis especulativos em Wall Street tão temerários como qualquer coisa que ocorria na América Latina ou na Ásia. A única diferença eram os montantes envolvidos e os danos potenciais. Afinal, com base na suposição de que nossas autoridades reguladoras sabiam o que estavam fazendo, investidores de Xangai a Dubai despejaram quantias fabulosas em títulos lastreados por hipotecas e outros ativos americanos. Tanto os grandes exportadores, como a China, quanto os pequenos, como Lesoto, tinham alicerçado seu crescimento na expectativa de que a economia dos Estados Unidos continuasse estável e em expansão. Em outras palavras, havíamos convencido o mundo a nos seguir rumo à terra paradisíaca dos livres mercados, das cadeias globais de suprimentos, das conexões de internet, do crédito fácil e da governança democrática. E, pelo menos por ora, a sensação do resto do mundo era a de que talvez tivesse nos seguido para o abismo.

PARTE IV

O bom combate

14

A verdade é que toda reunião de cúpula internacional segue um padrão. Uma por uma, as autoridades vão chegando em suas limusines à entrada de um grande centro de convenções e passam por um corredor de fotógrafos — mais ou menos como um tapete vermelho de Hollywood, mas sem as roupas extravagantes e as pessoas bonitas. Um responsável pelo protocolo nos recebe à porta e nos conduz a um salão onde o governante do país anfitrião está à espera: um sorriso e um aperto de mãos para as câmeras, umas palavrinhas de cortesia sussurradas. Então se passa para a sala de recepção do governante local para mais apertos de mão e palavras de cortesia sussurradas, até que por fim todos os presidentes, chefes de governo e reis seguem para uma sala de conferências de dimensões impressionantes com uma imensa mesa circular. No lugar que lhe é designado, você encontra uma plaquinha com seu nome, a bandeira de seu país, um microfone com instruções de uso, um bloco de anotações comemorativo e uma caneta de qualidade variável, um fone de ouvido para a tradução simultânea, um copo e garrafas de água ou suco e talvez um prato com biscoitos e balas de menta. Sua delegação fica sentada logo atrás, para tomar notas e transmitir recados.

O anfitrião pede silêncio para abrir a sessão. Faz os primeiros comentários. Depois disso, ao longo de um dia e meio — com intervalos programados para encontros individuais com outros governantes (conhecidos como "bilaterais"), uma "foto de família" (com todos alinhados, sorrindo sem naturalidade, mais ou menos como numa foto de escola), e tempo suficiente no fim da tarde para cada um voltar à sua suíte e trocar de roupa antes do jantar e, às vezes, de uma sessão noturna — você fica lá sentado, lutando contra a alteração em seu relógio biológico causada pela mudança de fuso horário, se esforçando para parecer interessado, enquanto todos em volta da mesa, e cada um em sua vez, leem comentários cuidadosamente redigidos, anódinos e sempre ultrapassando o tempo previsto, sobre o assunto em pauta.

Mais tarde, já com alguma quilometragem em matéria de cúpulas, eu adotaria as táticas de sobrevivência de participantes mais calejados — aproveitando para despachar minha papelada, ou lendo alguma coisa, ou discretamente chamando outros governantes para tratar de assuntos secundários enquanto alguém estava de posse do microfone. Mas, naquela primeira cúpula do G20 em Londres, fiquei sentadinho em minha cadeira, ouvindo com atenção cada orador. Como o novo aluno da turma, eu sabia que estava sendo julgado e achei que mostrar um pouco da humildade de um calouro talvez ajudasse a conquistar o apoio das pessoas para as medidas econômicas que eu ia propor.

As coisas ficavam mais fáceis para mim pelo fato de eu já conhecer alguns dos presentes na sala, a começar pelo anfitrião, o primeiro-ministro britânico, Gordon Brown, que tinha ido a Washington para um encontro comigo poucas semanas antes. Antigo chanceler do Tesouro no governo trabalhista de Tony Blair, Brown não tinha as brilhantes aptidões políticas de seu antecessor (ao que parecia, toda vez que seu nome era citado na mídia, precisava vir acompanhado da palavra "sisudo"), e ele tivera o azar de finalmente conquistar o cargo de primeiro-ministro quando a economia do Reino Unido entrava em colapso e com a população já cansada de uma década de governo trabalhista. Mas era um homem atencioso, responsável, que entendia de finanças internacionais, e, embora seu tempo no cargo viesse a ser breve, para mim foi uma sorte contar com ele como parceiro naqueles primeiros meses da crise.

Além de Brown, os governantes europeus mais importantes — não só na cúpula de Londres, mas no decorrer de meu primeiro mandato — foram a chanceler alemã Angela Merkel e o presidente francês Nicolas Sarkozy. A rivalidade entre os dois países mais poderosos do continente resultara em dois séculos de guerras sangrentas e intermitentes. Sua reconciliação depois da Segunda Guerra Mundial foi a pedra angular da União Europeia e de seu longo e inédito período de paz e prosperidade. Consequentemente, a capacidade europeia de atuar como um bloco — e de manter uma parceria com os Estados Unidos no cenário mundial — dependia da disposição de Merkel e Sarkozy para trabalharem em harmonia.

Na maior parte do tempo, isso acontecia, apesar das diferenças de temperamento. Merkel, filha de pastor luterano, foi criada na Alemanha Oriental comunista, trabalhando em silêncio e obtendo um doutorado em química quântica. Só depois da queda da Cortina de Ferro ingressou na política, avançando metodicamente dentro das fileiras do partido União Democrática Cristã, de centro-direita, com sua mistura de capacidade de organização, sagacidade estratégica e paciência inabalável. Nos olhos de Merkel, grandes e azuis, às vezes havia toques de frustração, prazer ou tristeza. Fora isso, sua aparência fleumática refletia uma sensibilidade pragmática e analítica. Era conhecida por sua aversão a arroubos emocionais e grandiloquência retórica, e mais tarde sua equipe me confessaria que ela de início duvidou de mim justamente por causa de minhas aptidões para a oratória. Não me ofendi, supondo que, no caso de uma líder alemã, a aversão a potenciais demagogias era talvez uma coisa saudável.

Sarkozy, por sua vez, era puro arroubo emocional e grandiloquência retórica. Com seus traços sóbrios, expressivos e vagamente mediterrâneos (era metade húngaro e um quarto judeu grego) e sua baixa estatura (tinha 1,67 metro, mas usava palmilhas especiais nos sapatos para ficar mais alto), parecia saído de um quadro de Toulouse-Lautrec. Apesar de ser de família rica, admitia sem problemas que suas ambições eram motivadas por um antigo sentimento de exclusão. Como Merkel, Sarkozy ganhara fama como político de centro-direita, chegando à presidência com uma plataforma de economia de laissez-faire, relaxamento das regulamentações trabalhistas, menos impostos e um Estado de bem-estar social menos abrangente. Mas, ao contrário de Merkel, era errático em seu estilo de governar, influenciado com frequência pelas manchetes e pelas conveniências. Quando chegamos a Londres para o G20, ele já estava empenhado em denunciar os excessos do capitalismo global. O que lhe faltava em consistência ideológica, ele compensava com ousadia, charme e uma energia obsessiva. Na verdade, as conversas com Sarkozy podiam ser divertidas e exasperantes, com suas mãos em constante movimento, o peito estufado como o de um galo garnisé, com o intérprete (diferentemente de Merkel, seu inglês era limitado) sempre por perto para refletir, como um espelho, cada gesto e entonação da conversa, que ia da lisonja e da jactância à expressão sincera de seus pensamentos, porém sem nunca se afastar de seu interesse principal e mal disfarçado, que era estar no centro dos acontecimentos e assumir o crédito de qualquer coisa que lhe trouxesse algum benefício.

Por mais que eu apreciasse o fato de Sarkozy ter abraçado minha campanha desde o início (endossando de forma implícita minha candidatura numa efusiva entrevista coletiva em minha visita a Paris antes das eleições), não era difícil saber qual dos dois governantes europeus se mostraria um parceiro mais confiável. Apesar disso, passei a ver Merkel e Sarkozy como complementares um ao outro: Sarkozy respeitava a cautela natural de Merkel, mas muitas vezes conseguia pressioná-la a agir. Merkel relevava as idiossincrasias de Sarkozy, mas sabia como controlar com habilidade suas propostas mais impulsivas. Além disso, um reforçava as inclinações pró--americanas do outro — um sentimento que, em 2009, nem sempre era compartilhado por seus eleitores.

Nada disso significava que eles e os demais governantes europeus fossem facilmente influenciáveis. Visando aos melhores interesses de seus países, tanto Merkel como Sarkozy eram decididamente a favor da declaração contra o protecionismo que propusemos em Londres — a economia da Alemanha, em especial, era bastante dependente das exportações — e reconheciam a utilidade de um fundo de emergência internacional. Mas, como Tim Geithner previu, nenhum dos dois demonstrava o menor entusiasmo por programas de incentivos: Merkel estava preocupada com o gasto público deficitário; Sarkozy preferia um imposto universal sobre transações do mercado financeiro e queria combater os paraísos fiscais. Eu e Tim Geithner passamos a maior parte do encontro tentando convencer os dois a se juntarem a nós na promoção de formas mais imediatas de tratar da crise, pedindo a cada país do G20 que adotasse políticas para aumentar a demanda agregada. Só o fariam, segundo me disseram, se eu convencesse os demais líderes do G20 — particularmente um influente grupo de países não ocidentais conhecidos coletivamente como BRICS — a pararem de vetar propostas que eram importantes para eles.

Em termos econômicos, os cinco países que formavam o BRICS — Brasil, Rússia, Índia, China e África do Sul — tinham pouca coisa em comum, e só mais tarde se formalizaram de fato como bloco. (A África do Sul só ingressaria formalmente em 2010.) Mas, mesmo no G20 de Londres, o espírito por trás dessa associação estava claro. Eram todos países grandes e conscientes de sua importância que, de uma forma ou de outra, tinham emergido de longos períodos de torpor. Já não se contentavam em ser relegados à margem da história, ou em ver seu status reduzido ao de potências regionais. Se irritavam com o papel desproporcional do Ocidente na gestão da economia global. E, na crise, viam uma oportunidade de começar a virar a mesa.

Em tese, pelo menos, eu simpatizava com seu ponto de vista. Juntos, os BRICS representavam pouco mais de 40% da população do planeta, mas cerca de um quarto do PIB mundial e apenas uma fração de sua riqueza. Decisões tomadas em diretorias de empresas em Nova York, Londres ou Paris costumavam ter mais impacto sobre suas economias do que as escolhas políticas feitas por seus próprios governos. Sua influência dentro do Banco Mundial e do FMI continuava limitada, apesar das notáveis transformações ocorridas na China, na Índia e no Brasil. Se os Estados Unidos quisessem preservar o sistema global que durante tanto tempo nos servira, fazia sentido dar mais voz a essas potências emergentes no modus operandi — ressaltando, ao mesmo tempo, que precisavam assumir maior responsabilidade pelos custos de sua manutenção.

E apesar disso, percorrendo a mesa com os olhos no segundo dia da cúpula, não pude deixar de me perguntar o que um papel maior para os BRICS na governança global poderia significar. O presidente brasileiro, por exemplo, Luiz Inácio Lula da Silva, tinha visitado o Salão Oval em março, causando boa impressão. Ex-líder sindical grisalho e cativante, com uma passagem pela prisão por protestar contra o governo militar, e eleito em 2002, tinha iniciado uma série de reformas pragmáticas que fizeram as taxas de crescimento do Brasil dispararem, ampliando sua classe média e assegurando moradia e educação para milhões de cidadãos mais pobres. Constava também que tinha os escrúpulos de um chefão do Tammany Hall, e circulavam boatos de clientelismo governamental, negócios por baixo do pano e propinas na casa dos bilhões.

O presidente Dmítri Medvedev, por sua vez, parecia o garoto-propaganda da nova Rússia: jovem, elegante, envergando ternos europeus de alta-costura. O problema era que ele não era o verdadeiro detentor do poder na Rússia. Essa vaga pertencia a seu patrono, Vladímir Pútin: ex-agente da KGB, duas vezes presidente e agora primeiro-ministro do país, e líder do que parecia ser uma organização criminosa e não só um governo tradicional — uma organização cujos tentáculos se estendiam a todos os aspectos da economia do país.

A África do Sul da época era um país em transição, com seu presidente interino Kgalema Motlanthe prestes a ser substituído por Jacob Zuma, o líder do partido de Nelson Mandela, o Congresso Nacional Africano, que controlava o parlamento. Em encontros subsequentes, Zuma me pareceu bastante amável. Falava com eloquência da necessidade de comércio justo, desenvolvimento humano, infraestrutura e uma distribuição mais igualitária de riqueza e oportunidades no continente africano. Para todos os efeitos, porém, grande parte da credibilidade conquistada durante a luta heroica de Mandela tinha sido desperdiçada pela corrupção e pela incompetência dos governos do CNA, deixando uma grande parcela da população negra do país ainda atolada na pobreza e no desespero.

Já Manmohan Singh, o primeiro-ministro da Índia, era o arquiteto da modernização da economia do país. Economista educado, de fala mansa, na casa dos setenta anos, com uma barba branca e um turbante próprios do siquismo, sua religião, mas que, aos olhos do Ocidente, lhe davam um ar de homem santo, tinha sido ministro das Finanças da Índia nos anos 1990, conseguindo tirar milhões de pessoas da pobreza. Ao longo de seu mandato como primeiro-ministro, Singh me pareceu sábio, compassivo e escrupulosamente honesto. Apesar do genuíno progresso econômico, no entanto, a Índia ainda era um lugar caótico e pobre: em grande parte dividido por religião e por casta, refém dos caprichos de corruptos funcionários locais e de pessoas influentes, paralisado por uma burocracia provinciana e resistente a mudanças.

E por fim havia a China. Desde o fim dos anos 1970, quando Deng Xiao Ping abandonou na prática a visão marxista-leninista de Mao Tsé-tung em favor de uma forma de capitalismo voltado para a exportação e administrado pelo Estado, nenhum país na história tinha se desenvolvido mais depressa ou tirado mais gente da miséria. Superado o estágio inicial de pouco mais do que um centro de fabricação e montagem de produtos de baixa qualidade para empresas estrangeiras que buscavam tirar proveito de inesgotáveis reservas de trabalho barato, a China agora contava com engenheiros do mais alto nível e empresas de categoria internacional trabalhando na fronteira da mais avançada tecnologia. O colossal superávit comercial fazia do país um grande investidor em todos os continentes; cidades reluzentes como Xangai e Guangzhou se tornaram sofisticados centros financeiros, com uma classe consumidora sempre em expansão. Devido a suas taxas de crescimento e ao seu tamanho, parecia inevitável que o PIB da China viesse a ultrapassar o dos Estados Unidos. Somando a isso as poderosas Forças Armadas do país, uma mão de obra cada vez mais qualificada, um governo astuto e pragmático e uma cultura coesa, com 5 mil anos de história, a conclusão era óbvia: se havia algum país capaz de desafiar a supremacia americana no cenário mundial, era a China.

Apesar disso, observando como a delegação chinesa se conduzia no G20, tive a certeza de que esse desafio ainda estava a décadas de se tornar realidade — e que, se e quando viesse, seria mais provável que fosse uma consequência de erros estratégicos dos Estados Unidos. Para todos os efeitos, o presidente chinês Hu Jintao — um homem de aparência indistinta, de seus sessenta e poucos anos, com um tufo de cabelos negros (pelo que pude ver, poucos líderes chineses ficam grisalhos quando envelhecem) — não era considerado um governante particularmente forte, dividindo sua autoridade com outros membros do Comitê Central do Partido Comunista Chinês. Como era de esperar, em nossos encontros à margem da cúpula, Hu parecia contente em recorrer a páginas de assuntos previamente preparados, sem outra pauta que não fosse incentivar consultas contínuas e o que chamava de cooperação "boa para os dois lados". Fiquei bem mais impressionado com o principal responsável pela política econômica da China, o premiê Wen Jiabao, uma figurinha de óculos, que falava sem recorrer a anotações e tinha um entendimento sofisticado da crise; seu compromisso com um pacote de incentivos chinês numa escala parecida com a da Lei de Recuperação foi provavelmente a melhor notícia que ouvi durante o tempo que passei no G20. Mas, mesmo assim, os chineses não tinham pressa em tomar as rédeas da ordem mundial, que encaravam como uma dor de cabeça que não lhes fazia falta. Wen tinha pouco a dizer sobre como administrar a crise financeira no futuro. Do ponto de vista de seu país, a solução era uma responsabilidade nossa.

Uma coisa em especial me impressionou não só durante a cúpula de Londres, mas em todos os fóruns internacionais de que participei como presidente: mesmo aqueles que reclamavam do papel dos Estados Unidos no mundo confiavam em nós para manter o sistema funcionando. Em graus variados, os outros países se mostravam dispostos a cooperar — contribuindo com soldados para os esforços de pacificação da ONU, digamos, ou dando dinheiro e apoio logístico ao esforço organizado para combater a fome. Alguns, como as nações escandinavas, faziam com frequência até mais do que pareciam capazes. Fora isso, porém, poucos países se sentiam obrigados a agir além da mentalidade estreita do egoísmo; e aqueles que compartilhavam o compromisso fundamental dos Estados Unidos com os princípios necessários para a existência de um sistema de livre mercado — liberdade individual, estado de direito, profundo respeito pelos direitos de propriedade e arbitragem imparcial de disputas, além de níveis mínimos de responsabilidade e competência governamental — não tinham peso econômico e político, para não falar no exército de diplomatas e especialistas em legislação e regulamentação, para promover esses princípios em escala global.

A China, a Rússia e até mesmo democracias genuínas como Brasil, Índia e África do Sul ainda operavam com base em princípios diferentes. Para os BRICS, uma política externa responsável significava cada qual cuidar dos seus assuntos. Só respeitavam as regras estabelecidas na medida em que seus interesses fossem atendidos, mais por necessidade do que por convicção, e pareciam dispostos a violá-las se fosse possível. Em caso de ajuda a outro país, preferiam fazê-lo em termos bilaterais, esperando algum benefício em troca. Esses países certamente não se sentiam na obrigação de custear o sistema como um todo. Em seu entender, isso era um luxo que só o próspero e feliz Ocidente tinha condições de bancar.

De todos os representantes dos BRICS que participavam do G20, o que mais me interessava era Medvedev. As relações dos Estados Unidos com a Rússia haviam atingido um ponto particularmente baixo. No verão anterior — poucos meses depois de Medvedev tomar posse —, a Rússia tinha invadido a vizinha Geórgia, ex-república soviética, e ocupado ilegalmente duas províncias, desencadeando violência entre os dois países e aumentando a tensão com outras nações fronteiriças.

Para nós, foi um sinal da ousadia crescente e da beligerância de Pútin, uma relutância inquietante em respeitar a soberania de outro país e um desrespeito ao direito internacional. E, em muitos sentidos, tudo indicava que ia ficar por isso mesmo: além de suspender contatos diplomáticos, o governo de Bush não tinha feito quase nada para punir a Rússia pela agressão, e o resto do mundo encolheu os ombros e seguiu em frente, praticamente condenando ao fracasso quaisquer esforços posteriores para isolar a Rússia. A esperança de meu governo era iniciar o que chamávamos de uma "redefinição" com a Rússia, abrindo um diálogo para proteger nossos interesses, apoiar nossos parceiros democráticos na região e conseguir adesão a nossos objetivos de não proliferação nuclear e desarmamento. Para tanto, tínhamos marcado um encontro privado com Medvedev um dia antes da cúpula.

Recorri a dois especialistas em Rússia para me preparar para o encontro: o subsecretário de assuntos políticos do Departamento de Estado, Bill Burns, e nosso diretor sênior para assuntos russos e eurasianos do NSC, Michael McFaul. Burns, diplomata de carreira e ex-embaixador do governo de Bush na Rússia, era um homem alto, de bigode, ligeiramente encurvado, com uma voz suave e ar livresco de professor de Oxford. Já McFaul era pura energia e entusiasmo, com um largo sorriso e cabelos louros desalinhados. Natural de Montana, tinha sido consultor em minha campanha quando ainda era estudante de Stanford e parecia terminar todas as declarações com um ponto de exclamação.

Dos dois, McFaul era o mais otimista quanto à nossa capacidade de exercer influência sobre a Rússia, um pouco porque havia morado em Moscou no começo dos anos 1990, durante os dias inebriantes de transformação política, primeiro como bolsista e depois como diretor no país de uma organização pró-democracia em parte financiada pelo governo americano. No que dizia respeito a Medvedev, porém, McFaul achava, como Burns, que eu não deveria esperar muita coisa.

"Medvedev vai se interessar em estabelecer boas relações com o senhor, para provar que pode ser um ator importante na política internacional", disse ele. "Mas o senhor precisa ter em mente que Pútin ainda dá as cartas."

Dando uma olhada em sua biografia, entendi por que todo mundo achava que Dmítri Medvedev não tinha muita autonomia. Com quarenta e poucos anos, criado num ambiente de relativo privilégio como filho único de dois professores, estudara direito no fim dos anos 1980, lecionara na Universidade Estatal de Leningrado e conhecera Vladímir Pútin quando ambos trabalhavam para o prefeito de São Petersburgo no começo dos anos 1990, após a dissolução da União Soviética. Enquanto Pútin permaneceu na política, vindo a se tornar primeiro-ministro no governo do presidente Boris Iéltsin, Medvedev usou suas conexões políticas para garantir um cargo executivo e participação acionária na maior empresa madeireira da Rússia, num momento em que a caótica privatização de ativos do Estado dava a acionistas bem relacionados a certeza de uma fortuna garantida. Agindo de forma discreta, ficou rico e foi chamado para trabalhar em vários projetos públicos sem a desvantagem da alta visibilidade. Só no fim de 1999 foi arrastado de volta para o governo, recrutado por Pútin para um cargo de alto escalão em Moscou. Apenas um mês depois, Iéltsin renunciou abruptamente, elevando Pútin de primeiro-ministro a presidente em exercício, e Medvedev subiu na hierarquia junto com ele.

Em outras palavras, Medvedev era um tecnocrata e operador de bastidores, sem uma imagem pública de destaque ou uma base política própria. E foi exatamente essa a impressão que deu quando se apresentou para nosso encontro em Winfield House, a elegante residência do embaixador dos Estados Unidos nos arredores de

Londres. Era um homem pequeno e afável, de cabelos negros, com um jeito um tanto formal, quase autodepreciativo, que parecia mais um consultor de gestão internacional do que um político ou *apparatchik*. Parecia entender inglês, embora preferisse falar por meio de um intérprete.

Iniciei nossa conversa tocando no assunto da ocupação militar da Geórgia por seu país. Como era de esperar, Medvedev se ateve rigorosamente à linha oficial de discussão. Culpou o governo georgiano por provocar a crise e alegou que seu país tinha agido apenas para proteger cidadãos russos contra a violência. Rejeitou meu argumento de que a invasão e a contínua ocupação violavam a soberania da Geórgia e o direito internacional, e rebateu sugerindo que, ao contrário dos americanos no Iraque, os militares russos foram saudados verdadeiramente como libertadores. Ao ouvir isso, lembrei que o escritor dissidente Aleksandr Soljenítsin, ao se referir à política na era soviética, disse certa vez que "a mentira se tornara não só uma categoria moral, mas um dos pilares do Estado".

Mas, se por um lado a réplica de Medvedev sobre a Geórgia me fez lembrar que ele não era nenhum modelo de virtude, por outro notei certo distanciamento irônico em sua argumentação, como se sua intenção fosse me mostrar que ele não acreditava em tudo que dizia. Quando o assunto mudou, sua postura se tornou outra. A respeito das medidas necessárias para administrar a crise financeira, ele estava bem preparado e disposto a colaborar. Manifestou entusiasmo por nossa proposta de "redefinição" das relações entre Estados Unidos e Rússia, especialmente no que dizia respeito a ampliar a cooperação em assuntos não militares, como educação, ciência, tecnologia e comércio. Chegou a nos surpreender ao fazer uma oferta espontânea (e inédita) de permitir o uso do espaço aéreo russo pelas Forças Armadas dos Estados Unidos para transportar tropas e equipamentos para o Afeganistão — alternativa que reduziria nossa dependência exclusiva das rotas de suprimento via Paquistão, dispendiosas e nem sempre confiáveis.

E, no tocante à questão que para mim era da mais alta prioridade — a cooperação entre Estados Unidos e Rússia para evitar a proliferação nuclear, incluindo o possível esforço do Irã para desenvolver armas nucleares —, Medvedev mostrou uma disposição de participar de forma aberta e flexível. Concordou quando propus que nossos respectivos especialistas já iniciassem negociações sobre cortes nos arsenais nucleares de cada país, como continuação do Tratado de Redução de Armas Estratégicas (START), previsto para expirar no fim de 2009. Embora não pudesse se comprometer com um esforço internacional para conter o Irã, não rejeitou a proposta de imediato, chegando a reconhecer que os programas nucleares e de mísseis do Irã tinham avançado mais rápido do que Moscou esperava — admissão que McFaul e Burns não se lembravam de ter visto alguma autoridade russa ter feito, nem mesmo em conversas privadas.

Isso não quer dizer, no entanto, que Medvedev estivesse disposto a concordar com tudo. Durante nossas conversas sobre não proliferação, ele deixou claro que a Rússia tinha sua própria prioridade: reconsiderarmos a decisão do governo de Bush de construir um sistema de defesa antimísseis na Polônia e na República Tcheca. Imaginei que estivesse falando em nome de Pútin, que entendia, e com razão, que a principal razão para poloneses e tchecos estarem ansiosos para acolher nosso sistema era a garantia do aumento dos recursos militares americanos em seu território, oferecendo uma proteção extra contra intimidações russas.

A verdade era que, sem que os russos soubessem, já estávamos reconsiderando a ideia de um escudo antimísseis localizado em terra na Europa. Antes de partir para Londres, Robert Gates me informou que os planos desenvolvidos no governo de Bush tinham sido julgados potencialmente menos eficazes contra as ameaças mais imediatas (sobretudo o Irã) do que se imaginava. Gates sugeriu que eu mandasse examinar outras possíveis configurações antes de decidir.

Eu não estava disposto a ceder ao pedido de Medvedev para incluir considerações sobre o escudo antimísseis nas próximas negociações do START. Achava, porém, que era de nosso interesse amenizar as preocupações dos russos. E um feliz acaso me permitia fazer com que Medvedev não deixasse Londres de mãos vazias: apresentei minha intenção de rever nossos planos na Europa como uma demonstração da vontade de discutir o assunto com sinceridade. Disse ainda que um avanço na suspensão do programa nuclear do Irã quase certamente teria impacto em qualquer decisão que eu viesse a tomar — recado não muito sutil, ao qual Medvedev respondeu antes que fosse traduzido.

"Entendo", disse em inglês com um leve sorriso.

Antes de ir embora, Medvedev me fez um convite para visitar Moscou no verão, um encontro que eu estava inclinado a aceitar. Depois de ver sua carreata partir, me virei para Burns e McFaul e perguntei o que achavam.

"Vou ser bem sincero, sr. presidente", disse McFaul. "Não vejo como poderia ter sido melhor. Ele me pareceu muito mais disposto a negociar do que eu esperava."

"Mike tem razão", confirmou Burns, "mas queria saber quanto do que Medvedev disse aqui foi aprovado de antemão por Pútin."

Concordei com um gesto de cabeça.

"Isso nós não vamos demorar a descobrir."

No fim da cúpula de Londres, o G20 tinha conseguido fechar um acordo em resposta à crise financeira global. O comunicado final, a ser divulgado em conjunto pelos governantes presentes, incluía prioridades americanas, como compromissos adicionais de conceder incentivos ao crescimento e repúdio ao protecionismo, além de medidas para eliminar paraísos fiscais e aprimorar a regulamentação financeira, importantes para os europeus. Os BRICS conseguiram incluir uma promessa dos Estados Unidos e da União Europeia de examinar possíveis mudanças em sua representação no Banco Mundial e no FMI. Num surto de entusiasmo, Sarkozy nos deteve, a mim e a Tim, quando nos preparávamos para sair.

"Este acordo é histórico, Barack!", disse. "Só foi possível por sua causa... não, não, é verdade! E o sr. Geithner aqui... ele é magnífico!" Sarkozy então se pôs a cantar o sobrenome do meu secretário do Tesouro como um torcedor numa partida de futebol, alto o suficiente para que algumas cabeças se virassem. Eu não consegui segurar o riso, não só pelo evidente constrangimento de Tim, mas também pela expressão aflita no rosto de Angela Merkel — ela acabara de examinar o texto do comunicado final e olhava para Sarkozy como uma mãe que vê um filho se comportar mal.

A imprensa internacional considerou a cúpula um sucesso: não só o acordo foi mais substancial do que se esperava, mas nosso papel central nas negociações tinha ajudado, pelo menos em parte, a apagar a noção de que a crise financeira causara prejuízos permanentes ao protagonismo dos Estados Unidos. Na entrevista coletiva de encerramento, tive o cuidado de reconhecer publicamente a contribuição de todos que haviam desempenhado um papel importante, elogiando em particular Gordon Brown por sua liderança e afirmando que, neste mundo interconectado, nenhum país poderia fazer nada sozinho. A solução de grandes problemas, disse eu, exigia o tipo de cooperação internacional que vimos em Londres.

Dois dias depois, um repórter aproveitou a deixa, perguntando o que eu achava do excepcionalismo americano.

"Acredito no excepcionalismo americano", respondi. "Assim como desconfio que os britânicos acreditem no excepcionalismo britânico, e os gregos no excepcionalismo grego."

Só mais tarde eu soube que os republicanos e a mídia conservadora se apegaram a essa declaração rotineira, feita num esforço para demonstrar modéstia e educação, como prova de fraqueza e falta de patriotismo de minha parte. Comentaristas passaram a descrever minhas interações com outros governantes e com cidadãos de outros países como "Turnês de Desculpas de Obama", embora jamais fossem capazes de citar qualquer pedido real de desculpas. Evidentemente, o fato de eu não fazer sermões a plateias estrangeiras sobre a superioridade dos Estados Unidos e, pior ainda, de estar disposto a reconhecer nossas imperfeições e levar em conta as opiniões de outros países por algum motivo era considerado debilitante. Era mais uma prova do quanto nossa estrutura midiática estava fragmentada — e de que um partidarismo cada vez mais tóxico já não se restringia às fronteiras nacionais. Neste novo mundo, aquilo que por critérios tradicionais tinha sido uma vitória da política externa podia ser apresentado de forma insistente como uma derrota, pelo menos na cabeça de metade do país; mensagens capazes de promover nossos interesses e gerar boa vontade no exterior podiam resultar em muita dor de cabeça política dentro do país.

Numa nota mais alegre, Michelle fez muito sucesso em sua estreia internacional, conquistando elogios entusiasmados da imprensa especialmente pela visita que fez a uma escola de ensino médio para meninas no centro de Londres. Como seria o caso durante todo o nosso tempo na Casa Branca, Michelle se esbaldava nesses encontros, interagindo com crianças de qualquer idade ou origem, e ao que parecia essa mágica funcionava em qualquer lugar. Naquela escola, ela falou sobre a própria infância, sobre as barreiras que superou, sobre as portas que a educação sempre lhe abriu. As garotas — filhas da classe trabalhadora, muitas de origens antilhanas ou sul-asiáticas — ouviam embevecidas aquela mulher glamorosa dizer que quando menina era exatamente igual a elas. Nos anos seguintes, Michelle se reuniria várias vezes com alunas da escola, tendo até recebido um grupo na Casa Branca. Mais tarde, um economista estudaria os dados e concluiria que o envolvimento de Michelle com a escola tinha melhorado muito as notas das alunas, sugerindo que sua mensagem de elevar aspirações e estabelecer conexões tinha feito uma diferença real e mensurável. Esse "efeito Michelle" era uma coisa à qual eu estava acostumado — ela exercia o mesmo efeito em mim. Coisas desse tipo ajudavam a lembrar que nosso trabalho de Primeira Família não se limitava a política e planos de ação.

Michelle também provocou suas controvérsias. Numa recepção para autoridades do G20 e seus cônjuges com a rainha Elizabeth no Palácio de Buckingham, ela foi fotografada com a mão no ombro de sua majestade — uma quebra do protocolo que rege as relações entre realeza e plebeus, embora a rainha não pareça ter ligado, levando o braço à cintura de Michelle em retribuição. Além disso, Michelle usou um cardigã por cima do vestido durante nossa audiência privada com a rainha, deixando Fleet Street em polvorosa.

"Você deveria ter ouvido minha sugestão e usado um daqueles chapeuzinhos", falei na manhã seguinte. "E uma bolsinha de mão combinando!"

Ela sorriu e deu um beijo no meu rosto.

"E espero que você não se importe de dormir num sofá quando voltar para casa", respondeu ela, radiante. "A Casa Branca tem tantos, dá até para escolher!"

Os cinco dias seguintes foram um turbilhão — uma cúpula da Otan em Baden-Baden, na Alemanha, e Estrasburgo, na França; reuniões e discursos na República

Tcheca e na Turquia; e uma visita não anunciada ao Iraque, onde — além de agradecer a uma ruidosa plateia de soldados americanos por sua coragem e sacrifício — conferenciei com o primeiro-ministro Maliki sobre nossos planos de retirada e transição para um governo parlamentarista.

No fim da viagem, eu tinha todos os motivos para me sentir bem. Em linhas gerais, promovemos com êxito nossa pauta. Não houve nenhum erro grosseiro da minha parte. Todo o meu pessoal de política externa — de membros do gabinete como Geithner e Gates ao mais jovem do grupo, que chegava aos locais com antecedência — fez um excelente trabalho. E, longe de evitarem qualquer aproximação com os Estados Unidos, os países que visitamos pareciam desejosos de nossa liderança.

Apesar disso, a viagem trouxe indícios desanimadores do quanto meu primeiro mandato seria gasto não com novas iniciativas, mas apagando incêndios anteriores à minha posse. Na cúpula da Otan, por exemplo, conseguimos o apoio da aliança para nossa estratégia Af-Pak— mas só depois de ouvir os governantes europeus ressaltarem que a opinião pública de seus países se tornara decididamente contrária a qualquer cooperação militar com os Estados Unidos depois da invasão do Iraque, e que seria muito difícil conseguirem apoio político para mandar mais soldados. Membros da Europa Central e Oriental da Otan também ficaram desanimados com a reação morna do governo Bush à invasão russa da Geórgia, e estavam em dúvida se poderiam contar com a aliança para defendê-los contra uma agressão parecida por parte da Rússia. Era um bom argumento: antes da cúpula, foi uma surpresa descobrir que a Otan não dispunha de planos nem de capacidade de reação rápida para sair em defesa de todos os aliados. Era só mais um exemplo dos segredinhos desagradáveis que eu estava descobrindo como presidente, a mesma coisa que eu tinha aprendido durante nossa revisão da estratégia para o Afeganistão, a mesma coisa que o mundo havia descoberto depois da invasão do Iraque: apesar de falarem grosso, os belicistas do governo de Bush, como Cheney e Rumsfeld, eram surpreendentemente ruins para respaldar sua retórica com estratégias coerentes e eficazes. Ou, como dizia Denis McDonough, de forma mais pitoresca: "Abra qualquer gaveta da Casa Branca que você vai encontrar um sanduíche de merda".

Fiz o que pude para reduzir o perigo no que dizia respeito à Europa Central propondo que a Otan desenvolvesse planos individuais de defesa para cada país-membro e declarando que, em relação a nossas obrigações de defesa recíproca, não deveríamos fazer distinções entre membros mais novos e mais tradicionais da aliança. Isso significaria mais trabalho para nossa equipe já sobrecarregada e para os militares, mas tentei não permitir que minha pressão arterial fosse muito afetada. Lembrei a mim mesmo que todo presidente pagava pelas escolhas e pelos erros do governo anterior, e que 90% do trabalho consistia em lidar com problemas herdados e crises imprevistas. Só fazendo isso direito, com disciplina e senso de direção, haveria uma oportunidade real de moldar o futuro.

O que me deixou preocupado no fim da viagem não foi tanto esta ou aquela questão em particular, e sim a impressão geral: a sensação de que, por vários motivos — alguns de responsabilidade nossa, outros fora de nosso controle —, a esperançosa maré de democratização, de liberalização e de integração que tomara conta do planeta após o fim da Guerra Fria começava a recuar. Forças mais antigas e mais sinistras avançavam, e a tensão provocada pelo declínio econômico prolongado provavelmente tornaria as coisas ainda piores.

Antes da crise financeira, por exemplo, a Turquia dava a impressão de ser um país em ascensão, um exemplo notável dos efeitos positivos da globalização em economias emergentes. Apesar de uma história de instabilidade política e de golpes militares, o país de maioria muçulmana era em grande parte das questões um aliado do Ocidente desde os anos 1950, mantendo sua filiação à Otan, eleições regulares, uma economia de mercado e uma Constituição secular que consagrava princípios modernos, como a igualdade de direitos das mulheres. Quando seu primeiro-ministro, Recep Tayyip Erdoğan, e seu Partido da Justiça e do Desenvolvimento chegaram ao poder, em 2002-3, fizeram apelos populistas e com frequência abertamente islâmicos, inquietando a elite política da Turquia, secular e dominada pelos militares. Em particular, a simpatia explícita de Erdoğan tanto pela Irmandade Muçulmana como pelo Hamas em sua luta por um Estado palestino independente também tinha deixado Washington e Tel Aviv apreensivos. Apesar disso, até aquela altura o governo de Erdoğan tinha respeitado a Constituição da Turquia, cumprido suas obrigações para com a Otan e administrado com eficácia a economia, chegando a iniciar uma série de modestas reformas na esperança de se qualificar para a União Europeia. Alguns observadores sugeriam que Erdoğan talvez viesse a oferecer um modelo de islã moderado, moderno e pluralista, uma alternativa às autocracias, às teocracias e aos movimentos extremistas que caracterizavam a região.

Num discurso no parlamento turco e numa reunião com estudantes universitários em Istambul, tentei demonstrar esse mesmo otimismo. Mas, por causa de minhas conversas com Erdoğan, eu tinha minhas dúvidas. Durante a cúpula da Otan, Erdoğan instruíra sua equipe a vetar a indicação do conceituadíssimo primeiro-ministro dinamarquês, Anders Rasmussen, para o cargo de secretário-geral da organização — não por considerá-lo despreparado, mas porque em 2005 o governo de Rasmussen se negara a cumprir a exigência da Turquia de censurar a publicação de cartuns representando o profeta Maomé num jornal dinamarquês. Os apelos dos europeus à liberdade de imprensa não comoveram Erdoğan, e ele só cedeu quando prometi que Rasmussen teria um vice turco e o convenci de que minha visita iminente — e a opinião pública americana — seria afetada negativamente se a nomeação não fosse aprovada.

Isso estabeleceu um padrão para os oito anos seguintes. Eram os interesses próprios de ambos os lados que determinavam se Erdoğan e eu desenvolveríamos uma relação funcional. A Turquia se voltava para os Estados Unidos em busca de apoio em sua pretensão de ingressar na União Europeia, além de ajuda militar e de inteligência no combate aos separatistas curdos que ficaram mais audaciosos depois da queda de Saddam Hussein. De nossa parte, precisávamos da cooperação da Turquia para combater o terrorismo e estabilizar o Iraque. Pessoalmente, eu achava o primeiro-ministro cordial e quase sempre receptivo aos pedidos que eu lhe fazia. Mas, ouvindo-o falar, o corpo alto um tanto curvado, a voz um vigoroso staccato que subia uma oitava em reação a vários rancores e insultos, eu tinha a forte impressão de que seu compromisso com a democracia e com o estado de direito talvez só durasse enquanto ajudasse a preservar o próprio poder.

Minhas dúvidas sobre a durabilidade de valores democráticos não se restringiam à Turquia. Em minha passagem por Praga, encontrei funcionários da União Europeia alarmados com o avanço de partidos de extrema direita em toda a Europa e com o aumento do nacionalismo, do sentimento anti-imigração e de descrença na integração provocado pela crise econômica. O presidente tcheco, Václav Klaus, a quem fiz uma breve visita de cortesia, era a encarnação de algumas dessas tendências. Um "eurocético" declarado que estava no cargo desde 2003, era ao mesmo tempo ardorosamente a favor do livre mercado e admirador de Vladímir Pútin. E, embora eu tenha tentado manter um tom leve durante a nossa conversa, o que eu sabia a respeito — o apoio aos esforços para censurar a televisão tcheca, o desprezo pelos direitos de gays e lésbicas e o fato de ser um negacionista das mudanças climáticas — não me dava muitas esperanças sobre as tendências políticas na Europa Central.

Era difícil dizer até que ponto essas tendências seriam duradouras. Eu afirmava a mim mesmo que era da natureza das democracias — incluindo a americana — a oscilação entre períodos de mudanças progressistas e de recuo conservador. Na verdade, o notável era a naturalidade com que Klaus se encaixaria na bancada republicana no Senado dos Estados Unidos, assim como eu podia ver, sem fazer nenhum esforço, Erdoğan como um personagem influente da câmara municipal de Chicago. Só não sabia se isso era motivo de consolo ou de preocupação.

Mas eu não tinha ido a Praga para avaliar a situação da democracia. Na verdade, a previsão era que meu único grande discurso na viagem fosse para apresentar uma importante iniciativa política: primeiro a redução e depois a eliminação definitiva de armas nucleares. Eu vinha trabalhando no assunto desde minha eleição para o Senado, quatro anos antes, e apesar dos riscos de promover o que para muitos não passava de uma missão utópica, eu disse à minha equipe que, em muitos sentidos, essa era exatamente a ideia; mesmo o progresso mais modesto nesse assunto exigia uma visão audaciosa e abrangente. Se eu esperava deixar alguma coisa para Malia e Sasha, era o direito de viverem livres da possibilidade de um apocalipse produzido pelo homem.

Eu tinha uma segunda razão, mais prática, para enfatizar a questão e gerar manchetes em toda a Europa: precisávamos encontrar um meio de impedir que o Irã e a Coreia do Norte levassem adiante seus programas nucleares. (Na véspera do dia do discurso, a Coreia do Norte lançou um míssil de longo alcance no Pacífico, só para chamar nossa atenção.) Era hora de intensificar a pressão internacional sobre esses dois países, recorrendo também a sanções econômicas que pudessem de fato ser aplicadas; e eu sabia que isso seria muito mais fácil se mostrasse que os Estados Unidos estavam interessados não só em dar novo impulso ao desarmamento, mas também em reduzir ativamente os próprios arsenais.

Na manhã do dia do discurso, fiquei muito feliz de ver que tínhamos conseguido apresentar propostas concretas e viáveis sobre a questão nuclear para não parecer que eu estava sendo absurdamente quixotesco. Era um dia claro num ambiente espetacular, uma praça com o velho castelo de Praga — onde outrora moraram reis boêmios e imperadores do Sacro Império Romano — servindo de pano de fundo. Enquanto a Fera percorria ruas estreitas e irregulares, passamos por milhares de pessoas que iam ouvir o discurso. Havia gente de todas as idades, mas principalmente jovens, de jeans, casacos e cachecóis, bem agasalhados contra o vento frio da primavera, os rostos corados e cheios de expectativa. Foram multidões assim, pensei, que tinham sido dispersadas pelos tanques soviéticos no fim da Primavera de Praga, em 1968; e nessas mesmas ruas, apenas 25 anos depois, em 1989, multidões ainda maiores de manifestantes pacíficos, contrariando todas as expectativas, haviam acabado com o regime comunista.

Em 1989, eu estava na faculdade de direito. Lembro de estar sozinho em meu apartamento no subsolo a poucos quilômetros de Harvard Square, pregado diante de um aparelho de TV de segunda mão para assistir ao desenrolar do movimento que viria a ser conhecido como a Revolução de Veludo. Fiquei hipnotizado por aqueles protestos, além de inspiradíssimo. Era o mesmo sentimento que eu experimentara no começo do ano ao ver aquela figura solitária enfrentando os tanques na praça Tiananmen, a mesma inspiração que me evocavam as imagens chuviscadas dos Passageiros da Liberdade, ou da marcha de John Lewis e outros soldados dos direitos civis atravessando a ponte Edmund Pettus em Selma. Ver pessoas comuns abandonarem o medo e o hábito para agir de acordo com suas mais profundas convicções, ver jovens arriscarem tudo pelo direito de influenciar decisões que afetam sua vida, para tentar livrar o mundo das velhas crueldades, hierarquias, divisões, falsidades e injustiças que limitam o espírito humano — era nisso que eu acreditava e era disso que queria fazer parte.

Naquela noite, eu não tinha conseguido dormir. Em vez de ler meus compêndios para as aulas do dia seguinte, escrevi em meu diário até tarde da noite, com o cérebro explodindo de pensamentos urgentes, ainda incompletos, sem saber qual seria meu papel nessa grande luta global, mas já ciente de que a advocacia seria não mais do que uma parada no meio do caminho para mim, que meu coração me levaria mais adiante.

Isso parecia ter ocorrido muito tempo antes. Apesar disso, olhando pela janela do banco traseiro da limusine presidencial, me preparando para pronunciar um discurso a ser transmitido para o mundo todo, percebi que havia uma linha direta, ainda que totalmente improvável, entre aquele momento e o que eu estava vivendo. Eu era o produto dos sonhos daquele jovem; e quando chegamos à área de espera improvisada atrás de um enorme palanque, uma parte de mim pensava em mim mesmo não como o político em que me transformara, mas como um daqueles jovens da multidão, sem os compromissos do poder, sem o ônus de satisfazer a homens como Erdoğan e Klaus, feliz apenas de me juntar à causa daqueles que queriam um mundo novo e melhor.

Depois do discurso, tive a oportunidade de passar um tempo com Václav Havel, o dramaturgo e ex-dissidente que fora presidente da República Tcheca por dois mandatos, até 2003. Participante da Primavera de Praga, foi incluído na lista negra depois da ocupação soviética, teve suas obras proibidas e foi preso várias vezes por suas atividades políticas. Havel, talvez mais do que qualquer um, tinha dado peso moral aos movimentos democráticos locais que puseram fim à era soviética. Com Nelson Mandela e um pequeno grupo de outros estadistas vivos, tinha servido para mim como um modelo distante. Eu lia seus artigos na faculdade de direito. Vê-lo manter seus princípios morais mesmo depois que seu lado conquistou o poder e ele assumiu a presidência ajudou a me convencer de que era possível entrar na política e sair com a alma intacta.

Nosso encontro foi rápido, vítima de minha agenda apertada. Havel tinha setenta e poucos anos, porém parecia mais jovem, com um jeito despretensioso, um rosto simpático e enrugado, cabelos ruivos alourados, bigode aparado. Depois de posarmos para fotos e falar aos jornalistas, nós nos instalamos numa sala de reuniões, onde, com a ajuda de seu intérprete, conversamos mais ou menos durante 45 minutos sobre a crise financeira, a Rússia e o futuro da Europa. Ele temia que os Estados Unidos achassem que os problemas da Europa estavam resolvidos quando na verdade, em todos os antigos satélites soviéticos, o compromisso com a democracia ainda era frágil. Com as lembranças da velha ordem se apagando e líderes como ele, que tinha ajudado a forjar estreitas relações com os Estados Unidos, saindo de cena, os perigos de um antiliberalismo ressurgente eram reais.

"Em certo sentido, os soviéticos simplificavam a definição de inimigo", explicou Havel. "Hoje os autocratas são mais sofisticados. São a favor de eleições e ao mesmo tempo vão enfraquecendo pouco a pouco as instituições que tornam possível a democracia. Defendem o livre mercado ao mesmo tempo que se envolvem na mesma corrupção, no mesmo clientelismo, na mesma exploração que havia no passado." Ele confirmou que a crise econômica alimentava as forças do nacionalismo e do extremismo populista em todo o continente e, mesmo concordando com minha estratégia de trazer a Rússia de volta ao diálogo, advertiu que a anexação de um território georgiano era apenas o exemplo mais explícito dos esforços de intimidação e interferência de Pútin em toda a região.

"Sem a atenção dos Estados Unidos", ele avisou, "a liberdade aqui e na Europa desaparecerá."

Nosso tempo acabou. Agradeci a Havel pelo conselho e assegurei que os Estados Unidos não fraquejariam na promoção dos valores democráticos. Ele sorriu e disse que esperava não ter tornado meu fardo ainda mais pesado.

"O senhor tem sido amaldiçoado pelas altas expectativas que despertou", disse ele, apertando minha mão. "Isso significa também que as pessoas se decepcionam com facilidade. Conheço bem isso. Meu medo é de que seja uma armadilha."

Sete dias depois de sair de Washington, minha equipe subiu a bordo do Air Force One, cansada e mais que disposta a voltar para casa. Eu estava na cabine dianteira do avião, tentando pegar no sono, quando Jim Jones e Tom Donilon se aproximaram para me informar sobre uma situação envolvendo um assunto sobre o qual ninguém me fez uma única pergunta sequer durante a campanha.

"Piratas?"

"Piratas, sr. presidente", disse Jones. "Ao largo da costa da Somália. Subiram num navio cargueiro capitaneado por um americano e ao que parece mantêm a tripulação como refém."

O problema não era novidade. Havia décadas que a Somália era um Estado falido, um país localizado no Chifre da África e dividido de forma nada harmônica entre vários chefes militares, clãs e, mais recentemente, uma perversa organização terrorista chamada al-Shabaab. Sem o benefício de uma economia capaz de funcionar, quadrilhas de jovens sem emprego, equipados com pequenos barcos a motor, fuzis AK-47 e escadas improvisadas, começaram a subir a bordo de navios comerciais na movimentada rota marítima que liga a Ásia ao Ocidente pelo Canal de Suez e a capturá-los para exigir resgate. Era a primeira vez que atacavam um navio de bandeira americana. Não havia indícios de que os quatro somalis tivessem ferido qualquer dos vinte tripulantes, mas o secretário Gates despachara o destróier *USS Bainbridge* e a fragata *USS Halyburton* para aquela área, e era esperado que avistassem o navio sequestrado antes de aterrissarmos em Washington.

"Eu acordo o senhor se houver novidade", disse Jones.

"Entendido", respondi, sentindo o cansaço que eu conseguira espantar nos últimos dias tomar conta de meus ossos. "Me acorde também se os gafanhotos chegarem", acrescentei. "Ou a peste."

"Como, senhor?", perguntou Jones, fazendo uma pausa.

"Brincadeira, Jim. Boa noite."

15

Toda a nossa equipe de segurança nacional passou os quatro dias seguintes envolvida no drama que se desenrolava ao largo da costa da Somália. Pensando rápido, a tripulação do cargueiro *Maersk Alabama* conseguira incapacitar o motor do navio antes da abordagem pelos piratas, e a maioria de seus membros se refugiara em uma sala segura. Nesse meio-tempo, o capitão, um corajoso e equilibrado americano natural de Vermont chamado Richard Phillips, havia permanecido na ponte. Com o navio de 508 pés inoperante e seu pequeno esquife sem condições de navegar, os somalis decidiram fugir em um barco salva-vidas coberto, levando Phillips como refém e exigindo 2 milhões de dólares de resgate. Mesmo depois que um dos sequestradores se entregou, as negociações para liberar o capitão não avançaram. O drama aumentou ainda mais quando Phillips tentou escapar pulando pela amurada, sendo recapturado logo em seguida.

Com a situação mais tensa a cada hora que passava, dei a ordem para disparar contra os piratas somalis se em algum momento Phillips parecesse correr perigo iminente. Enfim, no quinto dia, chegou a informação: no meio da noite, quando dois somalis saíram da cabine e o outro pôde ser visto por uma pequena janela apontando a arma para o capitão americano, os atiradores de elite dos Seals da Marinha fizeram três disparos. Os piratas estavam mortos. Phillips estava a salvo.

A notícia foi comemorada em toda a Casa Branca. O *Washington Post* a definiu como uma primeira vitória militar para obama. Porém, por mais aliviado que estivesse em ver o capitão Phillips reunido com a família, além de orgulhoso de nossa Marinha pela maneira como seu pessoal lidou com a situação, o episódio não me deixou inclinado a bater no peito. Em parte pela simples admissão de que a linha entre o sucesso e o completo desastre havia sido questão de milímetros — três balas encontrando o alvo na escuridão, em vez de errando por um triz, com o balanço abrupto do oceano. Mas também me dei conta de que em lugares como Iêmen e Afeganistão, Paquistão e Iraque, as vidas de milhões de jovens como aqueles três somalis mortos (alguns mais para meninos, na verdade, uma vez que o pirata mais velho teria dezenove anos de idade) haviam sido aviltadas e abreviadas pelo desespero, pela ignorância, pelos sonhos de glória religiosa, pela violência do ambiente onde vivem ou pelas maquinações de homens mais velhos. Esses rapazes eram perigosos, e muitas vezes fria e deliberadamente cruéis. Mesmo assim, eu queria ao menos de algum modo tê-los salvado — para mandá-los à escola, treiná-los numa profissão, drenar o ódio que enchia a cabeça deles. E no entanto o mundo do qual faziam parte e a máquina comandada por mim na maior parte do tempo me obrigavam a matá-los em vez disso.

Essa parte de meu trabalho, que envolvia mandar matar pessoas, não era bem uma surpresa, embora quase nunca fosse expressa dessa forma. Combater terroristas — "no campo de defesa deles, não no nosso", como Gates gostava de dizer — proporcionara a justificativa por trás das guerras no Afeganistão e no Iraque. Mas, à medida que a al-Qaeda crescia e passava à clandestinidade, se esparramando por uma teia complexa de afiliadas, agentes, células adormecidas e simpatizantes conectados por meio da internet e de celulares descartáveis, nossas agências de segurança foram desafiadas a construir novas formas, mais dirigidas e não tradicionais, de travar uma guerra. A Agência de Segurança Nacional (NSA), que já se firmara como a organização de coleta eletrônica de dados de inteligência mais sofisticada do mundo, empregava supercomputadores e tecnologia de decodificação de mensagens encriptadas no valor de bilhões de dólares para passar o pente-fino no ciberespaço em busca de comunicações terroristas e potenciais ameaças. O Comando de Operações Especiais Conjuntas do Pentágono (JSOC), se valendo de unidades Seal da Marinha e Forças Especiais do Exército, realizou incursões noturnas e caçou suspeitos de terrorismo principalmente dentro — mas às vezes fora — das zonas de guerra do Afeganistão e Iraque. E a CIA desenvolveu novas formas de análise tradicional e coleta de inteligência — incluindo operar um arsenal de drones letais para eliminar agentes da al-Qaeda dentro do território paquistanês.

A Casa Branca também se reorganizara para lidar com a ameaça terrorista. Todo mês eu presidia uma reunião na Sala de Crise, reunindo todas as agências de inteligência para repassar acontecimentos recentes e coordenar os trabalhos. O governo Bush desenvolvera uma classificação para terroristas procurados, uma espécie de "Top 20", complementada por fotos, informações sobre pseudônimos e estatísticas vitais que lembravam cartões de beisebol; em geral, sempre que alguém na lista era assassinado, um novo alvo era adicionado, levando Rahm a observar que "o departamento de RH da al-Qaeda deve ter dificuldades em preencher essa 21ª vaga". De fato, meu hiperativo chefe de gabinete — que passara tempo suficiente em

Washington para saber que seu novo e liberal presidente não podia se dar ao luxo de parecer complacente com o terrorismo — estava obcecado com a lista, pressionando os responsáveis por nossas operações de escolha de alvo para descobrir por que demorava tanto para localizar o número 10 ou 14.

Nada disso me trazia a menor satisfação. Eu não me sentia mais poderoso. Ingressara na política para levar um ensino melhor aos jovens, ajudar as famílias a ter assistência à saúde, auxiliar na produção de alimentos nos países pobres — esse tipo de poder era meu verdadeiro objetivo.

Mas esse também era um trabalho necessário, e entre minhas responsabilidades estava a de assegurar que nossas operações tivessem a maior eficácia possível. Além disso, ao contrário de alguns na esquerda, eu nunca condenara indiscriminadamente as ações do governo Bush no combate ao terrorismo. Estava por dentro do serviço de inteligência o bastante para saber que a al-Qaeda e suas afiliadas viviam planejando crimes horríveis contra inocentes. Seus membros não eram abertos à negociação nem se pautavam pelas normas convencionais de combate; frustrar seus planos e minar suas bases era uma tarefa de extraordinária complexidade. Logo após o Onze de Setembro, o presidente Bush fez algumas coisas certas, como tentar mitigar consistentemente o sentimento anti-islâmico nos Estados Unidos — missão nada fácil, sobretudo considerando o passado de macarthismo e campos de concentração para japoneses em nosso país — e mobilizando o apoio internacional para o começo da campanha no Afeganistão. Até programas controversos do governo Bush, como o Patriot Act, que eu mesmo criticara, me pareciam mais ferramentas sujeitas a eventuais abusos do que violações indiscriminadas das liberdades civis dos americanos.

O modo como o governo Bush distorcera os dados para obter o apoio da opinião pública à invasão do Iraque (sem mencionar o uso do terrorismo como arma política nas eleições de 2004) era bem mais condenável. E, claro, para mim a invasão em si era um erro estratégico tão grande quanto o Vietnã havia sido décadas antes. Mas as guerras no Afeganistão e no Iraque não envolveram bombardeios indiscriminados nem o ataque deliberado a civis, frequentes inclusive em guerras por "boas" causas, como a Segunda Guerra Mundial; e, fora as gritantes exceções, como Abu Ghraib, nossos soldados exibiam um nível notável de disciplina e profissionalismo.

A meu ver, portanto, meu trabalho era corrigir os aspectos de nossa luta contra o terrorismo que precisavam de ajustes, não acabar com tudo e começar de novo do zero. Uma dessas correções de rota era o fechamento de Gitmo, a prisão militar da baía de Guantánamo — interrompendo assim o fluxo contínuo de prisioneiros detidos por lá de forma indefinida. Outra medida nesse sentido foi minha ordem executiva dando um fim à tortura; embora durante o período de transição eu tenha recebido garantias de que as extradições forçadas e os "interrogatórios aprimorados" haviam cessado durante o segundo mandato do presidente Bush, o modo insincero, arrogante e às vezes absurdo como alguns altos funcionários remanescentes do governo anterior descreveram tais práticas para mim ("Sempre havia um médico presente para garantir que o suspeito não sofresse danos permanentes ou morresse") me convenceu da necessidade de estabelecer limites mais claros. Além disso, minha prioridade máxima era criar sistemas sólidos de transparência, responsabilização e supervisão — segundo os quais o Congresso e o Judiciário ofereceriam uma estrutura legal com credibilidade para aquilo que eu infelizmente suspeitava que seria uma luta prolongada. Para isso, eu precisava do olhar renovado e da mentalidade crítica dos advogados em sua maior parte liberais que trabalhavam para mim na Casa Branca, no Pentágono, na CIA e nas salas dos assessores do Departamento de Estado. Mas também era necessária a presença de uma pessoa que tivesse feito parte do núcleo duro da luta dos Estados Unidos contra o terrorismo, uma pessoa capaz de me ajudar a analisar as várias barganhas políticas que sem dúvida estavam por vir e então penetrar nas entranhas do sistema, de maneira que as mudanças necessárias de fato fossem implementadas.

Essa pessoa era John Brennan. Aos cinquenta e poucos anos, com cabelos grisalhos cada vez mais ralos, problemas no quadril (fruto das enterradas nas quadras de basquete durante o ensino médio) e rosto de boxeador irlandês, ele se interessara pelo idioma árabe na faculdade, estudara na American University, no Cairo, e entrara para a CIA em 1980, respondendo a um anúncio no *New York Times*. Passaria os 25 anos seguintes na agência, como redator de relatórios diários de inteligência, chefe de posto no Oriente Médio e, por fim, vice-diretor executivo sob o presidente Bush, encarregado de reunir a unidade integrada antiterrorismo da agência após o Onze de Setembro.

Apesar do currículo e da cara de mau, o que mais me chamou a atenção em Brennan foram sua ponderação e falta de empáfia (além do tom de voz incongruentemente suave). Embora inabalável em seu compromisso de destruir a al-Qaeda e congêneres, compreendia a cultura islâmica e as complexidades do Oriente Médio bem o bastante para saber que só armas e bombas não dariam conta do recado. Quando me contou que era pessoalmente contrário à tortura por afogamento e outras formas de "interrogatório aprimorado" sancionadas por seu chefe, acreditei nele; e fiquei convencido de que sua credibilidade junto à comunidade de inteligência teria um valor inestimável para mim.

Mesmo assim, era inegável que Brennan estava na CIA quando as torturas ocorreram, e essa associação acabou com suas chances de indicação como primeiro diretor da agência em meu governo. Em vez disso, eu lhe ofereci a posição de vice-conselheiro de segurança nacional para assuntos de segurança interna e combate ao terrorismo.

"Sua função", eu disse, "é me ajudar a proteger este país de um modo coerente com nossos valores e assegurar que todos os outros estejam agindo da mesma forma. Consegue fazer isso?" Ele respondeu que sim.

Nos quatro anos seguintes, John Brennan cumpriria a promessa, ajudando a implementar nossas tentativas de reforma e servindo como meu intermediário no trato com a burocracia por vezes cética e resistente da CIA. Além disso, dividia comigo o fardo de saber que qualquer equívoco que cometêssemos custaria vidas e por essa razão podia ser encontrado trabalhando estoicamente numa sala sem janelas da Ala Oeste, logo abaixo do Salão Oval, nos fins de semana e feriados, se mantendo vigilante enquanto os outros dormiam e se debruçando sobre os mínimos detalhes dos dados de inteligência com intensidade austera e obstinada, o que levou alguns na Casa Branca a apelidá-lo de "a Sentinela".

Rapidamente ficou claro que mitigar as consequências negativas das práticas até então usadas no combate ao terrorismo e instituir novas onde fosse necessário seria uma lenta e dolorosa labuta. Fechar Gitmo significava que precisávamos pensar em meios alternativos para abrigar e indiciar tanto os atuais detidos como quaisquer outros terroristas capturados no futuro. Impelido por uma série de pedidos baseados no Freedom of Information Act (FOIA) que tramitavam nos tribunais, eu tinha de decidir se documentos da CIA ligados aos programas de tortura por afogamento e extradição deveriam perder a confidencialidade (sim para os memorandos legais justificando tais práticas, uma vez que tanto as informações como os programas em si já eram amplamente conhecidos; não para as fotos das práticas, que o Pentágono e o Departamento de Estado temiam que pudessem despertar a revolta internacional e deixar nossos soldados e diplomatas em perigo ainda maior). Nossas equipes de aconselhamento legal e o pessoal da segurança nacional debatiam diariamente como estabelecer uma supervisão judicial e legislativa mais forte para nossos esforços de combate ao terrorismo e como cumprir nossa obrigação de transparência sem dar dicas para terroristas que liam o *New York Times*.

Em vez de continuarmos com o que para o mundo parecia um punhado de decisões ad hoc em política externa, decidimos que eu faria dois pronunciamentos sobre nossa luta contra o terrorismo. O primeiro, voltado principalmente para fins domésticos, sustentaria que a segurança nacional americana a longo prazo dependia de nossa fidelidade à Constituição e da soberania da lei, admitindo que imediatamente após os eventos de Onze de Setembro havíamos às vezes rebaixado nossos padrões e delineando como meu governo abordaria o combate ao terrorismo a partir de então. O segundo, marcado para o Cairo, seria dirigido ao mundo todo — em particular aos muçulmanos. Eu prometera fazer um discurso como esse durante a campanha e, embora com tudo o mais acontecendo alguns em minha equipe aconselhassem o cancelamento, avisei Rahm que recuar estava fora de cogitação.

"Pode não ser possível mudar a postura da opinião pública nesses países da noite para o dia", afirmei, "mas, se não tratarmos diretamente as fontes de tensão entre o Ocidente e o mundo muçulmano e descrevermos como seria uma situação de coexistência pacífica, continuaremos travando guerras na região pelos próximos trinta anos."

Para me ajudar a escrever as duas falas recrutei o enorme talento de Ben Rhodes, de 31 anos, meu redator de discursos do NSC e futuro vice-conselheiro de segurança nacional para comunicações estratégicas. Enquanto Brennan representava alguém capaz de atuar como um canal entre mim e o aparato de segurança nacional que eu herdara, Ben me conectava a meu eu mais jovem e idealista. Criado em Manhattan, filho de uma judia liberal e um advogado do Texas, ambos os quais haviam trabalhado para o governo Lyndon Johnson, ele fazia mestrado em escrita de ficção na NYU quando do Onze de Setembro. Animado de fúria patriótica, Ben fora a Washington à procura de uma maneira de ser útil e acabou por encontrar trabalho com Lee Hamilton, ex-parlamentar eleito por Indiana, e por ajudar a redigir o influente relatório do Grupo de Estudos do Iraque de 2006.

Baixo e calvo apesar da idade, de olhos castanho-escuros como que permanentemente franzidos, Ben passara por um batismo de fogo quando nossa campanha carente de pessoal imediatamente lhe pediu que redigisse pontos de nosso programa de governo, comunicados de imprensa e discursos importantes. Havíamos enfrentado alguns percalços: em Berlim, por exemplo, ele e Favs encontraram uma bela expressão alemã — "comunidade do destino" — para amarrar os temas de meu principal discurso pré-eleitoral em solo estrangeiro, mas poucas horas antes de eu subir ao palco descobriram que a expressão fora usada em um dos primeiros discursos de Hitler perante o Reichstag. ("Provavelmente, não o tipo de efeito que o senhor espera causar", comentou Reggie Love, impassível, enquanto eu explodia numa gargalhada e o rosto de Ben ficava todo vermelho.) Apesar de sua juventude, Ben não se intimidava em dar sugestões de políticas públicas ou em contradizer meus assessores mais experientes, com uma inteligência afiada e uma franqueza obstinada contrabalançadas pelo humor autodepreciativo e um senso saudável de ironia. Tinha a sensibilidade de um escritor, assim como eu, e isso formou a base de um relacionamento muito parecido com o que eu desenvolvera com Favs — era possível passar uma hora com Ben ditando meus argumentos sobre um assunto com a certeza de contar com um rascunho alguns dias depois que não só captava minha voz, como também canalizava algo mais essencial: minha visão fundamental do mundo e, às vezes, até meu coração.

Juntos, elaboramos o discurso antiterrorismo razoavelmente rápido, embora, segundo Ben, toda vez que ele enviava um rascunho ao Pentágono ou à CIA para comentários, o texto voltasse cheio de alterações, com a caneta vermelha riscando qualquer palavra, proposta ou caracterização considerada até remotamente controversa ou crítica de práticas como a tortura — uma resistência não muito sutil dos funcionários de carreira, vários deles instalados em Washington pelo governo Bush. Instruí Ben a ignorar a maioria dessas sugestões. Em 21 de maio, fiz o discurso nos Arquivos Nacionais, junto aos documentos originais da Declaração de Independência, da Constituição e da Carta de Direitos — só para o caso de alguém dentro ou fora do governo não captar a mensagem.

O "Discurso muçulmano", como passamos a chamar o segundo pronunciamento principal, era mais complicado. Com exceção dos retratos negativos de terroristas e magnatas do petróleo vistos em noticiários ou filmes, a maioria dos americanos pouco sabia sobre o islã. Por outro lado, as pesquisas mostravam que muçulmanos do mundo todo acreditavam que os Estados Unidos eram hostis em relação à sua religião e que nossa política para o Oriente Médio se baseava não no interesse em melhorar a vida das pessoas, e sim em preservar nosso abastecimento de petróleo, matar terroristas e proteger Israel. Diante dessa discordância, falei para Ben que o foco de nosso discurso tinha de ser mais voltado a ajudar os dois lados a se compreenderem um ao outro do que a explicar novas medidas práticas. Isso implicava reconhecer as extraordinárias contribuições da civilização islâmica para o progresso da matemática, da ciência e das artes e admitir o papel que o colonialismo desempenhara em parte dos atuais problemas enfrentados pelo Oriente Médio. Significava admitir a antiga indiferença dos Estados Unidos em relação à corrupção e à repressão na região e nossa cumplicidade na derrubada do governo democraticamente eleito do Irã durante a Guerra Fria, além de admitir as excruciantes humilhações sofridas pelos palestinos que viviam nos territórios ocupados. Escutar uma história tão básica como essa da boca de um presidente americano pegaria muitos de surpresa, imaginei, e talvez abrisse a mente do público para outras duras verdades: que o fundamentalismo islâmico que viera a dominar grande parte do mundo muçulmano era incompatível com a abertura e a tolerância que inspiravam o progresso moderno; que com demasiada frequência os líderes muçulmanos fomentavam queixas contra o Ocidente para desviar a atenção dos próprios fracassos; que um Estado palestino se concretizaria apenas mediante negociações e concessões, mais do que incitamentos à violência e antissemitismo; e que nenhuma sociedade pode ser de fato bem-sucedida se ao mesmo tempo reprime sistematicamente as mulheres.

Ainda trabalhávamos no discurso quando aterrissamos em Riad, na Arábia Saudita, onde eu me encontraria com o rei Abdullah bin Abdulaziz Al Saud, Guardião das duas Mesquitas Sagradas (em Meca e Medina) e o líder mais poderoso do mundo árabe. Eu nunca estivera em seu reino antes e, durante a suntuosa cerimônia de recepção no aeroporto, a primeira coisa que notei foi a total ausência de mulheres ou crianças na pista ou nos terminais — apenas filas de homens de bigode preto em fardas militares ou nos tradicionais *thawb* e *ghutra*. Já esperava por isso, claro; assim eram as coisas no Golfo Pérsico. Mas, ao sentar na Fera, eu continuava admirado de como aquela segregação parecia opressiva e triste, como se eu de repente houvesse entrado em um mundo onde todas as cores tinham sido transformadas em tons neutros.

O rei providenciara hospedagem para mim e minha equipe em seu rancho de cavalos nos arredores de Riad e, conforme nossa carreata e a escolta policial avançavam por uma estrada ampla e impecável sob o sol ofuscante, com os prédios de escritórios enormes e austeros, as mesquitas, o comércio e as concessionárias de carros de luxo dando lugar rapidamente à paisagem de deserto e vegetação rasteira, pensei em como o islã na Arábia Saudita se parecia tão pouco com a versão dessa fé que eu presenciara na infância, quando vivia na Indonésia. Em Jacarta, nas décadas de 1960 e 1970, o islã ocupara mais ou menos o mesmo lugar na cultura da nação que o cristianismo numa cidade americana comum: relevante, mas não dominante. O chamado do muezim à oração pontuava os dias, casamentos e enterros seguiam os rituais prescritos pela fé, as atividades diminuíam durante os meses de jejum e a carne de porco podia ser difícil de encontrar nos cardápios dos restaurantes. Fora isso, as pessoas viviam a vida como bem entendiam, com mulheres de saia curta e salto alto indo de Vespa para o trabalho, meninos e meninas empinando pipa e jovens de cabelos compridos dançando ao som de Beatles ou Jackson 5 nas discotecas locais. Os muçulmanos eram praticamente indistinguíveis de cristãos, hindus ou ateus com ensino superior, como meu padrasto, se espremendo nos ônibus superlotados de Jacarta, enchendo os cinemas para assistir ao mais recente filme de kung fu, fumando na frente dos bares de beira de estrada ou caminhando pelas ruas barulhentas. Os ostensivamente devotos eram uma raridade nessa época e, se não objeto de ridículo, ao menos vistos como diferentes, como testemunhas de Jeová entregando folhetos pelos bairros de Chicago.

A Arábia Saudita sempre fora diferente. Abdulaziz Ibn Saud, primeiro monarca da nação e pai do rei Abdullah, iniciara seu reinado em 1932 e fora profundamente influenciado pelos ensinamentos de Muhammad bin Abd al-Wahhab, religioso do século XVIII. Os seguidores de Abd al-Wahhab alegavam praticar uma versão não corrompida do islã, viam xiitas e sufis como heréticos e observavam princípios religiosos considerados conservadores até pelos padrões da cultura árabe tradicional: segregação pública dos sexos, resguardo no contato com não muçulmanos e rejeição da arte, da música e de outros entretenimentos seculares que pudessem ser uma distração da fé. Após o colapso do Império Otomano, ao final da Segunda Guerra Mundial, Abdulaziz consolidou seu controle sobre as tribos árabes rivais e fundou a moderna Arábia Saudita segundo esses princípios wahhabistas. Sua conquista de Meca — local de nascimento do profeta Maomé e destino de todos os peregrinos muçulmanos fiéis aos Cinco Pilares do Islã —, assim como da cidade santa de Medina, lhe forneceu uma plataforma sobre a qual exercer uma influência desproporcional na doutrina islâmica por todo o mundo.

A descoberta dos campos de petróleo sauditas e a riqueza incalculável que geraram só fizeram ampliar ainda mais essa influência. Mas também expuseram as contradições de tentar sustentar práticas ultraconservadoras em meio a um mundo em rápida modernização. Abdulaziz necessitava da tecnologia, do know-how e dos canais de distribuição ocidentais para explorar plenamente o recém-descoberto tesouro do reino, e formou uma aliança com os Estados Unidos para obter armamentos e proteger os campos de petróleo sauditas dos Estados rivais. Membros da família real estendida mantinham firmas no Ocidente para investir suas vastas posses e mandar os filhos para Cambridge e Harvard a fim de aprender as práticas de negócios modernas. Os jovens príncipes descobriram as atrações de vilas francesas, clubes noturnos londrinos e cassinos em Las Vegas.

Às vezes eu me perguntava se em algum momento a monarquia saudita poderia ter reavaliado seus compromissos religiosos, admitindo que o fundamentalismo wahhabista — como todas as formas de absolutismo religioso — era incompatível com a modernidade, e usado sua riqueza e autoridade para guiar o islã por um caminho mais moderado e tolerante. Provavelmente não. Os antigos costumes eram arraigados demais e, à medida que as tensões com fundamentalistas aumentaram, no fim da década de 1970, a família real talvez tenha concluído, e com razão, que a reforma religiosa levaria a uma inevitável e incômoda reforma também política e econômica.

Em vez disso, para evitar o tipo de revolução que estabelecera uma república islâmica no vizinho Irã, a monarquia saudita chegou a um acordo com seus religiosos linha-dura. Em troca de legitimarem o controle absoluto da Casa de Saud sobre a economia e o governo da nação (e de fazer vista grossa quando os membros da família real sucumbiam a certas indiscrições), esses líderes e a polícia religiosa tinham autoridade para regular interações sociais diárias, definir o que era ensinado nas escolas e determinar a punição de quem violasse os decretos religiosos — de açoitamentos públicos à amputação de mãos e até a crucifixões. E talvez o mais importante: a família real direcionou bilhões de dólares para esses mesmos religiosos construírem mesquitas e madraças por todo o mundo sunita. Como consequência, em lugares como Paquistão, Egito, Mali e Indonésia, o fundamentalismo ganhou cada vez mais força, a tolerância com outras práticas islâmicas se enfraqueceu cada vez mais, os movimentos para impor um modo de governo islâmico se tornaram cada vez mais estridentes e o clamor por expurgar as influências ocidentais do território islâmico — recorrendo à violência, se necessário — passou a ser cada vez mais frequente. A monarquia saudita podia se orgulhar de ter evitado uma revolução ao estilo do Irã, tanto dentro de suas fronteiras como entre seus parceiros no Golfo Pérsico (embora a manutenção de tal ordem ainda exigisse um serviço de segurança interna repressivo e ampla censura da mídia). Mas isso fora feito ao custo de impulsionar um movimento fundamentalista transnacional que desprezava as influências ocidentais, continuava encarando com desconfiança a proximidade saudita com os Estados Unidos e servia como tubo de ensaio para a radicalização de muitos jovens muçulmanos: homens como Osama bin Laden, filho de um saudita preeminente no mundo dos negócios, amigo íntimo da família real, além dos quinze compatriotas seus que, junto com quatro outros, planejaram e perpetraram os ataques do Onze de Setembro.

Como vim a descobrir, "rancho" não era bem o nome. Com um terreno gigantesco e várias mansões com encanamentos banhados a ouro, lustres de cristal e mobília luxuosa, o complexo do rei Abdullah mais parecia um hotel Four Seasons construído em pleno deserto. O rei em pessoa — um octogenário de bigode e barba pretos como carvão (a vaidade masculina parecia ser recorrente entre os governantes ao redor do mundo) — me recebeu calorosamente na entrada daquela que devia ser a residência principal. A seu lado estava o embaixador saudita nos Estados Unidos, Adel al-Jubeir, um diplomata formado nos Estados Unidos que não usava barba e que com seu inglês impecável, sua simpatia cativante, seu talento para as relações públicas e suas profundas conexões em Washington era o porta-voz ideal para as tentativas sauditas de controle de danos na esteira do Onze de Setembro.

O rei estava de ótimo humor nesse dia e, com al-Jubeir atuando como tradutor, recordou com carinho o encontro de seu pai com Roosevelt a bordo do USS Quincy em 1945, frisou o grande valor que dava à aliança entre Estados Unidos e Arábia Saudita e descreveu a satisfação que sentiu quando fui eleito presidente. Ele aprovava a ideia do meu discurso no Cairo, insistindo que o islã era uma religião pacífica e falando sobre o trabalho que realizara pessoalmente para fortalecer o diálogo entre as fés. Assegurou também que seu país atuaria em coordenação com meus assessores econômicos para que os preços do petróleo não impedissem a recuperação pós-crise.

Mas, quando ouviu dois pedidos específicos meus — que a Arábia Saudita e outros membros da Liga Árabe considerassem um gesto de boa vontade em relação a Israel capaz de ajudar a dar novo alento às conversas de paz com os palestinos e que nossas equipes discutissem a possibilidade de transferir alguns prisioneiros de Gitmo para centros de reabilitação sauditas —, o rei foi evasivo, claramente preocupado com a potencial controvérsia.

A conversa ficou mais leve durante o almoço que o rei ofereceu para nossa delegação. Foi um banquete suntuoso, como que saído de um conto de fadas, a mesa de quinze metros coberta por cordeiros assados inteiros e montanhas de arroz com açafrão e todo tipo de iguarias tradicionais e ocidentais. Das sessenta e tantas pessoas comendo, minha diretora de programação, Alyssa Mastromonaco, e minha assessora sênior, Valerie Jarrett, eram duas das três mulheres presentes. Alyssa parecia bastante animada em sua conversa com funcionários sauditas do outro lado da mesa, embora pelo jeito enfrentasse alguns problemas para impedir que o lenço que usava sobre a cabeça caísse na tigela de sopa. O rei perguntou sobre minha família e contei como Michelle e as meninas estavam se ajustando à vida na Casa Branca. Ele falou que tinha doze esposas — os noticiários jogavam esse número para mais perto de trinta —, além de quarenta filhos e dúzias de netos e bisnetos.

"Se me permite a pergunta, majestade", eu disse, "como consegue lidar com doze esposas?"

"Muito mal", respondeu ele, sacudindo a cabeça com ar cansado. "Sempre tem uma com ciúme das outras. É mais complicado que a política do Oriente Médio."

Mais tarde, Ben e Denis passaram na mansão onde eu estava hospedado para conversarmos sobre a revisão final do discurso do Cairo. Antes de sentarmos para trabalhar, notamos uma grande mala de viagem sobre o aparador da lareira. Destravei os fechos e ergui a tampa. De um lado havia uma ampla cena no deserto sobre uma base de mármore, exibindo estatuetas de ouro em miniatura, além de um relógio de vidro movido a mudanças de temperatura. Do outro lado, em um estojo de veludo, um colar com a metade do tamanho de uma corrente de bicicleta, incrustado com o que pareciam ser centenas de milhares de dólares em rubis e diamantes — acompanhado de anel e brincos combinando. Olhei para Ben e Denis.

"Uma lembrancinha para a patroa", disse Denis. Ele explicou que outros na delegação haviam encontrado malas com relógios caros à sua espera em seus aposentos. "Pelo jeito ninguém informou os sauditas sobre nossa proibição de receber presentes."

Erguendo as pesadas joias, fiquei pensando quantas vezes presentes como esse teriam sido discretamente deixados para outras autoridades durante visitas oficiais ao reino saudita — governantes cujos países não tinham regras contra aceitar presentes ou, se as tinham, simplesmente as ignoravam. Pensei outra vez nos piratas somalis que mandara assassinar, todos muçulmanos, e nos incontáveis jovens como eles por todas as fronteiras próximas de Iêmen e Iraque, e no Egito, na Jordânia, no Afeganistão e no Paquistão, cujos ganhos de toda uma vida provavelmente nunca chegariam perto do que custava aquele colar que eu segurava. Radicalizando apenas 1% desses jovens, o resultado é um exército de meio milhão, pronto para morrer pela glória eterna — ou talvez apenas por um gostinho de algo melhor.

Guardei o colar e fechei a mala.

"Muito bem", disse. "Vamos trabalhar."

Na área metropolitana do Cairo viviam mais de 16 milhões de pessoas. Não vimos nenhuma delas no trajeto do aeroporto. As ruas famosas por serem caóticas estavam desertas por quilômetros, a não ser pelos policiais postados por toda parte, um testemunho da extraordinária mão de ferro com que o presidente Hosni Mubarak comandava seu país — e do fato de um presidente americano ser um alvo tentador para grupos extremistas locais.

Se a monarquia atrelada à tradição da Arábia Saudita representava uma linha do moderno modo árabe de governar, o regime autocrático do Egito representava outra. No início da década de 1950, um carismático e educado coronel do Exército chamado Gamal Abdel Nasser orquestrara um golpe militar contra a monarquia egípcia e instituíra o Estado secular de partido único. Em seguida, nacionalizou o Canal de Suez, superando as tentativas de intervenção militar britânicas e francesas, o que o tornou uma figura global na luta contra o colonialismo e de longe o líder mais popular do mundo árabe.

Nasser em seguida nacionalizou outras indústrias essenciais, deu início à reforma agrária no país e lançou um programa de enormes obras públicas, tudo com o objetivo de eliminar os vestígios tanto do domínio britânico como do passado egípcio feudal. No exterior, promoveu ativamente um nacionalismo pan-arabista secular, com um vago caráter socialista. Travou uma guerra perdida contra os israelenses, ajudou a formar a Organização pela Libertação da Palestina (OLP) e a Liga Árabe e foi membro fundador do Movimento Não Alinhado, que em tese se recusava a tomar parte na Guerra Fria, mas atraiu a desconfiança e a ira de Washington, em parte porque Nasser estava aceitando ajuda econômica e militar dos soviéticos. Também retaliou impiedosamente a dissidência e a formação de partidos políticos rivais no Egito, visando em especial à Irmandade Muçulmana, grupo que buscava estabelecer um governo islâmico mediante a mobilização política da população e obras de caridade, mas também abrigava membros que de tempos em tempos recorriam à violência.

O estilo de governo de Nasser era tão autoritário que mesmo após sua morte, em 1970, os governantes do Oriente Médio tentavam copiá-lo. Mas, sem a mesma sofisticação e a capacidade de se conectar com as massas de Nasser, homens como Hafez al-Assad, da Síria, Saddam Hussein, do Iraque, e Muammar Gaddafi, da Líbia, mantinham seu poder em boa parte por meio da corrupção, do apadrinhamento, da repressão brutal e de uma incessante, ainda que ineficaz, campanha contra Israel.

Após o sucessor de Nasser, Anwar Sadat, ser assassinado em 1981, Hosni Mubarak assumiu o poder usando mais ou menos a mesma fórmula, com uma notável diferença: a assinatura de Sadat de um acordo de paz com Israel fizera do Egito um aliado dos Estados Unidos, levando sucessivos governos americanos a ignorar a corrupção cada vez maior, o histórico deplorável de direitos humanos e as demonstrações ocasionais de antissemitismo do regime. Revigorado com a ajuda não só dos Estados Unidos como também dos sauditas e outros Estados do Golfo Pérsico ricos em petróleo, Mubarak nunca se deu ao trabalho de reformar a economia estagnada do país, deixando uma geração de jovens egípcios descontentes, incapazes de encontrar trabalho.

Nossa carreata chegou ao palácio de Qubba — uma elaborada construção de meados do século xix e um dos três palácios presidenciais no Cairo — e, após uma cerimônia de recepção, Mubarak me convidou à sua sala para uma discussão de uma hora. Apesar dos 81 anos, ainda era forte, com ombros largos, nariz romano, cabelo escuro puxado para trás e olhos de pálpebras pesadas que lhe davam o ar de alguém tanto acostumado à autoridade que exercia como ligeiramente cansado dela. Após conversar sobre a economia egípcia e pedir sugestões sobre como revigorar o processo de paz árabe-israelense, toquei na questão dos direitos humanos, sugerindo medidas que ele poderia tomar para libertar prisioneiros políticos e aliviar o cerceamento da imprensa.

Falando um inglês com sotaque, mas passável, Mubarak educadamente desconsiderou minhas preocupações, garantindo que seus serviços de segurança visavam apenas aos extremistas islâmicos e que sua postura firme contava com forte apoio da opinião pública egípcia. A impressão que tive se tornaria demasiado familiar em minhas relações com autocratas idosos: fechados em seus palácios, com suas interações mediadas pelos subalternos mal-encarados e solícitos que os cercavam, eram incapazes de distinguir entre os interesses pessoais e os da nação, e agiam motivados por nenhum propósito mais amplo do que manter a complexa rede de apadrinhamentos e interesses financeiros que os mantinham no poder.

Que contraste, portanto, foi entrar no enorme auditório da Universidade do Cairo e me deparar com uma plateia lotada, absolutamente fervilhante de energia. Havíamos pressionado o governo para abrir meu discurso para uma ampla seção transversal da sociedade egípcia, e estava claro que a mera presença de universitários, jornalistas, estudiosos, líderes de organizações femininas, ativistas comunitários e mesmo alguns religiosos preeminentes e figuras da Irmandade Muçulmana entre as 3 mil pessoas ajudariam a fazer do evento algo singular, que atingiria um amplo público de abrangência mundial graças à televisão. Quando subi no palco e pronunciei a saudação islâmica, *"Assalamu alaikum"*, a multidão urrou sua aprovação. Fiz questão de deixar claro que nenhum discurso era capaz de solucionar problemas tão complexos e arraigados. Mas, à medida que os vivas e aplausos prosseguiam conforme eu falava sobre democracia, direitos humanos e da mulher, tolerância religiosa e a necessidade de uma paz genuína e duradoura entre uma nação israelense segura e um Estado palestino autônomo, pude imaginar o prelúdio de um novo Oriente Médio. Nesse momento, não foi difícil visualizar uma realidade alternativa em que os jovens no auditório construíssem novos negócios e escolas, chefiassem governos atuantes e funcionais e começassem a reimaginar sua fé de um modo que fosse ao mesmo tempo fiel à tradição e aberto a outras fontes de sabedoria. Talvez os altos funcionários do governo, sentados na terceira fileira com expressão austera, também pudessem imaginar algo assim.

Deixei o palco sob prolongada ovação e fui atrás de Ben, que quase sempre ficava nervoso demais para assistir a qualquer discurso escrito por ele e se refugiara numa sala nos fundos, mexendo em seu BlackBerry. Ele sorria de orelha a orelha.

"Acho que funcionou", falei.

"Foi histórico", ele disse, sem a menor ironia.

Nos anos seguintes, meus críticos e até parte de meus apoiadores se esbaldariam comparando o tom elevado e esperançoso do discurso do Cairo com a realidade sinistra que se desenrolaria no Oriente Médio durante meus dois mandatos. Para uns, era revelador do pecado da ingenuidade, que minava aliados cruciais dos Estados Unidos como Mubarak e desse modo incentivava as forças do caos. Para outros, o problema não era a visão apresentada no discurso, e sim o que consideraram meu fracasso em consumar essa visão com ações efetivas e significativas. Fiquei tentado a responder, claro — observar que eu fora o primeiro a afirmar que nenhum discurso resolveria os eternos desafios da região; que havíamos feito o maior esforço por todas as iniciativas mencionadas nesse dia, fossem grandes (um acordo entre israelenses e palestinos) ou pequenas (a criação de programas de treinamento para futuros empreendedores); que os argumentos apresentados no Cairo, para mim, continuavam valendo.

Mas, no fim, fatos são fatos e nada muda o que aconteceu, e terminei com o mesmo conjunto de questões contra as quais me debati inicialmente quando era jovem e trabalhava com organizações comunitárias. De que adianta descrever como o mundo deveria ser quando as tentativas de alcançar esse mundo estão fadadas a ficar apenas nas intenções? Teria razão Václav Havel quando sugeriu que, ao elevar as expectativas, eu fatalmente decepcionaria as pessoas? Seria possível que princípios abstratos e ideais magnânimos eram e sempre seriam apenas um faz de conta, um paliativo, um modo de vencer o desespero, mas que não eram páreo para os impulsos mais primitivos que de fato nos moviam, de modo que, não importava o que disséssemos ou fizéssemos, a história certamente seguiria seu curso predeterminado, um ciclo infindável de medo, fome, conflito, dominação e fraqueza?

Mesmo naquela época as dúvidas surgiam naturalmente, a empolgação do discurso não demorava a dar lugar ao pensamento em todo o trabalho que me aguardava quando voltasse a meu país e nas inúmeras forças mobilizadas contra o que esperava poder fazer. A excursão que realizamos logo após o discurso reforçou minha cisma: uma viagem de helicóptero de quinze minutos, sobrevoando a cidade espraiada, até a confusão de estruturas de cor creme e aspecto cubista subitamente desaparecer e dar lugar ao deserto, ao sol e aos maravilhosos contornos geométricos das pirâmides recortadas contra o horizonte. Quando aterrissamos, fomos recebidos pelo principal egiptólogo do Cairo, um cavalheiro risonho e excêntrico com um chapéu de aba mole e que parecia saído de um filme de Indiana Jones, e, pelas tantas horas seguintes, minha equipe e eu pudemos desfrutar sozinhos do lugar. Escalamos os antigos blocos de pedra na face de cada pirâmide. Paramos à sombra da Esfinge, observando seu olhar silencioso, indiferente. Subimos por uma rampa estreita e vertical até uma das recônditas câmaras internas do faraó, cujos mistérios foram pontuados pelas atemporais palavras de Axe quando descíamos cautelosamente pela escada de mão:

"Droga, Rahm, devagar... sua bunda está na minha cara!"

A certa altura, quando observava Gibbs e outros tentando montar em camelos para as inevitáveis fotos turísticas, Reggie e Marvin gesticularam para que me juntasse a eles no corredor de um dos templos menores das pirâmides.

"Dá só uma olhada, chefe", disse Reggie, apontando para a parede. Gravada na pedra lisa e porosa havia a imagem escura do rosto de um homem. Não o perfil típico dos hieróglifos, mas um rosto de frente. Longo e oval. As orelhas proeminentes se projetando como asas de xícara. Uma caricatura minha, de algum modo produzida na Antiguidade.

"Deve ser um parente", disse Marvin.

Todos rimos, e os dois se afastaram para montar nos camelos com os demais. Nosso guia não soube me dizer de quem era a imagem ou mesmo se remontava ao tempo das pirâmides. Mas fiquei perto daquela parede por mais um tempo, tentando imaginar a vida retratada por aquela gravura. Teria sido um membro da corte? Um escravo? Um capataz? Talvez apenas um vândalo entediado, acampando à noite séculos após a construção da parede, inspirado pelas estrelas e por sua solidão a esculpir as próprias feições. Tentei imaginar as preocupações e dificuldades que talvez o consumissem e a natureza do mundo que habitava, provavelmente marcado por suas próprias lutas e intrigas palacianas, conquistas e catástrofes, eventos que talvez na época não parecessem menos prementes do que aqueles que eu enfrentaria assim que regressasse a Washington. Tudo estava esquecido agora, nada importava — o faraó, o escravo e o vândalo havia muito eram apenas pó.

Assim como todos os discursos que eu fizesse, todas as leis que aprovasse e todas as decisões que tomasse em breve seriam esquecidos.

Assim como eu e todas as pessoas que amava um dia seriam apenas pó.

Antes de voltar para casa, revisitei um evento histórico mais recente. O presidente Sarkozy organizara a comemoração do aniversário de 65 anos do desembarque aliado na Normandia e me pedira para discursar. Em vez de irmos direto para a França, paramos primeiro em Dresden, na Alemanha, onde o bombardeio aliado próximo ao fim da Segunda Guerra Mundial resultou numa chuva de fogo que engoliu a cidade, matando um total estimado de 25 mil pessoas. Minha visita era um gesto deliberado de respeito por um aliado agora leal. Angela Merkel e eu visitamos uma igreja famosa do século XVIII que fora destruída pelos ataques aéreos, sendo reconstruída cinquenta anos depois com uma cruz e um orbe de ouro produzidos por um ourives britânico cujo pai pilotara um dos bombardeiros. O trabalho do ourives serviu como um lembrete de que mesmo os que estão do lado certo da guerra não devem dar as costas para o sofrimento do inimigo, nem excluir a possibilidade de reconciliação.

Merkel e eu mais tarde nos juntamos a Elie Wiesel, escritor laureado com o Nobel, para uma visita ao antigo campo de concentração de Buchenwald. A escolha do local também era um gesto político: havíamos originalmente considerado uma viagem a Tel Aviv após meu discurso no Cairo, mas, em respeito ao desejo do governo israelense de que eu não fizesse da questão palestina o foco principal de meu discurso — tampouco alimentasse a percepção de que o conflito árabe-israelense era a raiz dos problemas no Oriente Médio —, havíamos nos decidido por uma visita a um dos epicentros do Holocausto para sinalizar meu comprometimento com a segurança de Israel e do povo judeu.

Eu também tinha um motivo mais pessoal para querer fazer essa peregrinação. Quando era um jovem universitário, tive oportunidade de ouvir Wiesel falar e ficara profundamente comovido com o modo como contou suas experiências de sobrevivente de Buchenwald. Lendo seus livros, eu encontrara um âmago moral inexpugnável que me fortaleceu e me desafiou a ser uma pessoa melhor. Uma das maiores satisfações de meu período no Senado foi me tornar amigo de Elie. Quando lhe contei que um de meus tios-avós, irmão de Toot, Charles Payne, estivera na divisão de infantaria dos Estados Unidos que alcançou um dos subcampos de Buchenwald em abril de 1945 e iniciou a libertação dos prisioneiros, Elie insistira que fôssemos juntos até lá um dia. Estar com ele agora era o cumprimento dessa promessa.

"Se essas árvores falassem", disse Elie baixinho, gesticulando para uma fileira de carvalhos majestosos conforme andávamos lentamente junto a Merkel pelo caminho de cascalho em direção à entrada principal de Buchenwald. O céu estava coberto de nuvens baixas e cinzentas, e a imprensa mantinha distância respeitosa. Paramos em dois memoriais às vítimas do campo. Um deles era um monte de pedras contendo os nomes das vítimas, incluindo o do pai de Elie, o outro era uma lista dos seus países de origem, gravados numa placa de metal mantida aquecida a 37°C, a temperatura do corpo humano, como forma de lembrança — em um lugar fundado no ódio e na intolerância — da humanidade comum compartilhada por todos nós.

Durante a hora seguinte, perambulamos pelo local, passando por torres de vigia e muros encimados por arame farpado, vendo os fornos escuros do crematório e circundando as fundações dos barracões de prisioneiros. Havia fotografias do campo como fora um dia, na maioria tiradas pelas unidades do Exército dos Estados Unidos no momento da liberação. Uma delas mostrava Elie aos dezesseis anos, olhando de seu beliche direto para a câmera, o mesmo rosto bonito de expressão melancólica, mas marcado pela fome, pela doença e pela enormidade de tudo que presenciara. Elie nos descreveu as estratégias diárias que ele e outros prisioneiros usavam para sobreviver: como os mais fortes ou sortudos contrabandeavam comida para os fracos e moribundos; como as reuniões da resistência eram feitas em latrinas tão imundas que nenhum guarda jamais entrara ali; como os adultos organizavam aulas secretas para ensinar matemática, poesia e história para as crianças — não apenas pelo aprendizado em si, mas para que elas pudessem alimentar a crença de que um dia seriam livres para levar uma vida normal.

Em seu pronunciamento à imprensa em seguida, Merkel falou com clareza e humildade da necessidade de os alemães não esquecerem o passado — de debaterem a questão angustiante de como sua pátria fora capaz de perpetrar tais horrores e reconhecer a responsabilidade especial que agora carregava de se insurgir contra todo tipo de preconceito. Então Elie falou, descrevendo como em 1945 — paradoxalmente — deixara o campo sentindo esperança pelo futuro. Esperança, disse ele, porque presumia que o mundo aprendera de uma vez por todas que o ódio era inútil e o racismo, estúpido, e que "a vontade de conquistar as mentes ou territórios ou aspirações de outro povo [...] não tem sentido". Não tinha tanta certeza agora de que esse otimismo fosse justificado, afirmou, não após os campos da morte em Camboja, Ruanda, Darfur e Bósnia.

Mas suplicou que nós, que eu, partíssemos de Buchenwald com a determinação de tentar promover a paz, de usar a memória do que acontecera no chão onde pisávamos para superar a raiva e as divisões e encontrar forças na solidariedade.

Levei as palavras de Merkel comigo para a Normandia, minha penúltima parada na viagem. Era um dia límpido, quase sem nuvens, e milhares de pessoas haviam se reunido no Cemitério Americano, no topo de um elevado promontório costeiro com vista para as águas azuis e espumosas do Canal da Mancha. Chegando de helicóptero, contemplei as praias de seixos sob mim, onde 65 anos antes mais de 150 mil soldados aliados, metade deles americanos, enfrentaram as ondas encrespadas para desembarcar sob o fogo inimigo incessante. Eles haviam tomado os penhascos acidentados de Pointe du Hoc, por fim estabelecendo a cabeça de ponte que se provaria decisiva para a vitória. Milhares de lápides de mármore, fileiras brancas como ossos no gramado verde-escuro, evidenciavam o preço que fora pago por isso.

Fui recebido por um grupo de jovens Rangers do Exército dos Estados Unidos que um pouco mais cedo havia reconstituído os saltos de paraquedas que acompanharam os desembarques anfíbios no Dia D. Estavam em fardas de gala agora, belos e saudáveis, sorrindo com uma imodéstia mais do que merecida. Apertei a mão de um por um, perguntando de onde eram e onde estavam servindo no momento. Um sargento de primeira classe chamado Cory Remsburg explicou que a maioria acabara de regressar do Iraque; estava a caminho do Afeganistão nas próximas semanas, afirmou, para sua décima mobilização. E logo acrescentou: "Isso não é nada, comparado ao que os homens fizeram aqui 65 anos atrás, senhor. Eles tornaram possível nosso modo de vida".

Observando a multidão nesse dia, lembrei que pouquíssimos veteranos do Dia D ou da Segunda Guerra Mundial continuavam vivos e em condições de fazer a viagem. Muitos dos que conseguiram precisavam de cadeiras de rodas ou andadores para se locomover. Bob Dole, o mordaz nativo do Kansas que havia superado ferimentos devastadores durante a Segunda Guerra Mundial para se tornar um dos senadores mais hábeis e respeitados em Washington, estava lá. Assim como meu tio-avô Charlie, irmão de Toot, que viera com a esposa, Melanie, como meu convidado.

Bibliotecário aposentado, era um dos homens mais bondosos e despretensiosos que conheci. Segundo Toot, ficara tão abalado com suas experiências como soldado que mal abriu a boca por seis meses após voltar para casa.

Fossem quais fossem as feridas que carregavam, esses homens emanavam um orgulho tranquilo, juntando-se com suas boinas de veteranos e fardas elegantes cobertas de reluzentes medalhas pelos serviços prestados. Trocaram histórias, apertaram mãos e receberam palavras de agradecimento minhas e de outros estranhos, e estavam cercados pelos filhos e netos que os conheciam menos por seu heroísmo de guerra do que pelas vidas que haviam levado depois — como professores, engenheiros, operários, comerciantes, homens que se casaram com o amor de sua vida, deram duro para comprar uma casa, lutaram contra a depressão econômica e contra os reveses que enfrentaram, foram técnicos de beisebol de crianças, voluntários em igrejas ou sinagogas e viram os filhos e filhas se casar e formar a própria família.

Sobre o palco, quando a cerimônia começou, percebi que a vida daqueles veteranos de oitenta e poucos anos era uma resposta mais do que suficiente para as dúvidas que se agitavam dentro de mim. Talvez meu discurso do Cairo não desse em nada. Talvez o caráter disfuncional do Oriente Médio aflorasse independentemente do que eu fizesse. Talvez o melhor que pudéssemos esperar fosse aplacar homens como Mubarak e matar os que tentavam nos assassinar. Talvez, como as pirâmides haviam sussurrado, nada disso importasse a longo prazo. Mas na única escala que qualquer um de nós pode compreender de verdade, o arco dos séculos, as ações de um presidente americano 65 anos antes haviam proporcionado ao mundo um rumo melhor. Os sacrifícios feitos por esses homens, mais ou menos da mesma idade que os jovens Rangers que eu acabara de conhecer, tinham feito toda a diferença. Assim como o testemunho de Elie Wiesel, um beneficiário desses sacrifícios, fez diferença; assim como a disposição de Angela Merkel em absorver as trágicas lições do passado de sua própria nação fez diferença.

Era minha vez de falar. Contei as histórias de alguns dos homens que estávamos ali para honrar. "Nossa história sempre foi a soma total das escolhas feitas e das ações tomadas por cada homem e mulher individualmente", concluí. "Ela sempre esteve nas nossas mãos." Virando e olhando para os homens velhos sentados atrás de mim no palco, eu acreditava na verdade disso.

16

Nossa primeira primavera na Casa Branca chegou mais cedo. Em meados de março, o ar ficara mais ameno e os dias, mais longos. Com o clima cada vez mais quente, o Gramado Sul se tornou praticamente um parque privado para explorarmos. Metros e mais metros de grama verdejante rodeados por carvalhos e olmos imensos, de sombra ampla, e um lago minúsculo oculto entre as sebes, acessado por um caminho de cimento estampado com as marcas da palma da mão de filhos e netos de presidentes. Havia recessos por toda parte para brincar de pega-pega e esconde-esconde e até um pouco de vida selvagem — não só esquilos e coelhos, mas também um gavião-de-cauda-vermelha que um grupo de alunos de quarta série apelidara de Lincoln, além de uma raposa esguia de pernas longas que costumava ser avistada ao longe, no fim da tarde, e que de vez em quando arriscava até uma caminhada pela colunata.

Após o confinamento do inverno, aproveitamos ao máximo o novo quintal. Havíamos mandado instalar um balanço para Sasha e Malia perto da piscina, diante do Salão Oval. Tratando desta ou daquela crise num fim de tarde, eu podia olhar pela janela e ver as meninas brincando lá fora, a alegria no rosto das duas conforme ganhavam cada vez mais altura. Também pusemos cestas de basquete nas pontas das quadras de tênis, assim eu podia dar uma escapada rápida para uma partidinha com Reggie, e a equipe podia disputar campeonatos de cinco contra cinco entre os funcionários de diferentes gabinetes.

E com a ajuda de Sam Kass, do horticultor da Casa Branca e um grupo de entusiasmados alunos do quinto ano de uma escola de ensino fundamental da região, Michelle plantou sua horta. O que imaginávamos que seria um projeto significativo mas modesto para encorajar uma alimentação saudável acabou se revelando um fenômeno genuíno, inspirando o cultivo de hortas em escolas e comunidades por todo o país, atraindo atenção mundial e produzindo tanta coisa ao fim desse primeiro verão — couve, cenoura, pimenta, erva-doce, cebola, alface, brócolis, morango, mirtilo e muito mais — que a cozinha da Casa Branca passou a doar caixas de hortaliças para os bancos de alimentos locais. Como bônus inesperado, descobrimos que havia um apicultor amador na equipe de jardinagem e lhe demos o sinal verde para começar uma pequena colmeia. A colônia acabou produzindo quase cinquenta quilos de mel por ano, e um microprodutor de cerveja local no Refeitório da Marinha sugeriu usarmos o mel numa receita, o que levou à aquisição de um kit de cerveja artesanal e fez de mim o primeiro mestre cervejeiro presidencial. (George Washington, segundo me disseram, fabricava o próprio uísque.)

Mas, de todos os prazeres que esse primeiro ano na Casa Branca traria, nenhum se comparou ao da chegada de Bo em meados de abril, uma bola preta de fofura peluda com o peito e as patas dianteiras brancos como a neve. Malia e Sasha, que pediam um cachorrinho desde antes da campanha, deram gritinhos de prazer ao vê-lo pela primeira vez, deixando que lambesse suas orelhas e seus rostos, os três rolando pelo chão da residência. Não foram só as meninas que ficaram apaixonadas. Michelle passava tanto tempo com Bo — ensinando truques, segurando-o no colo, dando bacon em sua boca às escondidas — que Marian confessou achar que não tinha sido uma boa mãe por nunca ter cedido aos pedidos da filha por um cachorro quando pequena.

Quanto a mim, ganhei o que alguém certa vez descreveu como o único amigo confiável que um político podia ter em Washington. Bo também me proporcionava uma desculpa a mais para postergar a papelada no fim da tarde e me juntar à minha família em erráticos passeios pelo Gramado Sul após o jantar. Em momentos como esses — a luz desaparecendo em faixas arroxeadas e douradas; Michelle sorrindo e segurando minha mão, com o cachorro correndo em disparada entre os arbustos, perseguido pelas meninas; Malia vindo até nós para me perguntar sobre coisas como ninhos de pássaros ou formações de nuvens, enquanto Sasha abraçava minha perna para ver por quanto tempo eu conseguia carregá-la — eu me sentia tão normal, realizado e sortudo quanto um homem tem o direito de querer.

Bo foi um presente de Ted e Vicki Kennedy, saído de uma ninhada ligada ao adorado par de cães de água portugueses de Teddy. Foi um gesto incrivelmente atencioso — não só porque a raça era hipoalergênica (um requisito necessário, devido às alergias de Malia), mas também porque os Kennedy providenciaram o adestramento de Bo antes de mandá-lo para a Casa Branca. Quando liguei para agradecer, porém, consegui falar apenas com Vicki. Fazia quase um ano que Teddy recebera o diagnóstico de um tumor maligno no cérebro, e, embora continuasse o tratamento em Boston, estava claro para todo mundo — inclusive Teddy — que o prognóstico não era bom.

Eu o vira em março, quando apareceu de surpresa em uma conferência na Casa Branca que fizemos para pôr em marcha a legislação de assistência universal à saúde. Vicki se mostrara preocupada com a viagem, e eu entendia o motivo. Os passos de Teddy estavam vacilantes nesse dia; seu terno sobrava no corpo com todo o peso perdido e, apesar do comportamento animado, seus olhos baços e encovados revelavam o esforço exigido para simplesmente permanecer ereto. Mas ele fizera questão de vir de qualquer maneira, pois, 35 anos antes, a promoção da causa de um sistema de saúde decente e acessível a todos se tornara algo pessoal para ele. Seu filho, Teddy Jr., fora diagnosticado com câncer ósseo, o que levou à amputação de uma perna aos doze anos de idade. No hospital, Teddy conhecera outros pais cujos filhos estavam igualmente doentes, mas que não faziam ideia de como pagariam as despesas médicas que se acumulavam sem parar. Naquele instante, ele havia jurado fazer alguma coisa para mudar isso.

Ao longo dos mandatos de sete presidentes, Teddy travara o bom combate. No governo Clinton, ajudou a assegurar a aprovação do Programa de Seguro-Saúde Infantil. Enfrentando a objeção de pessoas em seu próprio partido, trabalhou com o presidente Bush para conseguir o fornecimento de remédios para idosos. Mas, apesar de todo o seu poder e habilidade como legislador, o sonho de estabelecer um sistema de saúde universal — um serviço que proporcionasse cuidados médicos de qualidade para todos, independentemente de poderem pagar ou não — continuava distante.

Por isso Ted Kennedy se obrigara a sair da cama para participar de nossa conferência, sabendo que, embora não pudesse mais ocupar a vanguarda dessa luta, sua breve porém simbólica presença talvez tivesse algum efeito. E, de fato, quando entrou na Sala Leste, os 150 presentes irromperam em vivas e em prolongados aplausos. Após abrir a conferência, eu o chamei para falar primeiro, e alguns de seus antigos assessores foram vistos chorando quando o ex-chefe se levantou para falar. Seus comentários foram breves; seu barítono não ressoou com a mesma força de quando sua voz trovejava da tribuna do Senado. Afirmou que ansiava por ser mais "um mero soldado" no combate que estava por vir. Quando passamos ao terceiro ou quarto orador, Vicki partiu silenciosamente com ele.

Eu o vi em pessoa só mais uma vez, duas semanas mais tarde, na cerimônia de assinatura de um projeto de lei para expandir programas nacionais que tanto republicanos como democratas batizaram em sua homenagem. Mas eu pensava em Teddy às vezes quando Bo entrava na Sala do Tratado, a cabeça baixa, a cauda balançando, para se acomodar junto a meus pés. E me recordava do que Teddy me dissera nesse dia, pouco antes de entrarmos juntos na Sala Leste.

"A hora é esta, sr. presidente", falara ele. "Não perca a oportunidade."

A iniciativa de implantar um sistema de saúde universal de algum tipo nos Estados Unidos remonta a 1912, quando Theodore Roosevelt, que por quase oito anos fora presidente pelo Partido Republicano, decidiu se candidatar novamente — dessa vez com uma chapa progressista e uma plataforma que defendia a criação de um serviço de saúde nacional centralizado. Na época, pouca gente tinha um plano de saúde privado ou sentia necessidade disso. A maioria dos americanos pagava por suas consultas na hora, mas o campo da medicina vinha se tornando rapidamente mais sofisticado e, à medida que cada vez mais exames e cirurgias eram disponibilizados, os custos de atendimento começaram a subir, revelando um vínculo ainda mais explícito entre saúde e riqueza. Tanto o Reino Unido como a Alemanha haviam lidado com questões similares instituindo sistemas de seguro de saúde nacionais, e outras nações europeias acabariam seguindo esse exemplo. Embora Theodore Roosevelt tenha perdido a eleição de 1912, os ideais progressistas de seu partido plantaram a semente para que cuidados médicos de acesso fácil e barato fossem vistos como um direito, não um privilégio. Não demorou muito, porém, para que médicos e políticos sulistas se opusessem ruidosamente contra qualquer tipo de envolvimento do governo na saúde, tachando isso como uma forma de bolchevismo.

Depois que Franklin Roosevelt impôs um congelamento nacional dos salários para tentar conter a inflação durante a Segunda Guerra Mundial, muitas empresas começaram a oferecer planos de saúde e aposentadoria privados como um meio de competir pela quantidade limitada de trabalhadores não mobilizados no estrangeiro. Quando a guerra terminou, esse sistema baseado no pagamento por parte do empregador continuou, em boa medida porque os sindicatos gostaram dessa solução, já que lhes possibilitava usar os pacotes de benefícios mais generosos negociados sob os acordos coletivos como um chamariz para recrutar novos membros. O lado negativo disso foi que acabou com a motivação dos trabalhadores para exigir programas de saúde patrocinados pelo governo que pudessem ajudar o restante da população. Harry Truman propôs em duas ocasiões um sistema nacional de saúde, uma vez em 1945 e outra como parte de seu pacote do Fair Deal, em 1949, mas seu apelo por apoio público não foi páreo para a milionária campanha publicitária promovida pela Associação Médica Americana e outros lobistas do setor. Os opositores fizeram mais do que apenas sabotar a tentativa de Truman — convenceram uma ampla fatia do público de que a "medicina socializada" levaria ao racionamento dos serviços e à perda do médico familiar e das liberdades que os americanos tanto prezavam.

Em vez de desafiarem abertamente os planos privados, os progressistas voltaram suas energias a ajudar as populações que o mercado abandonara. Essas tentativas renderam frutos durante a campanha da Grande Sociedade, de Lyndon Johnson, quando um programa público universal parcialmente financiado pela receita de impostos descontados na fonte foi introduzido para idosos (Medicare) e um programa não tão abrangente baseado em uma combinação de financiamento federal e estadual foi criado para os mais pobres (Medicaid). Ao longo das décadas de 1970 e 1980, essa colcha de retalhos funcionou bem o bastante, com cerca de 80% dos americanos cobertos por meio do emprego ou de um desses dois programas. Enquanto isso, os defensores do status quo podiam apontar as muitas inovações trazidas ao mercado por uma indústria médica com fins lucrativos, da ressonância magnética a medicamentos que salvam vidas.

Por mais úteis que fossem, porém, essas inovações também elevaram os custos da assistência à saúde. E, com as seguradoras bancando as contas médicas da nação, os pacientes tinham pouco incentivo para questionar se as indústrias farmacêuticas cobravam preços abusivos ou se os médicos e hospitais estavam pedindo exames redundantes e tratamentos desnecessários para engrossar os lucros. Enquanto isso, quase um quinto do país vivia a não mais que uma enfermidade ou um acidente de distância da potencial ruína financeira. Sem acesso a check-ups regulares e à profilaxia, por falta de dinheiro, os que não dispunham de nenhuma cobertura muitas vezes só procuravam o pronto-socorro dos hospitais quando estavam muito mal, e uma doença mais avançada significava um tratamento mais caro. Os hospitais compensaram esse atendimento não pago aumentando a tabela para os clientes segurados, o que por sua vez elevou ainda mais o valor cobrado pelos planos de saúde.

Tudo isso explicava por que os Estados Unidos gastavam muito mais dinheiro per capita em saúde do que qualquer outra economia avançada (112% mais do que Canadá, 109% mais do que França, 117% mais do que Japão), para obter resultados similares ou piores. A diferença totalizava centenas de bilhões de dólares por ano — uma verba que poderia ser usada para oferecer cuidados de qualidade para as famílias americanas, reduzir os custos do ensino superior ou eliminar boa parcela do déficit federal. A espiral de custos da saúde afetou a competitividade das empresas americanas: as montadoras japonesas e alemãs não precisavam se preocupar com 1500 dólares em custos de saúde com seus trabalhadores, tanto os da ativa como os aposentados, que as indústrias de Detroit precisavam embutir no preço de cada carro produzido na linha de montagem.

Inclusive, foi em resposta à concorrência estrangeira que as empresas americanas começaram a repassar os custos crescentes dos seguros para os empregados, no fim das décadas de 1980 e 1990, substituindo os planos tradicionais, que exigiam pouco ou quase nenhum desembolso imediato, por versões inferiores, com franquias mais altas, coparticipações, limitações de cobertura e outras surpresas desagradáveis escondidas nas letras miúdas dos contratos. Os sindicatos muitas vezes foram capazes de preservar seus planos de benefícios tradicionais apenas concordando em abrir mão dos aumentos de salário. Os pequenos negócios encontraram dificuldades para oferecer qualquer tipo de assistência à saúde para seus funcionários. Enquanto isso, os planos que operavam no varejo aperfeiçoaram a arte de rejeitar clientes que, segundo seus dados atuariais, tinham maior probabilidade de fazer uso do sistema de saúde, sobretudo se a pessoa tivesse uma "doença preexistente" — cuja definição com frequência incluía um câncer já curado ou problemas comuns como asma e alergias crônicas.

Não é de admirar, portanto, que na época em que assumi o governo houvesse pouquíssima gente disposta a defender o sistema existente. Mais de 43 milhões de americanos estavam sem nenhum tipo de cobertura naquele momento, os preços dos planos familiares haviam subido 97% desde 2000 e os custos dos serviços médicos não paravam de aumentar. Mesmo assim, a perspectiva de propor uma grande lei de reforma da saúde pelo Congresso no auge de uma recessão histórica deixou minha equipe apreensiva. Até Axe — que conhecera os desafios de conseguir cuidados especializados para sua filha com epilepsia grave e que deixara o jornalismo para virar consultor político em parte para pagar pelo tratamento — tinha suas dúvidas.

"Os dados são bastante claros", disse Axe, quando discutimos o tema algum tempo antes. "As pessoas talvez odeiem o modo como as coisas funcionam em termos gerais, mas a maioria tem plano de saúde. Só pensam de verdade nas falhas do sistema quando algum familiar fica doente. Elas gostam de seus médicos. Não confiam em Washington para consertar nada. E, mesmo que acreditem que sua intenção seja sincera, a preocupação é que as mudanças que o senhor promova possam custar dinheiro do bolso delas e para beneficiar outras pessoas. Além do mais, quando perguntamos que mudanças gostariam de ver no sistema de saúde, as pessoas basicamente querem todos os tratamentos possíveis, independentemente do custo ou da eficácia, com a equipe médica de sua escolha, no momento em que acharem melhor, e de graça. Uma coisa que não podemos oferecer, claro. E isso antes de as empresas de planos de saúde, as companhias farmacêuticas e os médicos começarem suas campanhas publicitárias..."

"O que o Axe está tentando dizer, sr. presidente", interrompeu Rahm, com uma careta no rosto, "é que isso pode se voltar contra nós."

Em seguida, Rahm nos lembrou que ocupara a linha de frente na última tentativa de implantar um sistema de saúde universal, quando a proposta legislativa de Hillary Clinton fracassou miseravelmente, gerando uma revolta que contribuiu para os democratas perderem o controle da Câmara nas eleições de meio de mandato de 1994.

"Os republicanos vão dizer que a saúde é a mais nova grande farra de gastos liberal e que representa um modo de desviar a atenção da opinião pública da crise econômica."

"A não ser que eu tenha perdido alguma coisa", falei, "estamos fazendo tudo que podemos na economia."

"*Eu* sei, sr. presidente. Mas o povo americano não sabe."

"Então, o que você está dizendo?", perguntei. "Que apesar de termos as maiores bancadas democratas em décadas, apesar das promessas feitas durante a campanha, não devemos tentar reformar a saúde?"

Rahm virou-se para Axe, pedindo socorro.

"Todo mundo aqui acha que vale a pena tentar", falou Axe. "O senhor só precisa saber que, se formos derrotados, sua gestão vai ficar muito enfraquecida. E ninguém entende isso melhor do que McConnell e Boehner."

Eu me levantei, indicando que a reunião terminara.

"Então é melhor não sermos derrotados", falei.

Quando relembro essas antigas conversas, meu excesso de confiança fica bem evidente. Eu me convencera de que a lógica da reforma da saúde era tão óbvia que, mesmo diante de uma oposição bem organizada, conseguiria obter o apoio do povo americano. Outras iniciativas importantes — como a reforma da imigração e a legislação sobre as mudanças climáticas — provavelmente seriam ainda mais difíceis de fazer passar pelo Congresso; imaginei que uma vitória na questão que mais afetava o cotidiano das pessoas era nossa melhor chance de pegar embalo para o restante de minha agenda legislativa. Quanto aos riscos políticos que preocupavam Axe e Rahm, a recessão se encarregou de que meus números nas pesquisas despencassem, de um jeito ou de outro. Perder a coragem de ousar não mudaria essa realidade. Mesmo que mudasse, deixar passar a chance de ajudar milhões de pessoas só porque poderia prejudicar minhas perspectivas de ser reeleito... bom, esse era exatamente o tipo de comportamento míope, visando à autopreservação, que eu tinha me comprometido a rejeitar.

Meu interesse pela assistência à saúde ia além das políticas públicas ou da disputa eleitoral; era pessoal, assim como para Teddy. Sempre que via pais com dificuldades para pagar o tratamento de um filho doente, pensava na noite em que Michelle e eu tivemos de levar Sasha, então com três meses, ao pronto-socorro, para o que descobriríamos ser meningite viral — o terror e o desamparo que sentimos quando as enfermeiras a levaram para fazer uma punção lombar, e o fato de que talvez nunca teríamos cuidado da infecção a tempo se as meninas não tivessem um pediatra para quem pudemos telefonar no meio da noite sem constrangimento. Durante a campanha, conhecendo trabalhadores rurais ou caixas de supermercado que sofriam de um joelho arrebentado ou de dores nas costas por não poderem pagar uma consulta médica, pensava em um de meus melhores amigos, Bobby Titcomb, um pescador do Havaí que recorria a ajuda médica profissional apenas em casos gravíssimos (como na vez em que um acidente de mergulho resultou num pulmão perfu-

393

rado por arpão), pois o custo mensal do plano de saúde teria consumido tudo o que ganhava com uma semana inteira no mar.

Acima de tudo, pensava em minha mãe. Em meados de junho, fui a Green Bay, em Wisconsin, para o primeiro de uma série de encontros municipais sobre o tema da saúde que faríamos por todo o país, com o objetivo de ouvir cidadãos e educar as pessoas sobre as possibilidades da reforma. Fui apresentado nesse dia por Laura Klitzka, que tinha 35 anos e tivera um câncer de mama agressivo que se espalhara por seus ossos. Mesmo estando contemplada no plano de saúde do marido, as diversas cirurgias e as repetidas sessões de quimio e radioterapia superaram as limitações de cobertura, o que a deixou com uma conta de 12 mil dólares em despesas médicas. Apesar das objeções de Peter, seu marido, ela se perguntava se valia a pena seguir com os tratamentos. Sentada na sala de sua casa antes de irmos ao evento, sorria debilmente enquanto Peter se esforçava para dar conta das duas crianças pequenas que brincavam no chão.

"Quero o máximo de tempo com eles que puder", Laura me disse, "mas não quero deixar minha família afundada em dívidas. Parece egoísmo." Seus olhos se encheram de lágrimas, e segurei sua mão, lembrando do sofrimento de minha mãe nos meses finais de vida: as ocasiões em que adiou exames que poderiam ter detectado sua doença porque estava em período de carência e sem cobertura médica; do estresse que sofreu no leito do hospital quando sua seguradora se recusou a pagar seu pedido de indenização por invalidez, argumentando que ela deixara de informar uma doença preexistente, apesar do fato de que ainda não havia sido diagnosticada quando sua apólice entrou em vigor. Arrependimentos tácitos.

Conseguir aprovar um projeto de lei para a saúde não traria minha mãe de volta. Não aplacaria a culpa que eu ainda sentia por não estar a seu lado quando deu seu último suspiro. Provavelmente chegaria tarde demais para ajudar Laura Klitzka e sua família.

Mas no futuro poderia salvar a mãe de *alguma outra pessoa*. E, por isso, valia a pena lutar.

A questão era se conseguiríamos fazer isso. No caso da aprovação da Lei de Recuperação, o conceito por trás da legislação de incentivo era bastante simples: capacite o governo a injetar dinheiro o mais rápido possível de modo a manter a economia funcionando e as pessoas empregadas. A lei não mexia no bolso de ninguém, não forçava a uma mudança no modo como os negócios operavam nem descontinuava programas antigos para gastar com novos. Em termos imediatos, ninguém saía perdendo com o negócio.

Por outro lado, qualquer grande projeto de lei para a saúde significava rearranjar um sexto da economia americana. Uma legislação de tamanha abrangência sem dúvida envolveria centenas de páginas de emendas e regulamentos incessantemente revistos, algumas novas leis, reformulações de leis anteriores, e tudo isso com muitos interesses em jogo. Uma simples cláusula inserida num projeto de lei poderia se traduzir em bilhões de dólares em ganhos ou prejuízos para algum setor da indústria da saúde. Alterar um único número, um zero aqui ou uma casa decimal ali podia significar 1 milhão a mais de famílias recebendo cobertura — ou não. Por todo o país, companhias como a Aetna e a UnitedHealthcare empregavam muita gente, e os hospitais locais serviam de esteio econômico para muitas cidades pequenas e condados. As pessoas tinham bons motivos — questões de vida ou morte — para se preocupar com qualquer mudança que pudesse afetá-las.

Havia ainda o problema de como bancar a lei. Para ampliar a cobertura para mais pessoas, eu argumentara, o país não precisava gastar mais dinheiro com o sistema de saúde; bastava usá-lo melhor. Em teoria, era verdade. Mas o desperdício e a incompetência de um eram o lucro ou a conveniência de outro, os gastos com as novas coberturas apareceriam nos balanços do governo federal bem antes do dinheiro economizado com a reforma, e ao contrário das empresas de plano de saúde e da indústria farmacêutica, cujos acionistas esperam que se resguardem contra qualquer mudança que possa lhes custar um centavo, a maioria dos potenciais beneficiários da reforma — a garçonete, o pequeno agricultor, o prestador de serviços, o sobrevivente de câncer — não dispunha de lobistas bem pagos e experientes percorrendo os corredores do Congresso em seu nome.

Em outras palavras, tanto as implicações políticas como a essência do sistema de saúde eram complicadíssimos. Eu teria de explicar ao povo americano, inclusive àqueles que já tinham um bom plano de saúde, como e por que a reforma poderia funcionar. Por esse motivo, achei que deveríamos usar um processo tão aberto e transparente quanto possível para propor a legislação necessária.

"Todos terão um lugar à mesa", falei para os eleitores durante a campanha. "Não negociando a portas fechadas, mas reunindo todas as partes e transmitindo essas negociações na C-SPAN, de modo que o povo americano possa ver quais são suas opções." Quando levei essa ideia mais tarde a Rahm, ele me olhou como se desejasse que eu não fosse o presidente, só para poder explicar em termos mais claros a estupidez de minha proposta. Se pretendíamos aprovar um projeto de lei, falou ele, o processo envolveria dezenas de acordos e concessões ao longo do caminho — e não seria conduzido como um seminário de cidadania.

"Fazer salsicha não é bonito, sr. presidente", ele disse. "E essa salsicha que o senhor quer fazer é grande pra burro."

Algo sobre o qual Rahm e eu concordávamos era que havia meses de trabalho pela frente analisando os custos e resultados de cada linha de legislação possível, coordenando todos os esforços entre diferentes agências federais e ambas as casas do Congresso e, nesse meio-tempo, buscando influenciar os principais atores do sistema como um todo, dos prestadores de serviços de assistência médica e administradores de hospital às empresas de plano de saúde e companhias farmacêuticas. Para conseguir tudo isso, precisávamos de uma equipe de primeira linha para nos manter no caminho certo.

Felizmente pudemos recrutar um trio notável de mulheres para ajudar a tocar o projeto. Kathleen Sebelius, por dois mandatos governadora democrata do Kansas, estado de inclinação republicana, se tornou secretária do Departamento de Saúde e Serviços Humanos (HHS). Antiga comissária da agência reguladora do setor de seguros, ela conhecia os aspectos políticos e econômicos do sistema e era talentosa — inteligente, engraçada, extrovertida, corajosa e hábil no trato com a mídia — o bastante para fazer o trabalho de promover junto ao público a reforma da saúde, alguém que podíamos pôr na TV ou mandar a cidades de todo o país para explicar o que estávamos fazendo. Jeanne Lambrew, professora da Universidade do Texas e especialista nos programas Medicare e Medicaid, foi nomeada diretora do Gabinete de Reforma da Saúde e Serviços Humanos, basicamente nossa principal assessora de políticas públicas. Alta, determinada e com frequência alheia à camisa de força da política, tinha na ponta da língua cada fato e nuance sobre cada proposta de saúde — e podíamos contar com ela para zelar pela honestidade de nossas intenções, caso nos perdêssemos em meio às negociações políticas.

Mas foi em Nancy-Ann DeParle que depositei a maior confiança quando nossa campanha tomou forma. Uma advogada do Tennessee que dirigira os programas de saúde do estado antes de servir como administradora do Medicare no governo Clinton, Nancy-Ann se conduziu com o firme profissionalismo de alguém acostumado a ver o trabalho duro se traduzir em sucesso. Quanto dessa determinação podia ser atribuída a sua experiência como sino-americana numa cidade minúscula do Tennessee, era difícil dizer. Nancy-Ann não falava muito sobre si mesma — ao menos, não comigo. Mas sei que, aos dezessete anos, ela perdera a mãe por causa de um câncer pulmonar, o que talvez tivesse influenciado sua decisão de abrir mão de uma posição rentável numa firma de *private equity* para trabalhar numa função que demandava ainda mais tempo longe do marido e dos dois filhos pequenos.

Pelo jeito eu não era o único com motivações pessoais para aprovar a reforma da saúde.

Junto com Rahm, Phil Schiliro e o vice-chefe de gabinete Jim Messina, que atuara como braço direito de Plouffe na campanha e era um de nossos articuladores políticos mais astutos, nossa equipe de assistência à saúde começou a mapear uma possível estratégia legislativa. Com base em nossas experiências com a Lei de Recuperação, não tínhamos dúvida de que Mitch McConnell faria tudo que pudesse para minar nossos esforços, e que as chances de conseguir votos republicanos no Senado para algo tão importante e controverso como a questão da lei de saúde eram escassas. Podíamos extrair algum alento do fato de que, em vez dos 58 senadores que se uniram aos democratas quando aprovamos a lei de estímulo, provavelmente teríamos sessenta logo que uma lei de saúde de fato fosse colocada em votação. Al Franken enfim assumira seu assento depois de uma controversa recontagem eleitoral em Minnesota, e Arlen Specter decidira mudar de partido após ter sido, na prática, expulso do Partido Republicano — assim como Charlie Crist — por apoiar a Lei de Recuperação.

No entanto, nossa capacidade de barrar obstruções com base no tamanho da bancada era tênue, pois Ted Kennedy enfrentava uma doença terminal e Robert Byrd, da Virgínia Ocidental, estava doente e debilitado, para não mencionar o democrata conservador Ben Nelson (ex-executivo de uma companhia de seguros), do Nebraska, que poderia deixar de se alinhar conosco a qualquer minuto. Além de querer uma margem de segurança, eu sabia também que aprovar em votação algo tão monumental quanto uma reforma da saúde contando apenas com os votos de meu partido deixaria a lei politicamente mais vulnerável no futuro. Por conseguinte, pensamos que fazia sentido formular nossa proposta legislativa de tal maneira que pelo menos tivesse uma chance de conquistar um punhado de republicanos.

Felizmente, tínhamos um modelo com o qual trabalhar, e que ironicamente surgira de uma parceria entre Ted Kennedy e o ex-governador de Massachusetts Mitt Romney, um dos oponentes de John McCain nas primárias republicanas para presidente. Enfrentando déficits orçamentários e a perspectiva de perder a verba do Medicaid alguns anos antes, Romney se determinara a encontrar um meio de ter mais residentes de Massachusetts com alguma cobertura, reduzindo os gastos do estado com cuidados médicos emergenciais para pessoas sem plano de saúde e, em termos ideais, ter uma população mais saudável de modo geral.

Ele e sua equipe elaboraram uma abordagem em várias frentes, prevendo que todo mundo precisaria pagar por um serviço de assistência à saúde (um "mandado individual"), uma espécie de equivalente ao seguro obrigatório exigido de todos os proprietários de veículos automotores. Cidadãos de renda média sem um emprego que oferecesse um plano de saúde como benefício, que não tinham direito ao Medicare ou ao Medicaid e que não podiam pagar por um plano privado receberiam subsídio do governo para adquirir alguma cobertura. Os subsídios seriam determinados numa escala variável de acordo com os rendimentos de cada um, e um mercado on--line centralizado — uma "bolsa" — seria criado para que os consumidores pudessem escolher a melhor opção para seu perfil. As seguradoras, por sua vez, não poderiam mais negar cobertura às pessoas com base em enfermidades preexistentes.

Essas duas ideias — o mandado individual e a inclusão de pessoas com doenças preexistentes — caminhavam lado a lado. Com uma nova e imensa reserva de clientes subsidiados pelo governo, as seguradoras não tinham mais o pretexto de aceitar apenas os mais jovens e saudáveis para proteger os seus lucros. Além disso, o mandado era uma garantia de que as pessoas não poderiam tapear o sistema, esperando pelo surgimento de uma doença para adquirir um seguro. Ao anunciar o projeto à imprensa, Romney chamou o mandado individual de "a mais conservadora das ideias", pois promovia a responsabilidade pessoal.

Não foi surpresa que o legislativo estadual controlado pelos democratas de Massachusetts de início se mostrasse relutante em relação ao plano de Romney, e não só porque fora proposto por um republicano; para muitos progressistas, a necessidade de substituir os planos privados e os serviços de saúde com fins lucrativos por um sistema público como o do Canadá era uma profissão de fé. Se estivéssemos partindo do zero, eu teria concordado com eles; as experiências de outros países mostravam que um sistema nacional único — na prática, um Medicare para Todos — era um modo de oferecer um sistema de saúde de qualidade com um bom custo-benefício. Mas nem Massachusetts nem os Estados Unidos estavam partindo do zero. Teddy, que apesar de sua reputação de liberal idealista sempre foi um homem prático, compreendia que tentar desmantelar o sistema existente e substituí-lo por outro inteiramente novo não só seria inviável em termos políticos, como também causaria imenso desarranjo econômico. Sendo assim, acolhera a proposta de Romney com entusiasmo e ajudara o governador a garantir os votos democratas necessários nas legislaturas estaduais para conseguir a aprovação da lei.

O "Romneycare", como ficaria conhecido, àquela altura tinha dois anos e era um sucesso, derrubando a taxa de pessoas sem cobertura de saúde em Massachusetts para pouco abaixo de 4%, a menor do país. Teddy o usara como base para o rascunho da legislação que começara a elaborar muitos meses antes da eleição em seu papel como presidente da Comissão de Saúde, Educação, Trabalho e Pensões do Senado. E, embora Plouffe e Axe tivessem me persuadido a adiar o endosso da iniciativa de Massachusetts durante a campanha — a ideia de um seguro de caráter obrigatório era extremamente impopular com o eleitorado, o que me levou a me concentrar na ideia de baixar os custos —, agora eu estava convencido, assim como a maioria dos defensores do acesso amplificado à assistência à saúde, de que o modelo de Romney representava a melhor chance de conquistar nossa meta de cobertura universal.

As pessoas ainda discordavam quanto aos detalhes de como seria uma versão nacional do plano de Massachusetts e, conforme minha equipe e eu mapeávamos nossa estratégia, muitos defensores da reforma insistiam para que resolvêssemos logo essas questões apresentando uma proposta orientada pela Casa Branca a ser seguida pelo Congresso. Nós nos recusamos a fazer isso. Uma das lições das tentativas fracassadas dos Clinton foi tornar clara a necessidade de envolver democratas influentes no processo, de modo a sentirem que também eram os criadores da lei. Portanto, nós sabíamos que a falta de coordenação com o Congresso poderia resultar em uma morte legislativa por mutilação.

Na Câmara, isso significava trabalhar com liberais da velha guarda como Henry Waxman, um combativo deputado da Califórnia. No Senado, a paisagem era diferente: com Teddy convalescendo, o principal ator era Max Baucus, um democrata conservador de Montana que presidia a poderosa Comissão de Finanças. Quando o assunto eram as questões tarifárias que ocupavam a maior parte do tempo da comissão, Baucus muitas vezes se alinhava com os lobistas do setor privado, o que eu achava preocupante, e em três décadas como senador nunca havia conduzido a aprovação de alguma lei importante. Mesmo assim, parecia genuinamente empenhado na questão, tendo organizado uma cúpula de saúde entre os congressistas em junho do ano anterior e passado meses trabalhando com Ted Kennedy e sua equipe nos primeiros esboços de um projeto de lei para a reforma. Baucus também era amigo íntimo de Chuck Grassley, senador por Iowa, o republicano mais importante na Comissão de Finanças, e estava otimista com a possibilidade de conseguir seu apoio para um projeto de lei.

Rahm e Phil Schiliro duvidavam que Grassley pudesse se mostrar acessível — afinal, o debate da Lei de Recuperação fora uma experiência surreal. Mas decidimos que o melhor era deixar Baucus levar adiante sua iniciativa. Ele já havia delineado algumas de suas ideias na imprensa e em breve reuniria um grupo de trabalho da reforma da saúde que incluía Grassley e dois outros republicanos. Durante um encontro no Salão Oval, porém, fiz questão de adverti-lo a não deixar que Grassley lhe passasse a perna.

"Confie em mim, sr. presidente", disse Baucus. "Chuck e eu já conversamos sobre isso. Estaremos com esse negócio pronto em julho."

Todo trabalho tem sua cota de surpresas. Um equipamento indispensável quebra. Um acidente de trânsito força uma mudança nas rotas de entrega. Um cliente liga para dizer que aprovou sua proposta — mas quer o serviço entregue três meses antes do previsto. Se esse tipo de coisa já aconteceu antes, o lugar onde você trabalha talvez tenha planos e procedimentos para lidar com a situação. Mas nem mesmo as melhores organizações são capazes de se precaver contra tudo e, nesse caso, você aprende a improvisar para atender a seus objetivos — ou ao menos diminuir o prejuízo.

Com a presidência não era diferente. Com a diferença de que as surpresas vinham diariamente, e com frequência várias de uma só vez. E, no decorrer da primavera e do verão nesse primeiro ano, quando enfrentávamos a crise financeira, duas guerras e uma tentativa de reforma da saúde, diversos acontecimentos inesperados foram acrescentados à nossa agenda já tão sobrecarregada.

O primeiro trazia a possibilidade de uma verdadeira catástrofe. Em abril, relatos sobre uma preocupante epidemia de gripe no México vieram à tona. O vírus da gripe costuma atingir com maior gravidade as populações vulneráveis, como idosos, bebês e asmáticos, mas aquela cepa em especial parecia atacar pessoas jovens e saudáveis — e com uma taxa de mortalidade acima do normal. Em questão de semanas, as pessoas nos Estados Unidos começaram a adoecer por causa do vírus: uma em Ohio, duas no Kansas, oito numa mesma escola de ensino médio em Nova York. Perto do final do mês, tanto nossos Centros de Controle de Doenças (CDC) como a Organização Mundial da Saúde (OMS) haviam confirmado que estávamos lidando com uma mutação do vírus H1N1. Em junho, a OMS declarou oficialmente a primeira pandemia mundial em quarenta anos.

Eu tinha um conhecimento mais do que casual sobre o H1N1 após trabalhar nos preparativos para a pandemia nos Estados Unidos, quando estava no Senado. O que descobri me deixou apavorado. Em 1918, a cepa de H1N1 que ficou conhecida como "gripe espanhola" infectara cerca de meio bilhão de pessoas e matara algo entre 50 milhões e 100 milhões — aproximadamente 4% da população mundial. Só na Filadélfia, mais de 12 mil morreram no decorrer de algumas semanas. Os efeitos da pandemia foram além do espantoso número de mortos e do colapso da atividade econômica; uma pesquisa posterior revelaria que as pessoas gestadas e nascidas durante a pandemia tiveram renda menor, desempenho escolar pior e taxas de incapacitação física mais elevadas na vida adulta.

Era cedo demais para determinar a taxa de mortalidade desse novo vírus. Mas eu não estava disposto a correr riscos. No mesmo dia em que Kathleen Sebelius foi confirmada como secretária de Saúde e Serviços Humanos, mandamos um avião buscá-la no Kansas, realizamos uma cerimônia de posse improvisada no Capitólio e pedimos que liderasse imediatamente uma teleconferência de duas horas com funcionários da OMS e os ministros da Saúde do México e do Canadá. Alguns dias depois, reunimos uma equipe com membros de várias agências para avaliar até que ponto os Estados Unidos estavam preparados para o pior dos cenários.

Resposta: nem um pouco. A vacinação anual da gripe não oferecia proteção contra o vírus H1N1, como viemos a descobrir, e como se trata de um setor que geralmente não dá lucro para a indústria farmacêutica, os poucos fabricantes americanos tinham uma capacidade limitada de aumentar a produção de novas vacinas. Em seguida abordamos as questões de como distribuir os remédios antivirais, que procedimentos os hospitais usavam para tratar os casos de gripe e até como lidaríamos com a possibilidade de fechar escolas e impor quarentenas se a situação se agravasse. Diversos veteranos da equipe de resposta à gripe suína do governo Ford em 1976 nos alertaram sobre as dificuldades envolvidas em enfrentar um surto sem reações exageradas nem provocar pânico: ao que parece, o presidente Ford, querendo agir com firmeza em plena campanha de reeleição, agilizara as vacinações obrigatórias antes que a severidade da pandemia fosse avaliada de forma conclusiva, e como resultado mais americanos desenvolveram um transtorno neurológico ligado à vacina do que morreram de gripe.

"O senhor tem que se envolver", aconselhou um dos antigos assessores de Ford, "mas precisa deixar os especialistas conduzirem o processo."

Passei o braço pelos ombros de Sebelius. "Está vendo este rosto aqui?", falei, gesticulando em sua direção. "*Esta* é a face do vírus. Meus parabéns, Kathleen."

"Fico feliz em ajudar, sr. presidente", disse ela com animação. "Fico feliz em ajudar."

Minhas instruções para Kathleen e a equipe de saúde eram simples: as decisões seriam tomadas com base nas melhores evidências científicas disponíveis e explicaríamos ao público cada passo de nossa resposta — incluindo detalhar o que sabíamos e o que não sabíamos. Ao longo dos seis meses seguintes, foi exatamente isso que fizemos. No verão, uma investigação nos casos de H1N1 deu à equipe o tempo para trabalhar junto aos fabricantes de medicamentos e incentivar novos processos para produzir uma vacina mais rapidamente. Suprimentos médicos foram distribuídos de forma preventiva em várias regiões e proporcionaram aos hospitais maior flexibilidade para lidar com o aumento dos casos de gripe. Eles avaliaram — e acabaram rejeitando — a ideia de fechar as escolas pelo resto do ano, mas se mantiveram em contato com distritos escolares, associações comerciais e funcionários dos governos estaduais e locais para assegurar que todos tivessem os recursos necessários para uma resposta eficiente no caso de um surto.

Embora os Estados Unidos não tenham escapado ilesos — mais de 12 mil americanos perderam a vida —, tivemos a sorte de essa cepa específica de H1N1 ter se revelado menos fatal do que os especialistas temiam, e a notícia de que o estado de pandemia terminara em meados de 2010 não gerou manchetes. Mesmo assim, fiquei muito orgulhoso de como nossa equipe tinha se saído. Sem estardalhaço ou alarmismo, não só haviam ajudado a conter o vírus como também fortaleceram nossa capacidade de prontidão para futuras emergências de saúde pública — algo que faria toda a diferença em anos posteriores, quando a epidemia de ebola na África Ocidental causaria pânico generalizado no continente.

Eu estava começando a perceber que era esta a natureza da presidência: às vezes, seu trabalho mais importante envolvia coisas que ninguém notava.

O segundo acontecimento foi antes uma oportunidade que uma crise. No fim de abril, David Souter, ministro da Suprema Corte, ligou para dizer que iria se aposentar, me proporcionando a primeira oportunidade de preencher uma cadeira na instância jurídica mais elevada do país.

Obter a confirmação de alguém para a Suprema Corte nunca foi nenhuma barbada, em parte porque o papel desse tribunal no governo americano sempre foi controverso. Afinal, a ideia de dar a nove advogados togados e não eleitos, de cargo vitalício, o poder de rejeitar leis aprovadas por uma maioria de representantes do povo não soa muito democrática. Mas desde Marbury vs. Madison, o caso de 1803 que proporcionou à Suprema Corte a última palavra sobre o significado da Constituição dos Estados Unidos e estabeleceu o princípio da revisão judicial das ações do Congresso e do presidente, é assim que nosso sistema de separação de poderes tem funcionado. Na teoria, os ministros da Suprema Corte não "criam leis" quando exercem suas prerrogativas; seu papel, na verdade, é meramente "interpretar" a Constituição, ajudando a fazer a ponte entre o modo como suas cláusulas eram compreendidas por seus criadores e o modo como se aplicam ao mundo em que vivemos hoje.

Para o grosso dos casos constitucionais levados à Suprema Corte, a teoria funciona muito bem. Em sua maioria, os ministros se mantêm atrelados ao texto da Constituição e aos precedentes estabelecidos por tribunais anteriores, mesmo quando essa atitude acarreta um resultado com o qual pessoalmente não concordam. Ao longo da história americana, porém, os casos mais importantes sempre envolveram decifrar o significado de expressões como "devido processo legal", "privilégios e imunidades", "igual proteção" ou "estabelecimento de religião" — termos tão vagos que é duvidoso que dois dos Pais Fundadores concordassem sobre seu significado preciso. Essa ambiguidade dá aos ministros uma ampla margem de manobra para "interpretar" de maneiras que reflitam seus juízos morais, suas preferências políticas, suas tendências e medos. É por isso que, na década de 1930, um tribunal de maioria conservadora pôde determinar que as políticas do New Deal de Franklin Delano Roosevelt violavam a Constituição, ao passo que quarenta anos depois um tribunal mais liberal determinou que a Constituição garantia ao Congresso poder quase ilimitado para regulamentar a economia. Foi assim que um quadro de ministros, no caso Plessy vs. Ferguson, pôde interpretar que a Cláusula de Proteção Igual permitiu a adoção de leis que mantinham cidadãos brancos e negros "separados mas iguais", enquanto outra composição do tribunal, no caso Brown vs. Conselho de Educação, pôde se fiar exatamente nessa mesma linguagem para chegar por unanimidade à conclusão oposta.

No fim das contas, a Suprema Corte criava leis o tempo todo.

Ao longo dos anos, a imprensa e o público começaram a prestar mais atenção nas decisões da Suprema Corte e, por extensão, no processo de confirmação de seus ministros. Em 1995, democratas sulistas — indignados com a decisão do caso Brown — institucionalizaram a prática de nomeados para a Suprema Corte aparecerem perante o Comitê Judiciário do Senado para serem sabatinados sobre suas opiniões legais. A decisão do caso Roe vs. Wade, de 1973, chamou ainda mais atenção para a importância das indicações do tribunal, com toda nomeação desse ponto em diante suscitando uma batalha renhida entre forças pró-escolha e antiaborto. A rejeição à nomeação de Robert Bork, no fim da década de 1980, que gerou grande repercussão, e as audiências de Clarence Thomas com o testemunho de Anita Hill no início dos anos 1990 — em que o nomeado foi acusado de assédio sexual — se revelaram dramas televisivos irresistíveis. Tudo isso significava que, quando chegasse a hora de substituir o ministro Souter, identificar um candidato qualificado seria a parte fácil. A difícil seria conseguir a confirmação evitando um circo político que pudesse nos desviar de nossos outros assuntos importantes.

Já estávamos com uma equipe de advogados a postos para cuidar do processo de preencher dezenas de vagas em instâncias inferiores, e eles imediatamente começaram a compilar uma extensa lista de possíveis candidatos para a Suprema Corte. Em menos de uma semana, havíamos reduzido o número a alguns finalistas, que deveriam se submeter a uma verificação de antecedentes pelo FBI e comparecer a uma entrevista na Casa Branca. A breve lista incluía Elena Kagan, antiga reitora da Faculdade de Direito de Harvard e então advogada-geral dos Estados Unidos, e Diane Wood, juíza de apelações do Sétimo Circuito, ambas juristas eminentes que eu conhecia de meu período como professor de direito constitucional na Universidade de Chicago. Mas, à medida que lia os volumosos relatórios que minha equipe preparara, uma candidata que eu não conhecia, a juíza de apelações Sonia Sotomayor, do Segundo Circuito, foi quem mais atiçou meu interesse. Porto-riquenha do Bronx, havia sido criada principalmente pela mãe, uma telefonista que tirou sua licença de enfermeira depois que o pai — um comerciante com ensino superior — morreu quando Sonia tinha apenas nove anos. Embora em sua casa praticamente só falasse espanhol, Sonia se destacara na escola paroquiana e ganhou uma bolsa em Princeton. Lá, suas experiências ecoaram o que Michelle encontraria na universidade uma década depois: uma sensação inicial de incerteza e deslocamento, por ser parte de um grupo de mulheres de minorias étnicas no campus; a necessidade de às vezes ter que se esforçar em dobro para compensar as lacunas no conhecimento que os mais privilegiados recebiam de bandeja; o conforto de encontrar uma comunidade entre outros alunos negros e professores compreensivos; e a revelação, com o tempo, de que era tão inteligente quanto qualquer outro aluno.

Sotomayor se formou em direito em Yale e posteriormente realizou um trabalho notável como procuradora no gabinete da promotoria de Manhattan, o que ajudou a catapultá-la ao tribunal federal. Ao longo de quase dezessete anos como juíza, ganhara uma reputação de meticulosidade, imparcialidade e moderação, levando a Ordem dos Advogados dos Estados Unidos a lhe conferir sua classificação mais alta. Mesmo assim, quando vazou a notícia de que Sotomayor era uma das finalistas sendo considerada por mim, parte do clero jurídico sugeriu que suas credenciais eram inferiores às de Kagan ou Wood, e uma série de grupos de interesse mais à esquerda questionou se ela possuía estatura intelectual para enfrentar, de igual para igual, ideólogos conservadores como o ministro Antonin Scalia.

Talvez em razão de minha própria história nos círculos legais e acadêmicos — onde conhecera uma boa cota de imbecis de QI elevado e vastas credenciais e presenciara em primeira mão a tendência a serem outros os critérios de avaliação quando se tratava de promover mulheres e minorias étnicas —, descartei rapidamente esses questionamentos. Não só as credenciais acadêmicas da juíza Sotomayor eram excepcionais, como eu também entendia o tipo de intelecto, coragem e capacidade de adaptação exigidos de alguém com o histórico dela para chegar à posição que ocupava. O cabedal de experiência, familiaridade com os caprichos da vida, a combinação entre cabeça e coração — era daí que provinha a sabedoria, conforme eu acreditava. Quando me perguntaram durante a campanha que características levaria em conta numa nomeação para a Suprema Corte, falei não só das qualificações legais, como também da empatia. Analistas conservadores zombaram de minha resposta, citando-a como uma evidência de que eu planejava encher o tribunal de liberais com interesses sociais difusos que estavam pouco se lixando para a aplicação "objetiva" da lei. Mas, a meu ver, entenderam tudo ao contrário: era justamente a capacidade de compreender o contexto de suas decisões, de saber como devia ser a vida de uma adolescente grávida, de um padre, de um magnata que veio do nada, de um operário de linha de montagem, de conhecer tanto a minoria como a maioria, que constituía a fonte da objetividade de um juiz.

Havia outras considerações que faziam de Sotomayor uma escolha convincente. Ela seria a primeira latina — e apenas a terceira mulher — a servir na Suprema Corte. E já fora confirmada duas vezes pelo Senado, uma delas por unanimidade, o que dificultava para os republicanos argumentar que fosse uma escolha inaceitável.

Tendo em vista minha elevada consideração por Kagan e Wood, continuava indeciso quando a juíza Sotomayor foi ao Salão Oval para uma conversa frente a frente. Era dona de um rosto largo e bondoso e de sorriso fácil. Seus modos eram formais, ela escolhia as palavras com cuidado, embora os anos passados em universidades da Ivy League e na promotoria não tivessem eliminado o sotaque do Bronx. Eu fora advertido por minha equipe a não perguntar a nenhum candidato sobre suas posições em controvérsias legais específicas como aborto (os republicanos no Comitê Judiciário certamente perguntariam sobre eventuais interações entre mim e a pessoa nomeada para ver se eu fizera as perguntas "certas" para orientar minha escolha). Em vez disso, a juíza e eu falamos sobre sua família, seu trabalho na promotoria e sua filosofia judicial em termos mais amplos. No fim da entrevista, eu me convencera de que Sotomayor era o que eu estava procurando, embora não tenha dito nada nesse sentido no momento. Mas mencionei que havia um aspecto de seu currículo que me parecia preocupante.

"O que seria, sr. presidente?", ela perguntou.

"A senhora torce para os Yankees", falei. "Mas, como cresceu no Bronx e passou por uma lavagem cerebral na infância, estou inclinado a deixar passar."

Dias depois, anunciei a escolha de Sonia Sotomayor como minha nomeada para a Suprema Corte. A notícia foi recebida positivamente, e, no período que antecedeu seu comparecimento perante o Comitê Judiciário do Senado, fiquei feliz em ver que os republicanos encontraram dificuldade para identificar alguma coisa nas opiniões emitidas nas sentenças ou na conduta profissional da juíza que pudesse impedir sua confirmação. Em vez disso, para justificarem sua oposição, se prenderam a duas questões ligadas a raça. A primeira envolvia um caso em 2008 em New Haven, em Connecticut, em que Sotomayor se juntou à maioria no parecer contra um grupo de bombeiros majoritariamente brancos que prestaram uma queixa por "discriminação reversa". A segunda questão dizia respeito a um discurso de 2001 que Sotomayor fizera no campus de Berkeley da Universidade da Califórnia, em que defendia que mulheres e juízes pertencentes a minorias contribuíam com uma perspectiva muito necessária aos tribunais federais, o que levou os conservadores a acusá-la de ser incapaz de imparcialidade no exercício da função.

Apesar da querela temporária, as audiências de confirmação não foram nem um pouco tensas. A ministra Sotomayor foi confirmada por uma votação no Senado de 68 a 31, com nove republicanos se unindo ao total de democratas, com exceção de Teddy Kennedy, que estava afastado para se tratar do câncer — provavelmente tanto apoio quanto um nomeado podia conseguir, considerando o ambiente polarizado em que atuávamos.

Michelle e eu demos uma recepção para a ministra Sotomayor e sua família na Casa Branca em agosto, após seu juramento. A mãe da nova magistrada estava presente, e me comovi ao pensar no que devia estar passando pela cabeça daquela senhora idosa que crescera em uma ilha distante, mal falava inglês quando entrara para o Corpo de Mulheres do Exército na Segunda Guerra Mundial e, contrariando todas as probabilidades, fizera de tudo para que de algum modo seus filhos fossem alguém na vida. Isso me fez pensar em minha mãe, em Toot e meu avô e senti uma ponta de tristeza por nenhum deles ter tido um dia como esse, por terem partido antes de ver que seus sonhos para meu futuro haviam se concretizado.

Controlando minhas emoções enquanto a ministra se dirigia ao público, observei dois belos meninos coreano-americanos — os sobrinhos adotivos de Sotomayor —, irrequietos em suas roupas de domingo. Eles veriam com naturalidade sua tia na Suprema Corte dos Estados Unidos moldando a vida de uma nação — assim como jovens por todo o país.

Era perfeito. É essa a feição do progresso.

O lento percurso rumo à reforma da saúde consumiu a maior parte do verão. Com a legislação se arrastando pelo Congresso, buscávamos qualquer oportunidade para ajudar a manter o processo tramitando. Desde a cúpula na Casa Branca em março, membros de minhas equipes de saúde e legislação participaram de incontáveis reuniões sobre o tema na Colina do Capitólio, chegando ao Salão Oval no fim do dia como comandantes exaustos de regresso do front para apresentar relatórios sobre as idas e vindas da batalha. A boa notícia era que parlamentares democratas em posições-chave — especialmente Baucus e Waxman — estavam trabalhando com afinco para redigir projetos de lei que pudessem passar por seus respectivos comitês antes do tradicional recesso de agosto. A má notícia era que, quanto mais todo mundo se debruçava sobre os detalhes da reforma, mais diferenças vinham à tona em termos de conteúdo e estratégia — não apenas entre democratas e republicanos, mas também entre os democratas da Câmara e do Senado, entre nós e os democratas no Congresso e até entre membros de nossa própria equipe.

A maioria das discussões girava em torno do problema de como gerar um misto de cortes de gastos e novas receitas para custear uma cobertura que se estendesse a milhões de americanos sem plano de saúde. Devido a suas próprias inclinações e seu interesse em produzir um projeto de lei bipartidário, Baucus esperava evitar qualquer coisa que pudesse ser caracterizada como aumento de impostos. Em vez disso, ele e sua equipe haviam calculado os ganhos inesperados que um influxo de novos pacientes traria aos hospitais, à indústria farmacêutica e às seguradoras, e usou esses números como base para negociar bilhões de dólares em adiantamentos de contribuições mediante taxas ou reduções de pagamentos ao Medicare de cada setor. Para tornar o acordo mais atrativo, Baucus também estava preparado para fazer certas concessões nas políticas adotadas. Por exemplo, prometeu aos lobistas das farmacêuticas que seu projeto de lei não incluiria cláusulas permitindo a reimportação de medicamentos do Canadá — uma proposta democrata de amplo apelo popular que enfatizava a maneira como os sistemas de saúde canadense e europeu usavam seu poder de barganha gigantesco para negociar preços muito mais baixos do que os cobrados pela indústria farmacêutica nos Estados Unidos.

Em termos de benefícios políticos e pessoais, eu teria achado muito mais satisfatório abordar diretamente os fabricantes de medicamentos e as companhias de seguro e ver se conseguíamos dobrá-los. Ambos os setores eram muito malvistos pelos eleitores — e por bons motivos. Mas, em termos práticos, era difícil discutir com a proposta mais conciliadora de Baucus. Não tínhamos como obter sessenta votos no Senado para um importante projeto de lei da saúde sem a anuência ao menos tácita dos grandes atores da indústria. A reimportação de medicamentos era uma questão política importante, mas, no frigir dos ovos, não contávamos com os votos para isso, em parte porque uma porção de democratas tinha grandes companhias farmacêuticas sediadas ou operando em seus estados.

Com essas limitações impostas pela realidade em mente, consenti que Rahm, Nancy-Ann e Jim Messina — que outrora fizera parte da equipe de Baucus — participassem das negociações do senador com representantes da indústria da saúde. No fim de junho, haviam chegado a um acordo, assegurando centenas de bilhões de dólares em contrapartidas sociais e descontos mais amplos em medicamentos para idosos usando o Medicare. De forma igualmente relevante, obtiveram um compromisso dos hospitais, seguradoras e companhias farmacêuticas de dar seu apoio — ou pelo menos não se opor — ao projeto de lei que estava sendo elaborado.

Era um tremendo obstáculo a superar, um caso de política como a arte do possível. Mas para alguns dos democratas mais liberais na Câmara, onde ninguém tinha de se preocupar com uma obstrução, e entre os grupos de causas progressistas que ainda tinham esperança de lançar as bases para um sistema público de saúde, nossos acordos pareceram uma capitulação, um pacto com o demônio. Como Rahm previra, nenhuma negociação com a indústria foi transmitida pela rede pública c-span, o que não nos ajudou em nada. A imprensa começou a noticiar os detalhes do que chamou de "acordos às escuras". Inúmeros eleitores escreveram perguntando se eu passara para o outro lado. E Waxman fez questão de dizer que não considerava seu trabalho cerceado por nenhuma concessão que Baucus ou a Casa Branca houvessem feito aos lobistas da indústria.

Por mais que quisessem se mostrar acima do bem e do mal, os democratas na Câmara também estavam mais do que dispostos a proteger o status quo quando ameaçava suas prerrogativas ou beneficiava eleitorados com influência política significativa. Por exemplo, praticamente qualquer economista da área da saúde concordaria que não bastava apenas arrancar dinheiro das empresas de planos de saúde e da indústria farmacêutica e usá-lo para garantir cobertura a mais pessoas — para que a reforma funcionasse, também tínhamos de tomar providências a respeito dos preços estratosféricos cobrados por médicos e hospitais. Além disso, qualquer novo dinheiro injetado no sistema com o tempo renderia cada vez menos cuidados médicos para cada vez menos pessoas. Uma das melhores maneiras de "mudar a curva de custos" era estabelecer um conselho independente, protegido da influência da política e dos lobistas, que determinasse taxas de reembolso para o Medicare com base na eficácia comparativa de cada tratamento.

Os democratas na Câmara odiaram a ideia. Isso significaria não só abrir mão de seu poder para determinar o que o Medicare cobria ou não (junto com oportunidades de angariação de fundos de campanha que vinham com esse poder). Outra preocupação era virarem alvo de idosos injuriados por não terem acesso aos novos remédios ou exames anunciados na TV, mesmo quando um especialista pudesse provar que isso na verdade era jogar dinheiro fora.

Outra grande proposta para controlar custos também era encarada com ceticismo: um teto na dedutibilidade de impostos dos chamados planos de saúde Cadillac — soluções de alto custo fornecidas pelo empregador que bancavam todo tipo de serviços premium, mas que não melhoravam os indicadores de saúde como um todo. Além de altos funcionários corporativos e profissionais liberais bem remunerados, o principal grupo coberto por tais planos eram trabalhadores sindicalizados, e os sindicatos se opunham terminantemente ao que ficaria conhecido como "o imposto Cadillac". Não fazia diferença para os sindicalistas que seus filiados pudessem estar dispostos a trocar um luxuoso quarto hospitalar ou um segundo e desnecessário exame de ressonância pela chance de um salário líquido mais elevado. Eles não acreditavam que as eventuais economias com a reforma beneficiariam seus filiados, e tinham certeza absoluta de que haveria repercussões negativas caso apoiassem mudanças em seus planos de saúde. Infelizmente, enquanto os sindicatos se opusessem ao imposto Cadillac, a maioria dos congressistas democratas seguiria pelo mesmo caminho.

As discordâncias rapidamente foram parar na imprensa, fazendo o processo como um todo parecer bagunçado e tortuoso. No fim de julho, as pesquisas mostravam que a maioria dos americanos desaprovava a maneira como eu conduzia a reforma da saúde, o que me levou a me queixar de nossa estratégia de comunicação com Axe.

"Estamos do lado certo nessa história", insisti. "Só precisamos explicar melhor para os eleitores."

Axe estava irritado porque a área que comandava aparentemente estava levando a culpa por um problema para o qual ele próprio me alertara desde o início.

"O senhor pode explicar até ficar sem voz", falou. "Mas as pessoas que já têm plano de saúde duvidam que a reforma vai resultar em algum benefício para elas, e fatos e números não vão mudar isso."

Sem me deixar convencer, decidi que precisava de mais visibilidade para vender nossa agenda. E foi por isso que convoquei uma coletiva de imprensa transmitida em horário nobre para tratar da questão da saúde, perante uma Sala Leste lotada de repórteres que cobriam a Casa Branca, com muitos deles já preparando o obituário de minha primeira iniciativa legislativa.

Em geral, eu apreciava a natureza imprevisível das coletivas de imprensa ao vivo. E, ao contrário do primeiro encontro sobre saúde durante a campanha, em que eu dei com os burros n'água enquanto Hillary e John Edwards brilharam, eu agora contava com um conhecimento objetivo do assunto. Na verdade, provavelmente o conhecia bem até *demais*. Durante a coletiva, sucumbi a um velho padrão, dando exaustivas explicações sobre cada faceta da questão a ser debatida. Era como se, tendo fracassado em conseguir que as várias negociações envolvendo o projeto de lei fossem transmitidas pela rede c-span, eu tentasse fazer uma compensação oferecendo ao público um detalhadíssimo curso intensivo de uma hora sobre políticas públicas do sistema de saúde americano.

A imprensa não apreciou muito essa meticulosidade. Uma das matérias fez questão de citar que às vezes eu adotava um tom "professoral". Talvez tenha sido por isso que, na última pergunta, Lynn Sweet, uma repórter veterana do *Chicago Sun-Times* que eu conhecia havia muitos anos, resolveu falar de algo completamente fora do assunto.

"O professor Henry Louis Gates Jr. foi detido em sua casa em Cambridge outro dia", disse Lynn. "O que esse incidente diz ao senhor e o que ele diz sobre as relações raciais nos Estados Unidos?"

Por onde começar? Henry Louis Gates Jr. era um professor de língua inglesa e estudos afro-americanos em Harvard e um dos acadêmicos negros mais preeminentes do país. Eu o considerava um amigo distante, alguém que eu encontrava de vez em quando em eventos sociais. No começo da semana, Gates voltara para sua casa em Cambridge após uma viagem à China e não conseguiu abrir a porta da frente. Um vizinho — ao ver o professor forçar a porta — chamou a polícia para denunciar uma possível invasão de domicílio. Quando o sargento da polícia James Crowley chegou, pediu a Gates que se identificasse. Gates inicialmente se recusou e — segundo Crowley — o chamou de racista. Por fim, o professor acabou mostrando sua identidade, mas, de acordo com a versão oficial, continuou a insultar o policial de sua varanda. Como a advertência para que Gates se acalmasse não surtiu efeito, Crowley e dois outros policiais que chegaram após o pedido de reforços o algemaram e levaram para a delegacia, onde ele foi fichado por desacato. (As acusações foram retiradas logo depois.)

Como era de esperar, o incidente virou assunto nacional. Para uma ampla parcela de americanos brancos, a prisão de Gates era completamente merecida, um simples caso de alguém que não mostrara o devido respeito por um procedimento rotineiro da polícia. Para os negros, era só mais um exemplo das grandes e pequenas humilhações e diferenças de tratamento sofridas nas mãos da polícia, mas que também se estendiam às autoridades brancas de modo geral.

Meu palpite sobre o ocorrido levava em conta mais aspectos específicos e questões pessoais do que a forma maniqueísta como a história estava sendo retratada. Por ter vivido em Cambridge, eu sabia que o departamento de polícia local não era conhecido pela truculência. Por sua vez, Skip — como Gates era conhecido entre os amigos — era um sujeito brilhante e eloquente, parte W. E. B. Du Bois, parte Mars Blackmon, arrogante a ponto de eu conseguir imaginá-lo facilmente esbravejando contra um policial até fazer um sujeito relativamente comedido tomar uma atitude motivada pela testosterona.

Mesmo assim, embora ninguém tenha saído ferido, considerei o episódio deprimente — um vívido lembrete de que nem os negros mais realizados e o ambiente branco mais acolhedor conseguiam escapar da obscuridade de nossa história racial. Quando soube o que acontecera com Gates, me peguei involuntariamente conduzindo um rápido inventário de minhas próprias experiências. As múltiplas ocasiões em que pediram minha identidade de estudante quando eu caminhava para a biblioteca no campus de Columbia, coisa que parecia nunca acontecer com meus colegas brancos. As vezes em que a polícia me parou no trânsito, do nada, quando eu visitava certos bairros "bons" de Chicago. O fato de ter sido seguido pelos seguranças numa loja de departamentos enquanto fazia minhas compras de Natal. O som de travas de carro se fechando quando atravessava uma rua, vestido de terno e gravata, em plena luz do dia.

Momentos assim eram rotineiros entre negros — amigos, conhecidos, o pessoal com quem batia papo na barbearia. Se você fosse pobre, ou da classe trabalhadora, ou morasse em um bairro violento, ou não demonstrasse ser um negro respeitável, as histórias costumavam ser piores. Para praticamente qualquer negro no país, e qualquer mulher que amasse um negro, e qualquer pai ou mãe de um menino negro, não era questão de paranoia, nem de "transformar tudo em questão de cor", nem de desrespeito à polícia concluir que, fosse lá o que houvesse acontecido naquele dia em Cambridge, uma coisa era inegável: um professor de Harvard, rico e famoso, de 1,68 metro de altura, 63 quilos, 58 anos, *branco*, que andasse de bengala devido a um acidente de infância, *não* teria sido algemado e levado para a delegacia apenas por ser rude com um policial que o obrigou a mostrar seus documentos quando estava em sua própria casa.

Claro que não falei nada disso. Talvez devesse ter falado. Mas fiz o que julguei serem algumas observações bastante triviais, a começar pela admissão de que a polícia respondera adequadamente ao chamado do 911 e também de que Gates era meu amigo, e que por isso eu talvez não fosse imparcial.

"Não sei, por não estar lá e não presenciar todos os fatos, que papel a cor da pele teve nisso", falei. "Mas acho justo dizer, primeiro, que qualquer um de nós teria ficado furioso; segundo, que a polícia de Cambridge fez uma estupidez ao prender alguém que já tinha provado que estava em sua casa; e terceiro, que me parece que todos sabemos, independentemente desse caso, que existe um longo histórico neste país de afro-americanos e latinos sendo abordados pelas forças da lei de forma desproporcional."

E parei por aí. Deixei a coletiva de imprensa à noite presumindo que meus quatro minutos tratando do caso Gates fossem um breve adendo à hora que eu passara tratando do sistema de saúde.

Rapaz, como eu estava enganado. Na manhã seguinte, minha sugestão de que a polícia cometera uma "estupidez" foi o principal assunto em todos os noticiários. Os representantes dos sindicatos de polícia argumentaram que eu tinha desmoralizado o sargento Crowley e a polícia de modo geral e exigiam uma retratação. Fontes anônimas alegaram que alguém mexera os pauzinhos para que as acusações contra Gates fossem retiradas sem que ele comparecesse ao tribunal. Veículos da mídia conservadora mal conseguiam disfarçar sua alegria, retratando meus comentários como o caso de um presidente negro elitista (professoral, presunçoso) defendendo seu bem relacionado (respondão, que transformava tudo em uma questão de cor) amigo de Harvard contra um policial branco da classe trabalhadora que estava simplesmente fazendo seu serviço. Na coletiva diária da Casa Branca, Gibbs praticamente não falou sobre outra coisa. No fim, quis saber se eu concordaria em emitir uma nota de esclarecimento.

"O que eu vou esclarecer?", questionei. "Achei que fui bem claro da primeira vez."

"Do jeito que estão dizendo, as pessoas acham que o senhor chamou a polícia de estúpida."

"Não falei que eles eram estúpidos. Eu disse que cometeram uma estupidez. É diferente."

"Eu sei. Mas..."

"Não vamos fazer esclarecimento nenhum", falei. "Esse assunto logo morre."

Mas, no dia seguinte, continuava vivo. Na verdade, essa história abafou completamente todo o resto, inclusive nossa mensagem sobre o sistema de saúde. Atendendo a telefonemas angustiados de democratas na Colina do Capitólio, Rahm parecia prestes a pular de uma ponte. Quem visse pensaria que eu vestira um *dashiki* na coletiva de imprensa e fizera uma série de xingamentos à polícia.

No fim das contas, concordei com um plano de controle de danos. Comecei com uma ligação para o sargento Crowley, na qual me desculpei por ter usado a palavra "estupidez". Ele foi educado e bem-humorado e, a certa altura, sugeri que ele e Gates visitassem a Casa Branca. Poderíamos tomar uma cerveja nós três, falei, e mostrar ao país que pessoas de bem sabiam deixar os mal-entendidos para trás. Tanto Crowley como Gates, para quem liguei em seguida, se mostraram entusiasmados com a ideia. Em uma coletiva de imprensa mais tarde nesse dia, disse aos repórteres que continuava acreditando que a polícia tivera uma reação exagerada ao prender Gates, assim como o professor tivera uma reação exagerada à chegada das viaturas. Admiti que podia ter calibrado com mais cuidado meus comentários originais. Bem mais tarde, soube por David Simas, o guru das pesquisas em nosso gabinete e braço direito de Axe, que o caso Gates provocou uma imensa queda de apoio entre meus eleitores brancos, maior do que em qualquer outra ocasião isolada em meus oito anos de presidência. Era um apoio que eu nunca conseguiria ganhar de volta por completo.

Seis dias depois, Joe Biden e eu sentamos com o sargento Crowley e Skip Gates na Casa Branca para o que veio a ser conhecido como a "Cúpula da Cerveja". Foi um encontro reservado, amigável e com uma atmosfera um tanto formal. Como eu esperava, baseado em nossa conversa ao telefone, Crowley se revelou um homem atencioso, decente, e Skip se comportou direitinho. Por cerca de uma hora, nós quatro conversamos sobre a educação que recebemos, nossos trabalhos e maneiras de melhorar a confiança e comunicação entre policiais e a comunidade afro-americana. Quando o tempo acabou, Crowley e Gates agradeceram pelo tour que minha equipe fizera com suas famílias, e brinquei que da próxima vez eles provavelmente podiam encontrar um jeito mais fácil de ser convidados.

Depois que saíram, fiquei sozinho no Salão Oval, refletindo sobre tudo aquilo. Michelle, amigos como Valerie e Marty, altos funcionários negros como o procurador-geral Eric Holder, a embaixadora americana na ONU, Susan Rice, e Ron Kirk, representante do Gabinete do Comércio da Casa Branca — todos nós estávamos acostumados a conviver com diversos obstáculos para ser efetivos dentro de instituições predominantemente brancas. Havíamos nos tornado cada vez mais hábeis em reprimir a reação a pequenas desfeitas, sempre dispostos a dar a um colega branco o benefício da dúvida, atentos ao fato de que qualquer discussão sobre questões raciais, caso não fosse conduzida com todo o cuidado, ameaçava deixá-los meio em pânico. Mesmo assim, a reação a meus comentários sobre Gates surpreendeu a todos. Foi meu primeiro sinal de como a questão dos negros e da polícia era mais polarizadora do que praticamente qualquer outro assunto cotidiano entre os americanos. Parecia mexer com as raízes mais profundas da psique de nossa nação, os nervos mais expostos, talvez por lembrar a todos nós, negros e brancos, que a base da ordem social de nossa nação não fora estabelecida com o consentimento de todos; que nesse processo era impossível ignorar séculos de violência fomentada pelo Estado e perpetrada pelos brancos contra as pessoas negras e de pele escura, e que a questão de quem controlava o monopólio da violência — a forma como era administrada e contra quem — ainda tinha uma importância muito maior em nosso inconsciente coletivo do que gostaríamos de admitir.

Meus pensamentos foram interrompidos por Valerie, que enfiou a cabeça pela porta para ver o que eu estava fazendo. Ela disse que a cobertura da "Cúpula da Cerveja" no geral havia sido positiva, embora admitisse ter recebido um punhado de ligações de apoiadores negros descontentes.

"Eles não entendem por que nos daríamos ao trabalho de fazer Crowley se sentir bem-vindo", ela explicou.

"O que você falou para eles?", perguntei.

"Falei que essa questão como um todo tinha virado uma distração desnecessária e que o senhor está mais preocupado em governar e conseguir a aprovação da reforma da saúde."

Assenti com a cabeça. "E os negros de nossa equipe… como estão?"

Valerie encolheu os ombros. "Os mais jovens estão um pouco decepcionados. Mas eles entendem. Com tanta coisa acontecendo ao mesmo tempo, eles ficam incomodados ao ver o senhor nessa posição."

"Que posição?", falei. "De negro ou presidente?"

Nós dois demos boas risadas com isso.

17

No fim de julho de 2009, uma versão do projeto de lei para o sistema de saúde foi aprovada por todas as comissões relevantes na Câmara dos Representantes. A Comissão de Saúde e Educação do Senado também completara seus trabalhos. Restava apenas aprovar o texto na Comissão de Finanças do Senado, de Max Baucus. Uma vez feito isso, consolidaríamos as diferentes versões em um projeto de lei na Câmara e um no Senado, em termos ideais aprovando ambos antes do recesso de agosto, com o objetivo de ter uma versão final da legislação em minha mesa para ser sancionada até o fim do ano.

Porém, por mais que pressionássemos, não conseguíamos que Baucus concluísse seu trabalho. Eu compreendia seus motivos para a demora: ao contrário de outros presidentes de comissão democratas, que aprovaram seus projetos de lei votando com o partido, desconsiderando os republicanos, Baucus continuava alimentando esperanças de criar um projeto de lei bipartidário. Mas, conforme o verão avançava, esse otimismo começou a parecer ilusório. McConnell e Boehner já haviam anunciado sua oposição veemente a nossos esforços legislativos, argumentando que representavam uma "apropriação" do sistema de saúde pelo governo. Frank Luntz, conhecido estrategista republicano, emitira um memorando afirmando que, após fazer um teste de mercado com nada mais, nada menos que quarenta mensagens antirreforma, concluíra que evocar uma "apropriação pelo governo" era a melhor maneira de desacreditar a legislação da saúde. A partir daí, os conservadores seguiram o roteiro, repetindo a expressão como se fosse um feitiço.

O senador Jim DeMint, conservador radical da Carolina do Sul, foi mais transparente sobre as intenções de seu partido.

"Se conseguirmos barrar Obama nisso", anunciou numa teleconferência nacional com ativistas conservadores, "vai ser seu Waterloo. Vai acabar com ele."

Com essa atmosfera, não surpreende que o grupo de três senadores republicanos convidado a participar de conversas bipartidárias com Baucus agora se limitasse a dois: Chuck Grassley e Olympia Snowe, uma moderada do Maine. Minha equipe e eu fizemos tudo que podíamos para ajudar Baucus a conquistar o apoio deles. Recebi Grassley e Snowe na Casa Branca repetidas vezes e telefonava de tantas em tantas semanas para sondar a disposição de ambos. Demos nossa aprovação a dezenas de mudanças que quiseram fazer no rascunho de Baucus. Nancy-Ann virou presença constante na sala deles no Senado e levou Snowe para jantar tantas vezes que brincávamos que seu marido estava ficando enciumado.

"Diga para Olympia que ela pode escrever a maldita lei inteirinha!", falei para Nancy-Ann quando saía para uma dessas reuniões. "Vamos chamar de plano Snowe. Diga a ela que, se votar a favor da lei, pode ficar com a Casa Branca... Nós podemos mudar para um apartamento, Michelle e eu!"

Nem assim chegamos a algum lugar. Snowe se orgulhava de sua reputação centrista e tinha profundo interesse no sistema de saúde (ficara órfã aos nove anos, perdendo ambos os pais em rápida sucessão, para o câncer e a doença cardíaca). Mas a forte guinada à direita do Partido Republicano a isolara cada vez mais em seu próprio campo, deixando-a ainda mais cautelosa do que o normal, com a tendência a disfarçar a indecisão procurando pelo em ovo.

Com Grassley, a história era diferente. Da boca para fora, falava em querer ajudar o pequeno agricultor de Iowa que tinha dificuldade em obter um plano de saúde com o qual sua família pudesse contar e, quando Hillary Clinton pressionara pela reforma do sistema na década de 1990, ele na verdade fora um dos responsáveis por uma alternativa que em muitos sentidos parecia o plano no estilo de Massachusetts proposto por nós, inclusive com mandado individual. Mas, ao contrário de Snowe, Grassley raramente se opunha à liderança de seu partido em questões espinhosas. Com seu rosto comprido, expressão constrangida e sotaque rouco do Meio-Oeste, dava voltas e mais voltas sobre este ou aquele problema que via no projeto de lei sem nunca nos dizer exatamente o que seria necessário para conseguir sua aprovação. A conclusão de Phil foi de que Grassley estava apenas enrolando Baucus, por determinação de McConnell, tentando paralisar o processo e nos impedir de passar ao restante de nossa pauta. Até eu, o otimista de plantão na Casa Branca, enfim perdi a paciência e chamei Baucus para uma conversa.

"Tempo esgotado, Max", disse a ele no Salão Oval durante uma reunião no fim de julho. "Você fez tudo que podia. Grassley já era. Ele só ainda não informou a você."

Baucus sacudiu a cabeça.

"Discordo respeitosamente, sr. presidente", disse. "Conheço Chuck. Acho que estamos a *isto aqui* de consegui-lo", continuou, fazendo um sinal no ar, aproximando o polegar do indicador, sorrindo para mim como alguém que descobriu a cura do câncer e é obrigado a lidar com o ceticismo dos tolos. "Vamos dar mais uma oportunidade a Chuck e fazer a votação quando a gente voltar do recesso."

Parte de mim queria levantar da cadeira, segurar Baucus pelos ombros e sacudi-lo até cair em si. Percebi que essa abordagem não funcionaria. Outra parte de mim considerava ameaçar a retirada de meu apoio político da próxima vez que ele concorresse à reeleição, mas, como seus números nas pesquisas eram melhores do que os meus em seu estado natal de Montana, imaginei que também não daria certo. Em vez disso, argumentei e o bajulei por mais meia hora, concordando enfim com seu plano de adiar uma votação imediata com o partido e em vez disso votar o projeto de lei nas duas primeiras semanas após a volta do Congresso, em setembro.

Com a Câmara e o Senado em recesso e ambas as votações ainda causando preocupação, decidimos que eu passaria as duas primeiras semanas de agosto em viagem, realizando encontros em prefeituras sobre o sistema de saúde em lugares como Montana, Colorado e Arizona, onde o apoio popular à reforma estava mais estremecido. Como um pequeno agrado, minha equipe sugeriu que Michelle e as meninas se juntassem a mim e que visitássemos alguns parques nacionais pelo caminho.

Fiquei empolgado com a ideia. Não que Malia e Sasha fossem carentes de atenção paterna ou necessitassem de diversão extra no verão — tinham ambas as coisas de sobra, com coleguinhas para brincar, filmes e um bocado de tempo livre. Muitas vezes, quando eu chegava em casa no fim do dia e subia ao segundo andar, encontrava o solário dominado por meninas de oito a onze anos preparadas para uma festa do pijama, pulando em colchões infláveis, espalhando pipoca e brinquedos por toda parte, rindo sem parar enquanto assistiam à Nickelodeon.

No entanto, por mais que Michelle e eu (com a ajuda dos infinitamente pacientes agentes do Serviço Secreto) tentássemos conseguir algo próximo de uma vida normal para minhas filhas, era difícil, quando não impossível, levá-las para passear como faria um pai normal. Não podíamos ir a um parque de diversões, improvisando uma parada para comer hambúrgueres no caminho. Não podia sair com elas para passeios tranquilos de bicicleta aos domingos, como eu fizera um dia. Uma saída para tomar sorvete ou uma visita à livraria se tornaram um grande evento, envolvendo ruas bloqueadas, equipes táticas e a imprensa onipresente.

Se as meninas sentiam que perdiam algo com isso, não demonstravam. Mas eu sentia intensamente. Uma das coisas que mais lamentava era o fato de que provavelmente nunca teria chance de levar Malia e Sasha naquele tipo de viagem longa de verão que fizera aos onze anos, quando minha mãe e Toot decidiram que era hora de Maya e eu conhecermos os Estados Unidos de costa a costa. A viagem durou um mês e deixou uma impressão indelével em meu espírito — e não só porque fomos à Disney (embora esse obviamente fosse o ponto alto). Escavamos mariscos na maré baixa em Puget Sound, andamos a cavalo por um riacho no sopé do cânion de Chelly, no Arizona, observamos a pradaria infinita do Kansas da janela de um trem, avistamos uma manada de bisões numa planície poeirenta em Yellowstone e encerrávamos todos os dias com os prazeres simples de uma máquina de sorvete de motel, uma eventual piscina ou apenas ar condicionado e lençóis limpos. Essa viagem me proporcionou um vislumbre da liberdade inebriante da estrada, de como o país era vasto e cheio de maravilhas.

Eu não podia reproduzir essa experiência com minhas filhas — não voando no Air Force One, andando em carreatas presidenciais e sem nunca dormir em lugares como os hotéis Howard Johnson. Ir do ponto A para o ponto B era rápido e confortável demais, e os dias eram muito cheios de atividades programadas e monitoradas pela equipe — sem aquela combinação característica de surpresas, desventuras e tédio — para ser considerado um passeio. Durante uma semana em agosto, porém, Michelle, as meninas e eu nos divertimos assim mesmo. Observamos o Old Faithful cuspindo jatos escaldantes e contemplamos as extensões cor de ocre do Grand Canyon. As meninas fizeram esqui aquático numa boia. À noite, jogávamos jogos de tabuleiro e tentávamos nomear as constelações. Ao pôr as meninas para dormir, esperava que, apesar do excesso de atenção que nos rodeava, suas mentes guardassem uma visão das possibilidades da vida e da beleza da paisagem americana, como acontecera comigo um dia; e que pudessem futuramente pensar em nossa viagem juntos e lembrar que eram tão merecedoras de amor, tão fascinantes e entusiasmadas com a vida, que não havia nada que seus pais preferissem fazer a compartilhar essas paisagens com elas.

Claro que uma das coisas que Malia e Sasha tiveram de aturar na viagem ao Oeste foi seu pai tirando um dia aqui e outro ali para aparecer diante de multidões enormes e câmeras de tv e falar sobre o sistema de saúde. As reuniões nas prefeituras em si não eram muito diferentes das que tive no primeiro semestre daquele ano. As pessoas contavam suas histórias de como o atual sistema deixara seus familiares na mão e perguntavam como a futura lei podia afetar seus planos de saúde. Mesmo os que se opunham à nossa iniciativa escutavam atentamente o que eu tinha a dizer.

Em outras partes do país, porém, a atmosfera era bem diferente. Estávamos no meio do que veio a ser conhecido como o "verão do Tea Party", uma tentativa organizada de conciliar os medos sinceros da população em relação às mudanças no país à agenda política de direita. Indo e vindo de qualquer local, éramos recebidos por dezenas de manifestantes enfurecidos. Alguns gritavam em megafones. Outros faziam uma saudação mostrando o dedo do meio. Muitos seguravam cartazes com mensagens como o OBAMACARE NÃO PRESTA ou o involuntariamente irônico MANTENHA O GOVERNO LONGE DO MEU MEDICARE. Alguns agitavam uma foto minha adulterada para parecer o Coringa de Heath Ledger em *O cavaleiro das trevas*, com olhos sombreados e maquiagem pesada, parecendo quase demoníaco. Outros por sua vez vestiam fantasias patrióticas da era colonial e agitavam a bandeira do DON'T TREAD ON ME [não pise em mim]. Todos pareciam mais interessados em manifestar seu desprezo generalizado por mim, sentimento mais bem resumido numa reformulação do famoso pôster de Shepard Fairey para nossa campanha: a mesma ilustração em vermelho, branco e azul do meu rosto, mas com a palavra HOPE substituída por NOPE.

Essa nova e repentina força na política americana começara meses antes como um punhado de protestos desorganizados de pequena escala contra o Tarp e a Lei de Recuperação. Alguns dos primeiros participantes aparentemente haviam migrado da campanha presidencial quixotesca e libertária do congressista republicano Ron Paul, que defendia o fim do imposto de renda e do Federal Reserve, uma volta ao padrão-ouro e a saída dos Estados Unidos da ONU e da Otan. A notória diatribe de Rick Santelli na televisão contra nossa proposta habitacional em fevereiro fornecera um grito de guerra atraente para a rede informal de ativistas conservadores, e em pouco tempo sites na internet e correntes de e-mail passaram a resultar em comícios maiores, com seções do Tea Party proliferando pelo país. Naqueles primeiros meses, não tiveram impulso suficiente para impedir a aprovação do pacote de incentivo econômico, e um protesto nacional no dia da entrega da declaração de impostos, em abril, não dera em muita coisa. Mas, ajudado pelo endosso de personalidades da mídia conservadora como Rush Limbaugh e Glenn Beck, o movimento pegava embalo, com políticos republicanos locais e depois nacionais abraçando a legenda do Tea Party.

No verão, o grupo estava focado em impedir a abominação apelidada de "Obamacare", que segundo eles introduziria uma nova ordem socialista e opressiva nos Estados Unidos. Enquanto eu conduzia minhas reuniões relativamente tranquilas sobre o sistema de saúde em prefeituras ao longo de minha viagem ao Oeste, os noticiários começaram a transmitir cenas de eventos paralelos por todo o país, com parlamentares da Câmara e do Senado sendo confrontados subitamente por multidões furiosas e beligerantes em seus distritos natais e membros do Tea Party tumultuando os procedimentos e perturbando os políticos o suficiente para cancelarem por completo as aparições públicas.

Para mim, era difícil decidir o que pensar disso tudo. O manifesto anti-imposto, antirregulamentação e antigoverno do Tea Party não trazia nenhuma novidade; sua narrativa básica — de que as elites corruptas haviam sequestrado o governo federal para meter a mão no bolso do sofrido trabalhador americano, financiar o paternalismo do Estado de bem-estar social e recompensar seus comparsas do mundo corporativo — vinha sendo apregoada por políticos republicanos e pela mídia conservadora havia anos. Como se veria, o Tea Party também não era o movimento espontâneo e popular que afirmava ser. Desde o início, grupos afiliados dos irmãos Koch, como a Americans for Prosperity, junto com outros bilionários conservadores que participaram do encontro de Indian Wells promovido pelos Koch pouco após minha posse, haviam cultivado o movimento de forma meticulosa, registrando nomes de domínio de sites e obtendo licenças para comícios, treinando organizadores e patrocinando conferências e, em última instância, fornecendo grande parte da verba, infraestrutura e direção estratégica do Tea Party.

Ainda assim, não havia como negar que o Tea Party representava um surto genuíno de populismo dentro do Partido Republicano. Era composto de pessoas que realmente acreditavam no movimento, imbuídas do mesmo entusiasmo e da mesma fúria em estado bruto que víramos entre os seguidores de Sarah Palin nos últimos dias da campanha. Parte dessa raiva eu compreendia, ainda que a considerasse mal direcionada. Inúmeros brancos da classe trabalhadora e da classe média que gravitavam em torno do Tea Party haviam sofrido por décadas com salários estagnados, elevação dos preços e a perda dos empregos formais que proporcionavam aposentadorias seguras para o proletariado como um todo. Bush e os republicanos do establishment nada haviam feito por eles, e a crise financeira afundara ainda mais suas comunidades. E até aquele momento, pelo menos, a economia só ficara pior comigo no comando, apesar de mais de 1 trilhão de dólares despejados em incentivos econômicos e resgates financeiros. Para alguém já predisposto a ideias conservadoras, a sugestão de que minhas políticas eram destinadas a ajudar outros às custas deles — era um jogo de cartas marcadas, e eu era parte da armação — deve ter parecido de todo plausível.

Eu também tinha um respeito um tanto ressentido pela rapidez com que os líderes do Tea Party haviam mobilizado um forte núcleo de apoiadores e conseguido dominar a cobertura da mídia, usando algumas das mesmas estratégias de mídias sociais e organização popular que empregáramos em minha própria campanha. Eu passara toda a minha carreira política promovendo a participação cívica como solução para boa parte dos problemas de nossa democracia. Disse a mim mesmo que não tinha o direito de me queixar só porque agora era a oposição à minha agenda que levara a um envolvimento tão passional dos cidadãos.

Mas, à medida que o tempo passava, ficou difícil ignorar parte dos impulsos mais perturbadores que animavam o movimento. Como acontecera nos comícios de Palin, os repórteres nos eventos do Tea Party mostravam o público me comparando a animais ou a Hitler. Cartazes me retratavam vestido como um curandeiro africano, com um osso atravessado no nariz e o texto OBAMACARE EM BREVE NUMA CLÍNICA

PERTO DE VOCÊ. As teorias da conspiração abundavam: meu projeto para a saúde criaria "comitês da morte" para avaliar se a pessoa merecia tratamento, abrindo o caminho para a "eutanásia encorajada pelo governo", ou beneficiaria imigrantes ilegais, a serviço de minha meta mais ampla de inundar o país com eleitores democratas dependentes do Estado de bem-estar social. O Tea Party também ressuscitou um antigo boato da campanha e ajudou a pôr lenha na fogueira: eu não só era muçulmano, como também nascera no Quênia e portanto não poderia ser presidente, de acordo com a Constituição. Em setembro, a questão de até que ponto o nativismo e o racismo explicavam a ascensão do Tea Party passara a ser um importante tema de debate nos programas da TV a cabo — especialmente depois que o ex-presidente Jimmy Carter, um profundo conhecedor do Sul dos Estados Unidos, expressou sua impressão de que a extrema virulência dirigida a mim era, ao menos em parte, fruto de opiniões racistas.

Na Casa Branca, decidimos não comentar nada disso — e não só porque Axe tinha inúmeros dados nos dizendo que os eleitores brancos, inclusive muitos dos que me apoiaram, reagiam mal a sermões sobre questões raciais. Por princípio, eu acreditava que um presidente jamais deveria se queixar em público sobre as críticas dos eleitores — nós sabemos que viramos vidraça quando aceitamos o cargo — e lembrei rapidamente tanto aos repórteres como aos amigos que meus predecessores brancos haviam todos sofrido sua cota de ataques pessoais maldosos e de obstrucionismo.

Em termos mais práticos, porém, eu não via outro modo de identificar as motivações das pessoas, sobretudo considerando que as questões raciais influenciavam todos os aspectos da história de nossa nação. Aquele membro do Tea Party apoiava os "direitos dos estados" porque achava de fato que era a melhor maneira de promover a liberdade ou porque continuava a se ressentir da intervenção federal para abolir as leis Jim Crow, promover a dessegregação e possibilitar a ascensão do poder político negro no Sul? Aquela ativista conservadora se opunha a qualquer expansão do Estado de bem-estar social porque acreditava que isso inibia a iniciativa individual ou porque estava convencida de que beneficiaria apenas os latinos que haviam acabado de cruzar a fronteira? Fosse lá o que meus instintos pudessem me dizer, fossem quais fossem as verdades que os livros de história pudessem sugerir, eu sabia que não conquistaria um único eleitor rotulando meus adversários de racistas.

Uma coisa parecia certa: boa parte do povo americano, incluindo algumas das próprias pessoas que eu tentava ajudar, não acreditava em uma só palavra minha. Certa noite, nessa época, eu assistia a uma matéria na TV sobre uma organização de caridade chamada Remote Area Medical, que fornecia serviços médicos em clínicas temporárias montadas por todo o país, operando em trailers estacionados perto de estádios e festivais locais. Quase todos os pacientes na matéria eram sulistas brancos de lugares como Tennessee, Geórgia e Virgínia Ocidental — homens e mulheres com trabalho e renda, mas sem plano de saúde fornecido pelo empregador, ou com seguros cujas franquias não tinham como pagar. Muitos dirigiram centenas de quilômetros — alguns dormindo em seus carros, deixando o motor ligado a noite toda para se esquentar — para se juntar às centenas de outras pessoas na fila durante a madrugada e se consultar com um médico voluntário, que podia extrair um abscesso dentário, identificar a causa de uma dor abdominal debilitante ou examinar um caroço no seio. A demanda era tão grande que os pacientes que chegavam quando o sol já nascera eram recusados.

Era uma história ao mesmo tempo comovente e exasperante, que depunha contra um país rico que deixava na mão tantos de seus cidadãos. E, no entanto, eu sabia que quase todas aquelas pessoas à espera de uma consulta gratuita provinham de algum distrito irredutivelmente republicano, o tipo de lugar onde a oposição a nosso projeto de reforma da saúde, além do apoio ao Tea Party, devia ser enorme. Houve uma época — quando eu ainda era um senador estadual viajando pelo sul de Illinois ou, mais tarde, percorrendo a zona rural de Iowa no início da campanha presidencial — em que conseguia influenciar tais eleitores. Eu ainda não era suficientemente conhecido para ser alvo de caricatura, o que significava que quaisquer preconceitos que as pessoas pudessem ter sobre um negro de Chicago com um nome estrangeiro podiam ser dirimidos com uma simples conversa, com um pequeno gesto de gentileza. Após me reunir com as pessoas num jantar ou escutar suas queixas no festival do condado, talvez eu não contasse com seus votos nem sua concordância na maioria das questões. Mas teríamos ao menos estabelecido uma conexão e deixávamos esses encontros compreendendo que havia esperanças, dificuldades e valores em comum.

Eu me perguntava se essas coisas ainda eram possíveis, agora que vivia preso atrás de portões e guardas, tendo minha imagem filtrada pela Fox News e outros veículos de mídia cujo modelo de negócios inteiro dependia de fazer seu público sentir raiva e medo. Queria crer que a capacidade de criar essa conexão continuava presente. Minha mulher não tinha tanta certeza. Certa noite, perto do fim de nossa viagem, depois que pusemos as meninas para dormir, Michelle assistiu a um trecho de um comício do Tea Party na TV — com suas bandeiras raivosamente agitadas e seus slogans incendiários. Ao pegar o controle remoto e desligar o aparelho, sua expressão oscilou por um instante entre a raiva e a resignação.

"Que loucura, né?", comentou ela.

"O quê?"

"Eles com medo de você. Com medo *de nós*."

Ela balançou negativamente a cabeça e foi para a cama.

★ ★ ★

Ted Kennedy morreu em 25 de agosto. Na manhã de seu funeral, o céu sobre Boston ficou escuro e, no momento em que nosso avião pousava, as ruas estavam envoltas em espessas cortinas de chuva. A cena dentro da igreja condizia com a grandeza da vida de Teddy: os bancos ocupados por ex-presidentes e chefes de Estado, senadores e membros do Congresso, centenas de funcionários atuais e antigos, a guarda de honra e o caixão envolto na bandeira. Mas nesse dia o mais importante foram as histórias contadas por sua família e, acima de tudo, seus filhos. Patrick Kennedy relembrou como seu pai cuidava dele durante paralisantes ataques de asma, pressionando uma toalha úmida em sua testa até que conseguisse dormir, e contou que ele o levava para navegar mesmo quando o mar estava bravo. Teddy Jr. revelou que, mesmo após ele perder a perna para um câncer, seu pai insistira que fossem esquiar, subindo com ele pela neve fofa da montanha, ajudando-o a se levantar quando caía e limpando suas lágrimas quando queria desistir, com os dois enfim chegando ao topo e deslizando pela encosta branca. Era uma prova, segundo Teddy Jr., de que seu mundo não acabara. Coletivamente, foi o retrato de um homem movido por grandes desejos e ambições, mas também fortes perdas e dúvidas. Um homem compensando coisas.

"Meu pai acreditava na redenção", disse Teddy Jr. "E nunca se entregava, nunca parava de tentar corrigir os erros, tanto os resultantes de suas próprias falhas como os das nossas."

Levei essas palavras comigo para Washington, onde predominava cada vez mais um espírito de rendição — pelo menos no que respeitava à aprovação do projeto de lei para a saúde. O Tea Party conseguira o que se dispusera a fazer: gerar muita publicidade negativa para nossos esforços, incitando o temor público de que a reforma seria cara ou disruptiva demais, ou ajudaria apenas os pobres. Um relatório preliminar do Departamento de Orçamento do Congresso (CBO), uma divisão independente formada por uma equipe de profissionais encarregados de aferir o custo de toda a legislação federal, calculou a versão inicial do projeto de lei de reforma da saúde na Câmara em uma cifra espantosa de 1 trilhão de dólares. Embora o cálculo do CBO acabasse reduzido após o rascunho ser revisado e depurado, as manchetes proporcionaram aos adversários um pesado porrete para acertar nossa cabeça. Democratas de distritos eleitoralmente divididos se apavoraram, convencidos de que o projeto de lei representava uma missão suicida. Os republicanos deixaram até de fingir que queriam negociar, e seus parlamentares passaram a ecoar a alegação do Tea Party de que eu pretendia pôr a vovó para dormir.

O único lado positivo nisso tudo foi que me ajudou a curar Max Baucus de sua obsessão em tentar convencer Chuck Grassley. Em uma reunião no Salão Oval com ambos no começo de setembro, a derradeira facada nas costas, escutei pacientemente Grassley listar cinco novas razões para ainda considerar problemática a versão mais recente do projeto de lei.

"Me deixe perguntar uma coisa, Chuck", eu disse por fim. "Se Max acatasse todas essas suas últimas sugestões, você apoiaria a lei?"

"Bom..."

"Existe *alguma* mudança — qualquer uma — que faria você votar com a gente?"

Houve um silêncio constrangido antes de Grassley levantar a cabeça e me encarar.

"Acho que não, sr. presidente."

Acho que não.

Na Casa Branca, o entusiasmo arrefeceu rapidamente. Alguns em minha equipe começavam a se perguntar se não era hora de abandonar a disputa. Rahm, em particular, ficou amargurado. Depois de viver essa mesma experiência com Bill Clinton, compreendia muito bem o que meus números em queda nas pesquisas podiam significar para as perspectivas de reeleição de democratas em distritos eleitorais indefinidos, muitos dos quais recrutara pessoalmente e ajudara a eleger, sem mencionar como isso podia prejudicar minhas próprias perspectivas em 2012. Discutindo nossas opções em uma reunião de gabinete com meus principais assessores, Rahm aconselhou tentarmos um acordo com os republicanos em um texto bem mais moderado — talvez permitindo a pessoas entre sessenta e 65 anos pagar pelo Medicare ou ampliando o alcance do Programa de Seguro-Saúde Infantil.

"Não vai ser tudo que o senhor queria", disse ele. "Mas ainda assim vai ajudar um monte de gente e proporcionar uma oportunidade melhor para fazer avançar no resto de sua pauta."

Alguns concordaram. Outros acharam que era cedo demais para desistir. Após relatar suas conversas na Colina do Capitólio, Phil Schiliro disse que achava que ainda havia um jeito de aprovar uma lei abrangente apenas com votos democratas, mas admitiu que não era uma certeza.

"Acho que a pergunta a fazer, sr. presidente, é a seguinte: o senhor acha que está com sorte?"

Olhei para ele e sorri.

"Onde nós estamos, Phil?"

Phil hesitou, achando que fosse uma pergunta capciosa.

"No Salão Oval?"

"E qual é meu nome?"

"Barack Obama."

Eu sorri. "Barack *Hussein* Obama. Estou aqui com você no *Salão Oval*. Cara, eu *sempre* me sinto um tremendo sortudo."

Falei para a equipe que manteríamos o rumo. Mas, sinceramente, minha decisão não tinha muito a ver com sorte. Rahm não estava errado sobre os riscos, e talvez em uma atmosfera política diferente, e se a pauta fosse outra, eu poderia ter aceitado sua ideia de negociar com o Partido Republicano para garantir um pássaro na mão. Nessa questão, porém, eu não enxergava o menor sinal de que os líderes republicanos pretendessem vir em nosso auxílio. Éramos um animal ferido, a base eleitoral deles queria ver sangue e, por mais modesta que fosse nossa proposta de reforma, com certeza encontrariam toda uma nova série de motivos para não colaborar conosco.

Além disso, um projeto de lei mais moderado não ajudaria os milhões de desamparados, pessoas como Laura Klitzka, em Green Bay. A ideia de deixá-los na mão — de permitir que se virassem por conta própria porque seu presidente não tivera coragem, habilidade ou poder de persuasão suficientes para enfrentar a dissonância política e conseguir o que sabia ser a coisa certa a ser feita — era algo que eu não conseguia digerir.

Àquela altura, eu havia realizado reuniões em prefeituras em oito estados, explicando tanto em termos amplos como em grande minúcia o que significava a reforma do sistema de saúde. Recebera ligações de membros da Associação Americana de Aposentados (AARP) ao vivo na TV, perguntando sobre todo tipo de coisa, de lacunas de cobertura do Medicare a testamentos. Tarde da noite, na Sala do Tratado, examinei atentamente o fluxo contínuo de memorandos e planilhas para ter certeza de que compreendia os pontos mais delicados de corredores de risco e tetos de resseguro. Se às vezes eu ficava desanimado, até mesmo irritado, com a quantidade de desinformação que inundava os meios de comunicação, me sentia grato pela disposição de minha equipe em redobrar seus esforços e não desistir, mesmo quando a briga ficou feia e nossas chances continuavam remotas. Essa tenacidade norteou toda a equipe da Casa Branca. Em dado momento, Denis McDonough distribuiu adesivos com as palavras COMBATA O CINISMO para todo mundo. Isso se tornou um útil slogan, uma profissão de nossa fé.

Sabendo que tínhamos de tentar algo de impacto para reiniciar o debate da saúde, Axe sugeriu que fizesse um pronunciamento em horário nobre perante uma sessão conjunta do Congresso. Era uma aposta alta, explicou, utilizada apenas duas vezes nos últimos dezesseis anos, mas me daria a oportunidade de falar diretamente com milhões de telespectadores. Perguntei quais tinham sido as outras duas.

"A mais recente foi quando Bush anunciou a Guerra ao Terror, depois do Onze de Setembro."

"E a outra?"

"Bill Clinton falou sobre a reforma da saúde do governo dele."

Dei risada. "Bom, funcionou que foi uma beleza, hein?"

Apesar dos precedentes pouco auspiciosos, decidimos que valia a tentativa. Dois dias após o feriado do Labor Day, Michelle e eu sentamos no banco traseiro da Fera, fomos para a entrada leste do Capitólio e refizemos os passos que déramos sete meses antes pelas portas da Câmara dos Representantes. O anúncio feito pelo sargento de armas, os holofotes, as câmeras de TV, os aplausos, os apertos de mão no corredor central — superficialmente, pelo menos, tudo parecia como em fevereiro. Mas o clima na casa parecia diferente dessa vez — sorrisos um pouco forçados, um murmúrio de tensão e dúvida no ar. Ou quem sabe fosse apenas meu humor que estivesse diferente. Qualquer eventual vertigem ou sensação de triunfo pessoal que pudesse ter sentido pouco após assumir o cargo a essa altura se dissipara, substituído por algo mais robusto: uma determinação de ver a tarefa encerrada.

Por uma hora nessa noite, expliquei da forma mais direta possível o que a reforma significaria para as famílias que nos assistiam: proporcionaria cobertura acessível para os necessitados, mas também proteções cruciais para quem já tinha um plano de saúde; impediria as empresas de discriminar pessoas com enfermidades preexistentes e eliminaria o tipo de limitações de cobertura que oprimiam famílias como a de Laura Klitzka. Expliquei em detalhes como o plano ajudaria os idosos a pagar por medicamentos especiais e obrigaria os planos de saúde a cobrir exames de rotina e tratamentos preventivos sem custo extra. Expliquei que a conversa de apropriação do governo e comitês da morte eram disparates, que a legislação não acrescentaria um centavo ao déficit e que o momento de fazer isso acontecer era aquele.

Dias antes, eu recebera uma carta de Ted Kennedy. Fora escrita em maio, mas ele instruíra Vicki a esperar até depois de sua morte para entregá-la. Era uma carta de despedida, duas páginas, em que me agradecia por assumir a causa da reforma da saúde, referindo-se a ela como "o principal assunto não resolvido em nossa sociedade" e a causa à qual dedicara a vida. Acrescentou que seria um consolo morrer acreditando que passara anos trabalhando naquilo que, sob minha batuta, finalmente aconteceria.

Encerrei minha fala nessa noite citando a carta de Teddy, na esperança de que suas palavras encorajassem a nação tanto quanto haviam feito comigo. "O que enfrentamos", ele escrevera, "é acima de tudo uma questão moral; não estão em jogo apenas detalhes de políticas públicas, mas também princípios fundamentais de justiça social e o caráter de nosso país."

Segundo as pesquisas, meu pronunciamento perante o Congresso aumentou o apoio público à reforma da saúde, ao menos temporariamente. Além disso, o que era ainda mais importante para nossos propósitos, pareceu fortalecer a determinação dos democratas indecisos no Congresso. Mas não mudou a cabeça de um único republicano. Isso ficou claro menos de meia hora após iniciado o pronunciamento, quando — enquanto eu desmentia a falsa alegação de que a lei estenderia a cobertura a imigrantes sem documentos — um congressista republicano relativamente obscuro da Carolina do Sul chamado Joe Wilson, que já estava em seu quinto mandato, se inclinou para a frente na cadeira, apontou na minha direção e gritou, o rosto vermelho de fúria: "Você está mentindo!".

Por um breve instante, um silêncio perplexo se abateu sobre a casa. Virei para encarar o impertinente (assim como a presidente da Câmara, Pelosi, e Joe Biden: Nancy horrorizada, Joe sacudindo a cabeça). Fiquei com vontade de descer do palanque, atravessar o corredor e dar um tabefe na cabeça do sujeito. Mas simplesmente respondi com um "Não é verdade" e segui com minha fala, com os democratas lançando vaias na direção de Wilson.

Até onde qualquer um era capaz de lembrar, nada como isso jamais acontecera em um discurso perante uma sessão conjunta — pelo menos, não nos tempos modernos. A reação do Congresso foi imediata e bipartidária, e na manhã seguinte Wilson se retratou publicamente pela quebra do decoro, ligou para Rahm e solicitou que me transmitisse seu pedido de desculpas. Minimizei o ocorrido, dizendo a um repórter que agradecia o pedido de desculpas e acreditava que todos cometemos erros.

E, no entanto, não pude deixar de notar as notícias de que as contribuições on-line para a campanha de reeleição de Wilson subiram abruptamente na semana seguinte a seu ataque. Ao que parecia, para muitos eleitores republicanos o homem era um herói que escancarava a verdade e desafiava o poder. Foi um sinal de que o Tea Party e seus aliados na mídia foram além do objetivo de demonizar o projeto de lei de reforma da saúde. Haviam conseguido me demonizar e, com isso, mandar um recado para todos os republicanos que ocupavam cargos eletivos: quando o negócio era fazer oposição a nós, as regras tradicionais não estavam mais valendo.

Embora criado no Havaí, nunca aprendi a andar de barco; não era um passatempo ao alcance de nossa família. E contudo, nos três meses e meio seguintes, eu me senti como imagino que marujos se sintam em alto-mar após a passagem de uma terrível tormenta. O trabalho permanecia árduo e às vezes monótono, ainda mais dificultado pela necessidade de tapar vazamentos e tirar água do fundo do barco. Manter a velocidade e o curso em meio aos ventos e correntezas em constante mudança exigia paciência, habilidade e atenção. Mas, por um breve período, levamos conosco a gratidão dos sobreviventes, motivados em nossas tarefas diárias pela crença renovada de que no fim talvez conseguíssemos atracar num porto seguro.

Para começar, após meses de adiamento, Baucus finalmente abriu o debate sobre um projeto de lei para reforma da saúde no Comitê de Finanças do Senado. Sua versão, que seguia o modelo de Massachusetts utilizado por todos nós até então, era menos generosa nos subsídios aos não segurados do que teríamos sugerido, e insistimos que substituísse um imposto sobre planos de saúde fornecidos pelo empregador por taxações maiores aos ricos. Mas, para crédito de todos, as deliberações foram de modo geral independentes e livres de manifestações bombásticas. Após três semanas de trabalhos extenuantes, o comitê aprovou o projeto de lei por uma margem de catorze votos a nove. Olympia Snowe inclusive optou por votar pelo sim, nos concedendo um solitário voto republicano.

Pelosi em seguida procedeu à rápida aprovação de um projeto de lei consolidado na Câmara, sob a oposição uniforme e ruidosa do Partido Republicano, com votação em 7 de novembro de 2009. (O texto na verdade ficara pronto havia algum tempo, mas Nancy relutou em apresentá-lo perante a Câmara — e forçar os deputados a fazer uma difícil votação política — até estar confiante de que as tentativas no Senado não iriam fracassar.) Se conseguíssemos que uma sessão com quórum suficiente no Senado aprovasse uma versão similarmente consolidada de seu projeto de lei antes do recesso de Natal, assim imaginávamos, poderíamos em seguida aproveitar janeiro para negociar as diferenças entre as versões do Senado e da Câmara, mandar um texto combinado para aprovação nas duas casas e, com alguma sorte, ter a legislação final em minha mesa para assinatura em fevereiro.

Era uma grande incógnita — e dependia em larga medida de meu velho amigo Harry Reid. Fiel à sua visão negativa da natureza humana, o líder da maioria no Senado presumiu que não podíamos contar com Olympia Snowe quando uma versão final do texto fosse votada. ("Quando McConnell apertar para valer", ele me disse, com toda franqueza, "ela volta atrás na mesma hora.") Para evitar a possibilidade de uma obstrução, Harry não podia se dar ao luxo de perder sequer um de seus sessenta votos. E, assim como na Lei de Recuperação, esse fato proporcionou a cada um de seus membros uma enorme influência para pedir mudanças no texto, por mais paroquianas ou irrefletidas que pudessem ser suas exigências.

A situação não estava propícia para o idealismo nas políticas públicas, o que não era problema para Harry, capaz de manobrar, fechar acordos e pressionar como ninguém. Nas seis semanas seguintes, quando o texto consolidado foi apresentado no Senado e tiveram início os prolongados debates sobre questões de procedimentos, a única ação que realmente importou ocorreu a portas fechadas, na sala de Harry, onde ele se reuniu com um a um dos que continuavam em cima do muro para descobrir o que era necessário para fazê-los dizer sim. Uns queriam financiamento para projetos de interesse pessoal bem-intencionados, mas de utilidade secundária. Vários membros mais liberais do Senado, que gostavam de criticar os lucros astronômicos da indústria farmacêutica e das empresas de plano de saúde, de repente não viam problema nos lucros astronômicos dos fabricantes de equipamento médico com instalações em seus estados natais e pressionavam Harry a diminuir um imposto proposto sobre a indústria. Os senadores Mary Landrieu e Ben Nelson condicionaram seus votos a bilhões de dólares adicionais do Medicaid especificamente para Louisiana e Nebraska, concessões que os republicanos apelidaram espirituosamente de "a Compra da Louisiana" e "a Propina do Cornhusker".

Independentemente do que fosse necessário, Harry estava disposto a ajudar. Às vezes, disposto até *demais*. Ele era bom em manter contato com minha equipe, dando a Phil ou a Nancy-Ann a chance de impedir mudanças legislativas capazes de prejudicar partes essenciais da reforma, mas, vez ou outra, teimava com algum acordo que quisesse fazer e eu tinha de intervir com um telefonema. Escutando minhas objeções, em geral ele acabava cedendo, mas não sem antes resmungar como cargas-d'água conseguiria a aprovação do projeto de lei se fizesse as coisas a meu modo.

"O senhor entende muito mais de políticas de saúde do que eu", ele me disse a certa altura. "Mas eu entendo do Senado, o.k.?"

Em comparação com as táticas clamorosas de destinação eleitoreira de verbas, troca de favores e distribuição de cargos que os líderes do Senado tradicionalmente haviam usado para aprovar legislações grandes e controversas como a Lei dos Direitos Civis ou a reforma fiscal de 1986 de Ronald Reagan, ou um pacote como o New Deal, os métodos de Harry eram até benignos. Mas essas leis haviam sido aprovadas numa época em que a maior parte das negociações políticas em Washington ficava fora dos jornais, antes do advento das notícias 24 horas por dia. Para nós, a morosidade do texto no Senado constituía um pesadelo de relações públicas. Toda vez que o projeto de lei de Harry era alterado para agradar a mais um senador, os jornalistas soltavam uma nova fornada de denúncias sobre "acordos nos bastidores". Fosse qual fosse o impacto que meu pronunciamento na sessão conjunta causara no esforço da reforma, não demorou a evaporar — e a situação ficou nitidamente pior quando Harry decidiu, com minha permissão, eliminar uma coisa chamada "a opção pública" do texto da lei.

Desde o começo do debate sobre o sistema de saúde, especialistas em políticas públicas mais à esquerda haviam nos pressionado a modificar o modelo de Massachusetts, dando ao consumidor a opção de comprar a cobertura na "bolsa" on-line não só de empresas como Aetna e Blue Cross Blue Shield, mas também de uma seguradora estatal a ser criada e operada pelo governo federal. Previsivelmente, as empresas do ramo rejeitaram a ideia de uma opção pública, alegando que não conseguiriam competir com um plano de saúde do governo que podia funcionar sem ser pressionado a dar lucro. Claro que essa era exatamente a questão para os proponentes da ideia: enfatizando o custo-benefício do seguro do governo e expondo o esbanjamento absurdo de dinheiro, bem como a imoralidade do mercado privado, eles esperavam pavimentar dessa forma o caminho para um sistema público de saúde.

Era uma proposta inteligente, e com apoio suficiente para Nancy Pelosi tê-la incluído no projeto de lei apresentado na Câmara. Mas, pelo lado do Senado, não estávamos nem perto dos sessenta votos necessários para uma opção pública. Havia uma versão diluída no projeto de lei da Comissão de Saúde e Educação do Senado, exigindo que uma eventual seguradora estatal cobrasse as mesmas taxas das empresas privadas, mas é claro que isso tiraria toda a razão de ser de uma opção pública. Minha equipe e eu achamos que um possível acordo pudesse envolver a oferta de uma opção pública apenas em partes do país onde houvesse escassez de seguradoras a ponto de não haver concorrência real e onde uma entidade pública pudesse ajudar a derrubar os preços dos planos como um todo. Mas até isso era demais para os membros mais conservadores da facção democrata engolir, incluindo Joe Lieberman, de Connecticut, que anunciou pouco antes do feriado de Ação de Graças que sob nenhuma circunstância votaria em favor de um pacote que contemplasse a opção pública.

Quando se espalhou a notícia de que a opção pública fora removida do texto no Senado, os ativistas de esquerda ficaram possessos. Howard Dean, ex-governador de Vermont e em certa ocasião candidato à presidência, decretou que isso representava "essencialmente o colapso da reforma da saúde no Senado dos Estados Unidos". Eles ficaram indignados sobretudo por Harry e eu aparentemente termos atendido aos caprichos de Joe Lieberman — malvisto entre os liberais e que fora derrotado nas primárias democratas de 2006 pelo apoio incondicional à Guerra do Iraque e então forçado a concorrer à reeleição como independente. Não era a primeira vez que eu preferia a praticidade ao ressentimento quando se tratava de Joe: embora houvesse apoiado seu amigo John McCain na campanha presidencial, Harry e eu rejeitáramos as reivindicações de privá-lo de várias atribuições nos comitês, calculando que não podíamos nem sonhar em permitir que rompesse com o grupo de aliados e nos custasse um voto certo. Tínhamos razão nisso — Joe Lieberman havia demonstrado apoio consistente à minha agenda doméstica. Mas seu aparente poder para ditar os termos da reforma da saúde reforçava a visão entre alguns democratas de que eu tratava os inimigos melhor do que aos aliados e estava dando as costas aos progressistas que haviam me levado à presidência.

Para mim, essa celeuma toda era exasperante.

"Que parte da necessidade de sessenta votos esse pessoal não entende?", protestei com minha equipe. "Será que devo dizer a 30 milhões de pessoas sem plano de saúde que vão ter que esperar mais dez anos porque não conseguimos oferecer uma opção pública para elas?"

O problema não era só que a crítica vinda dos amigos sempre doía mais. A reclamação trazia consequências políticas imediatas para os democratas. Confundia nossa base (que, de modo geral, não fazia a mais remota ideia do que fosse uma opção pública) e dividia nosso grupo de aliados, dificultando a obtenção dos votos necessários para fazer a lei da saúde atravessar a linha de chegada. Também ignorei o fato de que todos os grandes avanços em bem-estar social na história americana, incluindo a Seguridade Social e o Medicare, começaram de forma incompleta e foram sendo melhorados pouco a pouco, com o passar do tempo. Por distorcerem preventivamente o que podia ser uma vitória monumental, ainda que imperfeita, para parecer uma derrota amarga, aqueles ataques contribuíam para a potencial desmobilização dos eleitores democratas no longo prazo — também conhecida como síndrome de "Votar para quê, se tudo continua sempre igual?" —, tornando ainda mais difícil para nós vencer eleições e fazer avançar legislações progressistas no futuro.

Havia um motivo, afirmei a Valerie, para os republicanos tenderem a fazer o contrário — para Ronald Reagan conseguir promover enormes aumentos no orçamento, no déficit e na força de trabalho federais e ainda assim ser celebrado pelos republicanos leais como o sujeito que conseguiu encolher o governo federal. Eles compreendiam que, na política, a narrativa contada é com frequência tão importante quanto a essência do que se conquistou.

Não tornamos pública nenhuma dessas discussões, embora pelo resto de meu governo a expressão "opção pública" tenha se tornado um lembrete útil dentro da Casa Branca sempre que grupos de interesse democratas se queixavam conosco por deixarmos de desafiar as tendências políticas e assegurarmos menos de 100% de fosse lá o que estivessem pedindo. Em vez disso, fizemos o possível para acalmar os ânimos, lembrando aos apoiadores descontentes que teríamos tempo de sobra para fazer o ajuste fino na legislação quando combinássemos os textos da Câmara e do Senado. Harry continuou em seu padrão típico, incluindo manter o Senado em sessão semanas após a pausa programada para o feriado de Ação de Graças. Conforme previsto, Olympia Snowe enfrentou a nevasca para passar no Salão Oval e nos dizer pessoalmente que votaria não. (Ela alegou que era por Harry estar apressando o projeto de lei, embora houvesse rumores de que McConnell ameaçara destituí-la de sua posição no Comitê de Pequenas Empresas se votasse pelo sim.) Mas nada disso importava. Na véspera de Natal, após 24 dias de debate, com Washington coberta de neve e as ruas praticamente desertas, o Senado aprovou seu texto para a reforma da saúde, intitulado Lei da Proteção do Paciente e dos Cuidados Médicos Acessíveis — Patient Protection and Affordable Care Act (ACA) —, com sessenta votos exatos. Foi a primeira votação numa véspera de Natal desde 1895.

Horas mais tarde, eu estava em minha poltrona no Air Force One, a caminho do Havaí para passar as festas, ouvindo Michelle e as meninas conversarem sobre como Bo se adaptara bem em sua primeira viagem de avião. Senti que começava a relaxar um pouco. Iríamos conseguir, pensei comigo. Ainda não havíamos atracado, mas, graças à minha equipe, graças a Nancy, Harry e a vários democratas no Congresso que enfrentaram uma votação difícil, enfim, podíamos dizer terra à vista.

Mal sabíamos que nosso barco estava prestes a se chocar contra as rochas.

Nosso domínio magicamente à prova de obstruções no Senado existia por um único motivo. Após a morte de Ted Kennedy, em agosto, o Tribunal Geral de Massachusetts mudara a legislação estadual para permitir ao governador, o democrata Deval Patrick, nomear um substituto, em vez de deixar a cadeira vaga até que uma eleição especial pudesse ser realizada. Mas isso era apenas uma medida tapa-buraco, e agora, com a eleição programada para 19 de janeiro, precisávamos de uma vitória democrata. Felizmente para nós, Massachusetts era um dos estados mais democratas do país e não elegia um senador republicano havia 37 anos. A indicada democrata para o Senado, a procuradora Martha Coakley, mantinha nas pesquisas uma liderança firme de dois dígitos sobre seu adversário republicano, um senador estadual pouco conhecido chamado Scott Brown.

Com a eleição aparentemente sob controle, minha equipe e eu passamos as duas primeiras semanas de janeiro ocupados com o desafio de produzir um projeto de lei de reforma da saúde aceitável para os democratas tanto da Câmara como do Senado — uma tarefa nada agradável. A animosidade entre as duas casas do Congresso é uma tradição consagrada em Washington, que transcende até as questões partidárias; os senadores de modo geral consideram os deputados impulsivos, paroquianos e mal informados, enquanto os deputados tendem a ver os senadores como enfadonhos, pomposos e ineficientes. No início de 2010, esse desdém se intensificara até o ponto da hostilidade aberta. Os deputados democratas, cansados de ver sua grande maioria desperdiçada e sua agenda agressivamente liberal barrada por uma bancada de senadores democratas controlada por seus membros mais conservadores, insistiam que o texto do Senado para a lei da saúde não tinha chance na Câmara. Os senadores democratas, cansados do que consideravam um desejo dos deputados democratas de fazer bonito às suas custas, não se mostraram menos recalcitrantes. As tentativas de Rahm e Nancy-Ann de chegar a um acordo pareciam não dar em nada, e surgiram discussões até sobre as cláusulas mais obscuras, com os parlamentares praguejando uns contra os outros e ameaçando abandonar o barco.

Após uma semana nessa toada, decidi dar um basta. Convoquei Pelosi, Reid e negociadores de ambos os lados à Casa Branca, e por três dias seguidos, em meados de janeiro, sentamos à mesa na Sala do Gabinete e revimos metodicamente cada disputa, separando as áreas onde os membros da Câmara tinham de levar as restrições do Senado em consideração e onde o Senado tinha de ceder, enquanto eu lembrava a todo mundo o tempo inteiro que não podíamos fracassar de forma nenhuma e que repetiríamos aquele tipo de conversa toda noite no mês seguinte para chegar a um acordo, se fosse necessário.

Embora o progresso fosse lento, fiquei bem otimista com nossas perspectivas. Quer dizer, até o dia em que passei na pequena sala de Axelrod e o encontrei debruçado sobre um computador ao lado de Jim Messina, como uma dupla de médicos examinando o raio X de um paciente terminal.

"O que aconteceu?", perguntei.

"Estamos com um problema em Massachusetts", disse Axe, sacudindo a cabeça.

"É grave?"

"Bem grave", responderam Axe e Messina, em uníssono.

Eles explicaram que nossa candidata ao Senado, Martha Coakley, superestimara suas chances na corrida eleitoral, perdendo tempo em conversas fiadas com autoridades, doadores e figurões, em vez de falar com os eleitores. Para piorar as coisas, havia tirado férias apenas três semanas antes da eleição e foi vigorosamente atacada na imprensa. Nesse meio-tempo, a campanha do republicano Scott Brown pegara fogo. Com seu jeito simples e sua boa aparência, sem mencionar o fato de que rodou com sua picape por cada canto do estado, Brown se aproveitou de forma eficaz dos medos e das frustrações dos eleitores da classe trabalhadora que estavam sendo castigados pela recessão e — como viviam em um estado que já oferecia um plano de saúde para seus moradores — viam minha obsessão em aprovar uma reforma federal do setor como uma grande perda de tempo.

Aparentemente, nem os números apertados nas pesquisas, nem os telefonemas aflitos de minha equipe e de Harry conseguiram sacudir Coakley de seu torpor. No dia anterior, quando uma repórter lhe perguntou sobre seu cronograma de campanha nada agitado, ela riu da pergunta, respondendo: "Comparado com o quê, ficar ao ar livre em Fenway Park? Debaixo do frio? Apertando mãos?" — uma referência sarcástica à presença de Scott Brown no Ano-Novo na arena de Boston onde o time de hóquei local, os Bruins, disputaria a partida do Clássico de Inverno da NHL contra os Philadelphia Flyers. Numa cidade que tinha adoração por suas equipes esportivas, seria difícil pensar numa estratégia mais promissora para atingir amplos segmentos do eleitorado.

"Ela não falou isso", disse eu, perplexo.

Messina apontou o queixo para o computador. "Está bem aqui, no site do *Globe*."

"Nãããnão!", gemi, agarrando Axe pelo colarinho e sacudindo-o teatralmente, depois pisoteando o chão como uma criança amuada. "Não, não, não!" Senti todo o peso do mundo nos ombros enquanto pensava nas implicações. "Ela vai perder, não vai?", falei, por fim.

Axe e Messina não precisaram responder. No fim de semana anterior à eleição, tentei salvar a situação viajando a Boston para participar de um comício ao lado de Coakley. Mas era tarde demais. Brown venceu com folga. As manchetes pelo país falavam de uma REVIRAVOLTA SURPREENDENTE e de uma DERROTA HISTÓRICA. O veredicto em Washington foi rápido e implacável.

A reforma da saúde de Obama estava morta.

Mesmo hoje, acho difícil ter uma perspectiva clara da derrota em Massachusetts. Talvez a razão esteja com o senso comum. Talvez, se eu não pressionasse tanto a questão da saúde nesse primeiro ano, se em vez disso tivesse focado minhas falas e aparições em público na questão dos empregos e da crise financeira, poderíamos ter salvado esse assento no Senado. Se estivéssemos menos sobrecarregados, minha equipe e eu teríamos sem dúvida notado mais cedo os sinais de advertência, instruído Coakley com mais vigor e marcado mais eventos de campanha com minha presença em Massachusetts. É igualmente possível, porém, que, dada a péssima situação econômica, não houvesse nada a ser feito — que as engrenagens da história teriam permanecido indiferentes a nossas pífias intervenções.

Só sei que, na época, ficamos todos com a sensação de ter cometido um deslize colossal. Os analistas políticos eram da mesma opinião. Articulistas sugeriam que eu deveria trocar minha equipe, a começar por Rahm e Axel. Não dei muita bola. Considerei que a culpa pelos erros só cabia a mim, e me orgulhava de ter construído uma cultura — tanto durante a campanha como dentro da Casa Branca — de não sair à caça de bodes expiatórios quando as coisas desandavam.

Mas para Rahm foi mais difícil ignorar toda a falação. Como passara a maior parte de sua carreira em Washington, o ciclo diário de notícias era sua maneira de se manter a par não só do desempenho do governo, como também de seu próprio lugar no mundo. Ele cortejava constantemente os formadores de opinião da cidade, ciente da rapidez com que os vencedores viravam perdedores e da maneira impiedosa como os assessores da Casa Branca eram descartados após qualquer fracasso. Naquele episódio, julgava ter sido injustamente criticado: afinal, mais do que qualquer outra pessoa, foi ele que me advertiu sobre o perigo político de continuar pressionando pelo projeto de reforma da saúde. E, como somos todos inclinados a fazer quando magoados ou ofendidos, acabamos desabafando com amigos pela cidade. Infelizmente, esse círculo de amigos se revelou amplo demais. Cerca de um mês após a eleição em Massachusetts, Dana Milbank, colunista do *Washington Post*, escreveu um artigo em que fazia uma vigorosa defesa de Rahm, argumentando que "o maior equívoco de Obama foi não dar ouvidos a Emanuel na questão da saúde" e explicando por que um projeto menos ambicioso nessa área teria sido uma estratégia mais inteligente.

Um chefe de gabinete dar mostras de distanciamento após você ter perdido uma batalha está longe do ideal. Embora eu não tenha ficado nada contente com a coluna, não achava que Rahm tivesse incentivado deliberadamente o autor a escrevê-la. Pus isso na conta de um descuido sob estresse. Mas nem todo mundo foi tão rápido em perdoá-lo. Valerie, sempre protetora, ficou furiosa. As reações entre outros altos funcionários, já abalados com a derrota de Coakley, iam da raiva à decepção. À tarde, Rahm entrou no Salão Oval devidamente arrependido. Não fora sua intenção, ele explicou, mas tinha pisado na bola comigo e estava preparado para entregar o cargo.

"Você não vai pedir demissão", falei. Eu reconhecia que ele tinha feito uma bobagem e precisaria limpar sua barra com o resto da equipe. Mas também disse que era um ótimo chefe de gabinete, que tinha confiança de que o erro não se repetiria e que precisava dele na função.

"Sr. presidente, não tenho certeza se…"

Eu o interrompi.

"Quer saber qual vai ser sua verdadeira punição?", falei, dando um tapinha em suas costas enquanto o conduzia até a porta.

"O quê?"

"Conseguir aprovar o maldito projeto de lei!"

O fato de eu ainda considerar isso possível não era tão maluco quanto parecia. Nosso plano original — negociar um acordo para o texto entre os democratas da Câmara e do Senado e então aprovar essa legislação nas duas casas — estava agora fora de questão; com apenas 59 votos, nunca evitaríamos uma obstrução. Mas, como Phil me lembrara na noite em que recebêramos os resultados de Massachusetts, ainda havia uma alternativa que não envolvia voltar a tratar com os senadores. *Se a Câmara simplesmente aprovasse o texto do Senado sem mudanças*, o projeto poderia ser mandado para meu gabinete para ser sancionado e virar lei. Phil acreditava que talvez fosse possível invocar um procedimento do Senado chamado conciliação orçamentária — em que a legislação envolvendo assuntos estritamente financeiros podia ser votada com a anuência de uma maioria simples, e não os sessenta senadores de costume. Isso nos permitiria executar uma quantidade limitada de aperfeiçoamentos no texto do Senado mediante uma legislação separada. Mesmo assim, não havia como negar o fato de que eu estava pedindo aos deputados democratas que aceitassem uma versão da reforma da saúde que antes haviam rejeitado de cara —

sem opção pública, com um imposto Cadillac rejeitado pelos sindicatos e a incômoda colcha de retalhos de cinquenta bolsas estaduais, em vez de um único mercado nacional através do qual a população pudesse adquirir seu seguro.

"O senhor continua a achar que está com sorte?", Phil me perguntou com um sorriso.

Na verdade, não achava.

Mas estava confiante na presidente da Câmara.

O ano anterior só reforçara minha admiração pelas habilidades legislativas de Nancy Pelosi. Ela era durona, pragmática e mestre em arrebanhar os membros de sua combativa bancada, com frequência defendendo em público as posições politicamente insustentáveis dos colegas democratas ao mesmo tempo que os amolecia nos bastidores para os inevitáveis acordos exigidos para se fazer qualquer coisa.

Liguei para Nancy no dia seguinte, explicando que minha equipe rascunhara uma proposta bem menos ambiciosa para a saúde como plano B, mas que eu queria seguir pressionando pela aprovação do texto do Senado na Câmara e precisava de seu apoio para isso. Durante os quinze minutos seguintes, fui submetido a uma das exaltadas diatribes sem filtro típicas de Nancy — o projeto de lei do Senado tinha falhas, os deputados de sua bancada estavam furiosos e os senadores democratas eram covardes, míopes e de modo geral incompetentes.

"Então quer dizer que está comigo?", falei quando finalmente fez uma pausa para respirar.

"Ora, isso não é coisa que se pergunte, sr. presidente", disse Nancy, com impaciência. "Já avançamos demais para desistir agora." Ela pensou por um momento. Então, como que testando um argumento que usaria mais tarde entre os de sua bancada, acrescentou: "Se deixarmos por isso mesmo, seria como recompensar os republicanos por agirem tão mal, não é? Não vamos dar essa satisfação a eles".

Depois que desliguei o telefone, olhei para Phil e Nancy-Ann, que estavam em torno da mesa do *Resolute*, escutando meu lado da conversa (na maior parte silencioso), tentando interpretar meu rosto para captar um indício do que estava acontecendo.

"Adoro essa mulher", falei.

Mesmo com sua presidente 100% empenhada, a tarefa de obter os votos necessários na Câmara era desafiadora. Além de obrigar os progressistas a apoiar relutantemente um projeto de lei ajustado às sensibilidades de Max Baucus e Joe Lieberman, a vitória de Scott Brown a menos de um ano das eleições de meio de mandato assustara todos os democratas moderados que participariam de uma disputa bastante competitiva. Precisávamos de algo para ajudar a mudar a narrativa pessimista e dar a Nancy tempo para operar seus membros.

No fim, foi a oposição que nos proporcionou exatamente isso. Meses antes, eu fora convidado pelos deputados republicanos a participar de uma sessão de perguntas e respostas em sua reunião anual, marcada para 29 de janeiro. Antecipando que o tema da saúde pudesse vir à baila, sugerimos no último minuto que o evento fosse aberto à imprensa. Fosse por não querer o aborrecimento de lidar com a relutância dos repórteres excluídos, fosse por se sentir encorajado com a vitória de Scott Brown, John Boehner concordou.

Não deveria ter concordado. No auditório simples de um hotel em Baltimore, com Mike Pence presidindo a sessão e os canais de TV a cabo capturando tudo o que se dizia, permaneci no palco por uma hora e 22 minutos respondendo às perguntas dos deputados republicanos, a maioria delas sobre o sistema de saúde. Para qualquer um que estivesse assistindo, a sessão confirmou o que aqueles de nós que vínhamos trabalhando na questão já sabiam: em sua esmagadora maioria, os parlamentares mal faziam ideia do que de fato constava no projeto de lei ao qual se opuseram com tamanha veemência, não exibiam um conhecimento detalhado das alternativas que propuseram (considerando que tinham alguma) e não estavam preparados para discutir o tema fora da bolha hermeticamente fechada dos veículos de mídia conservadores.

Ao voltar à Casa Branca, sugeri que aproveitássemos nossa vantagem convidando os Four Tops e um grupo bipartidário de líderes importantes do Congresso à Blair House para uma reunião de um dia inteiro sobre o sistema de saúde. Mais uma vez, providenciamos a transmissão ao vivo dos procedimentos, dessa vez pela C-SPAN, e novamente o formato permitia aos republicanos fazerem os comentários e as perguntas que quisessem. Depois de terem sido pegos com a guarda baixa, eles vieram preparados com um roteiro. O deputado republicano Eric Cantor trouxe uma cópia do texto da Câmara, todas as 2700 páginas do projeto de lei, e a deixou cair com alarde sobre a mesa à sua frente como um símbolo de nossa apropriação descontrolada no setor da saúde. Boehner insistiu que nossa proposta era um "experimento perigoso" e que deveríamos começar do zero. John McCain começou a arengar sobre acordos de bastidores, me levando a lembrá-lo a certa altura de que a campanha já terminara. Mas, quando tratamos de fato das políticas públicas — quando perguntei aos líderes republicanos o que exatamente propunham para ajudar a diminuir os custos médicos, proteger pessoas com doenças preexistentes e proporcionar cobertura para 30 milhões de americanos incapazes de obter um plano de saúde de outro modo —, suas respostas foram tão esfarrapadas quanto as de Chuck Grassley durante sua visita ao Salão Oval, meses antes.

Tenho certeza de que mais telespectadores assistiram a campeonatos de boliche naquela semana do que a cinco minutos que fossem dessas conversas na TV, e ficou claro, ao longo de ambas as sessões, que nada do que eu dissesse teria o menor impacto na postura dos republicanos (fora motivá-los a proibir câmeras de TV em meus futuros comparecimentos perante seus parlamentares). O importante foi que os dois eventos serviram para dar novo ânimo aos deputados democratas, lembrando que estávamos do lado certo na questão da saúde e que, em vez de se concentrarem no que o texto do Senado deixava a desejar, deveriam se sentir encorajados pelo fato de se tratar de um projeto de lei que prometia ajudar milhões de pessoas.

No início de março, tínhamos a confirmação de que o regulamento do Senado nos permitiria mexer em algumas partes do texto mediante reconciliação. Aumentamos os subsídios para ajudar mais pessoas. Cortamos o imposto Cadillac para apaziguar os sindicatos e eliminamos o duplo constrangimento da "Propina do Cornhusker" e da "Compra da Louisiana". A equipe de engajamento público de Valerie fez um ótimo trabalho obtendo o endosso de grupos como a Academia Americana de Médicos da Família, a Associação Médica Americana, a Associação Americana de Enfermagem e a Associação do Coração Americana, enquanto uma rede de grupos de interesse e voluntários trabalhou dobrado para informar o público e manter a pressão sobre o Congresso. A Anthem, uma das maiores seguradoras do país, anunciou um aumento de 39% em seus serviços, convenientemente lembrando as pessoas do que elas não gostavam no atual sistema. E, quando a Conferência de Bispos Católicos dos Estados Unidos anunciou que não apoiaria o projeto de lei (por achar que a linguagem do texto proibindo o uso de subsídios federais para realizar abortos não estava suficientemente clara), uma aliada improvável surgiu na figura da irmã Carol Keehan, uma freira de fala suave e ânimo inabalável que liderou a reação dos hospitais católicos do país. A Filha da Caridade de 66 anos não só rompeu com os bispos, insistindo que a aprovação da lei era vital para sua organização cumprir a missão de cuidar dos enfermos, como também inspirou as lideranças das ordens e organizações femininas católicas, que representavam mais de 50 mil freiras americanas, a assinar uma carta pública endossando o projeto de lei.

"Adoro freiras", eu disse a Phil e Nancy-Ann.

Apesar de todo esse trabalho, nossa contagem ainda revelava que faltavam pelo menos dez votos para a aprovação. A opinião pública permanecia nitidamente dividida. A imprensa não tinha mais notícias frescas para dar. Não havia mais gestos dramáticos ou pequenos ajustes de políticas públicas capazes de facilitar o jogo político. O sucesso ou o fracasso dependia apenas das escolhas dos trinta e tantos deputados democratas que representavam distritos eleitoralmente divididos, todos cientes de que um voto a favor da ACA lhes custaria sua cadeira no Congresso.

Passei grande parte do dia em conversas privadas com esses parlamentares, às vezes no Salão Oval, com mais frequência por telefone. Uns se preocupavam apenas com a política, monitorando de perto as pesquisas em seus distritos e as cartas e os telefonemas dos eleitores. Tentei transmitir a eles minha avaliação honesta: o apoio à reforma da saúde aumentaria depois que a lei fosse aprovada, embora talvez só após as eleições de meio de mandato; um voto pelo "não" tinha mais probabilidade de perder democratas do que ganhar republicanos e independentes; e, fizessem o que fizessem, seus destinos em seis meses muito provavelmente dependeriam do estado da economia e de minha própria situação política.

Alguns queriam o apoio da Casa Branca para algum projeto ou proposta legislativa em que estivessem trabalhando. Mandei-os procurar Rahm ou Pete Rouse para verem o que podia ser feito.

Mas a maioria das conversas não envolvia barganha nenhuma. De uma forma tortuosa, o que os deputados estavam procurando era clareza — sobre quem eram e o que sua consciência mandava. Às vezes, eu me limitava a escutá-los enquanto enumeravam os prós e contras. Muitas vezes, trocamos ideias sobre o que nos inspirara a entrar para a política, conversando sobre o nervosismo e empolgação da primeira disputa eleitoral e todas as coisas que esperávamos realizar, os sacrifícios que nós e nossas famílias fizéramos para chegar aonde estávamos e as pessoas que nos ajudaram ao longo do caminho.

É isso, eu dizia no fim das contas. A razão de ser disso tudo. Ter a rara oportunidade, reservada a pouquíssimos, de influenciar o rumo da história numa direção melhor.

E o mais surpreendente foi que, na maioria das ocasiões, não precisei de muito mais do que isso. Políticos veteranos decidiram subir a bordo, apesar da oposição ativa de seus distritos conservadores — pessoas como Baron Hill, do sul de Indiana, Earl Pomeroy, de Dakota do Norte, e Bart Stupak, um católico devoto da Península Superior, em Michigan, que trabalhou comigo na elaboração dos subsídios ao aborto para chegar a um consenso e poder votar conosco. E também políticos novatos, como Betsy Markey, do Colorado, ou John Boccieri, de Ohio, e Patrick Murphy, da Pensilvânia, ambos jovens veteranos da Guerra do Iraque, todos vistos como estrelas em ascensão dentro do partido. Na verdade, muitas vezes os que mais tinham a perder eram os que precisavam de menos convencimento. Tom Perriello, um advogado de direitos humanos de 35 anos que saíra vitorioso em um distrito majoritariamente republicano abrangendo uma extensa fatia da Virgínia, falou por muitos deles quando explicou sua decisão de votar a favor do projeto de lei.

"Existem coisas mais importantes do que ser reeleito", ele me disse.

Não é difícil encontrar quem odeie o Congresso, eleitores convencidos de que no Capitólio só existem hipócritas e covardes, de que a maioria dos parlamentares está no bolso de lobistas e grandes doadores e é motivada pela fome de poder. Quando escuto esse tipo de crítica, em geral balanço a cabeça concordando e reconheço que há gente que se encaixa no estereótipo. Admito que presenciar o tumulto diário na Câmara e no Senado pode minar o espírito mais empedernido. Mas também conto às pessoas sobre as palavras ditas por Tom Perriello para mim antes da votação da lei da saúde. Descrevo o que ele e muitos outros fizeram pouco após terem sido eleitos pela primeira vez. Quantos de nós somos testados dessa forma, requisitados a arriscar uma carreira com a qual sempre sonhamos para servir a um bem maior?

Essas pessoas podem ser encontradas em Washington. A política também é isso.

A votação final da reforma da saúde aconteceu em 21 de março de 2010 — mais de um ano após a realização daquela primeira cúpula na Casa Branca, quando Ted Kennedy fez sua aparição-surpresa. Todo mundo na Ala Oeste estava no limite da ansiedade. Tanto Phil como Pelosi haviam feito uma contagem informal que nos dava a vitória, mas por uma margem bem estreita. Sabíamos que sempre era possível um ou dois deputados mudarem de opinião, e tínhamos poucos votos sobrando, se é que tínhamos algum.

Havia outra fonte de preocupação para mim, algo sobre o qual não me permitira deliberar, mas que mantinha em mente desde o começo. Nesse ponto, tínhamos arregimentado forças, nos empenhado, arrancado os cabelos e feito acordos para criar uma legislação de 906 páginas que afetaria a vida de dezenas de milhões de americanos. O Affordable Care Act era denso e exaustivo, politicamente popular apenas para um lado, impactante e sem dúvida imperfeito. E agora precisava ser implementado. No fim da tarde, após Nancy-Ann e eu trabalharmos numa rodada de ligações no último minuto para os deputados a caminho da votação, levantei e observei o Gramado Sul pela janela.

"Acho bom essa lei funcionar", falei. "Porque, a partir de amanhã, estamos no controle do sistema de saúde americano."

Decidi não assistir às horas preliminares de discursos no Congresso e, em vez disso, esperei para me juntar ao vice-presidente e ao resto da equipe na Sala Roosevelt quando a votação de fato começasse, lá pelas sete da noite. Um a um, os votos foram se acumulando conforme os deputados pressionavam os botões de sim ou não nos painéis eletrônicos, com a contagem do momento projetada na tela da tv. À medida que o sim lentamente ganhava força, pude ouvir Messina e outros murmurando: "Vamos lá... vamos lá". Finalmente, a votação atingiu 216, um voto a mais do que o necessário. Nosso projeto de lei acabaria sendo aprovado por uma margem de sete votos.

A sala explodiu em aplausos, com as pessoas se abraçando e se cumprimentando como se o seu time de beisebol acabasse de vencer a partida com um home run. Joe me agarrou pelos ombros, com seu famoso sorriso ainda mais aberto do que o normal. "Você conseguiu, cara!", disse ele. Rahm e eu nos abraçamos. Ele trouxera seu filho de treze anos, Zach, à Casa Branca nessa noite para assistir à votação. Eu me curvei e falei para Zach que, graças a seu pai, milhões de pessoas finalmente teriam assistência médica quando ficassem doentes. O menino sorriu com prazer. No Salão Oval, liguei para parabenizar Nancy Pelosi e Harry Reid e, quando desliguei, vi Axelrod parado na porta. Seus olhos estavam um pouco vermelhos. Ele me disse que precisaria de algum tempo a sós em sua sala após a votação, como se isso houvesse trazido uma enxurrada de lembranças do que ele e sua esposa, Susan, passaram quando sua filha, Lauren, começara a sofrer ataques epilépticos.

"Obrigado por não desistir", disse Axe, com a voz embargada. Passei o braço em torno dele, sentindo minhas próprias emoções aflorarem.

"É por isso que fazemos esse trabalho", falei. "Por isso. Exatamente isso."

Eu convidei todo mundo que trabalhou na lei para uma comemoração privada na residência presidencial, cerca de cem pessoas ao todo. Sasha e Malia estavam em férias de primavera, e Michelle as levara para passar alguns dias em Nova York, portanto eu estava sozinho. A noite estava quente o bastante para circularmos ao ar livre no Balcão Truman, com o Monumento a Washington e o Memorial de Jefferson iluminados ao longe, e fiz uma exceção à minha regra de não beber durante a semana. Com um martíni na mão, também circulei, abraçando e agradecendo a Phil, Nancy-Ann, Jeanne e Kathleen por todo o trabalho que haviam feito. Cumprimentei um monte de funcionários de baixo escalão, muitos dos quais não conhecia e que sem dúvida ficaram um tanto impressionados por estar onde estavam. Eu sabia que haviam trabalhado duro nos bastidores, processando dados, preparando minutas, enviando comunicados à imprensa e atendendo aos questionamentos do Congresso, e eu queria que eles soubessem como o trabalho deles tinha sido crucial.

Para mim, era uma celebração que fazia diferença. A noite que tivéramos em Grant Park após a eleição fora extraordinária, mas não passara de uma promessa ainda não concretizada. Essa noite significava mais para mim, era uma promessa cumprida.

Quando todo mundo foi embora, bem depois da meia-noite, atravessei o corredor até a Sala do Tratado. Encontrei Bo enrodilhado no chão. Passara a maior parte da noite no balcão com meus convidados, perambulando entre os presentes, em busca de um afago na cabeça ou talvez um canapé caído no chão. Agora parecia agradavelmente exausto, pronto para dormir. Abaixei e cocei atrás de suas orelhas. Pensei em Ted Kennedy e em minha mãe.

Foi um bom dia.

PARTE V

O mundo como ele é

18

Da mesma forma como bater continência se tornou parte da minha natureza, já que era repetida toda vez que embarcava no Marine One ou no Air Force One ou interagia com nossas tropas, fui aos poucos me sentindo mais à vontade — e mais eficiente — em minha função de comandante-chefe. A Sinopse Diária do Presidente (PDB) passou a ser mais concisa à medida que minha equipe e eu ganhávamos familiaridade com o elenco recorrente de personagens, cenários, conflitos e ameaças de política externa. Conexões antes nebulosas agora me pareciam óbvias. Sabia na ponta da língua quais tropas aliadas estavam no Afeganistão e até que ponto eram confiáveis em um combate, quais ministros iraquianos eram nacionalistas fervorosos e quais estavam a serviço dos iranianos. Havia coisas demais em jogo, e os problemas eram intrincados demais para que alguma parte disso tudo parecesse inteiramente rotineira. Pelo contrário, comecei a vivenciar minhas responsabilidades como imagino que um especialista em desarmar artefatos explosivos deve se sentir quando corta um fio ou um equilibrista quando passa da plataforma à corda bamba, depois de terem aprendido a dominar o medo excessivo para não perder o foco — enquanto tentam não relaxar a ponto de cometer erros estúpidos.

Havia uma tarefa para a qual nem de longe eu me permitia ficar à vontade. Mais ou menos toda semana, minha assistente Katie Johnson punha sobre minha mesa uma pasta contendo cartas de condolências às famílias dos militares mortos para que eu assinasse. Eu fechava a porta da sala, abria a pasta e lia cada uma com calma, dizendo seus nomes em voz alta, como um feitiço, tentando invocar a imagem do jovem (baixas entre mulheres eram raras) e de como havia sido sua vida — onde crescera e fora à escola, as festas de aniversário e os passeios para nadar no verão que formaram sua infância, os esportes que praticou, as garotas por quem havia suspirado. Pensava em seus pais, e em suas esposas e filhos, caso tivesse. Assinava a carta lentamente, tomando o cuidado de não borrar o papel bege e grosso, empunhando a caneta inclinada com minha mão esquerda. Se a assinatura não saísse como eu queria, mandava imprimi-la outra vez, sabendo muito bem que nada que fizesse seria bom o bastante.

Eu não era o único a mandar essas cartas. Bob Gates também se correspondia com as famílias dos mortos no Iraque e no Afeganistão, embora raramente ou nunca conversássemos a respeito.

Gates e eu desenvolvemos uma forte relação de trabalho. Fazíamos reuniões regulares no Salão Oval e eu o achava prático, equilibrado e direto, uma característica rara e bem-vinda, com uma confiança tranquila tanto para defender seus pontos de vista como para mudar de ideia vez ou outra. A forma habilidosa como conduzia o Pentágono me deixou propenso a ignorar as ocasiões em que também tentava me controlar, e ele não tinha medo de enfrentar as vacas sagradas do Departamento de Defesa, inclusive tentando conseguir cortes no orçamento. Às vezes dava suas alfinetadas, sobretudo em meus subalternos mais jovens na Casa Branca, e as nossas diferenças de idade, criação, experiência e orientação política impediam que fôssemos amigos de fato. Mas um reconhecia no outro uma ética de trabalho e um senso de dever comuns — não apenas com a nação que nos incumbira de mantê-la a salvo como também com os soldados cuja coragem testemunhávamos diariamente, assim como as famílias que deixaram para trás.

O fato de que na maioria das questões de segurança nacional nossas opiniões estivessem alinhadas também ajudava. No início do segundo semestre de 2009, por exemplo, Gates e eu compartilhávamos de um otimismo cauteloso a respeito dos acontecimentos no Iraque. Não que a situação por lá fosse auspiciosa. A economia iraquiana estava em frangalhos — a guerra destruíra grande parte da infraestrutura básica do país, enquanto os preços do petróleo despencando no mundo todo exauriam o orçamento nacional — e, devido a um impasse parlamentar, o governo local tinha dificuldade em levar a cabo as tarefas mais básicas. Durante minha breve visita ao país em abril, eu dera ao primeiro-ministro Maliki sugestões de como poderíamos adotar as reformas administrativas necessárias e abrir um diálogo mais efetivo com as facções sunita e curda do Iraque. Ele fora educado, mas permanecera na defensiva (pelo jeito, não era um estudioso do "Federalista nº 10" de Madison): de seu ponto de vista, os xiitas no Iraque eram maioria, a coalizão de seu partido obtivera a maior parte dos votos, sunitas e curdos estavam retardando o progresso com suas exigências inaceitáveis e qualquer ideia de acomodar os interesses ou proteger os direitos das populações minoritárias do Iraque eram uma inconveniência que entendia ser apenas resultado da pressão americana.

A conversa foi um útil lembrete de que somente eleições não bastam para produzir uma democracia funcional; enquanto o Iraque não encontrasse uma maneira de fortalecer suas instituições civis e seus líderes não desenvolvessem o hábito de fazer concessões, o país continuaria a sofrer. Ainda assim, o fato de Maliki e seus rivais expressarem sua hostilidade e desconfiança por meio da política, e não do cano de uma arma, já era um progresso. Mesmo com as forças americanas em retirada dos centros populacionais iraquianos, os ataques terroristas patrocinados pela al--Qaeda no Iraque continuavam em queda e nossos comandantes relatavam uma melhora confiável no desempenho das forças de segurança iraquianas. Gates e eu concordamos que os Estados Unidos precisariam desempenhar um papel fundamental no Iraque em anos vindouros — oferecendo assessoria às pastas mais essenciais, treinando suas forças de segurança, resolvendo impasses entre facções e ajudando a financiar a reconstrução do país. Mas, tirando alguns reveses significativos, o fim da guerra que os americanos travavam no Iraque estava finalmente à vista.

O mesmo não podia ser dito do Afeganistão.

As tropas adicionais que eu autorizara em fevereiro haviam ajudado a impedir ganhos do Talibã em algumas áreas e estavam funcionando para proteger a eleição presidencial que se aproximava. Mas nossas forças não tiveram como reverter o ciclo cada vez mais profundo de violência e instabilidade, e, como resultado do acirramento dos combates por uma fatia mais ampla de território, as baixas americanas explodiram.

As baixas afegãs também estavam aumentando, com mais civis sendo pegos no fogo cruzado, vítimas de ataques suicidas e de artefatos explosivos sofisticados que os insurgentes plantavam nas estradas. Os afegãos se queixavam cada vez mais de determinadas táticas dos Estados Unidos — incursões noturnas em lares suspeitos de abrigar combatentes do Talibã, por exemplo — que eles viam como perigosas ou inaceitáveis, mas que nossos comandantes consideravam necessárias para executar suas missões. No front político, a estratégia de reeleição do presidente Karzai consistia sobretudo em comprar os poderosos locais, intimidar os adversários e agir com astúcia para jogar as várias facções étnicas umas contra as outras. No campo diplomático, nossas conversas com altos funcionários paquistaneses pareceram não exercer efeito nenhum sobre sua persistente tolerância em abrigar refúgios talibãs dentro do país. Enquanto isso, uma al-Qaeda reconstituída, operando nas áreas fronteiriças com o Paquistão, ainda impunha uma grande ameaça. Dada a falta de avanços significativos, estávamos impacientes para saber o que o novo comandante da ISAF, general Stanley McChrystal, tinha a dizer sobre a situação. No fim de agosto, após passar semanas no Afeganistão com uma equipe de assessores civis e militares, McChrystal entregou a extensa avaliação pedida por Gates. Dias mais tarde, o Pentágono a enviou à Casa Branca.

Em vez de fornecer respostas claras, isso gerou uma nova rodada de perguntas controversas.

A maior parte da avaliação de McChrystal detalhava o que já sabíamos: a situação no Afeganistão ia de mal a pior, com o Talibã ganhando força, o exército afegão fraco e desmoralizado, e Karzai, que saíra vencedor numa eleição manchada pela violência e pela fraude, ainda no leme de um governo visto pelo povo afegão como corrupto e ineficaz. Mas o que chamou a atenção de todo mundo foi a conclusão do relatório. Para virar a situação, McChrystal propunha uma elaborada campanha de contrainsurgência (COIN): uma estratégia militar concebida para conter e isolar insurgentes não apenas combatendo-os, como também simultaneamente trabalhando para levar mais estabilidade à população do país como um todo — em termos ideais, aplacando parte da fúria que fizera os insurgentes pegarem em armas, antes de mais nada.

A abordagem que McChrystal propunha não só era mais ambiciosa do que a que eu imaginara ao adotar as recomendações do relatório de Riedel na primavera, como além disso ele requisitava um adicional de pelo menos 40 mil soldados aos já mobilizados — o que elevaria o número total de tropas americanas no Afeganistão para algo próximo de 100 mil num futuro não muito distante.

"O presidente pacifista já era", disse Axe.

Foi difícil não me sentir como se tivesse mordido a isca — que o consentimento do Pentágono a meu reforço inicial e mais modesto de 17 mil soldados e 4 mil treinadores militares não passara de um recuo temporário e tático com o objetivo de obter mais num segundo momento. Entre os membros de minha equipe, discordâncias sobre o Afeganistão que já estavam evidentes em fevereiro começaram a ganhar corpo. Mike Mullen, o Estado-Maior e David Petraeus endossaram integralmente a estratégia COIN de McChrystal; qualquer medida mais contida, argumentaram, estava fadada ao fracasso e sinalizaria uma perigosa falta de determinação dos Estados Unidos tanto para amigos como para inimigos. Hillary e Panetta logo seguiram seu exemplo. Gates, que antes manifestara preocupação com a ideia de expandir nossa ocupação em um país famoso pela resistência à presença estrangeira, foi mais circunspecto, mas me disse que fora convencido por McChrystal de que uma força americana menor não seria eficaz e de que, se colaborássemos de forma mais próxima com as forças de segurança afegãs para proteger as populações locais e treinar melhor nossos soldados a respeitar a cultura afegã, poderíamos evitar os problemas enfrentados pelos soviéticos na década de 1980. Enquanto isso, Joe e uma quantidade considerável de funcionários do NSC viam a proposta de McChrystal apenas como a mais recente tentativa por parte de militares beligerantes de arrastar ainda mais o país para um exercício inútil e muito dispendioso de construção de uma nação, quando podíamos e deveríamos estar estritamente focados nos esforços antiterroristas contra a al-Qaeda.

Após ler as 66 páginas da avaliação de McChrystal, eu partilhava do ceticismo de Joe. Ao que me parecia, não havia uma estratégia clara de saída; de acordo com o plano de McChrystal, levaríamos de cinco a seis anos só para fazer a quantidade de soldados americanos voltar ao patamar em que já estava. Os custos eram assombrosos — pelo menos 1 bilhão de dólares para a mobilização de cada mil soldados adicionais. Os homens e as mulheres de nossas Forças Armadas, alguns servindo pela quarta ou quinta vez após quase uma década de guerra, pagariam um preço ainda mais alto. E, considerando a resiliência do Talibã e o caráter disfuncional do governo de Karzai, sem garantia de sucesso. Em seu endosso por escrito do plano, Gates e os generais admitiam que nenhuma missão militar americana, por maior que fosse, seria capaz de estabilizar o Afeganistão "enquanto a corrupção generalizada e a espoliação do povo continuarem a caracterizar o sistema de governo" do país. Para mim, não havia a menor possibilidade de *essa* condição ser atendida num futuro próximo.

Mesmo assim, algumas duras verdades me impediam de rejeitar o plano de McChrystal logo de cara. A situação era insustentável. Não podíamos permitir que o Talibã voltasse ao poder e precisávamos de mais tempo para treinar melhor as forças de segurança afegãs e erradicar por completo a al-Qaeda e sua liderança. Por mais confiança que tivesse em minha capacidade de julgamento, eu não podia ignorar a recomendação unânime de generais experientes que haviam conseguido recuperar parte da estabilidade no Iraque e estavam enfrentando o calor da batalha no Afeganistão. Portanto, pedi a Jim Jones e Tom Donilon que organizassem uma série de reuniões com o NSC para — longe da política do Congresso e dos protestos da mídia — podermos examinar metodicamente os detalhes da proposta de McChrystal, ver como se encaixavam em nossos objetivos previamente articulados e nos decidir pela melhor maneira de proceder.

Acontece que os generais tinham outras ideias. Apenas dois dias após eu ter recebido o relatório, o *Washington Post* publicou uma entrevista com David Petraeus em que ele declarava que qualquer esperança de sucesso no Afeganistão exigia muito mais tropas e uma estratégia COIN "plenamente aparelhada e abrangente". Dali a cerca de dez dias, pouco depois de encerrada nossa primeira discussão sobre a proposta de McChrystal na Sala de Crise, Mike Mullen compareceu perante a Comissão sobre as Forças Armadas do Senado para uma audiência previamente marcada e apresentou o mesmo argumento, garantindo que qualquer estratégia mais contida seria insuficiente para a meta de derrotar a al-Qaeda e impedir o Afeganistão de se tornar uma futura base para ataques contra a nação. Após alguns dias, em 21 de setembro, o *Post* publicou um resumo do relatório de McChrystal vazado para Bob Woodward, sob a manchete MCCHRYSTAL: MAIS FORÇAS OU "INSUCESSO DA MISSÃO". A isso se seguiu pouco depois uma entrevista de McChrystal ao programa televisivo *60 Minutes* e um discurso feito em Londres, em ambos os casos promovendo os méritos de sua estratégia COIN em relação às alternativas.

A reação era previsível. Republicanos linha-dura como John McCain e Lindsey Graham aproveitaram a blitz dos generais na mídia para repetir o refrão familiar de que eu devia "escutar meus comandantes no terreno" e atender ao pedido de McChrystal. O assunto foi notícia todos os dias, alardeando o racha cada vez maior entre a Casa Branca e o Pentágono. Colunistas me acusaram de "hesitação", questionando se eu tinha brio suficiente para liderar uma nação em tempos de guerra. Rahm comentou que, em todos os seus anos em Washington, nunca vira o Pentágono orquestrar tamanha campanha pública para cercar um presidente. Biden foi mais sucinto:

"É uma puta de uma afronta."

Concordei. Dissidências em minha equipe vazando para a imprensa estavam longe de ser um fato inédito. Mas foi a primeira vez em meu governo que senti como se toda uma agência sob meu comando trabalhasse com uma agenda própria. Decidi que também seria a última. Pouco após o depoimento de Mullen ao Congresso, eu o convoquei junto com Gates ao Salão Oval.

"Muito bem", falei, após sentarmos e eu lhes oferecer café. "Não fui claro que eu queria tempo para examinar a avaliação de McChrystal? Ou o Pentágono simplesmente tem uma falta de respeito inerente por mim?"

Os dois demonstraram desconforto no sofá. Como de costume quando estou zangado, não ergui o tom de voz.

"Desde o dia em que tomei posse", continuei, "tenho feito de tudo para criar um ambiente em que a opinião de todo mundo seja ouvida. E acredito que me mostrei disposto a tomar decisões impopulares quando julguei necessário para nossa segurança nacional. Não é, Bob?"

"Sim, sr. presidente", disse Gates.

"Muito bem, quando determinei um processo para decidir se devo enviar dezenas de milhares de novos soldados para uma zona de guerra letal ao custo de centenas de bilhões de dólares, e vejo meus principais líderes militares sabotando esse processo para defender sua posição em público, sou obrigado a questionar algumas coisas. Será que é por acharem que entendem a situação melhor do que eu e não quererem perder tempo respondendo a minhas perguntas? Por eu ser novo e não ter servido no Exército? Por não gostarem da minha política...?"

Fiz uma pausa, deixando a indagação no ar. Mullen limpou a garganta.

"Acho que falo por todos os seus oficiais comissionados, sr. presidente", disse, "quando digo que temos o maior respeito pelo senhor e pelo governo."

Assenti com a cabeça.

"Bem, Mike", falei, "vou acreditar em sua palavra. E dou *minha* palavra de que vou tomar a decisão sobre a proposta de Stan com base nos conselhos do Pentágono e no que acredito que sirva melhor aos interesses do país. Mas, até lá", completei, me curvando para a frente para enfatizar o que dizia, "eu gostaria que meus assessores militares parassem de me dizer o que *preciso* fazer na primeira página do jornal. Acha justo?"

Ele concordou que era. Passamos a outros assuntos.

Olhando em retrospecto, fico inclinado a acreditar em Gates quando afirmou que não havia um plano coordenado por Mullen, Petraeus ou McChrystal para me colocar contra a parede (embora ele admitisse posteriormente ter ouvido de fonte confiável que alguém no Estado-Maior de McChrystal vazara o relatório do general para Woodward). Sei que todos os três eram motivados por uma convicção sincera de que sua posição era correta e de que consideravam parte de seu código de conduta como oficiais do Exército fornecer uma avaliação honesta nos depoimentos públicos ou pronunciamentos à imprensa, sem considerar as consequências políticas. Gates se apressou em me lembrar que a falta de papas na língua de Mullen também irritara o presidente Bush, e tinha razão em seu argumento de que com frequência os altos funcionários da Casa Branca eram igualmente culpados de tentar usar a imprensa para manipulações de bastidores.

Mas acho também que o episódio era ilustrativo de como o Exército se acostumara a ter tudo de bandeja durante o período Bush, e de até que ponto decisões fundamentais sobre políticas públicas — sobre guerra e paz, as prioridades orçamentárias dos Estados Unidos, as metas diplomáticas e o possível favorecimento de outros valores em detrimento da segurança — haviam sido continuamente transferidas para o Pentágono e para a CIA. Era fácil ver os fatores por trás disso: o impulso após o Onze de Setembro de fazer o que fosse necessário para deter os terroristas e a relutância da Casa Branca em fazer questionamentos difíceis que pudessem ser vistos como inconvenientes; um Exército obrigado a consertar a confusão resultante da decisão de invadir o Iraque; uma opinião pública que tinha motivos para ver os militares como mais competentes e confiáveis do que os civis responsáveis por elaborar as políticas públicas; um Congresso mais interessado em fugir da responsabilidade pelos complexos problemas da política externa; e uma imprensa na Casa Branca que podia ser excessivamente respeitosa com qualquer pessoa que exibisse estrelas nos ombros.

Homens como Mullen, Petraeus, McChrystal e Gates — líderes a toda prova com uma capacidade incomum de se concentrar nas tarefas tão difíceis que precisavam encarar — haviam simplesmente ocupado um vácuo. Os Estados Unidos tinham sorte de tê-los onde estavam e, em fases posteriores da Guerra do Iraque, eles na maioria das vezes tomaram as decisões mais acertadas. Mas, como expliquei a Petraeus daquela primeira vez em que nos encontramos no Iraque, pouco antes de me eleger, era função do presidente pensar em termos amplos, não estreitos, para pesar o custo-benefício da ação militar contra tudo o mais que fosse necessário para fortalecer o país.

Tanto quanto as divergências pontuais sobre estratégia ou táticas, outras questões fundamentais — o controle por parte dos civis da elaboração das políticas públicas, os respectivos papéis do presidente e seus assessores militares em nosso sistema constitucional e as considerações de cada um para tomar decisões sobre a guerra — viraram o subtexto do debate sobre o Afeganistão. E era nessas questões que as diferenças entre mim e Gates ficavam mais óbvias. Um dos militares mais perspicazes de Washington, Gates compreendia tão bem quanto qualquer um a pressão dos parlamentares, da opinião pública e das restrições orçamentárias. Mas, de seu ponto de vista, eram obstáculos a serem contornados, não fatores legítimos que devessem influenciar nossas decisões. Ao longo de todo o debate, ele refutava logo de cara qualquer objeção que Rahm ou Biden pudessem fazer — sobre a dificuldade de reunir os votos no Congresso para os 30 bilhões a 40 bilhões de dólares por ano em gastos adicionais que o plano de McChrystal podia exigir, ou a exaustão que o país talvez sentisse após quase uma década de guerra — como mera "questão política".

Para outras pessoas, mas nunca diretamente comigo, Gates às vezes questionava meu comprometimento com a guerra e a estratégia que eu adotara em março, que sem dúvida também atribuía à "política". Ele tinha dificuldade em perceber que aquilo que desdenhava como mera politicagem era a democracia como se esperava que funcionasse — que nossa missão tinha de ser definida não apenas pela necessidade de derrotar um inimigo, mas também pela necessidade de assegurar que o país não esgotasse seus recursos no processo; que questões como gastar centenas de bilhões em mísseis e em bases avançadas, e não com escolas ou um sistema de saúde para jovens, não eram tangenciais à segurança nacional, e sim centrais; que o senso de dever que nutria tão fortemente pelos soldados mobilizados, seu desejo genuíno e admirável de que contassem com toda chance de sucesso, talvez fossem comparáveis à paixão e ao patriotismo daqueles que estavam empenhados em limitar a quantidade de jovens americanos em situação de perigo.

Podia não ser o trabalho de Gates pensar nessas coisas, mas era o meu. E assim, de meados de setembro a meados de novembro, presidi uma série de nove reuniões de duas a três horas na Sala de Crise para avaliar o plano de McChrystal. Até mesmo a duração das deliberações virou assunto em Washington e, embora minha conversa com Gates e Mullen tivesse colocado um ponto-final nas declarações à imprensa dos principais generais, os vazamentos, as citações anônimas e as especulações continuavam a aparecer com regularidade nos noticiários. Fiz o melhor que pude para silenciar o ruído, ajudado pelo conhecimento de que muitos de meus críticos mais estridentes eram os mesmos analistas e assim chamados especialistas que haviam promovido ativamente a invasão do Iraque ou se deixado arrastar pelo afã da campanha.

Inclusive, um dos principais argumentos para a adoção do plano de McChrystal eram suas similaridades com a estratégia COIN que Petraeus usara durante o grande incremento de tropas americanas no Iraque em 2007. Por princípio, a ênfase de Petraeus em treinar as forças iraquianas, aprimorar a governança local e proteger as populações da área — em vez de capturar território e elevar a contagem de corpos dos insurgentes — fazia sentido. Mas o Afeganistão de 2009 não era o Iraque de 2006. Os dois países representavam circunstâncias diferentes que exigiam soluções diferentes. A cada sessão na Sala de Crise, ficava mais claro que a visão expansiva do COIN imaginada para o Afeganistão por McChrystal não ia além apenas do necessário para destruir a al-Qaeda — excedia também o que poderia ser colocado em prática em meu mandato, isso se fosse mesmo minimamente praticável.

John Brennan voltou a frisar que, ao contrário da al-Qaeda no Iraque, o Talibã estava entremeado demais ao tecido da sociedade afegã para ser erradicado — e que, apesar de suas afinidades com a al-Qaeda, não dava sinais de planejar ataques fora do Afeganistão contra os Estados Unidos ou seus aliados. Nosso embaixador em Cabul, o ex-general Karl Eikenberry, duvidava que o governo local pudesse ser reformado e temia que uma grande leva de soldados e a maior "americanização" da guerra tirariam toda a pressão de Karzai para entrar na linha. O prolongado cronograma de McChrystal tanto para instalar como para retirar as tropas parecia menos um incremento ao estilo do Iraque do que uma ocupação de longo prazo, levando Biden a perguntar por que — com a al-Qaeda no Paquistão combatida quase exclusivamente por drones — deveríamos envolver 100 mil soldados na reconstrução do país vizinho.

Na minha frente, pelo menos, McChrystal e os outros generais responderam de bom grado a cada um desses questionamentos — em alguns casos de forma convincente, mas em outros nem tanto. Embora mostrassem paciência e boas maneiras, era difícil para eles esconder sua frustração por ver seu julgamento profissional contestado, em especial por pessoas que nunca vestiram uma farda. (Os olhos de McChrystal se apertaram quando, em mais de uma ocasião, Biden começou a explicar para ele o que era necessário para realizar operações antiterrorismo bem-sucedidas.) As tensões entre os funcionários da Casa Branca e o Pentágono cresceram, com o pessoal do Conselho de Segurança Nacional se sentindo isolado por não ter acesso a informações atualizadas e Gates espumando em silêncio com o que considerava um envolvimento constante e excessivo por parte do NSC. A animosidade respingou até nas relações *internas* dos departamentos. O vice-chefe de Estado-Maior, James "Hoss" Cartwright, e o tenente-general Douglas Lute — vice-conselheiro do NSC e principal conselheiro de guerra durante os dois últimos anos do governo Bush, que permanecera no cargo a meu pedido — veriam seu cartaz dentro do Pentágono cair no minuto em que concordaram em ajudar Biden a elaborar uma alternativa para o plano de McChrystal, menos focada no aumento de contingente e mais orientada ao combate ao terrorismo. Hillary, nesse ínterim, considerava as manobras evasivas de Eikenberry em canais oficiais do Departamento de Estado quase uma insubordinação, e queria que fosse substituído.

É justo dizer, portanto, que lá pela terceira ou quarta rodada de slides de Power-Point, mapas de campos de batalha e vídeos entrecortados, sem falar na inevitável iluminação fluorescente, no café ruim e no ambiente abafado, todo mundo estava farto do Afeganistão, de reuniões e um do outro. Quanto a mim — bem, senti o peso do cargo mais do que em qualquer outro momento desde que assumira a presidência. Tentei não demonstrar, mantendo uma expressão neutra ao fazer perguntas, tomar notas e ocasionalmente rabiscar nas margens do bloco que a equipe deixava na minha frente (padrões abstratos, quase sempre, às vezes um rosto humano ou cenários de praia — uma gaivota voando acima de uma palmeira e das ondas do oceano). Mas de vez em quando minhas frustrações afloravam, em especial quando escutava alguém responder a uma pergunta complicada recorrendo ao argumento de que mais soldados eram necessários para mostrar nossa "determinação".

O que isso quer dizer exatamente? — eu perguntava, às vezes num tom ríspido demais. Que continuávamos bancando as más decisões tomadas antes? Alguém achava que continuar insistindo no Afeganistão por mais dez anos ia impressionar nossos aliados e levar o medo a nossos inimigos? Mais tarde, eu comentaria com Denis que isso me lembrava a musiquinha sobre a velha que engoliu a aranha para pegar a mosca.

"Ela acaba engolindo um cavalo", falei.

"E morre, claro", complementou Denis.

Às vezes, após uma dessas maratonas, eu caminhava até a pequena casa da piscina perto do Salão Oval para fumar um cigarro e curtir o silêncio, massageando os nós nas costas, nos ombros, no pescoço — sinais de que havia passado muito tempo sentado, mas também de meu estado de espírito. Se ao menos a decisão sobre o Afeganistão fosse *realmente* uma questão de determinação, pensei — apenas vontade e ferro e fogo. Isso fora verdade para Lincoln quando tentou salvar a União, ou para Roosevelt após Pearl Harbor, com os Estados Unidos e o mundo enfrentando a ameaça mortal de potências expansionistas. Em tais situações, era preciso arregimentar tudo que se tinha para travar uma guerra total. Mas, naquelas circunstâncias, as ameaças que enfrentávamos — redes terroristas letais, mas sem Estado; nações perigosas, mas sem poderio tentando desenvolver armas de destruição em massa — eram reais, mas não punham em risco nossa existência, e portanto uma determinação sem visão de longo prazo era inútil ou pior. Ela nos levou a travar as guerras erradas e a nos enfiar em buracos de onde não conseguimos mais sair. Fez de nós os administradores de um território inóspito e produziu mais inimigos do que eliminou. Graças ao seu poderio sem igual, os Estados Unidos podiam escolher o que, quando e como combater. Alegar o contrário — insistir que nossa segurança e nossa posição no mundo exigiam que fizéssemos tudo ao nosso alcance pelo máximo de tempo possível em cada ocasião — era abdicar de uma responsabilidade moral, e a confiança que esse tipo de argumento oferecia era só uma mentira reconfortante.

Por volta das seis da manhã de 9 de outubro de 2009, a telefonista da Casa Branca me tirou da cama para dizer que Robert Gibbs estava na linha. Uma ligação de minha equipe tão cedo assim era rara, e fiquei com o coração apertado. Seria um ataque terrorista? Algum desastre natural?

"O senhor recebeu o prêmio Nobel da paz", disse Gibbs.

"Como assim?"

"Anunciaram agora há pouco."

"Pelo quê?"

Gibbs ignorou diplomaticamente a pergunta. Favs ficaria à minha espera diante do Salão Oval para trabalhar comigo caso eu quisesse dar uma declaração, ele disse. Quando desliguei, Michelle perguntou do que se tratava.

"Vou receber o prêmio Nobel da paz."

"Que maravilha, amor", ela disse, então rolou para o lado e voltou a dormir.

Uma hora e meia mais tarde, Malia e Sasha passaram na sala de jantar enquanto eu tomava o café da manhã.

"Que demais, pai", disse Malia, enfiando a mochila nas costas. "Você ganhou o prêmio Nobel... e é aniversário do Bo!"

"Além disso, tem feriado!", acrescentou Sasha, fazendo um pequeno gesto vitorioso com o punho. Ganhei de cada uma um beijo na bochecha, e elas foram para a escola.

No Roseiral, falei à imprensa reunida que, com menos de um ano de presidência, não me achava merecedor da companhia das figuras transformadoras que foram homenageadas no passado. Na verdade, via o prêmio como um chamado à ação, uma maneira de o comitê do Nobel impulsionar causas para as quais a liderança americana era vital: reduzir as ameaças das armas nucleares e das mudanças climáticas; diminuir a desigualdade econômica, proteger os direitos humanos; e fazer a ponte entre as divisões raciais, étnicas e religiosas que com tanta frequência alimentavam conflitos. Afirmei achar que o prêmio deveria ser compartilhado com outros que trabalhavam mundo afora, muitas vezes sem reconhecimento, pela justiça, paz e dignidade humana.

De volta ao Salão Oval, pedi a Katie que segurasse os telefonemas de parabenização que começavam a chegar e tirei alguns minutos para considerar o abismo cada vez maior entre as expectativas e as realidades de minha gestão. Seis dias antes, trezentos militantes afegãos haviam destruído um pequeno posto avançado do Exército americano no Kush Hindu, matando oito soldados nossos e ferindo outros 27. Outubro seria o mês mais letal para as tropas dos Estados Unidos no Afeganistão desde o início da guerra, oito anos antes. E, em vez de trazer uma nova era de paz, eu estava enfrentando a perspectiva de ter que enviar mais soldados para a guerra.

Mais tarde naquele mês, o procurador-geral general Eric Holder e eu fizemos um voo noturno para a base da Força Aérea de Dover, no Delaware, para testemunhar o regresso a solo americano dos quinze soldados e três agentes da DEA que haviam sido mortos em incidentes consecutivos no Afeganistão — uma queda fatal de helicóptero e duas explosões a bomba na beira da estrada na província de Kandahar. O comparecimento de um presidente a essas "transferências dignas", como eram chamadas, era raro, mas achei importante, mais do que nunca, estar presente. Desde a Guerra do Golfo, o Departamento de Defesa proibira que a mídia cobrisse a chegada dos caixões, mas, com a ajuda de Bob Gates, eu revogara essa diretriz no começo do ano — deixando a decisão para as famílias. Ter ao menos algumas dessas transferências documentadas publicamente, a meu ver, proporcionava a nosso país um modo mais claro de fazer um acerto de contas com o preço da guerra, de lidar com a dor de cada perda. E nessa noite, ao fim de um mês devastador no Afeganistão, com o futuro da guerra em discussão, uma das famílias autorizara gravar o momento.

Houve um burburinho constante ao longo das quatro ou cinco horas em que permaneci na base. Na capela pequena e simples, onde Holder e eu nos juntamos às famílias reunidas. Dentro do compartimento de carga do C-17 contendo os dezoito caixões de transferência envoltos na bandeira, onde a prece solene de um capelão do

Exército ecoou pelas paredes metálicas do avião. Na pista, onde fiquei em posição de sentido e assisti aos seis soldados em luvas brancas, boinas negras e fardas do Exército carregarem os pesados caixões um por um até as fileiras de veículos à espera, com o mundo em silêncio a não ser pelo uivo do vento e pela cadência dos passos.

No voo de volta, ainda faltando algumas horas para o dia raiar, as únicas palavras que consegui guardar de toda a visita foram as que ouvi da mãe de um soldado: "Não deixe na mão os rapazes que ainda estão lá". Parecia exausta, o rosto desfigurado pelo luto. Prometi que não deixaria, sem saber se isso significava enviar mais soldados para encerrar a missão pela qual seu filho fizera o sacrifício supremo ou encerrar um conflito caótico e prolongado que abreviaria a vida de tantos outros. Cabia a mim decidir.

Uma semana depois, outro desastre se abateu sobre nossos militares, agora mais perto de casa. No dia 5 de novembro, um major do Exército dos Estados Unidos e psiquiatra chamado Nidal Hasan entrou em um prédio da base militar de Fort Hood, em Killeen, no Texas, sacou uma pistola semiautomática que comprara numa loja de armas local e abriu fogo, matando treze pessoas e ferindo dezenas de outras antes de ser baleado e capturado por policiais da base. Mais uma vez, viajei para confortar as famílias em luto, depois discursei no serviço memorial ao ar livre. Ao toque fúnebre de um clarim e de sua melodia queixosa pontuada pelos soluços abafados do público, meus olhos pousaram sobre os objetos de recordação dos soldados tombados: uma foto emoldurada, um par de coturnos, um capacete equilibrado no fuzil.

Pensei no que John Brennan e o diretor do FBI, Robert Mueller, me contaram sobre o episódio: Hasan, muçulmano nascido nos Estados Unidos com um histórico preocupante de comportamento errático, parecia ter se radicalizado na internet. No caso dele, havia buscado inspiração — e se correspondido regularmente — com um carismático religioso iemenita-americano chamado Anwar al-Awlaki, líder de uma vasta base internacional de seguidores e que se acreditava a principal figura na filial cada vez mais ativa da al-Qaeda no Iêmen. Segundo Mueller e Brennan, havia indícios de que o Departamento de Defesa, o FBI e a Força-Tarefa Conjunta Antiterror foram todos alertados de algum modo para a possibilidade de Hasan enveredar pelo radicalismo, mas os sistemas de compartilhamento de informação entre as agências falharam em ligar os pontos de maneira a prevenir a tragédia.

Os elogios fúnebres terminaram. O toque do silêncio começou outra vez. Por todo o Fort Hood, imaginei soldados atarefados se preparando para a mobilização no Afeganistão e a luta contra o Talibã. E não pude deixar de me perguntar se a maior ameaça não poderia na verdade residir em outra parte — não só no Iêmen ou na Somália, mas também no espectro do terrorismo caseiro, na mente febril de homens como Hasan e em um cibermundo sem fronteiras cujo poder e alcance ainda não havíamos compreendido inteiramente.

No fim de novembro de 2009, tivemos nossa nona e última sessão de considerações sobre o Afeganistão. Apesar de todo o drama, as diferenças substanciais entre os membros da minha equipe haviam a essa altura se reduzido significativamente. Os generais admitiram que erradicar o Talibã do Afeganistão era pouco realista. Joe e minha equipe do NSC reconheciam que as operações antiterrorismo contra a al-Qaeda não podiam funcionar se o Talibã devastasse o país ou inibisse nossa coleta de dados de inteligência. Decidimos por um conjunto de objetivos exequíveis: reduzir o nível de atividade dos talibãs de modo que não ameaçasse os grandes centros populacionais; forçar Karzai a reformar uma série de departamentos cruciais, como os ministérios da Defesa e das Finanças, em vez de tentar obrigá-lo a remodelar todo o governo; e acelerar o treinamento das forças locais para que um dia o povo afegão pudesse zelar pelo próprio país.

A equipe também concordou que, para alcançar até os objetivos mais modestos, seriam necessários mais soldados americanos.

A única questão ainda por resolver era quantos e por quanto tempo. Os generais continuavam defendendo a requisição original de McChrystal, de 40 mil, sem oferecer uma boa explicação para o fato de que o conjunto de objetivos com que concordáramos não reduzira em um único homem a quantidade de forças necessárias. A opção do "aumento" trabalhada por Biden em conjunto com Hoss Cartwright, e Douglas Lute previa mais 20 mil soldados, a serem empregados exclusivamente em operações e treinamento antiterrorismo — mas não ficou claro por que qualquer uma dessas funções exigia algo perto dessa quantidade extra de soldados americanos. Em ambos os casos, minha preocupação foi que o número continuasse sendo determinado mais por questões ideológicas e institucionais do que pelos objetivos que havíamos estabelecido.

No fim, foi Gates quem pensou numa solução factível. Em um memorando privado, ele me explicou que o pedido de McChrystal antecipava a substituição pelos Estados Unidos dos 10 mil soldados holandeses e canadenses que seus governos haviam prometido trazer para casa. Se eu autorizasse três brigadas, com um total de 30 mil militares americanos, talvez fosse possível usar essa concessão para obter outros 10 mil com nossos aliados. Gates concordou também em tratar qualquer envio de novas tropas antes como um incremento do que como um compromisso sem data para terminar, não só acelerando o ritmo da chegada, mas também determinando um cronograma de dezoito meses para começarem a voltar para casa.

Para mim, era particularmente significativo o fato de Gates acatar um cronograma. No passado, ele se unira ao Estado-Maior e a Petraeus na resistência à ideia, alegando que um cronograma sinalizava ao inimigo que bastaria esperar nossa retirada. Agora ele estava convencido de que Karzai talvez nunca tomasse decisões difíceis sobre as responsabilidades de seu próprio governo a menos que estivesse ciente de que traríamos os soldados de volta o mais rápido possível.

Depois de conversar a respeito com Joe, Rahm e o pessoal do NSC, decidi adotar a proposta de Gates. Havia uma lógica nisso que ia além de simplesmente escolher um meio-termo entre o plano de McChrystal e a opção trabalhada por Biden. No curto prazo, proporcionava a McChrystal o poder de fogo necessário para reverter o ímpeto do Talibã, proteger os centros populacionais e treinar as forças afegãs. Mas impunha limites claros para o COIN e nos colocava no caminho firme de uma abordagem antiterrorismo mais restrita dois anos depois. Restava ainda negociar até que ponto o teto de 30 mil soldados deveria ser mantido (o Pentágono tinha o hábito de mobilizar o número aprovado e depois voltar com pedidos para milhares de "colaboradores" — médicos, funcionários de inteligência e assim por diante —, o que, insistiam, não contava para o total), e levou algum tempo para Gates vender esse peixe aos militares. Mas, dias após o feriado de Ação de Graças, convoquei uma reunião à noite no Salão Oval com Gates, Mullen e Petraeus, além de Rahm, Jim Jones e Joe, na qual, na prática, fiz todos assinarem na linha pontilhada. O pessoal do NSC preparara um memorando detalhado com minhas ordens e, junto com Rahm e Joe, tinha me convencido de que fazer os oficiais do Pentágono olharem em meus olhos e se comprometerem a um acordo por escrito era a única maneira de evitar suas críticas públicas contra minha decisão caso a guerra terminasse mal.

Foi um gesto incomum e um pouco inábil, que sem dúvida aborreceu Gates e os generais, e do qual me arrependi quase imediatamente. Um final condizente com um período confuso e difícil do meu governo, pensei. Mas eu podia extrair alguma satisfação do fato de que a sessão tinha cumprido seu propósito. Gates reconhecia que, apesar de não conceberem um plano perfeito, as horas de discussão resultaram em um plano melhor. Elas nos forçaram a refinar os objetivos estratégicos dos Estados Unidos no Afeganistão de maneira a impedir que a missão se arrastasse ainda mais. Estabeleceram a utilidade dos cronogramas para as mobilizações das tropas em determinadas circunstâncias, o que era contestado havia muito tempo pelo establishment de segurança nacional em Washington. Além de pôr um fim às atividades paralelas do Pentágono pelo resto de minha gestão, ajudou a reafirmar o princípio mais amplo do controle civil sobre a criação de políticas de segurança nacional dos Estados Unidos.

Mesmo assim, o resultado era que eu mandaria mais jovens para a guerra.

Anunciamos a mobilização planejada das tropas para 1º de dezembro em West Point, a academia militar mais antiga e célebre dos Estados Unidos. Posto do Exército Continental durante a Guerra Revolucionária, a pouco mais de uma hora ao norte de Nova York, é um lugar lindo — um conjunto de estruturas de granito mesclado de preto e cinza, dispostas como uma pequena cidade elevada entre colinas verdejantes, com vista para o amplo e sinuoso rio Hudson. Antes de meu discurso, fiz um tour com o superintendente de West Point e contemplei edifícios e instalações que haviam produzido alguns dos líderes militares mais condecorados da América: Grant e Lee, Patton e Eisenhower, MacArthur e Bradley, Westmoreland e Schwarzkopf.

Era impossível não sentir deferência e se comover com a tradição representada por esses homens, com o serviço e o sacrifício que haviam ajudado a forjar uma nação, derrotar o fascismo e deter a marcha do totalitarismo. Por outro lado, também era necessário recordar que Lee comandara os esforços do Exército Confederado para manter a escravidão e Grant supervisionara a matança das tribos indígenas; que MacArthur desafiara as ordens de Truman na Coreia com resultados desastrosos e Westmoreland ajudara a orquestrar uma escalada no Vietnã que deixaria cicatrizes em toda uma geração. Glória e tragédia, coragem e estupidez — uma série de verdades não negava a outra. Pois a guerra era contraditória, assim como a história dos Estados Unidos.

O grande auditório perto do centro do campus de West Point estava lotado quando cheguei e, com exceção dos vips como Gates, Hillary e o Estado-Maior, o público era composto quase inteiramente de cadetes. Estavam uniformizados — farda cinza com detalhes pretos sobre um colarinho branco. A considerável proporção de negros, latinos, asiáticos e mulheres em suas fileiras era um testemunho vívido das mudanças ocorridas desde que a instituição formara sua primeira turma, em 1805. Quando subi no palco ao som da banda tocando a marcha cerimonial, os cadetes se levantaram e aplaudiram em uníssono; e, olhando para seus rostos — tão sinceros e cheios do brilho da juventude, tão seguros de seu destino e ansiosos por defender seu país —, senti meu coração ser tomado de um orgulho quase paternal. Só rezei para que eu e outros que os comandavam fôssemos dignos de sua confiança.

Nove dias depois, viajei a Oslo para receber o prêmio Nobel da paz. A imagem dos jovens cadetes pesava em minha mente. Em vez de ignorar a discrepância de receber o prêmio da paz enquanto ampliava uma guerra, decidi fazer disso o tema central de meu discurso. Com a ajuda de Ben Rhodes e Samantha Power, redigi um primeiro esboço, me inspirando nos escritos de pensadores como Reinhold Niebuhr e Gandhi para organizar meu argumento: que a guerra é terrível e às vezes necessária; que conciliar ideias aparentemente contraditórias exige que a comunidade de nações desenvolva padrões mais elevados tanto para justificar como para conduzir uma guerra; e que para evitar a guerra é necessária uma paz justa, fundada em um compromisso comum de liberdade política, respeito pelos direitos humanos e estratégias concretas para expandir a oportunidade econômica no mundo. Terminei escrevendo o discurso de madrugada a bordo do Air Force One, enquanto Michelle dormia em nossa cabine, meus olhos cansados se afastando da página de vez em quando para observar o luar espectral sobre o Atlântico.

Como tudo na Noruega, a cerimônia do Nobel — realizada sob as luzes brilhantes de um auditório com centenas de pessoas — foi de sóbria austeridade: houve uma adorável apresentação da jovem jazzista Esperanza Spalding, uma introdução feita pelo presidente do comitê do Nobel e depois meu discurso, tudo encerrado em cerca de noventa minutos. Minha fala foi bem recebida até por alguns analistas conservadores, que comentaram sobre minha disposição em lembrar aos europeus os sacrifícios feitos pelas tropas americanas na garantia de décadas de paz. Nessa noite, o comitê do Nobel deu um jantar de gala em minha homenagem, no qual sentei ao lado do rei da Noruega, um senhor idoso e agradável que me contou sobre suas viagens de veleiro nos fiordes de seu país. Minha irmã Maya, junto com amigos como Marty e Anita, viajaram para se juntar a nós, e todos pareciam muito sofisticados bebericando champanhe, experimentando carne de alce e depois dançando ao som de uma orquestra de swing surpreendentemente boa.

O que não saiu da minha memória, porém, foi a cena ocorrida antes do jantar, no hotel. Michelle e eu havíamos acabado de nos vestir quando Marvin bateu na porta e disse para olharmos por nossa janela, no terceiro andar. Puxando as venezianas, vimos milhares de pessoas reunidas ao crepúsculo, congestionando a rua estreita mais abaixo. Todos seguravam uma vela acesa — o modo tradicional na cidade de expressar apreciação pelo ganhador do prêmio da paz naquele ano. Foi uma visão mágica, como se uma parte do céu estrelado tivesse descido ao chão; e, quando Michelle e eu nos curvamos para acenar, o ar soprando o frescor da noite em nosso rosto, a multidão a nos saudar entusiasticamente, não pude deixar de pensar na batalha diária que continuava a consumir o Iraque e o Afeganistão e na crueldade, no sofrimento e na injustiça com que meu governo ainda mal começara a lidar. A ideia de que eu, ou qualquer um, pudesse trazer ordem a tamanho caos parecia risível; em certo sentido, a multidão ali embaixo aplaudia uma ilusão. Mas, naquelas velas bruxuleantes, também vi alguma coisa. Vi uma expressão do espírito de milhões de pessoas no mundo todo: o soldado americano guarnecendo seu posto em Kandahar, a mãe iraniana ensinando a filha a ler, o ativista pró-democracia russo reunindo coragem para uma manifestação — todos os que se recusavam a abrir mão da ideia de que a vida podia ser melhor e de que, fossem quais fossem os riscos e as dificuldades, tinham um papel a desempenhar.

Nada do que você fizer será suficiente, escutei suas vozes dizerem.

Mas tente mesmo assim.

19

Durante a disputa pela presidência, eu tinha prometido aos americanos uma política externa diferente da que vínhamos praticando desde o Onze de Setembro. O Iraque e o Afeganistão mostraram claramente a rápida redução das opções de um presidente após iniciada uma guerra. Eu estava decidido a mudar certa mentalidade que tomara conta não só do governo Bush, mas também de grande parte de Washington — uma mentalidade que enxergava ameaças por todos os lados, sentia um estranho orgulho em tomar iniciativas unilaterais e considerava a ação militar uma abordagem quase rotineira no tratamento das questões de política externa. Em nossos contatos com outras nações, havíamos nos tornado míopes e obstinados, avessos ao trabalho lento e difícil de formar coalizões e encontrar consensos. Havíamos nos fechado a outros pontos de vista. Eu acreditava que a segurança dos Estados Unidos dependia do fortalecimento de nossas alianças e das entidades internacionais. Via a ação militar como instrumento a ser utilizado não como primeiro, mas como último recurso.

Precisávamos administrar as guerras em que estávamos envolvidos. Mas eu também queria testar essa minha crença mais ampla na diplomacia.

Começamos mudando o tom. Desde o início do meu governo, fizemos questão de que todas as declarações referentes à política externa emitidas pela Casa Branca ressaltassem a importância da cooperação internacional e a intenção dos Estados Unidos de tratar com as outras nações, grandes e pequenas, com base no interesse e respeito mútuos. Procuramos mudar nossa linha de ação de várias formas modestas, mas com peso simbólico — como aumentar o orçamento para as relações exteriores no Departamento de Estado ou quitar o que houvesse em atraso com a ONU, depois de vários anos em que o governo Bush e o Congresso de maioria republicana haviam retido certos pagamentos.

Seguindo o ditado de que 80% do sucesso é uma questão de se fazer presente, também fizemos questão de visitar locais do mundo antes negligenciados pelo governo Bush, cuja atenção era quase exclusivamente voltada para o terrorismo e o Oriente Médio. Hillary, em particular, foi de enorme dinamismo naquele primeiro ano, indo de continente em continente com o mesmo empenho que mostrara ao disputar a indicação para a presidência. Vendo a empolgação que as visitas dela geravam em capitais estrangeiras, me senti confortável com a decisão de nomeá-la a principal diplomata dos Estados Unidos. A questão não se resumia apenas a ser tratada como igual pelos demais governantes ao redor do mundo. Aonde quer que ela fosse, o público via sua presença naquele país como sinal de que o considerávamos realmente importante.

"Se queremos que outros países deem apoio às nossas prioridades", eu disse à minha equipe do NSC, "não podemos apenas forçá-los. Temos de mostrar a eles que levamos sua perspectiva em consideração ou, pelo menos, que sabemos onde estão no mapa."

Ser conhecido. Ser ouvido. Ter sua identidade reconhecida e valorizada. Isso era um desejo humano universal, a meu ver, que valia não só para os indivíduos, mas igualmente para os povos e as nações. Se eu entendia essa verdade fundamental melhor do que alguns predecessores, talvez fosse por ter passado grande parte da minha infância no exterior e por ter parentes em locais por muito tempo considerados "atrasados" e "subdesenvolvidos". Ou talvez fosse por saber por experiência própria, como afro-americano, como era ser até certo ponto invisível dentro de meu próprio país.

Por qualquer razão que fosse, eu fazia questão de mostrar interesse pela história, pela cultura e pelo povo dos lugares que visitávamos. Ben brincava dizendo que meus discursos no exterior podiam ser resumidos a um algoritmo simples: "[Cumprimento em idioma estrangeiro — geralmente com pronúncia ruim.] É maravilhoso estar neste belo país, que deu contribuições duradouras para a civilização mundial. [Lista de coisas.] Há uma longa história de amizade entre as nossas duas nações. [Algum episódio inspirador.] E, em parte, é por causa das contribuições dos milhões de orgulhosos [americanos de determinada etnia], cujos antepassados imigraram para as nossas terras, que hoje os Estados Unidos são a nação que são". Podia ser uma fala meio batida, mas os sorrisos e a linguagem corporal dos ouvintes estrangeiros mostravam a importância desses simples gestos de reconhecimento.

Pela mesma razão, tentávamos incluir a visita a alguns pontos turísticos importantes em todas as minhas viagens ao exterior, algo que me tirasse dos hotéis e me levasse para além dos portões dos palácios. Eu sabia que meu interesse em visitar a Mesquita Azul de Istambul ou em ir a algum restaurante local na Cidade de Ho Chi Minh causaria uma impressão muito mais duradoura no cidadão turco ou vietnamita médio do que qualquer item tratado numa reunião bilateral ou numa coletiva de imprensa. Outra coisa de igual importância era que essas paradas me permitiam ter pelo menos um breve contato com pessoas comuns, e não só com autoridades do governo e elites abastadas, que em muitos países eram consideradas intocáveis.

Mas nosso instrumento de diplomacia pública mais eficiente havia saído diretamente de meu manual de campanha: durante as viagens internacionais, eu fazia questão de realizar eventos públicos com jovens. Na primeira vez em que tentamos, com uma multidão de mais de 3 mil estudantes europeus durante a cúpula da Otan em Estrasburgo, não sabíamos bem o que esperar. Iriam me avacalhar? Eu iria entediar todos eles com respostas longas e tortuosas? Mas, depois de uma hora de conversa improvisada, em que o público me interrogava com entusiasmo sobre tudo, desde as mudanças climáticas até o combate ao terrorismo, e fazia observações divertidas (inclusive o fato de "Barack" significar "pêssego" em húngaro), resolvemos adotar a prática como atividade regular de minhas idas ao exterior.

Essas reuniões públicas eram transmitidas ao vivo pelas estações nacionais do país; quer ocorressem em Buenos Aires, em Mumbai ou em Johannesburgo, atraíam grandes índices de audiência. Para muita gente em vários lugares do mundo, era uma novidade ver um chefe de Estado se mostrando acessível a perguntas diretas dos cidadãos — e era um argumento em favor da democracia mais significativo e convincente do que qualquer palestra que eu pudesse dar. Em consulta com nossas embaixadas locais, muitas vezes convidávamos jovens ativistas de grupos marginalizados do país anfitrião — minorias étnicas ou religiosas, refugiados, estudantes LGBTQ — para participar. Ao lhes oferecer um microfone e deixar que contassem suas histórias pessoais, eu podia expor a uma nação de espectadores a legitimidade de suas reivindicações.

Os jovens com quem eu entrava em contato nessas reuniões públicas eram uma fonte constante de inspiração pessoal. Podiam me fazer rir e, às vezes, chorar. Em seu idealismo, lembravam os organizadores e voluntários jovens que me haviam impulsionado até a presidência, e os laços que temos em comum, para além das fronteiras raciais, étnicas e nacionais, quando aprendemos a deixar nossos medos de lado. Por mais frustrado ou desanimado que eu me sentisse ao entrar, sempre saía desses eventos com as energias renovadas, como se tivesse mergulhado numa fonte de água fresca no seio da natureza. Enquanto existirem moças e rapazes assim em todos os cantos deste mundo, dizia a mim mesmo, há razões suficientes para termos esperança.

Por todo o mundo, a atitude do público em relação aos Estados Unidos havia melhorado continuamente desde que eu assumira o cargo, demonstrando que nosso trabalho diplomático inicial estava valendo a pena. Essa maior popularidade proporcionava a nossos aliados mais facilidade em manter ou até aumentar o número de seus soldados no Afeganistão, sabendo que seus cidadãos confiavam em nossa liderança. Proporcionava a mim e a Tim Geithner mais base para coordenar a reação internacional à crise financeira. Depois que a Coreia do Norte começou os testes com mísseis balísticos, Susan Rice conseguiu a aprovação de enérgicas sanções internacionais no Conselho de Segurança, em parte devido à sua habilidade e tenacidade, mas também, pelo que me disse, porque "muitos países querem mostrar que estão alinhados com você".

No entanto, havia limites ao que uma ofensiva diplomática podia alcançar. Ao fim e ao cabo, a política externa de cada nação continuava a ser movida por seus interesses econômicos, sua geografia, suas divisões étnicas e religiosas, suas disputas territoriais, seus mitos fundadores, seus traumas duradouros, suas antigas animosidades — e, acima de tudo, pelos imperativos dos que detinham o poder e procuravam mantê-lo. Era raro encontrar um chefe de Estado estrangeiro suscetível à persuasão moral pura e simples. Os que comandavam regimes repressores podiam, de modo geral, ignorar a opinião pública sem maiores problemas. Para avançar nas questões mais espinhosas da política externa, eu precisava de um segundo tipo de diplomacia, com recompensas e penalidades concretas capazes de alterar os cálculos de governantes duros e implacáveis. E, ao longo de meu primeiro ano no cargo, as interações com os líderes de três países em particular — o Irã, a Rússia e a China — me deram uma indicação inicial das dificuldades que teria.

Entre esses três países, o Irã era o que representava um obstáculo menos sério aos interesses americanos no longo prazo, mas ganhou o prêmio de "Hostilidade Mais Ativa". Herdeiro dos grandes impérios persas da Antiguidade, outrora epicentro das ciências e das artes durante a era dourada medieval do islã, durante muitos anos o Irã foi quase ignorado pelo establishment político dos Estados Unidos. Fazendo fronteira com a Turquia e o Iraque a oeste e o Afeganistão e o Paquistão a leste, o Irã costumava ser visto apenas como mais um país pobre do Oriente Médio, com o território reduzido por causa de conflitos civis e potências europeias em ascensão. Em 1951, porém, o parlamento iraniano, laico e com tendências de esquerda, passou a estatizar os poços de petróleo do país, assumindo o controle dos lucros que antes iam para o governo britânico, acionista majoritário na maior empresa iraniana de produção e exportação de petróleo. Descontentes com a exclusão, os britânicos impuseram um bloqueio naval para impedir o Irã de enviar petróleo para os potenciais compradores. Também convenceram a administração Eisenhower de que o novo governo iraniano estava pendendo para os soviéticos, levando-o a autorizar a Operação Ájax, um golpe maquinado pela CIA e pelo MI6 que derrubou o primeiro-ministro do Irã, democraticamente eleito, e consolidou o poder nas mãos do jovem monarca do país, o xá Mohammed Reza Pahlevi.

A Operação Ájax estabeleceu um padrão nos erros de cálculo dos Estados Unidos no trato com países em desenvolvimento, que se estendeu por toda a Guerra

Fria: entender as aspirações nacionalistas como complôs comunistas; igualar interesses comerciais à segurança nacional; derrubar governos eleitos democraticamente e nos alinhar com autocratas quando achávamos que seria vantajoso para nós. Mesmo assim, nos 27 anos iniciais, os políticos americanos devem ter imaginado que essa jogada no Irã tinha dado certo. O xá se tornou um sólido aliado que estendeu os contratos de concessão às empresas petrolíferas dos Estados Unidos e comprava grandes quantidades de armamentos americanos de alto custo. Mantinha relações amistosas com Israel, concedeu direito de voto às mulheres, empregou a riqueza crescente do país na modernização da economia e do sistema educacional e se dava bem com empresários ocidentais e membros da realeza europeia.

Para os observadores externos, era menos visível a insatisfação latente com os gastos extravagantes do xá, com sua repressão implacável (sua polícia secreta era famosa por torturar e matar os dissidentes) e a promoção de costumes sociais ocidentais que, aos olhos dos religiosos conservadores e seus inúmeros seguidores, violavam os princípios centrais do islã. Os analistas da CIA também não deram muita atenção à influência crescente de um religioso xiita messiânico exilado, o aiatolá Khomeini, cujos escritos e discursos denunciavam o xá como fantoche ocidental e conclamavam os fiéis a substituir a ordem existente por um Estado islâmico regido pela xaria, a lei muçulmana. Assim, os agentes do governo americano foram apanhados de surpresa quando uma série de manifestações dentro do Irã, no começo de 1978, se converteu numa revolução populista. Aos seguidores de Khomeini se juntaram nas ruas ondas sucessivas de trabalhadores descontentes, jovens desempregados e forças democráticas que queriam o retorno a um regime constitucional. No começo de 1979, com os manifestantes somando milhões, o xá fugiu secretamente do país e foi recebido nos Estados Unidos para um tratamento médico. Os telejornais americanos foram tomados por imagens do aiatolá — com sua barba branca e seus olhos ardentes de profeta — descendo de um avião em triunfal retorno do exílio perante a adoração de um mar de apoiadores.

Os americanos em sua maioria pouco sabiam desse episódio enquanto a revolução acontecia — ou do motivo pelo qual pessoas em um país remoto de repente estavam queimando a imagem do Tio Sam aos gritos de "Morte aos Estados Unidos". Eu mesmo não sabia. Tinha dezessete anos na época, ainda estava no ensino médio e começando a criar consciência política. Entendia muito vagamente os detalhes de tudo o que aconteceu a seguir: o estabelecimento de Khomeini como líder supremo, abandonando antigos aliados laicos e reformistas; a formação do Corpo da Guarda Revolucionária Islâmica (CGRI) para esmagar todo aquele que contestasse o novo regime; o uso político do drama que se desenrolou quando estudantes radicalizados invadiram a embaixada dos Estados Unidos e tomaram reféns americanos para ajudar a consolidar a revolução e humilhar a nação mais poderosa do mundo.

Mas não é exagero dizer o quanto, trinta anos depois, os efeitos desses acontecimentos ainda moldavam o cenário geopolítico de minha presidência. A revolução iraniana inspirou uma onda de outros movimentos islâmicos radicais, cuja intenção era repetir seu sucesso. A conclamação de Khomeini para a derrubada das monarquias árabes sunitas criou profunda inimizade entre o Irã e os sauditas e acirrou os conflitos sectários em todo o Oriente Médio. A tentativa iraquiana de invadir o Irã, em 1980, e os oito anos de guerra sangrenta que se seguiram — um conflito em que os Estados do Golfo financiaram Saddam Hussein e os soviéticos forneceram armamentos às forças militares de Khomeini, inclusive armas químicas — aceleraram o patrocínio do terrorismo por parte do Irã como forma de neutralizar as vantagens militares dos inimigos. (Os Estados Unidos, com Reagan, tentaram um movimento cínico em duas vias, em público apoiando o Iraque e em segredo vendendo armas ao Irã.) A promessa de Khomeini de varrer Israel do mapa — visível no apoio do CGRI a outros braços armados, como a milícia xiita Hezbollah instalada no Líbano e a ala militar do grupo de resistência palestina Hamas — converteu o regime iraniano na maior ameaça à segurança de Israel e contribuiu para o endurecimento geral da postura israelense à possibilidade de paz com os países vizinhos. Em termos mais amplos, a concepção maniqueísta de Khomeini, apresentando o mundo como um embate entre as forças de Alá e as do "Grande Satã" (Estados Unidos), se instilou como veneno no espírito não só de futuros jihadistas, mas também no de ocidentais já propensos a ver os muçulmanos como objetos de desconfiança e medo.

Khomeini morreu em 1989. Seu sucessor, o aiatolá Ali Khamenei, religioso que praticamente nunca saíra e nunca mais voltaria a sair de seu país, odiava os Estados Unidos tanto quanto Khomeini. Mas, apesar do título de governante supremo, a autoridade de Khamenei não era absoluta — ele era obrigado a conferenciar com um poderoso conselho de religiosos, enquanto a responsabilidade cotidiana pela condução do governo cabia a um presidente eleito pela população. Houve um período, no final do governo Clinton e no começo do governo Bush, em que forças mais moderadas dentro do Irã ganharam algum impulso, oferecendo a perspectiva de um degelo nas relações com os Estados Unidos. Depois do Onze de Setembro, o presidente iraniano Mohammad Khatami chegou a procurar o governo Bush, se oferecendo para ajudar na operação americana no vizinho Afeganistão. Mas as autoridades dos Estados Unidos ignoraram o gesto de Khatami e, depois que o presidente Bush declarou, em seu discurso sobre o Estado da União em 2002, que o Irã, junto com o Iraque e a Coreia do Norte, fazia parte de um "eixo do mal", qualquer saída diplomática ainda existente na prática se fechou de vez.

Na época em que assumi o cargo, os conservadores linha-dura estavam de volta ao governo em Teerã, liderados por um novo presidente, Mahmoud Ahmadinejad, que, com seus frenéticos surtos contra o Ocidente, sua negação do Holocausto e sua perseguição a homossexuais e outros que considerava como ameaças, se tornou a perfeita síntese dos aspectos mais odiosos do regime. O Irã continuava a enviar armas para os militantes empenhados em matar soldados americanos no Iraque e no Afeganistão. A invasão do Iraque pelos Estados Unidos fortalecera muito a posição estratégica do Irã na região, ao substituir seu inimigo jurado Saddam Hussein por um governo xiita sujeito à influência iraniana. O Hezbollah, apadrinhado pelo Irã, surgira como a facção mais poderosa no Líbano, com mísseis fornecidos pelo governo iraniano que agora podiam alcançar Tel Aviv. Os sauditas e os israelenses comentavam alarmados a expansão de um "Crescente xiita" de influência iraniana e não ocultavam seu interesse na possibilidade de uma mudança de regime por iniciativa dos Estados Unidos.

Em qualquer circunstância, portanto, o Irã seria uma tremenda dor de cabeça para meu governo. Mas era o programa nuclear iraniano, em andamento acelerado, que ameaçava transformar uma situação ruim numa crise completa.

O regime herdara instalações nucleares construídas na época do xá e, pelo Tratado de Não Proliferação Nuclear da ONU — do qual o país era signatário desde sua ratificação, em 1970 —, tinha o direito de utilizar energia nuclear para fins pacíficos. Infelizmente, a mesma tecnologia centrífuga utilizada para a fissão e o enriquecimento do urânio de baixo enriquecimento (LEU) que alimentava as usinas de energia nuclear podia ser adaptada para produzir urânio altamente enriquecido (HEU), com potencial explosivo para armamentos. Como explicou um dos nossos especialistas: "Com uma quantidade suficiente de HEU, um aluno de física do ensino médio, inteligente e com acesso à internet, consegue construir uma bomba". Entre 2003 e 2009, o Irã aumentou a quantidade total de suas centrífugas de enriquecimento de urânio, passando de cem para 5 mil, muito mais do que qualquer programa com fins pacíficos seria capaz de justificar. A comunidade de inteligência dos Estados Unidos tinha razoável segurança de que o Irã ainda não possuía armas nucleares. Mas também acreditava que o regime reduzira sua "capacidade de avanço" — o tempo necessário para produzir urânio o bastante para construir uma arma nuclear viável — a um ponto potencialmente perigoso.

Um arsenal nuclear iraniano não precisaria ameaçar o território dos Estados Unidos; a mera possibilidade de um ataque nuclear ou de terrorismo nuclear no Oriente Médio representaria uma séria limitação de opções para um futuro presidente americano conter a agressão iraniana contra seus vizinhos. Os sauditas provavelmente reagiriam desenvolvendo sua "bomba sunita" rival, desencadeando uma corrida armamentista nuclear na região mais explosiva do mundo. Enquanto isso,

Israel — supostamente dispondo de um grande arsenal de armas nucleares não declaradas, segundo outros países da região — via um Irã nuclear como uma ameaça à sua existência e traçava planos para um ataque preventivo contra as instalações iranianas. Qualquer ação, reação ou erro de cálculo de qualquer uma dessas partes poderia mergulhar o Oriente Médio — e os Estados Unidos — em mais um conflito, num momento em que ainda tínhamos 180 mil soldados altamente expostos ao longo das fronteiras iranianas e em qualquer grande aumento nos preços do petróleo afundaria ainda mais a economia mundial. Às vezes, durante meu governo, elaborávamos diversos cenários para imaginar como seria um conflito com o Irã; eu saía dessas conversas sentindo o peso de saber que, se a guerra se tornasse necessária, quase tudo o mais que pretendia realizar provavelmente ficaria em suspenso.

Por todas essas razões, minha equipe e eu passáramos boa parte da transição discutindo como impedir que o Irã entrasse numa guerra nuclear — de preferência através da diplomacia, e não iniciando outra guerra. Decidimos por uma estratégia em duas fases. Uma vez que não existia praticamente nenhum contato de altas instâncias de governo entre os Estados Unidos e o Irã desde 1980, a primeira fase consistia numa abordagem direta. Como dissera em meu discurso de posse, estávamos dispostos a estender a mão aos que abandonassem a política do punho cerrado. Algumas semanas depois de assumir o cargo, enviei uma carta secreta ao aiatolá Khamenei por um canal que tínhamos com diplomatas iranianos na ONU, sugerindo iniciarmos um diálogo entre os dois países sobre uma série de questões, inclusive o programa nuclear do Irã. A resposta de Khamenei foi categórica: o Irã não tinha nenhum interesse em abrir conversações. Mas ele aproveitou a oportunidade para sugerir aos Estados Unidos algumas maneiras para deixar de ser um agressor imperialista.

"Imagino que ele não vai abandonar o punho cerrado tão cedo", disse Rahm depois de ler uma cópia da carta de Khamenei, que fora traduzida do fársi.

"Só se for para me mostrar o dedo do meio", respondi.

Na verdade, ninguém na Casa Branca esperava uma resposta positiva. Eu enviara a carta mesmo assim, porque queria deixar claro que o bloqueio diplomático resultava de uma intransigência não dos Estados Unidos, e sim do Irã. Reforcei nossa disposição ao público iraniano mais amplo, na tradicional saudação pelo Ano-Novo persa (Nowruz) que pusemos no ar em março.

Nesse contexto, qualquer perspectiva de um avanço inicial se extinguiu em junho de 2009, quando o candidato da oposição iraniana, Mir-Hossein Mousavi, fez a plausível denúncia de que os membros do governo estavam fraudando a votação para ajudar na reeleição de Ahmadinejad para um segundo mandato presidencial. As ruas do Irã foram tomadas por milhões de manifestantes contestando os resultados das urnas e lançando um "Movimento Verde", como o denominaram, que colocou ao Estado de orientação islâmica um dos desafios internos de maior proporção desde a Revolução de 1979.

A repressão foi rápida e implacável. Mousavi e outros líderes oposicionistas foram confinados em prisão domiciliar. Houve espancamento de manifestantes pacíficos e um número expressivo de mortos. Certa noite, no conforto de casa, examinei na internet as notícias dos protestos e vi o vídeo de uma jovem que fora alvejada na rua, uma teia de sangue se espalhando pelo rosto enquanto agonizava, olhando para cima com ar reprovador.

Era uma mostra angustiante do preço que tanta gente no mundo pagava por querer ter alguma voz sobre a maneira como seu país era governado, e o meu primeiro impulso foi anunciar um firme apoio aos manifestantes. Mas, quando reuni a equipe de segurança nacional, nossos especialistas em Irã desaconselharam essa atitude. Segundo eles, qualquer declaração minha provavelmente teria um efeito contrário. A linha dura do regime já estava insistindo na invencionice de que havia agentes estrangeiros por trás das manifestações, e os ativistas locais temiam que uma declaração de apoio do governo americano fosse utilizada para desacreditar o movimento. Fui obrigado a acatar as advertências e me limitei a uma série de declarações inócuas e burocráticas — "Continuamos a monitorar de perto toda a situação", "Os direitos universais de livre expressão e associação devem ser respeitados" —, insistindo numa solução pacífica que refletisse a vontade do povo iraniano.

A violência aumentou, e minha condenação também. Essa atitude passiva, porém, não condizia comigo — e não só porque tinha de ouvir o berreiro dos republicanos me acusando de adular um regime assassino. Estava aprendendo mais uma árdua lição sobre a presidência: que agora meus sentimentos estavam atrelados a considerações estratégicas e a análises táticas, e minhas convicções sujeitas a argumentos contraintuitivos; que, no gabinete mais poderoso da face da Terra, eu tinha menos liberdade de dizer o que pretendia e de agir como me parecia certo do que tivera como senador, ou até como cidadão comum revoltado ante a visão de uma jovem alvejada e morta pelo próprio governo.

Rechaçados nas tentativas de instaurar um diálogo com o Irã, que se encontrava numa espiral de caos e ainda maior repressão, passamos para a segunda fase de nossa estratégia de não proliferação: mobilizar a comunidade internacional para aplicar severas sanções econômicas multilaterais que pudessem levar o governo iraniano à mesa de negociações. O Conselho de Segurança da onu já tinha aprovado diversas resoluções para que o Irã suspendesse suas atividades de enriquecimento de urânio. Também já autorizara sanções limitadas e formara um grupo chamado P5+1 — representando os cinco membros permanentes do Conselho de Segurança (os Estados Unidos, o Reino Unido, a França, a Rússia e a China) e a Alemanha — para se reunir com autoridades iranianas na esperança de fazer o país voltar a cumprir o Tratado de Não Proliferação Nuclear.

O problema era que as sanções existentes eram leves demais para ter algum impacto. Mesmo aliados dos Estados Unidos, como a Alemanha, continuavam a manter um grande volume de negócios com o Irã, e praticamente todos compravam o petróleo do país. O governo Bush impusera de forma unilateral as sanções americanas adicionais, mas eram em larga medida simbólicas, visto que as empresas de nosso país estavam impedidas de fazer negócios com o Irã desde 1995. Com os preços altos do petróleo e a economia em crescimento, o Irã ficou mais do que satisfeito em se encontrar com o P5+1 em sessões regulares de negociação que não resultavam em nada, a não ser no compromisso de continuar as conversas.

Para termos a atenção do Irã, precisaríamos convencer outros países a fechar o cerco. E isso significava atrair dois poderosos adversários históricos que não gostavam de sanções por questão de princípio e mantinham relações diplomáticas e comerciais amistosas com o Irã — e desconfiavam das intenções americanas quase tanto quanto Teerã.

Como cresci nos anos 1960 e 1970, tinha idade suficiente para me lembrar da Guerra Fria como o acontecimento definidor dos assuntos internacionais, a força que dividira a Europa em duas, alimentara uma corrida armamentista nuclear e instigara o embate indireto das duas superpotências em guerras por todo o globo. Moldara também minha imaginação na infância: nos livros escolares, jornais, filmes e novelas de espionagem, a União Soviética era o temível adversário numa luta entre a liberdade e a tirania.

Eu também fazia parte de uma geração pós-Vietnã que aprendera a questionar seu próprio governo e via — da ascensão do macarthismo ao apoio ao regime segregacionista da África do Sul — como a mentalidade da Guerra Fria muitas vezes levara nosso país a trair seus ideais. Essa consciência não me impedia de acreditar que deveríamos conter a difusão do totalitarismo marxista. Mas me deixava cauteloso diante da ideia de que apenas nós estávamos do lado do bem, enquanto os outros estavam do lado do mal, ou de que um povo de onde saíram Tolstói ou Tchaikóvski era intrinsecamente diferente de nós. Em vez disso, os males do sistema soviético me pareciam um exemplo de uma tragédia humana mais abrangente: o modo como as teorias abstratas e a rígida ortodoxia podem se converter em repressão. A rapidez com que justificamos as concessões morais e abrimos mão de nossas liberdades. A capacidade de o poder corromper, de o medo se intensificar, de a linguagem se degradar. Nada disso era exclusividade dos soviéticos ou dos comunistas, a meu ver; se aplicava a todos nós. A valorosa luta dos dissidentes por trás da Cortina de Ferro não se distinguia, e sim se assemelhava à luta maior pela dignidade humana que ocorria em outros lugares do mundo — inclusive nos Estados Unidos.

Quando Mikhail Gorbatchóv, em meados dos anos 1980, assumiu o cargo de secretário-geral do Partido Comunista da União Soviética e levou a cabo os cautelosos programas de liberalização conhecidos como *perestroika* e *glasnost*, estudei atentamente o que se passava, me perguntando se eram os sinais do nascimento de uma nova era. E poucos anos depois, quando o Muro de Berlim caiu e ativistas democráticos dentro da Rússia levaram Boris Iéltsin ao poder, considerei que era não só uma vitória para o Ocidente, mas também uma prova de que a mobilização dos cidadãos tinha poder e uma advertência para os déspotas de todos os lugares. Embora o tumulto ao qual a Rússia se viu arrastada nos anos 1990 — o colapso econômico, a corrupção desenfreada, o populismo de direita, os oligarcas que operavam nas sombras — tenha me feito pensar duas vezes, mantive a esperança de que uma Rússia mais justa, próspera e livre surgiria da transição inevitavelmente difícil para o livre mercado e o governo representativo.

Na época em que me tornei presidente, já estava praticamente curado desse otimismo. Sim, era verdade que o sucessor de Iéltsin, Vladímir Pútin, que chegara ao poder em 1999, negava qualquer interesse num retorno ao marxismo-leninismo ("um erro", disse ele certa vez). E Pútin conseguira estabilizar a economia da nação, em grande parte graças aos rendimentos cada vez maiores obtidos com o aumento dos preços do petróleo. As eleições passaram a ser conduzidas de acordo com a Constituição russa, havia capitalistas por toda parte, os cidadãos comuns podiam viajar ao exterior, ativistas defensores da democracia, como o mestre enxadrista Garry Kasparov, podiam criticar o governo sem ser imediatamente enviados para um gulag.

Apesar de tudo isso, a cada ano que Pútin seguia no poder, a nova Rússia se parecia cada vez mais com a de antes. Ficou claro que uma economia de mercado e eleições periódicas podiam seguir lado a lado com um "autoritarismo brando", que concentrava incessantemente o poder nas mãos de Pútin e reduzia o espaço para uma dissidência significativa. Os oligarcas que cooperavam com Pútin passaram a se incluir entre os homens mais ricos do mundo. Os que romperam com ele se viram sujeitos a vários processos criminais e tiveram os bens confiscados — e Kasparov, inclusive, acabou passando alguns dias na prisão por liderar uma passeata contra Pútin. Os amigos do presidente receberam o controle dos principais veículos de comunicação do país, e os demais foram pressionados a conceder a ele uma cobertura tão positiva quanto a que a mídia estatal dava em outros tempos aos dirigentes comunistas. Jornalistas independentes e líderes da sociedade civil passaram a ser mo-

nitorados pelo Serviço Federal de Segurança (FSB, a encarnação moderna da KGB) —
ou, em alguns casos, foram liquidados.

E mais: o poder de Pútin não se fundava na simples coerção. Ele era de fato popular (seus índices de aprovação no país raramente ficavam abaixo de 60%). Era
uma popularidade radicada num nacionalismo à moda antiga — a promessa de restaurar a antiga glória da Mãe Rússia, de aliviar o sentimento de humilhação e aba-
los que tantos russos sofreram nas duas décadas anteriores.

Pútin podia vender essa ideia porque ele mesmo vivera essa ruptura. Nascido
numa família sem relações nem privilégios, subira metodicamente na hierarquia soviética — treinamento como reservista no Exército Vermelho, curso de direito na
Universidade Estatal de Leningrado, carreira na KGB. Depois de anos de serviços
leais e eficientes ao Estado, obtivera um cargo de modesta estatura e respeitabilidade, e então, com a queda do Muro de Berlim, em 1989, viu a derrocada do sistema
ao qual dedicara a vida. (Na época, trabalhava para a KGB em Dresden, na Alemanha Oriental, e, ao que consta, passou os dias subsequentes destruindo arquivos às
pressas e montando guarda contra eventuais saqueadores.) Logo encontrou seu nicho na nova realidade pós-soviética, se aliando ao reformador democrático Anatoly
Sobchak, seu professor na faculdade de direito, que se tornara prefeito de São Petersburgo. Ao ingressar na política nacional, Pútin subiu na hierarquia do governo
Iéltsin com uma rapidez impressionante, exercendo seu poder numa série de cargos
— inclusive o de diretor do FSB — para conseguir aliados, conceder favores, obter
segredos e derrotar os rivais. Iéltsin nomeou Pútin como primeiro-ministro em
agosto de 1999 e então, quatro meses depois — acuado por escândalos de corrupção, problemas de saúde, um lendário problema de alcoolismo e um histórico de catastrófica gestão econômica —, deixou o cargo de forma inesperada. Com isso, Pútin, então com 47 anos de idade, se tornou o presidente interino da Rússia, e lhe deu
a vantagem de que precisava para ser eleito, três meses depois, para um mandato
presidencial completo. (Uma das primeiras medidas de Pútin foi conceder indulto
geral a Iéltsin por qualquer irregularidade.)

Manipulado por políticos astutos e implacáveis, o caos se revelara uma dádiva.
Mas, fosse por intuição ou cálculo, Pútin também entendia que o povo russo queria
ordem. Se poucos tinham interesse em retornar aos dias das fazendas coletivas e das
prateleiras vazias nas lojas, por outro lado muitos estavam cansados e assustados,
indignados com aqueles que — tanto em casa como no exterior — haviam ostensivamente se aproveitado da fraqueza de Iéltsin. Preferiam um pulso forte, o que Pútin ficou mais do que satisfeito em oferecer.

Ele reafirmou o controle russo sobre a Tchetchênia, província de maioria muçulmana, fazendo frente sem nenhum escrúpulo à brutal tática terrorista dos rebel-

des separatistas com implacável e incessante violência militar. Restaurou os poderes de vigilância ao estilo soviético, em nome da segurança do povo. Quando os ativistas pró-democracia contestavam as tendências autocráticas de Pútin, ele os tachava de fantoches do Ocidente. Ressuscitou símbolos pré-comunistas e até comunistas e se aproximou da Igreja ortodoxa russa, que por muito tempo sofrera com a repressão. Estimulava vistosos projetos de obras públicas e promovia grandes espetáculos a custos altíssimos, como a proposta de sediar as Olimpíadas de Inverno no balneário de Sochi. Com a meticulosidade de um adolescente no Instagram, coordenava um fluxo constante de fotos de efeito, projetando uma imagem quase satírica de vigor masculino (Pútin sem camisa andando a cavalo, Pútin jogando hóquei), ao mesmo tempo que demonstrava, sem nenhum pudor, seu chauvinismo e sua homofobia, insistindo que os valores russos estavam sendo contaminados por elementos estrangeiros. Tudo o que fazia alimentava a narrativa de que, sob sua orientação firme e paternal, a Rússia reconquistara o poderio perdido.

Só havia um problema para Pútin: a Rússia não era mais uma superpotência. Embora controlasse um arsenal nuclear que só perdia para o nosso, a Rússia não dispunha da grande rede de bases e alianças que permitiam aos Estados Unidos projetar seu poder militar por todo o globo. A economia russa continuava menor do que a da Itália, do Canadá e do Brasil, dependente quase por completo de recursos como petróleo, gás, minérios e exportações de armas. Os bairros de lojas finas de Moscou mostravam a transformação do país, passando de uma economia estatal enferrujada para uma economia com número crescente de bilionários, mas a situação apertada dos cidadãos comuns mostrava que essa nova riqueza não chegara a se difundir pela sociedade. Segundo vários indicadores internacionais, os níveis de corrupção e desigualdade na Rússia se equiparavam aos de certas partes do mundo em desenvolvimento, e a expectativa de vida dos homens em 2009 era menor do que a de Bangladesh. Poucos africanos, asiáticos ou latinos jovens — se é que havia algum — viam na Rússia uma inspiração para lutar por reformas em suas sociedades, ou se sentiam atraídos pela música ou pelos filmes russos, ou sonhavam em ir estudar no país, e muito menos em emigrar para lá. Sem sua sustentação ideológica, sem a promessa outrora resplandecente dos proletários unidos se libertando de seus grilhões, a Rússia de Pútin se mostrava isolada e desconfiada em relação aos que vinham de fora — um país a ser temido, talvez, mas não tomado como exemplo.

Era essa distância entre a realidade da Rússia moderna e a insistência em sua condição de superpotência por parte de Pútin que, a meu ver, ajudava a explicar as relações exteriores cada vez mais combativas do país. Grande parte da ira se dirigia contra nós: em comentários públicos, Pútin se mostrava um crítico severo das políticas americanas. Quando se apresentavam iniciativas respaldadas pelos Estados Unidos ao Conselho de Segurança da ONU, ele tratava de fazer com que a Rússia bloqueasse ou diluísse as propostas — em particular, qualquer coisa referente aos direitos humanos. Ainda mais importante era o empenho crescente de Pútin em impedir que os países do antigo bloco soviético, agora independentes, se libertassem da órbita russa. Com frequência, nossos diplomatas recebiam queixas sobre casos de intimidação, pressão econômica, campanhas de desinformação, manobras eleitorais ocultas, contribuições ou propinas explícitas para candidatos políticos pró-Rússia. No caso da Ucrânia, ocorrera o misterioso envenenamento de Viktor Yushchenko, um ativista reformista eleito presidente, ao qual Moscou se opunha. E então, claro, houve a invasão da Geórgia, no verão de 2008.

Era difícil saber até onde a Rússia planejava seguir nesse caminho perigoso. Pútin não era mais o presidente: embora majoritário nas urnas, preferira acatar a Constituição russa, que proibia três mandatos consecutivos, trocando de lugar com Dmítri Medvedev, seu ex-vice, que, ao ser eleito presidente em 2008, colocou imediatamente Pútin como primeiro-ministro. O consenso entre os analistas era que Medvedev estava apenas ocupando o cargo até 2012, quando Pútin poderia concorrer outra vez. Mesmo assim, a decisão de Pútin não só de deixar a presidência, mas também de promover alguém mais novo com fama de ter ideias relativamente liberais e pró-ocidentais, sugeria que ao menos ele se preocupava com as aparências. A decisão até insinuava a possibilidade de que Pútin acabaria deixando os cargos eletivos e se assentaria no papel de homem de influência e estadista experiente, permitindo que uma nova geração de políticos recolocasse a Rússia no caminho de uma democracia legítima e moderna.

Tudo isso era possível — mas não provável. Desde a época dos tsares, os historiadores tinham notado a tendência da Rússia em adotar com grande alarde as mais recentes ideias europeias — fosse o governo representativo ou a burocracia moderna, fosse o livre mercado ou o socialismo de Estado —, mas acabava subordinando ou abandonando esses conceitos importados em favor de formas mais rígidas e antigas de manter a ordem social. Na luta pela identidade russa, normalmente o medo e o fatalismo vencem a esperança e a mudança. Era uma reação compreensível a uma história milenar de invasões mongóis, intrigas bizantinas, grandes epidemias de fome, servidão generalizada, tirania desenfreada, incontáveis insurreições, revoluções sangrentas, guerras arrasadoras, cercos prolongados, massacres de milhões e milhões — tudo numa paisagem gélida e implacável.

Em julho, fui a Moscou em minha primeira visita presidencial à Rússia, aceitando o convite que Medvedev fizera na reunião do G20 em abril. Minha ideia era que pudéssemos continuar com a nossa proposta de "reformulação" — nos concentrando em áreas de interesse comum, ao mesmo tempo reconhecendo e administrando as diferenças significativas que havia entre nós. Eram as férias de verão na escola, o que significava que Michelle, Malia e Sasha podiam ir comigo. E, a pretexto de precisar de ajuda com as meninas (e com a promessa de um passeio pelo Vaticano e um encontro com o papa quando seguimos para a Itália por ocasião de um encontro do G8), Michelle convenceu minha sogra e nossa grande amiga Mama Kaye a irem conosco.

Nossas filhas sempre gostaram de viajar, enfrentando alegremente as nove horas de ida e volta em nossos voos anuais em avião comercial entre Chicago e o Havaí, sem reclamar, sem ter acessos de mau humor, sem ficar chutando a poltrona da frente — pelo contrário, se divertindo com os jogos, os quebra-cabeças e os livros que Michelle lhes oferecia com precisão militar a intervalos periódicos. Voar no Air Force One era realmente um grande avanço para elas, com ampla escolha de filmes, camas de verdade para dormir e a equipe de bordo servindo os mais variados petiscos. Mas, mesmo assim, uma viagem transoceânica com o presidente dos Estados Unidos trazia uma nova série de exigências. Depois de poucas horas de sono, foram acordadas para trocar de roupa, pôr vestidos e sapatos elegantes, ter os cabelos bem penteados e arrumados para ficarem apresentáveis quando desembarcássemos. Tiveram de sorrir para os fotógrafos enquanto descíamos do avião e então se apresentaram a uma fila de dignitários grisalhos, esperando de pé na área de pouso — atentas em manter contato visual, sem cochichar, como a mãe lhes ensinara, tentando não fazer cara de tédio enquanto o pai jogava conversa fora com alguém, até que todos entrassem na Fera que nos esperava. Seguindo por uma via expressa em Moscou, perguntei a Malia como se sentia. Parecia catatônica, os grandes olhos castanhos fitando inexpressivos um ponto acima do meu ombro.

"Eu acho", disse ela, "que nunca me senti tão cansada *em toda a minha vida.*"

Uma soneca no meio da manhã pareceu curar o jet lag das meninas, e ainda hoje me lembro de alguns momentos que passamos juntos em Moscou como se fosse ontem. Sasha andando ao meu lado, em passos largos, pelos grandiosos salões de tapete vermelho do Krêmlin, seguidos por um grupo de imponentes oficiais russos fardados, ela com as mãos nos bolsos de um casaco impermeável castanho como se fosse uma agente secreta em miniatura. Ou Malia tentando disfarçar uma careta depois de concordar bravamente em provar um pouco de caviar num restaurante que ficava numa cobertura com vista para a Praça Vermelha. (Como era de esperar, Sasha recusou o montinho de coisinhas pretas e viscosas que lhe ofereci na minha colher, mesmo com o risco de não ganhar um sorvete mais tarde.)

Mas viajar como Primeira Família era diferente dos deslocamentos de campanha, quando íamos num trailer de cidade em cidade, e Michelle e as meninas ficavam ao meu lado nos desfiles e festivais locais. Agora eu tinha o meu itinerário, e elas o delas — além de programação, fotógrafo oficial e assistentes próprios. Ao final de nossa primeira noite em Moscou, quando nos reencontramos no Ritz-Carlton, nos deitamos os quatro na cama e Malia perguntou por que eu não tinha ido com elas ver os fabricantes de bonecas e os bailarinos russos. Michelle se inclinou e cochichou em tom de conspiração:

"O pai de vocês não pode se divertir. Precisa passar o dia todo em reuniões chatas."

"Tadinho", disse Sasha, me afagando a cabeça.

O cenário para meu encontro oficial com Medvedev era devidamente grandioso: um dos palácios dentro do complexo do Krêmlin, com altas abóbadas douradas e finas decorações restauradas à sua antiga glória tsarista. Nossa conversa foi cordial e profissional. Numa coletiva de imprensa conjunta, passamos habilmente por cima dos atritos quanto à Geórgia e ao escudo antimísseis e pudemos anunciar vários "resultados possíveis", inclusive uma pauta de comum acordo para a negociação do novo tratado de armas estratégicas, que reduziria em até um terço a quantidade permitida de ogivas nucleares e sistemas de detonação. Gibbs ficou mais entusiasmado com a concordância da Rússia quanto a suspender as restrições a certas exportações americanas de gado, mudança que renderia mais de 1 bilhão de dólares para fazendeiros e pecuaristas dos Estados Unidos.

"Uma coisa que realmente importa para o pessoal lá do nosso país", disse ele, abrindo um amplo sorriso.

Naquela noite, Michelle e eu fomos convidados para a datcha de Medvedev, a alguns quilômetros do centro da cidade, para um jantar. Pelo que tinha lido em romances russos, eu imaginava uma versão maior, mas ainda rústica, da tradicional casa de campo. Em vez disso, nos vimos numa enorme propriedade cercada por bosques de árvores muito altas. Medvedev e a esposa, Svetlana — uma loira vivaz, de ar matronal, com quem Michelle e as meninas tinham passado grande parte do dia —, nos receberam na porta da frente e, depois de um breve tour pela casa, saímos em um jardim para jantar num amplo gazebo de vigas de madeira.

Praticamente nem falamos de política. Medvedev era fascinado pela internet e me perguntou muito sobre o Vale do Silício, manifestando sua vontade de alavancar o setor tecnológico da Rússia. Demonstrou muito interesse por minha rotina de exercícios físicos e comentou que todos os dias nadava durante meia hora. Trocamos experiências da época em que dávamos aulas de direito, e ele contou que adorava bandas de hard rock, como o Deep Purple. Svetlana falou de sua preocupação com o filho deles, Ilia, de treze anos de idade, e como lidaria com a adolescência em meio a tanta atenção por ser filho do presidente — questão que Michelle e eu também entendíamos muito bem. Medvedev ponderou que talvez o garoto acabasse preferindo fazer faculdade no exterior.

Nós nos despedimos do casal Medvedev pouco depois da sobremesa, tomando o cuidado de conferir que todos os membros da nossa equipe já estivessem na van antes que a comitiva saísse serpenteando da área. Gibbs e Marvin tinham ficado na companhia da equipe de Medvedev em algum outro lugar da propriedade, bebendo vodca e schnapps, o que os deixara num humor muito jovial, mas que não duraria até a hora de serem acordados no dia seguinte. Com Michelle adormecida ao meu lado na penumbra do carro, fiquei pensando com espanto em como aquela noite tinha sido normal — afora os intérpretes que estavam discretamente sentados atrás de nós enquanto jantávamos, era como se estivéssemos num jantar de qualquer abastado subúrbio americano. Não eram poucas as coisas que Medvedev e eu tínhamos em comum: ambos estudamos e lecionamos direito, poucos anos depois nos casamos e constituímos família, começamos informalmente na política e contamos com a ajuda de políticos mais velhos e experientes. Isso me fez pensar até que ponto nossas diferenças podiam ser explicadas por nossa personalidade e propensões, e até que ponto decorriam apenas de nossas circunstâncias diversas. Ao contrário dele, eu tinha a sorte de ter nascido num país onde o sucesso político não me obrigara a fazer vista grossa a bilhões de dólares em suborno ou a chantagens dos adversários políticos.

Encontrei Vladímir Pútin pela primeira vez na manhã seguinte, quando fui a sua datcha, situada num subúrbio nos arredores de Moscou. Nossos especialistas em Rússia, Mike McFaul e Bill Burns, bem como Jim Jones, me acompanharam no trajeto. Como já tivera alguns contatos anteriores com Pútin, Burns recomendou que eu fosse breve em minhas primeiras falas. "Pútin é sensível a qualquer coisa que possa soar como descaso", disse Burns, "e, por estar na política há mais tempo, se considera um estadista com mais credenciais. Talvez seja bom começar a conversa perguntando a opinião dele sobre o estado em que se encontram as relações entre Rússia e Estados Unidos e deixar que desabafe um pouco."

Viramos e entramos por um portão imponente, continuamos por uma longa alameda e então paramos na frente de uma mansão, onde Pútin nos recebeu para a foto de praxe. No físico, nada tinha de excepcional: baixo e compacto — constituição de pugilista —, com cabelo fino cor de areia, nariz proeminente e olhos claros e penetrantes. Enquanto trocávamos cortesias com nossas respectivas delegações, notei a informalidade de seus gestos e a indiferença deliberada em seu tom de voz, indicando alguém habituado a se ver cercado de subordinados e solicitantes. Alguém que se acostumara ao poder.

Acompanhado por Serguei Lavrov, o polido ministro das Relações Exteriores e ex-representante da Rússia na ONU, Pútin nos conduziu a um amplo pátio ao ar livre, onde fora preparada uma elegante refeição para nós, com ovos e caviar, pães e chás, servidos por garçons com os tradicionais trajes camponeses e botas de couro de cano alto. Agradeci pela hospitalidade, comentei o avanço que nossos países haviam feito com os acordos do dia anterior e perguntei como ele avaliava a relação entre os Estados Unidos e a Rússia durante seu tempo no cargo.

Burns não estava brincando quando falou que o homem tinha algumas coisas a desabafar. Eu mal acabara de formular a pergunta quando Pútin se lançou a um monólogo agitado e aparentemente interminável sobre todas as injustiças, traições e desfeitas que, de seu ponto de vista, ele e o povo russo haviam sofrido nas mãos dos americanos. Segundo ele, gostava do presidente Bush como pessoa e quis ajudá-lo após o Onze de Setembro, manifestando solidariedade e se prontificando a fornecer serviços de inteligência na luta contra um inimigo comum. Ajudara os Estados Unidos a assegurar bases aéreas no Quirguistão e no Uzbequistão para a campanha afegã. Chegara inclusive a oferecer o auxílio da Rússia para lidar com Saddam Hussein.

E de que servira isso? Em vez de dar atenção a seus avisos, disse ele, Bush seguira em frente e invadira o Iraque, desestabilizando todo o Oriente Médio. A decisão americana, sete anos antes, de sair do Tratado sobre os Mísseis Antibalísticos e seu plano de instalar escudos antimísseis nas fronteiras da Rússia continuavam a ser fonte de instabilidade estratégica. A admissão de antigos integrantes do Pacto de Varsóvia na Otan durante os governos de Clinton e Bush levara a uma infiltração constante na "esfera de influência" da Rússia, e o apoio americano às "revoluções coloridas" na Geórgia, na Ucrânia e no Quirguistão — sob o especioso pretexto de "promoção da democracia" — havia transformado vizinhos da Rússia, antes amistosos, em governos hostis a Moscou. Segundo Pútin, os americanos tinham sido arrogantes e desdenhosos, se negando a tratar a Rússia em pé de igualdade e tentando o tempo todo impor seus próprios termos ao resto do mundo — tudo isso, segundo ele, dificultava uma perspectiva otimista quanto às relações futuras.

Depois de uns trinta minutos de uma reunião prevista para durar uma hora, os membros de minha equipe começaram a espiar o relógio. Mas resolvi não interromper Pútin. Parecia evidente que ele tinha ensaiado a coisa toda, mas sua mágoa era sincera. Eu também sabia que, para fazer progressos com Medvedev, precisava da anuência de Pútin. Depois de uns 45 minutos, este finalmente esgotou os motivos de queixa e, em vez de me ater ao horário, comecei a responder ponto por ponto. Lembrei a Pútin que eu me opusera pessoalmente à invasão do Iraque, mas também repudiava as ações da Rússia na Geórgia, acreditando que toda nação tinha o direito de decidir suas alianças e relações econômicas sem interferências. Questionei a ideia de que um limitado sistema de defesa para proteção contra o lançamento de mísseis iranianos teria algum impacto sobre o poderoso arsenal nuclear da Rússia, mas mencionei meu plano de revisar todos os planos antes de dar qualquer outro passo em relação ao escudo antimísseis na Europa. Quanto à nossa proposta de "reformulação", o objetivo, expliquei eu, não era eliminar todas as diferenças entre os dois países, e sim abandonar os hábitos da Guerra Fria e instaurar uma relação realista e madura que fosse capaz de lidar com essas diferenças e de crescer com base em interesses comuns.

Em alguns momentos, a conversa ficou tensa, em especial sobre o Irã. Pútin desconsiderou minhas preocupações quanto ao programa nuclear iraniano e se irritou quando sugeri que cancelasse uma venda iminente ao Irã do poderoso sistema de defesa antiaérea S-300, projetado pela Rússia. Tratava-se de um aparato exclusivamente defensivo, disse ele, acrescentando que o recuo num contrato de 800 milhões de dólares poria em risco o faturamento e a reputação dos fabricantes de armas russos. Mas, de modo geral, Pútin ouviu com atenção e, ao cabo de uma maratona que se prolongou por duas horas, se mostrou aberto, talvez até com algum entusiasmo, ao esforço de reformulação.

"Claro que, em todas essas questões, você terá de trabalhar com Dimítri", falou Pútin, enquanto me acompanhava até a comitiva de carros a minha espera. "Agora essas decisões cabem a ele."

Trocamos um aperto de mãos, olhos nos olhos, nós dois sabendo que essa sua afirmativa era ambígua, mas, pelo menos por ora, era a coisa mais próxima de um endosso que eu iria conseguir.

A reunião com Pútin afetou todo o resto da programação do dia. Voltamos às pressas para Moscou, onde eu tinha o compromisso marcado de fazer o discurso de formatura para a turma de jovens estudantes russos de finanças e comércio internacional. Antes disso, tive um rápido contato nos bastidores com o ex-dirigente soviético Mikhail Gorbatchóv. Com 78 anos de idade, ainda robusto, a mancha de nascença vermelha na cabeça, me transmitiu a impressão de uma figura estranhamente trágica. Ali estava um homem que fora um dos indivíduos mais poderosos do mundo, cujos impulsos reformistas e esforços de desnuclearização — por mais incompletos que fossem — haviam levado a uma transformação global verdadeiramente épica e lhe valeram o prêmio Nobel da paz. Agora era tratado com desdém dentro do próprio país, tanto pelos que achavam que ele havia se rendido ao Ocidente como pelos que o consideravam um comunista retrógrado cujo tempo já se fora. Gorbatchóv me disse que estava entusiasmado com a ideia de uma reformulação e minhas propostas de um mundo desnuclearizado, mas, depois de quinze minutos, precisei encerrar a conversa para fazer o discurso. Ele falou que compreendia, mas senti que ficou decepcionado — um lembrete para nós dois quanto à natureza instável e fugidia da vida pública.

Então foi a vez de um breve almoço no Krêmlin com Medvedev e um salão cheio de figuras importantes, ao qual se seguiu uma mesa-redonda com líderes empresariais americanos e russos, que fizeram os habituais apelos de maior cooperação econômica. Quando cheguei à reunião de cúpula com lideranças da sociedade civil dos Estados Unidos e da Rússia, organizada por McFaul, comecei a sentir as consequências do jet lag. Fiquei contente por poder sentar, retomar o fôlego e ouvir as considerações dos que estavam diante de mim.

Era o tipo de grupo que me agradava: ativistas pela democracia, diretores de entidades sem fins lucrativos, líderes comunitários com trabalho de base em questões como moradia, saúde pública e participação política. Geralmente militavam na obscuridade, se desdobrando para conseguir verbas que mantivessem suas operações em andamento, e raramente tinham ocasião de sair de suas cidades natais, muito menos a convite de um presidente dos Estados Unidos. Um dos americanos ali presentes, aliás, havia trabalhado comigo em meus tempos de organização comunitária em Chicago.

Talvez fosse por causa desse reencontro entre meu passado e meu presente que eu continuava pensando na conversa que tivera com Pútin. Quando Axe perguntou quais tinham sido as minhas impressões sobre o líder russo, respondi que me parecia estranhamente familiar, "um chefe de diretório municipal, mas com bombas e veto no Conselho de Segurança da onu". Demos risada, mas não era brincadeira. Pútin, de fato, me lembrava os sujeitos que outrora comandavam a máquina partidária de Chicago ou o Tammany Hall — homens durões, calejados, frios, que se restringiam ao que sabiam, nunca iam além de suas experiências estreitas e consideravam os apadrinhamentos, as propinas, as extorsões, as fraudes e os ocasionais atos de violência ferramentas legítimas do ofício. Para eles, como para Pútin, a vida era um jogo de soma zero; podiam até fazer negócios com gente fora de sua panelinha, mas, no final das contas, não confiavam nas pessoas. Cuidavam primeiro de si e depois dos seus. Num mundo assim, a falta de escrúpulos, o desprezo por qualquer aspiração elevada que não fosse a acumulação de poder não eram defeitos. Eram vantagens.

Nos Estados Unidos, foram necessárias décadas de protestos, leis progressistas, jornalismo investigativo e militância incessante para, se não eliminar, ao menos refrear tais práticas vulgares de poder. Essa tradição reformista foi, em larga medida, o que me inspirou a entrar na política. E mesmo assim, a fim de reduzir os riscos de uma catástrofe nuclear ou de outra guerra no Oriente Médio, eu acabara de passar a manhã toda cortejando um autocrata que certamente tinha dossiês sobre todos os ativistas russos presentes e poderia mandar acossá-los, prendê-los ou fazer coisa pior quando bem entendesse. Se Pútin de fato se voltasse contra um desses ativistas, até que ponto eu o censuraria — sobretudo sabendo que provavelmente isso não faria

Rahm me avisando que a Câmara acabara de passar uma lei importante sobre o clima. Meu chefe de gabinete vivia para dias como aquele, quando obtínhamos uma clara vitória.

Uma longuíssima sessão dominical com minha equipe econômica, incluindo (*a partir da esquerda*) Larry Summers, Tim Geithner e Christy Romer.

O líder da maioria no Senado, Harry Reid, e eu nos demos bem desde o primeiro momento. Apesar de nossas diferenças em matéria de idade e experiência, tínhamos ambos a sensação de haver superado grandes obstáculos.

Mesmo enquanto enfrentávamos as pressões dos primeiros meses na Casa Branca, Michelle e eu sempre conseguíamos rir juntos. Ter conosco nossa amiga e conselheira sênior Valerie Jarrett tornava tudo mais fácil.

Bo surgiu na Casa Branca pronto para explorar o terreno. Foi um presente de Ted e Vicki Kennedy, imediatamente transformando a residência num verdadeiro lar.

» A visita às Pirâmides de Gizé propiciou um lembrete edificante de que o mundo segue em frente bem depois que nós partimos.

« Palestinos em Gaza ouvindo meu discurso no Cairo em 4 de junho de 2009. Durante a campanha, eu prometera me dirigir aos muçulmanos de todo o mundo por considerar que o reconhecimento das fontes de tensão entre o Ocidente e o mundo islâmico constituiria o primeiro passo rumo à coexistência pacífica.

» Cumprimentando Sonia Sotomayor momentos antes de ela se tornar oficialmente ministra da Suprema Corte. Eu acreditava que sua experiência de vida lhe dava uma compreensão maior do contexto das decisões da Corte no mundo real.

Denis McDonough era um de meus conselheiros mais próximos em questões de política externa e um bom amigo. Ele estudava os detalhes, se oferecia como voluntário para as tarefas mais difíceis e exaustivas: ninguém trabalhava mais que Denis. «

O presidente da França, Nicolas Sarkozy, e a chanceler da Alemanha, Angela Merkel — dois governantes que não podiam ser mais diferentes em temperamento — durante a reunião de cúpula do G8 em julho de 2009. »

« Ben Rhodes começou como redator de meus discursos no Conselho de Segurança Nacional e se comprovou de vital importância. Eu podia confiar nele para esboçar a primeira versão de uma fala que não apenas refletia meu estilo, mas retratava minha visão de mundo.

A visita à datcha de Vladímir Pútin incluiu um longo monólogo de nosso anfitrião, relembrando cada injustiça, traição e gesto de menosprezo que, a seu juízo, ele e o povo russo haviam sofrido por parte dos americanos arrogantes.

As meninas tornaram melhores todas as viagens de que participaram. Aqui Sasha, com oito anos, passeia pelo Krêmlin como uma miniatura de agente secreto vestindo o tradicional trench coat.

Meu "segurança" Reggie Love e eu decidimos ajudar a treinar a equipe de basquete de Sasha no quarto ano. Quando o Vipers ganhou o título pelo angustiante placar de 18 a 16, festejamos como se fosse a final do campeonato que reúne todas as universidades do país. »

«
Com o secretário de imprensa Robert Gibbs (*centro*), cujo humor ácido e instintos aguçados frequentemente nos livravam de apuros, e Reggie Love, que nunca facilitou minha vida numa quadra de basquete.

» Aproveitando um momentinho para ler. A tranquilidade nunca durava muito.

Parte da justificativa que dei a Michelle antes de concorrer à presidência era que, caso vencesse, as crianças de todo o mundo veriam a si mesmas, e suas possibilidades, de forma diferente. E isso, por si só, valeria a pena.

Ainda posso ouvir Bob Dylan retrabalhando uma versão emocionante de "The Times They Are a-Changin'" antes de apertar minha mão e ir embora sem dizer uma só palavra.

Na Base Aérea de Dover com o procurador-geral
Eric Holder (*extrema direita*) durante a transferência
solene dos corpos de dezoito americanos mortos no
Afeganistão. Só em raras ocasiões os presidentes
participam de transferências desse tipo, mas achei
importante que o comandante-chefe encarasse
o verdadeiro custo da guerra.

Anunciando o envio de tropas para o
Afeganistão em West Point no dia 1º de
dezembro de 2009. Mandar mais jovens
para a guerra foi uma das decisões mais
difíceis que tive de tomar como presidente.

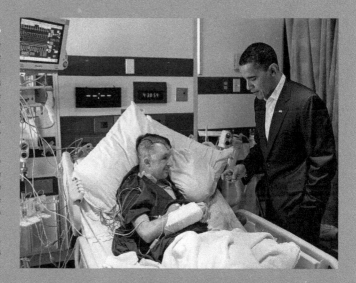

Conheci o sargento de primeira classe Cory Remsburg na Normandia várias semanas antes que ele partisse para sua décima missão no Afeganistão. Por coincidência, voltei a encontrá-lo no Hospital Naval de Bethesda depois que ele foi gravemente ferido por um artefato explosivo improvisado. Ao longo dos anos, nos mantivemos em contato.

Me encontrando com alguns de nossos bravos soldados, homens e mulheres, no Afeganistão em março de 2010. Eles foram uma grande inspiração para mim.

Membros de minha equipe de segurança nacional em West Point. As horas que passamos debatendo o plano de envio de tropas nos obrigaram a refinar os objetivos estratégicos dos Estados Unidos no Afeganistão a fim de evitar que o número de soldados enviados para lá aumentasse de forma descontrolada.

A rainha Elizabeth II representava a relação especial entre os Estados Unidos e o Reino Unido; Michelle e eu sempre gostamos muito de estar em sua companhia.

Com o presidente Hu Jintao no Grande Salão do Povo em Beijing.

» Revendo o discurso que eu faria numa sessão conjunta do Congresso sobre a reforma dos serviços de assistência à saúde com o redator de discursos Jon Favreau. Muitas vezes eu era um editor bem exigente.

« De pé na Sala Roosevelt com Joe Biden e meus assessores, em 21 de março de 2010, quando se viu que o Affordable Care Act tinha obtido os votos necessários para ser aprovado. Pensei em minha mãe, que morrera de câncer, e em todos os americanos como ela que necessitavam dessa lei havia muito tempo.

Comemorando a aprovação do Affordable Care Act com a secretária de Saúde e Serviços Humanos, Kathleen Sebelius, e a presidente da Câmara, Nancy Pelosi, a mais vigorosa e hábil estrategista legislativa que conheci. »

Recebendo informes sobre o desastre da Deepwater Horizon durante a viagem à Costa do Golfo. O comandante da Guarda Costeira dos Estados Unidos, almirante Thad Allen (*sentado, à esquerda*), e a administradora da Agência de Proteção Ambiental (EPA) Lisa Jackson (*na extrema direita*), foram membros essenciais da equipe que gerenciou nossa reação ao vazamento de petróleo. »

Uma reunião de cúpula no balanço com Malia, aos onze anos, que sempre tinha muitas coisas a perguntar. Naquele momento, ela queria saber sobre o vazamento de petróleo.

»

Servindo no Conselho de Segurança Nacional com foco especial na prevenção de atrocidades e em direitos humanos, Samantha Power era uma grande amiga — e um termômetro para minha consciência.

Ao receber o prêmio Nobel da paz, não senti que merecia estar na companhia de figuras que haviam gerado profundas transformações. Por essa razão, vi o prêmio como um chamamento à ação.

Com Joe a caminho do local onde assinaríamos a lei da reforma de Wall Street. Mantive minha palavra e garanti que ele seria sempre o último a falar nas reuniões. Em troca, recebi conselhos sábios — e ganhei outro irmão.

31 de agosto de 2010: prestes a anunciar o fim das operações de combate no Iraque da mesma escrivaninha em que o presidente Bush anunciara o início das operações. Levou muito tempo, mas minha promessa foi cumprida.

1º de maio de 2011: observando, com minha equipe de segurança nacional, enquanto os Seals da Marinha invadiam a propriedade onde se encontrava Osama bin Laden. Foi a primeira e única vez em que acompanhei o desenrolar de uma operação militar em tempo real.

Jantar no palácio presidencial em Nova Delhi com o primeiro-ministro Manmohan Singh, um homem sensato e de uma decência incomum. «

» Presidente Mahmoud Abbas, presidente Hosni Mubarak e primeiro-ministro Benjamin Netanyahu verificando seus relógios para ver se o sol se pusera oficialmente. Estávamos no mês muçulmano do Ramadã e precisávamos ter certeza de que o jejum havia terminado antes de nos sentarmos para jantar.

« Me preparando para enfrentar os jornalistas no dia seguinte à derrota retumbante dos democratas nas eleições de meio de mandato de 2010.

Eu valorizava o tempo passado com a família. Uma visita ao Cristo Redentor no Rio de Janeiro se revelou um momento mágico.

Durante oito anos, a caminhada pela colunata oeste emoldurava meu dia — pela manhã o trajeto de um minuto ao ar livre de casa para o escritório, e a volta horas depois.

com que mudasse sua conduta? Isso poria em risco o andamento das negociações para o START? A cooperação russa quanto ao Irã? E, de todo modo, como avaliar esse tipo de barganha? Eu podia dizer a mim mesmo que concessões existiam por toda parte, e que, para conseguir realizar as coisas nos Estados Unidos, foram necessários acordos com políticos com posturas não muito diferentes das de Pútin e cujos padrões éticos nem sempre resistiam a uma segunda avaliação. Mas aqui parecia diferente. O que estava em jogo era maior — dos dois lados da mesa.

Enfim me levantando para falar, enalteci a coragem e a dedicação dos presentes e recomendei que se concentrassem não só na democracia e nos direitos civis, mas também em estratégias concretas para proporcionar empregos, educação, assistência à saúde e moradia decente à população. Me dirigindo aos russos, falei que os Estados Unidos não podiam nem deviam travar batalhas que eram suas, que cabia a eles determinar o futuro da Rússia, mas acrescentei que estaria torcendo por seu sucesso, com a firme convicção de que todos os povos aspiram aos princípios dos direitos humanos, ao império da lei e à autodeterminação.

O salão explodiu em aplausos. McFaul estava radiante. Fiquei contente em conseguir elevar o ânimo, mesmo que por pouco tempo, de boas pessoas que se dedicavam a um trabalho árduo e às vezes perigoso. Acreditava que, mesmo na Rússia, valeria a pena no longo prazo. Mas, mesmo assim, não conseguia me livrar do receio de que o tipo de conduta adotado por Pútin tinha mais força e energia do que eu queria admitir, e que, no mundo em que vivíamos, muitos desses ativistas cheios de esperanças logo poderiam ser marginalizados ou esmagados por seu próprio governo — e que eu não poderia fazer quase nada para protegê-los.

20

Eu me encontrei pessoalmente de novo com Medvedev no final de setembro, quando chefes de governo e de Estado do mundo todo convergiram para Manhattan para a sessão anual de abertura da Assembleia Geral da ONU. "Semana da AGONU", dizíamos nós, e para mim e minha equipe de política externa o período consistia numa corrida de obstáculos durante 72 horas ininterruptas. Com ruas bloqueadas e a segurança reforçada, o trânsito de Nova York estava mais infernal do que nunca, até mesmo para a carreata presidencial. Praticamente todo líder estrangeiro desejava uma reunião, ou ao menos uma foto para o pessoal de casa. Houve consultas com o secretário-geral da ONU, reuniões a presidir, lanches a comparecer, recepções a apresentar, causas a defender, acordos a fechar e inúmeros discursos a escrever — incluindo um importante discurso perante a Assembleia Geral, uma espécie de Estado da União global que, nos oito anos em que trabalhamos juntos, Ben e eu de alguma forma nunca conseguimos terminar de escrever sem que faltassem quinze minutos para eu falar.

Apesar da agenda maluca, a vista da sede da ONU — cujo edifício principal consistia num imponente monólito branco que dava para o East River — sempre me despertava expectativas e esperanças. Atribuía isso à minha mãe. Lembro que, quando era menino, talvez com uns nove ou dez anos, perguntei sobre a ONU, e ela me explicou que, após a Segunda Guerra Mundial, os governantes de todo o mundo tinham concluído que precisavam de um lugar onde pessoas de uma diversidade de países pudessem se encontrar para resolver suas diferenças de maneira pacífica.

"Os seres humanos não são muito diferentes dos animais, Bar", ela me disse. "Temos medo daquilo que não conhecemos. Quando temos medo das outras pessoas e nos sentimos ameaçados, fica mais fácil entrar em guerra e fazer outras idiotices. A ONU permite que os países se encontrem, se conheçam e não tenham tanto medo."

Minha mãe, como sempre, tinha a certeza reconfortante de que, apesar dos impulsos primitivos da humanidade, a razão, a lógica e o progresso acabariam prevalecendo. Depois de nossa conversa, passei a imaginar as idas à ONU como uma espécie de episódio de *Star Trek*, em que americanos, russos, escoceses, africanos e vulcanos exploravam juntos o universo. Ou o "It's a Small World" de um dos parques da Disney, em que um coro de crianças de rostinho redondo, várias cores de pele e trajes coloridos cantava uma alegre melodia. Mais tarde, para um dever de casa, li a Carta das Nações Unidas, de 1945, e fiquei admirado de como seus objetivos coincidiam com o otimismo da minha mãe: "salvar sucessivas gerações do flagelo da guerra", "reafirmar a fé nos direitos humanos fundamentais", "estabelecer condições sob as quais se possa manter a justiça e o respeito pelas obrigações decorrentes de tratados e outras fontes do direito internacional", "promover o progresso social e melhor padrão de vida com maior liberdade".

É desnecessário dizer que nem sempre a ONU se conduziu à altura dessas nobres intenções. Tal como sua infeliz predecessora, a Liga das Nações, a força da Organização das Nações Unidas ia até onde permitiam seus integrantes mais poderosos. Qualquer ação significativa precisava do consenso dos cinco membros permanentes do Conselho de Segurança — os Estados Unidos, a União Soviética (mais tarde Rússia), o Reino Unido, a França e a China —, cada qual com poder de veto absoluto. No meio da Guerra Fria, eram bem pequenas as chances de chegar a algum consenso, e foi por isso que a ONU ficou de braços cruzados quando os tanques soviéticos entraram na Hungria ou quando os aviões americanos lançaram napalm no Vietnã.

Mesmo depois da Guerra Fria, as divisões dentro do Conselho de Segurança continuaram a tolher a capacidade da ONU para lidar com problemas. Os Estados integrantes não dispunham de meios ou não tinham a vontade coletiva de reconstruir países destroçados como a Somália ou de impedir o massacre étnico em lugares como o Sri Lanka. Suas missões de paz, que dependiam das contribuições de tropas voluntárias dos Estados participantes, careciam sistematicamente de pessoal e de equipamentos. De vez em quando, a Assembleia Geral se convertia num fórum de exibicionismo, hipocrisia e condenações unilaterais de Israel; mais de uma agência da ONU veio a se envolver em escândalos de corrupção, enquanto autocracias brutais como o Irã de Khamenei ou a Síria de Assad manobravam para obter assento no Conselho de Direitos Humanos da organização. Dentro do Partido Republicano, a ONU se transformou num símbolo de nefasto globalismo num mundo unificado. Os progressistas lamentavam sua impotência perante a injustiça.

No entanto, eu continuava convencido de que, apesar de todas as deficiências, a ONU desempenhava uma função vital. Seus relatórios e suas descobertas às vezes eram capazes de induzir países a aprimorar suas condutas e fortalecer normas internacionais. Graças ao trabalho da ONU na mediação de conflitos e na manutenção da paz, mais de um cessar-fogo havia sido acordado, conflitos foram evitados e vidas foram salvas. A ONU desempenhou um papel em mais de oitenta ex-colônias antes de se tornarem nações. As agências do órgão ajudaram a tirar milhões de pessoas da pobreza, erradicaram a varíola e praticamente eliminaram a poliomielite e a doença do verme-da-guiné. Sempre que eu percorria o complexo da ONU — minha equipe do Serviço Secreto afastando as multidões de diplomatas e assessores que costumavam aparecer nos longos corredores atapetados para me dar um aceno ou trocar um aperto de mãos, com todos os tons de pele e traços faciais da espécie humana —, lembrava que ali dentro todos os dias havia dezenas e dezenas de homens e mulheres fazendo grandes esforços, tentando convencer os governos a financiar programas de vacinação e escolas para crianças pobres, conclamando o mundo a se unir para impedir o massacre de um grupo minoritário ou o tráfico de mulheres. Pessoas que tinham como referência de vida a mesma ideia que orientava minha mãe, uma ideia sintetizada em dois versos escritos numa tapeçaria na parede do salão abobadado da Assembleia Geral:

Os seres humanos são partes de um todo
Na criação de uma só alma e essência.

Ben me informou que esses versos tinham sido escritos pelo poeta persa Saadi, do século XIII, uma das figuras mais amadas da cultura iraniana. Consideramos isso uma ironia, em vista do tempo que eu dedicava à AGONU tentando refrear o desenvolvimento de armas nucleares no Irã. Pelo visto, Khamenei e Ahmadinejad não tinham a afável sensibilidade do poeta.

Desde que rejeitara minha proposta de conversas bilaterais, o Irã não dera sinal algum de reduzir seu programa nuclear. Seus negociadores continuavam a tergiversar e dificultar as conversas nas sessões com os membros do P5+1, insistindo que as centrífugas e os estoques de urânio enriquecido do Irã se destinavam exclusivamente a fins civis. Essas alegações de inocência eram falsas, mas forneciam à Rússia e à China pretexto suficiente para continuarem impedindo que o Conselho de Segurança avaliasse sanções mais severas contra o regime.

Continuamos insistindo em nossa posição, e alguns novos desdobramentos contribuíram para que a Rússia mudasse de atitude. Primeiro, nossa equipe de controle armamentista, habilmente comandada pelo especialista em não proliferação Gary Samore, trabalhara com a Agência Internacional de Energia Atômica (IAEA) numa proposta nova e criativa com o objetivo de identificar as verdadeiras intenções do Irã. Pela proposta, os iranianos remeteriam seu estoque existente de LEU para a Rússia, que o converteria em HEU; então a Rússia transportaria o HEU para a França, onde o urânio seria convertido numa fonte de energia que atendia às necessidades civis legítimas do Irã, mas sem nenhuma aplicação militar possível. A proposta era uma medida temporária: não alterava a arquitetura nuclear iraniana e não impedia que o Irã viesse a enriquecer mais LEU no futuro. Mas o esvaziamento de seus estoques retardaria a "capacidade de avanço" por até um ano, nos dando tempo para negociar uma solução mais permanente. Um aspecto igualmente importante era que a proposta convertia a Rússia num parceiro essencial na implementação do plano e mostrava a Moscou nossa disposição em esgotar todas as vias razoáveis em relação ao Irã. Durante a AGONU, a Rússia encampou a ideia; chegamos a tratá-la como "a proposta russa". Com isso, quando os iranianos vieram a rejeitar a proposta numa reunião do P5+1, realizada naquele mesmo ano em Genebra, não estavam apenas dando uma banana para os americanos. Estavam também esnobando a Rússia, um dos poucos defensores que lhes restavam.

As fissuras na relação Rússia-Irã se aprofundaram quando forneci a Medvedev e Lavrov informações explosivas do serviço de inteligência, durante uma reunião fechada em paralelo à AGONU: tínhamos descoberto que os iranianos estavam prestes a concluir a construção de uma instalação secreta de enriquecimento de urânio, escondida nas profundezas de uma montanha perto da cidade antiga de Qom. Todos os aspectos dessa instalação — o tamanho, a configuração, a localização numa área militar — indicavam o interesse do Irã em blindar suas atividades contra a detecção e o ataque, o que não condizia com um programa civil. Contei a Medvedev que lhe mostramos as provas antes mesmo de levá-las a público porque não havia mais tempo para meias medidas. Sem a concordância russa para uma reação internacional vigorosa, provavelmente desapareceria a chance de uma solução diplomática com o Irã.

Nossa apresentação pareceu abalar os russos. Em vez de tentar defender as ações do Irã, Medvedev se mostrou desapontado com o regime e reconheceu a necessidade de recalibrar a abordagem do P5+1. Até foi além nos comentários públicos que fez depois, dizendo à imprensa que "as sanções raramente levam a resultados produtivos... mas, em alguns casos, são inevitáveis". A declaração foi uma surpresa agradável para nós, confirmando nossa impressão crescente de que Medvedev era um parceiro confiável.

Decidimos que não revelaríamos a existência da instalação de Qom durante uma reunião do Conselho de Segurança da ONU sobre questões de segurança nuclear, que seria presidida por mim; aquele espaço icônico era um bom palco, mas precisávamos de tempo para informar detalhadamente a AEA e os demais membros do P5+1. Também queríamos evitar comparações com a dramática apresentação — depois desacreditada — de Colin Powell no Conselho de Segurança sobre as armas iraquianas de destruição em massa que precedeu a Guerra do Iraque. Em vez disso, entregamos o material ao *New York Times* pouco antes da data marcada para a reunião do G20 em Pittsburgh.

O efeito foi eletrizante. Jornalistas especulavam sobre possíveis ataques de mísseis israelenses em Qom. Parlamentares exigiam ação imediata. Numa coletiva de imprensa em conjunto com o presidente francês Sarkozy e o primeiro-ministro britânico Brown, enfatizei a necessidade de uma reação internacional vigorosa, mas me abstive de comentar sanções, para não pressionar Medvedev antes que ele tivesse tempo de avaliar a questão com Pútin. Supondo que poderíamos contar com a adesão de Medvedev, nos restava superar apenas um grande obstáculo diplomático: convencer o cético governo chinês a votar por sanções contra um de seus principais fornecedores de petróleo.

"Qual é a probabilidade?", me perguntou McFaul.

"Ainda não sei", respondi. "Está parecendo que é mais difícil evitar do que iniciar uma guerra."

Sete semanas depois, o Air Force One pousou em Beijing para minha primeira visita oficial à China. Fomos instruídos a deixar no avião todos os aparelhos eletrônicos não governamentais e a agir como se todas as nossas comunicações estivessem sendo monitoradas.

A tecnologia chinesa de vigilância, mesmo em outros continentes, era impressionante. Durante a campanha, eles tinham invadido o sistema de computação de nossa sede. (Tomei o fato como sinal de que eu tinha chance de me eleger.) A capacidade dos chineses de converter remotamente qualquer celular num aparelho de gravação era bastante conhecida. No hotel, para fazer telefonemas sobre questões de segurança nacional, eu tinha de ir a uma suíte no final do corredor, equipada com uma Instalação de Informação Sensível Compartimentada (SCIF) — uma grande tenda azul montada no meio do aposento, que emitia um zumbido fantasmagórico e psicodélico e bloqueava qualquer dispositivo de escuta que houvesse por perto. Alguns da nossa equipe se vestiam e até tomavam banho no escuro, para evitar as câmeras escondidas que, era possível supor, tinham sido estrategicamente colocadas em todos os aposentos. (Marvin, por outro lado, disse que fazia questão de andar pelado pelo quarto, com as luzes acesas — se era por orgulho ou como forma de protesto, não ficou totalmente claro.)

De vez em quando, a audácia dos serviços chineses de inteligência beirava o cômico. Numa ocasião, meu secretário do Comércio, Gary Locke, se dirigia para uma sessão de preparativos e percebeu que tinha esquecido alguma coisa na suíte. Ao abrir a porta, viu duas camareiras arrumando a cama, enquanto dois cavalheiros de terno folheavam cuidadosamente seus papéis em cima da mesa. Quando Gary perguntou o que estavam fazendo, os dois passaram por ele sem dizer uma palavra e desapareceram. As camareiras em momento algum ergueram os olhos e simplesmente foram trocar as toalhas no banheiro, como se Gary fosse invisível. Esse episódio fez muita gente em nossa equipe sacudir a cabeça e dar risada, e tenho certeza de que alguém num cargo modesto na hierarquia diplomática acabou dando entrada numa queixa formal. Mais tarde, porém, durante nosso encontro oficial com o presidente Hu Jintao e a delegação chinesa, ninguém mencionou o incidente. Havia muitos assuntos a tratar com os chineses — e nós também os espionávamos bastante — para querermos armar uma cena.

Isso resume bem a situação das relações entre Estados Unidos e China naquela época. À primeira vista, a relação que herdáramos parecia relativamente estável, sem as ruidosas rupturas diplomáticas que víramos com os russos. Desde o começo, Geithner e Hillary haviam se encontrado com autoridades chinesas e formalizado um grupo de trabalho para tratar de vários assuntos de interesse bilateral. Em minhas reuniões com o presidente Hu durante a cúpula do G20 em Londres, faláramos em adotar políticas que beneficiassem ambos os países. Mas, por trás das amenidades diplomáticas, espreitavam as tensões e desconfianças latentes desde longa data — não só em aspectos específicos como o comércio ou a espionagem, mas também em torno da questão fundamental da importância do ressurgimento da China na ordem internacional e da posição dos Estados Unidos no mundo.

Não foi por mera sorte que a China e os Estados Unidos conseguiram evitar o conflito aberto por mais de trinta anos. Desde o início das reformas econômicas e da decisiva abertura da China ao Ocidente, nos anos 1970, o governo chinês seguira fielmente o conselho de Deng Xiao Ping: "Esconda sua força e aguarde com paciência". O governo chinês deu prioridade não a um grande esforço de fortalecimento militar, mas sim à industrialização. Convidou empresas americanas que procuravam mão de obra barata a transferirem suas operações para a China e cultivou relações com sucessivos presidentes dos Estados Unidos para que ajudassem o país a ingressar como membro da OMC, o que aconteceu em 2001, dando à China maior acesso a nossos mercados domésticos. Embora o Partido Comunista Chinês mantivesse controle estrito sobre a política do país, não fazia nenhuma tentativa de exportar sua ideologia; a China mantinha relações comerciais com todos os interessados, fossem democracias ou ditaduras, alardeando como virtude o fato de não julgar como os outros países conduziam seus assuntos internos. Podia se mostrar aguerrida quando achava que suas reivindicações territoriais estavam sendo contestadas, e se melindrava com as críticas ocidentais a seu histórico de direitos humanos. Mas, mesmo em pontos explosivos como as vendas americanas de armas a Taiwan, as autoridades chinesas se empenhavam ao máximo em ritualizar as disputas — registrando seu desprazer com notas oficiais contundentes ou com o cancelamento de reuniões bilaterais, mas nunca deixando as coisas chegarem ao ponto de impedir o fluxo de cargueiros cheios de tênis, aparelhos eletrônicos e peças de automóveis de fabricação chinesa até os portos americanos e o Walmart mais próximo.

Essa paciência estratégica ajudara a China a gerir seus recursos e a evitar aventuras estrangeiras dispendiosas. Também ajudara a dar cobertura às evasões, adaptações ou transgressões sistemáticas de praticamente todas as regras acordadas do comércio internacional durante sua "ascensão pacífica". Por anos o país utilizara subsídios estatais, bem como a manipulação da taxa de câmbio e o dumping comercial, para reduzir artificialmente o preço dos produtos de exportação e minar as operações manufatureiras nos Estados Unidos. A desconsideração pelos critérios trabalhistas e ambientais tinha o mesmo resultado. Enquanto isso, a China usava barreiras não tarifárias, como cotas e embargos; também se envolveu no roubo de propriedade intelectual americana e fazia pressão constante sobre empresas com sede nos Estados Unidos que operavam na China para cederem tecnologias essenciais que ajudassem a acelerar sua ascensão na cadeia de fornecimento global.

Nada disso era exclusividade chinesa. Praticamente todos os países ricos, dos Estados Unidos ao Japão, tinham utilizado estratégias mercantilistas em vários estágios de seu desenvolvimento para impulsionar a economia. E, do ponto de vista da China, os resultados eram incontestáveis: passada apenas uma geração desde a morte de milhões de seus cidadãos em uma epidemia de fome, a China se transformara na terceira maior economia do mundo, respondendo por quase metade da produção mundial de aço, 20% dos bens manufaturados e 40% das roupas compradas pelos americanos.

O que *realmente* surpreendia era a reação nada firme de Washington. No começo dos anos 1990, os líderes sindicais tinham soado o alarme, apontado as práticas comerciais cada vez mais questionáveis da China e obtido o apoio de grande número de parlamentares democratas, sobretudo dos estados do chamado Cinturão da Ferrugem. O Partido Republicano também tinha sua parcela de críticos à China, uma mescla de populistas ao estilo de Pat Buchanan, revoltados com o que consideravam uma lenta rendição dos Estados Unidos a uma potência estrangeira, e de velhos figurões partidários da Guerra Fria, ainda preocupados com o sorrateiro avanço do comunismo.

Mas, com a globalização se convertendo num grande impulso durante os anos de Clinton e Bush, essas vozes se viram em minoria. Havia a perspectiva de fazer enormes fortunas. As corporações americanas e seus acionistas gostaram da redução nos custos da mão de obra e dos lucros gigantescos que resultavam da transferência da produção para a China. Os agropecuaristas gostaram de todos aqueles novos clientes chineses comprando soja e carne de porco. Os escritórios de Wall Street gostaram das dezenas de bilionários chineses querendo investir suas novas riquezas, bem como a legião de advogados, consultores e lobistas agora a serviço da expansão do comércio entre os Estados Unidos e a China. Muito embora a maioria dos parlamentares democratas continuasse descontente com as práticas comerciais chinesas e o governo Bush entrasse com várias queixas contra a China na OMC, quando assumi o cargo já havia se instaurado certo consenso entre os grandes doadores dos partidos e as elites com poder decisório na política externa americana: em vez de apostarem no protecionismo, os Estados Unidos precisavam adotar algumas lições da China. Se quiséssemos continuar no primeiro lugar, precisávamos trabalhar mais, economizar mais, ensinar a nossas crianças mais matemática, mais ciências, mais engenharia — e mandarim.

Minha posição pessoal sobre a China não se encaixava plenamente em nenhum dos lados. Não adotava a oposição instintiva de meus apoiadores sindicalizados ao livre-comércio e não acreditava que conseguiríamos reverter por completo a globalização, assim como seria impossível acabar com a internet. A meu ver, Clinton e Bush tinham agido certo ao incentivar a integração da China à economia global — a história me ensinava que uma China caótica e empobrecida representava aos Estados Unidos uma ameaça maior do que sua prosperidade. Considerava que o êxito da China em retirar centenas de milhões de pessoas da pobreza extrema era uma grande proeza humana.

No entanto, isso não alterava o fato de que, muitas vezes, a atuação da China no sistema comercial internacional também se dera em detrimento dos Estados Unidos. A automação e a robótica avançada podem ter sido as principais culpadas pela diminuição dos empregos na indústria americana, mas as práticas chinesas — com o auxílio da terceirização adotada pelas corporações — tinham acelerado essas perdas. A enxurrada de produtos chineses nos Estados Unidos barateara as TVs de tela plana e ajudara a manter a inflação em níveis baixos, mas à custa do achatamento salarial dos trabalhadores americanos. Eu prometera lutar por um melhor acordo comercial em favor daqueles trabalhadores e pretendia cumprir essa promessa.

Apesar disso, com a economia mundial por um fio, eu precisava avaliar a melhor forma e o melhor momento para isso. Os Estados Unidos tinham mais de 700 bilhões de dólares em dívidas com a China, que por sua vez detinha enormes reservas de moeda estrangeira, se tornando assim uma parceira indispensável para administrar a crise financeira. Para que nosso país e o restante do mundo pudessem sair da recessão, precisávamos que a economia chinesa crescesse, não que se retraísse. A China não mudaria suas práticas comerciais sem uma firme pressão de meu governo; eu precisava apenas garantir que não iniciaríamos uma guerra comercial que lançaria o mundo numa depressão e prejudicaria os mesmos trabalhadores que eu prometera ajudar.

Nos preparativos para a viagem até a China, montei com minha equipe uma estratégia para ajustar um meio-termo entre rigor de mais e rigor de menos. Começaríamos apresentando ao presidente Hu Jintao uma lista de pontos problemáticos que gostaríamos de ver corrigidos dentro de um prazo realista, ao mesmo tempo evitando um confronto público que pudesse aumentar ainda mais o nervosismo dos mercados financeiros. Se os chineses não agissem, aumentaríamos continuamente a pressão pública e adotaríamos medidas de retaliação — num ambiente econômico que, idealmente, não seria mais tão frágil.

Para fazer a China se comportar melhor, também esperávamos conseguir o auxílio de seus vizinhos. Isso daria algum trabalho. Com a total concentração do governo Bush nos problemas no Oriente Médio e também no fiasco de Wall Street, alguns governantes asiáticos tinham passado a questionar a pertinência de uma presença americana na região. Enquanto isso, o grande crescimento econômico da China deixava até mesmo países aliados próximos dos Estados Unidos, como o Japão e a Coreia do Sul, cada vez mais dependentes de seus mercados e cautelosos em criticar seus aspectos negativos. A única coisa que tínhamos a nosso favor era que a China começara em anos recentes a forçar a mão, exigindo concessões unilaterais de parceiros comerciais mais fracos e ameaçando Filipinas e Vietnã pelo controle de diversas ilhotas de valor estratégico no mar da China Meridional. Os diplomatas americanos informavam que crescia o ressentimento diante dessas táticas pesadas — e o anseio por uma presença mais firme dos Estados Unidos como contrapeso ao poderio chinês.

Para aproveitar essa abertura, programamos paradas minhas no Japão e na Coreia do Sul, bem como uma reunião em Cingapura com os dez países que formavam a Associação das Nações do Sudeste Asiático (ASEAN). Nessa viagem, anunciei minha intenção de assumir a batuta de um novo e ambicioso tratado comercial entre os Estados Unidos e a Ásia, que o governo Bush começara a negociar — com ênfase em incluir os tipos de cláusulas trabalhistas e ambientais ausentes de tratados anteriores, como o Nafta, o que havia gerado protestos dos democratas e sindicalistas. Explicamos aos jornalistas que o objetivo geral da "virada para a Ásia", como denominamos mais tarde, não era conter a China nem impedir seu crescimento. Pelo contrário, era reafirmar os laços americanos com a região e fortalecer o mesmo arcabouço do direito internacional que permitira tanto progresso em tão pouco tempo aos países de toda a região do Pacífico asiático — inclusive à China.

Eu duvidava de que os chineses veriam a coisa dessa maneira.

Fazia mais de vinte anos desde a última vez que eu estivera na Ásia. Nossa turnê de uma semana começou por Tóquio, onde fiz um discurso sobre o futuro da aliança entre Estados Unidos e Japão e me reuni com o primeiro-ministro Yukio Ha-toyama para discutirmos sobre a crise econômica, a Coreia do Norte e a proposta de realocação da base naval americana em Okinawa. Homem agradável mas um pouco desajeitado, Hatoyama era o quarto primeiro-ministro do Japão em menos de três anos, e o segundo desde que eu assumira o cargo — um sintoma das políticas ultra-passadas e sem rumo que atrasaram o crescimento do Japão durante grande parte da década. Ele sairia sete meses mais tarde.

Uma breve visita ao imperador Akihito e à imperatriz Michiko no Palácio Im-perial deixou uma impressão mais duradoura. O franzino casal septuagenário me deu as boas-vindas com um inglês impecável, ele usando um terno ocidental e ela um quimono de seda bordada, e eu fiz uma reverência em sinal de respeito. Fui le-vado a uma sala de recepção, de cor creme, parcimoniosamente decorada no esti-lo japonês tradicional, e durante o chá perguntaram sobre Michelle, as meninas e minha impressão sobre as relações entre Estados Unidos e Japão. Tinham manei-ras formais e ao mesmo tempo discretas, as vozes suaves como o tamborilar da chuva, e me vi tentando imaginar a vida do imperador. Como seria, pensei, ter co-mo pai um homem considerado uma divindade, e então se ver obrigado a assumir um trono em larga medida simbólico décadas depois da tremenda derrota do Im-pério nipônico? A história da imperatriz me impressionava ainda mais: filha de um rico industrial, fora educada em escolas católicas e com formação universitária em literatura inglesa; também era a primeira plebeia nos 2600 anos de história do Tro-no do Crisântemo a se casar dentro da família imperial — fato que lhe garantia a estima do povo japonês, mas sabidamente causava tensões com os parentes do ma-rido. Como presente de despedida, a imperatriz me deu uma música que compu-sera para o piano, explicando com surpreendente franqueza que seu amor à músi-ca e à poesia a ajudara a vencer os acessos de solidão.

Mais tarde, fui informado de que a minha simples reverência aos idosos anfi-triões japoneses causara frenesi entre analistas conservadores nos Estados Unidos. Quando um blogueiro obscuro declarou que aquilo era uma "traição", a grande im-prensa repercutiu e amplificou suas palavras. Ao saber disso, visualizei o imperador preso em suas obrigações cerimoniais e a imperatriz com sua beleza delicada se apa-gando e o sorriso tingido de melancolia, e me perguntei em que momento uma par-cela tão considerável da direita americana se tornara tão amedrontada e insegura a ponto de perder toda a sanidade mental.

De Tóquio fui para Cingapura, a fim de me reunir com os líderes dos dez paí-ses da ASEAN. Meu comparecimento não deixava de despertar controvérsia: Mian-mar, um dos membros da ASEAN, era governado havia mais de quarenta anos por uma junta militar repressora, e tanto o presidente Clinton como o presidente Bush tinham declinado convites para reuniões com o grupo enquanto Mianmar estivesse incluído. Mas, a meu ver, desagradar a nove países do Sudeste Asiático para mostrar desaprovação pelo décimo não fazia muito sentido, sobretudo porque os Estados Unidos mantinham relações amistosas com vários países da ASEAN que não eram propriamente modelos de virtude democrática, como Vietnã e Brunei. Quanto a Mianmar, os Estados Unidos já tinham sanções vigentes. Concluímos que nossa melhor chance de influir no governo do país, para além disso, seria mostrar disposição ao diálogo.

O primeiro-ministro de Mianmar era um general vivaz de maneiras afáveis chamado Thein Sein, e meu contato com ele se resumiu a um rápido aperto de mãos e não causou grande alvoroço. Os líderes da ASEAN manifestaram entusiasmo com nossa mensagem de reaproximação, enquanto a imprensa asiática destacava meus laços de infância com a região — algo inédito num presidente americano e evidenciado, segundo os jornais, por meu gosto pela comida popular local e pela minha capacidade de cumprimentar o presidente indonésio em bahasa.

Na verdade, eu tinha esquecido a maior parte do indonésio que falava, e meu domínio da língua se resumia a fazer uma saudação simples e a pedir um cardápio. Mas, apesar da longa ausência, fiquei impressionado ao constatar como o Sudeste Asiático me parecia familiar, com o ar úmido e lânguido, a brisa perfumada de frutas e especiarias, o modo sutilmente contido como as pessoas interagiam. Cingapura, porém, com os amplos bulevares, os jardins públicos e os arranha-céus de escritórios, era muito diferente da antiga colônia britânica de minhas lembranças de infância. Mesmo nos anos 1960, era uma das histórias de sucesso da região — uma cidade-Estado povoada por malaios, indianos e chineses que, graças a uma combinação de políticas de livre mercado, competência burocrática, níveis mínimos de corrupção e um controle político e social notoriamente rígido, se tornara um centro de investimentos estrangeiros. Mas a globalização e as perspectivas mais amplas de crescimento na Ásia tinham contribuído para um desenvolvimento econômico ainda maior do país. Com suas lojas de grife e seus restaurantes elegantes repletos de empresários de terno e jovens na última moda do hip-hop, a riqueza ostentada agora rivalizava com a de Nova York ou Los Angeles.

Em certo sentido, Cingapura continuava a ser uma exceção: a maioria dos outros países da ASEAN ainda enfrentava níveis variados de pobreza estrutural, e seu compromisso com a democracia e o império da lei continuava extremamente irregular. Mas uma coisa pareciam ter em comum: uma mudança na imagem que faziam de si mesmos. As pessoas com quem falei — fossem chefes de Estado, empresários ou ativistas dos direitos humanos — continuavam respeitando o poderio americano. Mas já não viam o Ocidente como o centro do mundo e seus países ocupando sistematicamente papéis secundários. Pelo contrário, se consideravam no mínimo iguais a seus ex-colonizadores, e os sonhos que tinham para seu povo não eram mais limitados pela geografia ou pela questão racial.

Para mim, isso parecia uma coisa boa, uma extensão da crença americana na dignidade de todos e um cumprimento da promessa que havíamos feito ao mundo muito tempo antes: sigam nosso exemplo, liberalizem a economia e, de preferência, o governo também, e assim poderão partilhar de nossa prosperidade. Como o Japão e a Coreia do Sul, um número crescente de países da ASEAN acreditava em nossas palavras. Fazia parte das minhas tarefas como presidente dos Estados Unidos assegurar que jogassem de acordo com as regras — que seus mercados fossem abertos a nós como os nossos eram abertos a eles, que o desenvolvimento deles não se baseasse na exploração de seus trabalhadores nem na destruição do meio ambiente. Desde que a concorrência conosco se desse em termos justos, eu via o progresso do Sudeste Asiático como motivo não de medo, e sim de satisfação para os Estados Unidos. Agora me pergunto se era isso o que os críticos conservadores achavam tão reprensível em minha política externa, se era por isso que algo tão secundário quanto uma reverência ao imperador japonês foi capaz de desencadear tamanha fúria: eu não parecia me sentir ameaçado, como eles, pela ideia de que o resto do mundo estava nos alcançando.

Xangai — nossa primeira parada na China — parecia uma Cingapura anabolizada. Visualmente, era bem o que se esperava: uma grande metrópole moderna, com a cacofonia de 20 milhões de habitantes, cada centímetro fervilhando de lojas, automóveis, guindastes de obras. Enormes barcas e navios carregados de produtos para mercados do mundo inteiro subiam e desciam o Huangpu. Multidões passeavam pela larga calçada junto ao rio, parando volta e meia para admirar os arranha-céus futuristas que se erguiam em todas as direções e à noite ficavam iluminados como a Strip de Las Vegas. Num salão de banquetes profusamente ornamentado, o prefeito da cidade — um membro promissor do Partido Comunista que, com o terno feito sob medida e uma desenvolta sofisticação, de certa forma me lembrava Dean Martin — fez de tudo para organizar um almoço entre nossa delegação e líderes empresariais chineses e americanos, com iguarias finas harmonizadas com vinhos que combinariam com uma elegante recepção de casamento no Ritz. Reggie Love, meu onipresente guarda-costas, ficou muito impressionado com o grupo de atendentes, formado exclusivamente por belas jovens em longos vestidos brancos esvoaçantes, altas e esguias como modelos de passarela.

"Quem diria que comunistas eram assim...", disse ele, sacudindo a cabeça.

A contradição entre a ideologia oficial chinesa e essas ostentações tão vísiveis de riqueza não se fez presente quando estive, naquele mesmo dia, com várias centenas de universitários num centro de reuniões. As autoridades chinesas, cautelosamente cientes do meu hábito de falar de improviso, tinham escolhido os participantes a dedo entre algumas das melhores universidades de Xangai — e, embora fossem corteses e entusiasmados, suas perguntas não tinham aquele caráter inquisitivo e irreverente que eu estava acostumado a ouvir entre os jovens de outros países. (O máximo a que chegaram foi: "Então que medidas tomará para aprofundar essa relação próxima entre cidades dos Estados Unidos e da China?") Fiquei em dúvida se todas as perguntas tinham sido selecionadas de antemão por funcionários do Partido ou se os próprios estudantes preferiram não dizer nada que depois pudesse criar problemas para eles.

Depois de trocar apertos de mãos e conversar um pouco com alguns estudantes no final do encontro, concluí que pelo menos uma parte do firme patriotismo deles não era só fachada. Eram jovens demais para ter vivido os horrores da Revolução Cultural ou presenciado o massacre na praça Tiananmen; esses episódios históricos não eram ensinados na escola, e eu duvidava que os pais comentassem tais coisas com os filhos. Embora alguns universitários chiassem contra a medida do governo de bloquear acesso a sites, o provável é que conhecessem o peso total do aparato repressor chinês apenas de modo abstrato, tão distante de suas experiências pessoais quanto o sistema penal dos Estados Unidos para os jovens brancos dos subúrbios americanos de classe média. Durante toda a vida, eles e suas famílias tinham sido alçados a uma trajetória ascendente por obra do sistema chinês, ao passo que as democracias ocidentais pareciam, pelo menos à distância, empacadas pela ineficiência econômica e pelas inquietações de seus cidadãos.

Era tentador pensar que, com o tempo, esses estudantes mudariam de postura, fosse porque uma diminuição no ritmo de crescimento da China iria criar obstáculos a suas expectativas materiais ou porque, depois de alcançarem certo grau de segurança econômica, começariam a querer aquelas coisas que não são medidas pelo PIB. Mas isso não era nem de longe uma certeza. Na verdade, o êxito econômico da China convertera seu tipo de capitalismo autoritário numa alternativa plausível ao liberalismo de estilo ocidental no espírito dos jovens não só de Xangai, mas em todo o mundo em desenvolvimento. Em última análise, a concepção que promovessem ajudaria a determinar a geopolítica do século seguinte; saí do auditório com a aguda consciência de que conquistar a simpatia dessa nova geração dependia de minha capacidade de mostrar que o sistema americano — democrático, pluralista e fundado nos direitos humanos — ainda era capaz de cumprir a promessa de uma vida melhor.

Beijing não era tão resplandecente quanto Xangai, embora, saindo do aeroporto, tenhamos passado por arranha-céus recém-construídos que pareciam se estender por trinta quilômetros ininterruptos, como se dez Manhattans tivessem sido construídas da noite para o dia. Ao chegarmos ao núcleo central da cidade, os distritos empresariais e os bairros residenciais cediam lugar a imponentes monumentos e edifícios do governo. Como de costume, minha reunião com o presidente Hu Jintao foi de dar sono: qualquer que fosse o tema, ele gostava de ler pilhas de papéis com observações escritas, fazendo pausas constantes para as traduções em inglês que pareciam também preparadas de antemão e, por alguma razão, sempre eram mais longas do que as declarações originais. Na minha vez de falar, ele ficava folheando os papéis, procurando a resposta, qualquer que fosse, que os assessores lhe haviam preparado. As tentativas de quebrar a monotonia com alguma anedota pessoal ou alguma brincadeira ("Me dê o nome do seu empreiteiro", disse eu depois de saber que o Grande Salão do Povo, enorme edifício de colunas, fora construído em menos de um ano) geralmente resultavam num olhar imóvel e vazio, e mais de uma vez fiquei com vontade de sugerir que poupássemos tempo trocando a papelada e lendo mais tarde com calma.

Mesmo assim, o encontro com Hu me permitiu apresentar uma série de indicadores claros das prioridades americanas: administrar a crise econômica e o programa nuclear da Coreia do Norte; a necessidade de resolver pacificamente disputas no mar da China Meridional; o tratamento a dissidentes chineses; nosso avanço para novas sanções contra o Irã. Nesse último item, apelei aos interesses da China, avisando que, sem uma ação diplomática expressiva, nós ou os israelenses poderíamos nos ver forçados a atacar as instalações nucleares iranianas, com consequências muito piores para os suprimentos de petróleo chineses. Conforme o esperado, Hu não se comprometeu com as sanções, mas, a julgar pela mudança em sua linguagem corporal e pelas frenéticas anotações de seus ministros, ele deu atenção ao sério teor da nossa mensagem sobre o Irã.

Adotei a mesma abordagem direta sobre questões comerciais em meu encontro, no dia seguinte, com o premiê Wen Jiabao, que, apesar do título menos graduado, era o principal responsável pelas decisões econômicas. Ao contrário do presidente Hu, Wen parecia se sentir à vontade trocando opiniões espontâneas — e foi muito claro em sua defesa das políticas comerciais da China. "O senhor precisa entender, sr. presidente, que, apesar do que vê em Xangai e Beijing, ainda somos um país em desenvolvimento", disse ele. "Um terço de nossa população ainda vive na pobreza... um número maior do que toda a população dos Estados Unidos. É impossível adotar as mesmas políticas que se aplicam a uma economia altamente avançada como a sua."

Num ponto ele tinha razão: apesar do notável progresso do país, a família média chinesa — sobretudo fora das grandes cidades — ainda tinha uma renda inferior à de todos os americanos, exceto os paupérrimos. Tentei me pôr no lugar de Wen, precisando integrar uma economia encavalada entre o feudalismo e a era da informação, ao mesmo tempo gerando empregos suficientes para atender às demandas de uma população mais numerosa do que as da América do Norte e América do Sul somadas. Eu teria me solidarizado mais se não soubesse que os altos funcionários do Partido Comunista — inclusive Wen — tinham o costume de conceder licenças e contratos estatais a seus parentes e de remeter bilhões de dólares para contas em paraísos fiscais.

Assim, falei a Wen que, em vista dos enormes desequilíbrios comerciais entre nossos países, os Estados Unidos não podiam mais fechar os olhos à manipulação da taxa de câmbio na China nem a outras práticas econômicas injustas; ou a China começava a mudar de procedimento ou teríamos de adotar medidas de retaliação. Ao ouvir isso, Wen tentou outra abordagem, sugerindo que eu lhe desse uma lista de produtos americanos que queríamos que a China comprasse em maior quantidade e ele veria o que seria possível fazer. (E se mostrou particularmente preocupado em incluir itens militares e de alta tecnologia cuja exportação para a China fora proibida pelo governo dos Estados Unidos por razões de segurança nacional.) Expliquei que precisávamos não de concessões avulsas, e sim de uma solução estrutural, e nesse vaivém eu me sentia como se estivesse pechinchando o preço do frango numa banca do mercado, e não negociando uma política comercial entre as duas maiores economias do mundo. Isso me lembrou uma vez mais que, para Wen e os demais governantes chineses, a política externa continuava a ser apenas uma transação comercial. Quanto davam e quanto recebiam não dependia de princípios abstratos de direito internacional, mas da avaliação deles sobre o poder e a posição de vantagem do outro lado. Onde não encontravam resistência, continuavam só tirando sem ceder nada.

Nosso primeiro dia em Beijing terminou com o jantar oficial de praxe, seguido por um programa cultural que incluía ópera chinesa clássica, uma mescla de apresentações de grupos de dança tibetana, uigur e mongol (o mestre de cerimônias foi rápido em observar que todas as minorias eram respeitadas na China, o que decerto constituía uma novidade para os milhares de prisioneiros políticos tibetanos e uigures) e uma versão de "I Just Called to Say I Love You", de Stevie Wonder, pela Orquestra do Exército de Libertação Popular em minha homenagem (o presidente Hu se inclinou para mim e disse: "Sabemos que é sua favorita"). Depois de cinco dias na estrada, com o fuso horário invertido, nosso pessoal estava exausto; na mesa vizinha à nossa, Larry Summers dormia um sono profundo, de boca aberta e cabeça caída para trás, o que levou Favs a disparar um e-mail para o grupo: "Parece que ALGUÉM anda precisando de um segundo pacote de incentivos".

Grogues de sono, mas muito decididos, todos (inclusive Larry) tentaram vencer o jet lag no dia seguinte para ir visitar um trecho da Grande Muralha, não muito longe dali. Fazia um dia frio, com o vento cortante, o sol uma vaga mancha indistinta no céu cinzento, e ninguém falou muito enquanto subíamos penosamente pelas rampas íngremes de pedra que serpenteavam pela crista da montanha. Algumas partes da Grande Muralha existiam desde 200 a.C., explicou o guia, mas a seção em que estávamos era do século xv, um esforço da dinastia Ming para impedir as invasões mongóis e manchus. A muralha resistira por séculos. Isso levou Reggie a me perguntar como a dinastia Ming finalmente terminou.

"Conflitos internos", respondi. "Lutas pelo poder, corrupção, camponeses passando fome porque os ricos ficaram gananciosos ou simplesmente nem se importavam..."

"Ah, o de sempre", disse Reggie.

"O de sempre", assenti.

A presidência muda nosso horizonte temporal. Raramente nossos esforços dão frutos imediatos: os problemas que aparecem em nossa mesa, em sua maioria, têm uma escala grande demais para isso, e há muitas variáveis em jogo. Aprendemos a medir nosso avanço em passos menores — podemos levar meses para dar cada um deles, dos quais nenhum merece grande atenção do público — e a nos resignar em saber que podemos levar um ano, dois anos ou mesmo o mandato inteiro para alcançar, se alcançarmos, nosso objetivo final.

Em nenhuma área isso se revela com tanta clareza como na condução da política externa. Assim, no primeiro semestre de 2010, quando começamos a ver resultados de algumas de nossas principais iniciativas diplomáticas, fiquei bastante animado. Tim Geithner informou que os chineses tinham discretamente começado a deixar que sua moeda se valorizasse. Em abril, voltei a Praga, onde o presidente russo Medvedev e eu realizamos uma cerimônia de assinatura do Novo START, que reduziria em um terço o número de ogivas nucleares de cada participante, com rigorosos mecanismos de inspeção para assegurar o cumprimento dos termos do acordo.

E em junho, com os votos fundamentais da Rússia e da China, o Conselho de Segurança da ONU aprovou a Resolução 1929, impondo novas sanções sem precedentes ao Irã, inclusive a proibição de vendas de armas, a suspensão de novas atividades financeiras internacionais de bancos iranianos e amplos poderes para barrar qualquer transação comercial que pudesse ajudar o país a expandir seu programa de armas nucleares. Levaria uns dois anos até que o Irã sentisse plenamente os efeitos, mas, junto a uma nova série de sanções por parte dos Estados Unidos, agora tínhamos os instrumentos de que precisávamos para barrar o crescimento econômico iraniano enquanto seu governo não concordasse em negociar. Isso me deu também um poderoso argumento para recomendar paciência nas conversações com os israelenses e outros, que viam a questão nuclear como pretexto muito conveniente para um confronto militar entre Estados Unidos e Irã.

A participação da Rússia e da China acontecera graças a um esforço em equipe. Hillary e Susan Rice passaram horas incontáveis adulando, encantando e às vezes ameaçando autoridades russas e chinesas. McFaul, Burns e Samore deram um fundamental apoio técnico e estratégico, nos ajudando a vencer ou contornar qualquer objeção que os negociadores pudessem apresentar. E minha relação com Medvedev se revelou decisiva para finalmente estabelecermos as sanções. Em cada cúpula internacional a que eu comparecia, arranjávamos um tempo para estudar maneiras de destravar impasses nas negociações; à medida que se aproximava o momento da votação do Conselho de Segurança, parecia até que conversávamos toda semana pelo telefone ("Nossos ouvidos começam a doer", gracejou ele no final de uma maratona). Volta e meia, Medvedev acabava avançando mais do que Burns ou McFaul tinham julgado possível, em vista dos duradouros laços entre Moscou e o Irã e dos milhões que os fabricantes de armas russos bem relacionados perderiam após a implantação das novas sanções. Em 9 de junho, dia da votação do Conselho de Segurança, Medvedev nos surpreendeu uma vez mais, anunciando o cancelamento das vendas de mísseis S-300 ao Irã, numa inversão não só de sua posição anterior, mas também da postura de Pútin. Como compensação de alguns dos prejuízos, concordamos em suspender sanções vigentes sobre várias empresas russas que tinham previamente vendido armas ao Irã; também me comprometi em acelerar as negociações para o protelado ingresso da Rússia na OMC. Além disso, ao se alinhar conosco no trato com o Irã, Medvedev se mostrava disposto a apostar sua presidência numa relação mais próxima com os Estados Unidos — sinal promissor para futura colaboração em nossas outras prioridades internacionais, como eu disse a Rahm, "desde que Pútin não corte as asinhas dele".

A aprovação das sanções, a assinatura do Novo START, certa movimentação da China para melhorar suas práticas comerciais: não eram vitórias que mudariam o mundo. Certamente nenhuma merecia um prêmio Nobel — embora, se tivessem acontecido uns oito ou nove meses antes, talvez eu me sentisse um pouco menos encabulado ao receber a honraria. Eram, no máximo, alguns tijolos em uma construção, alguns passos numa longa estrada inexplorada. Conseguiríamos criar um futuro sem armas nucleares? Impediríamos outra guerra no Oriente Médio? Haveria maneiras de coexistir pacificamente com nossos mais temíveis rivais? Nenhum de nós tinha essas respostas — mas, pelo menos por ora, parecia que estávamos avançando nesse sentido.

21

Uma noite, durante o jantar, Malia me perguntou o que eu ia fazer em relação aos tigres.

"Como assim, querida?"

"Bom, você sabe que são meus animais preferidos, né?"

Anos antes, em nossa visita natalina anual ao Havaí, minha irmã Maya tinha levado Malia, então com quatro anos de idade, ao Zoológico de Honolulu. Era um lugar pequeno, mas encantador, localizado em um cantinho do parque Kapiʻolani, perto do vulcão Diamond Head. Quando menino, eu passara muitas horas ali, subindo nas figueiras asiáticas, dando de comer aos pombos que andavam pela grama, gritando para os gibões encarapitados no alto dos cercados de bambu. Durante a visita, Malia ficara fascinada por um dos tigres, e a tia lhe comprara um tigrinho de pelúcia na loja de lembranças. O "Tigre" tinha patas gordas, uma barriga redonda e um sorriso inescrutável de Mona Lisa e se tornou companhia inseparável de Malia — se bem que, na época em que fomos para a Casa Branca, a pelagem dele estivesse um tanto gasta, depois de sobreviver a respingos de comida e a múltiplos banhos, e após ser quase extraviado nas vezes em que ela dormia fora e sofrer um rápido sequestro pelas mãos de um primo traquinas.

Eu tinha xodó pelo Tigre.

"Bom", prosseguiu Malia, "fiz um trabalho para a escola sobre os tigres, e eles estão perdendo seu habitat porque as pessoas estão derrubando as florestas. E a situação vem piorando, porque o planeta está ficando mais quente por causa da poluição. Além disso, as pessoas matam eles e vendem a pele, os ossos e tudo o mais. Então os tigres vão ser extintos, o que seria terrível. E, como você é o presidente, devia tentar salvá-los."

Sasha concordou:

"Você precisa fazer alguma coisa, papai."

Olhei para Michelle, que assentiu:

"*Você* é o presidente", disse ela.

* * *

O fato é que eu me sentia grato por minhas meninas não se intimidarem em apontar a responsabilidade dos adultos em ajudar a preservar a saúde do planeta. Embora sempre tenha morado em cidades, muitas de minhas melhores lembranças remetem a espaços ao ar livre. Em parte, isso se deve a minha criação no Havaí, onde os passeios pelas florestas luxuriantes das montanhas ou os mergulhos à tarde nas ondas turquesa do mar são direitos de nascença, tão simples quanto sair na rua — prazeres que não custavam nada, não pertenciam a ninguém e eram acessíveis a todos. O tempo que passei na Indonésia, correndo pelos terrenos alagados dos arrozais enquanto os búfalos me olhavam erguendo o focinho enlameado, havia reforçado meu gosto pelos espaços abertos; da mesma forma que as viagens que fiz quando tinha vinte anos, época em que — graças à falta de laços que me prendessem e à tolerância por alojamentos baratos — tive ocasião de percorrer as trilhas dos Apalaches, de descer o Mississippi numa canoa a remo e de assistir ao nascer do sol no Serengeti.

Minha mãe reforçava esse gosto pelo mundo natural. Na grandiosidade de suas formas — o esqueleto de uma folha, as atividades de um formigueiro, a alvura cintilante de uma lua cheia —, ela sentia o assombro e a humildade que outros reservavam para a devoção religiosa, e Maya e eu, ainda novos, ouvíamos seus ensinamentos sobre os estragos que os seres humanos podiam infligir à natureza quando construíam cidades, perfuravam poços de petróleo ou jogavam fora o lixo sem maiores cuidados ("Recolha esse papel de bala, Bar!"). E também frisava que as consequências desses danos geralmente recaíam sobre os pobres, que não podiam escolher onde morar nem se proteger do ar poluído e da água contaminada.

Mas, embora minha mãe fosse uma ambientalista de coração, não me lembro de nenhuma vez em que tenha se designado dessa forma. Devia ser porque havia passado grande parte de sua carreira trabalhando na Indonésia, onde os perigos da poluição pareciam muito pequenos em comparação a riscos mais imediatos — a fome, por exemplo. Para milhões de aldeões pobres que viviam nos países em desenvolvimento, a chegada de um gerador elétrico a carvão ou uma fábrica nova, apesar de emitirem densas colunas de fumaça, era a melhor via para terem uma renda melhor e um trabalho menos extenuante. Para eles, a preocupação em preservar as paisagens naturais e a vida selvagem exótica era um luxo que só os ocidentais podiam se permitir.

"Não tem como salvar as árvores ignorando as pessoas", dizia minha mãe.

Essa percepção — a de que, para grande parte da humanidade, a preocupação com o meio ambiente só vinha depois de atendidas suas necessidades materiais básicas — permaneceu comigo. Anos depois, como líder comunitário, ajudei a mobilizar os moradores do programa habitacional público a insistirem na remoção do amianto das construções de seu bairro; no senado estadual, eu era um candidato suficientemente "verde" para que a Liga dos Eleitores Preservacionistas me endossasse quando concorri ao Senado federal. No Capitólio, critiquei as tentativas do governo Bush de enfraquecer várias leis antipoluição e promovi as tentativas de preservar os Grandes Lagos. Mas em momento nenhum de minha carreira política tomei as questões ambientais como bandeira principal. Não porque não me parecessem importantes, mas porque, para meus eleitores, muitos deles da classe trabalhadora, a má qualidade do ar ou a rede de escoamento industrial estavam em segundo plano, sendo mais importantes os avanços em setores como habitação, educação, assistência à saúde e emprego. Imaginei que outros podiam se preocupar com as árvores.

A nefasta realidade das mudanças climáticas me obrigou a ver a situação de outra perspectiva.

A cada ano, o prognóstico parecia piorar, à medida que uma nuvem sempre crescente de dióxido de carbono e outros gases que contribuem para o efeito estufa — emitidos por usinas de geração de energia, fábricas, carros, caminhões, aviões, pecuária em escala industrial, desmatamento e todos os outros sinais característicos do crescimento e da modernização — colaborava para novos recordes de temperatura. Na época em que disputei a presidência, o claro consenso entre os cientistas era de que, à falta de uma vigorosa ação internacional unificada para reduzir as emissões, as temperaturas globais estavam fadadas a aumentar, em poucas décadas, mais dois graus Celsius. A partir desse ponto, o planeta poderia sofrer uma aceleração no degelo das calotas polares, na elevação do nível dos oceanos e no rigor das estações, e a partir desse ponto não havia retorno possível.

Era difícil prever os custos humanos de uma mudança climática acelerada. Mas as melhores estimativas falavam numa pavorosa combinação de grandes inundações costeiras, secas, incêndios e furacões que desalojariam milhões de pessoas e ultrapassariam a capacidade de reação da maioria dos governos. Isso, por sua vez, aumentaria os riscos de um conflito global e de doenças transmitidas por insetos. Lendo a respeito, visualizei longas caravanas de almas perdidas vagando por uma terra arrasada em busca de áreas cultiváveis, catástrofes reiteradas na escala de um furacão Katrina por todos os continentes, nações insulares tragadas pelo mar. Me perguntei o que aconteceria com o Havaí, com as grandes geleiras do Alasca ou com a cidade de New Orleans. Imaginei Malia, Sasha e meus netos vivendo num mundo mais duro e mais perigoso, sem muitas daquelas maravilhosas paisagens que, durante minha infância e adolescência, me pareciam inabaláveis.

Concluí que, se eu pretendia comandar o mundo livre, teria de tomar a mudança climática como uma prioridade de campanha e de presidência.

Mas como? O aquecimento global é uma daquelas questões que os governos têm notória dificuldade de enfrentar, exigindo políticos que implantem *de imediato* programas caros, impopulares e incômodos para evitar uma longa e demorada crise no futuro. Graças ao trabalho de alguns líderes com visão ampla, como o ex-vice-presidente Al Gore, cujo empenho em instruir o público sobre o aquecimento global lhe valera um prêmio Nobel da paz e que se mantinha atuante na luta para reduzir as mudanças climáticas, aos poucos a conscientização vinha aumentando. Eleitores mais jovens e mais progressistas tinham especial receptividade aos apelos à ação. Apesar disso, importantes grupos de interesse democratas — em especial os grandes sindicatos industriais — resistiam a qualquer medida ambiental que pudesse ameaçar os empregos de seus filiados; nas pesquisas de opinião que fizemos no início de minha campanha, o eleitor democrata médio colocava as mudanças climáticas entre as últimas preocupações de suas listas.

Os eleitores republicanos eram ainda mais céticos. Houve um tempo em que o papel do governo federal na proteção ambiental contara com o apoio dos dois partidos. Richard Nixon trabalhara com um Congresso de maioria democrata para criar a Agência de Proteção Ambiental (EPA) em 1970. George H. W. Bush defendera o fortalecimento da Lei do Ar Limpo em 1990. Mas aqueles eram outros tempos. Quando as bases eleitorais do Partido Republicano passaram a se concentrar no Sul e no Oeste, onde os esforços conservacionistas vinham irritando havia tempos as empresas de perfuração de poços de petróleo, os interesses das mineradoras, os incorporadores imobiliários e os fazendeiros, o partido transformou a proteção ambiental em mais uma frente na guerra cultural partidária. Os veículos de comunicação conservadores apresentavam o aquecimento global como uma invencionice geradora de desemprego, criado por extremistas amantes de árvores. O grupo das grandes petrolíferas destinou milhões de dólares a uma rede de *think tanks* e de empresas de relações públicas com vistas a encobrir os fatos sobre as mudanças climáticas.

Em contraste com seu pai, George W. Bush e integrantes de seu governo minimizavam ativamente as provas da elevação da temperatura do planeta e se negavam a participar dos esforços internacionais em reduzir os gases que contribuem para o efeito estufa, apesar do fato de que os Estados Unidos, durante a primeira metade de seu mandato, figurassem como o maior emissor mundial de dióxido de carbono. Quanto aos parlamentares republicanos, o mero reconhecimento de mudanças climáticas por obra humana despertava a desconfiança dos ativistas do partido; se alguém sugerisse alterações na política ambiental para lidar com o fato, podia ser implacavelmente transformado em adversário.

"Somos como os democratas pró-vida", me disse certa vez, com pesar, um ex-colega republicano de Senado, com um histórico de votos nominalmente pró-ambientais. "Logo estaremos extintos."

Perante tais realidades, minha equipe e eu nos empenháramos ao máximo em destacar as mudanças climáticas durante a campanha sem sacrificar muitos votos. Me manifestei logo em favor de um ambicioso sistema de "mercado de carbono" para reduzir a emissão de gases que contribuem para o efeito estufa, mas evitando entrar em detalhes que pudessem proporcionar a futuros oponentes um flanco aberto para ataques. Nos discursos, eu minimizava o conflito entre ações para reduzir as mudanças climáticas e o crescimento econômico, e fiz questão de ressaltar os benefícios não ambientais de aprimorar a eficiência energética, inclusive seu potencial de diminuir nossa dependência do petróleo estrangeiro. E, num aceno aos centristas, prometi uma política energética "com todos os itens acima" que permitiria prosseguir no desenvolvimento da produção nacional de gás e petróleo enquanto o país fazia a transição para a energia limpa, ao mesmo tempo investindo em produção de etanol, em tecnologias sem carvão e em energia nuclear — posições impopulares entre os ambientalistas, mas de grande importância para os estados com eleitorado dividido.

Minha fala otimista sobre uma transição indolor para um futuro sem emissão de carbono gerou um burburinho entre alguns ativistas ambientais. Eles esperavam que eu conclamasse a um sacrifício maior e a escolhas mais difíceis — inclusive uma suspensão ou a pura e simples proibição da extração de gás e petróleo — para fazer frente a uma situação que ameaçava a existência da humanidade como um todo. Num mundo inteiramente racional, isso até faria sentido. Mas, no mundo real e irracional da política americana, minha equipe e eu tínhamos certeza de que pintar o cenário de um juízo final não seria uma boa estratégia eleitoral.

"Não vamos fazer nada para proteger o meio ambiente", rosnara Plouffe ao ser indagado por um grupo de defensores da causa, "se perdermos Ohio e a Pensilvânia!"

Com a economia em frangalhos, o ambiente para a ação política em torno das mudanças climáticas na verdade piorou após a eleição (Axe não teve papas na língua: "Se o cara vai perder a casa, ele não está nem aí para painel de energia solar"), e a imprensa especulou se não iríamos discretamente deixar a questão em banho-maria. Isso nunca me passou pela cabeça, o que imagino que pode dar uma ideia não só da importância do problema, mas também de minha presunção na época. Pelo contrário, disse a Rahm que colocasse o aquecimento global no mesmo nível de prioridade da assistência à saúde e começasse a montar uma equipe capaz de avançar com nossa pauta.

Tivemos um bom começo ao convencer Carol Browner — que comandara a EPA durante o governo Clinton — para ocupar na Casa Branca o cargo recém-criado de "conselheira do clima", coordenando nossas iniciativas entre agências de importância crucial. Alta, espigada, com uma encantadora mescla de energia constante e entusiasmo do tipo "dá para fazer", Carol tinha íntimo conhecimento da questão, contatos em todo o Capitólio e credibilidade junto a todos os principais grupos ambientais. Para comandar a EPA, nomeei Lisa Jackson, uma engenheira química afro-americana que passara quinze anos na agência e depois se tornou a comissária de proteção ambiental do estado de Nova Jersey. Era uma profissional experiente no trato com a política, com todo o encanto e o bom humor de uma nativa de New Orleans. Para entender plenamente as questões científicas na transformação do setor energético americano, contávamos com meu secretário de Energia, Steven Chu — físico de Stanford ganhador do prêmio Nobel e antigo diretor do renomado Laboratório Nacional Lawrence Berkeley, da Califórnia. Steven era a imagem do típico acadêmico, com óculos com armação metálica e um ar sério, mas levemente distraído, e mais de uma vez os assistentes tiveram de revirar a área da Casa Branca, pois ele esquecera sua agenda e fora passear na hora em que íamos começar uma reunião. Mas era competente como indicava seu currículo, com um dom especial de explicar questões de alta complexidade técnica em termos que seres menos inteligentes, como eu, de fato conseguiam entender.

Com Carol comandando os trabalhos, nosso grupo de estudos e análises da mudança climática propôs uma pauta política abrangente que incluía, entre outras medidas, estabelecer um preço alto para as emissões de carbono, o que — se desse certo — poderia reduzir em 80% as emissões de gases que contribuem para o efeito estufa até 2050. Não seria suficiente para impedir que a temperatura do planeta subisse mais do que dois graus Celsius, mas pelo menos manteria a pauta viva e proporcionaria uma plataforma para reduções mais drásticas ao longo do tempo. Outro aspecto igualmente importante era que o estabelecimento de uma meta ambiciosa, mas realista, colocaria os Estados Unidos em posição de pressionar outros grandes emissores do mundo — em especial a China — a seguirem nosso exemplo. O objetivo era negociar e assinar um grande acordo climático internacional antes do final de meu mandato. Começamos com a Lei de Recuperação, por entender que tínhamos a possibilidade de usar as verbas de incentivo para transformar o setor energético, investindo em pesquisa e desenvolvimento de fontes renováveis que levariam a uma acentuada redução no custo da energia solar e eólica. Nosso cálculo era simples: para atingirmos nossas metas de redução de gases que contribuem para o efeito estufa, teríamos de substituir gradualmente os combustíveis fósseis na economia americana — o que só poderíamos fazer se tivéssemos alternativas eficientes.

Vale lembrar que, em 2009, os carros elétricos ainda eram novidade. Os fabricantes de painéis solares atendiam somente a um nicho do mercado. E a energia solar e eólica respondia apenas por uma pequena fração do total de eletricidade disponível nos Estados Unidos — tanto porque ainda era mais cara do que a energia de termelétricas movidas a carvão e a gás, como porque havia questões concretas sobre sua confiabilidade na ausência de sol ou vento. Os especialistas se diziam seguros de que os custos continuariam a baixar à medida que aumentasse a produção de geradores de energia limpa, e que o desenvolvimento de tecnologias de baterias de armazenamento poderia resolver o problema da confiabilidade. Mas a construção de usinas, bem como o processo de pesquisa e desenvolvimento de novas tecnologias, demandava muito dinheiro, e nem os investidores do setor privado nem as grandes empresas de eletricidade tinham mostrado muita vontade de fazer apostas que pareciam arriscadas. Muito menos em um momento em que mesmo as empresas mais bem-sucedidas do setor de energia limpa lutavam para não fechar as portas.

Na verdade, praticamente todas as empresas de energia renovável, desde fabricantes de veículos avançados a produtores de biocombustível, enfrentavam o mesmo dilema: por melhor que fosse sua tecnologia, ainda tinham de operar numa economia que, por mais de um século, se construíra quase exclusivamente em torno do petróleo, do gás e do carvão. Essa desvantagem estrutural não era mero resultado das forças do livre mercado. Os governos municipais, estaduais e federais tinham investido trilhões de dólares — fosse com subsídios diretos e isenções fiscais, fosse em obras de infraestrutura, como gasodutos, estradas e terminais portuários — para ajudar a manter o fornecimento constante e a demanda contínua de combustíveis fósseis baratos. As petrolíferas americanas estavam entre as corporações mais lucrativas do mundo, e mesmo assim continuavam a receber anualmente milhões de dólares em deduções fiscais federais. Para ter chance de competir, o setor de energia limpa precisava de um grande impulso.

Era essa expectativa que tínhamos com a Lei de Recuperação.

Dos quase 800 bilhões de dólares disponíveis para incentivos, dirigimos mais de 90 bilhões para iniciativas de todo o país na área de energia limpa. No prazo de um ano, uma usina da Maytag em Iowa, que eu visitara durante a campanha e fechara por causa da recessão, voltara a operar fabricando turbinas eólicas de última geração. Fornecemos fundos para a construção de uma das maiores fazendas de vento do mundo. Garantimos subsídios para o desenvolvimento de novos sistemas de baterias de armazenamento e preparamos o mercado para caminhões, ônibus e carros elétricos e híbridos. Financiamos programas para tornar edifícios e empresas mais eficientes no uso de energia, e colaboramos com o Tesouro para converter os créditos fiscais federais para energia limpa então vigentes num programa de pagamentos diretos. No Departamento de Energia, utilizamos verbas da Lei de Recuperação para lançar a Agência de Projetos de Pesquisa Avançada de Energia (ARPA-E), um programa de pesquisas de alto risco e alta compensação aos moldes da famosa Agência de Projetos de Pesquisa Avançada de Defesa (DARPA), que o Departamento de Defesa criou após o Sputnik, ajudando a desenvolver não só sistemas armamentistas avançados, como a tecnologia que impede que certos aviões de guerra não sejam detectados por radares, mas também uma versão inicial da internet, a ativação automática por voz e o GPS.

Era algo empolgante — embora fosse quase inevitável que, nessa nossa busca de inovações energéticas capazes de mudar o quadro geral, alguns investimentos da Lei de Recuperação não dessem certo. O prejuízo mais visível se deu numa decisão de prorrogar um programa de empréstimos do Departamento de Energia, iniciado durante o governo Bush, que oferecia capital de giro de longo prazo a empresas promissoras de energia limpa. O Programa de Garantia de Empréstimo do Departamento de Energia, em seu conjunto, resultaria num histórico de desempenho impressionante, ajudando companhias inovadoras, como a fabricante de veículos Tesla, a passar para o nível seguinte. A taxa de juros dos empréstimos era de meros 3%, e a ideia era de que a soma de sucessos do programa mais do que compensaria um ou outro fracasso.

Infelizmente, um dos maiores calotes se deu sob minha gestão: um enorme empréstimo de 535 milhões de dólares para uma fabricante de painéis solares chamada Solyndra. A empresa patenteara uma tecnologia então considerada revolucionária, mas é claro que o investimento tinha riscos. Quando os chineses passaram a inundar os mercados com seus painéis solares maciçamente subsidiados e de baixo preço, a Solyndra começou a cambalear, e em 2011 faliu. Em vista do tamanho do calote — isso sem mencionar que minha equipe programara uma visita minha às instalações da companhia na Califórnia bem no momento em que começavam a tocar os primeiros sinais de alarme financeiro —, a Solyndra virou um pesadelo de relações públicas. A imprensa passaria semanas dando destaque à pauta. Os republicanos adoraram.

Tentei manter a calma e seguir em frente. Repeti a mim mesmo que o fato de nunca nada funcionar exatamente de acordo com os planos era algo que fazia parte da presidência. Mesmo iniciativas de sucesso — bem executadas e com a mais pura das intenções — costumavam trazer alguma falha oculta ou consequência inesperada. Fazer as coisas significava se sujeitar a críticas, e a alternativa — apostar no que fosse seguro, evitar controvérsias, seguir as pesquisas de opinião — era não só uma receita de mediocridade, mas uma traição das esperanças daqueles cidadãos que haviam me dado seu voto.

Mesmo assim, com o passar do tempo, eu não conseguia deixar de fumegar de raiva (às vezes até me imaginava realmente soltando fumaça pelos ouvidos, como num desenho animado) com o destaque dado ao fracasso da Solyndra, obscurecendo o notável sucesso da Lei de Recuperação em dinamizar o setor de energia de fontes renováveis. Mesmo no primeiro ano da lei, nossa "aposta em energia limpa" começara a revigorar a economia, a criar empregos, a gerar uma arrancada na produção de energia solar e eólica, além de um salto na eficiência energética, e a mobilizar todo um arsenal de novas tecnologias para ajudar no combate às mudanças climáticas. Discursei pelo país afora, explicando a importância de tudo isso. Sentia vontade de gritar: "Está funcionando!". Mas, fora os ativistas ambientais e as empresas de energia limpa, ninguém parecia ligar muito. Bom saber, disse um executivo, que sem a Lei de Recuperação "toda a indústria solar e eólica americana provavelmente acabaria". Isso não impedia de me perguntar por quanto tempo conseguiríamos continuar a promover políticas benéficas no longo prazo, mas que, de uma forma ou de outra, acabava nos tornando alvos de ataques.

Nosso investimento em energia limpa era apenas o primeiro passo para alcançar nossas metas de emissão de gases que contribuem para o efeito estufa. Também queríamos mudar os hábitos cotidianos de consumo de energia nos Estados Unidos, quer isso significasse que as empresas repensariam como aquecer e resfriar suas instalações ou que as famílias optariam pelo "verde" no próximo carro que comprassem. Esperávamos conseguir algo nesse sentido com uma lei sobre mudanças climáticas que destinasse incentivos para a energia limpa em toda a economia. Mas, segundo Lisa e Carol, não precisávamos esperar a ação do Congresso para alterar pelo menos uma parte do comportamento das empresas e dos consumidores. Bastava utilizarmos plenamente os poderes reguladores de que dispúnhamos na legislação em vigor.

Entre eles, o mais importante consistia na Lei do Ar Limpo, o marco legislativo de 1963 que autorizava o governo federal a monitorar a poluição atmosférica, levando nos anos 1970 ao estabelecimento de critérios passíveis de implantação. Segundo a lei, que fora reconfirmada no Congresso com o apoio dos dois partidos em 1990, cabia à EPA estabelecer "por regulação" critérios para reduzir emissões de automóveis que "ao [seu] juízo causam ou contribuem para a poluição atmosférica que se pode razoavelmente prever que colocarão riscos à saúde ou bem-estar público".

Para quem acreditava na ciência climática, não havia discussão de que o dióxido de carbono que saía do escapamento dos carros era um agente poluente da atmosfera. Pelo visto, não era o caso do administrador da EPA no governo Bush (ou seja, acreditar na ciência). Em 2003, ele determinou que a Lei do Ar Limpo não tinha como intenção dar à agência autoridade para regular os gases que contribuem para o efeito estufa — e, mesmo que fosse o caso, *ainda assim* não utilizaria a lei para mudar os critérios de emissão. Vários estados e organizações ambientalistas entraram com ações judiciais, e na decisão de 2007 do caso Massachusetts vs. EPA, a Suprema Corte dos Estados Unidos decidiu por estreita maioria que a EPA do presidente Bush deixara de aplicar um "juízo fundamentado" com base na ciência ao emitir sua determinação, e mandou a agência refazer sua lição de casa.

Nos dois anos seguintes, o governo Bush não moveu uma palha, mas agora estávamos em condições de cumprir a decisão da Suprema Corte. Lisa e Carol recomendaram que reuníssemos as provas científicas, emitíssemos uma decisão de que os gases que contribuem para o efeito estufa estavam sujeitos à regulação da EPA e utilizássemos imediatamente essa autoridade para elevar os critérios de eficiência de combustível para todos os carros e caminhões fabricados ou vendidos nos Estados Unidos. As circunstâncias não podiam ser mais favoráveis para esse tipo de regulamentação: embora as montadoras americanas e os sindicalistas do United Auto Workers (UAW) geralmente fossem contrários a critérios mais rigorosos de eficiência de combustível, minha decisão de continuar a destinar bilhões em verbas do Tarp para manter a indústria automobilística de pé os tornara "mais receptivos", como Carol colocou com toda a delicadeza. Segundo Lisa, se agíssemos depressa, conseguiríamos ter o regulamento em vigor antes que as fábricas lançassem os modelos do ano seguinte. A queda resultante no consumo de gasolina nos Estados Unidos poderia economizar cerca de 1,8 bilhão de barris de petróleo e reduzir em 20% nossas emissões de gases que contribuem para o efeito estufa; também estabeleceríamos um bom precedente para que a EPA regulasse outras fontes de emissões prejudiciais ao meio ambiente em anos futuros.

Para mim, não havia nem o que pensar — embora Rahm e eu concordássemos que, mesmo com os fabricantes de automóveis ao nosso lado, o decreto da EPA com novos padrões de consumo de combustível geraria grandes atritos políticos. Afinal, os líderes do Partido Republicano consideravam a redução das regulações federais prioridade máxima, só comparável à redução dos impostos sobre os ricos. Grupos empresariais e grandes doadores conservadores, como os irmãos Koch, tinham investido maciçamente numa campanha de décadas para demonizar a palavra "regulação"; não se encontrava uma página do editorial do *Wall Street Journal* sem algum ataque a um desenfreado "Estado regulador". Para a plateia antirreguladora, os prós e os contras de padrões mais altos de consumo de combustível importavam menos do que a carga simbólica de uma nova regra: mais um exemplo dos burocratas não eleitos de Washington tentando controlar cada detalhe da vida das pessoas, sugar a vitalidade econômica dos Estados Unidos, violar os direitos de propriedade privada e solapar a concepção de governo representativo dos Pais Fundadores.

Eu não dava muita importância a esses argumentos. Já na Era do Progresso (1890-1920), os trustes do petróleo e os monopólios ferroviários usavam linguagem semelhante para investir contra as tentativas do governo em afrouxar o controle que impunham à economia americana. Assim como fizeram os adversários do New Deal de Roosevelt. E mesmo assim, durante todo o século xx, em lei após lei, e em cooperação com os presidentes dos dois partidos, o Congresso continuara a delegar autoridade regulatória e fiscalizadora a um amplo leque de agências especializadas, desde a Comissão de Títulos e Câmbio (sec) ao Departamento de Saúde e Segurança Ocupacional (osha) e ao Departamento Federal de Aviação (faa). A razão era simples: conforme a sociedade se tornava mais complexa, com corporações mais poderosas e os cidadãos exigindo mais do governo, os representantes eleitos simplesmente não tinham tempo para regular tantos setores diferentes. E tampouco tinham o conhecimento especializado, necessário para implantar regras para transações justas nos mercados financeiros, para avaliar o grau de segurança do mais recente equipamento médico, para entender novos dados sobre a poluição ou para prever todas as formas de discriminação que os empregadores poderiam utilizar contra os empregados em termos de raça ou de gênero.

Em outras palavras, se queríamos um bom governo, era importante ter especialistas. Era preciso ter nas instituições públicas gente encarregada de prestar atenção em coisas importantes, para que os demais cidadãos não precisassem fazer isso sozinhos. E era graças a esses especialistas que os americanos podiam se preocupar menos com a qualidade do ar que respirávamos ou com a água que bebíamos, que tínhamos a quem recorrer quando os empregadores não nos pagavam as horas extras que nos deviam, que podíamos confiar que os remédios vendidos sem receita não nos matariam, que dirigir um carro ou tomar um voo comercial era muito mais seguro hoje do que vinte, trinta ou cinquenta anos atrás. O "Estado regulador" de que os conservadores tanto reclamavam havia melhorado tremendamente a vida nos Estados Unidos.

Isso não significa que todas as críticas à regulação federal eram infundadas. Havia ocasiões em que os entraves burocráticos obstruíam desnecessariamente ou retardavam o lançamento de produtores inovadores. Algumas regulações eram de fato exageradas. Os grupos ambientalistas, em particular, detestavam uma lei de 1980 exigindo que uma obscura subagência do Executivo, chamada Escritório de Informação e Assuntos Regulatórios (oira), fizesse uma análise de custo-benefício de cada nova regulação federal. Acreditavam que esse procedimento favorecia os interesses das corporações e não deixavam de ter razão: era muito mais fácil calcular os lucros e prejuízos de uma empresa do que pôr um preço na preservação de uma ave ameaçada de extinção ou na redução da probabilidade de que uma criança desenvolvesse asma.

Apesar disso, tanto por uma questão de programa de governo como por razões políticas, eu achava que os progressistas não podiam ignorar as questões econômicas. Aqueles entre nós que acreditavam na capacidade do governo de resolver grandes problemas tinham obrigação de encarar o impacto de nossas decisões no mundo real, e não apenas confiar em nossas boas intenções. Se a regulação de uma agência para preservar terras alagadiças fosse reduzir a área de uma propriedade rural familiar, seria necessário levar em conta as perdas do agricultor antes de seguir em frente.

Foi exatamente por me preocupar em fazer essas coisas direito que nomeei Cass Sunstein, ex-colega na Faculdade de Direito da Universidade de Chicago, para dirigir o OIRA e ser nosso especialista interno em custo-benefício. Eminente acadêmico constitucionalista que escrevera uma dúzia de livros e era mencionado com frequência como futuro ministro da Suprema Corte, Cass na verdade insistiu para ocupar o cargo no OIRA, o que indicava sua paixão pelo serviço ao país, sua indiferença ao prestígio e uma alta dose de dedicação intelectual que o tornava especialmente talhado para a função. (Era também muito afável, excelente jogador de squash e o sujeito com a escrivaninha mais bagunçada que já vi na vida.) Nos três anos seguintes, Cass deu duro com sua pequena equipe, no insípido escritório do OIRA na rua em frente à Casa Branca, assegurando que as regulações que propúnhamos de fato eram benéficas a ponto de justificar os custos. Também pedi que ele conduzisse uma revisão meticulosa de todas as regulações federais existentes, para podermos eliminar as que fossem desnecessárias ou obsoletas.

Cass desencavou algumas coisas incríveis: antigas determinações que obrigavam hospitais, médicos e enfermeiros a gastar mais de 1 bilhão por ano em papeladas e tarefas administrativas; uma estranha regulação ambiental que classificava o leite como "óleo", submetendo as propriedades de ordenha a custos anuais de mais de 100 milhões de dólares; uma determinação absurda que custava aos caminhoneiros 1,7 bilhão de dólares em tempo perdido preenchendo formulários depois de cada viagem. Mas a grande maioria das medidas examinadas por Cass resistia bem ao escrutínio — e, no final de meu mandato, mesmo analistas republicanos veriam que os benefícios de nossas regulações ultrapassavam os custos numa margem de seis para um.

A proposta de Lisa e Carol de aumentar os padrões de consumo de combustível veio a se tornar uma dessas regulações. Assim que dei o sinal verde, elas se lançaram ao trabalho. Tinham um bom parceiro no meu secretário dos Transportes, Ray LaHood, ex-parlamentar de Peoria e cavalheiresco republicano da velha guarda cuja natureza sociável e sério empenho no bipartidarismo lhe trouxeram popularidade nos dois blocos parlamentares. Num dia ensolarado de maio, lá estava eu no Roseiral, ladeado por um grupo de líderes do setor automobilístico e pelo presidente do United Auto Workers, para anunciar um acordo que aumentaria a eficiência energética em todos os carros e caminhões leves novos, passando de 27,5 milhas para 35,5 milhas por galão em 2016. O plano visava reduzir as emissões de gases que contribuem para o efeito estufa em mais de 900 milhões de toneladas métricas durante a vida útil dos novos veículos, o equivalente a retirar 117 milhões de veículos das ruas ou a fechar 194 termelétricas alimentadas a carvão.

Nos comunicados que emitiram naquele dia, os fabricantes de veículos automotores apoiaram a ideia, declarando confiança em sua capacidade de atender às novas metas e nos benefícios empresariais de ter um único padrão nacional, em vez de uma variedade de diferentes leis estaduais. A rapidez e a ausência de atritos com que chegáramos a um acordo pegaram os repórteres de surpresa, e vários deles perguntaram a Carol o papel que os subsídios ao setor podiam ter desempenhado no surgimento desse novo espírito "verde".

"Em momento algum mencionamos subsídios durante as negociações", garantiu ela.

Mais tarde, no Salão Oval, perguntei se era verdade.

"Totalmente", respondeu Carol. "Mas não posso afirmar, claro, que a ideia dos subsídios não tenha passado pela cabeça deles…"

No meio-tempo, dei a Steven Chu a missão de atualizar todos os padrões de eficiência que encontrasse, utilizando o poder de uma lei pouco aplicada de 1987 que conferia ao Departamento de Energia autoridade para estabelecer os padrões de eficiência energética em tudo, de lâmpadas a aparelhos comerciais de ar condicionado. O homem parecia uma criança numa loja de doces, dando explicações detalhadas de suas mais recentes proezas na formulação dos padrões. ("Você ficaria espantado com o impacto ambiental de uma simples melhoria de 5% na eficiência dos refrigeradores!") E, embora fosse difícil ficar à altura de seu entusiasmo quanto às lavadoras e secadoras, os resultados eram mesmo admiráveis: quando deixei o cargo, os novos padrões nos eletrodomésticos estavam em vias de eliminar da atmosfera mais 210 milhões de toneladas métricas por ano de gases que contribuem para o efeito estufa.

Nos vários anos seguintes, os fabricantes de automóveis e de eletrodomésticos atingiram sem grandes problemas, e até antes do cronograma, os objetivos de maior eficiência que havíamos estabelecido, confirmando o que Steven dissera: padrões regulatórios ambiciosos, quando feitos da maneira apropriada, realmente incentivavam inovações nas empresas. Os consumidores, se notaram que os modelos de carros ou os eletrodomésticos com maior eficiência energética às vezes eram mais caros, não reclamaram; a tendência era que isso fosse compensado pela diminuição nas contas de energia elétrica ou nos custos do combustível, e os preços costumavam cair quando as novas tecnologias se tornavam a norma.

Para nossa surpresa, nem mesmo McConnell e Boehner ficaram especialmente irritados com nossas regulações na área energética — talvez porque não considerassem uma questão decisiva para eles e não quisessem desviar a atenção de seus esforços em derrotar o Obamacare. Nem todos os republicanos se mostraram tão contidos. Um dia, Pete Rouse entrou no Salão Oval para me mostrar recortes da imprensa com vários comentários da deputada Michele Bachmann, de Minnesota, fundadora do bloco do Tea Party na Câmara e que viria a se candidatar à presidência pelo Partido Republicano. Bachmann andara esbravejando contra as novas lâmpadas de alta eficiência energética, dizendo que era uma "intrusão do Grande Irmão", uma medida antiamericana e uma ameaça à saúde pública; também serviam como um indicativo do que, segundo ela, era um complô mais abrangente dos democratas para impor uma pauta de "sustentabilidade" radical, segundo a qual todos os cidadãos americanos acabariam forçados a "mudar para o centro da cidade, morar em cortiços, [e] pegar um VLT para ir para seus empregos públicos".

"Parece que descobriram o nosso segredo, sr. presidente", disse Pete.

Assenti, fingindo seriedade: "Melhor esconder as latas de lixo reciclável".

Embora os carros e as lava-louças com maior economia de energia fossem um passo à frente, sabíamos que o caminho efetivo para uma mudança duradoura consistia em ter uma legislação abrangente sobre o clima aprovada pelo Congresso. Uma lei tinha o potencial de abarcar todos os setores da economia que contribuíam para as emissões de gases de efeito estufa, e não só veículos automotores e eletrodomésticos. Além disso, as matérias da imprensa e os debates públicos desencadeados pelo processo legislativo ajudariam a mostrar os perigos do aquecimento global, e — se tudo corresse bem — o Congresso se sentiria um pouco dono do produto final. E, talvez o mais importante: a legislação federal teria um poder realmente estável, ao contrário das regulações, que podiam ser revertidas de forma unilateral por um futuro governo republicano.

A legislação, claro, dependia de nossa capacidade de vencer procedimentos obstrucionistas no Senado. E, ao contrário do que ocorrera com a Lei de Recuperação, ocasião em que quando a situação apertou conseguíramos arregimentar todos os votos democratas de que precisávamos, Harry Reid me alertou que certamente perderíamos pelo menos uns dois senadores democratas dos estados produtores de carvão e petróleo que estavam enfrentando dificuldades para a reeleição. Para conseguir sessenta votos, teríamos de convencer pelo menos dois ou três republicanos a apoiar uma lei que enfrentava a firme oposição da maioria de seus eleitores e que Mitch McConnell jurara derrotar.

De início, pelo menos, consideramos que nossa melhor chance era o cara que eu tinha derrotado na disputa presidencial.

John McCain minimizara seu apoio a leis referentes a mudanças climáticas durante a campanha, sobretudo depois de escolher uma companheira de chapa cuja pauta energética — "Perfure, pessoal, perfure!" — contava com a aprovação entusiasmada do eleitorado republicano. Mas, a bem da verdade, McCain nunca abandonara por completo a posição que tinha apresentado em sua carreira pregressa no Senado, e, em meio à aura (muito) passageira de afabilidade logo após a eleição, nós dois faláramos da possibilidade de trabalharmos juntos pela aprovação de uma lei sobre as questões climáticas. Na época em que assumi o cargo, McCain já somara forças com seu principal aliado no Senado, Joe Lieberman, para montar uma alternativa bipartidária à legislação mais liberal que estava sendo proposta por Barbara Boxer, a democrata da Califórnia que presidia ao Comitê de Obras Públicas e Meio Ambiente.

Infelizmente, dentro dos círculos republicanos, o tipo de conciliação bipartidária de McCain estava mais do que ultrapassado. Os direitistas o desprezavam mais do que nunca, pondo a culpa das derrotas republicanas na Câmara e no Senado em sua falta de convicção conservadora. No final de janeiro de 2009, um ex-parlamentar e apresentador de rádio de direita chamado J. D. Hayworth cogitou a possibilidade de concorrer contra McCain nas primárias do Arizona no ano seguinte — o primeiro desafio sério que ele enfrentava desde que ingressara no Senado, 22 anos antes. Imagino como o sangue de McCain deve ter fervido com a indignidade daquela situação, mas seu instinto político fez com que tratasse de proteger o seu flanco direito — e somar forças comigo numa grande legislação ambiental certamente não ajudaria nisso. Logo soubemos pelo gabinete de Lieberman que McCain retirara o apoio à lei.

Ao mesmo tempo, nenhum republicano da Câmara sequer consideraria a hipótese de apoiar uma legislação climática. Sendo assim, os dois democratas mais graduados no comitê correspondente, Henry Waxman, da Califórnia, e Ed Markey, de Massachusetts, se contentaram em redigir um projeto de lei por conta própria e aprová-lo apenas com votos democratas. No curto prazo, isso facilitou a nossa vida: Waxman e Markey se alinhavam em termos gerais com a pauta, suas equipes sabiam o que estavam fazendo e receberam bem nossas sugestões. Mas também significava que os dois congressistas não sentiram muita necessidade de levar em conta posições menos liberais do que as que existiam dentro de suas próprias bancadas, aumentando a possibilidade de que o projeto criado por eles fosse visto como uma lista de desejos elaborada por um grupo ambientalista e provocasse um ataque cardíaco nos senadores democratas que estavam em cima do muro.

Na esperança de evitar um impasse entre Câmara e Senado, Rahm designou Phil Schiliro para a tarefa nada invejável de insistir com Waxman para que iniciasse um diálogo com os possíveis apoiadores da legislação no Senado, inclusive Lieberman, de modo a conseguirmos estreitar as diferenças entre os dois lados. Cerca de uma semana depois, chamei Phil ao Salão Oval e perguntei como tinha sido a conversa com Waxman. Phil, alto e magro, se deixou cair no sofá, pegou uma maçã na tigela que eu mantinha sobre a mesa de café e deu de ombros.

"Não muito boa", disse ele, com um tom que ficava entre um suspiro e uma risadinha. Antes de ingressar em minha equipe, Phil passara anos trabalhando no gabinete de Waxman, mais recentemente como chefe de assessoria, então os dois se conheciam bem. Waxman o ouvira com atenção, disse ele, canalizando a frustração que os democratas da Câmara já sentiam quanto aos democratas do Senado (e a nós) em uma ladainha sobre o que consideravam ser seus pecados anteriores: a redução da Lei de Recuperação, a recusa em sequer levar a voto vários projetos da Câmara por medo de constranger senadores moderados ou conservadores, a facilidade com que supostamente se deixavam manobrar.

"Ele disse que o Senado é 'o lugar aonde as boas ideias vão para morrer'", disse Phil.

"Isso não dá para negar", falei eu.

"Vamos ter de resolver tudo isso numa comissão conjunta da Câmara e do Senado, depois que cada casa tiver aprovado sua própria lei", propôs Phil, se esforçando em dar um tom animado à voz.

Em nosso esforço para manter certa distância entre as leis da Câmara e do Senado, tínhamos de fato uma coisa operando a nosso favor: Lieberman e Boxer, bem como os democratas da Câmara e a maioria dos grupos ambientalistas, vinham defendendo um sistema de mercado de carbono semelhante ao que eu endossara durante a campanha como mecanismo preferencial para obter grandes reduções nos gases que contribuem para o efeito estufa. Funcionava da seguinte maneira: o governo federal estabeleceria a quantidade de poluentes que as empresas podiam emitir, deixando ao encargo de cada uma delas a maneira de alcançar essas metas. As empresas que ultrapassassem o limite pagariam uma multa. As que ficassem abaixo do limite poderiam vender os "créditos" de poluição não utilizados para empresas com menor eficiência energética. Ao estabelecer um preço sobre a poluição e criar um mercado para o comportamento mais favorável ao meio ambiente, essa abordagem oferecia às corporações um incentivo para desenvolver e adotar as tecnologias verdes mais avançadas; além disso, a cada avanço tecnológico, o governo podia reduzir ainda mais os limites, estimulando um círculo virtuoso e constante de inovação.

Havia outras maneiras de estabelecer um preço sobre a poluição de gases de efeito estufa. Alguns economistas achavam que era mais simples, por exemplo, impor um "imposto sobre o carbono" sobre todos os combustíveis fósseis, desencorajando seu uso ao torná-los mais caros. Mas uma das razões pelas quais todos haviam convergido para uma proposta de mercado de carbono era que já fora experimentada com sucesso — e ainda por cima *por um presidente republicano*. Em 1990, o governo de George H. W. Bush implantara um sistema nesses moldes para reduzir o dióxido de enxofre que saía das chaminés das fábricas e contribuía para a chuva ácida que estava destruindo lagos e florestas na Costa Leste. Apesar das sinistras previsões de que a medida levaria ao fechamento de fábricas e a demissões em massa, as empresas infratoras haviam rapidamente elaborado maneiras eficientes em termos de custos para adequar suas instalações e, no prazo de poucos anos, o problema da chuva ácida quase desaparecera.

A elaboração de um sistema de mercado de carbono para as emissões de gases que contribuem para o efeito estufa envolvia todo um novo patamar de escala e complexidade. As brigas sobre cada detalhe prometiam ser ferozes, mobilizando legiões de lobistas e nos obrigando a negociar uma ou outra concessão com todos os parlamentares cujos votos nos seriam necessários. E, conforme também vinha me ensinando a luta para aprovar a legislação de assistência à saúde, o mero fato de que os republicanos tivessem defendido em algum momento uma ideia de política pública apresentada por um dos seus correligionários não significava que apoiariam *exatamente a mesma ideia* vinda de um presidente democrata.

Apesar disso, eu acreditava que um precedente bem-sucedido nos daria um trunfo para obter um acordo. Carol, Phil e os demais integrantes da equipe legislativa da Casa Branca passaram grande parte do primeiro semestre de 2009 indo e vindo entre Câmara e Senado, levando a proposta adiante, amenizando problemas e proporcionando aos principais atores e suas equipes todo o apoio técnico ou orientação de que precisassem em termos de diretrizes. E tudo isso enquanto ainda tentávamos consertar a economia, dar forma à lei de assistência à saúde, montar um pacote sobre a imigração, receber a confirmação das nomeações para o Judiciário e dar andamento no Congresso a uma dúzia de outras iniciativas menores — prova do empenho com que essa equipe trabalhava. Isso também conferia ao escritório de Rahm — de decoração simples, com a grande mesa de reuniões no centro geralmente coberta de xícaras de café, latinhas de coca diet e um ocasional sanduíche comido pela metade — a atmosfera transbordante de cafeína de um centro de controle de tráfego aéreo.

Então, num dia quente e úmido no final de junho, nossa labuta começou a render frutos. O Gabinete Social da Casa Branca organizara um piquenique da equipe no Gramado Sul, e eu estava começando a circular entre a multidão, segurando bebês e posando com os orgulhosos parentes dos membros da equipe para fotos, quando Rahm veio aos saltos pela grama com uma folha de papel na mão.

"A Câmara acabou de aprovar uma proposta de legislação climática, sr. presidente", disse ele.

"Que ótimo!", falei, trocando um cumprimento. "Qual foi a margem?"

Rahm me mostrou a sua contagem: 219 a 212. "Conseguimos inclusive oito republicanos moderados. Perdemos uns dois democratas com que contávamos, mas vou falar com eles. Enquanto isso, seria bom ligar e agradecer a Nancy, Waxman e Markey. Deram um duro danado nas comissões."

Rahm vivia para dias assim, quando tínhamos uma vitória incontestável. Mas, ao voltarmos para o Salão Oval, parando para cumprimentar outras pessoas pelo caminho, notei que meu chefe de gabinete, geralmente animado, parecia um pouco abatido. Rahm explicou o que o incomodava: até então, o Senado nem sequer havia apresentado sua versão de projeto de lei sobre o clima, e muito menos começara a dar andamento à proposta nas comissões correspondentes. McConnell, enquanto isso, estava exibindo um singular talento para protelar as votações no Senado. Dada a lentidão do processo, o prazo para conseguirmos uma legislação sobre o clima antes que o Congresso entrasse em recesso em dezembro estava se reduzindo rapidamente. E depois disso decerto teríamos ainda mais problemas para chegar à reta final, já que os democratas tanto da Câmara como do Senado estariam relutantes em votar mais uma lei importante e controversa bem no momento em que começavam a campanha para as eleições de meio de mandato.

"Precisa ter fé, cara", falei dando um tapinha de consolo nas costas.

Rahm assentiu, mas os olhos, ainda mais escuros do que o habitual, mostravam dúvida.

"Só não sei se temos pista suficiente para pousar todos esses aviões", disse ele.

A conclusão implícita era que um ou mais poderiam cair.

O clima alvoroçado no Congresso não era o único motivo que me fazia esperar que a legislação do mercado de carbono estivesse pronta para a sanção presidencial em dezembro: para o mesmo mês estava marcada uma reunião de cúpula mundial da ONU sobre as mudanças climáticas, que se realizaria em Copenhague. Depois de oito anos de ausência dos Estados Unidos, sob o governo de George W. Bush, nas negociações climáticas internacionais, as expectativas no exterior eram enormes. E eu não poderia insistir que os outros governos tomassem ações decididas sobre o aquecimento global se nós não déssemos o exemplo. Eu sabia que a aprovação de uma lei nos Estados Unidos melhoraria nossa posição para negociar com outras nações e ajudaria a estimular o tipo de ação coletiva necessário para proteger o planeta. Os gases poluentes, afinal, não respeitam fronteiras. Uma lei reduzindo as emissões num país podia dar a seus cidadãos um sentimento de superioridade moral, mas, se outras nações não seguissem o exemplo, as temperaturas só fariam subir. Assim, enquanto Rahm e minha equipe legislativa se empenhavam em conversas nos corredores do Congresso, minha turma de política externa e eu procurávamos uma forma de restaurar a estatura dos Estados Unidos como líder nos esforços internacionais sobre o clima.

No passado, nossa liderança nessa frente era dada como certa. Em 1992, quando o mundo se reuniu no Rio de Janeiro para a chamada "Cúpula da Terra", como veio a ser conhecida, o presidente George H. W. Bush se somou a representantes de 153 outras nações para assinar a Convenção-Quadro das Nações Unidas sobre as Mudanças Climáticas — o primeiro acordo mundial tentando estabilizar as concentrações dos gases de efeito estufa antes que atingissem níveis catastróficos. O governo Clinton empunhou a batuta, trabalhando com outros países para transpor os objetivos amplos anunciados no Rio para um tratado obrigatório. O resultado final, o chamado Protocolo de Kyoto, apresentou planos detalhados para uma ação internacional conjunta, incluindo metas específicas de redução de emissões, um sistema global de comercialização dos créditos de carbono semelhante ao modelo que propúnhamos e mecanismos de financiamento para ajudar os países pobres a adotarem energia limpa e preservarem florestas neutralizadoras do carbono, como a Amazônia.

Os ambientalistas saudaram Kyoto como um ponto de inflexão na luta contra o aquecimento global. Em todo o mundo, os países participantes conseguiram que os respectivos governos ratificassem o tratado. Mas nos Estados Unidos, onde a assinatura de um tratado exige a aprovação de dois terços do Senado, o protocolo encontrou uma barreira. Era o ano de 1997, os republicanos controlavam o Senado, e poucos consideravam que as mudanças climáticas fossem realmente um problema. Na verdade, o presidente da Comissão das Relações Exteriores do Senado daquela época, o arquiconservador Jesse Helms, nutria um orgulhoso desprezo em igual medida pelos ambientalistas, pela ONU e pelos tratados multilaterais. Democratas poderosos como o senador Robert Byrd, da Virgínia Ocidental, também não vacilavam em se opor a qualquer medida que pudesse afetar as indústrias de combustível fóssil vitais para seu estado.

Prevendo o problema, o presidente Clinton decidiu não enviar o Protocolo de Kyoto para votação no Senado, preferindo a postergação à derrota. Embora tenham voltado a soprar bons ventos para Clinton depois de sobreviver ao impeachment, o Protocolo de Kyoto ficou engavetado pelo resto de seu mandato. Qualquer centelha de esperança quanto à ratificação do tratado se extinguiu totalmente quando George W. Bush venceu Al Gore na eleição de 2000. Foi assim que, em 2009, um ano depois que o Protocolo de Kyoto finalmente entrou em vigor por completo, os Estados Unidos passaram a ser uma das cinco únicas nações a não participar do acordo. As outras quatro eram Andorra, o Vaticano (ambas tão minúsculas, com população somada de cerca de 80 mil habitantes, que sua participação nem foi solicitada e lhes concederam o estatuto de "observadoras"), Taiwan (que bem que gostaria de participar, mas não pôde, porque os chineses ainda contestavam seu estatuto de nação independente) e o Afeganistão (que tinha a sensata justificativa de se encontrar estraçalhado por trinta anos de ocupação e por uma guerra civil sangrenta).

"Nós sabemos que as coisas estão feias quando nossos aliados mais próximos pensam que somos piores do que a Coreia do Norte em alguma questão", disse Ben, sacudindo a cabeça.

Revendo essa história, às vezes eu imaginava um universo paralelo onde os Estados Unidos, que logo após o final da Guerra Fria não tinham rival, colocaram seu imenso poder e autoridade respaldando a luta para deter as mudanças climáticas. Imaginava a transformação da rede de energia do mundo e a redução nos gases de efeito estufa que poderia ter ocorrido, os benefícios geopolíticos que teriam decorrido do enfraquecimento dos petrodólares, a cultura de sustentabilidade que poderia ter criado raízes tanto nas nações desenvolvidas como nos países em desenvolvimento. Mas, quando me juntava à minha equipe para traçar uma estratégia para *este* universo, tinha de reconhecer uma verdade evidente: mesmo com uma maioria democrata no Senado, ainda não havia como assegurarmos 67 votos para ratificar a versão vigente do Protocolo de Kyoto.

Já estávamos sofrendo para conseguir que o Senado apresentasse uma legislação climática nacional viável. Barbara Boxer e o democrata de Massachusetts John Kerry haviam passado meses elaborando um projeto de lei, mas não conseguiram encontrar um colega republicano disposto a apoiá-lo, o que indicava que o texto dificilmente seria aprovado e que talvez fosse o caso de adotar uma nova abordagem, mais centrista.

Depois de perdermos John McCain como aliado republicano, nossas esperanças se transferiram para um de seus amigos mais próximos no Senado, Lindsey Graham, da Carolina do Sul. De baixa estatura, cara redonda e um sotaque manso e arrastado do Sul que podia passar num instante do tom cordial para o ameaçador, Graham era conhecido basicamente como ardoroso defensor de uma política agressiva na segurança nacional — integrante dos chamados Três Amigos, junto com

McCain e Lieberman, que tinham sido os maiores apoiadores da Guerra do Iraque. Graham também era inteligente, envolvente, sarcástico, inescrupuloso, experiente no trato com a imprensa e — graças em parte à verdadeira adoração que tinha por McCain — às vezes disposto a se afastar da ortodoxia conservadora, em especial no apoio à reforma das leis de imigração. Tendo sido reeleito para mais seis anos de mandato, estava em posição de assumir alguns riscos e, embora nunca tivesse até então mostrado grande interesse na questão das mudanças climáticas, parecia atraído pela possibilidade de ocupar o lugar de McCain e firmar um acordo bipartidário significativo. No começo de outubro, ele se ofereceu para ajudar a conseguir os republicanos necessários para que a legislação climática fosse aprovada no Senado — mas apenas se Lieberman ajudasse a conduzir o processo e Kerry conseguisse convencer os ambientalistas a fazer algumas concessões sobre subsídios para o setor de energia nuclear e a liberação de mais faixas costeiras do território americano para plataformas marítimas de petróleo.

Eu não estava muito entusiasmado com a ideia de depender de Graham. Já o conhecia desde minha época de senador como indivíduo que gostava de desempenhar o papel do conservador consciente e sofisticado, desarmando democratas e jornalistas com avaliações implacáveis dos pontos fracos de seu partido, enfatizando a necessidade de que os políticos se libertassem de suas camisas de força ideológicas. Na maioria das vezes, porém, quando se tratava realmente de votar ou tomar uma posição que lhe traria um custo político, Graham parecia encontrar alguma razão para se esquivar. ("Sabe aqueles filmes de crime ou de espionagem, quando apresentam os personagens no começo?", comentei com Rahm. "Lindsey é o cara que trai todo mundo para salvar a própria pele.") Mas, em termos realistas, nossas opções eram limitadas ("Cara, a menos que Lincoln e Teddy Roosevelt estejam passando ali por aquela porta", respondeu Rahm, "só temos ele mesmo"); e, cientes de que qualquer ligação próxima com a Casa Branca podia assustá-lo, decidimos dar amplo espaço a Graham e seus apoiadores enquanto elaboravam sua versão do projeto de lei, imaginando que poderíamos corrigir eventuais cláusulas problemáticas mais tarde.

Enquanto isso, cuidávamos dos preparativos para o encontro em Copenhague. O Protocolo de Kyoto expiraria em 2012, e a ONU estava promovendo negociações para um novo tratado já fazia um ano, com o objetivo de finalizar um acordo a tempo da cúpula em dezembro. Mas não estávamos propensos a assinar um novo acordo em uma data tão próxima à do original. Meus consultores e eu estávamos preocupados com os moldes da linha de ação de Kyoto — em particular, com o uso de um conceito chamado "responsabilidades comuns, mas diferenciadas", que colocava o encargo da redução das emissões de gases que contribuem para o efeito estufa quase exclusivamente sobre economias avançadas, de uso energético intensivo, como os Estados Unidos, a União Europeia e o Japão. Como questão de justiça, fazia pleno sentido pedir que os países ricos fizessem mais do que os países pobres quanto às mudanças climáticas: não só o acúmulo existente de poluentes era, em larga medida, resultante de cem anos de industrialização ocidental, como também os países ricos tinham uma "pegada de carbono" per capita muito mais alta do que outros países. E havia limites ao que se poderia esperar de países pobres como Mali, Haiti ou Camboja — lugares onde muita gente não dispunha sequer do fornecimento básico de energia elétrica — para reduzir suas emissões já insignificantes (e provavelmente desacelerar seu crescimento no curto prazo). Afinal, americanos ou europeus poderiam obter resultados muito maiores apenas aumentando ou diminuindo alguns graus em seus termostatos.

O problema era que o Protocolo de Kyoto interpretara as "responsabilidades diferenciadas" de tal forma que potências emergentes como a China, a Índia e o Brasil *não* teriam obrigações vinculantes de reduzir suas emissões. Isso podia ser compreensível quando o protocolo fora redigido, doze anos antes, quando a economia mundial ainda não havia sido totalmente transformada pela globalização. Mas em meio a uma recessão brutal, com os americanos já sofrendo com a transferência constante dos empregos para fora do país, um tratado que impusesse restrições ambientais a fábricas locais sem solicitar uma ação similar das que operavam em Xangai ou em Bangalore simplesmente não teria apoio. A China ultrapassara os Estados Unidos nas emissões anuais de dióxido de carbono em 2005, e os números na Índia também estavam subindo. E, embora fosse verdade que o cidadão médio chinês ou indiano consumia apenas uma fração da energia utilizada pelo americano médio, os especialistas projetavam uma duplicação das pegadas de carbono daqueles países nas décadas seguintes, à medida que um número crescente de seus habitantes, que somavam mais de 2 bilhões de pessoas, tivessem acesso aos mesmos equipamentos modernos à disposição dos habitantes dos países ricos. Se isso acontecesse, o planeta se afundaria de maneira irremediável — argumento que os republicanos (pelo menos os que não negavam taxativamente a mudança climática) gostavam de empregar como desculpa para que os Estados Unidos não fizessem nada.

Precisávamos de uma nova abordagem. Com a orientação fundamental de Hillary Clinton e do enviado especial do Departamento de Estado para as mudanças climáticas, Todd Stern, minha equipe apareceu com uma proposta para um acordo provisório escalonado, com base em três compromissos comuns. Primeiro, o acordo exigia que *todas* as nações — inclusive potências emergentes como a China e a Índia — apresentassem um plano para a redução dos gases que contribuem para o efeito estufa. Cada país teria um plano diferente, a depender da riqueza, do perfil energético e do estágio de desenvolvimento, que seria revisto periodicamente à medida que sua capacidade econômica e tecnológica aumentasse. Segundo, embora esses planos nacionais não tivessem caráter obrigatório pelo direito internacional, como no caso das obrigações estabelecidas em tratado, cada país concordaria com medidas que permitissem que as outras partes fizessem uma verificação independente do cumprimento das reduções a que se comprometera. Terceiro, os países ricos forneceriam bilhões de dólares aos mais pobres para ajudar na adaptação e redução das mudanças climáticas, desde que cumprissem seus compromissos (muito mais modestos).

Se fosse bem elaborada, essa nova abordagem forçaria a China e outras potências emergentes a se envolverem de fato no programa, ao mesmo tempo preservando o conceito de Kyoto de "responsabilidades comuns, mas diferenciadas". Estabelecendo um sistema confiável para validar os esforços dos outros países na redução das emissões, também fortaleceríamos nossa causa junto ao Congresso quanto à necessidade de aprovarmos nossa legislação interna sobre as mudanças climáticas — e, numa perspectiva otimista, lançaríamos as bases para um tratado mais robusto no futuro próximo. Mas Todd, advogado dedicado e atento aos detalhes que atuara como principal negociador do governo Clinton em Kyoto, alertou que nossa proposta enfrentaria dificuldades no plano internacional. Os países da União Europeia, que haviam sem exceção ratificado Kyoto e tomado medidas para reduzir as emissões, queriam um pacto que incluísse compromissos de redução determinados por lei por parte dos Estados Unidos e da China. A China, a Índia e a África do Sul, por outro lado, estavam satisfeitas com o status quo e resistiam firmemente a qualquer mudança no Protocolo de Kyoto. Ativistas e grupos ambientalistas de todo o planeta compareceriam à cúpula. Muitos deles viam Copenhague como momento decisivo e considerariam um fracasso qualquer coisa que não fosse um tratado de cumprimento obrigatório com novos limites rígidos.

Mais especificamente, como um fracasso *meu*.

"Não é justo", disse Carol, "mas eles pensam que, se você está mesmo falando sério sobre as mudanças climáticas, deve conseguir que o Congresso e os outros países façam o que for preciso."

Eu não podia criticar os ambientalistas por estabelecerem um patamar alto. A ciência assim exigia. Mas também sabia que era inútil fazer promessas que ainda não poderia cumprir. Precisava de mais tempo e de condições melhores na economia antes de poder persuadir a opinião pública americana a apoiar um tratado climático ambicioso. Também seria necessário convencer a China a trabalhar conosco — e provavelmente precisaria também de uma maioria mais ampla no Senado. Se o mundo esperava que os Estados Unidos assinassem um tratado vinculante em Copenhague, eu precisava reduzir as expectativas — a começar pelas do secretário-geral da ONU, Ban Ki-moon.

Fazia dois anos que Ban Ki-moon estava cumprindo o mandato diplomático mais importante do mundo, mas ainda não causara grande impressão no palco global. Isso decorria em parte da natureza da função: embora o secretário-geral da ONU esteja à frente de um orçamento de muitos bilhões de dólares, um grande corpo de funcionários e uma infinidade de agências internacionais, seu poder é em larga medida derivativo, e dependia da habilidade em conduzir 193 países para algo que parecesse ser consenso. A presença relativamente pouco marcante de Ban também resultava de seu estilo discreto e metódico — uma abordagem burocrática da diplomacia que, sem dúvida, lhe servira bem nos 37 anos de carreira no corpo diplomático e nas relações exteriores da Coreia do Sul, seu país natal, mas que criava um forte contraste com o carisma extrovertido de seu antecessor na ONU, Kofi Annan. Não se entrava numa reunião com Ban esperando ouvir casos fascinantes, apartes espirituosos ou ideias surpreendentes. Ele não perguntava se nossa família estava bem, tampouco falava de sua vida fora do serviço. Em vez disso, depois de um vigoroso aperto de mão e repetidos agradecimentos pela presença, Ban passava diretamente para uma sucessão de trivialidades e fórmulas batidas, proferidas num inglês fluente, mas com sotaque muito carregado, se valendo do jargão cheio de clichês de um comunicado da ONU.

Apesar dessa sua falta de charme, aprendi a estimar e respeitar Ban. Era honesto, direto e sempre otimista; em várias ocasiões enfrentou a pressão de Estados-membros em defesa de reformas muito necessárias da ONU e tinha o instinto de se posicionar do lado certo das questões, mesmo que nem sempre tivesse a capacidade de levar os outros a fazer o mesmo. Ban também era persistente — em especial no tema das mudanças climáticas, que tomara como uma de suas grandes prioridades. Na primeira vez em que nos reunimos no Salão Oval, quando não fazia sequer dois meses que eu assumira o cargo, ele já começou insistindo que eu comparecesse à Cúpula de Copenhague.

"Sua presença, sr. presidente", disse Ban, "será um sinal muito poderoso da necessidade urgente de cooperação internacional quanto às mudanças climáticas. Muito poderoso."

Expliquei tudo o que planejávamos fazer no país para reduzir as emissões nos Estados Unidos, bem como as dificuldades em conseguir a aprovação no Senado de qualquer tratado aos moldes do Protocolo de Kyoto num futuro próximo. Apresentei nossa ideia de um acordo provisório, e comentei que estávamos formando um "grupo dos principais emissores", à parte das negociações promovidas pela ONU, para ver se conseguíamos chegar a um meio-termo com a China na questão. Enquanto eu falava,

Ban assentia educadamente, de vez em quando anotando alguma coisa ou ajeitando os óculos. Mas nada do que falei pareceu dissuadi-lo de sua missão principal.

"Com a sua participação fundamental, sr. presidente", disse ele, "tenho certeza de que podemos levar essas negociações a um bom acordo."

E isso prosseguiu pelos meses seguintes. Por mais que eu repetisse minhas preocupações em relação ao curso que as negociações promovidas pela ONU estavam tomando, por mais direto que eu fosse sobre a posição dos Estados Unidos em relação a um tratado vinculante nos moldes do Protocolo de Kyoto, Ban voltava a frisar a necessidade da minha presença em Copenhague em dezembro. Tocava no assunto nas reuniões do G20. Retomava nas reuniões do G8. Por fim, na plenária da Assembleia Geral da ONU em Nova York, em setembro, eu cedi, prometendo ao secretário-geral que faria de tudo para comparecer, desde que a conferência se mostrasse capaz de resultar num acordo que pudéssemos aceitar. Depois disso, eu me virei para Susan Rice e falei que me sentia uma estudante do último ano do ensino médio pressionada a ir ao baile de formatura com o nerd da turma, que era bonzinho demais para ter seu convite recusado.

Quando a conferência de Copenhague se iniciou, em dezembro, parecia que meus piores medos iam se concretizar. Internamente, ainda esperávamos que o Senado marcasse a data de votação da nossa legislação sobre o mercado de carbono, e na Europa o diálogo sobre o tratado logo chegara a um impasse. Enviáramos Hillary e Todd como emissários, para tentar conseguir apoio para a nossa proposta de um acordo provisório, e pelo telefone os dois descreveram uma cena caótica, com os chineses e outros representantes dos BRICS com posturas irredutíveis, os europeus frustrados conosco e com os chineses, os países mais pobres num clamor por mais assistência financeira, os dinamarqueses e organizadores da ONU se sentindo assoberbados, os grupos ambientalistas presentes em desespero com uma situação que parecia cada vez mais descontrolada. Em vista de todos os sinais de um iminente fracasso, sem mencionar o fato de que eu ainda estava correndo para conseguir a tramitação no Congresso de outras leis de grande importância antes do recesso de Natal, Rahm e Axe questionaram se eu deveria mesmo ir a Copenhague.

Apesar de minhas apreensões, concluí que mesmo uma pequena possibilidade de conduzir outros governantes a um acordo internacional era melhor do que as consequências de um provável fracasso. Para que a viagem ficasse mais aceitável, Alyssa Mastromonaco elaborou uma programação absolutamente enxuta, em que eu tomaria o voo para Copenhague depois de um dia inteiro no Salão Oval, ficaria em terra cerca de dez horas — apenas o tempo suficiente para fazer um discurso e ter algumas reuniões bilaterais com chefes de Estado —, daria meia-volta e retornaria para casa. Mesmo assim, vale dizer que, quando entrei no Air Force One para o voo transatlântico noturno, não estava muito entusiasmado. Me instalando numa das amplas poltronas de couro, pedi um copo de vodca, na esperança de que me ajudasse a ter algumas horas de sono, e fiquei observando Marvin, que mexia nos controles da TV de tela grande, procurando um jogo de basquete.

"Alguém já pensou", disse eu, "na quantidade de dióxido de carbono que estou soltando na atmosfera nessas viagens à Europa? Aposto que, somando os aviões, os helicópteros e as comitivas de carros, sou quem tem a maior pegada de carbono em todo o planeta."

"Humm", disse Marvin. "Provavelmente é mesmo." Ele encontrou o jogo que procurávamos, aumentou o som e acrescentou: "Melhor não mencionar isso no discurso de amanhã".

Chegamos a Copenhague numa manhã gelada e escura, as estradas até a cidade envoltas em neblina. O local da conferência parecia um shopping adaptado. Nos vimos vagueando por um labirinto de elevadores e corredores, um deles inexplicavelmente ladeado por manequins, antes de nos reunirmos com Hillary e Todd, para ficarmos a par da situação. Como parte da proposta de um acordo provisório, eu tinha autorizado Hillary a assumir o compromisso de que os Estados Unidos chegariam em 2020 a uma redução de 17% nas emissões de gases que contribuem para o efeito estufa, além de uma garantia de 10 bilhões de dólares para o Fundo Verde para o Clima, para ajudar os países pobres nos esforços de adaptação e diminuição das mudanças climáticas. Segundo Hillary, delegados de várias nações haviam manifestado interesse em nossa alternativa — mas até o momento os europeus defendiam um tratado totalmente vinculante, enquanto a China, a Índia e a África do Sul pareciam contentes em deixar que a conferência fosse por água abaixo e em pôr a culpa nos americanos.

"Se você conseguir que os europeus e os chineses apoiem um acordo provisório", disse Hillary, "é possível, e talvez até provável, que o resto do mundo concorde."

Com a minha tarefa em mente, fizemos uma visita de cortesia ao primeiro-ministro dinamarquês, Lars Lokke Rasmussen, que presidia aos últimos dias das sessões de negociação. Como todos os países nórdicos, a Dinamarca tinha excelente desempenho em assuntos internacionais, e o próprio Rasmussen espelhava muitas das qualidades que eu passara a associar aos dinamarqueses — ponderado, bem informado, pragmático e humanitário. Mas a tarefa que lhe coubera — tentar costurar um consenso global numa questão complicada e contenciosa sobre a qual as maiores potências do mundo divergiam — seria muito difícil para qualquer um. Para o governante de 45 anos de um pequeno país que ocupava o cargo fazia apenas oito meses, a tarefa se revelara impossível. A imprensa se esbaldara com matérias contando como Rasmussen perdera o controle da conferência, com delegados reiterando constantes objeções a suas propostas, questionando suas decisões e desafiando sua autoridade, feito adolescentes bagunceiros com um professor substituto. Quando nos encontramos, o pobre homem parecia em choque, os olhos azuis exaustos de cansaço, o cabelo loiro lambido como se acabasse de sair de um embate de luta romana. Ele ouviu atentamente enquanto expunha a nossa estratégia e fez algumas perguntas técnicas sobre o funcionamento de um acordo provisório. Mas, acima de tudo, parecia aliviado ao me ver tentar salvar a possibilidade de um acordo.

De lá fomos para um amplo auditório improvisado, onde apresentei ao plenário os três componentes do acordo provisório que propúnhamos, bem como a alternativa: inércia e angústia enquanto o planeta queimava lentamente. A plateia estava calada, mas respeitosa, e Ban foi me parabenizar depois de deixar o palco, envolvendo minha mão com as suas, como se agora fosse para ele absolutamente normal esperar que eu desempacasse as negociações e encontrasse uma forma de chegar a um acordo de última hora com outros líderes mundiais.

O restante do dia foi diferente de todas as outras cúpulas a que compareci como presidente. Tirando o pandemônio da sessão plenária, tivemos uma série de reuniões paralelas, passando de uma para outra por corredores cheios de gente espichando o pescoço e tirando fotos. Além de mim, a outra figura mais importante presente naquele dia era o premiê chinês, Wen Jiabao. Trouxera uma delegação enorme, e o grupo fora até então inflexível e imperioso nas reuniões, negando-se a aceitar que a China se submetesse a qualquer forma de acompanhamento internacional de suas emissões e se sentindo confiante por saber que, graças à aliança com o Brasil, a Índia e a África do Sul, tinha votos suficientes para matar qualquer acordo. Num encontro a dois com Wen para uma conversa diplomática bilateral, voltei à carga, alertando que, mesmo que a China visse sua negativa em aceitar qualquer obrigação de transparência como uma vitória no curto prazo, isso se revelaria um desastre planetário no longo prazo. Concordamos em continuar a conversa ao longo do dia.

Era um avanço, mas muito pequeno. A tarde voou enquanto as sessões de negociação prosseguiam. Conseguimos elaborar um esboço de acordo endossado por membros da União Europeia e vários outros delegados, mas as sessões subsequentes com os chineses não levaram a lugar nenhum, pois Wen não compareceu e enviou em seu lugar membros subordinados da delegação, previsivelmente inflexíveis. Mais tarde, fui levado a outra sala, esta cheia de europeus descontentes.

A maioria dos principais governantes estavam lá, entre eles Merkel, Sarkozy e Brown, todos com o mesmo ar de exaustão e frustração. Agora que Bush saíra e os democratas tinham assumido, por que os Estados Unidos não podiam ratificar um tratado aos moldes de Kyoto?, perguntavam eles. Na Europa, disseram eles, mesmo os partidos de extrema direita reconhecem as mudanças climáticas como uma realidade — o que há de errado com os americanos? Sabemos que os chineses são um problema, mas por que não esperar até um futuro acordo para conseguir dobrá-los?

Durante um tempo que me pareceu se prolongar por uma hora, deixei que falassem à vontade, respondi às perguntas, me solidarizei com suas preocupações. Por fim, a realidade concreta da situação baixou sobre a sala e coube a Merkel enunciá-la em voz alta.

"Acho que o que Barack apresenta não é a opção que queríamos", disse ela calmamente, "mas talvez seja nossa única opção no momento. Assim... esperamos para ver o que os chineses e os outros dizem, e então decidimos."

Ela se virou para mim e perguntou:

"Vai encontrá-los agora?"

"Vou."

"Boa sorte, então", disse Merkel. Ela ergueu os ombros, inclinou a cabeça de lado, repuxou os lábios para baixo e ergueu de leve as sobrancelhas — gestos de alguém experiente em lidar com situações desagradáveis.

Qualquer ímpeto que tivéssemos sentido ao sair da reunião com os europeus se dissipou rapidamente quando Hillary e eu voltamos para nossa sala reservada. Marvin informou que uma furiosa nevasca avançava na Costa Leste, e assim, para voltarmos em segurança a Washington, o Air Force One precisava decolar dali a duas horas e meia.

Conferi meu relógio: "A que horas é a minha reunião com Wen?".

"Bom, chefe, esse é o outro problema", disse Marvin. "Não conseguimos encontrá-lo." Ele explicou que os membros de nossa equipe, quando foram falar com os chineses, tinham sido avisados de que Wen já estava a caminho do aeroporto. Havia rumores de que na verdade ainda estava no local da conferência, numa reunião com os outros governantes que também eram contrários ao monitoramento de suas emissões, mas não conseguimos confirmar.

"Então quer dizer que ele está me evitando."

"Tem um pessoal nosso procurando."

Alguns minutos depois, Marvin voltou e nos disse que Wen e os governantes do Brasil, da Índia e da África do Sul tinham sido vistos numa sala de reunião alguns andares acima.

"Certo", falei e me virei para Hillary. "Quando foi a última vez que você entrou de penetra numa festa?"

Ela riu. "Já faz algum tempo", respondeu, parecendo a garota muito certinha que resolve aprontar alguma.

Com um bando de assessores e agentes do Serviço Secreto se acotovelando atrás de nós, subimos a escada. No final de um corredor comprido, encontramos o que procurávamos: uma sala com paredes envidraçadas, onde cabia apenas uma mesa de reuniões, em torno da qual estavam o premiê Wen, o primeiro-ministro Singh e os presidentes Lula e Zuma, junto com alguns de seus ministros. A equipe de segurança chinesa começou a avançar para nos interceptar, de mão erguida como que ordenando que parássemos, mas, ao perceberem quem éramos, hesitaram. Sorrindo e assentindo, Hillary e eu avançamos e entramos na sala, deixando atrás de nós uma discussão bastante acalorada entre seguranças e assessores.

"Pronto para mim, Wen?", perguntei alto, enquanto o líder chinês deixava cair o queixo de surpresa. Então dei a volta pela mesa, apertando a mão de todos. "Cavalheiros! Andei procurando vocês por toda parte. Vamos ver se chegamos a um acordo?"

Antes que alguém pudesse fazer qualquer objeção, peguei uma cadeira desocupada e me sentei. Do outro lado da mesa, Wen e Singh continuaram impassíveis, enquanto Lula e Zuma, constrangidos, fitavam os papéis diante deles. Comentei que tinha acabado de me encontrar com os europeus e que eles estavam dispostos a aceitar nossa proposta de um acordo provisório, se o grupo presente apoiasse uma cláusula garantindo um mecanismo confiável para a verificação independente que checasse se os países estavam cumprindo seus compromissos de redução dos gases que contribuem para o efeito estufa. Um a um, os governantes explicaram por que nossa proposta era inaceitável: o Protocolo de Kyoto estava funcionando bem; o Ocidente era responsável pelo aquecimento global e agora queria que os países mais pobres desacelerassem seu desenvolvimento para resolver o problema; nosso plano violaria o princípio das "responsabilidades comuns, mas diferenciadas"; o mecanismo de verificação que sugeríamos violaria a soberania nacional deles. Depois de cerca de meia hora nisso, me reclinei na cadeira e olhei diretamente para o premiê Wen.

"Sr. premiê, nosso tempo está acabando", falei, "então me permita ir diretamente ao ponto. Suponho que, antes que eu entrasse nessa sala, o plano de vocês era sair daqui e anunciar que os Estados Unidos foram os responsáveis por não se chegar a um novo acordo. Imaginam que, se resistirem por tempo suficiente, os europeus vão perder as esperanças e assinarão outro tratado aos moldes de Kyoto. A questão é a seguinte: fui muito claro com eles avisando que não consigo que nosso Congresso ratifique o tratado que vocês querem. E não há nenhuma garantia de que os eleitores da Europa ou do Canadá ou do Japão se sintam dispostos a pôr suas indústrias em desvantagem competitiva e a pagar para ajudar os países pobres a lidarem com as mudanças climáticas quando os maiores emissores do mundo estão só assistindo de camarote."

"Claro que posso estar errado", prossegui. "Talvez vocês consigam convencer todo mundo de que a culpa é nossa. Mas isso não vai impedir que o planeta continue a se aquecer. E lembrem: tenho meu próprio megafone, e é bem potente. Se eu sair desta sala sem um acordo, minha primeira parada vai ser no salão no andar de baixo, onde está toda a imprensa internacional à espera de notícias. E vou dizer a eles que estava preparado para me comprometer com uma grande redução em nossas emissões de gases de efeito estufa e com bilhões de dólares para novos auxílios, e que vocês resolveram que era melhor não fazer nada. Vou dizer a mesma coisa a todos os países pobres que esperavam se beneficiar com essa nova assistência financeira. E a todas as pessoas dos países de vocês que mais vão sofrer com a mudança climática. E aí veremos em quem vão acreditar."

Quando os intérpretes na sala concluíram a tradução, o ministro chinês do Meio Ambiente, um homem robusto, de rosto redondo e óculos, se levantou de repente e começou a falar em mandarim, aumentando o volume da voz, acenando as mãos em minha direção, o rosto vermelho de agitação. Prosseguiu nisso por um ou dois minutos, a sala toda sem saber direito o que estava acontecendo. Por fim, o premiê Wen ergueu uma mão esguia e marcada de veias, e o ministro voltou a se sentar abruptamente. Contive a vontade de rir e me virei para a jovem chinesa que era a intérprete de Wen.

"O que o meu amigo acabou de dizer?", perguntei. Antes que ela respondesse, Wen sacudiu a cabeça e murmurou alguma coisa. A intérprete assentiu e se virou para mim.

"O premiê Wen disse que o que o ministro do Meio Ambiente falou não é importante", explicou ela. "O premiê Wen quer saber se o senhor tem aqui o acordo que está propondo, para que todos possam olhar outra vez a cláusula específica."

Meia hora depois de regatear com os demais governantes e seus ministros aglomerados ao meu redor e em volta de Hillary enquanto eu usava um marca-texto para destacar partes da cláusula no documento amarfanhado que levava no bolso, o grupo havia concordado com nossa proposta. Descendo a escada às pressas, levei mais trinta minutos para conseguir que os europeus aceitassem as modestas alterações que tinham sido solicitadas pelos representantes dos países em desenvolvimento. A cláusula foi rapidamente impressa e distribuída. Hillary e Todd conversaram com os delegados de outros países importantes, para ajudarem a ampliar o consenso. Fiz uma breve declaração à imprensa, anunciando o acordo provisório, e depois disso lotamos os carros da comitiva e fomos correndo para o aeroporto.

Chegamos dez minutos antes da decolagem.

A conversa foi animada no voo de volta, enquanto o pessoal da equipe contava as aventuras do dia para os que não estiveram presentes. Reggie, que estava comigo por tempo suficiente para não se se surpreender muito com mais nada, abriu um vasto sorriso ao pôr a cabeça pela porta do meu compartimento, onde eu lia uma pilha de memorandos.

"Sou obrigado a dizer, chefe", falou ele, "foi um lance bem gângster por lá, hein?"

Eu estava me sentindo muito bem. No maior dos palcos, numa questão importante, sob a pressão implacável do relógio, eu havia tirado um coelho da cartola. Claro que a imprensa apresentou reações variadas ao acordo provisório, mas, em vista do caos na conferência e da obstinação dos chineses, eu ainda considerava aquilo uma vitória — um trampolim que poderia nos ajudar a conseguir a aprovação no Senado de nossa lei sobre as mudanças climáticas. E o mais importante: conseguíramos que a China e a Índia aceitassem — mesmo que com relutância ou vagueza — a ideia de que todos os países, e não apenas os ocidentais, tinham a responsabilidade de cumprir sua parte para retardar o aquecimento global. Sete anos depois, esse princípio básico se mostraria de importância fundamental para se chegar ao grande avanço que foi o Acordo de Paris.

Mesmo assim, ao me sentar à mesa e olhar pela janela, a escuridão rompida de poucos em poucos segundos pela luz piscando na ponta da asa direita do avião, fui tomado por pensamentos mais sóbrios. Pensei na quantidade de trabalho que tivemos para chegar ao acordo — as incontáveis horas de labuta de uma equipe dedicada e talentosa; as negociações de bastidores e as entregas de bilhetes; as promessas de ajuda; por fim, uma intervenção de última hora que se baseara numa arremetida intuitiva tanto quanto num conjunto de argumentos racionais. Tudo isso para um acordo provisório que — mesmo que funcionasse conforme o planejado — seria no máximo um passo preliminar e incerto para solucionar uma possível tragédia planetária, um balde de água num incêndio que se alastrava. Compreendi que, apesar de todo o poder inerente ao cargo que ocupava, sempre haveria uma enorme distância entre o que eu sabia que era preciso fazer para chegar a um mundo melhor e o que eu me via realmente capaz de alcançar num dia, numa semana ou num ano.

Quando pousamos, a nevasca prevista já atingira Washington, as nuvens baixas despejando uma mistura de chuva gelada e flocos de neve. Em cidades mais ao norte como Chicago, os caminhões já estariam em ação, abrindo sulcos, removendo a neve das ruas e espalhando sal, porém mesmo a mais leve sombra de neve tendia a paralisar a região de Washington, notoriamente mal equipada, fechando escolas e criando enormes congestionamentos. Como o Marine One não podia nos transportar por causa das condições climáticas, o caminho de volta para a Casa Branca levou ainda mais tempo, enquanto nossa comitiva percorria as estradas cobertas de gelo.

Quando entrei na residência, já era tarde. Michelle estava deitada na cama, lendo. Contei sobre a viagem e perguntei como estavam as meninas.

"Estão empolgadíssimas com a neve", disse ela, "ao contrário de mim." E me olhou com um sorriso de solidariedade: "Malia provavelmente vai perguntar no café da manhã se você salvou os tigres".

Assenti, enquanto tirava a gravata.

"Estou trabalhando nisso", respondi.

PARTE VI

A toda prova

22

É da natureza da política, e certamente da presidência, passar por etapas difíceis — quando, em consequência de um erro estúpido, de uma situação imprevista, de uma decisão sensata mas impopular, ou de uma falha de comunicação, as manchetes se tornam negativas e o público fica insatisfeito. Geralmente demora umas duas semanas, ou até um mês, antes que a imprensa perca o interesse em criticá-lo, ou porque você corrigiu o problema, expressou seu arrependimento e cometeu um acerto, ou porque alguma coisa mais importante tirou seu nome da primeira página.

Se a etapa difícil durar muito tempo, porém, é possível acabar numa situação terrível, na qual os problemas se agravam e depois se cristalizam numa narrativa mais ampla sobre você e sua presidência. As histórias negativas não dão sossego, o que leva a uma queda de popularidade. Os adversários políticos, farejando sangue na água, vão atrás de você com mais gana, e os aliados não o defendem com a mesma rapidez. A imprensa começa a escavar em busca de mais problemas dentro de seu governo, para confirmar a impressão de que você está mesmo enfrentando dificuldades políticas. Até que — como os exibicionistas e os malucos de antigamente nas Cataratas do Niágara — você se vê a toda prova, preso no famoso barril, despencando pelas águas turbulentas, ferido e desorientado, já sem saber qual é o lado de cima e o lado de baixo, incapaz de interromper a descida, só aguardando o momento de se chocar contra o fundo, e esperando sobreviver ao impacto, sem nenhuma evidência de que isso seja possível.

Pela maior parte de meu segundo ano no cargo, estávamos dentro desse barril.

Já prevíamos que isso ia acontecer, claro, especialmente depois do verão do Tea Party e do tumulto em torno do Affordable Care Act. Meus índices de aprovação, que se mantiveram mais ou menos estáveis nos primeiros seis meses, caíram durante o segundo semestre. A cobertura da imprensa se tornou mais crítica, fosse em questões importantes (como minha decisão de mandar mais soldados para o Afeganistão) ou estranhas (como o caso dos Salahi, o casal de alpinistas sociais de Washington que deu um jeito de entrar como penetra num banquete formal e tirar uma foto comigo).

Os problemas não cessavam nem nas férias. No dia de Natal, um jovem nigeriano que atendia pelo nome Umar Farouk Abdulmutallab embarcou num voo da Northwest Airlines de Amsterdam para Detroit e tentou detonar material explosivo costurado na cueca. A tragédia só foi evitada porque a engenhoca não funcionou; vendo fumaça e fogo sair do cobertor do pretenso terrorista, um passageiro se atracou com ele e o conteve, e os comissários de bordo apagaram as chamas, permitindo que a aeronave pousasse com segurança. Depois de voltar do Havaí com Michelle e as meninas após uma folga de dez dias muito bem-vinda, passei a maior parte dos dias seguintes falando ao telefone com minha equipe de segurança nacional e o FBI, tentando descobrir quem era Abdulmutallab, para quem trabalhava, e por que nem a segurança do aeroporto nem nossa lista de monitoramento de terroristas o impediram de entrar num avião com destino aos Estados Unidos.

O que deixei de fazer naquelas primeiras 72 horas, porém, foi seguir meu instinto inicial, que era ir à televisão, explicar ao povo americano o que tinha acontecido e garantir que viajar era seguro. Minha equipe apresentara argumentos sensatos para que eu esperasse: era importante que o presidente soubesse de todos os fatos antes de fazer uma declaração pública, segundo diziam. No entanto, meu trabalho não se limitava a tocar o governo ou apurar fatos. O grande público se voltava para o presidente também à procura de explicações para um mundo difícil e muitas vezes assustador. Em vez de ser vista como prudente, minha ausência da TV me fez parecer desatento, e logo começamos a levar chumbo de todos os lados, com os comentaristas menos benevolentes sugerindo que eu dava mais importância a minhas férias tropicais do que às ameaças contra o país. Não ajudou nada o fato de que minha secretária de Segurança Interna, Janet Napolitano, geralmente imperturbável, derrapou numa de suas entrevistas à TV ao afirmar, em resposta a uma pergunta sobre se a segurança tinha falhado, que "o sistema funcionou".

A inabilidade com que tratamos a questão do chamado Homem-Bomba de Cueca deu força às acusações republicanas de que os democratas eram tolerantes com o terrorismo, enfraquecendo minha posição em questões como fechar o centro de detenção da baía de Guantánamo. E, como outras gafes e erros espontâneos ocorridos em meu primeiro ano, esse sem dúvida contribuiu para minha queda nas pesquisas. Mas, segundo Axe, que passava seus dias debruçado sobre dados políticos, cruzados por partido político, idade, raça, gênero, geografia e sabe-se lá o que mais, minha sorte política em declínio às vésperas de 2010 podia ser atribuída a um único e primordial fator.

A economia ainda ia mal.

No papel, nossas medidas de emergência — somadas às intervenções do Federal Reserve — pareciam estar dando resultado. O sistema financeiro estava em pleno funcionamento, e os bancos caminhavam rumo à solvência. Os preços dos imóveis, apesar de ainda baixos em relação ao pico, se estabilizaram pelo menos de forma temporária, e as vendas de automóveis nos Estados Unidos começavam a crescer. Graças à Lei de Recuperação, os gastos de consumidores e de empresas vinham subindo um pouco, e estados e cidades tinham reduzido (mas não parado) as demissões de professores, policiais e outros servidores públicos. No país inteiro, grandes projetos de construção deslanchavam, compensando parte da inatividade decorrente do colapso do setor residencial. Joe Biden e seu chefe de gabinete, meu antigo instrutor de debates Ron Klain, fizeram um excelente trabalho na supervisão do fluxo dos dólares do pacote de incentivo, com Joe frequentemente dedicando partes de seu dia a pegar o telefone e esbravejar com funcionários estaduais e locais cujos projetos estavam atrasados ou que não nos forneciam a documentação adequada. Uma auditoria revelou que, em virtude dos seus esforços, apenas 0,2% dos dólares da Lei de Recuperação tinham sido gastos impropriamente — estatística de causar inveja até mesmo às empresas mais bem administradas do setor privado, em vista do volume de dinheiro e do número de projetos envolvidos.

Mesmo assim, para os milhões de americanos que lidavam com os efeitos da crise, a situação parecia pior, e não melhor. Ainda corriam o risco de perder suas casas por inadimplência. Suas poupanças foram desfalcadas, ou deixaram de existir. O mais preocupante de tudo era que ainda não conseguiam arranjar emprego.

Larry Summers tinha advertido que o desemprego era um "indicador de desempenho passado": em geral, as empresas só começam a demitir quando a recessão já dura alguns meses, e só voltam a contratar bem depois do fim de uma recessão. Não deu outra: embora o ritmo da perda de empregos diminuísse aos poucos ao longo de 2009, o número de desempregados continuava subindo. A taxa de desemprego só atingiu o pico em outubro, chegando a 10% — a mais alta desde o começo dos anos 1980. As notícias eram tão consistentemente ruins que passei a sentir um nó no estômago na primeira quinta-feira de qualquer mês, quando o Departamento de Trabalho enviava à Casa Branca um exemplar adiantado do seu relatório mensal de empregos. Katie costumava dizer que era capaz de adivinhar o conteúdo do relatório pela linguagem corporal de minha equipe econômica: se desviavam o olhar, falavam em voz baixa ou largavam com ela um envelope pardo endereçado a mim, em vez de aguardarem para entregá-lo pessoalmente, ela sabia que teríamos outro mês difícil pela frente.

Se os americanos estavam compreensivelmente frustrados com o ritmo lento da recuperação, o resgate dos bancos os deixava à beira de um ataque de nervos. Puxa, como as pessoas odiavam o Tarp! Não queriam saber se o programa de emergência tinha superado as expectativas, ou se mais da metade do dinheiro dado aos bancos já tinha sido devolvida com juros, ou se a economia em geral só poderia se recuperar quando os mercados de capital voltassem a funcionar. Fossem quais fossem suas convicções políticas, os eleitores consideravam o resgate dos bancos uma trapaça que permitiu aos barões das finanças sobreviverem à crise relativamente ilesos.

Tim Geithner preferia dizer que não era bem assim. Fazia uma lista de todos os castigos que Wall Street recebeu por seus pecados: bancos de investimentos que faliram, CEOS de instituições financeiras que perderam o emprego, ações que foram diluídas, bilhões de dólares perdidos. Nessa mesma linha, os advogados do procurador-geral Holder no Departamento de Justiça logo começariam a acumular acordos de valor inédito com instituições financeiras que comprovadamente violaram a lei. Apesar disso, não havia como negar que muitos dos principais responsáveis pelas mazelas econômicas do país continuavam absurdamente ricos e escapavam de processos sobretudo porque as leis, tal como foram escritas, consideravam a imprudência e a desonestidade de proporções épicas demonstradas nos conselhos de administração ou no pregão das bolsas menos condenáveis do que os atos de um adolescente que furta numa loja. Independentemente dos méritos econômicos do Tarp, ou da lógica das decisões do Departamento de Justiça de não mover ações penais, tudo cheirava a injustiça.

"Cadê o *meu* resgate?" — era um refrão popular. Meu barbeiro me perguntou por que nenhum executivo de banco foi para a cadeia; a mesma pergunta que me fez minha sogra. Defensores do direito à moradia queriam saber por que bancos receberam centenas de bilhões em fundos do Tarp, e só uma fração dessas quantias foi destinada a ajudar diretamente os proprietários de casas sob risco de execução a amortizarem suas hipotecas. Nossa resposta — de que, devido ao tamanho do mercado imobiliário dos Estados Unidos, mesmo um programa tão grande quanto o Tarp teria um efeito quase insignificante nas execuções hipotecárias, e qualquer dinheiro extra obtido do Congresso seria usado com mais eficácia na geração de empregos — parecia insensível e pouco convincente, sobretudo levando em conta que os programas que criamos para ajudar donos de imóveis a refinanciarem ou renegociarem suas hipotecas ficaram lamentavelmente aquém das expectativas.

Ansioso por escapar da indignação pública, ou pelo menos para sair da linha de tiro, o Congresso criou múltiplos comitês de supervisão, com democratas e republicanos fazendo acusações aos bancos, questionando decisões tomadas por reguladores e jogando toda a culpa que pudessem no outro partido. Em 2008, o Senado tinha nomeado um inspetor-geral especial para monitorar o Tarp, um ex-promotor público chamado Neil Barofsky, que pouco entendia de finanças mas tinha um grande talento para provocar manchetes sensacionais, e atacava com fervor nossas decisões. Quanto mais a possibilidade de uma catástrofe financeira desaparecia do nosso campo de visão, mais gente indagava se o Tarp tinha de fato sido necessário. E, como agora estávamos no comando, com frequência Tim ou outros membros de meu governo assumiam a difícil posição de defender o que parecia indefensável.

Os republicanos não hesitavam em tirar proveito, sugerindo que o Tarp sempre fora uma ideia democrata. Lançavam diariamente diatribes contra a Lei de Recuperação e todo o restante de nossa política econômica, alegando que "incentivo" era só outro nome para descontrole, clientelismo liberal e mais resgates para grupos específicos. Acusavam a Lei de Recuperação de explodir o déficit federal que herdamos do governo Bush, e — quando se davam ao trabalho de propor políticas alternativas — diziam que a melhor maneira de consertar a economia era o governo reduzir seu orçamento e botar ordem na casa em termos fiscais, da mesma maneira que famílias que passavam por dificuldades no país inteiro estavam "apertando o cinto".

Somando-se tudo isso, no começo de 2010 as pesquisas mostravam que o número de americanos que reprovavam meu jeito de administrar a economia era significativamente maior do que o dos que aprovavam — um alerta que ajudava a explicar não só a perda do assento de Ted Kennedy em Massachusetts, mas também as derrotas democratas em eleições para governador em Nova Jersey e na Virgínia, estados onde eu ganhara com facilidade apenas um ano antes. Segundo Axe, eleitores nos grupos de discussão eram incapazes de distinguir entre o Tarp, que foi herdado por mim, e o pacote de incentivo econômico; só o que sabiam era que os bem relacionados se davam bem e eles se davam mal. Também achavam que a ideia dos republicanos de reduzir orçamento em resposta à crise — "austeridade", como os economistas gostam de dizer — fazia mais sentido intuitivamente do que nossa insistência keynesiana no aumento dos gastos governamentais. Democratas do Congresso em distritos mais disputados, já preocupados com suas perspectivas de eleição, começaram a se distanciar da Lei de Recuperação e a evitar totalmente a palavra "incentivo". Os mais à esquerda, enfurecidos com a falta de uma opção pública no projeto de lei de assistência à saúde, voltaram a reclamar que o pacote de incentivo tinha sido insuficiente e que Tim e Larry eram muito bonzinhos com Wall Street. Até mesmo Nancy Pelosi e Harry Reid começaram a pôr em dúvida a estratégia de comunicação da Casa Branca — especialmente nossa tendência a denunciar "partidarismo exagerado" e "grupos especiais" em Washington, em vez de endurecer com os republicanos.

"Sr. presidente", Nancy me falou numa ligação telefônica, "vivo dizendo aos meus colegas que o que o senhor fez em tão pouco tempo é histórico. Tenho o maior orgulho, de verdade. Mas, no momento, o público não sabe o que foi que o senhor conseguiu. Não sabe como os republicanos estão se comportando mal, tentando obstruí-lo em tudo. E os eleitores não vão saber se o senhor não quiser contar."

Axe, que cuidava do nosso setor de comunicação, ficou furioso quando lhe falei da conversa com a presidente da Câmara. "Talvez Nancy possa nos ensinar como dizer que uma taxa de 10% de desemprego é uma coisa boa", retrucou, limpando a garganta. Ele lembrou que eu tinha disputado a eleição prometendo mudar Washington, e não me envolver nos arranca-rabos partidários de praxe. "Podemos atacar os republicanos até dizer chega", disse ele, "mas vamos continuar afundando enquanto não pensarmos em nada melhor do que dizer aos eleitores 'é mesmo, está um horror, mas poderia ser pior'."

Era um bom argumento; devido ao estado da economia, havia limites para o que qualquer estratégia de comunicação seria capaz de conseguir. Desde o começo, sabíamos que o embate político na recessão seria violento. Mas Nancy também tinha razões para críticas. Afinal, era eu quem me orgulhava de não permitir que a política de curto prazo atrapalhasse nossa resposta à crise econômica, como se as regras da lei da gravidade política não se aplicassem a mim. Quando Tim manifestou o temor de que uma retórica muito dura contra Wall Street pudesse dissuadir investidores privados de recapitalizar os bancos e, portanto, prolongar a crise financeira, aceitei baixar o tom, apesar das objeções de Axe e Gibbs. Agora uma parte considerável dos americanos achava que eu me preocupava mais com os bancos do que com eles. Quando Larry sugeriu que reduzíssemos os impostos da classe média da Lei de Recuperação em prestações quinzenais, e não de uma vez, porque as pesquisas mostravam que as pessoas tendiam a gastar mais dinheiro dessa maneira, dando à economia um estímulo mais rápido, eu disse tudo bem, vamos fazer assim — apesar da advertência de Rahm de que ninguém perceberia uma diferença mínima em cada holerite. Agora as pesquisas mostravam que a maioria dos americanos achava que eu tinha aumentado em vez de reduzir os impostos — e tudo para financiar os resgates dos bancos, o pacote de incentivo econômico e reforma da assistência à saúde.

Roosevelt jamais teria cometido esses erros, pensei comigo. Ele entendeu que tirar os Estados Unidos da Depressão dependia menos de executar corretamente cada política do New Deal e mais da capacidade de demonstrar confiança no projeto como um todo, dando ao público a impressão de que o governo tinha controle da situação. Sabia também que numa crise as pessoas precisam de uma narrativa que dê sentido às suas dificuldades e mexa com suas emoções — uma fábula moral com mocinhos e bandidos bem definidos e um enredo fácil de acompanhar.

Em outras palavras, Roosevelt compreendia que para ser eficaz o governo não podia ser antisséptico a ponto de deixar de lado a essência da atividade política: era preciso vender seu programa, recompensar apoiadores, revidar os golpes dos adversários e ressaltar os fatos que ajudassem sua causa, deixando de lado os detalhes que atrapalhassem. De repente me vi pensando se não teríamos, de alguma forma, transformado virtude em vício; se, preso a meus elevados padrões morais, eu não teria deixado de contar ao povo americano uma história em que ele pudesse acreditar; depois de ceder a narrativa política a meus detratores, eu poderia tomá-la de volta.

Após mais de um ano de indicadores econômicos consistentemente ruins, enfim houve um vislumbre de esperança: o relatório de empregos de março de 2010 mostrou que a economia tinha gerado 162 mil empregos — o primeiro mês de crescimento significativo desde 2007. Quando Larry e Christy Romer apareceram no Salão Oval para dar a notícia, eu os cumprimentei com o punho fechado e os declarei "Funcionários do Mês".

"Vamos ganhar plaquinhas, sr. presidente?", perguntou Christy.

"Não temos dinheiro para plaquinhas", respondi. "Mas podem se gabar com o resto da equipe."

Os relatórios de abril e maio foram positivos também, trazendo a animadora possibilidade de que a recuperação talvez estivesse finalmente ganhando força. Nenhum de nós na Casa Branca achava uma taxa de desemprego de mais de 9% uma volta olímpica. Achávamos, porém, que fazia sentido tanto em termos econômicos como políticos começar a transmitir com mais ênfase a ideia de que estávamos avançando. Começamos até a fazer planos para uma viagem pelo país no começo do verão, na qual eu selecionaria comunidades em recuperação e empresas que já estivessem contratando. "Verão da Recuperação" — foi o nome que nos ocorreu.

Só que então a Grécia implodiu.

Apesar de a crise financeira ter começado em Wall Street, seu impacto na Europa foi igualmente severo. Meses depois de conseguirmos fazer a economia americana voltar a crescer, a União Europeia permanecia atolada numa recessão, com seus bancos fragilizados, suas principais indústrias ainda se recuperando da enorme queda no comércio global e o desemprego em alguns países chegando a 20%. Os europeus não tiveram que enfrentar o colapso repentino de seu setor imobiliário como nós, e suas redes de proteção, bem mais generosas, ajudaram a amortecer o impacto da recessão em populações vulneráveis. Por outro lado, a combinação de maior demanda por serviços públicos, receitas tributárias reduzidas e resgates bancários ainda em curso tinha exercido forte pressão sobre os orçamentos governamentais. E, ao contrário dos Estados Unidos — capazes de financiar, de forma barata, os déficits crescentes até mesmo durante uma crise, com investidores avessos a riscos correndo para comprar nossas letras do Tesouro —, países como Irlanda, Portugal, Grécia, Itália e Espanha enfrentavam dificuldades cada vez maiores para conseguir empréstimos. Seus esforços para acalmar mercados financeiros cortando gastos do governo apenas reduziram uma demanda agregada já fraca e aprofundaram a recessão. Isso, por sua vez, resultou em déficits orçamentários ainda maiores, exigindo empréstimos adicionais a juros ainda mais altos e abalando ainda mais os mercados financeiros.

Não podíamos nos dar ao luxo de observar passivamente tudo isso. Problemas na Europa eram um importante obstáculo à recuperação dos Estados Unidos: a União Europeia era nosso maior parceiro comercial, e os mercados financeiros americanos e europeus eram praticamente inseparáveis. Tim e eu passamos a maior parte de 2009 instando governantes europeus a tomarem medidas mais decisivas para reparar a economia. Nós os aconselhávamos a resolver os problemas com seus bancos de uma vez por todas (o "teste de estresse" que reguladores europeus aplicaram a suas instituições foi tão desorganizado que dois bancos irlandeses precisaram de resgate do governo poucos meses depois de receberem atestado de boa saúde). Pedíamos a países com as finanças em ordem que adotassem políticas de incentivo econômico comparáveis à nossa, para dar um empurrão no investimento comercial e aumentar a demanda de consumo em todo o continente.

Não chegamos a lugar nenhum. Apesar de liberais pelos padrões americanos, quase todas as grandes economias da Europa tinham governos de centro-direita, eleitos com a promessa de orçamentos equilibrados e reformas de livre mercado, não de mais gastos governamentais. A Alemanha, em particular — a única verdadeira potência econômica da União Europeia e seu membro mais influente —, continuava a considerar a integridade fiscal a resposta para todas as mazelas econômicas. Quanto mais eu conhecia Angela Merkel, mais gostava dela; achava-a segura, honesta, com alto rigor intelectual e instintivamente amável. Mas era também conservadora por temperamento e, claro, uma política experiente que conhecia seu eleitorado, e sempre que eu insinuava que a Alemanha precisava dar o exemplo gastando mais em infraestrutura, ou em redução de impostos, ela retrucava educadamente, mas com firmeza. "*Ja*, Barack, acho que essa talvez não seja a melhor abordagem para nós", dizia, franzindo o rosto, como se minha sugestão fosse um tanto indecente.

Sarkozy não chegava a ser um contrapeso significativo. Em particular, mostrou simpatia pela ideia de um pacote de incentivo econômico, devido à alta taxa de desemprego da França ("Não se preocupe, Barack… Estou cuidando de Angela, deixe comigo"). Mas para ele era difícil se afastar das práticas fiscais conservadoras que assumira no passado e, a meu ver, não era organizado a ponto de produzir um plano bem definido para seu próprio país, menos ainda para toda a Europa.

E, embora o primeiro-ministro do Reino Unido, Gordon Brown, concordasse conosco sobre a necessidade de os governos europeus aumentarem os gastos no curto prazo, seu Partido Trabalhista perderia a maioria parlamentar em maio de 2010, e ele seria substituído pelo líder do Partido Conservador, David Cameron. De quarenta e poucos anos, aparência jovial e uma informalidade estudada (em todas as reuniões de cúpula internacionais, a primeira coisa que fazia era tirar o paletó e afrouxar a gravata), Cameron, ex-aluno do Eton College, exibia um impressionante conhecimento dos assuntos, uma grande facilidade com as palavras e a confiança natural de quem jamais foi maltratado pela vida. Pessoalmente, eu gostava dele, mesmo quando batíamos de frente, e nos seis anos seguintes ele se mostraria um parceiro solícito em questões internacionais, como mudanças climáticas (acreditava na ciência), direitos humanos (apoiava a legalização do casamento gay) e ajuda aos países em desenvolvimento (durante todo o seu mandato, conseguiu alocar 1,5% do orçamento do Reino Unido à ajuda externa, porcentagem bem mais alta do que jamais consegui arrancar do Congresso dos Estados Unidos). Em termos de política econômica, porém, Cameron seguia com rigor a ortodoxia do livre mercado, e prometera aos eleitores que sua plataforma de redução do déficit e de corte de serviços governamentais — além de reforma regulatória e ampliação do comércio — inauguraria uma nova era de competitividade para o Reino Unido.

Em vez disso, como era de esperar, a economia britânica afundou mais ainda na recessão.

A teimosa adoção da austeridade pelos principais governantes europeus, apesar de todas as provas em contrário, era frustrante. Mas, levando em conta tudo o mais que eu precisava resolver, a situação da Europa não chegava a me tirar o sono. Isso começou a mudar em fevereiro de 2010, porém, quando a crise da dívida soberana grega ameaçou derrubar a União Europeia — nos obrigando, a mim e minha equipe econômica, a correr para evitar mais uma rodada de pânico financeiro global.

Os problemas econômicos da Grécia não eram novidade. Durante décadas, o país tinha sido afligido por baixa produtividade, um setor público inchado e ineficiente, evasão fiscal em grande escala e compromissos insustentáveis com previdência social. Apesar disso, ao longo dos anos 2000, os mercados de capital internacionais tinham financiado os déficits crescentes da Grécia, mais ou menos como tinham feito com a montanha de hipotecas de alto risco nos Estados Unidos. Depois da crise de Wall Street, essa generosidade diminuiu. Quando um novo governo grego anunciou que seu último déficit orçamentário tinha superado todas as estimativas, as ações dos bancos europeus despencaram, e os credores internacionais se recusaram a emprestar mais dinheiro à Grécia. De repente o país se viu à beira da moratória.

Em circunstâncias normais, a perspectiva de um país pequeno deixar de pagar o que deve tem efeito limitado fora de suas fronteiras. O PIB da Grécia era mais ou menos equivalente ao do estado americano de Maryland, e outros países, diante dos mesmos problemas, quase sempre conseguiam fazer um acordo com os credores e o FMI, o que lhes permitia reestruturar a dívida, manter a credibilidade internacional e, com o tempo, se recuperar.

Mas em 2010 as condições econômicas nada tinham de normal. Devido à conexão da Grécia com uma Europa já abalada, era como se seus problemas de dívida soberana fossem uma banana de dinamite acesa lançada numa fábrica de armas de fogo e munições. Por ser membro do mercado comum da União Europeia, onde empresas e pessoas trabalhavam, viajavam e negociavam de acordo com um conjunto unificado de regulamentações, sem levar em conta fronteiras nacionais, os problemas econômicos da Grécia se espalharam com facilidade. Bancos de outros países da União Europeia estavam entre os maiores credores do governo grego. Além disso, a Grécia era um dos dezesseis países que adotavam o euro, não tendo, portanto, uma moeda própria que pudesse desvalorizar ou medidas monetárias independentes às quais recorrer. Sem um pacote de resgate imediato, em larga escala, por parte dos outros países da zona do euro, a única alternativa para a Grécia seria abandonar o pacto monetário, uma medida inédita com ramificações econômicas incertas. As preocupações dos mercados com a Grécia já tinham provocado grandes aumentos nas taxas que os bancos impunham a Irlanda, Portugal, Itália e Espanha para cobrir suas dívidas soberanas. Tim temia que uma moratória da Grécia, ou sua saída da zona do euro, levasse os já nervosos mercados de capital a suspender na prática as linhas de crédito para esses países maiores, aplicando ao sistema financeiro um choque pelo menos tão ruim quanto o que acabávamos de atravessar.

"É impressão minha", perguntei a Tim quando ele acabou de explicar as diversas hipóteses, todas de arrepiar os cabelos, "ou nós nunca temos uma trégua?"

E dessa maneira, como se surgisse do nada, a estabilização da Grécia de repente passou a ser uma das nossas maiores prioridades em termos de economia e política externa. Em encontros pessoais e pelo telefone naquela primavera, Tim e eu lançamos uma ofensiva para convencer o Banco Central Europeu e o FMI a produzirem um pacote de resgate robusto o bastante para acalmar os mercados e permitir que a Grécia honrasse sua dívida, enquanto ajudava também o novo governo grego a preparar um plano realista de redução dos déficits estruturais do país e de retomada do crescimento. Para que se evitassem possíveis efeitos de contaminação no resto da Europa, recomendávamos também que os europeus construíssem uma "barreira anti-incêndio" — na prática, um fundo comum de empréstimo com peso suficiente para dar aos mercados a certeza de que, numa emergência, a zona do euro respaldaria as dívidas dos países-membros.

Mais uma vez, nossos colegas europeus tinham outros planos. Para alemães, holandeses e muitos outros integrantes da zona do euro, os gregos, com sua governança incompetente e seus gastos extravagantes, tinham criado seus próprios problemas. Apesar de Merkel me garantir que "não vamos repetir o caso Lehman", permitindo que a Grécia se tornasse inadimplente, tanto ela como seu austero ministro das Finanças, Wolfgang Schäuble, estavam dispostos a condicionar a ajuda a uma penitência, apesar de advertirmos que arrochar a já dilapidada economia grega seria contraproducente. O desejo de aplicar essa severa justiça à moda do Antigo Testamento e reforçar uma determinada conduta moral se refletia na oferta inicial da Europa: um empréstimo de até 25 bilhões de euros, que mal dava para cobrir dois meses da dívida grega, desde que o novo governo aprovasse cortes profundos nas aposentadorias e pensões, aumentos generalizados de impostos e congelamento dos salários do setor público. Como não queria cometer suicídio político, o governo grego agradeceu, mas recusou, especialmente depois que os eleitores reagiram às notícias da nova proposta europeia com manifestações de rua e greves por toda parte.

O projeto inicial da Europa para criar uma barreira anti-incêndio emergencial não era muito melhor. A quantia proposta pelas autoridades da zona do euro para capitalizar o fundo de empréstimo — 50 bilhões de euros — era lamentavelmente inadequada. Num telefonema com os ministros das Finanças europeus, Tim explicou que, para ter eficácia, o fundo precisaria ser dez vezes maior. As autoridades da zona do euro também queriam que, na formação do fundo, os investidores dos países participantes aceitassem um "deságio" compulsório — em outras palavras, engolissem uma certa porcentagem de perdas no valor que empenhariam. Tal intenção era perfeitamente compreensível; afinal, os juros que os credores cobravam sobre um empréstimo a princípio já previam e compensavam o risco de inadimplência do devedor. Mas, na prática, qualquer exigência de deságio tornaria o capital privado bem menos disposto a emprestar mais dinheiro para países já endividados, como Irlanda e Itália, anulando com isso o único objetivo da barreira anti-incêndio.

Para mim, aquilo tudo parecia uma reprise televisiva, dublada em outro idioma, dos debates que tivemos na esteira da crise de Wall Street. E, embora eu tivesse uma visão absolutamente clara do que governantes europeus como Merkel e Sarkozy precisavam fazer, também entendia muito bem as dificuldades políticas que enfrentavam. Afinal, para mim tinha sido muito difícil e desagradável tentar convencer os eleitores americanos de que fazia sentido gastar bilhões de dólares do dinheiro do contribuinte socorrendo bancos e ajudando desconhecidos a escaparem da execução hipotecária ou da perda de seu emprego dentro de nosso próprio país. E o que se exigia de Markel e Sarkozy era convencer seus eleitores de que fazia sentido socorrer um monte de estrangeiros.

Percebi então que a crise da dívida grega era também uma questão geopolítica, além de um problema financeiro de repercussão global — e escancarava as contradições ainda existentes no cerne da longa marcha da Europa rumo à integração. Nos dias inebriantes que se seguiram à queda do Muro de Berlim, nos anos de metódica reestruturação que vieram depois, a grandiosa arquitetura desse projeto — o mercado comum, o euro, o Parlamento Europeu e uma burocracia sediada em Bruxelas com poderes para estabelecer políticas numa grande variedade de questões regulatórias — refletia uma visão otimista das possibilidades de um continente verdadeiramente unificado, livre do nacionalismo tóxico que alimentara séculos de conflitos sangrentos. Num grau notável, a experiência tinha dado certo: abrindo mão de elementos de sua soberania, os países-membros da União Europeia gozaram de uma paz e de uma prosperidade generalizadas que talvez nenhum outro conjunto de povos desfrutou na história humana.

Mas as identidades nacionais — diferenças de idioma, cultura, história e níveis de desenvolvimento econômico — eram questões persistentes. E, com o agravamento da crise econômica, todas as diferenças que os bons tempos tinham ocultado começaram a vir à tona. Até que ponto os cidadãos das nações mais ricos e eficientes da Europa estavam dispostos a assumir as obrigações de um país vizinho, ou para ver o dinheiro de seus impostos ser redistribuído fora de suas fronteiras? Os cidadãos de países em dificuldade econômica aceitariam sacrifícios exigidos por autoridades distantes, com as quais não tinham afinidade e sobre as quais exerciam pouco ou nenhum poder? À medida que o debate sobre a Grécia ia ficando mais acalorado, discussões públicas em alguns dos países-membros da União Europeia original, como Alemanha, França e Holanda, às vezes iam além das críticas ao governo grego, envolvendo acusações mais amplas contra todos os cidadãos do país — que eram displicentes com o trabalho, que toleravam a corrupção, que consideravam opcionais as obrigações corriqueiras, como pagar impostos. Ou, como entreouvi um funcionário da União Europeia, de origem indeterminada, dizer a outro quando eu lavava as mãos no banheiro durante uma cúpula do G8:

"Eles não pensam como nós."

Governantes como Merkel e Sarkozy estavam comprometidos demais com a unidade europeia para aceitar esses estereótipos, mas os imperativos políticos exigiam cautela na hora de concordar com um plano de resgate. Percebi que quase nunca era mencionado o fato de que bancos alemães e franceses estavam entre os maiores credores da Grécia, ou de que boa parte da dívida acumulada pelos gregos fora contraída na compra de produtos de exportação da Alemanha e da França — o que talvez deixasse claro para os eleitores que evitar a moratória grega equivalia a salvar seus próprios bancos e indústrias. Talvez temessem que esse reconhecimento desviasse a atenção dos eleitores dos fracassos de sucessivos governos gregos para os fracassos de autoridades alemãs e francesas na supervisão das práticas de empréstimos de seus bancos. Ou talvez temessem que, caso seus eleitores entendessem todas as implicações da integração europeia — que sua vida econômica, para o bem ou para o mal, estava atrelada à de povos que não eram "como nós" —, acabassem não gostando da ideia tanto assim.

De qualquer maneira, no começo de maio os mercados financeiros estavam tão apreensivos que os líderes europeus foram obrigados a aceitar a realidade. Concordaram com um pacote conjunto de empréstimos da União Europeia e do FMI que permitia à Grécia efetuar seus pagamentos ao longo de três anos. O pacote incluía também medidas de austeridade onerosas demais — como todos os envolvidos sabiam — para o governo grego implementar, mas que pelo menos davam a outros governos da União Europeia a cobertura política de que precisavam para aprovar o acordo. Mais tarde naquele ano, os países da zona do euro também concordaram, provisoriamente, com uma barreira anti-incêndio na escala sugerida por Tim, e sem a exigência de deságio compulsório. Os mercados financeiros europeus continuariam em sua trajetória de montanha-russa ao longo de 2010, e a situação não só na Grécia, mas também na Irlanda, em Portugal, na Espanha e na Itália, ainda era perigosa. Como não tínhamos poder para forçar uma solução permanente dos problemas subjacentes à União Europeia, Tim e eu tivemos pelo menos a satisfação de ajudar a desativar temporariamente outra bomba.

A crise teve sobre a economia americana o efeito de frear bruscamente o impulso de recuperação. As notícias vindas da Grécia provocaram uma queda no mercado de ações dos Estados Unidos. A confiança nos negócios, medida por pesquisas mensais, também caiu, com as novas incertezas levando administradores a adiar investimentos já planejados. O relatório de empregos de junho voltou ao território negativo — e assim continuaria até o segundo semestre de 2010.

O "Verão da Recuperação" acabou sendo um fiasco.

O clima na Casa Branca mudou naquele segundo ano. Não que alguém considerasse que seu lugar estava garantido; afinal de contas, cada dia trazia novos lembretes do privilégio que era podermos desempenhar um papel na história. E, certamente, ninguém deixou de se esforçar. Para quem observasse de fora, as reuniões da equipe talvez parecessem menos tensas, com cada um aprendendo a conhecer melhor os outros e se familiarizando com suas atribuições e responsabilidades. Mas, apesar do clima informal, todos sabiam quais eram os riscos e entendiam a necessidade de executarmos até mesmo as tarefas rotineiras de acordo com os padrões mais rigorosos. Nunca precisei cobrar de ninguém na Casa Branca mais empenho, mais assiduidade. O medo de deixar a peteca cair — de decepcionar a mim, aos colegas, aos eleitores que contavam conosco — era uma motivação muito mais forte do que qualquer exortação de minha parte.

Todo mundo estava sempre com o sono atrasado. Raramente os funcionários mais graduados trabalhavam menos de doze horas por dia, e quase todos faziam pelo menos meio expediente nos fins de semana. Eles não levavam apenas um minuto para chegar ao trabalho, como eu, nem contavam com um batalhão de chefs, manobristas, mordomos e ajudantes para fazer compras, cozinhar, buscar a roupa na lavanderia ou levar os filhos para a escola. Os solteiros adiavam a perspectiva de um relacionamento por mais tempo do que gostariam. Os que tinham a sorte de dividir a vida com alguém jogavam tudo nas costas dessa pessoa sobrecarregada e solitária, gerando a crônica tensão doméstica que Michelle e eu conhecíamos tão bem. Pais e mães perdiam as partidas de futebol dos filhos, as apresentações de dança. Chegavam em casa tarde demais para colocar as crianças pequenas na cama. Aqueles que, como Rahm, Axe e outros, preferiram não submeter a família ao impacto causado por uma mudança para Washington praticamente nunca viam seus cônjuges e filhos.

Se alguém reclamava, era em âmbito privado. Todos sabiam em que terreno estavam pisando quando se dispuseram a trabalhar no alto escalão de um governo. O "equilíbrio entre trabalho e vida pessoal" não fazia parte do pacote — e, considerando a situação periclitante da economia e do mundo, o volume de trabalho não diminuiria tão cedo. Assim como atletas não falam de suas dores crônicas no vestiário, o pessoal que trabalhava na Casa Branca aprendia a "aguentar calado".

Ainda assim, o efeito cumulativo da exaustão — além de uma população cada vez mais descontente, uma imprensa hostil, aliados desiludidos e um partido de oposição com a capacidade e a intenção de transformar qualquer iniciativa numa labuta sem fim — acabava desgastando os nervos e encurtando a paciência. Comecei a ouvir mais casos de gente apreensiva com as ocasionais explosões de Rahm nas reuniões de equipe do início da manhã, acusações de que Larry excluía parte da equipe de certas discussões econômicas, cochichos sobre pessoas que se sentiam ludibriadas quando Valerie se aproveitava de suas relações pessoais comigo e com Michelle para driblar os protocolos processuais da Casa Branca. As tensões explodiam entre os funcionários mais jovens da equipe de política externa, como Denis e Ben, acostumados a me submeter ideias informalmente antes de apresentá-las num processo regular, e meu conselheiro de segurança nacional, Jim Jones, oriundo de uma cultura militar na qual as cadeias de comando eram invioláveis e se esperava que subordinados conhecessem seus limites.

Os membros do meu gabinete também tinham suas frustrações. Enquanto Hillary, Tim, Robert Gates e Eric Holder recebiam mais atenção da minha parte, em virtude de seus cargos, outros vinham trabalhando pesado sem muita ajuda ou orientação. O secretário da Agricultura, Tom Vilsack, ex-governador do Iowa, homem de personalidade forte, fazia o melhor uso possível das verbas da Lei de Recuperação para promover uma série de novas estratégias de desenvolvimento econômico para comunidades rurais em dificuldade. A secretária do Trabalho, Hilda Solis, e sua equipe lutavam para tornar menos complicado o recebimento de horas extras por trabalhadores com salários mais baixos. Meu velho amigo Arne Duncan, antigo superintendente escolar de Chicago, agora secretário de Educação, encabeçava o esforço para elevar o padrão das escolas de baixo desempenho em todo o país, apesar de atrair a ira dos sindicatos de professores (compreensivelmente desconfiados de qualquer coisa que pudesse envolver mais testes padronizados) e ativistas conservadores (segundo os quais o esforço para adotar um currículo básico comum era uma conspiração dos liberais para doutrinar seus filhos).

Apesar dessas realizações, o trabalho rotineiro de dirigir uma agência federal nem sempre correspondia à função mais glamorosa (consultor e íntimo do presidente, presença assídua na Casa Branca) que alguns membros do gabinete imaginavam para si. Houve um tempo em que presidentes como Lincoln dependiam quase exclusivamente do gabinete para formular políticas públicas; uma equipe reduzidíssima na Casa Branca se limitava na prática a atender às necessidades do presidente e cuidar de sua correspondência. Mas, nos tempos modernos, à medida que o governo federal se ampliava, os presidentes foram centralizando cada vez mais o processo decisório sob o mesmo teto, inflando o número e a influência dos funcionários da Casa Branca. Enquanto isso, os membros do gabinete se tornaram mais especializados, envolvidos na tarefa de administrar departamentos gigantescos e capilarizados, em vez de tentar monopolizar a atenção do presidente.

Essa transferência de poder se refletia em minha agenda. Enquanto pessoas como Rahm e Jim Jones me viam quase todos os dias, entre os membros do gabinete, só Hillary, Tim e Gates tinham reuniões permanentes no Salão Oval. Outros secretários precisavam brigar para ser atendidos, a não ser que uma questão relativa a seu departamento se tornasse prioridade da Casa Branca. As reuniões que incluíam todo o gabinete, que tentávamos realizar uma vez por trimestre, ofereciam uma oportunidade de compartilhar informações, mas eram grandes demais, difíceis de controlar e não resolviam muita coisa; a provação começava na hora de acomodar todo mundo na Sala do Gabinete, quando cada um tinha que se esgueirar entre pesadas cadeiras de couro para sentar. Numa cidade em que a proximidade e o acesso ao presidente eram sinal de influência (razão pela qual os funcionários de alto escalão cobiçavam os escritórios pequenos, mal iluminados e notoriamente infestados de roedores da Ala Oeste em vez das espaçosas suítes do Eisenhower Executive Office Building, do outro lado da rua), não demorou para que os secretários começassem a se sentir subutilizados e desvalorizados, à margem da ação e sujeitos aos caprichos de funcionários da Casa Branca, por vezes mais jovens e menos experientes.

Nada disso era exclusividade de minha gestão, e um ponto a favor tanto do meu gabinete como de minha equipe era que todos continuavam concentrados no trabalho mesmo quando o ambiente se tornava mais difícil. Com raras exceções, evitávamos os confrontos abertos e os vazamentos constantes que tinham caracterizado certos governos anteriores. Sem exceções, evitávamos escândalos. Deixei claro, no começo de minha administração, que não toleraria deslizes éticos, e gente com esse tipo de comportamento nem sequer era chamada para trabalhar conosco. Mesmo assim, nomeei um antigo colega da faculdade de direito de Harvard, Norm Eisen, como conselheiro especial do presidente para assuntos de ética e reforma governamental, só para ajudar a manter todo mundo — inclusive eu — na linha. Animado e meticuloso, com traços marcantes e os olhos grandes e arregalados de um fanático, Norm era perfeito para a função — do tipo que adorava o merecido apelido de "Dr. Não". Certa vez, quando lhe perguntaram que tipo de conferência fora da cidade os funcionários da administração tinham permissão para frequentar sem problemas, sua resposta foi direta:

"Se parece que vai ser divertido, não pode."

Manter o moral, no entanto, não era uma coisa que eu pudesse delegar. Tentava ser generoso nos elogios e comedido nas críticas. Nas reuniões, fazia questão de ouvir as opiniões de todos, inclusive as dos funcionários mais jovens. Pequenos detalhes faziam a diferença — cuidar para que eu mesmo trouxesse o bolo de aniversário de alguém, por exemplo, ou tirar um tempinho para um telefonema num aniversário de casamento dos pais de um funcionário. Às vezes, quando me sobravam alguns minutos livres, eu saía pelos corredores estreitos da Ala Oeste enfiando a cabeça neste ou naquele escritório para perguntar a alguém sobre sua família, em que estava trabalhando, se tinha sugestões para melhorar alguma coisa.

Ironicamente, um aspecto da administração que levei mais tempo do que deveria para aprender foi a necessidade de prestar mais atenção nas experiências de mulheres e minorias étnicas da equipe. Sempre achei que, quanto mais pontos de vista em volta da mesa de reuniões, melhor o desempenho de uma organização, e sentia orgulho de ter formado o gabinete mais diverso da história. A operação de nossa Casa Branca estava igualmente repleta de talentosos e experientes afro-americanos, latinos, americanos de origem asiática e mulheres, um grupo que incluía a assessora de política interna Melody Barnes, a vice-chefe da Casa Civil Mona Sutphen, o diretor político Patrick Gaspard, a diretora de assuntos intergovernamentais Cecilia Muñoz, a secretária do gabinete da Casa Branca Chris Lu, a secretária de gabinete Lisa Brown e a chefe do Conselho de Qualidade Ambiental Nancy Sutley. Todos eram excelentes em sua função e desempenhavam papel importante na formulação de políticas. Muitos vieram a ser, mais do que conselheiros valiosos, bons amigos.

Os membros não brancos e não mulheres de meu gabinete, no entanto, não precisavam ter a preocupação de se adaptar ao local de trabalho; dentro dos seus prédios, estavam situados no topo da cadeia alimentar, e todos os demais deveriam se adaptar a eles. Mulheres e minorias étnicas na Casa Branca, por outro lado, tinham que lidar — em várias ocasiões, em graus variados — com as mesmas perguntas incômodas, frustrações e dúvidas que encontravam em outros ambientes profissionais, fossem escritórios de empresas ou departamentos universitários. *Será que Larry rejeitou minha proposta na frente do presidente porque achou que não havia informações suficientes, ou porque não fui agressiva o bastante? Ou terá sido porque ele não leva as mulheres tão a sério quanto leva os homens? Rahm conversou sobre o assunto com Axe e não comigo porque precisava de uma perspectiva política, ou porque os dois se conhecem há muito tempo? Ou terá sido porque não se sente à vontade com negros?*

Devo dizer alguma coisa? Estou sendo sensível demais?

Na qualidade de primeiro presidente afro-americano, eu me sentia na obrigação especial de criar um ambiente de trabalho inclusivo. Apesar disso, eu tinha uma tendência a desconsiderar o papel que raça e gênero — em oposição aos atritos que costumam surgir quando um grupo de pessoas estressadas, todas competentíssimas no que fazem, trabalha confinado num ambiente apertado — de fato desempenhavam na dinâmica de um escritório. Talvez fosse porque todos se comportavam da melhor maneira possível na minha frente; quando eu ficava sabendo de problemas entre funcionários, era sempre através de Pete ou Valerie, com quem, fosse por idade ou temperamento, os outros pareciam mais à vontade para desabafar. Eu sabia que o jeito durão de Rahm, Axe, Gibbs e Larry — para não mencionar sua hesitação politicamente condicionada em adotar posições mais incisivas em questões polêmicas como imigração, aborto e relações entre a polícia e as minorias — às vezes era recebido de maneira diferente por mulheres e minorias étnicas da equipe. Por outro lado, eram agressivos com *qualquer um*, inclusive uns com os outros. Por conhecê-los bem, eu sentia que eram tão livres de preconceitos quanto seria possível para qualquer pessoa criada nos Estados Unidos. A não ser que viessem me contar algo monstruoso, eu achava que bastaria dar um bom exemplo para a equipe, tratando todo mundo com educação e respeito. Eles que resolvessem entre si os casos rotineiros de egos feridos, brigas territoriais ou supostas ofensas.

No fim de nosso primeiro ano, porém, Valerie pediu para falar comigo e me relatou uma grande insatisfação entre as mulheres no alto escalão na Casa Branca — e foi só então que comecei a examinar alguns de meus próprios pontos fracos. Fiquei sabendo que pelo menos uma mulher da equipe fora levada às lágrimas ao ser repreendida numa reunião. Cansadas de ver suas opiniões tantas vezes ignoradas, outras na mesma posição tinham simplesmente parado de falar nessas ocasiões. "Acho que os homens nem sequer percebem como estão agindo", disse Valerie, "e, no que diz respeito às mulheres, isso é parte do problema."

Fiquei tão incomodado que sugeri que umas dez ou doze funcionárias fossem jantar comigo, para terem uma oportunidade de falar abertamente. O jantar foi na Velha Sala de Jantar da Família, no primeiro andar da residência, e, talvez porque fosse um lugar tão chique, com pé-direito alto, mordomos de gravata-borboleta, com a bela porcelana da Casa Branca à mesa, elas levaram um tempo para desabafar. Os sentimentos em volta da mesa não eram uniformes, e ninguém disse ter sido alvo de comentários abertamente sexistas. Mas, ouvindo aquelas mulheres talentosas falarem por mais de duas horas, ficou claro para mim que certos padrões de comportamento que para muitos homens em alta posição na equipe eram uma segunda natureza — gritar ou dizer palavrões durante um debate sobre políticas públicas; impor sua opinião numa conversa interrompendo os outros (em especial as mulheres) no meio de uma frase; repetir uma fala que alguém (quase sempre uma funcionária) fez meia hora antes como se fosse sua — faziam com que se sentissem diminuídas, ignoradas e cada vez mais relutantes em manifestar suas opiniões. E, apesar de muitas delas reconhecerem que eu solicitava ativamente que expressassem seus pontos de vista durante as reuniões, e apesar de dizerem não duvidar do respeito que eu tinha por seu trabalho, seus relatos me obrigaram a olhar no espelho e perguntar a mim mesmo até que ponto minha própria propensão ao machismo — minha tolerância com uma certo clima de brincadeiras mais pesadas nas reuniões, o prazer que extraía de um bom duelo verbal — havia contribuído para o mal-estar daquelas mulheres.

Não posso dizer que resolvemos todas as questões levantadas naquela noite ("É difícil acabar com o patriarcado num único jantar", falei para Valerie mais tarde), assim como não posso garantir que minhas conversas periódicas com negros, latinos, asiáticos ou nativos americanos da equipe bastavam para que se sentissem sempre incluídos. Só sei que, quando disse a Rahm e outros homens como suas colegas se sentiam, eles ficaram surpresos e envergonhados e prometeram melhorar. As mulheres, enquanto isso, pareciam ter levado ao pé da letra minha sugestão de ser mais assertivas nas discussões ("Se alguém tentar interromper, diga que ainda não acabou de falar!") — não só para manter a própria saúde mental, mas porque eram bem informadas e inteligentes, e eu precisava ouvir o que tinham a dizer para fazer bem o meu trabalho. Poucos meses depois, a caminho da Ala Oeste para o Eisenhower Executive Office Building, Valerie me disse que tinha notado algum progresso na maneira como os funcionários estavam interagindo.

"E com você, tudo bem?", ela me perguntou.

Parei no alto da escada do prédio para procurar nos bolsos do paletó umas anotações de que precisava para a reunião da qual íamos participar. "Tudo bem", respondi.

"Tem certeza?" Ela estreitou um pouco os olhos para observar meu rosto, assim como o médico examina um paciente em busca de sintomas. Achei o que estava procurando e voltei a andar.

"Sim, tenho", respondi. "Por quê? Pareço diferente?"

Valerie sacudiu a cabeça. "Não", disse ela. "Parece exatamente o mesmo. É isso que não entendo."

Não era a primeira vez que Valerie comentava que a presidência praticamente não provocara nenhuma mudança em mim. Entendi que era um elogio — seu jeito de manifestar alívio por ver que eu não tinha ficado convencido demais, perdido o senso de humor ou me tornado um idiota ressentido e nervosinho. Mas, com o arrastar da guerra e da crise econômica e nossos problemas políticos já se acumulando, ela começou a achar que eu talvez estivesse calmo demais, acumulando dentro de mim todo o estresse.

Ela não era a única. Amigos começaram a mandar bilhetes de incentivo, de tom sóbrio mas sincero, como se tivessem acabado de saber que eu sofria de uma doença grave. Marty Nesbit e Eric Whitaker falavam até em pegar o avião, sair um pouco e assistir a um jogo — fazer "um programa de homem", segundo diziam, só para que eu pudesse me distrair. Mama Kaye, ao chegar para uma visita, manifestou genuína surpresa por me achar tão bem.

"Esperava o quê?", respondi, em tom de brincadeira, dando-lhe um forte abraço. "Achava que eu ia estar com o rosto coberto de espinhas? Que meu cabelo estaria caindo?"

"Pare com isso", disse ela, me dando um tapa no braço. Depois se inclinou para trás e me olhou da mesma forma que Valerie, em busca de sinais. "Acho que eu esperava que você estivesse mais cansado. Está comendo direito?"

Intrigado com tanta solicitude, um dia toquei no assunto com Gibbs. Ele deu uma risada. "Vou dizer uma coisa, chefe", falou. "Se o senhor visse o noticiário na TV, ficaria preocupado também." Sabia aonde ele queria chegar: quando você se torna presidente, o que as pessoas acham de você, mesmo as que o conhecem melhor, é inevitavelmente afetado pela mídia. O que eu não tinha avaliado direito, entretanto, pelo menos até examinar alguns programas, era como as imagens que os produtores usavam em histórias sobre meu governo tinham mudado em tempos recentes. Antes, no auge do sucesso, perto do fim da campanha e no começo de meu governo, a maioria das imagens me mostrava ativo e sorridente, trocando apertos de mão ou falando em ambientes grandiosos, com gestos e expressões faciais que exalavam energia e liderança. Quando as histórias passaram a ser em sua maioria negativas, uma versão diferente de mim tinha aparecido: aparentando mais idade, caminhando sozinho pela colunata, ou atravessando o Gramado Sul até o Marine One, os ombros caídos, olhando para baixo, o rosto cansado e sulcado pelos fardos do cargo.

Estar ali, a toda prova, colocava em exposição permanente uma versão mais triste de mim mesmo.

Na verdade, a vida que eu levava estava longe de ser tão ruim. Como o restante da equipe, eu me beneficiaria se pudesse dormir mais. Cada dia trazia sua cota de dissabores, preocupações e decepções. Eu me preocupava com erros que cometera e questionava estratégias que não deram certo. Havia encontros que me davam medo, cerimônias que me pareciam bobas, conversas que eu teria preferido evitar. Embora continuasse me segurando para não gritar com as pessoas, eu praguejava e reclamava muito, e me sentia injustamente caluniado pelo menos uma vez por dia.

Mas, como descobri durante a campanha, obstáculos quase nunca me abalavam profundamente. Na verdade, era mais fácil a depressão tomar conta de mim de forma sorrateira quando eu me sentia inútil, sem propósito na vida — quando perdia meu tempo ou desperdiçava oportunidades. Mesmo nos piores dias como presidente, jamais me senti assim. O trabalho não dava margem ao tédio ou à paralisia existencial, e, quando me sentava com minha equipe para tentar resolver um problema espinhoso, eu costumava sair mais revigorado do que exausto. Cada viagem que fazia — visitar uma fábrica para ver como determinada coisa era feita, ou um laboratório onde cientistas explicavam um avanço recente — estimulava minha imaginação. Consolar uma família de agricultores desalojada por uma tempestade ou conversar com professores de bairros problemáticos das grandes cidades que lutavam para salvar crianças dadas como perdidas, e sentir, ainda que só por um instante, suas dificuldades, fazia com que me sentisse mais magnânimo.

Essa coisa de ser presidente, a pompa, a imprensa, as limitações físicas — tudo isso seria melhor não ter. Mas o trabalho propriamente dito?

O trabalho, isso eu amava. Mesmo quando esse amor não era correspondido.

Trabalho à parte, eu tentava viver em paz comigo mesmo dentro da bolha. Mantinha meus rituais: os exercícios matinais, o jantar com a família, uma caminhada à noite no Gramado Sul. Nos primeiros meses da presidência, a rotina incluía ler um capítulo de *A vida de Pi* para Sasha todas as noites antes de ajeitá-la na cama junto com Malia. Na hora de escolher o livro seguinte, porém, Sasha resolveu que, assim como a irmã, já tinha chegado a uma idade em que ninguém precisava mais ler para ela. Disfarcei minha decepção passando a jogar uma partida de bilhar com Sam Kass todas as noites.

Nós nos encontrávamos no terceiro andar da residência, depois do jantar e de Michelle e eu termos conversado sobre o dia de cada um e Sam ter limpado a cozinha. Eu colocava alguma coisa de Marvin Gaye, do OutKast ou de Nina Simone para tocar em meu iPod, o perdedor da noite anterior arrumava as bolas, e jogávamos Bola Oito durante mais ou menos meia hora. Sam contava fofocas da Casa Branca, ou pedia conselhos sobre sua vida amorosa. Eu contava alguma coisa engraçada que uma das meninas tinha dito ou fazia um breve discurso político. Na maioria das vezes, porém, provocávamos um ao outro durante a partida, tentando jogadas improváveis, enquanto os golpes das tacadas ou o suave ruído de uma bola caindo numa caçapa do canto desanuviavam minha cabeça, antes que eu me dirigisse à Sala do Tratado para o trabalho da noite.

De início, o jogo de bilhar me dava também uma desculpa para sair e fumar um cigarro na escada do terceiro piso. Essas escapadas tiveram fim quando parei de fumar, logo depois de ter sancionado o Affordable Care Act. Escolhi essa data porque gostei do simbolismo, mas tinha tomado a decisão algumas semanas antes, quando Malia, sentindo o cheiro de cigarro em meu hálito, franziu a testa e perguntou se eu tinha fumado. Para não mentir para minha filha nem dar mau exemplo, liguei para o médico da Casa Branca e pedi que me mandasse uma caixa de chicletes de nicotina. Funcionou, pois desde então nunca mais fumei. Mas acabei substituindo um vício por outro: pelo resto do tempo em que ocupei o cargo, eu mascava chiclete sem parar, descartando as embalagens vazias nos bolsos e deixando um rastro de papeizinhos reluzentes no assoalho, debaixo de minha escrivaninha ou entre as almofadas do sofá.

O basquete oferecia outro refúgio confiável. Quando minha agenda permitia, Reggie Love organizava um jogo nos fins de semana, juntando alguns amigos seus e reservando um tempo para nós numa quadra fechada na base do Exército em Fort McNair, na sede do FBI ou no Departamento do Interior. A correria era intensa — com poucas exceções, os participantes regulares eram antigos jogadores da divisão de elite do basquete universitário, com seus vinte e tantos ou trinta e poucos anos — e, embora não goste de admitir, eu quase sempre era um dos mais fracos. Apesar disso, desde que eu não tentasse fazer mais do que podia, acho que defendia bem minha posição, fazendo bloqueios, passando para os bons jogadores de nosso time ou arremessando quando estava livre, puxando contra-ataques e me deixando levar pelo vaivém e pela camaradagem da competição.

Esses jogos de que qualquer pessoa poderia participar representavam para mim uma continuidade, uma corrente presa a meu outro eu, e quando meu time derrotava o de Reggie a provocação durava a semana inteira. Mas o prazer que eu sentia jogando basquete não era nada em comparação com a vibração — e a ansiedade — de torcer pelo time do quarto ano de Sasha.

O time se chamava Vipers (parabéns para quem bolou o nome), e todo sábado de manhã durante a temporada Michelle e eu íamos a um ginásio num pequeno parque público de Maryland e nos sentávamos na arquibancada com outras famílias, torcendo como loucos sempre que uma das meninas ameaçava mesmo que remotamente fazer uma cesta, lembrando a Sasha, aos berros, que se posicionasse para o rebote ou voltasse para a defesa, e fazendo o possível para não ser um "daqueles pais" que gritam com os juízes. Maisy Biden, neta de Joe e uma das melhores amigas de Sasha, era a estrela do time, mas para a maioria das meninas era a primeira experiência com o basquete jogado de forma organizada. Ao que parecia, para os treinadores também, um jovem casal que lecionava em Sidwell e que, como eram os primeiros a admitir, não entendiam tanto assim da modalidade. Depois de assistirmos a dois jogos iniciais adoráveis, mas caóticos, Reggie e eu nos encarregamos de elaborar algumas jogadas e nos oferecemos para fazer treinos informais com o time nas tardes de domingo. Ensinamos algumas coisas básicas (driblar, passar, amarrar os cadarços antes de sair correndo para a quadra) e, embora Reggie às vezes ficasse um pouco sério demais quando dirigia os exercícios ("Paige, não deixe Isabel fazer você de boba desse jeito!"), as meninas pareciam se divertir tanto quanto nós. Quando elas venceram o campeonato da liga recreativa num 18-16 de roer as unhas, Reggie e eu comemoramos como se fosse uma final da NCAA.

Acho que todo pai saboreia esses momentos, quando o mundo fica mais lento, nossas dificuldades desaparecem no fundo da consciência e tudo que importa é estarmos presentes por completo para testemunhar o milagre do crescimento dos filhos. Por causa do tempo que deixei de estar com as meninas nos anos de campanha e de sessões legislativas, eu dava muito mais valor a essas "coisas de pai normal". No entanto, não havia mais nada em nossa vida que fosse completamente normal, como tive que me lembrar no ano seguinte, quando, bem ao estilo de Washington, alguns pais do Sidwell, o time rival, começaram a reclamar para os treinadores do Vipers, e provavelmente para a escola, que Reggie e eu não oferecíamos sessões de treinamento a suas filhas também. Explicamos que nossos exercícios não eram nada de especial — que eram só um pretexto para eu passar mais tempo com Sasha — e me ofereci para ajudar outros pais a organizarem os próprios treinos. Mas, quando ficou claro que as queixas nada tinham a ver com o basquete ("Eles devem achar que ser treinada por você fica bem à beça numa candidatura para Harvard", disse Reggie, em tom de zombaria) e que os treinadores do Vipers estavam numa situação desconfortável, resolvi que seria mais simples para todos se eu voltasse a ser apenas um fã.

Apesar de alguns incidentes exasperadores como esse, não havia como negar que nossa condição de Primeira Família trazia muitos benefícios. Os museus da cidade nos deixavam visitá-los fora do horário normal, permitindo que evitássemos as multidões

(Marvin e eu rimos até hoje de uma vez em que ele resolveu ficar estrategicamente em pé na frente de um quadro grande e bastante detalhado de um homem nu na Corcoran Gallery, por medo de que as meninas vissem). Como a Motion Picture Association of America nos mandava DVDs de lançamentos recentes, a sala de cinema da Casa Branca era muito utilizada, embora o gosto de Michelle costumasse divergir do meu: ela preferia comédias românticas, enquanto em meus filmes preferidos, segundo ela, "coisas terríveis acontecem com as pessoas, aí elas morrem".

Graças à incrível equipe de funcionários da Casa Branca, para nós era fácil receber visitas. Ao contrário do que ocorre com a maioria dos pais que se dividem entre a atividade profissional e a criação dos filhos, já não precisávamos reunir energias para, depois de uma longa semana no trabalho, fazer compras, cozinhar ou botar em ordem uma casa que parece atingida por um furacão. Além dos encontros de fim de semana com nosso grupo de amigos de sempre, começamos a oferecer pequenos jantares na residência com intervalos de alguns meses, convidando artistas, escritores, intelectuais, líderes empresariais e outras pessoas cujos passos cruzaram com os nossos e que nós gostaríamos de conhecer melhor. Em geral os jantares iam até bem depois da meia-noite, com conversas regadas a vinho que nos inspiravam (Toni Morrison, ao mesmo tempo régia e brincalhona, descrevendo sua amizade com James Baldwin); nos instruíam (o copresidente do meu Conselho de Consultores de Ciência e Tecnologia, dr. Eric Lander, descrevendo os últimos avanços em medicina genética); nos encantavam (Meryl Streep se debruçando para recitar suavemente, em mandarim, a letra de uma canção sobre nuvens que tinha aprendido anos antes para um papel); e nos davam mais esperanças nas perspectivas da humanidade.

Mas talvez a melhor mordomia que a Casa Branca nos proporcionou tenha sido a música. Um dos objetivos de Michelle como primeira-dama era tornar a Casa Branca mais acolhedora — uma "Casa do Povo", onde todos os visitantes se sentissem representados, e não uma fortaleza do poder, distante e exclusiva. Trabalhando com o Gabinete Social da Casa Branca, ela passou a organizar mais visitas para grupos de estudantes locais e iniciou um programa de mentoria associando crianças menos favorecidas a funcionários da Casa Branca. Liberou o Gramado Sul para brincadeiras de Halloween e instituiu sessões de cinema à noite para famílias de militares.

Como parte desse esforço, sua equipe tomou providências para que oferecêssemos uma série regular de música americana, em conjunto com a televisão pública, na qual alguns dos principais artistas do país — nomes conhecidos como Stevie Wonder, Jennifer Lopez e Justin Timberlake, mas também estrelas em ascensão como Leon Bridges e lendas vivas como B. B. King — passavam parte do dia conduzindo oficinas com jovens da região antes de se apresentarem diante de duas centenas de convidados no palco da Sala Leste, ou às vezes no Gramado Sul. Junto com o Show do Prêmio Gershwin, que a Casa Branca oferecia tradicionalmente todos os anos para homenagear um importante compositor ou músico, a série garantia a minha família lugares na primeira fila três ou quatro vezes por ano para assistir a um espetáculo ao vivo repleto de estrelas.

Todos os gêneros eram representados: canções populares da Motown e da Broadway; blues clássicos e uma Fiesta Latina; gospel e hip-hop; country, jazz e música clássica. Os músicos costumavam ensaiar na véspera da apresentação e, se eu estivesse no andar de cima da residência enquanto eles repassavam o programa, ouvia o som da bateria, do baixo e das guitarras elétricas reverberar através do piso da Sala do Tratado. Às vezes eu me esgueirava pela escada dos fundos da residência até a Sala Leste e ficava lá no fundo atrás para não chamar a atenção, observando os artistas em seu trabalho: um dueto buscando suas harmonias, uma atração principal ajustando um arranjo com a banda da casa. Eu ficava maravilhado com a maestria com que cada um dominava seus instrumentos, a generosidade que mostravam uns com os outros ao misturarem mente, corpo e espírito, e sentia uma pontada de inveja da alegria pura e inequívoca do seu trabalho, um contraste e tanto com o caminho da política escolhido por mim.

Os shows eram absolutamente eletrizantes. Ainda consigo ver Bob Dylan, só com o baixista, o pianista e sua guitarra, em uma releitura intimista de "The Times They Are a-Changin'". Quando terminou, saiu do palco, apertou minha mão, abriu um rápido sorriso e se curvou diante de mim e Michelle, e desapareceu sem dizer uma palavra. Me lembro de um jovem dramaturgo de origem porto-riquenha chamado Lin-Manuel Miranda, que nos disse na hora das fotos, antes de uma noite de poesia, música e textos recitados, que planejava estrear a primeira canção do que esperava fosse um musical hip-hop sobre a vida do primeiro secretário do Tesouro dos Estados Unidos, Alexander Hamilton. Por educação, demos o maior apoio, mas no fundo não acreditamos muito, até que ele subiu ao palco e já nas primeiras rimas e batidas a plateia foi à loucura.

E uma vez Paul McCartney fez uma serenata para minha mulher cantando "Michelle". Ela ria, um pouco constrangida, enquanto a plateia aplaudia, e eu me perguntava o que os pais de Michelle teriam dito, em 1965, ano em que a canção apareceu, se alguém batesse à porta de sua casa no South Side de Chicago e dissesse que um dia o Beatle que compôs a canção a cantaria para sua filha num palco na Casa Branca.

Michelle adorava aqueles shows tanto quanto eu. Mas desconfio que ela teria preferido comparecer como convidada, e não como anfitriã. À primeira vista, tinha todos os motivos para se sentir bem em relação a nossa nova vida: nossas filhas pareciam felizes; ela logo fez um novo círculo de amizades, incluindo mães de coleguinhas de Malia e Sasha; e também tinha um pouco mais de flexibilidade do que eu para sair do complexo da Casa Branca sem que ninguém notasse. Sua iniciativa para a redução da obesidade infantil — chamada Let's Move! — tinha sido bem recebida e já mostrava resultados significativos, e em colaboração com Jill Biden logo lançaria uma nova, Joining Forces, para dar apoio a famílias de militares. Sempre que aparecia em público, fosse em visita a uma sala de aula numa escola pública, ou trocando farpas bem-humoradas com apresentadores de programas de tv de fim de noite, as pessoas pareciam irresistivelmente seduzidas por sua autenticidade e cordialidade, seu sorriso e sua rapidez de raciocínio. Na verdade, seria justo dizer que, ao contrário de mim, ela não deu um passo em falso, não desafinou uma vez desde o momento em que chegamos a Washington.

Ainda assim, apesar do êxito e da popularidade de Michelle, eu continuava a perceber uma tensão subjacente, sutil mas constante, como o zumbido distante de um maquinário oculto. Era como se, confinados como estávamos entre as paredes da Casa Branca, todas as suas fontes anteriores de frustração ficassem mais concentradas, mais vívidas, fosse minha absorção no trabalho 24 horas por dia, a forma como a política expunha constantemente nossa família a escrutínios e ataques, fosse a tendência de todos, mesmo amigos e parentes, a tratarem sua função como de importância secundária.

Mais do que qualquer coisa, a Casa Branca deixava claro todos os dias que ela já não exercia total controle sobre aspectos fundamentais de sua vida. Com quem passávamos o tempo, para onde iríamos nas férias, onde moraríamos depois da eleição de 2012, até mesmo a segurança de sua família — tudo isso, em certo nível, dependia de meu desempenho no trabalho, ou do que os funcionários da Ala Oeste faziam ou deixavam de fazer, ou dos caprichos dos eleitores, ou da imprensa, ou de Mitch McConnell, ou dos índices de desemprego, ou de algum acontecimento imprevisto do outro lado do planeta. Nada mais era estável. Nem de longe. E assim, conscientemente ou não, uma parte dela permanecia em estado de alerta, fossem quais fossem os pequenos triunfos e alegrias de um dia, de uma semana ou de um mês, esperando e observando o giro seguinte da roda, se preparando para uma calamidade.

Michelle quase nunca partilhava esses sentimentos comigo diretamente. Sabia do fardo que eu carregava e não via sentido em aumentá-lo; pelo menos num futuro previsível, não havia muita coisa que pudesse ser feita por mim para mudar a situação. E talvez ela tenha parado de falar por saber que eu tentaria aplacar seus temores, ou acalmá-la de alguma maneira trivial ou sugerir que ela precisava mesmo era de uma mudança de atitude.

Se eu estava bem, ela também deveria estar.

Ainda havia momentos em que tudo realmente parecia bem, noites em que nós dois nos agasalhávamos debaixo de um cobertor para assistir a um programa na tv, tardes de domingo em que nos sentávamos no tapete com as meninas e Bo e todo o segundo andar da residência se enchia de risos. O mais comum, no entanto, era Michelle se retirar para seu escritório depois do jantar, enquanto eu seguia pelo longo corredor para a Sala do Tratado. Quando encerrava o meu dia de trabalho, ela já estava dormindo. Eu me despia, escovava os dentes e me enfiava debaixo das cobertas, com cuidado para não acordá-la. E, apesar de quase nunca ter dificuldade para pegar no sono durante o tempo que passei na Casa Branca — o cansaço era tanto que, cinco minutos depois de encostar a cabeça no travesseiro, estava apagado —, havia noites em que, deitado ao lado de Michelle no escuro, eu pensava no tempo em que tudo entre nós parecia mais leve, quando o sorriso dela era mais constante e nosso amor, menos sobrecarregado, e de repente sentia um aperto no coração só de pensar que aqueles dias talvez nunca mais voltassem.

Agora que já passou e é mais fácil avaliar, isso me faz pensar se a reação de Michelle a todas as mudanças pelas quais passávamos não era mais sincera — se com minha calma aparente quando as crises se acumulavam, com minha insistência em achar que no fim tudo daria certo, eu não estaria apenas me protegendo, assim contribuindo para a solidão dela.

Sei que foi mais ou menos nessa época que comecei a ter um sonho recorrente. Estou nas ruas de uma cidade não identificada, um bairro arborizado, com lojas pequenas, pouco trânsito. O dia é agradável e quente, com uma brisa suave, e há gente fazendo compras ou passeando com o cachorro, ou voltando do trabalho para casa. Numa versão ando de bicicleta, mas quase sempre estou a pé e caminho a esmo, sem pensar em nada especial, quando de repente percebo que ninguém me reconhece. Meus seguranças desapareceram. Não preciso ir a lugar nenhum. Minhas decisões não têm consequências. Vou até a loja da esquina e compro uma garrafa de água ou de chá gelado, converso um pouco com a pessoa atrás do balcão. Me sento num banco, abro a tampa da bebida, tomo um gole e fico vendo o mundo passar.

Eu me sinto como se tivesse ganhado na loteria.

Rahm achava que sabia como recuperar terreno no campo político. A crise de Wall Street expusera uma falha no sistema de regulação dos mercados financeiros, e durante a transição eu tinha pedido à nossa equipe econômica que desenvolvesse reformas legislativas para diminuir a probabilidade de crises futuras. No entender de Rahm, quanto mais cedo tivéssemos esse projeto de lei de "reforma de Wall Street" pronto e submetido a votação, melhor.

"Isso nos bota de novo no lado certo", disse ele. "E se os republicanos tentarem bloquear, vamos ferrar com eles."

Tínhamos todos os motivos do mundo para achar que Mitch McConnell seria nosso adversário na questão das novas regulamentações financeiras. Afinal, ele havia feito carreira se opondo a todas as formas de regulamentação governamental (leis ambientalistas, leis trabalhistas, leis de segurança no trabalho, leis de financiamento de campanha, leis de proteção ao consumidor) que pudessem impedir o empresariado americano de fazer o que bem entendesse. Mas McConnell compreendia também os riscos políticos do momento — eleitores ainda associavam o Partido Republicano às grandes empresas e a bilionários donos de iate — e não ia permitir que a tradicional postura antirregulamentação de seu partido atrapalhasse seu plano de obter maioria no Senado. Assim sendo, apesar de não fazer segredo de sua intenção de obstruir minha agenda sempre que possível, tarefa facilitada pela vitória de Scott Brown na disputa pelo Senado em Massachusetts, que tirou dos democratas seu sexagésimo voto, ele disse a Tim num encontro em seu gabinete na Colina do Capitólio que abriria uma exceção para a reforma de Wall Street. "Ele vai continuar votando contra qualquer coisa que propusermos", disse Tim ao voltar do encontro, "assim como a maior parte de sua bancada. Mas acha que existem uns cinco republicanos dispostos a trabalhar conosco, e não faria nada para impedir isso."

"Mais alguma coisa?", perguntei.

"Só que a obstrução está funcionando bem para eles", disse Tim. "Ele parece estar muito orgulhoso."

A concessão de McConnell ao clamor do público era importante, mas não significava que para nós seria fácil aprovar a reforma de Wall Street no Congresso. Os executivos dos bancos continuavam a não mostrar remorso algum pela devastação econômica que causaram. Também não demonstravam nenhuma gratidão por tudo que tínhamos feito para salvá-los do fogo (acusações de que eu era um "inimigo do mundo dos negócios" haviam se tornado corriqueiras na imprensa financeira). Pelo contrário, viam nossos esforços para endurecer a regulamentação de suas operações como inaceitavelmente onerosas, ou até ofensivas. Além disso, ainda mantinham uma das operações de lobby mais poderosas de Washington, com eleitores influentes em todos os estados e dinheiro suficiente para se colocarem entre os maiores doadores de campanha de ambos os partidos.

Além da aberta oposição dos bancos, tínhamos ainda que enfrentar a pura complexidade de tentar regular o sistema financeiro moderno. Os tempos em que a maior parte do dinheiro dos Estados Unidos descrevia uma trajetória fácil, circular, com os bancos recebendo os depósitos dos clientes e usando esse dinheiro para fazer empréstimos relativamente simples para famílias e empresas, tinha ficado no passado. Trilhões de dólares agora se movimentavam através de múltiplas fronteiras num piscar de olhos. Os ativos de operações financeiras não tradicionais, como fundos de cobertura e empresas com participações privadas, rivalizavam com os de muitos bancos, enquanto o comércio que se dava nas telas dos computadores e produtos exóticos como derivativos tinham o poder de decidir o êxito ou o fracasso dos mercados. Dentro dos Estados Unidos, a supervisão desse sistema difuso estava dividida entre várias agências federais (Fed, Tesouro, FDIC, SEC, CFTC, OCC), a maioria operando de forma autônoma e defendendo seu território com unhas e dentes. Uma reforma efetiva significava restringir esses diferentes atores a uma única estrutura regulatória; também exigiria sincronizar os esforços dos Estados Unidos com os de reguladores de outros países, a fim de impedir que empresas fizessem suas transações usando contas no exterior para burlar as regras mais rígidas.

Por fim, tínhamos que lidar com pontos de vista bastante discrepantes dentro do Partido Democrata sobre a forma e o alcance da reforma. Para aqueles que tendiam mais para o centro político (e isso incluía Tim e Larry, além da maioria dos democratas no Congresso), a recente crise tinha revelado defeitos sérios, mas reparáveis, num sistema que em tudo o mais era sólido. O status de Wall Street como centro financeiro mais importante do mundo dependia de crescimento e inovação, segundo esse argumento, e ciclos de prosperidade e retração — com a correspondente oscilação entre otimismo irracional e pânico irracional — eram traços não só do capitalismo moderno, mas também da psique humana. Por não ser possível, nem mesmo desejável, eliminar todos os riscos para os investidores e para as empresas, os objetivos da reforma eram rigorosamente estritos: colocar parapeitos de proteção em torno do sistema para reduzir as formas mais exageradas de aventureirismo, garantindo transparência nas operações das grandes instituições e "tornando o sistema à prova de colapso", como dizia Larry, para que os indivíduos e as instituições financeiras que perdessem suas apostas não arrastassem todo mundo para o fundo do poço.

Para muita gente na esquerda, esse tipo de abordagem visando à reforma ficava lamentavelmente aquém do necessário e serviria apenas para adiar um acerto de contas que já deveria ter acontecido com um sistema que não atendia aos interesses dos americanos comuns. Esses críticos atribuíam algumas das tendências mais inquietantes da economia a um setor financeiro inchado e de conduta moral suspeita — fosse a preferência do mundo empresarial pelo corte de gastos e pelas demissões em vez de investimentos de longo prazo como forma de aumentar os ganhos de curto prazo, ou pelo uso de aquisições financiadas a crédito por certas gestoras de participações privadas para desmantelar companhias da economia real e revender suas partes com lucros indevidos, ou pelo crescimento constante da desigualdade de renda e a diminuição da fatia de impostos paga pelos detentores de grandes fortunas. Segundo eles, para reduzir esses efeitos deformadores e acabar com as febres especulativas que com tanta frequência deflagravam crises financeiras, deveríamos pensar numa reformulação mais radical de Wall Street. As reformas por eles defendidas incluíam limitar o tamanho dos bancos americanos e restabelecer a lei Glass-Steagall, que remontava à época da Grande Depressão e proibia bancos segurados pela FDIC de funcionar como bancos de investimentos e que tinha sido substituída por outras legislações em sua maior parte durante o governo de Clinton.

Em muitos sentidos, essas diferenças intrapartidárias sobre regulamentação financeira me lembravam o debate sobre assistência à saúde, quando defensores de um sistema público universal consideraram uma traição qualquer acomodação ao sistema privado já existente. E, como no caso do debate sobre a saúde, eu tinha alguma simpatia pelas acusações da esquerda ao status quo. Em vez de alocar capital eficientemente para atividades produtivas, Wall Street na prática funcionava cada vez mais como um cassino de trilhões de dólares, com seus lucros exorbitantes e seus pacotes de remuneração dependentes demais da alavancagem e da especulação sempre crescentes. Sua obsessão por ganhos trimestrais tinha corrompido o processo decisório empresarial e estimulado ações de curto prazo. Sem vínculos com lugar nenhum, indiferentes ao impacto da globalização sobre trabalhadores e comunidades, os mercados financeiros tinham ajudado a acelerar a migração dos empregos e a concentração de riqueza num pequeno grupo de cidades e setores econômicos, deixando imensas regiões do país desprovidas de dinheiro, talentos e esperanças.

Políticas abrangentes e ousadas poderiam começar a resolver esses problemas, e boa parte do trabalho tinha a ver com reescrever o código tributário, fortalecer a legislação trabalhista e mudar as regras de governança corporativa. Esses três itens tinham a mais alta prioridade na minha lista de tarefas.

Mas, quando o assunto era regulamentar os mercados *financeiros* do país para tornar o sistema mais estável, a receita da esquerda estava totalmente equivocada. Não havia provas de que a limitação do tamanho dos bancos americanos teria evitado a crise recente ou a necessidade de intervenção federal quando o sistema começou a desmoronar. Os ativos do JPMorgan ofuscavam os do Bear Stearns e os do Lehman Brothers, mas foram as apostas altamente alavancadas dessas companhias menores nas hipotecas de risco securitizadas que espalharam o pânico. A última grande crise financeira dos Estados Unidos, ainda nos anos 1980, não tinha envolvido grandes bancos; na verdade, o sistema foi sacudido por um dilúvio de empréstimos de alto risco por milhares de associações regionais de poupança e empréstimo (S&Ls) pequenas e mal capitalizadas em cidades de todos os tamanhos do país inteiro. Considerando a amplitude de suas operações, achávamos que fazia sentido os reguladores examinarem com mais atenção megabancos como o Citi ou o Bank of America — mas cortar seus ativos pela metade não resolveria. E, levando em conta que os setores bancários da maioria dos países europeus e asiáticos eram na realidade mais concentrados do que nos Estados Unidos, limitar o tamanho dos bancos americanos os deixaria em situação desvantajosa no mercado internacional, além de não eliminar o risco geral para o sistema.

Por razões parecidas, o crescimento do setor financeiro não bancário tornava em grande parte obsoleta a distinção da lei Glass-Steagall entre bancos de investimento e bancos comerciais segurados pela FDIC. Os maiores dos que apostaram nos títulos do mercado de subprime — AIG, Lehman, Bear, Merrill, além de Fannie e Freddie — não eram bancos comerciais respaldados pelo governo federal. Os investidores não ligaram muito para a ausência de garantias e despejaram tanto dinheiro neles que todo o sistema financeiro ficou ameaçado quando começaram a quebrar. Por outro lado, os bancos tradicionais segurados pela FDIC, como Washington Mutual e IndyMac, acabaram em apuros não porque se comportaram como bancos de investimento e subscreveram títulos de alto risco, mas porque fizeram toneladas de empréstimos hipotecários de alto risco para compradores não qualificados a fim de aumentar seus ganhos. Dada a facilidade com que o capital agora fluía entre várias entidades financeiras em busca de retornos mais elevados, a estabilização do sistema exigia que nos concentrássemos nas práticas de risco que tentávamos conter, e não no tipo de instituição envolvido.

E havia a questão política propriamente dita. Não tínhamos, nem de longe, os votos necessários no Senado para ressuscitar a lei Glass-Steagall ou aprovar uma legislação com o objetivo de encolher os bancos americanos, da mesma forma como não havia apoio para um sistema público universal de saúde. Mesmo na Câmara, os democratas temiam qualquer percepção de exagero, especialmente se isso fizesse os mercados financeiros pisarem no freio de novo e a economia piorasse. "Meus eleitores odeiam Wall Street neste momento, sr. presidente", disse um democrata de um distrito eleitoral suburbano, "mas não estão a fim de uma demolição total." Talvez Roosevelt tenha contado em algum momento com uma carta branca dos eleitores para tentar qualquer coisa, incluindo a reestruturação do capitalismo americano, depois de três anos devastadores da Depressão, mas, em parte por termos impedido que a situação chegasse àquele ponto, nossa margem para promover mudanças era muito mais restrita. Eu achava que nossa melhor chance de ampliar essa margem era alcançar algumas vitórias enquanto pudéssemos.

Em junho de 2009, depois de meses de sintonia fina, nosso projeto de lei da reforma financeira estava pronto para ser submetido ao Congresso. E, apesar de não conter todas as cláusulas que a esquerda desejava, era um esforço ambiciosíssimo para reformular as regulamentações da economia do século XXI.

No cerne do pacote estava uma proposta para aumentar a porcentagem de capital a ser compulsoriamente mantida por todas as instituições financeiras de importância "sistêmica" — fossem bancos ou não. Mais capital significava menos empréstimos para financiar apostas arriscadas. Maior liquidez implicava que essas instituições seriam capazes de resistir melhor a uma súbita corrida aos depósitos durante uma desaceleração do mercado. Obrigar os principais atores de Wall Street a dispor de mais reservas contra perdas fortaleceria todo o sistema; e, para garantir que se mantivessem dentro dos parâmetros, essas instituições seriam regularmente submetidas aos mesmos testes de estresse que aplicamos no auge da crise.

Em seguida, precisávamos de um mecanismo para permitir a qualquer empresa, por maior que fosse, abrir falência de maneira ordenada, sem contaminar todo o sistema. A FDIC já tinha o poder de submeter qualquer banco segurado pelo governo federal a um processo de concordata, com regras que determinavam como os ativos seriam liquidados e como os reclamantes dividiriam o que restava. Nosso projeto de lei dava ao Fed uma "autoridade de resolução" semelhante sobre todas as instituições relevantes para o sistema como um todo, fossem bancos ou não.

Para dar mais consistência à aplicação da nova regulamentação, propusemos simplificar as funções e responsabilidades de várias agências federais. Para permitir respostas mais rápidas no caso de um grande abalo no mercado, formalizamos a autoridade de muitas ações de emergência — "espuma na pista de pouso", como dizia nossa equipe econômica — que o Fed e o Tesouro tinham empregado durante a crise recente. E, para detectar potenciais problemas antes que fosse tarde demais, nosso projeto de lei endurecia as regras de funcionamento dos mercados especializados que constituíam boa parte da tubulação do sistema financeiro. Demos atenção especial à compra e venda de derivativos — essas formas, quase sempre impenetráveis, de títulos que ajudaram a multiplicar perdas em todo o sistema quando o mercado de subprime entrou em colapso. Os derivativos tinham usos legítimos — empresas de todos os tipos os usavam para proteger suas apostas contra grandes oscilações de moeda ou de preços de commodities. Mas também ofereciam a operadores irresponsáveis algumas das maiores oportunidades para as jogadas de alto risco que colocaram em perigo todo o sistema. Nossas reformas empurrariam a maioria dessas transações para uma bolsa de valores, permitindo regras mais claras e maior supervisão.

A maior parte dessas propostas era de caráter altamente técnico e envolvia aspectos do sistema financeiro que o público não conhecia. Mas havia um elemento final no nosso projeto de lei que tinha menos a ver com as altas finanças e mais com a vida diária de todos nós. A crise em Wall Street não teria acontecido sem a explosão dos empréstimos hipotecários de alto risco. E, embora muitos desses empréstimos fossem contraídos por gente sofisticada — que compreendia os riscos envolvidos em hipotecas de taxa ajustável e parcelas-balão quando comprava apartamentos na Flórida ou casas de férias no Arizona —, uma grande porcentagem tinha sido comercializada e vendida para famílias da classe trabalhadora, muitas delas negras e hispânicas, pessoas que imaginavam estar finalmente tendo acesso ao Sonho Americano e que mais tarde viram suas casas e suas economias perdidas em processos de execução hipotecária.

A incapacidade de proteger consumidores contra práticas de empréstimo injustas ou enganosas não se limitava a hipotecas. Sempre sem dinheiro, por mais que trabalhassem, milhões de americanos estavam sujeitos o tempo todo a taxas de juros exorbitantes, cobranças ocultas, péssimos negócios nas mãos de empresas de cartão de crédito, agiotas (muitos deles financiados às escuras por bancos confiáveis), vendedores de carros usados, seguradoras baratas, varejistas que vendem móveis a prestações e provedores de hipotecas reversas. Com frequência, eles se enredavam num emaranhado de dívidas, pagamentos atrasados e devolução de produtos que os deixavam em situação ainda pior. No país inteiro, práticas inadequadas do setor financeiro contribuíam para aumentar a desigualdade, reduzir a mobilidade social ascendente e criar bolhas de dívidas ocultas que tornavam a economia mais vulnerável a grandes perturbações.

Depois de sancionar leis reformando a indústria de cartões de crédito, eu e minha equipe achávamos que a esteira da crise oferecia uma oportunidade única de avançarmos na frente da proteção do consumidor. Por coincidência, a professora de direito de Harvard e especialista em falências Elizabeth Warren tinha proposto uma ideia que talvez pudesse causar o tipo de impacto que buscávamos: uma nova agência de proteção financeira do consumidor, destinada a unificar e fortalecer a colcha de retalhos de regulamentações estaduais e federais já existentes e resguardar os consumidores de produtos financeiros duvidosos, da mesma forma que a Comissão de Segurança de Produtos de Consumo mantinha fora das prateleiras produtos fraudulentos ou perigosos.

Eu era um admirador de longa data do trabalho de Warren, desde 2003, quando publicou seu livro *The Two-Income Trap*, no qual, com a coautora Amelia Tyagi, ela apresentava uma descrição incisiva e apaixonada das pressões a que famílias trabalhadoras com filhos eram submetidas. Ao contrário da maioria dos acadêmicos, Warren tinha talento para traduzir análises financeiras em uma narrativa que qualquer pessoa era capaz de entender. Desde então, vinha se destacando como uma das críticas mais eficazes do setor financeiro, o que levou Harry Reid a nomeá-la para presidir o grupo que supervisionava o Tarp no Congresso.

Ao que parecia, Tim e Larry eram bem menos entusiasmados em relação a Warren do que eu, já que haviam sido convocados para repetidas aparições diante de seu comitê. Apesar de reconhecerem sua inteligência e abraçarem sua ideia de uma agência de proteção financeira do consumidor, achavam que ela jogava para a plateia.

"Ela é muito boa em ficar apontando dedos para nós", disse Tim numa das nossas reuniões, "mesmo sabendo que não existem alternativas reais para o que já estamos fazendo."

Ergui os olhos, fingindo surpresa. "Isso é chocante", disse eu. "Alguém de um comitê de supervisão jogando para a plateia? Rahm, já ouviu alguma coisa parecida?"

"Não, sr. presidente", disse Rahm. "Isso é um horror."

Nem mesmo Tim conseguiu evitar o sorriso.

O processo de aprovação da reforma de Wall Street no Congresso não foi menos trabalhoso do que nossas aventuras com o Affordable Care Act, mas nem de longe mereceu a mesma atenção. Em parte, o motivo para isso era o tema. Até congressistas e lobistas empenhados em destruir o projeto de lei se comportavam com relativa discrição, para não serem vistos como defensores de Wall Street tão pouco tempo depois da crise, e muitos dos detalhes eram enigmáticos demais para despertar o interesse da imprensa popular.

Uma questão que não gerou manchetes envolvia uma proposta, de autoria do ex-presidente do Federal Reserve Paul Volcker, de proibir bancos segurados pela FDIC de negociarem com suas próprias contas ou operarem seus próprios fundos de cobertura e suas próprias gestoras de ativos privados. De acordo com Volcker, esse tipo de cláusula era uma maneira simples de restaurar alguns limites prudentes que a lei Glass-Steagall tinha estabelecido em torno dos bancos comerciais. Antes de nos darmos conta, nossa intenção de incluir a "Regra Volcker" no projeto já se tornara, para muita gente de esquerda, o teste decisivo sobre a seriedade da nossa reforma de Wall Street. Volcker, um economista ríspido com mais de dois metros de altura e fumante de charutos, era um improvável herói dos progressistas. Em 1980, como presidente do Fed, tinha elevado os juros americanos a inéditos 20% para conter um forte surto inflacionário nos Estados Unidos, o que resultou numa recessão brutal e uma taxa de desemprego de 10%. O amargo remédio do Fed enfurecera sindicatos e muitos democratas na época; por outro lado, não só controlou a inflação como também ajudou a lançar as bases de um crescimento econômico estável nos anos 1980 e 1990, transformando Volcker numa figura respeitada tanto em Nova York como em Washington.

Nos últimos anos, Volcker vinha criticando abertamente os piores excessos de Wall Street e conquistando admiradores liberais. Endossara minha campanha desde o início, e passei a dar tanto valor a seus conselhos que o nomeei para presidir o grupo consultor sobre a crise econômica. Com seu jeitão pragmático e sua crença na eficiência do livre mercado, bem como nas instituições públicas e no bem comum, havia nele um quê dos velhos tempos (minha avó teria gostado dele), e depois de ouvi-lo num encontro privado no Salão Oval me convenci de que sua proposta de conter as mesas proprietárias fazia sentido. Quando discuti a ideia com Tim e Larry, no entanto, eles duvidaram, afirmando que seria difícil de administrar e poderia afetar os serviços legítimos que os bancos prestavam aos clientes. Para mim, a posição deles pareceu fraca — uma das poucas vezes, durante o tempo em que trabalhamos juntos, em que senti que tinham pela perspectiva do setor financeiro uma simpatia que os fatos não justificavam —, e durante semanas insisti com eles sobre o assunto. No começo de 2010, já com medo de que o impulso para a reforma de Wall Street estivesse arrefecendo, Tim finalmente recomendou que incluíssemos a Regra Volcker em nosso pacote legislativo.

"Se isso nos ajuda a aprovar o projeto", disse Tim, "podemos descobrir um jeito de dar certo."

Para Tim, era uma rara concessão política. Axe e Gibbs, que inundavam minha caixa de entrada com pesquisas mostrando que 60% dos eleitores achavam que meu governo era bonzinho demais com os bancos, ficaram entusiasmados com a notícia; sugeriram que anunciássemos a proposta na Casa Branca com Volcker por perto. Perguntei se o grande público entenderia uma mudança de regras tão obscura.

"Ninguém precisa entender", disse Gibbs. "Se os bancos não gostarem, todos vão achar que deve ser coisa boa."

Com os parâmetros de nossa legislação estabelecidos, cabia ao presidente do Comitê de Serviços Financeiros da Câmara, Barney Frank, e ao presidente do Comitê Bancário do Senado, Chris Dodd, ambos veteranos com 29 anos de Congresso, nos ajudar a aprová-la. Os dois formavam um par improvável. Barney tinha feito nome como ativista liberal e o primeiro membro do Congresso a declarar que era gay. Os óculos de lentes grossas, os ternos desarrumados e o forte sotaque de Nova Jersey lhe conferiam um ar de membro da classe trabalhadora, e ele era tão durão, tão esperto e tão bem informado quanto qualquer um no Congresso, com uma sagacidade mental fulminante que fazia dele um favorito dos repórteres e uma dor de cabeça para os adversários políticos. (Barney certa vez falou para uma das minhas turmas, quando eu era estudante de direito em Harvard, e nessa ocasião me repreendeu por fazer o que ele aparentemente considerava uma pergunta estúpida. Eu não a achava tão estúpida assim. Ainda bem que ele não se lembrava do nosso primeiro encontro.)

Chris Dodd, por sua vez, dava a impressão de ser alguém que conhecia Washington pelo avesso. Impecavelmente bem-vestido, os cabelos grisalhos tão brilhantes e bem penteados como os de um apresentador de tv, sempre pronto para passar adiante uma fofoca da Colina do Capitólio ou contar uma dessas histórias irlandesas difíceis de acreditar, tinha sido criado no meio político — filho de um ex-senador dos Estados Unidos, um dos melhores amigos de Ted Kennedy, mantinha relações cordiais com numerosos lobistas da indústria, apesar de seu histórico de votos liberais. Quando eu estava no Senado, desenvolvemos uma simpatia mútua, baseada em parte no gracioso reconhecimento de Chris da insanidade do lugar ("Não acha que isso foi muito honesto, acha?", dizia ele, piscando o olho depois que um colega fazia um apelo apaixonado em defesa de um projeto de lei ao mesmo tempo que ativamente tentava derrubar o referido projeto nos bastidores). Mas se orgulhava de sua eficiência como legislador e tinha sido uma das forças motrizes por trás de leis de grande impacto, como a Lei de Licença Médica e Familiar.

Juntos, formavam uma dupla estupenda, ambos perfeitamente adequados para fazer a política em sua respectiva casa. Na Câmara, onde os democratas eram maioria, nunca houve dúvida sobre aprovação de um projeto de lei de reforma financeira. Na verdade, nossa principal tarefa consistia em manter nossos congressistas no rumo certo. Além do perfeito controle dos detalhes legislativos, Barney também tinha credibilidade dentro da bancada democrata para moderar demandas inviáveis de colegas progressistas, bem como cacife para rejeitar esforços de democratas mais flexíveis no sentido de diluir o projeto em benefício de grupos de interesses. No Senado, onde cada voto que conseguíssemos era importante, o jeito paciente de Chris e sua disposição para atrair até mesmo os republicanos mais relutantes ajudavam a acalmar os nervos de democratas conservadores; além disso, ele nos abria um importante canal de comunicação com lobistas do setor, que se opunham ao projeto de lei mas não consideravam Chris assustador.

Apesar dessas vantagens, tocar adiante o que veio a ser conhecido como "Dodd-Frank" implicava o mesmo tipo de negociação desagradável envolvido no projeto de lei de assistência à saúde, com uma enxurrada de concessões que às vezes me deixavam furioso. Apesar das nossas fortes objeções, as revendedoras de automóveis conseguiram se isentar da supervisão da nova agência de proteção ao consumidor: com importantes concessionárias em todos os distritos eleitorais, muitas delas tidas como pilares da comunidade, que patrocinavam times infantis de beisebol ou faziam doações para o hospital local, até mesmo o democrata mais fervorosamente pró-regulamentação tinha medo de uma reação adversa. Nossos esforços para reduzir ao mínimo o número das agências reguladoras que supervisionavam o sistema financeiro tiveram uma morte inglória; com cada agência sujeita à jurisdição de um diferente comitê do Congresso (a CFTC, por exemplo, Comissão de Negociação de Futuros de Commodities, estava subordinada aos Comitês de Agricultura da Câmara e do Senado), os presidentes de comitês democratas resistiam com todas as forças à ideia de ceder seu poder de barganha sobre uma parte do setor financeiro. Como Barney explicou a Tim, poderíamos, em tese, consolidar a SEC e a CFTC: "Mas não nos Estados Unidos".

No Senado, onde a necessidade de alcançar o patamar de sessenta votos para superar uma obstrução dava a cada senador um amplo poder de barganha, tivemos de lidar com os mais variados pedidos individuais. O republicano Scott Brown, que acabava de sair de uma campanha vitoriosa na qual atacara com veemência os vários "acordos de bastidores" feitos por Harry Reid para aprovar o projeto de reforma da assistência à saúde, se mostrou disposto a votar a favor da reforma de Wall Street — mas não sem um acordo de bastidores de sua própria autoria, pedindo que isentássemos da nova regulamentação dois bancos de Massachusetts. E não via nenhuma ironia nisso. Um grupo de democratas de esquerda apresentou, com muito alarde, uma emenda que, segundo eles, tornaria as restrições da Regra Volcker às operações de mesa proprietária ainda mais rigorosas. O problema era que, quando você lia o que estava escrito em letra miúda, a emenda proposta abria brechas para uma infinidade de grupos de interesses — a indústria de seguros, investimentos imobiliários, fundos fiduciários, e assim por diante — que faziam grandes negócios nos estados de cada um.

"Mais um dia no maior órgão deliberativo do mundo", disse Chris.

Às vezes eu me sentia como o pescador de *O velho e o mar*, de Hemingway, com os tubarões tirando pedaços de meu peixe enquanto eu tentava rebocá-lo para a costa. Mas, depois de semanas, o núcleo de nossas reformas sobreviveu notavelmente ileso ao processo de emendas. Numerosas cláusulas introduzidas por membros do Congresso — como divulgação mais clara da remuneração de executivos de empresas de capital aberto, maior transparência nas agências de avaliação de risco de crédito e novos mecanismos de devolução de incentivos para impedir que executivos de Wall Street ganhassem milhões em bônus como resultado de práticas duvidosas — na verdade aprimoraram o projeto. Graças à ativa cooperação de nossos dois principais patrocinadores, a conferência para solucionar diferenças entre as versões da Câmara e do Senado não foi prejudicada por nenhuma das briguinhas intrapartidárias ocorridas nas negociações do projeto de lei de assistência à saúde. E em meados de julho de 2010, depois de uma votação de 237 a 192 na Câmara e de 60 a 39 no Senado (com três republicanos votando "sim" em cada Casa), sancionei numa cerimônia na Casa Branca a Lei Dodd-Frank de Reforma de Wall Street e Proteção ao Consumidor.

Foi uma vitória significativa: a mudança mais radical nas regras do setor financeiro nos Estados Unidos desde o New Deal. Tinha seus defeitos, suas concessões indesejadas e certamente não eliminaria de vez a insanidade, a ganância, a miopia ou desonestidade em Wall Street. Mas, ao estabelecer o equivalente a "melhores códigos de edificação, detectores de fumaça e sistemas anti-incêndio", como Tim gostava de dizer, a Dodd-Frank inibiria várias práticas temerárias, daria aos reguladores ferramentas para apagar incêndios financeiros antes que fugissem do controle e tornaria bem menos provável o aparecimento de crises na escala da que acabávamos de viver. E, com o novo Escritório de Proteção Financeira do Consumidor (CFPB), as famílias americanas agora tinham um poderoso defensor. Graças ao trabalho dessa agência, podiam esperar um mercado de crédito mais justo, mais transparente, e economia de verdade quando tentassem comprar uma casa, financiar um carro, enfrentar uma situação de emergência, mandar os filhos para a faculdade ou planejar a aposentadoria.

Mas, se por um lado minha equipe e eu nos orgulhávamos da substância do que tínhamos conseguido, também reconhecíamos aquilo que tinha ficado claro mesmo antes da assinatura da lei: as históricas reformas da Dodd-Frank não nos trariam muitos ganhos políticos. Apesar dos bravos esforços de Favs e dos outros redatores de meus discursos, era difícil convencer alguém de que "câmaras de compensação de derivativos" e "proibição de operações de mesa proprietária" eram inovações transformadoras. A maioria dos aprimoramentos trazidos ao sistema pela lei continuaria invisível para o grande público — era mais uma questão de maus resultados evitados do que de benefícios concretos obtidos. A ideia de uma agência do consumidor para produtos financeiros era popular entre os eleitores, mas o CFPB precisaria de tempo para ser estabelecido, e o que as pessoas buscavam era ajuda imediata. Com os conservadores tachando a lei como uma garantia de resgates futuros e mais um passo na direção do socialismo, e com os progressistas insatisfeitos por não termos ido mais longe na reformulação do setor bancário, era fácil para os eleitores concluir que todo o barulho em torno da Dodd-Frank nada mais era do que as eternas picuinhas de Washington — principalmente porque, com o passar do tempo, as pessoas queriam falar mesmo era de um buraco escancarado, esguichando no fundo do oceano.

23

As primeiras operações de extração de petróleo nas águas do Golfo do México eram baseadas em mecanismos simples: plataformas de madeira erguidas em águas rasas, começando no final dos anos 1930. Com a tecnologia avançando e a sede dos Estados Unidos por combustível aumentando sem cessar, as empresas passaram a se aventurar para mais longe da costa, e em 2010 havia mais de 3 mil plataformas fixas e móveis nas costas de estados como Texas, Louisiana, Mississippi e Alabama, pontilhando o horizonte como castelos em palafitas. Elas se tornaram um símbolo poderoso do papel central do petróleo na economia regional: os bilhões de dólares de renda anual assim gerados e as dezenas de milhares de empregos, diretos e indiretos, criados pela extração dos restos de antigas plantas e animais que a natureza transformara no viscoso ouro preto acumulado sob o leito marinho.

Quanto às plataformas móveis, uma das mais impressionantes era a Deepwater Horizon. Com cerca de trinta andares de altura e maior que um campo de futebol, essa plataforma móvel semissubmersível de meio bilhão de dólares conseguia operar a mais de 3 mil metros sob a superfície e perfurar poços exploratórios ainda mais profundos. O custo de operar uma plataforma dessas dimensões girava em torno de 1 milhão de dólares por dia, mas as grandes petrolíferas consideravam que os resultados eram mais do que compensadores. O crescimento das empresas e o aumento dos lucros dependiam de se encontrarem reservatórios de grande extensão em profundezas antes inalcançáveis.

A Deepwater Horizon pertencia à empreiteira Transocean, estabelecida na Suíça, e fora arrendada desde 2001 à BP, uma das maiores petrolíferas do mundo. A BP usara a plataforma para explorar a seção dos Estados Unidos do Golfo do México, descobrindo pelo menos dois enormes reservatórios potencialmente lucrativos sob o leito marinho. A estimativa era de que um desses campos, o Tiber, continha por si só o volume assombroso de 3 bilhões de barris de petróleo. Para o acesso a ele, as equipes da Deepwater tinham perfurado em 2009 um dos poços mais profundos já registrados — cerca de 12 mil metros sob 1500 metros de água, ou seja, a uma profundidade no oceano maior do que a altitude do monte Everest.

Na esperança de repetir esse sucesso, a BP enviou a Deepwater Horizon para perfurar um poço exploratório em outro possível campo de petróleo, chamado Macondo, no começo de 2010. Situado a cerca de oitenta quilômetros da costa da Louisiana, o Macondo não estava numa profundidade tão grande quanto a do Tiber — "meros" 7 mil metros, aproximadamente. Mas tarefa de rotina é o tipo de coisa que não existe em perfurações em águas ultraprofundas. O acesso a cada reservatório trazia dificuldades próprias, muitas vezes exigindo semanas de ajustes, cálculos complexos e decisões ad hoc. E o Macondo se demonstrou um campo especialmente difícil, sobretudo por causa da formação frágil e dos níveis irregulares da pressão dos fluidos.

O cronograma do projeto logo ficou atrasado em várias semanas, custando milhões de dólares à BP. Engenheiros, projetistas e empreiteiros discutiam divergências quanto a alguns aspectos do projeto do poço. Mesmo assim, em 20 de abril, a sonda chegou a 5600 metros sob a superfície oceânica, e o poço parecia quase pronto. Uma equipe da Halliburton, uma das empreiteiras no projeto, injetou cimento no interior do poço para fazer o revestimento e a vedação do cano. Assentado o cimento, os engenheiros da BP começaram uma série de testes de segurança antes de transferir a Deepwater para a tarefa seguinte.

Pouco depois das cinco da tarde, um dos testes mostrou um possível vazamento de gás pelo revestimento de cimento, indicando um risco iminente. Apesar dos sinais de alerta, os engenheiros da BP resolveram continuar o processo, bombeando o lubrificante pastoso usado para compensar desequilíbrios de pressão durante a perfuração. Às nove e meia da noite, um forte jato de gás havia entrado pelo tubo de perfuração. Um conjunto de quatrocentas toneladas de válvulas de emergência, chamado "preventor de explosão" — que corta e veda o cano principal do poço em caso de súbito aumento da pressão —, não funcionou como deveria, permitindo que o gás combustível altamente pressurizado subisse pela plataforma e lançasse ao céu um gêiser preto de lubrificante pastoso. Nuvens de gás se adensaram dentro da sala de controle das máquinas da plataforma e entraram em rápida ignição, destruindo a estrutura inteira com explosões violentas. Uma torre flamejante iluminou o céu noturno, enquanto os membros da equipe se amontoavam em botes salva-vidas ou saltavam nas águas cobertas de destroços. Das 126 pessoas a bordo da plataforma, 98 conseguiram escapar ilesas, dezessete ficaram feridas e onze desapareceram. A Deepwater Horizon continuou em chamas por mais 36 horas, a enorme bola de fumaça e fogo visível a quilômetros de distância.

Eu estava na residência quando fiquei sabendo do que se passava no Golfo, e tinha acabado de voltar de uma visita à Costa Oeste para arrecadar fundos para os candidatos democratas ao Congresso. Meu primeiro pensamento foi: "Ah, de novo não". Fazia apenas quinze dias que uma explosão de pó de carvão na Upper Big Branch Mine da Massey Energy, na Virgínia Ocidental, matara 29 trabalhadores, o pior desastre no setor de mineração em quase quarenta anos. A investigação daquele desastre ainda estava em fase inicial, mas já sabíamos que a Massey tinha um longo histórico de violação das normas de segurança. Por outro lado, a plataforma Deepwater não tivera nenhum acidente sério em sete anos de operação. Mesmo assim, não pude deixar de associar os dois acontecimentos e considerar os custos humanos da dependência mundial dos combustíveis fósseis: a quantidade de gente diariamente obrigada a arriscar os pulmões, os membros e às vezes a própria vida para encher nossos tanques de gasolina e manter as luzes acesas — e gerar lucros fenomenais para executivos e acionistas distantes.

Eu também sabia que a explosão teria sérias consequências para nossa pauta energética. Algumas semanas antes, eu autorizara o Departamento do Interior a permitir a venda de algumas concessões de plataformas marítimas, o que abriria a exploração de petróleo (embora ainda não a efetiva produção) na parte oriental do Golfo do México e em algumas águas na costa dos estados atlânticos e no Alasca. Estava cumprindo uma promessa de campanha: em meio ao enorme aumento dos preços do gás, e com a proposta McCain-Palin de abrir a linha costeira dos Estados Unidos à perfuração em massa ganhando impulso nas pesquisas de opinião pública, eu me comprometera a considerar uma expansão mais limitada da perfuração como parte de uma estratégia energética "incluindo todas as alternativas". Como diretriz, qualquer transição para um futuro baseado em energia limpa demoraria décadas para se realizar; enquanto isso, eu não via nenhum problema em aumentar a produção americana de gás e petróleo para reduzir nossa dependência de importações de nações petrolíferas como a Rússia e a Arábia Saudita.

Acima de tudo, minha decisão de permitir novas perfurações exploratórias era um derradeiro esforço para salvar nossa legislação sobre as mudanças climáticas, que estava respirando por aparelhos. No segundo semestre de 2009, o senador republicano Lindsey Graham, quando concordou em ajudar a elaborar um projeto de lei bipartidário sobre o clima, avisara que teríamos de ceder em algum ponto a fim de obter apoio republicano suficiente para vencer o obstrucionismo, e o aumento da exploração petrolífera marítima estava no topo de sua lista. Ouvindo Graham, Joe Lieberman e John Kerry passaram meses trabalhando em conjunto com Carol Browner, tentando persuadir os grupos ambientalistas de que a troca valeria a pena, assinalando que o aperfeiçoamento tecnológico havia reduzido os riscos ambientais da operação e que qualquer acordo final obstruiria a operação de petrolíferas em áreas sensíveis como o Refúgio Nacional da Vida Selvagem do Ártico.

Pelo menos alguns grupos ambientalistas toparam entrar no jogo. Infelizmente, com o passar dos meses ficou cada vez mais claro que Graham não conseguiria cumprir sua parte na barganha. Não que não tentasse. Ele se esforçou para um acordo com as petrolíferas e cortejou republicanas moderadas como Susan Collins e Olympia Snowe, além de parlamentares de estados petrolíferos como a senadora do Alasca Lisa Murkowski, esperando conseguir apoio dentro de seu partido para o projeto de lei. No entanto, por mais concessões que Kerry e Lieberman estivessem dispostos a fazer, Graham não conseguiu ninguém dentro da bancada republicana. O custo político de cooperar com o meu governo continuava alto demais.

O próprio Graham começara a ser alvo de críticas, tanto dos eleitores quanto da mídia conservadora, pelo trabalho na legislação sobre o clima. Ele aumentou as exigências para continuar tocando o projeto de lei, tornando mais difícil para Kerry manter o apoio dos grupos ambientalistas. Mesmo nosso anúncio de que estávamos preparando o caminho para abrir novas áreas de perfuração despertou a fúria de Graham; em vez de entender isso como demonstração de boa-fé da nossa parte, ele reclamou que o prejudicáramos ao lhe tirar um elemento de barganha fundamental. Começaram a circular boatos de que Graham estava esperando o momento oportuno de cair fora.

Tudo isso se passou antes do acidente da Deepwater. Com os noticiários começando de repente a transmitir imagens da plataforma ardendo num inferno em chamas, tivemos a certeza de que os grupos ambientalistas rejeitariam qualquer lei que aumentasse a área de exploração petrolífera no mar. Isso, por sua vez, daria a Graham a desculpa de que precisava para abandonar o barco. Por todos os ângulos que eu olhasse, só havia uma conclusão: minhas chances já mínimas de conseguir a aprovação da lei sobre o clima antes das eleições de meio de mandato tinham acabado de virar fumaça.

Na manhã que se seguiu à explosão da Deepwater, extraí algum consolo das notícias de que grande parte do petróleo liberado pela explosão estava ardendo na superfície do oceano, reduzindo ainda que ligeiramente as perspectivas de graves danos ambientais. Carol confirmou que os navios de emergência da BP e a Guarda Costeira dos Estados Unidos tinham acorrido prontamente ao local, que as operações de busca e salvamento dos trabalhadores desaparecidos prosseguiam e que estávamos em contato próximo com as autoridades locais e estaduais. Por uma lei federal aprovada após o acidente do petroleiro *Exxon Valdez* no Alasca, em 1989, cabia à BP total responsabilidade pela limpeza do derramamento. Mesmo assim, mobilizei a Guarda Costeira, a EPA e o Departamento do Interior para avaliar os danos e fornecer qualquer apoio de que a petrolífera viesse a precisar.

Imaginando que tínhamos um controle razoável da situação, mantive minha agenda e fui para Nova York no dia seguinte apresentar um discurso sobre a reforma de Wall Street. Mas, quando cheguei, o desastre já se intensificara. Toda a estrutura da Deepwater, fragilizada pelo fogaréu em curso, despencara e afundara no oceano, cuspindo uma densa fumaça preta enquanto as suas 33 mil toneladas desapareciam de vista, quase certamente danificando todo o aparato submarino mais abaixo. Com a rápida multiplicação das incógnitas, pedi a Rahm que fizesse um relatório atualizado para quando eu voltasse, acionando o almirante Thad Allen, comandante da Guarda Costeira, Janet Napolitano, da Segurança Nacional, e o secretário do Interior, Ken Salazar, cujo departamento era responsável pela supervisão da exploração petrolífera marinha. Só conseguimos marcar uma reunião para as seis da tarde — logo depois de discursar para as duzentas pessoas que convidáramos para uma recepção no Roseiral, já marcada havia algum tempo, para comemorar o quadragésimo aniversário do Dia da Terra.

Era uma ironia cósmica que meu estado de espírito não me permitiu apreciar.

"Que despedida infernal lhe estamos dando, Thad", disse eu, trocando um aperto de mãos com o almirante Allen, ao entrar com os demais no Salão Oval. Robusto, corado, com um bigode eriçado, Allen ia se aposentar dali a um mês, depois de 39 anos a serviço da Guarda Costeira.

"Bom, espero que a gente consiga controlar essa confusão antes que eu saia, sr. presidente", respondeu Allen.

Fiz sinal para que todos se sentassem. O clima na sala ficou sombrio enquanto Allen explicava que a Guarda Costeira tinha poucas esperanças quanto às operações de busca e salvamento — já se passara tempo demais para que algum dos onze trabalhadores da Deepwater com paradeiro desconhecido ainda estivesse vivo em alto-mar. Quanto à limpeza, ele informou que as equipes de emergência da BP e da Guarda Costeira tinham enviado barcos especialmente equipados para remover da superfície da água a camada de petróleo deixada pela explosão. Aeronaves de asa fixa estavam programados para começar a jogar dispersantes químicos que romperiam o petróleo em partículas menores. E a Guarda Costeira estava trabalhando com a BP e os estados afetados para pré-posicionar *booms* — barreiras flutuantes de esponja e plástico — que ajudariam a impedir que o petróleo se alastrasse até a costa.

"O que a BP está falando quanto às responsabilidades?", perguntei, me virando para Salazar.

De óculos, com sinais de calvície, de temperamento alegre e com paixão por chapéu de caubói e gravata de texano, Ken fora eleito para o Senado em 2004, no mesmo ano que eu. Com o tempo, se tornou um colega de confiança e nome ideal para o cargo de secretário do Interior, tendo dirigido o Departamento de Recursos Naturais no Colorado antes de se tornar o primeiro procurador-geral hispânico do estado. Crescera nas lindíssimas terras de fazendas no San Luis Valley, no centro-sul do Colorado, onde vários ramos da sua família viviam desde os anos 1850, e tinha profundo conhecimento dos impulsos rivais de explorar e preservar as terras federais que tanto haviam moldado a história daquela região.

"Falei com eles hoje, sr. presidente", respondeu Salazar. "A BP confirmou que vai pagar todos os danos que não são cobertos pelo Oil Spill Liability Trust Fund." Era uma boa notícia, pensei comigo. Embora as petrolíferas fossem individualmente responsáveis por todos os custos de limpeza de seus derramamentos, o Congresso estabelecera um teto de míseros 75 milhões de dólares para indenizar danos causados a terceiros, como empresas pesqueiras ou costeiras. Por outro lado, as petrolíferas deviam contribuir para um fundo conjunto que cobriria demais danos até o limite de 1 bilhão de dólares. Mas Carol já nos alertara de que, caso a mancha de petróleo não fosse contida como deveria, talvez esse valor não bastasse. Com o compromisso da BP em cobrir qualquer despesa adicional, ao menos poderíamos dar aos estados afetados algum grau de segurança de que os moradores teriam seus prejuízos ressarcidos.

No final da reunião, pedi que a equipe me mantivesse a par de novos desdobramentos e frisei que usassem todo e qualquer recurso federal que tínhamos à disposição para atenuar os impactos econômicos e ambientais. Ao acompanhá-los até a porta do Salão Oval, notei que Carol estava com ar pensativo. Pedi que ficasse por mais um minuto, para poder conversar com ela a sós.

"Deixamos de abordar alguma coisa?", perguntei.

"Na verdade, não", respondeu Carol. "Só acho que precisamos nos preparar para o pior."

"E o que seria?", questionei.

Carol ergueu os ombros em dúvida. "A BP diz que não tem petróleo vazando do poço. Tomara que estejam certos. Mas é um tubo que desce mais de um quilômetro e meio até o poço no fundo do mar. Então duvido que alguém saiba com certeza."

"E se estiverem errados?", perguntei. "E se houver um vazamento debaixo da superfície?"

"Se não conseguirem vedar depressa", avisou ela, "teremos um pesadelo nas mãos."

Os temores de Carol se confirmaram em menos de dois dias. O poço Macondo *estava mesmo* soltando petróleo debaixo da superfície — e não era só um gotejamento. De início, os engenheiros da BP identificaram a origem do vazamento num rompimento do tubo que ocorrera quando a plataforma afundou, despejando, por dia, cerca de mil barris de óleo no Golfo. Em 28 de abril, câmeras submarinas tinham descoberto mais dois vazamentos, e as estimativas de descarga haviam aumentado para 5 mil barris por dia. Na superfície, a mancha de combustível se espraiara por mais de 1500 quilômetros quadrados e se aproximava da costa da Louisiana, envenenando peixes, golfinhos e tartarugas marinhas e ameaçando causar danos de longo prazo aos pântanos, estuários e enseadas que abrigavam aves e outros animais silvestres.

Ainda mais alarmante era o fato de que a BP parecia não saber quanto tempo levaria para vedar o poço. A petrolífera insistia que havia diversas opções viáveis, inclusive o uso de veículos operados remotamente para retirar o dispositivo de prevenção de explosão, enchendo a cavidade com borracha ou outros materiais, colocando um domo de contenção sobre o poço por onde o petróleo subiria à superfície como por um funil, onde seria recolhido, ou perfurando poços de alívio intersectados por onde bombeariam cimento dentro do poço, para deter o fluxo de petróleo. Segundo os nossos especialistas, porém, as três primeiras opções não eram garantidas, e a quarta poderia "levar vários meses". Na velocidade com que imaginávamos que o óleo saía, o vazamento poderia chegar a 19 milhões de galões — cerca de 70% a mais do que fora liberado durante o *Exxon Valdez*.

De repente estávamos diante da perspectiva do pior desastre ambiental da história dos Estados Unidos.

Designamos Thad Allen para a função de comandante nacional da emergência, impusemos trinta dias de suspensão a novas perfurações marinhas, além da proibição de pesca na área contaminada, e declaramos o desastre do Macondo como "derramamento de importância nacional". O governo federal coordenou a ação de resposta à emergência entre várias entidades, inclusive recorrendo a cidadãos voluntários. Logo havia mais de 2 mil pessoas trabalhando 24 horas por dia para conter o derramamento, operando uma armada composta de 75 embarcações, incluindo rebocadores, barcaças e barcos de escumadeiras, além de dezenas de aeronaves e quase 100 mil metros de barreiras flutuantes de contenção. Despachei Napolitano, Salazar e Lisa Jackson da EPA para o Golfo, para monitorarem os trabalhos, e disse a Valerie que conversasse diariamente com os governadores da Louisiana, do Alabama, do Mississippi, do Texas e da Flórida (os cinco, aliás, republicanos), para ver o que mais podíamos fazer para ajudar.

"Diga a eles que, se tiverem algum problema por causa disso, que falem diretamente comigo", instruí Valerie. "Quero ser receptivo a ponto de enjoarem de nos ouvir."

É justo dizer, portanto, que em 2 de maio, quando visitei uma estação da Guarda Costeira em Venice, na Louisiana, para ver ao vivo as operações de limpeza, estávamos dedicando ao desastre tudo o que tínhamos. Como na maioria das viagens presidenciais, o objetivo não era tanto obter novas informações, e sim transmitir preocupação e vontade política. Depois de uma declaração à imprensa debaixo de uma chuva forte, do lado de fora da estação, falei com um grupo de pescadores, que me disseram que tinham acabado de ser contratados pela BP para colocar barreiras flutuantes no caminho da mancha e estavam compreensivelmente preocupados com o impacto a longo prazo do derramamento sobre seus meios de subsistência.

Também passei um bom tempo naquele dia com Bobby Jindal, o ex-parlamentar e especialista em políticas de saúde no governo Bush que aproveitara seu acirrado conservadorismo para se tornar o primeiro governador indo-americano do país. Inteligente, ambicioso, com trinta e tantos anos, Jindal era visto como figura promissora dentro do partido e havia sido escolhido para apresentar a resposta republicana televisionada a meu primeiro discurso na sessão conjunta da Câmara e do Senado. Mas o incidente da Deepwater, que ameaçava acabar com indústrias vitais da Louisiana como o turismo e o extrativismo marinho, o deixou numa situação incômoda: como a maioria dos políticos republicanos, era um defensor das grandes petrolíferas e opositor igualmente ardoroso do fortalecimento das regulamentações ambientais.

Tentando se antecipar a qualquer mudança na opinião pública, Jindal passou a maior parte do tempo tentando me convencer a erguer rapidamente uma ilha-barreira — uma berma — ao longo de uma parte da costa da Louisiana, garantindo que isso ajudaria a conter a mancha de petróleo que se aproximava.

"Já temos os empreiteiros para fazer o serviço", disse ele. Seu tom de voz transparecia uma confiança que beirava a arrogância, mas os olhos escuros demonstravam insegurança, quase dor, mesmo quando sorria. "Só precisamos da sua ajuda para conseguir que o Corpo de Engenharia do Exército aprove e que a BP pague."

De fato, eu já tinha ouvido falar da ideia da "berma"; as avaliações preliminares de nossos especialistas indicavam que era pouco prática, cara e talvez até contraproducente. Eu desconfiava que Jindal também sabia disso. A proposta era basicamente uma jogada política, uma forma de se mostrar proativo, ao mesmo tempo evitando as questões mais amplas sobre os riscos de exploração petrolífera em águas profundas trazidas à tona pelo derramamento. Apesar disso, tendo em vista a amplitude da crise, eu não queria me mostrar refratário a nenhuma ideia, e garanti ao governador que o Corpo de Engenharia do Exército faria uma pronta e meticulosa avaliação de seu plano.

Como o tempo estava fechado demais para voar no Marine One, passamos grande parte do dia na estrada, voltando por terra. Sentado no banco traseiro do suv, fiquei olhando a membrana de vegetação, lodo, limo e pântano que se espalhava desigual nas duas margens do rio Mississippi e ia até o Golfo do México. Os seres humanos tinham lutado durante séculos para moldar essa paisagem primordial à vontade deles, assim como Jindal agora propunha fazer com sua berma — construindo diques, represas, molhes, canais, eclusas, portos, pontes, estradas e vias expressas a serviço do comércio e da expansão, e reconstruindo-os periodicamente após enchentes e furacões, sem se abalar com as marés implacáveis. Havia certa nobreza nessa obstinação, pensei eu, uma parte do espírito de "sim, podemos fazer" que construíra os Estados Unidos.

Mas, quando se tratava do oceano e do poderoso rio que desaguava nele, as vitórias da engenharia se mostravam fugazes, e a perspectiva de controle, ilusória. A Louisiana estava perdendo mais de 4 mil hectares de terras por ano, à medida que a mudança climática elevava os níveis da água do mar e intensificava a violência dos furacões no Golfo. Com constantes aterros, dragagens e redirecionamentos do Mississippi para facilitar a passagem de embarcações e cargueiros, diminuía a quantidade de sedimentos trazidos pela correnteza para restaurar a terra que se perdera. A mesma atividade que fizera da região um eixo comercial e permitira a prosperidade da indústria petrolífera agora estava acelerando o avanço constante das águas do mar. Olhando pela janela raiada de chuva, eu me perguntava por quanto tempo duraria a estrada onde estávamos agora, com seus postos de gasolina e lojas de conveniência, antes de ser engolida pelas ondas.

Um presidente não tem escolha: precisa ser sempre polivalente. ("Você é como o cara do circo", me disse Michelle certa vez, "girando os pratos na ponta de uma vareta.") A al-Qaeda não suspendeu suas operações por causa de uma crise financeira; um terremoto devastador no Haiti ignorou a sobreposição de agenda entre as medidas de emergência necessárias para atender às vítimas e uma cúpula longamente programada sobre a segurança nuclear, com 47 nações participantes, a que eu estava presidindo. Portanto, por mais tenso que estivesse com o desastre da plataforma Deepwater, tentei evitar que me consumisse. Nas semanas seguintes a minha visita à Louisiana, acompanhei de perto nossas ações, me baseando nas atualizações diárias detalhadas, enquanto atendia também aos outros dez ou doze assuntos urgentes que exigiam minha atenção.

Visitei as instalações de uma fábrica em Buffalo para discutir a recuperação econômica e continuei a trabalhar com uma comissão fiscal bipartidária que procurava formas de estabilizar o déficit americano de longo prazo. Conversei por telefone com Merkel sobre a Grécia e com Medvedev sobre a ratificação do START, recebi uma visita oficial do presidente do México, Felipe Calderón, enfocando a cooperação nas fronteiras, tive um almoço de trabalho com o presidente Karzai do Afeganistão. Além dos habituais boletins sobre ameaças terroristas, sessões para discutir estratégias com a minha equipe econômica e toda uma série de obrigações cerimoniais, entrevistei candidatos para uma vaga na Suprema Corte que se abrira depois que o ministro John Paul Stevens anunciara sua aposentadoria no começo de abril. Decidi pela jovem e brilhante procuradora-geral Elena Kagan, ex-diretora da Faculdade de Direito de Harvard, que, como a ministra Sotomayor, sairia das audiências do Senado relativamente incólume e seria confirmada no cargo poucos meses depois.

No entanto, por mais pratos que eu girasse no ar, ao final de cada dia meus pensamentos voltavam para o derramamento da Deepwater. Com uma boa dose de esforço, poderia dizer a mim mesmo que houvera *algum* progresso. A BP tinha conseguido vedar um dos três vazamentos subaquáticos, o menor deles, usando robôs para fixar uma válvula no tubo rompido. O almirante Allen trouxera uma aparência de ordem aos esforços de limpeza na superfície do oceano, que em meados de maio envolviam quase mil embarcações e um exército de quase 20 mil trabalhadores da BP, integrantes da Guarda Costeira e da Guarda Nacional, pescadores e voluntários. Valerie fez um trabalho tão fenomenal permanecendo junto dos cinco governadores dos estados ameaçados pelo derramamento que, apesar de suas filiações partidárias, eles tinham na maioria apenas boas coisas a dizer sobre as providências do governo federal. ("Eu e Bob Riley viramos grandes amigos", disse ela com um sorriso, referindo-se ao governador republicano do Alabama.) A única exceção era o governador Jindal; Valerie informou que várias vezes ele fazia uma solicitação pedindo ajuda à Casa Branca em alguma questão, só para soltar dali a dez minutos um comunicado à imprensa esbravejando contra nós por ignorarmos a Louisiana.

No entanto, o petróleo continuava a vazar. Os robôs da BP não conseguiram fechar o dispositivo de prevenção de explosão emperrado, e os dois principais pontos de vazamento continuaram abertos. A primeira tentativa da empresa de colocar um domo de contenção sobre os vazamentos também falhou, por causa de problemas gerados pela baixíssima temperatura naquela profundidade. Foi ficando cada vez mais claro que a equipe da BP não sabia bem como proceder — e tampouco nenhuma das agências federais que costumavam lidar com derramamentos. "Estamos acostumados a lidar com uma mancha de petróleo decorrente do acidente de um petroleiro ou de um cano estourado", explicou o almirante Allen. "Tentar vedar um poço de petróleo ativo a mais de um quilômetro e meio da superfície... está mais para uma missão espacial."

Era uma boa analogia — e foi a razão que me levou a recorrer à ajuda de Steve Chu. Apesar do nome do cargo, o secretário de Energia normalmente não tem jurisdição sobre a extração petrolífera. Mas imaginamos que não faria mal ter um físico agraciado com o prêmio Nobel participando em nossa resposta à emergência e, depois de descobertos os vazamentos subaquáticos, pedimos a Chu que instruísse a equipe sobre as questões científicas envolvidas na questão de como estancá-los. Embora Carol o avisasse para ser sucinto, a apresentação de Chu na Sala de Crise durou o dobro do programado e incluiu uma projeção de trinta slides. Depois do quinto, a maioria dos ouvintes já não entendia mais nada. Em vez de desperdiçar toda aquela energia cerebral com a gente, sugeri que ele fosse para Houston, onde estava instalada a equipe de resposta a emergências da BP, para trabalhar com os engenheiros de lá sobre os possíveis reparos.

Enquanto isso, as posições do público em relação ao desastre começaram a mudar. Ao longo das primeiras semanas desde o derramamento, a BP carregou toda a culpa. Além da desconfiança natural dos americanos em relação às empresas petrolíferas, o CEO da BP, Tony Hayward, também se provou um desastre ambulante em termos de relações públicas — afirmando na mídia que o derramamento era uma quantidade de petróleo "relativamente insignificante" num "oceano imenso"; declarando, em outra entrevista, que era ele o maior interessado em vedar a abertura porque "quero retomar minha vida de antes"; e, de modo geral, encarnando o próprio estereótipo do executivo inacessível e arrogante de uma multinacional. (Sua obtusidade me fez lembrar que a BP — antes conhecida como British Petroleum — era a antiga Empresa Petrolífera Anglo-Persa: a mesma empresa cuja relutância em dividir os royalties com o governo do Irã nos anos 1950 levara ao golpe que viera a resultar na Revolução Islâmica daquele país.)

Quando a crise ultrapassou o marco de trinta dias, porém, a atenção passou a se voltar cada vez mais para a possível responsabilidade de meu governo pela situação. Mais especificamente, matérias nos noticiários e audiências no Congresso se aferraram a uma série de isenções das diretrizes-padrão de segurança e meio ambiente que a BP recebera do Serviço de Gestão de Minerais (MMS), a subagência no Departamento do Interior responsável pela concessão de licenças, pelo recebimento dos royalties e pela supervisão das operações petrolíferas em águas federais. Não houvera nada de incomum nas isenções que o MMS concedera à BP no poço Macondo; na gestão dos riscos de plataformas em águas profundas, os funcionários da agência costumavam ignorar os cientistas e engenheiros da equipe e ouvir os especialistas do setor que acreditavam ser mais versados nos processos e tecnologias mais recentes.

Era exatamente esse o problema, claro. Antes que eu assumisse o cargo, tínhamos ouvido falar da permissividade do MMS com as petrolíferas e suas deficiências no cumprimento de seu papel regulatório — inclusive um escândalo amplamente divulgado, no final do governo Bush, envolvendo propinas, drogas e favores sexuais — e prometêramos reformar a agência. E, de fato, tão logo assumiu o Departamento do Interior, Ken Salazar eliminara alguns dos problemas de maior envergadura. O que não tivera tempo ou recursos para fazer foi a reorganização estrutural do MMS, para que tivesse capacidade de regular com firmeza uma indústria tão rica e tecnologicamente complexa.

Eu não podia culpar apenas Salazar por isso. Mudar as práticas e a cultura dentro das agências governamentais era difícil, e raramente acontecia em questão de meses. Estávamos enfrentando problemas parecidos em agências reguladoras do sistema financeiro, nas quais funcionários sobrecarregados e sub-remunerados não conseguiam acompanhar as operações sofisticadas e em constante evolução de grandes instituições financeiras internacionais. Mas isso não justificava o fato de que ninguém de minha equipe tivesse me avisado que o MMS ainda tinha problemas tão graves antes de recomendar que eu endossasse o plano do Departamento do Interior para abrir novas áreas adicionais para perfurações exploratórias. E, de todo modo, no meio de uma crise, ninguém queria ouvir que era preciso aumentar o orçamento de agências federais. E ninguém tampouco queria ouvir que o aumento dos salários do funcionalismo público ajudaria a melhorar a gestão e a concorrer com o setor privado para atrair talentos técnicos de alto nível. As pessoas só queriam saber quem tinha deixado a BP perfurar um buraco a mais de 5 mil metros de profundidade no oceano sem saber como tampá-lo — e, no final das contas, o fato ocorrera sob nossa supervisão.

Enquanto os repórteres se mantinham ocupados com os problemas do MMS, o que realmente modificou a postura da opinião pública foi a decisão da BP no final de maio — que apoiei por uma questão de transparência — de começar a transmitir imagens dos vazamentos em vídeos ao vivo, em tempo real, pelas câmeras subaquáticas da petrolífera. As primeiras imagens da plataforma Deepwater Horizon em chamas haviam recebido ampla cobertura. Mas a filmagem do derramamento em si — consistindo na maioria em imagens tomadas por cima, discretas listras escarlates no oceano azul-esverdeado — não capturava plenamente a potencial devastação. Quando ondas de brilho oleoso e bolhas de petróleo, conhecidas como bolas de alcatrão, começaram a chegar à linha costeira da Louisiana e do Alabama, as equipes de vídeo não conseguiram muitas imagens de impacto — especialmente porque, para começo de conversa, as águas do Golfo do México já não eram muito límpidas após décadas de exploração petrolífera.

As imagens do vídeo submarino mudaram toda a situação. De repente, por todo o mundo as pessoas podiam ver o petróleo saindo em densas colunas dos destroços ao redor. Às vezes era de um amarelo sulfuroso, às vezes marrom ou preto, dependendo da iluminação da câmera. Eram massas turbulentas que pareciam fortes e ameaçadoras como emanações do inferno. As redes de notícias começaram a transmitir as imagens num canto da tela durante 24 horas por dia, junto com um marcador digital relembrando aos espectadores o número de dias, minutos e segundos desde que se iniciara o derramamento.

Os vídeos pareciam confirmar os cálculos feitos por nossos analistas, em um levantamento paralelo ao da BP: era provável que os vazamentos estivessem bombeando algo entre o quádruplo e o décuplo da estimativa original de 5 mil barris de petróleo por dia. No entanto, mais do que os números assustadores, as imagens dos jorros por baixo d'água — junto com um súbito aumento da intercalação de imagens de pelicanos cobertos de petróleo — conferiram realidade à crise no espírito das pessoas. Gente que nem dera muita atenção ao derramamento passou de repente a querer saber por que não estávamos fazendo alguma coisa para detê-lo. No consultório do dentista, Salazar se viu assistindo às imagens do vídeo num televisor preso ao teto enquanto passava por um tratamento emergencial de canal. Os republicanos apelidaram o derramamento de "Katrina do Obama", e logo nos vimos também sob fogo cerrado dos democratas — em especial de James Carville, ex-assessor dos Clinton e de família com raízes de longa data na Louisiana, que, numa aparição no programa televisivo *Good Morning America*, lançou um candente e sonoro ataque à nossa resposta de emergência, dirigindo suas críticas especificamente a mim: "Amigo, você tem de vir aqui e dar um jeito nisso! Ponha alguém no comando e faça a coisa andar!". Um menino de nove anos de idade, em cadeira de rodas, que estava em visita ao Salão Oval pela Make-a-Wish Foundation, me alertou que, se eu não vedasse logo o vazamento, ia "ter um monte de problemas políticos". Mesmo Sasha, certa manhã, entrou no meu banheiro enquanto eu fazia a barba e perguntou: "Já tampou o buraco, papai?".

Em meu espírito, aqueles ciclones escuros de petróleo vieram a simbolizar a sucessão de crises constantes que atravessávamos. Mais do que isso, pareciam de certa forma vivos — uma presença malévola, que me atormentava ativamente. Até aquela altura de meu mandato, eu mantivera uma confiança fundamental de que, por piores que ficassem as coisas, fosse com os bancos, com o setor automobilístico, com a Grécia ou com o Afeganistão, sempre conseguiria chegar a uma solução com processos decisórios sensatos e inteligentes. Mas esses vazamentos pareciam desafiar todas as soluções, não importava quanto eu pressionasse a BP ou a minha equipe, ou fizesse reuniões na Sala de Crise examinando dados e diagramas com a mesma atenção como em qualquer sessão de planejamento de uma guerra. Junto com essa sensação momentânea de impotência, começou a surgir uma certa rispidez em meu tom de voz — o que identifiquei como um sinal de insegurança.

"E o que ele acha que eu devia fazer?", resmunguei para Rahm, depois de ouvir a fala de Carville. "Botar meu traje de Aquaman e descer lá com uma chave inglesa?"

O coro de críticas atingiu o ponto culminante numa coletiva de imprensa na Casa Branca, em 27 de maio, me fazendo perguntas duras durante quase uma hora sobre o derramamento de petróleo. Descrevi metodicamente tudo o que havíamos feito desde o momento da explosão da plataforma Deepwater e expus as complexidades técnicas das várias estratégias utilizadas para vedar o poço. Admiti problemas no MMS, bem como meu excesso de confiança na capacidade de empresas como a BP de aplicar medidas de proteção contra os riscos. Anunciei a formação de uma comissão nacional para estudar o desastre e avaliar os meios de prevenir acidentes como aquele no futuro, e voltei a enfatizar a necessidade de uma resposta de longo prazo que diminuísse a dependência dos Estados Unidos de combustíveis fósseis poluentes.

Relendo a transcrição agora, uma década depois, fico espantado com meu tom calmo e persuasivo. Talvez a surpresa seja porque a transcrição não registra o que me lembro de estar sentindo no momento e nem de longe capta o que eu *realmente* queria dizer perante o corpo de imprensa da Casa Branca. E era o seguinte:

Que o MMS não estava bem equipado para cumprir sua tarefa em larga medida porque, nos trinta anos anteriores, uma grande parcela dos eleitores americanos tinha embarcado na ideia republicana de que o problema era o governo, e que a iniciativa privada sempre era melhor em tudo, e elegera representantes que tomavam como missão esvaziar as regulações ambientais, reduzir ao mínimo os orçamentos das agências, difamar o funcionalismo público e permitir que os poluidores em escala industrial fizessem o que bem entendessem.

Que o governo não dispunha de uma tecnologia melhor do que a da BP para tampar rapidamente a abertura do poço porque isso custaria muito dinheiro, e nós, americanos, não gostávamos de pagar impostos mais altos — sobretudo quando era para nos prepararmos para problemas que ainda não tinham surgido.

Que era difícil levar a sério *qualquer* crítica de um sujeito como Bobby Jindal, que sempre fizera o jogo das grandes petrolíferas durante toda a sua carreira e ia apoiar uma ação judicial da indústria para que um tribunal federal anulasse nossa suspensão temporária da exploração de petróleo, e que, se ele e outros parlamentares dos estados do Golfo estivessem mesmo preocupados com o bem-estar de seu eleitorado, insistiriam para que seu partido parasse de negar os efeitos das mudanças climáticas, pois eram justamente os moradores de suas regiões que acabariam perdendo suas casas ou seus empregos em decorrência do aumento das temperaturas do planeta.

E que a única maneira de garantir efetivamente que não teríamos outro vazamento de petróleo catastrófico no futuro era a de cessar totalmente a extração, mas que isso não ia acontecer porque, no final das contas, nós, americanos, tínhamos mais amor por nossos carrões e pela gasolina barata do que preocupação com o meio ambiente, a não ser quando nos víamos diante de uma enorme catástrofe, e que, na ausência de uma catástrofe daquele tipo, os meios de comunicação quase ignoravam os esforços para afastar os Estados Unidos dos combustíveis fósseis ou para aprovar uma legislação sobre o clima, visto que *instruir* de fato o público sobre políticas energéticas de longo prazo seria tedioso e não daria audiência; e que a única coisa de que eu podia ter *certeza* era que, apesar de toda a indignação quanto aos pântanos, às tartarugas marinhas e aos pelicanos que estavam à flor da pele no momento, o que a maioria queria mesmo era que o problema se acabasse e que eu pusesse ordem na tremenda bagunça criada ao longo de décadas, arrumando uma solução rápida e fácil para a situação, porque assim poderíamos voltar alegres e contentes, sem nenhum sentimento de culpa, a desperdiçar energia e expelir quantidades enormes de carbono.

Não falei nada disso. Pelo contrário, assumi sobriamente a responsabilidade e disse que cabia a mim "dar um jeito nisso". Depois, repreendi minha equipe de comunicação, sugerindo que, se tivessem feito um trabalho melhor, contando a história de tudo do que estávamos fazendo para limpar o derramamento, eu não precisaria ter me desdobrado durante uma hora para me livrar daquela merda toda. Eles pareceram magoados. Sentado sozinho na Sala dos Tratados naquela noite, eu me arrependi do que havia dito, sabendo que tinha despejado injustamente neles minha raiva e frustração.

O que eu realmente queria esculhambar eram aquelas malditas colunas de petróleo.

Nas seis semanas seguintes, o derramamento continuou a dominar os noticiários. Como as tentativas de vedar o poço continuavam falhando, compensamos dando mais mostras de meu envolvimento pessoal. Fiz mais duas viagens à Louisiana, além de visitas ao Mississippi, ao Alabama e à Flórida. Trabalhando com o almirante Allen, que concordara em adiar sua aposentadoria até a solução da crise, encontramos formas de atender às solicitações de todos os governadores, inclusive um plano com certas limitações para a berma de Jindal. Salazar assinara uma ordem dissolvendo o mms, dividindo as responsabilidades pelo desenvolvimento energético, pela regulação de segurança e pela coleta das receitas entre três novas agências independentes. Anunciei a formação de uma comissão bipartidária, encarregada de recomendar formas de impedir futuros desastres nas plataformas marítimas. Fiz uma reunião com todo o gabinete sobre a crise e tive um encontro angustiante com as famílias dos onze trabalhadores da Deepwater mortos na explosão. Cheguei a fazer um discurso no Salão Oval sobre o derramamento — o primeiro deles em meu governo. O formato — eu sentado atrás da escrivaninha do *Resolute* — parecia forçado, anacrônico e, pelo que me disseram, não me saí muito bem.

A enxurrada de aparições e anúncios teve o efeito pretendido de reduzir, se não de eliminar por completo, as matérias negativas na imprensa. Mas o que nos permitiu atravessar a crise foram, em última análise, os resultados de duas decisões que eu havia tomado previamente.

A primeira delas consistiu em assegurar que a BP cumprisse sua promessa anterior de indenizar os terceiros prejudicados pelo derramamento. Em geral, o processo para dar entrada nas reivindicações exigia que as vítimas se submetessem a um calvário burocrático ou até mesmo que fossem obrigadas a contratar um advogado. A decisão desses pleitos podia levar anos, e a essa altura um pequeno agente de viagens turísticas de barco ou o dono de um pequeno restaurante já podiam ter falido. Em nosso entender, as vítimas daquele caso mereciam uma assistência mais imediata. Também concluímos que devíamos aproveitar o momento estratégico: as ações da BP vinham caindo, sua imagem global estava seriamente afetada, o Departamento de Justiça investigava a empresa por possível negligência criminosa, e a suspensão federal de novas perfurações que impuséramos estava criando enorme incerteza para os acionistas.

"Posso arrancar o couro deles?", perguntou Rahm.

"Fique à vontade", respondi.

Rahm pôs mãos à obra, grudando feito carrapato, adulando e ameaçando como só ele sabia fazer, e em 16 de junho, quando me sentei diante de Tony Hayward e do presidente da BP, Carl-Henric Svanberg, para uma reunião no Salão Roosevelt, eles estavam prontos para erguer a bandeira branca. (Hayward, que pouco falou durante a reunião, viria a anunciar sua saída da empresa poucas semanas depois.)

Não só a BP concordou em depositar 20 bilhões de dólares num fundo de resposta a emergências para indenizar as vítimas do derramamento, como também conseguimos que o dinheiro fosse depositado em juízo, em uma conta independente administrada por Ken Feinberg, o mesmo advogado que administrara o fundo para as vítimas do Onze de Setembro e examinara os planos de indenização de executivos para os bancos que recebiam dinheiro do Tarp. O fundo não resolvia o desastre ambiental. Mas cumpria minha promessa de que todos os pescadores de peixes e camarões, todas as empresas de fretamento e outras que estavam acumulando prejuízos devido à crise iriam receber o que lhes era devido.

Minha segunda boa decisão foi ter escalado Steve Chu para os trabalhos. Meu secretário de Energia tinha se decepcionado com os contatos iniciais que fizera com engenheiros da BP ("Eles não sabem com o que estão lidando", disse Chu) e logo passou a dividir seu tempo entre Houston e Washington, dizendo a Thad Allen que a BP "não devia fazer nada antes de passar por mim". Num piscar de olhos, recrutou uma equipe de geofísicos e hidrólogos independentes para lidar com o problema. Convenceu a BP a utilizar imagens por raios gama para ajudar a diagnosticar o que falhara no dispositivo de prevenção de explosão e a instalar medidores de pressão para obter dados reais sobre o que estava acontecendo na base do poço. Chu e seus especialistas também insistiram que qualquer tentativa de vedação devia ser precedida de uma meticulosa avaliação dos riscos de que essa operação desencadeasse uma sucessão de vazamentos subterrâneos incontroláveis — e uma catástrofe ainda maior.

Chu e os engenheiros da BP acabaram concordando que a melhor solução era colocar um segundo dispositivo de prevenção de explosão, este menor — um mecanismo de capeamento chamado *capping stack* —, por cima do equipamento que falhara, usando uma série de válvulas sequenciais para acabar com o vazamento. Mas, depois de examinar o projeto inicial da BP — e conseguir que engenheiros e cientistas do governo no Laboratório Nacional de Los Alamos e de outros lugares realizassem uma série de simulações em seus supercomputadores —, Chu concluiu que ele era inadequado, e o grupo passou rapidamente a trabalhar na elaboração de uma versão modificada. Um dia, Axe entrou no Salão Oval e me disse que acabara de topar com Chu numa lanchonete ali perto, sentado diante do prato de comida quase intocado, desenhando no guardanapo vários modelos de *capping stacks*.

"Ele começou a me explicar como funcionava o mecanismo", disse Axe, "mas falei que eu já estava ocupado demais decidindo o que ia pedir de almoço."

O *capping stack* final pesava 75 toneladas, tinha quase dez metros de altura e, por insistência de Chu, incluía múltiplos medidores de pressão que nos forneceriam dados essenciais sobre sua eficácia. Dali a algumas semanas, foi colocado sobre o poço e estava pronto para ser testado. Em 15 de julho, os engenheiros da BP fecharam as válvulas do dispositivo de capeamento. O *capping stack* resistiu. Era a primeira vez em 87 dias que não estava vazando petróleo do poço Macondo.

Como se todos esses problemas não bastassem, havia a ameaça de que, na semana seguinte, uma tempestade tropical passasse pela localização do poço Macondo. Chu, Thad Allen e o diretor administrativo da BP, Bob Dudley, tiveram de decidir rapidamente se reabririam ou não as válvulas antes que as embarcações que cuidavam dos esforços de contenção e os membros da equipe da empresa que monitoravam a integridade do dispositivo de capeamento precisassem liberar o local e sair da frente da tempestade. Se seus cálculos da pressão sob a superfície estivessem errados, havia o risco de que o *capping stack* não resistisse e, pior, causasse fraturas no solo oceânico, desencadeando vazamentos ainda mais problemáticos. Liberar as válvulas significava, claro, que se reiniciaria o fluxo de petróleo no Golfo, coisa que ninguém queria. Depois de uma série final de cálculos, Chu concordou que valia a pena arriscar e deveríamos manter as válvulas fechadas durante a tempestade.

Mais uma vez, o *capping stack* resistiu.

Quando recebemos a notícia na Casa Branca, não houve nenhuma comemoração — apenas um enorme alívio. Demoraria ainda mais uns dois meses e uma série de procedimentos adicionais antes que a BP declarasse que o poço Macondo estava definitivamente vedado, e os trabalhos de limpeza prosseguiriam até o final do verão. A proibição de pesca foi aos poucos sendo eliminada, e os alimentos do mar do Golfo receberam certificação de segurança. As praias foram reabertas, e em agosto levei minha família a Panama City Beach, na Flórida, para dois dias de "férias", a fim de impulsionar a indústria do turismo na região. Pete Souza tirou uma foto daquela viagem, depois divulgada pela Casa Branca, em que Sasha e eu estamos brincando no mar, como um sinal para os americanos de que podiam nadar em segurança no Golfo do México. Malia não aparece na foto porque estava fora, num acampamento de verão. Michelle não aparece porque, como me explicara logo depois que fui eleito, "uma das minhas principais metas como primeira-dama é nunca ser fotografada em trajes de banho".

Em muitos aspectos, havíamos evitado o pior e, nos meses seguintes, mesmo críticos como James Carville reconheceram que nossa resposta à emergência fora mais eficaz do que haviam esperado. Os danos visíveis às praias e linhas costeiras do Golfo foram menores do que se temia, e, passado apenas um ano desde o acidente, a região teve a maior temporada de turismo de sua história. Montamos um projeto de restauração da linha costeira do Golfo do México, financiado por penalidades adicionais impostas à BP, permitindo que as autoridades locais, estaduais e federais começassem a reverter uma parte da degradação ambiental que vinha ocorrendo desde muito antes da explosão. Com alguma pressão dos tribunais federais, a BP acabou pagando indenizações que ultrapassavam os 20 bilhões de dólares do fundo de resposta a emergências. E, embora o relatório preliminar da comissão instituída por mim para analisar o incidente tenha criticado o trabalho de supervisão do MMS quanto às atividades da BP na área do Macondo, além de nossa falha em não avaliar com precisão a enormidade dos vazamentos logo após a explosão, tanto a imprensa como o público já tinham, em larga medida, desviado sua atenção para outros assuntos no segundo semestre daquele ano.

Mesmo assim, as imagens daquelas colunas de petróleo jorrando de uma terra fendida nas profundezas espectrais do oceano continuavam a me perseguir. Especialistas do governo me disseram que levaria anos até se entender a verdadeira extensão do dano ambiental decorrente do derramamento da Deepwater. As estimativas mais otimistas concluíram que o poço Macondo liberara pelo menos 4 milhões de barris de petróleo em mar aberto, e pelo menos dois terços desse total foram recolhidos, queimaram ou se dispersaram. Onde foi parar o restante do petróleo, o pavoroso preço que cobraria da vida selvagem, quanto desse óleo voltaria a se assentar no leito marinho, quais os efeitos a longo prazo sobre todo o ecossistema do Golfo do México — levaria anos antes de entendermos por completo.

O que não era mistério era o impacto político do derramamento. Com a crise para trás e as eleições de meio de mandato no horizonte, nós nos sentíamos preparados para projetar ao público um prudente otimismo — para afirmar que o país finalmente estava dando uma virada e ressaltar todo o trabalho feito por meu governo nos dezesseis meses anteriores para realizar uma mudança concreta na vida das pessoas. Mas a única impressão que se impregnava na mente dos eleitores era a de mais uma calamidade que o governo parecia incapaz de resolver. Pedi que Axe me apresentasse sua melhor avaliação das chances de que os democratas mantivessem a maioria na Câmara. Ele me olhou como se eu estivesse brincando e respondeu:

"Estamos ferrados."

Desde o dia em que assumi o cargo, sabíamos que as eleições de meio de mandato iam ser difíceis. Historicamente, o partido no controle da Casa Branca quase sempre perdia assentos no Congresso após os dois primeiros anos no poder, pois pelo menos alguns eleitores viam razões para se sentir decepcionados. O comparecimento às urnas também diminuía consideravelmente nessas votações e — em parte devido à longa história de discriminação eleitoral nos Estados Unidos, mas também porque muitos estados continuavam a utilizar procedimentos complicados que tornavam o voto mais difícil do que precisaria ser — o absenteísmo era mais acentuado entre os eleitores mais jovens, de renda mais baixa e pertencentes a minorias, isto é, grupos demográficos que tendiam a votar nos democratas.

Tudo isso já converteria as eleições de meio de mandato num desafio para nós, mesmo numa época de relativa paz e prosperidade. E claro que não estávamos num período assim. Embora as empresas tivessem retomado as contratações, o índice de desemprego continuava estacionado em torno de 9,5% em junho e julho, sobretudo porque governos municipais e estaduais, com suas receitas reduzidas, ainda estavam dispensando funcionários. Pelo menos uma vez por semana eu me reunia com a minha equipe econômica no Salão Roosevelt, tentando elaborar algumas variantes de planos adicionais de incentivos, para os quais poderíamos atrair o apoio de pelo menos alguns senadores republicanos, até por questão de vergonha. Mas, afora a relutante prorrogação dos benefícios do seguro-desemprego emergencial antes que o Congresso parasse para o recesso de agosto, McConnell geralmente conseguia manter o bloco republicano unido.

"Detesto dizer isso", me falou um senador republicano quando esteve na Casa Branca por outros assuntos, "mas, quanto pior as pessoas se sentirem agora, melhor para nós."

A economia não era o único vento contrário que enfrentávamos. As pesquisas de opinião pública costumavam apontar uma vantagem dos republicanos sobre os democratas nas questões de segurança nacional; e, desde o dia em que assumi o cargo, o Partido Republicano tentara se aproveitar disso, agarrando toda e qualquer oportunidade para pintar minha administração como um governo fraco na defesa e frouxo no combate ao terrorismo. Em termos gerais, os ataques tinham falhado: por mais desencantados que os eleitores estivessem com meu comando econômico, continuavam a me dar boas notas na questão da segurança. Esses números haviam se mantido firmes após o ataque a Fort Hood e a malograda explosão a bomba no dia de Natal; continuaram em larga medida inalterados mesmo quando, em maio de 2010, um homem chamado Faisal Shahzad — paquistanês naturalizado americano treinado pela divisão do Talibã de seu país natal — tentou sem êxito detonar um carro-bomba no meio da Times Square.

Apesar disso, o fato de que 180 mil soldados americanos continuavam servindo em guerras no exterior lançava uma sombra sobre as eleições. E, embora estivéssemos ingressando na fase final de retirada do Iraque, com a volta das últimas brigadas de combate marcada para agosto, as lutas durante o verão no Afeganistão provavelmente gerariam um preocupante aumento no número de baixas americanas. Eu ficara impressionado com o comando de Stan McChrystal das forças de coalizão: as tropas adicionais, com envio autorizado por mim, tinham ajudado a reconquistar territórios sob controle do Talibã; o treinamento do Exército afegão evoluíra muito; McChrystal chegara até a convencer o presidente Karzai a se arriscar a pôr o pé fora de seu palácio e começar a ter contato com a população que ele dizia representar.

E, no entanto, a cada vez que visitava soldados feridos no Walter Reed e no Bethesda, ressurgiam em minha mente os custos pavorosos desse progresso gradual. Se antes minhas visitas duravam cerca de uma hora, àquela altura muitas vezes dedicava a elas pelo menos o dobro desse tempo, o hospital parecendo quase totalmente lotado. Numa das visitas, entrei num quarto com o leito ocupado pela vítima da explosão de uma bomba improvisada, com a mãe a seu lado. A cabeça do jovem, raspada pela metade, era percorrida por uma sutura de pontos grossos; o olho direito parecia cego e o corpo, parcialmente paralisado, com um dos braços ferido imobilizado com uma tala de gesso. Segundo o médico me instruiu antes que eu entrasse no quarto, o paciente passara três meses em coma antes de recobrar a consciência. Sofrera uma lesão cerebral permanente e acabava de sair de uma cirurgia de reconstituição do crânio.

"Cory, o presidente está aqui para ver você", disse a mãe do soldado em tom de encorajamento.

O rapaz não conseguia falar, mas esboçou um leve sorriso e assentiu com a cabeça.

"É um enorme prazer conhecê-lo, Cory", disse eu, apertando suavemente sua mão livre.

"Na verdade, vocês dois já se encontraram antes", contou a mãe. "Está vendo?"

Ela apontou para uma fotografia colada com fita adesiva na parede, e me aproximei para ver o retrato em que eu aparecia com um grupo de sorridentes soldados da tropa de elite. Então me veio à lembrança que o militar estendido naquela cama era o sargento de primeira classe Cory Remsburg, o jovem paraquedista cheio de energia com quem eu falara menos de um ano antes, durante a comemoração do desembarque dos Aliados na Normandia. Aquele que me disse que estava indo para o Afeganistão em sua décima missão de combate.

"Claro... Cory", disse eu, erguendo o olhar para a mãe, e vi em seus olhos que ela me perdoava por não ter reconhecido o filho. "E aí, cara, como você se sente?"

"Mostre a ele como você se sente, Cory", disse a mãe.

Devagar, com muito esforço, ele ergueu o braço e, com o polegar, fez sinal de positivo. Pete, tirando fotos de nós dois, parecia visivelmente abalado.

O que sucedera com Cory e tantos outros talvez não estivesse em primeiro plano na cabeça dos eleitores como na minha. Desde que as Forças Armadas dos Estados Unidos abandonaram a prática do alistamento obrigatório, nos anos 1970, diminuíra o número de americanos com parentes, amigos ou vizinhos servindo em combate. Mas o crescimento do número de baixas mantinha a nação já cansada pelo menos no mesmo grau de incerteza quanto aos rumos de uma guerra que parecia cada vez mais interminável. Essa incerteza só aumentou quando, em junho, uma extensa matéria da *Rolling Stone* sobre Stan McChrystal chegou às bancas.

A matéria, intitulada "Um general com ideias muito próprias", tecia em larga medida várias críticas ao esforço de guerra americano, sugerindo que o Pentágono me levara a dobrar as apostas numa causa perdida. Mas isso não era novidade. O que chamou a atenção em Washington foram o acesso que McChrystal dera ao jornalista e a batelada de comentários cáusticos que o general e sua equipe lançaram contra aliados, parlamentares e integrantes do governo. Numa passagem, o jornalista apresenta McChrystal e um assessor gracejando a respeito das possíveis respostas a perguntas sobre o vice-presidente Biden. (McChrystal aparece dizendo: "Você está perguntando sobre o vice-presidente *Biden*? Quem é esse?". E o assessor brinca: "Você falou: *Bite me* [me morda]?".) Em outra passagem, McChrystal reclama por ter de jantar com um ministro francês em Paris ("Preferia levar um chute na bunda") e resmunga sobre um e-mail do consultor especial de Hillary e diplomata de carreira, Richard Holbrooke ("Não quero nem abrir"). E, embora eu tenha sido poupado em larga medida das zombarias mais pesadas, um integrante da equipe de McChrystal comenta a decepção de seu chefe com nossa reunião, pouco antes de tê-lo nomeado como comandante da coalizão, sugerindo que eu devia ter dado mais atenção ao general.

Para além do desagrado que a reportagem fatalmente geraria — reabrindo cisões numa força alocada em território afegão que eu julgava nos apoiar —, McChrystal e o seu pessoal acabaram parecendo um bando de garotos fanfarrões e arrogantes. Só fiquei imaginando como os pais de Cory Remsburg se sentiriam se lessem aquela matéria.

"Não sei que raios ele estava pensando", disse Gates, tentando remediar o estrago.

"Não estava pensando", respondi sucintamente. "Ele se deixou levar."

Minha equipe me perguntou como eu queria lidar com a situação. Falei que ainda não sabia, mas que, enquanto decidia, queria McChrystal de volta a Washington no próximo voo. De início, eu pretendia apenas passar uma séria reprimenda no general — e não só porque Bob Gates insistia que McChrystal continuava a ser a melhor pessoa para comandar o esforço de guerra. Eu sabia que, se alguém em algum momento gravasse algumas das conversas reservadas que tive com meus principais assessores, nós também pareceríamos muito desagradáveis. E, embora McChrystal e seu círculo mais próximo tivessem mostrado uma atroz falta de juízo ao falar daquela maneira na frente de um jornalista, fosse por descuido ou vaidade, todos nós na Casa Branca havíamos dado em algum momento alguma declaração que não deveríamos. Se eu não demitia Hillary, Rahm, Valerie ou Ben por dizerem coisas que não lhes competiam, por que haveria de tratar McChrystal de forma diferente?

No decorrer de 24 horas, concluí que esse caso era *mesmo* diferente. Como todos os comandantes militares gostavam de me lembrar, as Forças Armadas dos Estados Unidos se baseavam integralmente numa disciplina rígida, em códigos claros de conduta, em coesão interna e cadeias de comando rigorosas. Porque as apostas em jogo aumentavam sem cessar. Porque qualquer ação que não visasse ao melhor para a equipe como um todo, qualquer erro individual, não resultava apenas em constrangimento ou prejuízo. Pessoas podiam morrer. Qualquer sargento ou capitão que depreciasse publicamente todo um grupo de oficiais superiores em termos tão explícitos pagaria um alto preço. Eu não via possibilidade de aplicar um conjunto de regras diferentes a um general de quatro estrelas, por mais corajoso, gabaritado ou condecorado que fosse.

A necessidade de manter disciplina e prestar contas se estendia também à questão do controle civil sobre os militares — aspecto que eu enfatizara no Salão Oval com Gates e Mullen, pelo visto sem o efeito desejado. Eu realmente admirava o espírito rebelde, o visível desdém de McChrystal pela pretensão e por uma autoridade de que, a seu ver, não tivesse sido devidamente conquistada. Sem dúvida, isso o tornava um líder melhor — e explicava a profunda lealdade que despertava entre as tropas sob seu comando. Mas, naquela reportagem da *Rolling Stone*, eu sentira nele e em seus auxiliares o mesmo ar de impunidade que parecia ter se apoderado de alguns oficiais dos escalões superiores das Forças Armadas durante os anos Bush: a ideia de que, iniciada a guerra, os combatentes não deviam ser questionados, os políticos deviam apenas lhes dar o que pediam e não atrapalhar seu trabalho. Era uma ideia tentadora, sobretudo para um homem do gabarito de McChrystal. Mas também ameaçava corroer um princípio fundamental de nossa democracia representativa, e eu estava decidido a pôr um ponto-final naquilo.

Fazia uma manhã quente e abafadiça quando McChrystal e eu finalmente sentamos a sós no Salão Oval. Ele parecia mortificado, mas manteve a compostura. Vale dizer a seu favor que ele não tentou justificar seus comentários. Não insinuou que suas palavras tinham sido distorcidas ou retiradas do contexto. Simplesmente pediu desculpas pelo erro e estendeu sua carta de renúncia ao comando da missão. Expliquei por que decidira aceitá-la, apesar de minha admiração por ele e minha gratidão pelos seus serviços.

Depois que McChrystal saiu, dei uma coletiva de imprensa no Roseiral para expor as razões de minha decisão e anunciar que o general Dave Petraeus ia assumir o comando das forças de coalizão no Afeganistão. Foi ideia de Tom Donilon designar Petraeus para a função. Não só era o comandante militar mais conhecido e respeitado do país, mas, como chefe do Comando Central, já tinha grande familiaridade com nossa estratégia no front afegão. A notícia foi recebida da melhor maneira que poderíamos esperar naquelas circunstâncias. Mesmo assim, saí da coletiva me sentindo furioso com toda a situação. Falei a Jim Jones que reunisse imediatamente todos os integrantes da equipe de segurança nacional. A reunião foi breve.

"Estou avisando a todos que estou de saco cheio", disse eu, falando cada vez mais alto. "Não quero ouvir nenhum comentário sobre McChrystal na imprensa. Não quero mais alfinetadas, boatos ou maledicências pelas costas. O que eu quero é que as pessoas cumpram suas obrigações. E se tiver aqui alguém que não consegue trabalhar em equipe, também vai cair fora. Estou falando sério."

A sala ficou em silêncio. Virei as costas e saí, com Ben atrás de mim; segundo a agenda oficial, tínhamos de trabalhar num discurso.

"Eu gostava do Stan", falei em voz baixa enquanto caminhávamos.

"Você não tinha muita escolha", disse Ben.

"Pois é", respondi, sacudindo a cabeça. "Eu sei. Mas nem por isso fica mais fácil."

Embora a remoção de McChrystal do posto de comando ocupasse as manchetes (e reforçasse a convicção entre os republicanos fiéis de que eu não era talhado para a posição de comandante-chefe), não era o tipo de história que levaria necessariamente os eleitores indecisos a decidirem seu voto numa eleição. Com a aproximação das eleições de meio de mandato, os republicanos preferiram se concentrar numa questão de segurança nacional de âmbito doméstico. Ficou claro que uma sólida maioria da população realmente não gostava da ideia de julgar suspeitos de terrorismo em tribunais criminais civis em solo americano. Na verdade, a maioria nem estava muito preocupada em lhes conceder um julgamento justo ou completo.

Tivéramos um vislumbre disso quando tentamos levar em frente meu compromisso de fechar o centro de detenção em Guantánamo. Em teoria, a maioria dos parlamentares democratas aceitava meu argumento de que não era boa ideia manter indefinidamente por lá prisioneiros estrangeiros sem julgamento. A prática violava nossas tradições constitucionais e descumpria as Convenções de Genebra; complicava nossa política externa e desencorajava até mesmo alguns de nossos aliados mais próximos a cooperarem conosco nas ações contra o terrorismo; tinha o efeito colateral de servir como combustível para o recrutamento da al-Qaeda e, de modo geral, diminuía nossa segurança. Alguns republicanos — mais notadamente John McCain — concordavam.

Mas, para desativarmos na prática o centro de detenção, tínhamos de resolver o que faríamos com os 242 detentos que estavam em Guantánamo quando assumi o cargo. Muitos eram combatentes mal treinados, de baixo escalão, enviados aleatoriamente para o campo de batalha e que representavam pouca ou nenhuma ameaça aos Estados Unidos. (O próprio governo Bush já havia libertado mais de quinhentos desses detentos, remetendo-os para seus países natais ou para um terceiro país.) Porém, havia um pequeno número de prisioneiros em Guantánamo que eram operadores importantes da al-Qaeda, conhecidos como detentos de alto valor (HVDs) — como Khalid Sheikh Mohammed, um dos cérebros confessos por trás dos ataques do Onze de Setembro. Os homens dessa categoria eram acusados de responsabilidade direta pelo assassinato de pessoas inocentes e, a meu ver, seria perigoso e imoral soltá-los.

A solução parecia clara: deportaríamos os detentos restantes de baixo escalão para seus países de origem, onde seriam monitorados por seus respectivos governos e gradualmente reintegrados a suas sociedades, e submeteríamos os HVDs a julgamento nos tribunais criminais americanos. Só que, quanto mais avaliávamos essa possibilidade, mais obstáculos encontrávamos. Quanto ao repatriamento, por exemplo, muitos detentos de baixo escalão vinham de lugares sem condições de segurança para lidar com seu retorno. Com efeito, o maior contingente — 99 homens — era do Iêmen, país paupérrimo com um governo que beirava o disfuncional, com profundos conflitos entre facções e a maior seção ativa da al-Qaeda fora do Território Federal de Áreas Tribais (FATA) do Paquistão.

A legislação internacional também nos proibia de deportar detentos que tínhamos motivos para crer que poderiam ser maltratados, torturados ou mortos por seu próprio governo. Era o caso de um grupo de uigures, integrantes de uma minoria étnica muçulmana que fugira para o Afeganistão devido à longa e brutal repressão na China natal, abrigados em Guantánamo. Os uigures não tinham nenhum atrito real com os Estados Unidos. Mas eram tidos como terroristas por Beijing — e não tínhamos muitas dúvidas de que, se os enviássemos para a China, corriam o risco de uma acolhida pouco amigável.

A perspectiva de submeter os HVDs a julgamento em tribunais americanos talvez fosse ainda mais complicada. Para começar, o governo Bush não dera grande prioridade à preservação do conjunto de provas nem à manutenção de registros claros sobre as circunstâncias da captura desses detentos, e portanto os dossiês de muitos prisioneiros estavam numa grande bagunça. Além disso, vários HVDs, inclusive Khalid Sheikh Mohammed, tinham sido torturados durante os interrogatórios, tornando as confissões e quaisquer outras provas ligadas a esses interrogatórios inadmissíveis pelas regras dos procedimentos criminais convencionais.

Para as autoridades do governo Bush, isso não constituíra problema porque, de seu ponto de vista, todos os detentos em Guantánamo eram "combatentes inimigos ilegais", que não gozavam das proteções das Convenções de Genebra e não tinham direito a julgamento em tribunais civis. Em vez disso, o governo criara um sistema alternativo de "comissões militares", em que juízes militares americanos decretavam a culpa ou a inocência de cada indivíduo com menos garantias de direitos para os réus e critérios mais frouxos quanto às provas. Poucos observadores jurídicos consideraram que essa abordagem do governo atendia adequadamente às exigências mínimas do devido processo legal; em decorrência de contínuas contestações judiciais, atrasos e problemas nos procedimentos, as comissões tinham conseguido concluir apenas três ações em dois anos. Enquanto isso, um mês antes da data em que fui eleito, os advogados que representavam dezessete uigures detidos em Guantánamo tinham feito uma petição a um tribunal federal americano para rever a detenção de seus clientes, e o juiz acatou o pedido e determinou a liberação dos uigures da custódia militar, abrindo espaço para uma longa batalha judicial sobre jurisdição. E recursos semelhantes em favor de outros detentos ainda estavam pendentes.

"Não é mamão com açúcar", observou Denis depois de uma de nossas reuniões sobre Guantánamo. "É um baita pepino."

Apesar dessas dificuldades, começamos a reduzir o tamanho do problema. Determinei a suspensão da apresentação de qualquer novo caso perante comissões militares — embora, num sinal de assentimento ao Pentágono, concordei que uma equipe interagências avaliasse se seria possível reformular as comissões e usá-las como plano alternativo, caso não conseguíssemos julgar certos detentos nos tribunais civis. Iniciamos um processo formal para avaliar quais detentos poderiam ser libertados em segurança, encaminhando-os aos países de origem ou a outras nações dispostas a recebê-los. Trabalhando com advogados no Pentágono e na CIA, o procurador-geral Eric Holder e uma equipe de promotores do Departamento de Justiça começaram a rever os arquivos dos detentos para levantar quais eram as provas adicionais necessárias para levar a julgamento e condenar cada HVD detido em Guantánamo. Começamos a procurar um presídio nos Estados Unidos — fosse em áreas militares ou em penitenciárias federais — que pudesse abrigar imediatamente os detentos transferidos de Guantánamo, enquanto determinávamos sua destinação final.

Foi aí que o Congresso começou a surtar. Os republicanos ouviram boatos de que estávamos pensando no possível reassentamento dos uigures na Virgínia (a maioria acabou sendo enviada para outros países, inclusive as Ilhas Bermudas e a nação insular de Palau) e foram ao rádio e à TV, alertando os eleitores de que meu governo planejava levar terroristas para morarem em suas vizinhanças — talvez na casa ao lado. Com isso, os parlamentares democratas ficaram compreensivelmente apreensivos e, por fim, concordaram com o acréscimo de uma cláusula a uma lei sobre os gastos em defesa que proibia o uso de qualquer dinheiro dos contribuintes para a transferência de detentos para os Estados Unidos por qualquer razão que não fosse o julgamento em tribunal; a cláusula também exigia que Bob Gates apresentasse um plano formal ao Congresso antes de escolher uma nova instalação e fechar Guantánamo. Dick Durbin nos abordou no primeiro semestre de 2010 sobre a possibilidade de utilizar um presídio estadual subutilizado em Thomson, Illinois, para abrigar até noventa detentos de Guantánamo. Apesar dos empregos que isso provavelmente geraria para os moradores de uma pequena cidade rural seriamente atingida pela crise econômica, o Congresso não aceitou liberar os 350 milhões de dólares necessários para comprar e reformar o presídio, e até mesmo alguns democratas liberais repetiram os argumentos republicanos de que qualquer centro de detenção situado em solo americano se tornaria alvo preferencial para futuros ataques terroristas.

Para mim, nada disso fazia sentido. Conspiradores terroristas não eram Seals da Marinha; se a al-Qaeda fosse planejar outro ataque nos Estados Unidos, a detonação de um artefato explosivo grosseiro num metrô de Nova York ou num shopping lotado de Los Angeles seria muito mais devastadora — e muito mais fácil — do que tentar organizar um ataque a uma instalação prisional fortificada no meio do nada, vigiada por militares fortemente armados. Na verdade, já havia bem mais de cem terroristas condenados cumprindo pena sem incidentes em prisões federais espalhadas por todo o país.

"Estamos agindo como se esses caras fossem um bando de supervilões saídos de um filme do James Bond", comentei com Denis, irritado. "Um prisioneiro comum numa prisão de segurança acabaria com a raça de qualquer um desses detentos."

Mesmo assim, eu entendia que as pessoas tinham receios muito concretos — nascidos do trauma ainda persistente do Onze de Setembro, continuamente atiçados pelo governo anterior e por grande parte da imprensa (para não falar dos incontáveis filmes e programas de TV) durante quase uma década. Na verdade, vários ex-integrantes do governo Bush — em particular o ex-vice-presidente Dick Cheney — tomaram como missão continuar a avivar esses medos, vendo minhas decisões de aperfeiçoar o modo de lidar com os suspeitos de terrorismo como um ataque a seu legado. Numa série de discursos e aparições na TV, Cheney garantiu que o uso de táticas como a tortura por afogamento e a detenção por tempo indeterminado impedira "algo muito maior e muito pior" do que os ataques do Onze de Setembro. Além disso, me acusou de retroceder a um "modo de aplicação da lei" pré-2001 na forma de lidar com terroristas, em vez de entender o "conceito de ameaça militar", e alegou que com isso eu estava aumentando o risco de outro ataque.

A declaração de Cheney de que o meu governo não estava tratando a al-Qaeda como ameaça militar dificilmente condizia com os batalhões adicionais que eu enviara para o Afeganistão ou com as dezenas de operadores da organização terrorista que estávamos atingindo com ataques de drones. E Cheney provavelmente não era o melhor mensageiro para *qualquer* argumento, tendo em vista sua enorme impopularidade pessoal junto ao público americano em grande parte graças à sua avaliação catastrófica do Iraque. Mas a ideia de que não devíamos tratar terroristas como "criminosos comuns" encontrava ressonância entre muitos eleitores. E ganhara impulso ainda maior após a tentativa de Umar Farouk Abdulmutallab, o Homem-Bomba de Cueca, de derrubar um avião no Natal anterior.

Ao lidar com esse caso, o Departamento de Justiça e o FBI haviam seguido os procedimentos de praxe. Com a direção de Eric Holder e a colaboração do Pentágono e da CIA, agentes federais tinham detido o nigeriano Abdulmutallab como suspeito de crime tão logo o avião da Northwest Airlines pousou em Detroit e o levaram para receber atendimento médico. Como a prioridade era certificar que não havia nenhuma outra ameaça imediata à segurança pública — outros passageiros com bombas em outros aviões, por exemplo —, a primeira equipe do FBI interrogara Abdulmutallab sem lhe anunciar o Aviso de Miranda, usando um precedente jurídico bem estabelecido que abria uma exceção no trabalho policial quando se tratasse de neutralizar uma ameaça ativa. Respondendo aos agentes durante quase uma hora, o suspeito forneceu informações valiosas sobre suas ligações com a al-Qaeda, seu treinamento no Iêmen, a origem de seu dispositivo explosivo e o que sabia a respeito de outros complôs. Mais tarde seus direitos foram lidos e ele teve acesso a um advogado.

Segundo nossos críticos, havíamos praticamente libertado o sujeito. "Por que, santo Deus, vocês pararam de interrogar um terrorista?!", declarou Rudy Giuliani, ex-prefeito de Nova York, na tv. Joe Lieberman insistiu que Abdulmutallab se enquadrava como combatente inimigo e, como tal, deveria ter sido entregue a autoridades militares para ser interrogado e detido. E, na acirrada disputa para o senado de Massachusetts em curso na época, o republicano Scott Brown usou o tratamento que déramos ao caso para acuar e pôr a democrata Martha Coakley na defensiva.

A grande ironia, como Eric Holder gostava de apontar, era que o governo Bush tratara quase todos os casos envolvendo suspeitos de terrorismo apreendidos em solo americano (inclusive Zacarias Moussaoui, um dos planejadores do Onze de Setembro) *exatamente da mesma maneira*. E assim procedera porque a Constituição dos Estados Unidos exigia: nos dois casos em que o governo Bush declarara que suspeitos de terrorismo detidos nos Estados Unidos eram "combatentes inimigos" sujeitos a detenção por tempo indeterminado, os tribunais federais intervieram e determinaram que voltassem ao sistema de Justiça criminal. Além disso, o respeito à lei rendia bons resultados. O Departamento de Justiça de Bush conseguira condenar mais de cem suspeitos de terrorismo, com sentenças pelo menos tão pesadas quanto as poucas que haviam sido aplicadas pelas comissões militares. Moussaoui, por exemplo, teve decretada múltiplas sentenças de prisão perpétua em uma penitenciária federal. Esses processos criminais com garantias legais tinham no passado despertado pródigos louvores dos conservadores, inclusive do sr. Giuliani.

"Isso não seria tão irritante", Eric me disse um dia, "se Giuliani e alguns desses outros críticos realmente acreditassem no que estão dizendo. Mas ele é ex-promotor. *Sabe* que não é assim. É pura falta de vergonha."

Como nosso homem encarregado de alinhar as práticas de combate ao terrorismo com os princípios constitucionais, era Eric quem ia levar o chumbo grosso desses ataques inventados. Ele parecia não se importar, sabendo que isso fazia parte da tarefa — embora não considerasse mera coincidência ser o alvo preferencial de meu governo para boa parte da campanha de ódio dos republicanos e das teorias da conspiração da Fox News.

"Quando eles se esgoelam contra *mim*, irmão", dizia Eric, me dando um tapinha nas costas com um sorriso torto, "sei que estão pensando em você."

Eu entendia por que os opositores de meu governo podiam considerar Eric um bom alvo para me atingir. Um homem alto e de ar tranquilo, ele crescera no Queens, em Nova York, numa família de classe média com ascendentes em Barbados. ("Você puxou esse ar praieiro deles", eu dizia a ele.) Frequentara minha alma mater, a Universidade Columbia, uma década antes de mim, onde jogara basquete e participara de manifestações no campus; quando fazia a faculdade de direito, passou a se interessar pelos direitos civis, estagiando durante um verão no Fundo de Defesa Jurídica da NAACP. E, como eu, escolhera trabalhar no serviço público em vez de se empregar num escritório de direito corporativo, trabalhando como promotor na Seção de Integridade Pública do Departamento de Justiça e, mais tarde, como juiz federal no Tribunal Superior de Washington, D.C. Bill Clinton veio a indicá-lo para o cargo de vice-procurador federal para o distrito de Columbia e, mais tarde, como vice-procurador-geral dos Estados Unidos — o primeiro afro-americano a ocupar tais cargos.

Eric e eu tínhamos uma fé inabalável na lei, uma convicção — acrescida da experiência pessoal e de nosso conhecimento da história — de que, por meio de argumentos racionais e da fidelidade aos ideais e às instituições de nossa democracia, era possível tornar os Estados Unidos um lugar melhor. Foi por causa dessas noções em comum, mais do que pela amizade ou por qualquer concordância específica em algumas questões, que eu quis que ele fosse meu procurador-geral. Foi também por isso que acabei sendo tão escrupuloso em proteger seu gabinete da interferência da Casa Branca em ações e investigações em andamento.

Não havia nenhuma lei proibindo expressamente tal interferência. Afinal, o procurador-geral e seus representantes faziam parte do poder Executivo e, assim, serviam às vontades do presidente. Mas ele era, em primeiro lugar e acima de tudo, o advogado do povo, não o *consigliere* do presidente. Não misturar a política com as funções investigativas e legais do Departamento de Justiça constituía um imperativo democrático fundamental, que se tornara flagrante quando as audiências de Watergate revelaram que o procurador-geral de Richard Nixon, John Mitchell, havia participado de forma ativa no acobertamento dos delitos da Casa Branca e abrira investigações criminais contra os inimigos do presidente. O governo Bush fora acusado de violar essa norma em 2006, ao despedir nove promotores federais que, ao que parecia, não eram considerados comprometidos o bastante com seu programa ideológico; e a única mancha no histórico, afora isso imaculado, de Eric Holder era a sugestão de que havia sucumbido à pressão política quando, como vice-procurador-geral, apoiara o indulto de Bill Clinton a um grande doador no período final de seu governo. Mais tarde, Eric disse que se arrependia da decisão, e era exatamente o tipo de situação que eu estava decidido a evitar. Portanto, embora sempre conversássemos sobre a atuação do Departamento de Justiça como um todo, tínhamos o cuidado de evitar qualquer tema que pudesse sequer parecer comprometer sua independência como o mais alto encarregado de aplicação da lei nos Estados Unidos.

No entanto, não havia como contornar o fato de que as decisões de qualquer procurador-geral tinham ramificações políticas — como minha equipe na Casa Branca gostava de me lembrar, e como Eric às vezes esquecia. Ele ficou surpreso e ofendido, por exemplo, quando, no primeiro mês de meu governo, Axe o repreendeu por não ter submetido a aprovação um discurso sobre o Mês da História Negra em que ele se referia aos Estados Unidos como "uma nação de covardes" por causa de sua falta de disposição em debater questões raciais — uma observação bastante válida, mas não necessariamente a manchete principal que pretendíamos ao final das minhas primeiras semanas no cargo. A celeuma na Casa Branca pela decisão — correta em termos judiciais, mas politicamente prejudicial — de não indiciar nenhum dos executivos do sistema bancário por seu papel na crise financeira também o pegou desprevenido. E talvez fosse essa naturalidade sem artifícios, essa sua convicção de que a lógica e a razão acabariam por prevalecer, que o levaram a não perceber a rapidez com que o ambiente político estava mudando, quando anunciou no segundo semestre de 2009 que Khalid Sheikh Mohammed e outros quatro participantes da conspiração do Onze de Setembro finalmente iriam a julgamento num tribunal no centro de Manhattan.

Todos consideramos que, no papel, a ideia fazia sentido. Por que não utilizar o julgamento dos prisioneiros mais notórios de Guantánamo como exemplo da capacidade do sistema judicial criminal dos Estados Unidos em lidar com casos de terrorismo de maneira justa e imparcial? E que melhor local para ministrar justiça do que na cidade que mais sofrera com aquele horrendo crime, num tribunal a poucas quadras de distância do Marco Zero? Após meses de laborioso trabalho, Eric e equipe se sentiram seguros em concluir que a ação contra os conspiradores do Onze de Setembro poderia ser instaurada sem se basear em informações obtidas por meio de "interrogatórios aprimorados" — em parte porque agora contávamos com uma maior cooperação de outros países que antes haviam se mostrado relutantes em se envolver. Michael Bloomberg, o prefeito de Nova York, aprovara o plano de Eric. E também o decano entre os senadores eleitos por Nova York, o democrata Chuck Schumer.

Nas semanas subsequentes ao atentado a bomba no Natal, porém, a opinião predominante em Nova York sofreu uma vertiginosa guinada de 180 graus. Um grupo de famílias de vítimas do Onze de Setembro organizou uma série de manifestações em protesto contra a decisão de Eric. Mais tarde, descobrimos que a líder, irmã de um dos pilotos mortos no ataque ao Pentágono, formara uma entidade dedicada a se opor a toda e qualquer tentativa de reverter as políticas de segurança nacional da era Bush, uma atividade financiada por doadores conservadores e apoiada por republicanos ilustres (inclusive Liz Cheney, filha do ex-vice presidente). A seguir, o prefeito Bloomberg — que, ao que constava, estava sofrendo pressão de grupos de interesses imobiliários preocupados com as consequências de um julgamento para seus projetos de reurbanização — retirou abruptamente seu apoio, alegando que o evento geraria transtornos e gastos excessivos. Chuck Schumer logo seguiu o exemplo, bem como a presidente do Comitê de Inteligência do Senado, Dianne Feinstein. Com autoridades públicas de Nova York, um ruidoso contingente de famílias do Onze de Setembro e membros importantes de nosso próprio partido, todos alinhados contra nós, Eric achou que não tinha escolha a não ser um recuo tático, confirmando que, embora continuasse decidido a julgar os conspiradores do atentado em tribunais civis, e não militares, o Departamento de Justiça procuraria locais fora de Nova York.

Foi um revés significativo para nossa estratégia de fechar Guantánamo, e os grupos de liberdades civis e os analistas progressistas da imprensa criticaram a mim e ao resto da Casa Branca por não termos previsto uma reação negativa aos julgamentos e por não termos montado uma defesa mais vigorosa do plano quando surgiram os contratempos. Talvez tivessem razão. Talvez, se tivéssemos concentrado toda a nossa atenção no assunto por cerca de um mês, deixando de lado nossos esforços pela assistência à saúde, pela reforma financeira, pelas ações contra as mudanças climáticas ou pelo resgate da economia, poderíamos ter congregado o público a nosso favor e obrigado as autoridades de Nova York a ceder. Eu ia gostar dessa briga. Era um embate que, sem dúvida, valia a pena.

Mas, pelo menos na época, nenhum de nós na Casa Branca achava que poderíamos ganhar essa briga. Rahm, sem dúvida, ficou contente em ver o plano de Eric adiado, visto que era ele o responsável por atender aos telefonemas diários de parlamentares democratas aterrorizados, implorando que parássemos de querer abraçar o mundo com as pernas. Pois a verdade era que, após um ambicioso ano inicial no cargo, não me restara muito capital político — e estávamos poupando o pouco que nos restara para tentar encaminhar na Câmara e no Senado o máximo de iniciativas possível antes que as eleições de 2010 levassem a uma possível mudança do controle partidário no Congresso.

Inclusive, Rahm ficou frustrado comigo por embarcar numa controvérsia relacionada ao assunto no início do segundo semestre daquele ano, quando o mesmo grupo de famílias do Onze de Setembro que se opunha ao julgamento de Khalid

Sheikh Mohammed em Manhattan lançou uma campanha para impedir a construção de uma mesquita e um centro comunitário islâmico perto do Marco Zero, com o argumento de que era uma ofensa a elas e à memória dos que haviam morrido nos ataques do World Trade Center. Vale mencionar que o prefeito Bloomberg defendeu vigorosamente o projeto com base na liberdade religiosa, bem como outros funcionários municipais e até algumas das famílias do Onze de Setembro. Mesmo assim, os comentaristas de direita logo se aferraram à questão, muitas vezes em termos explicitamente anti-islâmicos; as pesquisas nacionais de opinião mostraram que a maioria dos americanos era contrária ao local escolhido para a mesquita; e os operadores políticos do Partido Republicano viram aí uma oportunidade para atrapalhar a vida dos democratas que concorriam nas eleições de meio de mandato.

A controvérsia estourou na mesma semana em que tínhamos um jantar *iftar* agendado na Casa Branca, com diversos líderes islâmicos americanos, para marcar o mês do Ramadã. Seria um evento discreto, uma maneira de estender aos muçulmanos o mesmo reconhecimento que dávamos a fiéis de outros credos durante suas principais datas religiosas — mas, na conversa seguinte com Rahm, avisei que eu pretendia usar a ocasião para tomar publicamente o lado dos que estavam construindo a mesquita.

"Até onde sei, aqui é a América", falei enquanto guardava algumas pastas na minha maleta, antes de ir jantar na residência. "E na *América* você não pode escolher um grupo religioso e dizer que não podem construir um templo num terreno que é de propriedade deles."

"Eu entendo, sr. presidente", respondeu Rahm. "Mas leve em conta que, se disser alguma coisa, isso vai ficar pregado na testa dos nossos candidatos em todos os distritos indecisos do país."

"Tenho certeza de que você tem razão", respondi enquanto me encaminhava para a porta. "Mas, se não pudermos falar algo tão básico, não sei para que estamos aqui."

Rahm suspirou.

"No ritmo em que vamos", disse ele, "talvez nem estejamos mesmo."

Em agosto, minha família e eu fomos passar dez dias de férias em Martha's Vineyard. Fazia uns quinze anos que tínhamos ido pela primeira vez visitar a ilha na costa de Cape Cod, a convite de um dos associados de meu escritório de advocacia, Allison Davis, e com o incentivo de Valerie, que, quando menina, passava lá as férias de verão com a família. Com as praias largas e as dunas varridas pelo vento, os barcos pesqueiros atracando, as campinas verdes e os pequenos sítios emoldurados por florestas de carvalhos e velhos muros de pedra, o lugar tinha uma beleza serena e uma atmosfera tranquila que vinham bem a calhar. Gostávamos também da história de Vineyard: escravizados libertos haviam participado dos primeiros povoamentos, e várias gerações de famílias negras alugavam casas de verão por lá, fazendo com que fosse uma rara comunidade de veraneio onde negros e brancos pareciam igualmente à vontade. Tínhamos levado as meninas algumas vezes, para passar uma ou duas semanas de verão, em geral alugando uma casinha em Oak Bluffs, não muito longe da cidade, a um curto passeio de bicicleta até lá, e que tinha uma varanda onde sentávamos e assistíamos ao pôr do sol. Com Valerie e outros amigos, passamos dias ociosos descalços na areia, com um livro na mão, nadando numa água que as meninas adoravam, mas que era um pouco fria demais para meu gosto de havaiano, às vezes enxergando um grupo de focas perto da praia. Mais tarde, íamos a pé até o restaurante Nancy's para comer o melhor camarão frito do mundo, e então Malia e Sasha iam com as outras crianças tomar sorvete, andar de carrossel ou brincar nas arcadas locais.

Agora, como Primeira Família, não podíamos fazer as coisas do mesmo jeito. Em vez de pegar a balsa até Oak Bluffs, chegamos no helicóptero Marine One. A casa que alugamos então era uma propriedade com quase doze hectares numa área mais sofisticada da ilha, com tamanho suficiente para instalar o pessoal da equipe e do Serviço Secreto, isolada de modo a manter um perímetro seguro. Ficou estabelecido que poderíamos frequentar uma praia particular, vazia por todos os lados no raio de pouco mais de um quilômetro e meio; nossos passeios de bicicleta seguiam um percurso rigorosamente calculado, que as meninas fizeram apenas uma vez, para me agradar, antes de dizerem que era "meio sem graça". Mesmo de férias, eu começava o dia com o PDB e um boletim de Denis ou de John Brennan sobre todo caos que eclodia no mundo, e havia sempre muitas pessoas e equipes de TV à espera quando íamos jantar num restaurante.

Mesmo assim, o cheiro do mar e o reluzir do sol nas últimas folhagens do verão, as caminhadas ao longo da praia com Michelle e a visão de Malia e Sasha tostando marshmallows em volta de uma fogueira, com um ar de concentração tranquila no rosto — tudo isso permanecia. E a cada dia com mais horas de sono, risos e um convívio sem interrupções com as pessoas que eu amava, sentia minhas energias voltando, minha confiança se restaurando. A tal ponto que, quando voltamos a Washington, em 29 de agosto de 2010, eu conseguira me convencer de que ainda tínhamos chance de vencer as eleições de meio de mandato e manter os democratas em maioria tanto na Câmara quanto no Senado, e o bom senso e as pesquisas de opinião que se danassem.

E por que não? A verdade era que tínhamos *salvado* a economia de uma provável depressão. Tínhamos *estabilizado* o sistema financeiro mundial e recuperado a indústria automobilística americana da beira do precipício em que se encontrava. Tínhamos *implantado* barreiras de segurança em Wall Street e realizado investimentos históricos em energia limpa e na infraestrutura da nação; protegemos terras públicas e reduzimos a poluição atmosférica; conectamos escolas rurais à internet e reformamos os programas de empréstimo estudantil, de forma que dezenas de bilhões de dólares que antes iam para os cofres dos bancos seriam usados para fornecer diretamente bolsas a milhares de jovens que, de outra maneira, não poderiam ir para a faculdade.

Tomados em conjunto, nosso governo e o Congresso controlado pelos democratas podiam afirmar com razão que haviam feito mais coisas, criado uma legislação com propósito, que realmente tinha impacto na vida do povo americano, do que qualquer formação do Congresso nos quarenta anos anteriores. E, se ainda tínhamos muito trabalho pela frente — se ainda era excessivo o número de desempregados e com risco de perder suas casas; se ainda não tínhamos aprovado a legislação sobre as mudanças climáticas nem reformado um sistema de imigração deteriorado —, isso podia ser diretamente atribuído ao tamanho da confusão que havíamos herdado, junto com as práticas de obstrucionistas republicanos no Congresso, que podiam ser trocados pelos eleitores nas votações em novembro.

"O problema é que ando fechado aqui neste prédio", falei com Favs quando estávamos no Salão Oval trabalhando em meu discurso de campanha. "Os eleitores só ouvem frases soltas saindo de Washington... Pelosi disse isso, McConnell disse aquilo... e não têm como saber o que é verdade e o que não é. É nossa chance de ir para as ruas e encontrar uma maneira de superar isso. Contar com clareza o que realmente aconteceu com a economia: que os republicanos, na última vez em que estiveram na direção, entraram com o carro num atoleiro, e que passamos os últimos dois anos tentando sair dali... e agora que acabamos de pôr o carro para funcionar outra vez, a última coisa que o povo americano pode fazer é devolver as chaves para eles!" Parei, olhei para Favs, todo concentrado digitando no computador, e perguntei: "O que você acha? Eu acho que dá certo".

"Pode ser que dê", respondeu ele, embora não com o entusiasmo que eu esperava.

Nas seis semanas anteriores à eleição, percorri o país tentando angariar apoio para candidatos democratas, de Portland, no Oregon, a Richmond, na Virgínia, de Las Vegas, em Nevada, a Coral Gables, na Flórida. As multidões estavam cheias de energia, enchendo arenas de basquete e parques públicos, entoando "Sim, nós podemos!" e "Tô fervendo! E nós também!" em alto e bom som, como na época em que eu concorria à presidência, erguendo cartazes, aplaudindo freneticamente quando eu apresentava a congressista ou o governador democrata que precisava dos votos deles, soltando vaias quando falei que não podíamos nos dar ao luxo de devolver as chaves do carro aos republicanos. Pelo menos na aparência, era como antes.

Mas, mesmo sem olhar as pesquisas de opinião, era possível sentir uma mudança na atmosfera na viagem de campanha: um ar de dúvida pairando em cada comício, um tom forçado, quase desesperado, nos risos e nas aclamações, como se as multidões e eu fôssemos um casal no fim de um romance impetuoso, tentando reavivar sentimentos que tinham começado a arrefecer. Como poderia criticar essas pessoas? Haviam contado que a minha eleição transformaria nosso país, faria o governo trabalhar pela gente comum, restauraria algum senso de civismo em Washington. Em vez disso, a vida de muitos ficara mais difícil, e Washington continuava a parecer distante, apartada, desagradavelmente partidarista, como sempre.

Durante a campanha presidencial, eu me acostumara a um ou outro que aparecia nos comícios só para tumultuar, geralmente manifestantes antiaborto bradando contra mim antes de ter seus gritos abafados por um coro de vaias e ser gentilmente retirados pelos seguranças. Mas agora era mais frequente que os opositores fossem aqueles cujas bandeiras eu apoiava — ativistas decepcionados por julgarem que não houvera nenhum progresso nas suas causas. Em vários pontos de parada, eu era recebido por manifestantes com cartazes pedindo o fim das "guerras de Obama". Jovens hispânicos perguntavam por que meu governo continuava a deportar trabalhadores sem documentos e a separar famílias na fronteira. Ativistas LGBTQ exigiam saber por que eu não acabara com a política do "Não pergunte, não fale", que obrigava os integrantes não heterossexuais das Forças Armadas a esconder sua orientação sexual. Um grupo de universitários especialmente ruidoso e persistente gritava pela assistência à aids na África.

"Não aumentamos o fundo da aids?", perguntei a Gibbs depois de deixarmos um comício onde eu fora interrompido umas três ou quatro vezes.

"Aumentamos, sim", respondeu Gibbs. "Eles estão dizendo que você não aumentou *o suficiente*."

Continuei em campanha até o final de outubro, desviando o itinerário apenas para passar um ou dois dias em reuniões na Casa Branca e então voltando à estrada, com a voz cada vez mais rouca enquanto fazia meus últimos apelos. Qualquer sombra do otimismo irracional que trouxera comigo na volta das férias já tinha desaparecido fazia muito tempo, e no Dia da Eleição — 2 de novembro de 2010 — a pergunta não era mais se perderíamos a Câmara, mas qual seria o tamanho da derrota. Ao sair de uma sessão de atualização sobre as ameaças de terrorismo na Sala de Crise para uma sessão no Salão Oval com Bob Gates, parei no escritório de Axe, onde ele estava com Jim Messina acompanhando os primeiros dados de comparecimento às urnas vindos de distritos eleitoralmente divididos de todo o país.

"Como está indo?", perguntei.

Axe sacudiu a cabeça. "Vamos perder pelo menos trinta assentos. Talvez mais."

Em vez de ficar por ali acompanhando os dados, fui para a residência no horário de sempre, dizendo a Axe que eu me informaria quando a maioria das urnas já tivesse fechado, e pedi a minha assistente Katie que me enviasse uma lista dos telefonemas que provavelmente teria de fazer naquela noite — primeiro para os quatro líderes do Congresso, depois para todos os parlamentares democratas que perdessem seu assento. Só depois de jantar e pôr as meninas na cama na hora habitual de dormir é que fui para a Sala dos Tratados e liguei para Axe para receber as notícias: o comparecimento às urnas tinha sido baixo, de apenas 40% dos eleitores cadastrados, com uma grande queda no número de jovens votando. Os democratas haviam sofrido uma derrota monumental e perderiam 63 assentos na Câmara, a pior que o partido sofrera desde a perda de 72 assentos no meio do segundo mandato de Franklin Delano Roosevelt. Pior ainda, muitos de nossos jovens parlamentares mais promissores haviam caído, como Tom Perriello, da Virgínia, e John Boccieri, de Ohio, Patrick Murphy, da Pensilvânia, e Betsy Markey, do Colorado — aqueles que tinham conseguido a votação apertada para a reforma da assistência à saúde e a Lei de Recuperação; aqueles que, embora fossem de distritos com eleitorado dividido, haviam sistematicamente resistido à pressão dos lobistas, às pesquisas de opinião e até mesmo aos conselhos de seus assessores políticos para fazer o que consideravam ser o correto.

"Todos eles mereciam mais", eu disse a Axe.

"Mereciam, sim", respondeu ele.

Axe se despediu, prometendo me apresentar um relatório mais detalhado na manhã seguinte. Fiquei sentado sozinho, com o telefone na mão, um dedo apertando o gancho, com mil pensamentos na cabeça. Depois de um minuto, disquei para a operadora da central telefônica da Casa Branca e falei:

"Preciso fazer algumas ligações."

"Sim, sr. presidente", disse ela. "Katie nos enviou a lista. Por quem gostaria de começar?"

24

"É a vez de quem apostar?"

Pete Souza e eu estávamos sentados em frente a Marvin e Reggie à mesa da sala de reuniões do Air Force One, todos com os olhos um pouco vermelhos enquanto arrumávamos nossas cartas. Íamos para Mumbai — a primeira etapa de uma viagem de nove dias à Ásia, que incluiria minha primeira visita à Índia, mas também uma escala em Jacarta, uma reunião do G20 em Seul e uma reunião da Cooperação Econômica Ásia-Pacífico (APEC) em Yokohama, no Japão. O voo começara com um grande burburinho de funcionários trabalhando em notebooks e conselheiros políticos discutindo a programação. Depois de dez horas no ar e uma parada para reabastecer na Base Aérea de Ramstein, na Alemanha, quase todos a bordo (incluindo Michelle, na cabine da frente; Valerie, no sofá do lado de fora da sala de reuniões; e altos funcionários estirados no chão em posições esquisitas) tinham ido dormir. Incapaz de desacelerar, convoquei nosso quarteto de sempre para uma partida de espadas, tentando ler meus resumos e assinando uma pilha de correspondência entre uma cartada e outra. Minha atenção dividida — somada ao segundo gim-tônica de Reggie — talvez explicasse o fato de Marvin e Pete estarem ganhando de seis a dois, a dez dólares por rodada.

"É a sua vez, senhor", disse Marvin.

"O que você tem aí, Reg?", perguntei.

"Talvez uma", respondeu Reggie.

"Vamos de quatro", sugeri.

"Nós vamos de oito", disse Pete.

Reggie sacudiu a cabeça, desgostoso. "Vamos trocar de baralho depois da próxima mão", murmurou ele, tomando outro gole. "Estas cartas estão marcadas."

Apenas três dias haviam se passado desde as eleições de meio de mandato, e eu estava feliz pela oportunidade de sair de Washington. Os resultados deixaram os democratas em choque e os republicanos exultantes, e eu tinha acordado na manhã seguinte com um misto de cansaço, angústia, raiva e vergonha, como um boxeador deve se sentir depois de sair derrotado de um confronto de pesos-pesados. O tom predominante na cobertura pós-eleitoral sugeria que as críticas mais recorrentes que eu recebia estavam certas: eu tinha tentado abraçar o mundo com as pernas em vez de concentrar minha atenção na economia; o Obamacare foi um erro fatal; eu tinha tentado ressuscitar um tipo de liberalismo que previa um governo atuante e gastador que até mesmo Bill Clinton havia declarado morto anos antes. O fato de não constatar isso na entrevista coletiva que dei no dia seguinte, de parecer apegado à ideia de que minha administração buscara as políticas corretas — apesar de claramente não termos conseguido convencer com eficácia a opinião pública —, foi visto pelos especialistas como arrogância e incapacidade de reconhecer um erro, sinal de que lá no fundo eu era um pecador não arrependido.

A verdade era que eu *não* me arrependia de ter aberto o caminho para que 20 milhões de pessoas tivessem acesso a um plano de saúde. Tampouco me arrependia da Lei de Recuperação — a frieza dos números mostrava que a austeridade, em resposta a uma recessão, teria sido desastrosa. Eu não me arrependia de como havíamos lidado com a crise financeira, diante de nossas opções (embora me arrependesse de não ter concebido um plano melhor para ajudar a conter a onda de execuções hipotecárias). E com absoluta certeza eu não me arrependia de ter apresentado um projeto de lei sobre mudanças climáticas e de ter insistido numa reforma da imigração. Na verdade, eu estava indignado por ainda não ter conseguido aprovar nenhum dos dois projetos no Congresso — principalmente por não ter tido a previdência de pedir a Harry Reid e aos demais democratas do Senado, em meu primeiríssimo dia no cargo, que revisassem o regulamento da casa e se livrassem de uma vez por todas das táticas obstrucionistas.

No que me dizia respeito, a eleição não tinha provado que nosso programa de governo estava errado. Provara apenas — fosse por falta de talento, esperteza, charme ou sorte — que eu não havia conseguido mobilizar o país, como Roosevelt fizera, para apoiar o que eu sabia ser o correto.

O que para mim era igualmente devastador.

Para alívio de Gibbs e de minha assessoria de imprensa, eu tinha encerrado a entrevista coletiva antes de desnudar minha alma obstinada e torturada. Eu me dei conta de que justificar o passado era menos importante do que planejar o que fazer em seguida.

Era preciso descobrir um jeito de me reconectar com o povo americano — não apenas para ganhar força nas negociações com os republicanos, mas para ser reeleito. Uma economia melhor ajudaria, mas mesmo isso seria difícil de garantir. Eu precisava sair da bolha da Casa Branca, dialogar mais com os eleitores. Enquanto isso, Axe apresentou sua avaliação do que tinha dado errado, dizendo que, na pressa de fazer as coisas, esquecemos a promessa de transformar Washington — acabando com o protagonismo dos grupos de interesse e aumentando a transparência e a responsabilidade fiscal no governo federal. Se quiséssemos reconquistar os eleitores que se afastaram de nós, argumentava ele, precisávamos trazer de volta esses temas.

Mas seria isso mesmo? Eu não tinha tanta certeza. Sim, fomos prejudicados pela guerra de bastidores do Affordable Care Act, e — de maneira justa ou não — os resgates bancários mancharam nossa reputação. Por outro lado, eu poderia citar dezenas de iniciativas de "bom governo" que apresentamos, fosse o estabelecimento de limites para a contratação de ex-lobistas, fosse permitir o acesso público aos dados referentes às agências federais, fosse a análise atenta de seus orçamentos para eliminar desperdícios. Todas essas medidas tinham seu próprio mérito, e eu me sentia contente por tê-las promovido; era uma das razões para não termos tido nem o menor sinal de escândalo na minha administração.

Politicamente, porém, ninguém parecia ligar para nosso esforço de limpar o governo — da mesma forma como nosso grande esforço de solicitar contribuições dos republicanos para cada uma das nossas iniciativas legislativas não era reconhecido. Uma de nossas maiores promessas fora acabar com a rivalidade partidária e concentrar nossos esforços práticos em atender às demandas dos cidadãos. Nosso problema, como calculara Mitch McConnell desde o início, era que, enquanto os republicanos resistissem a todos os nossos gestos de aproximação e transformassem em um cavalo de batalha inclusive nossas propostas mais moderadas, qualquer coisa que fizéssemos seria caracterizada como partidária, controvertida, radical — até mesmo ilegítima. Na verdade, muitos de nossos aliados progressistas achavam que não tínhamos sido tão partidários como deveríamos. Na opinião deles, havíamos feito concessões demais e, por sempre buscarmos o cumprimento da falsa promessa de bipartidarismo, não só fortalecemos McConnell e desperdiçamos grandes maiorias democratas, mas também desestimulamos imensamente nossa base — como ficou claro na decisão tomada por tantos democratas de não se darem ao trabalho de votar nas eleições de meio de mandato.

Além de ter que descobrir como repaginar a comunicação de nosso fazer político, eu agora enfrentava uma significativa rotatividade dos funcionários da Casa Branca. Na equipe de política externa, Jim Jones — que, apesar de seus muitos pontos fortes, jamais se sentira inteiramente à vontade como membro de equipe depois de anos em posições de comando — pedira demissão em outubro. Felizmente, Tom Donilon se revelara incansável, assumindo com competência o papel de conselheiro de segurança nacional, enquanto Denis McDonough passava a trabalhar como vice-conselheiro e Ben Rhodes assumia muitas das tarefas anteriores de Denis. No setor de política econômica, Peter Orszag e Christy Romer voltaram para o setor privado, substituídos por Jack Lew, experiente especialista em orçamento, que comandara o Gabinete de Administração e Orçamento (OMB) no governo de Bill Clinton, e Austan Goolsbee, que trabalhara conosco na recuperação. E também chegou a vez de Larry Summers, que tinha dado uma passadinha no Salão Oval em setembro para me dizer que, com a crise financeira resolvida, era sua vez de sair. Ele sairia no fim do ano.

"E o que é que eu faço sem você por aqui para me explicar o que fiz de errado?", perguntei, em tom de brincadeira, mas nem tanto. Larry sorriu.

"Sr. presidente", disse ele, "o senhor na verdade estava menos errado do que a maioria."

Eu me afeiçoara de verdade aos que estavam indo embora. Não só trabalharam bem, mas também, a despeito de suas idiossincrasias, tinham contribuído com uma dedicação — um compromisso com a formulação política baseada na razão e nos fatos — nascida da vontade de fazer o que era preciso em favor do povo americano. O que mais me perturbava, porém, era a perda iminente de meus dois conselheiros políticos mais próximos, além da necessidade de encontrar um chefe de gabinete.

A intenção de Axe sempre tinha sido sair depois das eleições de meio de mandato. Estava longe da família havia dois anos e precisava muito de uma folga antes de participar de minha campanha para a reeleição. Gibbs, comigo na trincheira desde que venci as primárias para o Senado, estava igualmente exausto. Apesar de continuar sendo o porta-voz preparado e destemido que sempre foi, a tensão de subir ao pódio todos os dias, tendo que absorver todos os golpes que nos desferiam, tornara suas relações com os repórteres da Casa Branca tão combativas que o restante da equipe temia que isso estivesse afetando negativamente a cobertura jornalística de nosso governo.

Eu ainda estava me acostumando à perspectiva de travar as batalhas políticas sem Axe e Gibbs ao meu lado, embora para mim fosse um alento a continuidade que me proporcionava nosso experiente diretor de comunicações, Dan Pfeiffer, que trabalhara de perto com eles na área de divulgação desde o começo de nossa campanha em 2007. Quanto a Rahm, para mim era um milagre ele ter aguentado o tempo que aguentou sem matar alguém ou infartar. Tínhamos adquirido o hábito de realizar nossos encontros diários do lado de fora, quando o tempo permitia, dando duas ou três voltas pela entrada para carros que circunda o Gramado Sul, enquanto tentávamos descobrir o que fazer a respeito da mais recente crise ou polêmica. Mais de uma vez nos perguntamos por que tínhamos escolhido aquela vida tão angustiante.

"Quando isto acabar, podemos tentar uma coisa mais simples", eu disse certa vez. "Levar nossas famílias para o Havaí e abrir uma barraquinha de smoothies na praia."

"Bebidas assim são muito complicadas", disse Rahm. "Vamos vender camisetas. Mas só camisetas. Tamanho médio. Só isso — nenhuma outra cor, ou estampa, ou tamanho. Nada de tomar decisões. Se os clientes quiserem outra coisa, que procurem em outro lugar."

Eu havia identificado os sinais de que Rahm estava perto do esgotamento, mas imaginei que fosse esperar até o ano seguinte para sair. Em vez disso, aproveitou uma de nossas caminhadas noturnas no começo de setembro para me dizer que o prefeito de Chicago, Richard M. Daley, tinha acabado de anunciar que não tentaria se eleger para o sétimo mandato consecutivo. Rahm queria se candidatar — sonhava com esse tipo de cargo desde que entrou na política — e, como a eleição era em fevereiro, precisava sair da Casa Branca até 1º de outubro se quisesse concorrer.

Ele estava com um ar de genuína preocupação. "Sei que deixo o senhor numa situação difícil", disse, "mas com apenas quatro meses e meio para montar uma campanha…"

Eu o interrompi antes que pudesse terminar e disse que tinha meu apoio total. Mais ou menos uma semana depois, numa cerimônia privada de despedida na residência, eu lhe dei de presente uma cópia emoldurada de uma lista de tarefas que escrevi à mão num bloquinho de notas pautado e lhe entreguei em minha primeira semana no cargo. Expliquei à equipe ali reunida que quase todos os itens tinham sido riscados, uma demonstração de sua competência. Os olhos de Rahm lacrimejaram — uma mancha em sua imagem de machão pela qual mais tarde me amaldiçoaria.

Essa rotatividade nada tinha de incomum num governo, e eu compreendia os eventuais benefícios em dar uma mexida nas coisas. Mais de uma vez nos acusaram de isolamento e de excesso de controle, o que apontava para a necessidade de novos pontos de vista. As habilidades de Rahm seriam menos relevantes sem uma Câmara com maioria democrata nos ajudando a submeter projetos de lei. Com Pete Rouse servindo como chefe de gabinete interino, eu estava propenso a contratar Bill Daley, ex-secretário de Comércio do governo Clinton e irmão do em breve ex-prefeito de Chicago, para substituir Rahm. Meio calvo e uns dez anos mais velho do que eu, com um forte sotaque do South Side que evocava suas origens operárias irlandesas, Bill tinha a reputação de ser um negociador eficiente e pragmático, muito bem relacionado com os trabalhadores e com a comunidade empresarial; e, embora eu não tivesse com ele a proximidade que tinha com Rahm, achei que seu estilo mais afável e não ideológico poderia ser apropriado para o que eu esperava que viesse a ser uma fase menos frenética de meu governo. Junto com novos rostos, eu estava empolgado para trabalhar com alguns antigos de novo, como David Plouffe, que, depois de dois anos sabáticos com a família, voltaria em janeiro como conselheiro sênior, proporcionando ao funcionamento de nossa Casa Branca o mesmo pensamento estratégico, a mesma concentração intensa e a mesma falta de ego que nos foram tão benéficos durante a campanha.

Ainda assim, não conseguia deixar de me sentir um tanto melancólico pelas mudanças que o novo ano traria: eu me veria rodeado de menos pessoas que já me conheciam antes de me tornar presidente, e por menos colegas que também eram amigos, que me viam cansado, confuso, furioso ou derrotado e mesmo assim estavam sempre prontos a me defender e proteger. Era um pensamento triste num momento de solidão. E isso talvez explique por que eu ainda jogava cartas com Marvin, Reggie e Pete tendo diante de mim um dia inteiro de reuniões e aparições públicas em menos de sete horas.

"Vocês ganharam de novo?", perguntei a Pete quando terminamos a rodada.

Pete fez que sim com a cabeça, o que fez Reggie juntar todas as cartas, levantar da cadeira e jogá-las na lata de lixo.

"Ei, Reg, esse baralho ainda está bom!", protestou Pete, sem tentar ocultar o prazer que sentia pela surra que ele e Marvin tinham acabado de dar. "Todo mundo perde de vez em quando."

Reggie deu uma encarada em Pete. "Se você me mostrar alguém que sabe perder", disse ele, "eu digo que aí está um fracassado."

Eu nunca tinha ido à Índia, mas o país sempre ocupou um lugar especial em meu imaginário. Talvez fosse por causa do tamanho, com um sexto da população do planeta, uns 2 mil grupos étnicos diferentes e mais de setecentos idiomas. Talvez fosse porque passei parte da infância na Indonésia ouvindo as epopeias hindus do Ramayana e do Mahābhārata, ou por causa do meu interesse pelas religiões orientais, ou porque um grupo de amigos paquistaneses e indianos da faculdade me ensinou a cozinhar *dahl* e *keema* e despertou minha curiosidade por filmes de Bollywood.

Mais do que qualquer coisa, porém, meu fascínio pela Índia tinha a ver com Mahatma Gandhi. Junto com Lincoln, King e Mandela, Gandhi tivera uma influência profunda em meu pensamento. Quando jovem, estudei seus escritos e descobri que ele dava voz a alguns de meus ímpetos mais profundos. Sua ideia de *satyagraha*, ou devoção à verdade, e o poder da resistência não violenta de despertar a consciência; sua insistência em nossa humanidade compartilhada e na unidade essencial de todas as religiões; e sua crença na obrigação de todas as sociedades, através de seus arranjos políticos, econômicos e sociais, de reconhecer o valor e a dignidade de todos — cada uma dessas ideias ressoava dentro de mim. As atitudes de Gandhi me comoviam ainda mais do que suas palavras: ele pôs suas crenças à prova arriscando a vida, indo para a cadeia e se atirando de corpo e alma nas lutas de seu povo. Sua campanha não violenta para tornar a Índia independente da Grã-Bretanha, que começou em 1915 e se estendeu por mais de trinta anos, não só ajudara a derrubar um império e libertar boa parte de um subcontinente como lançara uma carga moral que eletrizou o mundo inteiro. Tornou-se um farol para outros grupos desvalidos e marginalizados — incluindo americanos negros no Sul das leis de Jim Crow — empenhados em assegurar sua liberdade.

Michelle e eu tivemos a chance, bem no começo da viagem, de visitar Mani Bhavan, o modesto prédio de dois andares, localizado num sossegado bairro de Mumbai, que foi a base de operações de Gandhi durante anos. Antes de começar o nosso passeio, a guia, uma mulher graciosa de sári azul, nos mostrou o livro de visitas que o dr. King tinha assinado em 1959, quando foi à Índia chamar a atenção internacional para a luta por justiça racial nos Estados Unidos e prestar homenagem ao homem cujos ensinamentos o haviam inspirado.

A guia nos convidou para ir ao andar de cima ver os aposentos privados de Gandhi. Tiramos os sapatos e entramos num quarto simples, com piso de ladrilhos desenhados, as portas da varanda abertas para deixar entrar uma brisa suave e uma luz pálida e difusa. Olhei para a cama e o travesseiro espartanos no chão, a coleção de rodas de fiar, o telefone antiquado e a minúscula escrivaninha de madeira, tentando imaginar Gandhi ali no quarto, um homem franzino, moreno, trajando um *dhoti* de algodão, sentado sobre as pernas dobradas, redigindo uma carta para o vice-rei britânico ou programando a próxima fase da Marcha do Sal. E naquele momento tive um forte desejo de me sentar ao lado dele para conversar. Perguntar onde tinha encontrado a força e a imaginação para fazer tanto com tão pouco. Perguntar como se recuperava de suas decepções.

Ele passara por maus bocados. Apesar de seus talentos extraordinários, Gandhi não foi capaz de curar os profundos cismas religiosos do subcontinente ou impedir sua partição numa Índia de maioria hindu e num Paquistão esmagadoramente muçulmano, acontecimento sísmico no qual a violência sectária deixou um número incalculável de mortos e milhões de famílias obrigadas a recolher às pressas tudo que pudessem carregar, migrando através das fronteiras recém-estabelecidas. Apesar de seus esforços, não conseguiu destruir o sufocante sistema de castas na Índia. De alguma forma, no entanto, marchou, jejuou e pregou até depois dos setenta anos — até aquele último dia em 1948, quando a caminho da prece foi baleado à queima-roupa por um jovem extremista hindu que via seu ecumenismo como uma traição da fé.

Em muitos sentidos, a Índia de hoje é uma história de sucesso, tendo sobrevivido a repetidas mudanças no governo, disputas acirradas dentro dos partidos políticos, movimentos separatistas armados e muitos e variados escândalos de corrupção. A transição para uma economia mais pautada pelos conceitos de livre mercado nos anos 1990 estimulou os extraordinários talentos de empreendedorismo do povo indiano — resultando em taxas de crescimento altíssimas, no desenvolvimento de um próspero setor de alta tecnologia e na expansão da classe média. Como um dos principais arquitetos da transformação econômica da Índia, o primeiro-ministro Manmohan Singh era o símbolo perfeito desse progresso: um membro da minúscula e quase sempre perseguida minoria religiosa sikh que ascendeu ao cargo mais alto do país, um tecnocrata modesto que ganhou a confiança do povo sem apelar para suas paixões, mas elevando o padrão de vida e mantendo uma merecida reputação de integridade.

Singh e eu desenvolvemos uma relação calorosa e produtiva. Embora ele fosse cauteloso em política externa e não quisesse ir muito além dos limites impostos por uma burocracia indiana historicamente desconfiada das intenções dos Estados Unidos, nosso tempo juntos confirmou minha impressão inicial de que se tratava de um homem de sabedoria e decência incomuns; e durante minha visita à capital, Nova Delhi, firmamos acordos para fortalecer a cooperação americana em ações de combate ao terrorismo, saúde global, segurança nuclear e comércio.

O que não dava para dizer era se a ascensão de Singh ao poder representava o futuro da democracia da Índia ou se era uma aberração. Em nossa primeira noite em Nova Delhi, ele e a mulher, Gusharan Kaur, ofereceram um jantar para mim e Michelle em sua residência, e, antes de nos juntarmos aos outros convidados num pátio à luz de velas, Singh e eu pudemos conversar a sós por alguns minutos. Sem o bando costumeiro de guarda-costas e tomadores de notas à nossa volta, o primeiro-ministro falou com mais franqueza sobre as nuvens que via no horizonte. Disse que a economia o preocupava. Embora a Índia tivesse sobrevivido melhor do que muitos outros países às consequências da crise financeira, era inevitável que a desaceleração global dificultasse a geração de empregos para uma população jovem e em rápido crescimento. E havia o problema do Paquistão: sua incapacidade de trabalhar com a Índia na investigação dos ataques terroristas de 2008 em hotéis e outros lugares de Mumbai tinha aumentado significativamente a tensão entre os dois países, em parte porque se acreditava que o Lashkar-e-Tayyiba, a organização terrorista responsável, teria vínculos com o serviço de inteligência paquistanês. Singh resistira aos apelos para retaliar contra o Paquistão depois dos ataques, mas sua moderação lhe custara caro politicamente. Ele temia que o crescente sentimento antimuçulmano aumentasse a influência do principal partido de oposição da Índia, o Partido do Povo Indiano (Bharatiya Janata Party — BJP).

"Em tempos de incerteza, sr. presidente", disse o primeiro-ministro, "o apelo da solidariedade religiosa e étnica pode ser inebriante. E não é tão difícil para os políticos explorar isso, seja na Índia ou em qualquer outra parte."

Fiz que sim com a cabeça, lembrando a conversa que tive com Václav Havel durante minha visita a Praga e sua advertência sobre a crescente onda antiliberal na Europa. Se a globalização e uma histórica crise econômica incentivavam essas tendências em países relativamente ricos — se eu a percebia mesmo nos Estados Unidos com o Tea Party —, como poderia a Índia estar imune? A verdade era que, apesar da resistência de sua democracia e de seu impressionante desempenho econômico, a Índia ainda guardava pouca semelhança com a sociedade igualitária, pacífica e sustentável que Gandhi tinha imaginado. Em todo o país, milhões continuavam vivendo na miséria, aprisionados em vilarejos secos e quentes, ou em favelas labirínticas, ainda que os magnatas da indústria indiana levassem uma vida de causar inveja aos rajás e grão-mogóis de outrora. A violência, tanto em público como em caráter privado, continuava muito presente na vida indiana. Expressar hostilidade ao Paquistão ainda era o caminho mais rápido para a união nacional, com muitos indianos orgulhosos de saber que seu país desenvolvera um programa de armas nucleares capaz de rivalizar com o paquistanês, alheios ao fato de que um erro de cálculo de qualquer um dos lados poderia resultar na aniquilação regional.

A política da Índia ainda girava sobretudo em torno de religião, clã e casta. Nesse sentido, a ascensão de Singh ao cargo de primeiro-ministro, às vezes saudada como um sinal do progresso do país na luta contra as barreiras sectárias, era um tanto enganosa. Ele não se tornara primeiro-ministro em virtude de sua popularidade. Devia essa posição, na verdade, a Sonia Gandhi — a viúva italiana do ex-primeiro-ministro Rajiv Gandhi e líder do Partido do Congresso, que recusou o cargo depois de ter levado à vitória a coalizão que encabeçara, nomeando Singh por iniciativa própria. Mais de um observador político considerava que Sonia escolhera Singh justamente porque ele, um sikh idoso e sem base política nacional, não representava ameaça alguma para o filho dela, Rahul, de quarenta anos, que vinha sendo preparado para assumir o controle do Partido do Congresso.

Tanto Sonia como Rahul estavam naquela noite à nossa mesa de jantar. Ela era uma mulher notável, na casa dos sessenta, trajando um sári tradicional, com olhos escuros e inquisitivos e uma presença tranquila e régia. O fato de ela — uma antiga mãe e dona de casa de origem europeia — ter saído do luto depois que o marido foi assassinado por um separatista cingalês num ataque suicida em 1991 para se tornar uma das figuras políticas mais importantes do país confirmava o poder duradouro da dinastia da família. Rajiv era neto de Jawaharlal Nehru, o primeiro premiê da Índia e um ícone do movimento de independência. A mãe dele, Indira Gandhi, filha de Nehru, tinha sido primeira-ministra por dezesseis anos, se valendo de um jeito de fazer política bem mais impiedoso do que aquele que o pai praticara, até também ser assassinada, em 1984.

Durante o jantar naquela noite, Sonia Gandhi ouviu mais do que falou, tomando o cuidado de ceder a vez a Singh sempre que assuntos políticos vinham à tona, e quase sempre direcionando a conversa para o filho. Ficou claro para mim, portanto, que seu poder se devia a uma inteligência sagaz e impositiva. Já Rahul parecia sério e bem informado, com uma beleza física que lembrava a da mãe. Ele nos expôs suas ideias sobre o futuro da política progressista, parando de vez em quando para me sondar a respeito de detalhes de minha campanha de 2008. Mas havia nele um quê de nervoso e imaturo, como se fosse um estudante que se esforçava muito para causar boa impressão ao professor, mas a quem, lá no fundo, faltavam capacidade e entusiasmo para dominar o assunto.

Como já estava ficando tarde, percebi que Singh lutava contra o sono, erguendo o copo com muita frequência para despertar com um gole de água. Fiz sinal a Michelle de que era hora de nos despedirmos. O primeiro-ministro e a mulher nos conduziram até nosso carro. Na penumbra, ele parecia frágil e ter mais idade do que seus 78 anos, e quando nos afastamos eu me perguntei o que aconteceria quando deixasse o cargo. Conseguiria passar o bastão para Rahul, cumprindo o destino preparado pela mãe e garantindo a predominância do Partido do Congresso sobre o nacionalismo desagregador apregoado pelo Partido do Povo Indiano?

Por alguma razão, eu tinha lá minhas dúvidas. A culpa não era de Singh. Ele tinha feito sua parte, seguindo a cartilha das democracias liberais do mundo pós-Guerra Fria: preservando a ordem constitucional; cuidando da luta diária, quase sempre de caráter técnico, de aumentar o PIB; e ampliando a rede de proteção social. Como eu, ele acreditava que isso era tudo que qualquer um de nós poderia esperar da democracia, especialmente em sociedades imensas, multiétnicas e multirreligiosas como a Índia e os Estados Unidos. Nada de saltos revolucionários ou grandes renovações culturais; nada de panaceia para todas as patologias sociais ou de respostas definitivas para aqueles que buscam sentido e significado para sua vida. Apenas o respeito às regras que nos permitem resolver, ou pelo menos tolerar, nossas diferenças e políticas governamentais que elevam os padrões de vida e aprimoram a formação educacional de um povo a ponto de moderar os impulsos mais vis da humanidade.

Só que agora eu me perguntava também se esses impulsos — de violência, ganância, corrupção, nacionalismo, racismo e intolerância religiosa, o desejo tão humano de repelir nossa própria incerteza, moralidade e sensação de insignificância subordinando outros — não seriam fortes demais para que uma democracia, qualquer que fosse, pudesse conter em caráter permanente. Pois eles pareciam à espreita em toda parte, prontos para ressurgir sempre que as taxas de crescimento estagnassem, os perfis demográficos mudassem ou um líder carismático decidisse tirar proveito dos temores e ressentimentos do povo. E, por mais que desejasse o contrário, eu não tinha a meu lado nenhum Mahatma Gandhi para me ensinar a neutralizar esses impulsos.

Historicamente, as ambições do Congresso dos Estados Unidos tendem a ser modestas durante o período de seis ou sete semanas entre o Dia da Eleição e o recesso de Natal, especialmente quando uma mudança de controle partidário está prestes a ocorrer. Os que perderam o assento, desanimados, só querem voltar para casa; e os vitoriosos só querem segurar o jogo até que o novo Congresso tome posse. A partir de 5 de janeiro de 2011, teríamos a Câmara dos Representantes mais republicana desde 1947, o que significava que eu seria incapaz de votar qualquer projeto de lei, menos ainda aprovar, sem o consentimento do novo presidente da casa, John Boehner. E, para que não pairasse dúvida sobre a sua agenda, Boehner já tinha anunciado que o primeiro projeto de lei a ser votado seria uma revogação total do Affordable Care Act.

Mas haveria um momento favorável para nós durante a iminente sessão "pato manco". Depois de voltar de minha visita à Ásia, eu estava decidido a fazer com que várias iniciativas importantes cruzassem a linha de chegada antes do recesso de fim de ano do Congresso: a ratificação do Novo START sobre não proliferação nuclear que havíamos negociado com os russos; a revogação da política do "Não pergunte, não fale", que proibia as pessoas abertamente gays, lésbicas e bissexuais de servirem nas Forças Armadas; a aprovação da Lei DREAM, que abriria o caminho da cidadania para uma grande parcela de filhos de imigrantes em situação ilegal. Pete Rouse e Phil Schiliro, que juntos tinham quase setenta anos de experiência na Colina do Capitólio, pareceram duvidar quando apresentei minha lista de afazeres na sessão "pato manco". Axe chegou a rir.

"Só isso?", perguntou, sarcasticamente.

Na verdade, não. Eu tinha esquecido de mencionar que precisávamos aprovar um projeto de lei de nutrição infantil que para Michelle se tornara ponto central em sua luta contra a obesidade em crianças. "É uma boa política", eu disse, "e a equipe de Michelle trabalhou bem para conseguir apoio de defensores da saúde infantil. Além disso, se não aprovarmos vou ser proibido de entrar em casa."

Eu compreendia que alguns colaboradores duvidassem da possibilidade de levar adiante um programa tão ambicioso. Ainda que conseguíssemos os sessenta votos necessários para cada um desses projetos controversos, não havia como saber se Harry Reid conseguiria a cooperação de Mitch McConnell para incluir na pauta tantas votações em prazo tão curto. Apesar disso, eu não achava que fosse totalmente fora da realidade. Quase todos os itens da minha lista já contavam com certa força legislativa e haviam conseguido, ou provavelmente conseguiriam, aprovação na Câmara. E apesar de não termos tido muita sorte antes em vencer as obstruções de republicanos no Senado, eu sabia que McConnell tinha um item importante em sua própria agenda, que não via a hora de resolver: aprovar uma lei para ampliar os chamados "cortes de impostos de Bush", que corriam o risco de expirar de forma automática no fim do ano.

Isso nos dava poder de barganha.

Eu me opunha desde longa data à legislação nacional característica de meu antecessor, leis aprovadas em 2001 e 2003 que mudaram o código tributário americano de modo a beneficiar desproporcionalmente os milionários e ao mesmo tempo aceleravam a tendência à desigualdade de patrimônio e renda. Warren Buffett gostava de dizer que a lei lhe permitia pagar impostos a uma taxa bem mais baixa em termos proporcionais à sua renda, quase toda proveniente de ganhos de capital e dividendos, do que sua secretária sobre o salário dela. Somente as mudanças nas leis relativas a impostos sobre propriedade tinham reduzido a carga tributária dos 2% das famílias mais ricas dos Estados Unidos em mais de 130 bilhões de dólares. Não era só isso: ao tirar 1,3 trilhão de dólares em receita projetada do Tesouro dos Estados Unidos, essa legislação ajudou a transformar o superávit do orçamento federal da gestão de Bill Clinton num déficit cada vez maior — um déficit que muitos republicanos agora usavam para justificar suas propostas de cortes na Previdência Social, nos programas Medicare e Medicaid e no resto da rede de proteção social dos Estados Unidos.

Os cortes de impostos de Bush foram um exemplo de má política pública, mas também haviam garantido uma modesta redução na carga tributária da maioria dos americanos, o que tornava traiçoeiro o processo de revogá-las politicamente. As pesquisas de opinião mostravam que uma grande maioria da população era a favor de impostos mais altos para os ricos. Mas nem mesmo advogados e médicos bem de vida se consideravam ricos, sobretudo se moravam em regiões caras; e, depois de uma década na qual os 90% mais pobres tinham visto seus salários estagnarem, pouca gente queria pagar mais impostos. Durante a campanha, minha equipe e eu tínhamos descoberto o que nos parecia a fórmula ideal, propondo que os cortes de Bush fossem revogados seletivamente, afetando apenas as famílias com renda acima de 250 mil dólares anuais (ou indivíduos que ganhassem mais de 200 mil dólares). Essa solução contava com o apoio quase universal dos democratas do Congresso, afetaria apenas os 2% mais ricos da população e mesmo assim renderia 680 bilhões de dólares em uma década, valor que poderíamos usar para expandir a cobertura de creches, assistência à saúde, capacitação profissional e programas de educação para os menos favorecidos.

Não mudei de ideia sobre nada disso — fazer os ricos pagarem mais impostos não era só uma questão de justiça, mas também a única maneira de financiar novas iniciativas. No entanto, como ocorreu com tantas propostas que apresentei durante a campanha, a crise financeira me obrigou a repensar sobre o momento certo de tentar pôr tudo isso em prática. No começo de meu mandato, quando parecia que o país ia mergulhar numa depressão, minha equipe econômica argumentou, e com razão, que qualquer aumento de impostos — mesmo que só atingisse os ricos e as empresas listadas na Fortune 500 — seria contraproducente, pois tiraria dinheiro da economia justamente num momento em que queríamos que indivíduos e empresas fizessem a roda girar. Com a economia se recuperando a passos lentos, a perspectiva de arrochos fiscais deixava a equipe nervosa.

E sucedeu que Mitch McConnell ameaçou bloquear qualquer coisa que não fosse uma extensão integral da vigência dos cortes impostos de Bush. O que significava que a única opção que nos restava para acabar imediatamente com eles — opção que muitos comentaristas progressistas nos aconselhavam a adotar — envolvia não fazer nada e apenas deixar que os impostos de todo mundo retornassem automaticamente aos níveis mais altos da era Clinton, em 1º de janeiro. Os democratas poderiam então voltar no novo ano e propor uma legislação substituta reduzindo as taxas de impostos para cidadãos que ganhassem menos de 250 mil dólares por ano e desafiar os republicanos a votarem "não".

A estratégia foi seriamente considerada. Mas Joe Biden e nossa equipe legislativa temiam que, em vista da grande derrota que havíamos sofrido nas eleições de meio de mandato, os democratas de centro pudessem não seguir a orientação da bancada, e que os republicanos usassem essas deserções para conseguir os votos capazes de eternizar os cortes de impostos. Política à parte, entendi que o problema de medir forças com o Partido Republicano era o impacto imediato que isso teria numa economia ainda fragilizada. Mesmo que conseguíssemos manter nossos democratas na linha e os republicanos no fim cedessem à pressão, levaríamos meses para aprovar uma legislação tributária num Congresso dividido. Enquanto isso, os americanos da classe média e da classe trabalhadora teriam descontos maiores nos salários, as empresas diminuiriam ainda mais seus investimentos, o mercado de ações mais uma vez despencaria e a economia quase certamente voltaria à recessão.

Depois de analisar várias hipóteses, enviei Joe à Colina do Capitólio para negociar com McConnell. Apoiaríamos uma extensão por dois anos de todos os cortes de impostos de Bush — mas só se os republicanos concordassem em estender os salários-desemprego de emergência, com o crédito fiscal para as classes mais baixas previsto na Lei de Recuperação (Making Work Pay) e outro pacote de crédito fiscal reembolsável que beneficiaria os trabalhadores pobres por um período equivalente. McConnell imediatamente recusou. Com sua declaração de que "a coisa mais importante que desejamos é que o presidente Obama seja presidente de um só mandato", ele parecia mais preocupado em não permitir que eu alegasse que tinha reduzido impostos para a maioria dos cidadãos sem ter sido obrigado pelos republicanos. Não digo que tenha ficado surpreso; uma das razões por que eu escolhi Joe para atuar como intermediário — além da sua experiência de Senado e de sua perspicácia legislativa — era a consciência de que, na cabeça de McConnell, as negociações com o vice-presidente não deixavam a base republicana tão irritada como uma eventual aparência de estar cooperando com aquele negro, muçulmano e socialista do Obama.

Depois de muitas idas e vindas, e depois que concordamos em trocar o crédito fiscal do Making Work Pay por um corte de impostos na folha de pagamento, McConnell finalmente cedeu, e, em 6 de dezembro de 2010, pude anunciar que um acordo abrangente tinha sido alcançado.

Do ponto de vista da elaboração de políticas públicas, ficamos contentes com o resultado. Embora tenha sido doloroso preservar os cortes de impostos para os ricos por mais dois anos, conseguíramos em troca estender o alívio tributário para as famílias de classe média ao mesmo tempo que arrancávamos mais 212 bilhões de dólares de incentivo econômico destinado especificamente aos cidadãos mais necessitados — um pacote que não teríamos a menor probabilidade de aprovar numa Câmara controlada por republicanos como projeto de lei isolado. Quanto à questão político-partidária por trás do acordo, expliquei a Valerie que o prazo de dois anos representava uma aposta de alto risco entre mim e os republicanos. Eu apostava que em novembro de 2012 estaria saindo de uma campanha de reeleição vitoriosa, o que me permitiria estar numa posição fortalecida e acabar com os cortes de impostos para os ricos. Eles apostavam que me venceriam — e que um novo presidente republicano os ajudaria a tornar permanentes os cortes de impostos de Bush.

O fato de tanta coisa no acordo depender das eleições presidenciais seguintes talvez explique a indignação imediata que surgiu entre os comentaristas de esquerda. Me acusaram de ceder a McConnell e Boehner, e de estar sendo levado por meus amigos em Wall Street e por conselheiros como Larry e Tim a assumir posturas condescendentes. Advertiram que o corte de impostos na folha de pagamento enfraqueceria os Fundos Fiduciários da Previdência Social; que os créditos fiscais reembolsáveis para beneficiar os trabalhadores pobres teriam curta duração; e que em dois anos os cortes de impostos de Bush para os ricos se tornariam permanentes, como os republicanos queriam.

Em outras palavras, eles também achavam que eu perderia.

Mas na mesma semana de meados de dezembro em que anunciamos o acordo com McConnell, Bill Clinton esteve comigo no Salão Oval para uma visita. Toda a tensão que houve entre nós durante a campanha já tinha praticamente desaparecido àquela altura, e achei proveitoso ouvir as lições que ele havia aprendido depois de levar uma surra parecida nas eleições de meio de mandato pelas mãos de Newt Gingrich em 1994. Em certo momento, entramos no mérito do acordo tributário que eu tinha acabado de fazer, e Clinton não poderia ter demonstrado mais entusiasmo.

"Você precisa dizer isso para alguns amigos nossos", falei, me referindo ao contragolpe que tínhamos recebido de certos círculos democratas.

"É o que vou fazer, se tiver oportunidade", disse Clinton.

Aquilo me deu uma ideia. "E se você tivesse essa oportunidade agora mesmo?" Antes que ele pudesse responder, fui até a mesa de Katie e pedi que ela dissesse à assessoria de imprensa para juntar todos os correspondentes que estivessem no prédio. Quinze minutos depois, Bill Clinton e eu entramos na sala de imprensa da Casa Branca.

Depois de explicar aos assustados repórteres que eles talvez gostassem de ouvir algumas opiniões sobre nosso acordo tributário da pessoa que justamente supervisionara a melhor fase da economia americana na história recente, passei a palavra a Clinton. O ex-presidente não levou muito tempo para dominar as atenções, mobilizando todo o seu charme do Arkansas para justificar nosso acordo com McConnell. Na verdade, pouco depois que a entrevista coletiva improvisada começou, lembrei que tinha outro compromisso, mas Clinton estava se divertindo tanto que eu não quis interrompê-lo. Em vez disso, me debrucei sobre o microfone para dizer que eu precisava sair, mas que o presidente Clinton poderia ficar. Mais tarde, perguntei a Gibbs o que tinha acontecido.

"A repercussão foi ótima", disse Gibbs. "Embora alguns comentaristas tenham dito que o senhor se diminuiu ao entregar o palco para o Clinton."

Isso não me preocupava. Eu sabia que os índices de popularidade de Clinton eram muito mais altos do que os meus naquela época, em parte porque a imprensa conservadora, que antes o denegria, achava útil compará-lo comigo, o tipo do democrata razoável de centro, diziam eles, com quem os republicanos conseguiam trabalhar. Seu endosso nos ajudaria a vender o acordo para o público em geral e a aplacar uma eventual rebelião entre os democratas do Congresso. Era uma ironia com a qual eu — como muitos governantes modernos — acabaria aprendendo a conviver: você nunca parece tão inteligente quanto o ex-presidente que assiste ao jogo de fora do campo.

A melhora temporária na relação com McConnell sobre a questão dos impostos permitiu que nos concentrássemos nos outros itens de minha lista de objetivos a cumprir na época do "pato manco". O projeto de lei sobre nutrição infantil de Michelle já tinha recebido apoio dos republicanos a ponto de ser aprovado no começo de dezembro, com relativamente pouca confusão, apesar das acusações de Sarah Palin (agora comentarista da Fox News) de que Michelle pretendia cercear a liberdade dos pais americanos de alimentar os filhos como bem entendessem. Enquanto isso, a Câmara resolvia os detalhes de um projeto de lei de segurança alimentar que seria aprovado no fim do mês.

Ratificar no Senado o Novo START foi mais desafiador — não só porque, sendo um tratado, exigia 67 votos em vez de apenas sessenta, mas também porque não havia nenhum setor do eleitorado nacional clamando para que fosse aprovado. Precisei importunar Harry Reid para dar prioridade ao assunto durante as sessões da temporada do "pato manco", explicando que a credibilidade dos Estados Unidos — para não mencionar minha própria reputação diante dos outros líderes mundiais — estava em jogo, e que deixar de ratificar o tratado minaria nossos esforços para aplicar sanções contra o Irã e para convencer outros países a reforçarem sua própria segurança nuclear. Depois de obter o relutante consentimento de Harry para submeter o tratado à votação ("Não sei se vou conseguir tempo no plenário, sr. presidente", resmungou ele ao telefone, "mas se o senhor diz que é importante farei o possível, o.k.?"), passamos a trabalhar para conseguir os votos dos republicanos. O endosso do tratado pelos chefes do Estado-Maior Conjunto nos ajudou; assim como o apoio decisivo do meu velho amigo Dick Lugar, que continuava sendo o republicano mais importante do Comitê de Relações Exteriores do Senado, e via corretamente o Novo START como uma extensão do seu trabalho anterior sobre não proliferação nuclear.

Mesmo assim, para fechar o acordo tive que me comprometer a fazer uma modernização plurianual e multibilionária da infraestrutura do arsenal nuclear dos Estados Unidos, por insistência de Jon Kyl, um senador conservador do Arizona. Levando em conta meu objetivo de eliminar as armas nucleares a longo prazo, para não mencionar todas as outras maneiras possíveis de usar bilhões de dólares do orçamento federal, essa concessão pareceu um terrível preço a pagar, apesar de alguns especialistas nossos, muitos deles dedicados ao desarmamento nuclear, me garantirem que nossos velhos sistemas de armamentos de fato precisavam de modernização para reduzir o risco de erro de cálculo catastrófico ou de acidente. E, quando o Novo START finalmente passou no Senado por 71 votos a 26, pude de fato relaxar.

A Casa Branca nunca parecia tão bonita como na época das festas de fim de ano. Imensas coroas de pinheiro com laços de veludo vermelho se alinhavam junto às paredes ao longo da colunata e do corredor principal da Ala Oeste, e os carvalhos e magnólias do Roseiral se enchiam de luzes. A árvore de Natal oficial da Casa Branca, um magnífico abeto transportado por carruagem, ocupava a maior parte do Salão Azul, mas outras árvores quase igualmente espetaculares preenchiam praticamente todos os espaços públicos da residência. Durante três dias, um exército de voluntários organizado pelo Gabinete Social decorava as árvores, os corredores e o hall de entrada com uma variedade deslumbrante de enfeites, enquanto os chefs confeiteiros preparavam uma réplica da residência em biscoito de gengibre, que incluía os móveis, as cortinas e — durante meu governo, pelo menos — uma versão de Bo em miniatura.

A época de fim de ano também significava que realizávamos festas praticamente toda tarde e toda noite durante três semanas e meia seguidas. Eram ocasiões grandiosas e festivas, com trezentos a quatrocentos convidados a cada vez, rindo e mastigando costeletas de cordeiro e bolinhos de siri, bebendo gemada e vinho enquanto membros da Banda do Corpo de Fuzileiros Navais dos Estados Unidos, garbosos em suas casacas vermelhas, tocavam todas as canções tradicionais da época. Para Michelle e eu, as festas vespertinas eram fáceis — apenas fazíamos uma aparição de alguns minutos para cumprimentar todo mundo atrás de um cordão. Mas os eventos noturnos exigiam que ficássemos plantados por duas horas ou mais na Sala de Recepções Diplomáticas, posando para fotos com quase todos os convidados. Michelle não se importava em fazer isso nas festas que dávamos para as famílias dos agentes do Serviço Secreto e da equipe da residência, apesar da dor que os saltos altos lhe causavam por ficar tanto tempo de pé. Sua animação de fim de ano murchava, porém, quando se tratava de recepcionar membros do Congresso e da mídia política. Talvez porque demandassem mais atenção ("Pare de jogar tanta conversa fiada!", ela me sussurrava nos intervalos de descanso); ou talvez porque várias das mesmas pessoas que apareciam com regularidade na TV pedindo que trouxessem a cabeça do marido fincada numa estaca tivessem, de alguma maneira, a pachorra de colocar os braços ao redor dela e sorrir para a câmera como se fossem melhores amigos de colégio.

De volta à Ala Oeste, boa parte da energia de minha equipe nas semanas anteriores ao Natal foi dedicada aos dois projetos de lei mais polêmicos que restavam na minha pauta: "Não pergunte, não fale" e a Lei DREAM. Ao lado do aborto, das armas e de praticamente qualquer coisa que tivesse a ver com raça, as questões de direitos LGBTQ e de imigração ocupam o centro do palco das guerras culturais nos Estados Unidos há décadas, em parte porque dizem respeito à pergunta mais básica de nossa democracia — ou seja, quem consideramos membros verdadeiros da família americana, e que por isso merecem os mesmos direitos, o mesmo respeito e a mesma preocupação que nós próprios julgamos merecer? Sempre acreditei em definir essa família em termos amplos — incluindo gays e héteros, além de imigrantes que deitaram raízes e criaram filhos aqui, ainda que não tenham entrado pela porta da frente. Como pensar de outra forma, se os mesmos argumentos para deixá-los de fora tinham sido usados com frequência para excluir aqueles que se parecem comigo?

Isso não quer dizer que eu considerasse intolerante quem tivesse opiniões diferentes sobre direitos LGBTQ e de imigração. Um dos motivos é que eu tinha consciência — ou pelo menos boa memória — de que minhas próprias posturas em relação a gays, lésbicas e trans nem sempre foram particularmente esclarecidas. Cresci nos anos 1970, quando o estilo de vida LGBTQ era bem menos visível para os de fora da comunidade, a tal ponto que a irmã de Toot (e um de meus parentes favoritos), tia Arlene, se sentia na obrigação de apresentar sua companheira com quem estava junto havia vinte anos como "minha grande amiga Marge" sempre que nos visitava no Havaí.

E como muitos garotos adolescentes daqueles tempos, meus amigos e eu às vezes usávamos entre nós palavras como "veado" e "gay" com sentido pejorativo — uma tentativa imatura de fortalecer nossa masculinidade e esconder nossas inseguranças. Tão logo entrei na faculdade e fiz amizade com colegas e professores abertamente gays, no entanto, passei a perceber a discriminação e o ódio velados a que eram sujeitados, bem como a solidão e a autodesconfiança que a cultura dominante impunha a eles. Eu senti vergonha do meu comportamento anterior — e aprendi a corrigi-lo.

Quanto à imigração, em minha juventude eu praticamente não dei atenção ao assunto, além de tomar conhecimento da mitologia de contornos vagos de Ellis Island e da Estátua de Liberdade transmitida pela cultura popular. O avanço em meu pensamento veio depois, quando meu trabalho de líder comunitário em Chicago me pôs em contato com as comunidades predominantemente mexicanas de Pilsen e Little Village — bairros onde as categorias tradicionais de americanos nascidos aqui, cidadãos naturalizados, detentores de green cards e imigrantes em situação ilegal na prática desapareciam, uma vez que muitas famílias, ou quase todas, incluíam as quatro. Com o tempo, as pessoas vinham conversar comigo sobre como era ter que esconder a própria identidade, sempre com medo de que a vida que tanto sacrifício fizera para construir fosse destruída em questão de segundos. Falavam do cansaço e do custo de lidar com um sistema de imigração muitas vezes desumano ou arbitrário, a sensação de desamparo por ter que trabalhar para patrões que se aproveitavam de seu status de imigrantes para pagar abaixo do salário mínimo. As amizades que fiz e as histórias que ouvi naqueles bairros de Chicago, e de pessoas LGBTQ na faculdade e no começo da carreira, abriram meu coração para a dimensão humana de problemas sobre os quais eu até então pensava em termos abstratos.

Para mim, a questão do "Não pergunte, não fale" (DADT) não tinha mistério: uma política que impedia pessoas abertamente LGBTQ de prestarem o serviço militar me parecia ao mesmo tempo ofensiva aos ideais americanos e nociva para as Forças Armadas dos Estados Unidos. A DADT era resultado de um acordo viciado entre Bill Clinton — que fizera campanha defendendo o fim da exclusão de pessoas LGBTQ do serviço militar — e seus chefes do Estado-Maior Conjunto, segundo os quais essa mudança prejudicaria o moral da tropa e provocaria uma evasão. Desde que entrara em vigor, em 1994, a DADT praticamente não tinha servido nem para proteger nem para dar dignidade a ninguém e, na verdade, levara à expulsão de mais de 1300 militares com base em sua orientação sexual. Os que ficavam precisavam esconder quem eram e a quem amavam, impossibilitados de expor fotos de família no local de trabalho ou de comparecer a eventos sociais militares com seus parceiros. Como primeiro co-mandante-chefe afro-americano, eu julgava ser minha responsabilidade acabar com essa política, ciente de que os negros nas Forças Armadas tradicionalmente enfrenta-ram preconceitos institucionais, foram impedidos de exercer funções de liderança e, durante décadas, tiveram que servir em unidades segregadas — política que Harry Truman por fim sepultara com um decreto em 1948.

A questão era descobrir a melhor maneira de fazer a mudança. Desde o início, fui aconselhado a seguir o exemplo de Truman e simplesmente baixar um decreto re-vogando a política — ainda mais levando em conta que eu já tinha usado decretos e memorandos para lidar com regulamentos que afetavam negativamente pessoas LGBTQ, incluindo a concessão de direitos de visita em hospitais e a extensão de bene-fícios aos companheiros de funcionários públicos federais. Mas, por contornar a ne-cessidade de buscar o consenso para a aprovação de uma lei, uma ordem executiva aumentava a probabilidade de resistência à nova política dentro das Forças Armadas e de relutância na sua implementação. E, claro, poderia ser revogada por um futuro presidente com uma simples canetada.

Concluí que a melhor solução era fazer o Congresso agir. Para tanto, eu pre-cisava contar com os principais chefes das Forças Armadas dos Estados Unidos co-mo parceiros bem-dispostos e comprometidos com a causa — o que, no meio de duas guerras, eu sabia que não era fácil. Anteriormente, os chefes do Estado-Maior Conjunto já haviam sido contrários à revogação da DADT com o argumento de que a integração de militares assumidamente gays poderia ter impacto negativo na coe-são e na disciplina das unidades. (Adversários da revogação no Congresso, incluin-do John McCain, alegavam que introduzir uma política tão problemática em tem-po de guerra equivalia a trair nossos soldados.) Bob Gates e Mike Mullen, porém, não hesitaram quando eu lhes disse, no começo de meu mandato, que pretendia revogar a DADT. Gates afirmou que já tinha pedido à sua equipe que começasse discretamente a fazer um planejamento interno sobre o assunto, menos por entusiasmo pessoal pela mudança de política do que pela preocupação prática de que os tribunais federais pudessem acabar julgando a DADT inconstitucional e forçando uma mudança da noite para o dia nas organizações militares. Em vez de tentarem me demover, ele e Mullen pediram a criação de uma força-tarefa para avaliar as implicações da mudança proposta nas operações militares — o que, em última análise, resultaria numa pesquisa abrangente sobre o que os soldados achavam de ter militares abertamente gays em suas fileiras. O objetivo, segundo Gares, era reduzir as perturbações e divisões.

"Se vai fazer isso, sr. presidente", acrescentou Gates, "pelo menos vamos poder dizer como fazer da forma correta."

Avisei a Gates e Mullen que para mim a discriminação contra pessoas LGBTQ não era assunto sujeito a plebiscito. No entanto, concordei com o pedido, em parte porque confiava neles para estabelecerem um processo de avaliação honesto, mas principalmente porque suspeitava que nossos soldados — a maioria deles décadas mais jovem do que os generais mais graduados — eram mais tolerantes com gays e lésbicas do que se imaginava. Diante do Comitê das Forças Armadas do Senado, em 2 de fevereiro de 2010, Gates corroborou minha confiança ao dizer: "Dou total apoio à decisão do presidente" de reexaminar a DADT. Mas foi o depoimento de Mike Mullen naquele mesmo dia que virou notícia, quando ele se tornou o primeiro oficial de alta patente das Forças Armadas dos Estados Unidos em toda a história a afirmar, em público, que pessoas abertamente LGBTQ deveriam ter permissão de servir: "Sr. presidente, falando única e exclusivamente por mim, estou convencido de que permitir que gays e lésbicas assumidos sirvam é a decisão correta. De qualquer ângulo que eu examine o assunto, não há como não me sentir incomodado com o fato de que temos uma política que obriga jovens de ambos os sexos a mentirem sobre quem são para poderem defender seus concidadãos. Para mim, é uma questão de integridade, deles como indivíduos, e nossa como instituição".

Ninguém na Casa Branca tinha combinado nada com Mullen sobre a declaração; não tenho sequer certeza de que Gates soubesse de antemão o que Mullen planejava dizer. Mas sua declaração inequívoca logo influenciou o debate público, criando uma importante garantia política para os senadores que estavam em cima do muro e depois disso sentiram que tinham boas razões para endossar a revogação.

O depoimento de Mullen veio meses antes do término do processo de avaliação que ele e Gates tinham pedido, o que provocou algumas dores de cabeça políticas. Os defensores da revogação passaram a nos atacar de forma contundente, tanto em conversas privadas como através da imprensa, incapazes de entender por que eu me recusava a simplesmente baixar um decreto, se o chefe do Estado-Maior Conjunto apoiava a mudança — sobretudo porque, enquanto gastávamos nosso tempo fazendo pesquisas, militares LGBTQ continuavam sendo expulsos. Valerie e sua equipe sofriam com o impacto do fogo amigo, especialmente Brian Bond, um respeitadíssimo ativista gay que era nosso principal contato com a comunidade. Durante meses, Brian teve que defender meu processo decisório com amigos descrentes, ex--colegas e jornalistas segundo os quais ele tinha sido cooptado e levantando dúvidas sobre seu compromisso com a causa. Fico só imaginando o quanto isso lhe custou em termos pessoais.

As críticas se intensificaram em setembro de 2010, quando, como Gates tinha previsto, uma vara federal na Califórnia considerou a DADT inconstitucional. Pedi a Gates que suspendesse formalmente todas as expulsões enquanto o caso seguia para apreciação. Por mais que eu insistisse, porém, ele sempre negava, argumentando que, enquanto a DADT estivesse em vigor, tinha a obrigação de aplicar a lei; e eu sabia que obrigá-lo a fazer algo que considerava impróprio poderia me forçar a ter que encontrar um novo secretário de Defesa. Talvez tenha sido essa a única vez em que quase perdi as estribeiras com Gates, e não só por achar sua análise jurídica problemática. Ele parecia encarar as frustrações dos defensores dos direitos LGBTQ que chegavam a nossos ouvidos — para não mencionar as angustiantes histórias de militares gays e lésbicas sob seu comando — mais como um caso de "interferência política" do qual eu deveria proteger o Pentágono e a ele do que uma questão central de suas responsabilidades como membro do poder Executivo. (No fim das contas, ele pelo menos modificou os procedimentos administrativos do DADT de tal foma que praticamente todas as expulsões ficaram suspensas enquanto aguardávamos a solução do caso.)

Felizmente, no fim do mesmo mês, os resultados do estudo com os soldados saíram. O que eu suspeitava se confirmou: dois terços dos entrevistados achavam que permitir que gays, lésbicas e bissexuais assumidos servissem praticamente não afetaria em nada — ou talvez até aumentasse — a capacidade das Forças Armadas dos Estados Unidos de executarem suas missões. Na verdade, a maioria acreditava já estar servindo ou ter servido com militares LGBTQ e não tinha notado nenhuma diferença em sua capacidade de desempenhar suas obrigações.

Exponha-se às verdades das outras pessoas, pensei comigo, e suas posturas mudam.

Com o estudo em mãos, Gates e Mullen endossaram oficialmente a revogação do DADT. Reunidos comigo no Salão Oval, os outros membros do Estado-Maior Conjunto se comprometeram a implementar a política sem atrasos desnecessários. Na verdade, o general James Amos, comandante dos Fuzileiros Navais e firme adversário da revogação, provocou sorrisos ao afirmar: "Posso garantir, sr. presidente, que nenhuma das outras forças vai fazer isso mais rápido e melhor do que o Corpo de Fuzileiros Navais dos Estados Unidos". E, em 18 de dezembro, o Senado aprovou o projeto por 61 a 31, com votos de oito republicanos.

Alguns dias depois, o auditório do Departamento do Interior estava lotado de LGBTQS que tinham servido ou estavam servindo nas Forças Armadas dos Estados Unidos quando sancionei o projeto. Muitos trajavam uniforme de gala e exibiam no rosto, além de lágrimas, uma expressão que era uma mistura de alegria, orgulho e alívio. Quando me dirigi à plateia, notei que muitos defensores dos direitos dos LGBTQ que nos criticavam violentamente poucas semanas antes agora sorriam. Ao ver Brian Bond, acenei para ele. Mas a maior ovação daquele dia estava reservada para Mike Mullen — longa e sinceramente aplaudido de pé. Observando o almirante no palco, visivelmente comovido, apesar do sorriso constrangido, me senti feliz por ele. Nem sempre um ato sincero motivado pela consciência obtinha aquele tipo de reconhecimento.

No que dizia respeito à imigração, todos concordavam que o sistema estava falido. O processo legal de imigração para os Estados Unidos podia durar uma década, ou mais, quase sempre dependendo do país de origem e da situação financeira de cada um. Enquanto isso, todos os anos o abismo econômico entre nós e nossos vizinhos do Sul levava centenas de milhares a atravessarem ilegalmente a fronteira de 3110 quilômetros de extensão entre os Estados Unidos e o México em busca de trabalho e de uma vida melhor. O Congresso gastara bilhões na vigilância da fronteira, com cercas, câmeras, drones e um patrulhamento cada vez mais amplo e militarizado. Mas, em vez de interromper o fluxo de imigrantes, essas medidas tinham estimulado uma indústria de contrabandistas — os chamados coiotes — que ganhavam muito dinheiro transportando cargas humanas de um jeito bárbaro e às vezes letal. E, embora a travessia da fronteira por migrantes pobres do México e da América Central recebesse mais atenção de políticos e da mídia, cerca de 40% dos imigrantes não autorizados chegavam aos Estados Unidos por aeroportos ou outros pontos de entrada legais e simplesmente ficavam mais tempo do que seus vistos permitiam.

Em 2010, a estimativa era de que 11 milhões de pessoas moravam nos Estados Unidos em situação ilegal, em grande parte rigorosamente integradas a nosso tecido social. Muitos residiam aqui havia muito tempo, com filhos que eram cidadãos do país, ou por terem nascido aqui, ou por terem sido trazidos para os Estados Unidos em idade tão tenra que eram americanos em todos os sentidos, exceto no papel. Setores inteiros da economia nacional dependiam dessa mão de obra, uma vez que os imigrantes em situação ilegal quase sempre estavam dispostos a executar o trabalho mais duro e mais desagradável em troca de quase nada — como colher as frutas e as hortaliças que abastecem nossas mercearias, esfregar o chão de nossos escritórios, lavar pratos nos restaurantes e cuidar dos idosos. Mas, apesar de os consumidores americanos se beneficiarem desse trabalho invisível, muitos temiam que os imigrantes estivessem tirando empregos de cidadãos, onerando os programas de serviço social e mudando a configuração racial e cultural do país, o que levava a demandas para que o governo reprimisse a imigração ilegal. Esse sentimento era mais forte entre eleitores republicanos, estimulados por uma imprensa de direita cada vez mais nacionalista. No entanto, a política não refletia de maneira exata as divisões partidárias: por exemplo, as bases sindicais, tradicionalmente democratas, viam a presença cada vez maior de trabalhadores em situação ilegal nos canteiros de obras como ameaça a seu ganha-pão, enquanto grupos empresariais de tendência republicana interessados em manter um fluxo contínuo de mão de obra barata (ou, no caso do Vale do Silício, de programadores e engenheiros nascidos no exterior) costumavam assumir uma atitude pró-imigração.

Em 2007, a versão mais independente de John McCain, junto com seu amigo Lindsey Graham, chegou a se juntar a Ted Kennedy para elaborar um projeto de lei de reforma bastante abrangente oferecendo cidadania a imigrantes em situação ilegal, ao mesmo tempo que protegia com mais rigor nossas fronteiras. Apesar do forte apoio do presidente Bush, o projeto não fora aprovado no Senado, mas recebeu doze votos dos republicanos, indicando a real possibilidade de um futuro acordo bipartidário. Durante a campanha, eu tinha prometido ressuscitar uma legislação parecida quando fosse eleito e nomear a ex-governadora do Arizona Janet Napolitano para chefiar o Departamento de Segurança Interna — que supervisionava a Agência de Imigração e Alfândega (ICE) e o serviço de Alfândegas e Proteção de Fronteiras —, em parte por causa de seu conhecimento das questões de fronteira e por sua reputação de ter anteriormente administrado a imigração de um jeito ao mesmo tempo rígido e compassivo.

Minhas esperanças de um projeto de lei até então vinham sendo frustradas. Com a economia em crise e os americanos perdendo empregos, pouca gente no Congresso tinha apetite para enfrentar uma questão como a da imigração, capaz de provocar fortes reações emocionais. Kennedy já não estava entre nós. McCain, que foi criticado pelo flanco direito por sua posição relativamente moderada em imigração, demonstrava pouco interesse em erguer essa bandeira mais uma vez. Pior ainda, meu governo estava deportando trabalhadores em situação ilegal num ritmo acelerado. Isso não era resultado de nenhuma orientação minha, mas sim decorrência de uma determinação do Congresso em 2008 que expandia o orçamento do ICE e aumentava a colaboração entre essa agência e os departamentos de aplicação da lei locais para deportar mais imigrantes ilegais com antecedentes criminais. Minha equipe e eu estrategicamente optamos por não tentar reverter imediatamente as políticas que tínhamos herdado, em grande parte porque não queríamos dar munição para críticos que diziam que os democratas relutavam em aplicar as leis de imigração existentes — uma percepção que achávamos que poderia minar nossas possibilidades de aprovar um futuro projeto de lei de reforma. Em 2010, porém, grupos de direitos dos imigrantes e de defesa dos latinos criticavam nossa falta de progresso, mais ou menos da mesma forma que ativistas LGBTQ nos atacaram por causa da DADT. E, apesar de insistir com o Congresso para aprovar a reforma da imigração, eu não tinha nenhuma alternativa realista para apresentar uma lei abrangente antes das eleições de meio de mandato.

Com isso entrou em cena a Lei DREAM. A ideia de dar algum tipo de assistência a imigrantes jovens e sem documentação trazidos para os Estados Unidos quando crianças vinha sendo aventada havia anos, e pelo menos dez versões da Lei DREAM foram apresentadas no Congresso desde 2001, sem jamais angariar os votos necessários para aprovação. Seus proponentes muitas vezes a apresentavam como um passo incompleto, mas significativo, na direção de uma reforma mais abrangente. A lei concederia aos "Dreamers" — como esses jovens passaram a ser chamados — residência temporária legal e a possibilidade de obter cidadania, desde que atendessem a certos critérios. De acordo com o projeto de lei mais recente, precisavam ter entrado nos Estados Unidos antes de completar dezesseis anos, ter vivido aqui por cinco anos consecutivos, concluído o ensino médio ou passado num teste GED e feito dois anos de faculdade ou prestado serviço militar — e não podiam ter antecedentes criminais graves. Cada estado poderia tornar os Dreamers candidatos legalmente qualificados para obter redução de anuidades em faculdades e universidade públicas — para muitos, a única possibilidade realista de conseguirem estudar.

Os Dreamers cresceram frequentando escolas americanas, praticando esportes americanos, vendo a TV americana e passeando nos shoppings americanos. Em alguns casos, os pais nunca lhes disseram que não tinham cidadania; só ficaram sabendo de sua situação ilegal ao tentar obter uma carteira de motorista ou ajuda financeira para fazer faculdade. Tive a oportunidade de conhecer muitos Dreamers, antes e depois de ter entrado na Casa Branca. Eram inteligentes, confiantes, educados e persistentes — tão cheios de potencial como minhas filhas. Na verdade, descobri que os Dreamers tinham uma atitude menos cínica para com os Estados Unidos do que muitos americanos de nascimento de sua faixa etária — justamente porque aprenderam, com as circunstâncias, que a vida neste país não era um direito natural.

Os argumentos para permitir que esses jovens permanecessem nos Estados Unidos, o único país que conheciam, eram tão moralmente convincentes que Kennedy e McCain haviam incorporado a Lei DREAM a seu projeto de lei de imigração de 2007. E sem a perspectiva de aprovar uma reformulação mais abrangente das leis de imigração dos Estados Unidos num futuro próximo, Harry Reid — que, nos meses anteriores às eleições de meio de mandato, travava uma disputa apertada para se reeleger em seu estado natal de Nevada e precisava de um comparecimento forte dos hispânicos para vencer — tinha prometido submeter a Lei DREAM a votação durante a sessão "pato manco".

Infelizmente, Harry fez esse anúncio de última hora durante a campanha, sem avisar nem a nós, nem a seus colegas de Senado, nem a grupos de reforma da imigração. Apesar de não ter ficado nem um pouco satisfeita com a falta de coordenação de Harry ("O mínimo que ele poderia fazer era pegar o telefone"), Nancy Pelosi fez sua parte, acelerando a tramitação do projeto na Câmara. Mas, no Senado, McCain e Graham denunciaram a decisão de Harry como um golpe publicitário de campanha e disseram que não votariam a Lei DREAM como um projeto isolado, uma vez que já não estava vinculado a uma maior implementação. Os cinco senadores republicanos que votaram a favor do projeto de lei McCain-Kennedy em 2007, e ainda ocupavam o cargo, não foram tão claros sobre suas intenções, mas pareceram vacilantes. E como não podíamos ter certeza de que todos os democratas apoiariam o projeto — sobretudo depois das desastrosas eleições de meio de mandato —, nós na Casa Branca nos vimos obrigados a correr para assegurar os sessenta votos necessários para vencer uma obstrução nos últimos dias antes de o Senado encerrar suas atividades naquele ano.

Cecilia Muñoz, diretora de assuntos intergovernamentais da Casa Branca, era a pessoa-chave nesse esforço. Em meus tempos de senador, ela era vice-presidente sênior de política e assuntos legislativos do Conselho Nacional de La Raza, a maior organização de defesa dos direitos dos latinos no país, e desde então me prestava assessoria em imigração e outros assuntos. Nascida e criada no Michigan e filha de imigrantes bolivianos, Cecilia era comedida, modesta e — como eu costumava dizer de brincadeira — "simplesmente legal pra caramba", que lembrava nossa professora favorita no fundamental ou no ensino médio. Além disso era dura e persistente (e torcedora fanática do time de futebol americano da Universidade de Michigan). Em questão de semanas, ela e sua equipe lançaram uma blitz midiática total em apoio à Lei DREAM, mobilizando narrativas e estatísticas e recrutando praticamente todos os membros do gabinete e todas as agências (inclusive o Departamento de Defesa) para patrocinar algum tipo de evento. Mais importante ainda, Cecilia ajudou a reunir um grupo de jovens Dreamers dispostos a revelar sua condição ilegal a fim de contar suas histórias pessoais para senadores indecisos e veículos de comunicação. Cecilia e eu costumávamos conversar sobre a coragem desses jovens, concluindo que na idade deles nem ela nem eu jamais teríamos conseguido lidar com tamanha pressão.

"Eu queria muito ganhar isso para eles", me disse ela.

E no entanto, apesar das incontáveis horas que passamos em reuniões e ao telefone, a probabilidade de conseguir sessenta votos para a Lei DREAM começou a parecer cada vez mais distante. Uma das nossas melhores aliadas potenciais era Claire McCaskill, senadora democrata do Missouri. Claire foi uma das primeiras a me apoiar e das minhas melhores amigas no Senado, uma política talentosa e experiente com um intelecto afiadíssimo, um coração enorme e nenhum vestígio de hipocrisia ou afetação. Mas vinha de um estado conservador, de tendência republicana, e era um alvo tentador para o Partido Republicano em seu esforço para retomar o controle do Senado.

"Sabe que quero ajudar esses meninos, sr. presidente", disse Claire quando consegui falar com ela por telefone, "mas os números no Missouri são terríveis em qualquer coisa ligada à imigração. Se eu votar a favor disso, há uma boa probabilidade de perder meu assento."

Eu sabia que Claire não estava errada. E, se ela perdesse, poderíamos perder o Senado, além de qualquer possibilidade de algum dia aprovar a Lei DREAM, uma reforma abrangente da imigração ou qualquer outra coisa. Como avaliar esse risco em face do destino premente dos jovens que eu tinha conhecido — a incerteza e o medo com os quais eram obrigados a conviver todos os dias, a possibilidade de serem apanhados sem aviso numa batida da ICE, trancafiados numa cela e despachados para uma terra tão estrangeira para eles quanto seria para mim?

Antes de desligar, Claire e eu chegamos a um acordo para ajudar a resolver o que parecia impossível. "Se o seu voto for aquele que falta para conseguirmos os sessenta", eu disse, "então esses meninos vão precisar de você, Claire. Mas, se estivermos longe disso, não faz sentido cometer suicídio."

O Senado submeteu a Lei DREAM à votação num sábado de céu encoberto, uma semana antes do Natal, o mesmo dia em que votou para revogar a DADT. Assisti à sessão pela pequena TV do Salão Oval com Pete Souza, Reggie e Katie, enquanto a lista dos senadores aparecia, somando os votos a favor: 40, 50, 52, 55. Houve uma pausa, com o plenário em estado de suspense, uma última oportunidade para um senador mudar de ideia, até que o martelo finalmente bateu.

Faltaram cinco votos.

Subi a escada para o segundo andar da Ala Oeste e fui ao escritório de Cecilia, onde ela e sua jovem equipe tinham assistido à votação. A maioria estava chorando, e abracei cada um. Lembrei que, graças ao trabalho de todos, chegamos mais perto da aprovação da Lei DREAM do que em todas as tentativas anteriores; e que nosso trabalho era continuar insistindo enquanto estivéssemos aqui, até enfim atingirmos nosso objetivo. Todos concordaram em silêncio, e desci a escada. Em minha mesa, Katie tinha deixado uma cópia da lista de senadores. Passando o dedo pela página, vi que Claire McCaskill tinha votado "sim". Pedi a Katie que pusesse a senadora ao telefone.

"Achei que você fosse votar 'não', a não ser que o projeto tivesse chance de ser aprovado", disse eu, quando ela atendeu.

"Caramba, sr. presidente, eu também pensei", disse Claire. "Mas, na hora de registrar meu voto, comecei a pensar nos meninos que tinham vindo ao meu gabinete…" A voz dela ficou presa na garganta, embargada de emoção. "Eu não podia fazer isso com eles. Não podia deixar que achassem que eu não estou nem aí. Seja como for", continuou ela, se recompondo, "parece que o senhor vai ter que me ajudar a arrecadar uma boa grana para que eu possa responder aos anúncios republicanos me acusando de ser frouxa na questão da imigração."

Prometi a Claire que o faria. Mesmo não havendo cerimônia para sancionar a lei a que ela pudesse assistir, nem plateia para aplaudi-la de pé, eu achava que o silencioso exercício de consciência de minha amiga, não menos do que o de Mike Mullen, tinha sido mais um passo na direção de um país melhor.

Nossa incapacidade de aprovar a Lei DREAM foi uma pílula amarga e difícil de engolir. Apesar disso, nós na Casa Branca ficamos animados com o fato de termos conseguido produzir, apesar das dificuldades, a temporada de sessões "pato manco" mais significativa da história moderna. Em seis semanas, a Câmara e o Senado tinham permanecido juntos 48 dias em sessão e aprovado 99 leis — mais de um quarto da legislação total do 111º Congresso em dois anos. Mais ainda, a opinião pública pareceu notar a explosão de atividade legislativa. Axe nos relatava um aumento na confiança do consumidor e em meus índices de aprovação — não porque minha mensagem ou minhas políticas tivessem mudado, mas porque Washington tinha produzido muito. Era como se, em um mês e meio, a democracia voltasse à normalidade, com o toma lá dá cá de sempre entre os partidos, o puxa e empurra dos grupos especiais, o lado positivo e o negativo dos acordos. O que mais teríamos conseguido, pensava eu, e até que ponto a recuperação econômica teria avançado, se esse tipo de atmosfera prevalecesse desde o início de meu mandato?

PARTE VII

Na corda bamba

25

Se no fim de 2010 alguém me perguntasse onde era mais provável que a próxima grande crise no Oriente Médio estourasse, eu teria apresentado uma vasta gama de possibilidades. Havia o Iraque, claro, onde, apesar dos avanços, às vezes parecia que a volta ao caos dependia apenas de uma bomba num mercado ou de um ataque miliciano. As sanções internacionais que impusemos contra o Irã em resposta ao programa nuclear do país tinham começado a causar efeitos colaterais, e qualquer atitude de desafio ou desespero do regime poderia resultar num confronto fácil de fugir do controle. O Iêmen — um dos verdadeiros casos de lugares azarados do mundo — se tornara o quartel-general da al-Qaeda na Península Árabe, à época o braço mais letal e ativo da rede terrorista.

E havia também as poucas centenas de quilômetros da fronteira tortuosa e disputada que separava Israel dos territórios palestinos da Cisjordânia e da Faixa de Gaza.

O meu estava longe de ser o primeiro governo americano a perder o sono por causa dessas faixas de terreno relativamente estreitas. O conflito entre árabes e judeus era uma ferida aberta na região havia quase um século, remontando à Declaração Balfour de 1917, com a qual os britânicos, então ocupando a Palestina, se comprometiam a criar "um lar nacional para o povo judeu" num território habitado por uma maioria esmagadora de árabes. Nos vinte anos seguintes, líderes sionistas mobilizaram uma onda de migração judaica para a Palestina e organizaram Forças Armadas altamente treinadas para defender seus assentamentos. Em 1947, na esteira da Segunda Guerra Mundial e à sombra dos inomináveis crimes do Holocausto, a ONU aprovou um plano de partição para estabelecer dois Estados soberanos, um judeu e o outro árabe, com Jerusalém — cidade sagrada para muçulmanos, cristãos e judeus — a ser governada por um órgão internacional. Os líderes sionistas acataram o plano, mas os árabes palestinos, bem como os países árabes vizinhos, que também emergiam do domínio colonial, se opuseram vigorosamente. Com a retirada da Grã-Bretanha, os dois lados não demoraram a mergulhar na guerra. E, com a vitória das milícias judaicas em 1948, o Estado de Israel foi oficialmente criado.

Para o povo judeu, era um sonho realizado, um Estado na pátria histórica de seu povo depois de séculos de exílio, de perseguição religiosa e dos horrores mais recentes do Holocausto. Mas para os 700 mil palestinos árabes que se viram sem um Estado próprio e expulsos de suas terras, os mesmos acontecimentos viriam a ser conhecidos como a Nakba, ou "Catástrofe". Pelas três décadas seguintes, Israel travaria uma série de conflitos com seus vizinhos árabes — sobretudo a Guerra dos Seis Dias, de 1967, na qual as Forças Armadas israelenses, apesar de sua situação de inferioridade numérica, derrotaram os exércitos combinados de Egito, Jordânia e Síria. Durante o processo, Israel tomou da Jordânia o controle da Cisjordânia e de Jerusalém Oriental, do Egito, a Faixa de Gaza e a península do Sinai; e, da Síria, as colinas de Golã. A lembrança dessas perdas e a humilhação que veio com elas se tornaram um traço definidor do nacionalismo árabe, e o apoio à causa palestina, um dos pilares da política externa dos países árabes.

Enquanto isso, os palestinos que viviam nos territórios ocupados, a maioria em campos de refugiados, passaram a ser governados pelas Forças de Defesa de Israel, tendo sua mobilidade e sua atividade econômica severamente restringidas, o que resultou em apelos à resistência armada e na ascensão da Organização para a Libertação da Palestina (OLP). Os políticos árabes eram incansáveis em suas denúncias a Israel, muitas vezes se utilizando de termos abertamente antissemitas, e a maioria dos governos da região enxergou no presidente da OLP, Yasser Arafat, um combatente da liberdade — ainda que sua organização e seus parceiros lançassem ataques terroristas cada vez mais frequentes e sangrentos contra civis desarmados.

Perante tudo isso, os Estados Unidos não se comportavam como meros espectadores. Os judeus americanos tinham sofrido discriminação durante gerações em seu próprio país, mas eles e outros judeus que emigraram do Ocidente para Israel ainda compartilhavam a língua, os costumes e a aparência com seus irmãos cristãos brancos, e em comparação com os árabes ainda despertavam muito mais simpatia da população dos Estados Unidos. Harry Truman tinha sido o primeiro governante estrangeiro a reconhecer formalmente Israel como Estado soberano, e a comunidade judaica americana exercia pressão para que autoridades nacionais ajudassem o país recém-nascido. Com as duas superpotências mundiais da Guerra Fria competindo para exercer influência no Oriente Médio, os Estados Unidos se tornaram o principal protetor de Israel — e dessa maneira os problemas de Israel com seus vizinhos acabaram se transformando em problemas dos Estados Unidos também.

Praticamente todos os presidentes americanos desde então tentaram resolver o conflito árabe-israelense, com variados graus de sucesso. Os históricos Acordos de Camp David, negociados por Jimmy Carter em 1978, trouxeram paz duradoura entre Israel e Egito e devolveram o Sinai ao controle egípcio. O acordo, que rendeu um prêmio Nobel da paz ao primeiro-ministro israelense Menachem Begin e para o presidente egípcio Anwar Sadat, também afastou o Egito da órbita soviética e tornou os dois países parceiros essenciais para a segurança dos Estados Unidos (e também, de longe, os maiores beneficiários de ajuda econômica e militar americana no mundo). Mas não resolveu a questão palestina. Quinze anos depois, com o fim da Guerra Fria e a influência americana em seu auge, Bill Clinton juntou o primeiro-ministro israelense Yitzhak Rabin e Arafat para a assinatura do primeiro Acordo de Oslo. Segundo os termos do tratado, a OLP finalmente reconhecia que Israel tinha o direito de existir, enquanto Israel reconhecia a OLP como representante legítima do povo palestino e concordava com a criação da Autoridade Palestina, que teria poderes de governança limitados, mas relevantes, na Cisjordânia e na Faixa de Gaza.

Além de dar à Jordânia licença para seguir o exemplo do Egito e concluir seu próprio acordo de paz com Israel, o acordo forneceu um arcabouço para a posterior criação de um Estado palestino autônomo, que em termos ideais coexistiria com um Israel seguro e em paz com seus vizinhos. Mas velhas feridas, e o atrativo da violência em lugar de concessões entre facções de ambos os lados, se revelaram obstáculos intransponíveis. Rabin foi assassinado por um fanático israelense de extrema direita em 1995. Seu sucessor liberal, Shimon Peres, ficou no cargo por sete meses antes de perder uma eleição antecipada para Benjamin "Bibi" Netanyahu, líder do partido de direita Likud, cuja plataforma tinha no passado incluído a anexação total dos territórios palestinos. Insatisfeitas com os Acordos de Oslo, organizações de linha dura, como o Hamas e a Jihad Islâmica da Palestina, passaram a trabalhar para enfraquecer a credibilidade de Arafat e do Fatah, seu partido, entre os palestinos, com conclamações à luta armada para retomar terras árabes e empurrar Israel para o mar.

Depois da derrota de Netanyahu na eleição de 1999, seu sucessor mais liberal, Ehud Barak, se esforçou para estabelecer uma paz mais ampla no Oriente Médio, incluindo o delineamento da solução de dois Estados, um avanço em relação a qualquer outra proposta israelense anterior. No entanto, Arafat exigiu mais concessões, e as conversas degeneraram em recriminações de lado a lado. Enquanto isso, num dia de setembro de 2000, o líder do Likud, Ariel Sharon, encabeçou um grupo de legisladores israelenses numa visita, deliberadamente provocadora e cercada de publicidade, a um dos lugares mais sagrados do islã, o Monte do Templo em Jerusalém. Foi um golpe publicitário para reafirmar a reivindicação israelense de mais territórios, contestando a liderança de Ehud Barak e enfurecendo todos os árabes. Quatro meses depois, Sharon se tornou primeiro-ministro de Israel, governando em meio ao que ficaria conhecido como Segunda Intifada: quatro anos de violência de ambas as partes, marcados por gás lacrimogêneo e balas de borracha contra manifestantes armados de pedras; ataques suicidas palestinos com bombas detonadas na porta de uma casa noturna israelense e dentro de ônibus lotados de idosos e crianças; incursões retaliatórias letais das Forças de Defesa de Israel e a prisão indiscriminada de milhares de palestinos; e foguetes do Hamas lançados de Gaza sobre cidades israelenses de fronteira, e em resposta helicópteros Apache fornecidos pelos Estados Unidos que destruíam bairros inteiros.

Aproximadamente mil israelenses e 3 mil palestinos morreram nesse período — incluindo dezenas de crianças —, e em 2005, quando a violência cessou, as perspectivas de solução do conflito subjacente tinham se alterado de maneira profunda. A ênfase do governo de Bush no Iraque, no Afeganistão e na Guerra contra o Terror lhe deixava pouca margem para se preocupar com a paz no Oriente Médio, e embora sua postura oficial fosse de continuar apoiando a solução de dois Estados, Bush relutava em pressionar Sharon nessa questão. Publicamente, a Arábia Saudita e outros países do Golfo Pérsico permaneciam fiéis à causa palestina; porém, estavam cada vez mais preocupados em reduzir a influência iraniana e acabar com ameaças extremistas a seus próprios regimes. Os próprios palestinos se fragmentaram depois da morte de Arafat, em 2004; Gaza ficou sob controle do Hamas e logo se viu sob rigoroso bloqueio israelense, enquanto a Autoridade Palestina, que era dominada pelo Fatah e continuava governando a Cisjordânia, passou a ser vista, até mesmo por seus partidários, como irresponsável e corrupta.

Mais importante ainda, a postura dos israelenses em relação às negociações de paz endurecera, em parte porque a paz já não parecia tão essencial para assegurar a segurança e a prosperidade do país. O Estado de Israel, que nos anos 1960 ocupava a imaginação popular com a vida comunitária dos kibutzim e os racionamentos periódicos de artigos de primeira necessidade, se transformara numa potência econômica moderna. Não era mais o destemido Davi cercado por Golias hostis; graças a dezenas de bilhões de dólares de ajuda militar americana, as Forças Armadas israelenses não tinham rivais na região. As bombas e os ataques terroristas dentro de Israel praticamente acabaram, devido em grande parte ao fato de que os israelenses tinham construído um muro de mais de 640 quilômetros de extensão separando os centros de população palestina na Cisjordânia, com postos de controle situados estrategicamente para controlar o fluxo de trabalhadores palestinos que entravam e saíam de Israel. Com grande frequência, foguetes disparados de Gaza ainda colocavam em risco os moradores das cidades fronteiriças israelenses, e a presença de colonos judeus na Cisjordânia às vezes deflagrava escaramuças mortais. Para a maioria dos moradores de Jerusalém ou de Tel Aviv, porém, os palestinos viviam fora de seu campo de visão, e suas lutas e seus ressentimentos permaneciam inquietantes, mas remotos.

Diante do que encontrei quando me tornei presidente, seria tentador me limitar a administrar da melhor maneira possível o status quo, abafar qualquer explosão de violência entre facções israelenses e palestinas que surgisse e, no mais, deixar a bagunça exatamente como estava. Mas, levando em conta as preocupações mais amplas de política externa, achei que não poderia seguir esse caminho. Israel continuava sendo um aliado muito importante dos Estados Unidos e, mesmo com as ameaças reduzidas, ainda sofria ataques terroristas que punham em risco não apenas seus cidadãos como milhares de americanos que lá viviam ou para lá viajavam. Por outro lado, quase todos os demais países do mundo consideravam a contínua ocupação de territórios palestinos por Israel uma violação do direito internacional. Uma das consequências disso era que nossos diplomatas ficavam na difícil posição de ter que defender Israel por ações que nós mesmos rejeitávamos. As autoridades americanas também tinham que explicar por que não era hipocrisia pressionar países como a China e o Irã por violações de direitos humanos e não demonstrar a mesma preocupação com os direitos dos palestinos. Enquanto isso, a ocupação israelense continuava a irritar a comunidade árabe e a alimentar sentimentos antiamericanos no mundo muçulmano.

Em outras palavras, a inexistência de paz entre Israel e os palestinos tornava os Estados Unidos menos seguros. Negociar uma solução viável entre os dois lados, por sua vez, fortaleceria nossa segurança, enfraqueceria nossos inimigos e nos daria mais credibilidade como defensores dos direitos humanos no mundo — tudo de uma só tacada.

Na verdade, o conflito israelense-palestino também me tocava pessoalmente. Algumas das primeiras instruções morais que recebi de minha mãe giravam em torno do Holocausto, uma catástrofe inconcebível que, como a escravidão, explicava ela, tinha suas raízes na incapacidade ou na má vontade de reconhecer a humanidade dos outros. Como muitos meninos americanos da minha geração, eu tinha a história do Êxodo gravada na memória. No sexto ano do colégio, eu idealizava o país conforme a descrição que um supervisor de acampamento judeu que vivera num kibutz fez para mim — um lugar, segundo ele, onde todos eram iguais, todos ajudavam em tudo e todos eram bem-vindos para compartilhar as alegrias e as dificuldades de consertar o mundo. No ensino médio, devorei as obras de Philip Roth, Saul Bellow e Norman Mailer, comovido com as histórias de homens tentando encontrar um lugar numa América que não os acolhia. Mais tarde, estudando os primórdios do movimento dos direitos civis na faculdade, eu ficava intrigado com a influência de filósofos judeus como Martin Buber nos sermões e nos escritos do dr. King. Me admirava do fato de que, em todas as questões, os eleitores judeus costumavam ser mais progressistas do que praticamente qualquer outro grupo étnico, e em Chicago alguns de meus amigos e seguidores mais confiáveis vinham dessa comunidade.

Eu acreditava existir um vínculo essencial entre as experiências negra e judaica — uma história comum de exílio e sofrimento que poderia, em última análise, ser redimida por uma sede compartilhada de justiça, uma profunda compaixão pelos outros, um senso mais forte de comunidade. Isso me tornava um defensor convicto do direito de o povo judeu ter um Estado próprio; ironicamente, no entanto, esses mesmos valores comuns também tornavam impossível ignorar as condições em que os palestinos eram obrigados a viver nos territórios ocupados.

Sim, muitas táticas de Arafat eram abomináveis. Sim, os líderes palestinos tinham perdido muitas oportunidades de selar a paz; não havia um Havel ou um Gandhi para mobilizar um movimento não violento com a força moral de influenciar a opinião pública israelense. E, no entanto, nada disso desmentia o fato de que milhões de palestinos tinham negado seu direito de autodeterminação e muitos outros direitos básicos de que até mesmo cidadãos de países não democráticos desfrutavam. Gerações inteiras cresciam num mundo faminto e reduzido, de onde literalmente não conseguiam escapar, sua vida diária sujeita aos caprichos de uma autoridade distante, frequentemente hostil, e às desconfianças de soldados de expressão vazia, armados de fuzis, pedindo para ver seus documentos a cada posto de controle por onde passavam.

Quando assumi o cargo, porém, a maioria dos republicanos do Congresso já tinha desistido de fingir que se importava com a situação dos palestinos. Na verdade, uma forte maioria de protestantes brancos — o bloco eleitoral mais confiável do Partido Republicano — achava que a criação e a ampliação gradual de Israel representavam o cumprimento da promessa de Deus a Abraão e anunciavam o retorno final de Cristo. Do lado democrata, nem mesmo renomados progressistas queriam parecer menos pró-Israel do que os republicanos, principalmente porque muitos eram judeus também, ou representavam significativos eleitorados judeus.

Além disso, membros dos dois partidos tinham medo de contrariar o Comitê Americano de Assuntos Públicos de Israel (AIPAC), poderosa organização bipartidária de lobby, empenhada em garantir o apoio inabalável dos Estados Unidos a Israel. O poder do AIPAC poderia ser exercido em quase todos os distritos eleitorais do Congresso no país, e a bem dizer todos os políticos em Washington — inclusive eu — contavam com membros do AIPAC entre seus partidários e doadores mais importantes. No passado, a organização aceitara diferentes pontos de vista sobre a paz no Oriente Médio, fazendo questão basicamente de que quem buscasse seu respaldo apoiasse a continuação da ajuda americana a Israel e se opusesse a esforços para isolar ou condenar Israel por intermédio da ONU e de outros organismos internacionais. Mas, quando a política israelense se deslocou para a direita, a posição política do AIPAC fez o mesmo. Seus funcionários e líderes passaram a argumentar que não deveria haver "nenhuma distância" entre os governos dos Estados Unidos e de Israel, mesmo quando Israel adotasse medidas contrárias à política americana. Os que criticassem muito abertamente a política israelense corriam o risco de serem tachados de "anti-Israel" (e talvez antissemitas) e de terem de enfrentar um adversário com vastos recursos financeiros na eleição seguinte.

Senti um pouco isso durante minha campanha presidencial, com apoiadores judeus dizendo que precisavam rebater afirmações, em suas sinagogas ou correntes de e-mail, de que eu não era tão pró-Israel quanto deveria, ou mesmo de que eu era hostil ao Estado israelense. Eles atribuíam esse falatório não a alguma postura em particular que eu tivesse assumido (meu apoio a uma solução de dois Estados e minha oposição a assentamentos israelenses coincidiam com as posições dos outros candidatos), mas a minhas manifestações de preocupação com os palestinos comuns; à minha amizade com certos críticos da política israelense, entre eles um ativista e estudioso do Oriente Médio chamado Rashid Khalidi; e ao fato de que, como Ben disse com toda a franqueza: "Você é um negro com nome muçulmano que morava no mesmo bairro de Louis Farrakhan e frequentava a igreja de Jeremiah Wright". No Dia da Eleição, acabei recebendo mais de 70% dos votos judaicos, mas, para muitos membros da diretoria do AIPAC, eu continuava suspeito, um homem de lealdades conflitantes: alguém cujo apoio a Israel, como um dos amigos de Axe disse, num tom curioso, "não era sentido em suas *kishkes*" — termo iídiche que significa "entranhas".

"Não é possível obter avanços para a paz", Rahm me advertiu em 2009, "quando o presidente americano e o primeiro-ministro israelense têm formação política diferente." Conversávamos sobre a volta recente de Bibi Netanyahu como primeiro-ministro de Israel depois que o partido Likud conseguira forjar uma coalizão governamental com viés de direita apesar de ter ganhado um assento a menos que seu principal oponente, o partido Kadima, mais de centro. Rahm, que tinha sido por um breve tempo voluntário civil no Exército israelense e testemunhara as negociações de Oslo de Bill Clinton, também achava que deveríamos tentar ressuscitar as negociações entre israelenses e palestinos, nem que fosse para impedir que a situação piorasse. Mas ele não tinha grandes esperanças — e, quanto mais tempo eu passava com Netanyahu e seu equivalente palestino, Mahmoud Abbas, mais eu entendia suas razões.

Com a constituição atlética de um jogador de linha de defesa de futebol americano, queixo quadrado, feições vigorosas e cabelos grisalhos encobrindo a calvície, Netanyahu era inteligente, astuto, duro, com o dom da oratória tanto em hebraico como em inglês. (Nascido em Israel, passou a maior parte dos anos de formação na Filadélfia, e traços do sotaque dessa cidade persistem em sua elegante voz de barítono.) Sua família tem profundas raízes no movimento sionista: o avô, um rabino, emigrou da Polônia para a Palestina governada pelos britânicos em 1920, enquanto o pai — professor de história, conhecido por seus escritos sobre a perseguição dos judeus durante a Inquisição espanhola — se tornou líder da ala mais militante do movimento antes da fundação de Israel. Apesar de criado numa casa secular, Netanyahu herdou do pai a devoção à defesa de Israel: foi membro de uma unidade de elite nas Forças de Defesa de Israel e combateu na Guerra do Yom Kippur em 1973, e seu irmão mais velho morreu como herói na legendária incursão de 1976 em Entebbe, na qual comandos israelenses resgataram 102 passageiros das mãos de terroristas palestinos que tinham sequestrado um avião da Air France.

Se Netanyahu também havia herdado a inequívoca hostilidade do pai em relação aos árabes ("A tendência ao conflito está na essência do árabe. Ele é inimigo por essência. Sua personalidade não lhe permite qualquer concessão ou acordo"), era mais difícil de saber. O certo era que ele tinha construído sua persona política em torno de uma imagem de força e da mensagem de que os judeus não podiam se dar ao luxo de se entregar a compaixões de fachada — que viviam entre vizinhos difíceis e por isso precisavam ser duros. Essa filosofia o colocava em perfeita sintonia com os membros mais belicosos do AIPAC e com republicanos ocupantes de cargos públicos e americanos ricos de direita. Netanyahu podia ser encantador, ou pelo menos aparentar solicitude, quando isso lhe convinha; fez um esforço especial, por exemplo, para me encontrar numa sala de espera do aeroporto de Chicago quando fui eleito para o Senado federal, me cobrindo de elogios por um projeto de lei sem importância a favor de Israel que apoiei no legislativo estadual de Illinois. Mas a ideia que fazia de si mesmo como o principal defensor do povo judeu contra as calamidades o levava a querer justificar praticamente qualquer coisa que o ajudasse a continuar no poder — e sua familiaridade com a política e com a mídia dos Estados Unidos lhe conferia a certeza de que poderia resistir a qualquer pressão que um governo democrata como o meu pudesse tentar exercer.

Minhas primeiras conversas com Netanyahu — tanto por telefone como durante suas visitas a Washington — correram bem, apesar de nossas diferentes visões de mundo. Ele estava mais interessado em falar sobre o Irã, que corretamente considerava a maior ameaça à segurança de Israel, e concordamos em coordenar esforços para impedir que Teerã desenvolvesse uma arma nuclear. Mas, quando levantei a possibilidade de retomar as conversações de paz com os palestinos, ele não quis se comprometer.

"Eu asseguro que Israel quer a paz", disse Netanyahu. "Mas uma paz verdadeira, que atenda às necessidades de segurança de Israel." Teve a franqueza de me dizer que achava Abbas indisposto ou incapaz de fazê-lo, opinião que voltaria a frisar em público.

Entendi seu argumento. Se por um lado a relutância de Netanyahu em participar de negociações de paz era produto do poderio cada vez maior de Israel, por outro a relutância do presidente palestino Abbas era produto de fraqueza política. De cabelos brancos e bigode, afável e calculista em seus movimentos, Abbas ajudara Arafat a fundar o Fatah, que viria a se tornar o partido dominante da OLP, passando a maior parte de sua carreira cuidando de esforços diplomáticos e administrativos à sombra do presidente mais carismático. Foi o escolhido tanto pelos Estados Unidos como por Israel para liderar os palestinos depois da morte de Arafat, em boa medida devido a seu inequívoco reconhecimento da legitimidade do Estado israelense e sua tradicional renúncia à violência. Mas sua cautela natural e seu afã de cooperar com o aparato de segurança israelense (sem mencionar os rumores de nepotismo e corrupção em seu governo) prejudicaram sua reputação entre seu próprio povo. Tendo perdido o controle de Gaza para o Hamas nas eleições legislativas de 2006, via as tratativas com Israel como um risco que não valia a pena correr — pelo menos não sem algumas concessões tangíveis que lhe dessem cobertura política.

O problema imediato, portanto, era como convencer Netanyahu e Abbas a se sentarem à mesa de negociação. Para obter respostas, eu dependia de um talentoso grupo de diplomatas, a começar por Hillary, que era muito versada no assunto e já mantinha relações com muitos dos principais protagonistas da região. Para enfatizar a alta prioridade que eu atribuía à questão, nomeei George Mitchell, o ex-líder da maioria no Senado, meu embaixador especial para a paz no Oriente Médio. Mitchell era um homem com características de outros tempos — um político dinâmico e pragmático com forte sotaque do Maine que demonstrou suas habilidades de pacificador negociando o Acordo da Sexta-Feira Santa de 1998, que pôs fim a décadas de conflito entre católicos e protestantes na Irlanda do Norte.

Começamos pedindo um congelamento temporário da construção de novos assentamentos israelenses na Cisjordânia, que representava um obstáculo significativo entre os dois lados, para que as negociações pudessem prosseguir com seriedade. A construção de assentamentos, outrora limitada a pequenos postos avançados de fiéis religiosos, com o tempo se tornara, para todos os efeitos, uma política de governo e, em 2009, havia cerca de 300 mil colonos israelenses vivendo fora das fronteiras reconhecidas do país. Enquanto isso, as incorporadoras continuavam a construir minúsculas subdivisões dentro e em volta da Cisjordânia e de Jerusalém Oriental, a seção disputada e predominantemente árabe da cidade que os palestinos esperavam transformar em sua capital. Tudo isso era feito com as bênçãos de políticos que compartilhavam as convicções religiosas do movimento dos colonos, viam os benefícios políticos de servir aos colonos ou estavam interessados apenas em aliviar o déficit habitacional de Israel. Para os palestinos, a explosão dos assentamentos equivalia a uma anexação em câmera lenta de sua terra, e era um símbolo da impotência da Autoridade Palestina.

Sabíamos que Netanyahu muito provavelmente resistiria à ideia do congelamento. Os colonos haviam se tornado uma força política significativa, com seu movimento bem representado na coalizão de seu governo. Além disso, ele alegaria que o gesto de boa-fé que pedíamos aos palestinos em troca — que Abbas e a Autoridade Palestina tomassem medidas concretas para acabar com a incitação à violência dentro da Cisjordânia — era muito mais difícil de mensurar. Mas, levando em conta a assimetria de poder entre Israel e os palestinos — não havia tanta coisa assim, afinal de contas, que Abbas pudesse dar a Israel que os israelenses já não tivessem tomado —, eu achava razoável solicitar ao lado mais forte que desse um primeiro passo maior na direção da paz.

Como já esperávamos, a resposta inicial de Netanyahu à proposta de congelar os assentamentos foi uma negativa categórica, e seus aliados em Washington logo passaram a nos acusar publicamente de enfraquecer a aliança entre os Estados Unidos e Israel. Os telefones da Casa Branca começaram a tocar até quase cair do gancho, enquanto membros da nossa equipe de segurança nacional atendiam a ligações de repórteres, líderes de organizações judaico-americanas, apoiadores importantes e parlamentares, todos indagando por que azucrinávamos Israel e dávamos atenção aos assentamentos quando todo mundo sabia que a violência palestina era o maior obstáculo à paz. Certa tarde, Ben chegou atrasado para uma reunião e parecia especialmente perturbado depois de quase uma hora ao telefone com um congressista democrata muito nervoso.

"Achava que ele fosse contra os assentamentos", eu disse.

"E é", respondeu Ben. "Mas também é contra fazer qualquer coisa que de fato interrompa os assentamentos."

Esse tipo de pressão continuou pela maior parte de 2009, juntamente com os questionamentos sobre minhas *kishkes*. Convidávamos líderes de organizações judaicas ou congressistas à Casa Branca para reuniões periódicas comigo e minha equipe, a fim de tranquilizá-los sobre nosso firme compromisso com a segurança israelense e com as relações entre os Estados Unidos e Israel. Não era um argumento difícil de defender: apesar de minhas diferenças com Netanyahu na questão de congelar os assentamentos, eu tinha cumprido minha promessa de aumentar a cooperação entre os dois países, trabalhando para neutralizar a ameaça iraniana e ajudar a financiar o desenvolvimento de um sistema de defesa apelidado de "Cúpula de Ferro", que permitiria a Israel derrubar foguetes de fabricação síria provenientes de Gaza ou das posições do Hezbollah no Líbano. No entanto, a barulheira orquestrada por Netanyahu teve o efeito desejado de consumir nosso tempo, nos colocando na defensiva, deixando claro que as diferenças políticas normais com um primeiro-ministro israelense — ainda que ele presidisse uma frágil coalizão governamental — tinham um custo político que simplesmente não existia quando eu lidava com o Reino Unido, a Alemanha, a França, o Japão, o Canadá ou qualquer um de nossos aliados mais próximos.

Mas pouco depois do meu discurso no Cairo, no começo de junho de 2009, Netanyahu abriu a porta para o progresso respondendo com um discurso no qual declarava, pela primeira vez, apoio condicional a uma solução de dois Estados. E após meses de discussões, ele e Abbas enfim concordaram em me encontrar para uma conversa cara a cara quando os dois estivessem na cidade para o encontro anual de líderes na Assembleia Geral da ONU, no fim de setembro. Os dois foram educados um com o outro (Netanyahu falador e fisicamente à vontade, Abbas quase sem expressão, a não ser por um ocasional aceno de cabeça), mas pareceram indiferentes quando sugeri que assumissem alguns riscos em nome da paz. Dois meses depois, Netanyahu concordou em instituir um congelamento de dez meses na emissão de novas licenças para construir assentamentos na Cisjordânia. Mas foi enfático ao recusar estender o congelamento a construções em Jerusalém Oriental.

Meus motivos para me sentir otimista quanto à concessão de Bibi duraram pouco. Assim que Netanyahu anunciou o congelamento temporário, Abbas denunciou que aquilo era um gesto sem sentido e se queixou da exclusão de Jerusalém Oriental e do fato de que a construção de projetos já aprovados continuava a todo vapor. Afirmou ainda que, sem um congelamento total, não participaria de negociação nenhuma. Outros líderes árabes rapidamente fizeram eco a esses sentimentos, estimulados em parte por editoriais da Al Jazeera, o veículo de comunicação controlado pelo Catar que se tornara a principal fonte de notícias da região, tendo construído sua popularidade atiçando as chamas da raiva e do ressentimento entre os árabes com a mesma precisão algorítmica e habilidosa da Fox News em relação aos eleitores brancos conservadores nos Estados Unidos.

A situação ficou mais complicada em março de 2010, quando, no momento em que Joe Biden visitava Israel numa missão diplomática, o Ministério do Interior israelense anunciou a concessão de autorizações para construir 1600 unidades residenciais em Jerusalém Oriental. Apesar de Netanyahu afirmar que seu gabinete não teve nenhuma influência sobre o momento escolhido para as autorizações, a medida reforçou a sensação entre os palestinos de que o congelamento era uma fraude, e que os Estados Unidos sabiam disso. Instruí Hillary a ligar para Netanyahu e dizer que eu não estava nada satisfeito, e repetimos nossa sugestão para que seu governo fosse mais comedido na expansão dos assentamentos. Sua resposta, transmitida na conferência anual do AIPAC em Washington no fim do mês, foi declarar, debaixo de aplausos estrondosos, que "Jerusalém não é um assentamento — é a nossa capital".

No dia seguinte, Netanyahu e eu nos encontramos na Casa Branca. Para aliviar a tensão, aceitei a ficção de que o anúncio das autorizações tinha sido apenas um mal-entendido, e nossa conversa se estendeu além do tempo previsto. Como eu tinha outro compromisso e Netanyahu ainda queria discutir alguns assuntos, sugeri que fizéssemos uma pausa e retomássemos a conversa dentro de uma hora, providenciando, enquanto isso, que sua delegação ficasse na Sala Roosevelt. Ele disse que não se incomodava, e depois da segunda sessão encerramos a noite em termos cordiais, tendo conversado por mais de duas horas ao todo. No dia seguinte, porém, Rahm entrou de supetão no gabinete para dizer que havia notícias na mídia de que Netanyahu havia sido deliberadamente esnobado por mim, que o teria obrigado a esperar, o que levou a acusações de que eu tinha deixado um caso de melindre pessoal prejudicar a relação vital entre Estados Unidos e Israel.

Foi uma das raras ocasiões em que eu falei mais palavrões do que Rahm.

Olhando em retrospecto, às vezes me pergunto, como muitos outros antes de mim, que diferença fazem as características particulares dos governantes nos vastos movimentos da história — se aqueles de nós que ascendemos ao poder somos meros fios condutores das profundas e implacáveis correntes dos tempos ou se somos, pelo menos em parte, os autores do que está por vir. Pergunto a mim mesmo se nossas inseguranças, nossas esperanças, nossos traumas de infância ou nossas lembranças de inesperados gestos de bondade não têm tanta força quanto qualquer inovação tecnológica ou tendência socioeconômica. Pergunto a mim mesmo se uma Hillary Clinton presidente ou um John McCain presidente não teriam despertado mais confiança dos dois lados; se as coisas não teriam sido diferentes se outra pessoa que não Netanyahu ocupasse a cadeira de primeiro-ministro ou se Abbas fosse um homem mais jovem, mais interessado em deixar sua marca do que em se proteger de críticas.

O que sei com certeza é que, apesar das horas que Hillary e George Mitchell passaram fazendo diplomacia, nossos planos para as negociações de paz não levaram a lugar nenhum, até que, no fim de agosto de 2010, apenas um mês antes de o congelamento das construções expirar, Abbas aceitou manter conversas diretas, graças em grande parte à intervenção do presidente egípcio Hosni Mubarak e do rei Abdullah, da Jordânia. Sua participação, entretanto, foi condicionada à disposição de Israel de manter o congelamento — o mesmo que ele próprio passara os nove meses anteriores tachando como inútil.

Sem tempo a perder, providenciamos para que Netanyahu, Abbas, Mubarak e Abdullah participassem comigo de reuniões e de um jantar privativo na Casa Branca em 1º de setembro para dar início às conversas. O dia foi quase todo dedicado ao cerimonial — o trabalho duro de forjar um acordo ficaria com Hillary, Mitchell e as equipes de negociadores. Apesar disso, embelezamos todo o episódio com sessões de fotografia e eventos abertos à imprensa e todo o estardalhaço que pudemos produzir, e do começo ao fim o clima entre os quatro governantes foi de cordialidade e coleguismo. Ainda tenho uma foto de nós cinco olhando para o relógio do presidente Mubarak para ver se o sol já se pusera oficialmente, uma vez que era o mês do Ramadã, e precisávamos confirmar se o jejum religiosamente prescrito tinha acabado antes de nos sentarmos para o jantar.

À luz suave da Velha Sala de Jantar da Família, nos revezamos em descrever nossas visões do futuro. Falamos de antecessores como Begin e Sadat, Rabin e o rei Hussein, da Jordânia, que tiveram a coragem e a sabedoria de lançar pontes sobre antigos fossos. Falamos dos custos de um conflito infindável, de pais que não voltaram para casa, de mães que enterraram filhos.

Para uma pessoa de fora, teria parecido um momento de esperança, o começo de algo novo.

Apesar disso, no fim daquela noite, quando o jantar terminou e os líderes voltaram para seus hotéis e eu me sentei na Sala do Tratado repassando resumos para o dia seguinte, não pude deixar de sentir uma vaga inquietação. Os discursos, as conversas, a familiaridade tranquila — tudo parecia confortável *demais*, quase ritualizado, um espetáculo do qual cada um dos quatro governantes tinha participado dezenas de vezes, um agrado ao mais recente presidente dos Estados Unidos, que considerava possível mudar as coisas. Eu os imaginei trocando apertos de mão depois de tudo, como atores tirando as fantasias e a maquiagem nos bastidores, antes de voltarem para o mundo que conheciam bem — um mundo no qual Netanyahu podia atribuir a ausência de paz à fraqueza de Abbas ao mesmo tempo que fazia o possível para mantê-lo fraco, e Abbas podia publicamente acusar Israel de crimes de guerra ao mesmo tempo que, na surdina, negociava contratos empresariais com os israelenses, e os líderes árabes podiam lamentar as injustiças sofridas pelos palestinos sob a ocupação ao mesmo tempo que suas próprias forças internas de segurança reprimiam de forma brutal dissidentes e descontentes que pudessem ameaçar sua permanência no poder. E pensei em todas as crianças, fosse em Gaza ou nos assentamentos israelenses, ou nas esquinas do Cairo e de Amã, que continuariam a crescer conhecendo pouco mais que a violência, a coerção, o medo e a incitação ao ódio porque, lá no fundo, nenhum dos governantes com quem eu me encontrara acreditava que qualquer outra coisa fosse possível.

Um mundo sem ilusões — era o que eles diziam.

Os israelenses e palestinos acabariam se encontrando apenas duas vezes para tratativas de paz — uma em Washington, no dia seguinte ao nosso jantar na Casa Branca, e a outra doze dias depois para uma conversa em duas partes, com Mubarak recepcionando os negociadores no balneário egípcio de Sarm el Sheikh, antes de o grupo se transferir para a residência de Netanyahu em Jerusalém. Hillary e Mitchell informaram que as discussões foram significativas, com os Estados Unidos acenando com incentivos para os dois lados, incluindo pacotes de ajuda mais encorpados, e até considerando a libertação antecipada de Jonathan Pollard, um americano preso por espionar para Israel que se tornara herói para muitos israelenses de tendências direitistas.

Mas de nada adiantou. Os israelenses se recusaram a prorrogar o congelamento das construções. Os palestinos abandonaram as negociações. Em dezembro de 2010, Abbas ameaçou ir à ONU em busca de reconhecimento do Estado Palestino — e ao Tribunal Penal Internacional para processar Israel por supostos crimes de guerra em Gaza. Netanyahu ameaçou tornar a vida mais difícil para a Autoridade Palestina. George Mitchell tentou relativizar a situação, lembrando que, durante as conversas para acabar com o conflito na Irlanda do Norte, "tivemos setecentos dias ruins e um dia bom". Apesar disso, a impressão era de que, pelo menos no curto prazo, a oportunidade de um acordo de paz estava fora de alcance.

Nos meses seguintes, eu voltaria a pensar em meu jantar com Abbas e Netanyahu, Mubarak e o rei Abdullah, toda aquela pantomina, aquela falta de vontade. Afirmar que a velha ordem no Oriente Médio duraria para sempre, acreditar que os filhos do desespero não se revoltariam em algum momento contra aqueles que a mantinham — essa, como se veria, era a maior das ilusões.

Dentro da Casa Branca, sempre conversávamos sobre os desafios de longo prazo no Norte da África e no Oriente Médio. Com os petro-Estados incapazes de diversificar a economia, especulávamos sobre o que aconteceria quando as receitas do petróleo estancassem. Lamentávamos as restrições impostas a mulheres e meninas — interferindo em sua possibilidade de ir para a escola, para o mercado de trabalho ou, em alguns casos, até mesmo de dirigir um carro. Notávamos o crescimento estagnado e seu impacto desproporcional sobre as novas gerações nos países de língua árabe: pessoas de menos de trinta anos formavam cerca de 60% da população e sofriam com taxas de desemprego duas vezes mais altas do que no resto do mundo.

Acima de tudo, o que nos preocupava era a natureza autocrática, repressiva de quase todos os governos árabes — não só a ausência de verdadeira democracia, mas também o fato de que os detentores do poder pareciam não precisar dar explicação nenhuma aos povos que governavam. Embora as condições variassem de um país para outro, a maioria desses governantes se mantinha no poder mediante uma velha fórmula: restrições à participação política e à liberdade de expressão, intimidação e vigilância generalizadas a cargo da polícia ou de serviços internos de segurança, sistemas judiciários disfuncionais e proteções insuficientes ao processo legal, eleições fraudulentas (ou inexistentes), Forças Armadas entranhadas no governo, forte censura à imprensa e corrupção desenfreada. Muitos desses regimes duravam décadas, mantidos em pé por apelos nacionalistas, crenças religiosas compartilhadas, vínculos tribais, laços de família e redes de troca de favores. Era possível que a asfixia da dissidência, combinada com a simples inércia, bastasse para sustentá-los por algum tempo. Mas embora nossas agências de inteligência dedicassem seus esforços a rastrear as ações de grupos terroristas e de nossos diplomatas nem sempre estarem sintonizados com "as ruas" do mundo árabe, víamos indícios da crescente insatisfação em meio à população comum nesses locais — o que, considerando a falta de meios legítimos para exprimir essa frustração, podia causar problemas futuros. Ou, como eu disse a Denis depois de voltar de minha primeira visita à região como presidente: "Em algum momento, em algum lugar, a coisa vai explodir".

O que fazer com o que sabíamos? Essa era a grande questão. Pelo menos durante meio século, a política americana para o Oriente Médio se concentrara basicamente em manter a estabilidade, impedindo que nosso suprimento de petróleo fosse interrompido e que potências adversárias (primeiro os soviéticos, depois os iranianos) ampliassem sua influência. Depois do Onze de Setembro, o combate ao terrorismo passou a ocupar o centro de nossas atenções. Na busca de cada um desses objetivos, fizemos alianças com autocratas. Eles eram previsíveis, afinal, e se empenhavam em impedir que as coisas explodissem. Sediavam nossas bases militares e cooperavam com nossos esforços de contraterrorismo. E, claro, faziam muitos negócios com empresas americanas. Boa parte de nosso aparato de segurança nacional na região dependia de sua cooperação e em muitos casos se tornara totalmente ligado aos deles. Com grande frequência chegava um relatório do Pentágono ou de Langley recomendando que a política externa americana desse mais atenção aos direitos humanos e a questões de governança no trato com nossos parceiros no Oriente Médio. Mas então os sauditas davam uma informação vital que impedia que um artefato explosivo fosse embarcado num avião de carga com destino aos Estados Unidos, ou de repente nossa base naval no Bahrein passava a ser essencial para administrar um súbito aumento da tensão com o Irã no estreito de Ormuz, e aqueles relatórios eram relegados ao fundo da gaveta. Em todos os setores do governo, a possibilidade de uma revolta popular derrubar um dos nossos aliados tinha sido historicamente encarada com resignação: sim, era provável que acontecesse, assim como era provável que um furacão violento atingisse a Costa do Golfo, ou que o Grande Terremoto abalasse a Califórnia; mas como não sabíamos dizer exatamente quando ou onde, e de qualquer maneira não tínhamos meios de impedir, a melhor coisa a fazer era elaborar planos de emergência e nos preparar para administrar as consequências.

Para mim, era cômodo pensar que meu governo não cedia a esse fatalismo. Usando como base meu discurso no Cairo, eu aproveitava entrevistas e comentários públicos para recomendar aos governos do Oriente Médio que ouvissem as vozes dos cidadãos que pediam reformas. Em encontros com líderes árabes, minha equipe com frequência incluía questões de direitos humanos na agenda. O Departamento de Estado trabalhava nos bastidores com seriedade e afinco para proteger jornalistas, libertar dissidentes políticos e abrir espaço para o engajamento dos cidadãos.

Apesar disso, quase nunca os Estados Unidos repreendiam publicamente aliados como o Egito ou a Arábia Saudita por violações de direitos humanos. Levando em conta nossas preocupações com o Iraque, a al-Qaeda e o Irã, para não mencionar a segurança de Israel, parecia haver coisas demais em jogo para nos arriscarmos a romper relações. Aceitar esse tipo de realismo, dizia eu a mim mesmo, era parte do trabalho. Só que, com grande frequência, a história de uma ativista dos direitos das mulheres presa em Riad chegava à minha mesa, ou eu lia a respeito de um funcionário de organização de direitos humanos definhando numa prisão do Cairo, e aquilo me atormentava. Eu sabia que meu governo jamais conseguiria fazer do Oriente Médio um oásis de democracia, mas achava que podíamos, e devíamos, fazer muitíssimo mais para estimular o progresso nessa direção.

Foi num desses estados de espírito que consegui achar um tempinho para um almoço com Samantha Power.

Conheci Samantha quando estava no Senado, depois de ler *A Problem from Hell: America and the Age of Genocide*, seu livro ganhador do Prêmio Pulitzer — uma discussão comovente e muito bem embasada sobre a pífia resposta dos Estados Unidos a atos de genocídio e sobre a necessidade de uma liderança mundial mais forte na prevenção das atrocidades em massa. Ela lecionava em Harvard naquela época, e quando conversamos sua reação foi aproveitar de imediato minha sugestão de trocar ideias num jantar quando viesse de novo a Washington. Era uma mulher mais jovem do que eu esperava, de trinta e poucos anos, alta e magra, cabelos ruivos, sardas e olhos grandes, quase tristonhos, com cílios grossos que se enrugavam nos cantos quando ela ria. Era também muito séria. Samantha e sua mãe irlandesa tinham imigrado para os Estados Unidos quando ela tinha nove anos; jogou basquete no ensino médio, se formou em Yale e trabalhou como jornalista freelancer cobrindo a guerra na Bósnia. Suas experiências nesse país — testemunhando massacres e limpeza étnica — a inspiraram a estudar direito, na esperança de que isso lhe desse meios para curar um pouco a insensatez do mundo. Naquela noite, depois de Samantha citar uma extensa lista de erros de política externa que a seu ver precisavam ser corrigidos, sugeri que saísse um pouco da torre de marfim do mundo acadêmico para trabalhar um tempo comigo.

A conversa que começou no jantar daquela noite continuou intermitentemente por vários anos. Samantha entrou em minha equipe no Senado como assessora de política externa, me aconselhando em questões como o genocídio que na época ocorria em Darfur. Trabalhou em minha campanha para presidente, quando conheceu o homem que seria seu marido, Cass Sunstein, meu amigo e futuro responsável pelo setor de regulação governamental, e se tornou uma das nossas principais consultoras em política externa. (Tive que deixá-la de castigo, afastando-a da campanha, quando, durante o que achava fosse uma conversa particular com um repórter, ela chamou Hillary de "monstro".) Depois da eleição, eu a contratei para um alto cargo no NSC, onde ela fez um trabalho excelente, quase sempre longe dos holofotes, que incluía o projeto de uma iniciativa global ampla para aumentar a transparência governamental e reduzir a corrupção em países do mundo inteiro.

Samantha era uma de minhas amigas mais próximas na Casa Branca. Como Ben, ela trazia à tona meu idealismo da juventude, a parte de mim ainda intocada pelo cinismo, pelo frio calculismo ou pela cautela disfarçada de sensatez. E desconfio que era justamente por conhecer bem esse meu lado, e saber onde o calo aperta, que às vezes ela me deixava louco. Na verdade, eu não a via muito no dia a dia, e isso era parte do problema; sempre que arranjava tempo em minha agenda, Samantha julgava ser seu dever apontar todos os erros que eu não tinha corrigido. ("E então, quais foram os ideais que traímos ultimamente?", eu perguntava.) Ela ficou arrasada, por exemplo, quando, no dia do memorial em homenagem à Armênia, eu deixei de reconhecer explicitamente o genocídio dos armênios perpetrado no começo do século XX pelas mãos dos turcos (a necessidade de designar genocídio de forma correta e sem equívocos era uma tese central de seu livro). Eu tinha minhas razões para não fazer uma declaração daquelas naquele momento — os turcos se melindravam facilmente em relação a isso, e eu vinha mantendo delicadas negociações com o presidente Erdoğan sobre a retirada dos Estados Unidos do Iraque —, mas, apesar disso, ela fez com que eu me sentisse muito mal. Mas, por mais incômoda que fosse a insistência de Samantha, eu precisava com muita frequência de uma dose de sua paixão e integridade, para medir a temperatura de minha consciência, e também porque ela quase sempre tinha sugestões específicas e criativas para problemas difíceis sobre os quais ninguém no governo pensava o suficiente.

Nosso almoço em maio de 2010 foi um bom exemplo. Samantha apareceu naquele dia disposta a falar sobre o Oriente Médio — em particular, sobre o fato de que os Estados Unidos não tinham apresentado uma nota de repúdio oficial contra a recente extensão de dois anos, pelo governo egípcio, de uma "lei de emergência" em vigor desde a eleição de Mubarak, em 1981. A extensão sistematizava seus poderes ditatoriais, suspendendo os direitos constitucionais dos egípcios. "Entendo que há considerações estratégicas, quando se trata do Egito", disse Samantha, "mas alguém já parou para pensar se isso é boa estratégia?"

Respondi que, na verdade, eu tinha pensado, sim. Eu não era grande fã de Mubarak, mas chegara à conclusão de que uma declaração isolada criticando uma lei em vigor havia quase trinta anos não seria de grande utilidade. "O governo dos Estados Unidos é um transatlântico", argumentei. "Não é uma lancha. Se quisermos mudar nossa abordagem na região, então vamos precisar de uma estratégia que se desenvolva ao longo do tempo. Vamos precisar da adesão do Pentágono e do pessoal da inteligência. Vamos ter que calibrar a estratégia, para que nossos aliados na região tenham tempo de se adaptar."

"Tem alguém cuidando disso?", perguntou Samantha. "Elaborando essa estratégia, especificamente?"

Sorri ao ver as engrenagens girarem dentro da cabeça dela.

Não muito tempo depois, Samantha e três colegas do NSC — Dennis Ross, Gayle Smith e Jeremy Weinstein — me apresentaram o projeto de um Estudo de Diretriz Presidencial declarando que os interesses americanos na estabilidade do Oriente Médio e do Norte da África eram afetados negativamente pelo apoio não crítico dos Estados Unidos a regimes autoritários. Em agosto, usei essa diretriz para instruir o Departamento de Estado, o Pentágono, a CIA e outras agências do governo a buscar maneiras para os Estados Unidos incentivarem reformas políticas e econômicas significativas na região para aproximar esses países dos princípios do governo transparente a fim de que pudessem evitar revoltas desestabilizadoras, violência, caos e as consequências imprevistas que costumam acompanhar as mudanças repentinas. A equipe do NSC começou a realizar reuniões quinzenais com especialistas em Oriente Médio de todos os setores do governo com o objetivo de desenvolver ideias específicas para reorientar a política externa americana.

Muitos dos diplomatas mais experientes e dos especialistas com quem conversaram reagiam com previsível ceticismo sobre a necessidade de mudanças de rumo, argumentando que, por mais desagradáveis que fossem alguns dos nossos aliados árabes, o status quo atendia aos principais interesses dos Estados Unidos — o que não se poderia garantir se eles fossem substituídos por governos mais populistas. Com o tempo, porém, a equipe conseguiu definir um conjunto coerente de princípios para orientar uma reorientação estratégica. Segundo o plano que ia surgindo, funcionários americanos de diversas agências deveriam transmitir uma mensagem coerente e coordenada sobre a necessidade de reforma; além disso, precisariam preparar recomendações específicas para liberalizar a vida política e cívica em vários países e oferecer uma nova série de incentivos para facilitar sua adoção. Em meados de dezembro, os documentos que estabeleciam a estratégia estavam quase prontos para minha aprovação e, mesmo sabendo que isso não mudaria o Oriente Médio da noite para o dia, eu me sentia animado por estarmos começando a encaminhar a máquina da política externa americana para a direção certa.

Pena que o momento não foi o mais apropriado.

No mesmo mês, na Tunísia, no Norte da África, um vendedor de frutas pobre ateou fogo a si mesmo em frente a um prédio do governo. Era um ato de protesto, produto do desespero: a reação enfurecida de um cidadão a um governo que ele sabia ser corrupto e indiferente a suas necessidades. O homem de 26 anos, Mohamed Bouazizi, nem de longe era um ativista, muito menos tinha alguma motivação política especial. Pertencia a uma geração de tunisianos que cresceram numa economia estagnada e sob as rédeas de um ditador repressor chamado Zine el-Abidine Ben Ali. E após ter sido assediado repetidas vezes por inspetores municipais e ter negada uma audiência na presença de um juiz, ele simplesmente ficou farto. De acordo com uma testemunha, no momento da autoimolação Bouazizi gritou — para ninguém em particular e para que todos ouvissem —: "Como vocês esperam que eu ganhe a vida?".

A angústia do vendedor de frutas desencadeou semanas de manifestações em toda a nação contra o governo tunisiano, e em 14 de janeiro de 2011 Ben Ali e a família fugiram para a Arábia Saudita. Enquanto isso, protestos parecidos, compostos principalmente de jovens, começaram a acontecer na Argélia, no Iêmen, na Jordânia e em Omã — as primeiras centelhas do que viria a ser conhecido como Primavera Árabe.

Enquanto eu me preparava para fazer meu discurso no Estado da União em 25 de janeiro, minha equipe discutiu até que ponto eu deveria comentar os eventos que estavam acontecendo quase que em velocidade de dobra no Oriente Médio e no Norte da África. Uma vez que o protesto público fora capaz de destituir um autocrata do poder na Tunísia, o povo de toda a região pareceu se reanimar com a possibilidade de mudanças mais amplas. No entanto, as complexidades eram intimidantes, e os desfechos favoráveis, longe de garantidos. No fim, acabamos por acrescentar uma única e contundente frase ao meu discurso:

"Esta noite, vamos ser claros: os Estados Unidos da América estão com o povo da Tunísia e apoiam as aspirações democráticas de todos os povos."

Do ponto de vista dos Estados Unidos, os acontecimentos mais significativos foram os do Egito, onde uma coalizão de organizações de jovens, ativistas, partidos oposicionistas de esquerda e escritores e artistas de renome fazia apelos em todo o país por protestos contra o regime do presidente Mubarak. No dia de meu discurso sobre o Estado da União, quase 50 mil egípcios ocuparam a praça Tahrir, no centro do Cairo, exigindo o fim da lei de emergência, da brutalidade policial e de restrições à liberdade política. Milhares de pessoas participaram de protestos semelhantes em todo o país. A polícia tentava dispersar as multidões com cassetetes, jatos d'água, balas de borracha e bombas de gás lacrimogêneo, e o governo de Mubarak não só proibiu oficialmente as manifestações como também bloqueou o Facebook, o YouTube e o Twitter, num esforço para impedir que os manifestantes de organizassem ou se conectassem com o mundo exterior. Durante dias e noites, foi como se a praça Tahrir tivesse se transformado num acampamento permanente, com legiões de egípcios desafiando o presidente e pedindo "pão, liberdade e dignidade".

Aquele era exatamente o cenário que meu Estudo de Diretriz Presidencial tinha tentado evitar: o governo americano apanhado de surpresa e pego no fogo cruzado entre um aliado repressor, mas confiável, e uma população que queria mudanças, externando as aspirações democráticas que nós dizíamos representar. De maneira preocupante, o próprio Mubarak parecia alheio ao levante que ocorria à sua volta. Tínhamos conversado por telefone apenas uma semana antes, e ele fora ao mesmo tempo solícito e receptivo quando discutimos formas de convencer os israelenses e os palestinos a voltarem para a mesa de negociação, bem como o apelo de seu governo à união em resposta à explosão de uma bomba em uma igreja cristã copta em Alexandria por extremistas muçulmanos. Mas, quando levantei a possibilidade de que os protestos que tinham começado na Tunísia chegassem ao seu país, Mubarak a rechaçou, explicando que "o Egito não é a Tunísia". Ele garantiu que qualquer protesto contra o seu governo logo perderia força. Ouvindo sua voz, eu o imaginava sentado numa das salas imensas e ricamente decoradas do palácio presidencial onde nos encontramos pela primeira vez — as cortinas puxadas, ele com ar imperial numa cadeira de espaldar alto, enquanto assessores tomavam notas ou se limitavam a assistir, mas sempre prontos para satisfazer suas necessidades. Isolado como estava, só via o que queria ver, pensei comigo, e ouvia o que queria ouvir — e nada disso era um bom sinal.

Enquanto isso, as imagens do noticiário sobre a praça Tahrir evocavam lembranças diferentes. As multidões naqueles primeiros dias eram desproporcionalmente jovens e seculares — não muito diferentes dos estudantes e ativistas que estavam na plateia quando discursei no Cairo. Em entrevistas, pareciam inteligentes e bem informados, falando com insistência sobre seu compromisso com a não violência e seus anseios pelo pluralismo democrático, o estado de direito e uma economia moderna e inovadora que pudesse gerar empregos e um padrão de vida melhor. Em seu idealismo e em sua coragem de desafiar uma ordem social opressiva, não eram diferentes dos jovens que em outros tempos tinham ajudado a derrubar o Muro de Berlim ou ficaram na frente dos tanques na praça Tiananmen. Não eram muito diferentes também dos jovens que ajudaram a me eleger presidente.

"Se eu fosse egípcio e tivesse vinte anos", eu disse a Ben, "provavelmente estaria lá com eles."

Claro, eu não era um egípcio de vinte anos. Era presidente dos Estados Unidos. E, por maior que fosse o apelo exercido por aqueles jovens, eu precisava ter em mente que eles — juntamente com os professores universitários, os ativistas de direitos humanos, os membros de partidos de oposição seculares e os sindicalistas que também estavam na linha de frente dos protestos — representavam apenas uma fração da população egípcia. Se Mubarak renunciasse, criando um súbito vácuo de poder, quem o preencheria provavelmente não seriam eles. Uma das tragédias do reino ditatorial de Mubarak era que ele tinha retardado o desenvolvimento de instituições e tradições capazes de ajudar o Egito a fazer uma transição ordeira para a democracia: partidos políticos fortes, Judiciário e mídia independentes, eleições imparciais e bem fiscalizadas, organizações civis relevantes e inclusivas, um serviço público eficaz e respeito aos direitos das minorias. Fora as Forças Armadas, profundamente arraigadas na sociedade egípcia, e segundo se dizia com significativos interesses em grandes setores da economia, a força mais poderosa e coesa do país era a Irmandade Muçulmana, a organização islâmica de base sunita cujo objetivo principal era ver o Egito — e todo o mundo árabe — governado pela xaria, a lei islâmica. Graças a seu trabalho de organização de bases e a obras assistenciais a favor dos pobres (e apesar de oficialmente banida por Mubarak), a Irmandade era uma ameaça subversiva e perigosa, e sua filosofia fundamentalista a tornava ao mesmo tempo pouco confiável na promoção do pluralismo democrático e potencialmente problemática para as relações entre os Estados Unidos e o Egito.

Na praça Tahrir, as manifestações continuavam a crescer, enquanto se multiplicavam os choques violentos entre os manifestantes e a polícia. Aparentemente despertado de seu torpor, Mubarak foi à televisão egípcia em 28 de janeiro para anunciar a substituição de seu gabinete, mas não deu nenhum sinal de que pretendia atender às demandas por reformas mais amplas. Convencido de que o problema não ia desaparecer por si, consultei minha equipe de segurança nacional, em busca de uma resposta eficaz. O grupo estava dividido, quase por faixa etária. Os membros mais velhos e mais graduados da equipe — Joe, Hillary, Gates e Panetta — recomendavam cautela, tendo todos eles trabalhado durante anos com Mubarak. Ressaltavam o papel que seu governo tradicionalmente desempenhava na manutenção da paz com Israel, combatendo o terrorismo e trabalhando em parceria com os Estados Unidos em outras questões regionais. Embora reconhecessem a necessidade de cobrar reformas do líder egípcio, alertavam que não havia como saber quem ou o que o substituiria. Enquanto isso, Samantha, Ben, Denis, Susan Rice e o conselheiro de Joe em segurança nacional, Tony Blinken, estavam convencidos de que, para o povo egípcio, Mubarak tinha perdido total e irrecuperavelmente a legitimidade. Em vez de nos mantermos atrelados a uma ordem autoritária corrupta à beira do colapso (e parecer estar sancionando o uso crescente da força contra os manifestantes), eles achavam prudente, do ponto de vista estratégico, além de correto em termos morais, que o governo dos Estados Unidos se colocasse do lado das forças de renovação.

Eu compartilhava ao mesmo tempo as esperanças dos conselheiros mais jovens e os temores dos mais velhos. Decidi que a melhor maneira de obter um resultado positivo talvez fosse tentarmos convencer Mubarak a introduzir uma série de reformas substanciais, como revogar a lei de emergência, restaurar a liberdade política e de imprensa e marcar uma data para eleições nacionais livres e limpas. Essa "transição ordeira", como dizia Hillary, daria aos partidos políticos de oposição e aos prováveis candidatos um tempo para mobilizar uma base e para preparar planos de governo viáveis. Além disso, permitiria que Mubarak se aposentasse como um estadista de idade avançada, o que poderia atenuar a impressão causada na região de que estávamos dispostos a abandonar velhos aliados ao menor indício de dificuldade.

Nem é preciso dizer que tentar convencer um déspota idoso e acuado a montar no cavalo e desaparecer rumo ao sol poente, mesmo que isso fosse de seu próprio interesse, seria uma operação delicada. Depois das discussões na Sala de Crise telefonei para Mubarak outra vez, aventando a possibilidade de suas propostas de reforma serem um pouco mais ousadas. Sua reação imediata foi de hostilidade, caracterizando os manifestantes como membros da Irmandade Muçulmana e reafirmando que a situação logo voltaria ao normal. Aceitou, porém, meu pedido de despachar um enviado — Frank Wisner, que tinha sido embaixador dos Estados Unidos no Egito nos anos 1980 — ao Cairo para consultas privadas mais pontuais.

A ideia de usar Wisner para uma conversa frente a frente com o presidente egípcio e fazer um apelo direto tinha sido de Hillary, e achei que fazia sentido. Wisner era literalmente um filho do establishment da política externa dos Estados Unidos: seu pai tinha sido um líder emblemático durante os anos de fundação da CIA, e era alguém que Mubarak conhecia bem e em quem confiava. Ao mesmo tempo, eu tinha ciência de que o histórico de Wisner com Mubarak, somado à sua abordagem à moda antiga da diplomacia americana, talvez o tornasse muito conservador na avaliação das perspectivas de mudança. Antes de sua partida, liguei para instruí-lo a "ser ousado": eu queria que pressionasse Mubarak a anunciar que se afastaria depois das novas eleições — um gesto que me parecia suficientemente impactante e concreto para dar aos manifestantes a certeza de que as mudanças estavam chegando.

Enquanto aguardávamos o desfecho da missão de Wisner, o mais importante para a mídia passou a ser a reação do meu governo à crise — e, sobretudo, saber de que lado estávamos. Até então, tínhamos soltado pouco mais do que declarações públicas genéricas, num esforço para ganhar tempo. Mas os repórteres que cobriam Washington — muitos deles, sem a menor dúvida, simpáticos à causa dos jovens manifestantes — começaram a perguntar insistentemente a Gibbs por que não tomávamos de uma vez o partido das forças da democracia. Já os outros governantes da região queriam saber por que não apoiávamos Mubarak com mais vigor. Bibi Netanyahu afirmava que manter a ordem e a estabilidade do Egito era mais importante do que qualquer outra coisa, argumentando que, se não levasse isso em conta, "você verá o Irã lá dentro em dois segundos". O rei Abdullah, da Arábia Saudita, estava ainda mais assustado; a propagação de protestos na região era uma ameaça existencial a uma monarquia familiar que desde sempre reprimira qualquer forma de dissidência interna. Além disso, ele acreditava que os manifestantes egípcios na verdade não tinham voz própria. Ele foi riscando da lista as quatro facções que acreditava estarem por trás dos protestos: "Irmandade Muçulmana, Hezbollah, al-Qaeda e Hamas".

As análises de nenhum deles resistiam a um exame mais detido. Os sunitas, que constituíam a ampla maioria da população egípcia (e toda a Irmandade Muçulmana), dificilmente se deixariam influenciar pelos xiitas do Irã e do Hezbollah, e não havia nenhuma prova de que a al-Qaeda ou o Hamas estivessem por trás das manifestações de qualquer forma que fosse. Ainda assim, mesmos os governantes mais jovens e de mentalidade mais reformista da região, como o rei Abdullah da Jordânia, temiam a possibilidade de os protestos atingirem seus países e, apesar de usarem uma linguagem mais sofisticada, esperavam claramente que os Estados Unidos preferissem, como disse Bibi, a "estabilidade" ao "caos".

Em 31 de janeiro, tanques do Exército egípcio já estavam em toda parte do Cairo, o governo tinha suspendido os serviços de internet na cidade e os manifestantes haviam marcado uma greve geral para o dia seguinte. O relatório de Wisner sobre seu encontro com Mubarak chegou: o presidente egípcio assumiria publicamente o compromisso de não concorrer a mais um mandato, mas não suspenderia a lei de emergência, nem aceitou apoiar uma transferência pacífica de poder. O informe serviu apenas para aprofundar a divisão dentro de minha equipe de segurança nacional: os membros mais velhos e graduados viam a concessão de Mubarak como justificativa suficiente para continuarmos do seu lado, enquanto os mais jovens consideravam a jogada — mais ou menos como a súbita decisão de Mubarak de nomear como vice-pre-

657

sidente seu chefe de inteligência, Omar Suleiman — apenas uma tática protelatória, que não acalmaria os manifestantes. Eu soube por Tom Donilon e Denis que os debates internos se tornaram bastante acalorados, e que os repórteres estavam atentos à discrepância entre as declarações cautelosamente inócuas de Joe e Hillary e as críticas mais duras a Mubarak feitas por Gibbs e outros integrantes do governo.

Em parte para garantir que todos estariam na mesma sintonia em suas manifestações em público enquanto eu decidia qual seria o passo seguinte, fiz uma visita imprevista a uma reunião do Comitê de Diretores do Conselho de Segurança Nacional na Sala de Crise no fim da tarde de 1º de fevereiro. A discussão mal tinha começado quando um assessor veio informar que Mubarak estava falando ao povo egípcio em cadeia nacional. Ligamos a TV para assistir ao vivo. Trajando terno escuro e lendo um texto premeditado, Mubarak parecia estar cumprindo a promessa feita a Wisner, dizendo que jamais pensara em se candidatar a mais um mandato como presidente e anunciando que convocaria o parlamento egípcio — que ele controlava inteiramente — para discutir um cronograma e antecipar novas eleições. Mas os termos de uma real transferência de poder eram tão vagos que era provável que qualquer espectador egípcio concluísse que as promessas que Mubarak fazia, fossem quais fossem, seriam revogadas de imediato com o fim dos protestos. Na verdade, o presidente egípcio dedicou a maior parte do discurso a acusar agentes provocadores e forças políticas anônimas de se aproveitarem dos protestos para enfraquecer a segurança e a estabilidade do país. Insistia em afirmar que continuaria a cumprir suas responsabilidades, como alguém que "nunca, jamais, buscou o poder", para proteger o Egito de agentes do caos e da violência. Quando terminou o discurso, alguém desligou a TV, e eu me recostei na cadeira, alongando os braços atrás da cabeça.

"Isso", eu disse, "não vai adiantar nada."

Resolvi tentar pela última vez convencer Mubarak a dar início a uma transição de verdade. De volta ao Salão Oval, liguei para ele e pus o telefone no viva-voz para que meus conselheiros ouvissem. Comecei cumprimentando-o pela decisão de não se candidatar novamente. Eu imaginava comigo mesmo como devia ser difícil para Mubarak, alguém que assumira o poder pela primeira vez em minha época de faculdade e sobrevivera a quatro antecessores meus, ouvir o que eu estava prestes a dizer.

"Agora que o senhor tomou a histórica decisão de fazer uma transição de poder", eu disse, "quero conversar sobre como a coisa vai funcionar. Digo isso com o mais absoluto respeito... Quero compartilhar minha avaliação sincera sobre o que eu acho que vai servir para alcançarmos nossos objetivos." E fui direto ao ponto: a meu ver, se ele permanecesse no poder e retardasse o processo de transição, os protestos continuariam e provavelmente fugiriam de controle. Se ele quisesse garantir a eleição de um governo responsável, que não fosse dominado pela Irmandade Muçulmana, então era hora de renunciar e usar sua reputação e influência nos bastidores para ajudar a formar um novo governo.

Apesar de Mubarak e eu normalmente conversarmos em inglês, dessa vez ele preferiu falar em árabe. Eu não precisava do tradutor para perceber o nervosismo em sua voz. "O senhor não compreende a cultura do povo egípcio", declarou ele, levantando a voz. "Presidente Obama, se eu fizer a transição desse jeito, será a coisa mais perigosa para o Egito."

Admiti que não conhecia a cultura egípcia tão bem quanto ele, que estava na política havia muito mais tempo do que eu. "Mas há momentos na história em que, só porque as coisas foram assim no passado, não significa que serão no futuro. O senhor serviu bem ao seu país por mais de trinta anos. Eu quero garantir que aproveite este momento histórico de uma forma que represente um grande legado seu."

Ficamos nesse vaivém por alguns minutos, com Mubarak insistindo na necessidade de permanecer onde estava e repetindo que os protestos logo acabariam. "Conheço o meu povo", disse ele no fim do telefonema. "É um povo passional. Voltarei a falar com o senhor daqui a algum tempo, sr. presidente, e vou lhe mostrar que eu estava certo."

Desliguei o telefone. Por um momento, a sala permaneceu em silêncio, todo mundo olhando para mim. Eu tinha dado a Mubarak o melhor conselho de que era capaz. Oferecera um plano para uma saída em grande estilo. Eu sabia que qualquer governante que viesse a substituí-lo poderia ser um parceiro pior para os Estados Unidos — e talvez pior para o povo egípcio. E a verdade é que eu poderia aceitar qualquer plano de transição que ele apresentasse, ainda que deixasse intacta boa parte do regime existente. Era pragmático o bastante para imaginar que, não fosse a teimosa persistência daqueles jovens na praça Tahrir, eu teria continuado a trabalhar com Mubarak até o fim de meu governo, apesar do que ele representava — assim como continuaria a trabalhar com o restante do que Ben gostava de chamar de "ordem autoritária corrupta e podre" que controlava a vida no Oriente Médio e no Norte da África.

No entanto, aqueles jovens estavam na praça Tahrir. Por causa de sua atrevida insistência em ter uma vida melhor, outros se juntaram a eles — mães, operários, sapateiros e taxistas. Aquelas centenas de milhares de pessoas tinham, pelo menos por um breve instante, perdido o medo e só deixariam de se manifestar se Mubarak restaurasse aquele medo da única maneira que sabia: batendo e atirando, prendendo e torturando. No começo de minha administração, eu não tinha conseguido atenuar a cruel repressão do regime iraniano contra o Movimento Verde. E talvez não fosse capaz de impedir a China ou a Rússia de massacrar seus dissidentes. Mas o regime de Mubarak tinha recebido bilhões de dólares do contribuinte americano; nós o abastecíamos com armas, informações e ajudávamos a treinar seus oficiais militares; e permitir que o beneficiário dessa ajuda, alguém que chamávamos de aliado, perpetrasse violência arbitrária contra manifestantes pacíficos, diante dos olhos do mundo — esse era um limite que eu não queria cruzar. Eu achava que seria danoso demais para a ideia que fazíamos dos Estados Unidos. Seria danoso demais para mim.

"Vamos preparar uma declaração", eu disse à minha equipe. "Vamos pedir a Mubarak que renuncie já."

Ao contrário do que muita gente no mundo árabe acredita (e um bom número de jornalistas americanos), os Estados Unidos não são um grande mestre titereiro que controla a seu bel-prazer os movimentos dos países com os quais tem negócios. Mesmo governos que dependem de nossa assistência militar e econômica pensam antes de tudo na própria sobrevivência, e o regime de Mubarak não era exceção. Depois que anunciei publicamente minha convicção de que era hora de o Egito iniciar uma rápida transição para um novo governo, Mubarak continuou a nos desafiar, tentando descobrir até onde podia ir na repressão aos protestos. No dia seguinte, enquanto o Exército egípcio assistia de braços cruzados, gangues de partidários de Mubarak invadiram a praça Tahrir — alguns montados em camelos e cavalos, brandindo chibatas e porretes, outros atirando bombas incendiárias e pedras dos telhados vizinhos — e começaram a atacar os manifestantes. Três participantes do protesto foram mortos e seiscentos ficaram feridos; durante vários dias, autoridades detiveram mais de cinquenta jornalistas e ativistas de direitos humanos. A violência continuou no dia seguinte, combinada a grandes contramanifestações organizadas pelo governo. Forças pró-Mubarak começaram até mesmo a atacar fisicamente repórteres estrangeiros, acusando-os de instigar a oposição.

Meu maior desafio durante aqueles dias tensos era manter todo mundo afinado dentro do governo. O recado emitido pela Casa Branca era claro. Quando perguntaram a Gibbs o que eu queria dizer quando afirmei que a transição no Egito tinha que começar "já", ele se limitou a dizer: "'Já' significa 'ontem'". Também tivemos êxito em fazer nossos aliados europeus divulgarem uma declaração conjunta semelhante à minha. Mais ou menos na mesma época, porém, Hillary foi entrevistada numa conferência de segurança em Munique e parece ter feito o possível e o impossível para advertir sobre os perigos de qualquer mudança rápida demais no Egito. Na mesma conferência, Frank Wisner — que não tinha nenhuma função oficial no governo e dizia estar falando apenas na qualidade de cidadão — manifestou a opinião de que Mubarak deveria permanecer no poder durante um eventual período de transição. Ao ficar sabendo disso, pedi a Katie que localizasse minha secretária de Estado. Quando ela atendeu, não disfarcei nem um pouco minha insatisfação.

"Compreendo perfeitamente os possíveis problemas relacionados a um afastamento nosso de Mubarak", eu disse, "mas tomei uma decisão, e não posso permitir que um monte de mensagens desencontradas saiam daqui agora." Antes que Hillary pudesse responder, acrescentei: "E diga a Frank Wisner que não quero saber na qualidade de que ele está falando — ele precisa é parar de falar".

Apesar das frustrações ocasionais que tive ao lidar com um establishment de segurança nacional que continuava incomodado com a perspectiva de um Egito sem Mubarak, essas mesmas pessoas — em especial o Pentágono e a comunidade de inteligência — provavelmente tiveram mais impacto no desfecho final no Egito do que quaisquer declarações bem-intencionadas da Casa Branca. Sem alarde, fizemos Gates, Mullen, Panetta, Brennan e outros entrarem em contato uma ou duas vezes por dia com altos oficiais das Forças Armadas e dos serviços de inteligência egípcios, para deixar claro que quaisquer medidas repressivas sancionadas pelos militares contra os manifestantes teriam consequências sérias no relacionamento futuro entre os Estados Unidos e o Egito. As implicações dessas comunicações entre militares eram claras: a cooperação entre os Estados Unidos e o Egito, e a ajuda que vinha com isso, não dependiam da permanência de Mubarak no poder, por isso seria bom os generais e chefes de inteligência refletirem bem sobre quais eram as ações que melhor preservariam seus interesses institucionais.

Nossas mensagens parecem ter surtido efeito, pois, na noite de 3 de fevereiro, tropas do Exército egípcio se posicionaram para manter as forças pró-Mubarak separadas dos manifestantes. As prisões de jornalistas e ativistas de direitos humanos egípcios começaram a diminuir. Estimulados pela mudança de atitude do Exército, mais manifestantes afluíram pacificamente para a praça. Mubarak ainda resistiria mais uma semana, jurando que não cederia à "pressão externa". Mas em 11 de fevereiro, apenas duas semanas e meia depois do primeiro grande protesto na praça Tahrir, o vice-presidente Suleiman, com um ar cansado, apareceu na televisão egípcia para anunciar que Mubarak tinha deixado o cargo e um governo interino encabeçado pelo Conselho Supremo das Forças Armadas iniciaria o processo para realizar novas eleições.

Na Casa Branca, víamos imagens transmitidas pela CNN que mostravam a multidão na praça Tahrir comemorando euforicamente. Muitos de nossos funcionários estavam exultantes. Samantha me mandou um bilhete se dizendo muito orgulhosa de fazer parte do governo. Andando comigo pela colunata até a sala onde eu faria minha declaração aos repórteres, Ben não conseguia tirar o sorriso do rosto. "É incrível", disse ele, "fazer parte da história assim." Katie imprimiu uma foto e deixou sobre minha mesa; mostrava um grupo de jovens manifestantes na praça egípcia segurando um cartaz que dizia SIM, NÓS PODEMOS.

Eu me sentia aliviado — e cautelosamente esperançoso. Apesar de tudo, de vez em quando ainda pensava em Mubarak, que poucos meses antes tinha sido meu convidado na Velha Sala de Jantar da Família. Em vez de fugir do país, ao que parecia o idoso líder fixara residência em sua morada particular em Sharm el Sheikh. Eu o imaginava lá, sentado numa sala, cercado de opulência e com uma luz fraca lançando sombras sobre seu rosto, sozinho com seus pensamentos.

Eu sabia que, apesar das comemorações e do clima de otimismo, a transição no Egito era apenas o começo de uma disputa pela alma do mundo árabe — uma luta cujo desfecho ainda não estava de forma alguma decidido. Lembrei da conversa que tive com Mohammed bin Zayed, o príncipe herdeiro de Abu Dabhi e para todos os efeitos o governante dos Emirados Árabes Unidos, imediatamente depois que pedi a Mubarak que renunciasse. Jovem, sofisticado, íntimo dos sauditas e talvez o mais esperto entre os governantes dos países do Golfo Pérsico, MBZ, como o chamávamos, não medira palavras para contar como a notícia estava sendo recebida na região.

MBZ me disse que as declarações dos Estados Unidos sobre o Egito estavam sendo acompanhadas de perto no Golfo, com crescente alerta. O que aconteceria se os manifestantes no Bahrein pedissem a renúncia do rei Hamad? Os Estados Unidos fariam o mesmo tipo de declaração que fizemos sobre o Egito?

Respondi que esperava trabalhar com ele e com os demais para não ter que escolher entre a Irmandade Muçulmana e confrontos potencialmente violentos entre os governos e seus povos.

"A mensagem passada para o público não afeta Mubarak, mas afeta a região", me disse MBZ. Ele insinuou que, se o Egito desmoronasse e a Irmandade Muçulmana assumisse o controle, haveria oito governantes árabes caindo junto, e por isso ele se mostrava crítico à minha declaração. "Ela mostra", disse ele, "que os Estados Unidos não são um parceiro em que possamos confiar a longo prazo."

Sua voz era calma e fria. Percebi que era menos um pedido de ajuda e mais uma advertência. Independentemente do que acontecesse com Mubarak, a velha ordem não tinha a menor intenção de entregar o poder sem lutar.

No fim, as manifestações antigoverno em outros países só cresceram em alcance e intensidade depois da renúncia de Mubarak, com mais e mais gente acreditando que as mudanças eram possíveis. Alguns regimes conseguiram fazer pelo menos uma reforma simbólica em resposta às demandas dos manifestantes, ao mesmo tempo que evitavam derramamento de sangue ou convulsões: a Argélia suspendeu sua lei de emergência que já durava dezenove anos; o rei do Marrocos arquitetou uma reforma constitucional que aumentou, ainda que modestamente, o poder do parlamento eleito do país; e o monarca da Jordânia não demoraria a fazer o mesmo. Mas, para muitos governantes árabes, a maior lição deixada pelo Egito foi a necessidade de reprimir de forma sistemática e implacável os protestos — fosse qual fosse a violência exigida para tanto, e fossem quais fossem as críticas internacionais que isso pudesse causar.

Dois dos países mais atingidos pela violência foram a Síria e o Bahrein, onde as divisões sectárias eram muito intensas e minorias privilegiadas governavam maiorias numerosas e ressentidas. Na Síria, a prisão e a tortura em março de 2011 de quinze alunos que tinham pichado os muros da cidade com dizeres antigovernamentais desencadearam grandes protestos contra o regime alauíta de predominância xiita do presidente Bashar al-Assad em muitas das comunidades de maioria sunita do país. Quando bombas de gás lacrimogêneo, espancamentos e prisões em massa se mostraram incapazes de acabar com as manifestações, as forças de segurança de Assad passaram a lançar operações militares em larga escala em várias cidades, inclusive com munição de verdade, tanques e buscas de casa em casa. Enquanto isso, no país insular do Bahrein, imensas manifestações, basicamente xiitas, contra o regime do rei Hamad bin Isa bin Salman al-Khalifa ocorriam na capital, Manama, e, como MBZ tinha previsto, o governo respondeu com força bruta, matando dezenas de manifestantes e ferindo outras centenas. Com a indignação contra a brutalidade policial provocando manifestações cada vez maiores, o rei acuado foi mais longe, tomando a atitude inédita de convidar divisões armadas dos exércitos dos emirados e do saudita para ajudar a conter seus próprios cidadãos.

Minha equipe e eu passávamos horas discutindo uma forma de os Estados Unidos influenciarem o que acontecia dentro da Síria e do Bahrein. Nossas opções eram um tanto limitadas. A Síria era uma velha adversária dos Estados Unidos, historicamente aliada à Rússia e ao Irã e apoiadora do Hezbollah. Sem a influência econômica, militar ou diplomática que tínhamos no Egito, as notas de repúdio ao regime de Assad que divulgamos (e a imposição posterior de um embargo americano) não tinham efeito prático, e Assad contava com a Rússia para vetar quaisquer esforços que pudéssemos fazer para impor sanções internacionais através do Conselho de Segurança da ONU. Com o Bahrein, nosso problema era o oposto: o país era um velho aliado e sediava a Nona Frota da Marinha dos Estados Unidos. Essa relação nos permitia exercer pressão privadamente sobre Hamad e seus ministros para atenderem em parte às demandas dos manifestantes e refrearem a violência policial. Mesmo assim, a classe governante do Bahrein via os manifestantes como inimigos influenciados pelo Irã que precisavam ser contidos. Em conjunto com a Arábia Saudita e os Emirados Árabes Unidos, o regime do Bahrein nos obrigaria a fazer uma escolha, e todos sabiam que na hora de tomar uma decisão nós não podíamos nos dar ao luxo de arriscar nossa posição estratégica no Oriente Médio rompendo relações com três países do Golfo Pérsico.

Em 2011, ninguém questionou nossa limitada influência na Síria — isso viria depois. Mas, apesar das múltiplas declarações de minha gestão condenando a violência no Bahrein e dos esforços para estabelecer um diálogo entre o governo e líderes oposicionistas xiitas mais moderados, o fato de não termos rompido com Hamad — em especial depois de nossa atitude em relação a Mubarak — foi severamente criticado. Não havia para mim um jeito elegante de explicar essa inconsistência além de reconhecer que o mundo era muito confuso; que, na condução da política externa, eu precisava lidar o tempo todo com interesses em conflito, determinados por escolhas de governos anteriores e pelas contingências do momento; e que o fato de não poder colocar nossa preocupação com os direitos humanos acima de quaisquer outras considerações não significava, porém, que eu não devesse tentar fazer o possível, quando pudesse, para promover o que considerava os valores mais elevados dos Estados Unidos. Mas e se um governo começa a massacrar não centenas de cidadãos, e sim milhares, e os Estados Unidos têm o poder de acabar com a matança? O que acontece?

Durante 42 anos, Muammar Gaddafi tinha governado a Líbia com uma crueldade que, mesmo pelos padrões de ditadores como ele, beirava a loucura. Com uma queda por gestos extravagantes, discursos sem pé nem cabeça e comportamentos esquisitos (antes da reunião da Assembleia Geral das Nações Unidas em 2009 em Nova York, tentou obter licença para erguer uma imensa tenda beduína no meio do Central Park para ele e sua comitiva), ele se mostrara, apesar de tudo, eficientíssimo em eliminar qualquer dissensão dentro de seu país, usando uma combinação de polícia secreta, forças de segurança e milícias patrocinadas pelo Estado para encarcerar, torturar e assassinar qualquer um que ousasse contrariá-lo. Ao longo dos anos 1980, seu governo foi também um dos principais apoiadores do terrorismo no mundo, possibilitando ataques hediondos como o bombardeio do voo 103 da Pan Am, que matou cidadãos de 21 países, incluindo 189 americanos. Mais recentemente, Gaddafi tentara se revestir do manto da respeitabilidade, suspendendo o apoio ao terrorismo internacional e desmantelando seu incipiente programa nuclear (o que levou países ocidentais, incluindo os Estados Unidos, a reatarem relações diplomáticas). Mas, dentro da Líbia, nada mudou.

Menos de uma semana depois de Mubarak deixar o poder no Egito, as forças de segurança de Gaddafi abriram fogo contra um grande grupo de civis que se reuniram para protestar contra a prisão de um advogado de direitos humanos. Em poucos dias, os protestos se espalharam, e mais de cem pessoas foram mortas. Após uma semana, boa parte do país estava em franca rebelião, com forças anti-Gaddafi assumindo o controle de Benghazi, a segunda maior cidade da Líbia. Diplomatas líbios, e ex-partidários, como o embaixador do país na ONU, começaram a desertar, pedindo à comunidade internacional que ajudasse o povo líbio. Acusando os manifestantes de serem fachada da al-Qaeda, Gaddafi lançou uma campanha de terror, declarando: "Tudo vai virar cinza". No começo de março, o número de mortos chegou a mil.

Horrorizados com a carnificina, rapidamente fizemos tudo que estava ao nosso alcance, fora o uso da força militar, para deter Gaddafi. Defendi que ele renunciasse ao poder, alegando que perdera a legitimidade de governar. Impusemos sanções econômicas, congelamos bilhões de dólares em ativos pertencentes a ele e à sua família e, no Conselho de Segurança da ONU, aprovamos um embargo de armas e indiciamos o caso da Líbia ao Tribunal Penal Internacional, no qual Gaddafi e outros poderiam ser julgados por crimes contra a humanidade. Mas o ditador líbio não desistiu. Analistas previam que, quando as forças de Gaddafi chegassem a Benghazi, dezenas de milhares poderiam morrer.

Foi nessa época que começou a se formar um coro de vozes, primeiro entre as organizações de direitos humanos e um pequeno grupo de colunistas, e depois entre membros do Congresso e em boa parte da mídia, exigindo que os Estados Unidos tomassem providências militares para deter Gaddafi. Em muitos sentidos, vi nisso um sinal de progresso moral. Durante a maior parte da história dos Estados Unidos, a ideia de usar nossas forças de combate para impedir um governo de matar seu próprio povo não teve a menor chance de avançar — porque esse tipo de violência patrocinada pelo Estado acontecia o tempo todo; porque as autoridades americanas não consideravam a morte de cambojanos, argentinos ou ugandenses inocentes relevante para nossos interesses; e porque muitos criminosos eram nossos aliados na luta contra o comunismo. (Isso incluía o golpe militar, supostamente respaldado pela CIA, que derrubou um governo comunista na Indonésia em 1965, dois anos antes de minha mãe e eu chegarmos ao país, em um desfecho sangrento que deixou entre 500 mil e 1 milhão de mortos.) Nos anos 1980, porém, relatos internacionais mais imediatos desses crimes, em combinação com o predomínio dos Estados Unidos como única superpotência mundial depois da Guerra Fria, tinham levado a um reexame da inércia americana e resultado numa intervenção bem-sucedida da Otan, sob nossa liderança, no sangrento conflito bósnio. Na verdade, a obrigação dos Estados Unidos de darem prioridade à prevenção de atrocidades em sua política externa era o tema principal do livro de Samantha — uma das razões pelas quais eu a levara para a Casa Branca.

Apesar disso, por mais que também sentisse o impulso para salvar pessoas inocentes de tiranos, eu considerava com muita cautela a ideia de ordenar qualquer tipo de ação militar contra a Líbia, pela mesma razão que tinha rejeitado a sugestão de Samantha de que meu discurso no prêmio Nobel incluísse um argumento explícito a favor de uma "responsabilidade global de proteger" civis contra atos de seus próprios governos. Até onde iria a obrigação de intervir? E quais eram os parâmetros? Quantas pessoas teriam que ser assassinadas, e quantas mais precisavam estar em risco, para deflagrar uma resposta militar por parte dos Estados Unidos? Por que a Líbia e não o Congo, por exemplo, onde uma série de conflitos civis tinha resultado em milhões de mortes de civis? Interviríamos apenas quando não houvesse possibilidade de baixas americanas? Bill Clinton achou que os riscos eram pequenos em 1993, quando enviou tropas especiais de operação à Somália para capturar membros da organização de um chefe militar, em apoio aos esforços de pacificação americanos. No incidente de derrubada de helicópteros conhecido como "Black Hawk Down", dezoito militares foram mortos e outros 73 ficaram feridos.

A verdade é que a guerra nunca é uma coisa limpinha e sempre traz consequências imprevistas, mesmo quando lançada contra países aparentemente impotentes em nome de uma causa justa. No caso da Líbia, proponentes da intervenção americana tinham tentado ofuscar essa realidade se aferrando à ideia de impor uma zona de exclusão aérea para impedir que aviões militares de Gaddafi levantassem voo e assim evitar bombardeios, o que para eles era uma maneira antisséptica e segura de salvar o povo líbio. (Pergunta típica feita na época por um repórter na Casa Branca: "Quantas pessoas ainda precisam morrer para que tomemos essa medida?".) O que eles não levavam em consideração era o fato de que estabelecer uma zona de exclusão aérea no espaço aéreo líbio exigiria que primeiro disparássemos mísseis contra a capital Trípoli para destruir as defesas aéreas da Líbia — um inequívoco ato de guerra contra um país que não representava ameaça para nós. Não só isso, mas não se tinha sequer certeza de que uma zona de exclusão aérea produziria algum efeito, uma vez que Gaddafi usava forças terrestres, e não bombardeios com aviões, para atacar redutos de oposição.

Além disso, os Estados Unidos estavam enterrados até o pescoço em guerras no Iraque e no Afeganistão. Eu tinha acabado de ordenar que forças americanas no Pacífico ajudassem os japoneses a lidar com o mais grave acidente nuclear desde Tchernóbil, provocado por um tsunâmi que arrasara a cidade de Fukushima; estávamos muito preocupados com potenciais efeitos radioativos na Costa Oeste. Considerando que eu ainda lidava com uma economia que mal conseguia se manter de pé e um Congresso de maioria republicana que ameaçava desfazer tudo que meu governo tinha feito em nossos dois primeiros anos, era compreensível que eu considerasse bem pouco prudente a ideia de travar uma nova guerra num país distante e sem importância estratégica para os Estados Unidos. E eu não era o único. Bill Daley, que se tornara meu chefe de gabinete em janeiro, parecia achar inacreditável que alguém pudesse sequer cogitar isso.

"Talvez eu não esteja entendendo alguma coisa, sr. presidente", disse ele durante um dos nossos encontros de fim de tarde, "mas não me parece que levamos uma surra nas eleições de meio de mandato porque os eleitores acham que não estamos fazendo o que devíamos no Oriente Médio. Pergunte a dez pessoas na rua, e nove não vão nem saber onde fica a Líbia."

Mesmo assim, enquanto continuavam chegando da Líbia notícias de hospitais repletos de ferimentos medonhos e de jovens executados nas ruas sem a menor cerimônia, o apoio fora do país a uma ação militar foi ganhando força. Para surpresa de muita gente, a Liga Árabe votou a favor de uma intervenção internacional contra Gaddafi — sinal não apenas do extremo grau que a violência atingira na Líbia, mas também de quanto o comportamento errático do homem forte do país e sua intromissão nos assuntos de outros países o haviam isolado dos outros governantes árabes. (A votação talvez também servisse como um pretexto oportuno para as nações da região desviarem a atenção dos abusos que elas próprias cometiam contra os direitos humanos, uma vez que países como a Síria e o Bahrein continuavam como membros em situação regular.) Enquanto isso, Nicolas Sarkozy, criticado impiedosamente na França por apoiar até o fim o regime de Ben Ali na Tunísia, de repente decidiu transformar a salvação do povo líbio numa causa pessoal. Junto com David Cameron, anunciou a intenção de apresentar imediatamente uma resolução no Conselho de Segurança da ONU, em nome da França e do Reino Unido, autorizando uma coalizão internacional a impor uma zona de exclusão aérea na Líbia — resolução sobre a qual precisávamos tomar posição.

Em 15 de março, convoquei uma reunião com minha equipe de segurança nacional para discutir a resolução do Conselho de Segurança. Começamos com um resumo do progresso de Gaddafi: tropas líbias com armamentos pesados estavam prontas para tomar uma cidade nos arredores de Benghazi, o que lhes permitiria interromper o fornecimento de água, alimentos e eletricidade para os 600 mil moradores locais. Com suas forças agrupadas, Gaddafi ameaçava ir "de casa em casa, de beco em beco, de pessoa em pessoa, até o país estar livre de todo traste e imundície". Perguntei a Mike Mullen que diferença faria uma zona de exclusão aérea. Na prática nenhuma, respondeu ele, confirmando que, como Gaddafi empregava quase exclusivamente forças terrestres, a única maneira de impedir um ataque a Benghazi seria alvejar essas forças com ataques aéreos.

"Em outras palavras", eu disse, "estão nos pedindo para participar de uma zona de exclusão aérea que dará a impressão de que todo mundo está fazendo alguma coisa, mas que não salvará Benghazi."

Então pedi que as pessoas me dessem seus pareceres. Gates e Mullen se opunham com veemência a qualquer ação militar americana, ressaltando a pressão que as missões no Iraque e no Afeganistão já exerciam sobre nossos soldados. Também estavam convencidos — corretamente, achava eu — de que, apesar da retórica de Sarkozy e de Cameron, as Forças Armadas dos Estados Unidos acabariam arcando com a maior parte do ônus de qualquer operação na Líbia. Joe achava tolice nos envolvermos em mais uma guerra lá fora, enquanto Bill continuava achando um absurdo até mesmo aquele debate.

Enquanto eu andava pela sala, porém, as vozes a favor da intervenção começaram a fazer efeito. Hillary participou à distância da conferência, pois estava em Paris para uma reunião do G8, e disse que tinha ficado muito bem impressionada com o líder da oposição líbia que conhecera por lá. Apesar — ou por causa — de sua *Realpolitik* com relação ao Egito, ela agora era a favor de participarmos de uma missão internacional. Instalada em nossos escritórios da onu em Nova York, Susan Rice disse que a situação a fazia se lembrar da omissão da comunidade internacional no genocídio de 1994 em Ruanda. Na época, ela fizera parte do Conselho de Segurança Nacional de Bill Clinton e passara a viver assombrada pela falta de ação. Se uma medida relativamente modesta era capaz de salvar vidas, argumentava ela, deveríamos tomá-la — sugerindo, no entanto, que em vez de concordar com a proposta de uma zona de exclusão aérea apresentássemos nossa própria resolução prevendo um escopo mais amplo para incluir todas as medidas necessárias para proteger civis árabes das forças de Gaddafi.

Alguns funcionários mais jovens manifestaram o temor de que uma ação militar contra a Líbia tivesse a consequência inesperada de convencer países como o Irã de que precisavam de armas nucleares como proteção contra um futuro ataque americano. Mas, assim como no caso do Egito, Ben e Tony Blinken achavam que era nossa responsabilidade apoiar as forças que protestavam em nome de mudanças democráticas no Oriente Médio — sobretudo se os países árabes e nossos aliados mais próximos estivessem preparados para agir conosco. E, embora Samantha continuasse inusitadamente objetiva e se limitasse a citar o provável número de mortos em Benghazi caso resolvêssemos não fazer nada, eu sabia que ela estava em contato diário e direto com líbios que suplicavam ajuda. Na verdade, eu talvez nem precisasse perguntar qual era a posição dela.

Conferi o relógio, sabendo que em pouco tempo deveria presidir um jantar anual com os comandantes dos combatentes das Forças Armadas dos Estados Unidos e seus cônjuges na Sala Azul da residência. "Tudo bem", eu disse. "Ainda não estou preparado para tomar uma decisão. Mas, com base no que estou ouvindo, uma coisa não vamos fazer — não vamos participar de uma zona de exclusão aérea feita de qualquer jeito, que não atingirá nossos objetivos."

Disse à equipe que voltaríamos a nos reunir dentro de duas horas, e que esperava ouvir opções realistas de uma intervenção eficiente, incluindo uma análise dos custos, dos recursos humanos e dos riscos envolvidos. "Ou fazemos direito", eu disse, "ou vamos parar de fingir que estamos falando sério sobre salvar Benghazi só para a gente se sentir melhor."

Quando cheguei à Sala Azul, Michelle e nossos convidados já estavam reunidos. Tiramos fotos com cada comandante e cônjuge, conversando um pouco sobre nossos filhos e fazendo piadas sobre nossos jogos de golfe. Durante o jantar, eu me sentei perto de um jovem fuzileiro naval e sua mulher; ele pisara num artefato explosivo improvisado quando trabalhava como técnico especialista em bombas no Afeganistão e perdera as duas pernas. Disse que ainda estava se acostumando ao uso das próteses, mas parecia de bom humor e era bonito em seu uniforme. Dava para perceber no rosto da esposa uma mistura de orgulho, determinação e angústia reprimida, com a qual eu me familiarizara em minhas visitas a famílias de militares nos dois anos anteriores.

Durante todo esse tempo, meu cérebro não parava de fazer cálculos, pensando na decisão que teria de tomar assim que Buddy, Von e os outros garçons tirassem os pratos de sobremesa. Os argumentos de Mullen e Gates contra a ação militar na Líbia eram convincentes. Eu já tinha enviado para o campo de batalha milhares de jovens como o fuzileiro naval sentado ao meu lado, e não havia garantia nenhuma, pensassem o que pensassem os que estavam de fora, de que uma nova guerra não levaria outros a sofrerem ferimentos iguais, ou coisa pior. Eu estava irritado com Sarkozy e Cameron por me colocarem naquela situação difícil em parte para resolver seus problemas políticos e sentia desprezo pela hipocrisia da Liga Árabe. Sabia que Bill estava certo: fora de Washington, não havia muito apoio para o que se estava pedindo que os Estados Unidos fizessem, e, no instante em que alguma coisa na operação militar americana na Líbia desse errado, meus problemas políticos só aumentariam.

Eu sabia também que, se não assumíssemos a liderança, o plano europeu muito provavelmente não daria em nada. As tropas de Gaddafi manteriam o cerco contra Benghazi. Na melhor das hipóteses, haveria um conflito prolongado, talvez até mesmo uma guerra civil. Na pior, dezenas de milhares de pessoas ou mais passariam fome, seriam torturadas ou morreriam com um tiro na cabeça. E no momento, pelo menos, eu era talvez a única pessoa no mundo capaz de impedir que isso acontecesse.

O jantar terminou. Eu disse a Michelle que estaria em casa dentro de uma hora e voltei para a Sala de Crise, onde a equipe estivera examinando opções e aguardava novas instruções.

"Acho que tenho um plano que pode funcionar", falei.

26

Ficamos reunidos durante mais duas horas na Sala de Crise e repassamos cada ponto do plano que eu havia esboçado mentalmente no jantar, sabendo que precisávamos tentar evitar um massacre na Líbia ao mesmo tempo que minimizávamos os riscos para as Forças Armadas dos Estados Unidos, já muito sobrecarregadas. Eu estava disposto a assumir uma postura incisiva contra Gaddafi e oferecer ao povo líbio a oportunidade de criar um novo governo. Mas isso seria feito de forma rápida, com o apoio de aliados e com os parâmetros da missão bem estabelecidos.

Disse à equipe que queria começar como Susan Rice havia sugerido — persuadindo os franceses e britânicos a retirarem a proposta de uma zona de exclusão aérea, para que pudéssemos submeter ao Conselho de Segurança uma resolução alterada com escopo mais amplo a fim de impedir ataques das forças de Gaddafi e proteger a população civil na Líbia. Enquanto isso, o Pentágono montaria uma campanha militar com uma nítida divisão de trabalho entre os aliados. Na primeira fase da campanha, os Estados Unidos ajudariam a deter o avanço de Gaddafi em direção a Benghazi e eliminar seus sistemas de defesa aérea — uma tarefa para qual estávamos plenamente capacitados dado nosso poderio superior. Depois disso, transferiríamos o grosso da operação para os europeus e os Estados árabes participantes. Caças europeus seriam os principais responsáveis por quaisquer ataques aéreos localizados necessários a fim de impedir que as forças de Gaddafi investissem contra civis (em essência, estabelecendo uma zona de exclusão aérea *e* terrestre), com os aliados árabes fornecendo principalmente apoio logístico. Como o Norte da África estava no quintal da Europa e não no nosso, pediríamos também que os europeus arcassem com a maior parte do custo da ajuda que seria exigida após o conflito a fim de reconstruir a Líbia e ajudar a transição do país para uma democracia depois que Gaddafi não mais estivesse no poder.

Perguntei a Gates e a Mullen o que achavam. Embora ainda relutassem em se envolver no que era, na prática, uma missão humanitária enquanto estávamos ainda em meio a duas outras guerras, ambos reconheceram que o plano era viável, limitava os custos e os riscos dos militares americanos, e provavelmente seria capaz de frear o avanço de Gaddafi dentro de poucos dias.

Susan e sua equipe trabalharam com Samantha durante a noite e, no dia seguinte, fizemos circular um projeto revisado de resolução entre os membros do Conselho de Segurança da ONU. Como o principal problema antes do voto era saber se a Rússia vetaria a nova medida, enquanto Susan buscava persuadir seus pares nos corredores da sede das Nações Unidas, esperávamos que os esforços que tínhamos feito nos últimos dois anos com Dmítri Medvedev ajudasse a ganhar seu apoio, enfatizando que, além dos imperativos morais de evitar uma atrocidade em massa, era de interesse tanto da Rússia como dos Estados Unidos garantir que não tivéssemos uma prolongada guerra civil na Líbia, pois o país se tornaria um terreno fértil para o terrorismo. Estava claro que Medvedev tinha sérias reservas em relação a qualquer ação militar conduzida pelo Ocidente para levar a uma mudança de regime, mas ele também não estava inclinado a servir como escudo para Gaddafi. Por fim, o Conselho de Segurança aprovou nossa resolução em 17 de março por dez votos a zero, com cinco abstenções (dentre as quais a da Rússia). Telefonei para os dois governantes europeus envolvidos, Sarkozy e Cameron, que mal disfarçaram o alívio por estarmos proporcionando a eles uma escada para descerem do galho em que tinham subido. Um dia depois, todos os elementos da operação estavam mobilizados, tendo os europeus concordado em que suas forças operariam sob uma estrutura de comando da Otan, e com suficiente participação árabe — da Jordânia, do Catar e dos Emirados — para nos isolar das acusações de que a missão na Líbia era outro exemplo da guerra das potências ocidentais contra o islã.

Com o Pentágono preparado e aguardando minha ordem para iniciar os ataques aéreos, ofereci publicamente a Gaddafi uma última oportunidade, instando-o a recuar suas tropas e respeitar os direitos dos líbios de realizarem um protesto pacífico. Eu esperava que, com o mundo perfilado contra ele, seus instintos de sobrevivência pudessem ser acionados, fazendo com que tentasse negociar uma saída segura para um terceiro país que o acolhesse e onde pudesse viver com os milhões de dólares oriundos do petróleo que, ao longo dos anos, havia injetado em diversas contas bancárias na Suíça. No entanto, ao que parecia, qualquer vínculo que Gaddafi pudesse ter tido no passado com a realidade já não existia.

Para completar, naquela noite eu estava de partida para o Brasil, iniciando uma passagem de quatro dias por três países com o objetivo de melhorar a imagem dos Estados Unidos na América Latina. (A Guerra do Iraque, assim como as proibições relacionadas ao tráfico de drogas e a política com relação a Cuba do governo Bush, não tinham sido bem recebidas na região.) A melhor parte é que tínhamos escolhido as datas da viagem para coincidir com as curtas férias de primavera de Malia e Sasha, permitindo que toda a família fosse comigo.

O que não havíamos previsto era a iminência de um conflito militar. Quando o Air Force One aterrissou em Brasília, Tom Donilon me informou que as tropas de Gaddafi não davam o menor sinal de que recuariam e que inclusive haviam começado sua entrada no perímetro de Benghazi.

"Você provavelmente vai precisar dar uma ordem ainda hoje", avisou ele.

Em qualquer circunstância, lançar uma investida militar durante uma visita a outro país era um problema. O fato de que o Brasil na maioria das ocasiões tentava evitar tomar partido nas disputas internacionais — e se abstivera no voto do Conselho de Segurança sobre a intervenção na Líbia — só piorava as coisas. Aquela era minha primeira visita à América do Sul como presidente e meu primeiro encontro com a presidente recém-eleita, Dilma Rousseff. Economista e ex-chefe de gabinete de seu carismático antecessor, Lula da Silva, Rousseff estava interessada, entre outras coisas, em incrementar as relações comerciais com os Estados Unidos. Ela e seus ministros receberam calorosamente nossa delegação quando chegamos ao palácio presidencial, uma estrutura leve e modernista com colunas em forma de asas e enormes paredes de vidro. Durante várias horas conversamos sobre os meios de promover maior cooperação bilateral em matéria de energia, comércio e mudanças climáticas. Mas, com as crescentes especulações em todo o mundo sobre quando e como teriam início os ataques contra a Líbia, ficou difícil ignorar a tensão. Pedi desculpas a Rousseff pelo eventual incômodo que a situação estava causando. Ela deu de ombros, fixando os olhos negros nos meus com um misto de ceticismo e preocupação.

"Vamos dar um jeito", disse ela em português. "Espero que esse seja o menor de seus problemas."

Terminado o encontro com Rousseff, Tom e Bill Daley me levaram às pressas para uma sala próxima, explicando que as tropas de Gaddafi ainda estavam em movimento e aquele era o melhor momento para fazermos o telefonema. Para dar início formal às operações militares, eu precisava entrar em contato com Mike Mullen, mas, ao que parecia, o sofisticado sistema de comunicação, seguro e móvel — o que em tese me permitiria operar como comandante-chefe de qualquer local do planeta —, não estava funcionando.

"Desculpe, sr. presidente, ainda estamos com problemas para fazer a conexão."

Enquanto nossos técnicos corriam de um lado para outro verificando se não havia fios soltos ou portais defeituosos, me sentei numa cadeira e peguei um punhado de amêndoas numa tigela em cima da mesinha ao lado. Havia muito tempo eu tinha deixado de me preocupar com os detalhes logísticos da presidência, sabendo estar cercado o tempo todo de uma equipe competentíssima. Entretanto, era possível ver as gotas de suor na testa do pessoal que circulava pela sala. Bill, em sua primeira viagem ao exterior como chefe de gabinete, e sem dúvida sentindo a pressão, estava tendo uma síncope.

"Isso é inacreditável!", disse ele, sua voz se tornando mais aguda.

Dei uma olhada no relógio. Dez minutos haviam se passado, e chegava a hora da reunião seguinte com os brasileiros. Olhei para Bill e Tom, ambos dando a impressão de que iriam estrangular alguém.

"Por que simplesmente não usamos seu celular?", perguntei a Bill.

"O quê?"

"Não vai ser uma conversa longa. É só ver se tem sinal suficiente."

Após algumas consultas entre os membros da equipe para saber se era aconselhável que eu usasse uma linha sem segurança, Bill fez a chamada e me passou o celular.

"Mike?", perguntei. "Está me ouvindo?"

"Estou ouvindo, sr. presidente."

"Você está autorizado."

E com essas três palavras, pronunciadas num aparelho que também devia ter sido usado para pedir pizzas, lancei a primeira intervenção militar de minha presidência.

Durante os dois dias seguintes, mesmo enquanto os navios de guerra dos Estados Unidos e do Reino Unido começaram a lançar mísseis Tomahawk para destruir as defesas aéreas líbias, seguimos minha programação praticamente à risca. Me encontrei com um grupo de CEOS americanos e brasileiros a fim de examinar possíveis meios de aprimorar nossas relações comerciais, participei de um coquetel com altos funcionários do governo e tirei fotos com o pessoal da embaixada e suas famílias. No Rio de Janeiro, falei para 2 mil líderes políticos, da sociedade civil e do mundo dos negócios sobre os desafios e oportunidades que nossos países partilhavam como as duas maiores democracias do hemisfério. Mas o tempo todo eu recebia de Tom notícias sobre a Líbia, imaginando o que estava se passando a mais de 8 mil quilômetros de distância: o silvo dos mísseis cortando o ar; as explosões em cascata, os destroços e a fumaça; os rostos dos fiéis apoiadores de Gaddafi ao olharem para o céu e calcularem suas chances de sobrevivência.

Minha atenção estava dividida, mas eu compreendia também que a presença no Brasil era importante, em especial para os brasileiros de ascendência africana, que representavam pouco mais da metade da população do país e, como os negros nos Estados Unidos, sofriam o mesmo tipo de pobreza e de racismo profundamente enraizado — ainda que com frequência negado. Michelle, as meninas e eu visitamos uma grande favela na Zona Oeste do Rio, onde paramos num centro comunitário para a juventude a fim de assistir à apresentação de um grupo de capoeira e eu dei alguns chutes numa bola de futebol com alguns garotos locais. Quando saímos, centenas de pessoas se acotovelavam do lado de fora do centro e, embora minha equipe do Serviço Secreto houvesse vetado um passeio pela vizinhança, eu os convenci a me deixar atravessar o portão e cumprimentar a multidão. De pé no meio de uma rua estreita, acenei para os rostos negros, pardos e bronzeados; os residentes, muitos deles crianças, se amontoavam nos telhados e nas pequenas varandas, ou se apertavam contra as barricadas da polícia. Valerie, que viajava conosco e testemunhou toda a cena, sorriu quando entrei e disse: "Aposto que mudamos a vida de algumas dessas crianças para sempre".

Eu me perguntava se aquilo era verdade. Era isso o que eu dizia a mim mesmo ao iniciar minha jornada política, e usei como parte da justificativa que dei a Michelle para concorrer à presidência — que a eleição e a liderança de um presidente negro faria mudar a autoimagem e a visão de mundo de crianças e jovens de todos os lugares. E, no entanto, eu sabia que o eventual impacto que minha rápida presença pudesse exercer sobre aquelas crianças nas favelas, por mais que isso pudesse fazer com que algumas erguessem um pouco mais a cabeça e tivessem sonhos mais ousados, em nada compensaria a pobreza asfixiante que enfrentavam todos os dias — as escolas ruins, o ar poluído, a água contaminada e a desordem absoluta que muitas delas precisavam encarar apenas para sobreviver. Para mim, o impacto que eu exercera até então na vida das crianças pobres e de suas famílias havia sido insignificante — mesmo em meu próprio país. Todo o meu tempo tinha sido absorvido somente pela tentativa de evitar uma piora na condição dos pobres, tanto nos Estados Unidos como no exterior, me certificando de que uma recessão global não abalasse drasticamente sua condição ou eliminasse o acesso precário ao mercado de trabalho que tinham obtido; tentando impedir uma mudança climática que poderia conduzir a inundações ou tempestades mortais; ou, no caso da Líbia, procurando evitar que um exército comandado por um louco metralhasse as pessoas nas ruas. Isso era alguma coisa, pensei — desde que eu não começasse a enganar a mim mesmo achando que fosse algo mais que uma fração do necessário.

Na curta viagem de volta para o hotel no Marine One, o helicóptero sobrevoou a magnífica cadeia de montanhas cobertas de florestas que circundam o litoral. A icônica estátua do Cristo Redentor, com seus trinta metros de altura, surgiu de repente no topo do pico em forma de cone chamado Corcovado. Tínhamos planejado visitar o local naquela noite. Me inclinando para mais perto de Sasha e Malia, apontei para o monumento, uma figura distante, vestindo um manto e com os braços abertos, branco contra o céu azul.

"Vejam… é lá que vamos hoje à noite."

As duas meninas ouviam música em seus iPods enquanto folheavam algumas das revistas de Michelle, seus olhos examinando imagens reluzentes de celebridades de rostos acetinados que eu não reconhecia. Depois que acenei com as mãos para chamar a atenção delas, as duas tiraram os fones do ouvido, viraram a cabeça ao mesmo tempo em direção à janela e a sacudiram sem dizer uma palavra, fazendo uma breve pausa como se desejassem me agradar antes de colocarem de volta os fones. Michelle, que parecia estar cochilando enquanto ouvia música em seu próprio iPod, não fez nenhum comentário.

Mais tarde, quando jantávamos no restaurante ao ar livre de nosso hotel, fomos informados de que um denso nevoeiro descera sobre o Corcovado e que talvez tivéssemos de cancelar a ida ao Cristo Redentor. Malia e Sasha não pareceram ter ficado muito decepcionadas. Observei as duas enquanto pediam ao garçom o menu das sobremesas, um pouco aborrecido pela falta de entusiasmo. Dedicando uma parte maior do meu tempo para monitorar os acontecimentos na Líbia, eu estava vendo a família ainda menos nessa viagem do que quando estávamos em casa, e isso aumentava minha sensação — já bem frequente nos últimos tempos — de que minhas filhas vinham crescendo mais rápido do que eu esperava. Malia estava prestes a se tornar uma adolescente — os dentes reluzindo com o aparelho, os cabelos presos descuidadamente num rabo de cavalo, o corpo que da noite para o dia havia se tornado tão comprido e esguio quanto o da mãe, como se tivesse passado por uma roda de tortura invisível. Aos nove anos, Sasha pelo menos ainda mantinha a aparência de uma criança, com seu sorriso doce e bochechas com covinhas, porém eu notara uma mudança de postura em relação a mim. Estava menos inclinada a me deixar fazer cócegas nela do que antes, parecendo impaciente e um pouco envergonhada quando eu tentava lhe dar a mão em público.

Eu continuava a me maravilhar com a estabilidade de ambas, com o modo como tinham se adaptado tão bem às estranhas e extraordinárias circunstâncias em que cresciam, fazendo sem esforço a transição entre audiências com o papa e visitas ao shopping. Em termos gerais, não gostavam de receber tratamento especial ou atenção exagerada, desejando simplesmente ser como as outras garotas na escola. (Quando, no primeiro dia do quarto ano, um colega tentou tirar uma foto de Sasha, ela arrancou a câmera de suas mãos e avisou que era melhor não tentar outra vez.) Na verdade, elas preferiam ficar na casa das amigas, em parte porque lá eram menos vigiadas em relação às guloseimas que comiam e ao tempo de televisão a que assistiam, mas sobretudo porque era mais fácil fingir que tinham uma vida normal, mesmo com uma equipe do Serviço Secreto estacionada no outro lado da rua. E não havia problema nenhum nisso, exceto pelo fato de que a vida delas nunca era menos normal do que quando se encontravam em minha companhia. Para mim, era impossível evitar o temor de que estivesse desperdiçando o tempo precioso de conviver com elas antes que voassem para fora do ninho…

"Tudo certo", disse Marvin, se aproximando de nossa mesa. "A neblina se dissipou."

Nós quatro então nos acomodamos na parte de trás do veículo e pouco depois subíamos por uma estrada sinuosa e escura, ladeada de árvores, até que nosso comboio de repente parou diante de uma praça ampla e bem iluminada. Uma figura enorme e brilhante parecia acenar para nós em meio à névoa. Enquanto galgávamos uma série de degraus, com os pescoços esticados para trás na tentativa de apreciar a vista, senti a mão de Sasha agarrar meu braço. Malia passou o braço em volta da minha cintura.

"Temos que rezar ou alguma coisa assim?", perguntou Sasha.

"Por que não?", respondi. Então nos juntamos, as cabeças curvadas em silêncio, e eu soube que ao menos uma de minhas preces naquela noite havia sido atendida.

Não sei ao certo se nossa breve peregrinação ao topo daquela montanha ajudou ou não o desenrolar de minha outra prece. Mas não tenho dúvida de que os primeiros dias da campanha na Líbia transcorreram tão bem quanto possível. Uma vez desmanteladas rapidamente as defesas aéreas de Gaddafi, os caças europeus tomaram conta da área, conforme prometido (com Sarkozy fazendo questão de que um avião francês fosse o primeiro a entrar no espaço aéreo líbio). Graças a uma série de ataques contra as tropas que avançavam sobre Benghazi, as forças de Gaddafi recuaram, e nossa zona de exclusão aérea e terrestre foi estabelecida em boa parte da região oriental do país.

No entanto, como a viagem pela América Latina não havia sido interrompida, eu continuei muito preocupado. A cada manhã consultava minha equipe de segurança nacional por meio de conferências de vídeo criptografadas, recebendo atualizações do general Carter Ham, que comandava a operação, e dos líderes militares do Pentágono antes de repassarmos uma lista detalhada dos passos seguintes. Além de me assegurar de que estávamos atingindo com competência nossos objetivos militares, eu queria ter a certeza de que os aliados cumpriam sua parte nas missões e que o papel dos Estados Unidos não ultrapassava os estreitos parâmetros que eu havia fixado. Não me faltava a percepção de que, como o público americano dava um apoio extremamente tênue ao que estávamos fazendo, qualquer revés poderia ser devastador.

Levamos um grande susto. Em nossa primeira noite em Santiago, no Chile, Michelle e eu participamos de um jantar solene oferecido por Sebastián Piñera, o simpático bilionário de centro-direita que havia sido eleito presidente apenas um ano antes. Eu estava sentado à mesa principal, ouvindo Piñera falar sobre o crescente mercado para os vinhos chilenos na China, quando senti um tapinha no ombro e me voltei para ver Tom Donilon com um ar mais nervoso que de costume.

"O que aconteceu?", perguntei.

Ele se inclinou e sussurrou em meu ouvido. "Acabamos de receber a notícia de que um caça americano caiu na Líbia."

"Derrubado?"

"Problema técnico", ele disse. "Dois tripulantes foram ejetados antes da queda e pegamos um deles, o piloto. Ele está bem... mas o artilheiro ainda não foi encontrado. Temos equipes de busca e salvamento perto do lugar em que o avião caiu e estou em contato direto com o Pentágono. Por isso, logo que souber de alguma coisa, aviso o senhor."

Enquanto Tom se afastava, Piñera me lançou um olhar inquisitivo.

"Tudo bem?", perguntou.

"Sim, desculpe a interrupção", respondi, rapidamente visualizando diversos cenários em minha mente — na maioria ruins.

Durante os noventa minutos seguintes, sorri e balancei a cabeça enquanto Piñera e sua esposa, Cecilia Morel Montes, nos falavam sobre seus filhos, como haviam se conhecido e a melhor época do ano para visitar a Patagônia. Em dado momento, a banda de rock e música folclórica chilena Los Jaivas começou a tocar o que parecia ser uma versão em espanhol de *Hair*. Fiquei esperando o tempo todo por outro tapinha no ombro. Não podia parar de pensar no jovem que eu havia mandado para a guerra e estava agora possivelmente ferido, capturado ou coisa pior. Pensei que ia estourar. Só quando eu e Michelle estávamos prestes a embarcar na Fera depois do jantar vi Tom finalmente vindo em nossa direção. Ele estava um pouco ofegante.

"Ele já está conosco. Parece que foi apanhado por um grupo de líbios simpáticos a nós e vai ficar bem", disse ele.

Quis beijar Tom naquela hora, mas em vez disso beijei Michelle.

Quando alguém me pede para descrever o que é ser presidente dos Estados Unidos, penso com frequência no tempo que passei sentado naquele jantar solene no Chile, me sentindo impotente contemplando o fio da navalha entre o sucesso visível e uma possível catástrofe — nesse caso, a trajetória do paraquedas sobre um deserto longínquo no meio da noite. A questão não era apenas que cada decisão tomada por mim representava uma aposta altíssima; havia também o fato de que, ao contrário do que ocorre no pôquer, em que o jogador está preparado para perder algumas rodadas mesmo numa noite em que o balanço final é positivo, um único revés poderia custar uma vida e superar — tanto na cobertura política como em meu coração — o objetivo mais amplo que eu pudesse alcançar.

No fim, a queda do caça acabou se revelando um ponto fora da curva. Quando voltei a Washington, a superioridade esmagadora das forças aéreas da coalizão internacional havia deixado os apoiadores de Gaddafi com poucos locais para se esconder, e as milícias da oposição — incluindo muitos desertores de alta patente do Exército líbio — começavam a avançar para o Ocidente. Doze dias depois de iniciada a operação, a Otan passou a comandar a missão, com vários países europeus assumindo a responsabilidade de repelir as tropas de Gaddafi. Quando me dirigi à nação em 28 de março, os militares americanos já desempenhavam mais um papel de apoio, ajudando sobretudo nas questões de logística, reabastecendo aviões e identificando alvos.

Como alguns republicanos tinham apoiado abertamente a intervenção, poderíamos até esperar algum elogio relutante pela precisão e rapidez de nossas operações na Líbia. Mas uma coisa curiosa tinha acontecido enquanto eu viajava. Alguns dos próprios republicanos que haviam exigido que eu me envolvesse no conflito na Líbia tinham decidido que agora eram contrários à iniciativa. Criticavam a missão por ser ampla demais e chegar tarde demais. Reclamavam que eu não havia consultado o Congresso como deveria, apesar de ter me encontrado com os líderes mais importantes nas vésperas da campanha. Questionavam a base legal de minha decisão, sugerindo que eu deveria ter buscado a autorização parlamentar nos termos da Lei de Poderes de Guerra — um questionamento legítimo e longevo sobre o poder presidencial, não fosse o fato de estar sendo feito por um partido que em diversas ocasiões dera a governos anteriores carta branca em matéria de política externa, em especial quando se tratava de participar de guerras. Os republicanos não pareciam constrangidos com tamanha incoerência. Na verdade, estavam me alertando de que até mesmo as questões de guerra e paz, de vida e morte, agora faziam parte de uma disputa partidária implacável e incessante.

E eles não eram os únicos participantes desse jogo. Vladímir Pútin criticou desde o início a resolução da ONU — e, por tabela, Medvedev — por ter ampliado o escopo para a ação militar na Líbia. Era inconcebível que Pútin não houvesse autorizado a decisão de Medvedev de se abster em vez de vetar nossa resolução, ou que não tivesse compreendido o que isso significava naquele momento. E, como o próprio Medvedev indicou em resposta aos comentários de Pútin, os caças da coalizão só continuaram a bombardear as tropas de Gaddafi porque o homem forte da Líbia não dera nenhum sinal de que as mandaria recuar ou que limitaria as ações dos cruéis mercenários que empregava. Mas com certeza não era essa a questão. Ao criticar Medvedev de forma aberta, Pútin parecia ter decidido deliberadamente fritar o sucessor que ele mesmo escolhera a dedo — um sinal, fui obrigado a presumir, de que Pútin pretendia retornar ao poder de maneira formal na Rússia.

No entanto, março terminou sem que tivéssemos uma única baixa na Líbia e, por um custo aproximado de 550 milhões de dólares — não muito mais do que o que gastáramos por dia em operações militares no Iraque e no Afeganistão —, havíamos alcançado nosso objetivo de salvar Benghazi e as cidades vizinhas e talvez dezenas de milhares de vidas. De acordo com Samantha, nossa ação foi a mais rápida de toda a história moderna entre as intervenções militares internacionais destinadas a impedir uma atrocidade em massa. O que aconteceria com o governo da Líbia permanecia incerto. Com Gaddafi ordenando mais ataques mesmo diante das operações de bombardeio da Otan e com a oposição abastecida por uma coalizão pouco articulada de milícias rebeldes, minha equipe e eu estávamos preocupados com a perspectiva de uma guerra civil de duração prolongada. Segundo o diplomata americano que Hillary enviara a Benghazi para atuar como elemento de ligação com o conselho de governo que começava a se formar na cidade, a oposição pelo menos tinha o discurso certo sobre o que uma Líbia pós-Gaddafi deveria ser, enfatizando a importância de eleições livres e justas, direitos humanos e respeito às leis. Mas, sem tradições ou instituições democráticas às quais recorrer, os conselheiros tinham uma tarefa enorme pela frente — e, com a ausência das forças policiais de Gaddafi, a segurança em Benghazi e outras áreas dominadas pelos rebeldes, que ganharam um clima de faroeste.

"Quem foi a pessoa que mandamos para Benghazi?", perguntei, após ouvir uma de suas mensagens.

"Um cara chamado Chris Stevens", me disse Denis. "Era o encarregado de negócios na embaixada dos Estados Unidos em Trípoli e já serviu em vários países do Oriente Médio antes disso. Ao que parece, ele e uma pequena equipe entraram às escondidas em Benghazi num navio cargueiro grego. Ele tem fama de ser excelente."

"Sujeito corajoso", eu disse.

Num tranquilo domingo de abril, eu me vi sozinho na residência — as meninas tinham ido a algum lugar com as coleguinhas, Michelle almoçava com as amigas — e decidi descer para trabalhar um pouco. Fazia frio, poucos graus acima de zero, com um misto de sol e nuvens. Caminhando pela colunata, apreciei os viçosos canteiros de tulipas — amarelas, vermelhas e rosadas — que haviam sido plantadas no Roseiral. Eu raramente trabalhava na escrivaninha do *Resolute* nos fins de semana, porque sempre havia alguns grupos de visitantes na Ala Oeste que só podiam ver o Salão Oval, de trás de uma corda de veludo, se eu não estivesse lá. Em vez disso, costumava me instalar na sala contígua, uma área confortável e privativa cheia de recordações que eu juntara ao longo dos anos: uma capa emoldurada da revista *Life* mostrando a marcha em Selma e assinada por John Lewis; um tijolo do escritório de advocacia de Abraham Lincoln em Springfield; um par de luvas de boxe de Muhammad Ali; o quadro de Ted Kennedy com uma vista da costa de Cape Cod que ele me dera de presente depois que o admirei em seu gabinete no Senado.

Mas, quando as nuvens se abriram e a luz do sol penetrou pela janela, fui para o pátio que dava para a sala de jantar — um espaço delicioso e isolado, com cercas vivas e plantas de um lado e, do outro, uma pequena fonte.

Eu havia levado uma pilha de memorandos para ler, mas minha mente vagava sem parar. Tinha anunciado que concorreria à reeleição pouco tempo antes. Na prática, era apenas uma formalidade, que envolvia o preenchimento de alguns papéis e um curto vídeo de anúncio — um contraste agudo com aquele dia gélido e inebriante em Springfield, quatro anos antes, quando declarei que concorreria à presidência perante milhares de pessoas, prometendo trazer esperança e mudanças. Parecia ter se passado uma eternidade desde aquele momento de otimismo, energia juvenil e inegável inocência. Minha campanha pela reeleição seria uma empreitada bem diferente. Certos de minha vulnerabilidade, os republicanos já faziam fila pela oportunidade de concorrer contra mim. Reparei que minha equipe política havia começado a encaixar na agenda uma série de especialistas em angariar recursos, prevendo uma disputa dispendiosa e cruel. Uma parte de mim tinha ressalvas à ideia de me preparar para a eleição tão cedo — porque, embora a primeira campanha já fosse uma recordação distante, meu trabalho real como presidente parecia haver apenas começado. Mas de nada adiantava discutir aquilo. Eu mesmo podia ler os resultados das pesquisas de opinião.

A ironia é que as labutas dos dois anos anteriores por fim davam algum fruto. Quando não estava lidando com questões de política externa, eu viajara pelo país, dando destaque às fábricas antes fechadas que acabavam de ser reabertas, aos pequenos negócios salvos da falência, às fazendas eólicas e aos veículos de consumo econômico que mostravam o caminho para um futuro com índices de poluição mais baixos. Vários projetos de infraestrutura financiados pela Lei de Recuperação — estradas, centros comunitários, VLTs — estavam quase prontos. Diversos dispositivos do Affordable Care Act já estavam em vigor. De muitas formas diferentes, tínhamos tornado o governo federal melhor, mais eficiente e mais atento às necessidades do povo. Mas, até que a economia de fato começasse a se recuperar, nada disso teria grande valor político. Por ora, havíamos conseguido evitar uma segunda recessão em grande parte graças aos bilhões de dólares que havíamos acrescentado à extensão dos cortes de impostos de Bush durante a temporada de sessões "pato manco" no Congresso. No entanto, esses resultados haviam sido obtidos com grande dificuldade e, ao que parecia, a nova maioria na Câmara estava decidida a pôr a economia em marcha a ré.

Desde sua eleição como líder da maioria em janeiro, John Boehner vinha insistindo que os deputados republicanos tinham a firme intenção de levar adiante a promessa de campanha de acabar com o que ele descrevia como minha "gastança desenfreada e destruidora de empregos nos dois últimos anos". Falando depois de meu discurso sobre o Estado da União de 2011, Paul Ryan, presidente da Comissão de Orçamento da Câmara, previu que, como resultado desses gastos descontrolados, a dívida federal "em breve vai eclipsar toda a nossa economia e se elevar a níveis catastróficos nos próximos anos". O novo grupo de parlamentares republicanos, muitos dos quais tendo se candidatado com base na plataforma do Tea Party, estava pressionando Boehner em favor de uma redução imediata, drástica e permanente no tamanho do governo federal — uma medida que, segundo eles, finalmente restauraria a ordem constitucional americana e tomaria de volta o país das mãos das elites políticas e econômicas corruptas.

Em termos puramente econômicos, todos nós na Casa Branca achávamos que a concretização da agenda do Partido Republicano na Câmara em favor de profundos cortes nos gastos federais resultaria num desastre completo. A taxa de desemprego permanecia em torno de 9%. O mercado imobiliário ainda não estava recuperado. Os cidadãos dos Estados Unidos ainda tentavam se livrar de 1,1 trilhão de dólares de dívidas nos cartões de crédito e outros empréstimos que haviam acumulado durante a década anterior. Milhões de pessoas deviam mais em hipotecas do que o valor de suas casas. Como muitos negócios e bancos também estavam endividados, a cautela nos movimentos de expansão e na concessão de novos empréstimos persistia. Era verdade que o déficit federal tinha crescido substancialmente desde que eu tomara posse — sobretudo devido à arrecadação menor e aos gastos crescentes com programas sociais na esteira daquilo que passou a ser comumente chamado de "a grande recessão". A meu pedido, Tim Geithner já estava formulando planos para trazer o déficit de volta aos níveis anteriores à crise uma vez que a economia se recuperasse por completo. Eu também tinha nomeado uma comissão, presidida pelo ex--chefe de gabinete de Clinton, Erskine Bowles, e o ex-senador Alan Simpson, do Wyoming, para elaborar um plano sensato visando à redução a longo prazo do déficit e da dívida pública. Mas, naquele momento, a melhor coisa que podíamos fazer para reduzir o déficit era promover o crescimento econômico — e isso, com uma demanda agregada fraca, exigia mais gastos do governo federal, e não menos.

O problema era que, nas eleições de meio de mandato, eu havia sido derrotado nesse debate, pelo menos na opinião daqueles que tinham se dado ao trabalho de comparecer às urnas. Os republicanos podiam de fato afirmar que estavam seguindo a vontade dos eleitores ao defender cortes de gastos, mas resultados da eleição pareciam ter transformado todas as forças políticas de Washington em inimigos do déficit. A mídia de repente soou o alarme de que o país estava vivendo acima de suas posses. Os comentaristas criticavam o legado de dívida que estaríamos transmitindo para as gerações futuras. Até mesmo CEOs e banqueiros de Wall Street, muitos dos quais beneficiados direta ou indiretamente pelo socorro dado ao sistema financeiro, cometeram a temeridade de endossar o discurso antidéficit, insistindo que era chegada a hora de os políticos em Washington tomarem a atitude "corajosa" de eliminar os "gastos compulsórios" — usando esse enganoso rótulo genérico para se referir à Previdência Social, ao Medicare, ao Medicaid e a outros programas que constituem nossa rede de proteção social. (Poucos deles mostraram interesse em sacrificar suas próprias isenções fiscais para enfrentar essa suposta crise.)

Em nossa primeira escaramuça com Boehner sobre os níveis de financiamento para o restante do ano fiscal de 2011, tínhamos concedido apenas 38 bilhões de dólares em cortes de despesas, um montante significativo o bastante para ele levar aos membros de seu grupo conservador (que a princípio propusera quase o dobro), mas razoavelmente pequeno, dentro de um orçamento de 3,6 trilhões de dólares, para evitar qualquer estrago econômico real — até porque boa parte dos cortes consistia de truques contábeis e não reduziria serviços ou programas vitais. No entanto, Boehner já havia sinalizado que os republicanos em breve voltariam para exigir mais, sugerindo que eles inclusive poderiam não conceder os votos necessários para elevar o limite estatutário da dívida se nós não aceitássemos as novas exigências. Nenhum de nós acreditava que o Partido Republicano de fato agiria de forma tão irresponsável. Afinal de contas, a elevação do teto da dívida era um dever legislativo rotineiro cumprido pelos dois partidos, uma questão de pagar por gastos já aprovados pelo Congresso — e, se aquilo não fosse feito, os Estados Unidos deixariam de honrar sua dívida pela primeira vez na história. Fosse como fosse, só o fato de que Boehner houvesse chegado a suscitar ideia tão radical — e o fato de que isso não demorara a ganhar força entre os membros do Tea Party e os veículos de comunicação conservadores — dava uma pista sobre o que estava por vir.

É a isso, me perguntei, que se reduziu minha gestão? Me manter na retaguarda para impedir os republicanos de sabotar a economia do país e desfazer o que quer que eu havia feito? Será que eu podia mesmo ter esperanças quanto à possibilidade de chegar a um meio-termo com um partido que cada vez mais parecia considerar a oposição a mim como seu princípio unificador, o objetivo que se sobrepunha a todos os demais? Havia uma razão para, ao relatar nossa recente negociação sobre o orçamento a seu grupo, Boehner ter supostamente enfatizado que eu estava "enraivecido" durante os debates — uma ficção útil que recomendei que minha equipe não questionasse, a fim de preservar o resultado do acerto. Para seus colegas de partido, não havia nada mais convincente. Na verdade, eu vinha notando com maior frequência que o estado de espírito manifestado nos derradeiros comícios de campanha por Sarah Palin, assim como no verão do Tea Party, tinha migrado das margens do Partido Republicano para seu centro — uma reação emocional, quase visceral, a meu mandato, que ia além das diferenças em termos de posicionamentos políticos ou ideologia. Era como se minha presença na Casa Branca houvesse deflagrado um pânico profundo, uma sensação de que a ordem natural tinha sido rompida.

Foi exatamente isso que Donald Trump entendeu quando começou a afirmar que eu não tinha nascido nos Estados Unidos e era, portanto, um presidente ilegítimo. Aos milhões de americanos que se sentiam ameaçados por um negro na Casa Branca, ele prometeu um elixir para sua ansiedade de fundo racial.

A afirmação de que eu não tinha nascido nos Estados Unidos não era nova. Ao menos um aloprado conservador havia defendido essa teoria lá atrás, quando concorri ao Senado pelo estado de Illinois. Durante a campanha para as primárias presidenciais, alguns apoiadores insatisfeitos de Hillary haviam voltado a cogitar essa alegação e, embora a campanha dela a negasse com veemência, blogueiros conservadores e apresentadores de programas de rádio de grande audiência a mantiveram viva, com fervorosas discussões por e-mail trocadas por ativistas da direita. Quando foi apropriada pelo Tea Party durante meu primeiro ano na Casa Branca, a história já se transformara numa robusta teoria da conspiração. Eu não apenas nascera no Quênia, segundo diziam, como também era um socialista muçulmano disfarçado, um candidato da Manchúria que havia sido preparado desde a infância — e enviado aos Estados Unidos usando documentos falsos — para me infiltrar nos mais altos escalões do governo americano.

Mas foi só em 10 de fevereiro de 2011, um dia antes de Hosni Mubarak abandonar o poder no Egito, que essa teoria absurda finalmente ganhou força. Discursando perante a Conferência de Ação Política Conservadora, em Washington, Trump insinuou que poderia concorrer à presidência e declarou que "nosso atual presidente veio não se sabe de onde. [...]. As pessoas que foram seus colegas de escola nunca o viram, não sabem quem é ele. É uma loucura".

De início, não dei muita atenção a isso. Minha biografia tinha sido exaustivamente documentada. Minha certidão de nascimento estava registrada nos arquivos públicos no Havaí, e a havíamos postado em meu site em 2008 para lidar com a primeira onda daquela teoria conspiratória. Meus avós tinham guardado um recorte do *Honolulu Advertiser* de 13 de agosto de 1961 em que se anunciava meu nascimento. Quando menino, a caminho da escola, eu passava todos os dias em frente ao Kapi'olani Medical Center, onde minha mãe me trouxera ao mundo.

Quanto a Trump, embora nunca o tivesse encontrado, havia construído uma vaga ideia a seu respeito ao longo dos anos — primeiramente como um incorporador de imóveis sempre procurando formas de atrair atenção para si; mais tarde, e como um péssimo presságio do que estava por vir, como alguém que pegara carona no caso dos Cinco do Central Park quando, em reação à notícia de cinco adolescentes negros e latinos presos por estuprar violentamente uma mulher branca que fazia jogging no parque (e que mais tarde foram inocentados), ele comprara anúncios de página inteira em quatro grandes jornais para defender a volta da pena de morte; e, por fim, na condição de uma personalidade televisiva que comercializava seu nome e sua marca como o suprassumo do sucesso capitalista e da ostentação consumista.

Por boa parte dos meus primeiros dois anos de mandato, Trump aparentemente foi elogioso à minha presidência, dizendo à *Bloomberg* que "em geral acredito que ele tem feito um bom trabalho"; mas, talvez porque não visse muito televisão, eu tinha dificuldade em levá-lo muito a sério. As principais figuras do mercado imobiliário e do mundo dos negócios de Nova York que eu conhecia eram unânimes em descrevê-lo como alguém que vivia de aparências, que por onde quer que passasse deixava atrás de si pedidos de falência, contratos não honrados, empregados ludibriados e arranjos financeiros suspeitos, e cujas atividades comerciais naquele momento consistiam sobretudo em licenciar o uso de seu nome em imóveis que não eram seus nem administrados por ele. Na verdade, meu contato mais próximo com Trump ocorrera em meados de 2010, durante a crise da Deepwater Horizon, quando ele havia feito uma inesperada ligação para Axe sugerindo que eu lhe desse a incumbência de fechar o poço. Ao ser informado de que o trabalho já estava quase terminado, Trump mudou de assunto e, mencionando que pouco tempo antes havíamos oferecido um jantar formal em uma tenda no Gramado Sul, disse a Axe que estaria disposto a construir "um belo salão de festas" no terreno da Casa Branca — uma oferta que foi educadamente recusada.

O que eu não tinha previsto foi a reação da mídia ao repentino endosso de Trump à teoria da conspiração sobre meu nascimento — que a linha que separava uma notícia de uma piada se tornara tão pouco nítida, e a competição pela popularidade tão feroz, a ponto de os veículos de comunicação de massa se prontificarem sem demora a divulgar uma afirmação sem fundamento. Como era de esperar, tudo se espalhou a partir da Fox News, uma rede cujo poder e lucros haviam sido construídos por meio da alimentação dos medos e ressentimentos raciais que Trump agora buscava explorar. Noite após noite, seus âncoras deram espaço a ele em seus programas mais populares. No *O'Reilly Factor* da Fox, Trump declarou: "Se você vai ser presidente dos Estados Unidos, tem que nascer neste país. E há dúvidas se ele nasceu ou não aqui. [...]. Não tem uma certidão de nascimento". No programa matinal *Fox & Friends*, ele sugeriu que o anúncio no jornal sobre meu nascimento podia ser falso. Na verdade, Trump apareceu tantas vezes na Fox que logo se sentiu obrigado a apresentar algum material novo, dizendo que havia alguma coisa estranha no fato de eu ter sido admitido na Universidade Harvard, porque minhas "notas eram péssimas". A Laura Ingraham, disse estar convencido de que Bill Ayers, meu vizinho em Chicago e ex-ativista radical, era o verdadeiro autor de *Sonhos do meu pai*, porque o livro era bom demais para ter sido escrito por alguém com meu calibre intelectual.

Mas não foi só a Fox. Em 23 de março, pouco depois de iniciarmos a ação militar na Líbia, ele apareceu no programa *The View*, da ABC, dizendo: "Quero que ele mostre sua certidão de nascimento. Tem algo aí nessa certidão de que ele não gosta". Na NBC, a mesma rede que levava ao ar em horário nobre o reality show de Trump, *O Aprendiz Celebridades* (e que claramente não via com maus olhos a publicidade extra gerada por seu astro), ele disse a um âncora do programa *Today* que tinha enviado investigadores ao Havaí para analisar minha certidão de nascimento. "Tenho gente estudando isso, e eles não acreditam no que estão descobrindo." Mais tarde, ele declarou a Anderson Cooper, na CNN: "Muito recentemente me disseram, Anderson, que a certidão de nascimento não foi encontrada. Me disseram que não está lá e não existe".

Fora do universo da Fox, eu não saberia dizer se algum jornalista de renome endossou explicitamente essas acusações bizarras. Todos insistiam em manifestar uma incredulidade cortês, por exemplo perguntando a Trump por que ele achava que George Bush e Bill Clinton nunca precisaram mostrar suas certidões de nascimento. (Ele costumava responder com: "Bom, nós sabemos que eles nasceram neste país" ou alguma coisa do gênero.) Mas em nenhum momento disseram com todas as letras que Trump estava mentindo ou que a teoria da conspiração que ele promovia era racista. Sem dúvida fizeram pouco ou nenhum esforço para caracterizar essas teorias como algo que ultrapassava os limites do razoável — assim como a abdução por extraterrestres ou as conspirações antissemitas dos Protocolos dos Sábios de Sião. E quanto mais a mídia alimentava a difusão dessas teorias, mais interessantes elas se tornavam como notícia.

Não nos demos ao trabalho de dar crédito a tudo aquilo com algum tipo de resposta oficial da Casa Branca por não desejar oferecer a Trump um palco ainda maior, e por saber que havia coisas mais importantes pela frente. Na Ala Oeste, as teorias sobre meu nascimento eram tratadas como uma piada de mau gosto, e meus jovens assistentes se animavam com a forma como os apresentadores de talk shows de fim de noite com frequência desancavam "o Donald". Mas era impossível deixar de notar que a mídia não estava interessada em Trump apenas como entrevistado: estava também cobrindo com empolgação as incursões dele na política presidencial, o que incluía coletivas de imprensa e viagens para New Hampshire, onde tinham início as primárias. As pesquisas de opinião pública mostravam que cerca de 40% dos republicanos estavam convencidos de que eu não tinha nascido nos Estados Unidos, e poucos dias antes eu soubera por Axe que, segundo um pesquisador republicano de opinião pública que ele conhecia, Trump estava à frente de meus adversários em potencial, apesar de não ter se declarado candidato.

Preferi não compartilhar essa informação com Michelle. Só de pensar em Trump e na relação simbiótica que desenvolvera com a mídia, ela ficava furiosa. Michelle via aquele circo todo pelo que era: uma variante da obsessão da imprensa pela bandeira na lapela e por cumprimentos típicos dos negros durante minha campanha, a mesma disposição por parte de adversários políticos e jornalistas de legitimar a ideia de que seu marido era suspeito, um abominável "Outro". Ela deixou claro que suas preocupações em relação a Trump e à teoria da conspiração sobre meu nascimento não tinham nada a ver com minha atuação política, e sim com a segurança de nossa família. "As pessoas acham que é tudo um jogo", disse Michelle. "Não se importam se existem milhares de homens armados circulando por aí que acreditam em cada palavra que está sendo dita."

Não contestei essa afirmação. Era evidente que Trump não se importava com as consequências de divulgar teorias da conspiração que quase certamente ele sabia serem falsas, desde que alcançasse seus objetivos; e ele descobriu também que os antigos limites que definiam o que era aceitável nos debates políticos vinham sendo ignorados havia muito tempo. Nesse sentido, não existia muita diferença entre Trump e Boehner ou McConnell. Eles também compreendiam que não fazia diferença se o que diziam era verdade. Não precisavam de fato acreditar que eu estava arruinando o país ou que o Obamacare promovia a eutanásia. Na realidade, a única diferença entre os estilos de política dos três era a desinibição de Trump. Ele sabia instintivamente o que inflamava a base conservadora e fornecia o combustível em sua forma mais pura. Embora duvidasse que ele estivesse disposto a abrir mão de seus negócios ou se submeter ao necessário escrutínio para concorrer à presidência, eu estava certo de que os sentimentos que Trump estava explorando, a visão sombria e alternativa que ele promovia e legitimava eram coisas que eu precisaria enfrentar pelo restante de meu mandato.

Eu teria muito tempo para me preocupar com os republicanos mais tarde, disse comigo. O mesmo valia para questões de orçamento, estratégia de campanha e a situação da democracia americana. Na verdade, entre todas as coisas que me davam motivo para refletir naquele dia no pátio, sabia que havia uma que exigiria minha atenção total nas semanas seguintes.

Eu tinha que decidir se autorizaria ou não uma incursão ao interior do Paquistão para perseguir um alvo que acreditávamos ser Osama bin Laden — e, não importava o que mais acontecesse, eu provavelmente acabaria sendo um presidente de um único mandato caso cometesse algum erro.

27

A localização exata de Osama bin Laden era um mistério desde dezembro de 2001; três meses após os ataques do Onze de Setembro, que haviam matado cerca de 3 mil inocentes, Bin Laden escapara por pouco quando forças dos Estados Unidos e seus aliados se aproximaram de seu quartel-general em Tora Bora, uma região montanhosa na fronteira entre o Afeganistão e o Paquistão. A busca continuou de forma intensa durante vários anos, embora, à época em que tomei posse, o rastro de Bin Laden houvesse se perdido. No entanto, ele ainda estava por lá: à medida que a al-Qaeda se reorganizava pouco a pouco a partir de uma base na região do Território Federal das Áreas Tribais do Paquistão (FATA), seu líder vez por outra divulgava mensagens por áudio ou vídeo estimulando seus apoiadores a empreender a jihad contra as potências ocidentais.

Desde a primeira vez que falei em público sobre a reação dos Estados Unidos ao Onze de Setembro e minha oposição à Guerra no Iraque na véspera de minha candidatura ao Senado em 2002, na Federal Plaza de Chicago, defendi a necessidade de voltarmos a nos concentrar em trazer Bin Laden aos tribunais. Retornei ao tema durante a campanha presidencial, jurando que perseguiria Bin Laden no Paquistão se o governo local fosse incapaz ou não se mostrasse disposto a fazer isso. A maior parte dos políticos em Washington, inclusive Joe, Hillary e John McCain, encararam com desdém essa promessa, como se não passasse de mera jogada eleitoral, uma forma de um jovem senador sem experiência em política externa querer bancar o durão. E, mesmo depois que tomei posse, algumas pessoas sem dúvida presumiram que eu havia deixado de lado a questão de Bin Laden a fim de lidar com outros problemas. Em maio de 2009, depois de uma reunião na Sala de Crise sobre ameaças terroristas, levei vários conselheiros — incluindo Rahm, Leon Panetta e Tom Donilon — para o Salão Oval e fechei a porta.

"Quero que a caçada a Bin Laden seja minha maior prioridade", eu disse. "Quero ver um plano formal sobre como vamos encontrá-lo. Quero um relatório na minha mesa a cada trinta dias detalhando nossos progressos. E, Tom, vamos registrar isso numa diretiva presidencial para que todos saibam que é para valer."

Eu tinha motivos óbvios para me concentrar em Bin Laden. Sua liberdade era uma fonte de sofrimento para as famílias dos mortos nos ataques do Onze de Setembro e uma afronta ao poderio dos Estados Unidos. Mesmo em seu esconderijo, ele continuava a ser o mais eficiente recrutador da al-Qaeda, radicalizando jovens descontentes em todo o mundo. De acordo com nossas análises, quando fui eleito, a al-Qaeda era mais perigosa do que em anos anteriores, e alertas sobre planos terroristas originados na FATA sempre apareciam em meus memorandos.

Mas eu também via a eliminação de Bin Laden como crucial para meu objetivo de reorientar a estratégia de combate ao terrorismo do país. Quando deixamos de concentrar nosso foco no pequeno grupo de terroristas que havia de fato planejado e executado o Onze de Setembro, definindo em vez disso a ameaça como uma "guerra ao terror" abrangente e ilimitada, nós tínhamos caído no que eu considerava uma armadilha estratégica, que só fez crescer o prestígio da al-Qaeda, racionalizou a invasão do Iraque, colocou a maior parte do mundo muçulmano contra nós e por quase uma década promoveu uma imagem distorcida da política externa americana. Em vez de incitar o medo relacionado às redes terroristas e alimentar a imaginação dos extremistas de que estavam engajados numa luta divina, meu desejo era lembrar ao mundo (e, o mais importante, a nós mesmos) que aqueles terroristas não passavam de um bando de assassinos cruéis que viviam em um mundo de ilusão — criminosos comuns que podiam ser capturados, julgados, aprisionados ou mortos. E não haveria melhor maneira de demonstrar isso do que pegar Bin Laden.

Um dia antes do nono aniversário do Onze de Setembro, Leon Panetta e seu braço direito na CIA, Mike Morell, pediram para me ver. Eu achava que eles formavam uma boa equipe. Tendo passado a maior parte de sua vida profissional no Congresso antes de servir como chefe de gabinete de Clinton, Panetta, aos 72 anos, não apenas garantia uma administração sólida na agência como também se saía bem sob os holofotes, mantendo boas relações com todos no Congresso e com a imprensa, além de possuir excelente faro para as implicações políticas dos assuntos de segurança nacional. Morell, por outro lado, era talhado para o cargo que ocupava graças à mente meticulosa de analista e, apesar de ter apenas 52 anos de idade, contava com décadas de experiência na CIA.

"Sr. presidente, ainda é tudo muito preliminar", disse Leon, "mas achamos que temos uma pista sobre Bin Laden — de longe a melhor desde Tora Bora."

Recebi a notícia em silêncio. Leon e Mike explicaram que — devido a um trabalho paciente e rigoroso, com a compilação e mapeamento de milhares de informações — os analistas haviam identificado o paradeiro de um homem conhecido como Abu Ahmed al-Kuwaiti, que acreditavam servir como mensageiro da al-Qaeda e ter ligação com Bin Laden. Monitorando seus telefonemas e hábitos cotidianos, haviam chegado não a um ponto remoto da FATA, e sim a uma grande propriedade num bairro rico dos subúrbios da cidade paquistanesa de Abbottabad, 56 quilômetros ao norte de Islamabad. Segundo Mike, o tamanho e a estrutura do local indicavam que ali morava alguém importante, muito possivelmente um membro do alto escalão da al--Qaeda. A comunidade de inteligência estava vigiando o local, e Leon prometeu me manter atualizado sobre qualquer novidade a respeito de seus ocupantes.

Depois que eles se foram, cuidei de balizar minhas expectativas. Qualquer pessoa podia morar naquela propriedade; mesmo se fosse alguém ligado à al-Qaeda, parecia pequena a probabilidade de que Bin Laden estivesse numa área urbana populosa. No entanto, em 14 de dezembro, Leon e Mike voltaram, dessa vez com um agente e um analista da CIA. O analista era um jovem com a aparência refinada e bem cuidada de um alto funcionário do Congresso. O agente era um homem mais velho, magro e de barba cerrada, com um ar ligeiramente desalinhado de professor. Tratava-se do chefe do Centro de Contraterrorismo da CIA e líder da equipe que caçava Bin Laden. Imaginei-o enclausurado em alguma toca subterrânea, cercado de computadores e grossas pastas de papel pardo, isolado do mundo enquanto examinava montanhas de informações.

Os dois repassaram para mim tudo que os levara à propriedade em Abbottabad — um notável feito de investigação. Tudo indicava que o mensageiro Al-Kuwaiti havia usado um nome falso para comprá-la, que era extraordinariamente espaçosa e segura, oito vezes maior que as residências vizinhas. Cercada de muros de três a seis metros de altura equipados com arame farpado, tinha muros adicionais dentro do perímetro. Quanto aos moradores, os analistas disseram que eles faziam um grande esforço para ocultar suas identidades. Não tinham telefone fixo ou serviço de internet, quase nunca saíam da propriedade e queimavam o lixo, em vez de deixá-lo do lado de fora para ser recolhido. Mas a idade e o número de crianças na casa principal da propriedade pareciam corresponder aos dos filhos de Bin Laden. E, por meio do monitoramento aéreo, nossa equipe havia sido capaz de observar, num pequeno jardim, um homem alto que nunca saía da propriedade.

"Chamamos ele de Pacer", contou o agente principal. "Achamos que pode ser Bin Laden."

Eu tinha uma série de perguntas na ponta da língua, porém a mais importante era: o que mais podíamos fazer para confirmar a identidade de Pacer? Embora eles continuassem a explorar possíveis estratégias, os analistas confessaram que não tinham muita esperança de sucesso. Dada a configuração e localização da propriedade, assim como a cautela de seus moradores, os métodos que poderiam gerar maior certeza de se tratar efetivamente de Bin Laden poderiam em pouco tempo provocar suspeitas; sem que nós sequer soubéssemos, os moradores poderiam desaparecer sem deixar vestígio. Encarei o agente principal.

"O que você acha?", perguntei.

Vi que ele hesitava. Suspeitei que tivesse sido envolvido em tudo o que antecedeu a invasão do Iraque: a reputação da comunidade de inteligência ainda não estava restabelecida depois do papel que desempenhara ao apoiar o governo Bush na garantia de que Saddam Hussein desenvolvia armas de destruição em massa. No entanto, captei uma expressão em seu rosto que indicava o orgulho de alguém que havia resolvido um enigma complexo — apesar de não conseguir provar isso.

"Acho que há uma boa chance de ser o nosso homem", disse ele. "Mas não podemos ter certeza."

Com base no que ouvi, decidi que tínhamos argumentos suficientes para começar a desenvolver opções para um ataque à propriedade. Enquanto a equipe da CIA continuava a trabalhar na identificação de Pacer, pedi a Tom Donilon e John Brennan que explorassem o conceito do ataque. A necessidade de sigilo absoluto aumentava o desafio: se vazasse a menor insinuação de que tínhamos alguma pista sobre Bin Laden, sabíamos que nossa oportunidade estaria perdida. Assim sendo, somente poucas pessoas em todo o governo federal acompanharam a fase de planejamento da operação. Havia outra restrição: qualquer que fosse a opção que escolhêssemos, não podíamos envolver os paquistaneses. Embora o governo do Paquistão cooperasse conosco em diversas operações de combate ao terrorismo, fornecendo uma rota de suprimento vital para nossas forças no país, era um segredo de polichinelo que certos elementos de suas Forças Armadas, e sobretudo nos serviços de informações paquistaneses, mantinham vínculos com o Talibã e talvez até mesmo com a al-Qaeda, vez por outra os usando como ativos estratégicos para garantir que o governo afegão continuasse fraco e incapaz de se alinhar com o rival número um do Paquistão, que era a Índia. O fato de que a propriedade de Abbottabad ficava a poucos quilômetros do equivalente paquistanês de nossa academia militar de West Point só fazia aumentar a possibilidade de que qualquer coisa que contássemos aos militares locais acabaria chegando aos ouvidos de nosso alvo. Assim, o que quer que decidíssemos fazer em Abbottabad implicaria violar o território de um suposto aliado da forma mais ostensiva possível exceto em caso de guerra — elevando assim tanto os riscos diplomáticos como as complexidades operacionais.

Em meados de março, nos dias de preparativos para a intervenção na Líbia e minha viagem à América Latina, a equipe me apresentara o que seus integrantes definiram cautelosamente como conceitos preliminares sobre um ataque à propriedade de Abbottabad. Grosso modo, eu tinha duas opções. A primeira consistia em demoli-la com um ataque aéreo. As vantagens dessa abordagem eram óbvias. Nenhuma vida americana correria risco em solo paquistanês. Ao menos publicamente, essa opção permitiria certo grau de negação — os paquistaneses, claro, saberiam que só nós poderíamos ter conduzido o ataque, mas teriam mais facilidade de manter a versão de que talvez não fosse coisa nossa, o que ajudaria a mitigar o descontentamento de seus cidadãos.

No entanto, ao examinarmos de perto os detalhes de como seria o ataque com mísseis, os pontos negativos se revelaram significativos. Caso destruíssemos a propriedade, como poderíamos ter certeza de que Bin Laden estava mesmo lá? Se a al--Qaeda negasse que Bin Laden tinha sido morto, como poderíamos explicar o bombardeio de uma residência no interior do Paquistão? Além disso, estimávamos que moravam na propriedade de Abbottabad cerca de cinco mulheres e vinte crianças, além de quatro homens adultos; e, em seu primeiro esboço, o ataque proposto não apenas destruiria a propriedade, mas quase certamente demoliria várias residências adjacentes. Pouco depois de iniciada a reunião, avisei ao comandante do Estado--Maior Conjunto, Hoss Cartwright, que não eram necessárias mais explicações: eu não autorizaria a morte de trinta ou mais pessoas se não estivéssemos certos de que Bin Laden se encontrava na propriedade. Caso fôssemos usar um ataque aéreo, eles precisariam apresentar um plano muito mais preciso.

A segunda opção era autorizar uma operação especial na qual uma equipe seleta entraria em segredo no Paquistão de helicóptero, invadiria a propriedade e partiria antes que a polícia ou os militares locais tivessem tempo de reagir. Para preservar o segredo da operação, e a possibilidade de negá-la caso algo desse errado, teríamos de conduzi-la sob o comando da CIA, e não do Pentágono. Por outro lado, para uma missão dessa magnitude e risco, necessitávamos de uma mente militar superior — razão pela qual tínhamos na sala, para nos mostrar o que significaria tal incursão, o vice-almirante William McRaven, vinculado ao Departamento da Defesa e chefe do Comando de Operações Especiais Conjuntas (JSOC).

A oportunidade de atuar em colaboração próxima com os homens e as mulheres das Forças Armadas dos Estados Unidos — testemunhar em primeira mão seu trabalho de equipe e senso de dever — tinha sido um dos aspectos mais edificantes de meus dois anos na presidência. E, se precisasse indicar um indivíduo para simbolizar tudo de bom sobre nossos militares, Bill McRaven seria essa pessoa. Um cinquentão com um rosto franco e amistoso, um senso de humor seco e a fala direta de alguém pronto a agir, ele me lembrava um Tom Hanks de cabelos alourados — se Tom Hanks fosse um Seal da Marinha. Assim como seu antecessor na JSOC, Stan McChrystal, de quem ele fora o braço direito, McRaven tinha ajudado a escrever o manual de operações especiais. Em sua tese de pós-graduação, dezoito anos antes, McRaven de fato estudara uma série de operações executadas por unidades de elite no século XX — incluindo o salvamento de Mussolini com o emprego de planadores ordenado por Hitler em 1943 e a operação israelense em 1976 que libertou reféns em Entebbe. Ele havia então examinado as condições em que um pequeno grupo de soldados bem treinados poderia usar o fator surpresa para ganhar a superioridade temporária sobre forças maiores ou mais bem armadas.

A partir daqueles estudos, McRaven criou um modelo de operações especiais que moldou a estratégia militar dos Estados Unidos em todo o mundo. Durante sua lendária carreira, ele havia comandado ou executado mais de mil operações especiais em alguns dos cenários mais perigosos imagináveis, recentemente visando alvos essenciais no Afeganistão. Ele era também famoso por sua frieza sob pressão. Como capitão dos Seals, sobrevivera a um acidente de paraquedas em que ficou semiconsciente durante um salto e despencou mais de mil metros em queda livre antes que seu equipamento se abrisse de forma adequada. (No acidente, fraturou a coluna e teve os músculos e tendões das pernas quase separados da pelve.) Embora a CIA tivesse formado suas próprias equipes de operações especiais, Leon sabiamente preferiu consultar McRaven ao planejar como poderia ser feita a incursão em Abbottabad. Concluindo que nenhum agente da CIA teria a capacitação e experiência da equipe de Seals da Marinha liderada por McRaven, recomendou o arranjo incomum em que o comando da operação era entregue por ele a McRaven, que teria total autoridade para planejar e conduzir a missão se decidíssemos ir adiante.

Com as informações reunidas por meio de fotografias aéreas, a CIA havia construído uma réplica em três dimensões da propriedade de Abbottabad e, durante nossa reunião de março, McRaven nos mostrou como o ataque poderia ser realizado. Uma equipe seleta de Seals voaria durante a noite em um ou mais helicópteros por quase uma hora e meia, partindo de Jalalabad, no Afeganistão, e aterrissaria dentro dos altos muros da propriedade. Tratariam então de controlar todos os pontos de entrada, portas e janelas antes de adentrar a residência principal de três andares, revistando cômodo por cômodo e neutralizando qualquer resistência que encontrassem. Prenderiam ou matariam Bin Laden e voariam de volta, parando para reabastecer em algum ponto do Paquistão antes de voltar à base em Jalalabad. Terminada a apresentação, perguntei a McRaven se achava que sua equipe era capaz de fazer aquilo.

"Sr. presidente, nós acabamos de esboçar a ideia", respondeu ele. "Até reunirmos uma equipe para fazer algumas simulações, não vou saber se o que estou pensando agora é a melhor solução. Também não posso dizer como será a entrada e a retirada — precisamos ter um planejamento aéreo detalhado para essa parte. O que posso dizer é que, se chegarmos lá, temos condições de realizar a incursão com sucesso. Mas não posso recomendar a missão até que tenha feito a lição de casa."

Assenti com a cabeça. "Então vamos fazer a lição de casa."

Duas semanas depois, em 29 de março, voltamos a nos reunir na Sala de Crise, e McRaven informou que se sentia extremamente confiante de que o ataque podia ser executado. Por outro lado, avisou que a retirada seria um pouco mais "animada". Com base em sua experiência de investidas similares e nas simulações realizadas, ele estava bastante seguro de que a equipe poderia completar a missão antes que as autoridades paquistanesas se dessem conta do que estava acontecendo. Apesar disso, também consideramos todos os cenários em que esse pressuposto se mostrasse incorreto. O que fazer se caças paquistaneses interceptassem nossos helicópteros, fosse na ida ou na volta? E se Bin Laden estivesse no local, mas escondido ou numa sala segura, ampliando o tempo que a equipe de operações especiais precisaria passar em terra? Como a equipe reagiria se a polícia ou forças militares paquistanesas cercassem a propriedade durante a incursão?

McRaven enfatizou que seu planejamento se baseava na premissa de que a equipe deveria evitar uma troca de tiros com as autoridades paquistanesas e, caso fôssemos confrontados em solo, sua ideia era que os Seals se mantivessem no local enquanto nossos diplomatas tentassem negociar uma saída segura. Fiquei satisfeito com esse modo de agir — a abordagem que ele propusera era mais um exemplo da prudência que sempre encontrei ao lidar com os mais graduados comandantes militares. Mas, com as relações entre os Estados Unidos e o Paquistão num estado particularmente precário, eu e Bob Gates expressamos sérias restrições àquela estratégia. Os ataques de drones americanos contra alvos da al-Qaeda na FATA vinham gerando crescente oposição popular entre os paquistaneses. O sentimento antiamericano havia sido ainda mais inflamado em fins de janeiro, quando um agente de segurança a serviço da CIA chamado Raymond Allen Davis matou dois homens armados que se aproximaram de seu carro na superpovoada cidade de Lahore, provocando violentos protestos contra a presença da agência no Paquistão e resultando em quase dois meses de tensas tratativas diplomáticas até que obtivéssemos a liberação de Davis. Eu disse a McRaven e à equipe que não me arriscaria a pôr o destino de nossos Seals nas mãos de um governo paquistanês que sem dúvida estaria submetido a intensa pressão popular ao decidir se devia prender ou libertá-los — especialmente se ficasse comprovado que Bin Laden não estava no local. Por isso, queria planos que incluíssem a retirada do grupo de qualquer maneira que fosse necessária — talvez adicionando dois helicópteros para servirem de apoio aos que aterrissariam dentro da propriedade.

Antes de terminarmos a reunião, Hoss Cartwright ofereceu uma opção nova e mais cirúrgica de ataque aéreo — envolvendo um drone que dispararia um míssil pequeno, de seis quilos, diretamente na direção de Pacer quando ele fizesse sua caminhada diária. De acordo com Cartwright, o dano colateral seria mínimo e, dada a experiência que nossos militares tinham adquirido em atingir outros terroristas, ele se sentia confiante na possibilidade de executar a missão evitando os riscos inerentes a uma incursão.

As opções estavam definidas: McRaven supervisionaria a construção de um modelo em tamanho real da propriedade de Abbottabad no Forte Bragg, na Carolina do Norte, onde a equipe de Seals conduziria uma série de simulações. Caso eu decidisse autorizar o ataque, disse ele, o momento ideal seria o primeiro fim de semana de maio, quando duas noites sem lua propiciariam uma cobertura adicional aos integrantes da missão. Não foram mencionadas as preocupações óbvias de que, a cada passo que tomávamos no planejamento e na preparação, e a cada dia que passava, mais gente ficava sabendo de nosso segredo. Eu disse a McRaven e Cartwright que ainda não estava pronto para decidir por uma das opções, se é que escolheria alguma. Mas, para fins de planejamento, disse: "Vamos dizer que eu autorizo".

Durante todo esse tempo, continuamos trabalhando como de costume na Casa Branca. Eu estava monitorando a situação na Líbia, a guerra no Afeganistão e a crise da dívida grega, que mais uma vez se intensificava e mais uma vez começava a afetar os mercados dos Estados Unidos. Certo dia, voltando da Sala de Crise, dei de cara com Jay Carney, que substituíra Robert Gibbs como meu porta-voz. Jay era um ex-jornalista que testemunhara de perto muitos momentos históricos. Tinha feito a cobertura do desmantelamento da União Soviética como correspondente em Moscou da revista *Time* e estivera no Air Force One com o presidente Bush na manhã do Onze de Setembro. Agora me dizia que passara parte de sua sessão diária com os jornalistas respondendo a perguntas sobre a validade da minha certidão de nascimento.

Mais de um mês havia se passado desde que Donald Trump se intrometera no diálogo político nacional. Meus conselheiros e eu tínhamos presumido que, depois de explorar a história à exaustão, a mídia aos poucos acabaria se cansando dessa obsessão com meu nascimento. E, no entanto, como algas numa lagoa estagnada, o número de matérias com suas elucubrações conspiratórias proliferava a cada semana. Os programas de tv a cabo exibiam longos segmentos sobre Trump e suas teorias. Jornalistas políticos procuravam novos ângulos sobre a importância sociológica daquelas teorias, ou seu impacto em minha campanha de reeleição, ou (com uma ironia tacitamente reconhecida) o que elas diziam sobre a indústria das notícias. Um ponto focal de discussão era o fato de que o documento que tínhamos divulgado na internet em 2008 era uma certidão de nascimento "resumida" — um documento padronizado que o Departamento Estadual de Saúde do Havaí fornecia e que podia ser usado para obter um passaporte, um número da Previdência Social ou uma carteira de motorista. Porém, segundo Trump e seus seguidores, aquele documento não provava nada. Recebíamos perguntas sobre o motivo por que eu não mostrara a versão original e completa de minha certidão de nascimento. Será que havia informações que teriam sido omitidas de propósito no resumido — quem sabe alguma pista de que eu era muçulmano? Será que mesmo a versão na íntegra havia sido adulterada? O que Obama estava escondendo?

Por fim, decidi dar um basta. Chamei o advogado da Casa Branca, Bob Bauer, e lhe disse que obtivesse a certidão completa em algum volume encadernado nas entranhas do Registro Civil do Havaí. Depois informei David Plouffe e Dan Pfeiffer que planejava não apenas divulgar o documento, mas também me pronunciar publicamente. Eles não gostaram da ideia e argumentaram que eu iria apenas alimentar a história, isso sem contar que responder a acusações tão ridículas era uma afronta à minha dignidade e ao cargo de presidente.

"Essa", retruquei, "é exatamente a questão."

Em 22 de abril, caminhei até o púlpito na sala de imprensa da Casa Branca e cumprimentei os jornalistas. Comecei por observar o fato de que as redes nacionais de televisão tinham todas decidido interromper seus programas regulares a fim de transmitir meus comentários ao vivo — algo que quase nunca faziam. Observei ainda que duas semanas antes, quando os republicanos da Câmara haviam apresentado propostas orçamentárias muito diferentes das minhas e com profundas implicações para a nação, o noticiário tinha sido dominado por matérias sobre minha certidão de nascimento. Salientei que os Estados Unidos se confrontavam com enormes desafios e grandes decisões; que era razoável esperar debates sérios e às vezes desentendimentos marcantes porque era assim que nossa democracia supostamente deveria operar, e eu tinha certeza de que poderíamos criar juntos um futuro melhor.

"Mas", eu disse, "não seremos capazes de fazer isso se nossa atenção for desviada. Não seremos capazes de fazer isso se desperdiçarmos tempo difamando uns aos outros. Não seremos capazes de fazer isso se simplesmente inventamos histórias e fingimos que fatos não são fatos. Não seremos capazes de resolver nossos problemas se nos deixarmos atrair por atrações secundárias e pelos gritos dos camelôs dos parques de diversão." Passei os olhos pelos jornalistas reunidos. "Eu sei que vai haver um segmento da população para o qual, independentemente do que mostrarmos, essa questão não será resolvida. Mas estou falando para a vasta maioria do povo americano, assim como para a imprensa. Não temos tempo para esse tipo de bobagem. Temos coisas mais importantes a fazer. Problemas maiores para resolver. E tenho confiança de que podemos resolvê-los desde que nos concentremos neles — e não nisso."

Por um momento a sala ficou em silêncio. Saí pelas portas de correr que levavam de volta aos escritórios da equipe de comunicação, onde encontrei um grupo de jovens membros de nossa equipe de divulgação que acompanhavam minhas palavras num monitor de televisão. Todos pareciam ter pouco mais de vinte anos. Alguns haviam trabalhado em minha campanha; outros só recentemente tinham entrado para o governo, estimulados pela ideia de servir ao país. Parei e encarei cada um deles.

"Somos melhores do que aquilo", eu disse. "Lembrem-se disso."

De volta à Sala de Crise no dia seguinte, eu e minha equipe fizemos uma revisão final de nossas opções para uma possível operação em Abbottabad a fim de promover uma invasão naquele fim de semana. Dias antes, eu autorizara McRaven a enviar a equipe dos Seals e a força de ataque dos helicópteros para o Afeganistão, e o grupo agora estava em Jalalabad à espera de novas ordens. Para me certificar de que a CIA havia cumprido seu papel e revisto seu trabalho até os últimos detalhes, Leon e Mike Morell haviam solicitado ao chefe do Centro Nacional de Contraterrorismo, Mike Leiter, que atribuísse a uma nova equipe de analistas o escrutínio das informações sobre a propriedade e seus moradores, a fim de verificar se as conclusões da agência correspondiam às do Pentágono. Leiter reportou que sua equipe manifestara ter 40% a 50% de certeza de que era mesmo Bin Laden, ao passo que a avaliação da equipe da CIA era de 60% a 80%. Houve um debate sobre o que justificava a diferença, que interrompi depois de alguns minutos.

"Sei que estamos tentando quantificar esses fatores da melhor maneira possível", eu disse. "Mas, em última análise, as chances são de 50%. Vamos em frente."

McRaven nos informou que tinham sido finalizadas as preparações para a incursão: ele e sua equipe estavam prontos. Da mesma forma, Cartwright confirmou que a opção do míssil lançado por um drone havia sido testada e poderia ser acionada a qualquer momento. Com as opções diante de nós, perguntei a opinião de cada um em volta da mesa. Leon, John Brennan e Mike Mullen eram favoráveis à incursão. Hillary disse que, para ela, era uma aposta de 51 contra 49, enumerando cuidadosamente os riscos de uma incursão, em especial o perigo de que poderíamos romper nossas relações com o Paquistão ou mesmo nos vermos num confronto com as Forças Armadas paquistanesas; contudo, acrescentou que, sendo aquela nossa melhor pista com relação ao paradeiro de Bin Laden em dez anos, em última instância era favorável ao emprego dos Seals.

Gates fez sua recomendação contrária à incursão, embora estivesse disposto a considerar a opção do ataque com o drone. E citou o precedente de abril de 1980 — a tentativa de resgatar 53 reféns americanos no Irã conhecida como Desert One, que se transformara numa catástrofe quando um helicóptero militar dos Estados Unidos caiu no deserto, matando oito soldados. Segundo ele, era uma lembrança de que, por melhor que fosse o planejamento, operações desse tipo podem dar muito errado. Além do risco para a equipe, ele se preocupava com o fato de que uma missão fracassada poderia afetar negativamente a guerra no Afeganistão. Mais cedo naquele dia, eu anunciara que Bob pretendia se aposentar depois de servir quatro anos como secretário de Defesa, bem como meu desejo de designar Leon como seu sucessor. Ouvindo a avaliação sóbria e bem fundamentada de Bob, eu me lembrei de como ele tinha sido valioso para mim.

Joe também se posicionou contra a incursão, argumentando que, considerando a dimensão das consequências de um fracasso, eu deveria adiar a ordem até que a comunidade de inteligência estivesse mais certa de que Bin Laden de fato se encontrava na propriedade. Como ocorrera em todas as grandes decisões que tomei como presidente, apreciei a disposição de Joe de contrariar a postura majoritária e fazer questionamentos duros, com frequência a fim de criar o distanciamento de que eu necessitava para minhas próprias deliberações íntimas. Eu também sabia que Joe, assim como Gates, estava em Washington durante a Desert One, e imaginei que guardava fortes lembranças daquela época: as famílias enlutadas, o golpe contra o prestígio do país, a recriminação, a imagem de Jimmy Carter como tolo ou temerário por haver autorizado a missão, da qual jamais se recuperou politicamente. A insinuação tácita era de que o mesmo podia acontecer comigo.

Disse ao grupo que eles saberiam de minha decisão pela manhã — se fosse a favor da incursão, queria ter a certeza de que McRaven disporia da maior margem de tempo possível para determinar o momento de iniciar a operação. Tom Donilon me acompanhou até o Salão Oval, como sempre cheio de pastas e cadernos, e rapidamente percorremos a lista das possíveis ações para o fim de semana. Ao que parecia, ele e Brennan haviam preparado alternativas levando em conta qualquer eventualidade, porém eu podia notar a pressão e o nervosismo em seu rosto. Após sete meses como meu conselheiro em questões de segurança nacional, ele tentava se exercitar mais e abandonar o café, mas pelo jeito estava perdendo essa batalha. Eu me espantava com a capacidade de trabalho de Tom, os milhões de detalhes que ele dominava, o volume de memorandos, mensagens e informações que era obrigado a absorver, o número de desentendimentos e problemas burocráticos que resolvia — tudo isso para que eu tivesse tanto as informações como o espaço mental de que necessitava para executar minhas funções. Certa vez perguntei a Tom de onde vinham seu entusiasmo e diligência, e ele os atribuiu à sua formação. Crescera numa família irlandesa da classe operária, trabalhara enquanto se formava em direito, servira em várias campanhas políticas até se tornar um perito respeitado em matéria de política externa, mas, apesar de seus êxitos, disse ainda sentir uma necessidade constante de se provar e sofria com o medo do fracasso.

Dei uma risada e disse que éramos dois.

Michelle e as meninas estavam a toda naquela noite ao jantar, tirando sarro sem parar do que chamavam de meus "modos" — meu jeito de comer nozes aos punhados de cada vez, sempre as sacudindo antes na mão. O fato de usar o mesmo par de sandálias velhas e surradas em casa. O fato de eu não gostar de doces ("O pai de vocês não acredita em coisas deliciosas... em muita alegria"). Eu nada dissera a Michelle sobre minha decisão iminente, não desejando sobrecarregá-la com um segredo até que tivesse certeza do que planejava fazer; e, se eu estava mais tenso do que de costume, ela não pareceu notar. Depois de pôr as meninas na cama, fui para a Sala dos Tratados e assisti a um jogo de basquete, meu olhar seguindo a bola em movimento enquanto a mente repassava vários cenários pela última vez.

Na verdade, eu tinha reduzido a gama de decisões pelo menos algumas semanas antes, e todas as reuniões desde então contribuíram para confirmar meus instintos. Eu não era favorável a um ataque com mísseis, mesmo um tão certeiro quanto o planejado por Cartwright, por acreditar que a aposta não valia nada sem a possibilidade de confirmar que Bin Laden havia sido morto. Estava cético também sobre dar mais tempo à comunidade de inteligência, uma vez que os meses adicionais usados para monitorar a propriedade praticamente não haviam nos dado nenhuma nova pista. Além do mais, considerando todo o planejamento que já tinha sido realizado, eu duvidava de que pudéssemos manter o segredo por mais um mês.

A única questão remanescente era se eu devia ou não autorizar o ataque. Os riscos envolvidos estavam expostos com absoluta clareza. Eu sabia que éramos capazes de mitigar tais riscos, mas nunca de os eliminar. Bill McRaven e seus Seals contavam com minha total confiança. Nas décadas transcorridas desde o Desert One e nos anos passados desde o incidente com o Black Hawk na Somália, a capacidade das forças especiais dos Estados Unidos mudara. A despeito de todos os erros estratégicos e diretrizes políticas mal concebidas que haviam marcado as guerras no Iraque e no Afeganistão, elas também haviam dado origem a um grupo de homens que conduziram inúmeras operações e aprenderam a reagir a quase qualquer situação imaginável. Considerando suas habilidades e sua experiência, eu confiava que os Seals encontrariam uma saída segura de Abbottabad mesmo se alguns de nossos cálculos e premissas se provassem incorretos.

Vi Kobe Bryant girar no ar e fazer uma cesta de dentro do garrafão. Os Lakers estavam jogando contra os Hornets, em vias de fechar a série da primeira rodada dos play-offs. O relógio de pêndulo da Sala dos Tratados tiquetaqueava. Nos últimos dois anos eu tomara inúmeras decisões — sobre os bancos à beira da falência, a Chrysler, piratas, Afeganistão, assistência à saúde. Tinha aprendido a conviver com a possibilidade de fracasso, embora isso nunca deixasse de me preocupar. Tudo que havia feito envolvera um cálculo de probabilidade, muitas vezes tarde da noite e em silêncio naquela sala onde estava sentado agora. Sabia que era impossível dispor de um processo melhor para avaliar as probabilidades, ou contar com gente mais competente para me ajudar a ponderá-las. Me dei conta de que, em todos os erros que havia cometido e nas confusões que tivera de superar, de muitas maneiras estava treinando exatamente para aquele momento. E, mesmo que não pudesse garantir o resultado de minha decisão, estava totalmente preparado para tomá-la e confiante no desfecho.

O dia seguinte — 29 de abril, uma sexta-feira — foi tomado quase todo por viagens. Fui a Tuscaloosa, no Alabama, para inspecionar os danos causados por um furacão devastador e, à noite, pronunciei um discurso de formatura em Miami. Nesse meio-tempo, estava programado que levaria Michelle e as meninas ao cabo Canaveral para assistir ao derradeiro lançamento do ônibus espacial *Endeavour*, que seria desmobilizado depois de seu retorno. Antes de partir, enviei uma mensagem pedindo a Tom, Denis, Daley e Brennan que se encontrassem comigo no Salão de Recepções Diplomáticas, e eles me encontraram com a família no Gramado Sul, onde o Marine One nos aguardava. Tendo o ronco do helicóptero como fundo sonoro (além das vozes de Sasha e Malia envolvidas numa briguinha de irmãs), dei oficialmente o sinal verde para a missão em Abbottabad, enfatizando que McRaven tinha total controle operacional, cabendo a ele determinar o momento exato de executar a incursão.

A operação estava agora praticamente fora de minhas mãos. Fiquei feliz em sair de Washington, mesmo que só por um dia, para ocupar minha mente com outras tarefas e, da forma como as coisas acabaram se desenrolando, apreciar o trabalho de outras pessoas. Mais cedo naquela semana, uma monstruosa tempestade "supercélula" havia varrido os estados dos sudeste americano, gerando tornados que fizeram mais de trezentas vítimas fatais e se revelando o mais mortífero desastre natural desde o furacão Katrina. Um único tornado com mais de dois quilômetros de largura, impulsionado por ventos de 250 quilômetros por hora, tinha atravessado o Alabama, destruindo milhares de casas e lojas.

Ao aterrissar em Tuscaloosa, fui recebido pelo diretor da Agência Federal de Gestão de Emergências (FEMA), um cidadão da Flórida de poucas palavras chamado Craig Fugate, e junto com oficiais locais e de Estado visitamos bairros que pareciam ter sido arrasados por uma bomba de vários megatons. Passamos num centro de socorro a fim de oferecer algum consolo às famílias em geral pobres e da classe trabalhadora que haviam perdido tudo o que tinham. Apesar da devastação, quase todas as pessoas com quem falei — do governador republicano do estado à mãe que acalentava seu bebê — elogiaram a reação do governo federal, mencionando a rapidez com que as equipes chegaram; como haviam cooperado de maneira eficiente com os funcionários locais; como todos os pedidos, por menores que fossem, tinham sido atendidos com cuidado e precisão. Não fiquei surpreso, porque Fugate tinha sido uma de minhas melhores contratações, um funcionário público que não admitia conversa fiada, não se fazia de importante e não aceitava desculpas, com décadas de experiência no enfrentamento de desastres naturais. No entanto ficava satisfeito em ver seus esforços reconhecidos, e mais uma vez fui lembrado de que muito do que realmente interessa no governo tem a ver com as ações cotidianas e sem publicidade de pessoas que não buscavam chamar atenção para si e simplesmente sabiam o que faziam — e com orgulho.

No cabo Canaveral, ficamos frustrados pelo fato de que a Nasa no último minuto havia sido forçada a abortar a decolagem da nave espacial devido a problemas com um gerador auxiliar, porém nossa família ainda teve a oportunidade de conversar com os astronautas e passar algum tempo com Janet Kavandi, diretora das operações da tripulação no Johnson Space Center, em Houston, que viera à Flórida para assistir ao lançamento. Quando criança, eu era fascinado pela exploração do espaço e, como presidente, vinha dando prioridade à valorização da ciência e da engenharia sempre que possível, incluindo a organização de uma feira anual de ciências na Casa Branca em que os estudantes orgulhosamente exibiam seus robôs, foguetes e carros movidos a energia solar. Eu também havia encorajado a Nasa a inovar e se preparar para uma futura missão a Marte, em parte colaborando com empresas privadas que planejavam realizar viagens espaciais em órbita baixa. Naquele momento, vi como os olhos de Malia e Sasha se arregalaram quando Kavandi explicou quantas pessoas e quantas horas de trabalho incessante eram necessárias para realizar um só lançamento, além de descrever sua trajetória, na qual uma menina encantada com o céu noturno na fazenda de gado de sua família numa área rural de Missouri chegara a ser astronauta e participara de três missões do ônibus espacial.

Meu dia terminou numa cerimônia de formatura para alunos da Miami Dade, que, com mais de 170 mil alunos em oito campus, era a maior faculdade do país. Seu reitor, Eduardo Padrón, fora um estudante da instituição na década de 1960, quando era um jovem imigrante cubano, com um inglês rudimentar e nenhuma outra opção de ensino superior. Após receber o diploma de tecnólogo, e mais tarde um ph.D. em economia na Universidade da Flórida, recusara ofertas lucrativas de emprego no setor privado a fim de voltar à Miami Dade, onde nos últimos quarenta anos cumprira a missão de oferecer a outros a boia de salvação que a escola lhe proporcionara. Descreveu sua faculdade como uma "fábrica de sonhos" para alunos que vinham sobretudo de famílias de baixa renda, descendentes de latinos, negros e imigrantes, não raro os primeiros em suas famílias a terem acesso ao ensino superior. "Não abrimos mão de nenhum aluno", ele me disse, "e, se estamos fazendo nosso trabalho, não deixamos que eles próprios desistam de ser alguém." Não pude deixar de me inspirar pela generosidade de sua visão.

Em meus comentários aos estudantes naquela noite, falei sobre os ideais dos Estados Unidos, o que as conquistas deles diziam sobre a determinação individual de superar as circunstâncias em que nascemos, assim como a capacidade coletiva de suplantar nossas diferenças de modo a enfrentar os desafios da atualidade. Contei uma recordação de minha primeira infância, quando, nos ombros de meu avô, eu acenara com uma pequena bandeira dos Estados Unidos em meio à multidão que recepcionava os astronautas de uma das missões da *Apollo* depois de uma amerissagem perfeita nas águas do Havaí. E agora, quarenta anos depois, disse aos estudantes que tivera a oportunidade de ver minhas duas filhas ouvirem o relato de uma nova geração de exploradores do espaço. Aquilo me levara a refletir sobre tudo o que o país conquistara desde minha infância, o ciclo de uma vida e uma prova, assim como os diplomas deles, assim como a circunstância de eu ter sido eleito presidente, de que os ideais dos Estados Unidos perduravam.

Os estudantes e seus pais festejaram, muitos deles acenando as bandeiras americanas que levavam consigo. Pensei no país que eu acabara de lhes descrever — uma América esperançosa, generosa, corajosa, uma América aberta para todos. Quando tinha quase a mesma idade daqueles alunos, eu agarrara aquela ideia e me aferrara a ela para o resto da vida. Mais para o bem deles do que para o meu, eu queria muito que ela fosse de verdade.

Por mais energizado e otimista que me sentisse na viagem na sexta-feira, eu sabia que minha noite de sábado de volta a Washington — quando Michelle e eu tínhamos um Jantar dos Correspondentes da Casa Branca marcado — prometia ser definitivamente menos inspiradora. Organizado pelos jornalistas que faziam a cobertura regular da Casa Branca e contando com a presença, pelo menos uma vez, de todos os presidentes desde Calvin Coolidge, o evento tinha sido planejado originalmente para dar aos profissionais de imprensa e aqueles que eles cobriam uma oportunidade, durante uma noite, de pôr de lado suas posturas muitas vezes combativas e se divertirem. No entanto, com o passar do tempo, à medida que os negócios dos veículos de notícias e das empresas de entretenimento haviam começado a se fundir, a reunião anual se transformara numa versão em Washington do Jantar de Gala do Metropolitan Museum ou da cerimônia de entrega do Oscar, com uma apresentação de um humorista, transmitida pelas redes de TV a cabo e reunindo milhares de jornalistas, políticos, magnatas e funcionários de governo, além de uma variedade de celebridades de Hollywood, todos espremidos num desconfortável salão de baile de hotel para bater papo, ser vistos e ouvir o presidente fazer uma apresentação cômica, massacrando os rivais e fazendo piadas sobre as notícias políticas do dia.

Num momento em que as pessoas de todo o país ainda tentavam descobrir como arranjar um emprego, manter suas casas ou pagar as contas após a recessão, minha presença de black tie em um evento espetaculoso — com sua camaradagem artificial e desfiles sobre tapetes vermelhos — sempre parecia politicamente incômoda. Mas, como havia comparecido nos dois anos anteriores, eu não podia gerar nenhuma suspeita escapulindo no último minuto do jantar daquele ano; apesar de saber que McRaven estaria em breve se juntando à equipe de Seals em Jalalabad e provavelmente iniciaria a operação dentro de algumas horas, eu teria de fazer o melhor possível para agir como se estivesse tudo normal num salão de baile repleto de jornalistas. Por sorte, a maior fonte de distração do país tinha sido convidada para se sentar à mesa do *Washington Post* naquela noite, e aqueles de nós que sabiam o que estava acontecendo sentiram um estranho alívio por saber que, com Donald Trump no recinto, era praticamente garantido que ninguém da mídia estaria pensando no Paquistão.

Em alguma medida, a libertação representada pela minha certidão de nascimento de inteiro teor e minha reprimenda à imprensa na sala de reunião da Casa Branca produzira o efeito desejado: Donald Trump reconhecia, a contragosto, que agora acreditava que eu tinha nascido no Havaí, ao mesmo tempo que reivindicava todos os créditos por ter me forçado — em nome do povo americano — a certificar minha nacionalidade. No entanto, toda a controvérsia do meu lugar de origem não saiu da cabeça das pessoas, como ficou claro naquele sábado, quando me encontrei com Jon Favreau e os outros redatores que haviam preparado minha apresentação — nenhum deles ciente da operação prestes a acontecer. Eles tinham redigido um inspirado monólogo, embora eu tenha interferido na parte que zombava dos adeptos da conspiração sobre meu nascimento ao sugerir que Tim Pawlenty, o ex-governador republicano de Minnesota, que cogitava a possibilidade de concorrer à presidência, estava escondendo o fato de que seu nome verdadeiro era "Tim Bin Laden Pawlenty". Pedi a Favs que mudasse de "Bin Laden" para "Hosni", explicando que, diante do recente destaque de Mubarak no noticiário, o texto soaria mais atual. Percebi que minha alteração não foi encarada como uma mudança para melhor, mas ele não discutiu.

No fim da tarde, dei um último telefonema para McRaven, que me informou que, devido a um nevoeiro no Paquistão, pretendia esperar até a noite de domingo para iniciar a operação. Ele me assegurou que estava tudo pronto, com sua equipe preparada. Eu disse que aquela não era a razão principal da minha ligação.

"Diga a todos na equipe que aprecio muito o que eles estão fazendo", falei.

"Sim, senhor."

"Bill", continuei, sem palavras naquele momento para transmitir o que sentia. "É sério. Diga isso a eles."

"Vou dizer, sr. presidente."

Naquela noite, Michelle e eu fomos de carro até o hotel Hilton de Washington, tiramos fotos com vários VIPs e nos sentamos durante umas duas horas numa mesa posta sobre um estrado, jogando conversa fora com convidados como Rupert Murdoch, Sean Penn, John Boehner e Scarlett Johansson, além de beber vinho e comer filés bem passados. Mantive um sorriso simpático no rosto enquanto silenciosamente equilibrava meus pensamentos na corda bamba, a milhares de quilômetros de distância. Quando chegou minha vez de falar, me pus de pé e embarquei no discurso. Lá pelo meio, me virei na direção de Trump.

"Ora, eu sei que ele andou sendo criticado ultimamente", eu disse, "mas ninguém está mais feliz, ninguém está mais orgulhoso de deixar de lado essa questão da minha certidão de nascimento do que Donald. E isso porque ele pode finalmente voltar a se concentrar nas questões que de fato importam — por exemplo: será que o desembarque na Lua foi forjado? O que aconteceu de fato em Roswell? E onde andam Biggie e Tupac?" Enquanto a plateia gargalhava, continuei naquela linha, observando "suas credenciais e ampla experiência" como apresentador do programa *O Aprendiz Celebridades*, e o parabenizei pela forma como lidara com a circunstância de que "na churrascaria, a equipe de cozinheiros do sexo masculino não conseguiu impressionar os juízes do Omaha Steaks… Esses são os tipos de decisão que me deixariam acordado à noite. Meus parabéns, sr. Trump. Magnífico trabalho".

A plateia se esbaldava enquanto ele permanecia em silêncio, ensaiando um sorrisinho amarelo. Não posso nem imaginar o que se passou em sua cabeça naqueles poucos minutos em que o provoquei publicamente. Mas bem sei que ele era uma atração do show business e, nos Estados Unidos de 2011, isso constituía uma forma de poder. Trump se valia de um patrimônio que, embora superficial, parecia ganhar valor a cada dia. Os mesmos jornalistas que riram de minhas piadas continuariam a lhe dar espaço em seus programas. Seus editores competiriam para que ele comparecesse a suas bancadas. Longe de cair no ostracismo pelas conspirações que divulgava, ele na verdade nunca fora tão popular.

Eu já estava de pé bem cedo na manhã seguinte, antes que os telefonistas da Casa Branca fizessem a ligação habitual para me acordar. Tínhamos tomado a providência incomum de cancelar as visitas públicas à Ala Oeste naquele dia, presumindo que teríamos reuniões importantes pela frente. Eu havia decidido jogar umas partidas de nove buracos de golfe com Marvin como fazíamos com frequência em domingos tranquilos, em parte para evitar a impressão de que algo de estranho estava acontecendo, e em parte para dar uma respirada em vez de ficar checando as horas em meu relógio de pulso na Sala dos Tratados, esperando o cair da noite no Paquistão. Fazia frio e, apesar de não ventar, joguei muito mal, isolando três ou quatro bolas nos bosques. Na volta à Casa Branca, entrei em contato com Tom. Ele e o resto da equipe já se encontravam na Sala de Crise, certificando-se de que estávamos prontos para reagir a qualquer coisa que acontecesse. Em vez de desviar a atenção deles com minha presença, pedi que me notificassem assim que os helicópteros com a equipe de Seals decolassem. Sentei no Salão Oval, tentando ler alguns papéis, mas não consegui; meus olhos voltavam às mesmas linhas várias vezes. Por fim, convoquei Reggie, Marvin e Pete Souza — a essa altura, todos informados do que estava prestes a ocorrer — e fomos os quatro para a sala de jantar oval jogar baralho.

Às duas horas da tarde, dois helicópteros Black Hawk, modificados para não serem detectados com facilidade, levantaram voo do aeroporto de Jalalabad levando 23 membros da equipe dos Seals, juntamente com um tradutor americano da CIA de origem paquistanesa, além de um cão militar chamado Cairo — o início do que oficialmente se chamou de Operação Lança de Netuno. Eles levariam noventa minutos para chegar a Abbottabad. Saí da sala de jantar e desci para a Sala de Crise, que na realidade tinha sido convertida em sala de guerra. Leon estava numa chamada de vídeo com a sede da CIA em Langley, retransmitindo as informações de McRaven, que se encontrava em Jalalabad e em comunicação direta e contínua com os Seals. A atmosfera era previsivelmente tensa, com Joe, Bill Daley e a maior parte da minha equipe de segurança nacional — incluindo Tom, Hillary, Denis, Gates, Mullen e Blinken — já sentados em volta da mesa de reunião. Eu recebia atualizações nos planos para notificar o Paquistão e outros países, bem como nossas estratégias diplomáticas em caso de êxito ou fracasso. Se Bin Laden fosse morto no ataque, tínhamos tomado as providências para um enterro muçulmano tradicional no mar, evitando assim a criação de um local de peregrinação para os jihadistas. Depois de algum tempo, eu podia ver que a equipe estava repassando assuntos que já haviam sido discutidos apenas para me agradar. Preocupado em estar desviando a atenção deles, voltei para o andar de cima até pouco antes das três e meia, quando Leon anunciou que os Black Hawks se aproximavam da propriedade.

A equipe planejara que acompanhássemos a operação indiretamente através de Leon, uma vez que Tom estava cuidando de minha comunicação direta com McRaven, o que poderia dar a impressão de que eu estava microgerenciando a operação — uma prática geralmente danosa e um problema político, caso a missão fracassasse. No entanto, ao voltar à Sala de Crise, eu notei que uma vista aérea da propriedade em tempo real, assim como a voz de McRaven, estavam sendo transmitidas para um monitor de vídeo numa sala menor do outro lado do corredor. À medida que os helicópteros se aproximavam do alvo, me pus de pé. "Preciso ver isso", falei, antes de seguir para a outra sala. Lá encontrei Brad Webb, um brigadeiro-general sentado com sua farda azul diante do computador colocado sobre uma pequena mesa. Ele tentou me oferecer seu lugar. "Pode ficar", eu disse, pousando a mão em seu ombro e me instalando numa cadeira ao lado. Webb informou McRaven e Leon que eu mudara de sala e estava acompanhando as imagens. Em breve, toda a equipe estava espremida na salinha.

Essa foi a primeira e única vez que, como presidente, assisti a uma operação militar em tempo real, com imagens fantasmagóricas se movendo na telinha. Estávamos acompanhando a ação por pouco mais de um minuto quando um dos Black Hawks se inclinou ligeiramente ao descer; e, antes que eu pudesse entender o que estava ocorrendo, McRaven nos informou que o aparelho havia perdido sustentação momentaneamente e raspado num dos muros da propriedade. Por um instante senti uma espécie de medo carregado de eletricidade. Uma cena de desastre passou por minha cabeça, um helicóptero caindo ao solo, os Seals se apressando para saltar antes que o motor pegasse fogo, vizinhos saindo de suas casas para ver o que tinha acontecido enquanto os militares paquistaneses corriam para o local. A voz de McRaven interrompeu meu pesadelo.

"Tudo certo", disse ele, como se comentasse o fato de que o para-choque de um automóvel havia batido num carrinho de compras no estacionamento do supermercado. "Esse é nosso melhor piloto, e ele vai descer com segurança."

E foi exatamente o que aconteceu. Soube mais tarde que o Black Hawk tinha sido apanhado num redemoinho, causado por temperaturas mais elevadas do que se esperava e pela pressão para baixo do ar empurrado pelo rotor dentro dos altos muros da propriedade, forçando o piloto e os Seals a bordo a improvisarem a aterrissagem e uma pronta saída do aparelho. (Na verdade, o piloto havia encostado de propósito a cauda do helicóptero no muro a fim de impedir um choque mais perigoso.) No entanto, tudo o que vi no momento foram figuras quase indistintas no solo, se movendo rapidamente para tomar posição e entrando na casa principal. Durante vinte minutos agoniantes, até mesmo McRaven tinha uma visão limitada do que estava acontecendo — ou talvez estivesse mantendo silêncio sobre os detalhes da busca que sua equipe vinha conduzindo nos cômodos. Então, de uma forma repentina e inesperada, ouvimos as vozes de McRaven e Leon pronunciarem quase simultaneamente as palavras que estávamos esperando ouvir — a culminação de meses de planejamento e anos de coleta de informações.

"Geronimo identificado… Geronimo EKIA."

Era a sigla para *inimigo morto em combate.*

Osama bin Laden — codinome "Geronimo" naquela missão —, o responsável pelo pior ataque terrorista na história dos Estados Unidos, o homem que havia ordenado o assassinato de milhares de pessoas e gerado um período tumultuado na história do mundo, tinha sido justiçado por uma equipe de Seals da Marinha americana. Foi possível ouvir os suspiros dentro da sala de reunião. Meus olhos continuaram grudados na tela.

"Pegamos ele", eu disse baixinho.

Ninguém se moveu do lugar por mais vinte minutos, enquanto a equipe de Seals terminava sua tarefa: pôr o corpo de Bin Laden num saco; prender as três mulheres e nove crianças presentes e interrogá-las num canto da propriedade; recolher computadores, arquivos e outros materiais que poderiam ter informações; e colocar explosivos no Back Hawk avariado, que seria destruído e substituído por um Chinook de resgate que sobrevoava as redondezas. Quando os helicópteros partiram, Joe pousou a mão em meu ombro e o apertou.

"Parabéns, chefe", disse ele.

Levantei e agradeci com um gesto de cabeça. Denis me deu o primeiro abraço. Apertei as mãos de outros membros da equipe. Mas, com os helicópteros ainda atravessando o espaço aéreo paquistanês, mantivemos uma atitude discreta. Só por volta das seis horas da tarde, quando os aparelhos haviam aterrissado com toda a segurança em Jalalabad, eu por fim senti que parte da tensão começava a se escoar. Numa videoconferência pouco depois, McRaven explicou que estava vendo o cadáver enquanto falávamos e que, na opinião dele, era sem dúvida Bin Laden; o programa de reconhecimento facial da CIA em breve corroborou suas palavras. A fim de obter uma confirmação adicional, McRaven fez com que um membro da equipe se deitasse ao lado do corpo para comparar sua altura com a de Bin Laden, que segundo informações media 1,93 metro.

"Está falando sério, Bill?", perguntei de brincadeira. "Todo esse planejamento e você não foi capaz de levar uma fita métrica?"

Era a primeira brincadeira que eu fazia naquele dia, mas os risos não duraram muito porque fotografias do cadáver de Bin Laden circularam pela mesa. Olhei-as de relance: era ele. Apesar das evidências, Leon e McRaven disseram que não podíamos ter certeza até que chegassem os resultados do teste de DNA, que levariam mais um ou dois dias. Discutimos a possibilidade de adiar o anúncio, mas relatos sobre a queda de um helicóptero em Abbottabad começavam a pipocar na internet. Mike Mullen telefonara para o comandante do Exército do Paquistão, general Ashfaq Parvez Kayani, que, embora tivesse sido cordial na conversa, havia pedido que explicássemos a incursão e seu alvo assim que possível a fim de ajudar seus colegas no governo a lidar com a reação da população paquistanesa. Sabendo que não havia como omitir a notícia por mais 24 horas, subi com Ben para ditar rapidamente meus pensamentos sobre o que deveria dizer à nação mais tarde naquela noite.

Nas horas que se seguiram, a Ala Oeste funcionou a todo vapor. Enquanto os diplomatas começaram a contatar os governos estrangeiros e nossa equipe de comunicação se preparava para informar a imprensa, telefonei para George W. Bush e Bill Clinton e dei a notícia, fazendo questão de dizer a Bush que a missão era a parte final de um longo e difícil processo iniciado durante sua presidência. Embora estivéssemos no meio da noite do outro lado do Atlântico, liguei também para David Cameron a fim de agradecer o sólido apoio que nosso aliado mais próximo vinha proporcionando desde o início da guerra do Afeganistão. Eu imaginava que minha conversa mais difícil seria com o presidente do Paquistão, Asif Ali Zardari, que já vinha sendo objeto de muitas críticas e certamente teria de enfrentar uma forte reação a nossa violação da soberania do país. No entanto, quando consegui contatá-lo, ele me deu parabéns e apoio. "Quaisquer que sejam as consequências", disse ele, "trata-se de uma ótima notícia." Ele se mostrou verdadeiramente emocionado, relembrando que sua esposa, Benazir Bhutto, tinha sido morta por extremistas que mantinham supostos vínculos com a al-Qaeda.

Enquanto isso, eu não tinha visto Michelle o dia todo, embora a tivesse informado sobre o que iria acontecer. Em vez de ficar sentada ansiosamente na Casa Branca à espera de notícias, ela havia deixado Malia e Sasha aos cuidados da avó e fora jantar com amigas. Eu havia acabado de fazer a barba e vestir terno e gravata quando ela entrou.

"E então?", perguntou.

Fiz um sinal positivo com o polegar, e ela sorriu, me abraçando. "Isso é incrível, querido", disse ela. "Realmente. Como está se sentindo?"

"No momento, só aliviado", respondi. "Mas pergunte de novo daqui a algumas horas."

De volta à Ala Oeste, me sentei com Ben para dar os retoques finais ao que diria. Eu havia comentado os temas por alto. Tinha dito que queria recordar a angústia compartilhada do Onze de Setembro e a união que todos sentimos nos dias que se seguiram. Queria parabenizar não somente os envolvidos na missão, mas todos aqueles em nossas comunidades militares e de inteligência que continuaram a se sacrificar tanto para nos manter seguros. Queria reiterar que nossa luta era contra a al-Qaeda, e não contra o islã. E queria encerrar lembrando ao mundo e a nós próprios que os Estados Unidos fazem o que se propõem a fazer — que, como nação, ainda éramos capazes de alcançar grandes objetivos.

Como de costume, Ben havia juntado meus pensamentos soltos e redigido um excelente discurso em menos de duas horas. Sabia que essa fala era importante para ele, mais do que muitas outras, porque a experiência de ver as Torres Gêmeas ruírem tinha mudado sua trajetória, incentivando-o a ir para Washington com o ardente desejo de fazer algo significativo. Me lembrei de minhas recordações daquele dia: Michelle acabava de levar Malia para seu primeiro dia no jardim de infância; eu do lado de fora do Edifício State of Illinois, no centro de Chicago, angustiado e inseguro depois de assegurar a Michelle pelo telefone que ela e as meninas ficariam bem; Sasha, com três meses, dormindo contra meu peito mais tarde naquela noite enquanto eu, sentado no escuro, assistia aos noticiários e tentava entrar em contato com amigos em Nova York. Não menos que no caso de Ben, o curso de minha vida tinha sido fundamentalmente modificado naquele dia de formas que, à época, eu não era capaz de imaginar, dando origem a uma série de acontecimentos que de algum modo levariam àquele instante.

Após dar uma última olhada no discurso, me pus de pé e bati nas costas de Ben. "Belo trabalho, meu irmão", falei. Ele agradeceu com um meneio de cabeça, muitas emoções refletidas em seu rosto antes que saísse correndo porta afora para fazer as alterações que eu havia pedido e passar o texto para o teleprompter. Eram quase onze e meia da noite. As principais redes de televisão já haviam noticiado a morte de Bin Laden e esperavam para transmitir meu pronunciamento ao vivo. Multidões em festa estavam reunidas em frente à Casa Branca, milhares de pessoas enchendo as ruas. Quando senti o ar fresco da noite ao caminhar pela colunata rumo à Sala Leste, onde faria o discurso, pude ouvir os cantos ritmados e vibrantes de "eua! eua! eua!" vindos da Pennsylvania Avenue — um som que ecoava ao longe e entraria pela noite.

Mesmo depois que as manifestações de júbilo amainaram, todos nós na Casa Branca pudemos sentir uma mudança palpável no sentimento do país nos dias que se seguiram à incursão a Abbottabad. Pela primeira e única vez em meu governo, não foi necessário fazer nenhum esforço para justificar o que havíamos feito. Não precisamos conter os ataques dos republicanos ou responder a acusações de grupos de eleitores de que havíamos infringido algum princípio fundamental. Não houve problemas para implementar nada, não surgiu nenhuma consequência imprevista. Eu ainda tinha decisões a tomar, inclusive se devia ou não tornar públicas as fotografias do cadáver de Bin Laden. (Minha resposta foi não: não precisamos "forçar a barra" ou levantar um troféu macabro, falei a meus assessores, além de não querer que a imagem de Bin Laden com um tiro na cabeça se transformasse num chamado à ação para extremistas.) Ainda era preciso reparar nossas relações com o Paquistão. Embora os documentos e arquivos de computador recolhidos na propriedade tivessem se revelado um tesouro em matéria de informações, confirmando que Bin

Laden havia continuado a desempenhar papel central no planejamento de ataques contra os Estados Unidos, nenhum de nós acreditava que a ameaça da al-Qaeda estava neutralizada, apesar da enorme pressão que tínhamos conseguido exercer sobre a rede ao eliminar seus líderes. No entanto, era indiscutível que havíamos dado um golpe decisivo na organização, tornando mais próxima sua derrota estratégica. Mesmo nossos críticos mais contundentes tiveram de reconhecer que a operação obtivera um êxito inequívoco.

Quanto aos cidadãos americanos, a incursão a Abbottabad proporcionou uma espécie de catarse. No Afeganistão e no Iraque, eles tinham visto nossas tropas guerrear durante quase uma década com resultados ambíguos, na melhor das hipóteses. Achavam que o terrorismo violento tivesse chegado para ficar de uma forma ou de outra, que não haveria uma batalha conclusiva ou uma rendição formal. Assim, pareceram encarar instintivamente a morte de Bin Laden como o mais próximo que teriam de um "dia da vitória" — e, numa época de dificuldades econômicas e rancor partidário, encontraram alguma satisfação em ver que seu governo os brindava com uma vitória.

Enquanto isso, os milhares de famílias que perderam entes queridos no Onze de Setembro entendiam o que havíamos feito em termos mais pessoais. No dia seguinte ao da operação, entre as dez correspondências que me eram repassadas diariamente, uma delas continha o e-mail de uma garota chamada Payton Wall, que tinha quatro anos na época dos ataques e agora estava com catorze. Ela explicou que seu pai se encontrava numa das Torres Gêmeas e telefonara para ela antes que o prédio desabasse. Desde então, escreveu, ela havia sido perseguida pela voz do pai e pela imagem da mãe chorando ao telefone. Embora nada fosse capaz de compensar a ausência do pai, Payton queria que eu e todos aqueles envolvidos na incursão soubéssemos o quanto havia significado para ela e sua família que os Estados Unidos não o tivessem esquecido.

Sentado a sós na Sala dos Tratados, reli aquela mensagem algumas vezes, os olhos marejados pela emoção. Pensei em minhas filhas, em como a perda de sua mãe ou de seu pai as machucaria. Pensei nos jovens que tinham se alistado nas Forças Armadas dos Estados Unidos depois do Onze de Setembro com a intenção de servir à nação, por mais que isso pudesse representar em termos de sacrifício. E pensei nos pais dos feridos ou mortos no Iraque e no Afeganistão — as mães, exibindo a medalha da Estrela Dourada, que Michelle e eu havíamos consolado, os pais que me mostravam fotos dos filhos que se foram. Senti um imenso orgulho daqueles que haviam participado da missão, desde os próprios Seals aos analistas da CIA que tinham montado peça por peça o caminho para Abbottabad, assim como os diplomatas que se preparavam para lidar com os efeitos colaterais da ação e o tradutor que ficara fora da propriedade afastando os vizinhos curiosos enquanto a incursão prosseguia — todos haviam trabalhado em conjunto de forma impecável e altruísta a fim de atingir um objetivo compartilhado, sem pensar em elogios, privilégios ou preferências políticas.

Além desses pensamentos, me ocorreu outro. Aquela união de esforços, aquele senso de propósito comum, só seriam possíveis quando o objetivo fosse matar um terrorista? Era uma pergunta que me perturbava. Apesar de todo o orgulho e satisfação que senti pelo sucesso de nossa missão em Abbottabad, a verdade era que eu não sentia a mesma exuberância que senti na noite em que a lei de assistência à saúde foi aprovada. Eu me pegava imaginando o que nosso país poderia ser caso fôssemos capazes de aplicar na educação de nossas crianças ou no fornecimento de abrigo para os sem-teto o mesmo nível de perícia e determinação aplicados na perseguição de Bin Laden; caso pudéssemos aplicar a mesma persistência e recursos para reduzir a pobreza, diminuir os gases que contribuem para o efeito estufa ou garantir acesso a creches decentes para todas as famílias. Eu sabia que até mesmo meus assessores considerariam essas ideias utópicas. E entendi o fato de não conseguirmos mais unificar o país em torno de qualquer outra coisa que não fosse desviar ataques e derrotar inimigos externos como um sinal indicativo de como meu governo estava longe de ser o que eu desejava — e de quanto trabalho eu ainda tinha pela frente.

Deixei de lado essas meditações durante o resto da semana, me permitindo a oportunidade de saborear aquele momento. Bob Gates participou de sua última reunião de gabinete e recebeu uma calorosa ovação, parecendo por um instante genuinamente comovido. Passei algum tempo com John Brennan, que, de uma forma ou de outra, tinha feito parte da caçada a Bin Laden durante quinze anos. Bill McRaven veio ao Salão Oval e, além de meu agradecimento por sua extraordinária liderança, o presenteei com uma fita métrica montada numa placa. E, em 5 de maio de 2011, apenas quatro dias depois da operação, fui a Nova York e almocei com os bombeiros da Companhia 54/ Escada 4/ Batalhão 9, que haviam perdido todos os seus quinze integrantes de serviço na manhã do ataque. Compareci depois a uma cerimônia em que uma coroa de flores foi depositada no Marco Zero. Com alguns dos que primeiro acorreram às torres incendiadas servindo como guardas de honra, tive a oportunidade de encontrar na plateia familiares das vítimas do Onze de Setembro, incluindo Payton Wall, que ganhou de mim um grande abraço e me perguntou imediatamente se eu podia conseguir para ela um encontro com Justin Bieber (disse a ela que tinha quase certeza de que conseguiria).

No dia seguinte, voei para Fort Campbell, em Kentucky, onde McRaven apresentou a mim e a Joe a equipe de Seals e os pilotos envolvidos na incursão a Abbottabad. Um modelo em pequena escala da propriedade tinha sido montado na frente da sala e, enquanto o oficial que comandou a missão explicava metodicamente cada passo, observei os trinta e poucos militares sentados à minha frente em cadeiras de armar. Alguns tinham o físico apropriado para o papel — jovens robustos cujos músculos transpareciam por baixo das fardas, mas me surpreendi com o fato de que muitos outros poderiam ser confundidos com contadores ou diretores de escolas de ensino médio — sujeitos com mais de quarenta anos e ar modesto. Eles eram um testemunho da importância que tinham a perícia e a capacidade de julgamento nascidas da experiência na execução bem-sucedida das missões mais perigosas — experiência, enfatizou o comandante, que também tinha sido obtida ao custo da vida de muitos de seus colegas. Terminada a apresentação, apertei as mãos de todos na sala e os agraciei com a Presidential Unit Citation, a mais alta condecoração que uma unidade militar pode receber. Em troca, os homens me surpreenderam com um presente: a bandeira americana que tinham levado para Abbottabad, agora emoldurada e com suas assinaturas na parte de trás. Em nenhum momento de minha visita foi mencionado quem havia dado o tiro que matou Bin Laden — e eu não perguntei.

No voo de volta, Tom me atualizou sobre a situação na Líbia. Bill Daley e eu revimos o programa para o mês seguinte, e resolvi algumas pendências administrativas. Às seis e meia da tarde aterrissamos na base aérea de Andrews, e eu embarquei no Marine One para fazer o curto trajeto até a Casa Branca. Fiquei calado, contemplando a paisagem de Maryland e os bairros bem cuidados logo abaixo, e mais adiante o Potomac reluzindo ao pôr do sol. O helicóptero iniciou sua curva delicada, rumando para o norte e cruzando o Mall. De repente, surgiu de um lado o monumento de Washington, parecendo tão perto que podia ser tocado. Do outro lado, eu podia ver a figura de Lincoln, sentado nas sombras por trás das colunas de mármore em estilo grego do monumento. O Marine One começou a tremer um pouco, de uma forma que agora eu conhecia bem, assinalando a descida final ao nos aproximarmos do Gramado Sul. Olhei para baixo, as ruas ainda tomadas pelo tráfego na hora do rush — de gente, assim como eu, ansiosa por chegar em casa.

Agradecimentos

Este livro envolveu o trabalho nos bastidores de muitas pessoas extremamente comprometidas por quem tenho uma enorme gratidão:

Minha editora de longa data na Crown, Rachel Klayman, tem me acompanhado nos últimos dezesseis anos, emprestando a cada linha do que publico seu brilhante intelecto, seu bom senso inabalável e sua atenção feroz aos detalhes. Sua generosidade, paciência e dedicação fizeram toda a diferença. Todos os autores deveriam ter a mesma sorte que eu.

Sara Corbett acrescentou sua perícia editorial e visão criativa a este projeto, coordenando nossa equipe, revisando diversos manuscritos e fazendo sugestões fundamentais e sempre proveitosas. Ela também esbanjou sabedoria, otimismo e alegria, deixando o livro muito melhor do que quando o entreguei.

Cody Keenan, que me ajudou a redigir alguns dos discursos mais conhecidos de minha carreira, continuou a ser um valioso colaborador nos últimos três anos, realizando entrevistas, ajudando a organizar meus pensamentos acerca da estrutura do livro e dando inúmeras contribuições muito bem pensadas para meus esforços.

Ben Rhodes não apenas esteve presente em muitos dos momentos descritos neste livro como também forneceu um apoio fundamental para a redação e pesquisa de cada versão preliminar. E, o mais importante, nossas incontáveis horas de conversa e anos de amizade ajudaram a moldar diversas das ideias refletidas nestas páginas.

Samantha Power me ajudou, ao longo de toda a empreitada, com contribuições rigorosas, inteligentes e incrivelmente úteis. Sou grato a sua integridade e intensidade: ela me faz ser uma pessoa melhor e escrever melhor.

Tenho uma dívida especial de gratidão para com Meredith Bohen, que aplicou ao projeto padrões escrupulosos e uma extraordinária ética de trabalho, pesquisando e verificando fatos cruciais do começo ao fim. Para isso, contou também com o grande talento de Julie Tate e Gillian Brassil, cujas contribuições também agradeço.

Tudo que faço é alimentado pela capacidade, diligência e bom humor das pessoas inteligentes e cheias de energia que compõem minha equipe, muitas das quais estão ao meu lado há anos: Anita Decker Breckenridge trabalhou com afinco para proteger a inviolabilidade de minhas horas de escrita e nos conduziu com competência ao longo do processo de publicação. Henock Dory contribuiu para este livro de incontáveis maneiras e com impecável profissionalismo, cuidando de cada detalhe e me fazendo seguir em frente. Emily Blakemore, Graham Gibson, Eric Schultz, Katie Hill, Addar Levi, Dana Renmus e Caroline Adler Morales também nos ajudaram no processo de publicação. Agradeço igualmente a Joe Paulsen, Joelle Appenrodt, Kevin Lewis, Desiree Barnes, Greg Lorjuste, Michael Brush e Kaitlin Gaughran.

Sou eternamente grato àqueles que serviram em meu gabinete e à minha equipe de assessores e funcionários, porque seu trabalho excepcional e sua capacidade inabalável de manter a esperança foram fundamentais para que eu levasse adiante meu programa de governo. Alguns deles escreveram livros sobre o tempo que passaram na Casa Branca e as questões de que trataram, relatos que se comprovaram excelentes fontes (e leituras fascinantes).

Sou grato aos muitos antigos assessores e colegas que dedicaram seu tempo a fim de me oferecer suas perspectivas individuais e recordações pessoais enquanto eu repassava o período em que estive em campanha e depois que ocupei a presidência, incluindo o almirante Thad Allen, David Axelrod, Melody Barnes, Jared Bernstein, Brian Deese, Arne Duncan, Rahm Emanuel, Matt Flavin, Ferial Govashiri, Danielle Gray, Valerie Jarrett, Katie Johnson, Jack Lew, Reggie Love, Chris Lu, Alyssa Mastromonaco, Marvin Nicholson, Nancy Pelosi, Kal Penn, Dan Pfeiffer, David Plouffe, Fiona Reeves, Harry Reid, Christy Romer, Pete Rouse, Kathy Ruemmler, Ken Salazar, Phil Schiliro, Kathleen Sebelius, Pete Souza, Todd Sterne e Tommy Vietor. E um agradecimento especial para aqueles colegas que generosamente leram partes do manuscrito e ofereceram comentários pertinentes: John Brennan, Carol Browner, Lisa Monaco, Cecilia Muñoz, Steven Chu, Tom Donilon, Nancy-Ann DeParle, Jon Favreau, Tim Geithner, Eric Holder, Jeanne Lambrew, Denis McDonough, Susan Rice e Gene Sperling.

Sou grato a Anne Withers e Mike Smith, do Conselho de Segurança Nacional, por terem revisto o manuscrito, e a Bob Barnett e Deneen Howell, do escritório Williams & Connolly, que foram consultores jurídicos valiosos.

Tenho consciência do trabalho duro e da boa-fé exigida de muitas pessoas na Crown e na Penguin Random House para publicar um livro como este, em particular durante as perturbações causadas por uma pandemia.

Minha gratidão começa com Markus Dohle, que apoiou o projeto desde o início e mobilizou com todo o entusiasmo os recursos da Penguin Random House em todo o mundo a fim de tornar possível sua publicação. Gina Centrello foi uma parceira habilidosa e constante, acionando todos os departamentos do grupo editorial nos Estados Unidos para assegurar a alta qualidade da publicação. Sinceros agradecimentos também a Madeline McIntosh e Nihar Malaviya, cujas dedicação e paciência a este projeto quando ele demorou mais que o previsto têm sido notáveis.

Na Crown, a competência e o planejamento estratégico de David Drake e Tina Constable foram essenciais em cada estágio. Eles não somente fizeram valer sua criatividade e sugestões no tocante à publicidade e comercialização, como também souberam trabalhar em equipe de forma impecável com seus colegas, minha equipe e os editores estrangeiros deste livro a fim de orquestrar o processo de publicação, em certas ocasiões assustadoramente complexo. Além disso, mostraram grande respeito pelas escolhas literárias do autor, mesmo quando de forma repentina um livro acabou se transformando em dois. Foi uma sorte ter meu livro nas mãos hábeis dos dois.

Gillian Blake leu o manuscrito com grande atenção, fazendo comentários argutos sobre estrutura e conteúdo. A visão de Chris Brand sobre este livro — que se traduziu no design da capa, dos encartes fotográficos e do site — foi sempre inspirada. Lance Fitzgerald vendeu os direitos do livro para 24 idiomas (por enquanto) e tem sido um incrível intermediário com nossos parceiros britânicos e em todo o mundo. Lisa Feuer e Linnea Knollmueller se esforçaram muito para ter certeza de que o livro fosse impresso a tempo, com toda a qualidade e cuidado, realizando milagres com as gráficas e os fornecedores. Sally Franklin preparou e descartou inúmeros cronogramas, mantendo tudo nos trilhos mesmo quando isso deve ter parecido impossível. Christine Tanigawa passou longas noites debruçada sobre cada palavra, ponto e vírgula para corrigir os erros e se certificar de que o que estava escrito era de fato o que eu queria dizer. Elizabeth Rendfleisch garantiu que o miolo do livro ficasse tão bonito quanto a parte de fora.

Agradeço também a todas as outras pessoas na Crown e na Penguin Random House que se esforçaram ao máximo por este livro: Todd Berman, Mark Birkey, Tammy Blake, Julie Cepler, Denise Cronin, Kellyann Cronin, Amanda D'Acierno, Sue Dalton, Benjamin Dreyer, Skip Dye, Carisa Hays, Madison Jacobs, Cynthia Lasky, Sue Malone-Barber, Matthew Martin, Maren McCamley, Dyana Messina, Lydia Morgan, Ty Nowicki, Donna Passannante, Jennifer Reyes, Matthew Schwartz, Holly Smith, Stacey Stein, Anke Steinecke, Jaci Updike, Claire Von Schilling, Stacey Witcraft e Dan Zitt. Também sou grato a Maureen Clark, Jane Hardick, Janet Renard, Do Mi Stauber e Bonnie Thompson pela excelente revisão do texto e preparação do índice remissivo; a Scott Creswell, pela coprodução do audiobook, a Carol Poticny pela pesquisa iconográfica de primeira linha e à North Market Street Graphics pela diagramação meticulosa da edição original e pela disposição de trabalhar dia e noite.

Por fim, desejo agradecer a Elizabeth Alexander e Michele Norris-Johnson, duas grandes escritoras que por acaso também são queridas amigas da família, por oferecerem suas inestimáveis percepções sobre o processo editorial — e por encorajarem Michelle a me aturar durante os últimos e especialmente conturbados meses de escrita e revisão.

Créditos das imagens

Avós maternos de Barack Obama, Stanley Armour Dunham e Madelyn Lee Payne Dunham. (Arquivos da família Obama-Robinson)

Barack Obama e sua mãe, Ann Dunham, na praia. (Arquivos da família Obama-Robinson)

Barack Obama quando jovem. (Arquivos da família Obama-Robinson)

Pai de Barack Obama, Barack Hussein Obama Sr. (Arquivos da família Obama-Robinson)

Barack Obama e sua mãe, Ann Dunham. (Arquivos da família Obama-Robinson)

Meias-irmãs de Barack Obama, Maya Soetoro-Ng (*esquerda*) e Auma Obama (*direita*) com a mãe dele, Ann Dunham, no Lincoln Memorial em Washington, DC (Arquivos da família Obama-Robinson)

Barack Obama com sua mãe, Ann Dunham (*esquerda*) e avó, Madelyn Lee Payne Dunham. (Arquivos da família Obama-Robinson)

Casamento de Barack Obama e Michelle Robinson, 3 out. 1992, Trinity United Church of Christ, Chicago, Illinois. (Arquivo da família Obama-Robinson)

Barack e Michelle Obama com suas filhas, Malia e Sasha, no batismo de Sasha. (Arquivos da família Obama-Robinson)

Barack Obama em Chillicothe, Illinois, durante sua campanha para o Senado dos Estados Unidos, ago. 2004. (Extraído do livro *Barack Before Obama*, de David Katz. Copyright © 2020 de David Katz. Cortesia de HarperCollins Publishers)

O candidato de Illinois ao Senado dos Estados Unidos, Barack Obama, faz o discurso principal na Convenção Nacional Democrata, 27 jul. 2004, Boston, Massachusetts. (Spencer Platt/ Getty Images)

Barack e Michelle Obama após seu discurso principal na Convenção Nacional Democrata, 27 jul. 2004, Boston, Massachusetts. (Extraído do livro *Barack Before Obama*, de David Katz. Copyright © 2020 de David Katz. Cortesia de HarperCollins Publishers)

Malia Obama observa seu pai, Barack Obama, durante a campanha para o Senado dos Estados Unidos, 2 ago. 2004. (Extraído do livro *Barack Before Obama*, de David Katz. Copyright © 2020 de David Katz. Cortesia de HarperCollins Publishers)

Barack Obama, Michelle Obama e as filhas, Malia e Sasha, comemoram sua vitória para o Senado sobre o adversário republicano Alan Keyes, 2 nov. 2005, Chicago, Illinois. (Scott Olson/ Getty Images)

Senador Barack Obama na Colina do Capitólio, 17 nov. 2005. (Pete Souza/ Chicago Tribune/ TCA)

Senador Barack Obama e seu chefe de gabinete, Pete Rouse. (David Katz)

Senador Barack Obama em seu gabinete na Colina do Capitólio, jan. 2005. (Pete Souza/ Chicago Tribune/ TCA)

Senador Barack Obama conversa com o congressista John Lewis (*mão estendida*) diante da Casa Branca, 26 jan. 2005. (Pete Souza/ Chicago Tribune/ TCA)

Senador Barack Obama visita uma instalação de destruição de armas convencionais em Donetsk, Ucrânia, 30 ago. 2005. (Pete Souza/ Chicago Tribune/ TCA)

Quenianos esperam a chegada do senador Barack Obama diante de um hospital em Kisumu, Quênia, 26 ago. 2006. (Pete Souza/ Chicago Tribune/ TCA)

Senador Barack Obama chega para um comício onde anunciará sua candidatura à indicação pelo Partido Democrata para concorrer à presidência, 10 fev. 2007, Velho Capitólio Estadual, Springfield, Illinois. (Mandel Hogan/ AFP via Getty Images)

Senador Barack Obama comemora com sua filha Sasha após sair vencedor num jogo de parque de diversões durante a Feira Estadual de Iowa em Des Moines, 16 ago. 2007. (Scott Olson/ Getty Images)

Senador Barack Obama cumprimenta apoiadores num comício em Austin, Texas, 23 fev. 2007. (Scout Tufankjian/ Polaris)

Senador Barack Obama segue à frente de apoiadores a caminho de um comício no churrasco anual do senador Tom Harkin em Indianola, Iowa, 16 set. 2007. (David Lienemann/ Getty Images)

Apoiadores esperam para ouvir o candidato à presidência, senador Barack Obama, e Oprah Winfrey num comício no Hy-Vee Conference Center em Des Moines, Iowa, 8 dez. 2007. (Brian Kersey/ UPI/ Alamy Stock Photo)

Coordenador de campanha David Plouffe e senador Barack Obama nos bastidores durante a Convenção Nacional Democrata, Denver, Colorado, 28 ago. 2008. (David Katz)

O candidato democrata à presidência, senador Barack Obama, discursa diante da Coluna da Vitória em Berlim, Alemanha, 24 jul. 2008. (Sebastian Willnow/ DDP/ AFP via Getty Images)

O candidato republicano à presidência, senador John McCain, e o candidato democrata, senador Barack Obama, depositam flores onde se erguiam as Torres Gêmeas em Nova York, 11 set. 2008. (Peter Foley/ Reuters)

Presidente George W. Bush encontra-se com líderes do Congresso, inclusive os candidatos à presidência, na Sala do Ministério da Casa Branca, para discutir a crise financeira, 25 set. 2008. *Sentados, da esquerda para a direita*: chefe de gabinete Joshua Bolten; vice-presidente Dick Cheney; secretário do Tesouro, Henry Paulson; deputado Spencer Bachus; deputado Barney Frank; líder da maioria na Câmara, Steny Hoyer; candidato republicano à presidência, senador John McCain; líder da minoria na Câmara, John A. Boehner; presidente da Câmara, Nancy Pelosi; presidente Bush; líder da maioria no Senado, Harry Reid; líder da minoria no Senado,

Mitch McConnell; e candidato democrata à presidência, senador Barack Obama. (Pablo Martínez Monsiváis/ Associated Press)

Candidato democrata à presidência, senador Barack Obama, abraça seu principal estrategista e conselheiro de mídia, David Axelrod, no quarto dia da Convenção Nacional Democrata, 28 ago. 2008, Denver, Colorado. (Charles Ommanney/ Getty Images)

Candidato democrata à presidência, senador Barack Obama, na Universidade Mary Washington durante um comício em Fredricksburg, Virgínia, 27 de set. de 2008. (Extraído do livro *Barack Before Obama*, de David Katz. Copyright © 2020 de David Katz. Cortesia de HarperCollins Publishers)

Candidato democrata à presidência, senador Barack Obama, discursa num comício debaixo do Gateway Arch em St. Louis, Missouri, 18 out. 2008. (David Katz)

Barack Obama e sua sogra, Marian Robinson, na noite da eleição em Chicago, Illinois, 4 nov. 2008. (Extraído do livro *Barack Before Obama*, de David Katz. Copyright © 2020 de David Katz. Cortesia de HarperCollins Publishers)

Barack Obama, sua mulher, Michelle, e filhas, Sasha (*esquerda*) e Malia, no Grant Park de Chicago após sua vitória na eleição para presidente, 4 nov. 2008. (Ralf-Finn Hestoft/ Corbis via Getty Images)

Pessoas reunidas em volta de um rádio no Lincoln Memorial para ouvir o discurso de Barack Obama na noite em que foi eleito, 4 nov. 2008. (Matt Mendelsohn)

Presidente eleito Barack Obama nos bastidores do Capitólio dos Estados Unidos antes de sair para fazer o juramento como presidente, 20 jan. 2009. (Pete Souza/ Casa Branca)

A mão de Barack Obama pousada sobre a Bíblia ao ser empossado como 44º presidente pelo presidente da Suprema Corte, ministro John Roberts, diante do Capitólio, 20 jan. 2009. (Timothy A. Clary/ AFP via Getty Images)

Presidente Barack Obama pronuncia seu discurso de posse no Capitólio dos Estados Unidos, 20 jan. 2009. (Pete Souza/ Casa Branca)

Presidente Barack Obama e a primeira-dama, Michelle Obama, caminham pela Pennsylvania Avenue durante o desfile no Dia da Posse em Washington, DC, 20 jan. 2009. (Pete Souza/ Casa Branca)

Presidente Barack Obama sentado no Salão Oval durante seu primeiro dia no cargo, 21 jan. 2009. (Pete Souza/ Casa Branca)

Presidente Barack Obama caminha pela colunata da Casa Branca com suas filhas, Malia (*esquerda*) e Sasha, 5 mar. 2009. (Pete Souza/ Casa Branca)

SEGUNDO CADERNO

Presidente Barack Obama com o chefe de gabinete Rahm Emanuel durante um piquenique dos funcionários da Casa Branca, 26 jun. 2009. (Pete Souza/ Casa Branca)

Presidente Barack Obama com assessores numa reunião da equipe econômica na Sala Roosevelt da Casa Branca, 15 mar. 2009. Os participantes incluem o diretor do Conselho Econômico Nacional da Casa Branca, Larry Summers; o secretário do Tesouro, Timothy

Geithner; a diretora do Conselho de Assessores Econômicos, Christina Romer; o chefe de gabinete Rahm Emanuel e o assessor sênior David Axelrod. (Pete Souza/ Casa Branca)

Presidente Barack Obama com o líder da maioria no Senado, Harry Reid, nos bastidores após um encontro na prefeitura de Henderson, Nevada, 19 fev. 2010. (Pete Souza/ Casa Branca)

Presidente Barack Obama abraça a primeira-dama, Michelle Obama, na Sala Vermelha da Casa Branca na presença da assessora sênior Valerie Jarrett, 30 mar. 2009. (Pete Souza/ Casa Branca)

Presidente Barack Obama corre pela colunata leste com Bo, o cachorro da família, 15 mar. 2009. (Pete Souza/ Casa Branca)

Presidente Barack Obama visita as Pirâmides e a Esfinge no Egito, 4 jun. 2009. (Pete Souza/ Casa Branca)

No sul da Faixa de Gaza, palestinos acompanham em casa na televisão o discurso do presidente Barack Obama no Cairo, 4 jun. 2009. (Ibraheem Abu Mustafa/ Reuters)

Presidente Barack Obama conversa com a ministra Sonia Sotomayor antes de sua cerimônia de posse na Suprema Corte, 8 set. 2009. (Pete Souza/ Casa Branca)

Presidente Barack Obama encontra-se com Denis McDonough, chefe de gabinete do NSC, no Hotel Waldorf Astoria em Nova York, 23 set. 2009. (Pete Souza/ Casa Branca)

Da esquerda para a direita: o primeiro-ministro do Japão, Taro Aso; o primeiro-ministro do Canadá, Stephen Harper; o primeiro-ministro da Itália, Silvio Berlusconi; o presidente Barack Obama; o presidente da Rússia, Dmítri Medvedev; o primeiro-ministro da Grã-Bretanha, Gordon Brown; o presidente da França, Nicolas Sarkozy; a chanceler da Alemanha, Angela Merkel; o primeiro-ministro da Suécia, Fredrik Reinfeldt; e o presidente da Comissão Europeia, José Manuel Barroso, na reunião de cúpula do G8 em L'Aquila, Itália, 8 jul. 2009. (Pete Souza/ Casa Branca)

Presidente Barack Obama e o vice-assessor de segurança nacional Ben Rhodes no Salão Oval, 21 maio 2009. (Pete Souza/ Casa Branca)

Presidente Barack Obama e membros da delegação americana, incluindo (*a partir da esquerda*) o assessor de segurança nacional general Jim Jones, o subsecretário de assuntos políticos Bill Burns e o diretor sênior do NSC para assuntos da Rússia Mike McFaul, se encontram com o primeiro-ministro Vladímir Pútin em sua datcha nas cercanias de Moscou, Rússia, 7 jul. 2009. (Pete Souza/ Casa Branca)

Presidente Barack Obama conduz sua filha Sasha pelo Krêmlin em Moscou, Rússia, 6 jul. 2009. (Pete Souza/ Casa Branca)

Presidente Barack Obama como técnico da equipe de basquete de Sasha com a ajuda do assistente pessoal Reggie Love em Chevy Chase, Maryland, 5 fev. 2011. (Pete Souza/ Casa Branca)

Presidente Barack Obama brinca com o secretário de imprensa Robert Gibbs e o assistente pessoal Reggie Love (*direita*), 26 out. 2009. (Pete Souza/ Casa Branca)

Presidente Barack Obama lê no Roseiral da Casa Branca, 9 nov. 2009. (Pete Souza/ Casa Branca)

Presidente Barack Obama recebe um jovem visitante no Salão Oval, 5 fev. 2010. (Pete Souza/ Casa Branca)

Bob Dylan aperta a mão do presidente Barack Obama depois de se apresentar no Salão Leste da Casa Branca, 9 fev. 2010. (Pete Souza/ Casa Branca)

Na Base da Força Aérea de Dover, Delaware, 29 out. 2009, presidente Barack Obama e o procurador-geral Eric Holder (*extrema direita*) participam de cerimônia em que são solenemente transferidos os corpos de dezoito militares mortos no Afeganistão. (Pete Souza/ Casa Branca)

Presidente Barack Obama discursa sobre o Afeganistão na Academia Militar dos Estados Unidos em West Point, Nova York, 1 dez. 2009. (Pete Souza/ Casa Branca)

Presidente Barack Obama cumprimenta Cory Remsburg ao visitar soldados feridos no Hospital Naval de Bethesda, Maryland, 28 fev. 2010. (Pete Souza/ Casa Branca)

Presidente Barack Obama cumprimenta soldados americanos no refeitório da Base da Força Aérea de Bagram, Afeganistão, 28 mar. 2010. (Pete Souza/ Casa Branca)

Assessores presidenciais, incluindo (*a partir da direita*) a secretária de Estado, Hillary Rodham Clinton; o secretário da Defesa, Robert Gates; o secretário de Assuntos dos Veteranos, Eric K. Shinseki; o chefe do Estado-Maior Conjunto das Forças Armadas, almirante Michael Mullen; e o diretor do Comando Central dos Estados Unidos, general David Petraeus, ao ouvirem o discurso do presidente Barack Obama sobre o Afeganistão na Academia Militar dos Estados Unidos em West Point, Nova York, 1 dez. 2009. (Pete Souza/ Casa Branca)

Presidente Barack Obama e a primeira-dama, Michelle Obama, conversam com a rainha Elizabeth II e o príncipe Philip, duque de Edimburgo, antes de deixarem a Winfield House em Londres, Inglaterra, 25 maio 2011. (Pete Souza/ Casa Branca)

Presidente Barack Obama com o presidente da China, Hu Jintao, no Grande Salão do Povo em Beijing, China, 17 nov. 2009. (Feng Li/ Getty Images)

Presidente Barack Obama e Jon Favreau, principal redator de discursos, trabalham numa fala no Salão Oval, 9 set. 2009. (Pete Souza/ Casa Branca)

Presidente Barack Obama, vice-presidente Joe Biden e altos funcionários reagem na Sala Roosevelt da Casa Branca quando a Câmara aprova a lei de reforma da assistência à saúde, 21 mar. 2010. (Pete Souza/ Casa Branca)

Presidente Barack Obama abraça a secretária de Saúde e Serviços Humanos, Kathleen Sebelius (*esquerda*), e a presidente da Câmara, Nancy Pelosi, depois de assinar o Affordable Care Act, 23 mar. 2010. (Pete Souza/ Casa Branca)

Barack Obama recebe informes na estação da Guarda Costeira dos Estados Unidos em Venice, Louisiana, em 2 de maio de 2010, acerca da situação na costa do Golfo do México depois do vazamento de petróleo da BP. Os participantes incluem o comandante da Guarda Costeira, almirante Thad Allen (*sentado à esquerda*); o assessor do presidente para a Segurança Interna e Combate ao Terrorismo, John Brenna; o chefe de gabinete, Rahm Emanuel; e a administradora da Agência de Proteção Ambiental, Lisa Jackson (*sentada*). (Pete Souza/ Casa Branca)

Presidente Barack Obama no balanço do Gramado Sul com a filha Malia, 4 maio 2010. (Pete Souza/ Casa Branca)

Presidente Barack Obama conversa com a embaixadora Samantha Power, representante permanente dos Estados Unidos na ONU, após uma reunião de gabinete, 12 set. 2013. (Pete Souza/ Casa Branca)

Presidente Barack Obama, laureado com o prêmio Nobel da paz, chega à cerimônia de entrega do prêmio na sede da prefeitura de Oslo, 10 dez. 2009. (John McConnico/ AFP via Getty Images)

Presidente Barack Obama e vice-presidente Joe Biden a caminho de sancionar a Lei Dodd-Frank de Reforma de Wall Street e Proteção ao Consumidor, 21 jul. 2010. (Pete Souza/ Casa Branca)

Presidente Barack Obama se prepara para pronunciar um discurso à nação no Salão Oval para marcar o término das missões de combate no Iraque, 31 ago. 2010. (Pete Souza/ Casa Branca)

Presidente Barack Obama e vice-presidente Joe Biden, juntamente com membros da equipe de segurança nacional, recebem uma atualização acerca da missão contra Osama bin Laden na Sala de Crise da Casa Branca, 1 maio 2011. *Sentados a partir da esquerda*: o assistente comandante-geral da JSOC, brigadeiro-general Marshall B. Webb; o vice-assessor de Segurança Nacional, Denis McDonough; a secretária de Estado, Hillary Rodham Clinton; o secretário de Defesa, Robert Gates. *De pé, a partir da esquerda*: o chefe do Estado-Maior, almirante Mike Mullen; o assessor de Segurança Nacional, Bill Daley; o assessor de Segurança Nacional do vice-presidente, Tony Blinken; o diretor de Combate ao Terrorismo, Audrey Tomason; o assistente do presidente para Segurança Interna e Combate ao Terrorismo, John Brennan; e o diretor de Informações Nacionais, James Clapper (*fora da fotografia*). (Pete Souza/ Casa Branca)

Presidente Barack Obama sentado entre o primeiro-ministro Manmohan Singh (*esquerda*) e o presidente Pratibha Devisingh Patil num jantar de gala em Rashtrapati Bhavan, o palácio presidencial, em Nova Delhi, Índia, 8 nov. 2010. (Pete Souza/ Casa Branca)

Presidente Barack Obama (*a partir da esquerda*), presidente Mahmoud Abbas, da Autoridade Palestina; presidente Hosni Mubarack, do Egito; e primeiro-ministro Benjamin Netanyahu, de Israel, na Sala Azul da Casa Branca, verificam seus relógios para ver se já é oficialmente a hora do pôr do sol, 1 set. 2010. (Pete Souza/ Casa Branca)

Presidente Barack Obama olha por uma janela da Sala Azul na Casa Branca, 3 nov. 2010. (Pete Souza/ Casa Branca)

Presidente Barack Obama, a primeira-dama, Michelle Obama, e suas filhas, Sasha e Malia, visitam a estátua do Cristo Redentor no Rio de Janeiro, Brasil, 20 mar. 2011. (Pete Souza/ Casa Branca)

Presidente Barack Obama caminha pela colunata oeste da Casa Branca, 8 jan. 2011. (Pete Souza/ Casa Branca)

Índice remissivo

Dia da Eleição, 215-6; escolha do companheiro de chapa, 164, 179; expectativas do público, 96, 123; gafes de Obama e, 96; jantar Jefferson-Jackson em Iowa, 116; morte de Toot e, 214; nomeação de Palin, 183; plataforma, 153; primária da Carolina do Sul, 142; primária de New Hampshire, 124; primárias de Indiana e Carolina do Norte, 164; questão do imposto federal sobre a gasolina, 163; questões raciais, 130-1, 133, 156; sobre o estilo de oratória de Obama, 97, 103; Wright e, 136

Ayers, Bill, 684

Bachmann, Michele, 512
Bachus, Spencer, 204
Bahrein, 662-3, 667
Bair, Sheila, 294
Baker, James, 233
Balfour, Declaração (1917), 635
Ban Ki-moon, 522, 525
Banco Mundial, 343, 352
bancos *ver* crise financeira (2008); Lei Dodd-Frank; Tarp; Wall Street, iniciativas do governo Obama para
bancos, resgate dos *ver* Tarp
Bank of America, 193, 196, 293, 305, 307, 318, 561
Barak, Ehud, 637
Barnes, Melody, 229, 548
Barofsky, Neil, 536
Baucus, Max, 399, 406-7, 414, 416, 422, 427, 435
Bauer, Bob, 695
Bayh, Evan, 80
Beach, Dave, 237
Bear Stearns, 561
Beck, Glenn, 418
Begin, Menachem, 637
Bellow, Saul, 639
bem-estar social, Estado de *ver* rede de proteção social
Ben Ali, Zine el-Abidine, 653, 667
Berman, Jeff, 144
Bernanke, Ben, 197, 230, 251
Bernstein, Jared, 229
Bethesda, Hospital Naval de, 337, 339-40
Beyoncé, 246

Bhutto, Benazir, 707
Biden, Beau, 179
Biden, Jill, 179, 183, 240, 243, 557
Biden, Joe: acordo de corte de impostos de Bush e, 618-9; campanha do Affordable Care Act e, 426, 439; caráter de, 178; cerimônia de posse (2009) e, 240, 244; eleição de 2008 e, 80, 114, 123, 177-80, 183, 217; Guerra do Iraque e, 333; Lei de Recuperação e, 260, 263-4, 271, 273, 279, 317, 535; liderança no Congresso e, 262; McChrystal na *Rolling Stone* e, 590; nomeações de Obama no primeiro mandato e, 234; nomeações do primeiro mandato e, 229; operação Bin Laden e, 687, 697, 706; planejamento para crise financeira e, 251-2; políticas da guerra no Afeganistão e, 333, 446, 448, 450-1, 456-7; prisão de Gates e, 412; revolução egípcia de 2011 e, 655, 658; tragédia pessoal de, 178-9; visita a Israel (2010), 645

Biden, Maisy, 554
Bin Laden, operação, 687-709: anúncio público da, 707-8; apresentações da equipe, 710; decisão final, 696-8; escolha do momento, 702; execução da, 704-7; motivações para, 687-8; Onze de Setembro e, 707, 709-10; ordem para, 699; pista da localização, 686, 688-90; planejamento do ataque, 690, 692-3; promessas de campanha de Obama sobre, 113; resposta do público, 708-10; segredo para o governo paquistanês e, 690, 693

bin Laden, Osama, 174, 377; *ver também* Bin Laden, operação; al-Qaeda
Black Lives Matter, 13
Blair, Dennis, 234, 326, 328
Blair, Tony, 75, 340, 350
Blanchard, Anita, 72, 85, 459
Blankfein, Lloyd, 306
Blinken, Tony, 656, 668
Bloom, Ron, 253, 313, 315
Bloomberg, Michael, 599-601
Bo (cão da família Obama), 388-9, 440
Boccieri, John, 438, 605
Boehner, John: campanha do Affordable Care Act e, 393, 414, 436; crise financeira e, 201, 203; estratégia republicana de obstrução e, 274, 682-3; Jantar dos Correspondentes da

Casa Branca e, 703; Lei de Recuperação e, 260, 262-3, 272, 280; narrativa do ressentimento e, 291; política no Congresso e, 261; propostas de cortes de despesas federais e, 680, 682; tentativas de barrar o Affordable Care Act e, 616

"bola" (códigos de ataque nuclear), 243

Bolten, Josh, 200

Bond, Brian, 626-7

Bond, Julian, 32

Bork, Robert, 403

Bósnia, 385

Bouazizi, Mohamed, 653

Bowles, Erskine, 681

Boxer, Barbara, 513-4, 518

BP *ver* Deepwater Horizon, vazamento de óleo do

Brasil, 352, 520, 671-6

Braun, Carol Moseley, 55, 59

Bremer, Paul, 171

Brennan, John: ataque Fort Hood e, 455; operação Bin Laden e, 690, 696, 699, 710; papel de, 371, 373; políticas da guerra do Afeganistão e, 451; revolução egípcia de 2011 e, 661

Bretton Woods, 343

BRICS, países, 352-3, 355, 359

Bridges, Leon, 555

Brown *vs.* Conselho de Educação, 403

Brown, Gordon, 174, 301, 350, 359, 486, 525, 540

Brown, Lisa, 548

Brown, Scott, 431-3, 435, 559, 568, 597

Browner, Carol: políticas para mudança climática e, 503, 507-8, 511, 515, 521, 572; vazamento de óleo do Deepwater Horizon e, 575-6

Buber, Martin, 639

Buchanan, Pat, 488

Buchenwald, campo de concentração, 383, 385

Buffet, Warren, 197, 617

Burns, Bill, 356-8, 477, 498

Burr, Aaron, 258

Bush, Barbara, 75, 223, 276

Bush, George H. W., 73, 75, 173, 230, 233, 502, 515

Bush, George W., governo Bush: ASEAN e, 491; Bin Laden e, 114, 707; cerimônia de posse (2009) e, 243-4; China e, 489; conflito israe-

lense-palestino e, 638; Congresso de maioria democrata e, 274; continência militar de, 323; cortes de impostos, 617-9, 680; déficit e, 617; detentos da baía de Guantánamo e, 593-4; discriminação de gênero e, 249; domínio militar sob, 449, 461, 592; eleição de 2004, 66; eleição de 2008 e, 114, 183, 197, 217; eleições de meio mandato de 2006 e, 88; escudo antimísseis na Europa e, 358; Guerra do Iraque e, 97, 170, 172-3, 231, 329, 690; guerra no Afeganistão e, 331, 466, 478; iniciativas de energia limpa, 506; invasão russa da Geórgia e, 355, 361; Irã e, 466, 470; Onze de Setembro e, 370-1; pesquisa com células-tronco e, 249; política de imigração e, 628; política econômica e, 191, 194; política externa, 361, 461, 466, 490, 638; políticas de contraterrorismo, 329, 369-70, 374, 597, 600; políticas para mudança climática e, 502, 507, 516, 518; questões ambientais e, 501; Rússia e, 478; separação entre Departamento de Justiça e Casa Branca e, 598; Serviço de Administração de Minerais e, 580; Tea Party e, 419; tortura e, 594, 596; transição presidencial e, 222-4;

CRISE FINANCEIRA E: aviso de Paulson aos candidatos sobre, 190, 194-6, 201; culpa republicana e, 537; cúpula do G20 (2008) e, 340; indústria automobilística, 312; pacote de resgate, 194; transição presidencial e, 223-4; *ver também* Tarp

Bush, Laura, 237, 243, 302

Byrd, Robert, 70, 397, 517

Carville, James, 582-3, 587

Calderón, Felipe, 579

Câmara de Comércio, 275

Cameron, David, 541, 667, 669, 671, 707

Camp David, Acordos de (1978), 636

Canadá, 301

canal de Suez, crise do, 379

Cantor, Eric, 263, 271, 436

Carney, Jay, 694

Carson, Jon, 144

Carter, Buddy, 268

Carter, Jimmy, 420, 697

Cartwright, James "Hoss", 334, 452, 691, 693, 696, 698

Casa Branca: Colunata Oeste, 17-9; equipe da, 18, 266-7, 269; Salão Oval, 221-2, 679

Casey, Bob, 158

Cauley, Jim, 58

células-tronco, pesquisa com, 249

Centros de Controle de Doenças (CDC): H1N1, vírus, e, 400

Chefes do Estado-Maior Conjunto: establishment da segurança nacional e, 326; política do "Não pergunte, não fale" e, 624-7; políticas para a guerra no Afeganistão e, 331-2, 446, 457-8; START e, 621; ver também Mullen, Mike

Cheney, Dick, 77, 201, 243, 361, 596

Cheney, Liz, 600

Chertoff, Michael, 243

Chicago: campanha de Washington para a prefeitura, 30-2; liderança comunitária de Obama em, 28-9, 32; mandato de Obama no senado estadual de Illinois, 45-8; primeiros anos de casado de Obama em, 37; raízes de Michele Obama em, 35

Childs, Edith, 112, 211

Chile, 676-7

China: cúpula do G20 e, 353-4, 487; liderança, 354; massacre de praça Tiananmen, 364, 494; opiniões de Obama sobre, 489; políticas para mudança climática e, 520-1, 524-8; práticas de comércio, 488-9, 495; programa nuclear iraniano e, 495, 497; relações históricas dos Estados Unidos com, 487-9; uigures e, 594; visita de Obama a (2009), 486-7, 490-1, 493-6

Chisholm, Shirley, 132-3

Chrysler, 312-6

Chu, Steven, 504, 511, 580, 585-6

CIA: combate ao terrorismo e, 369, 371; golpe no Irã (1951) e, 374, 464, 580; Guerra do Iraque e, 690; nomeações do primeiro mandato de Obama, 234; operação Bin Laden e, 689-90, 696, 706; Sinopse Diária do Presidente (PDB) e, 327-8; tortura e, 371

Cinco do Central Park, caso dos, 683

Citigroup, 193, 230, 293, 305, 307, 318, 561

classe, questões de: campanha presidencial e, 159; desenvolvimento intelectual de Obama e, 22-3

Clinton, Bill: acordo de corte de taxas de Bush e, 620; admiração de Obama por, 102; campanha presidencial de Hillary e, 140-1; furacão Katrina e, 75; nomeações de Obama no primeiro mandato e, 234; notificação da operação Bin Laden, 707; ver também Clinton, governo

Clinton, governo: ASEAN e, 491; China e, 488; conflito israelense-palestino e, 637, 641; eleições de meio mandato de 1994 e, 392, 620; G8 e, 340; Holder e, 598; iniciativa de assistência à saúde, 389, 392, 399, 415, 423, 425; Irã e, 466; legislação Glass-Steagall e, 561; Lewis e, 138; nomeações de Obama no primeiro mandato e, 225, 227, 229-30; política do "Não pergunte, não fale", 624; política econômica, 230; política tributária, 618; políticas para mudança climática, 517, 521; reforma de bem-estar social e, 46; Ruanda e, 668; Rússia e, 478; separação entre Departamento de Justiça e Casa Branca, 598; Somália e, 666, 698; superávit orçamentário sob, 617; transição presidencial e, 223, 248

Clinton, Hillary: admiração de Obama por, 68, 102, 166, 234; estereótipos sexistas e, 148; furacão Katrina e, 75; Guerra do Iraque e, 113; iniciativa em assistência à saúde, 389, 392, 399, 409, 415, 423, 425; questões de gênero e, 102, 302; transição presidencial e, 237;

CAMPANHA PRESIDENCIAL (2008): afro-americanos e, 132; apoio de Lewis, 138; *caucus* de Iowa, 123; *caucus* de Nevada, 126; comemoração em Selma, 138; conflitos com a campanha de Obama, 117-20, 155, 166; Convenção Nacional Democrata, 181; debates, 113, 120, 123, 160; decisão de Obama sobre candidatura e, 80, 89; fóruns de candidatos, 102; gafes, 115; indicação de Obama e, 166; levantamento de fundos, 104; operações de campanha, 104; persistência, 153; primária de New Hampshire, 124; questão do imposto federal sobre a gasolina, 162; Super Terça, 144-5;

COMO SECRETÁRIA DE ESTADO: China e, 487; conflito israelense-palestino e, 645-6, 648; domínio militar sob governo Bush e, 452; establishment da segurança nacional e, 326; intervenção militar na Líbia e, 668,

Obama e, 25, 365; experiência judaica e, 639; Gandhi e, 611; patriotismo de Obama e, 27; política eleitoral e, 32

direitos humanos, governo Obama e: China, 488; conflito israelense-palestino e, 639-40; Egito, 380-1; missão da ONU e, 483; nomeações do primeiro mandato e, 232, 234; Oriente Médio, 649, 664, 667; política do "Não pergunte, não fale", 604, 616, 622-7; Power sobre, 650-2; prêmio Nobel da paz concedido a Obama e, 454, 459; Rússia, 474, 481; *ver também* intervenção militar na Líbia(2011); revolução egípcia de 2011, respostas do governo Obama para

Ditka, Mike, 66

Dodd, Chris, 80, 123, 566-8

Dole, Bob, 385

Donilon, Tom: campanha presidencial e, 198, 207; intervenção militar na Líbia e, 672-3, 676; nomeação como assessor de segurança nacional, 234, 608; operação, Bin Laden e, 687, 690, 697, 699, 704; políticas da guerra no Afeganistão e, 333-4, 592, 608; revolução egípcia de 2011, 658; sequestro do *Maersk Alabama* e, 366

Donovan, Shaun, 253

Dostoiévski, Fiódor, 23

Dowd, Maureen, 148

DREAM, Lei, 616, 622, 629-32

Du Bois, W.E.B., 146

Dudley, Bob, 586

Duncan, Arne, 547

Dunham, Ann (mãe de Obama): campanha do Affordable Care Act e, 394; desenvolvimento intelectual de Obama e, 20-1; doença de, 39-40, 394, 440; morte de, 44-5, 122; patriotismo e, 27; questões ambientais e, 500; sobre a ONU, 482

Dunham, Madelyn Lee Payne "Toot" (avó de Obama): campanha presidencial de Obama e, 127-8, 158, 164, 177; caráter de Obama e, 129; desenvolvimento intelectual de Obama e, 19, 23; doença e morte de, 212-4, 236; iniciativas para Wall Street e, 311; patriotismo e, 27; raça e, 157; vida de, 128-9

Dunham, Stanley Armour (avô de Obama), 19, 23-4, 27, 58, 60, 128

Dunn, Anita, 198

Durbin, Dick, 65, 69, 81, 262, 595

Dylan, Bob, 556

Earth, Wind & Fire, 301

ebola, vírus, 402

Edwards, John, campanha presidencial, 101, 113, 120, 140

Egito: Acordos de Camp David, 636; autoritarismo, 379, 651, 654-6; discurso de Obama no Cairo (2009), 373, 378, 381-2, 386, 645, 650; questões de direitos humanos, 650; regime de Nasser, 379-80; visita de Obama a Mubarak (2009), 380-1; *ver também* revolução egípcia de 2011, respostas do governo Obama

Eikenberry, Karl, 451-2

Eisen, Norm, 548

Eisenhower, Dwight D., 232, 464

eleição de 2008 *ver* Clinton, Hillary, campanha presidencial; Obama, Barack H., campanha presidencial

eleições de meio mandato de 1994, 392, 620

eleições de meio mandato de 2006, 88, 225, 257

eleições de meio mandato de 2010, 604-5; análise do governo Obama das, 607-8; campanha de Obama nas, 603-4; campanha do Affordable Care Act e, 423, 435, 438, 606; cobertura da imprensa, 607; controvérsia da mesquita em Nova York, 601; desafios para, 588-9, 600; Lei de Recuperação e, 537, 607; otimismo de Obama em relação às, 602-3; política econômica e, 681-2; políticas para mudança climática e, 516; troca da equipe da Casa Branca e, 608-9, 611; vazamento de petróleo do Deepwater Horizon e, 588

eleitores evangélicos brancos, 640

Elizabeth II (rainha do Reino Unido), 341, 360

Ellison, Ralph, 23

Emanuel, Rahm: confirmação de Geithner e, 292; conflito israelense-palestino e, 641, 646; controvérsia da mesquita em Nova York e, 601; disputa para o Senado em Massachusetts (2010) e, 433-4; estresse trabalho-vida e, 546; Guerra do Iraque e, 330; imprensa e, 269; iniciativas para a indústria automobilística e, 314; iniciativas para Wall Street e, 297, 307; Irã e, 468; Lei Dodd-Frank e, 558; Lei de Recuperação e, 269, 271-3, 278-9; nomeação de, 225-6; nomeações do primeiro mandato e, 229, 234; operação Bin Laden e, 687; pedido de demissão, 609-10; pedido de demissão (2010), 434; planejamento para a crise financeira e, 252; políticas da guerra no Afeganistão e, 448, 450, 457; políticas para mudança climática e, 503, 508, 514, 516, 519, 523; prisão de Gates e, 412; relações públicas, 600; Rússia e, 498; transição presidencial e, 240, 248; vazamento de petróleo da Deepwater Horizon e, 574, 583, 585; visita ao Egito (2009), 382; Warren e, 565; CAMPANHA DO AFFORDABLE CARE ACT E: aprovação pela Câmara do projeto do Senado, 438; cobertura da imprensa, 433; democratas e, 399, 407; discurso na sessão conjunta do Congresso, 426; equipe, 396-7; iniciativa de Clinton e, 392; negociações para conciliar os projetos das duas casas, 431; riscos políticos, 423-4, 434; votação final, 440

Emerson, Ralph Waldo, 23

Eminem, 206

Emory, Luke, 266

Emory, Nate, 266

Era do Progresso, 509

Erdoğan, Recep Tayyip, 362, 365, 651

Escritório de Informação e Assuntos Regulatórios (OIRA), 509-10

Escritório de Proteção Financeira do Consumidor (CFPB), 564-5, 567, 569

estratégia republicana de obstrução, 273-8; acordo de corte de impostos de Bush e, 619; campanha do Affordable Care Act e, 392, 397, 414, 423-4, 426-7, 430; imprensa e, 274-5; intervenção militar na Líbia e, 666, 678; Lei da Recuperação e, 275-7, 397; metas de bipartidarismo do governo Obama e, 608; política econômica e, 588, 682-3; políticas para mudança climática e, 513-5, 573; relações públicas do governo Obama e, 537-8

estratégias de não proliferação nuclear, governo Obama: discurso de Praga, 364; Índia e, 614; mandato de Obama no Senado dos Estados Unidos e, 73-5; ONU e, 464, 469, 485, 497; Rússia e, 74-5, 355, 357, 479, 484-6, 497-8; sanções à Coreia do Norte, 364, 464; sanções ao Irã, 364, 469, 484-6, 495, 497, 621, 635; START, 357, 497, 579, 616, 621

"Eu tenho um sonho" (King), 182

Everett, Von, 268

Exxon Valdez, desastre (1989), 573, 576

Fair Deal, 390

Fairey, Shepard, 211, 418

Fannie Mae, 189, 194, 293, 562

Farrakhan, Louis, 641

Fatah, 637-8, 643

Favreau, Jon: comentários do Jantar dos Correspondentes da Casa Branca e, 702; discurso de nomeação na Convenção Nacional Democrata (2008) e, 181-2; discurso no Congresso (fev. 2009), 298; discursos da campanha presidencial e, 69, 116, 125, 156, 177; Lei Dodd-Frank e, 569; papel de, 373; posição de campanha de, 69; prêmio Nobel da paz concedido a Obama e, 453; transição presidencial e, 240; visita à China (2009), 496

Federal Reserve: Lei Dodd-Frank e, 563; nomeações do primeiro mandato e, 229; planejamento para a crise financeira e, 251; teste de estresse e, 295, 317-8; Volcker e, 565

Feinberg, Ken, 585

Feinstein, Dianne, 166, 600

Fiat, 314-5, 317

Filipic, Anne, 107

Fitzgerald, Mike, 121

Fitzgerald, Peter, 55, 59

Flavin, Matt, 323, 337-8

Ford, 312

Ford, Gerald, governo Ford, 401

Fort Hood, ataque (2009), 455

Fox News, 146, 148, 184, 275, 291, 421, 597, 645, 684-5

França: comemoração na Normandia (2009), 383, 385-6; crise da dívida grega e, 543-4; cúpula do G20 e, 350-1; economia pós-crise, 540; Líbia e, 667, 669, 671, 676; programa nuclear iraniano e, 484, 486

Frank, Barney, 204, 566-7

Franken, Al, 397

Freddie Mac, 189, 194, 293, 562

Freedom of Information Act (FOIA), 372

Fugate, Craig, 699

Fundo Monetário Internacional (FMI), 341, 343, 352, 542

Fundo Verde para o Clima, 524
furacão Katrina, 75-6, 344
Furman, Jason, 197, 229

G20, cúpula do (Londres 2009), 340-1, 350-4, 358
Gaddafi, Muammar, 380, 664; *ver também* intervenção militar na Líbia
Galston, Marygrace, 107-8
Gandhi, Indira, 615
Gandhi, Mahatma, 459, 611, 614, 616
Gandhi, Rahul, 614-5
Gandhi, Rajiv, 614
Gandhi, Sonia, 614-5
Gaspard, Patrick, 548
Gates, Robert: aposentadoria de, 697; cartas de condolência e, 444; detentos na baía de Guantánamo e, 595; escudo antimísseis na Europa e, 358; establishment da segurança nacional, 326; Guerra do Iraque e, 329-30, 369; intervenção militar na Líbia e, 668-70; máquina governamental e, 300; McChrystal na *Rolling Stone* e, 591; nomeação de, 230-3; operação Bin Laden e, 696, 710; papéis no gabinete e, 546-7; papel de, 444; política do "Não pergunte, não fale" e, 624-6; política do retorno dos caixões e, 454; relações entre Pentágono e governo Obama e, 448-50, 452, 457; revolução egípcia de 2011 e, 655, 661; sequestro do *Maersk Alabama* e, 367;
POLÍTICAS DA GUERRA NO AFEGANISTÃO E: contraterrorismo e, 369; decisão do deslocamento de tropas (2009), 456-7; nomeação de McChrystal, 336-7; relações entre Pentágono e governo Obama e, 448-50, 452, 457; relatório de McChrystal, 446-7; requisição de deslocamento de tropas adicional, 331, 333
Gates Jr., Henry Louis, 409, 411-2
Geithner, Tim: China e, 487; confirmação de, 292; crise da dívida grega e, 542; cúpula do G20 e, 341, 352, 359; déficit e, 681; economia pós-crise e, 537; economias europeias e, 540; iniciativas para Wall Street e, 293-6, 306-7, 309, 317; Lei Dodd-Frank e, 320, 559-60, 566, 568; nomeação de, 227-9; papéis no gabinete e, 546-7; planejamento para a crise financeira, 251, 253; políticas de austeridade e, 344; postura de Wall Street e, 306; sobre relações públicas, 538; Tarp e, 537; Warren e, 564-5
gênero *ver* mulheres
genocídio armênio, 651
Gershwin, Prêmio, 556
Gibbs, Robert: acordo de corte de impostos de Bush e, 620; ambiente de trabalho das mulheres no governo Obama e, 549; campanha de Obama ao Senado dos Estados Unidos (2004) e, 63, 66; decisão de Obama sobre candidatura presidencial e, 87, 89; discurso de Obama na Convenção Nacional Democrata e, 64; discurso no Congresso (fev. 2009) e, 298-9; eleições de meio mandato de 2010 e, 607; etapa difícil (2010) e, 551; iniciativas de habitação e, 287; iniciativas para a indústria automobilística e, 314-5; iniciativas para Wall Street e, 307, 309-10; Lei de Recuperação e, 272; Lei Dodd-Frank e, 566; mandato de Obama no Senado dos Estados Unidos e, 68-9; nomeações do primeiro mandato e, 225; pedido de demissão de, 609; prêmio Nobel da paz concedido a Obama e, 453; prisão de Gates e, 411; revolução egípcia e 2011 e, 657-8; sobre a comitiva de imprensa, 264-5; visita a Rússia (2009), 477; visita ao Egito (2009), 382;
CAMPANHA PRESIDENCIAL E: ataques conservadores, 147; comícios, 150; denúncia de Obama em relação a Wright, 162; Dia da Eleição, 215-6; papel como ponto de apoio, 98-100; política econômica, 209; primária de New Hampshire, 125; questões raciais, 131, 133, 141, 157; viagem ao exterior, 174
Gilbert, Jeff, 152, 215
Gingrich, Newt, 46, 70, 257, 261, 273, 620
Giuliani, Rudy, 597
globalização: China e, 489; democracia americana e, 14; efeitos positivos da, 362; mercado financeiro e, 562; política econômica e, 191; políticas para mudança climática, 520; Singapura e, 492-3; tendências antidemocráticas e, 614; *ver também* sistema financeiro global
GM, 312-3, 316

imprensa: acordo de corte de impostos de Bush e, 620; campanha do Affordable Care Act e, 407-8, 422, 426, 428, 436-7; confrontos na administração (2010) e, 533-4, 551; cúpula de Copenhague e, 525, 528; cúpula do G20 e, 359; detentos da baía de Guantánamo e, 596; domínio militar sob administração Bush e, 449; eleições de meio mandato de 2020 e, 607; estratégia republicana de obstrução e, 274-5; experiência presidencial e, 264-5, 302; iniciativas para Wall Street e, 310, 559; Jantar dos Correspondentes da Casa Branca, 701-3; Lei da Recuperação e, 269-70, 275, 280; polarização política e, 257; política energética e, 506; política habitacional e, 287-9; políticas da guerra no Afeganistão e, 447-8, 451; prisão de Gates e, 411-3; revolução egípcia de 2011 e, 657; sequestro do *Maersk Alabama* e, 368; sobre a disputa do Senado em Massachusetts (2010), 433-4; sobre o déficit, 681; Suprema Corte e, 403; teorias da conspiração sobre certidão de nascimento de Obama, 684-6, 694; Trump e, 684, 703; vazamento de petróleo da Deepwater Horizon e, 583-4; visitas a pacientes de hospital militar e, 339; *ver também* retórica conservadora

Índia: antiliberalismo, 614-6; economia, 613; governo, 353; políticas para mudança climática e, 520, 529; programa nuclear, 614; visita de Obama (2010), 611-6

Indonésia, 146, 375, 462, 492, 500, 611, 665

indústria automobilística: crise financeira e, 312; iniciativas do governo Obama, 313-6, 510-1; Lei Dodd-Frank, 567; padrões de eficiência dos combustíveis, 507-8, 510-1

IndyMac, 562

infraestrutura, 252-3, 259, 262-3, 279-80, 505

Ingraham, Laura, 684

Inouye, Dan, 70

"Instinto do condutor da banda, O" (King), 84

internet *ver* redes digitais

intervenção militar na Líbia (2011), 664-9, 670-3, 676-9; clamores públicos por, 665, 667; consultas à equipe, 669-70; idealismo e, 668; Primavera Árabe e, 664-5; proposta de zonas de exclusão aérea e, 666-8, 670;

queda de caça americano na, 677; relutância de Obama, 666; sucesso da, 678

Irã: CIA e MI6, golpe (1951), 374, 464, 580; crise dos reféns, 324, 465, 696; Guerra do Iraque e, 172; Movimento Verde, 468, 659; revolução (1979), 465; *ver também* programa nuclear iraniano

Irã-Iraque, Guerra, 466

Iraque, Guerra do: América Latina e, 671; baixas, 443; campanha presidencial e, 63, 97, 113, 141, 168, 183; CIA e, 690; como combate ao terrorismo, 369; contrainsurgência, 451; desconsideração pela diplomacia e, 113; domínio global dos Estados Unidos e, 344; domínio militar sob a administração Bush e, 449; eleições de meio mandato de 2010 e, 589; eleições para o Congresso em 2006 e, 88; establishment da segurança nacional e, 326, 334; Gates e, 230; guerra no Afeganistão e, 170, 330, 336; impactos da, 329; intervenção militar na Líbia e, 668; Irã e, 467; McCain sobre, 171-2, 183; nomeações do primeiro mandato e, 231; ONU e, 485; oposição de Obama à invasão, 59-61, 63, 232, 370, 478, 687; política de retirada da administração Obama, 231, 329-30, 361, 589; Pútin sobre, 478-9; al-Qaeda e, 114, 171, 174, 330, 687; retórica conservadora e, 147; Status of Forces Agreement (SOFA), 329; Turquia e, 363; visita de Obama (2005), 76-7; visita de Obama (2008), 171-4; visitas de Obama a pacientes em hospital militar e, 337

Iraque, relatório do Grupo de Estudo sobre (2006), 373

Irmandade Muçulmana, 380-1, 655-8, 662

islã: controvérsia da mesquita em Nova York, 601; discurso de Obama no Cairo (2009) sobre, 374-5; fundamentalismo wahhabista, 376; negociações do conflito israelense-palestino e, 647; operação Bin Laden e, 704; revolução iraniana e, 465-6; *ver também* mundo muçulmano

Israel: AIPAC e, 640, 642; apoio dos Estados Unidos a, 374, 636-7; ONU e, 483; origens de, 635-6; programa nuclear iraniano e, 466-8, 486, 495, 498, 642, 644; visita de Biden (2010), 645; visita de Obama (2008), 174-5; visita de Obama a Buchenwald

(2009) e, 383; *ver também* conflito árabe-
-israelense; conflito israelense-palestino;
Oriente Médio

Jackson, Andrew, 236
Jackson, Jesse, 31, 59, 106, 132
Jackson, Lisa, 504, 507, 510, 576
Jackson, Quincy, 266
Jackson Jr., Jesse, 42, 55, 132
Jacobs, Denny, 55
Jakes, T. D., 242-3
Jantar dos Correspondentes da Casa Branca
(2011), 701-3
Japão, 491
Jarrett, Valerie: acordo de corte de impostos
de Bush e, 619; ambiente de trabalho das
mulheres na administração Obama e, 549-
50; amizade com os Obama, 72; campanha
do Affordable Act e, 437; campanha presi-
dencial e, 117, 121-2, 131-2, 157; decisão de
Obama sobre candidatura ao Senado dos
Estados Unidos e, 57; decisão de Obama
sobre candidatura presidencial e, 90; Ema-
nuel e, 434; iniciativas para a indústria au-
tomobilística e, 314; Martha's Vineyard e,
601-2; nomeações do primeiro mandato e,
225; política do "Não pergunte, não fale"
e, 626; raça e, 412; vazamento de petróleo
da Deepwater Horizon e, 576, 579; visita à
Arábia Saudita (2009), 378
Jarvis, Kristen, 176
Jay-Z, 206
Al Jazeera, 645
Jefferson, Thomas, 299
Jindal, Bobby, 577-9, 583-4
Joe, o Encanador, 208-9
Johansson, Scarlett, 703
Johnson, Katie, 266, 314, 443, 535, 605, 620,
631-2, 661
Johnson, Lyndon B., 257, 390
Jones, Emil, 46-7, 55, 59, 70
Jones, Jim: boletins de segurança nacional e,
328; establishment da segurança nacional
e, 326; nomeação de, 233; políticas para a
guerra no Afeganistão e, 447, 457, 592; re-
núncia de, 608; sequestro do *Maersk Alaba-
ma* e, 366; visita a Rússia (2009), 477
Jordânia, 637, 657, 663

JPMorgan Chase, 193, 306, 311, 561
Al-Jubeir, Adel, 377
judeus americanos, 636, 639-40, 644

Kagan, Elena, 403-4, 579
Kaine, Tim, 177, 179
Karzai, Hamid, 170, 331, 335, 445-6, 451, 457,
579, 589
Kasparov, Garry, 471
Kass, Sam, 71, 304, 387, 552
Kaur, Gursharan, 613
Kavandi, Janet, 700
Kayani, Ashfaq Parvez, 706
Keehan, Carol, 437
Kennedy, Caroline, 144
Kennedy, John F., 236, 245
Kennedy, Patrick, 422
Kennedy, Ted: bipartidarismo e, 70; Bo e,
388-9; decisão de Obama da candidatura
presidencial e, 82; Dodd e, 567; doença de,
246, 388, 399, 405; endosso de Obama, 144;
morte de, 422, 431; política de imigração
e, 628; serviços de saúde e, 397-8, 425, 440
Kennedy, Teddy, Jr., 389, 422
Kennedy, Vicki, 388-9
Kerry, John: apoio a Obama, 126; ataque in-
justo a, 147; discurso de Obama na Con-
venção Nacional Democrata e, 64; Ed-
wards e, 101; Eleição de 2004 e, 66; Favreau
e, 69; Gibbs e, 63; Guerra do Iraque e, 60;
Mastromonaco e, 68; Nicholson e, 98; po-
líticas para mudança climática e, 518, 572-3
Keyes, Alan, 66
keynesiana, economia, 251-2, 255, 537
Khalidi, Rashid, 641
Khamenei, aiatolá Ali, 466, 468, 484
Khatami, Mohammad, 466
Khomeini, aiatolá, 465
King, B. B., 555
King Jr., Martin Luther, 84, 182, 612, 639
Kirk, Ron, raça e, 412
Kissinger, Henry, 228
Klain, Ron, 198, 207, 317, 535
Klaus, Václav, 363, 365
Klitzka, Laura, 394, 424-5
Koch, irmãos, 276, 291, 419, 508
Kupper, John, 64
Al-Kuwaiti, Abu Ahmed, 688

Marbury *vs.* Madison, 402
Marchionne, Sergio, 314
Markey, Betsy, 438, 605
Marrocos, 663
Massachusetts: disputa para o Senado dos Estados Unidos (2010), 431-3, 537, 597; modelo de assistência à saúde, 397-8, 415, 427-8
Massachusetts *vs.* EPA, 508
Massey Energy, 572
Mastromonaco, Alyssa, 68, 88, 236, 378, 523
McCain, John: campanha do Affordable Care Act e, 436; caráter de, 167-8; detentos da baía de Guantánamo e, 593; estratégia republicana de obstrução e, 275, 513; Lei DREAM e, 630; operação Bin Laden e, 687; política de imigração e, 628, 630; política do "Não pergunte, não fale" e, 624; políticas para mudança climática e, 513, 519; proposta para perfuração de petróleo, 572; sobre políticas da guerra no Afeganistão, 448; CAMPANHA PRESIDENCIAL (2008): apoio de Lieberman, 429; Bin Laden e, 114; crise financeira e, 196-206; debates com Obama, 197-8, 206-7, 209; estratégia eleitoral de Obama pós-primária e, 167; Guerra do Iraque e, 171-2, 183; idade e, 173; indicação de Obama, 164; Joe, o Encanador, 208-9; nomeação republicana, 154; Palin como companheira de chapa, 183-4, 210; polarização política e, 168, 183, 210; primária de New Hampshire, 125; questão do imposto federal sobre gasolina, 162; telefonema aceitando a derrota, 217
McCartney, Paul, 556
McCaskill, Claire, 126, 631-2
McChrystal, Stanley: decisão de deslocamento de tropas para o Afeganistão (2009) e, 456-7; nomeação de, 336-7; relações entre Pentágono e governo Obama e, 449, 451-2; relatório sobre o Afeganistão de, 445-8; renúncia de, 592-3; *Rolling Stone*, matéria na, 590-2
McClellan, Cornell, 304
McConnell, Mitch: acordo de corte de impostos de Bush e, 617-9; campanha do Affordable Care Act e, 393, 397, 414, 427, 430; crise financeira e, 201; estratégia republicana de obstrução e, 274, 430, 516, 588, 608, 686; Lei de Recuperação e, 260, 263, 271,

274, 280; Lei Dodd-Frank e, 559; narrativa do ressentimento e, 291; políticas no Congresso e, 261; políticas para mudança climática e, 513, 516
McDonough, Denis: campanha do Affordable Care Act e:, 424; detentos da Baía de Guantánamo e, 595-6; indicação para representante assistente no Conselho de Segurança Nacional, 608; intervenção militar na Líbia e, 679; nomeação de, 234; operação Bin Laden e, 699, 706; Oriente Médio e, 649; revolução egípcia de 2011 e, 656, 658; tensões dentro da equipe de segurança nacional e, 326-7; treinamento de continência militar de Obama, 322-3; visita à Arábia Saudita (2009), 378
McFaul, Michael, 356-8, 477, 480-1, 498
McKiernan, Dave, 170, 331, 334, 336
McRaven, William, papel na operação Bin Laden: apresentações da equipe, 710; decisão final, 696, 698-9; determinação do momento exato, 702; execução, 704-6; planejamento do ataque, 691-2, 694; sucesso, 710
Medicaid, 391, 428; *ver também* rede de segurança social
Medicare, 390, 406, 408; *ver também* rede de segurança social
Medvedev, Dmítri: cúpula do G20 e, 353, 355; encontro com Obama (2009), 357-8; encontros na Semana da Assembleia Geral da ONU, 482, 485-6; intervenção militar na Líbia e, 671, 678; passado de, 356; programa nuclear iraniano e, 498; START e, 497, 579; visita de Obama à Rússia e (2009), 474, 476, 478, 480
Medvedev, Svetlana, 476
mercado financeiro: lei Glass-Steagall, 561-2, 565; postura do, 306-7, 309-11, 559; *ver também* Lei Dodd-Frank; Tarp; Wall Street, iniciativas do governo Obama para
mercado imobiliário: crise financeira e, 187-90, 284-5, 293, 561-2; economia pós-crise e, 536, 681; iniciativas do governo Obama para, 284-9, 293, 316, 418
Merkel, Angela: crise da dívida grega e, 543-4, 579; cúpula do G20 e, 350-2, 359; economia pós-crise e, 540; políticas para mudança climática e, 526; visita de Obama à Alemanha

afro-americanos e, 263; economia keynesiana e, 251-2; Lei da Recuperação e, 255, 279; Lei Dodd-Frank e, 562; oposição a, 509; relações públicas e, 538; retórica conservadora e, 273; Suprema Corte e, 402

Nicholson, Marvin: cerimônia de posse (2009), 244; cúpula de Copenhague e, 526; operação Bin Laden e, 704; prêmio Nobel da paz concedido a Obama e, 459; viagem à Ásia (2010), 606, 611; vida familiar de Obama e, 555; visita à China (2009), 486; visita à Rússia (2009), 477; visita ao Brasil (2011), 676; visita ao Egito (2009), 382; CAMPANHA PRESIDENCIAL E: *caucus* de Iowa, 121-2; comícios, 150; Dia da Eleição, 215-6; papel como ponto de apoio, 98-100; proteção do Serviço Secreto e, 152-3; vida familiar e, 110

Niebuhr, Reinhold, 458

Nixon, Richard M., 133, 502

NSA (Agência de Segurança Nacional), 369

Nunn, Sam, 74

Nunn-Lugar, programa (1991), 74

Obama, Auma (meia-irmã de Obama), 85, 121

Obama, Barack H.: anos de infância na Indonésia, 146, 375, 462, 492, 500, 611; anúncio da campanha de reeleição (2011), 680; apartamento em East View Park, 186-8; basquete e, 22, 72, 99-100, 213, 215, 387, 553; campanha para o Congresso (2002), 50-2; cerimônia de posse (2009), 235-6, 240-7; educação de, 21, 23-7, 30, 32; estilo de oratória, 41, 97, 111, 116, 151, 207; fé e, 29, 84, 175, 676; hábito de fumar, 305, 553; identidade racial de, 29; namoro, 34-6; prática do direito, 37; prêmio Nobel da paz concedido a, 453-4, 458-9, 666; primeiros anos de casado, 37, 50;
AMBIÇÃO POLÍTICA DE: campanha de Washington para a prefeitura, 31-2; campanha para o senado estadual de Illinois, 38-9, 44; decisão sobre candidatura presidencial e, 83-4, 89; dúvida sobre si mesmo, 45, 51; equilíbrio trabalho-vida e, 49, 52; Escola de Direito de Harvard e, 32; experiência de liderança comunitária e, 32; Michelle Obama sobre, 36, 38-9, 83; origem multirracial e, 12, 84;

CAMPANHA PARA O SENADO DOS ESTADOS UNIDOS (2004): crença nas semelhanças entre os americanos e, 61; decisão da candidatura, 55-6, 58; discurso na Convenção Nacional Democrata e, 64-5; Guerra do Iraque e, 59-61, 63, 687; impulso no começo de 2004, 62-4; campanha para o senado estadual de Illinois (1995), 38-44;

CAMPANHA PRESIDENCIAL (2007-2008): "a audácia da esperança", slogan, 64, 164; afro-americanos e, 131-4, 137-9, 141-2, 182; anúncio da candidatura, 95-7, 136; assessores políticos, 98-9; campanha de Clinton e, 117-20, 140-1, 153, 155, 166; caráter de McCain e, 167-8; *caucus* de Iowa, 120-3; *caucus* de Nevada, 126; comícios, 150; Convenção Nacional Democrata, 180-2; crescimento da organização, 149-50; crise financeira e, 191, 195-7, 198-205, 206, 208; debates com McCain, 197-8, 206-7, 209; debates das primárias, 113-4, 120, 123, 140, 160; desafios à opinião predominante, 112-4, 326-7; Dia da Eleição, 214-7; encontro com Clinton pós-primárias, 166; encontro com Sarkozy, 174; endossos, 126, 132, 144; escolha do companheiro de chapa, 164, 177-80; estratégia eleitoral pós-primárias, 166-7, 207; expectativas públicas e, 96, 123, 205, 212; "Tô fervendo!", slogan, 112, 115, 211; fóruns de candidatos, 101-3; gafes, 96-7, 158-9; Guerra do Iraque e, 97, 113, 141, 168; Israel e, 641; jantar Jefferson-Jackson em Iowa, 116-7; Joe, o Encanador e, 208-9; levantamento de fundos, 104-5, 126, 208; morte de Toot e, 214; movimento dos direitos civis e, 137-8, 182; operação Iowa, 105-10, 115, 117; operações de campanha, 104; oratória pública e, 97; participação, 122-3; perda do anonimato e, 175; pesquisas de intenção de voto, 115, 142; política e, 100-1, 399; políticas para mudança climática e, 503; Power e, 651; primária da Carolina do Sul, 140-3; primária da Pensilvânia, 158, 160; primária de New Hampshire, 123-7, 146; primárias de Indiana e Carolina do Norte, 163-4; projeções de vitória, 153-4, 207; proteção do Serviço Secreto, 151-3, 215; questão do imposto federal da gasolina, 162; questões raciais

IDEALISMO: campanha do Affordable Care Act e, 424, 438; campanha presidencial e, 116, 126, 133; cerimônia de posse e, 241; decisão da candidatura presidencial e, 91; decisão sobre candidatura ao Senado dos Estados Unidos e, 56; desafios atuais e, 14; desenvolvimento intelectual e, 25; política externa e, 381, 384, 386, 463, 659; raça e, 133; segurança nacional e, 460, 668;

MANDATO NO SENADO DOS ESTADOS UNIDOS (2005-8), 68-77: bolha imobiliária e, 190, 192; colegas, 69-70; domínio republicano e, 70; equipe, 68-9; furacão Katrina e, 75-6; Guerra do Iraque e, 76-7; impaciência, 76-7; ligações com eleitores, 69; mudança climática e, 501; perda do anonimato, 72; questões nucleares e, 73-5; vida familiar durante o, 71-3; mandato no senado estadual de Illinois (1997-2004), 45-8, 53-4, 59;

ORGANIZADORES DE CAMPO DA CAMPANHA PRESIDENCIAL: Convenção Nacional Democrata, 180; estratégia eleitoral pós-primárias e, 167-8; operação Iowa e, 107, 110, 117; operações de campanha e, 104; primária da Carolina do Sul e, 143; primárias de Indiana e Carolina do Norte, 164; redes digitais e, 104; sentimento de família e, 121; Super Terça e, 144-5;

ORIGEM MULTIRRACIAL: ambição política e, 12, 84; campanha presidencial e, 136, 146; crença na semelhanças entre os americanos e, 54; desenvolvimento intelectual e, 23; experiência de liderança comunitária e, 29; integração de, 136; política externa e, 325;

VIDA PARENTAL E FAMILIAR: campanha presidencial e, 110, 175-7; durante o mandato no Senado dos Estados Unidos, 71-3; presidência e, 19, 301, 303, 387-8, 416-7, 552-64, 602, 675; primeiros anos, 48-9, 52;

OBAMA COMO PRIMEIRO PRESIDENTE NEGRO: ataques conservadores e, 149; decisão sobre candidatura presidencial e, 91; Dia da Eleição e, 216; ênfase na diplomacia e, 462; escolha do companheiro de chapa e, 180; estratégia republicana de obstrução e, 683; inclusão e, 548; pessoal da Casa Branca e, 268-9; política do "Não pergunte, não diga" e, 624; racismo e, 325, 420-1, 619,

683; riscos de segurança e, 152, 686; teorias da conspiração sobre certidão de nascimento de, 420, 683-6; visita ao Brasil e, 674

Obama, Barack, Sr. (pai de Obama), 21

Obama, governo: crítica por "fazer demais", 300, 607; enfrentamentos (2010), 533-5, 551-2; estresse trabalho-vida no, 546; inclusão no, 548-50; iniciativas de bom governo, 608; máquina do governo e, 300; metas de bipartidarismo, 226, 231, 262, 271, 608; moral, 548; papéis no gabinete, 546-7; papel da primeira-dama, 301-2 (ver também Obama, Michelle Robinson); política de comércio, 341; política de imigração, 604, 616, 622-3, 627-32; política de saúde pública, 400, 402; política tributária, 259, 263, 279, 310, 617-20, 680; políticas educacionais, 259, 547, 629; processo de tomada de decisões, 308, 448; regras éticas, 248, 548; separação entre Departamento de Justiça e Casa Branca, 598-9; transição presidencial, 222-8, 240, 248-50 (ver também nomeações do primeiro mandato abaixo); troca de equipe (2010), 608-11; ver também tópicos específicos de políticas;

NOMEAÇÕES DO PRIMEIRO MANDATO, 224-35; chefe de gabinete, 225; equipe de segurança nacional, 230-4; equipe econômica, 227, 229; estratégia republicana de obstrução e, 276; metas de bipartidarismo e, 226, 231;

RELAÇÕES COM O PENTÁGONO: domínio militar sob a administração Bush e, 449-50; política do "Não pergunte, não fale" e, 626; políticas da guerra no Afeganistão e, 333-4, 448-50, 452-3, 457, 590-3;

RELAÇÕES PÚBLICAS: acordo de corte de impostos de Bush e, 619-20; economia pós-crise e, 538; eleições de meio mandato de 2010 e, 607-8; estratégia republicana de obstrução e, 537-8; julgamento dos envolvidos no Onze de Setembro e, 600; Lei Dodd-Frank e, 569; Lei da Recuperação e, 269, 280; teorias da conspiração sobre certidão de nascimento e, 695; vazamento de petróleo da Deepwater Horizon e, 584; ver também imprensa;

RESPOSTAS À CRISE FINANCEIRA: iniciativas para a indústria automobilística, 312-6,

510-1; iniciativas para o mercado imobiliário, 284-9, 293, 316, 418; planejamento da equipe de transição, 250-4; *ver também* Lei de Recuperação; Wall Street, iniciativas do governo Obama para

Obama, Malia Ann: campanha para o Senado dos Estados Unidos e, 66-7; campanha presidencial e, 95, 110, 175-6, 180-1, 183, 215; cerimônia de posse e, 241; educação de, 237-8; férias em Martha's Vineyard (2010), 602; imprensa e, 265; nascimento de, 49; perda de anonimato e, 73; sobre questões ambientais, 499, 530; transição presidencial e, 223, 238; viagem à África (2006), 85; EXPERIÊNCIA COMO FILHA DO PRESIDENTE: adaptação, 303; atividades, 301, 699; equipe da Casa Branca e, 268; viagens, 416, 475, 671, 674-5

Obama, Michelle Robinson: apartamento em East View Park, 186-8; ataques conservadores a, 148-9; audiência com a rainha da Inglaterra, 341, 360; campanha de Obama ao Senado dos Estados Unidos e, 67; campanha para o senado estadual de Illinois e, 38-9, 41-2; cerimônia de posse (2009), 240, 242-4, 246; decisão de Obama sobre candidatura ao Senado dos Estados Unidos e, 57-8; decisão de Obama sobre candidatura presidencial e, 83, 89-90; discurso de Obama na Convenção Nacional Democrata, 64; educação de, 403; equilíbrio trabalho-vida, 302; equipe da Casa Branca e, 268; equipe pessoal de, 303; horta no Gramado Sul e, 304, 387; influência de ("Efeito Michelle"), 360; mandato de Obama no Senado dos Estados Unidos e, 72; namoro, 34, 36; operação Bin Laden e, 698, 707; perda do anonimato e, 72; prêmio Nobel da paz concedido a Obama e, 453, 459; primeiros anos de casamento, 37; programa contra obesidade infantil ("Let's Move!"), 303-4, 556, 616, 621; programa para famílias de militares (Joining Forces), 303, 557; questões de gênero e, 301-2; raça e, 149, 403, 412; sobre a campanha ao Congresso dos Estados Unidos (2002), 50; sobre o Tea Party, 421; sobre riscos à segurança, 686; tensão conjugal inicial, 49; transição presidencial e, 222, 236-8; Trump e, 686; viagem à África, 85; viagem a Cabo Canaveral (2011), 699; viagem à Índia (2010), 612-3; viagem ao Brasil (2011), 673-4, 676; vida parental e familiar, 49, 176, 301, 303, 555; CAMPANHA PRESIDENCIAL E: afro-americanos e, 131; anúncio da candidatura, 95; aparições públicas, 121, 237; ataques de conservadores, 148-9; Convenção Nacional Democrata, 180-1, 183; Dia da Eleição, 215-6; jantar Jackson-Jefferson em Iowa, 116; projeções de vitória, 207; questões raciais, 142, 157; vida familiar durante, 176; vida parental e familiar, 110; EXPERIÊNCIA COMO PRIMEIRA-DAMA, 301-3, 557-8; "Casa do Povo" e, 555; festas de fim de ano, 622; música e, 555; perda de controle, 557; viagens internacionais, 341, 360, 475; vida familiar e, 301, 303, 555

Obama, Natasha (Sasha): basquete, 553-4; campanha para o Senado dos Estados Unidos e, 66-7; campanha presidencial e, 110, 175-6, 180-1, 183, 215; cerimônia de posse e, 241; educação de, 237-9; férias em Martha's Vineyard (2010), 602; imprensa e, 265; meningite de, 393, 394; nascimento de, 52; perda do anonimato e, 73; transição presidencial e, 223, 238, 239; viagem à África (2006), 85; EXPERIÊNCIA COMO FILHA DO PRESIDENTE: adaptação, 303; atividades, 301, 675; equipe da Casa Branca e, 268; rituais diários, 552; viagens, 416, 475, 671, 674, 676, 699-700

Obama, Sarah Onyango (segunda esposa do avô de Obama), 241

Obama, viagens internacionais oficiais de: Arábia Saudita (2009), 375-8; Ásia (2009), 486-7; Ásia (2009), 490-7; Ásia (2010), 606, 611; audiências públicas e, 463; Brasil (2011), 671-6; Buchenwald, visita a (2009), 383-4; comemoração na Normandia (2009), 383, 385-6; Copenhague, cúpula de, 523-9; cúpula do G20 (Londres, 2009), 340-2, 350-4, 358, 360; Dresden (2009), 383-4; Egito (2009), 379-82, 386, 645, 650; ênfase na diplomacia em política externa e, 461-3; Índia (2010), 611-6; Otan, cúpula da (Alemanha, 2009) e, 361; República Tcheca (2009), 363-6; Turquia (2009), 362; visita à Rússia (2009), 474-81

Obamacare: *ver* Affordable Care Act; Affordable Care Act, campanha do

Obey, Dave, 269

obstrução, 258-9, 270, 427, 568, 607, 630

Odierno, Ray, 329

Oil Spill Liability Trust Fund, 575

Olmert, Ehud, 174

"Only in America" (Brooks & Dunn), 183

ONU: Conferência das Mudanças Climáticas (Copenhague, 2009), 516, 519, 521-9; estratégias de não proliferação nuclear e, 464, 469, 485-6, 497; idealismo e, 482-4; Líbia e, 665, 667, 670-2; liderança de Ban Ki-moon, 522; políticas da administração Bush, 461; políticas para mudanças climáticas e, 517, 519; Semana da Assembleia Geral, 482, 484; tensões dentro da equipe de segurança nacional e, 326

Onze de Setembro: Arábia Saudita e, 377; bandeira na lapela de Obama, 147; campanha de Obama para o Senado dos Estados Unidos e, 59-60; controvérsia da mesquita em Nova York, 601; detentos da baía de Guantánamo e, 593, 596; domínio militar sob administração Bush e, 449; julgamentos dos envolvidos, 599-600; operação Bin Laden e, 707, 709-10; preconceito e, 325, 370; respostas do governo Bush a, 370-1, 374; segurança nacional e, 324, 326; *ver também* bin Laden, Osama; Wright sobre, 155

opção pública, 428-30

operações especiais, 691, 698; *ver também* Bin Laden, operação

Organização do Tratado do Atlântico Norte (Otan), 343-4, 360-2, 478, 665, 671

Organização Mundial da Saúde (OMS), vírus H1N1 e, 400

Organização Mundial do Comércio (OMC), 487, 489, 498

Organização para Libertação da Palestina (OLP), 636, 643

Oriente Médio: autoritarismo, 380, 648, 650; discurso de Obama no Cairo (2009), 373-5, 378, 381-2, 386, 645, 650; Estudo de Diretriz Presidencial sobre, 652-4; Primavera Árabe, 653, 662-5; visita de Obama à Arábia Saudita (2009), 375-8; *ver também* conflito ára-

be-israelense; conflito israelense-palestino; mundo muçulmano; revolução egípcia de 2011, respostas do governo Obama

Orme, Greg, 22

Orszag, Peter, 229, 254, 609

Ortiz, Marie, 121

Oslo, Acordo de (1993), 637, 641

Otan (Organização do Tratado do Atlântico Norte), 343-4, 360-2, 478, 665, 671

P5+1, grupo, 469, 484-5

pacote de estímulos *ver* Lei de Recuperação

padrões de eficiência de combustíveis, 507-8, 510-1

Padrón, Eduardo, 700

Pahlavi, Mohammad Reza (xá do Irã), 464-5

palestinos: Acordo de Oslo, 637, 641; discurso no Cairo (2009), 374-5; história dos, 636; Nasser e, 379; *ver também* conflito israelense-palestino

Palin, Sarah: como companheira de chapa de McCain, 183-4, 210; estratégia republicana de obstrução e, 275, 277, 682; polarização política e, 185, 257; proposta para perfuração de petróleo, 572; retórica conservadora e, 210; sobre o projeto de lei de nutrição infantil, 621; Tea Party e, 419

Palmer, Alice, 38, 42-3

Pan Am, atentado a bomba no Voo 103 (1988), 664

Panetta, Leon: establishment da segurança nacional e, 326; nomeação de, 233; operação Bin Laden e, 687-9, 692, 696, 704-6; políticas da guerra no Afeganistão e, 333, 446; revolução egípcia de 2011 e, 655, 661

Paquistão: estratégia Af-Pak, 336, 361; guerra no Afeganistão e, 335, 445, 690; Índia e, 613; operação Bin Laden e, 114, 690, 692, 706; operação de drones no, 369, 451, 693; al-Qaeda e, 174, 330, 335, 445, 690; sentimento antiamericano no, 693; *ver também* Bin Laden, operação

Parcell, Emily, 107, 117, 120

Partido Democrata e democratas: acordo de corte de impostos de Bush e, 617-9; afro-americanos e, 133; ala sulista, 256-8, 403; assistência à saúde e, 398; Bill Clinton e, 102; campanha do Affordable Care Act e,

399, 406-8, 422, 429, 431-2, 435, 437-8; centristas, 278; China e, 489; conflito israelense-palestino e, 640, 644; crise financeira e, 202, 204; detentos da baía de Guantánamo e, 595; eleições de meio mandato de 2010 e, 605-8; Emanuel e, 226; expectativas progressistas do, 429; Guerra do Iraque, 59, 63, 330; imigração e, 116, 628; indicação de Obama e, 166; iniciativas para Wall Street e, 306; Lei Dodd-Frank e, 560-2, 567-8; Lei de Recuperação e, 269-71, 278, 280-1, 537; metas de bipartidarismo do governo Obama e, 270; nomeações de Obama no primeiro mandato e, 234; políticas para mudança climática e, 502, 512-7; sobre o NAFTA, 490; vazamento de petróleo da Deepwater Horizon e, 582; *ver também* polarização política; *pessoas específicas*

Partido Republicano e republicanos: campanha do Affordable Care Act e, 436; China e, 488; conflito israelense-palestino e, 640, 642; crise financeira e, 195, 201-2; déficit e, 617; detentos da baía de Guantánamo e, 595; eleições de meio mandato de 2010 e, 606-7; imigração e, 628; iniciativas para Wall Street e, 306; Lei da Recuperação e, 270-1, 273-5, 537; Lei DREAM e, 630; narrativa do ressentimento e, 291; ONU e, 483; polarização política e, 257-8; política de imigração e, 628; política do "Não pergunte, não diga" e, 627; política energética e, 506; políticas para mudança climática e, 502, 512, 517-8, 520; propostas de cortes de gastos federais, 680, 682-3; racismo e, 685; regulação e, 510, 559, 583; Tarp e, 270, 309, 536; Tea Party e, 419, 426; teorias da conspiração sobre certidão de nascimento de Obama e, 685-6; vazamento de petróleo do Deepwater Horizon e, 577, 582; *ver também* Bush, George W. ; estratégia republicana de obstrução; McCain, John; polarização política; *pessoas específicas*

Patrick, Deval, 431

Patriot Act, 370

patriotismo, 27, 147, 324-5, 338, 359

Paul, Ron, 418

Paulson, Hank: anúncio do Tarp e, 197; aprovação do Tarp e, 208; aviso aos candidatos, 190, 194-5, 201; cúpula do G20 (2008) e, 340; estratégia de compra de ativos tóxicos, 202, 294; indústria automobilística e, 312; iniciativas para Wall Street e, 294; nomeações do primeiro mandato de Obama e, 230; projeto genérico do Tarp e, 198; reunião na Casa Branca sobre Tarp (2008), 201-4

Pawlenty, Tim, 702

Payne, Charles (tio-avô de Obama), 384-5

Payne, Margaret Arlene (tia-avó de Obama), 623

Peck, Leo, 121

Pelosi, Nancy: campanha do Affordable Care Act e, 426-7, 429, 432, 435, 439-40; crise financeira e, 198, 201-2, 204; Dia da Eleição e, 217; Lei da Recuperação e, 260, 263, 269, 279; Lei DREAM e, 630; política no Congresso e, 261-2; sobre a estratégia republicana de obstrução, 537

Pence, Mike, 436

Penn, Sean, 703

Peres, Shimon, 637

Perriello, Tom, 438, 605

Petraeus, David: comando da Guerra no Afeganistão e, 592; domínio militar sob administração Bush e, 450; Guerra do Iraque e, 231, 451; políticas da guerra no Afeganistão e, 333, 446-7, 449, 457; visita de Obama ao Iraque (2008), 172-4

petróleo *ver* combustíveis fósseis; Deepwater Horizon, vazmento de petróleo do

Pfeiffer, Dan, 609, 695

Philip, Pate, 47

Phillips, Richard, 368

Piñera, Sebastián, 676-7

pirâmides, 382-3

Plano Marshall, 343

Plessy *vs.* Ferguson, 402

Plouffe, David: decisão sobre candidatura presidencial de Obama e, 87-9; nomeação como assessor sênior, 610; nomeações do primeiro mandato e, 225-6; teorias da conspiração sobre certidão de nascimento de Obama e, 695;

CAMPANHA PRESIDENCIAL E: campanha de Clinton e, 154-5; *caucus* de Iowa, 121; Convenção Nacional Democrata, 180; crise fi-

Cueca e, 534, 596; julgamento de envolvidos no Onze de Setembro, 599-600; operação de drones no Paquistão, 369, 451, 693; opinião pública, 589; perda de confidencialidade e, 372; planejamento da equipe de transição e, 254; retórica conservadora sobre, 534, 596; *ver também* Bin Laden, operação; centro de detenção da baía de Guantánamo; guerra no Afeganistão, políticas do governo Obama

políticas de educação, governo Obama, 259, 280, 547, 629

políticas de mudança climática, governo Obama, 501, 504-30; crise financeira e, 503; cúpula de Copenhague e, 516, 519, 521-9; equipe, 503-4, 509; estratégia republicana de obstrução e, 513-5, 573; iniciativas de energia limpa, 503-7; limite para as emissões de carbono, 504; mercado de carbono, abordagem, 514-5, 523; negociações na legislação, 513-19, 522, 572-3; OIRA e, 509-10; padrões de eficiência de combustíveis, 508, 510-1; padrões de eficiência de eletrodomésticos, 511; Protocolo de Kyoto e, 517-20

Pollard, Jonathan, 648

Pomeroy, Earl, 438

Posedel, Jeremiah, 61

poupança e empréstimo, crise de, 561

Powell, Colin, 233, 485

Power, Samantha: discurso na concessão do prêmio Nobel da paz e, 458, 666; intervenção militar na Líbia e, 665-6, 668, 671, 679; nomeação de, 234; política de direitos humanos e, 650-1; revolução egípcia de 2011 e, 656, 661

prêmio Nobel da paz concedido a Obama (2009), 453-4, 458-9, 666

Primavera Árabe, 653, 662-5; *ver também* intervenção militar na Líbia; revolução egípcia de 2011, respostas do governo Obama a

Primeira Guerra Civil Líbia (2011) *ver* intervenção militar na Líbia

Pritzker, Penny, 104

problemas econômicos pós-crise financeira: aperfeiçoamento, 505, 507; crise da dívida grega (2010), 579; crise da dívida grega (2010), 541-5; déficit, 681; desemprego,

535-6, 539, 588, 681; disputa para o Senado em Massachusetts (2010) e, 432-3, 537; imigração e, 627-8; políticas para mudança climática e, 503, 520-1; Tea Party e, 418; União Europeia, 539-40

Programa de Seguro Saúde Infantil, 389

programa nuclear iraniano: China e, 495, 497; crescimento do, 467; Israel e, 466-8, 486, 495, 498, 642, 644; Rússia e, 357, 479, 484-6, 497-8; sanções e, 364, 469, 484-6, 495, 497, 621, 635; START e, 621

programa nuclear norte-coreano, 364, 464

Projeto VOTE! (1992), 37-8, 40

protestos: cerimônia de posse (2009), 244; eleições de meio mandato de 2010 e, 604; iniciativas para Wall Street e, 310

Pútin, Vladímir: autoritarismo e, 353, 356, 358, 471-3, 480; fim da Guerra Fria e, 471-2; intervenção militar na Líbia e, 678; passado de, 472; política externa, 473; questões nucleares e, 358; República Tcheca e, 363; visita de Obama à Rússia e (2009), 477-8, 480; vulnerabilidade democrática mundial e, 366

Al-Qaeda: ataque a Fort Hood e, 455; campanha de Obama ao Senado dos Estados Unidos e, 60; Guerra do Iraque e, 114, 171, 174, 330, 687; guerra no Afeganistão e, 330-1, 446; Iêmen e, 594, 635; operação Bin Laden e, 688, 709; operação de drones no Paquistão, 369, 451, 693; Paquistão e, 174, 335, 445, 690; políticas do governo Obama, 329, 369, 596; questões nucleares e, 74; relatório Riedel sobre, 335; *ver também* Bin Laden, operação; bin Laden, Osama; combate ao terrorismo

questão do imposto federal sobre a gasolina (2008), 162

questões ambientais: infância de Obama e, 500; Malia Obama sobre, 499, 530; mudança climática e, 501-2; *ver também* Deepwater Horizon, vazamento de petróleo da; mudança climática

Rabin, Yitzhak, 637

raça: ambiente de trabalho na Casa Branca e, 549-50; avô de Obama sobre, 129; campanha presidencial e, 130-1, 141-3, 146-7,

Rhodes, Ben: anúncio da operação Bin Laden e, 707; conflito israelense-palestino, 644; discurso na concessão do prêmio Nobel da paz e, 458; discurso no Cairo (2009) e, 373-4, 381; discurso sobre contraterrorismo e, 374; discursos no exterior e, 462; intervenção militar na Líbia e, 668; nomeação de, 234; papel de, 373-4; políticas para mudança climática e, 518; renúncia de McChrystal, 592; revolução egípcia de 2011 e, 655-6, 659, 661; sobre a AIPAC, 641; troca de pessoal e, 609; visita à Arábia Saudita (2009), 378

Rice, Condoleezza, 231

Rice, Susan: intervenção militar na Líbia e, 668, 670-1; nomeação de, 233; políticas para mudança climática e, 523; programa nuclear iraniano e, 498; questões nucleares da Coreia do Norte e, 464; raça, 412; revolução egípcia de 2011 e, 656; tensões dentro da equipe de segurança nacional e, 326

Riedel, Bruce, 332, 335, 446

Riley, Bob, 579

Roberts, John, 246

Robinson, Craig (cunhado de Obama), 35, 37, 90, 121, 215

Robinson, Fraser C. III (sogro de Obama), 35

Robinson, Marian (sogra de Obama): Dia de Eleição e, 216; equipe da Casa Branca e, 268; mandato de Obama no Senado dos Estados Unidos e, 71; primeiros anos de casamento e, 37; residência na Casa Branca de, 238, 304; viagens internacionais, 475

Rochon, Steve, 267

Roe *vs.* Wade, 403

Rogers, Ray, 266

Romer, Christina: economia pós-crise e, 539; iniciativas para a indústria automobilística e, 314; iniciativas para Wall Street e, 307, 309; nomeação de, 229; pedido de demissão de, 609; planejamento para a crise financeira e, 250, 252, 255

Romney, Mitt, 397-8

Roosevelt, Franklin D., 17, 192, 251-2, 255, 265, 390, 538; *ver também* New Deal

Roosevelt, Theodore H., 17, 236, 265, 389

Ross, Dennis, 652

Roth, Philip, 639

Rouse, Pete: campanha do Affordable Care Act e, 438; cartas de eleitores e, 283; crise financeira e, 198; decisão da candidatura presidencial de Obama e, 78-9, 81, 86, 88; iniciativas para a indústria automobilística, 314; mandato de Obama no Senado dos Estados Unidos e, 68-9; nomeação para chefe de gabinete interino, 610; nomeações do primeiro mandato e, 225; operação Bin Laden e, 704; políticas para mudança climática e, 512; sessões pato manco (2010) e, 616

Rousseff, Dilma, 672

Rove, Karl, 67, 147

Ruanda, 668

Rubin, Bob, 230, 344

Rubio, Marco, 277

Rumsfeld, Donald, 77, 171, 231, 361

Rush, Bobby, 50, 52, 54-5, 58

Russert, Tim, 87, 120

Rússia: autoritarismo, 353, 355, 358, 471-5; encontro de Obama com Medvedev (2009), 356-8; estratégias de não proliferação nuclear e, 74-5, 355, 357, 479, 484-6; fraqueza da, 473-4; G8 e, 340; intervenção militar na Líbia e, 671, 678; invasão da Geórgia, 355, 357, 361, 366, 478; liderança, 353, 356; programa nuclear iraniano e, 357, 479, 484-6, 497-8; Síria e, 663; START, 358, 497, 579, 616, 621

Ryan, Jack, 63

Ryan, Paul, 681

Saadi, 484

Sadat, Anwar, 380, 637

Salão Oval, 221, 679

Salazar, Ken, 574-6, 581-2, 584

Samore, Gary, 484, 498

Santelli, Rick, 287-9, 291, 418

Sarkozy, Nicolas: comemoração na Normandia, 383; crise da dívida grega e, 543-4; cúpula do G20 e, 350-1, 359; economia pós-crise e, 540; encontro de Obama com (2008), 174; Líbia e, 667, 669, 671, 676; políticas para mudança climática e, 525; programa nuclear iraniano e, 486

Scalia, Antonin, 404

Schäuble, Wolfgang, 543

Schiliro, Phil: campanha do Affordable Care Act e, 397, 399, 415, 423, 428, 434-5, 439-40;

Sonhos do meu pai (Obama), 685
Sorensen, Ted, 245
Sotomayor, Sonia, 403-5
Souza, Pete, 266, 338, 587, 606, 611, 631
Spalding, Esperanza, 459
Specter, Arlen, 278, 397
Sperling, Gene, 229, 314
START (Tratado de Redução de Armas Estratégicas), 357, 497, 579, 616, 621
Stephanopoulos, George, 114
Stern, Todd, 520, 524, 528
Stevens, Chris, 679
Stevens, John Paul, 579
Stevens, Ted, 70
Stewart, Mitch, 107-8, 117
Streep, Meryl, 555
Stupak, Bart, 438
Suleiman, Omar, 658, 661
Summers, Larry: campanha presidencial e, 197; economia pós-crise, 537, 539; iniciativas para a indústria automobilística e, 313; iniciativas para Wall Street e, 293-4, 296, 307, 309, 318; Lei Dodd-Frank e, 560, 566; nomeação de, 227-9; planejamento para a crise financeira e, 250-1, 253, 255; políticas de austeridade e, 344; renúncia de, 609; sobre a economia, 535; visita à China (2009), 496; Warren e, 564
Sunstein, Cass, 510, 651
Suprema Corte: aposentadoria de Souter, 402; funções da, 402-3; indicação de Kagan, 579; indicação de Sotomayor, 403-5
Sutley, Nancy, 548
Sutphen, Mona, 548
Sutton, Sam, 267
Svanberg, Carl-Henric, 585
Swann, Barbara, 267
Sweet, Lynn, 409

Taiwan, 487
Talibã *ver* Afeganistão, guerra no
Tarp (Programa de Socorro a Ativos Depreciados): anúncio, 197; aprovação do, 208; bipartidarismo e, 198-9, 255; bônus e, 306, 309-10; comentários da transição Bush sobre, 223-4; críticas pós-crise, 536-8; encontro na Casa Branca (2008), 200-5; indústria automobilística e, 312; iniciativas para Wall

Street e, 307, 318; pagamento de devolução do, 318; planejamento da transição e, 253, 255; republicanos e, 270, 309, 536; sistema financeiro global e, 293; supervisão do Congresso, 536-7, 564; Tea Party e, 418; Warren e, 564
Tea Party: campanha do Affordable Care Act e, 418-2, 426, 533; eleições de meio mandato de 2010, 681; estratégia republicana de obstrução e, 682; Lei da Recuperação e, 418; racismo e, 682
Team of Rivals (Goodwin), 234
tecnologia *ver* redes digitais
teorias conspiratórias sobre a certidão de nascimento de Obama, 420, 683-6, 694-5, 702-3
terrorismo: ameaça na cerimônia de posse (2009), 243, 246; ataque Fort Hood, 455-6; conflito israelense-palestino e, 636, 638-9; Homem-Bomba de Cueca, 534, 596-7; Líbia e, 664; segurança nacional e, 324; Sinopse Diária do Presidente e, 328; *ver também* políticas de combate ao terrorismo, governo Obama; al-Qaeda
teste de estresse, 295-6, 308-9, 312, 317-8, 540
teto de gastos, propostas de obstrução para, 682
Tewes, Paul, 105-8, 117
Thein Sein, 492
Thomas, Clarence, 403
Thomas, Ed, 18
Thompson, Bennie, 151
Tiananmen, massacre da praça, 364, 494
Timberlake, Justin, 555
Titcomb, Bobby, 22, 393
Tocqueville, Alexis de, 27
Toot *ver* Dunham, Madelyn Lee Payne
tornados (2011), 699
tortura: banimento da, 248, 370-1, 596; detentos da baía de Guantánamo e, 594; guerras no Iraque e Afeganistão e, 329
Tratado de Não Proliferação Nuclear (1970), 467, 470
Tratado de Redução de Armas Estratégicas (START), 357, 497, 579, 616, 621
Tratado sobre os Mísseis Antibalísticos, 478
Trinity United Church of Christ (Chicago), 37, 134-5; *ver também* Wright Jr., Jeremiah A.
Truman, Harry S., 265, 390, 624, 636

Trump, Donald, 11, 683-4, 694, 702-3
Tunísia, 653
Turquia, 362, 651
Tutu, Desmond, 85
Two-Income Trap, The (Warren e Tyagi), 564
Tyagi, Amelia, 564

U2, 151
Ucrânia, 74, 474
União Europeia (UE): crise da dívida grega (2010), 541-5, 579; cúpula do G20 e, 350; economia pós-crise, 539-40; políticas para mudanças climáticas e, 521, 524-5, 527; Turquia como membro da, 362
União Soviética: Egito e, 637; esfacelamento da, 73, 344, 356, 471; ONU e, 483; *ver também* Guerra Fria
United Auto Workers, 313, 508, 511

vigilância interna, 329
Vilsack, Tom, 107, 547
Vivian, C. T., 137-8
Volcker, Paul, 197, 565-6
Volcker, Regra, 565-6, 568

Wagoner, Rick, 313
wahhabismo, 376
Wall Street, iniciativas do governo Obama para, 293-307: decisão de não indiciar executivos de bancos, 306, 599; postura de Wall Street, 310-1, 559; teste de estresse, 295-6, 308-9, 312, 317-8, 540; *ver também* Lei Dodd-Frank
Wall, Payton, 709-10
Walsh, Larry, 55
Walter Reed, Centro Médico do Exército, 337, 339-40
Warner, John, 70
Warren, Elizabeth, 564-5
Warren, Robert Penn, 23
Washington Mutual, 562
Washington, George, 235

Washington, Harold, 30-1, 50, 56, 62
Waxman, Henry, 399, 406-7, 513
Weather Underground, 685
Webb, Brad, 705
Weinstein, Jeremy, 652
Wen Jiabao, 354, 495-6, 525-8
West Point, 458
West, Cornel, 227
Whitaker, Cheryl, 72, 121
Whitaker, Eric, 72, 121
Wiesel, Elie, 383-4, 386
Wilson, Joe, 426
Wilson, Kaye (Mama Kaye), 72, 475, 551
Wilson, Wellington, 72
Winfrey, Oprah, 120
Wisner, Frank, 656-7, 661
Wonder, Stevie, 163, 496, 555
Wood, Diane, 403-4
Woodward, Bob, 447, 449
Works Progress Administration, 251-2
Wright Jr., Jeremiah A.: AIPAC e, 641; anúncio da candidatura de Obama e, 136; aparições públicas no fim da campanha, 160, 162; ataques conservadores e, 209; casamento de Obama e, 37, 157; denúncia de Obama relativa a, 162; discurso de Obama sobre raça e, 156; participação de Obama na igreja e, 135; passado, 134-5; sobre a audácia da esperança, 64; vídeo da ABC News, 155-6, 158, 161
Wurzelbacher, Joe (Joe, o Encanador), 208-9
Wynton Marsalis Quintet, 247

Yom Kippur, Guerra do (1973), 642
Young, Andrew, 32
Yushchenko, Viktor, 474

Zardari, Asif Ali, 707
Al-Zarqawi, Abu Musab, 337
Zayed, Mohammed bin (príncipe herdeiro de Abu Dhabi), 662
Zuma, Jacob, 353, 527